# TRAITÉ

## DES DROITS,

### FONCTIONS, FRANCHISES, EXEMPTIONS,

### PRÉROGATIVES ET PRIVILÈGES

Annexés en France à chaque Dignité, à chaque Office
& à chaque État, foit Civil, foit Militaire, foit
Eccléfiaftique.

OUVRAGE DE PLUSIEURS JURISCONSULTES ET GENS DE LETTRES,

*Et publié par M. GUYOT, écuyer, ancien magiftrat.*

## TOME PREMIER.

*A PARIS,*

Chez VISSE, libraire, rue de la Harpe, près de la rue Serpente.

M. DCC. LXXXVI.

*Avec approbation & privilège du Roi.*

M. DCC. LXXXIX.

# DISCOURS PRÉLIMINAIRE.

LE titre de cet ouvrage annonce affez l'étendue de la carrière que nous avons à parcourir. C'est fans doute une tâche confidérable ; mais l'utilité & l'importance en feront facilement apperçues par les habitans d'un grand royaume, tel que la France, qui a un régime, une police & une adminiftration divifés en une multitude de branches, relativement à fa puiffance, à fon commerce, à fes reffources, à fa population ; & relativement encore aux dignités, aux places, aux emplois & aux fonctions qu'on y recherche, foit par amour pour la gloire, foit pour fervir la patrie, foit enfin par befoin & par néceffité.

La matière que nous traitons eft peu connue dans un grand nombre de parties, parce que plufieurs n'ont ni point fixe ni bafe certaine ; en forte que des titulaires d'offices, de dignités, de charges, vivent pour ainfi dire dans une efpèce d'obfcurité & de confufion qui leur fait méconnoître le cercle où ils doivent fe renfermer & celui où ils pourroient fe placer. C'est fur-tout dans cette matière que fe préfentent comme d'elles-mêmes, à chaque pas, ces paroles remarquables que François Ier, tenant fon lit de juftice le 15 janvier 1518, adreffoit au parlement de Paris : « Je vois avec douleur que malgré toute l'attention qu'ont apportée » nos prédéceffeurs à faire fleurir la juftice dans ce royaume, *notre* » *jurifprudence eft encore un labyrinthe tortueux & obfcur*, dont l'entrée » femble interdite au plus grand nombre de nos fujets, & *dans lequel* » *les hommes les plus éclairés s'égarent*. Je me propofe de choifir dans » cette cour trois ou quatre commiffaires, de les employer à examiner » les anciennes ordonnances, pour en extraire les difpofitions les plus » fages, & en compofer un CODE *où chacun de mes fujets puiffe* » *commodément s'inftruire de fes devoirs* (1). »

N'y a-t-il pas lieu d'efpérer que le projet fublimé de François Ier. s'exécutera fous le règne du monarque augufte dont la fageffe a déjà détruit le fpectre hideux de la fervitude qui dévaftoit les campagnes, & aboli la monftrueufe pratique de la queftion préparatoire, qui avoit occafionné tant d'erreurs funeftes à l'innocence ? Et cette efpérance ne redouble-t-elle pas, quand on voit le trône environné de miniftres auffi recommandables par leur zèle que par leurs lumières, & des parlemens

---

(1) Hiftoire de France, par Velly, continuée par Garnier, tom. 11, *in*-4°, pag. 73. Il cite les regiftres du parlement.

non moins éclairés & toujours difposés à feconder les vues qui tendent au bien public.

Le droit des offices appartient tout entier au droit public. Il eft, fuivant l'expreffion du célèbre Loifeau, la plus noble partie du droit civil, même le feul refte du droit public. Il n'a été jufqu'à préfent traité par aucun de nos jurifconfultes modernes. Je fuis le premier, difoit-il, qui ait entrepris de l'expliquer. Je me fuis hazardé d'y entrelaffer, felon les occurrences, quelques petits avis non de finance, mais de juftice. C'eft ainfi qu'il en parle dans la dédicace de fon livre à M. le chancelier Brulard. « Vous êtes, lui difoit-il, en cette qualité, le gardien du droit » public, le fupérieur & protecteur des officiers de France, le réformateur » des mauvaifes mœurs, & le confervateur des bonnes lois ». Ces trois lignes de Loifeau valent bien les éloges qu'on a faits, & les définitions modernes qu'on a données du pouvoir, de l'autorité & de l'excellence de la dignité d'un chancelier de France.

Loifeau ouvroit la carrière; & quel que fût fon génie, il éprouva le fort commun à tous ceux qui fe frayent une route épineufe & nouvelle; ils jettent çà & là des lumières, montrent le flambeau qui doit éclairer, & ont l'avantage de préparer à ceux qui les fuivent de nouvelles & plus grandes découvertes. Son livre des offices fut inférieur à fes autres ouvrages. C'eft un aveu de l'éditeur de fes œuvres. Il faut peu s'en étonner, quand on voit Loifeau nous avertir lui-même « qu'il a *compofé* » *fon traité des offices dans un lieu deftitué de conférence & de livres;* qu'il » ne veut point traiter des offices en philofophe moral pour parler du » devoir des officiers, ni en politique pour traiter comment ils doivent » être établis & diftribués pour l'utilité de l'état, ni en hiftorien pour » difcourir de l'érection de chaque office & comparer les nôtres à ceux » de l'antiquité, ni en commentateur d'ordonnances & compilateur » d'arrêts, pour rapporter les fonctions de chaque office & les réglemens » d'entre les officiers; mais feulement traiter des offices en général & » purement en jurifconfulte. »

Ce font donc là autant de parties effentielles dont Loifeau ne s'eft point occupé. Il a laiffé le champ libre : nul autre, après lui ne l'a parcouru. Depuis qu'il a écrit, que de chofes bouleverfées, combien de réglemens, de lois nouvelles, de variations & d'interprétations dans la jurifprudence, dans l'adminiftration ? Combien de places, d'offices anéantis, recréés, d'autres imaginés de nouveau ? Combien de modifications, de défunions, de réunions, d'incorporations d'un office, d'un emploi dans un autre ? Cette maffe remuée cent fois par tant de mains, & fous tant de rapports différens, & le plus fouvent oppofés, a néceffairement éprouvé les plus grandes révolutions.

Il y a long-temps cependant que tout ce qui tient aux offices, préfente pour tous les ordres de citoyens des intérêts majeurs. On peut en juger par ce paſſage aſſez énergique de Brodeau ſur la coutume de Paris, tom. 2, pag. 66. Il y a plus d'un ſiècle qu'il l'écrivoit.

« Le malheur, dit-il, & la corruption du ſiècle, la folie & la vanité » ambitieuſe des hommes, dans l'honneur & l'autorité que donnent les » offices, & la ſucceſſion, perpétuité & hérédité des mêmes offices, » par l'établiſſement du droit annuel, a fait monter cette eſpèce de bien » juſqu'au point vertical de l'excès, & l'a rendue ſi précieuſe, qu'elle » compoſe & contient en ſoi toute la ſubſtance de la famille ; ce que les » père & mère, & les prédéceſſeurs de l'officier ont acquis avec beaucoup » de ſoins, eſt bien ſouvent vendu pour en employer les deniers en un » office, même caſuel & périſſable, comme ſont ceux de la maiſon du » Roi, & dont on a vu les avis des parens des mineurs auxquels l'on » vouloit acheter des offices de cette qualité, confirmés par pluſieurs » arrêts de la cour, ſans que l'évènement & l'accident du cas fortuit » donne ouverture à la reſtitution au mineur ; qui a uſé du droit commun » & ordinaire, & pris un office convenable à ſa naiſſance & à ſa qualité ; » ni à ſes héritiers après ſon décès : en ſorte que l'officier eſt ſemblable » à ce philoſophe qui porte avec lui & ſur ſa tête tout ſon bien, même » celui de ſes amis, comme Sénèque dit que les dames romaines portoient » le patrimoine de pluſieurs familles pendu à leurs oreilles.

» Ce luxe & ce déſordre ont lieu principalement en la ville de Paris, » où s'exercent les premiers & plus importans offices, tant de la juſtice & » de la robe, que des finances, dont il y a une belle remarque dans Philippe » de Commines en l'hiſtoire de Louis XI, liv. 1, chap. 6, ſur la fin ; où » il dit, que de ſon temps les offices & états étoient plus déſirés en la » ville de Paris qu'en nulle autre du monde, où ceux qui les avoient » les faiſoient valoir ce qu'ils pouvoient, *& non pas ce qu'ils devoient ;* » & il y avoit, dit-il, des offices ſans gages qui ſe vendoient bien *huit* » *cens écus* ; & autres où il y avoit des gages bien petits, qui néanmoins » ſe vendoient plus que les gages ne pouvoient valoir en quinze ans. » C'eſt-à-dire, qu'il y a bien long-temps que la corruption eſt enracinée, & que les meilleures inſtitutions ſont devenues un germe de poiſon, tant les hommes ont abuſé de tout.

Mais il ne faut point juger des choſes par l'abus qu'on en fait, ou qu'on peut en faire, ou du moins il ne faut connoître les abus que pour s'en garantir. Ce qu'on voit dans les réflexions de Brodeau, c'eſt que les offices tiennent à une foule d'intérêts précieux, que la fortune de pluſieurs citoyens y eſt ſubordonnée, que les offices ſeuls la compoſent quelquefois toute entière. Combien donc n'importe-t-il pas que tout ce qui concerne cette matière ſoit exactement connu, & qu'au moment où l'on traite d'un office, d'un emploi, on ſoit inſtruit des fonctions, des devoirs, des obligations dont on va s'imposer le fardeau, que l'on connoisse les lois qui les régissent, le point auquel il est permis d'arriver, & le terme où l'on doit s'arrêter ?

Chez les Romains, les offices n'étoient ni vénaux ni héréditaires ; ce n'étoient que des commissions qui furent d'abord seulement annales, puis à vie. Les officiers qui avoient la puissance publique, & qu'on appeloit *magistrats*, avoient dans leur district le pouvoir des armes, l'administration de la justice & celle des finances.

Il en étoit à peu près de même en France sous les deux premières races de nos Rois.

Dans la suite, on a distingué diverses sortes d'offices ; savoir, de justice, de police, de finance, de guerre, de la maison du Roi, & plusieurs autres qui ont cependant tous rapport à quelqu'une de ces cinq espèces.

Anciennement tous les offices en France n'étoient tenus que par commission, & sous le bon plaisir du Roi. Dans la suite, ceux de judicature ont été faits perpétuels, ensuite ceux de finance, & quelques autres.

Loiseau censuroit avec amertume & la vénalité & la multiplication des offices ; avec quels coups de pinceau il a tracé les abus ! Quiconque a lu son ouvrage est frappé de la manière dont il les fait sortir. Peut-être ne faut-il pas blâmer cette franchise d'un esprit méditatif qui, considérant l'état comme une famille où tous les membres doivent concourir & travailler au bien public, avec des vues dégagées de toute impulsion de luxe & d'intérêt, ne trouve rien qui trouble davantage cette heureuse harmonie, n'imagine rien de plus nuisible à l'ordre & au bien public, que cette facilité d'être revêtu d'un office avec une somme d'argent, soit qu'on ait, ou non, les qualités convenables pour le posséder. « Car si » l'officier, dit-il (1), est digne de sa charge, ce ne peut pas être à cause » qu'il l'achète ; & s'il ne la mérite pas, il y a encore moins de raison » de la lui vendre. Quelle apparence y a-t-il que le particulier baille » de l'argent pour choisir de bons serviteurs, & que le public en prenne » pour admettre au hazard de mauvais officiers.

» D'où s'ensuit, ajoute-t-il, ( liv. 1, chap. 1, n. 109 ), en parlant de » la multitude d'officiers, que les tuteurs, les gardiens de biens, & » autres administrateurs semblables, s'ils avoient la dignité & puissance » publique, seroient vrais officiers ; comme il pourra être qu'en France, » où on réduit à présent toute charge en office, pour en tirer argent, » ils seront érigés quelque jour en titre d'office. »

Ainsi parloit Loiseau dans un livre dédié à M. le chancelier Brulard. Ce langage honore également & le jurisconsulte qui peint à nud la pureté

_____

(1) Avant-propos de son traité des offices, n. 2.

dé fon ame & de fes vues, & le chef qui lui permet de communiquer fes penfées fur des abus qui le frappent.

La prophétie de Loifeau, fi elle ne s'eſt pas accomplie par rapport aux tuteurs, aux gardiens, &c. s'eſt réaliſée fur bien d'autres objets. Beaucoup d'états, de fonctions libres de fon temps, ont été mis en charges, en offices, & forment autant de nouveaux liens qui entrent dans le grand cercle des offices.

Les réflexions de Loifeau fur le choix des officiers ne font pas moins preſſantes. Jetons feulement quelques idées fur ce fujet.

Quelles maximes terribles & dangereuſes les empereurs romains avoient introduites, eux qui recherchoient les lumières, & déféroient aux avis des jurifconfultes & des fages de la nation. Quel étrange contrafte entre le fentiment de grandeur qui ne peut qu'honorer les bons princes, faire fleurir les fciences, étendre l'empire des bonnes mœurs, & cette autre maxime defpotique, & pour ainfi dire de fang, qui vouloit que toute la nation contemplât dans le filence & l'anéantiffement le choix qu'avoit fait l'empereur d'un officier quel qu'il fût. On ne lit point fans indignation ces lois qui réputent facrilèges ceux qui avoient critiqué ce choix. *Difputari de principali judicio non debet. Sacrilegii enim eſt dubitare an is dignus eſt quàm elegerit imperator.* Leg. 3, C. de crimin. facrileg.

On lit dans Caffiodore : *Cum principis fit de cunctis optimos quærere, videtur femper meritos elegiffe : principalis judicii culmen excelfum eſt, ideoque qui ab eo provehitur, præcipuus & plenus meritis æftimatis. Nam fi æquabilis credendus eſt, quem juſtus elegerit, omnium profecto capax poteſt effe meritorum, qui judicem cunctarum meruit habere virtutum, regnantis quippe fententia judicium de folis actibus fumit, nec blandiri dignatur animus domini poteſtate munitus.*

Mais il étoit facile de voir que les empereurs n'avoient ainfi parlé qu'après avoir porté le plus grand coup à la loi protectrice de la liberté dont avoient joui le fénat & le peuple d'élire leurs officiers, c'eſt-à-dire, après avoir entièrement aboli le droit d'élection. En effet, tant que Rome exiſta fous un gouvernement républicain, le peuple élifoit fes fénateurs & fes officiers. Quand elle eut des empereurs, ceux-ci eurent intérêt de conferver les apparences d'un état républicain. Ils firent fentir que le peuple ne pouvant pas s'affembler toutes les fois qu'il s'agiſſoit de conférer de petits offices, il étoit raifonnable que les grands officiers nommés par le peuple y pourvuffent, & alors le peuple s'accoutuma infenfiblement à la privation du droit d'élire fes petits officiers : & pour abattre les reſtes de la liberté, les empereurs remontèrent plus haut & s'attribuèrent peu à peu la collation des grands offices ; d'abord par le confeil & l'avis des principaux perfonnages de leur cour, afin de conferver quelque ombre du droit d'élection, puis feuls & de leur autorité feule ; ce qui, par la fuite, fit tomber dans leurs mains le droit de difpofer des uns & des autres.

Alors donc leur pouvoir fut abfolu. Ils créoient tous les officiers ; ils les choififfoient à leur gré : cet ordre une fois établi, ils l'affermirent par des lois qui traitoient de facrilèges ceux qui ôfoient défapprouver ce choix ; & les perfonnes gratifiées, & les courtifans, & ceux qui veillent à la porte du cabinet où s'expédient les grâces, ont dit, ces lois font juftes ; car le prince connoît & juge dignes de fes bienfaits ceux fur qui il les répand. C'eft un crime d'ôfer foupçonner ou la capacité ou les bonnes mœurs de ceux à qui il confère des emplois, des bénéfices, des charges, des offices.

Heureufement ces maximes romaines font trop dures & trop aveugles. Nous croyons que dans une nation éclairée, il faut porter & d'autres vues & d'autres fentimens. Sans doute tout ce que le prince dicte, fait, ordonne, doit être confidéré avec un refpect religieux, comme l'ouvrage d'une grande & profonde fageffe. Mais le prince peut-il tout voir par lui-même ? peut-il, au milieu d'un grand royaume, tout approfondir par lui-même ? Il ne peut voir, en mille occafions, que par les yeux de fes miniftres. Mais les miniftres eux-mêmes ne pouvant, le plus fouvent, ni voir, ni connoître que par les yeux d'autrui, ne peuvent fe garantir de la furprife qu'on leur fait, & des erreurs où de fauffes relations les jettent.

Voulez-vous donc que le peuple corrige le choix du prince ? Non certes ; car dans un état monarchique, un feul doit commander & tous les autres obéir. Mais les princes font affez juftes pour prêter l'oreille aux réclamations ces corps. Ils ont permis qu'un porteur de provifions d'un office de judicature, de magiftrature, fût examiné par le corps dans lequel il veut être reçu. Le prince eft cenfé lui dire : Je vous nomme à cet office ; je vous conftitue juge, fi vous en êtes jugé capable, fi vous avez la naiffance, la fortune, qui doivent vous porter à cet honneur ; fi votre conduite & vos mœurs font pures. Car une compagnie compofée d'hommes honnêtes, ne doit pas admettre dans fon fein une perfonne ignoble. Une certaine fortune eft néceffaire, parce qu'elle garantit de la tentation de faire fervir fon état à augmenter, par de mauvaifes voies, fon patrimoine & les moyens de fe foutenir. Il faut des connoiffances & des lumières ; car que faire d'un ignorant dans l'une des fonctions qui exige le plus de fcience, & de raifon, & d'étude, & de principes médités avec attention. Il faut des mœurs & de la conduite ; car quelle profeffion en exige davantage que la fainte fonction de prononcer en juge fur les intérêts les plus facrés, fur l'état, l'honneur, la réputation, la fortune & la vie des citoyens ?

De-là,

De-là, les cours souveraines ont dû regarder comme l'une de leurs plus précieuses prérogatives, le droit de l'enquête de vie & mœurs, le droit de l'examen de la capacité, le droit de donner ou refuser leur attache à la réception des sujets qui viennent se présenter avec des provisions. La règle constamment observée, est qu'avant de conclure son marché pour l'acquisition d'un office, il convient de s'assûrer de l'agrément du corps où l'on aspire à être reçu, sans quoi le porteur des provisions s'exposeroit à l'inconvénient de les voir devenir inutiles. On a eu dans ce siècle quelques exemples assez éclatans d'un refus persévérant de la part de quelques compagnies, d'adopter des sujets distingués d'ailleurs par de grandes qualités, mais contre qui elles croyoient avoir de justes motifs d'exclusion.

Les cours souveraines examinent de même & ordonnent l'enquête de vie & mœurs, sur la personne qui se présente pour être reçue dans les places de lieutenant général, conseiller, gens du Roi des tribunaux inférieurs, tels que les bailliages, les sénéchaussées. On admet le sujet si la capacité & les bonnes mœurs sont constatées. Dans le cas contraire, on le refuse, ou bien on le renvoie à un délai qui est, pour ainsi dire, un temps d'épreuve, après lequel il a l'espoir d'être admis.

« L'office est une dignité, un emploi, une charge dans l'état, héré-
» ditaire ou par commission, avec les fonctions publiques ou privées,
» que les édits de création, ou des lois particulières, ou des usages
» affermis par une longue possession, y ont attachées. »

C'est une dignité lorsqu'il emporte une qualité honorable, un titre d'honneur dont on peut accompagner son nom. On entend assez à quelles places cette qualification convient.

On dit de l'office, que c'est le titre qui donne le pouvoir d'exercer quelques fonctions publiques ; mais on applique souvent la même signification aux mots *charge* & *office*, parce qu'en effet tout office est une charge ; mais toute charge n'est pas office : par exemple, les charges dans les parlemens & autres tribunaux, sont de véritables offices ; mais les places de consuls, de certains échevins & autres, ne sont pas des offices en titre, quoique ce soient des charges, parce que ceux qui les remplissent ne les exercent que pour un temps, sans autre titre que celui de leur élection ; au lieu que les offices proprement dits, sont une qualité permanente ; c'est pourquoi on les appelle aussi *états*.

Une foule de places où l'on remplit cependant des fonctions publiques ; où l'on instrumente, c'est-à-dire, qui emportent le droit de dresser des rapports, des procès-verbaux qui font foi en justice, comme les emplois dans les fermes, les aides, &c. ne sont ni des charges, ni des offices. Les fonctions de ces employés cessent à l'instant où leurs supérieurs révoquent leurs commissions.

Il en eſt de même de beaucoup d'autres états.

Les officiers qui compoſent la maiſon du Roi, ſont encore d'une nature particulière. Le Roi nomme les chefs; les chefs nomment ſouvent des ſubordonnés. Les chefs prêtent ſerment au Roi même, les ſubordonnés le prêtent entre les mains des chefs. Quelquefois il faut une réception au parlement, d'autres fois elle n'eſt point néceſſaire. Aux uns il faut des proviſions, aux autres il ſuffit d'être couchés ſur les états de la maiſon.

La juridiction par rapport aux offices a éprouvé différentes révolutions; & tous les jours on diſpute encore à qui la correction des officiers royaux appartient. Eſt-ce un délit privé commis par l'officier envers une perſonne? eſt-ce un abus commis dans l'exercice de ſes fonctions? eſt-ce une queſtion de préſéance ou de prérogative attachée à ſon office? s'agit-il d'un officier royal ou ſeigneurial?

On conçoit par ces queſtions, qu'il eſt important de réunir ſous un ſeul point de vue, les lois qui concernent tel office, tel état, telle charge, tel emploi; car il en eſt peu qui ne reconnoiſſent des juges d'attribution.

La loi qui crée l'office, n'eſt ſouvent point celle qui lui fixe une juridiction. Cette loi nouvelle viendra long-temps après; une autre l'expliquera, l'interprétera, la reſtreindra, ou en étendra l'uſage & l'application. C'eſt donc une ſucceſſion de lois qu'il faut réunir dans un ſeul tableau, ſi l'on ne veut pas s'égarer, ſi l'on veut marcher avec certitude dans ce flux & reflux d'ordonnances que le temps & les circonſtances néceſſitent preſque toujours.

La juriſprudence a auſſi des différences marquées par rapport au droit des offices, quand il s'agit de les vendre, d'y ſuccéder, ou du douaire, de l'augment dont ils peuvent être grevés.

Par exemple, s'agit-il des offices de la maiſon du Roi, dont il eſt traité au commencement de cet ouvrage, ce ſont des charges ou offices d'une nature toute ſingulière, & qui ne reconnoiſſent point les règles ordinaires par leſquelles les autres genres de biens ſont gouvernés.

Loiſeau remarque en effet que, quoique les charges de la maiſon du Roi ayent une eſpèce d'être politique, quoiqu'elles ſoient créées par des édits, quoique l'officier ait des proviſions, & qu'il y ait preſtation de ſerment, inſtallation, gages attribués; enfin, quoique l'officier ſoit employé dans des états vérifiés par les cours, & qu'il jouiſſe des privilèges accordés par les édits de création, ces charges ſont néanmoins regardées comme des charges militaires.

Elles ne ſont ni meubles, ni immeubles; elles ne prennent point la nature de propres. Ce ſont moins des offices que de ſimples commiſſions à vie, accordées par le prince, qui ne conſiſtent que dans un ſimple uſufruit, dans un exercice & dans un emploi qui s'éteint par la mort de l'officier.

Enfin, les charges de la maison du Roi, les gages, les appointemens de ces officiers, font-ils fusceptibles & d'hypothèque & de faisie ? Ce font là autant de questions qui ont été souvent portées en justice.

Quels font les principes qui régissent les charges de la haute magistrature, celles de la magistrature inférieure, celles des justices feigneuriales; puis, en fuivant cette filiation dans l'administration de la justice & la composition des tribunaux, celles des notaires, des procureurs, des greffiers & des huissiers ? Combien de questions s'élèvent pour fixer la véritable nature de ce genre de biens, & les ranger dans l'une des classes imaginées par le droit coutumier, qui régit une si grande partie du royaume ?

La distinction des propres, le douaire, le remploi, l'indemnité, tout cela donne lieu à des questions souvent agitées, dont les débats & les décisions dispersés çà & là, se perdent & s'égarent si on ne prend soin de les réunir.

Faute de les connoître, des pères de famille titulaires négligent de régler le fort de leurs enfans, de leurs héritiers. Un procès s'élève qui sème la discorde, & dévore souvent & l'office & le reste du patrimoine.

La jurisprudence fur la deftitution des officiers, n'est pas moins importante à connoître. Dans quels cas peut-elle être prononcée ?

Pour les uns, il faut juger la forfaiture. Pour d'autres, divers crimes emportent la peine de la confiscation, de l'extinction de l'office. Pour d'autres, il suffit d'une simple révocation. Pour d'autres enfin, comme dans la police des corps & des compagnies attachées aux tribunaux, l'officier qui a manqué à ses devoirs, qui a violé essentiellement les règles de la discipline, est averti de se défaire de son office. Il peut résister; mais alors il se livre à tout le péril d'une instruction judiciaire.

Chaque office a des privilèges, des exemptions, des franchises, des prérogatives. La noblesse attachée à plusieurs, en est un des principaux attributs. Ce n'est pas l'une des parties les moins difficiles d'un traité des offices, que de rassembler & démêler parmi un grand nombre de lois qui se croisent les unes les autres, tout ce qu'il y a à recueillir fur ces divers objets.

Les honneurs, les préféances dans les églises, dans les cérémonies publiques, dans les assemblées des corps, ces distinctions fociales, ont causé plus de troubles, fait éclore plus de contestations, que les choses les plus importantes de la vie. Mais on veut en jouir, & cela est juste, puisque ce font des droits reconnus, acquis, légitimés par le consentement commun, & par le temps qui, s'il détruit tout, affermit tout aussi. Il faut donc connoître les règles & les principes de cette matière.

C'est ainsi que tout ce qui appartient aux offices, forme une longue & intéressante nomenclature.

Pour la développer avec exactitude, il faut entrer dans chaque tribunal;

chaque juridiction, en faire connoître la création, les motifs qui ont pu y donner lieu, les attributions générales & particulières qui y ont été faites, les privilèges que le souverain y a attachés, les officiers qui composent ces différens tribunaux, & tout ce qui appartient à l'état de ces officiers.

Voilà pour ce qui concerne l'administration de la justice. Image de la Divinité sur la terre, elle occupe le premier rang. On ne concevra jamais l'idée d'un état réglé, sans y placer d'abord la justice.

Tout ce qui tient à l'église forme un grand cercle, dont les dimensions seront également parcourues. Les ecclésiastiques tiennent à deux puissances. On en parlera sous ces deux rapports.

Un corps si nombreux & si respectable doit occuper un grand espace. Le pape chef de l'église, les cardinaux ses assesseurs, les archevêques & les évêques placés à la tête des diocèses, présentent de grands objets à traiter.

On arrive de là à cette classe précieuse d'hommes qui gouvernent les paroisses : ce sont les curés des villes, des bourgs & des campagnes. Pasteurs intéressans sous tant de rapports, par qui le grand édifice de la religion se soutient, & qui versent tantôt des secours, quelquefois pris sur leur absolu nécessaire, tantôt des consolations touchantes dans ces familles infortunées que lors du partage & de la distribution des biens, le sort paroît avoir oubliées.

Dans cette hiérarchie de l'ordre ecclésiastique, entrent les chapitres ; soit d'hommes, soit de filles ; les uns grands, élevés, dont l'accès n'est ouvert qu'à la haute noblesse ; les autres, qui n'exigent pas un arbre généalogique chargé d'un si grand nombre de quartiers ; les autres admettant dans leur sein ceux qui ne présentent qu'une naissance bourgeoise ; d'autres enfin, plus rapprochés encore de l'état des premiers hommes, de ces hommes simples & obscurs qui jetèrent les premiers fondemens de l'accroissement de notre religion.

Les abbayes d'hommes & de filles occuperont leur place après eux ; les divers établissemens connus sous le nom de *couvens*, de *monastères*, asyles ou du bonheur ou du malheur, suivant que les vocations ont été libres, & que les esprits sont plus ou moins pénétrés des grandes & sublimes vérités de l'évangile ; asyles que l'esprit du siècle tendroit à détruire, si la sagesse du gouvernement, dont les vues sont plus profondes, & qui est plus occupé du soin d'épurer que de détruire, n'opposoit une barrière à ce torrent de l'opinion. Une main sage & prudente émonde, élague, mais ne déracine pas.

Ces corps ecclésiastiques ont aussi une administration & une juridiction, tantôt grâcieuse & tantôt contentieuse ; ils ont un droit de correction, & des officiers dont la fonction est d'exercer tous ces divers actes d'autorité, fous la bannière néanmoins, s'il eſt permis de le dire, & fous l'inſpection des tribunaux laïcs, chargés de réformer les abus, s'il en arrive, & de décerner les peines dont la rigueur ne s'accorderoit pas avec le caractère pur de l'égliſe, qui lui fait abhorrer le ſang.

Le militaire offre un ſpectacle impoſant & terrible : il eſt obligé de s'armer & de répandre le ſang ; mais ſur le champ de bataille, mais dans les combats que l'état actuel des ſociétés force les nations de ſe livrer.

Un état eſt formé. Une monarchie a pris une aſſiète fixe. Une nation a fait des conquêtes, & le royaume a une enceinte déterminée. Le temps, la poſſeſſion ont légitimé le droit du plus fort. Un Roi eſt aſſis ſur ce trône, ſoit que la nation elle-même l'ait élu, comme dans quelques états, ſoit que Dieu & ſon épée l'y ayent placé, ſuivant la maxime que nous tenons en France : il faut défendre ce monarque, garder ce royaume & le garantir de l'ambition de ſes voiſins. De là, il a fallu les armées, & y introduire, comme dans toutes les autres branches de l'adminiſtration, une hiérarchie militaire.

La mer n'eſt pas moins que la terre une ſource de richeſſes, de productions néceſſaires ou de ſimple luxe, que le commerce fait circuler. Des nations ont voulu regarder cet élément comme leur patrimoine, & s'y arroger en quelque ſorte un privilège excluſif. Il a fallu les repouſſer, & rendre cet océan libre à toutes les nations qui veulent l'aborder. Il a donc été indiſpenſable de créer une marine, c'eſt-à-dire, des armées navales pour défendre & protéger cette liberté, pour aſſûrer une navi- gation dort l'objet & le réſultat ſont de porter & de rapporter chez tous les peuples ce que les deux mondes fourniſſent, ce que la nature a refuſé à certains climats, & qu'elle a prodigué à d'autres.

Pour gouverner de ſi vaſtes machines, il faut des hommes de génie, des hommes dont les vues grandes & l'eſprit élevé embraſſent une manutention ſi étendue. Des miniſtres de la guerre & de la marine ont donc été créés. C'eſt l'œil qui dirige & qui anime de loin tous les mouvemens des armées de terre & de mer.

A la tête de ces armées, ſont des généraux. Choſe étonnante ! Un ſeul homme commande, & mène avec empire, cent mille hommes à la victoire ou à la mort. Un ſeul homme meut à ſon gré ces grands corps. Un Turenne, un Condé, un maréchal de Saxe, & plus anciennement ce brave & généreux Henri IV, à la tête de ſes troupes, leur com- mandent de vaincre ou de mourir, & des prodiges de valeur s'exécutent ſous les ordres d'un ſeul homme.

Mais comment ? Admirez cette gradation qui deſcend, remonte, & correſpond depuis le général juſqu'au dernier individu de ces maſſes énormes. Sous les généraux, des officiers ſupérieurs ; ſous ceux-ci des colonels, ſous ceux-ci des capitaines, ſous ceux-ci encore, divers officiers par qui le commandement fe communique, les ordres s'exécutent avec la rapidité d'un éclair. Art fublime, s'il n'étoit pas celui de la deftruction & du carnage, s'il ne fembloit pas être forti des enfers pour venir tourmenter les humains.

Là donc, comme par-tout où il exifte des chefs & des inférieurs; par-tout où il faut que l'obéiffance & l'exécution marchent à la fuite du commandement, il faut des lois, des ordonnances qui règlent tous les mouvemens, qui donnent des bornes à l'autorité, & forcent l'obéiffance par la crainte du châtiment, quand l'impulfion de l'honneur ne fuffit pas. En Angleterre, l'armée navale condamne Bing. En France, c'eft quelquefois à la cour des pairs, & plus fouvent à un confeil de guerre, que le fouverain remet le foin de juger l'accufé.

A l'armée, c'eft une juftice prompte & expéditive, qui effraye, & par là prévient la défertion, le brigandage, la débauche des troupes, & tous les malheurs qui fuivroient ces défordres.

Ainfi le militaire a fon tribunal, des juges, des exécuteurs de fes jugemens.

Chaque officier dans fon pofte a des prérogatives, des privilèges, des droits. Il a une portion d'autorité, un droit d'infpection qui remonte jufqu'aux chefs, de là aux miniftres, & de ceux-ci au fouverain dont émanent les ordres. Ces gradations feront expliquées avec tous les détails qui leur conviennent.

Dans l'état d'action & de réaction où fe trouvent toutes les nations, toutes les puiffances, agitées par de grands intérêts, par des vues d'aggrandiffement, par des fpéculations qui les preffent d'attirer tout à elles, elles doivent veiller refpectivement à ce qui fe paffe les unes chez les autres, & être pour ainfi dire à la porte des cabinets, pour connoître ce qu'on agite dans l'intérieur, & fonder en politiques adroits les négociations, les projets qu'on y médite, les détourner, ou les mettre à profit.

Sans cela, ne fubfifteroit plus cette balance, qui maintient l'égalité des forces & arrête les entreprifes. Une nation afpireroit à lever au-deffus des autres une tête formidable. Il eft de l'intérêt commun de la retenir dans le niveau. De là, la néceffité que les états entretiennent les uns chez les autres des obfervateurs intelligens & attentifs à voir, à preffentir tous les mouvemens qui s'y préparent, & l'influence prochaine ou éloignée, directe ou indirecte, qu'ils pourroient avoir.

Ainfi dans toutes les cours, toutes les républiques, tout ce qui forme état, on a des ambaffadeurs, des miniftres plénipotentiaires, des réfidens. Du recueil & de l'examen de leurs obfervations, réfultent ces liens qui fe forment par des traités, des confédérations, des pactes d'alliances, ou ces irruptions qui ouvrent tout-à-coup les arfenaux, & en font fortir le fer & le feu, foit pour fe défendre, foit pour attaquer.

Toutes ces obfervations arrivent au miniftre des affaires étrangères. Que de chofes donc à expliquer fur l'importance de ce miniftère & des fonctions des hommes d'état employés dans les cours!

Que de chofes encore fur les devoirs & les fonctions des confuls de France, envoyés dans les ports étrangers ou nous faifons un commerce un peu étendu, pour y protéger les François qui, fans renoncer à leur patrie, y ont formé des établiffemens de commerce, & ceux que le goût des voyages ou le defir de s'inftruire conduifent dans ces contrées.

Mais pour faire mouvoir tous les refforts de ces départemens qui entrent dans la grande roue de l'état, il faut de l'argent; l'argent, nerf de la guerre, du commerce, de l'agriculture, des tribunaux, des procès; agent matériel par lequel tout fe meut & s'agite, & fans lequel tout, prefque tout, refte ftérile & fans action. Alors fe montre le département de la finance. C'eft le foleil qui anime & vivifie tout.

Le tréfor royal en eft le centre. Tout aboutit là, de tous les coins du royaume; & de là auffi font renvoyés & s'y reportent une partie des rayons qu'il a reçus; circulation admirable, mais néceffaire, fans laquelle les rameaux de l'état feroient bientôt épuifés & defféchés. Ils s'y reverfent pour fubvenir aux dépenfes de l'entretien des troupes difperfées dans les provinces, des gouverneurs, des commandans, des intendans, des maré-chauffées, des ingénieurs, des officiers de juftice, des palais, des prifons, &c. C'eft cette circulation perpétuelle qui entretient par-tout le mouvement & la vie.

A ce centre répondent la ferme générale, la régie générale des aides, l'adminiftration générale des domaines, &c. Ces divers corps recueillent une partie des fubfides. Les tailles & quelques autres impofitions royales font recueillies par d'autres mains. Tous ces canaux diftribués avec ordre verfent dans le tréfor royal.

Là, préfide un miniftre connu anciennement fous divers noms, aujourd'hui & depuis long-temps fous celui de contrôleur général des finances. Adminiftration immenfe dont un homme d'état a fait récemment connoître l'enfemble & les détails.

En parcourant tout ce qui appartient à ce miniftère, en développant comment les fermiers généraux, les régiffeurs généraux, l'adminiftration générale des domaines, les receveurs généraux des finances de l'état, doivent remplir les tâches qui leur font données, on verra par quels intermédiaires, par quels moyens fe meuvent tant de refforts pour l'utilité de la chofe publique. On expliquera le caractère de ces officiers, leurs devoirs, leurs fonctions, la chaîne de leurs opérations, les droits, les privilèges, les prérogatives qui leur font accordés, la confiance qui eft donnée dans les tribunaux aux actes fortis de leurs mains. On verra par quelles précautions la fraude, qui affoibliroit le produit des droits du Roi, est prévenue, réprimée, punie ; toutes chofes apperçues par les citoyens avec une forte de confufion qui a befoin d'être éclairée par la réunion & le rapprochement de toutes les lois rendues fur ces matières.

Quand on a ainfi parcouru ce qui foutient & alimente l'état, pour le défendre au dehors, on examine avec un égal intérêt ce qui le conferve & le maintient fagement dans l'intérieur, le fait fleurir, lui donne aux yeux de l'univers un éclat fi grand & fi impofant, & fait regarder la France comme un royaume avec lequel nul autre ne peut établir une égale comparaifon.

Chaque province a fon gouverneur, fon commandant, & des fubor-donnés encore. Par-tout des chefs pour ordonner, des fous-chefs pour fuivre de près les opérations, d'autres enfin pour exécuter. Les gouverneurs dirigent de loin ; les commandans voyent fouvent de près. Pour le Dauphiné, par exemple, M. le duc d'Orléans eft gouverneur de cet ancien petit royaume des dauphins, M. le duc de Tonnerre eft commandant ; & par un privilège très-ancien, M. le premier préfident du parlement commande en leur abfence. C'eft ainfi que par gradation & de main en main, le gouvernement d'une province eft prompt & rapide, & que tout ce qui peut l'intéreffer eft apperçu dans l'inftant même.

Les intendans, ou commiffaires départis dans les provinces, ont auffi une adminiftration dont les détails font très-étendus, très-compliqués, & indiqués dans une infinité de lois. Les arrêts rendus par le confeil du Roi dans une foule d'occafions, leur attribuent affez fouvent l'exécution de ce qui y eft décidé, lorfque la décifion touche à quelque point d'adminiftration de la province.

Auffi les divife-t-on par généralités, de forte que telle province étendue compte deux & trois intendans. Cette adminiftration eft toujours agiffante, toujours active. Les tailles réelles ou perfonnelles, les milices, l'état des chemins, les corvées, les manufactures, le commerce, l'infpection fur les communautés, quand il s'agit pour ces corps d'une attaque ou d'une défenfe réglée devant les tribunaux, toutes ces chofes font de leur reffort & exigent une vigilance continuelle. Heureux ceux d'entre ces adminiftrateurs qui, après avoir eu affez de temps pour examiner une province avec des yeux éclairés & patriotiques, en connoiffent profondément les forces, les befoins, les reffources, & ont encore le temps d'y faire tout le bien qu'il eft en leur pouvoir de réalifer, quand la vérité fe fait entendre par leur bouche, & que leurs repréfentations parviennent au gouvernement étayées de tout le poids d'un adminiftrateur qui a examiné fa province en homme d'état !

Ils ont fous eux des officiers connus fous le nom de *fubdélégués* ;
placés

placés dans les villes de la généralité. Ceux-ci ont à leur tour des personnes connues sous le nom de *correspondans* de la subdélégation. Toutes ces personnes sont chargées de veiller à l'exécution des ordres qui leur sont adressés par l'intendant. Le chapitre des commissaires départis dans les provinces est peut-être l'un des plus précieux à connoître & des plus utiles à traiter. Ils n'ont pas seulement une administration ; ils ont, en plusieurs choses, une juridiction qui ne reconnoît pour juge supérieur, que le conseil du Roi. Ils sont donc tout à la fois administrateurs & juges. L'art de gouverner, la science de juger, ce sont des connoissances multipliées qu'ils doivent réunir, avec l'heureux talent de faire respecter, mais chérir l'autorité, & de concilier les intérêts de celle-ci avec les vrais besoins du peuple.

· Combien de lois, de réglemens à rapporter & à retracer sur cette matière féconde!

Ce n'est pas assez qu'un état soit bien administré ; il faut aussi que chaque citoyen trouve dans les villes, dans les bourgs, dans les campagnes, sûreté & tranquillité, & qu'en payant sa part du fardeau commun, il jouisse sans trouble de toutes les ressources de sa fortune, de son industrie, de ses talens ; qu'il trouve liberté & sûreté par-tout où il porte ses pas. A ce but concourent l'institution de la police & l'établissement des maréchaussées.

La police imaginée d'abord, mais d'une manière informe, quand les villes commencèrent à prendre un accroissement, perfectionnée ensuite avec le temps, les connoissances, l'expérience, & les besoins, formée d'une manière stable pour la ville de Paris vers le milieu du dernier siècle, introduite, à l'imitation de celle-là, vers les derniers jours du même siècle, dans les villes & bourgs du royaume, la police est portée aujourd'hui à un point où l'on n'a presque plus rien à désirer pour rendre cette institution aussi parfaite que les établissemens humains peuvent le comporter.

; Elle est douée, disoit un écrivain de nos jours, d'une marche rapide ; d'une mobilité active : elle a été dégagée des formes usitées, & autorisée à s'en créer de particulières. Elle a pour objet de prévenir les délits, de faire avorter les projets du crime.

A Paris, le magistrat qui la dirige, les commissaires de police sous ses ordres, les inspecteurs & toutes les personnes attachées à cette utile & étonnante machine ; dans les villes des provinces, où les édits de 1699 ont placé des lieutenans généraux, des commissaires & des huissiers de police ; dans les autres lieux, comme les petits bourgs & les campagnes où d'autres officiers exercent la police, soit comme nommés par les seigneurs particuliers à qui ce droit appartient par dépendance de leurs justices, soit comme nommés par les municipalités dont quelques-unes ont confervé cet ancien privilège ; par-tout ces magiftrats, ces officiers exercent en cette partie une juridiction prompte ; mais de la plus grande utilité pour chaque citoyen.

La grande application fera de recueillir fur cet objet les lois, les ordonnances, les décifions qui fixent les droits, les privilèges & les prérogatives, en même-temps que les devoirs, les fonctions, & l'ufage de l'autorité confiée à ces officiers : ce ne font pas des commiffions, ce font des offices dont il eft plus effentiel de connoître tous les attributs.

La police veille fur nous & nous garantit dans les villes ; mais quand nous fortons de leur enceinte ; quand le commerce, le goût des fciences, le plaifir des voyages, nos affaires nous appellent d'un lieu à l'autre, qui veillera fur nous ? L'attention du gouvernement a placé fur nos pas les yeux de la maréchauffée ; établiffement utile, & qui, pour procurer de plus grands avantages, n'auroit befoin que d'être étendu à un plus grand nombre de lieux.

Dans un état tranquille au dehors & dans l'intérieur, il faut appeler les fciences, les lumières, & établir les diftinctions & les récompenfes honorables capables de vivifier les talens, d'exciter l'émulation, & d'en-tretenir l'honneur, qui, comme le feu facré du temple de Vefta, brûle fans ceffe dans le cœur des François. C'eft pour cela que les académies, les fociétés connues fous divers noms ont été établies ; c'eft pour cela que nos Rois ont créé divers ordres militaires. On parlera de tous ces établiffemens, de toutes ces inftitutions ; on réunira dans autant de tableaux tout ce qui les concerne tant en général qu'en particulier.

Et après avoir parcouru l'état des citoyens envifagés fous des rapports publics, on les confidérera fous des rapports privés. Les devoirs & les obligations refpectives entre les jufticiables & les juges, entre les feigneurs & les vaffaux, entre les maris & les femmes, entre les pères & leurs enfans, entre les maîtres & les domeftiques. Toutes ces relations feront expofées & développées.

Mais par-tout & dans l'emploi de tous les matériaux qui doivent entrer dans la compofition de ce vafte édifice, on s'attachera à ne recueillir que des monumens certains, qui ne permettent pas à l'opinion de s'égarer. On ne parlera jamais que le langage de la loi, & des jugemens qui l'affermiffent ou qui en tiennent lieu. ( *F.-D.-M.* )

# DISTRIBUTION DES MATIÉRES.

L'ouvrage est diftribué en douze livres, dont le premier, plus étendu qu'aucun autre, concerne le roi & fa maifon, la reine & fa maifon, monfeigneur le dauphin, les enfans de France, les princes du fang, la régence du royaume, la pairie, le confeil & les miniftres du Roi, les ambaffadeurs & les autres envoyés, les intendans & commiffaires départis dans les provinces, &c.

Le fecond livre a pour objet l'adminiftration de la juftice : on y envifage en premier lieu les offices de judicature en général : enfuite on y traité de la grande chancellerie de France; des cours de parlement; des confeils fouverains d'Alface & de Rouffillon; des confeils fupérieurs des îles & colonies françoifes; du grand confeil; de la juridiction des requêtes de l'hôtel; du confeil provincial d'Artois; des chancelleries près des cours; des préfidiaux; des chancelleries près des préfidiaux, & autres fièges inférieurs; du châtelet de Paris; des bailliages & autres fièges royaux; des juges feigneuriaux; des officialités, &c.

Le troifième livre concerne la police, le gouvernement des villes, & communautés d'habitans, l'adminiftration des hôpitaux, la voirie, la connétablie; la maréchauffée & le tribunal du point-d'honneur.

Le quatrième livre traite de l'adminiftration des finances & des revenus publics, ainfi que des tribunaux & des offices qui y ont rapport, tels que les chambres des comptes, les chambres tant fouveraines qu'ordinaires des décimes, les cours des aides, les états de différentes provinces & les affemblées provinciales, les élections, les greniers à fel, les juges des traites, les receveurs généraux & particuliers des finances, &c.

Le cinquième livre a pour objet l'adminiftration des forêts, les capitaineries, la chaffe & la pêche.

Le fixième, les monnoies, les arts & métiers, le commerce, les poftes & meffageries, & les juridictions concernant ces objets.

Le feptième traite de la marine, des amirautés & de tous les offices qui y ont rapport.

Le huitième concerne les différens corps de troupes, & tous les grades ou offices qui y ont rapport; & l'on y traite auffi de l'hôtel royal des invalides, & de l'école royale militaire.

Le neuvième a pour objet la nobleffe, les feigneuries, les ordres de chevalerie, & les gouvernemens militaires des provinces & des villes.

Le dixième traite du clergé, tant féculier que régulier, des économats, des banquiers expéditionnaires en cour de Rome, des confiftoires d'Alface & des rabins des juifs.

Le onzième concerne les collèges, les univerfités, les académies, & les arts libéraux.

Enfin, le douzième & dernier livre traite des rapports établis entre les pères & les enfans, les maris & les femmes, les maîtres & les domeftiques, les feigneurs & leurs vaffaux.

# LISTE ALPHABÉTIQUE

*Des jurisconsultes & gens de lettres qui ont jusqu'à présent, coopéré avec l'éditeur à la composition de l'ouvrage (1).*

## MESSIEURS,

BOUCHER D'ARGIS, père, avocat au parlement de Paris, & conseiller au conseil souverain de Bouillon. ( *B.-D.-A.-P.* )

BOUCHER D'ARGIS, fils, conseiller au parlement de Paris. ( *B.-D.-A.-F.* )

DE SÈZE, avocat au parlement de Paris, & précédemment au parlement de Bordeaux. ( *D.-S.* )

GARRAN DE COULON, avocat au parlement de Paris. ( *G.-D.-C.* )

HENRION DE PENSEY, avocat au parlement de Paris. ( *H. D.-P.* )

MERLIN, avocat au parlement de Flandres, secrétaire du Roi, maison & couronne de France. ( *M.* )

ROBIN DE MOZAS, avocat au parlement de Paris, & précédemment au parlement de Grenoble. ( *R.-D.-M.* )

TREILHARD, avocat au parlement de Paris, & inspecteur général du domaine de la couronne. ( *T.* )

---

(1) Les lettres qui sont à la suite du nom de chaque auteur servent de signature aux chapitres qui lui appartiennent. Les chapitres de l'éditeur sont sans signature.

TRAITÉ

# TRAITÉ

## DES DROITS,

### FONCTIONS, FRANCHISES, EXEMPTIONS,

### PRÉROGATIVES ET PRIVILÉGES

Annexés en France à chaque Dignité, à chaque Office & à chaque État, soit Civil, soit Militaire, soit Ecclésiastique.

## LIVRE PREMIER.

### CHAPITRE PREMIER.

*Du Roi & de la Couronne de France.*

En mettant à la tête de notre Ouvrage l'auguste nom du Monarque qui nous gouverne, nous ne faisons qu'obéir à l'impression du sentiment, & suivre l'ordre naturel des matières.

*Le Roi n'est qu'un avec son Peuple* (1). Nous parlons donc, en quelque forte,

(1) Discours de Louis XV, tenant le parlement de Paris le 3 mars 1766.

Tome I.

A

de toute la Nation ; en nous occupant de lui.

Le Roi est la source de tous les honneurs, de toutes les dignités, de tous les offices ; c'est donc par sa personne sacrée que nous devons commencer le tableau des honneurs, des dignités, des offices de France.

Un sujet aussi noble & aussi important exige sans doute bien des détails : pour y mettre le plus d'ordre & de clarté qu'il nous sera possible, nous les diviserons en vingt-deux sections principales.

Dans la première, nous définirons le caractère & l'état de Roi en France.

Dans la seconde, nous déterminerons les manières d'acquérir & de transmettre ce caractère & cet état.

Dans la troisième, nous passerons en revue tout ce qui concerne le sacre, l'éducation, la majorité, le mariage & la mort de nos Rois.

Dans la quatrième, nous parlerons des titres d'honneur & des armoiries qui annoncent & décorent en France la majesté royale.

Dans la cinquième, nous examinerons les rapports de nos Rois avec les nations étrangères.

Après cela, nous considérerons le Roi au milieu de son peuple, & nous tracerons une esquisse de tous les droits attachés au trône.

A cet égard, le royaume de France peut, comme tous les autres, être considéré sous deux faces, c'est-à-dire, ou comme un corps politique, ou comme une assemblée de personnes attachées au culte de l'Être-Suprême.

Nous examinerons donc d'abord quels sont les droits du Roi dans son royaume, considéré comme corps politique.

Et pour donner une idée nette de ces droits, nous les classerons chacun selon le genre qui lui est propre.

Nous parlerons en premier lieu des droits du roi dans l'ordre féodal, & ce sera le sujet de la sixième section.

La septième aura pour objet les droits du Roi dans l'ordre législatif.

La huitième, les droits du Roi dans l'ordre judiciaire.

La neuvième, les droits du Roi dans l'ordre militaire.

La dixième, le droit de battre monnoie.

La onzième, le droit de lever des impositions.

La douzième, le droit d'accorder des grâces.

La treizième, le droit de créer des offices & d'en nommer les titulaires.

La quatorzième, le droit d'établir des foires.

La quinzième, le droit de permettre aux communautés d'exister dans l'état, d'y faire des acquisitions, & d'aliéner leurs biens.

La seizième, le droit de recevoir & d'expulser les juifs.

La dix-septième, le domaine & les droits domaniaux de la couronne.

Après ces détails, nous examinerons quels sont les droits du Roi dans son royaume, considéré comme une assemblée de chrétiens.

Nous envisagerons d'abord ces droits sous un point de vue général, & dans les rapports que les deux puissances ont entr'elles. Ce sera la matière de la dix-huitième section.

Dans la dix-neuvième, nous parlerons de l'obéissance que nos Rois prêtent au pape lors de son avènement au souverain pontificat.

Dans la vingtième, nous examinerons si le Roi peut être excommunié.

Dans la vingt-unième, il sera question de savoir si le Roi, considéré comme membre de la république chrétienne, doit être réputé simple laïc, & quels sont les titres qui le distinguent à cet égard tant de ses sujets que des autres souverains.

La vingt-deuxième traitera des droits du Roi dans la disposition des bénéfices ecclésiastiques.

## SECTION PREMIÈRE.

*Du caractère & de l'état de Roi en France.*

Le mot *Roi*, en latin *Rex*, dérive de *regere*, & signifie par conséquent celui qui régit, qui gouverne.

De là cette définition que M. le Bret (1), d'après Amian Marcellin, nous donne de la royauté : c'est, dit-il, la charge de veiller & de pourvoir au salut d'autrui. *Cura salutis aliena.*

De là l'idée de Senèque, qu'un Roi doit être par sa vigilance, le gardien de toutes les maisons; par son travail, le conservateur du repos de tous ses sujets ; par son activité industrieuse, l'auteur de tous leurs plaisirs ; & par ses occupations constantes, le défenseur & l'appui de leur sécurité. *Omnium domos, illius vigilia; omnium otium, illius labor; omnium delicias, illius industria; omnium vacationem, illius occupatio defendat.*

De là enfin, le tableau symbolique que Dion Chrisostome nous fait de la royauté. C'est, dit-il, une Déesse : le grand Hercule l'a vue assise sur un trône, tenant à la main un sceptre, accompagnée d'un vénérable vieillard qui sembloit lui donner des conseils, & de trois autres Divinités qu'on nommoit la Justice, la Loi & la Paix.

On comprend aisément que si le nom de Roi exprime par-tout l'idée d'un homme qui en gouverne d'autres, cette idée peut être modifiée de différentes manières, & que les changemens des temps ou des lieux peuvent la diversifier à l'infini.

En effet, sans parler des pays où les Rois sont despotes, ( parce que c'est par abus qu'on a appliqué au desporisme la dénomination de royauté, ) il en est où les Rois sont Souverains, c'est-à-dire, revêtus d'une autorité qui n'est soumise qu'à Dieu & à la raison, & d'autres où ils ne le sont pas.

L'indépendance absolue, dit Stoesser (1), n'est pas une condition indispensable pour la royauté. On a vu de grands états payer tribut à d'autres couronnes, sans perdre les droits de la royauté. Par exemple, la Transylvanie s'est engagée d'envoyer un certain nombre de troupes aux Turcs. Presque tous les Rois d'Europe, d'Asie & d'Afrique dépendoient de la république romaine, & n'en étoient pas moins Rois.

M. le Bret (2) confirme la même assertion par un autre exemple. « Le Roi » de Danemarck, en la solemnité de son » couronnement, promet de ne faire » mourir ni confisquer aucun homme » noble, & qu'il en laissera le jugement » au sénat ; que tous les gentilshommes » auront juridiction & puissance de con- » damner à mort leurs vassaux, sans » appel; qu'il ne prendra point de part » aux amendes ni aux confiscations, & » qu'il ne pourra contrevenir à toutes ces » choses sans le consentement de son » peuple. Il y a grande apparence de » soutenir que ce Roi ne soit pas en- » tièrement Souverain, puisque par ce » serment il remet à ses vassaux les prin- » cipaux droits de la Souveraineté. »

La Pologne & l'Angleterre ont des Rois qui jouissent encore bien moins de la Souveraineté.

Quel est donc à cet égard l'état de la France ? Il est bien certain que le Roi qui la gouverne ne dépend d'aucune do-

---

(1) Traité de la Souveraineté, chap. 1.

(1) *Tractatus de auspicio Regum.* Cet ouvrage, qui a été fait à l'occasion du couronnement de Frédéric de Brandebourg, nouveau roi de Prusse, a été imprimé à Hale, *in* 4°.

(2) Traité de la Souveraineté, chap. 2.

mination étrangère, & c'est une vérité qui sera particulièrement développée dans la section cinquième de ce chapitre. Mais est-il Souverain respectivement à ses sujets? Le premier qui régna sur nos pères, fit-il avec eux une convention pour déterminer la nature & fixer l'étendue du pouvoir qu'ils lui donnoient? Y a-t-il un traité, un contrat primitif, une loi fondamentale enfin, qui décide d'une manière précise, la question de savoir si nos Rois ont la plénitude de la Souveraineté.

Il n'existe point en France de lois écrites sur ce point; mais un long usage y supplée. Une impression secrette & générale, dont on chercheroit en vain la cause, porte les peuples au gouvernement qui leur convient; ils s'agitent ou dans leur liberté ou dans leurs chaînes, jusqu'à ce qu'ils soient placés sous l'espèce de domination qui s'assortit à leur trempe particulière. Tel a été le sort des François.

Sous la première race, l'autorité des Rois étoit renfermée dans des bornes assez étroites. Les Francs, descendus des Germains, conservèrent long-temps leurs mœurs, & l'on sait que chez les Germains, la royauté, pour être héréditaire, n'empêchoit pas le corps de la nation de se choisir des Chefs à qui appartenoit le commandement des armées (1). «Voilà, dit Montesquieu (2), les Rois de la première » race, & les maires du palais; les premiers étoient héréditaires, les seconds » étoient électifs. »

Souvent, il est vrai, la puissance du Chef étoit réunie dans la main du Roi. « C'est par la dignité royale que nos » premiers Rois furent à la tête des tri- » bunaux & des assemblées, & donnèrent » des lois du consentement de ces assem- » blées: c'est par la dignité de Duc ou » de Chef, qu'ils firent leurs expéditions

» & commandèrent leurs armées ». Ce sont encore les termes de Montesquieu.

On ne voit pas en effet que la Nation ait eu des chefs sous Clovis ni sous ses quatre fils. Toujours à la tête des François, ils les menoient de victoire en victoire, & leur faisoient oublier la différence de la qualité de Roi d'avec la qualité de Chef.

Thibault, fils de Théodebert, prince jeune, foible & malade, fut le premier des Rois qui resta dans son palais. Il refusa de faire une expédition en Italie contre Narsès, & il eut le chagrin de voir les Francs se choisir deux chefs qui les y menèrent (1).

Des quatre enfans de Clotaire I, Gontran fut celui qui négligea le plus de commander les armées: d'autres Rois suivirent cet exemple: & pour remettre, sans péril, le commandement en d'autres mains, ils le partagèrent entre plusieurs chefs ou ducs (2). Mais cette politique entraîna des inconvéniens sans nombre: il n'y eut plus de discipline, on ne sut plus obéir, il fallut en venir à faire un duc unique, & l'on donna toute la puissance aux maires du palais.

On sait que de tous les maires, le duc Pepin fut celui qui dégrada le plus l'autorité des Rois. Ce qu'il y a d'étonnant, c'est que le délire de la nation pour sa famille ait été, en 714, jusqu'à choisir pour maire Théobalde, son petit-fils, qui étoit encore dans l'enfance (3).

Indépendamment du partage que l'autorité royale souffroit par l'existence des maires, même sous ceux des Rois de la première race, qu'on distingue du nombre des *fainéans*, il y avoit dans la constitution

---

(1) *Reges ex nobilitate, duces ex virtute sumunt.* Tacit. de morib. German.

(2) Esprit des lois, liv. 31, chap. 4.

(1) Agathias, liv. 1; Grégoire de Tours, liv. 4, chap. 9; Montesquieu, liv. 31, chap. 4.

(2) Grégoire de Tours, liv. 5, chap. 27; liv. 8, chap. 18 & 30, liv. 10, chap. 3; chronique de Frédégaire, chap. 78, sur l'an 636.

(3) Continuateurs de Frédégaire, sur l'an 714, chap. 104.

politique de ces temps-là, une raison très-particulière pour ne pas regarder ces princes comme de vrais ſouverains : la puiſſance légiſlative, cette puiſſance ſans laquelle il n'y a point de ſouveraineté, ils ne l'avoient pas : c'étoit dans le corps des prélats & des ſeigneurs qu'elle réſidoit, & elle emportoit avec elle le droit de connoître de toutes les affaires les plus importantes de l'état.

C'étoit un reſte des uſages des Germains, chez qui, ſelon Tacite, les princes délibéroient ſur les petites choſes, & la nation ſur les grandes. *De minoribus principes conſultant, de majoribus omnes.* On pouvoit même, ſuivant cet auteur, porter devant l'aſſemblée de la nation, la connoiſſance des crimes capitaux. *Licet apud concilium accuſare & diſcrimen capitis intendere.*

Ces uſages ſe conſervèrent chez les Francs après la conquête des Gaules. Nous voyons que dès le temps de Clovis, les grands du royaume s'aſſembloient chaque année dans un champ qu'on appeloit le *Champ de Mars*, parce que ces diètes ſe tenoient au commencement du mois de mars. Ces aſſemblées avoient pluſieurs objets : on y faiſoit la revue des troupes ; on y délibéroit de la guerre & de la paix ; on y travailloit à la réformation des abus du gouvernement, de la juſtice & des finances. C'étoit là qu'on donnoit des tuteurs aux Rois mineurs ; qu'on faiſoit entre les enfans du monarque défunt, le partage de ſes tréſors & de ſes états ; qu'on déterminoit le jour & le lieu pour l'inauguration du prince ſucceſſeur au trône ; qu'on inſtruiſoit le procès des grands criminels (1).

Le Roi préſidoit à ces aſſemblées. Il étoit accompagné des grands officiers de la couronne, du maire du palais, de l'apocriſiaire ou aumônier, du grand échanſon & du référendaire ou chancelier. Il propoſoit ou faiſoit propoſer par le maire de ſon palais, les queſtions qu'on devoit examiner : la pluralité des voix emportoit la déciſion. Ce que la diète avoit prononcé, devenoit loi de l'état (1). Donnons-en des exemples.

A la tête de la loi des Allemands, on lit qu'elle a été rédigée du temps de Clotaire, par ce roi, trente évêques, trente-quatre ducs, ſoixante-dix comtes, & le reſte du peuple. *Lex Alamannorum quæ temporibus Clodarii Regis cum principibus ſuis, id ſunt XXX epiſcopis, & XXXIV ducibus, & LXX comitibus, vel cætero populo conſtituta eſt* (2).

Childebert, dans un décret ſur la juſtice & ſur la police générale du royaume, dit qu'il a fait ces conſtitutions avec les grands de l'état. *Unà cùm noſtris optimatibus pertractavimus ;* que ces choſes ont été réglées par lui & par ſes leudes (3).

Clotaire II, dans un édit de l'an 615, déclare que cette loi a été délibérée & inſtituée par lui, par les évêques, par les grands, les principaux ſeigneurs de la nation, & les fidèles ou vaſſaux de la couronne. *Hanc deliberationem quam cùm pontificibus vel cùm magnis viris, optimatibus aut fidelibus noſtris, in ſynodali concilio inſtituimus* (4).

Le Roi lui-même étoit, pour ſes actions privées, ſoumis aux déciſions de la diète. Chilpéric I, roi de Soiſſons, infidèle au ſerment qu'il avoit fait, en épouſant Galſuinde, fille du roi des Viſigoths, avoit laiſſé rallumer dans ſon cœur des feux illégitimes ; la reine s'en plaignit dans une aſſemblée des états, & on obligea le Roi de jurer qu'il rempliroit ſes engagemens (5).

---

(1) L'abbé Vély, hiſt. de France, tom. 1.

(1) *Ibid.*
(2) Alamannic. antiquit. tom. 1, pag. 11.
(3) *Decreta Childeberti regis*, capit. tom. 1, pag. 18.
(4) Capit. tom. 1, pag. 22 & ſeq.
(5) L'abbé Vély, loc. cit.

Sous la seconde race, les assemblées générales, qui avoient été interrompues par la tyrannie de quelques maires du palais, furent rétablies. Elles commencèrent sous Pepin le Bref à se tenir au mois de mai, & elles furent pour cette raison nommées les _Assemblées du champ de mai._

Charlemagne, qui étoit si puissant, ne laissa point de les continuer. C'est là qu'il fit ces ordonnances si célèbres qu'on appela _Capitulaires_, parce qu'elles avoient été faites dans les assemblées ou _chapitres_ généraux des grands du royaume.

Au mois de mars 779, ce prince publia un capitulaire concernant la discipline ecclésiastique, les juges, les impôts, la sûreté publique & auquel les évêques, les abbés & les comtes, assemblés avec leur très-pieux seigneur, avoient donné leur consentement. _Qualiter congregatis in unum synodali concilio episcopis, abbatibus, virisque illustribus comitibus, unà cùm piissimo domino nostro consenserunt_ (1).

Le même empereur forma un capitulaire de vingt chapitres de la loi salique, de la loi romaine & de la loi gombette, par l'avis & du consentement des évêques, abbés, comtes, ducs & autres qu'il avoit assemblés dans son palais à Aix-la-Chapelle. _Cùm consensu & consilio constituit_ (2).

Nous pourrions citer encore la publication solemnelle faite à Paris dans une de ces assemblées qu'on appeloit _mallum publicum_, de plusieurs chapitres ajoutés par Charlemagne à la loi salique. Le comte Etienne les fit lire dans cette assemblée en présence des échevins; & ceux-ci, avec les évêques, les abbés & les comtes, y donnèrent leur consentement, promirent de les observer, & les signèrent tous de leur propre main (3).

L'usage de porter ces lois dans la forme qu'on vient de retracer, ne perdit rien de sa force sous Louis-le-Debonnaire. Il duroit encore sous Charles-le-Chauve. Il est même dit expressément dans l'article 6 du capitulaire fait sous ce prince en 864, qu'il faut pour porter une loi, le concours du consentement de la nation & de la sanction du Roi. _Lex consensu populi fit & constitutione Regis._

« Tels sont ( disoit encore Charles-le-Chauve, à la fin d'une de ses ordonnances ), tels sont les capitulaires de notre père, que les François ont jugé à propos de reconnoître pour loi, & que nos fidèles ont résolu dans une assemblée générale d'observer en tout temps ».

La suite des Rois de la seconde race n'offre que confusion, anarchie, & violences. Le système féodal s'affermit plus que jamais, les grands vassaux usurpent toute l'autorité, & la majesté royale n'est plus qu'un vain titre.

Que d'efforts & de politique il a fallu à Hugues-Capet & à ses premiers successeurs, pour se ressaisir de la puissance attachée au sceptre ! Mais, chose étonnante, avec infiniment moins de ressources que n'en avoient eues Clovis & Charlemagne, ils parvinrent insensiblement à un degré de souveraineté que n'avoient jamais atteint ces deux princes. Comment donc s'est opéré une révolution aussi surprenante ? C'est ce qu'il faut expliquer.

La France étoit alors divisée en pays du domaine du Roi, & en ce qu'on appeloit pays des barons, ou en baronies,

_____

(1) Capit. tom. 1, pag. 595.
(2) Ibid. pag. 595.
(3) Anno tertio Clementissimi domini nostri

Caroli Augusti, sub ipso anno, hæc facta capitula sunt, & consignata Stephano comiti, ut hæc manifesta faceret in civitate Parisiis in mallo publico, & illa legere faceret coràm scabineis. Quod ita & fecit. Et omnes in uno consenserunt, quòd ipsi voluissent omni tempore observare usquè in posterùm. Etiam omnes scabini, episcopi, abbates, comites manu propriâ subtersignavêrunt. _Ibid._ pag. 391.

& pour nous fervir des termes des établiffemens de faint Louis, en *pays de
l'obéiffance-le-Roi*, & en *pays hors l'obéiffance-le-Roi* (1).

L'habitude où les peuples avoient été
fous la feconde race, dans chaque grand
fief, de fe foumettre aux ordres abfolus
du baron qui en avoit la propriété, fit
que Hugues-Capet, en montant fur le
trône, exerça fans partage, comme fans
contradiction, la puiffance fouveraine fur
les provinces qu'il avoit poffédées auparavant comme duc & comte.

Auffi quand ce prince & fes fucceffeurs
faifoient des ordonnances pour les pays
de leurs domaines, ils n'employoient que
leur feule autorité.

Il en étoit autrement dans les terres
poffédées par les feudataires de la couronne. Le Roi n'y étoit confidéré que
comme feigneur dominant : le royaume
n'étoit, à leur égard, qu'un grand fief ;
& aux marques de l'autorité royale que
nous y voyons actuellement briller de
toutes parts, étoit fubftitué un fimple
droit feigneurial.

C'eft delà qu'en 1040 Etienne & Thibault, fils d'Eudes II, comte de Champagne, prirent les armes contre le Roi
Henri Ier, & ne voulurent point, avant
de prendre poffeffion de leurs terres, en
faire hommage à ce prince, fuivant la loi
des fiefs. Ils fe fondoient fur le refus
qu'il avoit fait de fecourir leur père contre
l'empereur Conrad-le-Salique. Le devoir
en effet étoit réciproque entre le feigneur
& le vaffal. Si celui-ci étoit obligé de
fervir le fupérieur dans fes guerres,
celui-là ne l'étoit pas moins de donner
fecours à l'inférieur, pour défendre le fief
qu'il tenoit de lui. Mais cette raifon ne
pouvoit avoir lieu à l'égard d'Eudes :
l'empereur Conrad n'avoit point armé

pour le dépouiller des provinces qu'il poffédoit à titre de vaffal de la couronne, mais
pour l'empêcher de s'approprier la Bourgogne, dont il avoit été inftitué feul &
unique héritier (1).

Ce fut encore parce que le royaume
étoit gouverné comme un grand fief, que
fous Louis IX, Pierre de Dreux, fur-
nommé Mauclerc, comte de Bretagne,
prétendit fe retirer de l'hommage du Roi,
parce que ce prince avoit refufé de faire
juger *en fa cour* un différend qui le concernoit.

On conçoit bien par-là que le Roi ne
pouvoit alors rien ordonner de lui-même
dans les terres de fes vaffaux : feulement
il tenoit fes affemblées générales, ou *cours
plenières*, où les pairs & barons fiégeoient
avec lui. Mais ces affemblées n'étoient
plus, comme fous les deux premières races,
repréfentatives des deux premiers ordres
de la nation, le clergé & la nobleffe ; les
pairs & les barons n'y intervenoient que
pour leurs propres intérêts, & le congrès
qu'ils formoient n'étoit dans la vérité
qu'un *placité* (2) ou *parlement* (3) féodal.

De là vient la différence qu'il y avoit
alors relativement à la légiflation entre
les domaines du Roi & ceux des grands
vaffaux. On a déjà dit, que dans les premiers, la feule volonté du monarque faifoit les lois. Mais pour les feconds, fes
ordonnances n'y avoient lieu qu'autant
que les feigneurs à qui ils appartenoient,
les avoient foufcrites, ou qu'ils trouvoient
à propos de les recevoir. C'eft ce que
prouvent les ordonnances de Philippe-
Augufte fur les fiefs & fur la juridiction
eccléfiaftique, celle de Louis VIII fur les

---

(1) Voyez Beaumanoir, Défontaines, & les
établiffemens, liv. 2, chap. 10, 11, 15 &
autres.

(1) L'abbé Vély, hift. de France.

(2) Les épitres de Fulbert prouvent que fous
le roi Robert, fils de Hugues-Capet, les féances
judiciaires étoient encore qualifiées de *placités*.

(3) On ne voit pas que le mot *parlement*
ait été employé dans le langage vulgaire avant
Louis-le-Jeune.

Juifs , & les chartres rapportées par M. Bruffel , notamment celles de faint Louis fur le bail & le rachat des terres & la majorité féodale des filles (1).

Il y a plus. Les arrière-vaſſaux étoient dans les mêmes termes avec les grands vaſſaux. Par exemple , les établiſſemens de faint Louis n'avoient pas été donnés du conſentement des ſeigneurs, quoiqu'ils ſtatuaſſent fur des choſes qui étoient pour eux d'une grande importance : ainſi ils ne furent reçus que par ceux qui crurent qu'il leur étoit avantageux de les recevoir. Robert, fils de faint Louis, les admit dans ſon comté de Clermont ; mais ſes vaſſaux ne crurent pas qu'il leur convînt de les faire pratiquer chez eux (2).

Peu à peu, la différence des domaines du Roi d'avec ceux des ſeigneurs par rapport à la légiſlation s'éclipſa , & l'on tint pour maxime que les ordonnances émanées du trône devoient faire loi dans toute l'étendue de la monarchie.

Une innovation auſſi frappante n'a pas été l'effet d'une ſeule cauſe , & l'on pourroit peut-être porter fort loin l'énumération des circonſtances qui y ont concouru: nous les réduiſons à ſix. 1°. L'exemple de ce qui ſe pratiquoit dans les domaines du Roi a dû influer puiſſamment dans ceux des barons. On voyoit les ordonnances du Roi exécutées dans ſes domaines , ſans que les ſujets ni les ſeigneurs euſſent concouru à les former : ces ordonnances étoient ſages & n'avoient pour objet que le bonheur des peuples ; on les adopta d'abord par convenance, & inſenſiblement la convenance ſe changea en obligation.

C'eſt ce qu'on remarque fur-tout par rapport aux établiſſemens de faint Louis. Ce prince, frappé des abus de la juriſprudence de ſon temps , chercha à en dégoûter les peuples ; il fit pluſieurs réglemens pour les tribunaux de ſes do-

maines, & pour ceux de ſes barons ; & il eut un tel ſuccès, que Beaumanoir (1), qui écrivoit très-peu de temps après la mort de ce prince, nous dit que la manière de juger établie par faint Louis, étoit pratiquée dans un grand nombre de cours des ſeigneurs.

Ainſi ce prince remplit ſon objet , quoique ſes réglemens pour les tribunaux des ſeigneurs n'euſſent pas été faits pour être une loi générale du royaume , mais comme un exemple que chacun pourroit ſuivre , & auquel même chacun auroit intérêt de ſe conformer. Il ôta le mal , en faiſant ſentir le meilleur. Quand on vit dans ſes tribunaux , quand on vit dans ceux des ſeigneurs qui l'avoient imité , une manière de procéder plus naturelle, plus raiſonnable, plus conforme à la ſaine morale, à la religion, à la tranquillité publique, à la ſûreté des perſonnes & des biens , on la prit, & on abandonna l'autre.

Inviter, quand il ne faut pas contraindre ; conduire, quand il ne faut pas commander ; c'eſt l'habileté ſuprême, dit Montesquieu. La raiſon a un empire naturel; elle a même un empire tyrannique : on lui réſiſte , mais cette réſiſtance eſt ſon triomphe ; encore un peu de temps, & l'on ſera forcé de revenir à elle.

2°. Une autre cauſe qui contribua beaucoup à l'extenſion univerſelle de la ſouveraineté de nos Rois , fut l'établiſſement des juges royaux dans les provinces.

La première tentative que firent nos Rois pour ne pas laiſſer les ſeigneurs maîtres abſolus dans leurs provinces, fut d'y envoyer des commiſſaires qui ſe nommoient *miſſi dominici* ; à l'inſtar de ceux qu'on députoit ſous la première & ſous la ſeconde race , mais avec cette différence, que les premiers étoient envoyés par le Roi pour examiner ſes propres juges, au lieu que ceux-ci alloient examiner les ſeigneurs qui

---

(1) Tom. 2, liv. 3 , pag. 35.
(2) Montesquieu, liv. 28 , chap. 29.

(1) Chap. 61.

ſ'étoient

s'étoient emparés de la justice royale. Ces nouveaux commissaires, qui s'appelèrent alors *Juges des Exempts*, devoient tenir en respect les seigneurs, éclairer de près leurs actions, recevoir les plaintes que les sujets formoient contre eux ou leurs officiers, & vider sommairement ces plaintes, si faire se pouvoit, sinon, les renvoyer aux grandes assises du Roi. Cet établissement, à jamais mémorable, fut l'ouvrage des quatre frères Garlandes & de l'abbé Sugger, ministre de Louis-le-Gros (1). A la vérité, il éprouva des contradictions de la part d'un grand nombre de seigneurs, mais c'étoit déjà beaucoup que d'en avoir formé l'entreprise & de n'avoir pas échoué par-tout.

3°. A l'usage d'envoyer dans les provinces les commissaires dont on vient de parler, succéda la création de grands baillis dans les villes qui se trouvoient réunies au domaine, & qui n'étoient alors que quatre, *toutes les autres villes & bailliages de France appartenans aux ducs & comtes.* Ces quatre grands bailliages étoient Vermandois, Sens, Mâcon, & Saint-Pierre-le-Mouftier. Quand ces baillis furent créés, il fut question de les employer de façon qu'ils pussent attirer à eux la connoissance de quelques affaires des villes des seigneurs. On imagina pour cela les *cas royaux*, c'est-à-dire, ce qui intéressoit le Roi; car cela ne s'étendoit pas encore à ce qui regardoit le public. Le motif de cet établissement fut que, comme il arrivoit souvent dans les terres des seigneurs certains cas où le Roi avoit intérêt, il n'étoit pas raisonnable que le Roi demandât justice à ses sujets ou vassaux, & qu'il étoit naturel que ses juges en prissent connoissance. On comprend aisément que ces cas royaux devoient s'étendre plus ou moins, suivant le plus ou le moins de puissance des seigneurs; qu'on tentoit davantage sur les plus foi-

bles, & qu'on prenoit patience avec les plus opiniâtres. Dès que le Roi avoit réuni quelque ville au domaine, la justice de ce domaine devenoit celle du Roi, & aussi-tôt on créoit un nouveau bailli qui attiroit par l'attribution des cas royaux, toutes les causes qu'il pouvoit du tribunal des seigneurs voisins. Nous avons un édit de 1190, par lequel Philippe-Auguste, devenu plus grand terrien que ses prédécesseurs, établit des baillis dans toutes les principales villes (1).

4°. Ce n'étoit pas assez d'avoir diminué la puissance des seigneurs, en leur enlevant la connoissance de plusieurs affaires qu'on rangeoit dans la classe des cas royaux; on parvint encore à rendre les officiers du Roi juges d'appel des sentences rendues par les officiers des seigneurs, & cette voie étoit plus sûre que l'autre pour diminuer l'autorité des seigneurs: les cas royaux ne pouvoient pas embrasser tout, l'appel au contraire étoit général, & l'on sent qu'un juge dont les sentences peuvent être réformées, perd beaucoup de son pouvoir, tandis que le juge qui a le droit de connoître du bien ou mal jugé, possède la véritable autorité.

Le premier prétexte dont on se servit pour introduire l'usage des appels, fut la *défaute de droit*: les hauts-seigneurs refusoient-ils justice? on se pourvoyoit à la cour du Roi *per viam querelæ*: les hauts-seigneurs jugeoient-ils contre la loi des fiefs? autre cas d'appel; & ce second cas devoit s'étendre fort loin, puisque tout homme qui perdoit son procès, ne manquoit pas de dire qu'on l'avoit jugé contre la loi.

Il ne faut pourtant pas croire qu'on en usât ainsi avec tous les hauts seigneurs. Il y en avoit de si puissans qu'ils jugeoient en dernier ressort. Tels étoient principalement le duc de Normandie & le comte de Toulouse. Mais leur exemple ne fut

---

(1) Voyez le président Hénault.

(1) *Ibid*,

pas aussi contagieux qu'on eût pu le
craindre : déjà, sur la fin du treizième
siècle, il étoit ordinaire qu'on appelât
des sénéchaux du duc de Guyenne au parlement de Paris : cela est justifié par les
lettres-patentes du roi Philippe-le-Hardi,
du mois de juin 1283, selon lesquelles il
donna au roi d'Angleterre, duc d'Aquitaine, toutes les amendes qui seroient
prononcées contre ses vassaux par les arrêts
rendus sur l'appel des jugemens des sénéchaussées de Gascogne, d'Agénois, de
Quercy, de Périgord, de Limosin & de
Saintonge.

5°. Mais ce n'étoit rien, en comparaison de ce qui restoit à faire, que d'avoir
fait de l'appel une voie de droit commun ;
les juges de cet appel, quand il étoit porté
au parlement, étoient les barons, c'est-à-
dire, les despotes mêmes sans le concours
desquels on prétendoit que le Roi ne
pouvoit rien ordonner dans leurs terres.
Il n'étoit pas aisé sans doute de faire réformer par de tels juges, les sentences qui
ne contrevenoient qu'aux lois du prince.
La politique demandoit donc qu'on fermât
l'entrée du parlement à ces seigneurs.

On sait comment ce grand ouvrage,
préparé par Philippe-le-Bel, fut achevé par
ses successeurs ; comment le nom fut conservé & la chose totalement changée ;
comment on introduisit dans le parlement
des clercs & des légistes ; comment ces
clercs & ces légistes hérissés de formes &
de textes qu'ils avoient puisés dans les
décrétales des papes & dans les compilations de Justinien, parvinrent à dégoûter
des séances judiciaires, des barons qui ne
savoient pas lire ; comment les Rois en
vinrent à ne mettre aucun baron sur le
rôle de ceux qui devoient tenir le parlement, & à ne donner des gages qu'à ceux
qui étoient sur le rôle ; comment ils formèrent pendant long-temps le parlement
à leur gré, en envoyant tous les ans le
rôle de ceux qui devoient faire le service ;
comment, enfin, en conférant par la suite

ces places à vie, & en les rendant après
cela héréditaires, ils consommèrent irrévocablement l'exclusion des hauts-seigneurs du droit d'occuper ces mêmes places
sans mission particulière.

Ce fut alors sur-tout que la souveraineté reposa sur une base solide. Par le
moyen du ressort de toutes les justices
seigneuriales au parlement, la puissance
législative étoit ôtée indirectement aux
seigneurs & transportée dans la main du
Roi, parce que le parlement, en jugeant
les procès, ne suivoit & n'approuvoit
d'autres ordonnances que celles du prince.

6°. Mais ce qui a achevé d'élever à son
vrai point de perfection, l'autorité de nos
Rois, ce sont les réunions successives des
grands fiefs au domaine de la couronne.

On sent en effet que ces réunions,
chef-d'œuvre de la politique de nos Rois,
durent assimiler les nouveaux domaines
aux anciens, & que comme dans ceux-ci
la puissance souveraine ne connoissoit aucun partage, il en dut être de même dans
ceux-là.

C'est ainsi que le gouvernement françois, d'*aristocratique* qu'il étoit à certains
égards sous les deux premières races (1),
est devenu *monarchique*, dans toute
l'étendue de ce terme, & que le renver-
sement du système féodal qui, dans l'origine, avoit porté des atteintes si violentes
à l'autorité royale, fut le germe d'une
puissance inconnue jusqu'alors dans l'état.

Je ne sais si cette observation est neuve,
mais elle ne s'accorde guères avec les
idées de la plupart des publicistes que j'ai
lus. M. le président Hénault, entr'autres,
ne voit dans l'abolition de l'anarchie féodale, que le rétablissement de la véritable
monarchie : après avoir parlé de quelques
usages que la féodalité avoit introduits &
qui subsistoient dans toute leur force au

_____

(1) Par le moyen du concours des grands à la
formation des lois & au réglement de tout ce
qui intéressoit le plus l'état.

commencement de la troisième race, il ajoute : « Il faut convenir que de tels » usages ne font guères conformes aux » idées que nous nous fommes faites d'un » état monarchique ; il falloit bien de la » prudence & de la fuite pour rétablir » les chofes en l'état où elles étoient du » temps de Charlemagne. »

Affurément, du temps de Charlemagne, le gouvernement n'étoit pas monarchique, puifque la puiffance légiflative étoit partagée entre le Roi & la nation. *Lex confenfu populi fit & conftitutione Regis.* Ce font les termes d'un capitulaire que nous avons déjà cité. M. le préfident Hénault, & tous ceux qui ont écrit ou penfé comme lui, fe font donc évidemment trompés.

Je fais bien qu'on a quelquefois prétendu que la nation avoit encore le même droit de prendre part à la formation des lois, que fous Charlemagne & fes premiers fucceffeurs ; qu'elle exerçoit ce droit par le miniftère des états généraux, lorf-qu'ils étoient affemblés, & hors de ce cas, par l'organe des parlemens, qui en font les repréfentans *ftables & inamovibles.* Je fais même que ces affertions ont été adoptées & foûtenues par les premiers états de Blois en 1577 ; je fais que l'inf-truction des députés de ces états, qui fe trouve dans le tome 1 des mémoires de Nevers, pag. 449, établit comme maxime conftante, que les états doivent participer à la légiflation, « d'où vient, ajoute cette » inftruction, qu'il faut que tous édits » foient vérifiés & contrôlés ès cours de » parlemens, lefquelles combien qu'elles » ne foient qu'une forme des trois états, » raccourcie au petit pied, ont pouvoir » de fufpendre, modifier & refufer lef-» dits édits ». Je fais enfin qu'on a quel-quefois vu les cours fouveraines, agiffant en conféquence de ces principes, oppofer à la volonté légiflative de nos Rois, une réfiftance formelle, & fufpendre par des arrêtés particuliers, l'exécution des ordon-nances qu'elles avoient été contraintes d'enregiftrer.

Je ne fuis ni l'adulateur de l'autorité, ni le courtifan de la fortune ; les foupleffes de l'ambition, les efpérances de la flat-terie, les lâchetés de l'intérêt me font également inconnues ; mais je fuis ami de la vérité, je dois donc la dire : je fuis jurifconfulte, je dois donc parler d'après les principes. Or, cette vérité, ces prin-cipes, les voici.

Le gouvernement françois eft monar-chique, perfonne n'en doute. Or, dans toute monarchie, le pouvoir légiflatif eft néceffairement tout entier dans une feule main : s'il eft divifé, le gouvernement devient républicain ; ainfi fous le nom de royaumes, l'Angleterre & la Pologne font de véritables républiques, dont les chefs portent une couronne.

Les lois fondamentales de la monarchie françoife font peu nombreufes, & pré-fentent un fens clair & à la portée du commun des fujets. Elles établiffent :

1°. L'indépendance de la couronne ; *ly Roi ne tient de nulluy, fors de Dieu & de luy* (1).

2°. L'autorité abfolue du monarque dans la formation des lois, autorité qui réfide pleinement, uniquement & effen-tiellement dans la perfonne du Roi. *Si veut le Roi, fi veut la loi,* difent nos plus anciennes conftitutions (2).

3°. L'inaliénabilité de cette autorité fuprême, fuivant la formule du ferment que les Rois de la troifième race jufqu'à Louis VIII, prononçoient à leur facre : « Je garderai inviolablement LA SOUVE-» RAINETÉ, les droits, les prééminences » de la couronne de France, je ne les » tranfmettrai à qui que ce foit, ni ne » les aliénerai (3). »

_____

(1) Etabliffemens de faint Louis, liv. 1, chap. 76.

(2) Loifel, inftit. coutum. liv. 1, art. 2.

(3) Cérém. de France, tom. 1, pag. 76.

Ainsi un seul Roi indépendant, absolu, qui ne tient que de Dieu un pouvoir dont il ne doit compte qu'à lui seul; pouvoir qu'il ne peut ni diviser ni détruire, & qu'il transmet nécessairement à son successeur légitime dans toute sa plénitude, comme il l'a reçu de ses ancêtres; pouvoir qui soumet indistinctement & également à son autorité le premier prince de son sang & le dernier de ses sujets; pouvoir dont il doit à la vérité, pour les besoins de l'état, communiquer une portion à ceux qu'il honore de sa confiance, mais dont la plénitude réside toujours dans sa personne; pouvoir qui ne peut être restreint que par lui-même, sans qu'aucune volonté particulière ou générale ait le droit d'en arrêter le cours. Telle est la constitution d'une monarchie, tel est le gouvernement françois.

On dira que je ne mets entre la monarchie & le despotisme aucune différence réelle, & je conviens qu'à mes yeux le pouvoir du prince est aussi entier, aussi absolu dans l'une que dans l'autre. Mais aussi n'est-ce pas là une vérité de principe? Ecoutons Montesquieu (1) : « Quoique » la manière d'obéir soit différente dans » ces deux gouvernemens, le pouvoir est » pourtant le même. De quelque côté » que le Monarque se tourne, il emporte » & précipite la balance, & est obéi. » Toute la différence est que dans la » monarchie, le Prince a des lumières. »

Ainsi, dans le gouvernement despotique, c'est un maître qui commande à des esclaves; il ne connoît ni représentations, ni délais, ni ménagemens; une volonté momentanée & capricieuse, voilà la seule règle. Dans la monarchie, au contraire, c'est un père qui, voulant manifester ses volontés à ses enfans, les invite à l'éclairer de leurs lumières, & leur ordonne de lui montrer la vérité.

C'est, pour me servir des termes de Sully, un *administrateur* préposé par l'Être-Suprême au gouvernement d'un état, qui doit *représenter aux peuples celui dont il tient la place par ses qualités & ses perfections*, qui, en aucun cas, n'est *dispensé de faire connoître les raisons de sa conduite, ou même d'en avoir*. Enfin, c'est un chef qui fait couler par des canaux moyens le pouvoir politique & civil dont il est la source, & qui, pour en assurer le dépôt, le confie à des corps stables, assez voisins du trône pour être en état de l'éclairer, & en même-temps assez à portée du peuple pour avoir sa confiance, & lui faire aimer une autorité dont ils sont les organes (1).

Mais si ce père, si cet administrateur, si ce chef, après avoir manifesté sa volonté, après avoir pesé, dans le conseil de sa sagesse, les raisons que ses enfans, que ses officiers, lui opposent, persévère dans les ordres qu'il a cru devoir tracer, c'est qu'il a des vues supérieures & il doit être obéi; *car enfin, il faut que le droit demeure à quelqu'un*. On verra dans l'instant que c'est la maxime du président Hénault.

On ne peut disconvenir qu'il ne puisse résulter quelques inconvéniens d'une pareille autorité. Témoin le règne de Louis XI, qui ne respecta rien, qui traita ses sujets en esclaves, & disposa de leurs biens comme si c'eût été son patrimoine. Mais aussi voyez dans les mémoires de Comines (2), de combien d'inquiétudes dévorantes, de combien de noirs soupçons étoient semés tous les instans de ce malheureux prince, & comptez que ses imitateurs seront toujours infiniment rares. Toutes les fois qu'un Roi qui ne sera ennemi ni de la raison, ni de sa gloire, ni de ses propres intérêts, verra ses sujets aux pieds du trône, lui démontrer qu'une loi nou-

_____

(1) Liv. 3, chap. 10.

(1) Voyez Montesquieu, *loc. cit.*
(2) Liv. 6, chap. 7 & 12.

velle eſt injuſte, ou contraire au bien public, n'en doutons point, il reconnoîtra lui-même la ſurpriſe faite à ſa puiſſance, & il retractera ſa première volonté. Cette réflexion eſt juſtifiée par une longue expérience, & elle ſuffit ſeule pour diſſiper toutes les allarmes.

Au ſurplus, Louis XI a-t-il fait diſparoître les rangs intermédiaires ? a-t-il détruit le dépôt des lois ? a-t-il anéanti les corps politiques, faits pour les annoncer lorſqu'elles ſont portées, & pour les rappeler lorſqu'on les oublie ? Rien de tout cela ; c'eſt à lui, au contraire, que la magiſtrature eſt redevable de la loi qui déclare les officiers royaux inamovibles (1) ; les abus qu'il a faits de ſon pouvoir n'ont donc pas même altéré la conſtitution monarchique.

Cherchera-t-on, pour empêcher que ces abus ne ſe renouvellent un jour, à les corriger par des remèdes qui ne peuvent convenir qu'à un gouvernement républicain, & le monarque cédera-t-il, ſous ce prétexte, une partie quelconque de ſon autorité ſuprème ? Mais d'abord ce ſeroit changer la conſtitution établie depuis ſix ou ſept ſiècles dans l'état. Enſuite, quels troubles, quelle confuſion ne naîtroient pas d'une condeſcendance auſſi funeſte ! On commenceroit par diſputer ſur le plus ou le moins d'étendue de la prérogative royale ; bientôt il ſe formeroit des cabales & des factions, qui dégénéreroient infailliblement en guerres civiles, & à la fin le ſort des armes régleroit la forme du gouvernement. C'eſt l'expérience de tous les temps & de tous les lieux.

Que le Souverain, pour raſſurer ſes peuples contre les abus d'une autorité abſolue, prenne les précautions qui ſont compatibles avec la nature de cette autorité : qu'il laiſſe à la Nation, lorſqu'elle eſt aſſemblée, ou aux corps politiques

qu'il a établis pour en être les gardiens, la liberté de lui faire des remontrances, ſoit avant, ſoit après la publication de ſes lois ; c'eſt tout ce qu'on peut deſirer de lui. Par là, il conciliera l'amour qu'il doit à ſes peuples comme père, avec le pouvoir qu'il a ſur eux comme Roi ; le droit de faire les lois, avec le deſir de n'en faire que de bonnes ; la liberté nationale avec ſon autorité ſuprème ; il ſe prémunira contre les ſurpriſes qui pourroient être faites à ſa religion, & ne ceſſera point d'être Monarque.

On oppoſera toujours inutilement à des vérités auſſi manifeſtes, les aſſertions contenues dans l'inſtruction des premiers états de Blois. Eſt-ce dans les faſtes de la ligue qu'il faut étudier la conſtitution du gouvernement françois ? Tout le monde connoît la poſition orageuſe de l'état à cette époque, & les eſpérances dont quelques princes étrangers flattoient les états généraux pour opérer une révolution en leur faveur. Eſt-il étonnant que, dans de pareilles circonſtances, on ait avancé la propoſition inouie juſqu'alors, que les états doivent concourir à la formation des lois, & qu'ils participent eſſentiellement à la puiſſance légiſlative ?

Pour mieux appercevoir le faux de cette propoſition, remontons avec Paſquier à l'inſtitution des états généraux, & ſuivons-les dans leurs progrès.

Voici les termes par leſquels Paſquier commence ſon ſeptième chapitre : « Encore que quelques-uns qui penſent » avoir bonne part aux hiſtoires de la » France, tirent l'aſſemblée des états d'une » bien longue ancienneté, voire ſur elle » établiſſent toute la liberté du peuple ; » toutefois ni l'un ni l'autre n'eſt véritable. »

Et en effet, ſous la première & la ſeconde race de nos Rois, les aſſemblées connues dans l'hiſtoire ſous le nom de *placités généraux*, n'étoient compoſées que de prélats & de ſeigneurs. Au com-

____

(1) Voyez l'édit de ce prince, du 21 octobre 1467.

mencement de la troisième race, les barons étoient seuls appelés à la *cour du
Roi*, en qualité de *pairs*. Ainsi dans un
temps comme dans l'autre, ce n'étoit pas
la *nation* qui coopéroit au gouvernement.
Le Roi, il est vrai, ne pouvoit rien ordonner de lui-même ; mais que conclura-
t-on de cet usage ? Le principe qui lui avoit
donné l'existence est détruit depuis long-
temps, & d'ailleurs tout ce qui pourroit
en résulter, c'est que l'état devroit encore
être considéré comme une grande aristo-
cratie, prétention qu'on n'a jamais ha-
sardée, ni dans les troubles de la ligue,
ni postérieurement.

Sous Philippe-le-Bel, on voit pour la
première fois la nation réunie dans une
assemblée générale. Ce Prince avoit cru
que les besoins où il se trouvoit, l'autorisoit à exiger d'abord le centième, puis
le cinquantième des revenus de ses sujets.
Cette nouveauté ayant excité une révolte
à Paris, à Rouen & à Orléans, où l'on mit
en pièces tous les préposés à la perception
de l'impôt, Enguerrand de Marigny,
surintendant des finances, lui conseilla
d'exposer lui-même les nécessités de l'état
à ses peuples dans une assemblée générale, à laquelle il convoqueroit avec les
prélats & seigneurs, les députés de toutes
les bonnes villes, ( c'est-à-dire, de celles
qui jouissoient du droit de commune, )
qu'on appela dès-lors *tiers-état*. Il sentit
que les peuples, flattés d'une telle confiance, s'empresseroient de lui offrir leurs
fortunes ; & c'est ce qui détermina la
première convocation d'*états-généraux*,
dont la tenue se fit à Paris, sur un grand
échafaud que le Roi fit dresser, comme
nous l'apprend Guillaume de Nangis.

Philippe-le-Bel ne fut pas trompé dans
ses espérances. « Ayant fait remontrer,
» dit Pasquier, aux syndics des trois états,
» par l'organe d'Enguerrand de Marigny,
» les urgentes affaires qui le tenoient assié-
» gé, pour subvenir aux guerres de Flan-
» dres,... on lui présenta corps & biens. »

Pasquier explique le motif naturel de
cette bonne volonté dans le peuple,
lorsque le Roi lui fait l'honneur de requérir ses services. « Se voyant chatouillé,
» dit-il, du vent de cet honneur, il se
» rend plus hardi promoteur à ce qu'on
» lui demande. »

« L'heureux succès, ajoute Pasquier,
» de ce premier coup d'essai se tourna
» depuis en coutume, non tant sous Louis-
» Hutin & Charles-le-Bel, que sous la
» lignée des Valois, & spécialement sous
» le roi Jean, aidé en ceci des instructions
» & mémoires de Charles V son fils ;
» lequel ne fut pas sans raison surnommé
» *le Sage* après sa mort. »

On voit donc que l'objet primitif de la
convocation des états-généraux, fut la
levée des aides & subsides. Ils ne s'assembloient que pour y consentir & la faciliter.
C'est ce qui a fait faire à Pasquier cette réflexion : « En ces générales convocations,
» il en prend à nos Rois tout d'une autre
» sorte qu'il ne fait aux papes, aux con-
» ciles généraux de l'église ; car l'on dit
» qu'il ne se fait guères de concile géné-
» ral, auquel on ne retranche aucune-
» ment une partie des entreprises de la
» cour de Rome sur les évêques & ordi-
» naires...... Au contraire, on ne fit as-
» semblée générale des trois états en
» France, sans accroître les finances de
» nos Rois. »

La tenue des états-généraux ne pro-
duisit que de bons effets jusqu'au règne du
roi Jean. Ceux que ce prince convoqua
en 1355, pour obtenir une aide, furent
la première occasion où l'on s'apperçut
des inconvéniens d'une institution qu'on
avoit cru ne pouvoir être que salutaire ;
& ces inconvéniens furent encore mieux
sentis dans l'assemblée qui fut tenue au
mois de mai 1356, pendant la prison du
roi Jean. Les créatures du roi de Navarre,
qui portoit la vue sur le trône de France,
vinrent souffler la discorde & mutiner les
esprits : les états oublièrent le motif de

leur convocation, & voulurent y donner un objet plus relevé. Appelés feulement pour avifer aux moyens de fubvenir aux néceffités publiques, ils cherchèrent à s'ériger en juges des motifs qui pouvoient déterminer le prince à la paix ou à la guerre. Le tiers-état fur-tout, ordre nouveau dans la monarchie, & qui bien fûrement ne pouvoit pas fe prévaloir des exemples de la première ou de la feconde race, ofa entreprendre de difcuter les droits & d'affigner les limites de l'autorité fouveraine. Fier de l'influence qu'il avoit néceffairement dans les délibérations, parce que c'étoit fur lui que tomboit la plus grande partie des impôts, on le vit régler & réformer en plufieurs points l'adminiftration publique, forcer le régent de deftituer le chancelier & le premier préfident, affigner la répartition & la levée, fixer l'emploi, & décider du maniement des finances.... Mais du moins dans cette conjoncture, les états avoient un motif pour prétendre à une autorité auffi relevée ; le Roi étoit dans les fers, & l'on pouvoit dire que fon pouvoir fufpendu ne devoit être exercé que par la Nation affemblée.

Les états-généraux continuèrent d'avoir lieu fous les règnes fuivans ; on voit dans les mémoires de Philippe de Comines (1), que lors de ceux qu'on tint à Tours en 1483, « furent faites aucunes requêtes » & remontrances en la préfence du roi » ( Charles VIII ) & de fon confeil, en » grande humilité. pour le bien du » royaume, remettant toujours tout au » bon plaifir du Roi & de fon confeil ». Ce n'étoit plus là le ton des états de 1356. Cependant Charles VIII étoit encore mineur.

Parmi les affemblées fuivantes, il s'en trouva quelques-unes qui cherchèrent à profiter des circonftances pour s'arroger

beaucoup d'autorité. Les mémoires de Nevers nous en montrent un grand exemple dans le temps de la ligue. Mais les Rois, de leur côté, prirent à tâche de reftreindre les délibérations des états aux objets relatifs à leur première inftitution, en les affujétiffant à une forme certaine, en vertu de laquelle ils étoient tenus de préfenter au Roi des cahiers qui renfermoient leurs vœux, & à côté de chaque article le Roi mettoit *accordé* ou *refufé*. Sur ceux qu'il avoit accordés, on formoit une ordonnance, qui portoit le nom du lieu où les états avoient été affemblés, mais dans laquelle le Roi parloit en vrai Souverain.

Témoin celle d'Orléans, Voici de quelle manière s'y exprime Charles IX, encore mineur : « Savoir faifons que *fur les* » *plaintes, doléances & remontrances* des » députés des trois états de notre royaume, » rédigées par écrit en la convocation & » affemblée d'iceux, faites & continuées » en notre ville d'Orléans, au mois de » décembre dernier : icelles au long vues » en notre confeil, où ont affifté notre » très-honorée dame & mère, notre » très-cher oncle le roi de Navarre, les » princes de notre fang, feigneurs & » gens de notre confeil ; avons, par leur » avis, confeil & mûre délibération, fait » & autorifé, faifons & autorifons les » ordonnances qui enfuivent.... »

Ce n'eft fûrement point là le langage d'un prince qui ne fait que partager l'autorité légiflative. C'eft celui d'un monarque qui écoute les *plaintes* & les *remontrances* de fes fujets, & qui difpofe en conféquence des égards qu'elles lui paroiffent mériter.

L'article 149 juftifie parfaitement cette idée. « Et quant aux articles des cahiers » préfentés par les députés des trois états, » concernant tant le fait de la juftice » qu'autre, fur lefquels n'avons par ces » préfentes, ordonné aucune chofe : nous » avons réfervé & réfervons y pourvoit

_____
(1) Liv. 5, chap. 18.

» ci-après, ainsi que par avis de notre » conseil verrons & connoîtrons bon » être. »

Voilà bien le vrai monarque. Il permet à ses sujets assemblés de l'éclairer de leurs lumières, il les invite à lui montrer la vérité, mais là finit leur ministère. Le Roi pèse leurs observations dans sa sagesse, il les balance avec les motifs qui le déterminent, & de ce coup-d'œil qui embrasse l'ensemble, il juge les avantages & les inconvéniens de la loi : ce n'est qu'après cela qu'il commande, & alors sans doute on lui doit la plus parfaite soumission.

Nous remarquons le même esprit dans les ordonnances de Roussillon, de Moulins & de Blois, même droit de remontrance de la part des états-généraux, même puissance législative dans le souverain ; & c'est-là ce qui est propre à la nation Françoise, ce qui constitue sa liberté & sa sûreté, ce qui distingue enfin le *sujet* d'avec l'*esclave*.

Une des assemblées générales dont on se prévaut le plus contre le pouvoir exclusif du Roi en matière de législation, est celle qu'on tint à Rouen en 1596, & qui est connue dans notre histoire sous le nom d'*assemblée des notables*. On prétend trouver dans le discours qu'y tint Henri IV, la reconnoissance au moins implicite du droit des états-généraux, de concourir à la formation des lois. Mais que porte ce discours, si digne d'ailleurs de la haute idée qu'on a d'un aussi bon Roi ? Le voici.

« Si je faisois gloire de passer pour un » excellent orateur, j'aurois apporté ici » plus de belles paroles que de bonne » volonté ; mais mon ambition tend à » quelque chose de plus haut que de » parler ; j'aspire aux glorieux titres *de* » *libérateur & de restaurateur de la France*. » Par la grâce divine, par les bons con» seils de mes serviteurs qui ne font pro» fession des armes, par l'épée de ma » brave & généreuse noblesse, par mes

peines & mes labeurs, je l'ai sauvée de » perte ; sauvons-là à cette heure de » ruine. Participez, mes sujets, à cette » seconde gloire avec moi, comme vous » avez participé à la première. Je ne vous » ai point ici appelés, comme faisoient » mes prédécesseurs, pour vous obliger » d'approuver aveuglément mes volon» tés : je vous ai fait assembler pour » recevoir vos conseils, pour les croire » & pour les suivre, en un mot, pour me » mettre en tutelle entre vos mains : c'est » une envie qui ne prend guères aux » Rois, aux barbes grises, & aux victo» rieux comme moi ; mais l'amour que » je porte à mes sujets, & l'extrême desir » que j'ai de conserver mon état, me » font trouver tout facile, tout hono» rable. »

Ainsi parla Henri IV, & sans doute jamais père ne parla mieux à ses enfans. Mais faut-il prendre à la lettre les termes que sa bonté lui dictoit ? Croira-t-on qu'en disant : « Je vous ai fait assembler » pour recevoir vos conseils, pour les » croire & pour les suivre, en un mot, » pour me mettre en tutelle entre vos » mains », son intention fût de renoncer à la souveraineté ? Si l'on pouvoit s'en douter, il suffiroit de l'entendre lui-même un instant après, pour se convaincre du contraire.

En effet, la séance finie, le Roi demanda à la duchesse de Beaufort, sa maîtresse, qui avoit entendu le discours, cachée derrière une tapisserie, ce qu'elle en pensoit : « Je n'ai jamais, dit-elle, ouï » mieux parler ; j'ai été seulement sur» prise d'entendre votre majesté parler » de se mettre en tutelle ». *Ventre-saint-gris*, lui répondit le Roi, *il est vrai ; mais je l'entends avec mon épée au côté.*

De tout ce qui vient d'être dit sur les états-généraux, il résulte que nos Rois, en les convoquant, n'ont ni supposé, ni reconnu dans le corps de la Nation, un vrai droit de participer à la puissance législative ;

législative ; qu'en difcontinuant de les venir, ils n'ont point privé la nation de ce droit ; & par fuite, que quand même les parlemens feroient, fuivant les termes de l'inftruction des députés de Blois, *une forme d'états-généraux raccourcie au petit pied*, ils n'auroient pas le droit de réduire le pouvoir légiflatif du fouverain, à la feule faculté de leur propofer fes volontés, en fe réfervant d'en empêcher l'exécution.

Tel eft cependant le fyftème qu'on a hafardé dans l'encyclopédie, au mot *Enregiftrement*. Voici un extrait de cet article, qui peut être regardé comme la bafe de toutes les autres erreurs où l'on eft tombé fur l'autorité royale. « La vérification eft » un examen que les cours font des lois » qui leur font envoyées par le Roi, tant » pour vérifier par les formes nationales » fi le *projet* de loi qui leur eft préfenté, » eft émané du trône, ou fi au contraire » les lettres ne font pas fuppofées ou » falfifiées, que pour délibérer fur la » publication & enregiftrement d'icelles, » & *confentir au nom de la nation* que le » *projet* de la loi foit enregiftré & exé- » cuté, en cas qu'il y ait lieu de *l'ap-* » *prouver*. »

Oppofons à ces principes ceux de quelques-uns de ces grands magiftrats, que la nation regarde, avec raifon, comme les oracles de fon droit public.

« Les compagnies fouveraines, dit M. » le Bret (1), doivent perfévérer dans » leurs remontrances, jufqu'à ce qu'elles » aient obtenu quelque chofe, ou qu'elles » en aient du tout perdu l'efpérance ; car » alors, il faut fe réfoudre à l'obéiffance, » fuivant la conftitution de l'empereur » Juftinien, & de l'édit que le roi » Charles IX fit publier touchant les » remontrances des magiftrats ; autre- » ment, la majefté & l'autorité royale » feroit par ce moyen fujette aux vo-

» lontés de fes officiers, ce qui feroit trop » préjudiciable à l'état. »

M. le préfident Hénault n'eft pas moins formel (1). « Les princes, dit-il, font des » hommes : ils peuvent fe tromper, ils » peuvent être trompés ; leur fageffe eft » de vouloir être avertis : ils en ont fait » un devoir aux magiftrats, parce que » comme les magiftrats font plus près du » peuple, ils fentent mieux fes befoins. » Mais, d'un autre côté, comme le fecret » de l'état ne peut leur être confié, ils » ignorent fouvent les motifs & la nécef- » fité de telle ou telle loi. C'eft ce fecret » de la domination que Tacite appelle » *jus dominationis & arcana imperii*. Qu'en » réfulte-t-il ? C'eft qu'après avoir rempli » le devoir de leurs fonctions, après » avoir expofé la vérité, comme ils la » voient, leur réfiftance doit finir où la » volonté du prince, plus inftruit qu'eux, » perfifte dans fa détermination ; qu'il eft » de l'ordre qu'ils fe foumettent, parce » que le droit doit enfin refter à quel- » qu'un ; parce qu'aux termes de l'édit » de Charles IX, *l'autorité royale feroit* » *au contraire fujette aux volontés de fes* » *officiers ; ce qui feroit trop préjudiciable* » *à la majefté d'un roi de France, laquelle* » *eft fi pleine & fi abfolue, qu'elle fe laiffe* » *bien modérer aux remontrances d'un fénat,* » *mais non jamais s'y affujétir* ; & parce » qu'enfin ce qui étoit fait pour le bien » général, en deviendroit le trouble & » en pervertiroit l'ufage.... N'altérons pas » des maximes fi fages. Éclairer le » prince et lui obéir, tels font les » vrais principes. »

Le 14 janvier 1719, M. de Lamoignon, avocat général, demandant au parlement de Paris la fuppreffion d'un libelle relatif à la conftitution *Unigenitus*, parla de l'autorité fouveraine qu'on vouloit attribuer aux états-généraux du royaume,

---

(1) Traité de la fouveraineté, liv. 2, chap. 6.

(1) Abrégé chronol. de l'hift. de France.

lorsqu'ils font affemblés. Voici fes termes: « Nous ne reconnoiffons en France d'autre » fouverain que le Roi ; c'eft fon autorité » qui fait les lois. *Si veut le Roi, fi* » *veut la loi.* Les états-généraux du » royaume n'ont que la voie de la remon- » trance & de la très-humble fupplication ; » le Roi défère à leurs doléances & à » leurs prières, fuivant les règles de fa » prudence & de fa juftice ; car s'il » étoit obligé de leur accorder toutes » leurs demandes, dit un de nos plus » célèbres auteurs, il ceffetoit d'être leur » Roi. Delà vient que pendant l'affemblée » des états-généraux, l'autorité du parle- » ment ne reçoit aucune diminution ; & » dans les procès-verbaux des derniers » états tenus à Paris dans les années 1614 » & 1615, nous trouvons une preuve de » cette vérité (1). »

M. Gilbert, collègue du magiftrat qu'on vient d'entendre, tint le même langage dans le difcours qu'il prononça le 4 février fuivant, pour faire fupprimer les libelles adreffés fous le nom du roi d'Efpagne aux *trois états de la France* (2).

Ecoutons encore M. le chancelier d'Aguelfeau, cet homme qu'on n'accufera fûrement pas d'avoir méconnu ou altéré les vrais principes de notre gouvernement. « Vous, ( difoit-il au parlement de Paris » dans le lit de juftice tenu par Louis XV » au château de Verfailles le 3 feptembre » 1732, ) vous, à qui le Roi veut bien » communiquer une partie fi importante » de fon autorité, vous n'en êtes que » plus obligés à donner l'exemple de la » foumiffion qui lui eft due, & à lui » montrer, par votre conduite, comme » vos pères le difoient autrefois, que *fi* » *l'obéiffance étoit perdue dans ce royaume,* » *on la retrouveroit dans votre compagnie.* » —— Avec de telles difpofitions, vous

pouvez être fûrs d'obtenir un accès » favorable auprès du trône de fa majefté: » que le zèle qui vous y amène, foit » toujours accompagné de ces fentimens » refpectueux & foumis qui animoient » vos prédéceffeurs, & qui donnoient » tant de poids à leurs repréfentations, » lorfqu'ils proteftoient hautement, que » *parlant devant leur Roi & leur maître,* » *leurs remontrances ne fignifioient que des* » *fupplications & des prières.* —— Tel a été » le langage des magiftrats qui, dans des » temps moins tranquilles que ceux où » nous vivons, portoient au Roi les » vœux de cette compagnie.... »

Nous avons déjà cité Henri IV ; revenons encore à ce bon Roi : perfonne n'a mieux connu ni plus refpecté que lui les droits de la nation. Cependant écoutons le difcours qu'il tint aux députés du parlement de Paris, le 8 janvier 1599, lorfqu'ils vinrent lui annoncer les motifs du refus que faifoit leur compagnie d'enregiftrer un de fes édits : « Quand vous ne voudrez » vérifier l'édit, vous me ferez aller au » parlement : vous ferez ingrats quand » vous m'aurez caufé cet ennui.... La né- » ceffité m'a fait faire cet édit : par la » même néceffité, j'ai autrefois fait le » foldat ; on en a parlé, je n'en ai pas » fait le femblant. Je fuis Roi mainte- » nant, & je parle en Roi : je veux être » obéi. »

La même année, Henri IV porta en faveur des proteftans le célèbre édit de Nantes. Lorfqu'il fut queftion de le faire enregiftrer au parlement, il s'y trouva beaucoup de difficultés & d'oppofitions, tant de la part de cette cour, que de celle du clergé & de l'univerfité. Le parlement avoit nommé des députés pour lui faire des remontrances fur cet édit. Après les avoir entendues, il leur dit, entr'autres, ces paroles remarquables : « Meffieurs, vous me voyez en mon ca- » binet, où je viens vous parler, non » point en habit royal, ni avec la cape

---

(1) Brillon, dictionnaire des arrêts, au mot *État*, n. 7.

(2) *Ibid.*

» & l'épée, comme mes prédécesseurs,
» ni comme un prince qui vient recevoir
» des ambassadeurs, mais vêtu comme
» un père de famille, en pourpoint, pour
» parler familièrement à ses enfans. J'ai
» reçu vos supplications & remontrances,
» tant de bouche que par écrit ; je rece-
» vrai toujours celles que me ferez de
» bonne part, comme gens affectionnés
» à mon service. Je prends bien les avis
» de mes serviteurs. Lorsqu'on m'en
» donne de bons, je les embrasse ; & si
» je trouve leur opinion meilleure que la
» mienne, je la change fort volontiers.
» Il n'y a pas un de vous qui, quand il
» voudra me venir trouver, & me dire :
» Sire, vous faites telle chose qui est
» injuste à toute raison, que je ne
» l'écoute volontiers. Il ne faut plus faire
» de distinction de Catholiques & de
» Huguenots ; il faut que tout soit bon
» François, & que les Catholiques con-
» vertissent les Huguenots, par l'exemple
» de leur bonne vie. Je suis Roi berger,
» qui ne veux répandre le sang de mes
» brebis ; mais je veux les rassembler
» avec douceur, &c. »

Henri IV étoit donc & vouloit être Souverain, dans toute l'étendue de ce terme. Eh ! ne semble-t-il pas que Louis XV faisoit revivre son esprit & ses sentimens, lorsque dans le lit de justice du 3 mars 1766, il posoit d'une main si ferme & si sage les véritables fondemens de la constitution monarchique.

« Les magistrats, disoit-il, sont
» mes officiers chargés du devoir vrai-
» ment royal de rendre la justice à mes
» sujets, fonction qui les attache à ma
» personne ; & qui les rendra toujours
» recommandables à mes yeux. Je con-
» nois l'importance de leurs services ; c'est
» donc une illusion qui ne tend qu'à
» ébranler la confiance par de fausses
» allarmes, que de supposer à la magis-
» trature des ennemis auprès du trône.
» Ses seuls, ses vrais ennemis sont ceux
» qui lui font tenir un langage opposé à

» ses principes ; qui lui font dire, que
» les parlemens *forment un corps.... comp-*
» *table de toutes les parties du bien public,*
» *non-seulement au Roi, mais aussi à la*
» *nation : qu'il est juge entre le Roi &*
» *son peuple ; que gardien du lien respectif,*
» *il maintient l'équilibre du gouvernement,*
» *en réprimant également l'excès de la*
» *liberté & l'abus du pouvoir : que les par-*
» *lemens coopèrent avec la puissance sou-*
» *veraine dans l'établissement des lois :*
» *qu'ils peuvent quelquefois, par leur seul*
» *effort, s'affranchir d'une loi enregistrée,*
» *& la regarder à juste titre comme non-*
» *existante : qu'ils doivent opposer une*
» *barrière insurmontable aux décisions*
» *qu'ils attribuent à l'autorité arbitraire,*
» *ainsi qu'aux ordres qu'ils prétendent*
» *surpris....*

» Entreprendre d'ériger en principes,
» des nouveautés si pernicieuses ; c'est
» faire injure à la magistrature, démentir
» son institution, trahir ses intérêts &
» méconnoître les véritables lois fonda-
» mentales de l'état. Comme s'il étoit
» permis d'oublier que c'est en ma per-
» sonne seule, que réside la puissance sou-
» veraine dont le caractère propre est
» l'esprit de conseil, de justice & de rai-
» son : que c'est de moi seul que mes
» cours tiennent leur existence & leur
» autorité : que la plénitude de cette au-
» torité, qu'elles n'exercent qu'en mon
» nom, demeure toujours en moi ; &
» que l'usage n'en peut jamais être tourné
» contre moi : que c'est à moi seul qu'ap-
» partient le pouvoir législatif, sans dé-
» pendance & sans partage : que c'est par
» ma seule autorité que les officiers de
» mes cours procèdent, non à la forma-
» tion, mais à l'enregistrement, à la
» publication & à l'exécution de la loi,
» & qu'il leur est permis de me remontrer
» ce qui est du devoir de bons & fidèles
» conseillers : que l'ordre public, tout
» entier, émane de moi : que j'en suis le
» gardien suprême : que mon peuple n'est
» qu'un avec moi ; & que les droits &

C ij

» les intérêts de la *nation*, dont on ose
» faire un corps séparé du monarque,
» sont nécessairement unis avec les miens,
» & ne reposent qu'en mes mains.

» Je suis persuadé que les officiers de
» mes cours ne perdront jamais de vue
» ces maximes sacrées & immuables, qui
» sont gravées dans le cœur de tout sujet
» fidèle....

» Leurs remontrances seront toujours
» reçues favorablement...... Mais si après
» que j'ai examiné ces remontrances, &
» qu'en pleine connoissance de cause,
» j'ai persisté dans mes volontés, mes
» cours persévéroient dans le refus de s'y
» soumettre, au lieu d'enregistrer *du*
» *très-exprès commandement du Roi,* for-
» mule usitée pour exprimer le devoir de
» l'obéissance : si elles entreprenoient
» d'anéantir, par leur seul effort, des lois
» enregistrées solemnellement : si enfin,
» lorsque mon autorité a été forcée de
» se déployer dans toute son étendue,
» elles osoient encore lutter contre elle....
» la confusion & l'anarchie prendroient
» la place de l'ordre légitime ; & ce spec-
» tacle scandaleux d'une contradiction
» rivale de ma puissance souveraine, me
» réduiroit à la triste nécessité d'employer
» tout le pouvoir que j'ai reçu de Dieu,
» pour préserver mes peuples des suites
» funestes de telles entreprises.... »

Ce discours n'est, comme l'on voit,
qu'une expression fidelle & exacte des
sentimens manifestés par Henri IV en
1599, des principes établis par M. d'Aguef-
seau en 1732, & de la doctrine enseignée
dans des ouvrages réfléchis, par MM. le
Bret & Hénault. Ces sentimens, ces principes, cette doctrine, ont été confirmés de la manière la plus positive par le
Roi régnant. Voici ce que portent les
articles 26 & 27 de l'ordonnance du mois
de novembre 1774, enregistrée au lit de
justice tenu à la même époque, pour le
rétablissement du parlement de Paris :
» Ordonnons que la déclaration du 11

» décembre 1566, & l'article 4 du titre
» premier de l'ordonnance de 1667, soient
» exécutés ; en conséquence, lorsqu'il nous
» aura plû, après avoir répondu aux re-
» montrances de nos parlemens, faire
» publier & enregistrer en notre présence,
» dans notre parlement de Paris, ou dans
» les parlemens de province, en présence
» des personnes chargées de nos ordres,
» aucunes ordonnances, édits, déclara-
» tions & lettres-patentes ; voulons que
» rien ne puisse en suspendre l'exécution,
» & que notre procureur général soit tenu
» de les envoyer dans tous les sièges du
» ressort, pour y être publiés & exécutés.
» — Dans les cas néanmoins où les offi-
» ciers de nos parlemens, après avoir
» procédé à l'enregistrement de nos or-
» donnances, édits, déclarations & lettres-
» patentes, de notre très-exprès comman-
» dement, & après la publication &
» enregistrement qui en auroient été faits
» en notre présence, ou en celles des per-
» sonnes chargées de nos ordres, estime-
» ront devoir encore, pour le bien de
» notre service, nous faire de nouvelles
» représentations, ils le pourront ; &
» cependant l'exécution desdites ordon-
» nances, édits, déclarations & lettres-
» patentes, ne sera suspendue en aucune
» manière, ni sous aucun prétexte. »

Résumons. Nous avons un Roi, c'est-à-
dire, nous sommes soumis depuis plusieurs
siècles à la volonté *d'un seul.* Cette volonté
ne doit pas être arbitraire, mais elle doit
être *suprême ;* le pouvoir qui en résulte
ne doit pas être despotique, mais il ne
peut être partagé ; & s'il est utile de ra-
lentir son action pour l'éclairer, il n'est
jamais permis de la suspendre pour l'in-
tercepter & pour l'éteindre.

On ne peut donc supposer dans le corps
de la nation, un véritable pouvoir de
*résistance* ( le cas de la violation expresse
du droit naturel excepté ) ; si on le suppose ce pouvoir, la nation devient juge,
elle sera prépondérante, dès-lors plus de
monarchie. Mais en admettant un droit

de *réclamation*, il faut convenir en même-temps que ce droit ne peut être illimité. Il faut nécessairement qu'il y ait un point où l'effort cesse, & ce point est marqué par la persévérance de la volonté suprême ; principe fondamental de toute monarchie proprement dite.

## SECTION II.

### Comment s'acquiert & se transmet la Couronne de France ?

Le premier qui fut Roi chez les Francs, le fut sans doute par élection : mais comme la royauté étoit héréditaire dans la Germanie, qui avoit été leur berceau, elle le fut aussi chez eux. Clovis avoit hérité la couronne de ses pères, il la transmit à ses enfans, & ils la conservèrent jusqu'à cette fameuse révolution qui plaça le maire Pépin sur le trône.

Il ne faut cependant pas croire que l'ordre de la succession à la couronne fût le même alors qu'il est aujourd'hui. On a vu, il est vrai, tous les descendans de Clovis se succéder sans interruption pendant plus de deux cents ans ; mais tantôt les frères partageoient également la monarchie, & tantôt un seul régnoit au préjudice des autres. Quelquefois même un Prince d'une branche éloignée étoit préféré aux enfans du Roi dernier mort. Ainsi la Couronne, toujours héréditaire à l'égard de la maison régnante, étoit élective par rapport aux différens Princes de cette maison ; & en cela, les Francs ne faisoient encore que maintenir un usage qu'ils avoient apporté de la Germanie : car Tacite dit que les Germains choisissoient leurs Rois comme leurs chefs ; mais que dans le choix des uns on consultoit le sang d'où ils étoient issus, tandis que dans celui des autres on ne considéroit que les qualités personnelles. *Reges ex nobilitate, duces ex virtute sumunt.*

On trouve sous la seconde race le même usage & la même forme.

La formule (1) de la consécration de Pépin nous présente Charles & Carloman ses fils, bénis & oints avec lui, & les seigneurs François s'obligeant, sous peine d'interdiction & d'excommunication, de n'*élire* jamais personne d'une autre race (2).

Pépin, se sentant près de sa fin, en 768, convoqua les prélats & les seigneurs à Saint-Denis, & partagea son royaume entre ses deux fils. Nous n'avons point les actes de cette assemblée : mais on trouve ce qui s'y passa dans l'auteur de l'ancienne collection historique mise au jour par Canisius (3), & dans celui des annales de Metz, comme l'a remarqué Baluze (4) ; & l'on y voit deux choses en quelque façon contraires : qu'il fit le partage du consentement des grands, & ensuite qu'il le fit par un droit paternel. « Cela prouve, » dit Montesquieu (5), « que le droit du » peuple dans cette race étoit d'élire dans » la famille ; c'étoit, à proprement parler, » plutôt un droit d'exclure, qu'un droit » d'élire. »

Cette espèce de droit d'élection se trouve confirmée par une foule d'autres monumens de la seconde race.

En 806, Charlemagne divise ses états entre ses trois enfans, & après avoir formé leur partage, il dit que « si un des trois » frères a un fils, tel que le peuple veuille » l'élire pour qu'il succède au royaume » de son père, ses oncles y consenti-» ront (6). »

Cette même disposition se trouve dans le partage que Louis-le-Débonnaire fit entre ses trois enfans, Lothaire, Pépin &

---

(1) Tome 5 des historiens de France, par les PP. Bénédictins, pag. 9.

(2) *Ut nunquàm de alterius lumbis Regem in ævo præsumant eligere, sed ex ipsorum.*

(3) Tome 2, *lectionis antiquæ.*

(4) Edition des capitulaires, tom. 1, p. 189.

(5) Liv. 31, chap. 17.

(6) Edition des capitulaires de Baluze, pag. 429 ; capitulaire de 806, art. 5.

Louis, en 817 (1) ; & elle reparoît encore dans le nouveau partage qu'il fit vingt ans après dans l'assemblée d'Aix-la-Chapelle, entre Pépin, Louis & Charles (2).

Le serment que Louis-le-Begue fit à Compiègne, lorsqu'il y fut couronné, est encore une preuve bien authentique du droit d'élection dont il s'agit : « Moi » Louis, constitué Roi par la miséricorde » de Dieu & l'élection du peuple, je » promets.... »

L'abbé Vély fait mention d'une lettre de Foulques, archevêque de Reims, à l'empereur Arnoul, qui établit clairement la même chose. Voici ce qu'elle porte : « Telle est la coutume de la nation Fran- » çoise, que les grands, sans aucune dé- » pendance, choisissent un prince de la » race royale, pour succéder au Roi, » quand il est mort. »

Le couronnement d'Eudes après la mort de Charles-le-Gros, & celui de Raoul après la victoire qu'il remporta sur Charles-le-Simple, ne s'accordent pas avec les monumens qu'on vient de passer en revue. Ni Eudes, ni Raoul n'étoient du sang royal, & cependant ils furent élevés sur le trône par les suffrages des grands.

Mais il y a plusieurs réponses à ces faits. D'abord, la légitimité de Charles-le-Simple n'étoit pas à l'abri de toute contestation. Louis-le-Begue, son père, l'avoit eu d'une seconde femme du vivant de la première ; & quoiqu'il ne manquât point alors d'exemples pour tolérer la polygamie dans les Rois, cela pouvoit toujours servir de prétexte pour exclure Charles-le-Simple de la succession à la couronne, & par conséquent pour rendre à la nation le droit de se choisir tel Roi qu'elle vouloit.

En second lieu, plusieurs auteurs prétendent qu'Eudes n'avoit été élu que tuteur de Charles-le-Simple, & que s'il se fit couronner Roi, ce ne fut que par

déférence pour les principaux seigneurs de la nation, qui lui jugeoient ce titre nécessaire pour réprimer les troubles & maintenir le bon ordre (1).

(1) Voici ce qu'en dit le continuateur d'Aimoin, liv. 5, chap. 41, *Odonem Franci, Burgundiones, Aquitaniensesque Proceres congregati in unum, licet reluctantem, tutorem Caroli pueri, regnique eligere gubernatorem, quem unxit Galterus, archiepiscopus Senonensis.*

René Macé, chronique françoise de Louis-le-Jeune, entre dans de plus grands détails. Voici comme il s'explique, chap. 9 :

« Mais regardons ce que les François firent en » pareil cas.

» Louis-le-Begue mort, » Avoit laissé la reine Régenfort » Enceinte, aucuns ogine l'ont nommée, » Bonne & très-sage elle étoit estimée, » Le Roi vivant si que plus gouvernoit » Qu'il ne faisoit & bien lui avenoit. » Les Pers pourtant lors tuteur ordonnèrent » A sa grossesse, & d'elle n'endurèrent » Estre régi, D'Anjou étoit consul » Eude nommé, & quelques jours tout seul » Administra jusqu'au temps que ogina » Fut de son fils dit Charles en gésine : » Lors Théodore & Bosso, desquels l'un » Sur l'autre entra dans la comté d'Autun, » Se dirent Rois, & chacun d'eux trouvèrent » Quelques Prélats qui tels les couronnèrent. » Et le feu Roi avoit deux autres fils, » Mais naturels, qui prindrent les profits » De toute France, Ores donc en ce trouble » Voyans les Pers que le danger redouble, » Et que chacun y est usurpateur, » Ont avisé que sous nom de tuteur » Eudes n'étoit assez craint : dont voulurent » Qu'il fût dit Roi, & leur Roi ils l'élurent » Tous d'un accord & sans condition. » Puis par royale administration » Tout mit en paix. Or fut ce fait inique » Contre l'enfant, en cas de bien public » Petit égard on a au bien privé : » La mère étoit fille au roi d'Angleterre, » Et vint secours avec son fils requerre : » Ne l'eut pourtant, Mais Eude à son trépas » Lui céda tout, disant ne pouvoir pas » La royauté descendre en sa lignée, » Puisque n'étoit celle des Rois fixée. »

Enfin, on peut dire, avec l'abbé Vély, que si Eudes & Raoul se sont emparés du trône, cela ne tire pas plus à conséquence que de voir dans la première race Gondebaud élevé sur un pavois. En effet, bientôt l'orage se dissipe, le fils de Charles-le-Simple est rappelé d'Angleterre, « & tous » les grands, dit un auteur qui écrivoit » peu de temps après (1), l'*élisent* pour » régner sur eux par le droit héréditaire » qu'il avoit à la couronne » : paradoxe en apparence, mais qui se trouve justifié par l'exemple du partage de Pépin, dont nous avons déjà parlé, & éclairci par le double droit que les princes de la seconde race tiroient également de leur naissance royale & du choix de la nation.

L'avènement de Hugues-Capet au trône après la mort de Louis V, dit *le Fainéant*, fut l'effet d'une élection libre. Ce prince n'étoit point du sang royal ; mais on prétendit, comme on l'avoit fait après la mort de Louis-le-Begue, que la nation étoit rentrée dans le droit pur & simple de se choisir un souverain. Charles, duc de la Basse-Lorraine, fils de Louis IV, & oncle du Roi dernier mort, étoit par sa naissance le seul habile à être élu. Mais il en fut exclus par le concours de plusieurs circonstances : on lui fit un crime de la foiblesse qu'il avoit eue de rendre hommage à l'empereur Othon ; on soutint que par-là il s'étoit rendu coupable de félonie & indigne de régner sur les François ; on alla même jusqu'à jeter des doutes sur son état, fondés sur les soupçons qu'on avoit eus autrefois de celui de son aïeul Charles-le-Simple : enfin, la nation se réunit en faveur de Hugues-Capet : il fut sacré & couronné à Reims le 3 juillet 987, & la mort de Charles de Lorraine suivie de celle de ses enfants sans postérité, acheva de purifier ce qu'il auroit pu y avoir d'injuste dans la préférence

qu'on lui avoit donnée sur l'héritier légitime (1).

Depuis Hugues-Capet, la couronne a été constamment déférée, sans partage, à l'aîné mâle des héritiers du Roi défunt. Mais le droit d'élection entre chacun d'eux ne fut pas pour cela aboli ; & cet ordre de succéder n'est devenu loi de l'état qu'après avoir été consacré par plusieurs exemples. L'histoire de l'association de Henri premier au trône, du vivant de Robert, prouve qu'on croyoit alors que la monarchie devoit encore se gouverner par le même esprit & par les mêmes maximes que sous la seconde race. On y voit bien l'hérédité incontestablement établie dans la maison nouvellement régnante, mais en même-temps il en résulte que l'élection avoit encore lieu entre les enfans des Rois, comme sous les deux races précédentes. « Le Roi, dit Glaber, » après la mort du prince Hugues son fils » aîné, commença à examiner en lui-» même lequel des trois fils qui lui res-» toient seroit le plus capable de lui » succéder au royaume ». On sent toute l'inutilité d'une pareille délibération, si le trône eût été dévolu de plein droit à l'aîné. Les évêques, gagnés par la reine Constance, qui n'aimoit point son fils aîné pour lequel le Roi sembloit pencher, demandèrent au moins qu'il ne fût rien décidé pendant la vie de Robert, touchant cette grande affaire. La reine se flattoit qu'après la mort du Roi, son crédit l'emporteroit sur celui de ce fils bien-aimé, qu'elle affectoit de représenter comme un esprit caché, foible & lâche. Mais qu'eseroient devenues toutes ces espérances, si la loi du royaume eût déterminé nécessairement les voix des électeurs en faveur de l'aîné ? Cependant le parti du prince Henri prévalut, continue Glaber, & le choix du

(1) Glaber. lib. 1, cap. 3, pag. 5.

(1) Voyez les dissertations de Buller, imprimées à Paris en 1771, pag. 118.

Roi soutenu du concours des grands, le mit enfin sur le trône.

Henri premier suivit l'exemple de son père. Pour éviter les dissensions trop ordinaires dans les élections, il fit sacrer de son vivant Philippe premier, son fils aîné (1). Philippe premier, Louis-le-Gros & Louis-le-Jeune en firent autant.

Ces associations établirent peu-à-peu l'hérédité linéale & agnatique : ce qui ruina insensiblement le pouvoir électif. Le sceptre parut enfin si affermi dans la main de l'aîné de la race de Hugues-Capet, que Philippe-Auguste ne crut pas même nécessaire de faire couronner Louis VIII son fils. La succession dans les aînés de chaque ligne devint une loi fondamentale de l'état, & telle qu'elle s'observe depuis plus de sept cents ans, sans que les cadets ou les aînés des branches cadettes aient fait éclater la moindre prétention au trône.

Jusqu'ici nous avons vu les Rois transmettre la couronne à leur famille ; mais nous n'avons encore rien dit sur la question de savoir si les femelles ou les mâles issus des femelles, doivent à cet égard être censés faire partie de la famille royale.

Il est certain que dès les premiers temps de la monarchie, les filles ont toujours été regardées comme incapables de succéder à la couronne, & qu'elles en ont été constamment exclues, non-seulement par leurs frères, mais encore par des parens éloignés.

Sans parler de Clovis premier qui, dit-on, succéda à son père Chilpéric, au préjudice de ses sœurs Albostède & Lantilde, nous voyons dans la première race ; Théobalde, roi d'Austrasie, mourir sans enfans, l'an 553, mais laissant deux sœurs, Wisi-garde & Ragnitrude, qui cependant ne lui succédèrent point. La raison, dit Agathias, auteur contemporain, c'est que la loi du pays appeloit à la couronne Childebert & Clotaire, comme ses plus proches parens mâles ; ils n'étoient cependant que ses grands oncles.

En 558, Childebert premier, roi de Paris, meurt laissant deux filles, Crotberge & Clodosinde, & la couronne passe à leur préjudice à Clotaire premier, roi de Soissons (1).

Vers 578, Chilpéric premier, roi de Soissons, avoit perdu tous ses fils : deux filles lui restoient encore. Voici, au rapport de Grégoire de Tours, le propos qu'il tint dans cette circonstance, aux ambassadeurs de Childebert II, roi d'Austrasie : « Je n'ai point de postérité masculine ; ainsi, le Roi, votre maître, fils de mon frère, doit être mon seul héritier. »

En 593, Gontran, roi d'Orléans & de Bourgogne, vint à mourir. Sa fille Clotilde lui survécut, suivant quelques auteurs. Cependant ses états passèrent à Childebert II, roi d'Austrasie, son neveu.

Sous Clovis II, la reine Bathilde, pendant sa première grossesse, craignoit de ne mettre au monde qu'une fille, & que faute d'héritier mâle, la couronne ne sortît de sa maison.

Dans la seconde race, c'est-à-dire, dans un temps où le royaume se partageoit encore entre les enfans de chaque Roi, nous voyons Charlemagne, Louis-le-Débonnaire & Louis-le-Begue laisser successivement plusieurs filles, & l'on ne met seulement pas en question si elles doivent prendre part, avec leurs frères, à la royauté. Le silence absolu de l'histoire sur leur compte est sans doute une preuve bien claire que leur exclusion ne souffrit nulle difficulté.

---

(1) Voyez ci-après, sect. 3, §. 1, le détail des cérémonies de ce sacre. Il prouve clairement qu'on regardoit encore en ce temps-là le royaume comme électif entre les princes du sang royal.

(1) *Nulla ei erat proles mascula quæ succederet in regnum, sed filias tantùm habens consenuerat, dit Agathias, lib. 2, pag. 44.*

Dans la troisième race, même régime, même ordre de succéder.

Louis-le-Hutin meurt le 5 juin 1316. Jeanne, sa fille unique, & le fruit dont la reine Clémence de Hongrie étoit enceinte, étoient ses seuls héritiers. Contestation sur deux points importans, la régence pendant la grossesse de la reine, & la succession à la couronne en cas que la reine accouche d'une seconde fille. Cette contestation est agitée entre Philippe-le-Long, oncle du feu Roi, & Jeanne soutenue par Eudes de Bourgogne. Après quelques débats, on signe, le 17 juillet 1316, un traité par lequel on stipule, 1°. que la régence appartiendra à Philippe; 2°. qu'en cas de naissance d'une fille posthume, la princesse Jeanne & cette fille auront ensemble le royaume de Navarre, avec les comtés de Champagne & de Brie, en renonçant à la couronne de France; 3°. que si elles ne veulent faire cette renonciation, « elles reviendront à leur » droit, tel comme elles le puchent & » doivent avoir en toute la descendue du » père, & leur en sera fait droit, & seront » sauves les resous d'une partie & d'au- » tre (1) ». Quelque temps après ce traité, qui ne concluoit rien de définitif, la reine Clémence mit au monde un prince qui fut nommé Jean, & qui ne vécut que huit jours. Sa mort renouvela les contestations. Eudes de Bourgogne prétendoit que Jeanne devoit être reine. L'affaire fut long-temps indécise. Philippe convoqua une grande assemblée de prélats, de seigneurs & de *bourgeois* : elle se tint le 2 février 1317, en présence du cardinal Pierre d'Arablai, & il y fut conclu que, *suivant la loi salique*, les femmes ne succèdent point au royaume de France.

Les historiens observent que c'est la première fois que les monumens de la monarchie fassent mention de la loi salique, par rapport à la succession à la couronne.

Nous pourrions ajouter que, selon toute apparence, on s'est trompé dans l'application de cette loi, & qu'on eût mieux fait de se borner purement & simplement à celle qui résultoit d'un usage constant & non interrompu de plus de huit siècles.

En effet, si le texte de la loi salique dont on vouloit s'étayer, est, comme on n'en peut douter, l'article 6 du titre *des aïeux*, qui est le soixante-deuxième, il est clair que ce texte, pris à la lettre, prouvoit plus en faveur de Jeanne qu'en faveur de Philippe. Pour nous en convaincre, considérons d'un seul coup-d'œil & cet article & les cinq autres qui le précèdent immédiatement.

« 1°. Si un homme meurt sans enfans, » son père ou sa mère lui succéderont : » 2°. s'il n'a ni père ni mère, son frère » ou sa sœur lui succéderont : 3°. s'il n'a » ni frère ni sœur, la sœur de sa mère lui » succédera : 4°. si la mère n'a point de » sœur, la sœur de son père lui succéde- » ra : 5°. si son père n'a point de sœur, le » plus proche parent par mâle lui succéde- » ra : 6°. (1) aucune portion de la terre sa- » lique ne passera aux femelles; mais elle » appartiendra aux mâles, c'est-à-dire, » que les enfans mâles succéderont à leur » père. »

On voit clairement que les cinq premiers articles concernent la succession de celui qui meurt sans postérité; & le sixième, la succession de celui qui laisse des enfans.

Lorsqu'un homme mouroit sans enfans, la loi vouloit qu'un des deux sexes n'eût de préférence sur l'autre qu'en certains cas. Dans les deux premiers degrés de succession, les avantages des mâles & des femelles étoient les mêmes; dans le troisième & le quatrième, les femmes avoient la préférence; & les mâles l'avoient

(1) *De terra verò salicâ in mulierem nulla portio hæreditatis transit, sed hoc virilis sexus acquirit, hoc est filii in ipsâ hæreditate succedunt.*

dans le cinquième. Les raisons de ces bizarreries ne sont pas de mon sujet : on les trouve dans Montesquieu (1).

Si le père laissoit des enfans, la loi vouloit que les filles fussent exclues de la succession à la terre salique, mais cette exclusion ne devoit avoir lieu qu'au profit des mâles, & s'il ne se trouvoit point de mâles, les femelles succédoient sans difficulté. C'est ce que prouve la loi elle-même, qui, après avoir dit que les femmes ne posséderoient rien de la terre salique, mais seulement les mâles, s'interprète & se restreint elle-même : « c'est-à-dire ( ce » sont ses termes ), que le fils succédera » à l'hérédité du père (2). »

Il est inutile d'examiner si les terres saliques étoient de simples aleux ou des biens d'une nature particulière. Supposons-les tout ce qu'on voudra. Accordons même que le royaume de France soit une terre salique. Toujours sera-t-il certain qu'à partir de la loi dont il s'agit, les filles des Rois seroient exclues de la couronne par leurs frères, & qu'elles devroient être préférées aux collatéraux mâles.

Disons donc plutôt que ce n'est point dans la loi salique, au moins telle qu'elle existe dans nos livres, qu'il faut chercher les règles de la succession au trône : que les royaumes ne se gouvernent pas comme les biens particuliers : & que si dans tous les temps, les femelles ont été exclues de la couronne de France, ç'a été par suite des usages que les conquérans des Gaules avoient apportés de la Germanie.

En effet, Tacite dit que chez les Germains les mâles seuls pouvoient aspirer à la dignité royale ; & il remarque, comme une singularité, que les peuples de Germanie appelés *Sitones*, étoient les seuls chez lesquels les femmes eussent droit au trône.

Mais cet usage, ou si l'on veut, cette loi ( qui, pour n'être pas écrite, n'en doit pas moins être regardée comme une des maximes fondamentales de la monarchie, & dont les filles de Philippe-le-Long lui-même ressentirent l'effet par l'exclusion que leur donna Charles-le-Bel leur oncle,) est-elle bornée aux personnes des femmes pour les exclure de la succession, ou s'étend-elle à toute leur postérité ?

C'est à quoi se réduisoit la contestation qui s'éleva, en 1328, entre Edouard III, roi d'Angleterre, & Philippe-de-Valois. Le roi Charles-le-Bel étoit mort, & n'avoit laissé d'autre postérité qu'une fille nommée Blanche. Les mêmes disputes qui avoient divisé Philippe-le-Long & la princesse Jeanne quatorze ans auparavant, se réveillèrent. Edouard III prétendoit à la couronne par sa mère Isabelle, fille de Philippe-le-Bel, dont par conséquent il étoit petit-fils, & plus proche que Philippe de Valois, qui n'étoit que son neveu, étant fils de Charles de Valois, frère de Philippe-le-Bel.

Pour soutenir cette prétention, Edouard disoit qu'à la vérité la loi du royaume excluoit les femmes de la succession au trône, *à cause de la foiblesse de leur sexe*; mais que son intention n'étoit pas d'exclure les mâles issus des femmes ; que sa mère, sœur du feu Roi, n'avoit effectivement aucun droit à la couronne, mais qu'elle lui donnoit le droit de proximité, lequel, joint à sa qualité de mâle, le rendoit habile à succéder.

Philippe de Valois répondoit que depuis le commencement de la monarchie, il y avoit plusieurs exemples de reines à qui l'on avoit déféré la régence, que ce n'étoit donc pas à cause de la prétendue foiblesse de leur sexe, que les filles n'étoient point admises à succéder, mais pour empêcher que le sceptre ne passât à un prince d'une autre nation, ou même d'une autre maison que celle à laquelle on s'étoit soumis ; la noblesse Françoise n'ayant point prétendu se dépouiller de

---

(1) Liv. 18, chap. 22.

(2) On peut voir dans Montesquieu, *loc. cit.* d'autres preuves de la vérité de cette interprétation.

fon droit originaire à la couronne ou à l'élection d'un Roi, en cas d'extinction de la famille régnante ; que jamais les fils des monarques étrangers & les filles de nos Rois n'avoient été qualifiés princes du fang royal de France ; qu'Edouard ne repréfentant qu'une femme, il n'en pouvoit tirer un droit qu'elle n'avoit pas, ni ne pouvoit avoir ; que cette proximité, qu'il faifoit tant valoir, étant fondée fur celle de fa mère, elle ne pouvoit *affavourer, particeper ne fentir que chofe féminine,* par conféquent exclufive du trône.

« Finalement, ( ce font les termes d'un
» auteur qui écrivoit fous Louis XI (1), )
» parties ouies en tout ce qu'ils voulurent
» alléguer d'une part & d'autre, les
» princes, prélats, nobles gens des
» bonnes villes & autres notables clercs,
» faifant & repréfentant les trois états-
» généraux du royaume, affemblés pour
» ladite matière, dirent & déclarèrent
» que, felon Dieu, raifon & juftice, à
» leur avis, le droit dudit Philippe de
» Valois étoit le plus apparent pour par-
» venir à la couronne. »

Cette décifion étoit jufte ; mais elle coûta bien du fang à la France. Elle fut pour Edouard le prétexte d'une guerre qui dura, à diverfes reprifes, plus de cent ans. Peu s'en fallut même qu'un traité fait pour la terminer, n'en fît perdre tout le fruit, & ne renverfât à jamais la loi fondamentale de la fucceffion à la couronne.

En 1419, la reine de France ( Ifabeau de Bavière ) & le duc de Bourgogne, réfolurent d'ôter la couronne au dauphin, fils du roi Charles VI ; & dreffèrent à Troies les articles d'un traité avec le roi d'Angleterre. Pour légalifer en apparence ce brigandage horrible, on envoya des *ambaffadeurs* au parlement de Paris, *pour requérir lettres par lefquelles il pût apparoir, s'ils avoient intention de tenir,*

entériner & accomplir à leur pouvoir ce qui feroit accordé par le Roi, la reine, le duc de Bourgogne (1). On s'attend fans doute que le parlement va ici fignaler ce zèle, qui tant de fois a fauvé la France, & oppofer une réfiftance invincible à cet indigne complot ? Écoutons la réponfe, telle qu'on la lit dans les régiftres (2) : « Aucun des membres du parlement n'eut
» garde de réclamer.... tous..., *nemine in*
» *contrarium reclamante*, furent d'accord
» & d'opinion que ladite cédule étoit rai-
» fonnable, & qu'il étoit expédient d'en
» faire lettres fcellées. »

En conféquence, le 21 mai 1420, le Roi, la reine, le duc de Bourgogne, & & Henri V, roi d'Angleterre, fignent à Troies un traité par lequel il eft dit que Catherine de France époufera Henri V, & que celui-ci, après la mort de Charles VI, fera l'héritier du trône.

On ne s'en tient pas là. Un des articles porte expreffément, que « le cas advenant
» où le roi d'Angleterre n'eût enfans de la-
» dite Mme Catherine, la couronne vien-
» droit de fon droit au plus prochain prince
» de celle d'Angleterre, fans retourner
» à ceux du fang de France. » Ainfi, ce n'étoit pas affez de déshériter le dauphin, de donner à la France un Roi étranger, il falloit encore que tous les princes du fang fuffent à jamais dépouillés de leur droit légitime, en cas que le dauphin vînt à mourir fans poftérité.

Ce traité fut envoyé au parlement de Paris pour y être enregiftré, & l'on exigea de la part de cette cour, un ferment folemnel de tenir la main à fon exécution. « Les affiftans l'un après l'autre, ( difent
» les regiftres au 30 mai 1420 ), vinrent
» faire iceux fermens ès mains du premier
» préfident, qui les reçut &..... fit com-
» mandement au prévôt de Paris qu'il fît
» tenir & obferver iceux traités. »

(1) Mémoires de l'académie des belles-lettres, tom. 20, pag. 464 & 469.

(1) Regiftres du parlement, au 18 décembre 1419.
(2) Ibid.

Depuis ce temps, jufqu'au décès de Charles VI, le chancelier de France ( le clerc ) faifoit mettre au deſſous des lettres qui s'expédioient au grand ſceau, *par le Roi, à la relation du roi d'Angleterre, héritier & régent en France.*

Le 23 décembre de la même année 1420, Charles VI, toujours en démence, vient tenir, au parlement de Paris, un lit de juſtice, & y fait publier une déclaration dans laquelle, en parlant du roi d'Angleterre, il le qualifie de ſon *très-aimé fils, héritier & régent du royaume*, au lieu qu'en parlant de ſon propre fils, ſeul & unique héritier de la couronne, il ne le nomme que *Charles, ſoi-diſant dauphin.*

Cette déclaration avoit pour objet de faire condamner comme criminels de lèſe-majeſté, & par conſéquent indignes de toutes ſucceſſions, les coupables de l'aſſaſſinat de Jean-Sans-Peur, duc de Bourgogne; mais elle n'en nommoit aucun; & le dauphin, qu'on accuſoit tout haut d'en avoir été le principal moteur, n'y étoit déſigné qu'en termes fort équivoques.

On prétend néanmoins que près d'un an auparavant, le 3 janvier 1420, le parlement avoit rendu un arrêt qui rempliſſoit directement & entièrement le but auquel cette déclaration n'atteignoit que d'une manière foible & indirecte. Par cet arrêt, dit-on, *Charles, ſoi-diſant dauphin*, avoit été déclaré déchu de tous ſes droits & banni à perpétuité (1). D'autres donnent à cet arrêt une date différente, ils le placent au 23 décembre 1420, jour du lit de juſtice dont on vient de parler. Ils ajoutent que le dauphin *en appela devant la face de Dieu, & fit vœu de relever ſon appel à la pointe de l'épée.*

M. le préſident Hénault, mieux inſtruit par Rapin Thoyras & par les actes publics de Rymer, aſſure que cet arrêt n'exiſta jamais. « Tous nos hiſtoriens qui en ont

» parlé, dit-il, en ont parlé ſans l'avoir » vu, & ſe ſont contentés de copier » Monſtrelet. »

Quoi qu'il en ſoit, on ſait que le dauphin, qui avoit pris le titre de régent du royaume dès le 24 juin 1418, qui occupoit quantité de provinces & de places importantes, tant au-delà qu'en deçà de la Loire, fit publier une ordonnance par laquelle il caſſa le parlement de Paris, en créa un autre à Poitiers, qu'il compoſa des juges qui ne s'étoient pas vendus au roi d'Angleterre; & qu'enfin, le ſort des armes juſtifiant ſes démarches, il fit rentrer dans le néant le honteux traité de Troies, & chaſſa pour jamais de la France le roi d'Angleterre, qui, après la mort de Charles VI, s'étoit fait couronner à Paris.

« Quand on conſidère, dit à ce ſujet M. » le préſident Hénault, ces temps mal-» heureux, on ne ſauroit comprendre » l'aveuglement des peuples; ils aban-» donnent ſans le moindre murmure les » lois fondamentales de l'état à la fureur » d'une reine déshonorée, & à l'imbé-» cillité d'un Roi ſans volonté, tandis que » dans d'autres temps ils s'oppoſent avec » véhémence à des diſpoſitions ſages, & » qui ſont faites pour les rendre heureux. » Anne d'Autriche eſt l'objet de la haine » des Pariſiens; & Iſabelle de Bavière » l'eſt de leur confiance. On conſent à » devenir ſujet d'un roi d'Angleterre, & » on refuſe de reconnoître Henri IV. La » tête de Mazarin eſt miſe à prix, & le » coadjuteur eſt l'ami du peuple : le corps » d'un miniſtre; le père du commerce & » des arts, court riſque d'être déchiré à » ſon enterrement, & on fait des reliques » de celui de Jacques Clément! »

L'hiſtoire des ſucceſſeurs de Charles VII, qui avoit ſi bien défendu ce qu'on appeloit *la loi ſalique*, fournit encore pluſieurs exemples de l'attachement inviolable de la nation à l'ordre de ſuccéder, que cette loi reſpectable, quoique non écrite, avoit tracé dès le commencement de la monarchie.

_____

(1) Voyez l'hiſtoire de Charles VIII, par l'abbé Choiſy.

En 1497, Louis XII fuccéda à Charles VIII, quoiqu'ils ne fuffent coufins qu'au feptième degré; Charles avoit laiffé deux filles, l'une mariée à Pierre II, duc de Bourbon, & l'autre à Louis XII lui-même: mais toutes deux furent exclues du trône, & Louis XII fit bien voir qu'il n'étoit pas Roi à caufe de fa femme, puifqu'il la répudia pour époufer Anne, ducheffe de Bretagne.

François premier n'étoit parent de Louis XII qu'au cinquième degré; cependant il n'en fut pas moins regardé du vivant de celui-ci comme l'héritier préfomptif de la couronne, indépendamment même du mariage qu'il avoit contracté avec la fille aînée du Roi, & Louis le reconnut lui-même par des lettres-patentes du 18 feptembre 1514.

Charles IX laiffa en mourant une fille; mais quoiqu'elle pût compter fur l'empereur fon aïeul & une infinité d'autres princes, elle ne fit pas la moindre inftance pour monter fur le trône, Henri III fuccéda fans difficulté à fon frère.

A la mort de Henri III, qui laiffoit une fœur nommée Marguerite, perfonne ne penfa à la déclarer reine, & Henri IV qui l'avoit époufée, prouva en la répudiant que ce n'étoit pas à elle qu'il étoit redevable de la couronne.

Henri IV étoit par repréfentation l'aîné mâle de la branche de Bourbon; & à ce titre il ne pouvoit y avoir d'autre Roi que lui. Auffi ne s'avifa-t-on pas de contefter fa qualité. D'où vient donc qu'il effuya tant de traverfes, & quelle fut la caufe de cette guerre fanglante qui arma nos pères les uns contre les autres, depuis 1589 jufqu'en 1594? C'eft que Henri avoit été élevé dans le proteftantifme, & que c'étoit le temps où la ligue triomphante faifoit croire aux peuples que le fceptre François ne pouvoit être porté que par des mains catholiques.

A peine Henri III étoit-il mort, que le parlement de Touloufe rendit un arrêt qui défendoit de reconnoître pour Roi,

Henri de Bourbon, prétendu roi de Navarre, & le déclaroit, en vertu d'une bulle, incapable de jamais fuccéder à la couronne. Cet arrêt eft du 22 août, 1589; on le trouve dans les mémoires de la ligue, tom. 4, pag. 51.

Le 15 juin 1590, le parlement de Paris en rendit un portant défenfes de parler d'aucune compofition avec Henri de Bourbon, fous peine de la vie.

Les parlemens de Rouen & d'Aix fe laifsèrent auffi entraîner par le torrent du fanatifme; & rendirent des arrêts par lefquels, l'un caffoit les fentences & arrêts des cours & tribunaux établis par le Roi, & prononçoit la dégradation contre tous les gentilshommes qui fe feroient féparés ou fe fépareroient de l'union; l'autre déclaroit le duc de Savoie gouverneur & lieutenant général en Provence.

Cependant les ligueurs fentoient bien que le fceptre appartenoit aux Bourbons. Pour donner à leur rébellion contre Henri IV une couleur favorable, ils firent proclamer Roi dans Paris, le vieux cardinal de Bourbon fon oncle, qui étoit prifonnier d'état à Fontenai depuis deux ans, & auquel on donna le nom de Charles X. On prétend néanmoins que ce cardinal ne donna les mains qu'en apparence à une défection auffi vifiblement contraire aux droits du fang. Un auteur contemporain a remarqué que vers le temps où il fut déclaré Roi, il envoya de fa prifon fon chambellan à Henri IV, avec une lettre par laquelle il le reconnoiffoit pour fon Roi légitime (1). Un autre (2) affure qu'il difoit à un de fes confidens, ayant la mort de Henri III: « Ne crois pas que je me fois accommodé » fans raifon avec ces gens-ci (les li- » gueurs); penfes-tu que je ne fache pas » bien qu'ils en veulent à la maifon de » Bourbon, & qu'ils n'euffent pas laiffé » de faire la guerre quand je ne me fuffe » pas joint à eux? Pour le moins, tandis

_____

(1) Journal de Henri IV, om. 4, pag. 312.
(2) Chron. noven.

» que je suis avec eux, c'est toujours
» *Bourbon* qu'ils reconnoissent : le roi de
» Navarre mon neveu cependant fera sa
» fortune ; ce que je fais n'est que pour
» la conservation du droit de mes neveux,
» le Roi & la reine-mère savent bien
» mon intention. »

Quoi qu'il en soit, le cardinal mourut
en 1590, & Henri IV n'eut plus de compétiteur déclaré. Mais les ligueurs faisoient
retentir par-tout que le royaume étoit vacant, & que c'étoit à la nation à choisir
elle-même son Roi. Le cardinal Cajétan,
légat du saint siège, & Mendore, ambassadeur d'Espagne, s'accordoient pour faire
tomber la couronne à l'infante fille de
Philippe II : le duc de Lorraine la briguoit
pour son fils, & le duc de Mayenne pour
lui-même.

Les états-généraux s'assemblèrent en
1593, pour prononcer : du moins c'est le
nom que s'arrogea une assemblée illégale
de gens dévoués aux ligueurs, que le duc
de Mayenne avoit eu la témérité de convoquer. Le parlement de Paris même y
assista par députés.

Les Espagnols y proposèrent *d'abolir la
loi salique*, de ne point reconnoître le Roi
pour légitime souverain, quand même il
se feroit catholique, & de déclarer l'infante d'Espagne reine de France. Cette
folle proposition révolta les députés du
parlement. Ils en firent leur rapport aux
chambres assemblées, & le procureur général ouï, il intervint un arrêt qui, quoiqu'infecté des idées systématiques de la
ligue, ne laissa point d'arrêter les entreprises de la cour d'Espagne. Cet arrêt est
précieux ; le voici :

« Sur la remontrance ci-devant faite
» par le procureur général du Roi, & la
» matière mise en délibération, la cour,
» toutes les chambres assemblées, n'ayant,
» comme elle n'a jamais eu, autre inten-
» tion que de maintenir la religion catho-
» lique, apostolique & romaine, en l'état
» & couronne de France, sous la pro-
» tection d'un roy très-chrétien, catho-

» lique & françois : a ordonné & ordonne,
» que remonstrances seront faites cette
» après-disnée par M. le premier président
» le Maistre, assisté d'un bon nombre de
» conseillers de ladite cour, à M. de
» Mayenne, lieutenant général de l'état
» & couronne de France, en la présence
» des princes & officiers de la couronne,
» estant de présent en cette ville, à ce
» que aucun traité ne se fasse pour trans-
» férer la couronne en la main de prince
» ou princesse étrangers ; que les lois fon-
» damentales de ce royaume soient gar-
» dées ; & les arrests donnez par ladite
» cour pour la déclaration d'un Roy ca-
» tholique & françois, soient exécutez,
» & qu'il ait à employer l'authorité qui
» luy est commise, pour empescher que
» sous le prétexte de la religion, la cou-
» ronne ne soit transférée en main étran-
» gère contre les lois du royaume, &
» pourvoir le plus promptement que faire
» se pourra au repos du peuple pour
» l'extresme nécessité en laquelle il est
» réduit ; & néantmoins dès-à-présent a
» déclaré & déclare tous traitez, faicts,
» d'un prince ou d'une princesse étran-
» gère, nuls & de nul effet & valeur,
» comme faicts au préjudice de la loy
» salique, & autres lois fondamentales
» du royaume de France. Fait à Paris le
» vingt-huictiesme juin mil cinq cent
» quatre-vingt-treize. »

Cet arrêt déconcerta les prétendus états-
généraux, qui se séparèrent, après avoir
consenti à une conférence entre les catholiques des deux partis.

Cependant Henri IV voloit de victoires
en victoires ; déjà les principales places
du royaume lui avoient ouvert leurs
portes, & son abjuration qu'il prononça
à Saint-Denis le 25 juillet 1593, porta
le dernier coup à la ligue. Ne pénétrons
pas dans l'intérieur de la conscience de ce
bon Roi, n'examinons pas si la politique
eut plus de part que la grâce à cette auguste cérémonie ; mais remarquons un
trait qui prouve que, même en embrassant

la religion catholique, il pensa, avec raison, qu'elle ne lui donnoit aucun nouveau droit à la couronne. « A l'entrée de
» l'église de Saint-Denis, dit un auteur
» moderne (1), il trouva l'archevêque de
» Bourges en habits pontificaux, assis
» dans un fauteuil de damas blanc aux
» armes de France, & aux côtés de ce
» prélat, qui, dans cette cérémonie, fai-
» soit l'office de grand aumônier, le car-
» dinal de Bourbon, plusieurs évêques,
» & les religieux de l'abbaye, qui l'atten-
» doient avec la croix, le livre des évan-
» giles & l'eau-bénite. Le Roi s'étant
» approché, l'archevêque lui demanda :
» Qui êtes-vous ? *Je suis le Roi*, répondit
» Henri.... » Ce prince étoit donc bien
éloigné de croire qu'il n'eût point été Roi
avant d'abjurer ; & en effet, disoit le
*Maheustre* dans le dialogue imprimé à la
suite de la satire Ménippée, « le Roi est
» celui à qui de droit appartient la cou-
» ronne ; comme le plus proche à succé-
» der ; s'il n'est à présent catholique, il
» est en la puissance de ce même Dieu
» qui a permis qu'il soit venu à son rang
» pour régner, de le convertir & faire
» catholique ; & cependant il faut afsûrer
» l'état, comme étant le fondement de la
» religion, n'étant la religion que l'or-
» nement de l'état. »

Ainsi fut décidée ou plutôt éludée la
question de savoir si un hérétique peut être
Roi, question sur l'affirmative de laquelle
il n'appartenoit qu'aux ligueurs d'élever
des doutes, & que le Souverain-Être
avoit tranchée lui-même depuis long-
temps, lorsqu'il avoit dit, en parlant d'un
prince idolâtre, *rendez à César ce qui
appartient à César.*

Disons un mot sur une question qui
auroit pu causer de nouveaux troubles en
France, si Henri IV, au lieu de survivre
au vieux cardinal de Bourbon, étoit mort
avant lui sans enfans. Un prince du sang

royal qui a reçu l'ordre de prêtrise, est-il
incapable de succéder à la couronne ?

Il y a pour l'affirmative quelques raisons
spécieuses, qu'on peut voir dans le journal
du palais, tome 5, page 555 de l'édition
*in-folio*. Mais l'opinion contraire, dont
les motifs sont rapportés au même endroit, est plus raisonnable, &, s'il est
permis d'argumenter d'une petite souveraineté à un grand royaume, on peut l'appuyer sur l'exemple de l'abbé d'Orléans ;
qui, quoique prêtre & en démence, ne
laissa pas de succéder au comté de Neuf-
châtel & Valengin. La duchesse de Nemours lui disputoit cette belle succession ;
sur le double fondement qu'il étoit prêtre
& fou. Louis XIV fut pris pour arbitre,
& par arrêt du mois d'avril 1674, sa majesté déclara « que la propriété de la sou-
» veraineté & comté de Neufchâtel &
» Valengin, ses annexes & dépendances,
» appartenoit à Jean-Louis d'Orléans,
» duc de Longueville, & l'administration
» à la duchesse de Longueville sa mère,
» en qualité de curatrice. »

Une question non moins intéressante,
& plus sujette à se présenter dans la pratique, est de savoir de quelle qualité doit
être la descendance masculine du sang royal,
qui seule donne, comme on l'a vu, le droit
de succéder à la couronne ; s'il faut qu'elle
soit naturelle & légitime tout ensemble,
ou s'il suffit qu'elle soit naturelle.

Les principes sur cette question sont
simples : les lois, l'honneur du mariage,
l'honnêteté publique, l'ordre & la conservation des familles, ont depuis long-
temps exclu de toute succession les enfans
naturels. Les enfans qui sont le fruit de
l'union sainte du mariage, sont les seuls
que les lois honorent du nom de fils ;
*Filium eum definimus qui ex viro & uxore
ejus nascitur* (1) ; & si hors de cette union
la nature donne des enfans, la loi les ôte
à leur père. C'est le mariage qui ouvre

(1) L'esprit d'Henri IV, pag. 24.

(1) L. 6, D. *de statu hominum.*

le droit aux successions, qui en règle l'ordre, qui assure l'honneur & le repos des familles ; des contrats solemnels, des registres publics en conservent le témoignage ; enfin, seul il réunit les vœux de la nature & de la loi.

Le droit commun du royaume exclut donc les enfans naturels de toute succession. Y a-t-il une loi particulière qui ait fait une exception en faveur des enfans naturels des Rois ? Quelques-unes prétendent en trouver une dans l'histoire des deux premières races (1) ; mais il ne seroit peut-être pas difficile de prouver que les exemples dont on s'appuie, ne sont pas exactement cités.

Et d'abord remarquons que nos maximes actuelles sur les mariages, ne doivent pas servir de règle pour décider de la validité de ceux qui ont été contractés dans les premiers siècles de la monarchie. Le divorce & la répudiation étoient alors très-fréquens : par ce moyen, les deux parties devenoient libres, & chacun pouvoit prendre d'autres engagemens, qui étoient regardés comme légitimes (2).

Ensuite, les historiens nous apprennent que les Rois ne donnoient pas toujours le titre de reines aux femmes qu'ils épousoient ; mais qu'il y en avoit plusieurs entre elles qui ne portoient pas ce nom, quoiqu'elles fussent également légitimes comme leurs enfans (3).

Enfin, dans le doute sur l'état des enfans, on doit penser favorablement pour la légitimité, & particulièrement sur ce qui s'est passé dans des temps éloignés, dont la vérité ne peut être certainement connue au milieu de la diversité des sentimens de ceux qui en ont écrit.

D'après ces observations, il est aisé de prouver qu'il n'y a aucun bâtard reconnu certainement pour tel, qui ait succédé à la couronne, & qu'ils en ont été exclus non-seulement par les princes du sang collatéraux, mais même au défaut de tous les princes du sang.

Ceux de la première race, qu'on prétend avoir succédé au sceptre, malgré leur qualité de bâtard, sont Clovis premier, Thierry premier, Sigebert ; & les enfans de Théodebert, roi d'Austrasie & de Deuterie.

Mais, 1°. Clovis premier, qu'on qualifie de *bâtard adultérin*, étoit né à l'ombre d'un mariage solemnel. Le roi Chilpéric & Basine, son père & sa mère, étoient mariés (1). Il est vrai que Basine avoit quitté, pour épouser Chilpéric, Bissin, roi de Thuringe son mari ; mais on vient de voir que les divorces & les répudiations étoient alors tolérés, sur-tout entre les Rois.

2°. Thierry, fils aîné de Clovis, eut en partage le royaume de Metz, & il est vrai que quelques auteurs disent qu'il étoit né d'une concubine que son père avoit eue avant d'épouser Clotilde. Mais lorsque ce prince vint au monde, Clovis étoit encore plongé dans les ténèbres du paganisme. La femme qu'il avoit prise dans cet état, & que des auteurs chrétiens ont appelée *concubine*, pouvoit fort bien avoir été mariée, suivant les lois des Païens, & on doit le croire ainsi tant qu'il n'y a pas de preuve contraire. Aussi les plus anciens historiens (2) n'ont-ils point douté de l'état de Thierry ; ils lui donnent pu-

_____

(1) Entr'autres, M. de Polverel dans le répertoire de jurisprudence au mot *Reine.*

(2) Voyez Théod. Ruinart, ad Fredeg. Scholast. pag. 635 ; Monac. Sangallensis, de rebus bellicis Caroli Magni, inter histor. franc. tom. 1, pag. 131 ; le répertoire de jurisprudence, au mot *Reine* ; & ce que nous dirons ci-après, sect. 3, §. 3.

(3) Carolus le Cointe, hist. ecclef. Francor. ad annum 593 & 613 ; notæ ad Fredeg. Schol. Theodor. Scholast. pag. 607 ; voyez ci-après le chapitre DE LA REINE.

_____

(1) Du Tillet, recueil des Rois de France.

(2) Chronic. S. Benig. Divion. in Spicilegio, tom. 1, pag. 363 ; Chron. S. Mederdi Suessionensis, *ibid.* tom. 2, pag. 781 ; Grégoire de Tours, liv. 3, chap. 1.

rement.

rèment & fimplement la qualité de fils aîné de Clovis. Il y a plus : Audigier dans fon livre *de l'origine des François*, dit expreſſément que Thierry fut le fruit d'un mariage légitime.

3°. Sigebert, fils de Dagobert premier, qui fut fait roi d'Auſtrafie à l'âge de cinq ou fix ans, étoit-il bâtard ? C'eſt un point fur lequel les hiſtoriens ne s'accordent pas. Ce qu'il y a de certain, c'eſt que pluſieurs aſſûrent que ſa mère Ragnetrude avoit été épouſée. Ils ajoutent même qu'on fit des prières publiques & de grandes aumônes, pour obtenir par la bénédiction du ciel la naiſſance d'un fils (1). On n'en uſe pas ainſi pour les bâtards.

4°. Il eſt vrai que les enfans de Théodebert, roi d'Auſtrafie, & de Deuterie, ont ſuccédé au trône de leur père. Mais ils n'étoient rien moins que bâtards. Grégoire de Tours, après avoir dit, liv. 3, chap. 22, que Deuterie étant venue à la rencontre du Roi, celui-ci en fut épris & en fit ſa maîtreſſe. Il ajoute dans le chapitre ſuivant, que peu de temps après elle fut aſſociée au trône par un mariage ſolemnel, *earnque ſibi matrimonio ſociavit.* A la vérité, la nation preſſa le Roi de la répudier, & il épouſa, *duxit uxorem*, Viſigarde qu'il avoit fiancée du vivant de

Thierry ſon père, *deſponſaverat* (1); mais cette répudiation ne pouvoit pas avoir un effet rétroactif, ni par conſéquent plonger dans la bâtardiſe des enfans qui avoient acquis, par leur naiſſance, les honneurs & les droits de la légitimité.

Voilà tous les exemples qu'on trouve dans la première race en faveur des bâtards ; &, comme l'on voit, ils ne prouvent abſolument rien.

On pourroit même oppoſer à ces prétendus exemples, celui de Childeric, de Gothard & de Gondebaud, fils naturels de Clotaire premier, qui n'eurent aucune part aux états de leur père (2). Mais ce fait, quoique très-conſtant, ne peut guères tirer à conſéquence, parce que, comme on l'a vu plus haut, le royaume étoit alors héréditaire & électif tout enſemble.

Les princes de la ſeconde race qu'on cite comme ayant ſuccédé à la couronne, quoiqu'ils fuſſent reconnus pour bâtards, ſont Bernard, fils de Pépin, roi d'Italie, Louis & Carloman, fils de Louis-le-Begue, Arnoul, bâtard de Carloman, roi de Bavière, Zuintibold & Batold, bâtards d'Arnoul.

Mais ces exemples ne ſont pas mieux appliqués que ceux qu'on a puiſés dans la première race.

1°. Bernard, fils de Pépin, roi d'Italie, n'a pas régné en France, ni partagé avec Louis-le-Débonnaire. L'empereur Charlemagne, père de Pepin & de Louis-le-Débonnaire, avoit conquis la Lombardie, & l'avoit donnée à Pepin avec le titre de Roi. Ce prince étant mort en 810, Charlemagne reprit ſon royaume & le gouverna par lui-même juſqu'en 812, qu'il le donna à Bernard, à titre de bienfait & à la prière de Louis-le-Débonnaire;

___

(1) Denique anno VIII regni ſui, cùm Dagobertus Auſtriam regio cultu circumiret, mœſtuſque eſſet nimiùm, eo quòd filium qui poſt eum regnaret, minimè habere potuiſſet : quandam puellam nomine Ragnetrudem ſtratui ſuo aſcivit, de quâ, eo anno, largiente domino, habuit filium multis precibus atque eleemoſinarum largitionibus adquiſitum. *Geſta Dagoberti regis. Ducheſne, tom. 1, hiſtor. Franc. pag. 579.*

Rex ſiquidem Dagobertus, dùm circuiret Auſtraſiam, nono anno regni ſui, puellam quamdam Ragnetrudem, vultûs elegantiâ laudabilem, genere etiam inter Auſtraſios non ignobilem, cùm regii cultûs honore, UXOREM SIBI JUNXIT, quæ Deo ita volente eodem anno ei filium genuit, quem ſacro fonte regeneratum Sigebertum nominavit. *Vita Sigeberti regis. Ducheſne, loc. cit. pag. 592.*

Tome I,

___

(1) Grégoire de Tours, liv. 3, chap. 27.

(2) *Ibid.* liv. 6, chap. 24; liv. 7, chap. 30, 31, 34, 38; Aimoin, liv. 3, chap. 61, 80; S. Marthe, hiſtoire générale de France, liv. 3, chap. 8.

E

mais pour en jouir sous la souveraineté de la couronne de France. Il ne l'eut donc pas à titre de succession de son père, quoiqu'il n'eût laissé aucun enfant légitime (1).

2°. Le père Daniel dit « qu'on pou-
» voit contester à Louis & à Carloman,
» la qualité d'enfans légitimes, mais qu'il
» y avoit aussi de grandes raisons en leur
» faveur ; qu'ainsi l'affaire étant douteuse,
» & leur parti ayant prévalu, ils passèrent
» pour légitimes. »

Le fait justifie cette assertion : Louis-le-Begue, fils de Charles-le-Chauve, avoit épousé Ansgarde sans l'aveu de son père : *Habuit..... Ansgardem sibi conjugii foedere copulatam sine genitoris consensu.* Il en eut deux fils, Louis & Carloman. Il n'y avoit point alors de loi en France qui déclarât nuls de tels mariages : néanmoins au bout de dix ans, Charles-le-Chauve son père le força à la répudier, *ab ipso patre ei postmodum interdicta* ; à promettre sous la foi du serment qu'il ne la reprendroit jamais, *interposito jurisjurandi sacramento ab ejus consortio in perpetuum separata* ; & à épouser Adélaïde, *tradita est ei ab eodem patre Adelaïdes in matrimonium* (2).

Tels sont les deux mariages qu'avoit contractés Louis-le-Begue, & qui tous deux occasionnèrent des troubles après sa mort. Le premier fut d'abord déclaré légitime, & en conséquence Louis & Carloman succédèrent à leur père. Quelques années après ils décédèrent, & les mêmes raisons qui avoient fait contester leur état, fit contester celui de Charles-le-Simple, leur frère, fils d'Adélaïde. A la fin, le parti de la légitimité l'emporta encore, & Charles-le-Simple fut mis sur le trône.

Cet exemple ne prouve donc rien, ou plutôt il prouve contre le système que nous combattons ; car si les bâtards avoient été alors capables de succéder, aucun des trois enfans de Louis-le-Begue n'auroit éprouvé de contestation sur sa capacité.

3°. Arnoul, bâtard de Carloman, roi de Bavière, n'a pas été roi de France, ni même de Bavière. Carloman son père étant mort sans enfans légitimes, Louis son frère lui succéda, & donna à Arnoul la Carinthie. Charles-le-Gros régnoit en France. La foiblesse de son esprit y entretenoit les troubles qui agitoient l'état depuis long-temps, & sa mort les augmenta. Comme il ne laissoit aucun enfant légitime, Arnoul n'omit rien pour se faire élire à la couronne de France. Il avoit été appelé par les grands du royaume, pour en prendre l'administration pendant la maladie de Charles (1) ; ils le rejetèrent après sa mort. Mézerai en rend la raison. « Il y avoit, dit-il, tant de grands éga-
» lement puissans & ambitieux, qui
» croyoient bien valoir un bâtard. » Ses efforts furent plus heureux ailleurs. Il se fit élire roi de Germanie, & sut conserver un royaume qu'il ne devoit point au droit de sa naissance, mais au choix libre de la nation.

4°. Il est vrai que le même Arnoul, n'ayant point d'enfans légitimes, fit reconnoître Zuintibold & Batold, ses fils naturels, pour ses successeurs, en cas qu'il n'eût point de fils de la reine son épouse. Mais d'abord ce fait n'a d'application qu'au royaume de Lorraine, qui ne faisoit plus partie du royaume de France. Ensuite, lorsque la première fois Arnoul « voulut
» faire Zuintibold roi de Lorraine, dans
» une diète tenue à Wormes, les seigneurs
» du pays s'y opposèrent ; mais depuis en
» l'an 849, soit qu'il les eût pratiqués ou
» menacés, ils le reçurent (2). » Zuintibold tenoit donc le droit de succéder au royaume de Lorraine, du consentement & de la volonté des grands.

(1) S. Marthe, liv. 7, chap. 5.
(2) Regino ad annum 888.

(1) *Ibid.* pag. 63.
(2) Histoire générale de S. Marthe, liv. 3, chap. 18.

Il résulte de tous ces exemples que dans la seconde race comme dans la première, il n'y a aucun bâtard, *reconnu constamment pour tel* (1), qui ait exercé des droits successifs à la couronne de France.

Il y a plus. On trouve dans la seconde race même un exemple très-positif du contraire.

Nous avons déjà dit que Bernard, fils naturel de Pepin & petit-fils de Charlemagne, en avoit obtenu, à la prière de Louis-le-Débonnaire, le royaume d'Italie, qu'avoit possédé son père ; à la charge de l'hommage & sous la souveraineté de la couronne de France. Ce prince ingrat & ambitieux voulut secouer le joug : il ferma les passages de l'Italie, fortifia ses villes, reçut les hommages des peuples, & entreprit de se soutenir par les armes. Mais Louis-le-Débonnaire le força de se soumettre, & il fut condamné à mort par les grands du royaume. Il laissa des enfans légitimes, dont les descendans vivoient lorsque Hugues-Capet parvint à la couronne. C'étoient Albert, comte de Vermandois, Herbert, comte de Troies, Gilbert, comte de Soissons, & Regnault, comte de Reims. La nation ne jeta les yeux sur aucun d'eux pour les appeler au trône, & de leur côté ils ne firent aucun mouvement pour y parvenir. L'histoire même nous apprend qu'ils contribuèrent beaucoup par leurs suffrages & par leur crédit à l'élection de Hugues-Capet.

Ce fait prouve invinciblement que même au défaut des descendans légitimes de Charlemagne, les descendans des enfans naturels de sa race n'ont pas été appelés à la couronne, lorsque la seconde race a fini & que la troisième a commencé.

Passons à la troisième race. « Hugues-Capet, dit le P. Daniel, ne statua rien » là-dessus, mais suivit l'usage déjà établi, en faisant l'unique successeur de la couronne son fils légitime Robert,

_____
(1) Le P. Daniel, hist. de France.

» sans donner aucune part dans sa suc-
» cession à Gauslin, son fils naturel, qui
» fut abbé de Fleury & archevêque de
» Bourges. »

Cet usage n'a pas souffert plus d'atteinte dans la troisième race que dans les deux premières. Il a même été reconnu par des lois expresses. Tels sont l'édit du mois d'août 1374, par lequel Charles V fixe la majorité des Rois à quatorze ans, & les lettres-patentes du mois de novembre 1392, qui confirment cet édit.

On peut ajouter à l'autorité de ces lois, celle des lettres de légitimation accordées par Henri IV à César de Vendôme, son fils naturel. Le Roi s'y exprime en ces termes : « Nous avons résolu, en l'avouant » & reconnoissant notre fils naturel, lui » accorder & faire dépêcher nos lettres » de légitimation ; cette grâce lui étant » d'autant plus nécessaire que *le défaut* » *en sa progéniture l'excluant de toute pré-* » *tention en la succession, non-seulement* » *de cette couronne & de ce qui en dépend,* » mais aussi de celle de notre royaume » de Navarre, & de tous nos autres » biens & revenus de notre patrimoine, » tant échus que ceux qui pourront » échoir, il demeureroit en très-mau- » vaise condition, s'il n'étoit par ladite » légitimation rendu capable de recevoir » tous les dons & bienfaits qui lui seront » faits tant par nous que par autres. » Ces lettres ont été données au mois de janvier 1595, & enregistrées au parlement de Paris le 3 février suivant.

On trouve la même chose dans celles qui furent accordées au mois d'avril 1599, à Alexandre, fils de Gabrielle d'Estrées, duchesse de Beaufort ; dans celles qui furent données au mois de février 1603, en faveur de Gaston de Foix ; & dans celles qu'on expédia en janvier 1608, pour Antoine, comte de Moret.

Au reste, a-t-on besoin d'autorités pour établir une vérité aussi simple ? Personne n'ignore que la loi de l'état n'appelle à la couronne que les enfans des Rois, & que tout ce qui n'y est pas appelé, en est exclus. Ainsi tous les François sont également exclus de la couronne, par le choix qu'ils ont fait d'une famille pour régner sur eux, tant qu'il y aura des descendans de celui à qui ils ont déféré la couronne. Il faudroit donc, pour admettre les bâtards des Rois, qu'ils fussent compris sous le terme général d'enfans; ce qui n'est pas possible, puisque rien n'assure la vérité de leur naissance.

Ecoutons Puffendorff, liv. 7, chap. 7, §. 12. « On ne doit admettre à la succession que ceux qui sont nés d'un mariage conforme aux lois du pays. Par là, les enfans naturels ou bâtards en sont exclus, quand même le père les auroit aimés aussi tendrement que ses enfans légitimes; car on regarde avec mépris, du moins parmi les nations un peu polies, ceux qui sont nés d'une mère à qui leur père n'a pas fait l'honneur de l'épouser dans les formes, & avec qui il a eu un commerce de galanterie, plutôt qu'une véritable liaison de société. Outre que ces sortes de femmes n'ont point donné la foi de mariage à celui à qui elles ont accordé leurs faveurs, & qu'elles ne demeurent pas continuellement avec lui, on ne peut pas être bien assuré qui est le père des enfans qu'elles mettent au monde. Or, il est très-important pour le bien des royaumes, que l'on ait du respect pour la personne des Rois; que l'on puisse connoître, avec toute la certitude possible, le légitime héritier de la couronne, pour éviter toute contestation à cet égard. De-là vient qu'en certains pays les Reines accouchent, pour ainsi dire, en public, de peur qu'on ne les soupçonne d'avoir supposé quelque enfant. »

Grotius dit précisément la même chose dans son traité *de jure belli & pacis*, liv. 2, chap. 7.

Mais nos Rois ne peuvent-ils pas déroger à cette loi, & en légitimant leurs enfans naturels, les rendre habiles à succéder à la couronne ?

Cette question tient, comme l'on voit, à celle de savoir si le Roi peut déranger l'ordre de succession au trône, qui a été tracé par nos ancêtres ?

On comprend sans peine qu'il ne le peut pas. Nous l'avons déjà dit, la loi du royaume appelle à la couronne, selon l'ordre de la ligne, tous les mâles du sang royal; & celui d'entr'eux qui, à la mort du Roi, se trouve l'aîné de ses plus proches parens, lui succède *jure sanguinis & suitatis*. Il est son successeur, mais il n'est pas son héritier, parce que la succession à la couronne se défère par une substitution légale & perpétuelle.

Il en seroit autrement sans doute si le Roi étoit *propriétaire* de sa couronne; car chacun peut disposer de ce qui lui appartient. Mais on a vu plus haut (1) le digne ministre de Henri IV, établir que les Rois ne sont qu'*administrateurs*, & c'est une vérité qui a été reconnue dans tous les temps.

« A proprement parler, dit Juvénal » des Ursins, au sujet du traité de Troyes, » le Roi n'a à la couronne seulement » qu'une manière d'administration & » usage, pour en jouir sa vie durant tant » seulement. »

Le même auteur, dans un discours qu'il adressa au roi Charles VII, où il examine s'il vaut mieux continuer la guerre que de faire la paix avec une nation voisine qui demandoit la Normandie, s'exprime en ces termes : « Pour Dieu, où sont » ceux qui diront ou voudront maintenir » que vous leur puissiez bailler ? car elle » n'est mie vôtre, elle est à la couronne, » de laquelle vous n'êtes qu'administra- » teur, tuteur, curateur, procureur *in* » *rem vestram*; car vous en faites les » fruits vôtres. »

C'est ce que soutenoit encore Robert

_____

(1) Première partie.

d'Artois, lors de la contestation qui s'agitoit entre Philippe de Valois & Edouard III, roi d'Angleterre. « La couronne de France, ( difoit-il aux états affemblés à Paris en 1328 ), n'eft pas un bien de patri- moine, nos princes n'en peuvent pas difpofer, ils n'en ont que la jouiffance, & perfonne ne la peut avoir que celui qui y eft appelé par les lois fondamen- tales. C'eft avec jufte raifon, puifque le peuple françois, qui fans doute eft plus ancien que fes Rois, ne leur a cédé fa puiffance & confié fon autorité publique, que fous ces conditions- là (1). »

Dumoulin (2), Puffendorff (3), & tous ceux qui ont écrit fur cette matière, étrangers ou françois, ont pareillement penfé que le Roi ne peut difpofer de

la couronne; & fans accumuler ici d'autres textes, on peut dire que tous leurs fen- timens fe renferment dans ce principe; qu'en France, celui qui fuccède à la cou- ronne, ne tient rien du Roi fon prédé- ceffeur, mais du peuple. *Non jus accepit ab eo qui deceffit, fed à populo*, dit Gro- tius.

Ce n'eft ni donner atteinte à l'autorité du Roi, ni la borner, que de dire qu'il eft lui-même fujet à la loi primitive à la- quelle il eft redevable de fa couronne. Juge fouverain du fort & de la fortune de fes fujets, difpenfateur de la juftice & des grâces, il n'eft pas moins dépendant de cette ancienne loi, qui fait le fonde- ment de la grandeur de l'état & la fource de fa félicité.

Les exemples confirment ces principes. Charles VI entreprit, comme on l'a vu plus haut, de difpofer du royaume en faveur de Henri V, roi d'Angleterre, fon gendre. Cette difpofition fuppofoit dans fa perfonne un pouvoir qu'il n'avoit pas. Auffi ne fubfifta-t-elle qu'autant que la violence prévalut à la juftice. Il ne fut befoin d'édit, ni de lettres-patentes pour la révoquer : la loi de l'état fut feule fuffifante pour affermir le droit de l'héri- tier légitime fans aucune autre révocation.

Le traité fait fous Louis XIV pour l'union de la Lorraine à la couronne de France, eft une nouvelle preuve de la maxime dont il s'agit. Il n'eut pas d'exé- cution, parce que le Roi n'avoit pu dif- pofer de la couronne en faveur des princes de la maifon de Lorraine, ni leur accorder les privilèges des princes du fang.

On oppofera peut-être l'exemple de quelques Rois de la première race, qui, n'ayant point d'enfans, inftituoient cer- tains collatéraux pour héritiers de leurs états, à l'exclufion des autres du même degré. Ainfi en 593, Gontran, roi d'Or- léans & de Bourgogne, qui avoit deux neveux, Childebert II, roi d'Auftrafie, & Clotaire II, roi de Soiffons, laiffa fes

(1) Mézeray.

(2) Ex quibus etiam liquet quòd fi deficerent omnes mafculi fanguinis regii, deberet per pro- ceres & ftatus regni nova electio fieri : nec poffet Rex ultimus etiam de fanguine fuo, puta ex cognatis, fuccefforem fibi eligere, nec aliter de regno difponere. Dumoulin fur Paris, tit. 1, §. 13, glof. 3, aux mots *pour fon droit d'af- neffe*, n. 8 & 9.

(3) Le bien de l'état demande que dans la fucceffion à une couronne, on fuive une route un peu différente des fucceffions particulières. — Il faut que la fucceffion demeure dans la parenté du premier Roi élu par la nation; & qu'elle ne paffe à ceux qui ne lui font parens qu'en ligne collatérale, moins encore à ceux qui ne font unis avec lui que par les liaifons d'affinité. En effet, le peuple a prétendu donner la couronne à ce Roi & à fa poftérité; de forte que dès qu'il ne refte plus aucun de fes defcendans, le droit de difpofer du royaume retourne au peuple. — La différence qu'il y a entre les fucceffions par- ticulières & celles des princes, dont le royaume a été originairement fondé par le peuple, c'eft que bien que la couronne ne parvienne au fuc- ceffeur qu'après la mort de fon prédéceffeur, qui la lui transfère immédiatement; ce n'eft pas en vertu d'un droit propre, ni par un effet de la faveur du Roi défunt qu'elle paffe au fuc- ceffeur, mais feulement à fon occafion. *Puffen- dorff, dans fon traité du droit public, liv. 7, chap. 7, §. 12.*

deux royaumes au premier & rien au second.

Mais, 1°. un exemple contraire aux principes ne doit pas sans doute l'emporter sur d'autres exemples conformes à ces principes.

2°. Il y a apparence que le choix de Gontran fut ratifié par la nation. Comme la royauté étoit alors élective entre les princes de la maison régnante, rien n'empêchoit que Childebert II, aidé des suffrages des grands & de l'institution de son oncle, ne donnât l'exclusion à son cousin.

Aussi remarquons-nous que Charlemagne, lorsqu'il fit son testament dans l'assemblée des prélats & des seigneurs, dit à ses enfans *qu'ils apprissent qu'ils tenoient la couronne qu'il leur laissoit, bien plus du consentement de cette assemblée, que de la disposition qu'il en avoit faite.*

Maintenant reprenons notre question. Un Roi peut-il, en légitimant ses enfans naturels, les rendre habiles à succéder à la couronne, au moins après les princes du sang nés légitimes? Il est clair, d'après tout ce que nous venons de dire, qu'il ne le peut pas. Cependant Louis XIV crut pouvoir le faire. Voici l'édit qu'il porta à ce sujet en juillet 1714.

« L'affection que nous portons à notre » très-cher & bien-aimé fils Louis-Auguste » de Bourbon, duc du Maine, & à notre » très-cher & bien-aimé fils Louis-» Alexandre de Bourbon, comte de Tou-» louse, nous a engagés à les légitimer » & à leur donner le nom de Bourbon, » par nos lettres du mois de décembre » 1673, registrées par-tout où il a été » besoin. Nous avons vu depuis avec une » entière satisfaction, qu'ils se sont ren-» dus dignes du nom qu'ils portent: L'at-» tachement qu'ils ont toujours eu pour » notre personne, & le zèle qu'ils ont » marqués pour le bien de l'état, nous » les ont fait juger capables de posséder » les plus grandes charges, & les gou-» vernemens des principales provinces du

» royaume. Nous avons aussi estimé de-» voir les faire jouir des prérogatives » & avantages dus à leur naissance, en » leur accordant au mois de mai 1694, » pour tenir, eux & leurs descendans en » légitime mariage, le premier rang im-» médiatement après les princes du sang » royal, en tous lieux, actes, cérémonies » & assemblées publiques & particulières, » même en notre cour de parlement de » Paris, en tous actes de pairies, quand » il y en aura, & précéder tous les princes » des maisons qui ont des souverainetés » hors de notre royaume, & tous autres » seigneurs de quelque qualité & di-» gnité qu'ils puissent être, & en ordon-» nant que dans toutes les cérémonies » qui se font en notre présence, & par-» tout ailleurs, nosdits fils les ducs » du Maine & ses enfans, le comte » de Toulouse & ses enfans, jouissent » des mêmes honneurs, rangs & dis-» tinctions, dont de tous temps ont » accoutumé de jouir les princes de notre » sang immédiatement après lesdits prin-» ces de notre sang, ce que nous leur » aurions confirmé par nos brevets des » 20 & 21 mai 1711. Mais voulant leur » donner encore de plus grandes marques » de notre tendresse & de notre estime, » nous croyons devoir porter nos vues » plus loin en leur faveur, en pourvoyant » en même-temps à ce que nous croyons » être du bien & de l'avantage de notre » état; & quoique vu le grand nombre » des princes du sang, dont la maison » royale est présentement composée, il y » ait tout sujet d'espérer que Dieu con-» tinuant d'y répandre sa bénédiction, la » couronne y demeurera pendant une » longue suite de siècles, une sage pré-» voyance exige néanmoins de notre » amour pour la tranquillité de notre » royaume, que nous prévenions les mal-» heurs & les troubles qui pourroient y » arriver, si tous les princes de notre » maison royale venoient à manquer, ce » qui feroit naître des divisions entre les

» grands feigneurs du royaume, & don-
» neroit lieu à l'ambition de s'afsûrer la
» fouveraine autorité par le fort des armes,
» & par d'autres voies également fatales
» à l'état. La crainte d'un fi trifte événe-
» ment, que nous prions Dieu d'éloigner
» à jamais, nous engage d'afsûrer à notre
» royaume ces fuccefleurs qui y foient
» déjà fortement attachés par leur naif-
» fance, & de défigner ceux à qui cette
» couronne devra être dévolue dans le
» temps à venir, s'il arrivoit qu'il ne
» reftât pas un feul prince légitime du
» fang & de la maifon de Bourbon, pour
» porter la couronne de France. Nous
» croyons qu'en ce cas, l'honneur d'y
» fuccéder feroit dû à nofdits enfans lé-
» gitimés, & à leurs enfans & defcendans
» mâles nés en légitime mariage, tant
» que leurs lignes fubfifteront, comme
» étant iffus de nous. Pour ces caufes, &
» autres bonnes & grandes confidérations
» à ce nous mouvans, de l'avis de notre
» confeil & de notre propre mouvement,
» certaine fcience, pleine puiffance &
» autorité royale, nous avons dit, décla-
» rons & ordonnons, par le préfent édit
» perpétuel & irrévocable, que fi dans
» la fuite des temps tous les princes légi-
» times de notre augufte maifon de
» Bourbon venoient à manquer, en forte
» qu'il n'en reftât pas un feul pour être
» héritier de notre couronne, elle foit,
» dans ce cas, dévolue & déférée de
» plein droit à nofdits fils légitimés, &
» à leurs enfans & defcendans mâles à
» perpétuité, nés & à naître en légitime
» mariage, gardant entr'eux l'ordre de
» fucceffion, & préférant toujours la
» branche aînée à la cadette, les décla-
» rant par cefdites préfentes, capables
» audit cas feulement de manquement de
» tous les princes légitimes de notre fang,
» de fuccéder à la couronne de France
» exclufivement à tous autres. Voulons
» auffi que nofdits fils légitimés le duc
» du Maine & fes enfans & defcendans
» mâles, & auffi le comte de Touloufe

» & fes enfans & defcendans mâles à
» perpétuité, nés en légitime mariage,
» ayent entrée & féance en notre cour
» de parlement, au même âge que les
» princes de notre fang, encore qu'ils
» n'euffent point de pairie, fans être
» obligés d'y prêter ferment, & qu'ils y
» reçoivent & jouiffent des mêmes hon-
» neurs qui font rendus aux princes de
» notre fang, qu'ils foient en tous lieux
» & toutes occafions regardés & traités
» comme les princes de notre fang, après
» néanmoins tous lefdits princes de notre
» fang, & avant tous les autres princes
» des maifons fouveraines, & tous autres
» feigneurs de quelque dignité qu'ils
» puiffent être. Voulons que cette préro-
» gative d'entrée & féance au parlement,
» & de jouir pour eux & leurs defcen-
» dans, tant dans les cérémonies qui fe
» font & fe feront en notre préfence,
» & des Rois nos fuccefleurs, qu'en tous
» autres lieux, des mêmes rangs, hon-
» neurs, & préféances dues à tous les
» princes du fang royal, après néanmoins
» tous lefdits princes de notre fang, foit
» attaché à leurs perfonnes, & à celles
» de leurs defcendans à perpétuité, à
» caufe de l'honneur & avantage qu'ils
» ont d'être iffus de nous, dérogeant à
» nos édits des mois de mai 1692 &
» mai 1711, en ce qu'ils peuvent être
» contraires à ces préfentes feulement. »
Ce ne fut pas affez de cet édit pour
le cœur paternel de Louis XIV. Il fit
confentir encore les véritables princes du
fang à reconnoître le duc du Maine &
le comte de Touloufe habiles à fuccéder
à la couronne, au défaut du dernier mâle
légitime du fang royal. Il obligea en
même-temps tous les parlemens du
royaume à enregiftrer cet édit, & il le
fit obferver avec tant d'exactitude, qu'une
des chambres du parlement de Paris
s'étant avifée, huit mois après, de refufer
au duc du Maine dans un procès, les qualités que cette loi lui déféroit, fa majefté
ordonna par une déclaration du 23 mai

1715, que ce prince & le comte de Toulouse prendroient la qualité de princes du
sang, en tous actes judiciaires & en tous
autres, & que soit pour le rang, la séance
& pour toutes sortes de prérogatives, ils
seroient traités également, après néanmoins le dernier des princes du sang, &
qu'il ne seroit fait aucune différence entre
les princes du sang royal & les princes
légitimés. Cette déclaration fut enregistrée, comme l'avoit été l'édit, c'est-à-dire,
avec la clause *du très exprès commandement
du Roi.* Louis XIV régnoit depuis long-
temps, la gloire qui environnoit son trône,
avoit donné à ses volontés un poids despotique, personne n'osoit lui en demander
raison, la voie même des remontrances
étoit fermée ; il fallut obéir en silence.

La mort de ce monarque, arrivée peu
de temps après, laissa le champ libre
aux réclamations. Le 22 août 1716, les
princes légitimés présentèrent au Roi une
requête tendante à ce qu'il plût à sa
majesté révoquer & annuller, *dans son
lit de justice*, l'édit du mois de juillet 1714
& la déclaration du 23 mai 1715.

Cette requête fut remise entre les
mains du marquis de la Vrillière, secrétaire d'état, pour être communiquée au
duc du Maine & au comte de Toulouse.
D'un autre côté, M. le duc & madame
la duchesse de Bourbon allèrent en grand
cortège solliciter M. le premier président
au sujet de cette affaire. Mais le parlement
en remit la décision après les vacances.

En 1717, on vit paroître deux mémoires pour les princes légitimés.

Le premier avoit pour objet le fond
de leur droit. On y soutenoit que les
princes du sang n'étoient point recevables
à demander la révocation de l'édit & de
la déclaration du feu Roi, parce qu'ils
n'y avoient aucun intérêt : que Louis XIV
n'avoit pas excédé son pouvoir en accordant aux princes légitimés le titre & les
prérogatives des princes du sang ; qu'il
n'avoit point agi contre la loi fondamentale de l'état, en les appelant à la couronne

au défaut des légitimes ; qu'enfin, ce
même édit ne blessoit ni les droits ni les
intérêts de la nation, & que par conséquent le feu Roi n'avoit passé en rien
les bornes de son autorité dans ce qu'il
avoit fait en faveur des princes légitimés.

Le second mémoire des princes légitimés concernoit la forme de l'édit du
mois de juillet 1714. Selon eux, il n'y
manquoit aucune formalité. Les parlemens de France l'avoient accepté. Celui de
Paris n'avoit jamais été aussi nombreux.
Les chambres étoient assemblées. Dix-
neuf pairs de France y donnèrent leurs
voix. On y vit même les princes légitimes
opiner en faveur des légitimés. D'un autre
côté, les suffrages furent unanimes. De
plus, l'édit fut exécuté plusieurs fois &
d'une manière solemnelle, & dans des
temps où les princes, pouvant protester,
ne le firent pourtant pas ; savoir, lorsque
le parlement déféra la régence à son
altesse royale, & le jour que le Roi reçut
dans son lit de justice les premiers hommages de ses sujets.

On avançoit ensuite que cette affaire
ne pouvoit être décidée que par le Roi
majeur, & à la requête des trois ordres du
royaume.

A ces mémoires, les princes légitimés
en opposèrent un dans lequel ils établirent
cinq propositions : la première, qu'ils
avoient intérêt dans cette cause ; la seconde, que le feu Roi n'avoit pu disposer
de la couronne, ni donner le titre de
prince du sang ; la troisième, que les enfans naturels des Rois n'ont pas droit de
succéder à la couronne, bien que légitimés ; la quatrième, que les exemples
allégués par les princes légitimés ou n'é-
toient pas cités fidélement, ou ne favorisoient pas leurs prétentions ; la cinquième, que le Roi pouvoit révoquer
l'édit & la déclaration de son bisaïeul dans
son lit de justice ou par un édit.

Il semble qu'après ces mémoires, il
étoit aisé de décider l'affaire qui les avoit
fait écrire. Mais ni le régent ni le parlement

lement ne vouloient se charger de la haine de la décision. C'est ce qui la fit traîner encore, malgré les requêtes que les princes légitimes, & les princes légitimés présentèrent chacun de leur côté.

Cependant on nomma trente-quatre commissaires pour examiner le fond de ce fameux procès : mais les princes légitimés les récusèrent tous. Il fallut donc prendre une autre voie, & un autre arrêt du conseil du 14 mai, ordonna que les princes du sang & les princes légitimés produiroient dans le cours de mai, leurs raisons, pièces & mémoires aux avocats & procureur généraux du parlement, qui en feroient leur rapport au conseil de régence, où ils auroient voix délibérative.

C'étoit-là ce que souhaitoient les princes légitimes. Aussi deux jours après, c'est-à-dire, le 16 mai, ils firent publier un nouveau mémoire, sur la nécessité de juger leur affaire, sur la forme du jugement, & sur l'effet des lettres de légitimation.

Le 7 juin, le conseil de régence nomma six commissaires pour examiner la forme de juger cette *cause* vraiment *majeure*. Le choix tomba sur MM. Pelletier de Soury, Amelot, de Nointel, d'Argenson, de la Bourdonnaie, & de Saint-Contest. Le dernier eut ordre de recevoir les mémoires qu'on présenteroit, & d'en faire seul le rapport.

Le 17, trente-neuf personnes distinguées de la noblesse firent signifier au procureur général & au greffier en chef du parlement, un acte par lequel ils protestoient de nullité, tant en leur nom qu'en celui de la noblesse, de tout jugement qui pourroit être prononcé par rapport à la contestation survenue entre les princes du sang & les princes légitimés, comme étant une affaire qui intéressoit le corps de la nation, lequel ne pouvoit être suffisamment représenté que par l'assemblée des états.

Le lendemain matin, les gens du Roi

apportèrent au parlement les copies de cet acte, & firent rendre un arrêt qui ordonna qu'elles demeureroient supprimées & que l'huissier qui les avoit signifiées seroit interdit des fonctions de sa charge pendant six mois.

Dans un autre temps, une démarche aussi hardie que celle de ces seigneurs, auroit peut-être été assez punie par l'arrêt seul du parlement, & par la confusion d'avoir aussi mal réussi. Mais il faut plus de sévérité sous une régence, parce qu'alors une simple étincelle peut exciter un grand embrâsement. C'est pourquoi son altesse royale fit arrêter MM. de Châtillon, de Vieux-Pont, de Beaufremont, de Rieux, de Polignac & de Clermont, qui avoient signé l'acte de protestation, & les fit conduire les uns à la Bastille, & les autres au château de Vincennes.

Le 19 du même mois, le duc du Maine & le comte de Toulouse se rendirent en manteaux de cérémonie à la grand'chambre, où ils présentèrent une requête, contenant leurs protestations contre l'arrêt du conseil du 14 mai & tout ce qui pourroit s'ensuivre, attendu que cette affaire ne pouvoit être jugée que par le Roi devenu majeur, ou par les états du royaume dûment convoqués & assemblés. La grand'chambre ne jugea pas à propos de statuer sur cette requête. Elle remit à en décider le lundi suivant, lorsque les chambres seroient assemblées.

On ne pouvoit manquer de faire bien des réflexions sur cette conduite. Ceux du parti des princes légitimes s'écrièrent d'abord qu'il étoit contraire à la règle que le parlement reçût une protestation anticipée contre un jugement qu'il devoit rendre. Ils demandoient ensuite, comment le parlement recevroit des protestations contre les arrêts émanés de la propre autorité du Roi dans son conseil de régence. On ajoutoit que cette compagnie devoit rejeter la requête, ou renvoyer les princes légitimés à se pourvoir pardevers le Roi.

Ceux qui favorifoient les princes légitimés, se défendoient à leur tour avec beaucoup d'art. Ils difoient que dans les cas qui intéreffent la nation, un Roi mineur ne peut être repréfenté que par la nation même, notamment fur les débats concernant la fucceffion à la couronne ; que les nobles fe feroient manqués à eux-mêmes, s'ils n'avoient formé oppofition en leur nom, & au nom de la nobleffe ; que c'étoit une affaire de droit public, où chacun de ceux qui font corps avec la nation, peut toujours réclamer ; que la proteftation n'étoit qu'une récufation de juges incompétens ; or, que toute récufation devoit prévenir un jugement ; que l'effet de cette proteftation, foit qu'on l'enregiftrât ou non, étoit de mettre à couvert les droits indélébiles & inaliénables des princes légitimés ; que les prélats, l'ancienne nobleffe, & les perfonnes modérées du parlement, s'intéreffoient vivement pour eux ; qu'enfin, la nobleffe s'étant oppofée par un acte infinué felon les formes que les temps avoient pu permettre, quard même par des confidérations majeures quelques-uns rétracteroient cette oppofition, elle vaudroit toujours, comme étant adoptée par la nation entière ; qu'il en étoit de ceci comme d'un appel au concile national fur les affaires de religion.

Ces raifonnemens n'empêchèrent pourtant pas que l'affaire ne fût décidée le 2 juillet fuivant, après que le confeil de régence fe fut affemblé trois jours de fuite pour l'examiner. L'édit en fut enregiftré le 8 par le parlement. Nous croyons faire plaifir à nos lecteurs d'inférer ici une pièce auffi importante ; & nous le faifons d'autant plus volontiers, qu'elle confacre tous les principes que nous avons établis ci-devant.

« Louis, &c. le feu Roi, notre très-» honoré feigneur & bifaïeul, a ordonné, » par fon édit du mois de juillet 1714, » que fi dans la fuite des temps tous les » princes légitimes de l'augufte maifon » de Bourbon venoient à manquer, enforte qu'il n'en reftât pas un feul pour » être héritier de notre couronne, elle » feroit en ce cas dévolue & déférée de » plein droit à Louis-Augufte de Bourbon, duc du Maine, & à Louis-» Alexandre de Bourbon, comte de Touloufe, fes enfans légitimés, & à leurs » enfans & defcendans mâles à perpétuité, nés & à naître en légitime mariage, &c..... Mais la mort nous ayant » enlevé le feu Roi, notre très-honoré » feigneur & bifaïeul, nos très-chers & » très-amés coufins le duc de Bourbon, » le comte de Charolois & le prince de » Conti, princes de notre fang, nous ont » très-humblement fupplié de révoquer » l'édit du mois de juillet 1714, & la » déclaration du 23 mai 1715 : à l'effet » de quoi, ils nous ont préfenté une » requête & différens mémoires. Et nos » très-chers & amés oncles le duc du » Maine & le comte de Touloufe, ayant » auffi expofé leurs raifons par plufieurs » mémoires, ils nous ont préfenté une » requête, par laquelle ils nous ont fupplié ou de renvoyer la requête des » princes de notre fang à notre majorité, ou, fi nous jugions à propos, de » la décider pendant notre minorité, de » ne rien prononcer fur la queftion de » la fucceffion à la couronne, avant que » les états du royaume juridiquement » affemblés, ayent délibéré fur l'intérêt » que la nation peut avoir aux difpofitions » de l'édit du mois de juillet 1714, & » s'il lui eft utile ou avantageux d'en » demander la révocation. Cette requête » a été fuivie d'une proteftation paffée » pardevant notaires, qui tend aux mêmes » fins, & dont nos très-chers & très-» amés oncles le duc du Maine & le » comte de Touloufe, ont demandé que » le dépôt fût fait au greffe de notre » cour de parlement à Paris, auquel ils » ont préfenté une requête à cet effet. » Mais notredite cour, toujours attentive à conferver les règles de l'ordre

» public, & à nous donner des marques
» de son respect & de son zèle pour notre
» autorité, a jugé, avec sa prudence or-
» dinaire, qu'elle ne pouvoit prendre
» d'autre parti sur cette requête, que de
» nous en rendre compte, pour recevoir
» les ordres qu'il nous plairoit de lui
» donner. Ainsi nous voyons avec dé-
» plaisir, que la disposition que le feu
» Roi, notre très-honoré seigneur & bi-
» saïeul avoit faite, comme il le déclare
» lui-même par son édit du mois de
» juillet 1714, pour prévenir les mal-
» heurs & les troubles qui pourroient
» arriver un jour dans ce royaume, si
» tous les princes de son sang royal ve-
» noient à manquer, est devenue, contre
» ses intentions, le sujet d'une division
» présente entre les princes de notre sang
» & les princes légitimés, dont les suites
» commencent à se faire sentir, & que le
» bien de l'état exige qu'on arrête dans
» sa naissance. Nous espérons que Dieu,
» qui conserve la maison de France de-
» puis tant de siècles, & qui lui a donné
» dans tous les temps des marques si
» éclatantes de sa protection, ne lui sera
» pas moins favorable à l'avenir, & que
» la faisant durer autant que la monar-
» chie, il détournera par sa bonté le
» malheur qui avoit été l'objet de la
» prévoyance du feu Roi. Mais si la nation
» françoise éprouvoit jamais ce malheur,
» ce seroit à la nation même qu'il ap-
» partiendroit de le réparer par la sagesse
» de son choix, & puisque les lois fon-
» damentales de notre royaume nous
» mettent dans une heureuse impuissance
» d'aliéner le domaine de notre cou-
» ronne, nous faisons gloire de recon-
» noître qu'il nous est encore moins libre
» de disposer de notre couronne même.
» Nous savons qu'elle n'est à nous que
» pour le bien & le salut de l'état, &
» par conséquent l'état seul auroit droit
» d'en disposer dans un triste évènement,
» que nos peuples ne prévoient qu'avec
» peine, & dont nous sentons que la

» seule idée les afflige. Nous croyons donc
» devoir à une nation si fidèlement &
» si inviolablement attachée à la maison
» de ses Rois, la justice de ne pas pré-
» venir le choix qu'elle auroit à faire,
» si ce malheur arrivoit ; & c'est par cette
» raison qu'il nous a paru inutile de la
» consulter en cette occasion, où nous
» n'agissons que pour elle, en révoquant
» une disposition sur laquelle elle n'a pas
» été consultée, notre intention étant
» de la conserver dans tous ses droits, en
» prévenant même ses vœux, comme
» nous nous serions toujours crus obligé
» de le faire pour le maintien de l'ordre
» public, indépendamment des repré-
» sentations que nous avons reçues de la
» part des princes de notre sang. Mais
» après avoir mis ainsi l'intérêt & la loi
» de l'état en sûreté, & après avoir dé-
» claré que nous ne reconnoissons point
» d'autres princes de notre sang, que
» ceux qui, étant issus des Rois par une
» filiation légitime, peuvent eux-mêmes
» devenir Rois ; nous croyons aussi pou-
» voir donner une attention favorable à
» la possession dans laquelle nos très-
» chers & très-amés oncles le duc du
» Maine & le comte de Toulouse, sont
» de recevoir dans notre cour de parle-
» ment les nouveaux honneurs dont ils
» ont joui depuis l'édit du mois de juillet
» 1714, & dont il nous a paru qu'on
» devoit leur envier d'autant moins la
» continuation pendant leur vie, que la
» grâce que nous leur accordons est fondée
» sur un motif qui leur est si propre &
» si singulier, que dans la suite des temps
» il ne pourra pas être tiré à conséquence.
» C'est par cette considération, que nous
» suivons avec plaisir les mouvemens de
» notre affection pour des princes qui en
» sont si dignes par leurs qualités per-
» sonnelles & par leur attachement pour
» nous. A ces causes, & autres bonnes
» & grandes considérations, à ce nous
» mouvantes, de l'avis de notre très-cher
» & très-amé oncle le duc d'Orléans

» régent, & de plufieurs grands & no-
» tables perfonnages de notre royaume,
» & de notre certaine fcience, pleine
» puiffance & autorité royale, nous avons
» révoqué & annullé, & par le préfent
» édit perpétuel & irrévocable, révo-
» quions & annullons ledit édit du mois
» de juillet 1714 & ladite déclaration
» du 23 mai 1717. Ordonnons néan-
» moins que nos très-chers & très-amés
» oncles le duc du Maine & le comte
» de Toulouse, continuent de recevoir
» les honneurs dont ils ont joui en notre
» cour de parlement depuis l'édit du mois
» de juillet 1714, & ce en confidération
» de leur poffeffion, & fans tirer à con-
» féquence, comme auffi fans qu'ils
» puiffent fe dire & qualifier princes de
» notre fang, ni que ladite qualité puiffe
» leur être donnée en quelques jugemens
» & actes que ce puiffe être ; nous réfer-
» vant d'expliquer nos intentions fur
» l'entrée & féance en notre cour de par-
» lement, de nos très-chers & très-amés
» coufins les princes de Dombes & le
» comte d'Eu, & fur les honneurs dont ils
» pourront jouir. Voulons au furplus,
» que toutes proteftations contraires aux
» préfentes foient & demeurent nulles
» & comme non avenues, ainfi que nous
» les annullons par le préfent édit. »

Quoique le duc du Maine & le comte
de Toulouse fe fuffent oppofés par avance
à cet édit d'une manière auffi vigoureufe,
ils s'y foumirent néanmoins avec une
grandeur d'ame qui les fit paroître dignes
du haut rang dont ils étoient déchus.
D'ailleurs, ils eurent la confolation de
voir que le prince de Dombes & le comte
d'Eu continuèrent à jouir des honneurs
de la cour. Le duc régent fe déclara même
pour le dernier, à qui on difputoit le
droit de donner la chemife & la ferviette à
fa majefté. En un mot, on leur fit fentir
que c'étoit à regret qu'on avoit écouté
contr'eux la voix de la juftice, mais qu'on
n'en avoit pas moins d'égards pour leurs
perfonnes.

Louis XV devenu majeur, modifia un
peu fon édit du mois de juillet 1717. Il
donna le 26 avril 1723, une déclaration
qui rendit au duc du Maine & au comte
de Toulouse, la jouiffance de quelques-
unes des prérogatives des princes du fang,
mais avec exclufion du droit de fuccéder
à la couronne, en cas que la maifon de
Bourbon vînt à s'éteindre.

Ainfi s'eft terminée cette grande affaire,
dans laquelle les principes conftitutifs de
la monarchie, violés d'abord par l'afcen-
dant d'une autorité qui ne connoiffoit
point de réfiftance, ont enfin repris le
deffus & affûré à jamais la tranquillité de
la nation.

## SECTION III.

*Du facre, de l'éducation, de la majorité,
du mariage & de la mort des Rois de
France.*

Les cinq objets que nous nous propo-
fons de traiter dans cette fection, ont
entr'eux une connexité marquée par la
nature même. Un Roi fe fait facrer lorfqu'il monte fur le trône ; s'il eft encore
mineur, on veille à fon éducation ; parvenu à l'âge de majorité, il prend lui-
même les rênes du gouvernement de fes
états : il fe marie, pour donner au peuple
qu'il gouverne, la fatisfaction de retrouver
fon fang dans fon fucceffeur : enfin,
foumis comme le dernier de fes fujets à
la loi de l'humanité, il tombe fous la faux
de la mort, & ne laiffe après lui qu'un
corps inanimé, à qui le fouvenir de fa
grandeur paffée fait encore rendre des
honneurs.

Reprenons ces cinq objets féparément,
& tâchons de faire voir quels font fur
chacun les lois & les ufages de la monarchie.

### §. I. *Du facre du Roi.*

C'eft la naiffance, & non pas l'onction,
qui fait les Rois ; & il n'y avoit que des

ligueurs qui puffent dire : *Point de Roi fans onction, point d'onction fans la fainte ampoule.* A peine le monarque auquel le nouveau Roi fuccède, a-t-il les yeux fermés, qu'il prend fa place de plein droit, & l'inftant qui fépare la mort de l'un & l'avènement de l'autre à la couronne, eft fi imperceptible, qu'on tient pour maxime en France, que *le Roi ne meurt jamais.*

Le facre du Roi n'eft donc qu'une cérémonie religieufe, dont le but eft d'apprendre aux peuples par un fpectacle frappant, que fa puiffance vient de Dieu, que fa perfonne eft *fainte,* & qu'il n'eft pas permis d'attenter à fa vie, parce que, comme l'écriture le dit de Saül, il eft l'oint du Seigneur.

Cette cérémonie en elle-même eft très-ancienne. On voit dans les livres faints, dès l'établiffement de la monarchie des Hébreux, que les Rois étoient facrés. Saül & David le furent par le prophète Samuël, & les rois de Juda confervèrent cette pratique. Il paroît même qu'elle fe maintint auffi dans le royaume d'Ifraël, malgré le fchifme, puifque Jéhu fut facré par un des difciples des prophètes.

Le premier de nos Rois qui ait pu fe faire facrer, eft Clovis. Ses prédéceffeurs avoient vécu dans les ténèbres du paganifme, & n'avoient conféquemment pu concevoir l'idée de fuivre l'exemple des rois Hébreux. Néanmoins on doute encore que Clovis même l'ait fuivi. La plus faine partie de nos hiftoriens regardent comme un fimple baptême, la cérémonie faite à Reims en 495, que d'autres appellent *facre.* L'origine de la fainte ampoule, phiole que le peuple croit avoir été apportée du ciel par une colombe, pour cette cérémonie, n'eft pas moins incertaine, ni moins équivoque.

On ne voit pas non plus qu'aucun autre Roi de la première race ait été facré. Le premier facre qui foit marqué dans notre

hiftoire par des écrivains dignes de foi, eft celui de Pepin ; & s'il fut en effet le premier, comme on le croit affez communément, ce ne fut pas une des moindres adreffes dont Pepin fe fervit pour rendre fa perfonne plus augufte & plus vénérable à toute la nation. Il favoit, dit le P. Daniel, en quelle réputation de fainteté étoit l'évêque Boniface, l'apôtre de la Germanie, & qui fut depuis martir. Il voulut qu'il le facrât lui-même & recevoir de fa main l'onction fainte, comme David l'avoit reçue de Samuël, lorfqu'il fut choifi de Dieu à la place de Saül. La cérémonie fe fit en 752 à Soiffons.

Du Tillet dit, d'après ce qu'il appelle les *annales,* que ce prince, après fon facre, fut felon la coutume des François, *élevé au trône royal.* Mais, ajoute-t-il, peut-être veut-on dire par-là « qu'il fut » porté par le camp fur un pavois, felon » l'ancienne façon depuis délaiffée, au » lieu de laquelle au facre il eft montré » au peuple & affiftance, laquelle en » figne d'approbation & volonté crie, » *Vive le Roi.* »

Charlemagne fut facré & couronné à Saint-Denis du vivant de fon père ; Louis-le-Débonnaire le fut à Reims, par le pape Etienne en 816 ; Charles-le-Chauve à Rome, par le pape Jean VIII, le 25 décembre 875 ; Louis-le-Bègue à Compiègne, par Hincmar, archevêque de Reims, en 877 ; Louis & Carloman à l'abbaye de faint Pierre de Ferrières, par Anfegife, archevêque de Sens, en 879 ; Charles-le-Gros à Sens, par l'archevêque Gaulthier, en 884 ; Charles-le-Simple à Reims, par Foulques, archevêque de Reims, en 892 ; Raoul à Soiffons, en 923 ; Louis d'Outremer à Laon, par Artaud, archevêque de Reims, le 20 juin 936 ; Lothaire à Reims, par ce dernier prélat, le 13 novembre 954. Louis-le-Fainéant fut facré & couronné Roi du vivant de Lothaire même, qui avoit cru cette précaution néceſſaire pour lui aſſûrer la couronne (1).

Les Rois de la troiſième race imitèrent ceux de la ſeconde, & ſe firent tous ſacrer comme eux.

Le ſacre de Hugues-Capet ſe fit à Reims le 3 juillet 987, par l'archevêque Adalberon ; celui de Robert à Orléans, le premier janvier de la même année ( v. ſ. ) ; celui de Henri premier à Reims, le 23 mai 1027 ; celui de Philippe premier à Reims, le 23 mai 1059, par l'archevêque Gervais de Belleſme ; celui de Louis-le-Gros à Orléans, le 2 ou 12 août 1108, par Imbert, archevêque de Sens.

Ce dernier ſacre occaſionna une difficulté de la part de Rodolphe, archevêque de Reims, qui prétendit avoir le droit excluſif de ſacrer le Roi dans ſa métropole. Il s'appuyoit ſur une bulle du pape Victor II, dont il eſt fait mention dans l'épître 246 de ſaint Bernard à Eugène III, & dans la relation du ſacre de Philippe premier, qu'on trouvera ci-après. Ses raiſons ne produiſirent alors aucun effet, ſoit, comme le diſent les uns, parce que la ville de Reims étoit alors en interdit, ſoit, comme le prétendent les autres, parce que *l'accès de Reims étoit fort périlleux* ; mais quoiqu'elles ne fuſſent fondées que ſur la bonne volonté de nos Rois, ainſi que l'ont très-bien démontré pluſieurs auteurs (2), elles n'ont pas laiſſé par la ſuite de déterminer tous les nouveaux monarques à ſe faire ſacrer dans l'égliſe de Reims ; Henri IV eſt le ſeul qui en ait uſé autrement. Retraçons les dates & les noms des miniſtres de ces différens ſacres.

Celui de Louis VII fut fait le 25 octobre 1131, par le pape Innocent II ; celui de Philippe II, le premier novembre 1174 (1), par le cardinal-archevêque Guillaume de Champagne ; celui de Louis VIII, le 6 août 1223, par l'archevêque Guillaume de Joinville ; celui de ſaint Louis, le 9 novembre 1226, par Jacques de Baſoches, évêque de Soiſſons, le ſiège de Reims étant vacant ; celui de Philippe-le-Hardi, le 30 août 1271, par Miles de Baſoches, évêque de Soiſſons, à cauſe d'une nouvelle vacance de l'archiépiſcopat de Reims ; celui de Philippe-le-Bel, le 6 janvier 1285, par l'archevêque Pierre Barbet ; celui de Louis-Hutin, le 24 août 1315 ; celui de Philippe-le-Long, le 6 janvier 1316 ; celui de Charles-le-Bel, le 21 février 1321, par l'archevêque Robert de Courtenay ; celui de Philippe-de-Valois, le 29 mai 1328, par l'archevêque Guillaume de Trie ; celui de Jean-le-Bon, le 28 ſeptembre 1350, par l'archevêque Jean de Vienne ; celui de Charles-le-Sage, le 19 mai 1364, jour de la Trinité, par l'archevêque Jean Craon ; celui de Charles VI, le 4 novembre 1380, par l'archevêque Richard Picques ; celui de Charles VII, le 17 juillet 1429, par l'archevêque Renaud de Chartres ; celui de Charles VIII, le 30 mai 1484, par l'archevêque Pierre de Laval ; celui de Louis XII, le 27 mai 1498, par le cardinal-archevêque Guillaume Briçonnet ; celui de François premier, le 25 janvier 1514, par l'archevêque Robert de Lénoncourt ; celui de Henri II, le 25 juillet 1547 ; celui de François II, le 17 ſeptembre 1559 ; celui de Charles IX, le 15 mai 1561, par le cardinal-archevêque Charles de Lorraine ; celui de Henri III, le 15 février 1575, par Louis de Lorraine, cardinal de Guiſe.

---

(1) Du Tillet, des rois de France ; le préſident Hénault, abrégé chronologique de l'hiſtoire de France.

(2) Voyez Aimoin, liv. 5, chap. 50 ; du Haillant, art. 3 de l'état de France ; Yves de Chartres, *epiſt*. 170 ; Filleau, part. 3, tit. 11, chap. 1.

---

(1) Louis VII vivoit encore à cette époque. Après ſa mort, Philippe II ſe fit ſacrer de nouveau à Saint-Denis, le 29 mai 1181, jour de l'Aſcenſion, par Guy, archevêque de Sens.

Lorsqu'Henri IV monta sur le trône, la ville de Reims étoit au pouvoir des ligueurs, & ce fut par cette raison qu'il résolut de se faire sacrer à Chartres. La cérémonie se fit le 27 février 1594, par Nicolas de Thou, évêque de cette ville, assisté de quelques autres suffragans de l'archevêché de Sens. Filleau (1) dit qu'on y employa « la sainte ampoule de saint » Martin de Tours, religieusement » gardée en l'abbaye de Marmoustier. »

Les augustes successeurs de Henri IV n'ont pas trouvé le même obstacle que lui pour se faire sacrer à Reims, & ils ont continué de fixer en cette ville le siège de cette pieuse cérémonie.

Louis XIII y a été sacré le 17 octobre 1610, par François, cardinal de Joyeuse, archevêque de Rouen, parce que l'archevêque de Reims n'étoit pas encore sacré.

Louis XIV l'a été le 7 juin 1654, par l'évêque de Soissons, attendu que Henri de Savoie, duc de Nemours, nommé à l'archevêché de Reims, n'avoit pas encore reçu l'ordre de prêtrise.

Louis XV a été sacré le 25 octobre 1722, par M. le cardinal de Mailly.

Le Roi régnant l'a été le 11 juin 1775, jour de la Trinité, par M. le cardinal de la Roche-Aimon, archevêque de Reims.

On avoit cependant craint que ce prélat ne pût, à cause de ses infirmités, s'acquitter de la cérémonie ; & pour prévenir toute contestation, le Roi lui avoit remis une lettre de cachet, par laquelle sa majesté déclaroit qu'au cas que l'archevêque se trouvât hors d'état de la sacrer, son intention étoit qu'il fût suppléé par son coadjuteur.

Y a-t-il un temps limité pour le sacre de nos Rois ? Non ; ce temps est absolument à leur disposition. Comme cette cérémonie ne leur confère aucun nouveau droit, & qu'ils tiennent la royauté de leur naissance & de la loi de l'état, ils peuvent exercer, avant de se faire sacrer,

tous les actes de souveraineté qu'il leur plaît. C'est ainsi que Henri IV n'a été sacré que quatre ans après la mort de son prédécesseur. L'intervalle fut encore plus long pour Louis XIV : car ce monarque étoit monté sur le trône le 14 mai 1643, & il ne fut sacré, comme on l'a déjà dit, que le 7 juin 1654. Il y eut encore un espace de temps assez considérable entre l'avènement de Louis XV à la couronne & son sacre. Devenu Roi le premier septembre 1715, il ne fut sacré que le 25 octobre 1722. Le Roi régnant a moins différé de se faire sacrer ; à peine y avoit-il un an que son auguste aïeul étoit mort, lorsqu'il se rendit à Reims pour cette cérémonie ; mais aussi avant cela, combien n'avoit-il pas fait d'actes de souveraineté, qui demeureront à jamais gravés dans tous les cœurs françois ! Le droit de joyeux avénement remis à la nation, la magistrature rappelée de son exil, tous les parlemens rétablis, l'engagement irrévocable d'acquitter les dettes de l'état, la diminution de la dépense, l'adoucissement dans la perception, le projet formé & exécuté en partie de rendre une entière liberté au commerce, de grandes vues d'économie & de réforme, tels étoient les actes par lesquels sa majesté avoit préludé à son couronnement solemnel.

Mais n'y a-t-il pas un âge au-dessous duquel les Rois ne peuvent être sacrés ? On a vu en 1017, le roi Robert faire sacrer son fils à l'âge de dix ans : Philippe premier n'en avoit que sept, lorsque le Roi son père le fit sacrer en 1059. Cependant en 1374, Charles V sembloit supposer, par son édit du mois d'août, que les Rois ne pouvoient être sacrés avant quatorze ans, c'est-à-dire, tant qu'ils étoient en minorité. Voici ce que porte cet édit : « Ordonnons... que en ce temps » ( à l'âge de quatorze ans ), ils puissent » prendre & recevoir au plaisir de leur » volonté, le large don de la sainte » onction royale, le sceptre, la couronne,

---

(1) *Loc. cit.*

» le diadême , les vêtemens , & tous autres
» enseignes royaux , & chacune d'icelles :
» & que les sermens , tant en la sainte
» onction & coronation , comme autre-
» ment , lors par eux donnés.... tiennent. »

Cette loi étoit la suite d'une vieille
erreur , que les temps & la raison ont fait
disparoître. On croyoit alors qu'un Roi
mineur ne pouvoit pas même prêter son
nom à l'administration de son royaume ;
tout se faisoit au nom du régent : & comme
on croyoit devoir éloigner de la personne
du jeune monarque tout ce qui pouvoit
caractériser la puissance suprême , à laquelle il étoit appelé , on différoit la cérémonie de son sacre jusqu'au moment
de sa majorité.

Il ne falloit cependant pas être fort
instruit pour sentir que cette opinion &
l'usage qui en étoit la conséquence , étoient
contraires à ce qui s'étoit pratiqué dans
les commencemens de la monarchie. Nous
voyons , en effet , sous la première race ,
Childebert II , fils de Sigebert , couronné
roi d'Austrasie à l'âge de cinq à six ans ;
Clotaire II , couronné roi de Soissons à
quatre mois ; Clovis II , couronné roi de
Neustrie , dans la plus tendre enfance ;
Clotaire III & Childéric II , couronnés
rois , l'un de Neustrie & de Bourgogne ,
& l'autre d'Austrasie , sans être plus âgés.
A la vérité , tous ces princes ne régnoient
point par eux-mêmes , il y avoit sous eux
des régens qui jouissoient de toute l'autorité , & l'exerçoient sans que le nom du
monarque parût dans aucun acte. Mais
du moins on ne croyoit pas que le couronnement fût impraticable dans la personne d'un Roi mineur , ou même enfant.

Quoi qu'il en soit , l'édit de Charles V fut
violé immédiatement après son décès.
Charles VI son fils n'avoit que 11 ans & 11
mois lorsqu'il fut sacré. Juvénal des Ursins
nous apprend quelle en fut la cause. « Au
» mois d'octobre 1380 , dit-il , on tint au
» parlement une grande assemblée , où
» Louis , duc d'Anjou , oncle du Roi &
» régent , fit dire par le sieur Desmarets ,

» que pour entretenir la paix entre lui
» & ses oncles , il consentoit que le Roi
» fût couronné & sacré en la manière
» accoutumée. Pierre d'Orgemont , prin-
» cipal conseil du Roi , dit qu'il falloit
» attendre que le Roi eût plus grand âge
» pour le sacrer. Desmarets au contraire
» dit que quand le Roi seroit sacré , les
» divisions cesseroient. Cette affaire fut
» mise en arbitres , qui dirent qu'on pou-
» voit anticiper le terme préfix du sacre ;
» ce qui fut fait. »

Charles VI devenu majeur , fit une loi
de ce qui avoit été décidé pour lui. Il
ordonna , par son édit du mois d'avril
1403 , qu'après sa mort son fils aîné ,
« en quelqu'âge qu'il fût ou pût être , se-
» roit incontinent appelé Roi de France ,
» succéderoit au royaume , seroit cou-
» ronné Roi le plutôt que faire se pour-
» roit , & useroit de tous droits de
» Roi. »

Cette loi , renouvelée & rendue perpétuelle par la déclaration du 20 décembre
1407 , a remis les choses sur le pied où
elles avoient été au commencement de
la troisième race ; & les exemples de
Charles IX , de Louis XIII & de Louis XV ,
sacrés , le premier à dix ans , le second à
neuf ans , & le troisième à douze ans ,
huit mois & dix jours , prouvent qu'elle
ne souffre nulle difficulté dans l'exécution.

Les cérémonies du sacre méritent une attention particulière. Elles n'ont pas toujours
été les mêmes. Le plus ancien rituel qu'on
en connoisse , est celui qui s'est observé
au sacre de Philippe premier. Voici de
quelle manière il nous est retracé par Du
Tillet , d'après un auteur contemporain ,
dont le manuscrit est conservé dans la
bibliothèque du chapitre de Beauvais (1).
Nous ne faisons que rajeunir un peu ses
termes.

« L'an 1059 , le 23 mai , jour de la

_____

(1) Du Tillet , chap. des sacre & couronnement
des rois de France,

» pentecôte ,

» pentecôte, le roi Philippe fut sacré par
» l'archevêque Gervais, en la grande
» église de Reims, devant l'autel Notre-
» Dame, en cet ordre. La messe com-
» mencée, immédiatement avant l'épître,
» l'archevêque se tourna vers le Roi, lui
» exposa la foi catholique, & lui demanda
» s'il la croyoit & vouloit la défendre.
» Le Roi ayant répondu qu'oui, on ap-
» porta son serment, il le prit, le lut &
» le signa. Ce serment étoit ainsi conçu :
» *Je Philippe, par la grâce de Dieu, pro-*
» *chain d'être ordonné roi de France,*
» *promets au jour de mon sacre, devant*
» *Dieu & ses saints, que je conserverai le*
» *privilège canonique, loi & justice due à*
» *un chacun de vous prélats, & vous dé-*
» *fendrai tant que je pourrai ( Dieu aidant ),*
» *comme un Roi doit par droit défendre en*
» *son royaume chacun évêque, & l'église à*
» *lui commise ; & octroira au peuple à*
» *nous commis la défense des lois en leur*
» *droit consistant en notre autorité.* Après
» avoir lu ce serment, le Roi le remit
» à l'archevêque de Reims, en présence
» de Hugues, archevêque de Besançon,
» & de Zmenfroy, évêque de Lyon, légats
» du pape ; des archevêques de Sens & 
» de Tours ; des évêques de Noyon, de
» Senlis, de Cambrai, d'Amiens, d'Au-
» tun, de Langres, de Chalon, d'Or-
» léans, de Nevers, de Soissons, de
» Châlons, de Laon, de Paris, de
» Meaux, d'Auxerre, de Troye, de Li-
» moge, d'Angoulême, de Saintes & de
» Nantes ; des abbés de Saint-Remy,
» de Saint-Benoît, de Saint-Denis, de
» Saint-Germain, de Saint-Riquier, de
» Saint-Valery, de Saint-Vidoul, de Fo-
» resmonstier, de Saint-Mard, d'Her-
» mières, de Saint-Michel, de Laon, de
» Saint-Flour, de Martianense, de Mon-
» son, de Saint-Thierry, d'Anvilliers,
» de Saint-Basoul, de Rebets, de Châ-
» lons, de Monstierendes, de Verdun,
» de Dijon, de Potières, de Fournuz,
» de Charroux, du Mans & de Crespy.
» Cela fait, l'archevêque Gervais prenant

*Tome I.*

» la crosse de saint Remy, récita en bonne
» & paisible audience comment à lui
» appartenoit principalement l'élection
» & sacre du Roi, depuis que saint Remy
» baptisa & sacra le roi Clovis, & com-
» ment les papes Ormisedée & Victor
» avoient accordé ce privilège à l'église
» de Reims, l'un du temps de saint Remy,
» l'autre depuis que Gervais lui-même
» occupoit le siège archiépiscopal. Après
» quoi, par le consentement du roi Henri
» père, il élut Philippe son fils pour Roi.
» Les légats du pape, ( quoiqu'on eût
» déclaré dans cette assemblée même que
» le consentement du pape n'y étoit pas
» requis ), les archevêques, les évêques,
» les abbés & les clercs en firent autant
» après lui. Ensuite Guy, duc d'Aquitaine,
» Hugues fils & ambassadeur du duc de
» Bourgogne, les ambassadeurs de Bau-
» doin, marquis de Flandres, & de Geof-
» froy, comte d'Anjou ; les comtes Raoul
» de Vaden, Herbert de Vermandois,
» Guy de Ponthieu, Guillaume de Sois-
» sons, Raynald, Roger, Manasses,
» Hildouin, Guillaume d'Auvergne, Hil-
» debert de la Marche, Foulques d'An-
» goulême, le vicomte de Limoges, &
» après eux, les chevaliers & le peuple
» tant grands que petits, l'approuvèrent
» d'une voix unanime, criant par trois
» fois, *nous l'approuvons, nous le voulons,*
» *soit fait.* Alors on chanta le *Te Deum,*
» & la solemnité du sacre & du couron-
» nement se fit selon l'ancienne forme.
» Après cette cérémonie, le roi Philippe
» confirma, comme ses prédécesseurs
» avoient fait, les biens de l'église Notre-
» Dame & comté de Reims, les biens de
» S. Remy & des autres abbayes, & signa la
» confirmation. L'archevêque la signa aus-
» si : car le roi Philippe le fit en ce mo-
» ment son chancelier, à l'exemple des Rois
» ses prédécesseurs qui avoient élevé les
» archevêques prédécesseurs de Gervais,
» à la dignité de leurs grands chanceliers.
» Cela fait, l'archevêque Gervais retourna
» à son siège ; & après s'être assis, fit

G

» apporter le privilège que le pape Victor
» lui avoit conné, & le fit lire à haute
» voix, *voyans & aſſiſtans leſdits évêques.*
» Tout cela ſe fit en grande dévotion &
» joie, ſans aucun empêchement, con-
» tradiction d'autrui ou dommage de la
» république. »

Du Tillet, qui rapporte tous ces détails
d'après l'auteur cité, paroît embarraſſé
ſur le terme d'*élection,* dont on s'eſt ſervi
lors du ſacre que nous venons de décrire.
Il croit qu'on doit le prendre « pour
» déclaration, acceptation & ſoumiſſion
» au Roi élu, déſigné & prédeſtiné de
» Dieu, qui l'a conſervé & fait le plus
» proche de la couronne, & non pour
» aucun droit aux ſujets de donner le
» royaume par leurs voix ou élection. »
Il eſt ſans doute plus naturel de dire que
le mot *élection* doit être pris dans ſon ſens
littéral, & ſi l'on fait attention au principe établi ſous les deux premières races,
& encore reconnu au commencement de
la troiſième, que le royaume étoit électif
entre les princes de la maiſon régnante,
on ne trouvera rien dans cette explication
qui ne s'accorde avec la vérité des faits.

Louis VII établit un nouveau rituel
pour le ſacre des Rois. On le trouvera
ſans doute plus pompeux & moins éloigné
des uſages actuels que celui dont on vient
de voir la deſcription. Le voici tel que
du Tillet nous l'a conſervé. Nous n'y chan-
geons que quelques termes.

» Premièrement, il ſera préparé un
» trône en forme d'échafaud, joignant
» par dehors au chœur de l'égliſe, mis
» au milieu entre l'un & l'autre, auquel
» on pourra monter par degrés, & qui
» pourra contenir avec le Roi, les pairs
» de France & autres, s'il eſt beſoin.

» Le jour que le Roi viendra pour
» être couronné, il ſera reçu en pro-
» ceſſion, tant par les chanoines que
» par les autres égliſes conventuelles.

» Le ſamedi qui précédera le diman-
» che deſtiné à la cérémonie, à l'iſſue

» des complies, la garde de l'égliſe
» ſera confiée aux gardes députés par le
» Roi, *avec les propres gardes de ladite*
» *égliſe en laquelle ledit Roi au ſilence de*
» *cette nuit vienne faire ſon oraiſon, &*
» *ſelon ſa dévotion y veille une pièce en*
» *prières.*

» Quand les matines ſonneront, les
» gardes du Roi ſeront appareillés pour
» garder l'entrée principale de l'égliſe,
» & auront ſoin que les autres portes
» ſoient bien fermées.

» Les matines ſeront chantées à l'heure
» ordinaire; & auſſi-tôt qu'elles ſeront
» achevées, on ſonnera prime, de ma-
» nière qu'elle ſoit achevée avant l'aube
» du jour.

» Après quoi le Roi ſe rendra dans
» l'égliſe avec les archevêques, évêques,
» barons & autres qu'il voudra y admet-
» tre, & cela avant que l'eau bénite ſoit
» faite.

» Les ſièges ſeront diſpoſés autour
» de l'autel, des deux côtés, & de ma-
» nière que les archevêques & évêques
» puiſſent y être aſſis par honneur.

» Les évêques pairs, celui de Laon le
» premier, puis celui de Langres, après
» celui de Beauvais, puis celui de Châ-
» lon, & le dernier celui de Noyon,
» avec les autres évêques ſuffragans de
» Reims, ſeront mis à part entre l'au-
» tel & le Roi, à l'oppoſite de l'autel,
» non loin du Roi, ſans qu'il y ait entre
» eux guères de perſonnes pour éviter
» l'indécence.

» Le Roi choiſira les plus nobles &
» plus puiſſans barons, & les enverra à
» la pointe du jour à S. Remy, cher-
» cher la ſainte ampoule.

» Et ils jureront aux abbé & reli-
» gieux de S. Remy, qu'ils la conduiront
» & la reconduiront de bonne foi dans
» l'égliſe de ceux-ci.

» Ceci ſe fera entre prime & tierce.
» Alors les moines de S. Remy vien-
» dront en proceſſion avec la croix &
» cierges, & la ſainte ampoule qui

» fera portée par l'abbé fous un poêle de
» foie, dont les quatre bâtons feront
» portés par quatre religieux en fur-
» plis.

» Quand ils feront arrivés à l'église
» de Saint-Denis, fi la preſſe eſt trop
» grande, l'archevêque, accompagné des
» autres prélats, des barons & des cha-
» noines, s'il eſt poſſible, ira au-devant
» de la fainte ampoule, la prendra des
» mains de l'abbé, lui promettra de la
» lui rendre de bonne foi, & la por-
» tera à l'autel, avec grande révérence
» de peuple, accompagné de l'abbé &
» de quelques-uns des moines. Quant
» aux autres moines, ils attendront foit
» dans l'église de S. Denis, foit dans
» la chapelle de S. Nicolas, que tout
» foit achevé, & que la fainte ampoule
» foit rapportée.

» L'archevêque alors fe préparera à la
» meſſe, fe rendra à l'autel vêtu de fes
» plus beaux ornemens & du pallium,
» avec les diacre & fous-diacre, en pro-
» ceſſion, comme il eſt d'uſage, & à
» fon paſſage le Roi fe levera & le fa-
» luera.

» Quand l'archevêque fera à l'autel,
» il fera au Roi, pour fon église & pour
» celle de tous fes fuffragans, la demande
» qui fuit : *Nous te requérons nous octroyer*
» *que à nous & à nos églifes à nous com-*
» *mifes, conferve le privilège canonique,*
» *loi & juſtice due, nous gardes & défends,*
» *comme Roi eſt tenu en fon royaume,*
» *à chacun évêque & église à lui com-*
» *mife.*

» Le Roi répondra aux évêques : *Je*
» *vous promets & octroie qu'à chacun de*
» *vous, & aux églifes à vous commifes,*
» *je garderai le privilège canonique, loi &*
» *juſtice due & à mon pouvoir* (*Dieu aidant*),
» *vous défendrai comme Roi eſt tenu par*
» *droit en fon royaume, à chacun évêque*
» *& à l'église à lui commife.*

» En même-temps, le Roi pronon-
» cera le ferment qui fuit : *Je promets*
» *au nom de Jéfus-Chriſt, au peuple chré-*

» *tien à moi fujet, ces chofes : premiè-*
» *rement, que je garderai la vraie paix à*
» *tout le peuple chrétien, à l'église de*
» *Dieu, & en tout temps, par votre*
» *avis. Item, que je défendrai toutes rapi-*
» *nes & iniquités de tous degrés. Item,*
» *qu'en tous jugemens je commanderai*
» *équité & miféricorde, afin que Dieu,*
» *tout puiſſant & miféricordieux, m'accor-*
» *de, ainſi qu'à vous, fa miféricorde. Item,*
» *que je travaillerai de bonne foi & de tout*
» *mon pouvoir à mettre hors de ma terre*
» *& de la juridiction qui m'a été commife,*
» *tous les hérétiques déclarés par l'église.*
» *Tout ce que deſſus, je confirme par*
» *ferment.*

» Ces paroles prononcées, le Roi met-
» tra la main fur l'évangile ; auſſi-tôt on
» entonnera le *Te Deum*, deux archevê-
» ques ou évêques iront prendre le Roi
» par les mains, & le meneront devant
» l'autel, où il demeurera proſterné juf-
» qu'à ce que le *Te Deum* foit fini.

» On aura foin, avant tout cela, de
» placer fur l'autel la couronne royale,
» l'épée enfermée dans le foureau,
» les éperons d'or, le fceptre doré, la
» main de juſtice, les chauſſes, appelées
» fandales ou bottines de foie, d'un bleu
» azur, femées par-tout de fleurs de lys
» d'or ; la tunique ou dalmatique faite
» de même couleur & dans le même
» goût, & reſſemblante à ces chaſubles
» dont les fous-diacres font vêtus à la
» meſſe ; enfin le furcot ou manteau
» royal, totalement de femblables cou-
» leur & œuvre, fait à peu de chofes près
» en manière d'une chape fans chape-
» ron. L'abbé de Saint-Denis-en-France
» apportera tous ces ornemens de fon
» monaſtère, & fe tiendra près de l'autel
» pour les garder.

» Le Roi étant devant l'autel, ôtera
» fes vêtemens, hors fa camifole de foie
» & fa chemife, qui feront ouvertes
» à la poitrine & entre les épaules, de
» manière cependant que les ouvertures

» foient recloſes & rejointes enſemble
» par des attaches d'argent.

» Le grand chambellan commencera
» par lui mettre les bottines que l'abbé
» de S. Denis lui aura baillées.

» Enſuite le duc de Bourgogne lui
» attachera les éperons & les ôtera auſſi-
» tôt.

» Puis viendra l'archevêque qui lui
» ceindra ſon épée, la lui deſceindra
» auſſi-tôt, la lui tirera du foureau, la
» placera ſur l'autel, & la remettra enſuite
» dans la main du Roi, en prononçant
» cette oraiſon : *Prends ce glaive à toi*
» *donné avec la bénédiction de Dieu, par*
» *lequel en vertu du Saint Eſprit tu puiſſes*
» *réſiſter & repouſſer tous les ennemis &*
» *les adverſaires de la ſainte égliſe, défen-*
» *dre le royaume à toi commis, & gar-*
» *der l'armée de Dieu, par l'aide de notre*
» *Seigneur Jéſus-Chriſt, triomphateur in-*
» *vincible, lequel règne avec le Père & le*
» *Saint Eſprit.*

» Alors, le chœur chantera cette an-
» tienne : *Sois conforté & viril, obſerve*
» *les enſeignemens du Seigneur ton Dieu,*
» *afin que tu chemines en ſes voies, &*
» *gardes ſes cérémonies, commandemens,*
» *témoignages & jugemens, & qu'il te*
» *confirme en quelque endroit que tu te*
» *tournes.*

» Cette antienne achevée, l'archevê-
» que dira l'oraiſon qui ſuit : *Dieu qui*
» *par ta providence gouvernes les choſes*
» *céleſtes & terriennes enſemble, ſois pro-*
» *pice à notre Roi très-chrétien, à ce que*
» *par la vertu du glaive ſpirituel, toute*
» *la force de ſes ennemis ſoit rompue,*
» *& toi bataillant pour lui, entièrement*
» *briſée, par notre Seigneur Jéſus-Chriſt,*
» *&c.*

» A ces mots, le Roi recevra hum-
» blement l'épée de la main de l'ar-
» chevêque, & l'offrira à l'autel; il la
» reprendra enſuite de la main de l'ar-
» chevêque, & ſur-le-champ la baillera
» au connétable, s'il y eſt, & en cas
» d'abſence, à celui de ſes barons qu'il

» lui plaira, pour la porter devant lui ;
» tant en l'égliſe, juſqu'à la fin de la
» meſſe, qu'après la meſſe juſqu'au pa-
» lais.

» Cela fait, l'onction ſera préparée
» en cette manière : le chrême étant
» placé ſur l'autel dans une patène con-
» ſacrée, l'archevêque ouvrira la ſainte
» ampoule apportée par l'abbé de Saint-
» Remy, & qui ſera pareillement ſur
» l'autel. Il en tirera avec une aiguille
» d'or un peu de l'huile envoyée du ciel,
» & la mêlera du doigt avec le chrême
» préparé dans la patène pour oindre le
» Roi, *lequel ſeul entre tous les Rois de*
» *la terre reſplendit de ce glorieux privilé-*
» *ge, qu'il eſt ſingulièrement oint de l'huile*
» *envoyée du ciel.*

» L'onction ainſi préparée, l'arche-
» vêque détachera les agraffes des ou-
» vertures des vêtemens du Roi devant
» & derrière. Le Roi ſe mettra à ge-
» noux, & en même-temps deux arche-
» vêques ou évêques entonneront la
» litanie. Cette prière finie, l'archevêque
» aſſis, de la même manière que lorſ-
» qu'il conſacre des évêques dira ſur lui
» avant que de l'oindre, les trois oraiſons
» ſuivantes....

» Ces trois oraiſons achevées, l'arche-
» vêque dira celle de la conſécration du
» Roi, dont voici les termes....

» Après avoir prononcé cette orai-
» ſon, l'archevêque oindra le Roi de
» l'huile & du chrême qu'il aura mêlés
» auparavant, & cela en cinq endroits
» différens, ſavoir : au-deſſus de la tête,
» à la poitrine, entre les deux épaules,
» aux épaules mêmes, aux jointures des
» deux bras, en diſant à chaque endroit :
» *je t'oins de l'huile ſanctifiée, au nom du*
» *Père, & du Fils, & du Saint Eſprit :*
» & tout le monde répondra : *ainſi*
» *ſoit-il.*

» Pendant cette onction, on chantera
» l'antienne : *Le prêtre Sadoc & le pro-*
» *phète Natan oignirent Salomon Roi en*

» *Jérusalem , & venans joyeux dirent :*
» *vive le Roi éternellement.*

» Lorsque cette antienne sera chan-
» tée , l'archevêque dira les oraisons
» qui suivent.....

» Après cela , l'archevêque, les prê-
» tres ou les diacres refermeront les
» attaches des ouvertures des vêtemens
» du Roi.

» Alors le grand chambellan revê-
» tira sa majesté de la dalmatique , &
» lui mettra par-dessus le manteau royal,
» de manière que la main droite ait le
» mouvement libre à l'ouverture de ce
» manteau qui sera élevé sur la main
» gauche, comme la chasuble d'un prê-
» tre.

» Ensuite l'archevêque lui mettra l'an-
» neau au quatrième doigt de la main
» droite, en disant : *prends l'anneau, si-*
» *gnal de la sainte foi , solidité du royau-*
» *me , augmentation de puissance, par les-*
» *quelles choses tu puisses chasser les en-*
» *nemis, par puissance triomphale, exter-*
» *miner les héréfies , réunir les sujets , &*
» *les annexer à la persévérance de la foi*
» *catholique, par Jésus - Christ notre Sei-*
» *gneur , &c.*

» Après avoir mis cet anneau au doigt
» de sa majesté, l'archevêque dira l'o-
» raison suivante....

» L'archevêque mettra ensuite le sceptre
» en la main droite du Roi , en disant :
» *prends le sceptre , enseigne de la puissance*
» *royale : savoir, est la droite verge du*
» *royaume , verge de vertu , par laquelle*
» *gouvernes bien toi-même , défends des*
» *méchans par royale puissance la sainte*
» *église, qui est le peuple chrétien à toi*
» *commis de Dieu, &c....*

» Le Roi tenant son sceptre à la main,
» l'archevêque dira l'oraison qui suit,...

» Cette prière finie, l'archevêque met-
» tra la main de justice en la main droite
» du Roi , & dira : *prends la vertu & équité*
» *par laquelle tu saches assurer les bons &*
» *faire craindre les mauvais , &c....*

» Quand le Roi aura ainsi en main la

» verge de justice , le chancelier, s'il y
» est , & en son absence l'archevêque ,
» appellera par leur nom, & selon leur
» ordre , les pairs de France , les laïcs les
» premiers , & ensuite les ecclésiastiques.
» Lorsqu'ils auront entouré sa majesté,
» l'archevêque prendra de dessus l'autel
» la couronne royale, & la mettra sur la
» tête du Roi : aussi-tôt, tous les pairs,
» tant ecclésiastiques que laïcs , y porte-
» ront la main, & la soutiendront. En
» même-temps, l'archevêque dira : *Dieu*
» *te couronne de la couronne de gloire &*
» *justice , &c.* Il ajoutera les oraisons
» suivantes , pendant lesquelles les pairs
» soutiendront toujours la couronne sur
» la tête du Roi.... Après quoi , adressant
» la parole à sa majesté, il lui dira : *sois*
» *stable & retiens dorénavant l'état que tu*
» *as tenu jusqu'à présent par la sugges-*
» *tion de ton père, de droit héréditaire ;*
» *délégué par l'autorité de Dieu tout puis-*
» *sant , & par notre présente tradition ;*
» *savoir est de tous les évêques , & autres*
» *serviteurs de Dieu : & ayes souvenances*
» *de partir en lieux convenables autant plus*
» *grands hommes au clergé que tu le vois*
» *être plus proche des sacrés autels....* L'ar-
» chevêque ajoutera les bénédictions sui-
» vantes....

» Après ces prières & bénédictions,
» l'archevêque, accompagné des pairs,
» toujours soutenant la couronne, con-
» duira le Roi à son trône, & l'y asseoira
» sur une chaise si éminente qu'il puisse
» être vu de tous.

» Cela fait, il ôtera la mître , baisera le
» Roi, & dira, *vive le Roi éternellement.*
» Les autres pairs ecclésiastiques & laïcs
» feront la même chose l'un après l'autre,
» & toujours soutenant la couronne.

» En ce moment, les chantres & sous-
» chantres qui seront placés dans le
» chœur, commenceront la messe qui
» sera chantée dans l'ordre ordinaire ; &
» l'on aura attention d'y dire pour le Roi
» une oraison spéciale que voici.....

» A l'évangile, le Roi se levera de sa

» chaise, & on lui ôtera la couronne.

» Quand l'évangile sera chanté, le
» plus grand des archevêques ou évêques,
» prendra le livre saint, & le portera à
» baiser, d'abord au Roi, & ensuite à
» l'archevêque officiant.

» A l'offrande, on portera un pain,
» un vase d'argent rempli de vin, treize
» besans d'or; le Roi y sera conduit &
» ramené par les pairs soutenans la cou-
» ronne, & son épée nue sera portée de-
» vant lui, tandis qu'il ira & reviendra.

» A la prière secrète, l'archevêque
» dira l'oraison qui suit.... Avant de chan-
» ter le *pax domini*, il dira sur le Roi &
» sur son peuple, les bénédictions sui-
» vantes....

» Après le *pax domini*, le prélat qui
» aura porté baiser au Roi le livre des
» évangiles, prendra la paix de l'arche-
» vêque officiant, en le baisant à la joue,
» & ira la présenter de même au Roi.
» Après lui, tous les autres archevêques
» & évêques, en leur ordre, iront éga-
» lement baiser le Roi sur son trône.

» La messe achevée, les pairs amène-
» ront le Roi devant le grand autel,
» où il recevra de la main de l'arche-
» vêque, la communion du corps & du
» sang de notre seigneur.

» Après cela, l'archevêque lui ôtera
» la grande couronne qu'il avoit sur la
» tête & lui en substituera une plus petite;
» en même temps on le dépouillera de
» ses plus insignes vêtemens, & on lui en
» mettra d'autres.

» Le Roi s'en ira ainsi au palais, l'é-
» pée royale toujours portée devant lui,
» & la chemise sera brûlée, afin que la
» sainte onction ne soit pas profanée.

» Après le sacre & la messe, les barons
» reconduiront la sainte ampoule à Saint-
» Remy, & auront grand soin qu'elle soit
» remise à sa place ».

Telles sont toutes les dispositions du
réglement fait par Louis VII, pour le
sacre de nos Rois. On n'y remarque rien
de relatif à une cérémonie qui le suit à très-

peu d'intervalle; nous parlons du toucher des malades des écrouelles; mais il
y a très-long-temps qu'elle est en usage.
« Le Roi Philippe le Bel, ( dit du Tillet, )
» approchant de la mort, fit appeler le
» roi Louis-Hutin, son fils aîné, l'ins-
» truisit, & apprit la manière de toucher
» lesdits malades, lui enseignant saintes
» & dévotes paroles qu'il avoit accoutumé
» dire en les touchant ».

On a vu dans le réglement que nous
venons de transcrire, la teneur du serment
que Louis le jeune avoit prescrit pour
le sacre du Roi Louis XI; pour la rendre
invariable, on la fit enregistrer au parlement de Paris, le 12 avril 1482, après
pâques (1).

Le rituel qu'on suit à présent pour le
sacre, est calqué sur le réglement de Louis
le jeune, mais il s'en écarte en beaucoup de
points, & c'est pourquoi nous croyons
faire plaisir à nos lecteurs, de leur retracer ici l'ordre de la marche & des cérémonies qui ont été observées au couronnement de Louis XVI. La description
d'un spectacle qui a excité les acclamations de toute la France, ne peut être
ici déplacée, & nous sommes sûrs, malgré
sa longueur, qu'elle n'ennuiera point.

Le Roi ayant fixé au dimanche de la
Trinité, 11 juin 1775, l'auguste cérémonie de son sacre, partit de Versailles le 5,
avec la reine, les princes ses frères, les
princes du sang, les grands officiers de
la couronne, les seigneurs & dames de
la cour, & les ministres pour se rendre à
Compiègne, où sa majesté resta jusqu'au
8, qu'elle en repartit pour aller à Fîmes,
petite ville distante de six lieues de Reims.

Sa majesté fut reçue dans toutes les
villes par où elle passa, au son des cloches,
au bruit de l'artillerie, aux acclamations
du peuple, & fut complimentée par les
magistrats.

_____

(1) Depuis, traité de la majorité des Rois,
tom. 1, pag. 354.

Le 9, le Roi étant arrivé près des faux-bourgs de la ville de Reims, trouva les troupes de sa maison sous les armes : elles l'accompagnèrent dans son entrée, qui se fit dans l'ordre suivant. Après que M. le duc de Bourbon, gouverneur de Champagne, eut présenté à sa majesté les clefs de la ville, un détachement des mousquetaires, & des gendarmes de la garde, marchoit devant un carrosse du Roi, où étoient ses écuyers, & le carrosse étoit précédé du vol du cabinet. Dans le second carrosse, étoient les grands officiers de la couronne. Ensuite venoient les pages de la grande & de la petite écurie, qui précédoient le magnifique carrosse où étoit sa majesté, accompagnée de Monsieur, de monseigneur comte d'Artois, de monseigneur le duc d'Orléans, de monseigneur le duc de Chartres, de monseigneur le prince de Condé, de monseigneur le prince de Conti, & du comte de la Marche. Les capitaines des gardes de quartier, à cheval, étoient aux portières du carrosse, qui étoit environné de vingt-quatre valets de pied.

Les gardes du corps du Roi & les chevaux-légers, suivoient le carrosse de sa majesté, qui étoit précédé par le gouverneur & le lieutenant général de Champagne, tous deux à cheval. Le grand-maître, & le maître des cérémonies marchoient ensuite. Le guet des gardes-du-corps, suivi de celui des gendarmes, fermoit cette pompeuse marche.

Sa majesté ayant passé sous les arcs de triomphe, traversa la grande rue du faux-bourg de Vesle, où étoient rangées en haie les gardes françoises & suisses, jusqu'à la porte principale de l'église métropolitaine, où le Roi étant arrivé & descendu de carrosse, fut reçu par le cardinal de la Roche-Aymon, archevêque duc de Reims, à la tête du chapitre, & assisté des évêques ses suffragans. Sa majesté s'étant mise à genoux à la porte de l'église, & ayant baisé le livre des évangiles, fut compli-menté par l'archevêque. Le clergé rentra ensuite dans l'église en ordre de procession, & le Roi fut conduit à un prie-Dieu, dressé au milieu du chœur, sous un magnifique dais. Après quelques prières, le *Te Deum* fut chanté par la musique du Roi & celle de la métropole, au bruit de plusieurs salves de l'artillerie de la ville. A cet instant, M. le maréchal de Duras, premier gentilhomme de la chambre, remit entre les mains du Roi un ciboire d'or, riche présent que fait sa majesté à l'église, & qu'elle offrit à Dieu en le posant sur l'autel. Le *Te Deum* fini, l'archevêque donna la bénédiction, & le Roi se retira dans le palais archiépiscopal, paré des plus superbes ameublemens de la couronne. Sa majesté y reçut les hommages de l'église de Reims, & des différens corps de la ville.

Le 10, après midi, veille de la fête du couronnement, le Roi, accompagné des princes de la famille royale, des princes du sang, & suivi de toute la cour, se rendit à l'église métropolitaine, pour assister aux premières vêpres du soir. Sa majesté fut reçue à la porte de l'Eglise par l'archevêque de Reims, en chape & en mître, à la tête du chapitre, & assisté des évêques ses suffragans. Le Roi ayant été conduit à son prie-Dieu, & tous les princes, les pairs, les grands officiers & les seigneurs ayant pris leur place, l'archevêque commença les vêpres, après lesquelles M. l'archevêque d'Aix prononça un sermon sur la solemnité du sacre. Le discours fini, le Roi sortit de l'église, avec les mêmes cérémonies que celles qu'on avoit observées lorsqu'il y étoit arrivé, & sa majesté fut reconduite à l'archevêché.

Le jour du sacre & du couronnement du Roi, l'église métropolitaine de Reims, disposée pour cette auguste cérémonie, étoit décorée avec beaucoup de magnificence. Les grilles du chœur avoient été enlevées, & on avoit construit deux étages en tribunes, pour y placer le public commodément. Tous les piliers de l'intérieur du chœur étoient mafqués par une colonnade d'ordre Corinthien, dont les entrecolonnemens étoient de grandes figures aîlées, qui portoient des girandoles garnies de lumières. L'intervale d'un pilier à l'autre étoit fermé par une baluftrade, derrière laquelle les gradins rempliffoient les tribunes. L'entablement étoient furmonté d'un focle fur lequel on voyoit des grouppes d'enfans, portant des lumières. Toute cette décoration étoit portée fur un foubaffement en vouffure, décoré de confoles & de guirlandes, lequel étoit appuyé fur le doffier des ftalles.

On avoit pratiqué à l'entrée du chœur un grand jubé, où étoit placé le trône du Roi, au-deffus duquel étoit fufpendu un dais entre quatre colonnes, auxquelles étoient attachées des pentes de fatin violet, parfemées de fleurs de lys d'or.

Le fond du chœur étoit terminé par une partie circulaire décorée de colonnes, ainfi que les parties latérales, & dans la croifée du chœur, étoient deux vaftes tribunes, également décorées ; celle du côté de l'archevêché, étoit deftinée pour la reine, madame, madame Clotilde, madame Elizabeth, & toutes les princeffes & dames qui les accompagnoient; & l'autre, vis-à-vis, pour les ambaffadeurs. Les chanoines, tous en chape, entrèrent au chœur vers fix heures du matin, & fe placèrent dans les hautes ftalles, à l'exception des quatre premières qui reftèrent vuides. Le grand prieur de l'abbaye de faint-Denis, le tréforier & le maître des cérémonies, qui avoient apporté les ornemens royaux du tréfor de cette abbaye, fe placèrent à côté de l'autel, pour être à portée de livrer ces ornemens, lors du couronnement du Roi.

On commença prime; l'archevêque, vêtu de fes habits pontificaux, vint à l'autel, précédé du grand-chantre, du fous-chantre, tenant leurs bâtons, & de quatre évêques en chape & en mître. Après ces quatre évêques, marchoient l'évêque d'Amiens, fous-diacre, & l'évêque de Soif-

fons, diacre, tous deux en mître. L'archevêque ayant fait fa révérence à l'autel, s'affit, le vifage tourné vers le chœur, fur la chaife qui lui étoit préparée, vis-à-vis du prie-Dieu du Roi. Les évêques de Soiffons & d'Amiens fe placèrent à fes côtés, & les évêques de Boulogne, de Limoges, d'Arras & de Montpellier, allèrent prendre leur place au côté droit de l'autel. L'évêque de Senlis, premier aumônier du Roi, faifant la fonction de grand aumônier de France, en rochet, & après lui les cardinaux invités & revêtus de leur chape de cardinal, fe placèrent fur une forme un peu plus haute que le banc des pairs eccléfiaftiques, mais un peu moins avancée. Les archevêques & les évêques invités furent placés fur des formes derrière les pairs eccléfiaftiques. Après eux, étoient les agens du clergé, derrière lefquels étoient les aumôniers du Roi, en rochet & en manteau noir.

Les confeillers d'état & les maîtres des requêtes invités au facre, tous en robe de cérémonie, occupoient les formes qui étoient au-deffous de celles des archevêques & évêques. Après eux, étoient fix fecrétaires du Roi, députés de leur compagnie, pour affifter au facre.

Les pairs eccléfiaftiques en mître & chape de drap d'or, conduits par le grand-maître des cérémonies, fe placèrent fur un banc couvert d'un tapis de velour violet, femé de fleurs de lys d'or, auprès de l'autel du côté de l'épître.

MM. de Contades, de Broglie, de Nicolaï, maréchaux de France, nommés par le Roi pour porter la couronne, le fceptre & la main de juftice, fe placèrent fur un banc derrière celui des pairs laïcs. Les quatre fecrétaires d'état occupèrent un banc féparé, & au-deffous de celui des trois maréchaux de France. Les autres maréchaux prirent leur place fur une forme qui étoit derrière le banc des honneurs. Sur les autres formes, & fur la même ligne, étoient les principaux officiers de fa majefté, & les feigneurs de fa cour.

La

La Reine, les princesses & les dames qui les accompagnoient, furent conduites par une galerie construite depuis la salle du palais archiépiscopal, à une magnifique tribune, élevée au côté droit de l'autel.

Le nonce du pape, & les ambassadeurs invités à cette cérémonie, furent conduits à leur tribune par les introducteurs, & ceux-ci se placèrent auprès d'eux, sur la même ligne... Le reste de la tribune étoit occupé par les princes & les seigneurs étrangers.

Entre les piliers des deux côtés du chœur, & dans les galeries en amphithéâtre qu'on avoit élevées pour cette cérémonie, étoient placées toutes les autres personnes de distinction.

Vers sept heures, les pairs laïcs arrivèrent du palais archiépiscopal à l'église, où ils furent reçus par M. le marquis de Dreux, grand-maître des cérémonies, qui les conduisit à l'autel. Après qu'ils eurent fait les révérences d'usage, ils allèrent se placer sur la forme qui leur étoit destinée du côté de l'évangile, couverte de même que celle des pairs ecclésiastiques. Ils étoient vêtus d'une veste d'étoffe d'or : ils avoient une ceinture d'or, & par-dessus leur longue veste, un manteau ducal de drap violet, doublé & bordé d'hermine, ouvert sur l'épaule droite ; l'épitoge ou collet rond étoit aussi bordé d'hermine : ils avoient tous une couronne ducale dorée sur un bonnet de satin violet. Monsieur, frère du Roi, représentoit le duc de Bourgogne : son siège avoit un marche-pied plus haut que celui des autres pairs. Monseigneur comte d'Artois représentoit le duc de Normandie ; monseigneur le duc d'Orléans, le duc d'Aquitaine ; monseigneur le duc de Chartres, le comte de Toulouse ; monseigneur le prince de Condé, le comte de Flandres, & monseigneur le prince de Bourbon, le comte de Champagne.

Les trois pairs qui représentoient les ducs, avoient des couronnes ducales, & les trois autres pairs qui représentoient les comtes, des couronnes de comtes. Ils portoient sur leurs manteaux ces colliers de leurs ordres.

Un moment après que les pairs laïcs eurent pris leurs places, « ils s'approchè- » rent, ainsi que les pairs ecclésiastiques, » de l'archevêque duc de Reims, & ils » convinrent de députer l'évêque duc de » Laon, & l'évêque comte de Beauvais, » pour aller chercher le Roi ».

Ces deux prélats, revêtus de leurs habits pontificaux, « partirent processionnelle- » ment, précédés de tous les chanoines » de l'église de Reims, au milieu des- » quels étoit la musique. Le chantre & » le sous-chantre marchoient après le » clergé, & devant le grand-maître des » cérémonies, qui précédoit immédia- » tement les deux évêques. » Ils passè- rent par une gallerie couverte, construite depuis le portail de l'église jusqu'à la grande salle de l'archevêché ; & lorsqu'ils furent arrivés à la chambre du Roi, qu'ils trouvèrent fermée, le chantre y frappa de son bâton. Le grand chambellan, sans ouvrir la porte dit : que demandez-vous ? L'évêque de Laon, répondit : le Roi. Le grand chambellan répartit : le Roi dort. Le chantre ayant frappé, & l'évêque demandé une seconde fois le Roi, le grand chambellan fit la même réponse. Mais à la troisième fois, le chantre ayant frappé, & le grand chambellan répondu de même, l'évêque de Laon dit : nous demandons Louis XVI, que Dieu nous a donné pour Roi. Aussi-tôt les portes de la chambre s'ouvrirent, & le grand-maître des cérémonies conduisit les évêques de Laon & de Beauvais auprès de sa majesté. Le Roi étoit couché sur un lit de parade, & vêtu d'une longue camisole de satin cramoisi, garnie de galons d'or & ouverte, ainsi que la chemise, aux endroits où sa majesté devoit recevoir les onctions. Par-dessus cette camisole, le Roi avoit une longue robe de toile d'argent, & sur sa tête une toque de velours noir, garnie d'un cordon de diamans, d'une plume &

d'une double aigrette blanche. L'évêque de Laon donna de l'eau bénite au Roi, & dit une oraison. Ensuite les deux évêques soulevèrent le Roi de dessus son lit, & le conduisirent processionnellement à l'église, dans l'ordre qui suit, en chantant un répons.

Les gardes de la prévôté de l'hôtel, ayant à leur tête M. le marquis de Sourches, grand prévôt, & précédant le clergé qui avoit accompagné les évêques ; les cents suisses de la garde dans leurs habits de cérémonies, ayant à leur tête M. le marquis de Courtenvaux, leur capitaine, habillé de drap d'argent, avec un baudrier de pareille étoffe & brodé, un manteau noir, doublé de drap d'argent, & garni de dentelles, ainsi que les chausses retroussées, & une toque de velours noir, garnie d'un bouquet de plumes ; le lieutenant des cent-suisses, vêtu d'un pourpoint & d'un manteau de drap d'argent, & d'une toque de pareille étoffe ; les autres officiers, vêtus d'habits de moire d'argent & de satin blanc ; les haut-bois, les tambours & les trompettes de la chambre ; six hérauts d'armes, en habit de velours blanc, les chausses retroussées, garnies de rubans, & leur toque de velours blanc, ayant par-dessus leur pourpoint la cotte d'armes de velours violet, chargée des armes de France en broderie, & le caducée à la main ; M. le marquis de Dreux, grand-maître des cérémonies, & M. de Nantouillet, maître des cérémonies, vêtus de pourpoints de toile d'argent, de chausses retroussées de velours noir, coupées par bandes, ayant aussi des capots de velours noir, garnis de dentelles d'argent, avec une toque de velours noir, chargée de plumes blanches ; les maréchaux de Mouchy, du Muy, le comte du Châtelet, & le marquis de Poyanne, chevaliers de l'ordre du Saint-Esprit, destinés à porter les offrandes, & vêtus du grand manteau de l'ordre ; le comte de Clermont-Tonnerre, représentant le connétable, vêtu comme les pairs laïcs,

avec la couronne de comte ; ayant à ses côtés les huissiers de la chambre du Roi, portant leurs masses, habillés d'un pourpoint de satin blanc, les manches tailladées à plusieurs étages, & la chemise bouffante par les ouvertures, ayant les haut-de-chausses de satin blanc, retroussés, avec le manteau de pareille étoffe, doublé de même, les bas de soie gris de perle & les souliers de velours blanc, précédés de huit pages de la chambre du Roi superbement vêtus.

Le Roi parut ensuite, ayant à sa droite l'évêque de Laon, & à sa gauche l'évêque de Beauvais.

M. le prince de Lambesc, grand écuyer de France, qui étoit destiné à porter la queue du manteau royal, marchoit derrière le connétable ; & derrière sa majesté étoient, à droite, M. le maréchal de Noailles, capitaine des gardes-du-corps, commandant les gardes Ecossois, & à gauche M. le prince de Beauveau, capitaine des gardes de quartier : ils étoient vêtus en habits à manteaux très-magnifiques.

Le Roi étoit environné de six gardes écossois, ou de la manche, vêtus de satin blanc, & ayant leurs cottés-d'armes en broderie pardessus leurs habits, & la pertuisanne à la main.

M. de Miroménil, garde des sceaux, représentant le chancelier, marchoit après le Roi. Il étoit vêtu d'une soutane de satin cramoisi, un grand manteau d'écarlate pardessus, avec l'épitoge retroussée & fourrée d'hermine, & il avoit sur la tête le mortier de chancelier, de drap d'or, bordé d'hermine. Le prince de Soubise, faisant les fonctions de grand-maître de la maison du Roi, portant son bâton à la main, venoit ensuite, ayant à sa droite & sur la même ligne M. le duc de Bouillon, grand chambellan de France, & à sa gauche M. le maréchal de Duras, premier gentilhomme de la chambre, & M. le duc de Liancourt, grand-maître de la garde-robe. Ils étoient vêtus tous quatre comme les pairs laïcs, & avoient la couronne de comte sur la tête. Les officiers des gardes-du-corps fermoient la marche.

Le Roi ayant passé par la galerie couverte & magnifiquement décorée, les gardes de la prévôté de l'hôtel restèrent à la porte de l'église, & les cent-suisses formèrent une double haie entre les barrières par lesquelles on traverse la nef. Les tambours, les hautbois & les trompettes se mirent entre les deux escaliers qui montent au jubé.

Lorsque sa majesté fut arrivée à l'église, le clergé s'arrêta à l'entrée de la nef, & l'évêque de Beauvais dit une oraison pour le Roi, & ensuite on chanta un pseaume.

Le Roi, précédé du clergé, entra dans le chœur, accompagné des évêques de Laon & de Beauvais, & s'étant mis à genoux au pied de l'autel, l'archevêque de Reims se levant de son siège, dit une oraison. Ensuite sa majesté fut conduite par les mêmes évêques au fauteuil qui étoit sous le dais au milieu du chœur, où chacun avoit pris la place qui lui étoit désignée; l'archevêque présenta de l'eau-bénite au Roi, & à ceux qui avoient leur séance dans la cérémonie. Aussi-tôt on chanta le *Veni Creator*, après lequel les chanoines commencèrent tierce; cet office étant fini, la sainte ampoule arriva à la porte de l'église.

La sainte ampoule fut apportée de saint Remi en procession, par dom de Bar, grand-prieur de cette abbaye, en chape d'étoffe d'or, & monté sur un cheval blanc de l'écurie du Roi, que deux maîtres palfreniers de la grande écurie conduisoient par les rênes: il étoit couvert d'un petit palefroi d'étoffe d'argent, très-richement brodé. Ce religieux étoit sous un dais de pareille étoffe, qui étoit porté par MM. du Bois d'Escordalles, seigneur de Terroyers; Deffair, seigneur de Sauvastie; le comte d'Anger, seigneur de Neuviri; Gastineau, seigneur de Louvercy, barons, dit *chevaliers de la sainte*

ampoule, vêtus de satin blanc, d'un manteau de soie noire, & d'une écharpe de velours blanc, garnie de franges d'argent, avec la croix de chevalier passée au cou, & attachée à un ruban noir. Les religieux minimes, les chanoines de l'église collégiale de saint Timothée, & les religieux de l'abbaye de saint Remi, en aubes, précédoient le dais, devant lequel M. de Watronville, aide des cérémonies, marchoit immédiatement & devant le grand-prieur de l'abbaye. MM. le vicomte de la Rochefoucault, le comte de Tailleyrand, le marquis de Rochechouart, & le marquis de la Roche-Aymon, seigneurs nommés par sa majesté pour ôtages de la sainte ampoule, & dont le rang avoit été réglé par le sort, marchoient à cheval aux quatre coins du dais, & étoient précédés chacun de son écuyer, portant un guidon chargé d'un côté des armes de France & de Navarre, & de l'autre de celles de leurs maisons.

L'archevêque de Reims, ayant été averti par le maître des cérémonies de l'arrivée de la sainte ampoule, alla à la porte de l'église, accompagné de ses assistans, pour la recevoir des mains du grand-prieur, qui la lui remit avec les cérémonies accoutumées. Alors le chantre commença une antienne; & l'archevêque, précédé de tous les chanoines, rentra dans le chœur, & alla poser la sainte ampoule sur l'autel. Le grand-prieur & le trésorier de l'abbaye allèrent prendre place au côté droit de l'autel, & les quatre seigneurs ôtages se placèrent dans les quatre premières stalles des chanoines, du côté de l'évangile, & les écuyers dans les basses, au-dessous d'eux, tenant toujours leurs guidons à la main.

L'archevêque ayant dit une oraison, les chanoines commencèrent sexte. Alors l'archevêque alla derrière le grand autel se vêtir des ornemens pour célébrer la messe; revint avec tous les assistans faire la révérence à l'hôtel & au Roi, & alla s'asseoir sur la chaise devant l'autel, deux

H ij

évêques étant sur des sièges à ses côtés.

Ensuite l'archevêque s'approcha du Roi, & lui fit une requête pour toutes les églises de France qui lui sont sujettes. Le Roi, sans se lever de son siège, & la tête couverte, répondit en prononçant la formule d'usage. Alors les évêques de Laon & de Beauvais soulevèrent sa majesté de son fauteuil ; & l'archevêque de Reims, après avoir fait une seconde demande, présenta au Roi le serment du royaume, lequel sa majesté, étant assise & la tête couverte, prêta tout haut en latin, & tenant ses mains sur le livre des saints évangiles. Après ce serment, le Roi prononça celui de chef & souverain grand-maître de l'ordre du Saint-Esprit.

Pendant ce temps-là, les habits & ornemens royaux dont sa majesté devoit être parée à son sacre, furent mis sur l'autel ; savoir, la grande couronne de Charlemagne & deux autres, dont une enrichie de pierres précieuses, & l'autre d'or, l'épée, le sceptre, la main de justice, les éperons, & le livre des cérémonies, une camisole de satin rouge, garnie d'or, une tunique & une dalmatique qui représentent les ornemens de diacre & de sous-diacre, des bottines & un manteau royal de velours bleu, semé de fleurs de lys d'or, doublé d'hermine.

Le Roi ayant prêté les sermens, l'archevêque de Reims retourna à l'autel, au pied duquel le Roi fut conduit par les évêques de Laon & de Beauvais ; & là, étant debout, le premier gentilhomme de la chambre lui ôta la robe longue de toile d'argent, qu'il remit entre les mains du premier valet-de-chambre ; & le grand-maître de la garde-robe ayant reçu la toque des mains de sa majesté, la remit entre les mains du premier valet-de-chambre de la garde-robe. Le Roi resta debout, la tête découverte, & vêtu seulement de sa camisole de satin. L'archevêque ayant fait des prières pour sa majesté, on apporta le fauteuil du Roi devant celui de l'archevêque, & sa majesté

s'y étant assise, le grand-chambellan vint lui chausser les bottines de velours, qu'on nomme aussi sandales. Monsieur, représentant le duc de Bourgogne, premier pair, lui mit les éperons d'or, & les lui ôta tout de suite. Après quoi, le Roi étant debout, l'archevêque fit la bénédiction de l'épée de Charlemagne, qui étoit, en ce moment, dans le fourreau. Cette bénédiction étant faite, il ceignit l'épée au Roi, & la lui ôta en même-temps ; puis l'ayant tirée du fourreau, qu'il laissa sur l'autel, il fit une prière. Après cette prière, l'archevêque remit l'épée toute nue entre les mains de sa majesté, & le chœur chanta une antienne : & dans le temps que le Roi tint la pointe levée, l'archevêque dit une oraison. Le Roi baissa ensuite l'épée & l'offrit à Dieu, en la remettant sur l'autel. Aussi-tôt l'archevêque la reprit, & la remit entre les mains du Roi. Sa majesté la reçut à genoux, & la remit entre les mains du seigneur qui faisoit la fonction de connétable. Celui-ci la tint la pointe levée pendant la cérémonie du sacre & du couronnement, & pendant le festin royal. Cependant le Roi resta à genoux, & l'archevêque dit pour sa majesté plusieurs oraisons.

Ces prières étant finies, l'archevêque de Reims mit sur le milieu de l'autel, la patène d'or du calice de saint Remi, & le grand-prieur de cette abbaye, ayant ouvert la sainte ampoule, la donna à l'archevêque, lequel, avec une aiguille d'or, que lui présenta le grand-prieur, en tira la grosseur d'un grain de froment, de cette huile précieuse qu'il mit sur la patène. Puis, ayant rendu la sainte ampoule au grand-prieur, il reprit avec la même aiguille d'or, du saint chrême, & la mêla avec cette huile.

Pendant ce temps là, le chœur chanta un répons & un verset. Ensuite l'archevêque s'étant tourné vers l'autel, sans mître, dit le verset & l'oraison de saint Remi.

Après cette oraison, le Roi se prosterna devant l'autel, fur un long carreau de velours violet, femé de fleurs de lys d'or. En même temps, l'archevêque de Reims fe profterna à fa droite, & les évêques de Laon & de Beauvais, fe tinrent debout aux côtés de fa majefté. Alors les quatre évêques nommés pour chanter les litanies, les entonnèrent, & le chœur y répondit. Les litanies finies, les quatre évêques fe profternèrent, & l'archevêque affis fur fon fauteuil, le dos tourné vers l'autel & avec fa mître, dit plufieurs oraifons fur le Roi, qui fe mit à genoux devant lui.

L'archevêque de Reims, demeurant toujours affis avec fa mître, dit une fixième oraifon d'une voix plus élevée. Lorfqu'elle fut finie, le Roi reftant toujours à genoux, l'archevêque affis & tenant d'une main la patène d'or du calice de faint Remi, fur laquelle étoit l'onction facrée; en prit avec le pouce droit, & commença d'oindre le Roi de la manière fuivante :

1°. Sur le fommet de la tête, en faifant le figne de la croix, & difant ces paroles :

| *Ungo te in Regem* | Je vous facre Roi |
| *de oleo fanctificato,* | avec cette huile fanc- |
| *in nomine Patris* †, | tifiée, au nom du |
| *& Filii* †, *& Spiri-* | Père, & du Fils, & |
| *tus* † *Sancti.* | du Saint-Efprit. |

Il répéta les mêmes fignes de croix, aux fix onctions fuivantes, & tous les affiftans répondirent à la fin de chacune, *amen*.

2°. Sur l'eftomac, les évêques de Laon & de Beauvais, ouvrant les ouvertures faites à la chemife, à la camifole du Roi, & à chacun des endroits où devoit fe mettre la fainte onction; 3°. entre les deux épaules; 4°. fur l'épaule droite; 5°. fur l'épaule gauche; 6°. aux plis & aux jointures du bras droit; 7°. aux plis & aux jointures du bras gauche. Pendant ces onctions, la mufique chanta une antienne.

Enfuite l'archevêque toujours affis avec

fa mître, & le Roi à genoux devant lui, fit des prières pour fa majefté.

Après ces fept onctions, & les oraifons finies, l'archevêque de Reims, aidé des évêques de Laon & de Beauvais, refermèrent les ouvertures de la chemife & de la camifole du Roi, avec des lacets d'or. Le Roi s'étant levé, le grand chambellan revêtit fa majefté de fa tunique, de la dalmatique & du manteau royal. Ces vêtemens font de velours violet, femés de fleurs de lys en broderie d'or, & repréfentent les trois ordres de fous-diacre, de diacre & de prêtre.

Le Roi ainfi revêtu, fe mit à genoux devant l'archevêque de Reims, lequel, affis avec fa mître, reprit la patène, & fit à fa majefté la huitième onction, fur la paume de la main droite, & enfuite la neuvième fur celle de la main gauche, en faifant cette prière :

| *Ungantur manus* | Que ces mains foient |
| *iftæ de oleo fancti-* | ointes de l'huile fanc- |
| *ficato, unde uncti* | tifiée, de laquelle les |
| *fuerunt Reges & pro-* | Rois & les prophètes |
| *phetæ, & ficut unxit* | ont été oints, & de la |
| *Samuël David in re-* | même manière que Sa- |
| *gem, ut fis bene-* | muël facra le roi Da- |
| *dictus & conftitutus* | vid, afin que vous |
| *Rex in regno ifto,* | foyez béni & établi |
| *quod Dominus tuus* | Roi dans ce royaume. |
| *dedit tibi ad regen-* | Que Dieu, qui vit & |
| *dum & gubernan-* | règne dans tous les |
| *dum. Quod ipfe* | fiècles, daigne vous |
| *præftare dignatur,* | accorder cette grâce. |
| *qui vivit & regnat* | |
| *Deus, per omnia,* | |
| *&c.* | |

Le Roi, toujours à genoux, & tenant les mains jointes devant la poitrine, l'archevêque debout & fans mître, dit une oraifon, après laquelle il fit la bénédiction des gants, & les afpergea d'eau bénite. Les gants étant bénis, l'archevêque étant affis, & ayant fa mître, les mit aux mains du Roi en faifant une prière. Ensuite se tenant debout sans mître, il bénit l'anneau royal, qui lui fut présenté par le premier valet-de-chambre du Roi, & dit une oraison. L'anneau étant béni, l'archevêque assis avec sa mître en tête, le mit au quatrième doigt de la main droite du Roi, en faisant une prière, après laquelle ayant quitté sa mître, il dit une oraison. L'archevêque ayant remis sa mître, prit sur l'autel le sceptre royal, & le mit dans la main droite du Roi, en faisant une prière. Ensuite ayant ôté sa mître, il dit une oraison. Cette oraison finie, il reprit sa mître, & mit la main de justice, dans la main gauche du Roi, en faisant encore une prière.

Aussi-tôt M. de Miroménil, garde des sceaux de France, représentant le chancelier, monta à l'autel du côté de l'évangile, le visage tourné vers le Roi & le chœur, & appela les pairs selon leur rang.

« Monsieur, qui représentez le duc » de Bourgogne, présentez-vous à cet » acte. M. comte d'Artois, qui repré- » sentez le duc de Normandie, présen- » tez-vous à cet acte. M. le duc de Char- » tres, qui représentez le comte de Tou- » louse, présentez-vous à cet acte; M. » le prince de Condé qui représentez le » comte de Flandres, présentez-vous à » cet acte. M. le duc de Bourbon qui re- » présentez le comte de Champagne, » présentez-vous à cet acte ».

Il appela ensuite les pairs ecclésiastiques de la même manière, savoir l'évêque de Laon, l'évêque duc de Langres, l'évêque comte de Beauvais, l'évêque comte de Châlons, & l'archevêque comte de Noyon. On n'appela point l'archevêque duc de Reims, le premier des six pairs, parce que sa fonction est de sacrer le Roi.

Le chancelier s'étant remis à sa place, l'archevêque de Reims prit sur l'autel, la grande couronne de Charlemagne, & la soutint seul à deux mains sur la tête du Roi, sans le toucher. Aussi-tôt les pairs laïcs & ecclésiastiques y portèrent la main

pour la soutenir; & ce prélat, la tenant toujours de la main gauche, fit une prière, ensuite l'archevêque mit seul la couronne sur la tête du Roi, & continua de prier.

Après le couronnement, l'archevêque étant debout sans mître, dit plusieurs oraisons, & fit plusieurs bénédictions.

Cette auguste cérémonie achevée, l'archevêque de Reims, précédé de son porte-crosse, & de deux chanoines en chape, prit le Roi par le bras droit, & le conduisit au trône élevé sur le jubé, dans l'ordre suivant. Les six hérauts d'armes marchoient les premiers, jusqu'au bas des marches qui conduisoient au jubé. Les pairs ecclésiastiques montèrent par l'escalier qui étoit du côté de l'épître; les pairs laïcs par celui du côté de l'évangile. Le maréchal de France représentant le connétable, tenant l'épée nue & droite, ayant à ses côtés les deux huissiers de la chambre, marchoit devant le Roi. Sa majesté avoit la couronne de Charlemagne sur la tête, & portoit en ses mains le sceptre, & la main de justice. Les deux capitaines des gardes-du-corps de quartier, précédés de six gardes Ecossois, marchoient aux deux côtés du Roi. La queue du manteau royal étoit portée par le grand écuyer de France. Le chancelier marchoit seul derrière le Roi, & après lui marchoit le grand-maître de la maison du Roi. A la droite de sa majesté, étoit le grand-chambellan de France, & à sa gauche le premier gentilhomme de sa chambre, & le grand-maître de sa garde-robe. Les six gardes écossois s'arrêtèrent au haut des marches du trône, trois de chaque côté. Le Roi étant monté à son trône, par l'escalier du côté de l'évangile, les pairs ecclésiastiques & laïcs se placèrent, chacun selon son rang, aux deux côtés du trône du Roi, & les grands officiers occupèrent les places qui leur étoient marquées. Les deux capitaines des gardes-du-corps se tinrent sur la marche de l'estrade, à côté du fauteuil du Roi. L'archevêque de Reims fit asseoir sa majefté fur fon trone ; & enfuite la tenant debout & par le bras droit, le vifage tourné vers l'autel, il lui dit plufieurs prières. L'archevêque ayant fait affeoir le Roi fur le trône, & le tenant par la main, continua de prier.

Ces prières achevées, l'archevêque ayant quitté fa mître, fit une profonde révérence au Roi, & le baifa. Alors il dit tout haut, & par trois fois : *vivat rex in æternum* ! (Que le Roi vive éternellement). Enfuite les pairs eccléfiaftiques & les pairs laïcs baifèrent fa majefté, en faifant à leur tour une pareille acclamation, & s'étant remis à leurs places, les hérauts d'armes montèrent au jubé.

Auffi-tôt les portes de l'églife furent ouvertes, & le peuple y entra en foule pour voir fon Souverain fur fon trône, entouré de toute la pompe & de tout l'éclat de la royauté ; & dans ce beau moment, toute l'églife retentit d'acclamation de *vive le Roi* ! en même temps les trompettes & les autres inftrumens de mufique, qui étoient dans le chœur, fe firent entendre, & fe mêlèrent aux cris de joie de tout le peuple. Les oifeleurs lâchèrent une grande quantité d'oifeaux, & les gardes françoifes & fuiffes, qui étoient dans la place & au tour de l'églife, firent une triple falve de moufqueterie. Pendant ces acclamations, les hérauts d'armes diftribuèrent dans le chœur & dans la nef, une grande quantité de médailles d'or & d'argent, frappées pour cette cérémonie, & repréfentant d'un côté le bufte du Roi, avec cette infcription : *Ludovicus XVI, Rex chriftianiffimus.* (Louis XVI, Roi très-chrétien) : & au revers, l'inftant de fon facre, avec cette légende, *Rex cœlefti oleo unctus.* (Le Roi oint d'huile célefte). Et dans l'exergue, *Remis* (à Reims), avec la date du jour, du mois & de l'an.

L'archevêque de Reims defcendu du jubé, retourné à l'autel, entonna le *Te Deum*, qui lui avoir été annoncé par le grand-chantre, & que la mufique du Roi

continua en plain-chant. Toutes les cloches de la ville fe firent entendre, de même que le bruit des falves de l'artillerie.

Le *Te Deum* fini, l'archevêque commença la meffe ; & alors un chapelain du Roi commença une meffe baffe à l'autel dreffé au bout du jubé.

Après que l'archevêque eut chanté les collectes, l'évêque faifant la fonction de fous-diacre, ayant quitté fa mître, chanta l'épître. Après le graduel, l'évêque qui faifoit la fonction de diacre, chanta l'évangile, pendant lequel, les pairs eccléfiaftiques quittèrent leurs mîtres, & les pairs laïcs leurs couronnes. Monfieur, repréfentant le duc de Bourgogne, ôta au Roi fa couronne, & la pofa fur une crédence ; & après l'évangile, il la remit fur la tête de fa majefté.

Dans le même temps, le grand-maître, le maître & l'aide des cérémonies, defcendirent du jubé ; les hérauts qui étoient au bas de l'efcalier, marchoient devant eux ; & lorfqu'ils fe furent avancés dans cet ordre, au milieu du chœur, ils firent leurs révérences à l'autel, au Roi, à la reine & aux princeffes & dames qui étoient dans leur tribune, aux ambaffadeurs & aux cardinaux, qui étoient à la tête du clergé. Le grand-maître des cérémonies, ayant fait une révérence au grand aumônier de France, celui-ci quitta fa place, pour aller porter au Roi l'évangile à baifer ; il étoit précédé du grand-maître & du maître des cérémonies, & accompagné de l'évêque diacre, & d'un chanoine diacre, qui portoit le livre des évangiles, couvert d'une tavaïole de fatin blanc : il étoit en habit de cérémonie, c'eft-à-dire en chape de tabis violet. Le grand aumônier étant arrivé au bas de l'efcalier du jubé du côté de l'épître, fit au Roi une première révérence, une feconde au milieu de l'efcalier, & une troifième auprès du trône ; puis ayant préfenté le livre des évangiles à baifer au Roi, il le remit entre les mains de l'évêque diacre. Il defcendit enfuite du jubé, par l'efcalier du côté de l'évangile, & retourna à l'autel en faifant les mêmes cérémonies, & répétant les mêmes révérences.

Pendant que l'archevêque officiant faifoit l'oblation, & que la mufique chantoit l'offertoire, le roi d'armes & les hérauts, allèrent prendre fur les crédences de l'autel, les offrandes qui y avoient été mifes, & ils les portèrent fur des tavaïoles de fatin rouge, bordées de franges d'or, aux quatre chevaliers de l'ordre du faint-efprit, qui étoient placés dans les quatres premieres hautes ftalles du chœur, & qui devoient porter ces offrandes pour le Roi. Le roi d'armes préfenta au premier de ces feigneurs, un grand vafe d'argent doré; les hérauts donnèrent au fecond, un pain d'argent, au troifième le pain d'or, & au quatrième une bourfe de velours rouge, brodée d'or, dans laquelle étoient treize pièces d'or, portant les mêmes effigies, infcription & légende, que les médailles diftribuées pendant la cérémonie. Les quatres chevaliers tenant ces offrandes, furent conduits par le grand-maître & l'aide des cérémonies, au trône du Roi, où ils montèrent par l'efcalier du côté de l'évangile, en obfervant de faire au bas, au milieu & au haut de l'efcalier, les révérences accoutumées.

Le Roi ayant ainfi été invité d'aller à l'offrande, fa majefté defcendit de fon trône par l'efcalier du côté de l'épître, dans cet ordre.

Les hérauts d'armes précédoient le grand-maître, le maître & l'aide des cérémonies. Après eux, marchoient les quatre chevaliers de l'ordre du faint-efprit, le chevalier de France, le connétable tenant l'épée nue, & ayant à fes côtés les deux huiffiers de la chambre, portant leurs maffes. Les pairs eccléfiaftiques à la droite, & les pairs laïcs à la gauche, marchoient auprès du Roi, qui tenoit dans fes mains le fceptre & la main de juftice, ayant à fes côtés les deux

capitaines des gardes, & les fix gardes de la manche: ceux-ci reftèrent au milieu du chœur. Le grand écuyer de France portoit la queue du manteau royal. Le grand chambellan, le premier gentilhomme de la chambre & le grand-maître de la garderobe, reftèrent dans leurs places fur le jubé, pour garder le trône.

Le Roi étant arrivé à l'autel, où l'archevêque de Reims étoit affis, le vifage tourné vers le chœur, fa majefté fe mit à genoux, & ayant remis le fceptre à l'un des maréchaux de France, & la main de juftice à l'autre, elle reçut le vafe d'argent, le pain d'or & la bourfe des mains des quatre feigneurs, & préfenta ces offrandes à l'archevêque de Reims, lui baifant la main à chaque fois.

Après l'offrande, le Roi reprit fon fceptre & la main de juftice, & remonta à fon trône dans le même ordre qu'il en étoit defcendu. Les pairs eccléfiaftiques montèrent par l'efcalier du côté de l'évangile; ils reprirent leurs places à la droite & à la gauche du trône de fa majefté, & l'aide des cérémonies reconduifit les quatre chevaliers de l'ordre à leurs places.

Pendant l'offertoire, un aumônier du Roi apporta de l'autel du jubé fur le grandautel, une grande hoftie & une petite, laquelle devoit fervir à la communion du Roi, après l'effai de l'une & de l'autre, felon l'ufage ordinaire.

Avant l'élévation, Monfieur, repréfentant le duc de Bourgogne, ôta au Roi fa couronne, & la pofa fur le prie-dieu. Les pairs laïcs quittèrent auffi leurs couronnes, & les pairs eccléfiaftiques leurs mîtres, & ne les reprirent qu'à la fin du canon de la meffe, & lorfque Monfieur, repréfentant le duc de Bourgogne, eut mis la couronne fur la tête de fa majefté.

Au *pax domini*, l'évêque qui faifoit l'office de diacre, fe tourna vers le chœur, & ayant fa mître en tête, & la croffe de l'officiant à fa main gauche, annonça la bénédiction en chantant ces paroles: *hu-*
*militate*

*militate vos ad benedictionem* : (humiliez-vous pour recevoir la bénédiction) ; & à chaque bénédiction le chœur répondit, *amen.* L'archevêque officiant tourné enfuite vers le chœur, tenant fa croffe de la main gauche, dit fur le Roi & fur le peuple une oraifon.

Auffi-tôt après que l'archevêque de Reims eut donné cette bénédiction, les hérauts d'armes, le grand-maître, le maître, & l'aide des cérémonies, ayant fait les révérences ordinaires, le grand-maître des cérémonies en fit une particulière au grand-aumônier de France. Ce prélat fortit de fa place, & alla recevoir de l'officiant le baifer de paix, & à l'inftant il monta au jubé, dans le même ordre, & avec les mêmes cérémonies qui s'obfervent pour le baifer de l'évangile, & ayant fait au Roi une profonde révérence, il lui donna le baifer de paix, & enfuite les pairs eccléfiaftiques & les pairs laïcs allèrent recevoir de fa majefté le même baifer de paix. Pendant ce temps-là, le grand-aumônier retourna à fa place, en obfervant les mêmes révérences qu'il avoit faites en montant au trône.

La meffe étant finie, le Roi, avec les pairs eccléfiaftiques & laïcs, & les grands officiers de la couronne, defcendirent du trône pour la communion, & dans le même ordre que lorfqu'ils étoient allés préfenter les offrandes, fi ce n'eft qu'alors le grand chambellan & le premier gentilhomme de la chambre, marchèrent aux deux côtés du grand-maître de la maifon du Roi.

Sa majefté étant arrivée devant l'autel, Monfieur, repréfentant le duc de Bourgogne, lui ôta la couronne, & la mit entre les mains d'un maréchal de France. Sa majefté remit le fceptre & la main de juftice, entre les mains des mêmes maréchaux de France à qui elle les avoit remis lors de l'offrande. Enfuite le Roi entra fous le pavillon qui avoit été dreffé auprès du grand-autel du côté de l'évangile, & où fon confeffeur l'attendoit. Après quoi fa majefté

vint fe mettre à genoux au bas de l'autel : l'archevêque de Reims, lui ayant donné l'abfolution dans la forme de l'églife, communia le Roi fous les deux efpèces, favoir d'une petite hoftie confacrée exprès, & du précieux fang de notre Seigneur, qu'il avoit réfervé dans le calice de faint Remi. Pendant que fa majefté communia, la nappe fut tenue du côté de l'autel, par le grand aumônier de France, & par le premier aumônier ; & du côté du Roi, par Monfieur, repréfentant le duc de Bourgogne, & par monfeigneur comte d'Artois, repréfentant le duc de Normandie.

Après la communion, l'archevêque de Reims remit à fa majefté la couronne de Charlemagne, qu'elle garda quelques momens à genoux, en faifant fon action de graces, & pendant que le même prélat fit la purification du calice. Après quoi, le Roi fe leva, & l'archevêque lui ôta cette grande couronne, & lui en mit une autre plus petite & plus légère, faite exprès, & enrichie des plus belles pierreries de la couronne. La grande fut mife entre les mains du maréchal de France, défigné pour la porter devant le Roi, dans la marche, fur un riche oreiller.

La cérémonie étant achevée, le grand prieur de faint Remi reporta la fainte ampoule au tréfor de faint Remi, dans le même ordre qu'elle avoit été portée à la cathédrale. Les quatre feigneurs nommés pour otages, y laiffèrent les guidons de leurs armes, & on les déchargea de leur ferment, par le procès-verbal qui en fut fait.

Les gardes de la prévôté de l'hôtel, qui étoient reftés pendant la cérémonie du facre, à la porte de l'églife, commencèrent la marche pour le retour du Roi à l'archevêché. Ils avoient à leur tête, le grand-prévôt de l'hôtel, & étoient fuivis des cent-fuiffes de la garde, marchant deux à deux, & après leur capitaine ; des hautbois, tambours & trompettes de la chambre. Le refte de la marche fe fit dans cet ordre.

Les hérauts d'armes. Le grand-maître & le maître des cérémonies. Les quatre chevaliers de l'ordre du saint-esprit, qui avoient porté les offrandes. Les pages de la chambre. Un maréchal de France, portant la couronne de Charlemagne, sur un coussin de velours violet, & à ses côtés les maréchaux de France, qui avoient porté le sceptre & la main de justice. Le connétable, représenté par M. de Clermont-Tonnère, premier maréchal de France, tenant l'épée nue & élevée, ayant à ses côtés les deux huissiers de la chambre, portant leur masse. Le Roi ayant sa couronne sur la tête, revêtu de ses habits royaux, tenant son sceptre & la main de justice, marchant au milieu de ses pairs, ayant d'un côté l'archevêque de Reims, précédé de sa croix & de sa crosse, accompagné de deux chanoines assistans en chape, & de l'autre, Monsieur, représentant le duc de Bourgogne; les pairs ecclésiastiques à la droite en chapes & avec leurs mîtres, & les pairs laïcs à la gauche, ayant leurs couronnes sur la tête. Le grand-écuyer portant la queue du manteau royal. Les deux capitaines des gardes de quartier. Les six gardes écossois ou de la manche, sur les aîles du cortége. Les officiers des gardes du corps fermoient cette marche, qui se fit par la galerie couverte, & qui se termina à la porte de la chambre du Roi, le tout au bruit des acclamations de joie du peuple, qui remplissoit la place devant l'église, & les cours de l'archevêché.

Lorsque le Roi fut rendu dans son appartement, sa majesté se déshabilla, ses gants & sa chemise qui avoient touché aux onctions, furent remis au grand aumônier de France, pour les brûler. Le Roi s'étant reposé quelques temps, fut revêtu d'autres habits, & de son manteau royal par-dessus. Sa majesté conserva sa couronne de diamant sur la tête. Le sceptre & la main de justice furent remis aux deux maréchaux de France, qui avoient déjà tenu ces honneurs entre leurs mains.

L'heure du festin royal étant arrivée,

la grande salle de l'archevêché destinée à cet effet, se trouva magnifiquement décorée. Cinq tables y étoient dressées. Celle du Roi étoit placée, selon la coutume, devant la cheminée, vis-à-vis de l'appartement de sa majesté, sur une estrade élevée de quatre marches, & sous un dais de velours violet, semé de fleurs de lys d'or en broderie. Les tables des pairs ecclésiastiques & des pairs laïcs, étoient dressées à la droite & à la gauche de la salle, à égale distance de l'estrade du Roi, & de deux pieds plus basses. Sur la même ligne, au bout de ces deux tables, il y en avoit deux autres; l'une à droite pour le nonce du pape & les ambassadeurs invités; l'autre à gauche, dite la table des honneurs, pour le grand chambellan de France, le premier gentilhomme de la chambre, les chevaliers de l'ordre du saint-esprit qui avoient porté les offrandes, & les autres seigneurs ayant droit de s'y placer.

Lorsque tout fut prêt, M. le duc de Cossé, grand panetier de France, fit mettre le couvert du Roi, & s'étant rendu ensuite au gobelet, il en rapporta le cadenat de sa majesté, étant accompagné du marquis de Verneuil, grand échanson, qui portoit la soucoupe, les verres & les caraffes du Roi, & du marquis de Chenaye, grand écuyer tranchant, qui portoit la grande-cuiller, la fourchette & le grand couteau. Ils étoient vêtus d'habits & de manteaux de velours noir, doublé de drap d'or. La nef d'or, enrichie de pierreries, fut mise du côté de la table la plus éloignée du Roi, & du côté droit.

Le grand maître des cérémonies alla ensuite avertir le grand maître de la maison du Roi, que la viande du Roi étoit prête. Sa majesté ordonna de faire servir, & le grand maître se rendit au lieu où les plats étoient préparés, & un moment après le premier service fut apporté dans l'ordre suivant.

Les hautbois, les trompettes, les flûtes de la chambre, jouant des fanfares. Les six hérauts d'armes. Le grand maître

& le maître des cérémonies. Les douze maîtres-d'hôtels du Roi, marchant deux-à-deux, & tenant leurs bâtons. Le comte d'Escars, premier maître-d'hôtel du Roi. Le grand maître tenant son bâton de commandement, & précédant immédiatement le service. Le grand panetier de France, portant le premier plat. Les gentilshommes servans sa majesté, portant les autres plats.

Tous étant arrivés dans la salle, le grand écuyer tranchant rangea les plats sur la table, les découvrit, en fit faire l'essai, & les recouvrit, en attendant que sa majesté fût arrivée.

Cependant, le grand maître de la maison du Roi, précédé du même cortège, alla avertir le Roi. Alors sa majesté se rendit à la salle du festin dans cet ordre.

Les hautbois, les trompettes & les flûtes de la chambre. Les six hérauts d'armes. Le grand-maître & le maître des cérémonies. Les douze maîtres-d'hôtel du Roi, deux à deux, tenant leurs bâtons. Le premier maître-d'hôtel. Les quatre chevaliers de l'ordre du Saint-Esprit, qui avoient porté les offrandes. Le maréchal de France portant la couronne de Charlemagne sur un carreau de velours violet, marchant au milieu des maréchaux de France, qui avoient porté le sceptre & la main de justice. Le grand maître de la maison du Roi, tenant son bâton, & marchant entre le grand chambellan & le premier gentilhomme de la chambre. Le connétable de France, représenté par le premier maréchal de France, tenant l'épée nue & droite, ayant à ses côtés les deux huissiers de la chambre portant leurs masses. Le Roi, avec sa couronne de diamans sur la tête, tenant dans ses mains le sceptre & la main de justice, ayant à ses côtés l'archevêque de Reims, & Monsieur, représentant le duc de Bourgogne. Les pairs ecclésiastiques, revêtus de leurs chapes & la mître en tête, marchant sur la droite du Roi, & les pairs laïcs, revêtus de leur manteau ducal & la couronne

sur la tête, marchant sur la gauche. Les deux capitaines des gardes marchant auprès du Roi. Les six gardes de la manche marchant sur les aîles. Derrière sa majesté le grand écuyer portant la queue du manteau royal. Le chancelier fermant la marche.

Lorsque le Roi fut arrivé à sa table, l'archevêque de Reims fit la bénédiction à l'ordinaire, & dans le même temps, la couronne de Charlemagne fut posée à l'un des coins de la table à droite; le sceptre placé à l'autre coin de la même table à gauche, & la main de justice à l'autre bout du même côté; le tout sur des carreaux de velours violet.

Les maréchaux de France, qui avoient porté ces honneurs dans la cérémonie, se placèrent auprès, & s'y tinrent de bout pendant le dîner. Le connétable prit sa place devant la table & vis-à-vis du Roi, tenant l'épée nue, & ayant à ses côtés les huissiers portant les masses. Le grand écuyer se mit derrière le fauteuil de sa majesté, & à ses côtés, étoient les deux capitaines de ses gardes. Le grand maître se tint debout près de la table & à la droite du Roi. Ce fut lui qui présenta le service à sa majesté avant & après le dîner. Le grand panetier, le grand échanson & le grand écuyer tranchant se placèrent devant la table, vis-à-vis de sa majesté, pour être à portée de faire les fonctions de leurs charges. Le grand panetier changea les assiettes, les serviettes & le couvert du Roi. Le grand échanson lui donna à boire toutes les fois que sa majesté y demanda, alla, à cet effet, chercher le verre, le vin & l'eau dont il fit faire l'essai devant sa majesté. Le grand écuyer tranchant servit & desservit les plats, & approcha ceux dont le Roi desira manger. Un aumônier du Roi étoit auprès de la nef pour l'ouvrir toutes les fois que le Roi vouloit changer de serviettes.

Le second service fut apporté par les officiers du Roi, avec le même cortège;

I ij

& le troisième, qui étoit celui du fruit, fut servi par le grand panetier de France.

Auffi-tôt que le Roi fut affis, les pairs eccléfiastiques & les pairs laïcs descendirent de l'estrade, & allèrent se placer aux tables qui leur étoient destinées; les pairs eccléfiastiques à celle de la droite, & dans cet ordre.

L'archevêque de Reims ayant derrière lui, debout, les deux chanoines affistans de la messe, en chape, & vis-à-vis, deux eccléfiastiques en surplis, tenant debout, l'un la croix, l'autre la crosse. L'évêque duc de Laon, l'évêque duc de Langres, l'évêque comte de Beauvais, l'évêque, comte de Châlons, & l'évêque comte de Noyon, étoient sur la même ligne que l'archevêque de Reims, tous en chape & en mître. Mais les évêques de Soissons, d'Amiens & de Senlis, suffragans de l'archevêque de Reims, & qui étoient placés à la même table, vis-à-vis des trois derniers pairs, étoient seulement en rochet, & avec le camail violet.

Monsieur, repréfentant le duc de Bourgogne, étoit à la table du Roi, & à sa droite; monseigneur comte d'Artois, repréfentant le duc de Normandie, étoit à la gauche de sa majesté.

Les autres pairs laïcs se placèrent à leur table, dans l'ordre suivant.

Monseigneur le duc d'Orléans, repréfentant le duc d'Aquitaine, se mit à la première place; monseigneur le duc de Chartres, repréfentant le comte de Touloufe; monseigneur le prince de Condé, repréfentant le comte de Flandres; monseigneur le duc de Bourbon, repréfentant le comte de Champagne. Les pairs avoient tous les mêmes habits & manteaux dont ils étoient revêtus dans la cérémonie du sacre, & leur couronne sur la tête.

A la troisième table, le nonce du pape, les ambassadeurs, chacun à leur rang; le chancelier, en habit de cérémonie, & ensuite les introducteurs des ambassadeurs. Ils avoient tous la tête couverte.

A la table dite des honneurs, qui étoit vis-à-vis de celle des ambassadeurs, au-deffus de celle des pairs laïcs, étoit placé sur la même ligne, le grand chambellan de France, le premier gentilhomme de la chambre, le grand maître de la garderobe, & les quatre chevaliers de l'ordre du Saint-Esprit qui avoient porté les offrandes, tous revêtus des mêmes habits qu'ils avoient à la cérémonie du sacre.

Ces quatre dernières tables furent servies par les officiers du corps-de-ville, & par les notables bourgeois; & toutes, comme celle du Roi, aux dépens de la ville de Reims (1).

On avoit dressé pour la reine une tribune ou balcon élevé dans la salle, d'où elle put commodément avec les princesses & les dames de sa cour, voir dîner le Roi.

Lorsque le Roi eut dîné, l'archevêque de Reims s'avança vers la table & dit les graces.

Ensuite sa majesté reprit le sceptre & la main de justice, & fut reconduite dans son appartement, précédée par les pairs & autres grands officiers, dans le même ordre, & avec les mêmes cérémonies qui avoient été gardées, lorsqu'elle étoit venue à table; après quoi, tous les princes, seigneurs & officiers se retirèrent.

En même-temps, le connétable, repréfenté par le premier maréchal de France, le grand-maître de France, les seigneurs qui avoient porté le sceptre & la main de justice, le capitaine des gardes, le grandmaître, le maître des cérémonies & son aide, & autres officiers, se rendirent à l'hôtel-de-ville, où ils furent traités & servis à plusieurs tables aux dépens de la ville.

Le 13, se fit la cérémonie des chevaliers

(1) Per arrestum expeditum in parlamento, anno domini 1175, nonobstantibus rationibus & defensionibus capituli Remensis, pronuntiatum fuit quòd burgenses capituli & canonicorum remensium pro ratâ possessionum & hæreditatum quas habent in banno & jurisdictione archiepiscopi Remensis; tenentur contribuere in taliâ factâ Remis, unâ cùm aliis hominibus, & hospitibus archiepiscopi memorati. *Registre olim.* B, *fol.* 29.

de l'ordre du Saint-Efprit, où le Roi fut reçu grand-maître fouverain de l'ordre.

Le lendemain du facre, le commandeur, prévôt & maître des cérémonies de l'ordre du Saint-Efprit, fit affembler tous les commandeurs, chevaliers, & officiers de l'ordre, pour délibérer ce qui devoit être obfervé dans cette cérémonie.

Les mêmes décorations, tribunes & amphitéâtres qui avoient fervi à la cérémonie du couronnement dans l'églife métropolitaine, fervirent à celle-ci. Le grand autel étoit paré des ornemens de l'ordre du Saint-Efprit, & l'on avoit élevé un dais au-deffus. Le trône étoit dreffé fous un dais à la première ftalle à droite en entrant dans le chœur, & il étoit auffi paré des ornemens de l'ordre. On avoit élevé près de l'autel du côté de l'évangile, un trône & un dais femblable, fous lequel fa majefté devoit figner fon ferment, & recevoir le manteau & le collier de l'ordre du Saint-Efprit. Les armoiries du Roi, & celles de tous les chevaliers étoient au-deffus des ftalles qui leur étoient deftinées, fuivant leur dignité & le rang de leur réception.

Ce jour, fur les trois heures après midi, les commandeurs, chevaliers & officiers de l'ordre, tous revêtus du grand habit de cérémonie, s'étant affemblés dans l'appartement du Roi, le prévôt vint annoncer à fa majefté, que tout étoit difpofé pour la cérémonie, & le Roi ordonna qu'on fe mît en marche.

Le Roi, précédé du commandeur, prévôt & maître des cérémonies, du grand tréforier, du fecrétaire, du chancelier de fes ordres, des feigneurs qui devoient être reçus chevaliers, en habits de novice, d'étoffe d'argent, portant l'épée d'argent à fourreau bleu, des chevaliers revêtus du grand manteau de l'ordre, avec le collier par-deffus, marchant l'un après l'autre, arriva à l'églife métropolitaine, & fut conduit dans le chœur, où fa majefté monta fur fon trône. Alors l'archevêque de Reims commença les vêpres,

qui furent chantées par les muficiens de la chapelle de fa majefté.

Auffi-tôt que les vêpres furent finies, fa majefté defcendit de fon trône, fut conduite au pied du fanctuaire, y fit fes révérences, & monta enfuite à fon trône près de l'autel. Le grand aumônier de France fe plaça fur l'eftrade, à la droite du Roi, entre le chancelier & le grand tréforier de l'ordre.

L'archevêque de Reims fortit dans ce moment de fa place, & vint au trône du Roi. Le prélat affis dans un fauteuil, placé fur l'eftrade vis-à-vis de fa majefté, lui demanda fi elle vouloit figner le ferment de l'ordre du Saint-Efprit, qu'elle avoit fait à fon facre; à quoi le Roi ayant confenti, le fecrétaire de l'ordre le lui préfenta à figner, ainfi que la profeffion de foi écrite dans le régiftre, où les Rois, prédéceffeurs de fa majefté, & les chevaliers, ont tous figné.

Le Roi s'étant levé, ôta fa toque. Le grand chambellan, qui étoit derrière le fauteuil du Roi, lui ôta fon capot de novice. Alors, fa majefté s'étant mife à genoux fur un carreau, elle reçut des mains de l'archevêque de Reims la croix de l'ordre du Saint-Efprit, attachée à un cordon bleu, que ce prélat lui paffa au cou. Le maître des cérémonies, qui étoit au côté gauche du fauteuil du Roi, lui mit le manteau fur les épaules, & l'attacha. Enfuite l'archevêque lui préfenta les ftatuts & l'office de l'ordre, avec un dizain.

Cette cérémonie achevée, fa majefté fe leva, fe couvrit, fe remit dans fon fauteuil, & tous les chevaliers & commandeurs vinrent au trône, baifer la main au Roi, comme grand-maître fouverain de l'ordre. Enfuite on chanta le *Veni Creator*, & fa majefté donna aux novices le collier de l'ordre. Sa majefté retourna au palais archiépifcopal, par la même galerie, & dans le même ordre que celui de fon arrivée à l'églife.

Le 14, fa majefté, pour fe conformer à la pieufe coutume des Rois fes prédécefseurs, alla en cavalcade à saint Remi. Les gardes françoises & les gardes suisses étoient en haie, & occupoient les rues qui conduisent du palais archiépiscopal à cette abbaye. Sur les dix heures, le Roi partit, & la marche se fit dans cet ordre.

Les mousquetaires, les officiers à leur tête. Les chevaux-légers de la garde. Les gardes de la prévôté de l'hôtel, marchant à pied deux à deux, avec le grand-prévôt à leur tête, & à cheval. Plusieurs seigneurs de la cour, magnifiquement habillés, & montés sur des chevaux richement harnachés. Trois chevaux du Roi, dont les équipages étoient couverts de caparaçons de velours bleu, brodés en or, en argent, & menés à la main par des palfreniers de l'écurie du Roi. Douze pages à cheval; savoir, six de la chambre, trois de la grande écurie, & trois de la petite. Les trompettes de la chambre. Les cent suisses de la garde dans leurs habits de cérémonie, leur capitaine étant à cheval à leur tête. Plusieurs maréchaux de France, & plusieurs chevaliers des ordres du Roi, à cheval, sans observer de rang entre eux. Le grand écuyer de France marchant à cheval devant sa majesté. Le Roi vêtu d'un habit de la plus grande magnificence, & monté sur un cheval superbement harnaché, dont les rênes étoient tenues par deux écuyers de sa majesté. Quatre autres écuyers marchant à pied autour du Roi. Les deux capitaines des gardes à cheval aux côtés du Roi. Les six gardes écossois marchant à pied sur les ailes. Derrière le Roi, le grand chambellan, le premier gentilhomme de la chambre, le premier écuyer du Roi. Les princes du sang, ayant chacun auprès d'eux un de leurs premiers officiers. Les gardes-du-corps de quartier, marchant à la tête du guet de ces mêmes gardes. Les gardes-du-corps. Les gendarmes de la garde fermant la marche.

Le Roi, après avoir traversé la grande rue qui conduit à l'abbaye saint Remi, au bruit des acclamations du peuple, fut reçu

& complimenté à la porte de cette abbaye par le grand-prieur, à la tête de ses religieux, en chape, qui conduisit sa majesté dans le chœur, où elle entendit une messe basse. Après la messe, le Roi alla faire sa prière devant la châsse de saint Marcoul.

Sa majesté entra ensuite dans le parc de l'abbaye, pour y toucher les malades des écrouelles, qui se trouvoient rangés dans les allées de ce parc. Le Roi, la tête découverte, les toucha en étendant la main droite du front au menton, & d'une joue à l'autre, formant le signe de la croix, & prononçant ces paroles : *Dieu te guérisse, le Roi te touche.*

Après le toucher des malades, le Roi alla faire sa prière près du tombeau de saint Remi ; & pendant ce temps, les troupes de sa maison se mirent en marche, & sa majesté retourna au palais archiépiscopal.

Toutes ces augustes cérémonies se sont terminées par un acte de clémence digne de la majesté & de la puissance de nos Rois ; savoir, l'abolition & le pardon qu'ils accordent aux criminels renfermés dans les prisons de Reims ; coutume aussi ancienne que la monarchie. C'est le grand-aumônier de France qui est chargé de la délivrance de ces prisonniers, pourvu qu'ils ne soient point coupables de crimes qu'on juge irrémissibles.

De retour à Versailles, le Roi permit au parlement de Paris, à la chambre des comptes, à la cour des aides, au corps de ville, au grand conseil, à la cour des monnoies, à l'université & à l'académie Françoise de venir le complimenter sur son sacre, le 2 juillet 1775.

En conséquence, le parlement, la chambre des comptes & la cour des aides furent admis dans la matinée à l'audience du Roi. Ils furent présentés à sa majesté par le duc de la Vrillière, ministre & secrétaire d'état, ayant le département de Paris, & conduits par le marquis de Dreux, grand maître des cérémonies ; & par le sieur de Watronville, aide des cérémonies,

Le corps de ville de Paris eut l'honneur d'être présenté de la même manière à sa majesté qu'il complimenta à genoux.

Les six corps des marchands de Paris, accompagnés du lieutenant général de police, furent présentés au roi par le duc de Coffé, gouverneur de Paris, & eurent l'honneur de complimenter à genoux sa majesté, qui les reçut à la porte de la chambre.

L'après-midi, le grand-conseil, la cour des monnoies, l'université & l'académie Françoise, présentés, comme les autres cours, eurent auffi l'honneur de complimenter sa majesté.

### §. II. *De l'éducation d'un Roi mineur.*

Les fastes de la monarchie ne nous présentent rien d'uniforme sur la question de savoir à qui appartient l'éducation d'un Roi pendant sa minorité.

Assez souvent on a confié ce soin à la personne qui avoit la régence du royaume. Cela s'est pratiqué pendant les minorités de Childebert II, de Clotaire II, de Philippe premier, de saint Louis, de Louis XIII, & de Louis XIV. Voici l'arrêt qui fut prononcé à ce sujet, lorsque le dernier de ces princes tint son lit de justice, le 18 mai 1643, pour déclarer la reine sa mère régente : « Le Roi, séant en son lit de » justice, en la présence & par l'avis du » duc d'Orléans son oncle, de son cousin » le prince de Condé, du prince de » Conti, auffi prince du sang, & autres » princes, prélats, pairs & officiers de la » couronne, oüi & ce requérant son pro- » cureur général, a déclaré & déclare la » reine sa mère régente en France, con- » formément à la volonté du défunt Roi » son très-honoré seigneur & père, *pour* » *avoir le soin de l'éducation & nourriture* » *de sa personne*, & l'administration ab- » solue, pleine & entière des affaires de » son royaume, pendant sa minorité. »

D'autres fois, on a vu la régence & l'éducation du Roi séparées. C'est ce qui est arrivé sous la première race, pendant les minorités des enfans de Clodomir & de Childéric II ; sous la seconde, pendant les minorités de Charles-le-Simple & de Louis-le-Fainéant (1). Dans la troisième race, on a vu Charles V séparer, par le réglement fait pour la minorité de son fils, la régence de l'éducation du jeune monarque (2).

Louis XIV voulut suivre l'exemple de ce prince. Par son testament du mois d'août 1714, confirmé par un édit de la même date, que le parlement de Paris enregistra le 29, il ordonna, entr'autres choses, que M. le duc d'Orléans auroit la régence du royaume, mais que la *garde* du jeune Roi seroit confiée au duc du Maine. Le même acte nommoit la duchesse de Ventadour gouvernante de ce prince, le maréchal de Villeroy son gouverneur, le P. le Tellier son confesseur, & M. de Fleury, évêque de Fréjus, son précepteur.

On sait quel a été le sort de ce testament. L'arrêt du parlement de Paris, du 2 septembre 1715, confirmé par celui qu'on rendit au lit de justice du 12 du même mois, ne l'a guères respecté davantage en ce qui concernoit l'éducation du jeune Roi, que dans les autres points. Il a ordonné, *que le duc du Maine seroit surinten-* *dant à l'éducation du Roi, l'autorité entière* *demeurant à M. le duc d'Orléans, & sans au-* *cune supériorité du duc du Maine sur le duc de* *Bourbon, grand-maître de la maison du Roi.*

L'arrêt du 2 septembre 1715, ne toucha point au choix que le monarque défunt avoit fait des gouvernante, gou- verneur, confesseur & précepteur. Auffi le maréchal de Villeroy & la duchesse de Ventadour eurent-ils séance au lit de jus- tice du 12 septembre suivant. Ils étoient placés chacun sur un tabouret au bas des degrés du siège royal, le maréchal de Villeroy à droite, & la duchesse de Ven- tadour à gauche.

(1) Voyez ci-après les chapitres DE LA REINE & DU RÉGENT.
(2) *Ibid.*

On nous saura gré, sans doute, de retracer ici ce qui se trouve de plus remarquable dans les principales circonstances de l'éducation de Louis XV.

Le 15 février 1717, le Roi ayant sept ans accomplis, la duchesse de Ventadour l'habilla en présence de la cour, & le remit entre les mains de M. le régent, qui remercia cette dame des soins qu'elle avoit pris pour la personne de sa majesté. Son altesse royale présenta ensuite au Roi le maréchal de Villeroy, l'ancien évêque de Fréjus son précepteur, & les autres personnes qui devoient être employées à son éducation. C'étoit à ce signal que la duchesse de Ventadour devoit se retirer : elle prit congé de sa majesté, & lui baisa la main. Le Roi l'embrassa tendrement, & lui fit présent de cinquante mille écus en pierreries.

Les gentilshommes de la chambre choisirent cette occasion, pour prier son altesse royale de les rétablir dans leur ancien droit, de coucher dans la chambre du Roi. Mais les valets-de-chambre représentèrent qu'ils avoient toujours été en possession de ce privilège, sous le règne de Louis XIV. Le duc régent déclara qu'il ne changeroit rien au dernier usage, & que le Roi régleroit ce différend, comme il lui plairoit, à sa majorité.

Peu de jours après, sa majesté voulant aller à la foire saint-germain, il y eut une dispute entre le duc du Maine & le maréchal de Villeroi, touchant la place qu'ils devoient occuper dans le carrosse du Roi. Le maréchal soutenoit qu'en sa qualité de gouverneur de sa majesté, il ne devoit céder la première place, qu'au premier prince du sang. Cette difficulté fut cause que le Roi ne put aller à la foire, & l'affaire fut portée au conseil de régence, qui la décida en faveur du duc du Maine.

Cette petite mortification n'étoit pour le gouverneur du Roi, que le prélude de la disgrace qui l'attendoit au moment où sa charge alloit expirer. En 1722, le duc régent voyant approcher la majorité du Roi, & croyant, pour le bien du royaume, qu'il étoit temps de l'instruire lui-même dans les maximes du gouvernement, & de lui confier le secret des affaires, s'en expliqua au maréchal de Villeroi, & lui dit qu'il alloit commencer à travailler tous les matins avec sa majesté. Il voulut donc commencer le lundi 10 Août. Son altesse royale se rendit entre dix & onze heures du matin, dans l'apartement du Roi, où se trouvoit le duc de Bourbon, qui avoit remplacé le duc du Maine dans la charge de sur-intendant de l'éducation de sa majesté, le comte de Clermont, l'ancien évêque de Fréjus, & quelques autres seigneurs employés auprès de sa personne. M. le régent pria le Roi de vouloir passer dans son cabinet, en lui disant qu'il avoit quelque chose à communiquer à sa majesté, qui demandoit qu'il fût seul avec elle. Là-dessus, le duc de Bourbon & les autres seigneurs se retirèrent. Il n'y eut que le maréchal qui voulut suivre le Roi dans son cabinet. M. le régent répéta qu'il falloit qu'il fût seul avec sa majesté. Mais le maréchal prétendant qu'en qualité de gouverneur du Roi, il ne devoit point perdre sa majesté de vue, son altesse royale prit congé, & dit au Roi qu'il attendroit une autre occasion pour lui parler.

Le maréchal se fondoit sans doute, sur ce qu'avoit dit la reine-mère, anne d'Autriche, au maréchal Dalincourt son père, qui étoit aussi gouverneur du feu Roi Louis XIV. Un jour que cette princesse avoit quelque chose de particulier à communiquer au Roi, qui étoit encore au lit, le maréchal Dalincourt voulut se retirer par respect ; mais la reine le retint. « Demeurez, monsieur, lui dit-elle ; puis- » que je vous ai confié l'éducation du Roi » mon fils, il n'y a point de secret pour » vous, & vous ne devez jamais perdre » sa personne de vue ».

Quoi qu'il en soit, le maréchal de Villeroi en croyant peut-être ne faire que son devoir, déplut à M. le régent. Le même jour, sur les trois heures après-midi, ce

seigneur

feigneur s'étant voulu rendre auprès de fon alteffe royale, le marquis de la Fare lui dit que le duc régent ne pouvoit lui parler, & M. d'Aramant, commandant des moufquetaires gris, lui remit fur le champ une lettre de cachet, concernant un ordre de fe rendre à fon duché de Villeroi, à dix lieues de Paris. Le maréchal en témoigna quelque furprife, & répondit qu'il obéiroit; mais qu'il avoit des affaires importantes à communiquer à fon alteffe royale, & qu'il fouhaitoit fort de lui parler. Le duc régent lui fit répondre qu'il n'avoit pas le temps de l'entendre. On le fit partir au même inftant, & le lendemain il reçut un nouvel ordre pour fe rendre dans fon gouvernement du Lyonnois.

Sa retraite donna lieu à une queftion qui fut portée au confeil de régence. Il s'agiffoit de favoir s'il étoit néceffaire de nommer un nouveau gouverneur pour le peu de temps qui reftoit à courir, jufqu'à la majorité du Roi. Le confeil ne décida pour l'affirmative, que parce que cela convenoit à la dignité de fa majefté, qui avoit elle-même nommé le duc de Charoft.

## §. III. *De la majorité du Roi.*

Rien de plus inconftant ni de plus variable, que tout ce que nous préfente l'hiftoire des neuf ou dix premiers fiècles de la monarchie, fur l'âge auquel nos Rois devoient être reconnus pour majeurs & gouverner par eux-mêmes.

A partir des lois qui régiffoient la nation fous les deux premières races, il paroît que les Rois devoient alors être réputés majeurs à quinze ans.

C'eft en effet à cet âge, que la loi des Ripuaires fixoit la majorité, en même temps que la capacité de porter les armes, deux objets qui chez les Germains (1) alloient toujours de pair, & continuèrent

long-temps de marcher de même chez les peuples fortis de la Germanie (1). « Si un » Ripuaire (dit cette loi, titre 81), eft » mort ou a été tué, & qu'il ait laiffé un » fils, il ne pourra pourfuivre, ni être » pourfuivi en jugement, qu'il n'ait quinze » ans complets; pour lors il répondra lui-» même, ou choifira un champion ». Il falloit donc que l'efprit fût affez formé pour fe défendre en jugement, & que le corps le fût affez pour fe défendre dans le combat.

La loi des Bourguignons, titre 87, fixe la majorité au même âge, & l'on fait que ces peuples avoient également l'ufage du combat dans les actions judiciaires.

Ces lois confervèrent leur autorité fous la feconde race; & il paroît que les Rois paffoient pour y être foumis comme leurs fujets. C'eft ce que prouve la chartre du partage de l'empire de Louis-le-Débonnaire entre fes enfans. « S'il arrivoit, y » dit ce prince, que lors de notre décès » quelqu'un d'eux ne fût pas parvenu à » la majorité, *fuivant la loi des Ripuaires,* » nous voulons que fon royaume foit » gouverné par fon frère aîné, comme » nous le gouvernons nous-mêmes; & » quand il aura atteint fa majorité, il » exercera lui-même fa puiffance. »

Il y a effectivement des exemples de l'obfervation de la loi des Ripuaires, par rapport aux Rois des deux premières races.

Clovis n'avoit que quinze ans lorfqu'il monta fur le trône. La loi des Ripuaires n'étoit pas encore rédigée, mais l'ufage dont elle eft l'organe exiftoit depuis long-temps.

Childebert II avoit précifément le même

---

(1) Tacite, *de morib. German.*
Tome I.

(1) « Il feroit indigne, difoit Théodoric, roi » des Oftrogoths, que nos jeunes gens qui font » dans nos armées fuffent cenfés être dans un » âge trop foible pour régir leur bien, & pour » régler la conduite de leur vie. C'eft la vertu » qui fait la majorité chez les Goths. » *Caffiodor, lib. 1, litt, 38.*

K

âge, lorsque Gontran son oncle le déclara majeur & capable de gouverner par lui-même (1).

Sous la seconde race, Charles-le-Chauve monte sur le trône, âgé de dix-sept ans, & l'on ne parle point de lui nommer un régent.

Les deux enfans de Louis-le-Begue, Louis & Carloman, avoient à peine quinze à seize ans, lorsqu'ils furent couronnés Rois. Cependant il n'y eut point de régence, & les deux jeunes monarques administrèrent eux-mêmes leurs états.

Mais d'un autre côté, on trouve des faits qui rapprochent ou reculent plus ou moins le terme de la majorité des Rois des deux mêmes races.

En 630, Chilpéric, fils de Charibert, roi d'Aquitaine, encore enfant, succède à son père; il est reconnu Roi, & on ne lui donne pas de régent. Il est vrai que son règne ne fut que momentanée.

En 898, Charles-le-Simple gouverne sans régent ayant l'âge de quatorze ans.

En 954, Lothaire parvient à la couronne, âgé de quinze ans (2), & c'est Hugues-le-Grand qui gouverne le royaume, sous le titre de *duc des François*.

En 986, Louis V monte sur le trône âgé de vingt ans (3), & cependant on le met sous la tutelle de Hugues-Capet, en même-temps que la reine-mère est déclarée régente du royaume.

On ne trouve pas moins de variation dans les quatre premiers siècles de la troisième race.

Philippe I qui étoit monté sur le trône à huit ans, n'en avoit que quinze, lorsque Baudouin, comte de Flandres, & régent du royaume, sous le titre de mar-

quis de France, vint à mourir. Cependant Baudouin n'eut point de successeur dans la régence.

Philippe-Auguste n'avoit pareillement que 15 ans, lorsqu'il perdit son père Louis VII. Les historiens ne s'accordent point sur ce qui se passa à cette occasion. Du Tillet dit que Philippe-Auguste gouverna dès-lors comme s'il eût été majeur. Dupuis (1) assure le contraire: « car, dit-il, on trouve que Philippe-Auguste, » en l'année 1184, étoit tenu mineur, » & il étoit lors âgé de 19 à 20 ans ». D'autres prétendent qu'il eut, à la vérité, pour tuteur & pour gouverneur, Philippe d'Alsace, comte de Flandres, mais que le royaume n'eut point de régent. Philippe, selon eux, régna par lui-même, & le comte de Flandres ne fut que premier ministre. Meyer, dans ses annales de Flandres, rapporte un fait qui ne sert qu'à embrouiller de plus en plus ce passage de notre histoire. Il dit que Louis VII avoit ordonné par son testament, que le comte de Flandres auroit la régence pendant la minorité du Roi son fils & successeur; &, s'il en faut croire Dupuis (2), « il y en a qui ont écrit que cette » ordonnance testamentaire de Louis VII » fut approuvée par les états incontinent » après sa mort ». Si cela est, comment peut-on avancer que le comte de Flandres ne fut point régent. Ce n'est pas tout. Du Tillet dit que la régence ne fut pas déférée au comte de Flandres, mais à la reine Alix de Champagne, mère du jeune monarque, & au cardinal de Saint-Babine, son oncle maternel, & que ce furent eux qui gouvernèrent le royaume. Belleforêt semble concilier ce différent; en disant que la reine & le cardinal son frère eurent la tutelle du Roi, & que le comte de Flandres eut la régence du royaume. On ne peut rien, sans doute, de plus incertain que tout cela.

---

(1) Il avoit à peine cinq ans, dit Grégoire de Tours, liv. 5, chap. 1, lorsqu'il succéda à son père, l'an 575; c'est-à-dire, qu'il avoit cinq ans. Gontran le déclara majeur en 585; il avoit donc quinze ans.

(2) Le président Hénault, sous l'année 954.

(3) *Idem*, sous l'année 986.

(1) Traité de la majorité des Rois, pag. 3.

(2) *Ibid*, pag. 69.

Saint Louis avoit douze ans lorsqu'il parvint à la couronne. Louis VIII son père avoit ordonné en mourant qu'il demeureroit *jusqu'à l'âge légitime*, sous la régence & tutelle de la reine Blanche : *quòd filius ejus qui ei in regno succederet, càm ipso regno & pueris ipsius aliis essent sub ballo sive tutelâ carissimæ Dominæ nostræ B. Reginæ genitricis eorum, donec ad ætatem legitimam pervenirent.*

Quel étoit cet *âge légitime* dont vouloit parler Louis VIII ? C'est ce qu'expliquent plusieurs actes de ce temps-là.

En 1209, il fut question de savoir si le comte de Champagne pouvoit être attrait en justice & être contraint de rendre hommage au Roi avant d'avoir atteint sa vingt-unième année. L'archevêque de Reims certifia que l'usage du royaume étoit pour la négative, & en 1213, Philippe-Auguste le décida ainsi par un jugement solemnel. L'année suivante, le même Roi consentit que Blanche, comtesse de Champagne, tînt le jeune Thibault son fils, sous son bail & gouvernement, jusqu'à ce qu'il eût vingt-un ans ; & Thibault lui-même y donna les mains par un acte particulier (1).

En 1257, Brunissende, dame de Thierne, veuve de Chalard de Thierne, donna la tutelle de ses enfans, sous le bon plaisir d'Alphonse, comte de Poitiers, à Guy, comte de Forêts, pour durer *jusqu'à ce que selon la coutume de France* ( ce sont les termes du titre), ses enfans eussent atteint l'âge de vingt-un ans (2).

En 1259, Brunissende donna la même tutelle à Renaud, comte de Forêts ; & l'on voit dans l'acte qu'elle en fit dresser, *que selon la coutume de France observée de long-temps, les enfans sont en âge légitime quand ils ont accompli vingt-un ans* (3).

C'étoit donc de l'âge de vingt-un ans que Louis VIII entendoit parler quand il ordonnoit que la reine Blanche gouverneroit le royaume jusqu'à ce que son fils aîné eût atteint *l'âge légitime* ; & sa volonté fut accomplie à la lettre. Louis IX ne sortit de tutelle & ne gouverna pas lui-même qu'à l'âge de vingt-un ans.

Après la mort de Saint-Louis, Philippe-le-hardi porta, au camp de Carthage, le jeudi après la Saint-Remi 1270, une ordonnance par laquelle il déclara que si Dieu venoit à disposer de lui, il vouloit que son fils aîné demeurât avec son royaume sous la garde de Pierre son frère, jusqu'à ce qu'il fût parvenu à l'âge de quatorze ans accomplis (1). Arrivé à Paris, il confirma cette ordonnance par une autre datée du mois de décembre 1271 (2).

---

(1) *Voici les termes de cette ordonnance.*

Philippus.... notum facimus quòd nos mentis compotes & in bonâ sanitate, de regno nostro ordinavimus in hunc modum, videlicet quòd si nos morte contigerit præveniri antequàm Ludovicus primogenitus noster vel alter liberorum nostrorum quartum decimum annum compleverit, disponimus & volumus quòd Petrus carissimus frater custodiat regnum nostrum & ipsum principalem tutorem, defensorem & custodem constituimus super regnum prædictum, & pertinentia ad illud, quousque unus liberorum nostrorum quartum decimum annum compleverit, ut dictum est....

(2) *Cette ordonnance est conçue en ces termes :*

Philippe, par la grâce de Dieu, roi de France. A tous ceux qui ces présentes lettres verront ; salut. Nous fesons à sçavoir que nous, par la grâce de Dieu, sain & entier de corps, avons ordonné de notre royaume en cette manière. Ce est à sçavoir, que s'il advenoit que nous trespassassions de cest siècle, anceis que li ainsné de nos enfans eût accompli le quatorzième an de son age, nous voulons & ordonnons que notre très-cher frère e notre féel Pierre Cuens d'Alençon gart notre royaume, lequel notre frère Pierre nous établissons principal tuteur e défendeur e garde de ce royaume e des appartenances, e de nos devant-dits enfans, jusques à tant que li ainsnés d'iceux nos enfans ait accompli le quatorzième an de son age, si comme il est dessus dit.

---

(1) Trésor des chartres, Champagne.

(2) *Ibid.* Poitiers, Voyez aussi Matthieu Paris, pag. 342.

(3) *Ibid.* Toulouse.

Ces ordonnances furent exécutées. Philippe-le-Bel , successeur de Philippe-le-Hardi , étoit âgé de dix-sept ans , lorsqu'il monta sur le trône; & comme il avoit passé l'âge auquel son père avoit fixé sa sortie de tutelle , il gouverna seul sans régent ni tuteur.

Mais ces lois n'étoient point permanentes. Ce n'étoient que des actes d'administration momentanée. Aussi Philippe-le-Bel lui-même s'en écarta-t-il , en ordonnant , par un édit du mois d'octobre 1294 , que s'il venoit à mourir avant que son fils eût atteint *l'âge légitime ,* c'est-à-dire vingt-un ans , le royaume seroit gouverné jusqu'alors par la reine Jeanne (1).

Après la mort de Louis-Hutin , il fut réglé par les états généraux , que si la reine qu'il avoit laissée enceinte , accouchoit d'un prince , Philippe-le-Long auroit la régence & la tutelle , jusqu'à ce que le roi eût atteint l'âge de dix-huit ans. Il semble qu'on vouloit tenir le milieu entre les termes auxquels les deux Rois précédens avoient fixé la majorité de leurs successeurs.

Cependant , on commençoit à regarder l'âge de quatorze ans comme celui auquel les enfans devoient sortir de bail , & pouvoient gouverner eux-mêmes leurs biens. C'est ce que prouve une chartre de Philippe-de-Valois , du 11 avril 1344. Par cet acte , le Roi & la reine son épouse font un partage entre leurs enfans; & *pource que Philippe leur fils puîné étoit mineur d'aage , le Roi le éage :* en con-

séquence le jeune prince fait au Roi l'hommage *des duchés & seigneuries* qui lui sont assignés pour son lot ; & le Roi promet avec la reine , *sitôt que ledit Philippe sera venu en l'âge de quatorze ans , de lui faire jurer d'accomplir le contenu ci-dessus.* (1). « Ce qui est une marque , dit Dupuis (2) , que ce Roi tenoit l'âge de quatorze ans pour un âge légitime. »

Insensiblement cette opinion particulière devint loi de l'état. Charles V en fit une constitution expresse au mois d'août 1374 , & la fit enregistrer le 30 mai 1375 , dans un lit de justice où il fit convoquer l'université de Paris , le prévôt des marchands & les échevins de la même ville.

Cette ordonnance est en latin : voici la traduction du dispositif :

« Désirant pourvoir pour toujours à la » tranquillité de notre royaume , éviter » les discordes & les scandales , & au-» tres grands inconvéniens & détrimens , » pour ôter à l'avenir tout sujet de doute ; » nous , de l'avis des prélats & per-» sonnes notables , clercs & laïcs , par » cette loi irréfragable & perpétuelle , » avons déclaré , etabli & ordonné , » déclarons , établissons & ordonnons , » de notre certaine science & pleine » puissance , que s'il arrive que nous » mourions , ou que nos successeurs meu-» rent avant que notre fils aîné , ou les » fils aînés de nos successeurs soient par-» venus à l'âge de quatorze ans , notre-» dit fils aîné , ou les fils aînés de nos » successeurs , dès qu'ils auront atteint » l'âge de quatorze ans ; & en cas qu'ils » décèdent sans enfans , les enfans mâles » naturels & légitimes de leur frère , » procréés du même père , selon l'ordre » de leur origine (lesquels nous vou-

_____

(1) *Voici les termes de cette ordonnance.*

Philippus.... statuimus , ordinamus & volumus auctoritate regiâ decernentes ut si ante quàm primogenitus noster nobis in regni prædicti moderamine successurus legitimam complevisset ætatem , volente altissimo qui prout & quandò vult ad se revocat creaturas , contingeret nos ab hac luce migrare , carissima consors nostra Joanna regina Franciæ ipsius regni régimen , administrationem & curam nec non præfati primogeniti nostri tutelam habeat.... donec primogenitum ipsum ætatem contigerit legitimam peregisse.

_____

(1) Dupuis , preuves du traité de la majorité des Rois , tom. 1 , pag. 213.

(2) Traité de la majorité des Rois , tom. 1 , pag. 7.

» lons qu'ils soient réputés majeurs (1),)
» auront le gouvernement & adminis-
» tration du royaume, & recevront les
» hommages & sermens de fidélité qui
» doivent être faits par les prélats, frères,
» pairs, princes & autres personnes quel-
» conques, ecclésiastiques ou régulières,
» de quelque dignité qu'elles soient re-
» vêtues, archiépiscopale, épiscopale,
» royale ou autre. Et ceux qui seront obli-
» gés à ces hommages ou sermens de
» fidélité, seront tenus de les faire au-
» dit temps. Nous voulons que notredit
» fils aîné, ou ceux de nos successeurs,
» dès qu'ils auront atteint l'âge de quatorze
» ans puissent recevoir à leur volonté l'onc-
» tion royale, le sceptre, la couronne, le
» diadême & tous les vêtemens & autres
» marques de la royauté ; & que les ser-
» mens qui leur auront été prêtés, soit
» au sacre & au couronnement, soit au-
» trement, comme aussi les grâces, pac-
» tes, conventions & promesses par eux
» faites à leurs sujets & vassaux, ou à
» d'autres personnes quelconques, ecclé-
» siastiques ou séculières, sortent leur
» plein & entier effet, comme s'ils étoient
» majeurs de vingt-cinq ans ; & qu'ils
» puissent faire en tout & par-tout,
» comme un bon roi des François peut
» faire, & qu'il lui appartient, à raison
» de sa dignité suprême & majesté royale,
» & ce nonobstant toutes coutumes con-
» traires ».

On a vu ci-devant, §. 1, que cette
loi fut violée d'abord après la mort de
Charles V, par rapport au temps du sacre. Elle ne fut pas mieux observée relativement à la majorité, en soi : il est
vrai qu'aussi-tôt que le Roi fut sacré,
le duc d'Anjou cessa d'être régent ; mais
Charles VI ne fut pas pour cela considéré comme majeur. Le gouvernement

fut partagé entre ses oncles, & il y eut
à ce sujet, dit le président Hénault, « un
» accommodement par lequel entre au-
» tres articles, il fut arrêté que le duc
» d'Anjou auroit la présidence au con-
» seil, & que la garde de la personne
» du Roi seroit donnée aux ducs de Bour-
» gogne & de Bourbon, qui, *par le gré*
» des ducs d'Anjou & de Berry, nom-
» meroient les officiers des maisons du
» Roi ». Il paroît même que cet arrangement eut son effet jusqu'à ce que le
Roi fût entré dans sa vingt-unième année.
Ecoutons Dupuis (1) : « nonobstant l'édit
» si solemnel de Charles V, l'on remar-
» que qu'au mois d'août 1385, sur une
» question, si le Roi pouvoit abdiquer
» de sa couronne la connoissance qu'il a
» des ports d'armes contre les clercs, le
» procureur-général dit que le Roi étoit
» mineur, & falloit attendre sa majorité
» pour discuter ce droit ; & néanmoins
» Charles VI avoit alors dix-sept ans. Ce
» même Roi, en l'année 1388, âgé de
» vingt ans, étoit encore en puissance
» de ses oncles ; & le cardinal de Laon
» qui opina en un conseil tenu à cette
» fin, dit que le Roi avoit assez d'âge
» pour savoir le fait de son royaume,
» & fut d'avis qu'il eût seul le gouver-
» nement, sans être au pouvoir d'au-
» trui. Ce qui fut arrêté & exécuté. Aussi
» Froissart remarque, que par délibé-
» ration du conseil, ce Roi qui avoit
» été depuis la mort de son père sous
» le gouvernement de ses oncles, pren-
» droit le gouvernement de son royaume
» entrant au vingt-unième an de son âge ».

Charles VI, ainsi sorti de tutelle, ne
se rappela pas en vain les obstacles que
l'ambition de ses oncles avoit imaginés
pour reculer la majorité au-delà du terme
fixé par l'ordonnance de son père. Il donna,
en novembre 1392, des lettres-patentes,
par lesquelles il confirma expressément

---

(1) Le texte latin ne dit pas *majeurs*, il dit
*pubères*. Mais c'est une véritable majorité que
Charles V a voulu établir.

(1) *Loc. cit.* tom. I, pag. 9.

cette loi (1); & au mois de février suivant, il éxigea que le duc d'Orléans son frère, s'engageât par un serment solemnel, de la faire observer, & d'empêcher toute *personne, soit pape, empereur, Roi ou autre*, d'y contrevenir (2).

Malgré ces précautions, l'ordonnance de Charles V ne fut encore exécutée qu'en partie. La première fois que l'occasion s'en présenta. Ce fut en 1183. Louis XI étant au lit de la mort, considéra, dit

Cominge (1), que son fils Charles VIII n'avoit que treize ans & deux mois (2); en conséquence il *envoya quérir monsieur de Beaujeu, duc de Bourbon, mari de sa fille Anne, & lui commanda aller au Roi son fils qui étoit à Amboise ( ainsi l'appela-t-il ), en le lui recommandant, & lui donna toute la charge & gouvernement dudit Roi.*

Louis XI croyoit donc que son fils n'étoit pas majeur. Cependant il étoit entré dans sa quatorzième année, & conséquemment il devoit, aux termes de l'ordonnance du mois d'août 1374, être réputé majeur.

Quoi qu'il en soit, Louis, duc d'Orléans, premier prince du sang, s'opposa à la régence que Louis XI avoit déférée à monsieur de Beaujeu, & la demanda pour lui-même. Les états s'assemblèrent à Tours. Après de vives discussions, il fut arrêté, au mois de février 1484, qu'en considération de l'âge du Roi qui approchoit de sa quatorzième année, sa majesté donneroit elle-même tous les ordres nécessaires à l'administration de son royaume, sans qu'aucun autre pût s'arroger le *commandement*. Mais en même-temps, on régla qu'il seroit établi un conseil de douze personnes, qui seroient présidées par le duc d'Orléans, que le Roi ne feroit rien que sans leur participation, & que monsieur de Beaujeu & son épouse continueroient d'avoir le gouvernement de la personne du Roi, jusqu'à ce qu'il fût en âge compétent (3).

On remarque même que monsieur & madame de Beaujeu ne s'en tinrent point là; car sans prendre la qualité de régent, ils en exercèrent tout le pouvoir. C'est du moins ce que semble prouver le préam-

---

(1) *Voici le dispositif de ces lettres-patentes.*

« Nous, qui voulons ensuir de notre pouvoir
» les bonnes œuvres de notredit seigneur &
» père, desirant la paix, sûreté & bon état per-
» pétuel de notredit royaume ; considérant les
» causes raisonnables, & évidans qui meurent
» notredit seigneur & père à faire & ordonner
» la loi & constitution dessusdicte déclarée ès
» lettres ci-dessus transcriptes, lesquelles nous
» ont été leuës & exposées de mot à mot, en
» la présence de nos très-chers & très-âmés
» oncles & frère les ducs de Berri, de Bour-
» gogne, d'Orléans & de Bourbonnois, de notre
» chancelier, des évêques de Bayeux, de Noyon,
» d'Auxerre & d'Arras, du vicomte de Meleun
» notre cousin, de Guillaume des Bordes, garde
» de notre oriflâme, de Philippes de Savoisi,
» grand-maître d'hôtel de notre très-chière com-
» pagne la reine, chevaliers, & nos chambel-
» lans, de notre aumônier, de maître Odart de
» Molins, & de maître Jehan Crète nos con-
» seillers : de notre certaine science & autorité
» royale, par le conseil, advis & délibération
» des dessus nommés ; réputans ledit aage com-
» pris ésdictes lettres être suffisant & légitime
» quant à venir, & avoir le gouvernement du
» royaume : lesdictes lettres & tout le contenu
» en icelles avons agréable, louons & approu-
» vons, pour nous, nos hoirs & successeurs ; &
» voulons, ordonnons & décernons, que perpé-
» tuellement lesdictes lettres soient tenues, gar-
» dées, entérinées & accomplies, toutefois que
» les cas y eschéeront sans les enfraindre, ne
» faire ou venir aucunement à l'encontre du
» contenu en icelles & en ces présentes ; aux-
» quelles, afin que ce soit ferme chose & estable
» à toujours, nous avons fait mettre notre
» scel. »

(2) Dupuis, preuves du traité de la majorité des Rois, tom. 1, pag. 297.

(1) Liv. 6, chap. 21.

(2) Il étoit né le 30 juin 1470. Son père mourut le 31 août 1483.

(3) Jean de S. Gelais, histoire de Louis XII, pag. 43; Dupuis, *loc. cit.* tom. 1, pag. 119 & 356.

bule du traité d'alliance qu'ils firent au nom du Roi avec le duc de Lorraine, le 27 septembre 1484. En voici les termes : « Pierre de Bourbon, seigneur de » Beaujeu, comte de Clermont & de la » Marche, & nous Anne de France, dame » de Beaujeu, comtesse de Clermont & » de la Marche, comme feu de bonne » mémoire le Roi Louis dont Dieu ait » l'ame, nous ait en son vivant chargé » & ordonné qu'après son trépas nous » missions toute notre attention & dili- » gence de servir le Roi son fils notre très- » redouté & souverain seigneur, &c. ».

Depuis Charles VIII jusqu'à François II, il n'y eut aucune minorité. François II lui-même étoit majeur, lorsqu'il parvint à la couronne, du moins suivant l'ordonnance de Charles V, puisqu'il avoit près de seize ans : aussi ne fut-il pas question de régence. Mais il y eut de grandes difficultés pour savoir si le jeune monarque pouvoit choisir lui-même les membres de son conseil. On disoit pour la négative, que l'intention de Charles V, en limitant la durée des régences à la quatorzième année des Rois, n'avoit pas été de priver les souverains mineurs, du *conseil légitime* des *princes du sang*. Mais François II trancha là question en sa faveur: le parlement de Paris lui ayant fait demander, selon l'usage, à qui l'on devroit s'adresser à l'avenir pour les affaires, sa majesté fit réponse que par le conseil de la reine, sa mère, il avoit choisi ses deux oncles, le duc de Guise & le cardinal de Lorraine, pour avoir le maniement absolu, l'un de la guerre, l'autre des finances; qu'il vouloit qu'on s'adressât à eux, & qu'on leur obéît comme à sa propre personne. La même chose fut annoncée à tous les gouverneurs des provinces & villes du royaume.

Les princes du sang qui, par là, se voyoient exclus des affaires, ne virent pas sans envie, deux ministres étrangers occuper une place qu'ils regardoient comme leur patrimoine. Il se forma un parti qu'on nomma *les malcontens du gouvernement.* Jean du Tillet, greffier du parlement, le combattit par son *petit traité de la majorité des Rois*; on y répondit, il y répliqua, & les choses demeurèrent jusqu'à la mort de François II, sur le pied qu'il avoit réglé ( 1 ).

Cette mort fit tomber la France dans une nouvelle minorité. Charles IX n'avoit alors que dix ans; mais à peine fut-il entré dans sa quatorzième année, que la reine Catherine de Médicis, sa mère, l'engagea à se faire déclarer majeur. Il étoit alors en Normandie, où il venoit de s'emparer du Havre : pour ne pas perdre de temps, il alla tenir son lit de justice au parlement de Rouen, le 17 août 1563. Après que chacun eut pris séance, le Roi déclara *qu'ayant atteint l'âge de majorité*, il entendoit dorénavant gouverner par lui-même. A ces mots, le chancelier de l'Hôpital se leva, & prononça un long discours dans lequel il fit voir les avantages qui résultoient de la fixation que Charles V avoit faite de la majorité des Rois à quatorze ans. « Notre » Roi, y est-il dit, a bien atteint cet âge » & non accompli, mais ceux qui ont vu » les livres, savent que les lois veulent » qu'en honneur, l'an commencé est ré- » puté pour entier & accompli. Je cite- » rai la loi qui est en nos livres avec » congé & licence : c'est la loi qui est » assez vulgaire, *ad republicam*, D. *de* » *muneribus & honoribus*, qui décide qu'il » suffit d'avoir atteint, & non pas accom- » pli le dernier an de l'âge. »

M. le président Hénault (2) prétend qu'en raisonnant de la sorte, on tronquoit l'ordonnance de Charles V, qui fixe, suivant lui, la majorité à quatorze ans complets. Mais ce magistrat se trompe visiblement. Le texte latin de l'ordonnance de Charles V, insinue précisément tout le contraire de ce qu'il lui prête : *eo*

(1) Dupuis, *loc. cit.* tom. I, pag. 499.
(2) Sous l'an 1563.

*ipſo quòd... quartum decimum annum ſuæ*
*ætatis attigerint.*

Quoi qu'il en ſoit, Charles IX eſt le
premier de nos Rois qui ait tenu un lit de
juſtice pour ſe faire reconnoître majeur ;
la politique de Catherine de Médicis fut
la cauſe de cette innovation : elle cherchoit par-là à lever tous les doutes
qu'on eût pu avoir ſur la majorité de
ſon fils, & à écarter des affaires, tous
ceux qui ne lui plaiſoient pas.

Cependant le parlement de Paris ne
vit pas de bon œil la préférence que le
Roi avoit donnée à celui de Rouen pour y
déclarer ſa majorité. Il en fit ſes remontrances au Roi, & différa long-temps
d'enregiſtrer la déclaration : mais le chancelier de l'Hôpital tint ferme, & le parlement fut obligé de céder ( 1 ).

Nous avons eu trois minorités depuis
Charles IX ; celles de Louis XIII, de
Louis XIV & de Louis XV. Les trois
jeunes Rois, à ſon exemple, ont déclaré leur majorité au commencement
de la quatorzième année de leur âge,
& ils ont tenu pour cela des lits de juſtice
au parlement de Paris.

L'ordre & les formalités qui s'obſervent
dans cette cérémonie, méritent une attention particulière. Voici comme les choſes
ſe ſont paſſées ſous Louis XV.

Le 16 février 1723, ſa majeſté étoit
à peine éveillée, que M. le duc d'Orléans,
régent du Royaume, entra dans ſa chambre
pour lui rendre ſes reſpects & le complimenter à l'occaſion de ſa majorité.

Les autres princes & princeſſes du ſang
eurent enſuite l'honneur de ſaluer le Roi,
qui pour premier acte de ſa majorité, fit
ôter de ſa chambre le lit de ſon gouverneur, déclarant néanmoins qu'il trouvoit
bon de permettre que celui-ci, ou en ſon
abſence le ſous-gouverneur, couchât pendant trois années dans ſa chambre, à

l'exemple de cequi s'étoit paſſé lors de la
majorité de Louis XIV. On dreſſoit pour
cet effet, tous les ſoirs, dans la chambre de
ſa majeſté, un pavillon qu'on ôtoit le
matin.

Le 20 février, à quatre heures du ſoir,
on vit arriver le Roi au palais des tuilleries, avec ſon eſcorte ordinaire. Le lendemain, on envoya l'ordre au parlement
de s'aſſembler le jour ſuivant en robes
de cérémonie, pour le lit de juſtice que
ſa majeſté devoit tenir à l'occaſion de ſa
majorité. Le 22, les ducs & pairs eccléſiaſtiques & laïcs, & tous ceux qui ont
ſéance aux lits de juſtice, s'étant rendus
à la grand'chambre, le Roi partit du palais des tuilleries ſur les dix heures du
matin, & la marche ſe fit dans cet ordre.

Les deux compagnies des mouſque-
taires, les officiers à leur tête. La brigade de quartier des chevaux-légers de
la garde. Les gardes de la prévôté de l'hôtel, le comte de Monſoreau, grand prévôt, à cheval à leur tête. Les cent ſuiſſes
de la garde, tambour battant & drapeaux
déployés, & marchant deux à deux après
le marquis de Courtenvaux, leur capitaine,
qui étoit à cheval. Un carroſſe du Roi,
dans lequel étoit le prince Charles de
Lorraine, grand écuyer de France. Le
vicomte de Turenne, grand chambellan
de France, le duc de Treſmer, premier
gentilhomme de la chambre, & pluſieurs
principaux officiers de ſa majeſté. Les
pages de la grande & de la petite écurie. Le
détachement des quatre chevaux-légers
de la garde, qui marchoit devant le carroſſe
où étoit le Roi, accompagné du duc d'Orléans, du duc de Chartres, du comte de
Bourbon, du comte de Charolois, du
comte de Clermont, & du prince de Conti.
Le duc d'Harcourt, capitaine des gardes
du corps, étoit à cheval à la portière du
carroſſe, autour duquel marchoient vingt-
quatre valets de pied. Le guet des gardes
du corps ſuivoit immédiatement la majeſté, & la marche étoit fermée par la
brigade de quartier des gendarmes de la
garde.

(1) Voyez le détail de toutes ces diſcuſſions
dans le traité de la majorité des Rois, par Dupuis, tom. 2, pag. 136 & ſuivantes.

garde. Les régimens des gardes françoifes & les fuiffes rangés en haie, & fous les armes, occupoient les rues par où le Roi paffa.

Arrivé au palais, le Roi monta par l'escalier de la Sainte-Chapelle, à la porte de laquelle il fut reçu & complimenté par l'abbé de Champigny, tréforier, qui étoit en habits pontificaux à la tête des chanoines. Sa majefté entra enfuite dans le chœur, pour y entendre la meffe, qui fut dite par un chapelain du Roi, & pendant laquelle la mufique de fa majefté & celle de la Sainte-Chapelle chantèrent un motet.

Le parlement ayant été averti de l'arrivée du Roi à la Sainte-Chapelle, députa MM. de Novion, d'Aligre, de la Moignon & Portail, préfidens à mortiers, & fix confeillers, pour aller recevoir fa majefté & la conduire à la grand'chambre. Le Roi, après avoir entendu la meffe, partit de la Sainte-Chapelle, étant précédé de M. le duc d'Orléans, du duc de Chartres, du duc de Bourbon, du comte de Charolois, du comte e Clermont, du prince de Conti & du comte de Touloufe. Le prince Charles de Lorraine, grand écuyer de France, marchoit immédiatement devant fa majefté, & portoit l'épée de parement du Roi, dans un foureau de velours violet femé, ainfi que le baudrier, de fleurs de lys d'or. Les deux huiffiers de la chambre du Roi, portant leurs maffes, marchoient auprès de fa majefté : les quatre préfidens à mortiers, & les fix confeillers qui avoient été députés pour aller la recevoir, marchoient autour d'elle. Le Roi étoit en habit & manteau court de drap violet, avec un collet. M. le duc d'Orléans & les autres princes du fang étoient auffi en habits & manteaux courts de drap noir, à caufe du deuil de madame.

Le Roi étant arrivé dans la grand'-chambre, traverfa le parquet, & alla fe placer fous le dais dans fon lit de juf-tice. A fes pieds étoit le vicomte de Turenne, grand chambellan. A droite, fur un tabouret au bas des degrés du fiège royal, le prince Charles de Lorraine, grand écuyer de France. A gauche, fur un banc au-deffous des pairs eccléfiaftiques, le duc d'Harcourt, le duc de Villeroi, le marquis d'Ancenis, capitaine des gardes du corps du Roi, & le marquis de Courtenvaux, commandant la compagnie des cent fuiffes de la garde.

A la droite du Roi, aux hauts fièges, étoient les princes du fang. Sur le refte du banc, & fur deux autres qu'on avoit mis en avant, les pairs laïcs.

A la gauche du Roi, aux hauts fièges, étoient les pairs eccléfiaftiques. Sur le refte, du banc étoient fept maréchaux de France, venus avec le Roi.

Plus bas que fa majefté, fur le petit degré par lequel on defcend dans le parquet, étoit le prévôt de Paris, tenant un bâton blanc à la main. Sur une chaife à bras, couverte de l'extrémité du tapis de velours violet, femé de fleurs de lys d'or, fervant de drap de pied au Roi, au lieu où eft le greffier en chef aux grandes audiences, étoit M. Fleuriau d'Armenonville, garde des fceaux. Sur le banc ordinaire des préfidens, lorfqu'ils font au confeil, étoient M. de Mefmes, premier préfident, & neuf préfidens à mortier. Dans le parquet, fur deux tabourets, au devant de la chaife de M. le garde des fceaux, à droite, le grand maître, & à gauche, le maître des cérémonies. Dans le parquet, à genoux devant le Roi, deux huiffiers-maffiers de fa majefté, tenant leurs maffes d'argent doré, & fix hérauts d'armes. Au côté droit, fur deux bancs couverts de tapis de fleurs de lys, les confeillers d'état & les maîtres des requêtes, venus avec M. le garde des fceaux. Au bout du troifième banc, du côté des pairs laïcs, le gouverneur de Paris. Sur les trois bancs ordinaires, couverts de fleurs de lys, formant l'enceinte du parquet, & fur le banc du premier & du fecond barreau, du côté de la cheminée, les confeillers d'honneur, les quatre maître des requêtes en robes rouges, les confeillers de la grand'chambre, les préfidens des enquêtes & des requêtes.

Sur un banc en entrant, vis-à-vis des préfidens, trois fecrétaires d'état. Sur trois autres bancs à ganche dans le parquet, vis-à-vis des confeillers d'état, un chevalier de l'ordre, huit gouverneurs de province, onze lieutenans généraux de province, & le bailli d'Etampes.

Enfuite, fur un fiège à part, le bailli du palais; à côté de la forme où étoient les fecrétaires d'état, le greffier en chef, revêtu de fon épitoge, un bureau devant lui couvert de fleurs de lys; & à fa gauche, un des commis au greffe de la cour, fervant à la grand'chambre, en robe noire, un bureau devant lui. Sur une forme derrière les fecrétaires d'état, le grand prévôt de l'hôtel, le premier écuyer du Roi, & quelques autres principaux officiers de la maifon du Roi. Le premier huiffier dans fa chaife à l'entrée du parquet. A leurs places ordinaires, les chambres affemblées, au bout du premier barreau jufqu'à la lanterne du côté de la cheminée, avec les confeillers de la grand'chambre, & les préfidens des enquêtes & requêtes, les avocats généraux & le procureur général.

Dans le furplus des barreaux des deux côtés, & fur quatre bancs qui avoient été ajoutés de nouveau, étoient les confeillers des enquêtes & des requêtes.

Dans la lanterne du côté du greffe, la ducheffe de Ventadour, ci-devant gouvernante du Roi, l'ancien évêque de Fréjus & plufieurs autres perfonnes de qualité. Dans la lanterne du côté de la cheminée, les ambaffadeurs; fur quelques bancs du même côté, les envoyés, les réfidens & quelques étrangers de diftinction. Tel étoit l'ordre & la difpofition de l'affemblée.

Le Roi s'étant affis & couvert, le garde des fceaux dit par fon ordre, que fa ma-

jefté commandoit que l'on prît féance; après quoi, le Roi ayant ôté & remis fon chapeau, dit:

« Messieurs, je fuis venu en mon par» lement, pour vous dire que fuivant
» la loi de mon état, je veux déformais
» en prendre le gouvernement ».

Enfuite M. le duc d'Orléans s'étant levé, & puis r'affis, & demeuré découvert, prit la parole, & dit au Roi:

« Sire, nous fommes enfin arrivés à
» ce jour heureux, qui faifoit le defir
» de la nation & le mien. Je rends à
» un peuple paffionné pour fes maîtres,
» un Roi dont les vertus & les lumières
» ont prévenu l'âge, & lui répondent
» déjà de fon bonheur. Je remets à votre
» majefté le royaume auffi tranquille que
» je l'ai reçu, & j'ofe le dire, plus affuré
» d'un repos durable, qu'il ne l'étoit alors.
» J'ai tâché de réparer ce que de lon» gues guerres avoient apporté d'altéra» tion dans les finances; & fi je n'ai pu
» encore achever l'ouvrage, je m'en con» fole par la gloire que vous aurez de
» le confommer. J'ai ménagé les droits
» facrés de votre couronne, & les inté» rêts de l'église, que votre piété vous
» rend encore plus chers que ceux de
» votre couronne. J'ai hâté la cérémonie
» de votre facre, pour augmenter, s'il
» étoit poffible, l'amour & le refpect de
» vos fujets pour votre perfonne, & leur
» en faire même une religion. Dieu a
» béni mes foins & mon travail, & je
» n'en demande d'autre récompenfe à
» votre majefté, que le bonheur de fes
» peuples. Rendez-les heureux, Sire, en
» les gouvernant avec cet efprit de fageffe
» & de juftice, qui fait le caractère des
» grands Rois, & qui, comme tout nous le
» promet, fera particulièrement le vôtre ».

Le Roi répondit; « Mon Oncle, je
» ne me proposerai jamais d'autre gloire
» que le bonheur de mes fujets, qui a
» été le feul objet de votre régence. C'eft
» pour y travailler avec fuccès, que je
» defire que vous préfidiez après moi,

» à tous mes conseils, & que je confirme
» le choix que j'ai déjà fait par votre
» avis, de monsieur le cardinal du Bois
» pour premier ministre de mon état.
» Vous entendrez plus amplement quelles
» sont mes intentions, par ce que vous
» dira monsieur le garde des sceaux ».

M. le duc d'Orléans se leva ensuite,
& s'étant approché du Roi, après avoir
fait une profonde inclination en signe
d'hommage, & baisé la main du Roi,
le Roi se leva & l'embrassa des deux côtés.
Immédiatement après, messieurs le duc
de Chartres, le duc de Bourbon, le comte
de Clermont, le prince de Conti, princes
du sang, & le comte de Toulouse, firent
de leurs places une profonde inclination
au Roi, ce que firent pareillement & dans
le même temps, monsieur le garde des
sceaux, les pairs ecclésiastiques & laïcs,
les maréchaux de France, & généralement tous ceux qui avoient pris séance.

Monsieur le garde des sceaux étant ensuite monté vers le Roi, agenouillé à ses
pieds, & descendu, remis en sa place,
assis & couvert, ayant fait signe que chacun pouvoit se couvrir, dit :

» Messieurs, vous venez d'entendre
» de la bouche du Roi, qu'il a atteint
» l'âge, où, conformément à nos loix,
» il doit gouverner son royaume par
» lui-même. Le premier acte qu'il fait
» de son autorité, est de reconnoître les
» services que monsieur le duc d'Orléans
» lui a rendus pendant sa régence, &
» de lui en demander la continuation.
» Sa majesté ne pouvoit récompenser plus
» dignement que par une confiance en-
» tière, un désintéressement aussi parfait
» que celui qui a réglé toutes les dé-
» marches de ce prince . . . . . . »

Après ce discours, M. de Mesmes, premier président, en prononça un autre
analogue à la cérémonie. On fit ensuite
lecture, & l'on ordonna l'enregistrement
des provisions de garde des sceaux que
le Roi avoit accordées à M. d'Armenonville : on reçut, en même-temps, trois

nouveaux pairs, & l'on enregistra un édit
contre le duel. Après quoi, le Roi sortit
dans le même ordre qu'il étoit entré.

Sa majesté retourna aux tuileries avec
le même cortège qui l'avoit accompagnée,
au bruit des acclamations réitérées de tout
le peuple qui remplissoit les rues. Le soir,
dans la place de l'hôtel-de-ville, dont
toute la face fut illuminée, on tira un
feu d'artifice, & il y eut dans toutes les
rues des feux & autres marques de réjouissance.

Le lendemain avant midi, le parlement eut l'honneur de complimenter le
Roi sur sa majorité, M. de Mesmes, premier président, étant à la tête. La chambre des comptes, la cour des aides & le
corps de ville, furent ensuite admis à l'audience de sa majesté, & s'acquittèrent du
même devoir, les chefs portant la parole.

L'après-midi, le grand conseil, l'université, l'académie françoise & les six
corps des marchands présentés par le gouverneur de Paris, eurent l'honneur de
complimenter le Roi sur le même sujet.

Ce seroit ici le lieu de parler de la
forme du gouvernement du royaume pendant les minorités; de la nature & de
l'étendue du pouvoir qui s'exerce sous le
nom des Rois mineurs; & de tout ce qui
a rapport aux régences. Mais nous réser-
vons pour cette matière importante, un
chapitre particulier.

### §. III. *Du mariage des rois de France.*

Le mariage d'un Roi est pour la France
un grand évènement. L'espérance de voir
les rejetons du sang royal se multiplier,
& le sceptre s'affermir par ce moyen dans la
maison régnante, lui peint toujours cet acte
solemnel, sous les traits les plus propres
à exciter ses acclamations. Nous ne pouvons donc manquer d'intéresser nos lecteurs, en leur présentant les lois & les
usages qui règlent le mariage de nos Rois.

D'abord, le Roi est-il sujet aux lois
de l'église, qui font de *l'unité* & de *l'in-
dissolubilité* du mariage, un précepte si ri-

goureux & en même-temps si nécessaire au maintien du bon ordre ?

Si cette question devoit se décider par les exemples, peut-être seroit-elle douteuse.

Nous ne parlons pas des Rois qui ont précédé Clovis. Le flambeau de la religion ne les éclairoit pas : leur exemple ne peut tirer à conséquence.

Mais depuis Clovis même, nous voyons Ingonde & Argonde en même-temps épouser Clotaire I, & portant toutes deux le titre de reines. Deux de ses enfans l'imitent. Charibert I, roi de Paris, après avoir répudié Ingoberge, épouse à la fois Marcovefe, Meroflede & Theudichilde. Chilpéric I, Roi de Soissons, n'obtient la main de Galsonte, fille du roi des Visigoths, que sous la promesse de répudier *ses autres épouses*. Dagobert I a trois femmes à la fois, & toutes trois, *cùm nomine, cultu etiam faciebantur regio*, dit l'historien de ce prince.

Voilà donc la polygamie en usage parmi les Rois de la première race. Comment accorder une telle pratique avec les loix du christianisme qu'ils reconnoissent ? C'est qu'ils tenoient encore aux mœurs des anciens Germains, & que, comme chez ce peuple la loi de l'unité du mariage étoit la même que chez les chrétiens, ils croyoient pouvoir y adopter chez les chrétiens la même exception qu'ils savoient être établie chez ce peuple en leur faveur. En effet, dit Tacite, « les Germains étoient presque les seuls de tous » les barbares qui se contentassent d'une » seule femme, si l'on en excepte quel- » ques personnes qui, non par dissolu- » tion, mais à cause de leur noblesse en » avoient plusieurs (1) ». Voilà, ajoute Montesquieu, pourquoi les Rois de la première race eurent un si grand nombre de femmes. Ces mariages étoient moins un témoignage d'incontinence, qu'un attribut de dignité. C'eut été les blesser dans un endroit bien sensible, que de leur faire perdre une telle prérogative (1).

Il étoit cependant aisé de voir qu'ils raisonnoient mal. Dans la Germanie, la pluralité des femmes n'étoit défendue que par les loix politiques, & le prince pouvoit se croire au-dessus de leurs dispositions. Mais dans la France chrétienne, c'étoit la loi divine qui condamnoit la polygamie, & elle avoit autant d'empire sur le monarque que sur ses sujets.

Aussi vit-on insensiblement les Rois de la première race se réduire à une seule femme ; & leur assujettissement à la loi prohibitive de la polygamie étoit si bien établi lorsque Pepin leur enleva le sceptre, qu'elle ne fut violée par aucun Roi de la seconde race ; ceux de la troisième ne la respectèrent pas moins.

Mais, en se soumettant à cette loi, on trouva le moyen d'en adoucir le joug : on ne vit ou l'on ne voulut voir dans ses dispositions, qu'une défense d'avoir plusieurs femmes à la fois, & l'on eut recours à la *répudiation*, voie qui étoit très-familière à nos premiers Rois, & fort commode pour se débarrasser d'une épouse que l'on n'aimoit plus.

Nous avons déjà vû Charibert I, Roi de Paris, répudier Ingoberge pour épouser trois autres femmes à la fois.

Son frère Chilpéric I ne fut pas plus scrupuleux. Il épousa Galsonte, après avoir répudié ses autres femmes, la fit périr, épousa ensuite Audovère, & la répudia pour prendre Frédegonde.

Gontran, le bon roi Gontran, que l'église a mis au nombre des saints, répudia Marcatrude, sur le soupçon qu'elle avoit fait empoisonner le fils qu'il avoit eu d'un autre lit, & il épousa de son vivant Mar-

---

(1) *Proprè soli barbarorum singulis uxoribus contenti sunt, exceptis admodùm paucis qui, non libidine, sed ob nobilitatem, plurimis nuptiis ambiuntur. De morib. German.*

(1) Voyez la chronique de Frédégaire, sur l'an 628.

covéfe. Il eſt vrai que ce mariage lui at-
tira une excommunication de la part de
ſaint Germain, évêque de Paris; mais ce
fut parce que Marcovéfe étoit ſa belle-
ſœur(1).

La faculté de répudier une femme,
étoit tellement regardée comme un privilège attaché à la couronne, que Thierry
II, pour obtenir la main d'Hermenberge,
fut obligé de promettre par ſerment, *quòd
diebus vita tua eam regio non privabit honore.* Ce ſerment ne ſauva cependant pas
la princeſſe du malheur qu'elle avoit prévu.
Elle fut répudiée, comme preſque toutes
les autres reines.

Dagobert I répudia Gomatrude, & prit
trois femmes à ſa place. Saint Amand
s'aviſa de cenſurer ſa conduite; mais il fut
chaſſé du royaume.

Les répudiations ne furent guères moins
fréquentes ſous la ſeconde race. Charlemagne répudia en 770 la reine Himil-
trude, pour épouſer Hermengarde ou
Déſidérate, fille de Didier, roi des Lombards. Le pape s'oppoſa à ce mariage, mais
en vain. L'année ſuivante, la fille du roi
des Lombards fut répudiée à ſon tour, &
Charlemagne épouſa Hildegarde, ſans la
moindre contradiction du ſouverain pontife.

Louis-le-Bégue répudia Anſgarde, &
prit à ſa place Adelaïde. Il eut de l'une &
de l'autre trois enfans qui lui ſuccédèrent,
les deux premiers enſemble, & le troiſième
après eux.

Près d'un ſiècle après, Lothaire voulut
uſer de la même faculté, & répudier
Theutberge. Mais déjà les idées étoient
changées; il fut obligé de motiver ſa répudiation, & d'accuſer ſa femme d'adultère & d'inceſte.

Les évêques aſſemblés à Metz, déci-
dèrent qu'il ne pouvoit plus vivre avec
elle. Une autre aſſemblée ſéduite par Gon-
thier, archevêque de Cologne, à qui le
Roi avoit fait eſpérer de mettre ſa nièce
ſur le trône, déclara à Aix-la-Chapelle,
que dans le cas d'une infidélité de la part
de ſa femme, le mari pouvoit non-ſeulement ſe ſéparer de corps, mais contracter
alliance avec une autre. L'ambitieux prélat fit auſſi-tôt partir ſa nièce pour la cour
de Lothaire, qui en abuſa, la renvoya à
ſon oncle, & épouſa publiquement Valdrade, l'objet de ſes amours & de ſes infidélités.

Nicolas I, qui tenoit alors le ſiège de
Rome, écrivit à Lothaire que la religion ne
lui permettoit ni de répudier ſa femme
ni d'épouſer ſa concubine: il le menaçoit
des foudres de l'égliſe, s'il ne renonçoit à
Valdrade. Le monarque qui avoit tout à
craindre de ſes deux oncles, répondit
humblement qu'il n'avoit rien fait que de
l'avis des évêques de ſon royaume; que du
vivant même de ſon père, il avoit épouſé
Valdrade; qu'on l'avoit forcé de la quitter
pour prendre Theutberge; qu'au reſte, il
s'en rapportoit à la déciſion du ſouverain
pontife.

Le ſaint père ſçut profiter de la foi-
bleſſe du prince. Il envoya deux légats
avec ordre d'aſſembler un concile à Metz,
où l'affaire fut examinée ſuivant les canons. Mais ſoit ſéduction, ſoit crainte,
ſoit ignorance, les envoyés de Rome con-
damnèrent Theutberge, & approuvèrent
le nouveau mariage.

Nicolas, inſtruit de la prévarication,
convoque lui-même une aſſemblée de prélats, caſſe le jugement rendu à Metz, dé-
poſe les deux archevêques de Trèves & de
Cologne, & fait partir un légat pour la
cour de Lothaire, avec des lettres pleines
de hauteur & de menaces: ſtyle bien différent de celui dont les papes ſe ſer-
voient anciennement envers les monarques François. Il oſa déclarer au Roi qu'il
le retrancheroit de la communion des fidèles, s'il ne reprenoit la reine Theutberge.

Lothaire qui craignoit ſes oncles, &
l'empereur ſon frère, accorda tout ce

---

(1) Du Tillet, recueil des rois de France.

qu'on voulut, & se réconcilia publiquement avec la reine.

Cependant le clergé françois s'offensa
de sa condescendance. On ne vit dans la
conduite de Nicolas, qu'une entreprise
sur l'autorité des évêques & des métropolitains. On exagéra au prince, l'attentat
du pontife Romain, l'insolence de son
ministre, & la nécessité de soutenir la majesté du trône. Bientôt Valdrade fut rappelée.

Le pape alors ne ménagea plus rien, il
excommunia les deux époux, & peu de
temps après, il mourut avec la gloire d'a-
voir étendu la sphère de l'autorité du siége
de Rome.

Adrien II, son successeur, se laissa fléchir aux prières de Lothaire, qui se rendit
à Rome, pour lui demander son absolution. Il fut reçu à la communion, à condition que lui & les seigneurs de sa suite,
jureroient qu'il n'avoit pas approché de
Valdrade, depuis les dernières défenses du
pape. Tous ceux qui jurèrent moururent,
dit-on, dans l'année. Bientôt Lothaire fut
lui-même attaqué d'une fièvre, qui le mit
au tombeau, & les historiens du temps
attribuèrent la mort de tant de personnes,
à la punition de leur faux serment.

Telle fut la fin de cette grande affaire,
où Rome, pour la première fois, dit Pasquier, *entreprit à huys ouverts sur nos anciens privilèges.*

L'histoire de la troisième race nous offre encore plus de répudiations que celle de
la seconde.

Nous ne parlons pas de Robert, parce
que loin de répudier volontairement Berthe, sa cousine & sa commère, il lutta
long-temps contre le pape, pour conserver cette épouse chérie, & qu'il ne fit en
l'abandonnant, que céder aux censures &
aux excommunications.

Mais une répudiation véritable, la première qu'on trouve dans la race des Ca-
pétiens, est celle que Philippe I fit de
Berthe, reine depuis vingt ans, pour épouser Bertrade de Montfort, dont le premier

mari, Foulques le Rechin, comte d'Anjou,
étoit encore vivant. Ce double adultère excita le zèle de tous les évêques, qui ne cessèrent d'aigrir la cour de Rome, jusqu'à ce
qu'elle eût lancé ses foudres sur les deux
époux. Le plus ardent étoit Ives de Chartres. Le Roi le fit citer au concile de
Reims, qu'il avoit sçu gagner, & qui
n'osa cependant approuver son mariage.
Ives récusa le jugement de l'assemblée,
parce que, suivant les canons, il ne devoit
point être jugé hors de sa province.

Peu de temps après, le pape Urbain II,
François de nation, fulmina une excommunication à Clermont en Auvergne, où
il étoit venu chercher un asyle, & en fit
fulminer une autre au concile d'Autun,
convoqué par ses ordres.

Le Roi ayant paru se soumettre, fut absous au concile de Nîmes. Bientôt cependant les querelles recommencèrent. La
mort de Berthe & celle du pape engagè-
rent Philippe à rappeler Bertrade, qui fut
couronnée par deux prélats François. Paschal II envoya aussi-tôt deux cardinaux
en France, avec ordre d'assembler un concile à Poitiers. Tout avoit changé de face.
Le Roi étoit devenu libre par la mort de
sa femme. Foulques avoit reconnu l'irrégularité de son mariage avec Bertrade :
les évêques crioient hautement contre la
fierté des papes, qui s'attribuoient en
France une autorité absolue. Les seigneurs,
& sur-tout Guillaume VIII, comte de
Poitiers & duc d'Aquitaine, qui avoit alors
publiquement une maîtresse, déclarèrent
en pleine assemblée, qu'ils ne souffriroient
jamais qu'on excommuniât le Roi en leur
présence. Guillaume voyant qu'il ne pouvoit rien gagner, se leva en colère, &
sortit brusquement de l'église, suivi de
quelques évêques, de plusieurs seigneurs,
& d'une partie du peuple, qui disoit mille
injures aux cardinaux. Quelqu'un lança
même contre ces ministres, une pierre qui
alla casser la tête à un prêtre assis à leurs
côtés. Ce ne fut plus alors que clameurs,
que tumulte ; la plupart des prélats prirent

la fuite : quelques-uns cependant demeurèrent, & le Roi n'en fut pas moins excommunié.

Tout cela s'étoit passé en 1095. En
1104, le pape passa en France. Philippe
lui fit dire qu'il étoit prêt à subir telle pénitence qu'on jugeroit à propos de lui imposer ; mais qu'il demandoit la dispense
nécessaire pour accomplir légitimement
son mariage. On assembla un concile à
Baugenci. Le Roi & Bertrade y promirent
de n'avoir ensemble aucun commerce,
jusqu'à ce que l'église eût déclaré si elle
rétabliroit leur union. On vint aux opinions, on disputa beaucoup, & rien ne fut
décidé. Philippe s'en plaignit avec hauteur. Les plus savans & les plus saints prélats du royaume, en écrivirent fortement
au pape, qui fit partir deux légats, avec
ordre d'assembler un nouveau concile à
Paris. Philippe y fut absous de toutes censures, & son mariage réhabilité. *Tant la
fermeté*, dit Mezeray, *est efficace même dans
le mal.*

Philippe-Auguste donna aussi aux têtes
couronnées l'exemple de la répudiation ;
mais d'une manière qui annonçoit qu'il
ne se la croyoit pas permise, & qu'il avoit
besoin d'un prétexte, pour la revêtir des
couleurs d'un acte légal. Il avoit épousé en
secondes nôces Isemburge, sœur de Ca-
nut, Roi de Danemarck. Quelque temps
après, il assembla à Compiègne un parlement, où quelques témoins déposèrent
qu'il y avoit parenté entre cette princesse
& la feue reine. Cette alliance, quoique
dans un dégré très-éloigné, fut jugée suffisante pour rompre le mariage, & l'archevêque de Reims le déclara nul. Le pape
envoya deux légats en France, qui n'osè-
rent rien avancer contre ce divorce. Philippe se regarda comme libre, & épousa
Agnès de Meranie. Innocent III ne fut pas
plutôt sur la chaire de saint-Pierre, qu'il
mit la France en interdit : tous les évêques
se soumirent à cet arrêt. Enfin le Roi touché des malheurs de son peuple, demanda
d'autres légats & d'autres juges : Innocent

lui en envoya, un concile fut assemblé à
Soissons, & au moment que les prélats alloient prononcer en faveur d'Isemburge, le
Roi les prévint, sans doute pour arrêter le
triomphe de Rome, & déclara qu'il reprenoit la reine.

La répudiation que Charles-le-Bel fit
de Blanche de Bourgogne, pour sa mauvaise conduite, fut également voilée du
prétexte d'un empêchement dirimant. Il la
fonda sur un simple compérage, qu'à la
vérité il ne prouva point ; mais qui contenta la cour de Rome.

Louis XII eut recours à la même voie
pour se débarrasser de la reine Jeanne, &
épouser Anne de Bretagne, qu'il aimoit
depuis long-temps. Il y avoit vingt-deux ans
que Jeanne de France étoit sa femme ;
malgré ce long intervalle, il jura devant
les commissaires du saint siège, qu'il avoit
été forcé de l'épouser, & que le mariage
n'avoit point été consommé ; la reine
Jeanne interrogée sur ce dernier point,
répondit que l'honnêteté ne lui permettoit
pas de s'expliquer nettement sur cet article ; mais que sa conscience l'empêchoit
d'en demeurer d'accord. Dans ces circonstances, un juge intègre auroit certainement confirmé le mariage ; mais le pape
Alexandre VI le déclara nul, & permit
à Louis XII de se remarier. Le Roi n'a-
voit pas attendu cette permission pour le
faire.

Le divorce de Henri IV & de Marguerite de Valois, fut prononcé dans des circonstances semblables ; mais sans être plus
juridique en soi, il n'excita aucun scandale :
des raisons d'état en furent le fondement,
& il eut pour moteurs, tous les ordres du
royaume ; le parlement de Paris, plusieurs
souverains étrangers, le pape, & Marguerite elle-même.

Tels sont les faits que nous présente
l'histoire de la monarchie, sur une question qui n'en auroit jamais été une, si
l'on eût toujours fait attention, qu'il faut
distinguer deux qualités dans la personne
d'un Roi chrétien ; qu'à la vérité dans l'or-

dre civil, il ne connoît aucun supérieur sur la terre ; mais qu'en même temps il est enfant de l'église, & soumis dans l'ordre du salut, aux règles du corps dont il est membre.

Nous nous garderons bien de faire dépendre du même principe, la question de savoir si le Roi peut se marier autrement qu'en face d'église.

La forme des mariages en France, n'est réglée que par les ordonnances du prince : nous observons, il est vrai, les dispositions du concile de Trente sur cette matière ; mais c'est parce que nos Rois ont bien voulu les adopter, & elles ne nous obligent que comme lois civiles. Dès-lors, si le prince est, comme on le verra ci-après, section VII, au-dessus des lois civiles, il est clair qu'il n'est pas tenu de s'y conformer.

Nous ne voyons cependant pas que nos Rois, au moins depuis le neuvième siècle, aient usé de ce privilège, relativement aux femmes qu'ils plaçoient sur le trône. Dans les temps même où l'église toléroit les mariages clandestins, ils donnoient à leurs sujets l'exemple de la décence & de la piété, en ne se mariant qu'en face d'église, publiquement & solemnellement(1). Mais si le mariage de Louis XIV, avec madame de Maintenon, est vrai, il prouve que ce monarque & ceux qui dirigeoient sa conscience, croyoient qu'il lui étoit permis de contracter clandestinement & de tenir secrète, une union qui n'ayant d'autre objet que son bonheur personnel, ne devoit produire aucun effet dans l'état.

On s'attend sans doute, que nous donnerons une idée de l'ordre & des cérémonies qui accompagnent les réjouissances occasionnées pour le mariage des Rois. Pour ne pas entrer là-dessus dans de trop longs détails, nous nous contenterons de transcrire ici l'arrêt que le parlement de Paris a rendu le 7 septembre 1725, à l'occasion du mariage de Louis XV.

« Ce jour, les gens du Roi sont en-
» trés, & M. Pierre Gilbert de Voisins,
» l'un des avocats dudit seigneur, por-
» tant la parole, a dit à la cour, que
» le grand-maître des cérémonies étoit
» à la porte, qui apportoit une lettre
» de cachet du Roi, pour faire part à
» la compagnie de son mariage, & pour
» rendre à Dieu les grâces accoutumées.
» Sur quoi toutes les chambres ayant été
» assemblées, on a fait entrer le grand-
» maître des cérémonies, lequel ayant
» pris place entre MM. Louis de Vienne,
» & Philippe-Charles Gaultier Dubois,
» conseillers, a présenté la lettre de ca-
» chet dudit seigneur Roi, adressante à
» la cour, dont la teneur est ci-inférée ».

Après la lecture faite d'icelle, en présence des gens du Roi, par M. Louis de Vienne, conseiller, M. le premier président a dit au grand-maître des cérémonies : « Que la cour obéiroit avec joie aux ordres
» du Roi ; & lui a demandé à qu'elle
» heure se chanteroit le *Te Deum ?* A
» quoi il a répondu, que ce seroit à quatre
» heures ».

Lui retiré, les gens du Roi, M. Pierre Gilbert de Voisins portant la parole, ont dit : « Que c'est plutôt par des acclama-
» tions, que par des discours, qu'on peut
» applaudir à l'heureuse solemnité du
» mariage du Roi, dont il a la bonté de
» faire part à la compagnie par sa lettre.
» Qu'ils ne pourroient rien dire en ce
» moment, qui ne fût au-dessous des
» pensées de la cour, & des leurs pro-
» pres, dans la joie d'un évènement si
» nécessaire pour la France, si intéressant
» pour le Roi, si capable de combler
» ses vœux & ceux de ses peuples, par
» les augustes qualités, & les éminentes
» vertus de la princesse que le ciel a
» bien voulu nous accorder pour reine:
» Que si tous les ordres du royaume
doivent

_____

(1) Le dernier mariage qu'on a vu contracter en France par un Roi, est celui de Louis XV avec la princesse Marie Stanislas. Il fut célébré dans la chapelle de Fontainebleau le 5 septembre 1725 ; les bans avoient été publiés à la paroisse de Versailles au mois de juillet précédent.

» doivent à l'envi prendre part à la for-
» tune publique, dans cette éclatante
» occasion, il est juste que cette com-
» pagnie sur-tout se signale, elle qui,
» plus particulièrement attachée qu'au-
» cune autre au bien de l'état & à la
» personne de ses souverains, doit être
» plus sensible aussi à tout ce qui les
» intéresse : Qu'à l'exemple de ce que
» la cour a coutume de faire dans ces
» grandes occasions, ils requièrent qu'il
» soit arrêté & ordonné, que pour rendre
» grâces à Dieu de l'heureux mariage
» du Roi, la cour assistera au *Te Deum*
» qui sera chanté demain en l'église de
» Notre-Dame, qu'à cet effet, elle s'as-
» semblera au palais, en robes & cha-
» perons d'écarlate, à l'heure indiquée,
» pour de là, se transporter en l'église
» de Notre-Dame, en la manière ac-
» coutumée ; que les officiers du châtelet,
» & les prévôt des marchands & éche-
» vins de cette ville, seront avertis de
» faire faire le même jour des feux de
» joie, le plus solemnellement que faire
» se pourra ; qu'outre la fête de de-
» main, & le dimanche qui suit immé-
» diatement après, messieurs qui doivent
» composer la chambre des vacations,
» vaqueront lundi prochain, pour donner
» des marques de la part que la cour
» prend à la joie publique, lequel jour
» sera férié par toute la ville, & les bou-
» tiques fermées ; enjoint à l'horlogeur
» du palais de carillonner sur l'heure à
» l'horloge, & ne cesser toute la journée :
» Qu'il sera fait incessamment au Roi
» une députation expresse & solemnelle,
» pour lui témoigner la joie que la com-
» pagnie ressent de l'accomplissement de
» son heureux mariage ; & que messieurs,
» qui seront députés, iront pour le même
» fait, vers la reine, épouse du Roi.
» Sur quoi monsieur le premier prési-
» dent leur a dit, que la cour en alloit
» délibérer. La matière mise en délibé-
» ration, a arrêté & ordonné, que pour
» rendre grâces à Dieu de l'heureux ma-

*Tome I.*

» riage du Roi, elle assistera au *Te Deum*
» qui se chantera demain 8 du présent
» mois, en l'église de Notre-Dame ; &
» qu'à cet effet, elle s'assemblera au pa-
» lais, en robes & chaperons d'écarlate,
» sur les trois heures de relevée, pour
» de là se transporter en ladite église, en
» la forme ordinaire ; & qu'elle vaquera
» lundi prochain 10 du présent mois,
» pour donner des marques de la part
» qu'elle prend à la joie publique ; lequel
» jour sera férié par toute la ville, & les bou-
» tiques fermées, en signe de réjouissance ;
» que les officiers du châtelet , & les
» prévôt des marchands & échevins de
» cette ville, seront avertis de faire faire
» des feux de joie le plus solemnellement
» que faire se pourra ; enjoint à l'hor-
» logeur du palais, de sonner sur l'heure,
» à l'horloge du palais, & de ne cesser
» toute la journée ; & en outre, qu'il sera
» fait une députation expresse & solem-
» nelle, pour témoigner au Roi la joie que
» la compagnie a de son heureux mariage,
» & le remercier d'avoir bien voulu en
» faire part à sa compagnie ; & que mes-
» sieurs, qui seront députés, iront pour
» le même sujet vers la reine, épouse du
» Roi. »

### §. V. *De la mort d'un Roi & de tout ce qui la suit.*

La mort d'un Roi, qui est dans l'ordre
de la religion le spectacle le plus frappant de la fragilité des grandeurs humaines, est dans l'ordre civil & politique
un évènement remarquable par les cérémonies qui la suivent.

La première chose qui se présente à
examiner sur cet objet, est de savoir s'il
y a en France un lieu tellement consacré
à la sépulture de nos Rois, qu'il ne soit
pas au pouvoir du monarque mourant ou
de son successeur d'en choisir un autre ?

Cette question, qui regarde, comme
l'on voit, l'abbaye de Saint-Denis, paroît
ridicule du premier abord. Cependant on

M

verra bientôt qu'elle a été autrefois agitée très-sérieusement. Commençons par poser les faits qui doivent conduire à la décider.

Dans la première race, nous ne trouvons que quatre Rois aux cendres desquels l'église de Saint-Denis ait servi de sépulture. Le premier est Dagobert premier, fondateur de cette église ; le second, Clovis II ; le troisième, Clotaire III, à qui l'abbaye de Saint-Denis avoit servi de prison avant sa mort ; le quatrième, Thierry IV. Quatre sont enterrés à saint Germain-des-Prés ; ce sont Childebert premier, qui avoit fondé cette abbaye sous le titre de saint Vincent, Chilpéric premier, Clotaire II, & Childéric II : un à sainte Généviève, c'est le grand Clovis : deux à saint Médard de Soissons ; ce sont Clotaire premier, qui en étoit le fondateur, & Sigebert premier son fils : un à saint Marcel de la même ville, c'est Gontran : un à Blaye-sur-Gironde, dans l'église de saint Romain, c'est Caribert (1) : un au monastère de Chelles, c'est Clotaire III : un dans l'église de saint Vaast d'Arras, c'est Thierry III, qui l'avoit fondée : trois à Choisy-sur-Aisne, ce sont Childebert III, Dagobert III, & Clotaire IV : un dans la cathédrale de Noyon, c'est Chilpéric II.

Dans la seconde race, cinq Rois sont enterrés à Saint-Denis ; ce sont Pepin, Charles-le-Chauve, qui avoit été abbé de ce monastère, Louis III, Carloman & Eudes. Charlemagne est enterré à Aix-la-Chapelle, Louis-le-Débonnaire à saint Arnoul de Metz, Louis-le-Begue & Louis-le-Fainéant à saint Corneille de Compiegne, Charles-le-Gros à l'abbaye de Richenaw, *Angia dives*, qui est située dans une île du lac de Constance ; Charles-le-Simple à Péronne ; Raoul à Sens ; Louis d'Outremer & Lothaire, à saint Remi de Reims.

Jusqu'à présent, nous ne voyons rien de particulier à l'église de Saint-Denis ; elle sert bien de sépulture à quelques Rois, mais ce n'est pas pour elle un privilège singulier : c'est une faveur que plusieurs autres églises partagent avec elle.

Dans la troisième race, nous voyons d'abord Hugues-Capet, Robert & Henri premier se faire enterrer à Saint-Denis. Le père du premier leur en avoit donné l'exemple, en qualité d'abbé de cette maison : ils le suivirent. Philippe premier s'en écarte, & fait porter son corps à l'abbaye de Saint-Benoît-sur-Loire. Louis-le-Gros, son successeur, préfère le tombeau de son aïeul à celui de son père, il est enterré à Saint-Denis. Louis-le-Jeune choisit sa sépulture à l'abbaye de Barbeaux, près de Melun. Philippe-Auguste revient à l'exemple des premiers Rois de sa race, & Saint-Denis sert encore de dépôt à ses cendres.

Cet exemple à la fin est devenu un usage général. Tous les Rois qui ont regné depuis Philippe-Auguste l'ont suivi, hors Louis XI, qui fut enterré à Notre-Dame de Cléri, où son tombeau fut ouvert & profané par les Huguenots en 1562.

Il faut cependant remarquer qu'entre les successeurs de Philippe-Auguste, il en est plusieurs dont l'église de Saint-Denis ne possède les dépouilles qu'en partie.

Philippe-le-Bel est le premier qui ait imaginé de diviser ainsi la sépulture d'un même Roi. Il ordonna que le cœur de Philippe-le-Hardi son père, seroit déposé dans l'église de saint Jacques des Jacobins de Paris. Les moines de Saint-Denis y formèrent opposition. La Sorbonne s'assembla, & après une très-longue délibération, elle décida que le Roi n'avoit pu donner le cœur de Philippe, sans une dispense expresse du pape. Cette décision, qu'elle ne donneroit point aujourd'hui, fit impression alors ; cependant l'autorité du

---

(1) Nous parlons ici d'après du Tillet, recueil des rois de France ; M. le président Hénault dit que *Caribert fut enterré à Paris*.

prince prévalut, & le cœur de Philippe-le-Hardi resta à saint Jacques.

Philippe-le-Bel ne s'en tint pas là. Voulant faire voir qu'il étoit le maître de la sépulture des Rois ses prédécesseurs, il ordonna en 1298 que le chef de saint Louis fût transporté de Saint-Denis à la sainte chapelle, & cela fut exécuté sans contradiction.

Le cœur de Philippe de Valois est à la chartreuse de Bourgfontaine, & ses entrailles aux Jacobins de Paris.

On lit dans le journal de Henri III, que « le jeudi 8 juillet 1574, le cœur du » feu roi Charles IX fut porté aux Cé- » lestins de Paris, par M. le duc d'Alençon » son frère, & illec inhumé avec les so- » lemnités & cérémonies en tel cas » accoutumées ; & le dimanche ensuivant » fut le corps, de saint Antoine-des- » Champs apporté à Notre-Dame de » Paris, & le lendemain porté de Notre- » Dame à Saint-Denis en France, où le » mardi ensuivant il fut enterré. »

Henri IV, avant de mourir, avoit promis aux Jésuites de la Flèche de leur laisser son cœur en dépôt. Sa promesse fut exécutée.

Le cœur de Louis XIV a été porté aux Jésuites de la rue saint Antoine, & ses entrailles à Notre-Dame.

Le même usage qui a fait choisir l'église de Saint-Denis pour le dépôt principal des cendres de nos Rois, a mis les religieux de ce monastère en possession de s'approprier les poëles & dépouilles des effigies qu'on porte aux obsèques des têtes couronnées ; & ils ont été maintenus dans cette possession, par arrêt du parlement de Paris du 9 ou 21 juillet 1501, contre le grand-écuyer de France (1).

Les religieuses de la Saulsaye, près de Villejuif, sont encore mieux traitées. « C'est à elles, dit Brillon (2), comme

» fondées premièrement pour maladre- » rie, qu'appartiennent les linges tant de » corps que de table, scels d'or & d'ar- » gent, tous les mulets, mules, palefrois, » chevaux d'honneur des offices & autres, » tant ceux qui ont mené & conduit » les chariots des Rois & reines, que » ceux qui ont porté sommage à leurs » exèques, avec leurs harnois, colliers & » accoûtremens. Il en a été ainsi jugé par » plusieurs arrêts contre les grands & » autres écuyers. »

On se figure aisément que le détail des cérémonies de la sépulture d'un Roi, doit être intéressant : le meilleur moyen d'en donner une juste idée, est de retracer ici l'ordre de celles qui ont été observées dans quelques-unes de ces conjonctures désastreuses qui plongent la France dans le deuil ; & dans le nombre, nous ne pouvons sans doute en choisir de plus digne d'exciter l'attention, disons mieux, l'attendrissement de nos lecteurs, que celles de la mort du bon Henri IV & de Louis le Bien-Aimé.

Le 20 juin 1610 (1), Louis XIII se rendit à l'hôtel de Longueville, pour y dîner & y prendre son manteau de deuil violet. L'après-midi, vers quatre heures, sa majesté s'achemina vers le louvre, vêtue de son manteau, le chaperon en forme ; les ducs d'Orléans & d'Anjou ses frères, encore enfans, étoient portés après lui, pareillement vêtus de manteaux & chaperons de deuil. Les cardinaux de Joyeuse & de Sourdis marchoient près de sa majesté. Le prince de Conti, le comte de Soissons, le duc de Guise, le prince de Joinville & le duc d'Elbeuf, tous en deuil, portoient la queue de son manteau. Les rues étoient bordées par les régimens des gardes-françoises & des gardes-suisses. Dans la cour du louvre, étoient rangés le grand-prévôt de l'hôtel avec ses archers, les cent-suisses, les capi-

---

(1) Chopin, monasticon, liv. 2, tit. 2, n. 32 ; Carondas, liv. 4, rép. 51.

(2) Dictionn. des arrêts, au mot *Obsèques.*

(1) Mercure françois, tom. 1, année 1610.

taines des gardes , leurs lieutenans &
archers , les deux cents gentilshommes
armés de leurs haches, & les douze Rois-
d'armes, qui formoient deux rangs un peu
au-deſſous de ceux de leurs compagnons
qui étoient aſſis aux pieds du corps de
Henri IV.

Le Roi fut reçu à la porte de la ſalle,
par le comte de Saint-Pol, accompagné
de pluſieurs maréchaux de France & chevaliers du ſaint-eſprit, qui après avoir fait
la révérence à ſa majeſté, la conduiſirent
auprès du corps du feu Roi. Là , ſa majeſté ayant fait ſa prière, prit l'aſperſoir de
la main d'un prélat, & donna de l'eau bénite aux triſtes reſtes de ſon père. Les princes du ſang, à l'exception de ceux qui portoient ſon manteau, en firent de même.

Le lendemain , huit heures du matin,
le grand maître des cérémonies, ſuivi des
vingt-quatre crieurs jurés de Paris, fut au
parlement, à la chambre des comptes & à
la cour des aides, les avertir du jour pris
pour l'enterrement du Roi. Sa commiſſion
remplie, il s'en retourna au Louvre, & les
vingt quatre crieurs allèrent à la table de
marbre, où après avoir tous ſonné de
leurs clochettes, l'un d'eux cria à haute
voix : «nobles & dévotes perſonnes, priez
» Dieu pour l'âme de très-haut, très-
» puiſſant, & très-excellent prince Henri
» le grand, par la grace de Dieu, roi de
» France & de Navarre, très-chrétien,
» très-auguſte, très-victorieux, incom-
» parable en magnanimité & clémence,
» lequel eſt trépaſſé en ſon palais du Lou-
» vre : priez Dieu qu'il ait ſon ame.
» Mardi à deux heures après-midi, ſera
» levé le corps de ſa majeſté, pour être
» porté en l'égliſe de Paris, auquel lieu
» ce même jour, ſe diront vêpres & vi-
» giles des morts, & le lendemain matin
» les ſervices & prières accoutumés pour
» à la fin d'icelles, être porté en l'égliſe
» Saint-Denis, ſépulture des Rois de
» France, & y être inhumé. Priez Dieu
» qu'il en ait l'ame ».

Le même jour, le parlement, la chambre des comptes, la cour des aides, le
corps de ville, & l'univerſité allèrent auſſi
donner de l'eau bénite au corps du feu
Roi.

Le mardi 27, après qu'on eut célébré le ſervice accoutumé dans la ſalle funèbre, & fait retirer le peuple, les maîtres
des cérémoies firent mettre l'effigie du
Roi ſur une litière portative, couverte de
velours noir, & de drap d'or friſé. Au-
deſſous étoit un matelas, un couſſin, un
carreau de drap d'or, où repoſoit la tête
de l'effigie, & un autre ſemblable aux
pieds. L'effigie étoit habillée de la même
manière, qu'elle l'étoit ſur le lit d'honneur, ſi ce n'eſt qu'elle tenoit de la main
droite le ſceptre royal, & de la gauche
la main de juſtice. On la poſa ainſi ſous
le portique de la ſalle funèbre, pour laiſſer à chacun la douloureuſe ſatisfaction
de contempler, pour la dernière fois, *le*
*vainqueur & le père* de tous ſes ſujets.

A deux heures après-midi, le convoi ſe
mit en marche, & ſe rendit par le pont-
neuf à l'égliſe de Notre-Dame. Les rues
étoient tendues de drap noir, avec les
armes du Roi & celles de la ville.

La marche ſe fit dans cet ordre. Le co-
lonel-général des archers de la ville de Paris, les lieutenans & archers, portant chacun une torche avec les armes de la ville.
Les Récollets. Les Pique-Puces. Les Capu-
cins. Les Minimes. Les Capettes de Mon-
taigu. Les Cordeliers. Les Jacobins. Les au-
guſtins. Les Carmes. Les Feuillans. Les cinq
cents pauvres vêtus de robes de deuil, le
chaperon en tête, une torche à la main.
Les ſoldats eſtropiés, dans le même coſ-
tume. Les vingt-quatre jurés-crieurs de la
ville. Le chevalier du guet & tous ſes archers en deuil, l'enſeigne traînant à terre.
Les ſergens à verge du châtelet. Douze
notaires. Les ſergents de la douzaine. Le
prévôt de Paris, en robe de deuil, la
queue portée par un homme tenant à la
main un bâton couvert de velours blanc,
monté ſur un cheval harnaché en deuil. Les
commiſſaires du châtelet. Les officiers du

châtelet & ceux de la ville, en deux colonnes, les premiers à droite, & les autres à gauche. Les sergens à cheval, à la suite du châtelet. Les paroisses de saint Paul, de saint Jacques, de saint Laurent, de sainte Geneviève des Ardens, des Innocens, de saint Leu, de saint Sauveur, de saint André, de saint Martial, de saint Nicolas des champs, de saint Landry, de saint Pierre-aux-Bœuf, de saint Côme, de saint Gervais, de saint Jean. Les Billettes. Les Blancs Manteaux. Les religieux de sainte Catherine, du Val des écoliers. Les paroisses de saint Josse, de saint Jacques de l'Hôpital, de saint Ives, de saint Médard, de saint Etienne-du-Mont, de saint Germain le-Vieux, de saint Eustache, de saint Nicolas du Chardonneret, de saint Barthelemi, de saint Severin, de saint Sulpice. Les Mathurins. Les Bernardins. Les religieux de saint Martin des Champs & ceux de saint Germain des Prés marchant ensemble. Les Génovéfains & les Victorins, sur deux colonnes, les premiers à droite. Les paroisses de saint Etienne-des-Grès, de sainte Opportune, de saint Benoît, de saint Honoré, de saint Médéric, de saint Germain-l'Auxerrois & du Sépulcre : ces deux dernières marchant ensemble. Les chanoines de Notre-Dame & ceux de la Sainte Chapelle : les premiers à droite, & les seconds à gauche. C'étoient les seuls qui chantoient pendant la marche. L'université, & le recteur marchant sur la même ligne que le grand doyen de Notre-Dame, à main gauche. Entre les chanoines de Notre-Dame, & les docteurs des facultés de droit & de médecine, les musiciens de la chapelle du Roi, vêtus de leurs surplis, & le chaperon sur l'épaule. Les guides, couriers & maîtres des postes, en robes de deuil, le chaperon en tête avec les écussons d'armes. Les officiers de l'écurie. Les pages & cavalcadours. Les hautbois, trompettes & tambours, avec leurs instrumens couverts de crêpes noir. M. de Créqui, mestre de camp du régiment des gardes, avec les capitaines & lieutenans à droite,

& les capitaines de chevaux-légers à gauche. Le grand prevôt de l'hôtel, avec tous les archers portant la hallebarde, en robes de deuil sous leurs casaques : le capitaine de la porte avec les portiers. Les cent suisses avec leur enseigne à demi ployée. Tous les officiers de la maison du Roi, à gauche, la cour des monnoies, la cour des aides, & la chambre des comptes à droite, les gentilshommes servans & les maîtres d'hôtel du Roi. Le grand maître des cérémonies à cheval, portant un guidon de velours violet, semé de fleurs de lys, & couvert de crêpe noir. Douze armuriers & sommeliers d'armes. Le chariot d'armes du Roi, sur lequel étoit son corps enfermé dans un cercueil, couvert d'un grand drap de velours noir, croisé au milieu de satin blanc, & entouré de vingt quatre écussons en broderie d'or, aux armes de France & de Navarre. Le char étoit tiré par six chevaux couverts de velours noir croisé de satin blanc, & conduits par deux cochers vêtus de velours noir. Devant le char, le vicomte du Mans, capitaine des cent gentilshommes. Autour, les gardes écossois ; derrière, les sieurs de Praslin, Montespan & Vitry, capitaines des gardes. Douze pages vêtus de velours noir avec deux toques, tous à cheval. Les écuyers portant les éperons dorés, les gantelets, l'écu du Roi, la cotte d'armes, & le heaume royal. Les aumôniers, prédicateurs & confesseurs du Roi. Plusieurs évêques & archevêques, à pied, en chape de velours noir & mîtres de toile d'argent. Le sieur de Bonneuil, marchant à cheval devant les ambassadeurs de Savoie, de Venise & d'Espagne, en deuil, & à cheval. A côté de chacun d'eux, un évêque monté sur une mule en deuil, pour les conduire. Le nonce ordinaire du pape, conduit par l'archevêque d'Ambrun, & le nonce extraordinaire conduit par l'archevêque d'Aix, tous montés sur des mules en deuil. Les cardinaux de Joyeuse & de Sourdis en habits de cérémonie, sur des mules. Le cheval d'honneur couvert de velours violet azuré, semé de fleurs de lys d'or : trois écuyers le menoient par les rênes. Autour de ce cheval, les douze rois d'armes, & les douze pages de la chambre, vêtus de velours noir avec des tocques, à pied. Le grand écuyer, sur un cheval couvert de velours noir, croisé par le milieu de satin blanc, portant l'écharpe & l'épée royale à son côté. Deux huissiers de la chambre avec leurs masses. L'évêque de Paris. L'évêque d'Angers, faisant les fonctions de grand aumônier. Les officiers du parlement en robes rouges. Au milieu d'eux, le lit sur lequel étoit l'effigie du Roi, porté par les hannouarts, ou porteurs de sel, ayant en écharpe des bourrelets de velours noir. Aux coins de l'effigie du Roi, MM. les présidens Pottier, Forget, de Thou, Séguier, Mollé & Camus, revêtus de leurs robes rouges & manteaux fourrés, leurs mortiers sur la tête. Les gardes écossois les environnoient. Le prévôt des marchands & les échevins portant le ciel. Le comte de Saint-Pol, faisant les fonctions de grand maître, à cheval, portant le bâton couvert de velours noir. A sa gauche, le chevalier de Guise, faisant les fonctions de grand chambellan, à cheval, portant la bannière de France. Suivoit le baron de Termes, représentant le premier gentilhomme.

A une certaine distance, les princes du sang, montés sur des chevaux couverts de serge noire, faisant chacun porter la queue de sa robe, par six à huit de ses gentilshommes. Les ducs d'Epernon & de Montbason, à cheval en deuil. Suivoient à pied neuf chevaliers du saint-esprit, cent gentilshommes, plusieurs pages, quatre trompettes, les quatre cents archers des gardes, précédés de leurs quatre enseignes, portant leurs armes baissées, tous en deuil.

Le convoi étant arrivé en cet ordre à notre-dame, l'effigie & le corps furent mis sous la chapelle ardente, & chacun prit place suivant son rang. Quand les vê-

près des morts furent chantées, tout le monde se retira.

Le lendemain matin, le service fut continué, & lorsque l'évêque de Paris fut prêt à célébrer la dernière messe, les maîtres des cérémonies & les rois d'armes allèrent chercher les princes du grand deuil, les cardinaux, les autres princes, ducs, chevaliers & gentilshommes de la chambre qui étoient dans la grand'salle de l'évêché, les introduisirent à l'église par la principale porte, & les conduisirent jusqu'à leurs sièges. Alors on commença la messe, où il y eut une oraison funèbre prononcée par un évêque; & l'office fini, les princes du grand deuil furent reconduits par les maîtres des cérémonies & les rois d'armes dans la salle de l'évêché.

A deux heures après-midi, tous ceux qui avoient assisté la veille au convoi, se rendirent à Notre-Dame. A trois heures, on se mit en marche pour Saint-Denis dans le même ordre qu'on avoit suivi la veille; & l'on alla ainsi jusqu'à saint Lazare. Là, les religieux & les paroisses rentrèrent dans la ville, & tous ceux qui devoient accompagner le corps jusqu'à Saint-Denis, montèrent à cheval ou en carrosse.

Arrivé à la croix qui penche, tout le monde mit pied à terre. Le grand prieur & les religieux de Saint-Denis, vinrent recevoir le corps & l'effigie. MM. les présidens du parlement reprirent les coins du drap, qu'ils tinrent jusques dans l'église, où le corps & l'effigie furent mis sous la chapelle ardente. Les vêpres des morts chantées, & l'eau bénite jetée, chacun se retira. Pendant la nuit on décora l'effigie du même costume dont elle avoit été revêtue dans la salle du deuil à Paris.

Le lendemain premier juillet, jour de l'enterrement, après les quatre grand'messes célébrées par des prélats, le cardinal de Joyeuse, prêt à dire la dernière, alla s'asseoir dans la chaire qui lui étoit préparée en face du grand autel, en attendant que les princes du grand deuil fussent arrivés. Ils arrivèrent l'instant d'après, conduits par les maîtres des cérémonies & les rois d'armes, qui avoient été les chercher dans la grande falle de leur affemblée, Chacun ayant pris place fuivant fon rang, la meffe fut chantée par le cardinal de Joyeufe, & répondue en mufique par les chantres de la chapelle du Roi. L'évêque d'Angérs prononça l'oraifon funèbre.

La meffe achevée, les maîtres des cérémonies levèrent de deffus le cercueil, la couronne, le fceptre & la main de juftice, & les donnèrent aux princes & feigneurs deftinés à les porter. Ils ôtèrent enfuite les draps mortuaires d'or & de velours. Après quoi, les gentilshommes de la chambre & les archers du corps, levèrent le cercueil & le portèrent dans le caveau, fur le bord duquel le cardinal de Joyeufe, affifté de tous les prélats, fit les prières accoutumées.

Ces prières achevées, le cardinal de Joyeufe s'affit à l'un des bords du caveau, vers l'autel. Le comte de Saint-Pol repréfentant le grand-maître, s'affit à l'autre bord, & les maîtres des cérémonies fe rangèrent près de lui. Au même inftant, plufieurs rois d'armes defcendirent dans le caveau, & l'un d'eux appela tous ceux qui portoient les *pièces d'honneur* (1), pour les venir dépofer dans le caveau. Chacun ayant apporté la pièce qu'il tenoit, le roi d'armes les avança à ceux de fes confrères qui étoient dans le caveau pour les dépofer.

Tout le monde étant retourné à fa place, le comte de Saint-Pol fe leva, & dit, à moyenne voix, *le Roi eft mort.* Le roi d'armes fit trois pas au milieu du

chœur, & cria trois fois, *le Roi eft mort, priez tous Dieu pour fon ame.* Alors chacun fe mit à genoux, les yeux en pleurs.

Un moment après, le comte de Saint-Pol retira du caveau le bâton de grand-maître, & dit, *vive le Roi.* Le roi d'armes reprit la parole, & cria trois fois, *vive le roi Louis XIII de ce nom, par la grâce de Dieu roi de France & de Navarre, très-chrétien, notre très-fouverain feigneur & bon maître, auquel Dieu donne très-heureufe & très-longue vie.* A ces mots, les trompettes, les tambours, les haut-bois & les fiffres du Roi commencèrent à jouer. Chacun reprit enfuite les pièces d'honneur qu'il avoit mifes dans le caveau. Les princes du grand deuil furent conduits à la falle du feftin funèbre : il y avoit une autre falle préparée pour le comte de Saint-Pol, & tous ceux qui avoient porté les pièces d'honneur.

Après le dîner, le parlement, la chambre des comptes, la cour des aides, la cour des monnoies, le corps de ville de Paris, & les autres officiers, fe rendirent dans la grande falle. Le comte Saint-Pol, tenant un bâton à la main, fit aux officiers de la maifon du Roi une petite harangue fur la mort du monarque défunt, leur offrit fes fervices, promit de les recommander au Roi régnant pour les maintenir dans leurs offices; & pour montrer qu'ils n'avoient plus d'état dans la maifon de fa majefté (1), il caffa le bâton en leur préfence.

Tel fut l'ordre des cérémonies qui furent obfervées aux funérailles du meilleur des Rois.

Oppofons à ce fpectacle pompeux, le tableau plus fimple de tout ce qui a précédé & fuivi l'enterrement de Louis XV.

Auffi-tôt que ce monarque eut terminé fa carrière, le 10 mai 1774, les princes & princeffes du fang allèrent à l'appartement du nouveau Roi Louis XVI, pour

(1) C'eft-à-dire, les cottes-d'armes des hérauts, l'enfeigne des fuiffes, les quatre enfeignes des gardes-du-corps, les deux enfeignes des cent gentilshommes, les éperons, les gantelets, l'écu du Roi, la cotte-d'armes, le heaume timbré à la royale, le panon du Roi, l'épée royale, la bannière de France, le bâton du grand-maître & ceux des maîtres-d'hôtel, la main de juftice, le fceptre & la couronne.

(1) Voyez fur cette matière la fection 16, diftinct. 1, art. 3; §. 8.

lui rendre leurs hommages, ainsi qu'à la reine son auguste épouse. Deux heures après, leurs majestés partirent pour le château de Choisy, avec monseigneur comte de Provence & madame comtesse de Provence, qui ont eu, dès ce moment, le titre de *Monsieur* & de *Madame*; monseigneur comte d'Artois, madame comtesse d'Artois, mesdames Clotilde & Elizabeth, sœurs du Roi, & mesdames Adélaïde, Victoire & Sophie, tantes de sa majesté. On suivit en cela l'exemple de Louis XV qui s'étoit retiré à Vincennes avec sa cour à la mort de Louis XIV.

Après la mort du Roi, les Feuillans du monastère royal de Saint-Bernard, près des tuileries, furent mandés par le grand aumônier pour prier Dieu jour & nuit auprès de sa majesté, jusqu'au moment de son transport à Saint-Denis. Ils remplissent cette fonction, depuis leur établissement à Paris, auprès des princes & princesses de la famille royale.

Comme la maladie de Louis XV avoit été des plus cruelles, & qu'on craignoit que l'air ne fût de plus en plus infecté de la contagion de la petite vérole dont le Roi étoit mort, il fut ordonné de supprimer toutes les cérémonies, & de transporter son corps à Saint-Denis, de la même manière que l'avoit été celui de monseigneur le grand Dauphin, qui étoit mort de la même maladie.

Ainsi, le surlendemain 12, sur les neuf heures du soir, le corps de sa majesté ayant été porté par les officiers de sa chambre jusqu'à l'antichambre, appelé *l'œil de bœuf*, dix gardes-du-corps l'allèrent déposer, après les cérémonies de l'église usitées, dans un carrosse qui l'attendoit dans la cour, & qui étoit précédé de deux autres, dans le premier desquels étoient l'évêque de Senlis, premier aumônier, & le curé de la paroisse du château de Versailles, & dans l'autre, le capitaine des gardes-du-corps de la compagnie Ecossoise, le gentilhomme de la chambre en exercice de service, & le grand-maître des cérémonies. Un détachement de cinquante gardes-du-corps de la même compagnie, autant de pages, & quantité de valets-de-pieds ont assisté à ce convoi, une torche à la main. Les Récollets & le clergé des deux paroisses, l'ont accompagné jusqu'à l'entrée de la grande avenue de Paris. Il a passé par Sève, Boulogne, Saint-Ouen, & est arrivé vers minuit à Saint-Denis. Les religieux de cette abbaye sont allés en procession au-devant du corps. Le premier aumônier, en le leur remettant, a adressé au grand-prieur, un discours relatif à cette cérémonie. Ce religieux en a prononcé un autre qui a arraché des larmes à tous les assistans. Après les chants & les prières ordinaires, le corps du feu Roi a été descendu dans le caveau, & non déposé à l'entrée, comme cela se pratiquoit autrefois.

Le 27 juillet suivant, on célébra dans la même église, un service solemnel. La représentation du corps du feu Roi étoit placée sur un magnifique catafalque, sous un grand pavillon, au milieu d'une chapelle ardente, éclairée par un grand nombre de cierges. Le cardinal de la Roche-Aymon, grand-aumônier de France, avoit assisté la veille aux premières vêpres des morts, chantées par la musique du Roi & par les religieux de l'abbaye. Le clergé, le parlement, la chambre des comptes, la cour des monnoies, le châtelet, l'élection, le corps de ville & l'université, s'y rendirent suivant l'invitation qui leur en avoit été faite. Monsieur & monseigneur comte d'Artois ayant pris leur place, ensuite le prince de Condé, la messe fut célébrée par le cardinal de la Roche-Aymon. A l'offertoire, Monsieur, conduit par le marquis de Dreux, grand-maître des cérémonies, alla à l'offrande, après les saluts ordinaires. Monseigneur comte d'Artois y fut conduit par un maître des cérémonies, & M. le prince de Condé par un aide des cérémonies.

Après

Après l'offertoire, l'évêque de Sénez pro-nonça l'oraison funèbre. Lorsque la messe fut finie, le cardinal de la Roche-Aymon, & les évêques de Chartres, de Meaux & de Lombez, firent les encensemens autour de la représentation. Le roi-d'ar-mes, après avoir jetté sa cote-d'armes & son chapeau dans le caveau, appela ceux qui devoient porter les pièces d'hon-neur. Le marquis de Courtanvaux apporta l'enseigne des cent-suisses de la garde, dont il étoit capitaine colonel. Le prince de Tingry, le duc de Villeroi & le prince de Beauveau, apportèrent les enseignes de leurs compagnies, & le duc de Noailles, capitaine de la compagnie des gardes écossoises, apporta celle de la sienne. Quatre écuyers du Roi portèrent les éperons, les gantelets, l'écu & la cotte-d'armes. Le marquis d'Eudreville, écuyer ordinaire du Roi, faisant les fonctions de premier écuyer, apporta le heaume timbré à la royale. Le marquis de la Chesnaye de Rougemont, premier écuyer tran-chant, apporta le pannon du Roi, & le prince de Lambesc, grand écuyer de France, apporta l'épée royale. Le duc de Bouillon, grand chambellan, apporta la bannière de France; le duc de Béthune, la main de justice; le duc de la Trémouille, le sceptre; & le duc d'Uzès, la couronne royale. M. le duc de Bourbon, grand-maître de la maison du Roi, en survi-vance de M. le prince de Condé, mit le bout de son bâton dans le caveau, & les maîtres-d'hôtel y jetèrent les leurs après les avoir rompus. Le duc de Bourbon cria ensuite, *le Roi est mort*, & le roi d'armes répéta trois fois, *le Roi est mort, prions tous Dieu pour le repos de son ame.* On fit une prière, & le roi d'armes cria trois fois, *vive le roi Louis XVI;* ce qui fut suivi des acclamations de toute l'assemblée, & les trompettes sonnèrent (1).

Dans les deux cérémonies lugubres qu'on vient de décrire, on n'a pas vu Louis XIII, ni le Roi régnant, assister

donc placer ici la description de la pompe fu-nèbre qui y fut ordonnée pour les obsèques de Louis XV.

L'extérieur de ce temple étoit tendu de deuil. Des voiles lugubres, qui s'élevoient jusqu'aux tours, étoient traversés, au milieu & aux extré-mités, par trois litres de velours noir, couvert des armes & des chiffres de sa majesté. Au-dessus de l'entrée principale de ce monument, s'élevoit, sous une voussure de marbre gris, veiné de noir, le double écusson des armes de France & de Na-varre, couvert d'une couronne royale. Plusieurs anges, dans des attitudes variées, qui caracté-risoient la douleur, les arrosoient de leurs larmes, en les ornant de guirlandes de cyprès. Des termes de bronze soutenoient, aux deux côtés, le couronnement de cette voussure, dont les com-partimens étoient ornés de roses antiques. Le dessus étoit terminé par une urne cinéraire de lapis lazuli, que les génies célestes de marbre blanc, entouroient de festons & de branches fu-nèbres.

Les portes latérales étoient couronnées au-dessus de la litre inférieure, par de riches encadre-mens de marbre gris, terminés par des tympans, sur lesquels étoient des lampes funéraires. Ces ornemens renfermoient des cartouches dorés, au milieu desquels, sur des fonds d'azur, les lettres initiales du nom de sa majesté étoient relevées en or. Les cartouches qui encadroient ces chiffres, étoient suspendus par des génies cé-lestes, qui les couvroient de rameaux & de fes-tons de cyprès. Le sombre appareil de ce por-tique conduisoit dans le camp de douleurs. Le deuil qui l'environnoit s'étendoit jusqu'à la voûte, & renfermoit, entre des litres ornées & placées comme les précédentes, de grands & magnifiques cartouches, soutenus par des anges. Ces esprits célestes, figurés par de jeunes hommes, de grandeur & de couleur naturelles, exprimoient la plus grande tristesse. Ces supports des armes de nos Rois étoient occupés à les suspendre, & à les orner de lugubres cyprès. Les chiffres de sa majesté, qui les accompagnoient, renfermés pa-reillement dans de riches ornemens, étoient, comme les précédens, relevés en or, sur des fonds d'azur, & de même soutenus par des génies célestes, qui les entouroient de rameaux funèbres. Le camp de douleurs étoit terminé par une grande pyramide de porphyre rouge, placée à son extré-mité. Elle présentoit, dans son soubassement de granite gris, l'entrée du sanctuaire & du chœur.

(1) Nous n'avons rien dit, en parlant des fu-nérailles de Henri IV, de la manière dont étoit alors décorée l'église de Saint-Denis. Il faut

aux funérailles de Henri IV & de Louis XV. Il étoit cependant autrefois d'usage que le nouveau monarque rendît, en même-temps que ses sujets, les devoirs funèbres au Roi défunt.

Aimoin (1) nous apprend qu'après la

---

La forme de cette entrée, élargie par le bas, portoit le caractère consacré à ces tristes monumens ; elle étoit couverte d'un fronton, sous lequel étoient tracées ces paroles de l'écriture sainte, écrites en lettres d'or, sur un fond de pierre de paragon :

*Dies tribulationis & angustiæ,*
*Dies calamitatis & miseriæ,*
*Dies tenebrarum & caliginis,*
*Dies nebulæ & turbinis.*

Soph. c. 1, v. 15.

Des degrés élevoient un socle au-dessus de ce fronton, sur lequel l'effrayante image de la mort, couverte d'un linceul, annonçoit son empire dans ce jour de tristesse. Elle présentoit d'une main une horloge, symbole de la rapidité du temps qui fuit sans retour. Les attributs qui la caractérisoient, étoient sous ses pieds, ainsi que ceux qui distinguoient les grandeurs des maîtres de la terre. Deux bas-reliefs de bronze antique présentoient aux deux côtés, dans des enfoncemens pris dans le soubassement, des œuvres de miséricorde. Dans l'un, le pieux Tobie pendant la captivité des Juifs en Babylone, donnoit la sépulture à ceux de sa nation que Sennachérib avoit fait périr : l'autre, représentoit les enfans de Jacob, ensevelissant leur père dans l'antre qu'Abraham avoit acheté près de Mambré, dans le pays de Chanaan. Deux voussures dessous ces bas-reliefs, renfermoient, dans leurs profondeurs, des urnes de marbre verd-verd, de forme antique, ornées de bas-reliefs, de canelures torses, & de rinceaux. Les angles de ce soubassement étoient terminés par des colonnes isolées de serpentin, avec des bases & des chapiteaux de marbre blanc ; elles portoient des lampes de bronze doré, dont la lumière sombre éclairoit & faisoit distinguer ce triste appareil. Le haut de cette pyramide étoit terminé par une urne cinéraire d'albâtre oriental, entourée de festons de cyprès en or. Des faisceaux lumineux étoient distribués autour du camp de douleurs, & placés au bas des ornemens qui renfermoient les armes & les chiffres du Roi.

L'entrée de la pyramide conduisoit dans le sanctuaire où sont déposés les précieux restes des cendres de nos Rois. Leurs tombeaux étoient couverts de voiles funèbres qui s'étendoient dans toute son enceinte, & qui couvroient entièrement la voûte & le pavé. Les ombres de la mort,

qui remplissoient ce lieu consacré, sembloient s'unir au lugubre appareil qui étoit préparé pour ces obsèques.

Les stales, sans aucun ornement, servoient de soubassement à un ordre de pilastres ioniques qui entouroient le chœur, le jubé & le sanctuaire. Ces pilastres, de marbre bleu turquin, portoient sur un arrière-corps de marbre gris, veiné de noir, & séparoient les arcades des galeries, qui, des deux côtés, s'étendoient du sanctuaire au jubé. L'entablement de cet ordre, pareillement de gris, veiné de noir, portoit un attique de même bleu turquin, dont les fonds noirs entourés d'hermine, servoient d'encadrement aux armes & aux chiffres du Roi. Au-dessus du vide des arcades, des cadres de marbre gris, portés sur des acrotaires de bleu turquin, renfermoient, dans des cartels en or, les écussons des armes de France & de Navarre, sous une couronne royale ; ces ornemens étoient couverts de rameaux de cyprès disposés en sautoir. Des nuages élevoient les génies célestes, qui servoient de supports aux armes de nos Rois ; ils paroissoient partager l'affliction de ce jour de douleurs, & s'occuper à couvrir ces armes des festons de la mort.

Les chiffres du Roi, relevés en or, sur des fonds d'azur, étoient également soutenus par des anges, qui entouroient & couvroient de rameaux funèbres les tristes ornemens qui les environnoient, lesquels étoient placés sur des encadremens de marbre gris, portés sur un socle de bleu turquin. Ces armes & ces chiffres étoient alternativement distribués sur la cimaise de la grande corniche, & servoient de couronnement aux arcades des galeries qui environnoient le chœur. Chacune des arcades étoit couronnée sur la clef, d'un grand cartouche en or, au milieu duquel étoit une tête de mort ailée, couverte d'un voile lacrymatoire, en argent. De grands rideaux noirs, coupés par des bandes d'hermine, sortoient des ailettes de leurs archivoltes. Ces voiles lugubres étoient retroussés par des nœuds & des cordons à glands d'or, sous les impostes, & découvroient la profondeur des galeries qui environnoient le chœur, dans lesquelles étoient des gradins qui formoient un amphitéatre tendu de noir, qui se rejoignoit à celui du jubé. Le bas des arcades étoit fermé par une balustrade de marbre gris veiné, dont les ornemens & les balustres étoient en bronze doré. Chacun des

---

(1) Liv. 2, chap. 57.

mort de Clotaire premier, ses quatre enfans & successeurs conduisirent le corps de leur père depuis Compiegne jusqu'à

saint Médard de Soissons, où il fut enterré.

La chronique de France rapporte que

---

pilastres portoient des graines d'amethyste, canelées & ornées de guirlandes de laurier en or; elles servoient de bases à des lances chargées de trophées & de dépouilles militaires, qui caractérisoient les travaux héroïques de l'auguste monarque dont on déploroit la perte, tels que ceux de Parme, Guastalle, Fontenoy, Raucoux, Lawfeld, & Mahon.

Deux corps de balustrades de bronze doré, dont les pilastres & les plattes-bandes étoient de marbre noir, renfermoient cinq degrés, qui séparoient le chœur du sanctuaire & conduisoient à l'autel, pareillement élevé sur quatre degrés. Les ornemens de cet autel, dignes de la magnificence & de la piété de nos anciens Rois, portant un caractère qui fait connoître les progrès des arts sous leurs règnes. Une riche bordure de bronze doré renferme un bas-relief de vermeil, qui en forme le parement. Il représente l'adoration des bergers dans la crèche à la naissance du Sauveur. Les gradins de ce riche autel, faits en bronze, sont ornés d'entre-lacs, de rosettes & fleurs de lys dorées, & servent de base à un riche rétable qui renferme trois bas-reliefs dans des cadres de vermeil. Celui du milieu, qui est d'or, est entouré de pierres précieuses & présente le Christ, tel qu'il est peint dans l'apocalypse, accompagné des patriarches & des saints de la primitive église. Ceux des côtés, dorés, d'un ouvrage du meilleur goût & plus moderne, ont pour objet l'adoration des Rois dans la crèche, & la présentation de Jésus-Christ au Temple. Un socle de bronze doré, orné de compartimens à feuillages, portoit encore trois rangs de lumières, chargées d'écussons des armes de France; une croix de vermeil enrichie de pierres précieuses, montée sur un amortissement terminoit ces riches ornemens. La corniche de l'arrière-corps du rétable, soutenue par des colonnes de bronze, portoit des vases en argent, chargés de girandoles garnies d'une très-grande quantité de feux qui s'unissoient au premier cordon de lumière qui entouroit l'enceinte du chœur. Ce riche & magnifique autel étoit couvert d'un dais élevé au-dessus de l'entablement du grand ordre, dont la corniche en argent, richement décorée en sculpture, portoit sur les angles de très-grandes aigrettes de plumes blanches & noires, qui en couronnoient l'extrémité. Les pentes de ce dais étoient de velours noir, garnies de franges & de galons d'argent, & présentoient les armes du Roi faites en broderie d'or en relief. Ces mêmes armes

brodées étoient placées dans les angles du plafond de ce dais, qui étoit traversé par une croix de moëre d'argent. De grands rideaux de velours noir, doublés d'hermine, couverts de fleurs de lys & de larmes brodées en argent, sortoient des pentes de ce dais, & en accompagnoient la queue qui descendoit jusqu'à l'autel : elle étoit pareillement coupée par une croix d'étoffe d'argent; & portoit aussi dans les angles les armes du Roi, brodées en or & en relief. Les vertus paisibles & héroïques qui ont toujours été chéries du monarque, étoient figurées par la Prudence, la Justice, la Force & la Tempérance. Ces glorieux symboles, qui caractérisent les héros du christianisme, étoient représentés par des femmes, distinguées chacune par ses attributs. La Prudence, l'œil fixé sur un miroir, paroissoit méditer sur les profondeurs de l'avenir; sa main gauche tenoit un sceptre, autour duquel étoit entortillé un serpent; son sein, couvert d'une cotte-d'armes, & son casque qui lui couvroit le front, caractérisoient la prévoyance & la sagesse qui l'éclaire. La Justice portoit sur sa tête une couronne royale; ses mains tenoient une balance & une épée, attributs qui annoncent le devoir & l'autorité des souverains. La Force étoit figurée par une femme, tenant, d'une main, une lance & domptant un lion. La tempérance, symbole des vertus paisibles, étoit caractérisée par une femme appuyée sur un éléphant qui tient un mords & une horloge. Ces figures, enfermées dans de riches cartels d'or, étoient en relief & relevées en or sur des fonds d'azur. De semblables encadremens présentoient au-dessus du jubé, la Paix & la Clémence. La première étoit exprimée par une femme majestueuse, assise sur un faisceau d'armes, la tête couronnée d'olivier, tenant d'une main un caducée, & de l'autre une corne d'abondance : la seconde, qui caractérisoit l'heureux mélange de plusieurs vertus, étoit figurée par une femme vêtue de drap d'or, couronnée de guirlandes de rue; elle tenoit dans ses bras un pélican, & étoit assise au pied d'un arbre verdoyant, planté sur le bord d'une rivière.

Au-dessous, sur les arrières-corps, entre les pilastres, étoient des cartels en relief, portant des écussons en or, couverts des armes de France. Leurs ornemens étoient terminés par un cercle de lumière, semblable à ceux qui étoient placés sur les cartouches au milieu des arcades. Les gaînes qui couvroient chacun des pilastres de l'ordre ionique qui entouroit le chœur, portoient chacune au bas des trophés, trois girandoles

le roi Louis-le-Gros fuivit le corps de Philippe premier depuis Melun, où il étoit mort, jufqu'à Saint-Benoît-fur-Loire, où il fut inhumé, allant à cheval

---

couvertes de faifceaux de lumières. Les pilaftres de la baluftrade du jubé, au-deffus de la porte de l'entrée du chœur, élevoient chacun des gerbes de feux, pareilles à celles qui étoient placées fur les baluftrades des degrés qui féparoient le chœur du fanctuaire.

Le plafond des ftales portoit la première litre, dont le fond, de velours noir, étoit parfemé de fleurs de lys en or & de larmes en argent. Des écuffons fufpendus à une guirlande d'hermine préfentoient les armes & les chiffres du Roi. Le deffus de cette litre formoit la bafe d'un cordon de lumières, foutenu fur des fleurs de lys, en relief & en or. La frife de l'entablement ionique portoit la feconde litre, parfemée, comme la précédente, de larmes d'argent & de fleurs de lys en or, & préfentoit les mêmes écuffons, couverts des armes du Roi. Sur la cimaife de la corniche, des branches faillantes & des girandoles placées fur l'aplomb des pilaftres, formoient le fecond cordon de lumières. Le troifième étoit élevé fur la corniche de l'attique, au-deffous de la dernière litre, ornée, comme les précédentes, d'écuffons fufpendus à des feftons d'hermine. Cette litre renfermoit à fon extrémité, la décoration de cette pompe funèbre. Au milieu de ce trifte appareil, s'élevoit un monument confacré à l'éternelle mémoire de très grand, très-haut, très-puiffant, & très-excellent prince Louis *le Bien-Aimé,* roi de France & de Navarre.

Cet édifice, dont le plan formoit un parallélograme, préfentoit un temple ifolé, dont le folide, de verd antique, étoit élevé fur fix degrés de ferpentin de Canope.

Quatre grouppes de cariatides, faites en marbre de Paros, dont les fronts étoient couverts de linceuls & de voiles funèbres, exprimoient la plus grande douleur : elles paroiffoient recueillir leurs larmes dans les urnes lacrymatoires. L'extrémité inférieure de ces figures étoit terminée en gaîne : elles portoient chacune fur leur tête un chapiteau d'or ionique, dont elles repréfentoient les colonnes. Ces chapiteaux étoient couverts d'entre-lacs, qui formoient des corbeilles, fur lefquelles pofoit un entablement orné de quatre frontons. Les deux qui couronnoient les parties latérales, portoient chacun fur leur fond un carreau couvert de fleurs de lys, fur lequel étoient pofés la couronne royale, le fceptre & la main de juftice, accompagnés de branches de cyprès : au-deffous de ces ornemens, fous le larmier qui formoit la corniche, étoient

deux tables de jafpe, dont la première, du côté de l'évangile, préfentoient ces paroles de l'écriture :

*Defecerunt ficut fumus Dies mei.*

Pfal. 101, v. 4.

Celle du côté oppofé contenoit ces mots :

*Percuffus cor fænum,*
*Et aruit cor meum.*

Pfal. 101, v. 5.

Les deux autres, placées en face de l'autel & de la principale entrée, préfentoient les armes de France fous une couronne royale, en relief & en or.

Sur ce fronton s'élevoit un amortiffement, orné de rinceaux & de feftons de lauriers en or. Cet amortiffement, qui couronnoit ce monument, fervoit de bafe à un grouppe de femmes éplorées, repréfentant la France & la Navarre. La première, appuyée fur un globe d'azur, où les lys qui caractérifoient fes armes étoient relevées en or, étendoit les bras & élevoit les yeux vers le ciel ; elle étoit diftinguée par l'écuffon de fes armes, par fa couronne & les ornemens de fa royauté. Ce grouppe, de marbre Paros, étoit furmonté d'un cyprès où étoient fufpendues les triftes dépouilles du monarque qui étoit l'objet de leurs larmes.

Aux angles de cet édifice, quatre cyprès funéraires, faits de tronçons de colonnes de jafpe fanguin, fervoient de bafe à des faifceaux de lances liées avec des écharpes, auxquelles étoient fufpendus des trophées militaires. Leurs extrémités élevoient, fur le fer d'une lance, une triple couronne de lumières. Les tronçons des colonnes fur lefquels ces faifceaux étoient placés, portoient chacun un dé, d'où fortoient des lampes de bronze chargées de pyramides de lumières. Le plafond de ce maufolée formoit une vouffure ovale, dans les compartimens de laquelle étoient des rofes en or & des guirlandes de cyprès. Des lampes fépulchrales éclairoient & terminoient l'extrémité des frontons aux quatre côtés de cet édifice. Les fix degrés qui élevoient le foubaffement, formoient fix cordons lumineux, qui ceignoient & entouroient le bas du catafalque. Chacune de ces lumières étoit chargée d'un double écuffon aux armes du Roi. Une urne d'or étoit placée au centre de ce monument ; elle portoit fur deux de ces faces, des médaillons qui préfentoient les traits de Louis XV,

dans les champs, & à pied dans les villes & bourgs.

Du Tillet (1) dit qu'aux funérailles de Philippe-Auguste, affistèrent le roi Louis

VIII, Philippe de France, comte de Boulogne, & le roi de Jérusalem.

L'enterrement de S. Louis offre quelque chofe de plus fingulier. Le roi Philippe-le-Hardi, porta, *à pied fur fes épaules*, depuis l'églife de Notre-Dame de Paris jufqu'à Saint-Denis, la bière qui renfermoit les précieux offemens de fon père. Il étoit accompagné de l'archevêque de Sens & de l'évêque de Paris, & d'un grand nombre de hauts-barons. Quand le convoi fut arrivé à l'abbaye de Saint-Denis, on trouva l'églife fermée. L'abbé Matthieu de Vendôme, qui avoit été l'un des régens de l'état pendant l'abfence du monarque, ne vouloit point que les deux prélats entraffent revêtus de leurs habits épifcopaux dans un temple que Rome, au mépris des anciens canons, avoit fouftrait à la juridiction de l'ordinaire. Philippe-le-Hardi & tous les barons attendirent patiemment à la porte, jufqu'à ce que les deux prélats euffent été quitter les marques de leur dignité au-delà des limites de la feigneurie de l'ambitieux folitaire (1).

Charles V affifta aux funérailles du roi Jean fon père, avec Louis & Philippe de France, & le roi de Chypre. On remarque qu'il fuivit en cela l'exemple de fes prédéceffeurs, mais qu'il ne fut lui-même imité par aucun des monarques qui occupèrent le trône après lui (2).

Revenons à ce qui s'eft paffé de remarquable après la mort de Louis XV. Son augufte fucceffeur, en partant pour Choify, avoit ordonné qu'on fupprimât la table qu'on fervoit tous les jours depuis le moment de la mort des Rois jufqu'à ce qu'ils fuffent inhumés. Cet ufage antique & fingulier fera, fans doute, aboli pour toujours.

Le 11 mai, le Roi prit le deuil à l'occafion de la mort de Louis XV. Le

Sur ce farcophage étoit le poéle royal développé: un carreau de velours noir, orné de franges & glands en argent, portoit la couronne de nos Rois fous un crêpe de deuil qui defcendoit jufqu'au bas du farcophage. Les fceptres & les honneurs pofés près de la couronne terminoient cette repréfentation. Une crédence étoit placée devant le maufolée, fur laquelle étoient dépofés le manteau royal & les armes du Roi. La bannière de France en velours violet, femée de fleurs de lys d'or, & ornée d'un molet à franges d'or, étoit élevée dans le fanctuaire, avec le pennon du Roi, d'étoffe bleue, pareillement femé de fleurs de lys d'or fans nombre, & bordé d'un molet & de franges d'or. Ces bannières étoient portées fur des lances garnies de velours, entourées de crêpes. Le catafalque étoit couvert d'un grand & magnifique pavillon, fufpendu à la voûte du temple, dont le couronnement formoit une coupole ovale, élevée fur un amortiffement couvert de velours noir, parfemé de fleurs de lys brodées en or, coupé fur les avant-corps par des bandes d'hermines. Ces pentes étoient attachées fous une grande corniche, dont les moulures étoient encore ornées fur chacun de fes angles, de huit grandes aigrettes de plumes noires & blanches, attachées fur des têtes de morts aîlées, qui formoient autant d'agraffes aux angles faillans de ce pavillon. Son plafond étoit traverfé d'une croix de moëre d'argent, & portoit quatre écuffons en broderie aux armes de France. Deffous ces pentes formées par des feftons d'hermine, fortoient quatre grands rideaux de velours noir, couverts de fleurs de lys en or & de larmes en argent, partagés par des bandes d'hermine. Ces rideaux étoient foutenus à de gros nœuds, fufpendus à la voûte par des cordons de glands d'or. La chaire du prédicateur étoit placée près des ftales du côté de l'évangile; elle étoit revêtue, ainfi que l'abat-voix qui lui fervoit de couronnement, de velours noir, orné de franges & de galons d'argent.

Cette pompe funèbre avoit été ordonnée par le premier gentilhomme de la chambre du Roi en exercice, & conduite par l'intendant & contrôleur général de l'argenterie, menus plaifirs & affaires de la chambre de fa majefté.

(1) Recueil des rois de France, titre des derniers jours & enterremens des rois de France.

(1) L'abbé Vély, hiftoire de France, tom. 6, in-12.

(2) Du Tillet, loc. cit.

15, fa majefté prit le grand deuil, qui dura fept mois, dont un en grandes pleureufes, & un en petites.

Le même jour, les officiers qui tenoient alors le parlement de Paris, reçurent une lettre de cachet, par laquelle le Roi leur notifioit fon avènement au trône, leur ordonnant de rendre la juftice en fon nom de Louis XVI, & les affuroit de fa protection, fuivant l'ufage. Après la lecture de cette lettre, il fut arrêté que les gens du Roi fe tiendroient près de fa majefté, pour favoir quand fon parlement pourroit aller lui préfenter fes refpectueux hommages. Mais M. le chancelier les informa qu'ils ne feroient admis à cet honneur, qu'après la tenue du confeil de fa majefté, indiquée au 19. Il fut expédié en même-temps à toutes les cours fouveraines, aux gouverneurs, commandans de provinces & autres, des lettres de cachet qui leur en joignoient de continuer l'exercice de leurs fonctions au nom de fa majefté.

Le 19, fa majefté reçut les hommages des princes du fang, des grands officiers de fa maifon, des miniftres, des perfonnes qui jouiffent des grandes entrées, & de celles à qui elle en avoit accordé une permiffion particulière.

Le 22, les gens du Roi du parlement, de la chambre des comptes & de la cour des monnoies, ayant à leur tête M. le chancelier, allèrent demander à fa majefté quand il lui plairoit recevoir les refpectueux hommages de leurs compagnies : elle leur répondit qu'elle leur feroit connoître fes intentions.

D'après les ordres qui intervinrent en conféquence, le parlement députa, le 5 juin, le premier préfident, deux préfidens à mortiers, quatre confeillers de la grand'chambre, trois confeillers de la chambre des enquêtes & les gens du Roi, pour aller à la Muette préfenter fes premiers hommages à leurs majeftés.

On fuivit en cela l'ancien ufage. Nous voyons dans les regiftres du parlement,

que le 16 mai 1643, fur-lendemain de la mort de Louis XIII, les gens du Roi s'étant rendus auprès de la reine mère, pour favoir le jour & l'heure où le Roi & elle-même voudroient bien recevoir les hommages du parlement, cette princeffe, après leur avoir donné une courte audience, leur fit répondre par le chancelier, « que le parlement pouvoit venir » ce jour-là même à trois heures après-» midi, non-feulement par députés, mais » même en corps, s'il vouloit, voire » même en robes rouges : mais que la » reine ne defiroit rien en cela de parti-» culier, que ce qui feroit avifé par la » compagnie, & conforme aux regiftres & » à l'ufage ancien ». Qu'en conféquence, le parlement, toutes les chambres affemblées, arrêta que « la cour par députés » iroit.... faluer ledit feigneur Roi & ladite » dame reine..... & qu'à cette fin s'af-» fembleroient lefdits fieurs députés à » deux heures en la grand'chambre, & » iroient en carroffes avec leurs robes & » chapeaux, au louvre ».

Le même jour que la députation du parlement fut admife à l'audience de Louis XVI, c'eft-à-dire le 5 juin 1774, la chambre des comptes, la cour des monnoies, l'académie françoife & l'univerfité de Paris reçurent le même honneur.

Le lendemain 6, le Roi affifta à la levée des fcellés qui avoient été appofés fur les effets du monarque défunt, par le duc de la Vrillière, miniftre & fecrétaire d'état au département de la maifon du Roi.

Le 10, le corps de ville, les juges-confuls & les fix corps des marchands de la ville de Paris, eurent l'honneur de complimenter le Roi fur fon avènement au trône.

Le 27 novembre fuivant, quinze jours après la réintégration de l'ancienne magiftrature, le Roi voulut bien encore recevoir de nouveaux complimens fur le même fujet, de la part du parlement de Paris, de la cour des aides, & du parlement de Rouen. Les députés de ces trois cours furent introduits avec le cérémonial ordinaire.

On doutoit autrefois si les lettres & les ordres dépêchés du vivant du Roi pouvoient être exécutés après sa mort sans une confirmation spéciale de son successeur. Un arrêt du parlement de Paris, du 6 octobre 1381, a décidé pour l'affirmative.

Cette décision dérive, comme l'on voit, de la maxime que *le Roi ne meurt jamais en France.* Maxime si constante, qu'elle n'a pas pu échapper à l'ame stoïque du chancelier de Sillery, lorsqu'on lui annonça le coup fatal qui venoit d'enlever Henri IV à la France. La reine Marie de Médicis, informée du malheur qui venoit d'arriver, étoit sortie de son cabinet ; elle rencontre ce magistrat, & lui dit, toute éperdue : *hélas ! M. le chancelier, le Roi est mort.* Le chancelier répond gravement & sans s'émouvoir : *madame votre majesté m'excusera : les Rois ne meurent point en France.*

## SECTION IV.

*Des titres d'honneurs & des armoiries qui annoncent & décorent en France la majesté royale.*

Cette matière nous présente plusieurs objets à discuter. Ce sont,

1°. Les titres que le Roi prend dans les édits, déclarations & lettres qu'il adresse à ses sujets.

2°. Les titres qu'on donne à sa majesté, dans les traités faits avec elle ou ses représentans.

3°. Les titres que les sujets du Roi, & les étrangers doivent donner à sa majesté lorsqu'ils lui parlent, ou qu'ils parlent d'elle.

4°. Les armoiries du Roi.

Ces quatre objets demandent chacun une discussion séparée.

§. I. *Des titres que le Roi prend dans les édits, déclarations & lettres qu'il adresse à ses sujets.*

Tout le monde sait que dans les actes, dont il s'agit, le Roi se qualifie toujours, *par la grace de Dieu roi de France & de Navarre.* Pesons chacun de ces termes.

La qualité de *par la grace de Dieu,* qui n'appartient aujourd'hui qu'à l'autorité souveraine & indépendante, étoit, pendant l'anarchie féodale, commune à une infinité de grands seigneurs

Nous voyons même, que les comtes la prenoient dès le premier règne de Charles le Chauve : Guillaume, comte de Toulouse, se disoit *comte par la grace de Dieu,* sans néanmoins se dire souverain (1).

On peut conjecturer de là, que cette expression n'étoit pas alors une marque d'indépendance.

Dans la suite, les grands vassaux ont attaché au *par la grace de Dieu,* une idée plus importante. Ils ne prétendoient pas, à la vérité, à une indépendance absolue, puisqu'ils reconnoissoient le Roi pour leur *souverain ;* mais à cela près, ils se croyoient ses égaux, & ils s'attribuoient tous les droits régaliens.

Sous le roi Robert, Eudes II, comte de Chartres, de Blois & de Tours, prit le titre, *par la grace de Dieu comte héréditaire.* Le Roi en fut offensé : il le déclara indigne des fiefs dont il lui avoit donné l'investiture ; c'étoient les comtés de Troyes & de Meaux, qu'Etienne de Vermandois son cousin, mort sans enfans en 1019, lui avoit laissés (2). Eudes écrivit au Roi qu'avant de le juger indigne des fiefs dont il l'avoit investi, il auroit dû l'entendre. Il ajouta que cette condamnation précipitée étoit d'autant plus surprenante, que si l'on faisoit attention à sa naissance, elle lui

---

(1) Acta SS. Bened. sæcul. 4, part. 1, pag. 88 ; Baluz. Anver. tom. 2, pag. 8.

(2) Brussel, usage des fiefs, pag. 71, édi. de 1750.

donnoit le droit de se dire, *par la grace de Dieu*, *comte héréditaire de Chartres*, *de Blois & de Tours*; & qu'à l'égard des deux autres fiefs, ils ne venoient point du domaine royal, mais de la succession de ses ancêtres (1).

Les grands officiers prirent aussi le titre *par la grace de Dieu*, lorsque leurs charges devinrent héréditaires. C'étoit ainsi que se qualifioient en 1198, Guillaume de Sabran & Rostaing son fils, connêtables du comté de Toulouse (2). Cette expression ne désignoit sans doute en eux, que la succession héréditaire de la dignité de connétable.

Les ducs & les comtes, d'ailleurs, crurent affermir leur titre, *par la grace de Dieu*, en se faisant sacrer dans la principale église de leur capitale; ils jugèrent cette cérémonie propre à relever leur dignité (3), & ils s'y soumirent aux dépens même de la confiance que le clergé jusqu'alors leur avoit marquée; car un évêque obligeoit le duc ou le comte qu'il couronnoit, de jurer sur les évangiles & sur les reliques des saints, qu'il conserveroit les privilèges de son église, qu'il honoreroit ses ministres, & qu'il les protégeroit.

L'usage de sacrer les hauts barons s'abolit insensiblement; il fut supprimé à mesure que les grands fiefs revinrent au Roi: néanmoins quelques seigneurs dans le quinzième siècle, se décoroient encore du titre, *par la grace de Dieu*. Charles VII permit même à Philippe le Bon, duc de Bourgogne, de continuer à le prendre, & donna à ce sujet des lettres-patentes, qui sont datées du 8 janvier 1448. Sans doute que la puissance du duc, obligea le Roi de lui accorder ce qu'il ne pouvoit lui ôter par la force.

Le comte de Foix & d'Armagnac étoit moins redoutable; Charles VII lui défendit de dire *par la grace de Dieu*, & le comte fut forcé d'obéir.

François II, duc de Bretagne, reçut une semblable défense de Louis XI, mais il s'en moqua. Il conserva même ce titre après la mort de ce prince. C'est ce que prouvent les lettres-patentes du 22 septembre 1485, portant création d'un parlement en Bretagne. Mais cette prérogative régalienne fut confondue avec celle du Roi, par la réunion du duché de Bretagne à la couronne de France.

Les seules personnes qui partagent actuellement le *par la grace de Dieu* avec le Roi, sont les évêques. On ne voit pas que les souverains les ayent jamais inquiétés sur cette forme; comme elle ne signifie que la source de leur jurisdiction spirituelle, on ne leur a point contesté le droit de s'en servir.

L'histoire de Charles IX, nous offre une anecdote assez remarquable sur le titre de *par la grace de Dieu*. Le 11 août 1572, ce prince ayant dit aux députés du parlement de Paris: *je suis Roi, vous devez donc m'obéir*, le premier président de Thou répondit que la cour savoit qu'il étoit Roi; mais qu'il l'étoit *par la grace de Dieu*; qu'ainsi elle le supplioit de considérer que Dieu l'ayant fait Roi, *il ne devoit faire aucune chose qui ne fût selon Dieu* (1).

La qualité de *Roi* n'a pas éprouvé les mêmes vicissitudes que celle dont nous venons de parler. Dans tous les temps elle a été regardée en France comme un titre qui n'appartenoit qu'au souverain. Il y avoit du temps de Hugues-Capet, beaucoup de ducs & de comtes aussi puissans que lui: pas un d'eux cependant ne songea à se qualifier de Roi. Le seigneur d'Yvetot seul a pris fort long-temps ce titre; mais c'étoit de sa part un ridicule dont ses successeurs se sont sagement corrigés (2).

---

(1) Epist. 42 Fulberti epist. carn.
(2) Tom. 2, diplomat. pag. 683.
(3) Marten. voyag. littér. part. 2, pag. 193; hist. de Rouen, part. 3, pag. 53.

(1) Registr. du parlem. août 1572.
(2) Tout le monde connoît la fable imaginée

Il est inutile d'examiner par quel motif nos

par Gaguin, de l'érection de la terre d'Yvetot en royaume par Clotaire premier. Mais on sera peut-être bien-aise de trouver ici quelques traits qui prouvent l'ancien usage de donner aux seigneurs d'Yvetot le titre de Roi.

Charles de Bourgueville, lieutenant général du bailliage de Caën, dans ses recherches sur la Normandie, pag. 53, rapporte les vers suivants :

« Au noble pays de Caux
» Sont quatre abbayes royaux,
» Six prieurés conventuaux,
» Et six barons de grand arroi,
» Quatre comtes, trois ducs, un Roi. »

Chasseneuz, *catalogus gloriæ mundi,* part. 12, conf. 42, reconnoît le titre de Roi d'Yvetot.

Il y a, dit la Roque en son traité de la noblesse, chap. 26, un arrêt de l'échiquier de Normandie de l'an 1392, qui donne expressément ce titre au seigneur d'Yvetot.

« Le titre de Roi, continue le même auteur,
» est aussi attribué au seigneur d'Yvetot dans
» les rôles de 1525 pour le bailliage de Caux.
» — François premier envoya une lettre de
» cachet datée du 13 août 1543, au parlement
» de Paris, où elle fut enregistrée, pour l'ex-
» pédition du procès de la dame de Montour
» contre la dame d'Yvetot, qu'il qualifie *reine.* »

La Roque ajoute, en parlant de Henri IV :
« Pour témoigner que le titre de Roi que pre-
» noient les seigneurs d'Yvetot, n'étoient en
» aversion à sa majesté, ce grand monarque
» assistant à la cérémonie du couronnement de
» la reine Marie de Médicis son épouse, dans
» l'abbaye de Saint-Denis en France, au mois
» de mai 1610, s'apperçut que le grand-maître
» des cérémonies & ses aides ne donnoient point
» de place à Martin du Bellay, seigneur d'Yve-
» tot ; sur quoi il leur ordonna en ces termes :
» *Je veux qu'on donne place à mon petit*
» *roi d'Yvetot, selon la qualité & le rang*
» *qu'il doit tenir.* Ceci m'a été assuré par un
» gentilhomme qui en fut témoin oculaire.
» En l'année 1589, le Roi étant prêt à donner
» bataille aux ligués, dans le temps que
» la ville de Paris le croyoit vaincu, & sur le
» point de passer la mer pour se réfugier en
» Angleterre, il se retira dans un moulin de la
» dépendance d'Yvetot, & dit par raillerie à
» ceux qui étoient près de sa personne, que s'il
» perdoit le royaume de France, il étoit assuré
» d'avoir celui d'Yvetot, dont il prenoit déjà
» possession. »

ancêtres ont plutôt donné le nom de *Roi,* que celui d'*Empereur,* à ceux qui les commandoient. Peut-être le premier étoit-il seul connu des peuples du Nord, & par conséquent des Germains : peut-être aussi le regardoit-on comme plus honorable & plus imposant. On remarque en effet, que César n'osant pas prendre le titre de Roi, y substitua celui d'empereur, terme plus modeste, puisqu'il n'étoit consacré depuis long-temps qu'à la désignation d'un général d'armée.

Quoi qu'il en soit, il est certain que lorsque le titre d'empereur eut acquis par la puissance de ceux qui l'avoient porté à Rome & à Constantinople, un éclat qu'il n'avoit point dans le principe, nos Rois n'ont pas cru qu'il leur fût interdit de le prendre eux-mêmes. Du Tillet (1) dit qu'il y a dans l'abbaye de saint Bénigne de Dijon, un titre de Charles-le-Gros empereur & Roi, qui est daté de l'an 885, le cinquième de son empire d'Italie, le quatrième de son *empire* de la France orientale, & le premier de son *empire* de la gaule. Le même auteur assure qu'il y a au trésor des chartres, un titre qui porte, *régnant Philippe premier, l'an seizième de son empire, l'an* 1083. Il ajoute que l'abbaye de saint Bénigne de Dijon a encore un titre de 1118 dans lequel le Roi Louis-le-Gros se qualifie, *empereur Auguste de France.* Du Tillet dit encore, que Louis-le-Jeune se qualifie de même dans un privilège accordé à la ville de Magalonne ou Montpellier le 9 février 1155. Enfin conclut-il, on trouve une infinité d'autres chartres qui justifient le droit de nos souverains de prendre le titre d'empereur, *qui n'est pas plus éminent que celui de Roi, lequel sonne meilleur & plus doux.*

M. de Salvaing, dans son traité de l'usage des fiefs (2), confirme d'un seul mot

---

(1) Titre de la grandeur & excellence des rois & royaume de France.

(2) Chap. 1, pag. 11.

tout ce que nous venons de détailler. «Nos » Rois, dit-il, sont empereurs dans leur » royaume». Voyez ci-après, §. 2.

Le titre de *Roi de Navarre*, fait depuis long-temps partie des droits de la couronne de France.

Le royaume de Navarre, après avoir été 400 ans dans la maison de Bigorre, qu'on avoit vu remplir tous les trônes d'Espagne, passa dans la maison de Champagne en 1254, par la mort de Blanche de Navarre, épouse de Thibault V, comte de Champagne, & mère de Thibault VI. Ce dernier laissa deux enfans, Thibault VII & Henri, qui furent tous deux Rois; le second laissa une fille unique, Jeanne, qui fut mariée à Philippe-le-Bel, en 1284.

Ce mariage ne rendit pas Philippe Roi de Navarre, (sans doute parce qu'il n'y avoit point de communauté de biens entre lui & la reine son épouse): aussi n'en prit-il pas le titre. Les lettres-patentes du mois d'octobre 1294 & du mardi avant la toussaint 1300 (1), ne le qualifient que de roi de France. Mais Louis Hutin son fils réunit dans sa personne les deux souverainetés; la mort de la reine Jeanne sa mère, arrivée en 1304, lui transmit le royaume de Navarre, & il en fut dès-lors couronné Roi (2).

Cette réunion ne fut cependant pas de longue durée. Louis Hutin ne laissa à sa mort qu'une fille nommée Jeanne; elle succéda au royaume de Navarre, & le sceptre de France passa entre les mains de Philippe-le-Long. Nos Rois ne cessèrent cependant pas dès-lors de prendre le titre de roi de Navarre: Philippe-le-Long & Charles-le-Bel le prirent successivement, en qualité de tuteurs de Jeanne leur nièce.

(1) Voyez ci-devant section 3, §. 3. Ces titres démentent l'assertion contraire de M. le président Hénault, abrégé chronologique sur l'an 1284.

(2) Le traité du mois de juillet 1316, dont nous avons parlé ci-devant, section 2, le qualifie *roi de France & de Navarre.*

Mais Philippe-de-Valois abandonna absolument ce titre, & mit la pupille de ses prédécesseurs en pleine possession du royaume de Navarre.

Depuis ce temps jusqu'en 1589, les deux couronnes demeurèrent séparées. Mais à cette dernière époque, Henri IV, déjà roi de Navarre, devint roi de France, & par là réunit encore l'une & l'autre qualité. Il fit plus, il donna en 1607 un édit par lequel il déclara que le royaume de Navarre demeureroit pour toujours uni à la couronne de France (1).

Cette union ne fut cependant pas consommée cette année-là. Il fallut que Louis XIII renouvelât par deux édits du mois d'octobre 1620 & du mois de juin 1624, celui que son père avoit porté en 1607; & encore ces lois souffrirent-elles beaucoup de contradiction dans les tribunaux du pays. Il y eut à ce sujet différentes députations, les unes pour empêcher l'union, & les autres pour la faire confirmer. M. du Hau, avocat général de la chancellerie & cour souveraine de Saint-Palay, étoit d'une de ces dernières. On nous a conservé le discours qu'il prononça devant Louis XIII. «Si on se donne la hardiesse, » disoit-il entr'autres choses, de demander à votre majesté, quelle utilité il » lui arrive de cette union, votre édit » leur répond qu'elle affermit ses couronnes, ferme la porte aux princes étrangers, & assure le salut de ses peuples, » & l'histoire ajoute que si cette union » eût été faite dès le temps de Philippe-le-Bel, qui le premier vit sur sa tête » les deux couronnes de France & de Navarre, aujourd'hui l'étranger ne triompheroit pas de vos dépouilles, & vos » sujets les hauts-Navarrois ne gémiroient pas sous le joug Espagnol». Ces raisons & beaucoup d'autres qu'y ajouta M. du Hau l'emportèrent; un arrêt du conseil du 10 décembre 1624 confirma

(1) Escorbiac, tit. 30.

les édits d'union (1), & affecta par conséquent pour toujours, le titre de roi de Navarre à la couronne de France.

Il est cependant à remarquer que la cour de Rome ne reconnoît pas ce titre. Le pape Jules II, dans le seizième siècle, donna lieu à cette singularité vraiment étonnante par l'esprit de fanatisme dont elle porte l'empreinte. Des intérêts purement temporels avoient allumé la guerre entre ce pontife & Louis XII, ce prince que nous comptons au nombre de nos meilleurs Rois. Ferdinand, roi d'Arragon, à l'instigation du pape, avoit formé la résolution de conquérir la Guyenne sur le roi de France. Jean d'Albret, roi de Navarre, bisaïeul de Henri IV, qui avoit fait alliance avec Louis, ne crut pas devoir donner les mains à une usurpation qui menaçoit son allié; il refusa le passage sur ses terres. Il n'en fallut pas davantage pour armer Jules des foudres de l'église; il excommunia le roi & la reine de Navarre, les priva de leur royaume, & l'abandonna à Ferdinand, qui de son côté n'avoit point d'autre prétexte pour l'envahir, comme il fit en 1512.

Telle est la raison qui détermine la cour de Rome, à refuser à nos Rois, autant qu'il lui est possible, la qualité de roi de Navarre. Cette omission affectée a été plusieurs fois réprimée par le parlement. Urbain VIII en 1625, dans les bulles de la légation du cardinal Barberin, n'avoit point donné à Louis XIII le titre de roi de Navarre. Le parlement refusa d'abord d'enregistrer « lesdites bulles & » facultés, qu'elles n'eussent été réfor- » mées pour autant que ledit seigneur » n'étoit qualifié que de roi de France & » non de Navarre ».

Cependant le 9 mai de la même année, le Roi donna des lettres de jussion pour l'enregistrement de ces bulles: le parlement les enregistra en effet le lendemain, mais avec la clause, *du très-exprès com-*

mandement du Roi, & à la charge que le nonce fourniroit dans six semaines un bref du pape, portant que c'étoit par inadvertance que la qualité de roi de Navarre avoit été omise dans les bulles, qu'elles seroient retenues, & que l'arrêt qui en portoit vérification ne seroit pas délivré, tant que le bref ne seroit pas apporté (1).

Mais il semble que rien ne peut apprendre à la cour de Rome, qu'elle n'a pas le droit de disposer des empires, & qu'elle offense la religion & l'église en se l'attribuant. C'est par la concession qu'elle en a faite à Ferdinand, que ce prince a usurpé la Navarre. Cette concession est le seul titre qui l'a transmise en partie à ses successeurs; & ce titre, aux yeux des papes, est distinctif de toute propriété naturelle & légale. Aussi n'ont-ils jamais voulu attester les droits du roi de France sur ce royaume; & depuis les bulles du cardinal Barberin, nous avons vu une foule de brefs & de constitutions adressés au Roi, où la qualité de roi de Navarre est absolument omise. Elle l'est nommément dans la fameuse bulle *unigenitus*, donnée en 1713, & dans l'indult du mois de février 1776, qui accorde au Roi la disposition d'une partie des canonicats des églises collégiales de Lille, Douai & Cassel.

Les titres, *par la grâce de Dieu roi de France & de Navarre*, ne sont pas toujours les seuls que le Roi prend dans les édits & les lettres où il parle en son nom; il y ajoute celui de *dauphin de Viennois*, dans les édits & les lettres qui concernent le Dauphiné, & celui de *comte de Provence, Forcalquier & terres adjacentes*, dans les édits & les lettres qui ont rapport à ce dernier pays.

On verra ci-après, chapitre *du Dauphin*, la raison de cet usage, relativement à la qualité de dauphin.

Quant à celle de comte de Provence,

---

(1) Joly, tom. 1, add. pag. 217.

(1) Preuves des libertés de l'église gallicane, chap. 23, n. 82.

elle dérive des titres qui affûrent à ce pays le droit d'exifter dans la main du Roi, comme une fouveraineté féparée, & qui ne peut être incorporée ni unie. L'édit de 1486, portant union de cette province à la couronne, renferme la condition expreffe *que ni à icelle couronne ni au royaume, ils foient aucunement fubalternés.* Les remontrances du parlement d'Aix, au fujet du vingtième, indiquent d'autres lettres de Louis XII, qui portent : « Voulons » avoir & tenir...... inféparablement, » & quant à ce, feulement les avons » adjoints & unis & à ladite couronne, » fans qu'à icelle couronne ni au royaume, » ils foient pour ce aucunement fubalter- » nés, pour quelque occafion que ce » foit (1). »

L'explication de cette fingularité, dit l'annotateur de le Febvre de la Planche (2), « confifte dans la diftinction, » entre l'acquifition en fouveraineté, & » l'acquifition en propriété ou domaine » des terres qui reconnoiffent déjà les » lois françoifes. Ce font en effet deux » chofes effentiellement diftinguées & » réglées par des lois différentes. On fent » bien que l'acquifition d'un pays qui » n'eft point fujet à la domination fran- » çoife, n'eft point un contrat dont les » mœurs françoifes faffent l'interpréta- » tion, par rapport aux parties contrac- » tantes. C'eft dans le droit des gens que » cette interprétation doit fe prendre ; » & ce droit ne dit autre chofe, finon » qu'il faut exécuter à la lettre les con- » ventions, & regarder leurs claufes » comme conditions les unes des autres.... » *quæ invidia,* que le Roi foit en même- » temps fouverain de différens pays ? »

Le confeil fouverain d'Alface avoit cher- ché, lors de fon établiffement, à donner à fon reffort la même diftinction que celle dont jouiffent le Dauphiné & la Provence. Le procureur-général de cette cour avoit requis, & elle avoit ordonné par arrêt du 24 novembre 1658, « que fous le bon » plaifir dudit feigneur Roi, le titre de » *Langtgrave de la Haute & Baffe-Alface,* » feroit ajouté à ceux de fa majefté, aux » arrêts, commiffions, mandemens, let- » tres royaux & autres actes dudit con- » feil (1). » Mais il y a apparence que des ordres fecrets du gouvernement ont empêché l'exécution de cet arrêt : du moins, quoi qu'il n'exifte aucune preuve qu'il ait été caffé, nous ne voyons pas qu'on l'ait jamais exécuté.

§. II. *Des titres qu'on donne au Roi dans les traités faits entre les repréfentans de fa majefté & les princes étrangers.*

Brillon nous fournit fur ce point une anecdote relative au traité de paix fait en 1696, entre Louis XIV & le duc de Savoie, & publié le 8 feptembre de la même année. Dans ce traité, dit-il, le Roi eft nommé *très-haut, très-excellent & très-puiffant prince,* & le duc de Savoie, *très-haut & très-puiffant prince, Victor-Amédée, duc de Savoie, &c.*

On trouve à-peu-près les mêmes qualifications dans la chartre de Jean, roi de Bohême, donnée à Vincennes, au mois d'octobre 1334, par laquelle ce prince vend à Philippe de Valois, la ville & comté de Lucques. Nous vendons, porte-t-elle, à *très-noble, très-excellent & puiffant prince, notre très-cher feigneur & coufin monfieur Philippe par la grace de Dieu roi de France* (2).

La formule a été changée par le traité de paix conclu à Verfailles le 3 feptembre 1783, entre le Roi & le roi de la Grande-Bretagne. Ce traité commence ainfi : « foit » notoire à tous ceux qu'il appartiendra....

---

(1) Blanchard, mémoires de la chambre des comptes, coté 5, fol. 176; Godefroy, annales fur les mémoires de Philippe de Comines, pag. 478 ; le même, annales fur l'hiftoire de Louis XII, pag. 436.

(2) Traité des domaines, liv. 11, chap. 2.

(1) Recueil des ordonnances d'Alface, p. 12.

(2) Dupuy, traité des droits du Roi, p. 70.

» le *férénissime & très-puissant prince Louis*
» *XVI*, par la grâce de Dieu Roi *très-*
» *chrétien* de France & de Navarre ; &
» le *férénissime & très-puissant prince Geor-*
» ges III, par la grâce de Dieu, roi de
» la Grande - Bretagne , duc de Bruns-
» wick, &c. »

Le plus souvent , les ministres du Roi
qualifient sa majesté de *Roi très-chrétien ,*
& ne lui donnent pas d'autre titre.

On ne connoît pas l'époque précise
où l'on commença à qualifier de la sorte
les rois de France.

En 755, le pape Etienne II donnoit
déjà le titre de Roi très-chrétien au roi
Pepin.

Le concile de Savonniere , tenu en
859, qualifie de même Charles-le-Chauve.

Du Tillet dit que ce prince est encore
« appelé très-chrétien en son sacre &
» couronnement en roi de Lorraine , fait
» à Metz le 9 septembre l'an 869 , le-
» quel sacre est en un vieux livre du cha-
» pitre de Beauvais. »

Aimoin (1) rapporte des bulles des
papes Innocent & Honoré III, qui qualifient Philippe-Auguste & Louis VIII de
Rois très-chrétiens.

M. le président Hénault assure cependant que « ce titre ne devint la qualifi-
» cation propre de nos Rois, que dans
» la personne de Louis XI, en 1469. »
Le père Daniel dit la même chose, &
il est vrai qu'à l'époque indiquée par ces
deux historiens, le pape Paul II a donné
une déclaration dans laquelle il a reconnu
formellement que nos Rois doivent porter
le titre de très-chrétiens, privativement
à tous autres. Mais, comme le remarque
le père Griffet dans la nouvelle édition
qu'il nous a donnée de l'ouvrage du père
Daniel, tout ce qu'on peut dire de la
déclaration de Paul II, c'est qu'elle a confirmé l'usage dans lequel on étoit précédemment de regarder la qualité de très-

chrétien comme un des attributs de la
couronne de France. En effet, le père
Griffet fait voir par cet acte même, &
par plusieurs autres monumens antérieurs,
que la coutume de donner cette qualité à
nos Rois étoit constante depuis Charles V.
Il ajoute , pour justifier son sentiment, le
témoignage de Raoul de Presles, dont
voici les paroles : « & ces choses, mon
» très-redouté seigneur , dénotent & dé-
» montrent par vraie raison, que parce
» que vous devez être le seul principal
» protecteur, champion & défenseur de
» l'église, comme ont été vos devan-
» ciers , & à vous singulièrement, à l'in-
» titulation des lettres : *au très-chrétien*
» *des princes.* »

On voit sans doute que ce témoignage
même doit nous engager à faire remonter
plus haut l'époque de ce titre, puisque
Raoul de Presles dit, en termes exprès,
que les papes avoient accoutumé de le donner aux *devanciers* de Charles V, dans l'in-
titulation des lettres qu'il leur adressoit.

En effet , Philippe de Valois portoit le
titre de très-chrétien, comme celui de
roi de France. Ce prince assembla, l'an
1329, qui est le second de son règne ,
les évêques & les barons à Paris, pour
terminer les contestations qui s'étoient
élevées au sujet de la juridiction ecclésiastique. A la tête des actes de cette assemblée,
on l'appelle Philippe, par la grâce de
Dieu, roi de France très-chrétien (1) :
*anno domini* 1329, *die primâ mensis sep-*
*tembris , Dominus Philippus de gratiâ*
*Dei Francorum Christianissimus filius quon-*
*dam claræ memoriæ Domini Caroli , co-*
*mitis Valesii, mandavit Prælatos & Ba-*
*rones Regni Franciæ ad diem octavarum*
*festi beati Andreæ proximè subsequentis con-*
*venire.* On voit clairement qu'on n'appelle
point ici Philippe, Roi très-chrétien, par
manière d'éloge. Dans un acte juridique
comme celui-ci, le rédacteur ne donne

(1) Liv. 5, chap. 21.

(1) Acta concil. Harduini, tom. 7, col. 1543.

précisément aux personnes que les qualités qu'il est d'usage de leur donner.

Comme ce Roi se montra favorable au clergé, dans l'assemblée dont nous venons de parler, on en conclura peut-être que les évêques, par reconnoissance, l'appelèrent alors très-chrétien. Ceux qui penseroient ainsi, seroient dans l'erreur, puisque ce monarque portoit déjà ce titre à la tête des actes de cette assemblée, & avant la décision qu'il rendit en faveur des prélats. Ce fut par d'autres qualités que le clergé lui marqua sa gratitude. « On prétend, dit le père Da-
» niel, que c'est pour ce jugement qu'on
» donna à ce prince le surnom de *Catho-*
» *lique*, & que ce fut à cette occasion,
» qu'on lui éleva une statuë équestre à
» la porte de l'église cathédrale de Sens,
» avec une inscription en deux vers la-
» tins, qui signifioient qu'il étoit le *pro-*
» *tecteur du clergé*. »

Ce n'étoit donc point par des raisons personnelles que Philippe de Valois portoit le titre de très-chrétien. Il le devoit à sa couronne. Il étoit d'usage, & si j'ose m'exprimer ainsi, de style de le donner à nos Rois, lorsque ce prince monta sur le trône.

D'après cela, on ne sera pas étonné que le pape Jules II n'ait pas été écouté lorsqu'il entreprit, sous Louis XII, d'ôter par une bulle, le titre de très-chrétien aux rois de France, pour le transférer à ceux d'Angleterre. La tentative parut tellement au-dessus de son pouvoir, que le monarque Anglois lui-même ne daigna pas y adhérer (1).

Voyez le §. suivant.

§. II. *Des titres que les sujets du Roi & les étrangers doivent donner à sa majesté lorsqu'ils lui parlent ou qu'ils parlent d'elle.*

Tous ceux qui ont l'honneur de parler au Roi, François ou étrangers, l'appellent tantôt *Sire*, tantôt *votre Majesté*.

Le mot *sire* est fort ancien. Sa véritable signification répond à celle de *seigneur*. Aussi, tous les seigneurs s'appeloient-ils autrefois *sires*. Il y en a même, s'il en faut croire Brillon (1), qui prennent encore cette qualité. « MM. de
» Mesmes, dit cet auteur, prennent
» le titre de *sire* de Gramayel, Brie-
» Comte-Robert. »

Louis XI fut, dit-on, le premier en France, qu'on appela communément *Majesté*. Cependant, on voit encore des lettres à Henri III, dans lesquelles on ne lui donne que le titre d'*Altesse*; & aux états d'Orléans, tenus en 1560, on remarqua dans le discours prononcé par Rochefort, « qu'il affectoit, dit
» Varillas (2), en parlant du Roi, de
» ne se servir jamais du mot de *majesté*,
» pour faire croire qu'il n'approuvoit pas
» ce terme de respect que l'usage de nos
» derniers siècles a donné à nos Rois,
» avec autant de raison que les Romains
» le donnoient à leurs empereurs. »

La chancellerie allemande, toujours invariable dans ses usages, a prétendu jusqu'à ce siècle, ne devoir traiter tous les Rois que de *sérénité*. Dans le fameux traité de Westphalie, où la France & la Suède donnèrent des lois à l'empire, jamais les plénipotentiaires de l'empereur ne présentèrent de mémoires où sa *sacrée majesté impériale* ne traitât avec les *sérénissimes rois de France & de Suède*; mais de leur côté, les François & les Suédois ne manquoient pas d'assurer que leurs *sacrées majestés de France & de Suède* avoient beaucoup de griefs contre le *sérénissime empereur*. Enfin, dans le traité, tout fut égal de part & d'autre (3); & le titre

---

(1) Guicciardin, hist. des guerr. d'Ital. liv. 11.

(1) *Verb.* Sire.

(2) Histoire de Charles IX, tom. 1, pag. 19.

(3) Voltaire, mélanges de littérature & de philosophie, §. des titres.

de *majesté* est actuellement si peu contesté à notre monarque, que les électeurs d'Allemagne, par qui les autres souverains ne sont jamais qualifiés que de *dignité royale*, le lui donnent sans difficulté (1).

Les titres de *sire* & de *majesté* sont des expressions communes aux François & aux étrangers, lorsqu'ils parlent au Roi ou du Roi. Mais il y a cette différence entre les uns & les autres, quand il est question de parler du Roi, que les François disent simplement *le Roi*, ou *sa majesté*, au lieu que les étrangers disent, *sa majesté très-chrétienne*, ou *le Roi très-chrétien*.

Cette différence, introduite d'abord par un usage, qui, d'après ce qu'on a vu dans le paragraphe précédent, ne remonte pas à des temps fort reculés, a été consacrée par un arrêt célèbre du parlement de Paris, du 27 mai 1699, rendu sur le réquisitoire de M. l'avocat-général d'Aguesseau. Cette pièce est trop intéressante pour ne pas l'insérer ici.

« Ce jour, les gens du Roi sont en-
» trés, & M. Henri-François d'Aguef-
» feau, avocat dudit seigneur Roi, por-
» tant la parole, ont dit à la cour : que
» la vigilance & l'application infatigable
» avec lesquelles ils doivent soutenir les
» droits du Roi, dont la défense est la
» principale & la plus ancienne fonction
» de leur ministère, ne leur permettent
» pas de demeurer dans le silence sur
» un abus qui s'introduit depuis quelque
» temps dans les sièges du bailliage &
» de la prévôté de Bar. Comme si cette
» province avoit cessé de faire partie
» du royaume, on affecte de n'y plus
» parler du Roi avec la distinction qui lui
» est due par tous ceux qui ont l'avan-
» tage de vivre sous sa domination. Au
» lieu de lui donner le nom de *Roi* ab-
» solument & sans aucune restriction,

» on ajoute à cette qualité le surnom inu-
» tile parmi ses sujets, de *Roi très-chré-*
» *tien* ; & on trouve des François qui,
» osant parler de leur véritable maître
» comme d'un prince étranger, n'aug-
» mentent ses titres que pour diminuer
» indirectement l'étendue de sa puissance.
» Que non-seulement on souffre dans une
» audience publique, que des avocats
» s'expliquent d'une manière qui blesse
» si évidemment les droits sacrés de la
» dignité royale ; mais les juges même
» se donnent cette liberté, & ils ne crai-
» gnent point d'approuver par leur signa-
» ture, ce que personne ne devroit pro-
» noncer impunément en leur présence.

» Qu'ils ont eu d'abord de la peine à
» croire que des officiers qui voient tous
» les jours leurs jugemens réformés dans
» ce tribunal ; que des juges qui éprou-
» vent sur eux-mêmes des effets du pou-
» voir qu'il plaît au Roi de confier à
» son parlement, eussent pu oublier sitôt
» les sentimens de respect & de soumis-
» sion que le bonheur de leur naissance
» devoit avoir gravé plus profondément
» dans leur cœur.

» Mais qu'il ne leur est plus permis
» d'en douter, depuis qu'ils ont eux-
» mêmes lu le surnom de *Roi très-chré-*
» *tien* écrit dans onze sentences du bail-
» liage & de la prévôté de Bar, qui leur
» sont tombées depuis quelques jours en-
» tre les mains, & qu'ils apportent à
» la cour . . . . . . .

Lecture faite desdits onze jugemens du bailliage de la prévôté de Bar, la matière mise en délibération :

» La cour, faisant droit sur les con-
» clusions du procureur-général du Roi,
» fait défenses à tous avocats, procu-
» reurs, notaires, sergens & praticiens
» du ressort du bailliage & de la pré-
» vôté de Bar, d'ajouter au nom du *Roi*,
» le surnom de *très-chrétien*, dans les
» plaidoiries, écritures & tous autres
» actes de leur ministère ; & au bailli
» de Bar & tous autres juges, de s'en

» servir dans la prononciation & dans » la rédaction de leurs jugemens, ni de » souffrir que les avocats & procureurs » qui plaideront devant eux, s'expliquent » de cette manière en parlant du Roi; » leur enjoint à tous d'en parler dans » les termes qu'il convient à des sujets » de parler de leur souverain seigneur, » à peine d'interdiction & d'amende, » telle qu'il conviendra pour la première » fois, & en cas de récidive, de plus » grande peine. Ordonne que le pré- » sent arrêt sera lu & publié dans les- » dits bailliage & prévôté de Bar, l'au- » dience tenante, & enregistré dans leurs » registres, pour être exécuté selon sa » forme & teneur; & afin que personne » n'en prétende cause d'ignorance, affi- » ché par-tout où besoin sera. Fait en » parlement, le vingt-sept mai mil six » cents quatre-vingt-dix-neuf. »

Les dispositions de cet arrêt ont été renouvelées par un autre du 13 juin 1735, rendu sur les conclusions de M. l'avocat général Gilbert de Voisins, au sujet d'une instruction pastorale, par laquelle M. l'archevêque de Cambrai avoit donné au Roi le surnom de *très-chrétien*.

Nous avons dit ci-devant, §. 1, que quelques-uns de nos Rois se sont quelquefois qualifiés d'*empereurs de France*. Le grand Seigneur est encore dans l'usage de donner ce titre au Roi, & le Roi le prend également envers lui, Témoin ce qui s'est passé en 1721, lorsque Mehemet Effendi, ambassadeur de la Porte, vint complimenter Louis XV sur son avènement à la couronne. Ce ministre parut le 20 mars à l'audience de sa majesté, qui étoit assise sur un trône & vêtue d'habits où les perles & les pierreries brilloient de toutes parts. Après avoir fait les révérences accoutumées, il présenta ses lettres de créance, en disant: « Voici la lettre du très-magnifique & » très-puissant empereur des Ottomans, » sultan Achmet, fils de sultan Mehe- » met, accompagnée de celle du grand

» visir Ibrahim Bacha, son gendre. » Il s'arrêta un moment après ces mots, & reprit ensuite la parole en ces termes: » Le grand seigneur m'envoye en am- » basse auprès de très-puissant & très- » magnifique empereur des Francs, pour » témoigner l'estime qu'il a pour votre » sublime majesté, & pour lui donner » des marques de la sincère & constante » amitié qui règne depuis long-temps » entre les deux empires. Quelle gloire » n'est-ce pas pour moi, d'avoir été re- » vêtu d'une dignité qui m'a procuré l'hon- » neur de voir la face d'un si grand em- » pereur, & d'un soleil si brillant & si » majestueux dès son lever! Je souhaite » qu'il daigne répandre sur moi ses rayons » les plus doux, & que ma personne » lui puisse être agréable. »

Le maréchal duc de Villeroi répondit au nom du Roi: « L'empereur mon » maître est satisfait de la marque d'ami- » tié que lui donne l'empereur des Otto- » mans, & du choix qu'il a fait de l'am- » bassadeur qui l'en assure. »

Le Roi régnant a été également qualifié d'empereur par Sidy Abdheraman Bediri Aga, envoyé du pacha & de la régence de Tripoli de Barbarie, dans l'audience que sa majesté a donnée à celui-ci, le 27 mai 1775 (1).

### §. IV. *Des armes de France.*

Il n'y a point eu de véritables armoiries avant le douzième siècle: les savans n'en exceptent pas même celles de France. Les trois crapaux, les trois couronnes, les trois croissans, le lion portant un aigle sur sa queue, les fleurs de lys enfin apportées du ciel par un ange, sont autant de fables aussi absurdes que les imaginations de quelques modernes qui donnent des armes à Adam, à Eve, à Noé & aux douze tribus d'Israël. On ne voit sur le

(1) Journal politique de Bouillon, 1775, juillet, première quinzaine, pag. 38.

sceau de nos anciens Rois, que leur portrait ou celui de quelque saint, quelquefois des portes d'église, très-souvent des croix, & autres symboles de piété. Hugues-Capet est représenté tenant un globe de la main droite, & de la gauche une main de justice. Sa couronne n'est rehaussée que de fleurons. Louis-le-Gros est assis dans un fauteuil, vêtu d'une espèce d'aube, portant un sceptre à trois pointes, & ayant sur la tête une couronne ornée de plusieurs croix. Le premier sceau où l'on voit une véritable fleur de lys, est de Louis VII. Toutes ces variations, dit Pasquier, « prouvent que les armoiries, » tant de nos anciens Rois que de leurs » sujets, étoient des devises, telles qu'il » plaisoit à chacun de se les choisir. »

Ce furent les croisades qui rendirent les armoiries propres à chaque maison. Dans une armée de huit cents mille hommes ramassée chez vingt à trente nations différentes, il falloit nécessairement un signe pour rassembler chaque vassal, sous la bannière de son seigneur que cachoit une armure de fer : on se vit donc obligé d'imaginer certains simboles significatifs, soit pour se faire remarquer dans les combats, soit pour être reconnu des siens. On les conserva ensuite par vanité ; c'étoit un titre glorieux d'avoir été d'une croisade ; tout ce qui en faisoit preuve devint une marque d'honneur : on arbora cette marque sur les étendards, on la fit graver sur son sceau, peindre sur son écu, broder sur sa cotte-d'armes ; on s'en para dans les tournois. Bientôt, ceux même qui n'avoient pas été du voyage de Palestine, se montrèrent jaloux de cette distinction. Chaque seigneur, chaque gentilhomme voulut aussi avoir un emblême distinctif. On n'eût ôsé se présenter à une action, si l'on n'eût eu, sur son armure & sur le caparaçon de son cheval, quelque devise en broderie.

Ce ne fut cependant que vers le milieu du treizième siècle, & sous le règne de Saint Louis, que les armoiries devinrent

fixes dans les familles. Toutes les sortes de croix qui se trouvent dans les écussons, les besants ( monnoie de Constantinople ), les lions, les léopards, les coquilles, les merlettes ( sortes d'oiseaux qui passent la mer tous les ans ), les noms même d'azur & de gueule, tirés de l'Arabe & du Persan, démontrent que les armoiries doivent leur naissance au voyage du Levant. Les tournois y ont aussi beaucoup contribué. Les chevrons, les pals, les jumelles faisoient partie de la barrière qui fermoit le camp. Les figures d'astres & d'animaux viennent des noms que se donnoient les combattans : c'étoient les chevaliers du soleil, de l'étoile, du croissant, du lion, du dragon, de l'aigle, du cigne. Car chacun étoit alors maître de choisir ce qu'on a depuis appelé armes ou armoiries. Les uns les formèrent de la doublure de leur manteau : de là, les fourures ou pannes échiquetées, vairées, facées, papelonnées, gironnées, fuselées, lozangées. Les autres les composèrent de quelques pièces de leur armure, de là les éperons, les fers de lance, les masses, les maillets, les épées, les casques. Quelques autres les tirèrent de leurs amusemens ordinaires ; delà les faucons, les jets, les cors. Ceux-ci adoptèrent les armes qu'ils crurent les plus propres à conserver la mémoire de quelque beau fait d'armes, ou de quelque aventure glorieuse pour leur famille : ceux-là se donnèrent les premières venues, par caprice & sans dessein.

Ce fut vraisemblablement à l'occasion de la seconde croisade que Louis-le-jeune prit les fleurs de lys pour armes, si cependant ce sont de véritables fleurs de lys qui sont peintes sur son écu ; car les savans ne s'accordent pas sur ce point.

Quoi qu'il en soit, il est du moins certain que ce prince est le premier de nos Rois qui soit représenté avec des fleurs de lys à la main & sur sa couronne. Lorsqu'il fit couronner Philippe son fils, il voulut que les bottines & la dalmatique du jeune monarque, fussent de couleur

*Tome I.* P

d'azur & femés de fleurs de lys d'or (1).

Dès ce moment, les fleurs de lys devinrent les feules armes de nos Rois. Tous les ont portées fans nombre jufqu'à Charles V. Ce n'eft que depuis fon règne, que l'on commence à n'en voir que trois dans l'écu de France : fixation que certains auteurs regardent comme un hommage envers la Trinité.

Pour appliquer fur des lettres expédiées au nom du Roi, l'empreinte des armoiries de fa majefté, on fe fert d'une lame de métal qui a une face plate, & qu'on appelle fceau ou fcel.

Il y en a de quatre fortes. Le grand fceau, le petit fceau, le fcel du fecret & le petit fcel.

Le *grand fceau* eft celui qui eft entre les mains de M. le garde des fceaux, & qui fert à fceller les édits, les ordonnances, les déclarations, les lettres-patentes, les provifions de charges ou offices, les lettres d'abolition, de rémiffion, de naturalité, & en général toutes les lettres qui s'expédient à la grande chancellerie, & qui émanent directement de la puiffance royale.

On diftingue deux fortes de grands fceaux ; l'un qu'on appelle fimplement le *grand fceau*, où le Roi eft repréfenté affis fur fon trône, le fceptre & la main de juftice entre fes mains ; & l'autre qu'on nomme le *fceau dauphin*, où le Roi eft repréfenté à cheval & armé, ayant un écu pendu au cou, dans lequel font empreintes les armes écartelées de la France & du Dauphiné, le tout dans un champ femé de fleurs de lys & de dauphins. Le grand fceau a fon contre-fcel, dans lequel eft gravé l'écuffon de France ; le fceau dauphin a auffi fon contre-fcel, dans lequel font empreintes les armes de France & du Dauphiné ayant pour fupport un ange. On fe fert de ces contre-fceaux pour attacher à la pièce principale celle qu'il eft néceffaire d'y joindre.

Le *fceau dauphin* fert pour fceller toutes les expéditions du Dauphiné, pour lefquelles on emploie de la cire rouge, excepté pour les édits & autres chartres qui font fcellés en cire verte avec ce fceau.

On fceile avec le grand fceau en cire jaune prefque toutes les expéditions de la grande chancellerie, excepté les édits, les lettres de rémiffion, & généralement toutes celles intitulées *à tous préfens & à venir*, qui font fcellés par ce fceau en cire verte, avec des lacs de foie rouge & verte.

On appelle *petit fceau*, le fceau qu'on appofe aux lettres qui s'expédient dans les chancelleries près les différentes cours du royaume.

Le *fcel du fecret*, eft le cachet du Roi. Il étoit autrefois porté par un des chambellans. Toutes les lettres qui devoient être fcellées du grand fceau, devoient d'abord être examinées par deux maîtres des requêtes, puis fcellées du fcel du fecret, après quoi le chancelier y appofoit le grand fceau. De Laurière croit que c'eft delà qu'eft venu l'ufage des contre-fceaux.

Le *petit fcel* eft un fceau qui fert aux actes émanés des juridictions royales, & dont les droits font partie de la régie des domaines (1).

## SECTION XX.

*Des rapports du roi de France avec les nations étrangères.*

Que le Roi puiffe traiter par ambaffadeurs avec les puiffances étrangères, qu'il puiffe contracter avec elles des alliances, les rompre, faire la paix ou la guerre, c'eft ce que tout le monde fait, auffi ne nous arrêterons-nous pas à démontrer des chofes auffi notoires.

___

(1) Voyez ci-devant, fect. 3, §. 1.

(1) Voyez ci-après, fect. 16, diftinct. 1, art. 3, §. 16.

Mais dans les entrevues que fa majefté peut avoir, foit en perfonne, foit par fes repréfentans, avec les princes étrangers, quelles font les règles que l'on confulte pour déterminer les rangs & les préféances? Cette queftion demande une difcuffion particulière. Pour la traiter avec ordre, nous l'examinerons, 1°. par rapport à l'empereur, 2°. par rapport au roi d'Efpagne, 3°. par rapport au roi d'Angleterre, 4°. par rapport aux autres puiffances.

## §. I. *De la préféance entre le Roi & l'empereur.*

Quelques anciens docteurs d'Allemagne & d'Italie, prétendent que tous les Rois relèvent de l'empereur; mais c'eft une chimère enfantée par leur imagination & démentie par les faits. Nos Rois n'ont jamais reconnu les empereurs d'Allemagne pour leurs fupérieurs; leur fouveraineté eft parfaite, ils ne relèvent que de Dieu & de leur épée, &, comme nous l'avons déjà dit, ils font empereurs dans leurs états.

Mais y a-t-il une règle écrite, ou au moins un ufage conftant pour la préféance entre le Roi & l'empereur? De règle, je n'en connois point. Pour l'ufage, voici les faits.

Sous Charles-le-Simple, il fut fait un traité entre ce prince & Henri de Saxe, qui fe difoit empereur & qui étoit réellement roi d'Allemagne. Charles fut nommé le premier dans l'acte, & les noms des témoins furent également infcrits, avant ceux des témoins de Henri (1).

En 1022, l'empereur Henri II, & Robert, pour prévenir tout fujet de rupture entre eux, convinrent d'un entrevue fur les bords de la meufe. Il y eut d'abord quelques difficultés fur le cérémonial: enfin il fut réglé que les deux monarques fe verroient dans des bateaux qui partiroient en même temps des deux rives oppofées. Mais l'empereur & l'impératrice, lorfqu'on s'y attendoit le moins, paffèrent le fleuve, vinrent faire vifite au Roi dans fa tente, & dînèrent avec lui. Robert, touché de cette franchife, les régala fplendidement & leur offrit de riches préfens. Dès le lendemain, il fe rendit au quartier de Henri qui le reçut avec les mêmes honneurs (1).

Dans le treizième fiècle, le pape Grégoire IX ayant excommunié l'empereur Frédéric II, envoye offrir l'empire à Robert comte d'Artois, frère de Saint Louis. Le parlement de France, confulté fur cette offre, répond à Robert qu'il doit la rejeter, « qu'il lui fuffit d'avoir l'honneur » d'être frère d'un grand Roi, qui tenant » fon royaume par fa naiffance & par une » longue fucceffion, eft plus noble & » plus relevé qu'un empereur qui dépend » d'une élection volontaire (2) ».

Sous Charles V, dit le Sage, l'empereur Charles IV & Vinceflas fon fils, Roi des Romains, vinrent en France pour s'acquitter de quelques pélerinages qu'ils avoient voués. Lorfqu'ils entrèrent dans Paris, le Roi alla à leur rencontre, & marcha entre eux deux, l'empereur à fa droite, & le roi des Romains à fa gauche. Ils montèrent dans le même ordre les degrés de la fainte Chapelle, & ce rang fut encore obfervé à table. L'auteur (3) de qui nous tenons ces faits, ajoute: « pour » les autres occafions où l'on put mettre » de l'égalité, elle s'y trouva affez exac- » tement. Dans quelques feftins, l'empe- » reur ne voulant pas prendre des confi- » tures devant le Roi, on en préfenta en » même temps à eux deux, & dans les

---

(1) « Ce traité fe trouve dans le recueil des » pièces qui fervent à notre ancienne hiftoire. » Sorel, divers traités fur les droits & les prérogatives des rois de France, part. 2, pag. 78.

(1) Vély, hift. de France, tom. 2.
(2) Sorel, *loc. cit.* pag. 93.
(3) *Ibid.* pag. 82.

P ij

» cérémonies de la messe, il y eut deux
» paix, pour leur présenter à chacun à
» baiser ».

En 1539, Charles-Quint appelé en
Flandres par la révolte des Gantois, demande passage au Roi par la France, &
l'obtient. Le Roi lui fait les plus grands
honneurs, & lui cède le pas en tout. L'ame
fière & élevée de François ne croyoit pas
que la magnificence avec laquelle il avoit
projeté de recevoir l'empereur, pût s'allier avec la gêne du cérémonial.

Ce sont là les seules rencontres que nos
Rois aient eues avec les empereurs, &,
comme l'on voit, il seroit difficile d'en
tirer une conséquence certaine pour le
rang qui doit s'observer entre eux.

Il y a eu un peu plus d'uniformité entre
les ambassadeurs des deux puissances. Il est
vrai qu'on les a vus en certains cas traiter
absolument d'égal à égal, mais presque
toujours les ambassadeurs de France ont
cédé le pas à ceux de l'empire. Sorel (1) en
attribue la cause à la préoccupation des
peuples chez qui ils se trouvoient, pour le
titre d'empereur. « Cela s'est pu faire à
» Rome, dit-il, où les empereurs ob-
» tiennent le premier rang, se disant em-
» pereurs Romains, & s'estimant les suc-
» cesseurs des premiers empereurs... Mais,
» continue-t-il, quand il s'est trouvé des
» ambassadeurs des rois de France qui ont
» été fermes & adroits à soutenir les in-
» térêts de leurs maîtres, ils n'ont point
» cédé aux Ambassadeurs de l'empereur,
» ou au moins ils ont traité d'égal avec
» eux. M. de Breves qui avoit été ambas-
» sadeur à Constantinople, rapporte qu'il
» y avoit eu la première place au-des-
» sus de l'ambassadeur de l'empereur ».

Amelot de la Houssaye (2) nous a conservé un trait, qui prouve que si à Rome
l'ambassadeur de l'empire a le pas sur celui
de la France, au moins il n'y est pas traité

avec plus de distinction. En 1696, dit-il,
le comte de Martinitz, ambassadeur de
l'empereur à Rome, prétendit marcher à la
procession de la fête-dieu, dans le même
rang que les cardinaux diacres ; mais
comme cette entreprise tendoit à mettre
une distinction de traitement entre l'empereur & le roi de France, il fut obligé
de s'en désister.

Il est à remarquer que lorsqu'il y a un
roi des Romains, il ne jouit pas envers
le roi de France, du même rang que
l'empereur. En 1486, l'ambassadeur de
Maximilien, roi des Romains, étoit placé
dans la chapelle du pape après l'ambassadeur de Charles VIII. La même chose fut
observée en 1495 dans le congrès qui se
tint entre Pierre de Rohan, ambassadeur
de France, & l'ambassadeur du roi des
Romains. A l'ouverture du concile de
Trente, l'ambassadeur de Ferdinand, roi
des Romains, voulut s'écarter de cet
usage, & prendre place au-dessus de l'ambassadeur de France ; mais sa prétention
fut condamnée par les pères du concile (1).

## §. II. *De la préséance entre sa majesté & le roi d'Espagne.*

Les faits relatifs à cet objet, doivent
être divisés en deux époques ; l'une où
l'Espagne étoit divisée en plusieurs royaumes ; & l'autre où elle a commencé à ne
plus former qu'une monarchie.

Les faits de la première époque dépo-
sent tous en faveur de la prééminence de
nos Rois.

En 1280, Pierre roi d'Arragon, & Jacques roi de Majorque, voulant terminer
la contestation qu'ils avoient avec Philippe III pour la ville de Montpellier,
furent le trouver à Toulouse (2). C'étoit

(1) *Loc. cit.* pag. 83.
(2) Tom. 2, pag. 64.

(1) Histoire du concile de Trente, par Fra-
paolo, avec les notes du P. le Courayer, tom. 1,
pag. 259, not. 93.
(2) Guillaume de Nangis, *de gestis Philippi
tertii* ; Surita, annales d'Arragon, liv. 4.

avouer leur infériorité : car alors comme à présent, le supérieur attendoit chez soi les personnes qui vouloient lui parler.

En 1290, Sanche IV, roi de Castille & de Léon, fit la même démarche à l'égard de Philippe-le-Bel, & alla le trouver à Bayonne (1).

En 1463, Louis XI & Henri IV, roi de Castille & de Léon, eurent une conférence entre Fontarabie & le village d'endaye : Henri IV passa la rivière qui séparoit ses états de ceux de la France, & vint trouver Louis sur ses terres (2).

En 1507, Ferdinand, roi d'Arragon, de Naples & de Sicile, rendit visite à Louis XII à Savone. Le Roi le reçut avec les plus grands honneurs, & lui donna partout la droite. A la messe, ils baisèrent ensemble le livre des évangiles & la croix, à genoux l'un près de l'autre. Les officiers du Roi murmuroient hautement de cette distinction : ils disoient que « cela sembloit préjudicier à leur Roi, à qui la prééminence d'honneur appartenoit sur les autres Rois, comme au plus noble de tous, lequel par prérogatives étoit nommé le Roi très-chrétien ». Mais Louis XII ne s'arrêta point à ces propos : & disoit que puisque Ferdinand étoit venu le visiter chez lui, il falloit lui faire tous les honneurs possibles. Aussi l'historien de ce prince remarque-t-il, que « ne lui préjudicioit en rien l'honneur fait à autrui libéralement & non accepté par autorité, comme il arrivoit du roi d'Arragon, qui refusoit toujours les honneurs ayant que de les accepter, sachant bien qu'à Rome & ailleurs le roi de France a le premier lieu » (3).

Les ambassadeurs des rois d'Espagne, à l'époque dont nous parlons, cédoient pa-reillement & sans difficulté le pas à ceux de la France.

Au concile de Constance, Jean Gerson, chancelier de l'université de Paris, ambassadeur de Charles VI, étoit assis au-dessus de dom Raymond Folch, comte de Cardonne, ambassadeur d'Alphonse V, roi d'Arragon, & de dom Diego de Annaja, évêque de Cuença, ambassadeur de jean II, roi de Castille & de Léon (1).

Au concile de Basle, les ambassadeurs de Charles VIII, précédoient ceux des mêmes Rois. Les actes de cette assemblée les nomment immédiatement après l'ambassadeur de l'empereur, & le président du concile leur adressoit toujours la parole avant ceux d'Espagne (2).

En 1486, l'ambassadeur de Ferdinand, roi de Castille, de Léon & de Sicile, étant dans la chapelle du pape, disputa à l'ambassadeur du roi des Romains l'honneur de s'asseoir après l'ambassadeur de France (3). Il reconnoissoit donc qu'il devoit céder le pas à celui-ci.

En 1495, après la bataille de Fornoue, les ambassadeurs des trois mêmes Rois, eurent une conférence sur un projet de paix que Ferdinand vouloit conclure avec la ligue formée contre lui. L'ambassadeur de Charles VIII, étoit assis au premier rang ; celui de Maximilien, roi des Romains, au second ; & celui de Ferdinand, au troisième (4).

Dans la seconde époque, nous voyons les rois d'Espagne disputer quelque temps la préséance, & finir par reconnoître solemnellement qu'elle appartient à nos Rois.

En 1557, il se trouva à Venise deux ambassadeurs, l'un de Henri II, roi de France, & l'autre de Philippe II, roi d'Espa-

---

(1) Surita, *loc. cit.* Mariana, histoire d'Espagne.

(2) Sorel, *loc. cit.* pag. 193.

(3) Histoire de Louis XII, par Jean Danton ; Guichardin, liv. 7.

(1) Surita, concile de Constance, sess. 22.

(2) Lib. 1, de gestis Basil. concil.

(3) Mariana & Surita.

(4) Philippe de Comines ; Sorel, *loc. cit.* pag. 195.

gne. François de Vargas qui précédemment y avoit eu le premier rang, en qualité d'ambassadeur de Charles-Quint, crut pouvoir s'y maintenir encore en prenant le titre d'ambassadeur du père & du fils. Mais on lui représenta que Charles n'étant plus empereur, son ambassadeur n'avoit plus de droit de précéder les autres, & que s'il venoit seulement de la part de Philippe, il ne devoit être considéré que comme l'envoyé d'un Roi qui avoit toujours cédé à celui de France. L'affaire fut remise au jugement du sénat de Venise, mais la fête de saint Marc, à l'occasion de laquelle étoit né le différend, s'étant passée avant la décision, & les deux ambassadeurs ne s'y étant trouvés ni l'un ni l'autre, le sénat s'abstint cette fois de prononcer.

L'année suivante, la querelle se renouvela dans la même ville. Vargas disoit, pour soutenir sa prétention, que les choses étoient bien changées de ce qu'elles étoient anciennement; que le Roi son maître ne commandoit plus à un seul royaume, mais à plusieurs; qu'il étoit beaucoup plus puissant que le roi de France; que les marques d'honneur & de préséance devoient être accommodées au temps; qu'au reste l'Espagne étoit plus en état que la France, de fournir à la République de Venise, tous les secours d'armes, d'hommes & d'argent dont-elle auroit besoin. Mais toutes ces raisons furent inutiles: François de Noailles, évêque d'Acqs, ambassadeur de France, les réfuta avec tant de solidité, qu'il intervint un arrêt du sénat de Venise, par lequel la préséance lui fut adjugée sur l'ambassadeur d'Espagne. Vargas en fit des plaintes amères à la République; mais il ne fut point écouté. On lui répondit que la République ne se mettoit pas en peine d'examiner lequel des deux Rois étoit le plus puissant, mais que ses registres lui apprenoient que dans tous les actes publics & particuliers, dans toutes les cérémonies, visites & audiences, les ambassadeurs de France avoient toujours précédé ceux d'Espagne, & que c'étoit là, qu'elle croyoit devoir s'arrêter.

Le roi d'Espagne, mécontent de cet arrêt, chercha à s'en dédommager en 1562 au concile de Trente. Le théâtre étoit plus grand & par-là plus digne de ses efforts: mais le choix qu'il fit d'abord de Fernand d'Avalos, marquis de Perquaire, pour le représenter dans cette illustre assemblée, ne fut pas plus heureux. Ce ministre n'eut pas plutôt vu arriver Louis de Saint-Gelais de Lansac, Arnaud Ferrier, & Guy des Faur de Pybrac, ambassadeurs de France, qu'il sortit de la ville de Trente, pour fuir leur rencontre (1).

Mais bientôt il fut remplacé par le comte de Lune, qui prétendit hautement la préséance. Il avoit cependant des ordres secrets de la céder, plutôt que de rompre la paix du concile (2). De leur côté, les ambassadeurs de France n'eurent garde de céder, quelques instances que leur en fissent les légats, & ils déclarèrent nettement qu'ils se retireroient, en cas qu'on prétendît l'emporter. Il n'y eut rien de décidé cette année là.

L'année suivante, le comte de Lune, pressé de revenir au concile, témoigna qu'il ne pouvoit se mettre en chemin, qu'il ne fût informé au paravant de la place qu'il occuperoit, ou qu'il n'eût reçu des ordres précis pour céder le pas à d'autres qu'aux ambassadeurs de l'empereur, après lesquels il prétendoit remplir le premier siège. Les légats qui souhaitoient ardemment l'arrivée de cet ambassadeur, allèrent trouver le cardinal de Lorraine, pour le prier d'interposer son crédit dans cette affaire, & d'engager les ambassadeurs François à céder quelque chose pour l'utilité publique. Mais le cardinal refusa de se charger de cette commission, persuadé qu'il n'y réussiroit pas.

_____

(1) Sorel, *loc. cit.* pag. 200.

(2) Suite de l'histoire ecclésiastique de Fleury, liv. 161, n. 39.

Les légats tentèrent alors une autre voie qui avoit déjà été proposée ; ce fut de placer l'ambassadeur d'Espagne vis-à-vis des présidens, comme on avoit placé celui de Portugal, lorsque sous le pontificat de Jules III, il disputa de la préséance avec l'ambassadeur de Hongrie.

Cet expédient ne plut pas aux François. Les légats se flattoient néanmoins qu'ils pourroient les fléchir par la médiation du cardinal de Lorraine qui ne prenoit pas tant cette affaire à cœur, & qui croyoit qu'il importoit peu à quel endroit se placeroit l'ambassadeur d'Espagne, pourvu que l'on conservât aux François leur ancienne place. Mais ni Lansac ni du Ferrier ne pensoient de même ; ils vouloient conserver le rang de leur maître immédiatement après l'empereur, & pour cela ils prétendoient que l'ambassadeur d'Espagne devoit se mettre au-dessous d'eux. Ils ajoutèrent que tels étoient leurs ordres, & que si on leur contestoit ce droit, ils se retireroient aussi-tôt, & ordonneroient aux évêques François de faire la même chose, sur peine de confiscation & de saisie de leur temporel.

Cependant les légats tenoient ferme, & nos ambassadeurs en étoient d'autant plus irrités, qu'ils croyoient que les présidens ne parloient pas seulement des sessions, mais encore des congrégations, où, suivant la disposition du lieu, la place à l'opposite des légats étoit la plus honorable, même au-dessus de celle de l'ambassadeur de l'empereur.

Les légats informés de leur méprise, leur firent dire par le cardinal de Lorraine, que ce qu'on demandoit pour le comte de Lune, ne regardoit que les sessions où la situation du lieu n'accordoit point à l'Espagnol la même prérogative qu'il auroit dans les congrégations, dont on feroit en sorte qu'il s'absentât comme d'une fonction particulière.

Mais par-là toutes les difficultés n'étoient pas levées, & il en restoit d'insurmontables par rapport aux processions, aux messes solemnelles, au baiser de paix, à l'encens, dans lesquelles le cardinal de Lorraine ne trouvoit point d'autre expédient, pour le comte de Lune, que de céder pour éviter toute contestation.

Le cardinal imagina encore un moyen de concilier le différend dans les congrégations, c'étoit de placer le comte de Lune à l'opposite des légats, mais hors du rang des ambassadeurs près du prélat qui faisoit les fonctions de secrétaire ; de manière néanmoins que cette place ne paroîtroit pas destinée au comte, soit par le concile, soit par les prélats, de peur qu'il ne prétendît acquérir par-là un droit nouveau.

Mais le cardinal formoit tous ces projets sans consulter les parties intéressées, & sans savoir si elles y consentiroient.

Le 21 mars, le comte de Lune fut reçu pour la première fois dans une congrégation du concile. Après avoir fait lire une protestation de réserver pour tout autre temps les droits du roi d'Espagne, il prit place, séparément des autres ambassadeurs, vis-à-vis des légats, au côté gauche d'une croix d'argent qui étoit élevée au milieu de l'assemblée, près de la table du secrétaire. Dans le même moment, du Ferrier fit une protestation contraire, soutint que la place des ambassadeurs de France devoit être la première après celle des ambassadeurs de l'empereur, & la même que leurs prédécesseurs avoient occupée de tout temps, & demanda que le concile déclarât que l'action du comte de Lune ne pût point préjudicier aux droits & à la possession immémoriale du Roi très-chrétien.

Cependant le comte de Lune, mécontent de la place qu'on lui avoit accordée dans les congrégations, voulut savoir où il seroit assis dans l'église pendant la messe qu'on célébreroit aux fêtes solemnelles. C'étoit bien là le point le plus difficile à concilier à cause de l'encens & du baiser de paix ; aussi les légats ne voulurent-t-ils pas prendre sur eux de prononcer là-deſſus. Ils s'adreſsèrent au pape, qui leur répondit en ces termes : le 9 juin 1563, « les ambaſſadeurs du Roi » catholique nous preſſent inſtamment de » faire en ſorte que, comme ils ont une » place fixe dans les congrégations & dans » les ſeſſions, ils aient de même les » honneurs de l'encens & de la paix dans » les meſſes ſolemnelles, & qu'on ne » porte aucun préjudice à leurs droits & » à leurs prérogatives, puiſqu'autrement » le comte de Lune ſera contraint de ſe » retirer. Conſidérant le roi d'Eſpagne » comme le principal appui de la foi » catholique en ce temps-ci, nous croyons » qu'il ne nous eſt pas permis de lui » refuſer ce qu'il demande ; c'eſt pour- » quoi vous ferez en ſorte que dans le » même temps qu'on préſentera la paix » & l'encens aux ambaſſadeurs du Roi » très-chrétien, un autre miniſtre ecclé- » ſiaſtique en faſſe autant au comte de » Lune ; en quoi vous employerez toute » l'adreſſe qui vous paroîtra convenable, » en ſorte qu'on ne s'apperçoive de rien » que dans le moment de l'exécution. » Faites donc en ſorte que ces ordres ſoient » exécutés, & que l'on comprenne que » c'eſt ſans vouloir faire aucun tort au » droit des deux parties. »

A cette lettre du pape, le cardinal Borromée en joignit une autre, par la- quelle il recommandoit le ſecret, & preſ- crivoit la manière d'exécuter l'ordre de ſa ſainteté.

En conſéquence, le 29 juin, jour de la fête de ſaint Pierre, pendant que les ambaſſadeurs & un très-grand nombre de prélats s'étoient rendus chez les pré- ſidens pour les accompagner à l'égliſe, on vint dire à ceux-ci en ſecret que le comte de Lune ſe préparoit auſſi à venir à la meſſe, & à y amener quelques prélats de ſa nation. Sur cet avis, les légats donnèrent un ordre ſecret au maître de cérémonie de faire porter un ſiège dans la ſacriſtie, & d'y faire venir deux prêtres étrangers qui en ſortiroient en même-

temps que ceux qui ſerviroient à l'autel ; & compaſſeroient tellement leurs marches, que l'encens & la paix fuſſent dans le même moment préſentés aux ambaſ- ſadeurs de France & à celui d'Eſpagne, ſuivant les ordres du pape.

Les François ne ſurent rien de tous ces projets ; mais à peine furent-ils arrivés dans l'égliſe, & y eurent-ils pris leurs places, qu'ils virent entrer l'ambaſſadeur d'Eſpagne, & qu'en même-temps on lui apporta de la ſacriſtie une chaiſe de ve- lours violet, qui fut placée près d'une colonne de l'égliſe du dôme, entre le cardinal Madrucce & le premier patriar- che, à quelque diſtance des places ſupé- rieures, deſtinées aux cardinaux. Le comte vint auſſi-tôt s'aſſeoir ſur cette chaiſe, & par ce moyen ſe trouva comme vis-à-vis des ambaſſadeurs laïcs, parce que les am- baſſadeurs eccléſiaſtiques étoient ailleurs à la droite du préſident.

Cette nouveauté excita l'indignation des ambaſſadeurs de France. Mais ce fut bien pis quand ils ſurent du maître des cérémonies ce qu'il avoit ordre de faire pour l'encens & la paix. Alors on oublia tous les égards dus à la ſainteté du myſ- tère qui ſe célébroit à l'autel ; on proteſta hautement contre le concile, contre le pape, & le cardinal de Lorraine ajouta que tous les prélats François alloient ſe retirer. Enfin, pour calmer les eſprits, les légats propoſèrent de ne donner ce jour-là, ni encens, ni paix à qui que ce fût. Ce parti fut accepté, & la meſſe finie, le comte, qui avoit coutume de ſortir de la congrégation le dernier de tous, ſe retira en marchant devant la croix.

Quelques jours après il fut arrêté, du conſentement des parties intéreſſées, que l'on garderoit le jour de la ſeſſion, qui étoit prochaine, le même ordre qu'on avoit obſervé à la fête de S. Pierre ; que dans les autres jours ſolemnels les ambaſ- ſadeurs de France & d'Eſpagne convien- droient entre eux qui des deux ſe trouveroit aux cérémonies, en ſorte que l'un y aſſiſ-

tant,

tant, l'autre n'y paroîtroit point ; & que cependant on écriroit aux deux Rois, pour voir s'il n'y avoit pas moyen de faire là deſſus un réglement fixe (1).

Pendant tous ces démêlés, il ſe paſſoit à Rome des choſes qui prouvent que le pape reconnoiſſoit intérieurement le droit des ambaſſadeurs François de précéder les ambaſſadeurs Eſpagnols. Le cardinal de la Bourdaiſiere s'étoit plaint à ſa ſainteté, par ordre de Charles IX, des entrepriſes faites à Trente ſur les droits de la couronne de France ; le pontife lui répondit « que la faute étoit toute entière du
» côté des ambaſſadeurs à Trente, qui
» avoient, pour ainſi dire, de gaieté de
» cœur, renoncé à un droit acquis, &
» que s'ils ne ſe fuſſent point relâchés,
» les légats avoient ordre de n'accorder
» point d'autre rang au comte de Lune,
» qu'au deſſous des ambaſſadeurs de
» France (2) ».

Le pape alla plus loin, & promit à de Liſle, ambaſſadeur de France à Rome, de lui donner la place qui lui étoit due à la chapelle qui ſeroit tenue le jour de la pentecôte : mais ſa ſainteté n'oublia rien de ce qui ſervoit à prévenir l'indignation qu'en concevroient les Eſpagnols. Les cardinaux aſſemblés pour délibérer ſur ce point, imaginèrent deux expédiens ; le premier, de mettre l'ambaſſadeur d'Eſpagne au deſſous du diacre à main gauche ; le ſecond, de le placer ſur un eſcabeau à la tête du banc deſtiné pour les diacres. Mais ni l'un ni l'autre expédient ne paroît aux difficultés qu'on prévoyoit devoir s'élever lorſqu'il s'agiroit de porter la queue du pape, de lui donner l'eau pour laver les mains avant la conſécration, de recevoir l'encens, & de baiſer la paix. On propoſa donc à l'ambaſſadeur de France certains tempéramens qui tendoient à mettre une égalité entre lui & l'ambaſſadeur d'Eſpagne. Mais de Liſle répondit que le pape lui avoit promis la préféance, que ce mot excluoit toute idée de concurrence, & qu'il falloit qu'on lui tînt parole, ou qu'il ſe retireroit.

Le pape, qui s'étoit trop avancé pour ſe rétracter, confirma ce qu'il avoit dit à de Liſle, & fit avertir l'ambaſſadeur d'Eſpagne, qu'il ne vînt point en chapelle le jour de la pentecôte, ou qu'il s'attendît à être placé au-deſſous de l'ambaſſadeur de France.

Vargas ( c'étoit le nom de cet ambaſſadeur ), s'abſenta effectivement de la chapelle, mais il lut au pape une proteſtation fondée entr'autres raiſons, ſur ce que le pape avoit prononcé ſans *citation des parties.*

Le pape reçut la proteſtation avec les clauſes de ſtile, & déclara que la citation n'avoit point été néceſſaire dans une occaſion où l'on ne faiſoit rien de nouveau, mais où l'on conſervoit ſeulement à la France une ancienne prérogative (1).

L'année ſuivante ( 1564 ) Requeſſens, ſucceſſeur de Vargas, fit mille inſtances auprès du pape, pour obtenir dans la chapelle la préféance ſur d'Oyſel, ambaſſadeur de Charles IX. Il demanda enſuite qu'au moins il fût traité comme ſon égal. Mais il n'obtint ni l'un ni l'autre (2).

En 1573, l'Eſpagne renouvela ſa prétention à la diète de Varſovie, convoquée pour l'élection d'un roi de Pologne. Son ambaſſadeur voulut précéder Montluc, évêque de Valence, de Noailles & Saint-Gelais, ambaſſadeurs de France, Mais après l'examen de ſes raiſons, il fut jugé que le nonce du pape auroit la première place, l'ambaſſadeur de l'Empereur la ſeconde, celui de la France la troiſième, & celui d'Eſpagne la quatrième (1).

___

(1) Hiſt. eccléſiaſt. *loc. cit.*

(2) Lettre du cardinal de la Bourdaiſière au Roi, citée par Varillas, hiſt. de Charles IX, tom. I, pag. 385.

*Tome I.*

___

(1) Varillas, *loc. cit.*

(2) Varillas, *ibid.* Sorel, *loc. cit.* pag. 297.

(3) De Thou, hiſt. lib. 5. (1)

Q

Vers le même temps, il s'éleva à Coire une querelle sur le même sujet, mais qui fut plus sérieuse. M. de Pompone de Bellièvre, qui fut depuis Chancelier, étant arrivé en cette ville en qualité d'ambassadeur de France près des Grisons, demanda audience avant le comte d'Angusola, ambassadeur d'Espagne, & l'obtint. Le comte d'Angusola, piqué de cette préférence, résolut du moins de prendre sa revanche à la procession de la Fête-Dieu, qui tomba précisément vers ce temps-là. Dans cette vue, il se rendit à la grande église de Coire, & voyant que l'ambassadeur de France s'étoit déjà placé avantageusement dans le chœur, il se tint dehors pour prendre son rang lorsque la procession sortiroit. L'évêque averti de son projet, fit prier les deux ambassadeurs de se retirer; ils n'en firent rien. La procession se mit en marche; l'ambassadeur de France y prit son rang. Lorsqu'elle fut sortie du chœur, le comte d'Angusola voulut se glisser avant M. de Bellièvre, mais celui-ci le repoussa fort loin; le comte se piqua; les deux ambassadeurs mirent l'épée à la main, & on les sépara aussitôt. La procession rentra dans le chœur, l'évêque reprit la suite de la messe, M. de Bellièvre alla se remettre à sa place dans le chœur, le comte se retira, & le lendemain il sortit de la ville de Coire (1).

En 1582, Paul de Foix, archevêque de Toulouse, ambassadeur à Rome, écrivoit à Henri III (2), que « le comte d'Oli-
» varèz, ambassadeur d'Espagne, étant
» près d'arriver, il n'avoit point été d'avis
» de parler au pape, pour savoir comment
» on traiteroit cet ambassadeur & quelle
» place on lui donneroit; parce que c'eût
» été révoquer en doute la préséance du
» roi de France, laquelle étoit toute cer-
» taine à Rome, où les ambassadeurs
» François étoient en possession de précé-

» der, & où il y avoit eu ( en 1563 ) ju-
» gement du pape Pie IV en leur fa-
» veur. »

En 1588, le roi d'Espagne fit canoniser Diego d'Alcala, cordelier Espagnol. Le comte d'Olivarèz, qui étoit encore ambassadeur à Rome, prit ce prétexte pour représenter au pape qu'il ne pouvoit se dispenser d'assister à cette cérémonie, & que puisque c'étoit son maître qui la faisoit faire, il étoit naturel qu'il y eût la préséance; mais le marquis de Pisani, ambassadeur de Henri III, soutint qu'il avoit autant de droit que le comte d'Olivarèz d'assister à la solemnité, & que s'y trouvant tous deux, il falloit que le comte lui cédât le premier rang ou se retirât. L'ambassadeur d'Espagne répondit qu'il ne mettoit point de différence entre s'abstenir de paroître à la cérémonie, & y marcher en second. Bref, il prit le parti de s'absenter, & le pape ordonna au cardinal Dessa de tenir sa place, & de faire pour lui tout ce que la solemnité exigeroit (1).

La même chose arriva sous le pape Clément VIII. Le roi d'Espagne fit encore la dépense d'une canonisation; & M. de Sillery, ambassadeur de France, y conserva son rang contre le duc de Sessa, ambassadeur d'Espagne, qui fut contraint de se retirer.

En 1598, MM. de Bellièvre & de Sillery, qui avoient déjà si bien défendu la préséance due au Roi sur l'Espagne, s'assemblèrent à Vervins avec MM. Richardot & de Taxis, ambassadeurs de Philippe II, pour la conclusion de la paix connue sous le nom de Vervins même. Après quelques contestations sur le rang, il fut réglé que les ambassadeurs de France auroient le choix de prendre telle place qu'ils voudroient après le légat & le nonce du pape, qui se trouvoient là comme médiateurs. Le légat avoit une chaise sur un marchepied avec un dais au-dessus : le nonce

---

(1) Sorel, *loc. cit.* pag. 210.
(2) Voyez la lettre 44.

(1) Sorel, *loc. cit.* pag. 208.

étoit placé sur la première chaise au-devant & vers la droite du légat ; MM. de Bellièvre & Sillery prirent les chaises de l'autre côté ; MM. Richardot & de Taxis furent placés au-dessus du nonce, de manière que le premier ambassadeur de France étant vis-à-vis du nonce, le premier ambassadeur d'Espagne n'étoit que vis-à-vis du second ambassadeur de France (1).

En 1633, le comte d'Avaux, envoyé par le Roi en ambassade extraordinaire dans les cours du Nord, se trouva à Copenhague au moment où le roi de Danemarck alloit marier son fils le prince Christian, avec la fille de l'électeur de Saxe. Survint un ambassadeur d'Espagne, qui jeta les sénateurs Danois dans la plus grande perplexité. Il prétendoit traiter d'égal avec le comte d'Avaux, & l'on eût bien voulu le contenter sans offenser la France. On proposa au comte d'Avaux deux moyens pour concilier le différend : le premier étoit de préparer une salle où il y eût deux portes, l'une d'un côté, l'autre de l'autre, & deux chaises placées de manière qu'on ne pût dire laquelle étoit placée le plus honorablement : le second, étoit de laisser à l'ambassadeur de France le choix de s'asseoir au-dessous du roi de Danemarck ou de l'ambassadeur de l'Empire, en sorte que l'ambassadeur d'Espagne auroit pris celle des deux places qu'il auroit laissée. Le comte d'Avaux jugea ces deux propositions également contraires à la dignité de la couronne de France, & n'en voulut accepter aucune. « J'aime mieux, dit-il, laisser choisir une » place à l'ambassadeur d'Espagne : c'est » celle-là que je veux, moi, parce que » je suis sûr qu'il choisira la première ; » & s'il lui arrive d'en choisir une à mon » préjudice, je le ferai sortir de force. » Les sénateurs surpris de sa fermeté, lui demandèrent s'il oseroit se porter à une telle violence devant leur Roi. « Eh ! pour-

quoi non, repartit le comte ? Les ambassadeurs François des siècles passés ont bien soutenu leur droit devant Dieu même, à Rome, en présence du pape & de l'église ! Pourquoi voudriez-vous que je perdisse le mien dans le Danemarck ? Si j'en laissois retrancher quelque chose, vous ne seriez pas en état, tous ensemble, de me servir de cautions auprès du Roi mon maître. » Les sénateurs voyant qu'ils ne pouvoient rien gagner, déclarèrent qu'il pourroit agir comme il voudroit. L'ambassadeur d'Espagne, instruit de cette décision, ne parut à aucune des cérémonies où se trouva le comte d'Avaux, il n'assista pas même aux noces du prince Christian ; il feignit, pour s'en dispenser, qu'il étoit rappelé par Philippe II, prit congé du roi de Danemarck & de tous les ambassadeurs, même de celui de France, & s'embarqua pour retourner en Espagne (1).

En 1646, lorsqu'il se tint un congrès à Münster pour la paix générale, les plénipotentiaires étrangers qui y arrivèrent, rendirent visite aux ambassadeurs de France avant d'aller chez les ambassadeurs d'Espagne, & ceux-ci ne s'en plaignirent pas (2).

Le 27 septembre 1657, M. de Thou, ambassadeur de France à la Haye, passant le long d'un cours, le carosse de l'ambassadeur d'Espagne se trouva à sa rencontre, & comme il serroit de près les barrières qui forment le haut-bout, M. de Thou commanda à son cocher de les serrer de même & de ne pas bouger : il ajouta même qu'il y alloit de sa vie. Les deux carosses demeurèrent fixes, & l'on en seroit venu aux mains, s'il ne fût survenu un grand concours de peuple, & même des principaux membres des états-généraux, qui proposèrent différens expédiens pour faire passer les deux ambassadeurs,

---

(1) Sorel, *loc. cit.*

(1) Iter Danicum Caroli Ogerii.
(2) Sorel, *loc. cit.* pag. 19.

fans que l'un cédât à l'autre. Mais M. de Thou ne voulut rien écouter, & protesta qu'il ne traiteroit jamais comme son égal un ambassadeur qui lui avoit toujours cédé. Enfin, on imagina de rompre les barrières à l'endroit où se trouvoit le carosse de l'ambassadeur d'Espagne, qui s'en alla par un autre bout; tandis que l'ambassadeur de France fut reconduit en grand cortège à son hôtel.

Le 10 octobre 1661, le baron de Batteville, ambassadeur d'Espagne, fit, pour obtenir la préséance sur le comte d'Estrades, ambassadeur du Roi, une tentative qui fut la dernière de ce genre. Il porta ses efforts plus loin qu'aucun de ses prédécesseurs ne l'avoit fait; mais la réparation fut égale à l'offense. Batteville fut révoqué; & le 24 mars de l'année suivante, le marquis de la Fuente fit au Roi, en présence de tous les ministres étrangers, une déclaration par laquelle il assura sa majesté que le Roi son maître avoit envoyé ses ordres à tous ses ambassadeurs & ministres, afin qu'ils s'abstinssent & ne concourussent point avec les ambassadeurs & ministres de France.

Cette déclaration fait actuellement la loi des deux couronnes (1); & dès l'année 1669, le marquis de la Fuente lui-même la réduisit en pratique, en prenant place au-dessous de l'ambassadeur de France dans l'église des Jésuites à Venise.

_____

(1) On nous saura gré sans doute de rapporter ici le procès-verbal que Louis XIV a fait dresser par ses secrétaires d'état, de cet évènement mémorable. Le voici mot pour mot.

*Procès-verbal contenant la déclaration que le marquis de la Fuente, ambassadeur extraordinaire du Roi catholique près du Roi très-chrétien, a faite à sa majesté de la part de son maître, pour satisfaire sa majesté sur ce qui étoit arrivé dans la ville de Londres le dixième octobre de l'année 1661, entre les ambassadeurs de France & d'Espagne; ensemble tout ce qui s'est passé dans cette première audience.*

« Ledit jour dixième du mois d'octobre dernier, le sieur comte d'Estrades, ambassadeur ordinaire de sa majesté près le roi d'Angleterre, ayant envoyé ses domestiques & ses carosses au-devant de l'ambassadeur extraordinaire de Suède en Angleterre; lequel faisoit » ce jour-là son entrée dans Londres, le baron de Batteville, ambassadeur du Roi catholique près le roi d'Angleterre, envoya pareillement ses domestiques & ses carosses au-devant dudit ambassadeur de Suède, avec ordre exprès de les faire passer devant ceux dudit comte d'Estrades; lesquels domestiques de Batteville, assistés de plus de deux mille personnes du pays, apostées & gagnées à prix d'argent, attaquèrent les domestiques dudit comte d'Estrades, les chargèrent, tuèrent les cochers & les chevaux, & en blessèrent plusieurs autres.

» De quoi sa majesté ayant été avertie par ledit sieur comte d'Estrades, elle fit aussi-tôt dire au sieur comte de Fuensaldana, ambassadeur du Roi catholique près d'elle, qu'il eût à se retirer de ses états, & qu'il fit savoir au sieur marquis de la Fuente, (que le Roi catholique avoit choisi pour, en qualité de son ambassadeur extraordinaire en France, relever ledit comte de Fuensaldana) de n'y point entrer: & sa majesté envoya ordre au gouverneur de Péronne d'empêcher que le marquis de Caracenne, commandant pour le Roi catholique dans les Pays-Bas, ne passât audit Péronne, pour s'en retourner en Espagne, nonobstant le passeport que sa majesté lui en avoit fait expédier peu de jours auparavant, & de donner incontinent avis audit marquis de Caracenne du commandement qu'il en avoit reçu.

» Sa majesté envoya aussi ses ordres aux commissaires par elle députés sur la frontière des Pays-Bas, pour l'exécution du dernier traité de paix entre cette couronne & celle d'Espagne, de rompre tout commerce avec les commissaires députés pour le même effet de la part du Roi catholique.

» Et dans le même temps, sa majesté dépêcha le sieur de Vouldy, l'un des gentilshommes ordinaires de sa maison, vers le sieur archevêque d'Ambrun, son ambassadeur ordinaire près le Roi catholique, pour l'informer de tout ce qui s'étoit passé en cette action, lui ordonner de demander au Roi catholique raison de la nouveauté entreprise par ledit. Batteville, & des voies extraordinaires dont il s'étoit servi pour la faire valoir, & d'en faire faire à sa majesté une réparation convenable à la grandeur de l'offense, non-seulement par un châtiment exemplaire & personnel dudit Batteville, mais aussi par une satisfaction qui

§. III. *De la préféance entre le roi de France & le roi d'Angleterre.*

Matthieu Paris, moine anglois, décide

nettement la question, en difant (1) que « le roi de France eſt le plus digne des » Rois. »

Un Italien, nommé Vitalini, auditeur

---

» aſſurât qu'à l'avenir les miniſtres d'Eſpagne » ne feroient plus de pareilles entrepriſes ſur » ceux de ſa majeſté.

» Après que ledit ſieur archevêque d'Ambrun » eut préſenté au Roi catholique la lettre de ſa » majeſté, en créance ſur lui, au ſujet de l'en- » trepriſe dudit Batteville, & qu'il lui en eut » demandé ſatisfaction, ſuivant les ordres exprès » qu'il en avoit reçus : le Roi catholique promit » d'abord de la donner toute entière à ſa ma- » jeſté, & convint enſuite pour cette fin, de » retirer ledit Batteville d'Angleterre, & le rap- » peler en Eſpagne ; comme auſſi de donner » ordre à ſes ambaſſadeurs, tant en Angleterre » qu'ès autres cours, de s'abſtenir de ſe trouver » en aucune cérémonie où aſſiſteroient les am- » baſſadeurs de ſa majeſté, & que le marquis de » la Fuente qu'il avoit choiſi pour ſon ambaſ- » ſadeur, lui en feroit ſa déclaration en la pre- » mière audience qu'il auroit d'elle, en lui » rendant la lettre qu'il écrivoit à ſa majeſté en » réponſe de celle que ledit ſieur archevêque » lui avoit préſentée de ſa part ſur cette oc- » caſion.

» Cejourd'hui 24 dudit mois de mars, ſa » majeſté ayant eu agréable de donner audience » dans ſon cabinet audit marquis de la Fuente, » nouvellement arrivé en ſa cour, & M. le » comte d'Armagnac l'ayant amené à ſa majeſté, » ledit marquis de la Fuente après lui avoir » préſenté la lettre de créance du Roi catho- » lique ſon maître, qui le déclaroit ſon ambaſ- » ſadeur, & fait ſes complimens en la manière » accoutumée, a rendu à ſa majeſté une ſeconde » lettre du Roi catholique, auſſi en créance ſur » lui, au ſujet de l'attentat commis par ledit » de Batteville : & enſuite ledit marquis de la » Fuente en préſence de nous, Louis Phely- » peaux, ſieur de la Vrillière, comte de Saint- » Florentin, baron de Hernif & de Châteauneuf- » ſur-Loire, commandeur des ordres du Roi ; » Henri de Guenegaud, ſeigneur du Pleſſis, » marquis de Plancy, vicomte de Semoine, » baron de Saint-Juſt, commandeur des ordres » de ſa majeſté ; Michel le Tellier, auſſi com- » mandeur deſdits ordres ; & Louis-Henri de » Loménie, comte de Brienne & de Montbron, » baron de Pougy, tous conſeillers du Roi » noſdit ſeigneur en ſes conſeils, ſecrétaires » d'état, & de ſes commandemens & finances, a » dit à haute voix en paroles diſtinctes :

» El Rey mi ſeñor me ha mendado pouga » enlas reales manos de vueſtra mageſtad » eſta carta en creencia nue de lo que repre- » ſentare en ſu real nombre à vueſtra ma- » geſtad reſpondiendo a la que recinio de » vueſtra mageſtad en Madrid por manô del » arcobiſpo de Ambrun ſu embaxador alos » 29 de octobre del ano paſſado 1661, ſu fecha » de Fonteneblo à 17 del miſmo, ſobre laqual » me manda dezir à vueſtra mageſtad agleha » peſado mucho del caſo ſuccedido en Londres » alos 10 del dicho mes de octobre entre los » ambaxadores de vueſtras mageſtades cerca » la perſona del rey de Inglaterra pôr la » competencia del lugar que hanian dellevar » ſus coches en la entrada publica de un » ambaxador extraordinario de Succia por » el diſguſto que vueſtra mageſtad ha recinido » deſte accidente el qual ha caudada al » Rey mi ſeñor la miſma nouedad que à » vueſtra mageſtad le ha ſuccedido, y que » aſſi enteniendo eſta noticia ha mandado » ſalir de Londres al baron de Batteville ſu » dicho ambaxador y que venga à Eſpaña » revocandole del cargo que tenia, para dar » ſatisfaction à vueſtra mageſtad y hacer, » con el las demoſtraciones que merecieren » ſus exceſſos y juntamente me ha mandado » aſſegure à vueſtra mageſtad de como à » ambiado ſus ordenes atodos ſus ambaxa- » dores y miniſtros aſſi in Inglatiarro, como » en todas las demas cortes y partes donde » reſiden y reſideren los dichos miniſtros y » puēden ofrecerſe ſemejantes deſſieultades » en razon de competencia para que ſe » abſtengan y no conſuirrand con los embaxa- » dores y miniſtros de vueſtra mageſtrad » ageſtad en todas las funelones y ceremonias » publicas alaſquales los embaxadores y » miniſtros de vueſtra mageſtad ageſtad aſſiſ- » tieren.

« Verſion de la déclaration ci-deſſus.

» Le Roi mon maître m'a commandé de » remettre entre les royales mains de votre » majeſté cette lettre, qui eſt en créance ſur » moi, de ce que je me préſenterai en ſon » royal nom à votre majeſté, en réponſe de » celle qu'il reçut de votre majeſté à Madrid,

(1) Hiſtoire d'Angleterre.

de rote, dit à-peu-près la même chose, dans la préface de son commentaire sur les clémentines. « Tout le monde sait, » ( ce sont ses termes ; ) & une expérience » journalière nous confirme que comme » en nommant simplement l'évêque, on » entend l'évêque de Rome, qui est le » pape ou l'évêque universel, de même » par le nom de Roi, on entend le roi » de France. » Ce qui prouve que du temps de cet écrivain, il n'y avoit aucun Roi qui disputât la préséance à sa majesté.

Aussi remarquons-nous que le Roi a toujours pris le premier rang après l'empereur, & qu'il a constamment précédé le roi d'Angleterre.

On a trouvé, dit M. Bignon (1), dans le plus ancien cérémonial romain, que l'empereur y est nommé le premier, le roi de France le second, le roi d'Angleterre le troisième, & le roi de Castille le quatrième.

En 1254, Henri III, roi d'Angleterre, vint voir saint Louis à son retour de sa

---

» par les mains de l'archevêque d'Ambrun » son ambassadeur, le 29 octobre de l'année » dernière 1661, datée de Fontainebleau le » 17 du même mois ; sur laquelle il m'a or- » donné de dire à votre majesté qu'il a été » fort fâché du cas arrivé à Londres le 10 » dudit mois d'octobre, entre les ambassadeurs » de vos majestés auprès de la personne du » roi d'Angleterre, pour la compétence du » rang que dévoient tenir leurs carosses en » l'entrée publique d'un ambassadeur extraor- » dinaire de Suède ; à cause du déplaisir que » votre majesté a reçu de cet accident, lequel » a causé la même surprise au Roi mon » maître que celle qu'avoit eue votre majesté ; » & qu'aussi dès qu'il a eu cet avis, il a » ordonné au baron de Batteville sondit am- » bassadeur, de sortir de Londres & de se » rendre en Espagne, le révoquant de l'emploi » qu'il avoit, pour donner satisfaction à » votre majesté & témoigner contre lui les » ressentimens que mériteront ses excès. En » outre, il m'a ordonné d'assurer votre majesté » qu'il a envoyé ses ordres à tous ses ambas- » sadeurs & ministres, tant en Angleterre, » comme en toutes les cours & lieux où » résident ou résideront lesdits ministres, & » où se pourront présenter de pareilles diffi- » cultés pour raison de compétence, afin » qu'ils s'abstiennent & ne concourent point » avec les ambassadeurs & ministres de votre » majesté, en toutes les fonctions & céré- » monies publiques, auxquelles les ambas- » sadeurs & ministres de votre majesté assis- » teront.

» A quoi sa majesté a répondu :

» Je suis bien-aise d'avoir entendu la décla- » ration que vous m'avez faite de la part du » Roi votre maître, d'autant qu'elle m'obligera » à bien vivre avec lui,

» Ensuite le marquis de la Fuente s'étant retiré, » sa majesté adressant la parole au nonce de sa » sainteté, & à tous les ambassadeurs & résidens » qui étoient présens, a dit :

» Vous avez ouï la déclaration que l'am- » bassadeur d'Espagne m'a faite ; je vous » prie de l'écrire à vos maîtres, afin qu'ils » sachent que le Roi catholique a donné » ordre à tous ses ambassadeurs de céder le » rang aux miens en toutes occasions.

» A laquelle audience ont été présens & ont » assisté monseigneur le duc d'Orléans, frère » unique de sa majesté, M. le prince de Condé, » M. le duc d'Enguyen, & M. le chancelier, » plusieurs ducs-pairs & officiers de la cou- » ronne, & autres notables personnages du con- » seil de sa majesté ; ensemble tous les ambas- » sadeurs, résidens & envoyés, étant présentement » en cette cour, lesquels y ont été conviés, » savoir, pour les potentats & princes d'Italie, » le nonce du pape, les ambassadeurs de Venise » & de Savoie, Florence, Mantoue, Modène » & Parme ; & pour les potentats & princes » d'Allemagne ou du Nord, les ambassadeurs de » Suède, & les trois extraordinaires d'Hollande, » avec l'ordinaire ; & les envoyés ou résidens » des électeurs de Mayence, Trèves, Brande- » bourg & Palatin ; de l'archiduc d'Inspruk ; du » duc de Neubourg ; des ducs de Lunebourg & » Brunswick ; du Landgrave de Hesse ; de » l'évêque de Spire, & du prince d'Orange. » En témoin de quoi, & par commandement de » sa majesté, nous avons signé la présente de » nos mains. A Paris, le vingt-quatrième jour » de mars mil six cent soixante-deux. Ainsi signé » PHELYPEAUX, DE GUENEGAUD, LE TELLIER, » DE LOMENIE. »

(1) De l'excellence des Rois & du royaume de France.

première croisade. Matthieu Paris, auteur contemporain, que nous avons déjà cité, rapporte que saint Louis, au festin qu'il donna à ce prince au temple, voulut, pour lui faire honneur, le placer entre lui & Thibault le jeune, roi de Navarre ; mais que Henri ne voulut point accepter cette place, en disant qu'elle étoit mieux & plus convenablement remplie par le roi de France : *car*, ajouta-t-il, *vous êtes mon seigneur, & le serez toujours.*

En 1396, Charles VI & Richard II, rois d'Angleterre, eurent une entrevue entre Ardres & Calais. Chaque Roi avoit sa tente à part dans un intervalle raisonnable : le roi Charles, dit Juvénal des Ursins, ayant amené Richard dans la sienne, lui présenta par honneur, & parce qu'il étoit chez soi, une chaise qui étoit à main droite ; mais le roi d'Angleterre ne voulut point accepter cette place, & après plusieurs refus il prit la gauche. La chronique de Saint-Denis dit la même chose.

Deux jours après, les deux Rois dînèrent ensemble, assis seuls à une table, Charles encore à droite & tenant le dessus, Richard à gauche & *au-dessous assez loin* ; c'est ce que nous apprend Jean Waurin, chevalier de la province d'Artois, dans sa chronique d'Angleterre manuscrite, citée par Sorel, pag. 70. Froissard confirme ce récit.

En 1420, après le fameux traité de Tróyes qui nommoit Henri V, roi d'Angleterre, héritier présomptif de la couronne, au préjudice du dauphin (1), ce prince vint à Paris avec le roi Charles VI. Monstrelet (2) dit qu'il prit toujours la gauche, qu'il fut précédé dans toutes les cérémonies par Charles VI, & que notamment à l'église il ne voulut jamais baiser les reliques le premier.

On dira peut-être que ces deux der-

niers exemples ne prouvent rien pour l'état actuel des choses, parce que Henri III, Richard II & Henri V, étoient ou prétendoient être, en qualité de ducs de Normandie ou d'Aquitaine, vassaux de la couronne de France.

Mais 1°. ce n'étoit point comme vassaux, ni pour rendre au Roi les devoirs de vassalité, c'étoit comme Rois & pour traiter des intérêts de leurs états, que ces princes venoient en France. Leur qualité de vassaux du Roi ne les auroit donc pas privés de la prééminence, s'ils l'avoient eue par eux-mêmes, & si elle eût formé un des droits de leur couronne.

2°. Depuis que les rois d'Angleterre ont perdu les grands fiefs qu'ils possédoient en France, ils se sont rencontrés deux fois avec nos Rois, & deux fois ils leur ont cédé.

En 1475, Louis XI & Edouard IV, arrêtèrent ensemble une entrevue à Pecquigny près d'Amiens. « Le roi de France » arriva le premier comme le plus émi- » nent ; ainsi qu'il se pratique entre les » princes ». (Ce sont les termes de Sorel) (1). Le roi d'Angleterre arriva en- suite. « Lorsqu'il fut, dit Philippe de Co- » mines (2), à cinq pied de la barrière » contre laquelle Louis étoit appuyé, il » ôta sa barette & plia le genouil, jusque » à demi-pied de terre, & le roi de France » lui fit une grande révérence : sur quoi » le roi d'Angleterre lui en fit une autre » plus grande. » Philippe de Comines étoit présent à cette entrevue.

En 1520, François I & Henri VIII convinrent d'une entrevue, pour ratifier en personne l'alliance qu'ils venoient de contracter par leurs ambassadeurs. Il fut question de savoir lequel des deux Rois, déféreroit à l'autre en passant les mers ; & l'on arrêta que le roi d'Angleterre viendroit en France, que la conférence se

---

(1) Voyez ci-devant, sect. 2.
(2) Vol. 1, chap. 231.

(1) *Loc. cit.* pag. 76.
(2) Liv. 4, chap. 10.

tiendroit entre Ardres & Guisnes, que les deux Rois passeroient les jours ensemble, & que les soirs ils se retireroient, savoir François à Ardres, & Henri à Guisnes, petite ville qui appartenoit aux Anglois.

Il est vrai que les historiens Anglois se sont prévalus, de ce que dès le lendemain de la première conférence, François I avoit été rendre visite au roi d'Angleterre. Mais il ne faut pas rappeler les motifs & les circonstances de cette visite, pour se convaincre qu'elle ne doit pas tirer à conséquence. François I qui se piquoit de beaucoup de franchise & n'aimoit pas les formalités du cérémonial, part le matin suivi d'un page & de deux gentilshommes, se rend à Guisnes, & dit au gouverneur du château qu'il trouve sur le pont avec deux cents archers : «je vous » fais mes prisonniers; qu'on me con- » duise à l'appartement de mon frère le » roi d'Angleterre». Henri VIII, fort surpris de cette aventure, s'écrié en le voyant entrer : «mon frère, vous me faites le » meilleur tour que jamais homme fit à » autre, & me montrez la grande fiance » que je dois avoir en vous; & de moi, » je me rends votre prisonnier dès cette » heure & vous baille ma foi». Les deux Rois passèrent quelques heures ensemble, & le reste de l'assemblée se passa en fêtes, & avec une confiance réciproque (1).

§. IV. *De la préféance entre le roi de France & les autres souverains.*

La préféance étant assurée à sa majesté sur les rois d'Espagne & d'Angleterre, il est bien clair qu'elle ne peut lui être contestée par aucun autre souverain : aussi n'y a-t-il pas d'exemple qu'elle l'ait été.

Nous avons déjà vu (2) qu'en 1254, Thibault le jeune, roi de Navarre, assistant au festin que donnoit Saint-Louis à Henri III, roi d'Angleterre, étoit assis à la gauche du Roi.

On a vu également (1) qu'en 1507, Ferdinand, roi de Naples & de Sicile, quoique réunissant à ces deux royaumes celui d'Arragon, se reconnut inférieur à Louis XII.

Au concile de Constance, les ambassadeurs de Jacques, roi de Jérusalem & de Sicile, n'étoient assis qu'après l'ambassadeur d'Angleterre, qui lui-même avoit cédé le rang le plus honorable à Gerbon, ambassadeur de France (2).

Au dernier concile de Latran, tenu en 1513, 1514 & 1515, Louis Forbin de Soliers, conseiller au parlement de Provence, ambassadeur de Louis XII, précédoit les ambassadeurs d'Emmanuel, roi de Portugal, & ceux de Ferdinand, roi de Naples, & régent des royaumes de Castille & de Léon (3).

Pour le concile de Trente, on a vu ci-devant que la préféance n'y fut disputée aux ambassadeurs de Charles IX, que par le comte de Lune, ambassadeur d'Espagne; & les actes du concile prouvent qu'ils précédèrent les ambassadeurs de toutes les puissances, hors ceux de l'empereur.

Amelot de la Houssaye, tome 2, page 61, rapporte un exemple plus frappant encore de la prééminence de nos Rois sur les autres souverains. Au commencement de l'année 1624, dit-il, Louis XIII ayant nommé Benjamin Aubery du Maurier, son ambassadeur en Hollande, pour tenir en son nom sur les fonts de baptême, un enfant fils du roi de Bohême, du Maurier marcha dans cette cérémonie entre le père de l'enfant & Maurice prince d'Orange qui représentoit le roi de Suède, pareillement parain. Cet exemple, continue Amelot, est singulier en deux choses;

(1) Anecdotes françoises. Paris, 1767.
2) §. 2.

(1) §. 2.
(2) Sess. 22, concil. Constanc. Surita, annales d'Avignon.
(3) Sess. 819, & 19 concil. Lateran.

l'une,

l'une, que l'Ambaſſadeur de France précédoit un Roi préſent en ſa propre perſonne ; & l'autre que ce Roi qui cédoit la
place d'honneur au repréſentant de ſa
majeſté très-chrétienne, prit la main ſur le
repréſentant du roi de Suède, qu'il fit
marcher à ſa gauche.

Joignons à ces faits l'autorité de deux
auteurs qui ne peuvent pas être ſuſpects
aux nations étrangères.

Michel Suriano, ambaſſadeur de la république de Veniſe en France, dit dans ſa
relation faite en 1562 : « le royaume de
» France, de l'aveu de tout le monde, a
» toujours paſſé pour être le plus conſidé-
» rable ou principal de la chrétienté, en
» ce qu'il a toujours été libre dès ſon
» commencement, & n'a jamais reconnu
» d'autre ſupériorité que celle de Dieu :
» d'ailleurs c'eſt le plus ancien de tous les
» royaumes qui exiſtent maintenant, il
» reçut avant tous la foi chrétienne ſous
» le roi Clovis ; d'où lui vient à juſte titre
» le nom de premier fils de la ſainte
» égliſe. C'eſt auſſi par toutes ces conſidé-
» rations que le roi de France a toujours
» joui paiſiblement, & avec l'approba-
» tion univerſelle, de la préſéance ſur tous
» les princes chrétiens ».

Adriani, dans ſon hiſtoire de Florence,
livre 18, s'exprime ainſi : « ſuivant l'ordre
» ancien, le Roi très-chrétien a toujours
» tenu par-tout, après l'empereur, la
» plus digne place, comme étant le ſou-
» verain du plus antique royaume de la
» chrétienté ; & qui a auſſi beaucoup mé-
» rité de l'égliſe, ainſi qu'il paroît par les
» mémoires anciens, d'où lui viennent un
» grand nombre de privilèges ».

## SECTION VI.

*Des rapports du Roi avec ſes ſujets & des
droits qui lui appartiennent dans l'intérieur de ſon royaume ; & en premier lieu,
des droits du Roi dans l'ordre féodal.*

Vers la fin de la ſeconde race & dans
les commencemens de la troiſième ; la

royauté étoit regardée comme un *grand
fief.* Le Roi avoit des vaſſaux, dont il recevoit le ſerment, à qui il donnoit l'in-
veſtiture, qu'il convoquoit, qu'il appeloit à ſes conſeils, & de qui il exigeoit
différens ſervices. Mais quel étoit le ſuzerain du Roi lui-même ? Il n'en a point
d'autre que Dieu, répondoit-on, car c'eſt
Dieu ſeul qui reçoit ſon ſerment ; c'eſt
Dieu ſeul qui par le ſacre lui confère l'autorité de forcer les hommes à être juſtes ;
Dieu ſeul enfin a droit de punir ſa félonie.
Sous ce point de vue, les évêques qui auroient voulu faire de la royauté une eſpèce
de ſacerdoce, ſe croyoient les aſſeſſeurs
de la divinité elle-même, & comme l'a-
voit dit Charles-le-Chauve, *les trônes de
Dieu pour juger les Rois.* Comme grands
du royaume, comme *fidèles du Roi*, ils
avoient ſéance dans ſa cour, ils jugeoient
leurs pairs ; comme paſteurs, ils étoient les
*fidèles de Dieu*, ils compoſoient cette eſpèce
de cour divine qui jugeoit le ſouverain.

Ces idées découloient naturellement
du ſyſtême de féodalité univerſelle,
ſyſtême accrédité & par l'opinion générale des grands & du clergé, & par
la conduite des Rois eux-mêmes ; mais
elles ſe ſont diſſipées peu-à-peu, & l'on eſt
enfin revenu au véritable & ſeul aſpect,
ſous lequel la royauté doit être conſidérée
dans l'ordre féodal. Qu'eſt-ce en effet (ſe
ſont dit toutes les perſonnes de bon ſens),
qu'eſt-ce qu'un fief qui n'a point de ſeigneur ſur la terre ? C'eſt ſous une expreſſion différente, la même ſouveraineté
qu'ont poſſedée Clovis & Charlemagne.
Ainſi que le Roi regarde ſon ſceptre
comme la ſource de tous les fiefs de ſa monarchie ; ſa couronne, comme leur centre ;
ſa dignité royale comme le terme où tous
les ſeigneurs féodaux doivent rapporter
leurs hommages ; à la bonne-heure. Mais
qu'il ait lui-même un *ſuzerain*, c'eſt ce qui
ne peut ſe concevoir, & c'eſt ce qui rend
abſurde la dénomination & l'idée de *grand
fief*, que des ſiècles d'ignorance & d'anarchie ont attachées à la royauté.

R

De ces réflexions devoit naître tôt ou tard la conséquence que le Roi n'est pas borné, relativement aux vassaux de sa couronne, à la simple qualité de seigneur dominant, mais qu'il est en même temps leur souverain, & qu'il l'est seul.

De là, le principe si constant aujourd'hui que le Roi n'a que des hommes liges, & que nul autre que lui ne peut en avoir.

On connoit la différence de l'hommage *lige*, d'avec l'hommage *ordinaire*, & l'hommage *plane*.

L'hommage *ordinaire*, dit le savant auteur de l'usage général des Fiefs (1), assujettissoit le vassal à trois choses : 1°. à la *fiance* (2) envers son seigneur, c'est-à-dire, à lui donner conseil lorsqu'il tenoit ses plaids généraux : 2°. au ressort de la justice : 3°. à servir le seigneur en guerre pendant quarante jours, à compter de celui qu'il avoit indiqué, par son acte de semonce, pour le rendez-vous général au camp, ce qui s'appelloit être *sujet à l'ost*.

L'hommage *plane* étoit un diminutif de l'hommage ordinaire. Le vassal qui le faisoit, n'étoit assujetti envers son seigneur, à aucun service de *cour*, de *plaids* & d'*ost*. Ce vassal, ajoute Brussel, en étoit quitte pour demeurer *fidèle* à ne point prendre de parti directement ni indirectement contre son seigneur ; & celui-ci ne pouvoit lever aucune taille, capitation ou autre taxe sur les hommes de son vassal *plane*.

Il semble que Charlemagne ait eu des vassaux qui ne donnoient d'autre sens à leur hommage, que celui qu'on attribue ici au *plane*. « Jusqu'à présent, dit ce » prince dans un de ses capitulaires (3), » ils ont cru que la fidélité jurée au sei- » gneur Roi, ne consistoit qu'à ne point

» attenter à sa vie, & à ne pas faire en- » trer ses ennemis dans le royaume par » des motifs de haine ou de vengeance, à » n'être complice d'aucune infidélité, & » à n'en céler aucune, &c. »

Par hommage *lige*, on entend celui qui oblige un vassal de servir en personne à ses dépens son seigneur, *tant en guerre qu'à ses plaids, envers & contre tous*, & sans réserve. Ainsi le mot *lige* désigne un devoir exactement rempli, un attachement entier, une parfaite obligation. Du Cange nous apprend qu'on disoit autrefois une *résidence lige*, pour marquer une résidence bien observée (1).

On conçoit aisément par ces définitions, que dans les temps où le Roi n'avoit avec ses sujets d'autres rapports que ceux d'un seigneur avec ses vassaux, & où par conséquent les droits de la souveraineté étoient en grande partie dans la main des hauts feudataires, il n'étoit pas possible qu'il eût seul des hommes liges, ni que tous ses hommes fussent de cette qualité. Aussi trouve-t-on dans Chantereau le Févre, une foule d'actes qui prouvent, & que des vassaux liges avoient eux-mêmes des vassaux liges, & que les Rois avoient des vassaux ordinaires ou simples.

Il fallut sans doute bien du temps & des efforts pour changer cet ordre de choses. Les hauts barons s'attribuant la souveraineté dans leurs provinces, il étoit bien difficile de les amener à un hommage qui soumît leur personne & leurs biens au Roi. Toujours en garde contre l'autorité royale, les uns prétendoient ne lui devoir que l'hommage plane, & d'autres l'hommage ordinaire. Aucun ne prêtoit par inclination l'hommage lige. La formule de cet hommage les révoltoit : souvent il falloit employer la force ou la ruse, pour les obliger à le rendre au Roi.

La plupart des ducs & des comtes avoient reconnu Hugues-Capet pour leur

---

(1) Tom. 1, pag. 38, 92, 95.

(2) En latin *fiducia*.

(3) Capitul. an. 802, cap. 2.

(1) Gloss. verb. *ligius*.

Roi; mais accoutumés à regarder ce prince comme leur *pair*, ils ne pouvoient se soumettre à son autorité souveraine. Possesseurs des grandes provinces du royaume, ils en jouissoient à titre de propriété & presque sans féodalité; ils ne se crurent vassaux de la couronne, qu'à proportion & en conformité des hommages qu'ils avoient faits. Ils consentoient bien d'en faire un : mais ils ne vouloient ni se *dévouer au Roi*, ni s'en déclarer *clients*, parce qu'ils regardoient ce dévouement comme une dégradation. En un mot, ils prétendoient que l'hommage auquel ils étoient tenus envers le Roi, n'étoit qu'un aveu simple & respectueux de sa majesté; & ils n'y voyoient rien qui répugnât à la souveraineté qu'ils s'arrogeoient.

La réunion des grands fiefs à la couronne, a dissipé toutes ces prétentions, & a consacré pour jamais la maxime, que la couronne seule a des vassaux liges & qu'elle n'en a point d'autres.

Au reste, Hévin a soutenu avec beaucoup de raison, qu'il seroit peut-être à propos d'abolir la formalité de l'hommage, non seulement à l'égard des particuliers mais du Roi même : car pour les particuliers, puisque le service militaire est interdit à leur égard, ainsi qu'on le verra ci-après, section 9 il ne paroît pas trop convenable qu'ils exigent de leurs vassaux une promesse de fidélité qui n'est due qu'au souverain. Et à l'égard du Roi, l'hommage n'est qu'une vaine cérémonie, puisque tous ses sujets, soit vassaux ou autres, sont également obligés de lui être fidèles, & y sont portés autant par inclination que par devoir. Ainsi l'hommage n'est bon aujourd'hui qu'à renouveler le souvenir de ces temps malheureux où la foiblesse des Rois les obligeoit de s'assurer de la fidélité de leurs vassaux, & de les lier par la religion du serment.

De quelle manière le Roi reçoit-il l'hommage dû à sa majesté par les vassaux qui relèvent immédiatement de la couronne?

Anciennement il ne pouvoit le recevoir qu'en personne. Les preuves en sont consignées dans le glossaire de Ducange, aux mots *hominium* & *fidelitas* ; dans le Litleton, sections 91 & 92, & dans les capitulaires de 802 & 854. Cet usage a changé. Si l'on ne peut assigner l'époque de ce changement, on peut au moins avancer que les officiers royaux recevoient, dans le treizième siècle, l'hommage dû au souverain. En 1271, Philippe III écrivit au sénéchal de Carcassonne, de recevoir pour lui les foi & hommages des seigneurs de sa sénéchaussée. Le sénéchal chargea de cette commission ses lieutenans, sans aucune opposition de la part des seigneurs (1).

Il y eut cependant des seigneurs qui ne voulurent jamais se soumettre à cette innovation. Nous voyons dans les preuves de l'histoire des comtes de Guines, page 668, que les barons de Coucy, fief qui n'a été réuni à la couronne qu'en 1498, ne faisoient hommage qu'au Roi, & que sa majesté ne pouvoit constituer procureur pour le recevoir.

Aujourd'hui on met une différence entre les fiefs titrés, c'est-à-dire, les principautés, duchés, marquisats, comtés, vicomtés, baronnies & châtellenies, & les fiefs simples.

Les premiers peuvent rendre hommage à la personne du Roi ou de M. le chancelier. Cela est ainsi réglé par un arrêt du conseil du 19 janvier 1668, commun à tout le royaume, & par un autre du 29 septembre 1699, rendu pour le Pays-Bas François (1).

Les autres ne jouissent pas du même honneur. Ils sont obligés de s'adresser soit aux chambres des comptes, soit aux bureaux des finances, suivant différentes

_____

(1) Gestes de Philippe III, pag. 525; domaine de Beziers, n. 5, tom. 3 de l'histoire du Languedoc, pag. 251.

(2) Recueil des édits pour le ressort du parlement de Flandres, édit. de 1730, pag. 411.

lois qu'il feroit trop long de retracer ici (1).

Les vaſſaux qui ont rendu leur hom- mage avant l'avènement du Roi à la cou- ronne, ſont-ils obligés de les renouve- ler ? L'affirmative ne ſouffriroit aucun doute à l'égard des ſeigneurs particuliers, pour qui l'hommage qu'on leur rend n'eſt qu'une ſimple marque d'honneur & de ſu- périorité féodale. A plus forte raiſon n'en doit-elle pas ſouffrir relativement au Roi à l'égard duquel l'hommage comprend la reconnoiſſance de ſa ſouveraineté & le ſerment de fidélité.

Ce fut cette conſidération, qui, après la mort de Louis XIV, fit donner l'arrêt du conſeil du 21 juillet 1716, par lequel il fut ordonné que les vaſſaux du Roi ren- droient au commencement de l'année ſui- vante, les foi & hommages, aveux & dé- nombremens dus à ſa majeſté, à cauſe de ſon avènement à la couronne.

Il ne faut pas confondre les mouvances

qui dépendent des ſeigneuries du do- maine, avec celles qui dépendent de la couronne. M. de Poilly, inſpecteur-géné- ral du domaine, diſoit dans ſon Mémoire ſur la mouvance de la terre d'Halluin, en 1723, que tous ceux qui ſont inſtruits des matières féodales & domaniales, ſa- vent que les terres mouvantes de la cou- ronne, ſont celles qui relèvent de ſa ma- jeſté comme Roi, & ſans le ſecours d'au- cune des ſeigneuries particulières qui com- poſent ſon domaine; & que les terres mouvantes ſimplement du Roi, ſont celles qui relèvent de ſa majeſté comme pro- priétaire de quelque ſeigneurie particu- lière, faiſant partie des biens domaniaux.

Loyſeau fait ſentir cette différence, dans ſon Traité des ſeigneuries, chapitre 6 : après avoir dit au nombre 1, que les grandes ſeigneuries, ſavoir les duchés, marquiſats, comtés & principautés, ne relèvent que du Roi, & que, de leur na- ture, elles devroient relever immédiate- ment de la couronne, il ajoute au nom- bre 7 : « Quand je dis relever de la cou- » ronne, je n'entends pas relever ſim- » plement du Roi à cauſe de quelque » duché ou comté réuni à la couronne; » mais j'entends qu'il faudroit en bonne » juriſprudence, que les grandes ſeigneu- » ries relevaſſent du Roi, à cauſe de ſa » couronne, en quoi il y a notable dif- » férence. »

Les mouvances de la couronne, con- tinuoit M. de Poilly dans le mémoire cité, ſont donc différentes & beaucoup plus notables que celles des ſeigneuries particulières du domaine.

De là vient que les vaſſaux de ſa ma- jeſté, dont les terres relèvent ſimplement de quelques ſeigneuries de ſon domaine, tentent ſouvent d'en faire appliquer la mouvance à la couronne, & que cette grace n'eſt accordée qu'en connoiſſance de cauſe &, à des perſonnes diſtinguées par leurs ſervices & leur mérite, ou par la grandeur de leur naiſſance.

De là vient que lorſqu'une terre mou-

---

(1) Voici ce que porte la plus récente, l'édit du mois de mai 1783, enregiſtré à la chambre des comptes de Paris le 9 juillet ſuivant.

« ART. 1. Les foi & hommage des terres » érigées en titre de dignité, ne pourront être » reçus que par notre très-cher & féal chancelier » ou garde des ſceaux, ou par notre chambre des » comptes. Maintenons auſſi notredite chambre » des comptes dans le droit & poſſeſſion de » recevoir les aveux & dénombremens deſdites » terres de dignité ; comme auſſi de recevoir » tous actes féodaux des ſimples fiefs, terres & » ſeigneuries, dans l'étendue de la généralité » de Paris, & ceux qui ſeront portés à notre- » dite chambre par les vaſſaux des autres géné- » ralités, dans l'étendue de ſon reſſort.

» 2. Les tréſoriers de France établis dans les » généralités qui ſont dans l'étendue du reſſort » de notre chambre des comptes, autres néan- » moins que ceux du bureau des finances de la » généralité de Paris, continueront de recevoir, » comme par le paſſé, les hommages des terres » non-érigées en titre de dignité, & des ſimples » fiefs mouvans de nous, ſitués dans l'étendue » de leur juridiction : recevront auſſi les aveux » & dénombremens qui leur ſeront portés, » pourront contraindre, même par voie de » ſaiſie féodale, ceux de nos vaſſaux qui ſeront » en retard de remplir les devoirs féodaux. »

vante du Roi, à caufe de quelque feigneurie, eft érigée en titre de dignité
éminente, quoiqu'inférieure à la pairie,
on a coutume d'inférer dans les lettres
qu'elle fera tenue de fa majefté à caufe
de fa couronne.

De cette différence entre les mouvances de la couronne & celles des feigneuries particulières, naît une décifion très-
importante pour le cas d'échange, d'aliénation ou de dation en apanage.

C'eft que les terres mouvantes du Roi, à
caufe d'une feigneurie particulière, reftent
attachées à cette feigneurie, quoique celle-
ci foit aliénée, échangée ou donnée en
apanage. Il en a été ainfi jugé entre M. de
Belle-Ifle, propriétaire à titre d'échange
fait avec le Roi, de la châtellenie d'Andely, & le fieur Camuzat, auditeur des
comptes, acquéreur de la terre de Thofny.
Ce dernier prétendoit qu'aucun fief ne
relevoit du Roi à caufe d'une feigneurie
particulière; que tous les vaffaux qui relevoient de fa majefté étoient vaffaux immédiats de fa couronne, & que le Roi ne
pouvoit pas mettre fes vaffaux hors de fes
mains, c'eft-à-dire, céder la mouvance de
leurs fiefs, à d'autres feigneurs. Mais par
arrêt rendu à la grande direction, le 12
mars 1736, il a été ordonné que la mouvance de la terre de Thofny demeureroit
attachée à la châtellenie d'Andely.

On prétend qu'il n'en feroit pas de même
s'il s'agiffoit d'un fief de dignité; & il eft
vrai qu'on l'a ainfi jugé au fujet de la
mouvance du marquifat de Saint-Gelais
en Poitou. M. le duc de Mazarin prétendoit qu'elle lui appartenoit à caufe de la
baronnie de Saint-Maixent, à laquelle les
feigneurs de Saint-Gelais avoient porté
dix-fept fois hommage, dans le temps
qu'elle appartenoit au Roi, avant qu'elle
fût échangée. La marquife de Saint-Gelais & M. le procureur-général de la chambre des comptes de Paris, difoient que
ce marquifat étoit un fief de dignité qui
ne pouvoit relever que du Roi. Par arrêt
de la chambre des comptes, du 9 fep-

tembre 1694, la mouvance de la terre
de Saint-Gelais fut adjugée au Roi, à caufe
du comté de Poitou.

Cette décifion n'eft pas fans difficulté.
Où eft-il écrit qu'un fief de dignité, au-
deffous de la pairie, ne peut relever que
du Roi? Nous ne trouvons cette règle
nulle part. Au contraire, nous voyons
des marquifats & des comtés qui relèvent
de feigneurs particuliers. Ainfi rien n'empêche que la mouvance de ceux qui relèvent du Roi à caufe d'une feigneurie
particulière, ne refte attachée à cette feigneurie, lorfque le Roi en fait l'aliénation.

Il en eft tout autrement des mouvances de la couronne. Jamais elles ne
tombent en main privée, par ce que la
couronne de laquelle elles dépendent,
eft inaliénable. Elles fe confervent même,
quoique la caufe qui les a fait attacher
à la couronne ne fubfifte plus. C'eft ainfi
que la terre de Coulomiers, qui, ayant
été diftraite de la mouvance de Meaux,
lorfqu'elle fut unie à Nemours, par l'érection de cette dernière terre en duché,
eft demeurée mouvante de la couronne,
après l'extinction.

Les duchés de Penthièvre & de Fron-
fac, & plufieurs autres, peuvent être
joints à ce premier exemple.

Il eft vrai que la maxime a été quelquefois conteftée; mais ces conteftations
n'ont fervi qu'à l'affurer davantage.

En effet, elle a été confirmée d'abord
par un arrêt du confeil du 8 juillet 1694,
à l'occafion du duché de Beaufort.

Elle l'a été enfuite par un arrêt du parlement de Paris, du 28 mars 1695, au
fujet de la terre de Danville.

Enfin, le confeil du Roi l'a confacrée
par un arrêt du 16 mars 1723, rendu
contre la ducheffe d'Aumont, par rapport à la terre d'Halluyn.

Ces trois arrêts font rapportés par le
Febvre de la Planche, livre 12, chapitre
2, nombre 14.

Il eft aifé, d'après ce que nous venons

de dire, de se décider sur la question de savoir ce que deviennent les mouvances des fiefs immédiats de la couronne, qui s'y réunissent. M. Gibert, inspecteur-général du domaine, dit dans un de ses mémoires, qu'il y a là-dessus deux opinions différentes.

Les uns veulent que la réunion soit purement féodale, & que, comme par la réunion, le fief servant se réunit tellement au dominant, qu'ils sont consolidés & confondus, & ne forment plus qu'un corps de fief, auquel passent directement toutes les mouvances qui, avant la réunion, appartenoient au fief servant; de même les fiefs mouvans immédiatement de la couronne, se réunissant à la couronne qui est le centre de de tous les fiefs, se consolident avec elle, en deviennent les parties intégrantes, & ne composent plus, en un mot, avec la couronne, qu'un seul & même individu, d'où ils concluent que toutes les mouvances immédiates du fief réuni, deviennent immédiates de la couronne.

D'autres soutiennent que la réunion des fiefs à la couronne, n'est point du même genre que la féodale, & ils l'appellent patrimoniale, comme étant particulière au patrimoine sacré de l'état. Suivant eux, par cette réunion, la seule propriété se réunit & se consolide à ce patrimoine, sans que pour cela la féodalité en soit totalement éteinte ni confondue avec la couronne; & elle n'est, disent-ils, que suspendue & assoupie: & si les fiefs réunis sortent de nouveau des mains du Roi, ils remportent avec eux toutes les mouvances qui y ont été originairement attachées.

L'inspecteur-général dit qu'il est convaincu, avec ceux qui adoptent la première opinion, que les fiefs immédiats de la couronne, en s'y réunissant, s'y incorporent & s'y consolident comme la partie avec le tout; mais il pense en même-temps qu'il n'en faut pas moins distinguer le tout d'avec la partie, c'est-à-dire,

la couronne d'avec le fief réuni; car, quoique le fief réuni ne fasse plus avec la couronne qu'un seul & même tout, il est cependant toujours une partie de ce tout: il n'existe plus, à la vérité, séparément, hors de la couronne; mais il existe virtuellement & distinctement dans la couronne, comme toute partie existe virtuellement & distinctement dans son tout.

De ces principes, l'inspecteur-général conclut que les terres qui étoient mouvantes du duché d'Albret, avant sa réunion à la couronne, avoient été mises à la vérité, par l'effet de cette réunion, dans la mouvance du Roi, à cause de ce duché, devenu domanial, mais non dans la mouvance immédiate de la couronne.

Remarquez que l'on confond souvent les termes *relever de la couronne*, & *relever de la tour du louvre*.

Comme la tour du louvre est située à Paris, les fermiers du domaine de la capitale ont prétendu deux fois que les terres qui en relèvent, sont censées tenues du comté de Paris: mais deux fois leur prétention a été condamnée; la première, par arrêt du 24 août 1667; & la seconde, par arrêt du 3 septembre 1668. Ce dernier est rapporté au journal du palais. « La tour du » louvre, dit le Febvre de la Planche, » est donc un chef-lieu que nos Rois » ont choisi pour lui attribuer la mou- » vance des fiefs qui relèvent d'eux, à » cause de leur couronne, & qui doit » à cet égard être regardée comme in- » dépendant du comté de Paris. On ne » peut entendre que de cette manière » la confusion des termes *de la couronne*, » & de *la tour du louvre*, qui se trouvent » dans les lettres d'érection en pairie. Si, » par un évènement qui ne peut être » prévu, nos Rois transportoient le siège » de leur demeure dans une autre ville » de leur royaume, ces fiefs, qui relè- » vent de la tour du louvre, à cause du » comté de Paris, demeureroient dans » la même mouvance, au lieu que ceux

» qui releveroient de la couronne, com-
» menceroient conftamment à avoir un
» autre chef-lieu. »

Du principe ci-deffus établi, que la
royauté eft la fource de tous les fiefs,
& le terme de tous les hommages, il
réfulte naturellement que tous les fiefs
font préfumés relever immédiatement du
Roi, tant qu'il n'eft pas prouvé qu'il y
a d'eux à la couronne un degré inter-
médiaire de vaffalité.

C'eft fur ce fondement qu'il a été décidé par l'article 383 de l'ordonnance du
mois de janvier 1629, que tous les héritages qui ne relèvent d'aucun feigneur,
font cenfés relever du Roi, à moins que
les propriétaires ne faffent apparoir de
bons titres qui les en déchargent.

C'eft par la même raifon que dans tous
les cas où la mouvance d'un fief eft ré-
clamée par deux feigneurs, comme il n'eft
pas poffible que le vaffal les reconnoiffe
l'un & l'autre pour fes fuzerains, on l'autorife à porter fon hommage au Roi, ou
pour nous fervir des termes confacrés
en cette matière, à fe faire recevoir en
foi par main fouveraine. Sa majefté reçoit alors l'hommage au nom des deux
concurrens ; c'eft un dépôt qu'elle leur
conferve jufqu'au jugement définitif. *Il
prendra la chofe en fa main*, difent les
établiffemens de faint Louis (1), & *gardera droit à lui & à autrui.*

Hors ce cas, le Roi ne peut intervertir
l'ordre des mouvances, en recevant les
hommages de fes arrière-vaffaux, au préjudice de leurs feigneurs immédiats. Ce
feroit violer les droits de propriété, &
jamais nos Rois n'ont cru que leur autorité s'étendît jufques-là.

Le trait rapporté par Rigord n'a rien
de contraire à ce que nous avançons. En
1184, Guy de Vergis eut recours à Philippe-Augufte contre Hugues, duc de

(1) Liv. 2, chap. 3.

Bourgogne, qui prétendoit envahir la propriété du comté de Vergis, quoi qu'il n'en
eût que la mouvance. Ce monarque prit
les armes, défit le duc, & remit le fief
au comte pour le tenir à foi & hommage des rois de France, c'eft-à-dire,
qu'il fit de fon *arrière-fief* fon *plein fief*.
On voit clairement que Hugues avoit manqué à fes engagemens envers fon vaffal,
qu'il avoit enfreint la loi réciproque de
fidélité & de protection, & que par conféquent il avoit encouru la *fourfaiture* de
fa mouvance.

Mais que devient la vaffalité d'un arrière-fief de la couronne, lorfque le Roi
en fait l'acquifition.

Pour expliquer en peu de mots les progrès de la jurifprudence féodale fur cette
matière, il eft conftant d'abord que dans
tous les temps, même dans ceux où il
femble que l'intérêt des feigneurs particuliers avoit prévalu, en quelque manière, fur le fceptre & la couronne, on
a toujours cru que la majefté des empereurs ou des Rois ne devoit jamais s'a-
baiffer aux pieds de leurs fujets, pour
s'acquitter d'un hommage que les uns ne
pouvoient rendre, & que les autres ne
devoient pas recevoir.

C'eft ce que répondit l'empereur Frédéric I à un feigneur particulier qui lui
demandoit l'hommage : *non teneri fe fidelitatem facere, cùm omne hominum genus
fibi fidelitatem debeat, & ipfe foli Deo.*
(Livre des fiefs, livre 4, titre 109).

Nos Rois qui ont, comme on l'a déjà
dit, le caractère & le pouvoir d'empereurs dans leur royaume, n'ont pas été
moins jaloux de cette prérogative, qui
eft, pour ainfi dire, un apanage inféparable de la fouveraineté.

C'eft ainfi que Louis-le-Gros reconnut, d'un côté, que le Vexin François
étoit un fief mouvant de l'abbaye de faint
Denis, & déclara, de l'autre, que comme
Roi, il n'en devoit point l'hommage qu'il

auroit dû faire fans cela : *ac fi Rex non effet, hominium deberet.* (1)

C'eft dans le même efprit que Philippe-Augufte fe fervit de ces termes dans une chartre de l'an 1185 (2) ; *cùm nemini facere debeámus hominium vel poffimus* ; que Philippe-le-Hardi répéta la même chofe dans une chartre de l'an 1204, qui eft à l'abbaye de Moiffac ; (3) & que le parlement de Paris rendit, à la Touffaint de l'année 1313, un arrêt qui contient ces expreffions remarquables: *cùm reges Francorum fubjectis hominium facere nunquàm fuerit confuetum* (4).

Mais parce que l'intérêt des feigneurs étoit bleffé toutes les fois qu'un fief tenu d'eux immédiatement, paffoit entre les mains du Roi, on a trouvé deux tempéramens pour accorder dans cette matière les droits du feigneur immédiat avec le refpect qui étoit dû à la majefté royale.

Le premier a été de régler que le Roi feroit tenu de commettre un fujet capable de rendre l'hommage pour lui, & de s'acquitter des autres devoirs de fief.

C'eft ce qui fut décidé par la cour des pairs de Frédéric I, comme il paroît par l'endroit même du livre des fiefs qui a déjà été cité.

C'eft auffi ce que nos Rois ont pratiqué en plufieurs occafions.

Brodeau, fur l'article 67 de la coutume de Paris, cite une chartre de Louis-le-Gros, de 1126, qui commet le grand chambellan de France pour rendre hommage, au nom du Roi, à l'évêque de Paris, à caufe des châtellenies de Tournan & de Torcy en Brie.

L'arrêt de la Touffaint 1313, que nous citions tout à l'heure, ordonne, conformément à la coutume de France notoire & génerale en pareil cas, que le chevalier nommé par le Roi fera reçu nonobftant l'oppofition de l'évêque d'Auxerre, à faire la foi & hommage à ce prélat pour le fief de Douzy, confifqué par le Roi fur Louis de Flandres, comte de Nevers (1).

Au mois d'avril 1315, Louis Hutin donna, aux nobles de Champagne, une chartre par laquelle il déclara, article 4, que s'il lui advenoit par fourfaiture ou fucceffion, quelques fiefs ou arrière-fiefs tenus d'eux, *il bailleroit au feigneur du fief un defferveur fuffifant, qui gouverneroit les chofes advenues & échues à fa majefté, en la manière que ceux qui les tenoient & poffédoient auparavant, les gouvernoient* (2).

En 1350, le Roi Jean commit le prévôt de Paris pour rendre, fous fon nom, le même hommage que le grand chambellan avoit rendu en 1126 au nom de Louis-le-Gros (3).

Le 2 janvier 1366, Charles V qui avoit acheté la terre de Beaurrain, tenue du comte de Saint-Pol, commit Raoul de Bonneval pour rendre fous fon nom à ce comte la foi & hommage.

Le 10 janvier 1396, Wallerand de Bonneval, chambellan de Charles VI, fut encore commis pour porter l'hommage de la même terre (4).

Le livre bleu du châtelet contient des lettres-patentes de 1423, & du 20 octobre 1430, par lefquelles Henri VI, roi d'Angleterre, qui occupoit alors la capitale, ordonne que le procureur du Roi au châtelet fera *commis homme & vaffal des fiefs*

---

(1) Duchefne, hiftoire de France, tom. 4, pag. 333.

(2) Brodeau fur Paris, art. 67.

(3) Ce titre eft rappelé dans la première requête de M. d'Agueffeau, fur la mouvance de la feigneurie de Bourdeilles.

(4) Brodeau, *loc. cit.*

(1) Pithou fur l'article 40 de la coutume de Troyes, cite cet arrêt comme rendu en 1314, contre l'évêque de Nevers. C'eft une méprife. Brodeau, d'après qui nous en parlons, dit l'avoir vérifié *dans les regiftres de la cour, fol.* 151.

(2) Brodeau fur Paris, *loc. cit.*

(3) *Ibid.*

(4) Augeard, tom. 2, §. 35.

échus au Roi, mouvans d'autres seigneurs, pour leur faire la foi, & qu'il pourra faire les devoirs par procureurs (1).

Le 23 juin 1492, la chambre des comptes commit Pierre de Quatrelivre, procureur du Roi au châtelet, pour faire, au nom du Roi, la foi & hommage à cause du fief de Chaillot ; *sans toutefois s'agenouiller ni baiser* (2).

Cette manière de rendre aux seigneurs les devoirs qui leur étoient dus à cause des fiefs de leur mouvance, avant que le Roi n'en fît l'acquisition, étoit sans doute moins contraire à la majesté royale que l'eût été un hommage prêté par le souverain en personne. Mais elle étoit encore trop favorable aux seigneurs, & elle ne quadroit pas entièrement avec la dignité du prince qui ne doit jamais s'incliner, même par procureur, aux pieds de son sujet. On a donc aboli ce premier tempérament, & la dernière jurisprudence en a établi un second qui concilie mieux les intérêts du Roi & ceux des seigneurs particuliers.

Par ce second tempérament, nos Rois sont obligés de donner une indemnité au seigneur dans la mouvance duquel ils acquièrent un fief, & par ce moyen la vassalité s'anéantit pour toujours.

C'est ce qui étoit déjà établi dès l'année 1213, puisqu'on trouve dans le trésor des Chartes, un titre de cette date, par lequel l'évêque de Noyon remet au roi Philippe-Auguste, l'hommage que les comtes de Vermandois dévoient à ce prélat : & ce titre porte expressément, *que par coutume les rois de France ne sont tenus faire foi & hommage pour les fiefs qui leur adviennent, mais sont récompensé.*

C'est sur le fond de cette maxime, que Saint Louis en 1226, donna 400 livres de rente à l'archevêque de Narbonne, en

récompense de plusieurs fiefs & domaines échus au Roi par confiscation, le Roi n'étant tenu de faire hommage à personne.

Saint Louis observa encore la même chose, à l'égard de l'évêque de Beziers, en 1229 ; tout cela est prouvé par deux titres qui sont au trésor des chartres du Roi.

La même maxime est encore marquée dans deux chartres de l'an 1293, conservées au même trésor, où il est dit, par rapport au comté de Bigorre, dont la reine Jeanne de Champagne avoit rendu l'hommage à l'évêque du Puy, que cet hommage ne préjudicioit point aux droits du Roi, *qui n'est tenu faire aucune foi & hommage à personne, & ce par la coutume de son royaume, & à cause qu'il ne fait aucun hommage à personne, il récompense le seigneur du fief de son droit qu'il perd.*

De ces exemples particuliers, on a formé par la suite des temps une loi générale que les arrêts les plus précis ont consacrée.

En 1671, les prêtres de l'oratoire de Toulouse demandèrent que le procureur-général du Roi au parlement du Languedoc, fût tenu de leur passer reconnoissance des terres acquises tout récemment par sa majesté dans leur directe, à la vicomté de Villemur. Par arrêt du 27 novembre, le procureur-général fut déchargé de la reconnoissance féodale, à la charge de procurer dans l'année aux prêtres de l'oratoire une indemnité conforme à l'estimation qui en seroit faite par experts (1).

En 1679, le parlement de Paris jugea par arrêt du 9 janvier, que la terre de Bohain avoit cessé de relever de l'abbaye de Vermand, par cela seul qu'elle avoit été unie à la couronne, dans la personne de Henri IV, à qui elle appartenoit tandis qu'il n'étoit encore que prince de Béarn. L'arrêt réserva seulement aux religieux de

---

(1) Ferrière sur Bacquet, des droits de justice, chap. 12, n. 1.

(2) *Ibid.*

---

(1) Catellan, liv. 3, chap. 42.

Vermand le droit de se pourvoir pour leur indemnité (1).

En 1708, un arrêt du conseil rendu le 13 mars, au rapport de M. Chauvelin de Beauséjour, maître des requêtes, a jugé que l'acquisition de la terre de Beaurain, faite en 1365, par le roi Charles V, avoit éteint la dépendance féodale dans laquelle elle étoit précédemment du comté de Saint-Pol, & a seulement réservé au prince d'Epinoy, seigneur de ce comté, son action en récompense qu'il feroit valoir là, & ainsi qu'il appartiendroit contre le contrôleur-général du domaine, qui la soutenoit prescrite (2).

En 1716, un arrêt du parlement de Grenoble du 8 août confirma une sentence du bureau des finances de la même ville, qui ordonnoit à l'engagiste de la Parerie Delphinale de Pisançon de rendre la foi & hommage au chapitre de Saint-Bernard de Romans. Mais l'affaire ayant été évoquée au conseil, l'inspecteur-général des domaines fut reçu opposant à cet arrêt, par jugement contradictoire du 17 août 1723; & après une instruction approfondie de part & d'autre, il intervint à la grande direction arrêt définitif du 8 juillet 1726, qui infirma la sentence du bureau des finances, fit défenses aux engagistes de la Parerie Delphinale de Pisançon d'en faire hommage aux chanoines de Romans, & à ceux-ci d'en prétendre (3).

Il est très-clair d'après ces arrêts, que le Roi ne peut plus relever d'aucun de ses sujets, & que la seule union d'un arrière-fief à la couronne, rompt tous les liens de vassalité qui l'attachoient précédemment au seigneur immédiat.

Mais cette union peut-elle s'opérer sans le consentement du seigneur immédiat lui-même, & celui-ci ne peut-il pas, s'il veut conserver sa mouvance, refuser le prix qui lui en est offert au nom du souverain?

L'article 4 de l'ordonnance de Philippe-le-Bel de l'an 1302, décide la question en faveur des seigneurs: il veut que le Roi ne puisse rien acquérir dans les fiefs des particuliers sans leur consentement. S'il donne au Roi l'alternative de mettre hors de sa main l'arrière-fief, ou d'indemniser le seigneur immédiat qui refuse de consentir à l'union, ce n'est que pour le cas de l'acquisition par confiscation (1).

Cette ordonnance est précise, mais en même temps il faut demeurer d'accord, & c'est ce qu'il y a en faveur du Roi, que cette ordonnance, contraire à l'usage suivi jusques-là dans le royaume, n'a point été exécutée, ni même considérée comme loi de l'état; Guenois la regardoit si peu comme telle, qu'il ne l'a pas insérée dans sa compilation des ordonnances (2).

Au vrai, il n'y a que les biens qui ne relèvent en aucun sens de la couronne, que le Roi n'est pas maître d'y unir; mais c'est un principe incontestable, que le Roi qui acquiert un arrière-fief de la couronne, peut, quand bon lui semble, l'unir à son domaine, l'arrière-fief étant un démembrement du fief principal, qui retourne naturellement à la source d'où il est sorti.

Dans les autres royaumes, les Rois ne font pas difficulté de rendre, au moins par procureur, la foi & hommage à des sei-

_____

(1) Journal du palais, tom. 2, §. 1; voyez ci-après, sect. 16, distinct. 1, art. 1, §. 5, la raison fondamentale de cette décision.

(2) Augeard, *loc. cit.*

(3) Brillon, dictionnaire des arrêts, *verb.* Romans.

_____

(1) *Voici comme cet article est conçu:*

Item in eorum feudis nihil de cætero acquiremus, nisi de eorum procedat consensu; si verò contingat quòd in terris subjectorum nostrorum aliqua forfactura nobis eveniat jure nostro Regio, infrà annum & diem extrà manum nostram ponemus in manum hominis sufficientis, ad deserviendum feodo vel domino feodorum, aut recompensationes sufficientes faciemus.

(2) La Guesle, remontrance 4, pages 94 & 95.

gneurs particuliers ; mais en France, comme le Roi ne peut en aucun sens relever de son vassal, il faut bien qu'il ait le droit d'unir, quand il lui plaît, l'arrière-fief de son domaine, sans le consentement du seigneur immédiat, & que le seigneur immédiat perde sa mouvance au moment de l'union, sauf son indemnité.

Si le Roi ne pouvoit pas unir les arrière-fiefs sans le consentement du seigneur immédiat, le Roi n'auroit aucun avantage sur ses sujets ; un seigneur particulier, qui acquiert une terre mouvante nuement de son fief, est le maître de l'unir : le prince n'aura-t-il pas quelque prérogative qui le distingue ? Tous les fiefs & les arrière-fiefs dérivent de lui comme de leur principe, ainsi toutes les fois que ceux qui tirent leur origine de la couronne, y retournent, ils ne doivent plus faire qu'un même corps avec son domaine.

Cette union à la couronne ne se fait pas par la loi des fiefs ; mais par le droit de la royauté, c'est-à-dire par un droit particulier & qui a des règles particulières. Par le droit des fiefs, si un seigneur acquiert le fief mouvant immédiatement de lui, il a la faculté d'unir ou de ne pas unir : il n'en est pas de même à l'égard du Roi, l'union se fait de plein droit par la loi souveraine de la royauté, quand même le prince y résisteroit.

Aussi remarquons nous que l'ordonnance de Philippe-le-Bel est contrariée, tant par les faits qui l'ont précédée, que par ceux qui l'ont suivi.

En 1185, Philippe-Auguste acquiert du comté de Flandres, & unit à la couronne le comté d'Amiens, nonobstant l'opposition de l'évêque d'Amiens qui se prétendoit seigneur immédiat de ce comté. En 1269, Saint Louis acquiert & unit de même le comté de Beauvoisis qui relevoit de l'évêque de Beauvais (1).

Le 17 juin 1368, Beautain qui relevoit du comté de Saint-Pol fut uni à la couronne. Les lettres-patentes d'union furent déposées à la chambre des comptes : c'étoit l'usage de ce temps-là, il ne s'en faisoit pas d'autre enregistrement (1).

On a vu plus haut, qu'un arrêt du 13 mars 1708 a confirmé cette union. Ainsi l'autorité de la chose jugée concourt avec celle des faits pour écarter l'ordonnance de Philippe-le-Bel, & faire revivre les vrais principes que Philippe-le-Bel n'a pu détruire.

L'arrêt de Bohain, que nous avons pareillement cité, est encore bien précis sur ce point. Cette terre, qui relevoit immédiatement de l'abbaye de Vermand, appartenoit à Henri IV avant son avènement à la couronne ; il avoit déclaré par l'édit de 1607, qu'il réunissoit seulement les terres mouvantes nuement de sa couronne ; sur le fondement de cet édit, les religieux de Vermand prétendirent que la terre de Bohain n'ayant pas été réunie de droit, par l'avènement de Henri IV à la couronne, & étant demeurée dans leur mouvance, les droits seigneuriaux leur étoient dûs pour la vente qui en avoit été faite ; mais le parlement jugea qu'ils ne leur appartenoient point, sur le principe que le fief immédiat n'avoit point empêché l'union de droit de l'arrière-fief.

Remarquons d'ailleurs un cas où cesse l'obligation que les Rois se sont imposée à eux-mêmes, de mettre les arrière-fiefs hors de leurs mains, ou d'indemniser le seigneur immédiat. C'est lorsque ces arrière-fiefs sont confisqués au profit de la couronne, pour crime de lèze-majesté au premier chef.

C'est la décision célèbre de la déclaration faite par François I à Villers-Cotterêts, le 19 août 1539. Cette loi porte expressément que dans le cas de crime de lèze-majesté, non-seulement les pleins

_____

(1) La Guesle, *loc. cit.*

(1) Augeard, *loc. cit.*

fiefs , mais tous les arrière-fiefs poſſédés par le coupable , ſe réuniſſent de plein droit au domaine de la couronne ; malgré le préjudice ſenſible que le ſeigneur immédiat peut en recevoir.

La juriſprudence établie par cette déclaration n'eſt pas moins juſte que ſévère , & les premiers principes des fiefs ne l'autoriſent pas moins que les règles de l'ordre public.

Les Rois n'ont permis ou approuvé l'établiſſement des arrière-fiefs , qu'à condition que la fidélité deſcendroit comme par degrés , juſqu'au dernier rang de leurs ſujets , & que la foi des vaſſaux les plus éloignés , renfermée dans celle des vaſſaux immédiats , ſe réuniroit toute entière en leur perſonne , & remonteroit par eux , juſqu'au ſouverain.

Lorſque cette condition eſt violée par l'infidélité d'un arrière-vaſſal , le Roi reprend ſes premiers droits ; il entre dans un domaine qui n'a été aliéné que ſous la promeſſe d'une foi inviolable. Il importe peu que cette foi ſoit violée dans le premier ou dans le ſecond degré , il ſuffit qu'elle le ſoit en quelque degré que ce puiſſe être , parce que le premier degré doit être garant en ce cas , de la foi du ſecond , & que toutes les fois que cette foi , que le vaſſal immédiat doit porter toute entière au Roi , eſt violée par des arrières-vaſſaux qui dépendent de lui , il en eſt reſponſable envers le prince , qui lui redemande un dépôt qu'il ne lui avoit pas confié pour le remettre en des mains indignes , & capables de faire des bienfaits même de leur maître , la matière de leur révolte & de leur infidélité.

Tels ont été les principaux motifs de cette loi , motifs auſſi anciens que les fondemens des états & des monarchies ; motifs qui ont toujours ſubſiſté & ſubſiſteront toujours , & qui condamnent bien formellement toute comparaiſon entre les acquiſitions que le Roi fait par les voies ordinaires & les conquêtes , ( ſi l'on peut

parler ainſi ) , que les ſujets rebelles l'obligent de faire ſur eux.

L'avantage qu'a le Roi de ne relever de perſonne , lui fait perdre dans la coutume de Normandie , un droit utile qu'elle accorde aux ſeigneurs particuliers. Ce droit eſt _l'aide de relief_ , c'eſt-à-dire , qui eſt dû par les vaſſaux aux héritiers du ſeigneur immédiat , pour leur aider à relever leur fief envers le ſeigneur ſupérieur. Il ne peut être exigé au nom du Roi , parce que ſa majeſté ne connoiſſant point de ſuzerain , n'a point de relief à faire.

C'eſt ce qui a été jugé par deux arrêts du parlement de Rouen , des 16 janvier 1645 & 22 février 1648 (1).

_____

(1) _Voici de quelle manière ces arrêts ſont rapportés par Baſnage , art. 164._

En l'année 1645 , meſſire François-Paul de Clermont , marquis de Monglats , & meſſire Victor de Clermont , marquis de Saint-Georges , ſon frère , héritiers des dames de Monglats & de Saint-Georges , leurs mère & aïeule , qui avoient obtenu du Roi un don des droits de reliefs & demi-reliefs dus à ſa majeſté , à cauſe de l'avénement à la couronne des feu Rois Henri-le-Grand & Louis XIII , de la mutation de vaſſaux & poſſeſſeurs des fiefs relevant de ſa majeſté en la province de Normandie , firent publier en pluſieurs paroiſſes de cette province , ſous le nom d'un nommé Groſſetête , un mandement par lequel il étoit enjoint à toutes perſonnes tenant fiefs , baronnies , comtés , marquiſats & duchés , d'envoyer une déclaration contenant la qualité de leurs fiefs , & les mutations de poſſeſſions arrivées depuis l'année 1589 juſqu'en l'année 1643 , & de payer aux mains de Groſſetête les droits de reliefs & demi-reliefs , prétendus dus au Roi à cauſe de l'avénement à la couronne deſdits feu rois Henri-le-Grand & Louis XIII ; comme auſſi de payer pour les moulins & colombiers relevant du Roi , chacun la ſomme de 9 livres , & les terres en rotures 30 ſous par acre , le tout pour deux demi-reliefs & deux reliefs , à cauſe de la mutation & nouvelle poſſeſſion , tant du préſent poſſeſſeur que du précédent. Le procureur-ſyndic des états de Normandie étant averti de cette publication , en porta ſes plaintes à la cour , & lui remontra que par la coutume de cette province , il n'étoit dû d'autre demi-relief que celui qui ſe payoit pour acquitter l'aide de relief ; & que cet aide de relief n'étoit dû par les vaſſaux

En Normandie, le Roi a la garde-noble des mineurs qui possèdent un fief dans sa mouvance immédiate : & à ce titre, il fait siens, non-seulement les fruits du fief pour raison duquel les mineurs tombent en sous garde, mais encore ceux de tous les immeubles féodaux ou roturiers, & même de toutes les rentes & revenus que ceux-ci tiennent d'autres seigneurs, à la seule charge de tenir en état les édifices, le manoir, les bois, prés, jardins, étangs, pêcheries, de payer les arrérages des rentes seigneuriales, foncières, & hypothéquées qui échéent durant la garde, & de nourrir & entretenir les mineurs, suivant leur qualité, âge, faculté & condition (1).

Cette garde n'attire point les fiefs situés hors de la coutume de Normandie, comme l'a jugé un arrêt du 20 février 1597, rapporté par Bérault (2).

Mais attire-t-elle les fiefs provenans d'une ligne différente de celui qui est tombé en garde ? Le commentateur qu'on vient de citer soutient l'affirmative, sur la foi d'un arrêt du 18 juillet 1617. Mais il rapporte l'espèce de cet arrêt (1), & M. Houard (2) qui prouve clairement qu'elle est étrangère à la question, se détermine pour l'opinion contraire, par la raison que l'inféodation règle la succession, & que celle qui est faite par le Roi à une ligne, n'impose aucun devoir de vasselage à la ligne qui ne s'y est pas soumise.

Il est rare que le Roi profite de son droit de garde : il en fait presque toujours don, soit à la mère des mineurs qui y sont sujets, soit à leurs plus proches parens, soit à des étrangers. Mais alors il est censé se réserver la présentation aux bénéfices qui dépendent des biens tombés en garde (3).

L'article 331 de l'ordonnance de Blois, a donné occasion au parlement de Rouen d'arrêter, en enregistrant cette loi, que dans les droits incessibles de la couronne, étoit compris le droit de garde appartenant au Roi par souveraineté, & que sa majesté devoit en jouir nonobstant tous engagemens, délaissemens & aliénations.

Ce droit fut cependant compris dans l'échange fait entre le Roi & M. de Belle-Isle ; mais il en fut distrait par l'arrêt d'enregistrement, & par les lettres-patentes du 16 mai 1719.

### SECTION VII.

*Des droits du Roi dans l'ordre législatif.*

On a vu ci-devant, section I, que sous les deux premières races, le pouvoir législatif étoit partagé entre le monarque & la nation ; que dans les commence-

---

qu'aux hoirs de leur seigneur, pour leur aider à relever leurs fiefs vers leur chef-seigneur, d'où il s'ensuit que ce droit ne pouvoit jamais appartenir au Roi ; que par l'article 163 le relief n'est dû que par le décès ou mutation de vassal, & par l'article 160, avec le corps des fiefs sont relevés par même moyen toutes les dépendances d'iceux, comme sont garennes, moulins, colombiers & autres appartenances du fief, & il n'y a que le moulin seul qui, par l'article 161, doive un écu de relief, quand il est tenu à part & séparé du fief. Sur ces remontrances, la cour, les chambres assemblées, donna arrêt le 16 janvier 1645, par lequel défenses furent faites à Grossetête & tous autres, de mettre le mandement en exécution, ni de lever aucuns deniers en vertu d'icelui.

Cet arrêt obligea lesdits sieurs de Monglats de présenter leurs lettres de don à la cour pour être vérifiées, & par l'arrêt de vérification du 22 de février 1648, il fut ordonné qu'ils jouiroient des droits de reliefs, sans comprendre en iceux aucuns droits de demi-relief, de garennes, de moulins, de colombiers unis au corps des fiefs, & sans qu'il puisse être demandé pour les rôtures cultivées & possédées à droits successifs, que la somme de 22 den. pour acre.

(1) Coutume de Normandie, art. 215.
(2) Ibid.

---

(1) Notes sur Basnage, pag. 509, édit. de 1778.
(2) Dictionnaire de droit normand, au mot *Fief.*
(3) Arrêt du 17 avril 1614 ; Bérault, art. 69 ; Houard, *loc. cit.* au mot *Garde.*

mens de la troisième, il étoit presque universellement usurpé par les barons; que les Rois s'en ressaisirent peu à peu, d'abord par l'introduction des appels à leur cour, ensuite par l'établissement des bailliages royaux, & sur-tout en rendant leur parlement sédentaire; qu'enfin la réunion des grands fiefs à la couronne, mit le dernier sceau à l'autorité royale, & que depuis plusieurs siècles les ordonnances émanées du trône, sont pour tous les sujets de sa majesté, des lois auxquelles personne n'a le droit de résister.

Ce sont aussi les seules que nous sommes obligés de reconnoître. Nul autre que le Roi n'a le pouvoir de prescrire à ses sujets, les règles qu'ils doivent suivre dans la conduite de leurs personnes & le régime de leurs biens. Si quelquefois les juges souverains le font, ce n'est que par l'autorité dont le Roi les a revêtus, *sous le bon plaisir de sa majesté*, & jusqu'à ce qu'il lui ait plu d'en ordonner autrement.

Le droit de faire les lois emporte naturellement celui de les interpréter. Aussi les lois 9 & 12, au code de *Legibus*, décident-elles nettement qu'il n'appartient qu'au prince d'interpréter les ordonnances qu'il a faites.

Cette maxime du droit romain est passée dans nos mœurs. Charlemagne ayant trouvé la loi des Lombards défectueuse en plusieurs points, la réforma en 801, & ajouta que dans les choses douteuses, il vouloit que les juges eussent recours à son autorité, sans qu'il leur fût permis de les décider suivant leur caprice.

L'ordonnance de 1667, titre 1, article 3, veut que si par la suite du temps l'usage & l'expérience, quelques articles de cette loi se trouvoient contre l'utilité ou commodité publique, ou être sujets à interprétation, déclaration ou modération, les cours puissent en tout temps représenter au Roi ce qu'elles jugeront à propos, sans que sous ce prétexte, l'exécution puisse en être surfise.

L'article 7 du même titre, porte que si dans le jugement des procès qui seront pendans aux parlemens ou autres cours, il survient quelque doute ou difficulté sur l'exécution de quelques articles des ordonnances, édits, déclarations & lettres-patentes, sa majesté défend aux cours de les interpréter, mais veut qu'en ce cas elles aient à se retirer pardevers elle pour apprendre son intention.

Il résulte de cet article que les cours mêmes ne peuvent interpréter la loi, lorsqu'il s'agit de le faire contre les termes, & le sens évident qu'ils présentent. Mais quand l'interprétation peut se tirer de la loi même, & qu'elle n'a rien qui la contrarie, les cours sont en possession de la faire sous le bon plaisir de sa majesté.

Celui qui fait les lois, peut sans doute dispenser de leur exécution les cas & les personnes qu'il lui plaît. Aussi n'a-t-on jamais osé contester à nos Rois le pouvoir de déroger à leurs ordonnances, par des lettres-patentes particulières. Ils l'exerçoient même dans la première race; «ils » ne faisoient point, dit Montesquieu (1), » de lois de leur seul mouvement; mais » ils suspendoient la pratique de celles » qui étoient faites ». Ils envoyoient pour cela aux juges des lettres qu'on appelloit *préceptions* (2), à peu près comme le pape fait cesser par des dispenses, les décrets des conciles généraux.

Il n'en est pas de même des parlemens ni des ministres : ni les arrêts des uns, ni les lettres des autres, ne peuvent déranger l'ordre législatif, & dispenser les sujets du Roi de l'obéissance qu'ils doivent aux ordonnances enregistrées. C'est ce qu'a jugé le parlement de Flandres par arrêt du 22 janvier 1783. Les juge & consuls de Valenciennes demandoient la permission de tenir leurs audiences les lundi & jeudi de chaque semaine, au lieu des mercredi & samedi, jours fixés par l'article 31 de l'édit du mois de janvier 1718, portant

_____

(1) Esprit des lois, liv. 31, chap. 2.
(2) Grégoire de Tours, liv. 4, pag. 227; capitulaires, édition de Baluze, tom. 1, pag. 12.

création de leur tribunal. Ils alléguoient de très-bonnes raisons pour ce changement, & produisoient une lettre de M. Joly de Fleury, ministre des Finances, qui les autorisoit à le faire. Mais comme il n'appartient qu'à celui qui a fait la loi d'en changer les dispositions, le parlement a prononcé en cette forme : « la cour ordonne aux suppliants de se retirer devers le Roi, pour avoir déclaration de sa volonté, sur la dérogation proposée à l'article 32 de l'édit du mois de janvier 1718 ».

Le Roi est-il soumis à ses propres lois ? Il faut distinguer.

Il y a des lois civiles qui ne sont que les interprètes du droit divin, du droit naturel, ou du droit des gens.

Il y en a qui sont purement de droit positif, & parmi celles-ci les unes sont émanées de la volonté expresse du souverain, & forment un vrai droit écrit ; les autres ne doivent leur existence qu'à des usages qu'il veut bien tolérer ou approuver, & composent ce qu'on appelle le droit coutumier.

De ces trois espèces de lois, il est certain que les premières lient les souverains comme les peuples, & qu'ainsi la majesté royale ne peut ni s'élever au-dessus des décrets de la divinité, ni violer les principes du droit naturel, ni transgresser les maximes du droit des gens.

Les secondes sont d'un genre différent ; comme elles ne doivent l'existence qu'à la volonté du Roi, il est clair que le Roi peut s'en exempter lui-même, & c'est ce que le jurisconsulte Ulpien a décidé par les mots qui forment la loi 31 du titre *de legibus*, au digeste : *princeps legibus solutus est.*

Il est rare cependant que les Rois fassent usage de cette prérogative ; ils savent trop que leur exemple est la leçon des peuples, & ils se font gloire de dire avec Théodore, Valentinien & Charles V,

que la royauté doit s'abaisser devant les lois (1).

De là, la loi 23, D. *de legat.* 3°, suivant laquelle le legs fait au prince par un testament nul dans la forme, ne doit point avoir d'exécution.

De là, la loi 8, D. *de inofficioso testamento*, qui décide qu'on peut arguer d'inofficiosité, une institution d'héritier faite en faveur du souverain.

De là, l'arrêt du parlement de Paris de 1415, par lequel le procureur-général du Roi a été débouté des lettres de restitution, qu'il avoit prises au nom de sa majesté pour couvrir des défauts acquis contre elle (2).

Eh ! quel bouleversement n'occasionneroit pas dans la société l'adoption du système contraire ? Il s'ensuivroit que les adjudications par décret à la poursuite du procureur-général, ou sur lesquelles le roi se seroit rendu adjudicataire, seroient valables & purgeroient les hypotèques, quoique les formalités prescrites par les ordonnances n'y eussent pas été observées.

Il s'ensuivroit que le procureur-général du Roi, seroit admis à faire preuve par témoins, des choses excédentes la valeur de cent livres, nonobstant les ordonnances de Moulins & de 1667.

Il s'ensuivroit que les enquêtes faites à la requête du procureur-général du Roi, ne laisseroient pas de faire preuve, encore que les témoins eussent déposé sans avoir prêté serment, que la partie n'eût point été appelée pour les voir jurer, &

_____

(1) Digna vox est majestate regnantis, legibus alligatum se principem profiteri : adeò de auctoritate juris nostra pendet auctoritas. Et reverà majus imperio est submittere legibus principatum. Et oraculo præsenti quod nobis licere non patimur indicamus. *L.* 4, *C. de legibus.*
Carondas dans ses pandectes, liv. 1, chap. 4, dit qu'il se souvient d'avoir lu que *le roi Charles V déclara par un édit les lois être faites pour lui & pour ses sujets.*

(2) Bouchel, au mot *Roi.*

que toutes les autres formalités prescrites par les anciennes & les nouvelles ordonnances, n'eussent pas été gardées.

Il s'ensuivroit qu'un jugement rendu au profit du Roi, sur un ajournement non libellé, & duquel il n'auroit été laissé aucune copie au défendeur, seroit valable, nonobstant les dispositions expresses de l'ordonnance de 1667.

Il s'ensuivoit une infinité d'autres absurdités qu'il seroit trop long d'expliquer.

Il est cependant des matières, dans lesquelles les lois portées par le souverain sont sans force contre lui.

Par exemple, il n'est pas douteux que les donations faites au Roi ou par le Roi, ne soient exemptes de la formalité de l'insinuation. La preuve en est écrite dans l'article 132 de l'ordonnance de 1539, qui, en prescrivant cette formalité, ne parle que des donations faites *par & entre nos sujets.*

Et il ne faut pas dire que le législateur s'est ainsi expliqué par hasard. Nous devons croire que parfaitement informé des dispositions du droit civil, il a voulu conserver aux rois de France les prérogatives qu'avoient les empereurs Romains, dont les libéralités étoient affranchies de l'insinuation, comme le prouve la loi 34, c. *de donationibus.*

L'empereur Justinien rend une belle raison de cette jurisprudence, dans la loi *donationes*, au code *de donationibus inter virum & uxorem.* Il dit que tous les contrats passés par le souverain, ont la même force que les lois, & doivent avoir leur effet sous la seule autorité de sa parole. Il ajoute dans la loi 7, au code *de bonis quæ liberis*, qu'il est juste que les libéralités du prince tiennent quelque chose des avantages de la source dont elles découlent. *Ut enim imperialis fortuna omnes supereminet alias, ita oportet & principales liberalitates culmen habere præcipuum.*

Par la même raison, nous devons regarder les substitutions établies par le sou-

verain, comme exemptes des formalités de la publication & de l'enregistrement; & c'est ce qui a été jugé par arrêt du conseil du 24 janvier 1678, entre les princes de Vendôme & les créanciers de leur maison. Il s'agissoit des donations faites par Henri IV à César de Vendôme, son fils légitimé, les 3 & 5 avril 1598, avec charge de substitution. Les créanciers soutenoient que le défaut d'enregistrement & de publication des contrats, dans tous les sièges royaux de la situation des biens, devoit à leur égard faire considérer le fidéicommis comme nul. Mais le conseil a rejeté leur prétention.

C'est sur le même fondement qu'il a été jugé au grand-conseil de Malines, le 18 décembre 1620, que les actes faits par un souverain pour aliéner des terres qu'il possède dans ses états, ensaisinent de plein droit, même dans les pays où il est réglé par des ordonnances expresses qu'on ne peut transférer aucune propriété mobiliaire sans les formalités de dessaisine & saisine. M. Dulaury qui rapporte cet arrêt, en rend raison en ces termes : «Telles solemnités ès contrats » du prince ne sont requises, & sa per- » sonne vaut toute solemnité (1).»

A l'égard des coutumes, Jean Faber prétend dans son commentaire sur les institutes, §. *eadem*, titre *quibus modis testamenta infirmentur*, qu'il en est de leurs dispositions comme de celles des ordonnances, & qu'elles étendent leur empire jusqu'au trône dans toutes les matières où il n'y a pas de loi expresse qui en excepte sa majesté (2).

***

(1) Répertoire de jurisprudence, au mot *Nantissement*, §. 1.

(2) Licet princeps non ligetur consuetudine, nihilominùs tamen debet judicari secundùm consuetudinem, quia causæ principis debent judicari secundùm leges, nisi reperiatur privilegiatus. Constat autem quòd consuetudo habeat vim legis, & auctoritatem legis & principis, qui vult eam habere vim legis.

Mais

, Mais il est aisé de détruire cette opinion. La coutume est une loi écrite, dont les dispositions ont été arrêtées par la reconnoissance & le consentement de tous les habitans d'une province, d'un canton de province, d'une ville. Le consentement du peuple, ou plutôt son choix, le détermine à suivre plus volontiers la loi qu'il s'est, pour ainsi dire, créée à lui-même; mais la liberté que le prince accorde de suivre cette loi, ne porte aucune atteinte à son autorité souveraine; c'est une grâce qu'il fait, & cette grâce tient lieu de la loi qu'il auroit pu imposer.

Dans le principe, les coutumes n'étoient pas écrites, la rédaction n'en a été commencée que sous la troisieme race de nos Rois, & il a fallu plus d'un siècle pour l'achever. Cette rédaction ne pouvoit se faire que par le concours de la puissance souveraine & du consentement des peuples; les trois états ont été assemblés à cet effet, & le Roi a nommé des commissaires pour recevoir le vœu & la déposition des habitans sur la réalité des usages. Il a bien voulu tolérer ces usages, il les a revêtus de son autorité pour qu'ils eussent force de lois; mais les coutumes, en devenant ainsi lois dans l'état, ne sont point devenues lois de l'état. Avant leur rédaction, elles n'étoient qu'un usage; après leur rédaction, elles sont restées usage; & tout ce que la rédaction peut avoir opéré, c'est qu'elles pouvoient changer avant d'être rédigées par écrit. Aujourd'hui elles ne le peuvent plus, la convention est devenue immuable, le pacte est formé, le contrat est parfait, tous les habitans sont forcés de s'y conformer.

Mais cette convention, ce pacte, ce contrat peut-il obliger le Roi? Le Roi n'a pas été présent au contrat, il n'a point discuté le pacte, il n'a point été partie dans la convention, personne n'y a stipulé en son nom; il ne pouvoit y être question de ses intérêts, parce que ses droits sont indépendans du consentement des trois

*Tome I.*

états de chaque pays; il n'est donc point obligé par la coutume, c'est *res inter alios acta.* Il ne pourroit être soumis à la coutume qu'autant qu'il y auroit donné consentement formel; encore, si ce consentement blessoit essentiellement les droits de la royauté, son procureur-général seroit-il toujours en état de reclamer. Il y a plus. Les coutumes des Pays-Bas sont presque toutes approuvées & *homologuées* par le souverain; mais dans presque toutes, l'approbation & l'homologation se trouvent modifiées par cette clause, *sans préjudice de nos droits en tout ce qui pourroit y être contraire* (1).

Il est des exemples sans nombre qui justifient notre doctrine.

Quelque fief que le Roi puisse acquérir, il ne rend hommage à personne, ainsi qu'on l'a démontré dans la section précédente; & cependant l'hommage est prescrit par les coutumes.

La prescription qui est introduite par les coutumes, n'a jamais lieu contre le domaine du Roi (2). Par exemple, dit M. d'Aguesseau dans sa vingtième requête, « la coutume de Bourbonnois est une de » celles qui admettent la prescription du » fond même des cens; cependant, par » arrêt rendu le 22 juillet 1701, au rap- » port de M. Robert, la cour a jugé que » le cens y avoit été imprescriptible contre » le Roi. »

La coutume du pays d'Aunis, dit le même magistrat, autorise le parage, dont l'effet est de produire le démembrement de fief, par lequel une des portions du fief s'éloignant du chef de la mouvance, devient un plein-fief de l'aîné,

_____

(1) Voyez les décrets d'homologation des coutumes de Douai & de Hainaut; les lettres-patentes du 28 juin 1745, portant approbation des coutumes d'Arras, de Bapaume, du pays de Lallœu & de Lens; les lettres-patentes du 26 septembre 1743, confirmatives des coutumes de Saint-Omer & d'Aire, &c.

(2) Voyez ci-après, sect. 16, distinct. 2, §. 7.

T

& un arrière-fief du seigneur dont elle relevoit directement avant le partage. « Cependant , par un arrêt rendu au rap- » port de M. Thomas Dreux, le premier » juin 1707, la cour a jugé que le pa- » rage & le démembrement de fief ne » pouvoit avoir lieu dans l'Aunis contre » le Roi, dont le domaine se règle par » des lois supérieures à celles qui disposent » du domaine des particuliers. »

Le 18 décembre 1759, le maréchal de Belle-Isle vend au Roi son duché de Gisors. La dame de Becquey, sa parente lignagère , en forme le retrait, & satisfait à toutes les formes prescrites pour ces sortes d'actions. La cause portée à l'audience de la grand'chambre, M. Gerbier, défenseur de la retrayante, soutenoit que les acquisitions faites par le Roi ne sont pas plus exemptes du retrait que celles qui sont faites par des particuliers. Il citoit Dumoulin, Féron, Boërius, Chopin, Godefroy sur la coutume de Normandie, de Lalande sur celle d'Orléans, & Durand sur celle de Vitry. Il ajoutoit que cette opinion devoit souffrir d'autant moins de difficulté dans la coutume de Normandie qui régit le duché de Gisors, qu'elle y étoit autorisée par une loi expresse. En effet, la chartre Normande permet aux habitans de cette province de retirer lignagèrement sur le Roi, les héritages qui viendront à lui échoir par défaut de payement de ce qui lui sera dû. La dame de Becquey a fini par offrir de remettre le duché au Roi à l'instant que le retrait en seroit adjugé, & cela pour le prix qu'il se trouveroit valoir au jour de l'arrêt. Ces offres avoient pour motif, la crainte que le retrait ne fût refusé par la raison qu'il s'agissoit d'un grand fief immédiat de la couronne; & que l'acquisition en étoit utile au Roi pour consommer un échange fait avec le prince de Dombes.

D'un autre côté, M. l'avocat-général Séguier a fait voir que soit que l'on consultât les grands principes, soit qu'on

fît attention à l'espèce particulière de la cause, le retrait ne pouvoit être admis contre le Roi. D'où provient la faculté de retraire, disoit ce grand magistrat? Ce n'est ni d'une ordonnance, ni d'un édit, ni d'une déclaration. Il est vrai qu'un édit du mois de novembre 1581 l'avoit introduite dans tout le royaume; mais cet édit a été révoqué par un autre du mois de novembre 1584. Cette faculté n'a donc d'autre origine, d'autre base que les coutumes qui l'ont adoptée chacune dans leur ressort; mais les coutumes sont sans force contre le souverain.

Sur ces raisons, arrêt du 5 août 1762, qui déclare la dame de Becquey non-recevable dans sa demande en retrait (1).

On pourroit citer une infinité d'autres cas où le Roi a toujours été élevé au-dessus de la coutume, & l'on ne peut jamais en conclure que ce soit une injustice, parce que la coutume ne peut étendre son empire sur la personne du Roi, dont le consentement a bien été donné pour la laisser exécuter, mais non pour s'y soumettre.

C'est ce qu'établissoit en 1566, M. l'avocat-général du Mesnil, dans une affaire concernant la réformation d'un article de la coutume de la Rochelle : « Les » coutumes, disoit-il, ne peuvent aider » ni nuire au Roi ni à ses ordonnances, » mais seulement ont leur effet entre » les habitans, *qui inter se eo more usi* » *sunt.* »

M. d'Aguesseau répétoit la même chose en 1716, dans sa vingtième requête : « C'est une règle certaine & inviolable » de notre droit public, que les cou- » tumes ne règnent que sur les peuples » qui s'y sont assujettis, & qu'elles n'exer- » cent pas leur empire sur le prince même, » qui, en les approuvant, ne fait que » leur imprimer le caractère de loi, par

---

(1) Répertoire de jurisprudence , au mot *Retrait lignager*, sect. 4, §. 3, n. 1.

» rapport aux peuples qu'elles regardent,
» fans foumettre la majefté royale à l'au-
» torité d'un ftatut purement municipal. »

L'arrêt de la Reine-Blanche, du 18
janvier 1357, a décidé « qu'entre les
» Rois & les reines, les donations va-
» loient contre coutumes, qui ne lient
» que les fujets du Roi & non les princes. »

Veut-on des preuves émanées de nos
Rois eux-mêmes? Le teftament de Philippe de Valois, fait à Arras le 24 janvier 1347, renferme cette claufe : « Vou-
» lons que notre teftament ait effet, non-
» obftant quelconque droit écrit auquel
» nous ne fommes en rien fujets, ni à cou-
» tume de notre royaume quelle qu'elle
» foit. »

D'après des preuves auffi multipliées,
il eft clair qu'on doit, à l'égard du fouverain, diftinguer les ordonnances d'avec
les coutumes.

Les ordonnances font des lois publiques & générales, émanées de la volonté du prince; les coutumes font des
lois particulières & privées, qui ne font
que l'effet de la convention des citoyens.

Les ordonnances commandent abfolument & par-tout; les coutumes au contraire ne trouvent d'obéiffance que lorfqu'elles juftifient de leur empire.

Les ordonnances font des lois de l'état;
les coutumes ne font que des lois dans l'état.

Le Roi fe foumet aux ordonnances,
parce que c'eft la loi qu'il a faite; il s'eft
enchaîné lui-même : ce ne font point fes
fujets, c'eft fa promeffe qui le lie, fa
volonté eft fa chaîne; femblable à la divinité dont il eft l'image, il eft lui-même
fa néceffité.

Il n'en eft pas de même des coutumes.
Comme elles font le fruit de la convention, elles ne peuvent engager que ceux
qui s'y font foumis; or, le Roi n'a point
entendu s'y foumettre; il n'a promis
que de les faire exécuter : en le promettant, il a fait une grâce à fon peuple, & jamais une grâce ne peut réfléchir
contre fon auteur.

## SECTION VIII.

### Des droits du Roi dans l'ordre judiciaire.

Les droits du Roi dans l'ordre judiciaire font de deux fortes. Les uns concernent l'adminiftration *active* de la juftice : les autres font relatifs aux cas où
le Roi plaide lui-même contre fes fujets,
& ceux où il veut bien fervir de témoin.

§. I. *Des droits du Roi dans l'adminiftration active de la juftice.*

Le droit de rendre la juftice aux peuples, forme un des principaux attributs
de la royauté. Louis XV, dans fon difcours au parlement de Paris, du 3 mars
1766, l'appelle un *devoir vraiment royal.*

Ce droit, il eft vrai, appartient auffi
aux feigneurs particuliers : mais c'eft du
Roi qu'ils le tiennent, c'eft lui qui le
leur a concédé, ce n'eft que fous fon reffort
qu'ils l'exercent, & fa perfonne augufte
eft toujours à leur égard, *la fource d'où
tous les fleuves partent & la mer où ils
reviennent* (1).

Loyfeau, & ceux qui ont dit, à fon
exemple, que les juftices feigneuriales
étoient des ufurpations faites fur la royauté,
ont plus confulté leur imagination que
les faftes de la monarchie. Montefquieu
prouve clairement qu'ils fe font trompés,
& que la juftice fut comprife par les Rois
dans les conceffions de fief (2).

Ce que les feigneurs ufurpèrent durant les troubles du gouvernement féodal,
ce fut non pas précifément le pouvoir
de juger les habitans de leurs feigneuries, mais celui de les juger en dernier
reffort. On a vu ci-devant, fection 1,
comment cet abus s'eft infenfiblement
déraciné, & par quels degrés la politique des Rois de la troifième race eft

---

(1) Montefquieu, liv. 28, chap. 27.
(2) Liv. 30, chap. 20.

parvenue à foumettre à l'appel tous les jugemens émanés des juftices feigneuriales.

Pour s'acquitter *du devoir vraiment royal de rendre la juftice à leurs fujets*, nos Rois ont créé des tribunaux & des magiftrats. Mais fe font-ils privés par là de la faculté de rendre la juftice eux-mêmes, quand ils le trouveroient à propos ? Non. C'eft toujours dans le Roi que demeure la plénitude de l'autorité qu'il a confiée à fes juges ; & l'ufage qu'en font ceux-ci ne peut être excluſif de celui qu'il voudroit en faire perſonnellement, on ne dit pas feulement dans fon confeil où il eſt toujours cenſé préfent, & dans les arrêts duquel il parle toujours en nom, mais même dans les autres compagnies de juftice.

Auffi voyons-nous, dans prefque tous les fiècles de la troifième race, des exemples de Rois qui rendent la juftice en perſonne.

En 991, Hugues Capet fe rend au concile de faint Bafle, affemblé pour juger Arnould, archevêque de Reims, accuſé de haute trahifon, fe fait faire le rapport du procès, & prononce lui-même le jugement (1).

En 1153, Louis-le-Jeune tient fa cour à Moret, pour juger une conteſtation furvenue entre l'évêque de Langres & le duc de Bourgogne. L'arrêt qui eſt confervé en entier dans le cartulaire de Langres, folio 181, porte que les parties ont déduit leurs raiſons dans l'affemblée des archevêques, évêques & barons, en préfence du Roi, *in præfentiâ noftrâ*.

En 1216, Philippe-Augufte tient à Melun un parlement, où l'on juge *en fa préfence* qu'il ne doit point recevoir l'hommage d'Erard de Brienne, tant que la comteſſe Blanche & fon fils conſentiront de s'en rapporter à la juftice de fa cour. Ce jugement eſt rapporté dans les *preuves des mémoires concernant les pairs de France*, pages 16 & 17.

Saint Louis porte plus loin fon attention à rendre la juftice. Joinville & Paſquier difent «qu'après avoir ouï la meſſe, » il alloit fouvent s'ébattre au bois de » Vincennes, & fe féoit au pied d'un » chêne, faifant affeoir auprès de lui » quelques feigneurs de la cour, preſtant » audience libre à chacun, fans aucun » trouble ou empefchement, puis deman- » doit à haute voix s'il y avoit aucun » qui eût partie, & s'il fe préfentoit » aucun, l'écoutoit, prononçant fa fen- » tence fur ce qui s'offroit devant lui. »

Le 23 février 1376, Charles V juge avec fon parlement féant au louvre, un procès entre le Dauphin & le marquis de Saluces (1)

En 1458, Charles V tient à Vendôme un lit de juftice, dans lequel le duc d'Alençon eſt condamné à mort, avec confiſcation de fes fiefs d'Alençon, de Vermeil & de Samblançay (2).

En 1524, François I tient un lit de juftice pour y faire le procès au connétable de Bourbon. L'arrêt eſt prononcé, *le Roi féant en fon lit de juftice*.

En 1536, le marquis de Saluces fe révolte contre le même monarque. Celui-ci le fait citer au parlement de Paris, & fe rend lui-même à l'affemblée. Là, on met en queftion fi fa majeſté peut affifter au parlement : plufieurs princes foutiennent qu'elle ne le peut pas ; à cauſe de l'intérêt qu'elle a dans le procès ; néanmoins le procureur-général conclut à ce que le Roi demeure juge, & il intervient arrêt en cette conformité (3).

La prétention condamnée par cet arrêt

---

(1) Voyez le difcours 17 de M. Moreau fur l'hiſtoire de France.

(1) Lettres fur les anciens parlemens, tom. 3, pag. 162 & 163.

(2) Lobineau, hiſtoire de Bretagne, tom. 1, pag. 669.

(3) Bouchel, au mot *Juges*.

n'étoit pas nouvelle. Dès l'an 1224, on avoit soutenu, à l'occasion du procès d'entre le sire de Nesle & la comtesse de Champagne, que comme la loi n'accordoit pas aux pairs la voix délibérative dans les affaires où ils étoient parties, il devoit en être de même du Roi lorsqu'il se trouvoit dans le même cas.

Aussi voit-on que saint Louis se contenta d'assister au jugement rendu en 1230 par les barons, contre Pierre Mauclerc, & s'abstint d'y opiner (1).

En 1295, Guy, comte de Flandres, soutint que le Roi n'avoit pu saisir son comté, parce qu'étant la partie adverse, il ne pouvoit être son juge, & qu'il ne reconnoissoit cette qualité que dans les pairs de France; qu'ainsi l'arrêt rendu par le Roi contre lui étoit nul. Ce différend ne fut terminé qu'après la mort de Guy. Ses enfans firent, en 1305, avec Philippe-le-Bel, un traité qui prouvoit qu'alors le jugement contre un pair devoit être donné au nom même des pairs, sans pourtant exclure le Roi de la présidence (2).

Cependant Charles V, en 1378, prononça, dans un lit de justice, que Jean de Monfort, duc de Bretagne, étoit » privé de tous droits, honneurs, no- » blesses & dignités, possessions, terres & » seigneuries qu'il tenoit dans le royaume » de France & en Bretagne ». Tout fut confisqué au profit du Roi; mais on contesta la canonicité de cet arrêt, par la raison que le Roi y étoit juge & partie (3).

On se fondoit sur une distinction entre le domaine de la couronne & les biens que le Roi acquéroit par succession ou autrement. Le Roi, disoit-on, ne peut être juge du procès, dont ces derniers biens sont l'objet, tant qu'ils ne sont pas réunis à la couronne, on les considère comme des biens de famille; le Roi en peut disposer lorsqu'on ne les lui dispute pas: mais il n'en est pas le juge quand on lui en conteste la propriété. A l'égard du domaine de la couronne, comme il est inaliénable, le Roi n'en est pas propriétaire, & par cette raison il peut présider & même opiner aux procès, qui ont pour objet la conservation de ce domaine, parce qu'alors il défend moins son bien que celui de son royaume.

La prétention, à l'appui de laquelle venoient ces raisonnemens, se renouvela dans le procès instruit en 1386 contre le roi de Navarre, en sa qualité de comte d'Evreux. Charles VI ayant assemblé les pairs pour le juger, le duc de Bourgogne, leur doyen, représenta qu'au procès du duc de Bretagne, auquel les pairs avoient été ajournés, » iceux maintinrent devant le Roi, que » la décision, détermination & jugement » de la cause leur appartenoient, requé- » rant qu'il leur en fût accordé lettres; » ou que si le Roi persistoit à vouloir » déterminer la cause & à rendre le juge- » ment ou arrêt, qu'il leur fût pareille- » ment accordé un acte portant que ce » seroit sans leur préjudice, & sans que » le Roi acquît un nouveau droit par ce » moyen. Ce qui leur ayant été accordé, » de l'avis général du conseil du Roi, » en conséquence de la notoriété, les » lettres ont été commandées (1) ».

Il paroît que cet acte de non-préjudice ne toucha guère le parlement de Paris. Du moins il semble qu'il l'avoit déjà perdu de vue en 1458, lorsque consulté par Charles VII sur les formalités qu'on devoit observer dans les procès personnels des pairs, il répondit « que par

(1) Preuves des mémoires des pairs, pag. 31 & 33.

(2) Lequel jugement, li dis nostre sire li Rois fera rendre au nom desdits pairs. MM. de Brienne, vol. 236, 237, fol. 1. Preuves des mémoires des pairs, pag. 176.

(3) Preuves des mémoires des pairs, pag. 613, 614.

(1) Lettres sur les anciens parlemens, tom. 3, pag. 130, édit. 1728.

» les procès de Robert d'Artois, de Jean
» de Montfort & du roi de Navarre ;
» il paroissoit que le *Roi lui-même a été*
» *leur juge* dans une séance des pairs con-
» voquée à cette fin ; qu'à la vérité
» on ne pouvoit obliger le Roi d'assister
» à l'instruction ni au jugement, que
» néanmoins il convenoit qu'il fût pré-
» sent à l'un & à l'autre, & que les
» exemples déjà cités ne permettoient pas
» d'en disconvenir ». L'acte qui contient
cette réponse est daté du 20 avril 1458
après pâques (1).

Cependant environ deux siècles après, des
membres du parlement de Paris sont revenus à l'ancien système, en soutenant que le
Roi ne pouvoit pas même être présent au
jugement d'un procès criminel instruit
contre un pair. C'étoit dans l'affaire du duc
de la Valette, fils du duc d'Epernon.

Louis XIII avoit fait expédier le 14
octobre 1638, des lettres-patentes pour
l'instruction de ce procès. Le 24 mai
1639, il fut jugé par le Roi, assisté des
princes du sang, des pairs de France, des
grands officiers de la couronne, des sept
présidens & du doyen du parlement. Le
Roi leur avoit ordonné de se rendre à
Saint-Germain-en-Laie, & l'arrêt fut
exécuté sur l'effigie du duc de la Valette.

Montrésor (2) nous a conservé la relation de ce procès ; Louis XIII, dit-il,
voulut présider à ce jugement ; il commença par appeler dans son cabinet quelques conseillers d'état & quelques officiers
du parlement, & les obligea d'opiner sur
le décret de prise de corps. Le président
de Bellievre, à qui cette conduite déplai-
soit, dit qu'il voyoit dans cette affaire
une chose étrange, un Roi opiner au procès
criminel d'un de ses sujets ; que les Rois
ne s'étoient réservé que les grâces, & qu'ils

renvoyoient les condamnations vers leurs
officiers. Votre Majesté y ajouta-t-il,
» voudroit-elle bien voir sur la sellette
» un homme devant elle, lequel par son
» jugement iroit dans une heure à la
» mort ? La face du prince qui porte les
» grâces ne peut soutenir cela ; sa vue
» seule levoit autrefois les interdits des
» églises, & on ne sortoit que content
» de devant les princes ».

Lorsqu'on jugea le fond du procès, le
président de Bellievre réitéra ses protestations. « Cela est un jugement sans
» exemple (disoit-il en ouvrant son avis),
» voire contre tous les exemples du passé
» jusqu'à hui, qu'un roi de France ait con-
» damné, en qualité de juge, par son
» avis, un gentilhomme à mort ».

Ce magistrat, à qui on ne peut refuser
le sentiment dû à une ame courageuse,
n'auroit pas sans doute trouvé à redire à
la conduite de Louis XIII, s'il se fût
rappelé, on ne dit pas précisément, la
réponse que le parlement avoit faite en
1458 à la consultation de Charles VII ;
mais encore, qu'en 1524 & 1538, François I avoit assisté & opiné aux procès du
connétable de Bourbon & du marquis de
Saluces.

Louis XIII, à qui, selon toute apparence, ces faits n'étoient pas inconnus,
s'y conforma encore en 1641, dans le
procès du duc de Vendôme. Il obligea
le chancelier & deux conseillers d'état
d'instruire l'affaire de ce seigneur, & de
lui rapporter ensuite toutes les pièces. Le
Roi les ayant reçues, manda à Saint-
Germain-en-Laye le prince de Condé,
les ducs & pairs, & les officiers de la
couronne. Il présida au jugement, & le
22 mars 1642, il prononça l'arrêt définitif (1).

Le système du président de Bellievre,
quoique condamné par cette conduite,

---

(1) Boulainvilliers, Lettres sur les anciens parlemens, tom. 3, pag. 130, 160, édit. 1720.
(2) Mémoires de Montrésor, tom. 2, pag. 62.

(1) Mémoires pour l'histoire du cardinal de
Richelieu, tom. 2, pag. 649.

semble revivre dans les remontrances que le parlement de Paris fit au Roi le 1 Mars 1721, au sujet de l'arrêt du conseil qui évoquoit le procès criminel du duc de la Force. Voici ce que nous y lisons : « Votre » majesté n'est réservée que pour faire » des grâces à ses sujets. Elle ne doit leur » répandre que des bienfaits ; elle les » aime avec trop de tendresse pour leur » imposer des peines & des châtimens. Il » n'est pas de la Majesté royale, occupée » du gouvernement d'un grand royaume, » de se tourner aux longueurs d'une pro- » cédure criminelle ».

Mais il paroît, qu'en s'expliquant de la sorte, le parlement vouloit seulement faire entendre qu'il étoit peu convenable qu'un procès criminel fût évoqué au conseil du Roi. Car dans les mêmes remontrances on lit ces termes remarquables : « Nous » sommes bien éloignés, Sire, de révoquer » un seul moment en doute le droit qu'a » votre majesté de rendre la justice à ses » peuples. Nous reconnoissons que vous » avez le droit de les condamner ou de » les absoudre ; l'autorité même dont » nous sommes revêtus, n'est qu'une éma- » nation de la vôtre ».

Ce qui confirme notre idée, c'est qu'un peu plus bas le parlement ajoute : « Ce » n'est qu'au parlement, Sire, qu'ils » ( les pairs ) doivent rendre compte de » leur conduite ; ce n'est que *sous vos* » *yeux* dans la cour, que nos registres » appellent par excellence la cour des » pairs, que ces affaires doivent être » traitées ».

Enfin, la preuve que le système du pré- sident de Bellièvre n'est point adopté par le parlement, c'est que cette compagnie est dans l'usage constant d'inviter le Roi à venir présider au jugement des pairs à qui l'on fait un procès criminel.

### §. II. *Des droits du Roi dans l'ordre judiciaire, quand il est partie.*

Lorsque le Roi plaide contre ses sujets,

soit en demandant, soit en défendant, il jouit de plusieurs privilèges.

1°. Le plus remarquable est que jamais sa majesté ne paroît en nom dans les qua- lités d'un procès ; elle ne plaide que par l'organe de ses procureurs-généraux ou de leurs substituts, & c'est pour ou contre eux que les juges prononcent leurs décisions. Il est bien permis aux sujets du Roi de se servir, en plaidant, du ministère de procureurs ; mais on ne voit pas que ces procureurs aient jamais été reçus à agir sous leur nom, ni que depuis le commen- cement de la monarchie on ait prononcé un seul jugement autrement que contre les parties mêmes.

Si les seigneurs plaident dans leurs jus- tices par leurs procureurs-fiscaux, c'est une émanation de la souveraineté que le Roi leur a concédée en créant leurs jus- tices ; mais ils ne peuvent jouir de ce droit que dans le territoire dont ils sont seigneurs.

Si les pupilles, les mineurs, & les im- béciles agissent sous le nom de leurs tuteurs, ou curateurs, c'est une tolérance du prince, qui a bien voulu leur accorder ce secours, pour citer en jugement, parce que, de droit commun, *non habent personam standi in judicio.*

Mais de tous ceux qui peuvent plaider par eux-mêmes, aucun n'est reçu à le faire par procureur. Tous les princes du sang sont obligés de plaider sous leur nom ; & il en est de même des souverains étrangers qui plaident en France.

On trouve dans la note de Tournet, sur l'article 124 de la coutume de Paris, un arrêt du 11 mai 1581, rendu au profit du roi de Navarre, comte de Marle, dans une affaire où il avoit agi en personne.

On voit dans l'histoire de Lorraine que quand le duc de Lorraine eut fait rédiger la coutume de Bar, le procureur général du parlement de Paris interjeta appel de la rédaction ; le duc de Lorraine y parut en qualité d'intimé ; & après que son avocat eut été entendu ; il intervint arrêt le 4 décembre 1581, qui ordonna la publication de cette coutume.

Le recueil d'Augeard nous offre un arrêt du 29 janvier 1697, par lequel il a été décidé au parlement de Metz, que le roi de Suède ne pouvoit plaider en France par procureur.

2°. Lorsque le procureur-général du Roi se présente, au nom de sa majesté, pour revendiquer un bien qu'il prétend faire partie du domaine de la couronne, peut-on se prévaloir contre lui d'un jugement antérieur qui a déjà tranché la question ; ou dans d'autres termes, peut-on lui opposer l'exception de la chose jugée ? Non, dans tous les temps le prince peut faire rentrer dans son domaine ce qui en a été distrait. Si d'anciens jugemens ont proscrit quelques-unes des recherches qu'on en a faites autrefois, ils ne peuvent lui nuire, dès qu'il produit de nouvelles pièces qui caractérisent l'aliénation.

C'est ce qui a été jugé par deux arrêts du parlement de Paris des 5 septembre 1695 & 17 juillet 1699, contre le comte de Brienne, qui avoit en sa faveur un arrêt contradictoirement rendu avec M. le procureur-général le 3 septembre 1648.

Ces arrêts ont été invoqués en 1730 par M. de Poilly, inspecteur-général du domaine, contre le comte de Tournemines. Il s'agissoit de la mouvance du fief de Mérionnet. Le comte de Tournemines opposoit, comme fins de non-recevoir invincibles, cinq arrêts du parlement de Bretagne, lors desquels les avocats & procureurs-généraux de sa majesté avoient donné des conclusions. M. de Poilly soutint que les arrêts, quoique rendus avec les procureurs-généraux, parties formelles, n'ont pas l'autorité de la chose jugée, même dans les cours de qui ils sont émanés, dès qu'il est bien prouvé qu'ils dépouillent le Roi d'un droit vraiment domanial ; d'où il conclut, qu'à plus forte raison, le conseil est en état de rétracter de pareils arrêts. Conformément à ces principes, il

est intervenu arrêt à la grande direction, le 19 février 1731, au rapport de M. de la Briffe d'Amilly, par lequel les cinq arrêts du parlement de Bretagne, dont se prévaloit le comte de Tournemines, ont été cassés & annullés, & le fief de Mérionnet déclaré être dans la proche mouvance de sa majesté.

M. Freteau, inspecteur-général du domaine du Roi, a fait valoir, avec un pareil succès, les mêmes maximes contre M. de Robien, président au parlement de Bretagne, qui le prétendoit non-recevable à attaquer un arrêt de cette cour, concernant la généralité de proche-fief & juridiction dans la paroisse de Pluvigner. Par arrêt rendu à la grande direction, le 6 mars 1747, au rapport de M. Joly de Fleury, celui du parlement de Rennes, fut cassé, & la question remise de nouveau en litige.

On sera, sans doute, curieux de remonter au principe d'un privilège aussi singulier ; si l'on y réfléchit bien, avec le judicieux annotateur de le Febvre de la Planche, on le trouvera dans la nature particulière de la cause domaniale. Le domaine, dit cet illustre écrivain, forme la constitution dotale de la couronne, à laquelle il est indivisiblement uni. Le prince ne possède ce domaine que de la même manière qu'il possède la couronne elle-même, c'est-à-dire, sous la loi d'un fidéicommis légal & perpétuel, qui doit transmettre l'un & l'autre, dans toute son intégrité, à ses derniers descendans. Ou bien, disons plus encore, la société elle-même, garante de cette constitution dotale, est toujours en cause, sous le nom du *procureur du Roi*. Le Roi & la société font une seule & même chose. Or, tout appartient à la société, tout est fait par elle ; les citoyens ne peuvent avoir que des droits subordonnés aux siens ; ils ne les ont qu'autant qu'ils les ont reçus d'elle ; & conformément à ce qu'elle en ordonne. Donc il lui suffit de désigner les biens qu'elle croit devoir séquestrer pour les

appliquer

appliquer aux ufages publics ; & la juftice elle-même lui donne un titre de propriété fur ces biens. Tout cela eft vrai, & le prince, revendiquant un objet particulier, ne peut être contredit, qu'autant qu'on lui oppofe cette voix de la fociété, qui infailliblement eft la fienne, & qui eft confignée dans les lois par lefquelles la diftribution des patrimoines eft réglée avec intelligence. C'eft avec ce témoignage qu'on le met au niveau des autres citoyens, & qu'on lui dit, *le vôtre eft le vôtre*, & *le mien eft le mien*. Delà il réfulte que toutes ces règles de juftice entre les citoyens, que *vigilantibus jura fubveniunt*, que *qui damnum fuâ culpâ fentit, fentire non videtur*, que *res judicata pro veritate habetur*, règles qui font le germe de toute fin de non-recevoir, & qui font néceffaires pour oppofer une barrière aux inquiétudes perpétuelles des hommes, ne fe tranfportent point dans la caufe publique. L'autorité feule de l'expérience qui, par de mauvais fuccès, révèle un vice intérieur, & exige une réformation, s'élèvera au-deffus de ces préfomptions de droit, & les fera difparoître. Comment l'autorité de la chofe jugée enchaîneroit-elle la toute puiffance qui l'a créée ? Et qu'eft-ce que l'autorité des miniftres de la loi, lorfque la loi elle-même demande la rétractation de ce qui a été fait ? Car, pour traiter cette queftion, il faut fuppofer que le procureur du Roi fe préfente avec des moyens qui fubjugueroient les juges, & entraîneroient leurs fuffrages, s'ils pouvoient fe perfuader que ces fuffrages font encore libres. Dans cette hypothèfe, miniftres de la loi, ils exécuteront eux-mêmes fa réclamation, & détruiront leur propre ouvrage.

Mais, dira-t-on, ne faut-il pas, même dans les caufes comaniales, des règles fixes & fur lefquelles on puiffe invariablement compter ? Ne faut-il pas des jugemens qui déterminent l'application de ces règles ? Car on ne doit pas fe diffimuler le mal ; les atteintes, portées aux jugemens, font un contre coup qui re-

tombe fur les règles elles-mêmes. Les règles font une autorité morte, elles n'ont d'action que celles qu'elles empruntent des magiftrats ; & le magiftrat eft une loi vivante, comme la loi eft un magiftrat mort. — A l'autorité de la chofe jugée, ajoutez celle de la poffeffion qui en eft le premier fruit, & qui fcelle par le fait, le droit que le jugement a déterminé. Or, quoi de plus refpectable ?

Voici ce que répond le favant & profond écrivain que nous avons déja cité.

Il ne faut pas dire indiftinctement, que ce qui a été une fois folemnellement jugé dans la caufe publique comme dans les caufes privées, ne peut plus être foumis à aucune délibération ; mais il ne faut pas dire non plus qu'on peut, dans cette caufe, méprifer la chofe jugée. Ce font deux extrémités, entre lefquelles nous devons chercher la route que nous devons fuivre. C'eft la difparité de la caufe publique, d'avec la caufe privée, qui nous tracera cette route. Cette difparité n'élimine que les fins de non-recevoir, juftes, à l'égard des citoyens, parce qu'ils font arbitres de leurs droits, avec la faculté d'y renoncer ; injuftes, à l'égard de la caufe publique, parce que perfonne ( & dans cette excluſion le prince lui-même eft compris ) perfonne, difons nous, n'eft arbitre de cette caufe, avec le droit de la compromettre par fa négligence. Les fins de non-recevoir ainfi écartées, l'oppofition fe jugera par les moyens du fond. Au nombre de ces moyens de fond, fe trouvera l'autorité de la chofe jugée, & celle de la poffeffion. Celle-ci d'abord rejetera fur le procureur du Roi, la neceffité de prouver, par des titres pofitifs, dont le temps lui-même n'aura pas encore énervé l'autorité, le droit qu'il réclame. L'autorité de la chofe jugée lui impofera encore une obligation plus étroite. C'eft un titre en faveur de fon adverfaire ; il faut qu'il le détruife ; il faut qu'il en démontre l'injuftice. En ceci, il y a deux ordres à diftinguer dans la caufe publique, & deux parties dans le ministère de ceux qui la traitent. C'est toujours la cause du Roi qu'ils plaident; mais la cause du Roi a un double point de vue; ou bien elle contient un intérêt d'ordre public, relatif au système d'une saine police; ou elle contient la revendication d'un droit qui, privé par sa nature, & du même genre que les droits qui sont entre les mains des citoyens, n'est public qu'en vertu de l'attribution qui le consacre à la cause publique. Dans le premier cas, le procureur du Roi trouvera bien plus aisément les moyens qui doivent démontrer l'injustice des précédens jugemens, puisqu'il n'a à les chercher que dans la chose même. L'opération est mauvaise, si elle contient en elle-même quelque contradiction; en elle-même, ou, ce qui est la même chose, dans les circonstances qui en résultent nécessairement. Dans le second, la cause publique, se trouvant infiniment voisine de la cause privée, le procureur du Roi a joui de ses droits, & consommé son privilège, lorsqu'il a fait recevoir son opposition, qui eût été rejetée de la part de toute autre partie. Au surplus, c'est à lui à prouver l'injustice, c'est-à-dire, qu'on saisira toutes les interprétations qui peuvent établir la justice des jugemens précédens.

3°. La caution d'un débiteur du Roi, poursuivie en payement de la dette qu'elle a cautionnée, & le tiers détenteur d'un héritage hypothéqué à une dette royale, peuvent-ils opposer à sa majesté l'exception de discussion, c'est-à-dire, demander qu'avant tout le débiteur principal soit discuté? Il y a dans le journal des audiences un arrêt de la cour des aides du 1 août 1702, qui juge nettement pour la négative. L'avocat-général avoit conclu en faveur de l'opinion contraire.

4°. La péremption d'instance a-t-elle lieu contre le Roi? La loi *properandum*, au code *de judiciis*, décide que non: *exceptis*, dit-elle, *tantùm modò causis quæ ad jus fiscale pertinent*.

Cette maxime est adoptée dans nos mœurs, comme l'attestent Guénois & Néron sur l'article 15 de l'édit de Roussillon; Vrevin, chapitre 5, page 510; Chopin, sur la coutume de Paris, livre 2, titre 8, n. 7; Mornac, sur la loi citée; M. de Lamoignon, en ses arrêtés, partie 2, titre de la péremption, article 16; Menelet, traité des péremptions, page 38, &c.

Il faut cependant remarquer, que s'il étoit question des droits échus ou tombés en arrérages, & que la demande s'en fît par les fermiers du Roi, il y auroit lieu à la péremption comme entre particuliers. C'est la disposition expresse de l'article 9 du titre commun des fermes, de l'ordonnance du mois de juillet 1681.

Mais si la demande des droits échus ou arrérages étoit formée pour le compte du Roi même, la péremption ne pourroit pas avoir lieu. C'est ce que décide l'article qu'on vient de citer. Il est conçu en ces termes : « les fermiers de nos » droits auront..... Voulons néanmoins » que leurs droits soient prescrits par » cinq ans, à compter du jour des baux » desdites fermes expirées, & que les » instances par eux intentées soient sujettes » à péremption, comme entre nos autres » sujets, le tout s'il n'y a interruption. » Lesquelles prescriptions & péremptions » n'entendons avoir lieu, lorsque nous » sommes parties, comme exerçant les » droits des fermiers nos débiteurs ».

Ce texte prouve, contre l'assertion de Menelet, qu'il ne faut pas argumenter en cette matière de la prescription de 30 ans à la péremption. Il est certain, & l'on verra ci-après section 16, distinction 2, § 2, que les droits échus se prescrivent contre le Roi par un laps de 30 ans; cependant on vient de voir que la péremption, c'est-à-dire l'exception qui s'acquiert par une cessation triennale de toute procédure, ne peut pas pour cela être opposée à sa majesté dans les causes où il ne s'agit que du recouvrement des droits échus.

5°. Peut-on agir contre le Roi par voie de complainte ? Non. Cette action suppose une voie de fait, une violence, & par conséquent une injustice. On ne pourroit donc l'intenter contre le Roi, qui est la source & la distribution de toute justice, sans blesser le respect dû à la majesté du prince.

Bouchel (1) dit que cette maxime fut plaidée à l'audience de la grand'chambre, le 27 juillet 1554, dans une cause entre l'abbaye de Lagny & le procureur-général, & que l'avocat de l'abbaye convint que cela avoit été jugé entre les parties (2).

Il existoit autrefois un usage contraire dans les Pays-Bas. Mais il fut proscrit par arrêt du parlement de Flandres, du premier juin 1675, rendu en faveur du grand bailli d'Audenardes, plaidant au nom du Roi, pour un droit de meilleur cattel. Le sieur de Potteghem, son adversaire, produisoit une foule de jugemens des tribunaux de la Flandre Autrichienne, qui avoient admis la complainte contre le souverain : on n'y eut point d'égard (3).

On prétend qu'il y a sur cet objet une réciprocité parfaite entre le Roi & ses sujets, & que, comme ceux-ci ne peuvent intenter la complainte contre le Roi, de même le Roi ne peut prendre cette voie contre eux. Brillon (4), qui est de cet avis, en donne deux raisons; la première, parce que c'est le Roi qui maintient & garde ses sujets; la seconde, parce que la complainte suppose un trouble qui ne peut ni ne doit lui être fait.

Chopin & Papon assurent même qu'il en a été ainsi jugé par arrêt des grands jours de Moulins, du 15 septembre 1534,

sur les conclusions de M. l'avocat-général de Montholon. Cet arrêt a, en effet, décidé que le procureur du Roi du domaine de Bourbonnois, n'avoit pu intenter complainte contre les habitans d'Iscure pour dénégation de devoirs, droits & rentes dus à sa majesté, mais qu'il falloit se pourvoir par action. Il s'agissoit dans cette affaire d'un droit de blairie. Sans avoir égard à la complainte, on renvoya devant le sénéchal de Bourbonnois pour procéder sur l'action confessoire.

6°. On dit communément que *le Roi plaide toujours main garnie*. Mais cela n'est exactement vrai qu'en trois cas.

Le premier, est lorsque le procureur de sa majesté a saisi féodalement. On dira sans doute qu'en ce cas, le Roi ne fait qu'user d'un privilège commun à tous les seigneurs de fief : mais il y a cela de particulier à son égard, que le désaveu du vassal fait cesser la saisie du simple seigneur de fief, au lieu qu'il n'opère pas le même effet contre le Roi; c'est ce qui a été jugé par arrêts des 19 août 1339 & premier août 1412, rendus contre le duc de Lorraine, au sujet de la mouvance de Neuf-châtel (1).

Le second cas est lorsqu'il s'agit de quelque prérogative attachée à la souveraineté, ou de quelque bien ou droit notoirement domanial, tels que sont la justice, les tabellionages, les apanages éteints, les domaines engagés, &c. Chopin, *de domanio*, livre 3, titre 10, rapporte un arrêt de 1446, qui le juge ainsi pour le cas d'extinction d'apanage; & cette maxime a été érigée en loi générale par les articles 14 & 18 de l'édit du mois de février 1566. Voici les termes de ces textes : « les saisies faites par » réunion de notre domaine ne se le- » veront par provision, mais sera pro- » cédé à l'instruction des procès, sinon

---

(1) Au mot *Complainte*.

(2) On a même jugé par arrêt du 7 mars 1654, que la complainte n'a pas lieu contre un prince apanagiste; Ferrière sur Paris, art. 96, glos. 1, n. 10.

(3) Deghewiet, institution au droit belgique, part. 3, tit. 1, S. 6, art. 7.

(4) Au mot *Complainte*, n. 10,

---

(1) Chopin, *de domanio*, lib. 3, tit. 10, n. 4.

V ij

» que pour caufe & grande confidéra-
» tion fût trouvé équitable de faire quel-
» que provifion à temps feulement, at-
» tendant l'inftruction du procès. -- Pour
» les droits dépendans de notre domaine,
» fera & pourra être en tous lieux &
» parlement procédé par faifie. »

Le troifième cas eft lorfque le Roi eft
en poffeffion du bien contentieux. Comme
il ne peut point être interré de complainte
contre fa majefté, il eft clair qu'elle doit
jouir par provifion pendant le procès.
Cela a été ainfi jugé par un arrêt de l'an
1281(1). Le Roi avoit fait bâtir des moulins fur le port de Greftonne : le chevalier Bertrand, qui prétendoit que lui feul
avoit ce droit, en demandoit la démolition. La cour décida que le Roi demeureroit en poffeffion des moulins, fauf
au chevalier Bertrand *fon action de propriété.*

Hors ces trois cas, le Roi ne plaide
pas main garnie. Ainfi il ne peut pas,
durant le procès, dépofféder le poffeffeur
d'un héritage. C'eft ce qui eft décidé en
termes exprès par l'ordonnance de Philippe de Valois, de 1344, inférée dans
l'ancien ftyle du parlement de Paris (2).
Auffi, dit M. le Bret (3), voyons-
nous « que cette cour a toujours réprouvé
» cette violente façon de procéder, fpé-
» cialement depuis l'arrêt folemnel de
» l'année 1298, par lequel elle donna
» main-levée au comte d'Alençon, de
» la terre de Montagu qui avoit été
» faifie fur lui, à la requête du procu-
» reur-général du Roi, durant la quef-
» tion fi cette terre dépendoit du Roi

ou de lui, & dont il étoit en poffeffion
» lorfqu'on la faifit. » (1).

La chartre Normande de 1314, confirme cette jurifprudence. En voici les
termes : « Se nous ou nos fucceffeurs
» voulons au temps à venir acquérir ou
» dire à nous appartenir aucun droit
» de rente ou de poffeffion, qui ait été
» poffédé par aucun de notre duché de
» Normandie, par an & jour paifible-
» ment, la caufe ou négoce foit terminée
» dorénavant felon la coutume du pays :
» la poffeffion demourant franchement
» pardevers iceux poffeffeurs, nonobftant
» ufage au contraire. »

Il a été jugé par arrêt du parlement
de Paris, du 12 avril 1710, rapporté
au journal des audiences, que lorfqu'il
y a « combat de fief & de juridiction
» entre le Roi & un feigneur, quoique
» les titres paroiffent favorables au fei-
» gneur, la fentence dont il y a appel
» étant pour le Roi, il n'y a pas lieu
» de donner la provifion au feigneur,
» mais qu'il faut mettre tout en fufpens
» jufqu'au jugement définitif. »

Le principe de ces diverfes décifions, eft que dans les affaires où il
s'agit des intérêts du Roi lui-même,
le Roi fe trouve toujours fous un double
point de vue. D'un côté, il eft partie fous
la perfonne des officiers pourfuivans le
recouvrement de fes droits ; de l'autre,
comme prince, & ayant dans fes mains
le tréfor de la puiffance publique, offrant
à fes fujets fa protection, felon la juftice,
contre lui-même, il eft féqueftre des
objets contentieux.

Ainfi, pour bien connoître l'étendue
de la règle que le Roi ne plaide que la
main garnie, il faut fe fouvenir qu'elle
répond à cette autre, qu'entre le Roi
& toute partie le Roi eft lui-même féqueftre. On ne commencera donc point
par renverfer une poffeffion paifible ; mais

---

(1) Papon, liv. 15, tit. 1, n. 9.

(2) *Tit.* de advocat, & procurat. Reg. *art.* 3.
*Voici ce que porte cette ordonnance.*
Hoc in pofterùm valiturâ conftitutione fan-
cimus ut fi procurator nofter amodo voluerit vel
noverit litem re quacumque contrà poffidentem,
non turbetur poffidens, nec ad manum noftram
res litigiofa ponatur, nifi prius caufâ cognitâ.

(3) De la fouveraineté, liv. 3, chap. 11.

(1) Chopin, *de domanio*, liv. 3, chap. 10,
n. 7, date cet arrêt de la Touffaint 1278.

s'il y a lieu d'ordonner une féqueſtra-
tion, le Roi lui-même eſt le féqueſtre, &
l'adminiſtrateur du domaine, au miniſtère
de recouvrement qui fait le titre de ſon
office, joint encore celui de dépoſitaire
naturel de tout objet contentieux.

7°. Quoique régulièrement un demandeur ne puiſſe pas forcer celui qui attaque à produire les titres de ſa poſſeſſion,
il en eſt autrement dans les cauſes où
le Roi eſt partie & plaide en demandant. Les lois romaines décident que le
défendeur eſt obligé de lui adminiſtrer
toutes ſes pièces (1), & cette déciſion eſt
confirmée par l'article 7 de l'édit donné
à Moulins, en février 1566 (2).

Il y a là deſſus d'autant moins de difficulté que les ſeigneurs de fief ont le même
droit contre leurs vaſſaux (3); le ſuzerain ſuprême & univerſel du royaume,
ne doit certainement pas être traité moins
favorablement qu'eux.

8°. Il eſt d'uſage au parlement de Flandres, & cela ſe pratiquoit dans tout le
royaume, avant l'ordonnance de 1667,
qu'on ne peut, après la concluſion d'un
procès, former de nouvelles demandes
ni alléguer de nouveaux faits, ſans obtenir en chancellerie des lettres royaux
qu'on appelle *petites requêtes civiles*.

On a mis en queſtion ſi le Roi eſt ſoumis à cette formalité, & par arrêt du parlement de Flandres, du 23 janvier 1696,
il a été jugé que non (4).

9°. Le Roi ne plaide jamais que devant ſes juges: ceux des ſeigneurs ne peuvent s'attribuer aucune juridiction ſur les
affaires dans leſquelles ſa majeſté a quelque intérêt (1). De là, la maxime atteſtée
par tous les auteurs, que quoique le domaine ſoit enclavé dans le territoire d'un
ſeigneur, il ne peut être ſoumis à ſa juſtice, & qu'une terre qui y étoit ſujette
auparavant, ceſſe de l'être, lorſqu'elle
eſt acquiſe par le Roi. En effet, la majeſté du ſouverain ſeroit bleſſée, s'il étoit
dans le cas de ſolliciter auprès de ſes
ſujets, des ſecours dont il eſt lui-même
la ſource, & que ſes ſujets ne peuvent
avoir qu'autant qu'il répand ſur eux quelque rayon de la gloire qui l'environne.

10°. Par la même raiſon, il n'eſt pas
permis de faire juger par arbitrage les
conteſtations qui s'élèvent ſur le fond
des droits du Roi, ſoit qu'il en jouiſſe
par les receveurs de ſes domaines, ſoit
qu'ils appartiennent à ſes officiers comme
repréſentant ſa majeſté.

C'eſt ce qui a été décidé par arrêt du
parlement de Flandres, du 9 mars 1763,
au rapport de M. Remy, entre les baillis
& nobles vaſſaux de la cour de Caſſel,
appelans d'une part, & le ſieur de Mortieres, lieutenant de Roi, à Saint-Ouen,
intimé d'autre.

Il s'agiſſoit au fond, de ſavoir ſi le
ſieur de Mortieres, en qualité de ſeigneur
de Zuytpeene, devoit jouir des droits
honorifiques dans l'égliſe, & ſe faire préſenter les comptes de la fabrique.

Les baillis & nobles vaſſaux de la
cour de Caſſel, prétendoient que tous ces
droits appartenoient au Roi à cauſe de ſa
vierſchaëre de Zuytpeene, & ils avoient
compromis pour le faire décider.

Les arbitres leur ayant ordonné, avant
faire droit, de reconnoître l'exactitude
d'un plan figuratif ou de le contredire,
ils interjetèrent appel de la ſentence.

Par l'arrêt cité, le compromis & la

---

(1) L. *illatæ*, C. *de fide inſtrumentorum*;
l. *procurator*, C. *de edendo*; l. 2, D. eod. tit.

(2) Voici les termes de cet article:
« Ceux qui occulteront ou denieront de male-
» foi le titre auquel ils détiennent les terres de
» notre domaine, ou terres ſujettes en certains
» cas à réverſion, & qui en ſeront dûment con-
» vaincus, ſeront déclarés déchus de l'effet de
» leur titre, & privés du droit & poſſeſſion
» deſdites terres. »

(3) Répertoire de juriſprud. au mot *Repréſentation*.

(4) Pinault Desjaunaux, tom. 1, art. 87.

---

(1) Bacquet, des droits de juſtice, chap. 21,
n. 5; grand coutumier, tit. des droits appartenans
au Roi.

sentencé ont été déclarés nuls, & les parties renvoyées au bureau des finances de Lille.

Le motif de cette décision a été qu'il ne convient pas à la majesté royale ni à ceux qui la représentent, de choisir ses sujets pour juger ; que les tribunaux établis par le Roi ont seuls la prérogative de statuer sur ses droits ; que si le Roi a cru devoir créer à cet effet des sièges particuliers, tels que les bureaux des finances, les élections, les greniers à sel, les juridictions des traites, il s'ensuit à plus forte raison que des particuliers sans qualité ne peuvent recevoir des parties un pouvoir suffisant pour statuer sur des affaires de ce genre.

11°. Les procès dans lesquels le Roi est partie, ne peuvent être évoqués des sièges ordinaires, soit du chef de parenté, soit à titre de committimus. C'est la disposition expresse de l'ordonnance du mois d'août 1669, titre 1, article 16, & titre 4, article 25. L'article 22 du titre 1 de l'ordonnance du mois d'août 1737, dit précisément la même chose.

12°. Peut-on arrêter par des *lettres d'état* la poursuite d'un procès dans lequel le Roi est demandeur ? L'article 4 de la déclaration du 13 décembre 1702, décide que non : « Entendons, porte-t-il, » que les lettres d'état n'aient aucun » effet dans les affaires où nous aurons » intérêt. »

13°. Il en est de même des lettres de répit. Le bénéfice qui en résulte, dit Jousse (1), « n'a pas lieu à l'égard de ceux qui sont » redevables de deniers royaux, parce » que le Roi n'accorde jamais de pri- » vilège contre lui-même. »

14°. Le même motif qui rend les lettres de répit impuissantes contre le Roi, fait aussi que les cours ne peuvent accorder aucune surséance d'exécution aux personnes poursuivies pour deniers royaux,

ni même accorder des défenses pour suspendre la provision due aux sentences des premiers juges, rendues en faveur de sa majesté (1).

Il a été un temps où le parlement de Flandres n'observoit pas exactement cette règle. Mais sur les plaintes qui en furent portées au Roi par les états de Cambresis, M. de Louvois, ministre, en écrivit en ces termes à M. de Bagnols, intendant de Flandres : « Sa majesté aura » bien agréable que vous fassiez entendre » au premier président & au procureur- » général du conseil souverain de Tour- » nai, que son intention n'est point qu'il » accorde à l'avenir aucune surséance par » provision, contre les sentences des pre- » miers juges (concernant les impôts & » la perception des deniers publics) ; » parce que si cet abus continuoit, le » Roi ne pourroit pas s'empêcher d'y » mettre ordre (2). »

15°. Le Roi peut contraindre par corps tous ceux qui ont le maniement de ses deniers & qui sont reliquataires. Cela résulte de l'article 5 du titre 34 de l'ordonnance de 1667, & c'est sur ce fondement que la déclaration du 13 juin 1705, accorde aux fermiers & intéressés dans les affaires du Roi, le droit de contraindre leurs associés par corps, à la réfusion des sommes qu'ils ont payées pour eux au trésor royal.

Les fermiers des droits du Roi peuvent encore contraindre de cette manière « leurs procureurs & commis qui sont » en demeure de compter ou de payer. » C'est la décision textuelle de l'ordonnance du mois de juillet 1681, titre commun des fermes, article 12.

A l'égard des particuliers débiteurs de sa majesté, pour raison des droits auxquels ils ont été imposés, la contrainte par corps n'a pas lieu indistinctement.

_____

(1) Sur l'ordonnance de 1669, tit. des Répits, art. 11.

(1) Ordonnance de juillet 1681, tit. com. des fermes, art. 43.

(2) Voyez ci-après le chapitre DES INTENDANS.

L'article 42 de la loi qu'on vient de citer, porte que « Les redevables des droits » du Roi ne sont contraignables par corps » au payement, sinon dans les cas men- » tionnés dans ces présentes , & dans » les réglemens des mois de mai & de » juin 1680. »

Il est important de connoître quels sont ces cas. L'ordonnance des gabelles du mois de mai 1680, n'en fixe qu'un. Elle veut, titre 20, article 4 , « Qu'en paye- » ment des amendes au-dessus de 10 li- » vres, & de restitution des droits de » gabelle au-dessus d'un minot, les con- » damnés puissent être contraints par » corps, nonobstant oppositions ou ap- » pellations quelconques, & sans y pré- » judicier. »

Il y a , suivant l'ordonnance des aides du mois de juin 1680 , plusieurs cas où la contrainte par corps a lieu contre les redevables des droits du Roi.

L'article 3 du titre 6 des droits de détail sur le vin, porte que « Les con- » traintes pour le détail, pourront être » exécutées contre les hôteliers, taver- » niers & cabaretiers, par emprisonne- » ment de leurs personnes, trois jours » après le commandement qui leur aura » été fait. »

L'article 6 du même titre déclare qu'en vertu des sentences de solidité en fait d'aides , prononcées contre les habitans des paroisses dans le cas de rébellion , le fermier «Pourra décerner sa contrainte » sur le pied du plus haut quartier de » tous les vendans vin de l'année pré- » cédente, qu'il pourra mettre à exécu- » tion, tant sur leurs biens que par em- » prisonnement de leurs personnes, après » qu'elle aura été visée par l'un des » élus. »

L'article 5 du titre 1 du droit de sub- vention , porte que «Pour le payement » de droit de subvention sur le vin, cidre » & poiré qui seront vendus en détail, » les contraintes seront décernées & exé-

» cutées comme pour les autres droits » de détail. »

L'article 5 du titre du droit annuel des vendans vin, déclare la même chose par rapport à ce droit.

L'article 22 du titre 8 des droits de gros, défend «Au fermier d'exercer au- » cune contrainte par corps, contre les » redevables des droits de gros & d'aug- » mentation.» L'article 23 ajoute: «Pour- » ront néanmoins les contraintes par » corps , après les quatre mois, être or- » données pour les dépens & les confis- » cations, si la condamnation monte à » 200 livres & au-dessus. »

L'article 10 du titre des droits sur l'eau-de-vie, l'article 11 du titre des droits sur la bierre , & l'article 7 du titre des droits sur le cidre, déclarent que tout ce qui vient d'être dit pour les droits sur le vin, a pareillement lieu à l'égard de ces trois autres espèces de liqueurs.

Quant à l'ordonnance du mois de juil- let 1681, on ne remarque qu'un cas où elle soumet à la contrainte par corps, les redevables des droits du Roi. C'est celui qui est prévu par l'art. 15, du titre des droits d'abord & de consommation sur le poisson. En voici les termes : « Seront les certificats » pour le poisson frais , rapportés dans » quinzaine , & pour le poisson sec & salé » dans trois semaines , à l'égard de celui » qui sera transporté par chartoi, & dans » six semaines à l'égard de celui qui sera » amené par eau; sinon nos droits seront » payés en vertu des contraintes solidaires » qui seront décernées , visées & exécu- » tées contre les principaux obligés & » leurs cautions par emprisonnement de » leurs personnes ».

L'ordonnance des fermes du mois de février 1687 , ajoute deux cas à ceux qu'ont prévus celles de 1680 & 1681.

Suivant l'article 14 du titre 12, les ju- gemens portant condamnation des droits de sortie & d'entrée des provinces répu- tées étrangères, sont exécutoires par corps.

Aux termes de l'article 3 du titre suivant, les confiscations jugées par sentences confirmées par arrêt, contre des marchands qui auront obtenu main-levée à caution, en attendant le jugement définitif, emportent aussi la contrainte par corps, tant contre ces marchands que contre leurs cautions.

L'article 28 des lettres-patentes du 29 mai 1766, déclare « Ces dispositions communes à la régie des droits établis sur » les cuirs & peaux »

Enfin les lettres-patentes sur arrêt du 24 août 1728, décident que quand il s'agit de condamnations pour rébellions, fraudes & contraventions concernant les droits des fermes, les condamnés peuvent être contraints par corps au payement des amendes qu'ils ont encourues.

16°. Dans tous les cas où le Roi peut contraindre par corps ses débiteurs, ceux-ci ne peuvent échapper à l'emprisonnement par le bénéfice de cession. C'est la disposition expresse de l'article 13 du titre commun de l'ordonnance des fermes, du mois de juillet 1681, & c'est ce qu'avoit jugé précédemment un arrêt du parlement de Grenoble du 1 avril 1620, rapporté par Basset, livre 2, titre 30, chapitre 2.

17°. L'âge de soixante-dix ans, suivant l'article 9 du titre 34 de l'ordonnance de 1667, équivaut pour le débiteur qui y est parvenu, à des lettres de cession, & il est comme elles impuissant contre le Roi. Un arrêt du 30 mars 1716, a jugé qu'on peut être emprisonné à cet âge, lorsqu'on est débiteur de deniers royaux. La même chose a été décidée à la cour des aides, par arrêt du 23 mai 1783, sur les conclusions de M. Clément de Barville, avocat-général (1).

18°. Peut-on opposer la compensation au Roi ? la loi 1, au code *de compensationibus*, décide qu'on le peut, pourvu néanmoins que la dette dont on est débiteur,

& celle dont on se trouve créancier, dépendent l'une & l'autre de la même régie ou du même bureau (1).

19°. Le Roi ne reconnoît point d'héritiers par bénéfice d'inventaire, à moins qu'ils ne soient mineurs. L'article 16 de l'ordonnance de Roussillon, est très-précis là-dessus (2).

20°. Quels sont les droits du Roi dans les ordres de créanciers ? Il faut distinguer de quelles sources proviennent les créances qu'il y fait valoir.

Un homme failli ou décédé insolvable, peut être débiteur du Roi pour quatre causes différentes.

La première, parce qu'il a eu le maniement des deniers royaux.

La seconde, parce qu'il a fait avec sa majesté quelque contrat particulier.

La troisième, parce qu'il est redevable des droits auxquels il a été imposé.

La quatrième, parce qu'il a été condamné à certaines amendes.

Examinons dans quel ordre le Roi doit être colloqué pour ces différentes créances.

_____

(1) Répertoire de jurisprudence, au mot *Contrainte par corps.*

(1) *Rescriptum est compensationi in causâ fiscali locum esse, si eadem statio quid debeat quæ petit.*

(2) *Voici les termes de cet article.*

« Les prochains habiles à succéder à ceux qui » décéderont en office, charge ou administration » de nos finances, ne seront reçus à se porter » héritiers par bénéfice d'inventaire des défunts, » ains seront tenus se porter héritiers simples, » ou renoncer à la succession d'iceux. Et ne pourront en quelque nom que ce soit, ou de personnes interposées directement ou indirectement, sous aucune forme & espèce d'accord » ou convention, prendre don ou cession de » nous ou de ceux auxquels nous aurions fait » don, ou d'autres ayant droit de nous, des dettes » de leurs prédécesseurs, à peine de nullité » de tels dons & transports, & d'être responsables de toute notre dette, & des créanciers particuliers de leursdits prédécesseurs, » sans qu'ils puissent s'aider contre eux du privilège & prérogative de notre hypothèque. Ce » que nous voulons avoir lieu ; même quant aux » mineurs, fors & excepté pour le regard du » bénéfice d'inventaire. »

d'abord,

D'abord, le droit romain décide net-tement, que le prince a une hypothèque tacite sur tous les biens des comptables des deniers royaux (1). Mais cette hypo-thèque est-elle privilégiée, & précéde-r-elle celles qui ont été constituées avant que le comptable ne fût entré en fonc-tions ? La loi 3, C. *de primipilo* semble faire entendre qu'oui : elle porte que la femme de l'officier préposé à l'adminis-tration des vivres & de la solde des trou-pes, ne doit être colloquée pour sa dot qu'après le fisc, & l'on sait que par la loi dernière, au code *qui potiores in pignore*, la dot de la femme étoit préférée même aux hypothèques créées avant le mariage. La loi 4, au code *in quibus causis pignus tacite contrahitur*, confirme ce que nous avançons, en soumettant même la dot de la femme de l'officier dont il s'agit, au recouvrement des sommes dont son mari est reliquataire.

Quoi qu'il en soit, il est certain que dans nos mœurs, le Roi n'a hypothèque sur les biens des comptables, que du jour où ils ont commencé d'avoir le manie-ment de ses deniers. Mais en revanche, cette hypothèque est absolument générale, & elle a lieu même dans les pays où l'on ne peut regulièrement acquérir des droits de préférence sur des héritages, sans ob-server les formalités de désaisine & sai-sine prescrites par les coutumes de nan-tissement.

C'est ce qu'établit l'article 24 de l'édit perpétuel de 1611, porté par les archi-ducs Albert & Isabelle, pour les Pays-Bas (2).

L'article 25 de la même loi va plus loin. Il déclare que cette hypothèque a lieu subsidiairement, même sur les biens que les coutumes de *dévolution* affectent aux enfans sans charge de dettes (1).

Cet édit n'a par lui-même aucune au-torité dans l'intérieur du royaume ; mais les principes qui l'ont dicté sont reçus par-tout, & Louis XIV les a affermis par son édit du mois d'août 1669. Voici de quelle manière est conçue cette loi im-portante.

« Louis.... la connoissance que nous
» avons de l'état de nos finances, par
» l'application que nous y avons donnée,
» nous a fait remarquer que les ordon-
» nances des Rois nos prédécesseurs, ont
» très-sagement pourvu aux moyens de
» prévenir le divertissement de nos de-
» niers, que les officiers comptables, fer-
» miers & autres qui en ont le manie-
» ment, emploient souvent en acquisi-
» tion de meubles, de charges, de maisons
» & de terres ; & bien que nous puissions
» prétendre avoir non-seulement un pri-
» vilège, mais aussi un droit de suite, &
» de propriété sur ces acquisitions, néan-

les coutumes des lieux decrétées, ou à décréter, toutefois n'entendons par ce être dérogé au bé-néfice de l'hypothèque légale, & préférence com-pétant par disposition de droit, à nous, & notre fisque, sur les biens des receveurs de nos do-maines & revenus, à tous autres créditeurs, dont les debtes seroient contractées depuis la date de la prestation de leur serment, de laquelle pré-férence nous entendons user contre tous lesdits receveurs, en quelque province qu'ils exercent le fait de leur charge, ensuite du susdit privi-lège fiscal, à nous à diverses fois adjugé.

(1) *Cet article est ainsi conçu :*

Laquelle préférence & affectation de biens, à l'effet d'icelle, en cas d'insolvence desdits recep-veurs, nous voulons sortir effet, nonobstant la dévolution de propriété que par les coustumes d'aucunes provinces & villes, est introduite en faveur des enfans par le trépas de l'un des con-joints, comme ne se pouvant faire qu'avec la charge susdite, pour, à la concurrence de ce, que leur père seroit lors redevable.

(1) L. 1 ; C. *de jure fisci* ; l. 3, C. *de pri-mipil.* ; l. 4, C. *in quib. cauf. pign. tac. contrah.*

(2) *Voici les termes de cette loi.*

Combien que nul droit réel ès biens im-meubles, soit en tout par vente ou donation, ou en partie par hypothèque, se peut acquérir sinon par les œuvres de loi à ce statuées par les placards des princes nos prédécesseurs, ou par

» moins comme la discussion ne s'en fait
» qu'avec beaucoup de longueurs & de
» frais, il s'en tire fort peu d'avantage
» pour nos affaires, tant par l'incertitude
» des préférences qui nous appartiennent,
» que le relâchement des temps a ren-
» dues arbitraires dans les différentes
» cours qui en connoissent ; que par l'in-
» tervention des femmes frauduleuse-
» ment séparées de leurs maris, & par
» des formalités & des délais inutiles qui
» consomment une partie du prix, éloi-
» gnent la restitution qui nous est dûe,
» & le payement des créanciers légitimes :
» c'est ce qui nous a fait résoudre de re-
» nouveler l'ancienne disposition du droit
» & des ordonnances, pour conserver le
» privilège de nos deniers, & les droits
» des particuliers sur les meubles, offices
» & immeubles des comptables, préve-
» nir l'abus des séparations simulées des
» femmes, & retrancher les procédures
» inutiles dans la vente judiciaire des of-
» fices.

» A ces causes, de l'avis de notre con-
» seil, & de notre certaine science,
» pleine puissance & autorité royale,
» nous avons dit, déclaré & ordonné,
» & par ces présentes signées de notre
» main, disons, déclarons & ordonnons,
» voulons & nous plaît ce qui en suit.

Article I. » Que nous ayons la préfé-
» rence aux créanciers des officiers comp-
» tables, fermiers-généraux & particu-
» liers, & autres ayant le maniement de
» nos deniers qui nous seront redevables,
» tant sur les deniers comptans, que sur
» ceux qui proviendront de la vente des
» meubles & effets mobiliers sur eux
» saisis, sans concurrence, ni contribu-
» tion, nonobstant toutes saisies précé-
» dentes, à l'exception néanmoins des
» frais funéraires de justice, & autres
» privilégiés, des droits du marchand qui
» réclame sa marchandise dans les délais
» de la coutume, & du propriétaire des
» maisons des villes, sur les meubles qui
» s'y trouveront pour six mois de loyer.

II. » La même préférence nous sera
» conservée, même auparavant le ven-
» deur, sur le prix de l'office comptable,
» & droits y annexés, du chef & exercice
» duquel il nous sera dû, soit pour de-
» bets de clair, debets de quittances,
» souffrances, & supercessions converties
» en radiations, ou pour quelqu'autre
» cause que ce soit procédant de l'exer-
» cice.

III. » Nous entendons aussi avoir pri-
» vilège, sur le prix des immeubles ac-
» quis depuis le maniement de nos de-
» niers, néanmoins après le vendeur &
» celui dont les deniers auront été em-
» ployés dans l'acquisition, & dont il
» sera fait mention sur la minute & expé-
» dition du contrat : ce que nous voulons
» avoir lieu, à l'égard des offices de toute
» nature, nonobstant toutes coutumes &
» usages contraires, auxquels nous avons
» dérogé & dérogeons.

IV. » Sur les immeubles acquis avant
» le maniement de nos deniers, nous
» avons hypothèque du jour des provi-
» sions des offices comptables, des baux
» de nos fermes, ou des traités & des
» commissions ; & sur les offices non
» comptables ou offices comptables, du
» chef desquels il ne nous sera pas dû,
» après le vendeur & celui qui justifiera
» d'un emploi comme dessus, nous entre-
» rons en contribution sur le reste du
» prix avec les autres créanciers, même
» les opposans du sceau, encore qu'il n'y
» eût aucune opposition faite en notre
» nom au sceau des provisions.

V. » Voulons tout ce que dessus avoir
» lieu, nonobstant les oppositions & ac-
» tions des femmes séparées de leurs ma-
» ris, à l'égard des meubles trouvés dans
» la maison d'habitation du mari, qui
» n'auront appartenu à la femme avant le
» mariage, même sur le prix des immeu-
» bles acquis par elle depuis la sépara-
» tion, s'il n'est justifié que les deniers
» employés à l'acquisition lui appartien-
» nent légitimement ».

Voilà quelles font les règles, concernant l'ordre dans lequel le Roi doit être colloqué fur les biens des comptables de fes deniers.

Examinons maintenant celles qui doivent déterminer la collocation de fa majefté dans le partage des débris de ceux avec qui elle a fait quelque contrat particulier.

Le droit romain donne au fifc, une hypothèque tacite & générale fur les biens de ceux avec qui il contracte. Mais cette hypothèque n'eft prefque pas privilégiée, elle fuit l'ordre des temps, & elle n'eft préférée à celles qui ont été créées antérieurement à fa conftitution légale, que fur les biens acquis depuis cette conftitution. C'eft ce qui réfulte de la loi 8, d. *qui potiores in-pignore*, & de la loi 28, d. *de jure fifci* (1).

Cette jurifprudence a été adoptée par le parlement de Paris. M. le Bret, liv. 3, chapitre 10, en rapporte un arrêt qu'il dit avoir été rendu de fon temps (2).

Mais doit-elle avoir lieu dans les Pays-Bas, où comme on l'a déjà dit, il eft de maxime générale qu'aucune hypothèque ne s'acquiert fans défaifine & faifine? cette queftion s'eft préfentée au confeil fouverain de Brabant en 1644, & y a fouffert difficulté.

On difoit contre le fifc, que la maxime dont on vient de parler, ne doit recevoir aucune exception qui ne foit marquée par une loi expreffe; que l'abrogation de toutes les hypothèques tacites du droit romain, eft dans les Pays-Bas un point de droit commun, dont on ne peut s'écarter qu'à l'aide d'un réglement particulier & formel; que l'article 24 de l'édit perpétuel de 1611, laiffe bien fubfifter l'hypothèque légale du fifc fur les immeubles des comptables, mais qu'il ne dit rien de celle que le droit civil accordoit fur les biens de ceux qui avoient fait avec le fifc des contrats ordinaires.

On répondoit pour le fifc, que le prince, en introduifant dans fes états les forma-

---

(1) *Voici les termes de ces deux lois.*

Si pignus fpecialiter res publica acceperit, dicendum eft præferri eam fifco debere, fi poftea fifco debitor obligatus eft ; quia & privati præferantur.

Si qui mihi obligaverat quæ habet habiturus quæ effet, cùm fifco contraxerit, fciendum eft in re poftea acquifitâ fifcum potiorem effe debere Papirianum refpondiffe; quod & conftitutum eft : prævenit enim caufam pignoris fifcus.

(2) *Voici de quelle manière s'explique ce magiftrat.*

La première queftion qui fe préfenta de mon temps fur cette préférence du fifc, ce fut d'un certain, qui, auparavant que d'avoir contracté avec le Roi, s'étoit obligé à un particulier avec ftipulation expreffe d'hypothèque fur tous fes biens, tant préfens que futurs. Ce débiteur, après avoir acquis plufieurs poffeffions, vint à décéder ; le fifc & le créancier particulier ayant refpectivement fait faifir tous les biens du défunt, il y eut conteftation entre eux à qui auroit la préférence fur les biens que leur commun débiteur avoit achetés depuis le contrat qu'il avoit fait avec le Roi.

Car le créancier foutenoit que la préférence lui étoit due, & fe fondoit fur fon contrat, qui étoit en date devant celui que le Roi avoit fait

avec le débiteur, & fur la ftipulation expreffe de l'hypothèque , tant fur les biens préfens qu'à venir, que la loi ne réprouvoit point.

A quoi le procureur général répliquoit que cette ftipulation, fur laquelle le créancier appuyoit fa préférence, ne pouvoit avoir fon effet que du jour que les biens avoient été acquis, & que lui au contraire l'avoit du jour de fon contrat, & que partant il devoit être préféré. Cette queftion ayant été fort agitée de part & d'autre ; enfin le procureur général emporta la préférence, par la diftinction que je fis entre l'hypothèque tacite que la loi donnoit, & celle qui ne provenoit que du contrat ; qu'il étoit certain que le fifc avoit la préférence en vertu de l'hypothèque tacite que la loi lui donnoit fur les biens acquis par fon débiteur, depuis le contrat fait avec le Roi, & que c'étoit ce que pouvoit dire Ulpien, *fifcum præveniffe caufam pignoris*, en la loi 18, *fi quis*, ff. *de jure fifci*; ce qu'on ne pouvoit pas dire de l'hypothèque contractuelle que le créancier avoit ftipulée ; parce qu'elle n'avoit point d'effet fur les biens futurs, que du jour de leur acquifition, & que par conféquent le fifc devoit être préféré. Ce qu'on peut dire avoir auffi lieu *in pupillo, in dote*, & en toutes les autres matières, où la loi donne l'hypothèque tacite.

lités de défaisine & faisine, n'étoit pas censé s'y être assujeti lui-même, & encore moins avoir renoncé par-là à des prérogatives qu'il trouvoit établies en sa faveur par le droit commun ; que le silence de l'article 24 de l'édit perpétuel de 1611, n'étoit pas une raison pour décider que le législateur avoit eu l'intention de corriger le droit commun à son préjudice.

On pouvoit ajouter que suivant l'arrêt du grand conseil de Malines de 1620, rapporté ci-devant section 7, les formalités de dessaisine & saisine ne sont pas même nécessaires à l'égard du Roi, lorsqu'il s'agit d'aliéner ; qu'à plus forte raison ne doivent-elles pas être de rigueur en matière d'hypothèque ; qu'au surplus la question étoit tranchée en faveur du fisc, par l'article 3, du titre 22 de la coutume de la chatellenie de Lille, homologuée en 1565.

Par arrêt du conseil souverain de Brabant, du mois de juillet 1644, il a été jugé que le prince avoit hypothèque sur les biens d'un particulier qui avoit fait divers achats dans les bois de sa majesté, & le receveur des domaines a été colloqué, comme hypothéquaire, du jour des adjudications (1).

Lorsque la créance du Roi provient d'impôts auxquels le particulier qui y est soumis n'a point satisfait, elle a, suivant le droit romain, une hypothèque privilégiée, & à ce titre elle doit être colloquée même avant les hypothèques antérieures des particuliers. C'est ce qui résulte de la loi 1, c. *si propter publicas pensitationes.*

Il n'en est pas tout-à-fait de même dans nos mœurs. Le Roi a bien pour le recouvrement des impôts qui lui sont dûs, une hypothèque tacite sur les immeubles des redevables, mais elle ne date que du jour de la condamnation. C'est ce que décide l'ordonnance du mois de juin 1680, titre 8, des droits de gros, article 19.

Mais quels sont en pareil cas, les droits du Roi sur les meubles du redevable ? L'article 6 du titre commun des fermes de l'ordonnance du mois de juillet 1681, va nous l'apprendre. « Voulons, porte-t-» il, que les fermiers & sous-fermiers » qui feront crédit de nos droits, & qui » viendront par action, opposition, in-» tervention, plainte ou autrement, » même dans les cas auxquels ils pour-» roient se faire payer sur le champ, » soient préférés sur les meubles à tous » autres créanciers, même à ceux qui ont » prêté leurs deniers pour les acheter, » aux exceptions portées par le régle-» ment de nos droits d'aides ».

On demandera sans doute quelles sont ces exceptions ? nous ne pouvons mieux les faire connoître qu'en retraçant ici les dispositions du réglement auquel le législateur nous renvoye. Voici ce que portent les articles 14, 15, 16, 17 & 18 du titre 8 des droits de gros de l'ordonnance du mois de juin 1680.

« Sur les deniers provenans des meu-» bles saisis & vendus, sera le fermier » payé par préférence à tous créanciers, » même au propriétaire de la maison, » excepté pour deux quartiers de loyer, » y compris le courant, pour lesquels le » propriétaire sera préféré, en affirmant » qu'ils lui sont dûs, & sans qu'ils puis-» sent prétendre aucune préférence pour » les réparations.

» Le fermier sera aussi préféré à tous » créanciers, même au vendeur, sur le » prix du vin saisi & vendu en vertu des » contraintes, après toute fois que le pro-» priétaire de la maison, en cas que les » meubles ne soient pas suffisans, aura » été payé des deux quartiers, en affir-» mant comme dessus, les droits de la » vente du vin saisi préalablement pris » par le fermier.

» Pourra le juré-vendeur ou marchand, » réclamer le vin avant la vente, & le » reprendre en payement du prix qu'il af-» firmera lui être dû, pourvu, & non au-

---

(1) Stockmans, décis. Brabant, §. 96.

» trement, que le vin reclamé ait été
» vendu fur les places publiques, qu'il
» foit vendiqué dans le mois, & qu'il ait
» été reconnu, le fermier préfent ou due-
» ment appelé.

» Les meubles étant dans la maifon
» des marchands de vin & vignerons, ne
» pourront être reclamés par leurs fem-
» mes, fous prétexte de féparation de
» biens, & de la vente ou délaiffement
» qui leur en auroit été faite en confé-
» quence : voulo,is néanmoins à l'égard
» des bourgeois non marchands & fabri-
» cans de vin, que les féparations de
» biens jugées & exécutées, fortent leur
» plein & entier effet, en la manière ac-
» coutumée.

» Les veuves des marchands, vigne-
» rons & autres redevables, ne feront
» tenues des droits qui nous feront dûs
» par leurs maris, en renonçant à la
» communauté fuivant la coutume. »

Refte à examiner quels font les droits
du Roi, fur les biens de ceux qui ont été
condamnés à des amendes au profit de fa
majefté.

Le droit romain ne donne à cet égard
aucun privilège au fifc (1). Mais la décifion
en a été rejetée par tous nos auteurs, &
il n'y a eu de conteftation entre eux que
fur l'époque à laquelle on devoit fixer
l'hypothèque du Roi pour le recouvrement des amendes.

Les uns, tel que Lhommeau (2), la faifoit remonter au jour du délit.

D'autres, tels que Mornac (3), diftin-
guoient les crimes atroces de ceux qui
ne l'étoient pas, & faifoient remonter
l'hypothèque par rapport aux premiers,
au jour du délit, tandis qu'ils la fixoient
pour les feconds au jour du jugement qui
avoit prononcé l'amende.

Plufieurs, tels que Goujet & Bafnage (1),
étoient d'avis qu'il falloit indiftinctement
s'arrêter au jour de la condamnation.

Ce dernier fentiment étoit fans contredit le plus juridique. On ne conçoit même
pas comment on pouvoit le critiquer, d'a-
près l'article 53 de l'ordonnance de Moulins qui le confacre de la manière la plus
pofitive.

Cependant l'adminiftration des amendes ayant été confiée au parlement de Paris en 1646, cette cour rendit plufieurs
arrêts pour faire payer les amendes par
préférence à tous les créanciers.

Cette jurifprudence fe trouvant établie
lorfque les amendes furent réunies au domaine, Louis XIV crut devoir la fuivre ;
il la confirma en effet par une déclaration
du 21 mai 1671, par deux arrêts du confeil des 11 août 1684 & 13 feptembre
1695 ; & par un édit du mois de février
1691.

Ces lois ne furent cependant obfervées
qu'au parlement de Paris. Les autres cours
ne fe départirent point de l'article 53 de
l'ordonnance de Moulins.

Les plaintes du fermier fur cette contravention aux lois nouvelles que nous venons de rappeler, donnèrent lieu au confeil du Roi, d'examiner de nouveau la
queftion, & il intervint en conféquence
une déclaration du 13 juillet 1700, qui
rétablit dans toute leur vigueur les vrais
principes de la matière.

Voici le difpofitif de cette déclaration :
« nous avons par ces préfentes fignées de
» notre main, déclaré & déclarons n'a-
» voir hypothèque fur les biens de nos
» fujets, pour le payement des amendes
» auxquelles ils ont été ci-devant ou
» pourront être ci-après condamnés en-
» vers nous, que du jour du jugement
» de condamnation ; dérogeons à cet ef-
» fet à notredite déclaration du 21 mars

---

(1) L. 17 & 37, D. *de jure fifci* ; l. 1, C. *de
pœnis fifcalibus.*
(2) Maxime 308, liv. 3.
(3) Sur le dig. tit. *de pignorib. & hypoth.*

(1) Goujet, des hypoth. pag. 816, édit. 1619 ;
Bafnage, des hypoth. chap. 13.

» 1671 ; à notre édit du mois de fé-
» vrier 1691, & aux arrêts de notre con-
» seil rendus en conséquence ».

Cette loi ne parlant que de l'hypothèque sur les immeubles des condamnés,
laissoit douter si l'intention du Roi étoit
de renoncer pareillement à tous droits de
préférence sur les meubles. Un arrêt du
conseil du 4 août 1705, expliqua ce doute
en faveur de sa majesté, & la décision en a
été ensuite développée par une déclaration
du 16 août 1706, dont voici le dispositif :

« Nous avons, en interprétant en tant
» que besoin seroit notredite déclaration
» du 13 juillet 1700, dit, déclaré & or-
» donné, disons, déclarons & ordon-
» nons par ces présentes signées de notre
» main, voulons & nous plaît, que
» conformément audit arrêt de notre
» conseil du 4 août 1705, & suivant
» notre déclaration du 21 mars 1671,
» les amendes de toutes natures, tant
» civiles que criminelles à nous apparte-
» nantes, soient payées ès mains des re-
» ceveurs des amendes ou des fermiers
» d'icelles sur les biens meubles, fruits,
» revenus & autres effets mobiliers des
» condamnés aux amendes, tant par fer-
» miers conventionnels & judiciaires,
» commissaires des saisies réelles, rece-
» veurs de consignations, payeurs des
» gages d'officiers, que tous autres débi-
» teurs desdits condamnés, lesquels y se-
» ront contraints comme dépositaires, &
» ce par préférence & privilèges à tous
» créanciers, à la réserve des propriétai-
» res des maisons pour les loyers, d'un
» marchand qui revendiqueroit sa mar-
» chandise, dont il n'auroit pas été payé,
» & qui se trouveroit encore en nature
» sous balle & sous corde ; comme aussi
» des gages des domestiques pour la der-
» nière année, & de ce qui peut être dû
» aux bouchers & boulangers pour les six
» derniers mois, & nonobstant toutes
» saisies & arrêts, oppositions, appella-
» tions ou autres empêchemens quelcon-

» ques, après un commandement fait
» auxdits condamnés en parlant à leurs
» personnes ou à leur domicile ; sans que
» lesdits receveurs & fermiers, commis-
» saires aux saisies réelles & autres débi-
» teurs, soient obligés de le faire dire &
» ordonner avec les créanciers, parties
» saisies, saisissans & opposans ; & à l'é-
» gard des biens immeubles des condam-
» nés ésdites amendes, lesdits receveurs
» & fermiers n'y auront hypothèque pour
» le recouvrement desdites amendes, que
» du jour des jugemens de condamna-
» tion, conformément à notredite dé-
» claration du 13 juillet 1700. »

21°. Pour conserver en cas de décret
forcé, les différentes créances dont on
vient de parler, est-il nécessaire que le
Roi forme opposition ?

Tous les auteurs demeurent d'accord,
que le décret ne purge ni le fond des redevances domaniales, ni la domanialité
du bien mis en criées, ni l'assujétisse-
ment de ce bien aux impositions nécessi-
tées par les besoins de l'état (1). La raison
en est que tous ces objets sont inaliénables
& imprescriptibles ; qu'ainsi le Roi ne
peut, soit en agissant, soit en n'agissant
pas, devenir en aucun cas maître d'en ex-
proprier la couronne, & que dès-lors, il
ne peut y avoir rien de plus inutile que
l'opposition au décret pour les conserver.

Mais en est-il de même des droits casuels, des revenus échus, des impositions dues, en un mot de tout ce qui consiste en sommes une fois payées ?

Il est certain que ces objets sont assujettis à la prescription. D'après cela, dit
Thibault (2), « pourquoi le décret ne les
» purgeroit-il pas, si pour les conserver il
» n'étoit formé aucune opposition ? »

Cet auteur confirme son opinion, par

_____

(1) Goujet, traité des criées, chap. 4;
Tronçon sur Paris, art. 355 ; Ferrière sur Paris,
art. 354, gl. 2.
(2) Traité des criées, pag. 77 du premier
supplément, édit. 1760.

un arrêt du confeil du 27 juin 1744, rendu en faveur des adjudicataires des biens, de la dame Milliere dont il rapporte l'efpèce fort au long ; après quoi il ajoute : « il » n'eft donc pas permis de douter que ces » fortes de droits ne foient purgés par le » décret. J'ai vu un directeur des fous-fer- » mes, fe départir de la demande for- » mée contre un adjudicataire de dé- » cret. »

Remarquons cependant que dans l'ef- pèce de l'arrêt cité par Thibault, les créan- ciers de la dame Milliere, avoient dé- noncé les pourfuites du décret au fermier des droits de centième denier, (c'étoient précifément ceux dont il s'agiffoit ) ; ainfi tout ce qu'on peut conclure de cet arrêt, c'eft que le décret purge les hypothèques du Roi, lorfque les pourfuites en ont été notifiées aux repréfentans ou ayant droit de fa majefté.

Et c'eft fur ce fondement que dans le préambule de la déclaration du 4 novem- bre 1680, le légiflateur parle en ces ter- mes de fes hypothèques fur les biens des comptables : « les décrets ne purgent point » nos hypothèques, s'ils ne font faits de » la participation & du confentement de » nos procureurs-généraux ; fans quoi les » actes, les jugemens, les formalités & » les procédures ne nous peuvent faire au- » cun préjudice. »

Effectivement, l'article 8 de l'édit du mois d'août 1669, auquel fe réfèrent ces termes, porte que « tout créancier fai- » fiffant les biens immeubles & offices » d'un comptable, fera tenu, dans un mois » après la faifie, la faire fignifier au pro- » cureur-général en la cour des aides, & » retirer fon confentement par écrit fur » l'original des faifies, pour les continuer, » au cas que le faifi ne foit point redeva- » ble à fa majefté, à peine de nullité de » l'adjudication. »

Ce que nous difons du décret forcé, il faut également le dire du fceau relati- vement aux rentes fur la vente defquelles on prend des lettres de ratification. La dé-

claration du 4 novembre 1680, le décide ainfi très-nettement. En voici les termes : « Voulons & nous plaît, que les privilèges » & hypothèque que nous avons fur les » rentes des comptables, demeurent en » leur entier, nonobftant les lettres de » ratification qui auroient été ci-devant, » & qui pourroient être ci-après prifes en » notre grande chancellerie par les acqué- » reurs, fans oppofition de notre part. » Voulons qu'à l'avenir, ceux qui ont ac- » quis ou acquerront des rentes comp- » tables, foient tenus d'en faire fignifier » le contrat d'acquifition, à nos procu- » reurs-généraux en nos chambres des » comptes, dans le reffort defquelles les » rentes font fituées, & de retirer leur » confentement par écrit, fur l'original » du contrat, fur lequel les lettres de ra- » tification feront expédiées en notre » grande chancellerie, & enregiftrées en » nos chambres des comptes, après avoir » été communiquées à nos procureurs-gé- » néraux ; auxquels nous défendons de » donner leur confentement, finon au » cas que les comptables alors ou leurs » auteurs, ne nous foient pas redeva- » bles, & ayent rendu, apuré, & fait » paffer leurs comptes à la correction, à » peine d'en répondre en leur propre & » privé nom.

» Déclarons les rentes acquifes des » comptables, ratifiées & enregiftrées en » la manière que deffus, n'être plus fu- » jettes à nos privilèges & hypothèques, » quelque maniement qu'il foit fait de- » puis, de nos deniers par les comptables » qui auront difpofé defdites rentes. »

Ces difpofitions ont été renouvelées & expliquées par une autre déclaration du 5 juillet 1689, dont le difpofitif eft ainfi conçu :

Article I. « Voulons qu'à l'avenir, ceux » qui acquerront d'un comptable, fer- » mier ou autres ayant le maniement de » nos deniers, *des offices non comptables* » ou rentes fur nous, feront tenus de fi- » gnifier le contrat d'acquifition à nos pro-

» cureurs-généraux de nos chambres des
» comptes & cours des aides, dans le ref-
» fort defquelles lefdits offices s'exercent,
» & les rentes font payées, pour dans la
» quinzaine après lefdites fignifications,
» former par nofdits procureurs géné-
» raux, leurs oppofitions fans frais, ès
» mains du garde des rôles, ou du con-
» fervateur des hypothèques, ou donner
» leur confentement à l'expédition des
» lettres de provifion defdits offices, ou
» des lettres de ratification defdites ren-
» tes; finon après ledit temps de quin-
» zaine, fur le certificat du garde des
» rôles ou du confervateur des hypothè-
» ques, portant qu'il n'y a aucune oppo-
» fition, lefdites lettres de provifion ou
» de ratification feront fcellées purement
» & fimplement, fous le contre-fcel def-
» quelles feront attachés lefdits contrats,
» fignification & certificat.

II. » Les oppofitions feront libellées,
» & ne pourront être faites que pour
» reddition des comptes, dont le ven-
» deur & les précédens propriétaires def-
» dits offices & rentes, peuvent alors
» être tenus pour les charges fubfiftantes
» fur les comptes rendus par le vendeur
» ou les précédens propriétaires defdits
» offices & rentes, ou pour les con-
» damnations intervenues contre eux à
» notre profit en nofdites chambres des
» comptes & cour des aides, ou par
» arrêts rendus en notre confeil, & rôles
» arrêtés en icelui, & feront les con-
» teftations fur lefdites oppofitions, ré-
» glées & jugées fommairement fur fim-
» ples requêtes refpectives en nos cham-
» bres des comptes, ou en notre cour
» des aides, ou en notre confeil, s'il
» y échoit.

III. » S'il n'y a alors aucun compte
» à rendre par le vendeur ou par les
» précédens propriétaires defdits offices
» & rentes, aucune dette ou charge
» fur les comptes rendus, ni aucune con-
» damnation à notre profit, nos procu-
» reurs-généraux donneront leur confen-

» tement, encore que les comptes n'aient
» été corrigés; lequel demeurera atta-
» ché fous le fcel defdites provifions ou
» lettres de ratifications, fans qu'ils de-
» meurent refponfables envers nous def-
» dits confentemens, dont nous char-
» geons leur honneur & confcience.

IV. » Déclarons que les offices non
» comptables ou rentes, vendues en la ma-
» nière ci-deffus, ne pourront être tenues
» ni hypothéquées à plus grandes charges
» & fommes que celles portées par lef-
» dites oppofitions libellées; & qu'après
» le confentement de nos procureurs-
» généraux, ou après que lefdites let-
» tres auront été fcellées fans aucune
» oppofition de leur part; lefdits offices
» & rentes ne feront plus fujets à nos
» privilèges & hypothèques; & que ceux
» qui les auront acquis, ne pourront être
» troublés ni inquiétés de notre part,
» pour quelque caufe & prétexte que ce
» foit, dans la poffeffion & jouiffance
» defdits offices & rentes. »

Il n'eft parlé dans cette déclaration que
des offices non comptables. Que faut-
il donc décider à l'égard des offices comptables? L'édit du mois d'août 1669 nous
l'apprend. Il porte généralement, article
4, qu'on ne peut fe prévaloir contre le
Roi, du défaut d'oppofition au fceau des
provifions de ces fortes d'offices, & cette
difpofition eft rappelée dans le préambule
de la déclaration du 4 novembre 1680.

La cour des aides de Paris a rendu
le 12 janvier 1681, un arrêt qui remet
ces différentes lois en vigueur. Voici comment il eft conçu:

« Louis,..... vu par notre cour des aides
» la requête préfentée par notre procureur-
» général, expofitive qu'une fonction im-
» portante de fon miniftère eft de veiller
» immédiatement fur les biens des comp-
» tables, & de tenir la main à l'exé-
» cution des lois qui ont fagement pref-
» crit différentes formalités pour leur alié-
» nation. L'une de ces formalités fe
» trouve confignée dans l'article 8 de
　　　　　　　　　　　　　　　l'édit

» l'édit du mois d'août 1669, qui or-
» donne *que tout créancier ſaſiſſant les*
» *biens, immeubles & offices d'un comp-*
» *table, ſera tenu dans un mois après la*
» *ſaiſie, de la faire ſignifier à notre procureur*
» *général, & de retirer ſon conſentement*
» *par écrit ſur l'original des ſaiſies, pour*
» *les continuer au cas que la partie ſaiſie ne*
» *ſoit pas redevable envers nous, à peine*
» *de nullité de l'adjudication.* A la vérité,
» la déclaration du 22 janvier 1685,
» a diſpenſé de cette formalité les acqué-
» reurs des biens des comptables, lorſ-
» qu'après l'évocation de la ſaiſie, notre
» procureur-général y a été ſubrogé, &
» que les criées & adjudications ont été
» faites en notre dite cour, & à cet égard
» il a été dérogé à l'article 8 de l'édit
» du mois d'août 1669; mais c'eſt le
» ſeul cas d'exception & de dérogation,
» & toutes les fois que les ſaiſies, criées
» & adjudications n'ont pas été faites
» en notredite cour, les acquéreurs ne
» peuvent ſe diſpenſer de ſe conformer
» à la diſpoſition dudit article 8. Cette
» diſtinction eſſentielle eſt fondée en rai-
» ſon. Lorſque les ſaiſies, criées & ad-
» judications ſe pourſuivent en notre-
» dite cour, notre procureur-général en
» eſt inſtruit, & a le temps de veiller
» à la ſûreté de nos créanciers; mais il
» en eſt autrement lorſque ces opérations
» ſe pourſuivent ailleurs qu'en notre cour
» & autrement que par voie de ſaiſie
» réelle. Si cette diſtinction pouvoit ſouf-
» frir le moindre doute, il ſeroit levé
» par le texte précis de la déclaration
» du 4 novembre 1680, qui porte *que*
» *les lettres de ratification obtenues par*
» *les acquéreurs de rentes vendues par les*
» *comptables, ne purgent point nos hy-*
» *pothèques, ſi elles ſont expédiées autre-*
» *ment que d'après le certificat par écrit*
» *de notre procureur-général en notre cham-*
» *bre des comptes, que le comptable eſt*
» *entièrement quitte envers nous.* La raiſon
» que la loi en donne, eſt elle-même

» déciſive & remarquable; c'eſt *que ces*
» *lettres de ratification s'expédiant ſans*
» *formalité, notre procureur-général n'a*
» *pas le temps de veiller à la ſûreté de*
» *nos créances.* Il eſt donc inconteſtable
» que toutes les fois que ces ventes ne
» ſont pas faites par voie de ſaiſie réelle,
» & en notredite cour, l'acquéreur a
» dû remplir l'obligation impoſée par
» l'article 8 de l'édit du mois d'août
» 1669, à peine de nullité de ſon acqui-
» ſition. Cependant, il eſt inſtruit que
» cette loi reſte ſouvent ſans exécution,
» & qu'au préjudice de ſa diſpoſition,
» les acquéreurs des biens des compta-
» bles envers nous, dont l'adjudication
» n'a point été faite en notre cour, ob-
» tiennent ſur leur titre d'acquiſition,
» des lettres de ratification. Si ces let-
» tres obtenues ſans formalités, & aux-
» quelles notre procureur-général ne peut
» former oppoſition, n'ayant aucune con-
» noiſſance, pouvoient nous priver de
» la ſûreté de nos créances, leur uſage
» ſeroit dangereux, & leur effet contraire
» aux intentions des Rois nos prédéceſ-
» ſeurs, qui, en établiſſant la forma-
» lité des lettres de ratification, & en
» la ſubſtituant à celle des décrets vo-
» lontaires, n'ont ſûrement pas entendu
» accorder aux acquéreurs des biens qui
» nous ſont hypothéqués, un moyen de
» nous priver de la ſûreté de nos créan-
» ces, parce que, comme le porte le
» texte même de la déclaration déjà citée,
» du 4 novembre 1680, *on ne préſume*
» *jamais que nous donnions à nos ſujets*
» *des privilèges contre nous-mêmes.* C'eſt
» d'après ces principes que, dans l'édit du
» mois de mai 1673, portant établiſſe-
» ment des greffes d'enregiſtrement d'op-
» poſition aux hypothèques, pour leur
» conſervation, l'article 56 porte *que nos*
» *hypothèques & privilèges ſur les biens de*
» *nos comptables, auront lieu comme aupa-*
» *ravant, ſans que, pour les conſerver,*
» *il ſoit beſoin d'aucun enregiſtrement.* En-

» fin, c'est conformément à cette juris-
» prudence incontestable, que, par l'ar-
» ticle 35 de la déclaration du 4 mai
» 1766, portant réglement pour les comp-
» tabilités & les poursuites du contrô-
» leur-général des restes, il est défendu
» à nos procureurs-généraux dans nos
» cours des aides, de donner aucune
» main-levée, & de consentir à ce
» qu'aucun décret des biens qui auroient
» appartenu à des comptables, soit
» scellé & délivré qu'après qu'il leur
» sera apparu du certificat de correction
» de leurs comptes.

» A ces causes, . . . . . . notredite cour
» a ordonné & ordonne que les édits,
» déclarations, arrêts & réglemens con-
» cernant la rente des offices & biens-
» immeubles des comptables, & notam-
» ment l'article 8 de l'édit du mois d'oût
» 1669, seront exécutés selon leur forme
» & teneur ; & en conséquence, que les
» créanciers particuliers des comptables
» qui ont fait ou feront saisir leurs offices
» & biens-immeubles, seront tenus de
» représenter à notre procureur-général
» les procès-verbaux dans les délais fixés
» par ledit article, à l'effet de retirer son
» consentement par écrit, pour, s'il y a
» lieu, passer outre aux poursuites, à peine
» de nullité de leurs adjudications. Or-
» donne pareillement que tous acquéreurs
» des biens des comptables vendus ailleurs
» qu'au greffe de notredite cour, seront
» tenus, dans un mois pour tout délai,
» de lui faire signifier & représenter les
» titres de leurs acquisitions, pour, s'il
» y a lieu, obtenir d'après son consen-
» tement par écrit, des lettres de ra-
» tification, à peine de nullité desdites
» lettres. Déclare non avenues à notre
» égard celles obtenus par tous acqué-
» reurs de biens qui ont appartenu à des
» comptables vendus ailleurs qu'au greffe
» des décrets de notredite cour, & qui
» n'auront pas signifié leurs titres à
» notre procureur-général. »

§. III. *Des droits du Roi dans l'ordre judiciaire, lorsqu'il veut bien servir de
témoin.*

Il y a sans doute peu d'exemples de
témoignages portés en justice par des
Rois. Nous n'en connoissons qu'un en
France : c'est celui de François I, dans
le procès instruit en 1542, contre le chancelier Poyet.

Ce prince ne déposa ni ne fut confronté dans la forme ordinaire. Il donna
par écrit & signa une déclaration contenant les faits dont il étoit instruit ; il fut
ordonné qu'elle seroit lue à l'accusé par
forme de confrontation (1) ; & cela fut
exécuté le 29 mai 1542, dans la salle
de saint Louis (2).

Nous pouvons ajouter à cet exemple,
celui du témoignage porté sous Louis XIII,
par M. le duc d'Orléans, frère unique
du Roi, dans le procès de MM. de Saint-
Marc & de Thou. Car il paroît que la
forme de déposer est la même pour les
fils de France que pour le Roi. Voici de
quelle manière les choses se sont passées
à cette occasion.

Le 5 juillet 1642, M. le duc d'Orléans donna sa déclaration, & y exprima
qu'il n'entendoit pas être confronté. Cela
parut extraordinaire. Pour ne rien hasar-
der, le Roi demanda l'avis de MM. Talon
& Bignon, Avocats-généraux, qui le
donnèrent en ces termes :

« Nous estimons que c'est chose nou-
» velle, & sans exemple de notre con-
» noissance, qu'un fils de France ait été
» oui dans un procès criminel par forme
» de déposition, mais seulement par dé-
» clarations qu'ils ont données par écrit,
» & signées, contenant la vérité du fait ;
» ces déclarations ont été reçues, & ont

_____

(1) Serpillon, code criminel, tit. 15, art. 18,
n. 4.
(2) Histoire du procès du chancelier Poyet.
Londres, 1766, pag. 234.

» fait partie des procès, sans qu'on
» ait desiré leurs présences, lorsque la
» lecture de leurs déclarations a été
» faite aux accusés : nous savons que cela
» a été ainsi pratiqué au parlement de
» Paris, dans les procès de crime de lèse-
» majesté.

» Et sur ce que monseigneur le chan-
» celier nous a dit que ladite déclaration
» seroit reçue par lui-même, en présence
» de six, qui seront juges du procès, lec-
» ture sera faite d'icelle aux accusés, qui
» seront à l'instant interpellés de dire
» tout ce que bon leur semblera, dont
» sera fait verbal qui sera représenté à
» monsieur, frère unique du Roi, pour
» expliquer son intention sur le dire
» des accusés : nous croyons que ces for-
» malités, ajoutées à ce qui a été fait par
» le passé, rendront l'acte plus solemnel
» & plus authentique qu'il n'a été fait
» & pratiqué ci-devant en telle matière.
» De sorte que les enfans de France
» n'ayant pas coutume d'être ouis en autre
» forme que celle ci-dessus, & n'y en
» ayant point d'exemple, nous estimons
» qu'une déclaration ainsi baillée par mon-
» sieur, reçue & accompagnée de la forme
» que dessus, doit être aussi valable, en
» son espèce, que la déposition des par-
» ticuliers, suivie de récollement & con-
» frontation. Fait & arrêté à Fontaine-
» bleau, le premier août 1642. *Signé,*
» TALON, BIGNON. »

### SECTION IX.

*Des droits du Roi dans l'ordre militaire.*

Le pouvoir judiciaire dont on a parlé
dans la section précédente, a quelquefois besoin d'être soutenu par la puissance
des armes.

Le premier est, comme nous l'avons
vu rarement, exercé par le souverain.
Rarement nos Rois ont jugé des procès : ils en ont presque toujours laissé
le soin aux magistrats, & c'est proprement à la magistrature qu'est attaché l'exercice de ce qu'on appelle le pouvoir judiciaire.

Il en est autrement de la puissance des
armes. Elle n'est chez nous inhérente à
aucun office : elle est attachée à la dignité
qui n'a que Dieu pour juge : elle appartient au Roi qui l'exerce seul par des
ordres particuliers. Les gouverneurs de
province, quelque étendue que soit leur
autorité, ne peuvent y assembler des troupes sans sa volonté expresse. Il leur faut
non-seulement des lettres de commandement, mais un ordre qu'ils demandent
dans le cas où la violence devient, soit
un moyen de défense très-instant, soit
une précaution nécessaire contre les alar-
mes de l'avenir.

La puissance des armes est tellement
concentrée sur la tête du souverain, que
lui seul a le droit de tirer l'épée. Toute
espèce de violence faite à ses sujets exige
ou suppose un ordre de lui. Sans cela,
elle est un crime, quelle que soit la dignité
de celui qui la commet.

Ces principes, qui découlent si naturellement de la simple idée de la souveraineté, ont cependant été méconnus pendant plusieurs siècles.

De là, les guerres seigneuriales qui
ont fait si long-temps gémir la France.
M. de Laurière, dans la dissertation imprimée à la tête du premier volume des
ordonnances du Louvre, en attribue l'origine à l'ancienne coutume des peuples
du Nord, de venger les injures particulières par les armes.

Lorsqu'une personne avoit été tuée,
la famille du mort en demandoit raison
à la famille du meurtrier ; & si le différend ne se terminoit pas par un accommodement, ils entroient en guerre les
uns contre les autres.

Cet abus étoit en pleine vigueur sous
la première race, comme on le peut voir
dans plusieurs chapitres de Grégoire de
Tours. Il continua sous le roi Pepin. Mais
Charlemagne entreprit de l'abolir : la loi

qu'il porta à ce sujet se trouve dans le chapitre 32 de son capitulaire de l'an 802, & elle fut assez exactement observée tant qu'il vécut.

Malheureusement pour la France, Louis-le-Débonnaire, fils & successeur de Charlemagne, n'avoit ni la fermeté ni la politique de son père. On vit sous lui les armées composées de gens foibles & chancelans sur la justice des guerres de l'état. Le prince ne fut plus le maître d'instruire le public de ses raisons ou de les lui cacher. Le principe du courage fut ébranlé : des guerres civiles divisèrent la monarchie : déchirée par les factions, elle s'affoiblit. Les hauts barons enfin méconnurent l'autorité souveraine, & prétendirent rentrer dans le droit de vider leurs différends par les armes.

Ce seroit aujourd'hui une entreprise manifeste sur l'autorité royale, de faire la guerre en France. Dans le neuvième siècle & les suivans, c'étoit un droit attaché au titre de baron, & tous les seigneurs de cette qualité, en usoient sans s'exposer au crime de lèse-majesté. Un intérêt à défendre, un outrage à venger, un mauvais dessein à prévenir, étoient autant de motifs par lesquels on se croyoit autorisé à prendre les armes & à ravager les terres de son ennemi. Tout ce que put faire dans cette anarchie l'autorité foible & chancelante des Rois, fut de soumettre les guerres privées à quelques règles. La principale étoit une défense de recourir aux armes avant d'avoir porté son différend à l'assemblée des pairs pour y être jugé. Mais on soutint qu'il y avoit des circonstances qui ne permettoient pas d'attendre ce jugement ; tel étoit le cas d'une violence, que l'aggresseur refusoit de réparer par une juste satisfaction. On prétendoit qu'alors l'offensé pouvoit défier son ennemi, courir aux armes, & sommer les seigneurs ses alliés & ses vassaux de se joindre à lui, pour venger l'injure qu'on lui avoit faite.

Pour soutenir ces guerres, les seigneurs s'arrogeoient le pouvoir de faire entre eux des ligues, de tenir des forteresses & des places d'armes, de négocier même avec des princes étrangers. Il leur étoit seulement défendu de former avec ceux-ci des ligues contre le Roi, le royaume, & les vassaux de la couronne ; & encore cette défense fut-elle mal observée dans le douzième & le treizième siècle. L'histoire est remplie des ligues que les comtes de Toulouse ont négociées avec les rois d'Arragon ; de celles que les ducs de Bretagne, de Bourgogne & les comtes de Flandres ont faites avec les rois d'Angleterre ; des alliances que les comtes de Provence ont conclues avec les Suisses & les princes d'Italie, & les engagemens que les principales églises ont pris avec la cour de Rome, sans le consentement du Roi, & même contre ses intérêts.

Les seigneurs ou les villes qui avoient des démêlés, essayoient quelquefois de les terminer par des arbitres. Mais cette manière de finir un procès ne réussissoit qu'autant que les parties vouloient acquiescer à une sentence arbitrale. Comme cet acquiescement étoit d'ordinaire refusé par la partie condamnée, il fallut avoir recours à d'autres moyens pour donner à ces juges le pouvoir de faire exécuter par la force leur sentence.

Ces moyens furent des associations que les communes, & à leur exemple, plusieurs seigneurs firent ensemble. Leur but étoit de maintenir la paix dans leur pays, de concilier les différends qui naîtroient entre les confédérés, & d'employer la force contre ceux qui troubleroient la sûreté commune.

Mais quel frein est capable de retenir ceux que la jalousie du rang & des prérogatives ne cessent de diviser ? Les associations ne furent pas de longue durée : on eut encore recours aux guerres & aux duels, comme aux moyens les plus capables d'appaiser les querelles de la noblesse & des communautés. « Tous, dit Me-

» zeray (1), se faisoient la guerre de
» leur autorité privée, pour leurs propres
» injures & différends. Les vassaux &
» les parens étoient engagés dans la que-
» relle ; mais ces derniers pouvoient dé-
» clarer qu'ils n'entendoient point en
» être. »

Pour suspendre la fureur des guerres
seigneuriales, on fit des trêves. Les unes
furent d'une semaine ou d'un mois ; les
autres de quarante jours, de trois mois
ou d'une année. De là, le droit de *guet*,
de *sauve-garde* & d'*arborer* des *bannières*
dans les villes & les bourgs. Les évêques ou leurs vidames assembloient leurs
communes, armoient leurs vassaux & la
bourgeoisie, & les menoient contre les
infracteurs (2).

Philippe-Auguste, vers la fin de son
règne, établit la trêve de quarante jours.
Saint Louis en ordonna une semblable
en 1245. « Lorsqu'il y aura, dit ce prince,
» quelque délit pour lequel les parties
» seront en guerre, il y aura trêve pen-
» dant quarante jours, à compter du
» délit, dans laquelle tous les parens des
» deux parties seront compris (3).

Cette ordonnance ne fut pas également
bien observée dans toutes les provinces,
surtout dans le diocèse du Puy, où la
ville & les seigneurs furent presque toujours en guerre avec leur évêque. Saint-
Louis fit des démarches & des *mandemens*
pour les accommoder. On l'écoutoit &
l'on se soumettoit à ses propositions de
paix ; mais le moindre différend les faisoit
bientôt oublier. La paix la plus constante
étoit celle dont les parties convenoient
sans y être contraintes, ou en conséquence
de la mort des chefs de la querelle.

Saint-Louis, près de mourir, exhorta
Philippe, son fils & son successeur, à ne

rien épargner pour abolir les guerres seigneuriales. « Chier fils, lui dit-il, je
» t'enseigne que les guerres qui seront
» en ta terre ou entre tes hommes, que
» tu mettes peine de les appaiser à ton
» pouvoir ; car c'est une chose qui moult
» plest à notre seigneur ; & messire saint-
» Martin nous a donné moult grant
» exemple, car il ala pour metre pès
» entre les clercs qui estoient en sa arche-
» vesché, au tems que il savoit par
» notre seigneur que il devoit mourir,
» & li sembla que il mettoit bonne fin à
» sa vie en ce fere (1) ».

Philippe-le-Hardi tint la main à l'observation *de la Quarantaine-le-Roi*. La
plupart des seigneurs secondèrent son autorité, & de concert avec eux il fit un
mandement, par lequel, dit de Lauriere,
« (2) il décida quelques difficultés qui con-
» cernoient les guerres privées, la trêve
» & la paix : savoir, que la paix seroit
» censée rompue par toutes les violences
» qui se commettroient en cas de sédi-
» tion, mais non dans les querelles par-
» ticulières. . . . . Quant au *vol de grands
» chemins*, qu'il seroit réputé *infraction de
» paix*. Comme il y avoit à ce sujet
» d'autres doutes, le Roi ordonna au
» sénéchal de Carcassonne d'en conférer
» avec des personnes sages . . . & de lui
» envoyer leur avis au parlement de la
» pentecôte ».

Philippe-le-Bel renouvela les ordonnances faites contre les guerres seigneuriales. Il assembla un parlement en 1296 ;
on y convint « que tant que dureroit la
» guerre du Roi, il n'y auroit aucune
» guerre privée dans le royaume, & que
» ceux qui seroient en guerre seroient
» obligés de faire des trêves, ou de
» se donner des assûremens (3) ».

(1) Discours sur les mœurs & les coutumes des
François.

(2) Dominici ; la Thaumassière ; Gallus ;
Guypape.

(3) Recueil des ordonnances, tom. 1, pag. 96.

(1) Registre de la chambre des comptes, cotté
*qui es in cœlis*, fol. 1.

(2) Préface du tome premier du recueil des
ordonnances, pag. 31.

(3) Recueil des ordon. tom. 1, pag. 328.

Le Roi s'étant accommodé avec
Edouard I, Roi d'Angleterre, les guerres
seigneuriales recommencèrent & durèrent
jusqu'en 1313, que Philippe déclara la
guerre aux Flamands ; il ordonna alors
la suspension des guerres privées, « &
» pour mieux faire respecter l'autorité
» de la loi, il ajouta la *peine de corps &*
» *d'avoir*, dans celle qu'il fit publier sur
» ce sujet (1).

L'édit du Roi Jean, en 1353, est plus
absolu & fut mieux exécuté. « Si vous
» trouvez aucuns, dit ce prince, iceux
» prenez ou faites prendre & emprison-
» ner, & leurs biens saisir en notre
» main..., & se aucuns s'absentent & ne
» reviennent à leurs domiciles & habi-
» tations, selon ce que ordonné à vous,
» tous leurs biens prenez en notre main,
» sans en faire récréance ne délivrance,
» tant qu'ils soient venus & comparus
» pardevant vous pour attendre droit &
» justice : & en leurs lieux mettez men-
» geurs à leurs coûts (2), & iceux dou-
» blez & multipliez, selon que bon vous
» semblera ».

Cette ordonnance ôtoit à la noblesse
une de ses prérogatives qu'elle avoit toujours soutenue avec plus de fermeté que
de justice. Elle la lui enlevoit dans un
temps de troubles & de factions, & où
il sembloit que le prince devoit ménager
les seigneurs pour ne pas multiplier le
nombre des mécontens. Mais c'est peut-
être cette extrêmité qui les engagea à
recevoir cette loi ; elle paroissoit d'autant
plus nécessaire, qu'elle étoit plus raisonnable. Cet édit, qu'on devoit seulement observer pendant que les Anglois
feroient la guerre à la France, acquit enfin
force de loi générale, par la longue durée
de cette guerre,

La France respira pendant plusieurs
intervalles ; les guerres privées furent
très-rares en Provence & dans le Dauphiné. Les seigneurs respectoient la nuit ;
ils attendoient le jour pour vider leurs
différends les armes à la main. Dans les
actions les plus vives, on trouvoit peu de
personnes tuées ; on ne cherchoit réciproquement qu'à faire des prisonniers. La
fureur des guerres féodales, s'étant insensiblement ralentie, elles furent abolies ;
& depuis Louis XI on n'en trouve plus
de traces (1).

Ainsi aujourd'hui les grands ont beau
avoir des démêlés entre eux, ils ne peuvent plus les terminer par les armes ; &
le peuple, qui autrefois auroit été obligé
d'y prendre parti, n'en est plus que le
spectateur tranquille. Tel est l'heureux
effet du principe rétabli parmi nous,
qu'au Roi seul appartient la puissance des
armes.

### SECTION X.

#### *Du droit de faire battre monnoie.*

Dans les premiers siècles de la monarchie Françoise, les Rois seuls ont fait
battre monnoie. L'église de Vienne, la
ville du Mans, l'évêque de Noyon, celui
de Tournai, le monastère de Weissem-
bourg, en Alsace, sont les seuls à qui l'on
prétend que les descendans de Clovis en
ont communiqué le droit ; encore les plus
judicieux critiques révoquent-ils en doute
la concession que quelques écrivains disent
leur en avoir été faite (2).

Mais il paroît que vers la fin des règnes
de la première race, l'affoiblissement de
l'autorité royale enhardit plusieurs sei-

---

(1) Préface du tome premier des ordonnances,
pag. 32.

(2) Voyez le répertoire de jurisprudence,
art. *Garde-mangeur.*

(1) Voyez Ducange, & la préface du onzième
volume de l'histoire de Bretagne, par dom Maurice.

(2) Voyez l'histoire de Soissons, liv. 5,
chap. 2 ; Trithème, annal. pag. 52 ; dissertations
de Byllet, Paris, 1771.

gneurs à s'arroger une prérogative, qui jufque-là avoit été regardée comme un des attributs les plus éminens de la couronne. C'eſt ce que prouve la néceſſité ou s'eſt cru Charlemagne en 794, d'ordonner, par ſon réglement fait à Francfort, que les deniers qu'il venoit de faire fabriquer, auroient cours dans tous les lieux de ſa domination. N'eſt-il pas clair que s'il n'y avoit pas eu des provinces, des cantons, des villes où les ſeigneurs prétendoient que leur monnoie dût exclure celle du prince, Charlemagne n'eût point porté une pareille loi? Une autre preuve eſt que, du temps de Charlemagne même, l'évêque de Maguelonne faiſoit frapper de la monnoie d'or, marquée avec des caractères arabes, ainſi qu'on le voit par ces deux vers de Théoduſſe,

*Iſte gravi numero nummos fert divitis auri*
*Quos arabum ſermo ſive caracter erat* (1).

Il ne paroît pas que ce prélat eût reçu ce droit de Pepin ni de Charlemagne. Maguelonne avoit été détruite de fond en comble par Charles Martel, & l'évêque avoit été obligé de ſe retirer à Souſtention; or ce n'eſt pas dans un temps de diſgrace, & lorſqu'on eſt dans une terre d'emprunt, qu'on ſonge à ſe procurer des privilèges. D'ailleurs, ſi ce prélat avoit dû le droit de battre monnoie à Pepin ou à Charlemagne, l'auroit-il fait marquer avec des caractères arabes (2)?

Quoi qu'il en ſoit, il paroît que le réglement de Charlemagne de 794, fut exécuté tout le temps qu'il vécut. Mais, on l'a déjà dit, Louis le Débonnaire ne ſut point maintenir ſon autorité. Auſſi remarquons-nous que ſon règne eſt l'époque où les monnoies des ſeigneurs ont commencé à ſe multiplier. Il en défendit cependant le cours dans l'aſſemblée d'Attigny en 813; mais il y a grande appa-

rence qu'il ne fut guères écouté, puiſqu'en 854 Charles-le-Chauve fut obligé, par ſon édit de Piſtes, de renouveler la même défenſe.

Les ſucceſſeurs de Charles-le-Chauve ne firent que compromettre & affoiblir de plus en plus l'autorité royale. Ce qui avoit été regardé comme une uſurpation ſous les règnes précédens, devint un droit inconteſtable. Charles-le-Gros, dans l'ordonnance qu'on lui attribue, & que les conjectures de Freher obligent effectivement de rapporter à ce prince (1), ſuppoſe clairement qu'il y avoit à cette époque pluſieurs grands vaſſaux à qui le ſouverain ne conteſtoit pas le droit de battre monnoie.

Hugues-Capet accorda le même droit au chapitre de ſaint Martin de Tours. Seigneur puiſſant, mais ſouverain foible, il avoit beſoin du clergé pour l'oppoſer aux ſeigneurs laïcs qui s'arrogeoient les droits régaliens dans leurs provinces; afin d'être ſûr de ſon attachement, il lui accorda de grandes prérogatives, & confirma celles que les prédéceſſeurs lui avoient données.

L'intérêt & l'ambition abuſent de tout. Quelques égliſes crurent pouvoir diſpoſer à leur gré de certains droits régaliens, dont on leur avoit fait la grâce de les laiſſer jouir, & qui étoient toujours demeurés dans la propriété de la couronne. Les évêques de Meaux, dans le onzième ſiècle, accordèrent à un particulier le droit de faire battre monnoie. Il fut queſtion, dans le ſiècle ſuivant, de ſavoir ſi cette conceſſion étoit perſonnelle ou héréditaire. Les deſcendans du conceſſionnaire, prétendoient en jouir à titre ſucceſſif. L'évêque Bouchard ſoutenoit qu'elle étoit éteinte, & les excommunia. L'affaire fut accommodée par Thibault, comte de Blois. Les adverſaires de Bouchard furent maintenus dans leurs droits, mais ils con-

---

(1) Le Blanc, traité des monnoies, pag. 164.
(2) Diſſertation de Bullet, pag. 271.

(1) Voyez le commentaire de Freher, de l'an 1599.

sentirent qu'après leur mort il retournât à l'évêque (1).

Les hauts seigneurs avoient aussi leurs cours des monnoies (2). Paris alors ne rassembloit pas les fortunes de la monarchie. Chaque pays étoit habité par son duc ou comte, sa noblesse, ses serfs. Au douzième siècle, la monnoie d'un seigneur n'avoit son cours ordinaire que dans la baronnie où on la frappoit : ses vassaux & ses sujets s'en servoient dans le commerce qu'ils faisoient entre eux, & elle étoit exclusive de toute autre, même de celle du Roi. En 1185, Philippe-Auguste fut obligé, pour donner cours à sa monnoie parisis dans les seigneuries dépendantes de l'abbaye de Corbeille, d'en demander la permission au supérieur de ce monastère (3). En 1195, Manassés, évêque de Langres, & Eudes III, duc de Bourgogne, convinrent que la monnoie de Dijon & celle de Langres, auroient cours dans Châtillon-sur-Seine, & que *nulle autre* monnoie n'y seroit reçue, sinon sur le pied de la valeur intrinsèque (4).

Les commencemens du treizième siècle ne furent pas plus favorables sur ce point à la royauté. En 1222, Philippe-Auguste confirma la juridiction que l'évêque de Paris, à l'exemple des autres seigneurs, s'étoit attribuée sur les monnoies. Mais quarante ans après, c'est-à-dire en 1261, saint-Louis, devenu plus puissant que ses prédécesseurs, fit casser cet accommodement comme contraire aux droits de la souveraineté.

Le parlement, qu'il avoit convoqué pour rendre cet arrêt, reçut en même-temps, & jura d'exécuter une loi générale qu'il venoit de faire sur cette matière. Elle contenoit deux points importans ; le

premier, que dans les endroits où il n'y avoit point d'espèces particulières, on ne recevroit que celles du Roi, *qui peuvent & doivent courir par-tout son royaume, sans contredit de nul qui ait propre monnoie, ou point ;* le second, que le Roi seul connoîtroit des infractions qu'on feroit à son ordonnance, & s'en appliqueroit les confiscations & amendes (1).

De ces deux dispositions, la première fut assez mal exécutée jusqu'en 1315 ; mais Philippe-le-Hardi tint la main à l'observation de la seconde. Pierre de France, son frère, comte d'Alençon, & les abbé & religieux du Bec, prétendirent avoir les amendes auxquelles étoient condamnés les infracteurs des réglemens sur les monnoies. Le Roi fit proscrire leurs demandes par deux arrêts de l'échiquier de la saint-Michel en 1277.

De Laurière (2) remarque, après du Cange, qu'il y avoit en France plus de quatre-vingt seigneurs qui pouvoient faire battre monnoie, *& qu'il n'y avoit que le Roi qui eût le droit d'en faire d'or & d'argent.* Mais pour trouver de la justesse dans cette observation, il faut, suivant Brussel (3), ne l'entendre que du quatorzième siècle. Car, dit-il, dès le neuvième & le dixième, les seigneurs ont fait monnoyer des matières d'argent, & Philippe-le-Bel est le premier qui ait réformé cet usage par une ordonnance de 1300 (4).

Le prince avoit entrepris d'ôter aux seigneurs le pouvoir de faire battre monnoie ; mais afin de ne pas les révolter par la privation subite d'un droit dont ils étoient fort jaloux, il prit des mesures pour le faire tomber insensiblement. En 1294,

---

(1) Collect. de Marten, pag. 340.
(2) Assises de Jérusalem, chap. 324.
(3) L'abbé Vély, hist. de France, tom. 6.
(4) Cartul. de Langres, pag. 183.

---

(1) Brussel, usage des fiefs, pag. 204, 205, édit. 1750.
(2) Recueil des ordonnances, tom. 1, p. 93.
(3) *Loc. cit,* pag. 201.
(4) De Laurière n'a pas inséré cette ordonnance dans son recueil. Il faut qu'elle soit échappée à ses recherches, ou qu'il l'ait crue supposée.

il

il défendit à ceux qui n'avoient pas fix mille livres tournois en revenus, d'acheter de la vaiffelle d'or & d'argent, & enjoignit à ceux qui en avoient à leur ufage, d'en porter le tiers ou le tout à fes monnoies. Il avoit deffein de faire une nouvelle fonte, différente des anciennes, tant pour le poids que pour la valeur intrinfèque. Le prix des nouvelles efpèces devoit être inférieur aux anciennes. Ce changement pouvoit porter un préjudice confidérable à fes fujets; il fallut donc promettre de les indemnifer des pertes qu'ils feroient. En effet, Philippe-le-Bel s'en impofa l'obligation par fes lettres du mois de mai 1295. Mais, afin que la fûreté fût entière, il fit intervenir la reine Jeanne, fon époufe; elle étoit comteffe de Champagne; les grands biens qu'elle avoit dans cette province, fervirent de gage & d'hypothèque.

Le clergé craignant les fuites funeftes de l'affoibliffement des monnoies, exhorta le Roi à leur rendre la valeur intrinfèque qu'elles avoient eue fous le règne de faint Louis. Il lui offrit deux vingtièmes de fes revenus, pour l'indemnifer de la perte de ce rétabliffement. L'offre ne fut pas acceptée; mais un an après, au mois de décembre 1304, ce prince parut être dans d'autres difpofitions: fur les inftances des trois états, il promit de rétablir les monnoies fur l'ancien pied; on croit même que le clergé lui préfenta, à cet effet, un don gratuit confidérable, & qu'il le reçut. Mais ce qu'il y a de certain, c'eft qu'il ne tint point parole.

Au mois de juin 1313, parut un édit fur les monnoies; il confterna le clergé & la nobleffe. Le monarque y ordonnoit « que les prélats, barons & autres, qui » jouiffoient du droit de faire *ouvrer* » monnoie en leurs terres, difcontinue- » roient jufqu'à nouvel ordre, afin que » la bonne monnoie que le Roi enten- » doit faire fabriquer, fe fît plus dili- » gemment; que les maîtres des mon-

» noies des prélats & barons, feroient » tenus de jurer fur les évangiles qu'ils » ne fondroient aucune monnoie royale » ou feigneuriale; qu'il y auroit une » garde aux gages du Roi, en chaque » monnoie des prélats & barons; que » les maîtres de fes monnoies iroient à » l'avenir faire l'effai des monnoies des » feigneurs, pour connoître fi elles » étoient du poids & de l'aloi qu'elles » devoient être (1) ».

Malgré toutes ces mefures, le Roi ne put remplir fes vues comme il l'avoit defiré. Le défordre des monnoies troubla le commerce; on trouvoit bien des vendeurs, mais perfonne ne vouloit acheter. Philippe, pour remédier à ces maux, manda aux bonnes villes de lui envoyer chacune deux ou trois députés. Son deffein étoit de prendre leurs avis fur les moyens de rétablir les monnoies; mais fa mort, arrivée le 24 décembre 1314, fit échouer ce projet (2).

Louis Hutin, fon fucceffeur, trouva les revenus du Roi confommés, fon crédit tombé, fes finances en défordre, & la confiance publique perdue. Il eut recours aux expédiens que fon père avoit employés, & le mal ne fit qu'augmenter; mais ce mal, dont les feigneurs étoient extrêmement fatigués, les difpofa infenfiblement à feconder en partie les vues de ce prince. Il vouloit leur ôter le droit de battre monnoie. Les feigneurs propofèrent de le lui vendre, & cela commença à s'exécuter fous Philippe-le-Long.

En 1319, Charles de Valois vendit à ce prince le droit de battre monnoie à Angers & à Chartres, cinquante mille livres de bons petits tournois. Le Roi traita avec Louis de Clermont, fire de

_____

(1) Mémoire de la chambre des comptes, cotté A, fol. 21, verfo; Bruffel, *loc. cit.* pag. 209.

(2) Recueil des ordonnances, tome 1, page 542.

Bourbon, pour quinze mille livres, & entama avec Robert d'Artois un autre traité qui étoit relatif au comté de Beaumont-le-Roger, & qui fut conclu pour six mille livres sous Charles-le-Bel.

Philippe-le-Long avoit espéré de négocier le même droit avec les autres seigneurs (1); la plupart y avoient consenti : mais ayant mis à leur droit un prix supérieur aux revenus du Roi, ce prince fit une imposition générale du cinquième des revenus, & du centième des meubles dans tout le royaume, déclarant que le produit en seroit employé au rachat du droit de *monéage*, & au dégagement du domaine de la couronne.

Les prélats & les barons mécontens, voulurent renouveler les associations qu'ils avoient faites en 1313 & 1314. Le Roi, de son côté, prit d'abord la résolution de soutenir son ordonnance, mais la plupart des seigneurs en appelèrent aux états-généraux, que le Roi convoqua pour cet effet au mois de juillet 1321. Il espéroit y faire connoître la justice & l'utilité de la loi qu'on attaquoit. Assuré des dispositions des parisiens qui lui étoient attachés, il comptoit que l'avis de leurs députés seroit suivi par ceux des autres communes. Mais son attente fut trompée. Le clergé représenta à l'assemblée qu'il falloit commencer par délibérer dans les états de chaque province sur le rachat du *monéage*; que chacun y peseroit les avantages proposés par le Roi, & les suites du changement qu'il vouloit faire; que la matière étant grave & importante, l'examen devoit s'en faire avec autant de liberté que de précaution. Cet avis ayant prévalu, le monarque fut obligé d'attendre les cahiers des assemblées provinciales, pour tenir les états généraux. La lenteur affectée des provinces causa du chagrin au Roi; la dyssenterie, jointe à la fièvre, le con-

duisit au tombeau; il mourut le 3 janvier 1321.

Son frère, Charles-le-Bel, a laissé quelques ordonnances sur le fait des monnoies; mais celle qui a dû affoiblir le plus le droit des seigneurs, est du 5 mai 1322. Ce prince y ordonne une nouvelle fabrication, & veut que « toutes les monnoies » des barons cessent pendant cette nou- » velle fabrique » (1).

Tant d'atteintes données au droit que les seigneurs s'étoient arrogé de battre monnoie, obligèrent la plupart de ceux qui le soutenoit encore, à traiter de son aliénation. Il n'y eut que les ducs de Bourgogne, de Guyenne, de Bretagne, & le comte de Flandres qui le maintinrent contre les différentes attaques que les successeurs de Charles-le-Bel lui portèrent (2. Ce droit n'est entièrement revenu à la couronne, que par la réunion de ces provinces au domaine du Roi.

Louis XII faisoit tant de cas du droit de battre monnoie, qu'en rendant aux Génois les prérogatives régaliennes, il leur défendit de monnoyer à un autre coin qu'à celui de France, & pour conserver la mémoire de la souveraineté sur Gênes, il retint le *seigneuriage*, c'est-à-dire, le droit de lever un petit impôt sur chaque marc d'or & d'argent fabriqué.

On sait qu'en 1567, il fut frappé sous le nom de Louis I, prince de Condé, des monnoies qui portoient cette légende : *Ludovicus XIII, Dei gratiæ Francorum Rex primus christianus.* Je laisse aux dissertateurs la recherche du dessein qu'avoient les ennemis du prince de Condé, en supposant des monnoies frappées à son coin. Tout ce qu'on peut en conclure, c'est que dans le seizième siècle, le pouvoir de faire monnoyer étoit un droit exclusif, universellement reconnu pour régalien, & tellement défendu aux plus grands princes

---

(1) Il y en avoit encore plus de vingt-huit qui faisoient battre monnoie, Recueil des ordonnances, tom. 1, pag. 624.

(1) Recueil des ordonnances, tom. 1, p. 766.

(2) *Ibid.* pag. 624.

en France, qu'ils ne pouvoient se l'attribuer, sans se rendre coupables du crime de lèze majesté.

Il faut aussi regarder comme une suite de ce droit, celui d'empêcher l'argent de sortir du royaume. Aussi l'exportation en a-t-elle été défendue par des lettres-patentes de 1303; par une déclaration du 22 novembre 1506; par une autre du 11 septembre 1540; par une troisième du 21 août 1548; par une quatrième du mois d'avril 1575; par une cinquième du 14 avril 1578; par une sixième du 10 novembre 1586; par six arrêts du conseil des 26 août 1642, 18 novembre 1687, 23 janvier 1691, 25 novembre 1698, 19 juin 1703, 9 août 1707; par deux déclarations des 16 octobre 1703, 29 août 1716 (1); par un édit du mois de février 1726, & enfin tout récemment par un arrêt rendu au conseil d'état du Roi le 30 septembre 1783.

Ce dernier arrêt a renouvelé les défenses faites par les ordonnances du royaume, & sous les peines y portées, de transporter des espèces d'or ou d'argent en pays étranger.

Quoique le Roi ait actuellement le droit exclusif de battre monnoie, il n'est pas sans exemple qu'il donne cours dans ses états à des espèces étrangères. Ainsi par une déclaration du 13 décembre 1574, Henri III permit dans son royaume le cours de la monnoie de Dombes. Par lettres-patentes du 5 août 1652, Louis XIV voulut que les espèces d'or & d'argent, fabriquées sous les coins & armes du prince de Monaco, eussent cours dans toute la France. Par arrêt du 13 janvier 1705, le conseil donna cours aux Léopolds d'or & écus de Lorraine, du poids, titre & valeur des espèces d'or & d'argent fabriquées en exécution de l'édit du

(1) Brillon, dictionnaire des arrêts, aux mots *Argent*, n. 2, & *Monnoie*, n. 22.

duc de Lorraine, du mois de mai précédent (1).

## SECTION XI.

### *Du droit de lever des impositions.*

Que le droit de lever des impositions soit un droit royal en ce sens, que nul particulier ne peut l'exercer sans la permission du souverain, c'est une de ces vérités que personne ne conteste, & qui est consacrée par les lois les plus positives.

Les Romains la reconnoissoient; ils nous en ont laissé des monumens respectables dans plusieurs textes de leur législation (2).

L'article 130 de l'ordonnance d'Orléans de 1560, la rappelle dans les termes les plus exprès (3).

Elle étoit méconnue dans l'Alsace, lorsque cette province fut réunie à la couronne : mais une ordonnance de M. Colbert, intendant de ce pays, du 13 décembre 1659, la remit en vigueur (4).

(1) Brillon, au mot *Monnoie*, n. 11 & 56.

(2) L. 10, D. *de vectigalibus & commissis*; l. un. §. 3, D. *ad l. Juliam ambitûs*; l. 3, C. *vectigalia nova institui non posse.*

(3) *Voici ces termes.*

Et sur la plainte des députés du tiers-état, avons ordonné qu'il sera informé à la requête de ceux qui le requerront, contre toutes personnes, qui, sans commission valable, ont levé ou fait lever deniers sur nos sujets, soit par forme d'emprunts, cottisations particulières ou autrement, sans avoir baillé quittance, & d'iceux rendu bon compte; pour l'information vue en notre conseil privé, y être pourvu comme appartiendra par raison.

(4) *Voici cette ordonnance.*

« Charles Colbert, conseiller du Roi en ses
» conseils d'état & privé, président & garde des
» sceaux du conseil souverain d'Alsace, inten-
» dant de justice, police & finance audit pays.
» Nous ayant été fait rapport véritable que quoi-
» qu'il n'appartienne à personne, autre qu'à S. M.
» notre Roi & seul seigneur, de faire des imposi-

Mais le droit de lever des impoſitions, eſt-il royal, en ce ſens qu'il forme un des attributs de la ſouveraineté, & que le prince puiſſe l'exercer à ſon gré, & ſans le conſentement de ſes ſujets? Un miniſ-

tre de France, né dans une république & ami du peuple, n'a pas héſité dans un ouvrage fait pour le meilleur & le plus juſte des Rois, de préſenter l'affirmative comme une vérité inconteſtable; « c'eſt, » a t-il dit, le pouvoir d'ordonner des » impôts qui conſtitue eſſentiellement la » grandeur ſouveraine.... Il ne faut laiſſer » aux aſſemblées provinciales que la ré- » partition de ces impôts, & les autres » parties d'exécution.... Ces fonctions qu'il » convient de leur laiſſer, ne ſont que » des émanations de la confiance du mo- » narque.... C'eſt dans ces bornes qu'il » faut avoir ſoin de contenir les aſſem- » blées provinciales, puiſque c'eſt tout ce » qu'il faut au bonheur des peuples (1). »

Croiroit-on quon pût oppoſer à ces aſſertions celles d'un des plus zélés ſervi- teurs de Louis XI? *Nul prince*, dit Phi- lippe de Comines (2), *ne peut autrement lever impôt que par octroi.* « Mahomet II, » dit le même écrivain (3), eſt mort à » l'âge de cinquante-deux ans ou envi- » ron, aſſez ſoudainement: toutefois il » fit teſtament, lequel j'ai vu, & fit conſ- » cience d'un impôt que nouvellement il » avoit mis ſur ſes ſujets. Or regardez ce » que doit faire un prince chrétien, qui » n'a autorité fondée en raiſon de rien » impoſer ſans le congé & permiſſion de » ſon peuple. »

Sur quoi ſont fondées ces maximes? Le voici, ſelon l'auteur de la théorie de l'impôt, entretien ſixième: « le droit » d'impoſer eſt le droit d'enlever une por- » tion du revenu. Si ce droit eſt indéfini » & attribué à un ſeul, celui qui eſt re- » vêtu de ce droit, a le pouvoir d'enle- » ver tout le revenu. Celui qui prend » tout le revenu enlève de fait tout le » fonds. Donc le droit indéfini d'impo-

---

» tions dans ſes pays, & à qui ſa majeſté en a donné » le pouvoir, néanmoins il y a quelques particuliers » qui entreprennent de faire le contraire, & qui » attaquent & donnent atteinte à la puiſſance & » haute autorité royale de ſa majeſté, & qui, » ſans avoir égard, ſoit par ignorance des ordon- » nances du Roi, ou par autres motifs, ſe ſont » aviſés & ont entrepris de faire des impoſitions » & levées d'argent dans pluſieurs endroits du » pays qui a été cédé à ſa majeſté par le traité » de Munſter, qu'ils ont actuellement levé ſans » avoir aucune permiſſion du Roi, à quoi la » timidité & l'épouvante des ſujets du Roi a » beaucoup contribué, en ce qu'ils ſe ſont laiſſés » perſuader & contraindre ſans nous en avoir » fait aucune plainte.

» Nous, à ces cauſes, voulant pourvoir à de » tels attentats, abus & uſurpations, & afin que » perſonne n'en puiſſe prétendre cauſe d'igno- » rance, avons jugé néceſſaire pour le ſervice » du Roi, & qu'il étoit de notre devoir de dé- » clarer par ces préſentes la teneur des ordon- » nances & réglemens faits par ſa majeſté, par » leſquels il eſt fait défenſes, ainſi que nous » défendons très-expreſſément à tous & chacun » eccléſiaſtiques, nobles ou non nobles, commu- » nautés, particuliers, & généralement à toutes » perſonnes de quelque qualité, condition & » autorité qu'elles puiſſent être, de faire au- » cune impoſition, ſcit en argent ou en autres » choſes, dans l'étendue des pays cédés à ſa » majeſté par le traité de Munſter, ni d'y lever » ou faire payer autre choſe par les ſujets du » Roi, que les revenus & rentes ordinaires ſei- » gneuriales, ſous quelque cauſe & prétexte que » ce puiſſe être, ni de permettre à autres per- » ſonnes de faire de telles levées au nom d'une » communauté ou de particuliers, excepté aux » commiſſaires auxquels nous avons donné la » commiſſion pour ce ſujet enſuite du pouvoir » que nous avons reçu de ſa majeſté, le tout aux » peines irrémiſſibles portées par les ordonnances » du Roi. Enjoignons aux commiſſaires de faire » toutes les pourſuites requiſes & néceſſaires » envers & contre les contrevenans à ces dé- » fenſes, & de nous donner avis, aux mêmes » peines portées par leſdites ordonnances, de » tout ce qu'ils ſauront à cet égard, & de nous » informer exactement de tout ce qu'ils auront » fait & entrepris en conſéquence d'icelles. »

---

(1) Compte rendu au Roi par M. Necker, im- primé à l'imprimerie royale en 1781.

(2) Liv. 5, chap. 18.

(3) Mémoires ſur les principaux faits du roi Charles VIII, liv. 8, chap. 18.

ù fer, éteint toute propriété ». Eh! comment accorder une pareille conféquence avec le principe de Sully (1), que les Rois ne font que les *adminiftrateurs* de leurs états?

Mais loin d'ici, toute idée de fyftème : ce n'eft point à nous à prononcer entre un Necker & un Philippe de Comines. Bornons-nous à retracer les faits ; ils établiront mieux que nous ne pourrions le faire, quels font fur la matière des impôts, les droits refpectifs du fouverain, & de la nation.

Quoiqu'il y ait en France une multitude prefque innombrable d'impôts, ils fe réduifent cependant à deux claffes ; celle des *impôts directs*, & celle des *impôts indirects.*

L'impôt direct eft celui qui porte immédiatement fur la propriété, tel que la taille, le dixième, les vingtièmes, la gabelle forcée, la capitation. On pourroit y ajouter le droit d'entrée, que les particuliers payent à Paris fur les productions de leurs domaines, deftinées feulement pour leur propre confommation.

L'impôt indirect comprend toutes les autres impofitions de quelque nature qu'elles foient, & quelque nom qu'on leur donne : il y en a néanmoins de celles-ci, qui rentrent dans l'impôt direct, comme ces rentes qu'on créoit fous Louis XIV, fur les tailles, fur le domaine, & qu'on forçoit différens particuliers d'acquérir, fuivant le rôle de répartition qui en étoit dreffé. Telles étoient encore ces créations affez fréquemment renouvelées par Louis XV, c'offices municipaux que les villes & bourgs étoient enfuite forcés d'acheter, & qui produifoient une impofition directe fur tous les contribuables de chaque département. Mais ces fubdivifions nous mèneroient trop loin.

L'impôt indirect a toujours dépendu de la même volonté que la légiflation. Ainfi les profits fur la fabrique des monnoies, les droits d'entrée & de fortie, ceux d'importation & d'exportation, les péages, les droits fur les différens objets de confommation & fur les denrées, ont été de tout temps fixés, établis, augmentés, comme il a plu au légiflateur. Nous ne parlons pas des domaines & des droits féodaux qui en font la fuite. Tout cela eft encore dans fa difpofition abfolue.

Il n'exifte aucune loi écrite, des Rois de la première & de la feconde race, qui établiffe des impôts directs. Mais on affure qu'entre tous ces princes, il y en eut un qui entreprit d'en porter une. Chilpéric I, dit-on, ordonna que chaque arpent de vigne payeroit une barrique de vin, & qu'on levât tant, pour chaque efpèce de biens, pour chaque efclave, pour chaque perfonne libre. Mais, ajoute-t-on, les rôles de ces taxes furent brûlés ; un juge qui avoit perçu l'impôt, fut obligé de fe réfugier dans une églife ; & Frédegonde, qu'on ne foupçonnera fans doute pas d'une piété exceffive, ni d'une humanité outrée, attribuoit la mort de fes enfans à cette vexation du Roi fon époux (1).

Toutes les parties de l'adminiftration publique, fous les deux premières races, font retracées dans les décrets, dans les édits, dans les capitulaires de Childebert, de Clotaire II, de Dagobert, de Charlemagne, de Louis-le-Debonnaire, & de Charles-le-Chauve. Ce font pour la plupart des compilations d'anciennes lois nationales, mifes dans un ordre nouveau, rangées fous différens titres, & augmentées. Il y eft fait mention des revenus du fifc ; des droits de péage fur les rivières ou dans les chemins ; des droits fur les marchandifes & fur les denrées qui fe tranfportoient par terre & par eau, excepté celles que les particuliers tiroient de leurs propres fonds, & qu'ils confommoient eux-mêmes ; des biens domaniaux ; des terres tributaires ; du cens qui

---

(1) Voyez ci-devant, fect. 1.

(1) Grégoire de Tours, liv. 5, chap. 29.

se payoit par les serfs ; & d'autres charges publiques, dont plusieurs ne s'exigeoient que dans certaines circonstances, comme l'arrière-ban (*heribannus*) que les hommes libres acquittoient par le service militaire & personnel. Mais rien de cela ne ressemble à ces impôts directs, qui entament & morcellent les propriétés sans le consentement des propriétaires.

D'ailleurs, les différens subsides, pour la perception desquels les Rois des deux premières races faisoient des ordonnances, avoient été établis par les lois saliques, par les lois ripuaires, par celles des Allemands, des Bourguignons, des Francs, des Lombards. Les édits mêmes de ces princes, portoient, soit dans leur titre, soit dans leur préface, soit dans les formules qui les terminoient, les marques du consentement délibéré de l'assemblée où la publication s'en étoit faite ; &, comme on l'a vu ci-devant, section I, tel étoit alors le régime de la législation, non-seulement en matière fiscale, mais encore sur tous les objets qui intéressoient la police & l'administration générale du royaume.

Les principes & la conduite des Rois des deux premières races touchant l'impôt, se retrouvent chez les premiers Rois de la troisième. Montés nouvellement sur le trône, ils étoient moins occupés du soin de créer des impositions, que d'affermir leur puissance, en associant leurs enfans à la couronne du consentement de la nation, comme ils ont tous fait successivement depuis Hugues-Capet jusqu'à Philippe-Auguste.

Henri I avoit établi quelques droits ; car l'impôt direct n'avoit pas encore reparu depuis Chilperic ; il les retrancha par scrupule de conscience.

Louis VII en usa de même. Il abolit plusieurs impôts dans la ville d'Orléans, par un motif semblable à celui qui avoit porté son bisaïeul à faire une pareille suppression. *Easdem civium nostrorum pro-*

*videntes utilitati, & animæ nostræ saluti reprobamus* (1).

Ce même prince leva cependant en 1167, la vingtième partie du revenu de son peuple (2), mais elle lui fut accordée par le peuple même. C'est le premier impôt direct dont il soit fait mention dans l'histoire de la troisième race.

L'exemple de Louis VII ne fut pas perdu pour ses successeurs. En 1188, Philippe-Auguste convoqua une assemblée de prélats, & de leur consentement ordonna qu'il seroit levé sur le clergé une dîme qui fut appelée *dîme saladine*, parce qu'elle avoit pour objet une croisade contre Saladin.

Saint-Louis, à son départ pour la seconde croisade, imita son aïeul. Il imposa une décime sur le clergé qui, à la vérité, ne paroît pas avoir été volontaire, mais que le pape avoit autorisée ; ce qui, dans les principes de son siècle, suffisoit pour avoir le droit de prendre une portion des revenus de l'église.

Saint-Louis ne se borna point à une décime : il imposa une taxe personnelle, tant sur les bourgeois des villes, que sur les habitans des campagnes ; mais ce subside est qualifié par les historiens, tantôt de secours demandé par le Roi, tantôt de don accordé par ses sujets (3).

Et ce qui prouve que ce saint Roi ne croyoit pas pouvoir établir d'impôts directs sans le consentement de son peuple, c'est que dans les instructions écrites de sa propre main, qu'il remit en mourant à Philippe son fils & son successeur, il lui recommanda particulièrement les privilèges des villes & des provinces ; *maintiens, les franchises & libertés ezquelles tes anxiens les ont maintenus & gardez.*

Philippe-le-Bel, en 1314, ordonna de sa propre autorité la levée du cinquan-

---

(1) Recueil des ordonnances, tom. 1, p. 15.
(2) République Bodin, liv. 6.
(3) L'abbé Vély, histoire de France, tom. 6.

tième denier fur tous les biens de fes
fujets. Il y eut des révoltes dans les principales villes ; les prépofés à la perception
de l'impôt furent maffacrés. Le Roi
reconnut qu'il s'y étoit mal pris. Il affem-
bla les états du royaume ; on leur repréfenta que le tréfor royal, étant épuifé
par les guerres précédentes, le Roi ne
pouvoit foutenir celle de Flandres fans le
fecours des états : *cui Rex occurrere abfque
ordinum auxilio non poffit,* dit Papire
Maffon dans fes annales. Les états fe
conformèrent aux defirs du Roi, qui les en
remercia, *quibus gratias egit.* Ce font les
termes du même auteur, qui parle d'après
le continuateur de Nangis.

Les hiftoriens (1) parlent d'une loi de
Louis-Hutin, par laquelle il déclare que
ni lui ni fes fucceffeurs ne pourroient lever
aucun fubfide à l'avenir, *fans le confentement des prélats, des nobles & des communes, qui en feroient eux-mêmes la
levée.*

En 1316, les états accordèrent à Philippe-
le-Long une impofition générale, pour un
armement fur mer contre les Flamands.
Le 29 août de la même année, le Roi
donna des lettres-patentes pour faire lever
inceffamment ce fubfide, *ex impofitione
ad opus armare conceffâ.* Il déclara en
même-temps que l'impofition finiroit avec
la guerre, parce que, dit-il, l'effet doit
ceffer avec la caufe, *ceffante caufâ, ceffare
debet effectus.*

Vers l'an 1342, la gabelle, qui jufques-là
n'avoit eu lieu que dans quelques cantons
du royaume, devint une impofition générale, mais elle ne fut établie que du
confentement des états; & comme on
craignoit qu'elle ne fe perpétuât, le roi
Philippe VI, fur les remontrances qui lui
en furent faites, déclara, par un édit du
15 février 1345, que fon intention n'étoit
pas que cet impôt fût incorporé au do-

maine de la couronne, ni qu'il durât plus
long-temps que la guerre (1).

Au mois d'avril 1350, le roi Jean
convoqua à Paris les trois états de la
province de Normandie, pour leur demander un fubfide. Le clergé l'accorda. Les
députés de la nobleffe & des villes n'y
étant pas autorifés par les perfonnes de
leur état, retournèrent fur les lieux pour
en délibérer ; alors tous les bailliages
affemblés accordèrent au Roi une aide
de différentes impofitions, *à la charge que
ce fût fans préjudice à eux & à leurs privilèges généraux & fpéciaux, ni que cela
pût être trait à conféquence pour les Rois
fucceffeurs audit feigneur,* & que le Roi
leur en donnât lettres fcellées, ce qui
fut fait (2).

Au mois de juin 1351, le bailliage
d'Amiens accorda au Roi une aide pour
un an, à-peu-près de la même manière
que l'avoient fait les états de Normandie (3).

Le 28 juin 1352, les maire, jurés &
échevins d'Abbeville, accordèrent à Jean
l'impofition qu'il leur demandoit, *jufques
à un an en fuivant tant feulement...... &
fans ce que pour le tems préfent & advenir
il ne foit préjudice ne à eulx ne à ladite
ville (4).*

Les plus petites villes, comme les plus
grandes, ne payoient que des impofitions
volontaires, & toujours limitées à un certain temps qui n'excédoit pas communément l'efpace d'une année. En 1353, une
petite ville du bailliage d'Amiens accorda
& octroya au Roi Jean une impofition
" en la forme & manière que les autres
" bonnes villes voifines l'avoient accor-
" dée...... jufques à un an en fuivant,
" fauf & réfervé à eulx pour le temps

(1) Nicole Gilles, Mézerai, Boulainvilliers.

(1) Recueil des ordonnances, tom. 2, pag. 238
& 239.
(2) *Ibid.* pag. 402.
(3) *Ibid.* pag. 440.
(4) *Ibid.* tom. 4, pag. 384.

» préfent & à venir, il ne foit ne porté
» préjudice à eulx, ne à leur ville def-
» fufdite en aucune manière (1) ».

Les trois états des bailliages du Co-
tantin & de faint Guillaume, accordèrent
au Roi un fubfide, à condition qu'il ne
tireroit point à conféquence, ni ne donneroit au Roi aucun nouveau droit qui
pût leur préjudicier. Le Roi confirma cette
claufe en ces termes : *quòd que conceſſio
ipſa vel quævis alia quam facere voluerint,
ſive auxilium pro præmiſſis, ad conſequen-
tiam non trahatur, nobiſve novum jus, aut
eis præjudicium aliquod generare valeat in
futurum* (2).

Le Roi Jean, en 1354, charge l'évêque
de Laon & le fire de Montmorency, de
requérir les habitans du bailliage de Senlis, « qu'ils lui veuillent bénignement
» & gracieufement octroyer l'impofition
» (de fix deniers pour livre) jufques à
» un an advenir (3).

Par lettres-patentes du mois de juillet
1355, le roi Jean déclare que les prélats,
les nobles & les communes des pays
d'Anjou & du Maine, lui ayant *octroyé
& accordé gracieufement deux fols fix deniers
tournois*, pour chaque feu, pendant trois
mois confécutifs; fous la condition que
« nulle ni de femblable ne puiffe être
» levée efdits pays au temps advenir,
» fi ce n'eftoit par l'accord & de l'affen-
» tement exprès defdits gens d'église,
» defdits nobles, defdites communes; »
& que le produit de cet impôt feroit employé à la défenfe du pays; fans pouvoir
être détourné ailleurs, il approuve &
ratifie les conditions de cet octroi, reconnoiffant qu'il a été fait « par lefdits
» prélats, gens d'église, barons, nobles,
» communes, & autres de leur bonne
» volonté & de grâce (4) ».

Les états de Languedoc, affemblés à
Touloufe en feptembre 1355, accordèrent
une aide au Roi, « libéralement & gra-
» cieufement, pour cette fois, & pour le
» temps marqué. » Ce font les propres
termes de l'ordonnance de Charles dauphin, & régent du royaume, du mois de
février 1356 (1).

Le monument le plus mémorable du
droit primitif qu'avoit la nation Françoife
de ne payer d'impôt direct que par forme
de don gratuit & volontaire, eft l'ordonnance du roi Jean du 28 décembre 1355,
portant établiffement d'une gabelle &
d'une impofition de huit deniers pour
livre fur tout ce qui fera vendu. Cette
loi, faite en conféquence de l'affemblée
des trois états du pays de la *Languedoïl*
ou Coutumiers, renferme tout le droit
public François concernant les impôts; &
ce qu'il y a de remarquable, c'est qu'elle
diftingue parfaitement les droits régaliens, tels que ceux du domaine, des
monnoies & autres, d'avec les impofitions (2).

_____

(1) *Ibid.* pag. 101.

(2) *Voici les principaux endroits de cette
ordonnance.*

Article 1..., « Et fe dedans le premier jour
» de mars prochain venant, tous n'eftoient à
» accord des chofes deffus dites, & de celles qui
» cy-après feront déclarées & fpécifiées, ou au
» moins fe il n'apparoit que nous en euffions
» faict notre diligence & fouffifamment dedans
» ledit jour, lefdites aides ceffèroient du tout,
» fe à ladite journée n'eftoient fur ce pourveu
» par tous les trois eftats d'un commun accord &
» confentement; fans ce que la voix des deux
» eftats puiffe conclure la tierce, & ce qui en
» auroit été levé & non defpené, demourroit
» au profit des pays efquiex il auroit été levé
» pour le fait de la guerre. »
*Ne gliffons pas fur cet article. Le Roi
confent que l'impofition ceſſe s'il ne remplit
pas fes engagemens. Il veut de plus, que
dans tout ce qui regarde les impôts, il y ait
unanimité, non pas de fuffrages, mais
d'ordres.*

Art. 6. « Que ces préfentes aides duréront
A u

_____

(1) *Ibid.* pag. 279.
(2) *Ibid.* pag. 380.
(3) *Ibid.* pag. 557 & 558.
(4) *Ibid.* tom. 3, pag. 7.

Au mois de mars 1356, le dauphin Charles qui avoit convoqué les états généraux pour travailler avec eux à la délivrance du Roi Jean son père, prisonnier à Londres, en obtint les secours nécessaires, moyennant les clauses & les limitations accoutumées ; & sur leur demande il publia une ordonnance, dans laquelle

» jusques à un an, & nous sont accordées par » les trois estats, sanez préjudice de leurs liber-» tés, privilèges ou franchisses...., de laquelle » ( aide ) se ils n'estoient tous ensemble d'ac-» cort, la chose demeureroit sans détermination, » mais en ce cas nous seroit réservé ce que cy-» dessous sera ordonné & accordé.

Art. 27. » Item. Voulons & ordonnons que du-» rant cette présente aide, tous autres subsides ces-» seront ; mais pour ce que par aventure nos » guerres ne seront pas finies du tout en ceste pré-» sente année, les gens des trois estats s'assembleront » à Paris avec les gens de nostre conseil, à la » S. Andrien prochain, par euls ou par leurs pro-» cureurs suffisamment fondez, & ordeneront » ensemble de nous faire aide convenable pour » nos guerres.... & se tous les trois estats n'estoient » d'accord ensemble, la chose demourroit sans » détermination ; mais en ce cas, nous retour-» nerions à nostre domaine des monnoies, & à » nos autres droits.

» Item, que toutes les aides dessus dittes, » proufits & amendes quelconques, qui d'icelles » aides ou pour cause ou achoison d'icelles » istront, ou avendront par quelque manière que » ce soit, seront tournées & converties entière-» ment ou fait de la guerre, sans ce que nous, » nostre très-chère compaigne la reyne, nostre » très-cher amé fils le duc de Normandie, autres » de nos enfans, de nostre sanc, ou de nostre » lignaige, ou autres de nos officiers, lieuxte-» nans, connestable, mareschaux, admiraulz, » maistre des arbalestriers, trésoriers, ou autres » officiers quelconques, en puissent prendre, » lever, exiger ou demander aucune chose, par » quelque manière que ce soit, ne faire tourner » ou convertir en autres choses que en la guerre, » ou armées dessus dittes, & ne seront lesdites » aides, & ce qui en y stra, levées ne distribuées » par nos gens, par nos trésoriers, ne par nos » officiers, mais par autres bonnes gens saiges, » loyaulx & solables, ordennez, commis & dep-» putez, par les trois estats dessus dits, tant ez » frontières comme ailleurs, où il les conviendra » distribuer ; lesquiex commis & depputez jure-» ront à nous, ou à nos gens à aux depputez » des trois estats, que par quelconque nécessité » qui avieigne, ils ne bailleront ne distribueront » ledit argent à nous, ne à autres, fors seule-» ment aus gens d'armes, & ou fait de la guerre » dessus ditte. Et nous promettons en bonne foi,

» & ferons promettre par nostre très-chère com-» paigne la reyne, & par nostre très cher fils » le duc de Normandie, & jureront aus saintes » évangiles de Dieu nos autres enfans, nostre » très-cher fils le comte d'Anjou, tous eceuls » de nostre sanc & de nostre lignaige, tous nos » officiers, lieuxtenans, connestable, mares-» chaulz, admiraulz, maistre des arbalestriers, » trésoriers, gens des comptes, & aussi tous » autres officiers, superintendens, receveurs » généraulz & particuliers, & toutes autres per-» sonnes qui de recevoir ledit argent, ou dudit » faict se mesleront, que pour quelconque cause » ou nécessité qui avieigne, ils ne bailleront, » distribueront, ne consentiront à bailler ou à » distribuer ledit argent, par voye de emprunt » pour leur particulier ou privé proufit, sous » espérance de rendre ne autrement, fors ou » fait & en la manière dessus dite, & par les » depputez de par les trois estats dessus dits, & » ne envoyeront lettres ne mandemens ausdits » depputez, ne à leurs commis, pour distribuer » l'argent ailleurs ou autrement que dit est, & » se par importunité ou autrement, aucun em-» petroit lettres ou mandemens de nous ou » d'autres au contraire, lesdits depputez, com-» missaires ou receveurs, jureront aus saintes » évangiles de Dieu, que ausdites lettres ou » mandemens ne obéiront, ne distribueront l'ar-» gent ailleurs ou autrement que dit est ; & s'il » le faisoient pour quelconques mandemens qu'il » leur venist, ils seroient privez de leurs offices, » & mis en prison fermée, de laquelle ils ne » pourront yssir ne estre eslargis par cession de » biens ou autrement, jusques à tant que ils » eussent entièrement payé & rendu tout ce qu'ils » en auroient baillé ; & se par aventure, aucuns » de nos officiers ou autres, soubs umbre de man-» demens, ou interprétations aucunes, vouloient » ou s'efforçoient de prendre ledit argent, lesdits » depputez & receveurs leurs pourroient & se-» roient tenus de résister de fait, & pourroient » assembler leurs voisins des bornes villes & » autres, selon ce que bon leur sembleroit, pour » euls résister, comme dit est ; & ne pourront rien » faire les généraulx, supérintendens des trois » estats dessus dits, ou fait de leur administra-» tion, se ils ne sont d'accort tous ensemble, Et » se il advenoit que ils fussent à descort des » choses qui regardent leurs offices, nos gens de » parlement les pourroient accorder, & ordener » du descort. »

font renouvelées les principales difpofitions de l'ordonnance du Roi Jean, de
l'année précédente. Elle fut publiée au
parlement de Paris le 3 mars 1356, &
dans l'adreffe il lui étoit *étroitement commandé* de veiller à fon exécution (1).

Les états de Languedoc fignalèrent leur
fidélité & leur zèle pendant la captivité
du Roi Jean. Ils accordèrent, ils offrirent
d'eux-mêmes des fubfides extraordinaires,
mais toujours à titre d'impofition gratuite, & fans préjudice des franchifes &
des exemptions de la province. Jean,
comte de Poitiers, fils du Roi, & fon
lieutenant en Languedoc, rendit deux
ordonnances les 26 & 31 juillet 1358,
par lefquelles il déclara que le fubfide accordé ne pourroit être employé qu'à payer
la rançon du Roi ; qu'il feroit levé par
les perfonnes que les communautés pro-
poferoient à cet effet, & que les officiers
du Roi ne s'en mêleroient pas ; que fi le
traité conclu pour la délivrance du Roi
n'avoit point d'exécution, on cefferoit de
lever le fubfide , & que ce qui en auroit
été payé feroit reftitué ; que moyennant
ce fubfide , les communautés n'en payeroient point un autre, qui avoit été
accordé depuis peu pour le même fujet ;
que tous les autres cefferoient, & qu'on
n'en pourroit établir de nouveau que
lorfque les communautés le jugeroient
néceffaire (2).

En 1359, le Roi Jean déclara par fes
lettres-patentes concernant la levée des
impofitions, & de la gabelle octroyée par
les états de Languedoc, que « les prélats
» nobles & communes defufdits avoient
» voulu & octroyé que ladite gabelle durât
» & fût cueillie audit pays jufques à Noël
» qui feroit l'an 1361 » (3).

Les états généraux, tenus à Sens en
1367, firent de fortes repréfentations au

Roi Charles V, fur l'abus & fur la durée
des aides. Ce prince, dans fon ordonnance du mois de juillet de la même
année, déclara, article 8, que les aides
ne pourroient tirer à conféquence contre
les franchifes & libertés de fes fujets,
ni leur porter aucun préjudice pour le
temps à venir (1).

La même année, les états de Dauphiné
offrirent au Roi une aide, une fois payée,
de 3000 florins, pour racheter des châteaux apppartenans à la couronne & dépendans du Dauphiné (2).

Charles V, dans une ordonnance du 8
novembre 1374, dit que les bourgeois &
habitans des bonnes villes fermées des
pays d'Artois, de Boulonnois & de Saint-
Pol, lui « ont nouvellement octroyé,
» d'un commun affentement, pour un an
» feulement..... telle & femblable aide,
» comme ils firent & payèrent en la pré-
» fente, finiffant le dernier jour de ce
» préfent mois de novembre (3). »

Même octroi accordé par les états du
même pays & aux mêmes conditions, le
18 décembre 1378 & 1379 (4).

Aide accordée par les habitans d'Abbeville, au mois de novembre 1379, avec
les claufes ordinaires de pur confentement, de franchifes, d'exemptions (5).

Le mort de Charles V ne changea rien
à la liberté de la nation. Dès le mois de
janvier 1380, Charles VI fon fils & fon
fucceffeur, « abolit tous les impôts &
» aides qui avoient été établis depuis le
» règne de Philippe-le-Bel, & déclara
» que par ces impôts, les Rois n'avoient
» acquis aucun droit, & que ces impôts
» ne pourroient porter de préjudice aux
» privilèges dont les fujets avoient joui
» depuis le règne de ce prince, dans
» lefquels il veut qu'ils foient rétablis,

(1) Recueil des ordonnances, tom. 3, p. 126.
(2) *Ibid.* tom. 4, pag. 191.
(3) *Ibid.* pag. 100.

(1) *Ibid.* tom. 5, pag. 21.
(2) *Ibid.* préf. pag. 9.
(3) *Ibid.* tom. 6, pag. 68.
(4) *Ibid.* pag. 262 & 449.
(5) *Ibid.* pag. 451.

» en les confirmant de nouveau. (3) »
Ce sont les termes de l'extrait fait de
cette ordonnance, dans la préface du
volume des ordonnances, où elle est
inférée.

Quoique cette loi contient une abolition générale de tout ce qui pouvoit
s'appeler impôts directs, on pensa bientôt
à les rétablir. Les états généraux furent
convoqués à Paris. Le Roi assista à cette
assemblée, & chargea Arnaud de Corbie,
premier président du parlement, de représenter en son nom les besoins de l'état.
Les députés répondirent qu'ils avoient
ordre d'entendre seulement ce qu'on leur
proposeroit sans rien conclure, qu'ils en
feroient le rapport à leurs concitoyens,
& qu'ils ne négligeroient rien pour les
porter à se conformer aux intentions du
Roi. Les seuls députés de la province de
Sens consentirent à l'établissement d'un
impôt ; mais ce consentement fut inutile ;
leur province les désavoua.

Quelques jours après, plusieurs de ces
députés se rendirent auprès du Roi à
Meaux & à Pontoise. Ils déclarèrent
qu'on ne pouvoit vaincre l'opposition générale des peuples au rétablissement des
impôts, & qu'ils se porteroient aux dernières extrémités pour l'empêcher (1).

On vint cependant à bout de les rétablir ; mais toujours dans la forme ordinaire. Le Roi demandoit des secours ; les
provinces ou les villes les accordoient à
titre de contribution volontaire & libre,
& jamais pour plusieurs années à la fois.

En 1393, Charles VI fit requérir les
états de Dauphiné « de lui accorder telle
» & semblable aide, comme ils firent,
» dit-il, quand nous fûmes ès parties du
» Languedoc, & que de ce en notre né-
» cessité ils ne nous veuillent faillir (2) ».

Il n'y a là rien qui sente l'autorité coactive.

Depuis 1394 jusqu'en 1403, les trois
états des comtés d'Artois, de Boulonnois
& de Saint-Pol, accordèrent au Roi, &
renouvelèrent tous les ans les mêmes
aides qu'ils avoient auparavant fournies à
Charles V. Elles furent acceptées par
Charles VI aux mêmes clauses & conditions que les précédentes (1).

Charles VII établit des impôts sans
consulter la nation. A-t-il voulu par-là
s'écarter de l'exemple de ses prédécesseurs, & donner à ses successeurs celui
d'une autorité inconnue jusqu'alors ? On
ne le croit pas. Sa conduite étoit contraire
aux anciennes règles, mais ses intentions
pouvoient être très-pures. Comment auroit-il assemblé la nation ? Les Anglois
occupoient la moitié de son royaume,
& lui disputoient l'autre. Il est des occasions où la première loi est le salut de
l'état.

Louis XI, comme on l'a déjà dit (2),
ne respecta rien. Il traita ses sujets en
esclaves, & leva de grosses tailles de sa
propre autorité. Cependant il connoissoit
bien les lois qu'il violoit. En 1482, couché sur le lit de la mort, il se repent d'a-
voir abusé de son pouvoir, il exhorte son
fils à ne pas suivre son exemple, & à « ré-
» duire la levée des impôts à l'ancien ordre
» du royaume, qui étoit de n'en point
» faire sans l'octroi des peuples (3). »

Ce n'est pas que Louis XI, lui-même,
n'ait quelquefois demandé le consentement de la nation pour établir des impôts.
En 1468, il assembla les états généraux
à Tours, pour les consulter sur la guerre
qu'il se croyoit obligé de faire aux Anglois ;
« & lesdits trois états promirent de se-
» courir & aider le Roi ; c'est à savoir,
» les gens d'église de prières & oraisons,
» & biens de leur temporel, & les nobles

---

(1) *Mémoire historique & critique sur quelques évènemens arrivés au commencement du règne de Charles VI,* par M. Secousse, Préface du tom. 7 du recueil des ordonnances.

(2) *Recueil des ordonn.* tom. 7, pag. 575.

(1) *Ibid.*
(2) Voyez ci-après, sect. 1.
(3) Mézerai, abrégé chronologique, année 1481.

A a ij

» & populaire de corps & de biens, & » jusques à la mort inclusivement (1). »

Charles VIII aima mieux suivre les conseils que l'exemple le plus général de son père. Naturellement doux & humain, il convoqua les états généraux à Tours en commençant son règne, & il y fut décidé « que toutes tailles & autres équipollens » de tailles extraordinaires, qui par ci- » devant ont eu cours, seroient tollues » & abolies, & que déformais, en sui- » vant la naturelle franchise de France, » & la doctrine de Saint-Louis, qui com- » manda à son fils de ne prendre ne lever » taille sur son peuple, sans grand besoin » & nécessité, ne seroient imposées ni » exigées lesdites tailles ni aides équi- » pollens à taille, sans premièrement » assembler lesdits trois états, & déclarer » les causes & nécessités du royaume pour » ce faire, & que les gens desdits états » la consentent, en gardant les privilèges » de chacun pays. »

Louis XII n'assembla point les états, parcequ'il n'eut pas besoin d'impôts. Il diminua de plus de moitié ceux qui étoient établis, & n'en créa point, *quelques guerres qu'il eût à soutenir*. Ce sont les termes d'un de ses historiens (2).

C'est sous François I que l'on commença d'adresser aux parlemens les édits bursaux. Cette formalité laissoit bien quelque ressource au peuple, en ce que les parlemens faisoient des remontrances sur ces édits & même les modifioient. Mais ce n'étoit plus la forme ancienne; l'ordre étoit renversé. Ici le prince ordonnoit avant que le parlement délibérât. Les états au contraire délibéroient avant l'ordonnance du prince; ils examinoient sa demande, & s'ils l'acceptoient, ce qui arrivoit presque toujours en tout ou en partie, le Roi

donnoit des lettres-patentes ou un édit pour l'exécution de ce qui avoit été convenu. Cette nouveauté fut introduite par les conseils du chancelier Duprat.

Cependant les assemblées des états généraux furent encore assez fréquentes depuis François I jusqu'à Henri III.

Ce dernier prince les convoqua deux fois à Blois, dans l'espace de douze ans. Tout se passa en plaintes, en réclamations de la part des états, en promesses de la part du Roi, suivies bientôt de nouveaux édits, de coups d'autorité, de révoltes. Ce fut le règne de la foiblesse, de la violence & de la dissipation. Il n'y eut pourtant pas d'impôt direct. Tous les édits bursaux avoient pour objet des créations d'offices, des taxes sur les marchandises & sur les denrées, des créations de rentes, des aliénations de domaines, &c.

Sous Louis XIV enfin, on a créé, sans consulter la nation, deux impôts directs, les plus onéreux que l'on connoisse; la capitation & le dixième.

Il est vrai que relativement à la capitation, l'on est parti d'un principe qui, supposé vrai, soumettoit cet impôt à la volonté absolue du monarque. La capitation, disoient les conseillers de Louis XIV, n'est pas un impôt direct, c'est un droit domanial & régalien; le Roi peut donc en ordonner la levée, sans le suffrage de la nation. C'étoit raisonner fort mal, & confondre la nature & l'effet de tributs bien différens les uns des autres. Les droits qui dépendent du souverain seul, à raison de la prérogative royale, on ne les paye qu'autant qu'on fait usage des objets qui y sont assujettis. Si on ne plaide pas, on n'aura pas d'exploits à faire contrôler. Si on n'acquiert ni terres ni maisons, on ne devra ni contrôle ni centième denier. Si on ne boit que de l'eau, on ne payera point de droits sur le vin, ainsi des autres. Il n'en est pas de même de la capitation, rien n'en dispense, il suffit de vivre pour la devoir. C'est une imposition personnelle & for-

---

(1) Histoire de Louis XI, autrement dite la chronique scandaleuse, sous l'année 1468. Ce sont les mêmes états que Philippe de Comines met sous l'année 1470.

(2) Saint-Gelais, pag. 122.

cée, & par conféquent un impôt direct.

Quant au dixième, ce fut la plus malheureufe des guerres qui obligea Louis XIV de le mettre fur les immeubles, & ce prince fçavoit bien, en l'établiffant, qu'il alloit contre les formes anciennes. Ceci n'eft qu'une anecdote, mais qui a toute la certitude d'un fait hiftorique bien avéré.

Quand le dixième fut propofé dans le confeil, le Roi déclara tout haut que cet impôt lui fembloit bien être une reffource fûre, mais qu'il paffoit fon pouvoir. C'étoit un aveu de la différence extrême qu'il mettoit entre les impôts qui attaquent ouvertement la propriété, & les moyens qui l'épargnent, ou qui ne lui portent au plus que des atteintes indirectes, fans contrainte ni voies de rigueur. Il réfifta long-temps, & ne put fe déterminer à faire un édit & à l'envoyer au parlement, qu'après que les principaux membres de cette compagnie lui eurent donné les affurances les plus précifes qu'il feroit enregiftré. Malgré cela, comme il n'avoit pas voulu agir d'autorité dans une affaire qui intéreffoit les propriétés de toute la nation, & qu'il s'en étoit rapporté au parlement, l'incertitude du fuccès l'inquiétoit. Le jour même de la délibération, il partit de Verfailles, & dit qu'il alloit à Marly pour épargner au premier préfident la moitié du chemin. Il attendit jufqu'au foir, fur la terraffe, l'arrivée du magiftrat, qui vint enfin apporter à fa majefté l'heureufe nouvelle de l'enregiftrement.

Le dixième fut fupprimé en 1717, mais le gouvernement n'en perdit pas le fouvenir ; il fut rétabli pour quelque temps en 1733, & depuis on s'eft familiarifé avec les vingrièmes, qui n'en font que les diminutifs.

Voilà les faits que nous préfente l'hiftoire de la monarchie fur les droits du Roi en matière d'impofition : nous pourrions fans crainte nous livrer à la difcuffion des conféquences qui en découlent ;

car peut-on craindre de dire la vérité fous le règne de la juftice ? Mais elles nous meneroient trop loin, & d'ailleurs ce n'eft pas en politiques que nous avons entrepris d'écrire.

## SECTION XII.

### *Du droit d'accorder des grâces.*

De tous les attributs de la couronne, le plus précieux, le plus cher à un bon Roi, eft le droit d'accorder des grâces. C'eft fa qualité diftinctive, dit un magiftrat philofophe, elle eft fuivie de tant d'amour, il en tire tant de gloire, que c'eft toujours un bonheur pour lui d'avoir occafion de l'exercer.

Auffi, voyez la différence qu'il y a entre la forme dans laquelle le Roi rend la juftice, & celle qu'il employe pour accorder une grâce ! Le chancelier de l'Hôpital, dit M. Talon dans un de fes difcours (1), « faifoit cette obfervation » que les Rois, lorfqu'ils tiennent leur » lit de juftice, fouffrent non-feulement » que les grands de l'état, mais même » tous les officiers de la compagnie, » foient affis & couverts en la préfence » de leur prince, parce que dans ces oc- » cafions, non-feulement ils doivent » avoir la liberté de leurs fuffrages, » mais, qui plus eft, ils doivent con- » courir avec leur maître au miniftère » de la juftice. Mais lorfque le Roi tient » fes grâces, & qu'il fait fceller en fa » préfence les rémiffions qu'il accorde » aux criminels, comme c'étoit autrefois » la coutume les vendredis faints, per- » fonne, de quelque qualité qu'il foit, » ne peut être affis ni couvert, parce que » dans ces ouvrages fa feule bonté & fa » puiffance y agiffent. »

On diftingue différentes fortes de grâces. Il en eft qui épargnent des peines afflictives ou infâmantes aux coupables

---

(1) Mém. tom 3, pag. 368.

qui les ont méritées. Quelques-unes rétablissent les personnes qui se sont déshonorées par une faillite, dans tous les droits des autres citoyens.

D'autres donnent la légitimité à un bâtard, la qualité de regnicole à un étranger, la liberté à un serf, la noblesse à un roturier, ou enfin élèvent ceux à qui le Roi les accorde, à des grades plus distingués que ceux dans lesquels ils se trouvent.

I. Les plus grands princes ont été plus jaloux du pouvoir de faire grâce aux coupables que des autres attributs de la royauté (1). La clémence est en effet la plus belle des vertus ; c'est celle que l'orateur romain admiroit le plus dans César ; & la raison qu'il en donnoit, c'est que rien ne rapproche plus les hommes de la divinité, que de sauver la vie à leurs semblables ; rien n'est plus grand dans votre fortune, disoit-il en parlant à César, que le pouvoir qu'elle vous donne de conserver tant de citoyens ; rien de meilleur dans votre ame, que la volonté de les conserver.

L'article 7 de l'instruction dressée par le parlement de Paris, & donnée par Charles V à Me. Arnaud de Laye, secrétaire du Roi, le 8 mai 1372, porte : « qu'au Roi appartient seul & pour le » tout de faire rémission des crimes & » rappeaux de ban (2). »

Il s'est cependant trouvé des seigneurs qui ont prétendu partager avec le Roi le pouvoir de faire grâce aux criminels. J'ai en ce moment sous les yeux des lettres de rémission du 8 mai 1494, de 1501, de 1502, & du 15 mars 1646, accordées par le seigneur de Raimbaucourt, village de Flandres, à des personnes convaincues d'homicides commis dans ses terres. J'ai également entre les mains deux actes capi-

tulaires de la métropole de Cambrai, des 9 avril 1660, & 24 décembre 1677, par lesquels les chanoines de cette église font grâce à Christophe Dechet & à Etienne Daillez, des homicides qu'ils avoient commis à Cantaing en Cambresis.

On comprend aisément que de pareils actes ne sont que des usurpations sur la souveraineté, & qu'ils ne peuvent former une possession légitime. Aussi les seigneurs de Raimboncourt & le chapitre de Cambrai ont-ils cessé d'accorder des grâces aux criminels.

Long-temps auparavant, en 1564, il avoit été jugé contre le duc de Nevers, qu'il ne pouvoit, malgré une possession immémoriale, prétendre à ce droit de souveraineté (1).

Au reste, il n'est pas sans exemple, que nos Rois aient communiqué à des particuliers, l'exercice de ce droit. Surius dit dans la vie de saint Léonard, que Clovis accorda à ce disciple de saint Remi, le privilège d'entrer dans les prisons, & de donner la liberté à ceux des prisonniers qu'il voudroit choisir.

Au mois de novembre 1337, Philippe de Valois donna à Jean de France son fils, duc de Normandie & comte d'Anjou, le pouvoir d'accorder *toutes lettres de grâces, rémissions & rappeaux, tant ès cas civils que criminels* (2).

Charles VI, par les lettres-patentes du 14 mars 1401, accorda le même pouvoir au chancelier de Corbie (3).

Le 9 mars 1436, l'abbé de Saint-Claude, dans le comté de Bourgogne, a été maintenu par lettres-patentes de Philippe-le-Bon, souverain de cette province, dans le droit *de donner grâce en cas de crime* ; & Dunod assure que ce prélat a exercé ce droit même depuis la conquête (4).

---

(1) Préambule de l'édit du mois de novembre 1753, concernant le privilège des évêques d'Orléans.
(2) Bacquet, des droits de justice, chap. 7.

(1) Papon, liv. 5, tit. 1, aux notes.
(2) Du Tillet, des appanages.
(3) Le Bret, traité de la souveraineté, liv. 4, chap. 6.
(4) Dunod, des prescrip. part. 3, chap. 5.

Le 4 février 1514, Louis XII donna une déclaration portant pouvoir à la comtesse d'Angoulême, mère de François I, de délivrer des prisonniers, & de donner des lettres de rémission dans les villes & bourgs du royaume (1).

Le même Roi confirma, par des lettres-patentes de 1512, le privilège dont le chapitre métropolitain de Rouen jouissoit depuis plusieurs siècles, de délivrer un prisonnier le jour de l'Ascension de chaque année. Ce chapitre s'est maintenu dans son droit; mais la manière dont il en use n'est plus aussi abusive qu'elle l'étoit dans le principe: car le prisonnier qu'il délivre n'obtient la liberté que de l'autorité du parlement à qui il le présente à cet effet (2).

Les évêques d'Orléans jouissoient ci-devant d'un droit à peu près semblable: ils pouvoient, à leur avènement, délivrer tous les prisonniers pour crimes, qui au jour de leur entrée solemnelle dans leur siège épiscopal, se trouvoient dans les prisons de cette ville. Mais ce privilège a été singulièrement modifié par un édit du mois de novembre 1753: le Roi voulant le *concilier avec les droits inviolables de la souveraine puissance*, a ordonné que les évêques d'Orléans se borneroient par la suite à donner aux prisonniers *leurs lettres d'intercession & déprécation adressantes à sa majesté, sur lesquelles elle accorderoit & feroit expédier sans frais, les lettres de grâce, rémission ou pardon sur ce nécessaires, à la supplication desdits évêques, dont les lettres déprécatoires seroient attachées sous le contre-scel.*

Il n'est pas besoin sans doute d'avertir que ce privilège, aussi bien que ceux du chapitre de Rouen & de l'abbaye de faint-Claude, ne forment pas des droits proprement dits, & que le Roi peut en inter-

dire l'usage quand il lui plaira. Cette vérité, qui se sent assez d'elle-même, a été établie par M. Foucaut, avocat-général du grand conseil, dans son plaidoyer du 15 septembre 1672, rapporté au journal du palais; ce magistrat la fonde sur le principe que les droits de la couronne ne se peuvent ni aliéner ni prescrire, principe, dit-il, qui est consacré par un ancien arrêt de 1385 (1).

Anciennement, les gouverneurs & les lieutenans-généraux des provinces s'ingéroient d'accorder au nom du Roi des lettres de grâces aux criminels. Mais l'ordonnance de Louis XII, de l'an 1498 (2), réprima cet abus, & depuis lors, ces sortes de lettres ne s'expédient plus que dans les grandes ou les petites chancelleries, suivant la nature des cas pour lesquels on veut en faire usage.

Lorsqu'il existe un corps de délit purement matériel, par exemple, un homicide casuel, & par conséquent involontaire, faut-il des lettres de grâce, pour remettre la peine à celui qui en est l'auteur? Le président Favre (3) rapporte un arrêt du sénat de Chambéry qui juge pour l'affirmative. Un père, dit-il, jetta un couteau à une poule qui l'incommodoit pendant son dîner: il tua de ce coup son fils de quatre mois, qui étoit au berceau: arrêté & emprisonné, il avoua le fait. Le premier juge le condamna à une peine légère; mais sur l'appel, il fut jugé qu'il méritoit la mort, si le prince ne lui faisoit grâce. Cependant on ordonna qu'il se retireroit devers le souverain, pour obtenir des

---

(1) Brillon, dictionnaire des arrêts, au mot *Lettres*, n. 30.

(2) Instituts criminelles de M. Muyart de Vouglans; code criminel de Serpillon.

(1) *Voici les termes de cet arrêt:*

Non immeritò Dei vicarius quoad jurisdictionem temporalem appellari possumus & debemus; juraque nostra nobis ad nostræ superioritatis causam competentia, præscribi seu minui, vel aliter acquiri etiam per quodcumque temporis curriculum aboleri, vel à nobis abdicari non possunt.

(2) Elle est rapportée ci-après, n. 5.

(3) Codex Fabrianus, lib. 9, tit. 11, def. 1.

lettres de rémiſſion, & il fut élargi proviſoirement.

Au mois de mai 1783, un voiturier du village de Sin-le-Noble, près de Douai, occaſionna par imprudence un malheur ſemblable. Il conduiſoit un chariot, & faute d'attention, une des roues paſſa ſur le corps d'un enfant qui en mourut. Les juges du lieu informèrent, & par leur ſentence définitive, l'accuſé fut condamné à huit jours de priſon. M. de Caſtéele, procureur-général du parlement de Flandres inſtruit de cette ſentence en interjeta appel ſur le fondement que les juges n'avoient pu remettre la peine de mort ſans lettres de grâce. Transféré dans les priſons de la conciergerie du palais, l'accuſé demanda des lettres de rémiſſion à la chancellerie près la cour. Elles lui furent accordées, & M. le premier préſident garde-des-ſceaux me fit l'honneur de me dire en les viſant, qu'on avoit tenu au parlement qu'elles étoient néceſſaires à l'accuſé pour obtenir ſon abſolution.

Il y a en France un conſeil ſupérieur qui ne penſoit pas de même du temps de M. le chancelier d'Agueſſeau. Mais une lettre de ce magiſtrat, du 4 juillet 1750, corrigea ſa juriſprudence. « Tous » les juges (porte cette lettre), doi- » vent ſavoir qu'ils ſont établis pour ren- » dre juſtice, & qu'il n'appartient qu'au » Roi de faire grâce. Les homicides, » même les plus excuſables, méritent la » peine de mort; & tout ce que les juges » peuvent faire par un motif d'huma- » nité & de compaſſion dans les cas qui » excitent ces ſentimens, eſt de ſuſpen- » dre leur jugement, & d'arrêter que l'ac- » cuſé ſe retirera devers le Roi pour de- » mander grâce, ou de charger M. le » procureur-général de m'informer de » de la qualité du fait, afin que je voie » s'il eſt de nature à mériter que le Roi » faſſe uſage de ſa clémence à l'égard » du coupable. Il leur eſt auſſi permis, » après avoir commencé par rendre un » arrêt de condamnation, ſuivant la ri- » gueur des lois, d'en différer la ſigna- » ture ou la prononciation, & de m'en » faire donner avis, afin que je puiſſe, » ſi le Roi le juge à propos, faire expé- » dier des lettres de commutation de » la peine de mort en celle des galères » ou du banniſſement. Mais dans tous » ces différens cas, c'eſt toujours ſa ma- » jeſté qui uſe d'indulgence, & non les » juges qui n'en ont pas le pouvoir. »

Cette déciſion n'eſt pas ſuivie en Bretagne. L'article 642 de la coutume de cette province, décide que « Le juge peut » abſoudre des cas advenus par fortune » ou ignorance. » M. de Perchambault, titre 25, §. 14, cite cet article, & ajoute: « ſans aucunes lettres du prince. » D'Argentré, art. 597 dit la même choſe. Belordeau, lettre A, controverſe 6, rapporte un arrêt du parlement de Rennes, du 8 mars 1596, qui caſſa un décret de priſe de corps décerné contre un jeune homme, qui, en jouant à la brandelle, en avoit tué un autre. La cour évoqua le principal *ſans lettres de grâce, qu'il avoit été conſeillé par quelques-uns de prendre,* & condamna l'appelant qui confeſſoit le fait, à la ſomme de ſoixante livres, pour toute réparation de ſon imprudence.

Ces autorités ont été réclamées avec ſuccès en 1775, par le nommé Maurice Morvan. Ce particulier avoit tué dans la néceſſité d'une légitime défenſe, un voleur nocturne & furieux. Le procureur du Roi de Lannion rendit plainte, le fit conſtituer priſonnier, & après une inſtruction complète, donna ſes concluſions tendantes à la peine de mort, parce que le délinquant n'avoit pas obtenu de lettres de grâce. Mais, par ſentence du 13 ſeptembre 1775, les juges royaux de Lannion ont déchargé l'accuſé, & ont ordonné que les portes des priſons lui ſeroient ouvertes, avec radiation de ſon écrou. Le procureur du Roi a appelé de cette ſentence; & malgré ſon appel, M. de la Chalotais, procureur-général au parlement

lement de Bretagne, après en avoir conféré avec la compagnie, a accordé son *vidi*, en vertu duquel Morvan a été élargi définitivement le 8 mars 1776.

Cette jurisprudence, que les états d'Orléans avoient proposé, selon Loyseau, de rendre générale, ne contrarie pas formellement les lois du royaume. Il est vrai que l'article 168 de l'ordonnance du mois d'août 1539, l'article 2 du titre 16, de celle de 1670, & quelques déclarations postérieures parlent du pouvoir qu'ont les chancelleries près les parlemens, d'accorder des lettres de rémission pour homicides involontaires, casuels ou forcés; mais en fixant la compétence de ces chancelleries, les lois n'ont pas établi formellement la nécessité d'y recourir. En décidant qu'elles expédieroient simplement des lettres de rémission pour les homicides dont il s'agit, elles n'ont pas décidé que sans lettres, ceux qui en seroient les auteurs, devroient être condamnés à mort.

Remarquons d'ailleurs les expressions de l'ordonnance de 1539. Elle attribue aux chancelleries près les cours souveraines, le droit de « Bailler les grâces & » rémissions de justice aux homicidiaires » qui auroient été contraints faire les » homicides pour le salut & défense de » leurs personnes, & autres cas où il est » dit par la loi que les délinquans se *peu-* » *vent ou doivent* (1) retirer pardevers le » souverain pour en avoir grâce. »

Voilà une distinction marquée. Il est des cas où les délinquans *peuvent* se retirer pardevers le prince, pour en avoir grâce; il en est où ils le *doivent*. L'obli-

gation n'est donc pas indéfinie, absolue pour tous les homicides quelconques. Si cette différence n'est point exprimée dans l'ordonnance de 1670, au moins n'y est-elle pas abrogée, & quoiqu'elle ne soit pas observée dans l'usage général du royaume, elle suffit toujours pour justifier l'usage particulier de la Bretagne.

C'est une question si un François qui a obtenu des lettres de grâce d'un prince étranger, pour un crime commis sur ses terres, est obligé, à son retour dans le royaume, d'en obtenir de nouvelles du Roi?

Cette question s'est présentée au parlement de Grenoble en 1607, mais dans des circonstances particulières. Il s'agissoit d'un duel entre deux sujets du Roi, & ce crime, quoique commis hors du royaume, n'en étoit pas moins sujet aux poursuites extraordinaires en France, puisque par l'édit du mois d'avril 1601, Henri IV avoit défendu le duel entre ses sujets *tant dedans que dehors le royaume*.

Aussi le parlement de Grenoble a-t-il jugé par arrêt du 29 mai 1607, que le coupable dont il s'agissoit ne pouvoit pas se prévaloir en France des lettres de grâce qu'il avoit obtenues d'une souveraineté étrangère (1).

La question s'est représentée en 1648, dans une espèce pure & simple; & par arrêt du 29 janvier, il a été jugé, contre les conclusions de M. l'avocat-général Bignon, que les lettres de grâce qui avoient été accordées à un François par un souverain étranger, pour un crime commis hors de France, devoient arrêter toute poursuite contre lui, à son retour dans le royaume (2).

II. On sait qu'aux termes de l'article 5 du titre 9 de l'ordonnance de 1673, & de l'article 9 de la déclaration du 23 décembre 1699, ceux qui ont fait, soit

____

(1) L'auteur anonyme du code pénal, au lieu de ces mots *peuvent ou doivent*, met *peuvent & doivent*. C'est une erreur. La loi vérifiée dans Guénois, tom. 1, liv. 9, tit. 19, dans une coutume de Bretagne imprimée en 1558, dans un recueil d'ordonnances imprimé à Rouen en 1609, dans Théveneau & ailleurs, porte réellement *peuvent ou doivent*.

*Tome I.*

(1) Expilly, plaid. 24.
(2) Soefve, tom. 1, cent. 2, chap. 59.

Bb

banqueroute, soit ceffion de biens, ou qui ont obtenu des lettres de répit ou des défenses générales, font par cela feul incapables & exclus de toute fonction publique.

Si cependant ils payent toutes leurs dettes, ils peuvent fe faire réhabiliter : mais par qui ? Deux arrêts du parlement de Toulouſe, des 21 & 26 feptembre 1722, avoient jugé que les cours fouveraines pouvoient accorder cette réhabilitation, en rétablissant « François Caufſe, » marchand à Montpellier, en ſa bonne » renommée & en tous les honneurs, » droits, privilèges & avantages dont il » étoit en droit de jouir avant le con- » trat d'atermoiement par lui passé avec » ſes créanciers. »

Mais ces deux arrêts ont été caſſés par un autre rendu au conſeil le 24 avril 1723, qui en même-temps a fait dé- fenſes à François Cauſſe « De relever ſa » faillite, ſauf à lui à ſe retirer devers » ſa majeſté, pour obtenir, s'il y a lieu, » lettres de réhabilitation au grand ſceau, » en juſtifiant du payement de toutes ſes » dettes en principal, intérêts & frais. » (1).

Un arrêt du parlement de Paris, du 21 juillet 1781, rendu ſur les concluſions de M. l'avocat-général d'Agueſſeau, a pareillement déclaré nulles les lettres de réhabilitation de faillite obtenues à la chancellerie du palais, par P . . . . , notaire & procureur à C . . . . ainſi que la fentence par laquelle le fiège de C . . . . en avoit prononcé l'entérinement, & lui a fait défenſes d'exercer aucune fonction de ſes charges, avant d'avoir été dûment réhabilité par lettres de la grande chancellerie.

III. La queſtion de ſavoir à qui appar- tient le pouvoir d'accorder aux bâtards des lettres de légitimation, en renferme réellement deux.

Eſt-ce dans la puiſſance eccléſiaſtique ou dans la puiſſance temporelle, que réſide

ce pouvoir ? C'eſt la première queſtion.

Suppoſé que l'une & l'autre jouiſſent concurremment de ce droit, ſous différens rapports, quel eſt le degré d'autorité au- quel il faut être élevé, ſoit dans l'égliſe, ſoit dans l'état, pour pouvoir l'exercer valablement ? C'eſt la ſeconde.

A ces deux queſtions, nous en ajou- terons une troiſième, celle de ſavoir à quelle eſpèce de bâtards il peut être ac- cordé des lettres de légitimation ?

*Première queſtion.* Un principe bien fim- ple écarte de cette matière toute eſpèce de difficulté. Le ſacerdoce & l'empire ſont deux puiſſances indépendantes l'une de l'autre. Séparées par des limites reſ- pectives, la première n'a aucune autorité ſur le temporel, & la ſeconde eſt ſans pou- voir par rapport au ſpirituel. Ainſi, s'agit- il de légitimer un bâtard pour les effets canoniques, c'eſt-à-dire pour l'habiliter à poſſéder des bénéfices, à être pourvu aux ordres ſacrés ? C'eſt au ſacerdoce qu'en appartient le droit. Eſt-il queſtion au contraire d'une légitimation à laquelle on veut faire produire des effets civils, tels que la capacité de ſuccéder ; l'habilité à recevoir des legs ou des donations con- ſidérables ? C'eſt au prince temporel qu'il faut avoir recours.

C'eſt ce qu'établit formellement le cha- pitre 13, aux décrétales, *qui filii ſint le- gitimi.* En voici l'eſpèce. Guillaume, ſei- gneur de Montpellier, ayant eu pendant ſon mariage avec Mathilde, des enfans adultérins d'Agnès ſa concubine, s'adreſſa au pape Innocent III, par l'entremiſe de l'archevêque d'Arles, pour obtenir de ſa ſainteté un reſcrit de légitimation de ſes enfans adultérins, avec la clauſe de lui pouvoir ſuccéder *in temporalibus.* Pour par- venir plus facilement à ſon but, il inſi- nua dans ſa ſupplique que l'égliſe pou- voit accorder juridiquement cette grâce ; ce qu'il appuya de deux raiſons : la première, que le pape, ayant droit de légitimer pour les effets ſpirituels, de- voit à plus forte raiſon avoir celui de

_____

(1) Denizart, au mot *Réhabilitation.*

légitimer pour les effets civils ; *cùm monstrosum videri posset, ut qui legitimus ad spirituales fieret actiones, circà saeculares actus illegitimus remaneret.* La seconde raison étoit l'exemple tout récent du roi Philippe-Auguste, qui venoit d'obtenir du même pontife la légitimation des enfans qu'il avoit eus d'Agnès de Méranie, pendant son mariage avec Isemburge. Mais quoique ces raisons flatassent l'autorité de la cour de Rome, Innocent III, trop éclairé pour n'en pas sentir le sophisme, répond à la première, que cela pouvoit avoir lieu dans les terres dont il étoit à la fois le prince temporel & le chef ecclésiastique : qu'à l'égard de la seconde, le roi Philippe-Auguste ne reconnoissant aucun supérieur temporel, avoit pu, sans faire tort à personne, recourir volontairement au saint siège pour faire légitimer ses enfans quant aux effets civils ; mais qu'il n'en étoit pas de même du seigneur de Montpellier, lequel étant soumis à la domination du Roi, ne pouvoit, au préjudice de son souverain, demander cette légitimation à une puissance étrangère. En conséquence, Innocent III lui déclare qu'il ne peut lui accorder la grâce dont il s'agissoit : *petitioni tuae non duximus ammendum.*

Cette décision a été confirmée par une bulle du premier janvier 1562, dans laquelle Pie IV reconnoît que c'étoit par abus qu'il étoit sorti de la chancellerie romaine plusieurs rescrits de légitimation, *ad temporalia.* Voici l'intitulé de cette déclaration : *Revocatio legitimationum naturalium, spuriorum, ac facultatum legitimandi in praejudicium vocatorum ex fideicommisso aut testamento, vel quâvis aliâ dispositione.*

Ces paroles, *facultatum legitimandi,* nous font voir que les papes, au lieu d'exercer eux-mêmes le droit qu'ils s'arrogeoient quelquefois de légitimer quant aux effets civils, accordoient à certains particuliers des brefs portant pouvoir d'expédier eux-mêmes, comme vicaires du saint-siège, les rescrits de légitimation qui leur seroient demandés.

Papon rapporte à ce sujet un arrêt bien remarquable. « Jean Nayat, chevalier & » comte Palatin, fut condamné par arrêt » de Toulouse prononcé le 25 de mai » 1462, à faire amende honorable & de- » mander pardon au Roi, pour les abus » par lui commis en octroyant en France, » légitimations, notariats & autres choses » dont il avoit puissance du pape, contre » l'autorité du Roi : & fut le tout déclaré » nul & abusif ».

L'exemple de Philippe-Auguste, rapporté dans la décrétale 13, *qui filii sint legitimi,* ne prouve pas qu'un Roi ne peut légitimer lui-même ses enfans naturels, & que pour les rendre capables des effets civils de la légitimité, il est obligé de s'adresser au pape. C'est ce qu'observe Cujas sur cette décrétale, & la raison en est qu'un Roi a, par rapport à ses enfans, la double qualité de souverain & de père. Innocent III incline lui-même pour cette résolution, quoiqu'il semble parler d'après l'opinion d'autrui ; *videtur aliquibus quod rex potuit, non tanquam pater inter filios, sed velut princeps inter subditos, super hoc dispensare;* ce qu'il autorise lui-même de cette raison, *quia rex Franciae in temporalibus superiorem non recognoscebat.*

Les successeurs de Philippe-Auguste, plus éclairés que lui sur les véritables droits de leur souveraineté, n'ont pas fait difficulté d'accorder eux-mêmes à leurs enfans naturels, les lettres de légitimation dont ils avoient besoin pour les effets civils. Parmi les monumens qu'on trouve à ce sujet dans les registres du parlement de Paris, on remarque les lettres-patentes du mois d'avril 1599, du mois de janvier 1603, du mois de janvier 1608, du mois de mars de la même année, du mois de février 1669, du mois de décembre 1673, du mois de janvier 1676, du mois de janvier 1680, du mois de novembre 1681, & du mois de mars 1684.

Le principe que le pape ne peut pas légitimer un bâtard pour les effets civils, est si constant parmi nous, qu'on ne tolère pas même les clauses de légitimation, que les officiers de la daterie ajoutent quelquefois aux lettres de dispense de parenté. La superfluité de ces clauses n'en couvre pas l'abus, mais cet abus n'empêche pas l'effet de la légitimation, qui s'opère de plein droit par le mariage subséquent. Ces deux points ont été ainsi jugés par arrêts du 4 juin 1725 & 11 août 1738 (1).

*Deuxième question.* Il est d'usage dans l'église, que les lettres de légitimation, pour recevoir les ordres sacrés & posséder des bénéfices à charge d'ames, s'accordent par le pape seul, & que celles qu'on obtient pour recevoir les ordres mineurs & posséder des bénéfices simples, peuvent aussi s'accorder par les évêques. C'est ce qu'établit Boniface VIII, dans le chapitre *is qui, de filiis presbyterorum* (2).

Dans l'ordre temporel, le pouvoir de légitimer n'appartient qu'aux princes souverains. Les auteurs de tous les pays n'ont qu'une voix sur ce point. Il est vrai qu'en Allemagne les comtes Palatins jouissent de ce droit, mais c'est uniquement par concession de l'empereur.

Par arrêt du conseil du 31 mars 1704, il a été fait défenses aux comtes Palatins de Strasbourg, d'accorder à l'avenir des lettres de légitimation; celles qu'ils avoient données jusqu'alors ont été confirmées par pure grâce, & il a été déclaré expressément que le droit de légitimer étoit un droit de souveraineté (3).

On demande si des lettres de legitimation accordées par un souverain à un de ses sujets, peuvent étendre leur effet dans une domination étrangère. Dumoulin, Voët & Boullenois décident que non.

Les Pays-Bas ont là-dessus une loi expresse.

Voici ce que porte l'article 16 du placard des archiducs Albert & Isabelle, du 14 décembre 1616 : « & d'autant qu'aucune personne, néantmoins sous prétexte que sa majesté a maintenu & confirmé la ville de Strasbourg dans ses anciens usages & privilèges, par la capitulation qu'elle lui a accordée lorsque ladite ville a été soumise à son obéïssance, auquel temps il y avoit en ladite ville deux comtes Palatins établis par lettres-patentes de l'empereur, en vertu desquelles, suivant l'usage général qui se pratique dans l'Empire, lesdits comtes Palatins ont non-seulement le droit & le pouvoir de légitimer les enfans bastards & naturels, mais aussi celui de créer des notaires, & plusieurs autres droits attachés à ladite qualité, lesdits deux comtes Palatins établis à Strasbourg auroient, depuis que ladite ville est soumise à l'obéïssance de sa majesté, continué d'exercer les mêmes droits & pouvoirs, avec cette différence néantmoins qu'ils les auroient exercés au nom de sa majesté, au lieu qu'auparavant ils les exerçoient en celui de l'empereur; en quoi ils se sont crus suffisamment fondés & autorisés par ladite capitulation, vu qu'elle ne contient point de dérogation particulière à cet égard; de sorte que les bourgeois & habitans de ladite ville de Strasbourg ayant été dans la même opinion, il se trouve cinquante-cinq légitimations & trente-cinq créations de notaires qui ont été faites par lesdits deux comtes Palatins en ladite ville de Strasbourg, depuis qu'elle est soumise à l'obéïssance de sa majesté. Et la confiance qu'on a eue au pouvoir desdits comtes Palatins a été telle, qu'un grand nombre de mariages, testamens & autres actes, ont été faits sur ce principe, sans que jamais personne s'y soit opposé; & d'autant que la confirmation des privilèges de ladite ville de Strasbourg, accordée par ladite capitulation, n'a dû ni pu s'étendre aux prétendus droits & pouvoirs desdits comtes Palatins, qui sont officiers d'un prince étranger, vu que leur création n'est point faite nommément pour la ville de Strasbourg, mais pour tout l'Empire; que d'ailleurs le droit de légitimer en France étant réservé à la seule personne de sa majesté, aucun

---

(1) *Répertoire de jurisprudence,* au mot *Légitimation.*

(2) *Is qui defectum patitur natalium, ex dispensatione episcopi licitè potest ( si ei aliud canonicum non obstat.)*

(3) *Voici cet arrêt.*

Le Roi ayant été informé que bien que le droit de légitimer les enfans bastards & naturels dans son royaume, pays & terres de son obéïssance, ait toujours été réservé à sa propre per-

» eûns sujets ne pouvant méritoirement
» demander ni attendre de leur prince na-
» turel, la dignité & titre d'honneur
» qu'ils affectent hors de leur portée, les
» vont rechercher d'autres princes étran-
» gers en préjudice des droits de notre
» souveraineté, hauteur & prééminence.,
» Nous déclarons très-expreſſément que
» nul vaſſal ou ſujet nôtre, ſe pourra ai-
» der ou prévaloir en noſdits Pays-Bas

---

autre ne peut y procéder dans une ville ſoumiſe
à ſon obéiſſance. Que cependant, ſi les légitimations faites en ladite ville depuis qu'elle eſt
ſous l'obéiſſance de ſa majeſté, par leſdits deux
comtes Palatins au nom de ſa majeſté, par leſdits
deux actes qui ont été paſſés par les notaires par
eux créés, étoient cenſées non-valables par le
défaut de pouvoir dans la création deſdits notaires, toutes les fortunes de Strasbourg ſeroient
renverſées, & il n'y auroit ni contrats ni teſta-
mens qui ſubſiſtaſſent, qu'enfin leſdits actes ont
été paſſés dans la bonne foi. Tout conſidéré,

Le Roi en ſon conſeil, a éteint & ſupprimé,
éteint & ſupprime pour l'avenir, les fonctions
deſdits comtes Palatins dans la ville de Strasbourg,
ſa majeſté ſe réſervant le pouvoir de légitimer
les enfans baſtards & naturels des bourgeois &
habitans de ladite ville, lorſque le cas y échéra ;
& voulant néanmoins traiter favorablement les
magiſtrats & habitans de ladite ville, ſa majeſté
a autoriſé & confirmé, autoriſe & confirme tous
les actes ci-devant paſſés par des notaires créés
par leſdits comtes Palatins, comme auſſi les légitimations par eux ci-devant faites juſqu'à préſent, ſans que ceux qui ont été ainſi par eux
légitimés, ſoient tenus prendre des lettres de
légitimation en la grande chancellerie, dont ſa
majeſté les a relevés & diſpenſés. Permet ſa majeſté auxdits magiſtrats de Strasbourg d'établir à
l'avenir des notaires dans l'étendue de leur juridiction & bailliages en dépendans, conformément
à l'arrêt du conſeil d'eſtat du 24 mai 1684, &
de même que les autres ſeigneurs dans la province
d'Alſace, ſans préjudice toutes fois aux fonctions
des notaires royaux qui ont ci-devant été créés
& établis par ſa majeſté, leſquels continueront
d'en uſer ainſi que du paſſé. Enjoint ſa majeſté
aux gens tenant le conſeil d'Alſace, comme auſſi
à l'intendant en ladite province, de tenir la main
chacun ainſi qu'il appartiendra à l'obſervation du
préſent arrêt. Fait au conſeil d'eſtat du Roi, ſa
majeſté y étant, tenu à Verſailles le 31 mars
1704.

*Signé*, CHAMILLART,

» d'aucune légitimation...., à peine que
» leſdits titres ſeront effacés & tracés par
» autorité publique, & les tranſgreſſeurs
» condamnés en l'amende de deux cents
» florins ».

Nous trouvons dans MM. Dulaury &
Grivel, deux arrêts fort remarquables
ſur cette matière ; l'un eſt du grand conſeil de Malines, & l'autre du parlement de
Dôle. Dans l'eſpèce du premier, Jean
Compart, né à Mons Saint-Winock, s'é-
tant retiré en Allemagne, avec une fille
naturelle qu'il avoit eue d'une femme
d'Anvers, y obtint pour elle des lettres de
légitimation d'un comte Palatin, avec la
clauſe de ſuccéder. Après ſa mort, Marguerite Compart (c'étoit le nom de cette
fille), ſe pourvut au conſeil provincial de
Gand, pour avoir payement des arrérages
de quelques biens que ſon père avoit laiſſés en Flandres. Les héritiers collatéraux
s'oppoſèrent à ſa demande ſur le fondement que la légitimation dont elle ſe prévaloit, ne pouvoit être d'aucun effet hors
de l'Empire. La fille répliqua que cette
raiſon auroit pu la faire déclarer non-recevable, ſi elle avoit prétendu ſuccéder
au fonds même des biens dont il s'agiſſoit,
mais qu'elle bornoit ſa demande aux arrérages échus avant la mort de ſon père,
leſquels étant mobiliers, devoient être con-
ſidérés comme exiſtans dans le lieu où le
défunt étoit domicilié. Les collatéraux
répondirent qu'à la vérité les dettes ac-
tives ſont ordinairement cenſées exiſter
au domicile du créancier, mais que cette
règle admet une exception dans tous les
cas, où il s'agit d'empêcher un prince
étranger d'étendre ſes grâces & ſes privilèges hors de ſa domination, & au préjudice du ſouverain du débiteur. Sur ces
raiſons, le conſeil de Gand déclara Marguerite Compart, non-recevable & mal
fondée dans ſa demande, & la cauſe
ayant été portée par appel au grand-con-
ſeil de Malines, il intervint arrêt du 11
octobre 1631, qui confirma la ſentence
avec amende & dépens,

Dans l'espèce de l'arrêt rapporté par M. Grivel, il s'agissoit de savoir si des lettres de légitimation, accordées par Charles-Quint en sa qualité d'Empereur, pouvoient avoir effet dans le comté de Bourgogne. La raison de douter étoit que cette province se trouvoit alors sous la domination de ce prince. Tout acte, disoit-on, émané d'une puissance qui réunit deux qualités, doit être censé fait en vertu de celle dont il doit tirer toute sa force, parce que dans le doute il faut toujours admettre l'interprétation qui tend à confirmer un acte, & rejeter celle qui aboutiroit à le faire annuller. C'est la disposition textuelle de la loi 12, D. *de rebus dubiis*. Nonobstant ces raisons, dit M. Grivel, le parlement a jugé que la légitimation dont il s'agissoit, ne pouvoit étendre ses effets hors des limites de l'empire, parce que Charles-Quint n'avoit pas pris dans les lettres le titre de comte de Bourgogne, & que d'ailleurs ces lettres n'avoient pas été enregistrées dans les tribunaux du pays. Cet arrêt a été rendu le 11 septembre 1602.

*Troisième question.* Le chapitre 15 de la novelle 89, décide clairement que les enfans simplement naturels, c'est-à-dire, nés d'une concubine avec laquelle le père auroit pu se marier dans le temps de leur conception, sont les seuls à qui le prince peut accorder des lettres de légitimation (1).

Il y a un placard des états généraux de Hollande du 18 de mars 1656, qui déclare, conformément à ce texte, qu'il ne sera point accordé de lettres de légitimation aux bâtards incestueux.

« Mais quelque juste que soit cette » règle, dit M. Daguesseau, l'usage (de » France) a prévalu, & tout les jours

» on obtient des lettres du prince pour lé» gitimer des bâtards adultérins. On a » même commencé par le chevalier de » Longueville à légitimer des bâtards » sans nommer leur mère ».

Cet usage n'a rien de contraire aux principes, & il est appuyé sur la jurisprudence des cours souveraines.

Il n'est point contraire aux principes, parce que le prince étant au-dessus des lois civiles, peut sans contredit en dispenser. En vain opposeroit-on avec quelques docteurs Italiens, tels que Balde, Paul de Castres & Curtius, que la légitimation est une image du mariage, & que par conséquent elle ne peut avoir lieu, dans les cas où le père & la mère étoient incapables de se marier ensemble au temps de la conception des enfans. Il suffit de répondre que dans l'ordre de la nature, tous les enfans naissent égaux ; que la distinction des bâtards d'avec les légitimes n'a été introduite que par les lois civiles ; qu'ainsi rien n'empêche le souverain d'y déroger, lorsqu'il le trouve à propos.

Nous ajoutons que cet usage est approuvé par les arrêts des cours souveraines. En effet, « par arrêt de Paris, de l'an » 1551 ès arrêts du samedi *de libra*, fut » reçue & homologuée légitimation ob» tenue du Roi, pour un bâtard conçu » en adultère, dont plusieurs s'ébahissent » pour le mauvais exemple qui en sort, à » raison de l'adultère par-tout & tou» jours odieux ». C'est ainsi que s'explique Papon, livre 21, titre 3, n. 8. Il y a aussi dans le journal du palais un arrêt de la chambre des comptes de Provence, du 6 juin 1676, qui déboute les héritiers présomptifs de Gaspard Honoré, de leur opposition à l'entérinement des lettres de légitimation qu'il avoit obtenues pour Françoise Blanc, sa fille naturelle adultérine.

IV. Il n'appartient qu'au Roi, de donner la vie civile à ceux qui en sont privés, & par conséquent il n'y a que lui dans le

_____

(1) Omnis qui ex complexibus aut nefariis, aut incestis, aut damnatis processerit, iste neque naturalis nominatur..... Neque habebit quoddam ad præsentem legem participium.

royaume qui puisse naturaliser un étranger (1).

Cette vérité n'a jamais été contestée que par les grands vassaux, & elle ne souffre plus de doute depuis la réunion de leurs fiefs à la couronne.

V. Le Roi peut-il, malgré les seigneurs particuliers, donner la liberté à leurs serfs ? Il est certain qu'affranchir un serf, sans indemniser son seigneur, ce seroit une injustice que la puissance souveraine ne doit ni ne peut se permettre. C'est ce qu'a reconnu le Roi régnant dans le préambule de cette loi attendrissante, qu'il a portée au mois d'août 1779, pour l'affranchissement de tous les serfs & main mortables de la couronne. « Nous aurions » voulu, dit ce monarque bienfaisant, » abolir sans distinction ces vestiges d'une » féodalité rigoureuse : mais nos finances » ne nous permettent pas de racheter ce » droit des seigneurs, & nous sommes » retenus par les égards que nous aurons » dans tous les temps pour les droits de » la propriété, que nous considérons » comme le plus sûr fondement de l'or- » dre & de la justice. »

Reste à savoir si du moins en indemnisant les seigneurs, le Roi peut leur ôter leurs serfs.

On cite pour la négative, les lois qui défendent de contraindre personne à vendre son bien, & quelques textes du droit Romain, par lesquels il est décidé que le prince ne peut donner ni la liberté à un esclave sans le consentement de son maître, ni l'ingénuité à un affranchi sans l'aveu du patron (2). On prétend même que les parlemens de Paris & de Dijon, ont refusé sous Henri II & sous Henri III, d'enregistrer des lettres d'affranchissement que ces princes avoient accordées à des serfs de Bougogne, de Berry & de Nivernois.

D'un autre côté, on dit qu'il importe à l'état d'être peuplé d'hommes libres, que ce sont eux seuls qui le font fleurir, par le travail auquel ils se livrent avec une énergie dont ne sont pas capables des êtres purement passifs ; que l'ordonnance de Philippe-le-Bel de l'an 1303, permet de contraindre les particuliers à vendre leurs propriétés, lorsque le bien public l'exige ; qu'ainsi les seigneurs n'ont pas à se plaindre lorsqu'il plaît au Roi d'affranchir leurs serfs, moyennant une indemnité suffisante.

C'est l'opinion de Jean Ferrant, *de privilegiis regni Franciæ* ; de Bacquet, des droits de francs-fiefs, chapitre 3, numéro 13 ; de Dunod, traité de la main-morte, chapitre 6, section 3 ; & elle a été confirmée par un arrêt célèbre du 1 juin 1571, rapporté par Bouchel, au mot *affranchissement*. Colet (1) en cite un, du parlement de Dijon du 17 mars 1667, qui va plus loin : un serf avoit obtenu du Roi des lettres de noblesse, & il fut question de savoir si par-là il étoit devenu libre. L'arrêt jugea pour l'affirmative, & réserva seulement au seigneur une action pour se faire dédommager par l'anobli, du préjudice que lui causoit la liberté dont le souverain lui avoit fait présent avec la noblesse.

Mais un seigneur qui a des serfs, peut-il les affranchir sans le consentement du Roi ? L'article 9 du chapitre 128 des chartes générales de Hainaut, supposent nettement qu'il le peut. Mais on a observé long-temps le contraire en France. Comme on ne peut affranchir un serf sans diminuer le fief dont il fait partie, & conséquemment sans préjudicier au seigneur suzerain, le consentement de celui-ci est à la rigueur aussi nécessaire à la vali-

---

(1) Le Bret, de la souveraineté, liv. 2, ch. 11 ; Bacquet, du droit d'aubaine, ch. 24.

(2) L. ult. C. *de his qui à non domino manumiss.* l. 2 & ult. D. *de natal. restit.*

(1) Statuts de Savoye, liv. 3, sect. 1, rem. 1, pag. 12.

dité d'un affranchiffement que celui du feigneur immédiat. C'eft pour cela que dans les établiffemens de Saint Louis, il eft défendu de délivrer qui que ce foit de fervitude, fans l'aveu exprès du Baron. L'infracteur de cette règle perdoit fon ferf, qui paffoit dans fon état primitif, fous la puiffance du fuzerain. D'un autre côté, le fuzerain lui-même en confirmant la grace accordée par fon inférieur, éteignoit pareillement une portion de fon fief; ainfi l'affranchi étoit dévolu de feigneur en feigneur jufqu'au Roi, qui par conféquent pouvoit feul, à proprement parler, tirer de la condition ferve les perfonnes qui y étoient réduites. Mais dans la fuite, dit Laurière (1), on établit par humanité qu'il ne feroit plus payé de finance aux feigneurs médiats, & que le Roi feul, comme fouverain, pourroit en exiger une. C'eft à cette nouvelle jurifprudence que Loifel fait allufion, lorfqu'il dit à l'endroit qu'on vient de citer en note, *qu'avant qu'un ferf manumis par fon feigneur foit franc, il faut qu'il paye finance au Roi.*

L'humanité de nos derniers Rois, a porté encore plus loin la faveur des affranchiffemens. Quoiqu'on ne pût douter que ces actes ne fuffent nuls, lorfqu'ils étoient faits fans le confentement du fouverain, il n'étoit cependant pas d'ufage de demander ce confentement. Et cette tolérance a été érigée en loi par l'article V de l'édit du mois d'août 1779, dont voici les termes: « les feigneurs, même les ecclésiaftiques & les corps & communautés, qui, à notre exemple, fe porteront à affranchir de la condition fervile & main-mortable, telles perfonnes & tels lieux de leurs terres & feigneuries qu'ils jugeront à propos, feront difpenfés d'obtenir de nous aucune autorifation particulière, & de faire homologuer les actes d'affranchiffement

» en nos chambres des comptes ou ailleurs, ou de nous payer aucune taxe ni indemnité, à caufe de l'abrégement ou diminution que lefdits affranchiffemens paroîtroient opérer dans les fiefs tenus de nous; defquelles taxe & indemnité nous faifons pleine & entière remife. »

VI. Que le droit d'anoblir les roturiers n'appartienne qu'aux fouverains, c'eft une vérité qu'ont établie les lois romaines (1), l'inftruction dreffée par le parlement, & donnée par Charles V à maître Arnaud de Laye, fecrétaire du Roi, le 8 mai 1372 (2), & l'ordonnance de Louis XII, de 1498 (3).

Long-temps avant la promulgation de ces deux dernières lois, en 1260, il étoit intervenu un arrêt du parlement de la pentecôte, par lequel il avoit été décidé que le comte de Flandres n'avoit pu, nonobftant la poffeffion contraire dont il fe prévaloit, anoblir un *vilain* & le faire chevalier (4).

En 1269, un comte de Nevers fut condamné à l'amende envers le Roi, pour avoir anobli deux de fes fujets, qui furent pareillement condamnés à 2000 livres d'amende, pour avoir accepté ces anobliffemens (5).

Ces arrêts & l'inftruction de 1372 qui

_____

(1) Sur Loifel, liv. 1, tit. 1, regl. 72.

_____

(1) L. 1, D. *de jure aureor. annul.*; l. 1 & 2, D. *de natalibus reftituendis.*

(2) *Cette loi commence par ces mots:*
Ce font les droits royaux au Roi notre fire appartenans feul & pour le tout. *Plus bas:* Item, appartient au Roi de donner & octroyer fauvegarde, la grâce à plaider par procureur & lettres d'état de nobilitation & légitimation.

(3) Cette ordonnance eft tranfcrite ci-après.

(4) *Voici les termes de cet arrêt:*
Nonobftante ufu contrario ex parte comitis Flandrenfis propofito, dictum & pronunciatum fuit contrà dictum comitem quòd non poterat nec debebat facere de villano militem fine auctoritate Regis. Et hoc fuit dictum pro filiis Philippi de Borbonio.

(5) Le Bret, de la fouveraineté, liv. 2, chap. 10, regift. olim, fol. 46 & 58.

en rappeloit la décision, n'ont cependant été pour les grands vassaux que des freins impuissans. Ces seigneurs s'attribuoient dans leurs terres presque tous les droits régaliens, & ils ne manquoient pas d'y comprendre le pouvoir d'anoblir.

Au mois de mai 1379, Jean, fils & pair de France, duc de Berry & d'Auvergne, comte de Poitou, anoblit Pierre de Vieuxbourg.

Au mois d'avril 1403, après pâques, le même prince anoblit Raimond Taverne, Bourgeois de Carcassonne, & Bernard d'Oradour de Montpellier. Le Roi Charles VI, son père, confirma ces anoblissemens.

Les ducs de Bretagne accordèrent Pareillement des lettres de noblesse à quelques uns de leurs vassaux en 1400, 1425, 1460, & 1469. Ces lettres furent vérifiées à la chambre des comptes de Nantes.

Au mois d'avril 1412, après Pâques, Jean, duc de Bourgogne, anoblit Jean Qaatrey, demeurant à Argilly.

En 1435, Guillaume Cadier, fut anobli par Charles, duc de Bourbon.

En 1436, Artur, fils du duc de Bretagne, comte de Richemont, anoblit Colin de Rallemont, & ses lettres furent confirmées par Charles VII.

En 1453 & 1457, Jean, duc d'Alençon, anoblit Jean & Philippe Gautier. Il accorda la même faveur à Pierre de la Haye, dont les descendans furent maintenus dans la noblesse, par un jugement des commissaires de Louis XIII, en 1640.

Les ducs de Bar anoblissoient aussi. Il en existe des titres de 1457, & du 3 juin 1538. Un arrêt du conseil du mois de juin 1672, a maintenu Jean Fourere, dont les ancêtres avoient été anoblis de cette manière, en sa qualité de noble & d'écuyer, « sans tirer à conséquence pour » les anoblissemens accordés par le duc de » Lorraine & de Bar, aux sujets du Roi » dans le Barrois. »

Cette restriction prouve qu'à la rigueur on ne doit reconnoître pour nobles au-

cun de ceux qui ne doivent cette qualité qu'aux entreprises des grands vassaux sur les droits de la royauté.

Quelquefois nos souverains, en reconnoissant que le droit d'anoblir n'appartenoit qu'à leur couronne, ont permis à leurs officiers & aux grands du royaume, de l'exercer à leur place.

En 1302, le mercredi après la fête de saint Louis, Philippe-le-Bel donna pouvoir à Guillaume de Giliac, clerc de sa maison, & au bailli de Caën, d'anoblir les bourgeois & roturiers de ce bailliage.

Le 22 février, au mois d'août, & le 15 décembre 1340, Philippe de Valois accorda le même pouvoir à Jean de Marigny, gouverneur de Languedoc, de Gascogne, d'Agenois & de Bourdelois, à Guillaume de Flavacourt & à Pierre de Palu, gouverneurs de Languedoc, & à Louis de Poitiers, lieutenant-général de la même province.

Il a même été un temps où les gouverneurs & les lieutenans-géréraux des provinces s'arrogeoient ce pouvoir d'eux-mêmes & sans commission particulière du Roi.

Le 22 janvier 1338, Jean de Luxembourg, gouverneur de Languedoc, anoblit Bernard & Arnaud de Montorin, citoyens de Toulouse. Philippe de Valois confirma cet anoblissement par lettres du mois de mai 1339.

Au mois de février 1338, Jean de Luxembourg anoblit encore Raimond & Guillaume de Canhas.

La même année 1338, il fit la même grâce à Bernard & Jean Escuderi, à Raimond & Arnaud d'Orval, & elle fut encore confirmée par Philippe de Valois.

Au mois d'août de la même année, Gaston, comte de Foix, lieutenant en Languedoc, anoblit Jean Bertran, son chancelier.

Au mois de septembre 1372, Arnaud d'Andrehan, lieutenant du roi Jean, entre les rivières de Loire & de Dordonne, anoblit Guillaume de Boissac, bourgeois de Tulle. Le Roi confirma la grâce au mois de janvier de la même année.

En septembre 1361, le même seigneur, devenu lieutenant-général de Languedoc, anoblit Pierre Pélegrin.

En 1519, René, bâtard de Savoie, comte de Tende, gouverneur & sénéchal de Provence, donna des lettres de noblesse à plusieurs Provençaux; & c'est ce qui étonne le plus. Car, dès l'an 1498, il avoit paru une ordonnance de Louis XII, qui interdisoit ce pouvoir à tous les gouverneurs & lieutenans-généraux des provinces, & le réservoit à sa personne seule (1). Aussi les commissaires qui furent par la suite préposés pour la recherche des faux nobles, n'eurent-ils aucun égard aux lettres de René de Savoie (2).

Ces lettres prouvent du moins que l'ordonnance de Louis XII ne fut d'abord

exécutée que foiblement. L'autorité royale n'étoit pas encore bien affermie, & les factions, qui de temps à autre divisoient le royaume, favorisoient les usurpations des grands. Mais enfin leurs entreprises ont cessé, les vrais principes ont repris le dessus, & le Roi est demeuré seul maître d'accorder la noblesse à ses sujets nés dans la roture.

Il faut en excepter, selon Dunod (1), l'abbé de Saint-Claude: des lettres-patentes de Philippe-le-Bon, souverain de Franche-Comté, du 9 mars 1436, ont permis à ce prélat de conférer la noblesse à ses vassaux, & il a exercé ce droit même depuis la conquête.

VI. Si le Roi seul peut anoblir les roturiers, on juge bien qu'il est aussi le seul qui puisse décorer les nobles des titres de chevaliers, de barons, de vicomtes, de comtes, de ducs, de princes, de pairs, & généralement de tous les titres d'honneur quelconques.

Mais c'est une question si ces titres, & même la simple noblesse, suivent la personne qui en est revêtue hors des états du prince à qui elle en est redevable?

Il faut distinguer si ce prince est son souverain légitime & naturel ou non.

Au premier cas, la personne est réputée noble par-tout, & par-tout elle peut prendre des titres que son souverain lui a accordés. C'est ce qu'a déclaré le feu empereur par un décret donné à Vienne le 10 mars 1728 (2).

Au second cas, on doit suivre la règle établie par l'article 10 du placard des archiducs Albert & Isabelle, du 14 décembre 1616, en voici les termes: « & d'autant qu'aucuns sujets, né pouvant méritoirement demander ni attendre de leur prince naturel la dignité & titre d'honneur qu'ils affectent hors de leur portée, les vont rechercher d'au-

(1) *Voici les termes de cette ordonnance.* « Combien qu'à nous seul & à nos successeurs » rois de France, appartienne de donner grâces, » pardons & rémissions, & avec ce, nous ayons » plusieurs droits singuliers & privilèges qui font » à nous & à nos successeurs rois de France, ré- » servez en signe de souveraineté; néanmoins, » aucuns nos lieutenans & gouverneurs; & aussi » leurs lieutenans par nous établis en plusieurs » contrées, ont entrepris, & s'efforcent sous cou- » leur d'aucun pouvoir qu'ils disent avoir obtenu » de nous ou de nos prédécesseurs, donner des » grâces, rémissions & pardons, foires, mar- » chez, anoblissemens & légitimations, & con- » noître des matières tant civiles que crimi- » nelles partie à partie, sans apel ne ressort; & » avec ce, évoquant les causes qui sont pen- » dantes pardevant nos juges ordinaires, en » perturbant les juridictions ordinaires de notre » pays de Normandie: pour ces causes, avons » révoqué & révoquons par édit perpétuel & irré- » vocable, leurdit pouvoir & puissance quant à » ce, en leur faisant inhibition & défenses que » dorénavant ils ne donnent grâces, rémissions » & pardons, foires, marchez, anoblissemens & » légitimations, qu'ils n'évoquent les causes pen- » dantes pardevant les juges ordinaires, ne » d'icelles connoissent en quelque manière que » ce soit, &c. »

(2) Répertoire de jurisprudence, au mot *Noblesse*, §. 2.

(1) Traité des prescriptions, part. 3, ch. 5.
(2) Arrêts de Coloma, tom. 2, pag. 181.

» très princes étrangers, au préjudice des
» droits de notre souveraineté, hauteur
» & prééminence, & aussi à la surcharge
» & mépris de nos autres sujets, con-
» tribuables en aucunes provinces èz
» tailles, soldes & subsides d'icelles ;
» nous déclarons très-expressément que
» nul vassal ou sujet notre se pourra
» aider ou prévaloir en nosdits Pays-Bas
» d'aucune légitimation, anoblissement,
» octroi de nouvelles armoiries, accrois-
» sement ou relief d'icelles, concession
» de chevalerie, érection de nouveaux
» titres de leurs terres & seigneuries, ni
» autres privilèges, prééminences, immu-
» nités, grâces ou honneurs qu'ils auront
» obtenus d'autres princes que de nos
» prédécesseurs ou de nous, à peine que
» lesdits titres seront effacés & tracés
» par autorité publique, & les transgres-
» seurs condamnés en l'amende de deux
» cents florins. »

Philippe IV, roi d'Espagne, a renouvelé cette disposition par ses ordonnances
des 13 janvier & 21 juin 1649 ; Louis
XIV en a usé de même par sa déclaration
du 8 décembre 1699, enregistrée au parlement de Flandres le 10 février 1700.
Les états de Hollande ont fait un réglement semblable en 1666 ; il est rapporté
dans le troisième volume de leurs placards, page 608.

Une question que ces différentes lois
laissent indécise, est de savoir si au
moins le roturier anobli par un prince
étranger, ne sera pas regardé comme
noble dans tout autre état que celui de
son souverain naturel.

Il n'y a point de difficulté par rapport
aux états du prince qui l'a anobli. Un
Roi est certainement libre d'accorder à
d'autres sujets que les siens, des grâces
& des privilèges dont l'exercice soit borné
aux terres de sa domination.

Mais un François anobli par l'empereur d'Allemagne, sera-t-il reconnu pour
noble en Italie, en Suède, en Angle-

terre, &c. ? Voilà le vrai point de la
question.

Il faut distinguer si ce François est
encore sujet du Roi, ou s'il a renoncé
tout-à-fait à sa patrie pour s'établir en
Allemagne.

Dans le premier cas, sa noblesse n'est
qu'un caractère local & borné au territoire du prince qui la lui a accordée :
pour imprimer à quelqu'un une qualité
qui le suive par-tout, il faut, pour ainsi
dire, identifier & confondre cette qualité
avec son existence même : or, il est aisé
de concevoir, qu'une opération de cette
nature, excède le pouvoir de celui qui n'a
aucune autorité sur la personne.

Dans le second cas, l'anoblissement
produit un effet universel, parce que
l'empereur, étant le véritable souverain
du François expatrié, on ne doit pas
distinguer les grâces qu'il lui accorde,
d'avec celles dont il honore ses sujets
naturels.

Quand je dis que cet établissement produit un effet universel, on conçoit aisément que j'en excepte la France : il seroit
absurde qu'un homme pût, après avoir
renoncé à sa patrie, y faire valoir des
privilèges émanés d'une puissance étrangère ; d'ailleurs c'est un principe constant,
que tout François retiré du royaume,
sans espoir de retour, n'a plus droit à
aucun des avantages civils dont il y
jouissoit avant son départ ; à plus forte
raison, par conséquent, doit-il y être
exclu de ceux qu'il a pu acquérir dans
son nouveau domicile.

## SECTION XIII.

### Du droit de créer des offices & d'en nommer des titulaires.

L'édit du mois de février 1771, nous
apprend quels sont là-dessus les principes
de la constitution monarchique.

Le législateur y expose que les offices,
n'étant eux-mêmes que le droit de rem-

plir à fa décharge des fonctions effentiellement liées à la juridiction royale & à l'administration publique, la nomination à ces offices eft un des principaux attributs de la couronne.

En conféquence, l'article 22 de l'édit cité, porte : « & attendu que le choix & » la nomination aux offices de notre » royaume, eft un droit inféparable de » notre couronne, qui n'a jamais pu ni » ne peut jamais en être diftrait au profit » de perfonne, à quelque titre que ce » foit ; voulons que, conformément aux » anciennes ordonnances, le droit de » nomination auxdits offices ne puiffe » être compris dans aucun don, conceſ-» fion, échange ou engagement, ni être » prétendu en vertu d'aucune poffeffion, » quand elle feroit immémoriale, & fous » quelque prétexte que ce puiffe être : » déclarons nuls & de nul effet, toutes » lettres, arrêts, actes ou claufes pareilles » qui auroient été furpris jufqu'à ce jour, » ou qui pourroient l'être à l'avenir ; » voulons que tous ceux qui en auroient » joui, ceffent d'en jouir du jour de la » publication de notre préfent édit : dé-» fendons d'expédier des provifions fur » la nomination d'aucun de nos fujets ; » & à tous fièges de les enregiftrer & » de recevoir aucun officier fur icelles : » défendons à nos cours d'enregiftrer » aucunes lettres ou actes dans lefquels » ledit droit auroit été inféré, & de faire » exécuter les lettres ou actes ci-devant » accordés avec ladite claufe ; comme » auffi à ceux qui les auroient obtenus, » d'en faire aucun ufage, à peine de » nullité : enjoignons à nos procureurs-» généraux de tenir la main à l'exécution » du préfent article, dont nous chargeons » leur honneur & leur confcience. »

Il a été dérogé à cette difpofition par un arrêt du confeil du 15 feptembre 1771, rendu en faveur du prévôt des marchands & des échevins de Paris.

Par cet arrêt, le Roi diftingue en deux claffes différentes les offices dépen-dans de l'hôtel-de-ville ; la première, compofée de ceux qui conftituent le corps & jurifdiction, ou qui font employés au fervice de l'hôtel-de-ville & payés fur fes domaines ; la feconde, compofée des offices qui n'en dépendent qu'à caufe de la juridiction de police qui lui appartient fur les ports & quais, & pour la navigation de la feine.

Les offices de la première claffe font exceptés de l'article 22 de l'édit cité, & les prévôt des marchands & échevins de Paris font maintenus dans le droit d'y nommer & d'en difpofer.

A l'égard des autres offices, fa majefté a confidéré que la juridiction n'emporte que la néceffité de ferment & de la réception de la part des officiers fubordonnés à l'hôtel-de-ville, & non le droit de nomination qui appartient effentiellement & ne peut appartenir qu'au Roi ; qu'à la vérité fes prédéceffeurs, & fa majefté elle-même, en fe réfervant fimplement la première finance & la première provifion de ces offices, par les édits qui les ont créés, avoient abandonné par la fuite aux prévôt des marchands & échevins la faculté d'y nommer, d'en difpofer & d'en percevoir une redevance annuelle, comme ils étoient en poffeffion de le faire avant la création ; mais que cette faculté ne pouvoit être regardée comme dérivant d'aucun droit réel que les prévôt des marchands & échevins euffent pu conferver fur des offices, devenus royaux par leur création, mais comme l'effet d'une conceffion purement gratuite. Sa majefté, en conféquence, a cru devoir rentrer dans le droit de nommer & de pourvoir à tous ces offices ; & elle a dérogé à cet effet à fes édits des mois de février 1633, avril 1641, mars 1644, janvier 1646, juillet 1681, juillet & août 1690, & autres fubféquens.

Les feigneurs nomment généralement aux offices qui dépendent de leur juridiction. Mais ce qui les diftingue fur cet objet d'avec le Roi, c'eft qu'ils ne peuvent augmenter le nombre de leurs officiers (1), ce qui fait croire qu'on regarde les offices seigneuriaux comme provenans de la création originaire du souverain.

Il y a même des seigneurs qui n'ont pas le pouvoir d'établir certains officiers, quoique nécessaires à l'administration de la justice. Les coutumes de Poitou, article 387, & de Tours, article 76, font entendre que les simples seigneurs hauts-justiciers ne peuvent pas avoir de sergens. Tout dépend à cet égard de la possession, de l'usage ou des dispositions des coutumes.

C'est la même chose par rapport aux tabellionnages & aux notariats. Dans l'exactitude des règles primitives, il n'appartient qu'au Roi d'en disposer, même dans les terres des seigneurs, parce que donner aux monumens des conventions des particuliers, le caractère nécessaire pour qu'ils fassent pleine foi, & y joindre le jugement de condamnation volontaire, à laquelle les deux parties se soumettent respectivement, sont des actes de puissance publique, qui par conséquent, tirent toute leur force de celui en qui cette puissance réside.

Mais le gouvernement féodal, ayant introduit, à l'égard de la puissance publique, une espèce de partage entre le Roi & les seigneurs, plusieurs d'entre ceux-ci en ont profité pour s'attribuer sur les notariats & tabellionnages, des droits qui, par leur nature, ne pouvoient être considérés que comme des *régales*.

Si quelque chose doit étonner dans cette usurpation, ce n'est pas qu'elle ait eu lieu, mais qu'elle n'ait pas été plus générale. Car enfin tous les seigneurs pouvoient dire : qui peut le plus, peut le moins ; créer un notaire, ce n'est que le plus foible effort de la puissance publique ; il y en a un bien plus grand

lorsqu'il s'agit d'imposer silence à une partie qui se plaint que ses droits sont blessés, ou de contraindre, par la force armée, celui qui sort de l'ordre à s'y replacer ; encore plus lorsqu'il s'agit d'exécuter, sous les yeux des citoyens, les peines prononcées contre les coupables : tout ceci est dans notre pouvoir, pourquoi l'établissement d'un notaire l'excéderoit-il ?

Si tous les seigneurs avoient ainsi raisonné & agi dans le principe, le droit de tabellionage cessoit pour toujours d'être régalien, & devenoit absolument seigneurial. Mais l'ordonnance de Philippe-le-Bel du 23 mars 1302, empêcha tout raisonnement, & arrêta les conséquences que le système féodal devoit nécessairement amener un jour ou l'autre. Par l'article 6 de cette loi, Philippe se réserve à lui seul & à ses successeurs le droit de créer des notaires, & maintient seulement dans ce droit les prélats, barons & autres seigneurs qui en jouissoient *de antiquâ consuetudine*.

Cette ordonnance fut confirmée par le Roi Jean au mois d'octobre 1351, avec la seule différence, qu'en rappelant la disposition qui autorisoit les seigneurs qui seroient fondés sur une ancienne coutume, il ajoute ces mots, *& approuvée*.

Telle est la source de la jurisprudence actuelle du royaume sur cette matière, suivant laquelle les seigneurs hauts-justiciers n'ont le droit de tabellionage qu'en trois cas ; sçavoir, quand ils y sont fondés en titres exprès, quand la coutume particulière des lieux le leur accorde, ou qu'ils en sont en possession depuis un temps immémorial (1).

C'est d'après cela, dit M. Bouhier, chapitre 53, que le parlement de Dijon, » par son arrêt général du 21 novembre » 1623, fit défenses aux seigneurs de

_____

(1) La Touloubre, jurisprudence féodale, tit. 2.

(1) Bacquet, des droits de justice, chap. 25 ; Loiseau, des seigneuries, chap. 10, p. 79.

» créer en leurs terres des notaires au-
» thentiques, à moins qu'ils n'en eussent
» le pouvoir, à peine d'être procédé
» contre eux, ainsi qu'il appartiendra. »

Mais, continue M. Bouhier, cela ne
regarde que les simples seigneurs hauts-
justiciers. Car à l'égard des barons, des
seigneurs châtelains, & à plus forte raison
de ceux dont les fiefs ont encore des titres
plus éminens, ils ont de plein droit cette
prérogative, suivant l'édit du Roi François I, du mois de novembre 1542.

## SECTION XIV.

*Du droit d'autoriser les foires & les marchés.*

L'idée d'une foire emporte celle d'un
grand concours de marchands qui se ras-
semblent de toutes parts pour vendre &
acheter ; & comme il ne peut se faire
d'assemblée dans le royaume, sans la
permission du souverain, il est clair qu'il
n'appartient qu'à l'autorité royale de permettre l'établissement des foires.

C'est aussi ce que décident la loi 1 d,
& la loi unique, c. *De nundinis.*

Il paroît que cette jurisprudence est
reçue depuis long-temps en France. Car
il existe dans les anciens registres du
parlement de Paris, un arrêt de la pentecôte 1269, qui ordonne au bailli du
Roi de faire cesser la foire, que le seigneur
de Châteauroux s'étoit ingéré d'établir
dans ses terres, sans la permission de sa
majesté (1).

Il a été rendu un arrêt semblable contre
l'évêque de Clermont le 1 mars 1347 (2).

L'article 12 de l'instruction, dressée par
le parlement, & donnée par Charles V
à Me Arnaud de Laye, le 8 mai 1372,
porte, article 12, « qu'au Roi appartient
» seul & pour le tout, en tout son
» royaume, & non à autrui, octroyer
» & ordonner toutes foires & mar-
» chés (1). »

Un arrêt du 9 février 1660, à ordonné
la démolition de la halle du lieu de Blanzay
en Poitou, parce qu'elle avoit été établie
sans lettres-patentes du Roi (2).

Le préambule de l'édit du mois de février 1696, énonce encore que le droit
de foires est purement royal.

C'est de-là que vient la défense faite
aux juges de police & à tous autres, de
permettre l'ouverture des foires avant les
jours fixés par les lettres-patentes qui en
ont autorisé l'établissement. Il y a à ce sujet
un arrêt du conseil du 3 septembre 1720,
rendu contre le sénéchal de Carhaix en
Bretagne (3).

De-là vient encore la défense qui,
par la même raison, est faite aux juges
de proroger les foires au-delà des termes
dans lesquels il a plu au Roi d'en limiter
la durée. C'est ce qui a été jugé par
arrêt du parlement de Flandres, du
15 mars 1759, entre les marchands
grossiers de Cambrai, & le procureur
du Roi, syndic de la même ville. On
citoit au procès un arrêt semblable, rendu
quelque temps auparavant.

Il y a cependant quelques coutumes,
comme Anjou, article 43, & Nivernois,
chapitre 1, article 23, qui donnent aux
seigneurs châtelains le droit de foires &
marchés. Mais comme ces coutumes n'ont
force de loi que parce qu'elles ont été
rédigées sous l'autorité du souverain, on
peut dire que c'est de la concession du
Roi qu'émane le droit de ces seigneurs ;

_____

(1) *Voici les termes de cet arrêt :*

Quia feriam fecit sine authoritate domini
Regis, cùm nullus in regno talia possit facere
absque consensu vel mandato domini Regis ( ut
dicebant quidam de consilio ) dictum fuit bal-
livo, quod cadere faceret, feriam antè dictam.
Bacquet, des droits de justice, chap. 31, n. 2 ;
Bouchel, au mot *Foires.*

(2) Bouchel, *loc. cit.*

(1) Bacquet, *loc. cit.* chap. 7.

(2) Bouchel, *loc. cit.*

(3) Brillon, au mot *Foire.*

& par conséquent, ils sont à cet égard, de la même condition que ceux qui, en d'autres coutumes, ont obtenu par lettres-patentes la permission d'établir dans leurs terres des foires & des marchés (1).

SECTION XV.

*Du droit d'autoriser les communautés & gens de main-morte à s'établir dans le royaume, à y faire des acquisitions, & à aliéner leurs biens.*

I. C'est un principe du droit romain, qu'il ne peut se former dans l'état aucun établissement de gens de main-morte sans la permission du prince. La loi 1, au digeste, *de collegiis illicitis*, & la loi 1, d. *quod cujusque universitatis nomine*, en contiennent des dispositions expresses.

Tous les souverains ont été jaloux de conserver, dans toute sa vigueur, un droit aussi important au maintien de la bonne police.

L'empereur Charles-Quint a ordonné par un placard ou édit, du 19 octobre 1520, « qu'à l'avenir qui que ce soit ne » pourroit faire bâtir, fonder, ériger, » ni doter quelques nouvelles églises, » chapelles, collèges, chapitres, cloîtres » ou couvens dans les Pays-Bas. »

Les rois de France n'ont pas été moins attentifs à empêcher qu'il ne se formât de nouveaux établissemens dans leurs états, sans leur autorité. Aux défenses qu'ils portèrent à ce sujet en différens temps, Louis XIV ajouta des peines sévères, par son édit du mois de décembre 1666, & Louis XV en renouvela les dispositions par deux déclarations des 9 juin 1738 & 1 juin 1739, adressées aux parlemens de Douai & de Metz, & par un édit du mois d'août 1749, enregistré dans toutes les cours du royaume.

Ces lois comprennent-elles dans leurs défenses les corps d'arts & métiers? Dubost, en sa jurisprudence du conseil sur les droits de francs-fiefs & d'amortissemens (1), adopte, à peu de chose près, la négative. « Les dispositions ci-dessus, » dit-il, ne regardent point les corps de » maîtrises d'arts & métiers dans les villes; » ils n'ont pas besoin de lettres-patentes » d'établissement; il suffit pour les ériger » en corps de communauté, qu'ils aient » des statuts approuvés & autorisés par » le parlement. » C'est ce qu'il confirme par une décision du conseil royal des finances, du 23 septembre 1749.

Mais examinons l'espèce de cet arrêt. Par contrat du 19 octobre 1731, les marchands sergers de la ville d'Evreux ont acquis de M. le duc de Bouillon, un moulin à drap. Sur la demande du droit d'amortissement, ils se sont pourvus devant le commissaire départi dans la généralité de Rouen, qui les a déchargés par son ordonnance du 26 avril 1732, *attendu*, porte cette ordonnance, *que cette communauté n'a point de lettres-patentes qui l'érigent en corps, & qu'une communauté régulière ou séculière ne doit point être mise au nombre des mains-mortes, tant qu'elle n'a point de lettres-patentes qui aient autorisé son établissement.*

Le fermier a appelé de ce jugement, & a dit qu'il n'est pas nécessaire qu'une communauté séculière ait des lettres-patentes d'établissement pour devenir sujette au droit d'amortissement, lorsqu'elle acquiert des fonds qui tombent en main-morte & sortent du commerce ; que cela a été ainsi jugé toutes les fois que l'occasion s'est présentée ; qu'il est prouvé par un certificat du greffier du présidial d'Evreux, du 4 avril 1742, que les marchands sergers ont des statuts ; & admettent des maîtres qui se font recevoir par le lieutenant-général de police, après

(1) Voyez la liste de ces lettres-patentes dans le dictionnaire de Brillon, au mot *Foires.*

(1) Tom. 1, pag. 33.

avoir fait leur apprentissage; qu'ainsi il y a lieu d'infirmer l'ordonnance.

Sur ces moyens, est intervenu la décision citée, qui porte : « sans s'arrêter » à l'ordonnance de M. l'intendant, la » contrainte exécutée. »

On voit par ces détails, que le conseil n'a nullement jugé la question que Dubost regarde comme tranchée par l'arrêt qu'il rapporte. Une communauté qui n'a qu'une existence de fait, peut être traitée relativement aux droits du fermier, comme si elle étoit légalement établie. Sa résistance aux lois prohibitives du prince, ne doit pas rendre sa condition meilleure, & elle peut d'autant moins se refuser au payement du droit d'amortissement, qu'elle enlève aussi bien au commerce les immeubles dont elle fait l'acquisition, que si elle avoit des lettres-patentes qui l'autorisassent à exister dans l'état. Il n'a donc pas fallu, pour rendre la décision rapportée par Dubost, juger que les corps de maîtrises, d'arts & métiers, peuvent s'établir sans lettres-patentes du Roi.

Eh! comment auroit-on pu adopter une pareille doctrine? Elle est contraire au droit Romain, & elle a toujours été proscrite par les arrêts du parlement de Paris.

La loi 1, au digeste *quod cujusque universitatis nomine*, défend aux artisans de se réunir en corps & de former des communautés sans une permission expresse de l'empereur ou du sénat (1).

Le 9 février 1569, le parlement de Paris jugea que le duc de Nevers n'avoit pu, de son chef, établir dans la ville de Nevers une jurande de tailleurs-chaussetiers (2).

En 1629, les chaudronniers de Laon obtinrent du bailliage de la même ville, un réglement qui les érigeoit en communauté, & faisoit défenses à tous étrangers de faire le commerce de chaudrons dans le ressort de ce siège. Il y eut appel de ce réglement. M. l'avocat-général Talon qui porta la parole, dit : « Les présidiaux de Laon ont entrepris & fait » ce que la cour n'auroit pas voulu en» treprendre. Il n'appartient qu'au Roi » seul de créer des communautés de mé» tiers & maîtres jurés en ce royaume. » Toutes communautés & collèges dé» pendent absolument de l'autorité du » prince qui les érige par ses lettres» patentes, & de l'autorité de la cour » qui les confirme. *Jussus principis præ» cedat, auctoritas curiæ sequatur necesse* » *est.* Toutes les fois que cela ne se ren» contre pas, la chose est nulle, & la » cour l'a perpétuellement condamnée » par ses arrêts. Ceux qui ont été rendus » pour les villes de Beauvais & de Châ» lons sont notoires. Ils ont jugé clai» rement & nettement la question, & » prohibé telles érections & établissemens » de communautés. » Sur ces raisons, arrêt du 9 décembre 1651, qui déclare « qu'il a été mal, nullement & incom» pétemment jugé, procédé & établi. » (1).

Le parlement de Paris a encore jugé la même chose par quatre arrêts assez récens; le premier, de 1745, contre les tonneliers de Sens; le second, de 1754, contre les vinaigriers de Reims; le troisième, du 19 mai 1762, contre les confiseurs de Lyon; le quatrième, du 12 janvier 1763, contre les cordonniers de Sens (2). Les déclarations des 9 juin 1738 & premier juin 1739, & l'édit du mois d'août 1749, comprennent expressément les confréries dans la prohibition de former de nouveaux établissemens sans la permission du souverain.

_____

(1) Le sénat avoit, même du temps des empereurs, une autorité vraiment législative. *Non ambigitur senatum jus facere posse*, dit la loi 9, D. *de legibus*. Ce qu'on ne peut pas appliquer à nos parlemens.

(2) Papon, liv. 4, tit. 5, n. 4, aux notes.

(1) Bardet, tom. 1, liv. 4, chap. 46.

(2) Denizart, au mot *Arts & Métiers.*

On

On entend par *confrérie* toute affociation formée par des perfonnes laïques, foit pour des jeux publics, foit pour des exercices particuliers de dévotion.

Il eft parlé de la première efpèce de confrérie dans les chartres générales du Hainaut. L'article 19 du chapitre 60 de ces lois rédigées en 1619, porte que le grand-bailli, en qualité d'officier fouverain & comme repréfentant le comte de Hainaut, peut feul, & à l'exclufion de tous autres juges, « Bailler grâce d'ériger » compagnies & confréries d'archers, » arbalêtriers, arquebufiers & autres, les » affranchir avec leurs lieux & jardins, » & autorifer de donner prix & joyaux » pour les mieux tirans. » La difpofition de cet article ne peut plus s'appliquer au Hainaut François, tant parce que le grand-bailli n'y a plus aucune autorité, que parce que la déclaration de 1738 & l'édit de 1749, qui ont force de loi dans cette partie de la province, réfervent au Roi le droit exclufif d'autorifer les érections de confréries.

Les confréries de la feconde efpèce ne font pas moins comprifes dans la défenfe des lois citées, que celles de la première. C'eft ce que juftifient plufieurs arrêts rendus en conféquence de l'édit de 1749.

Le 17 janvier 1758, le parlement de Paris a défendu de faire aucun exercice public d'une confrérie nouvellement inftituée à Auxerre, en vertu d'une bulle du pape & de l'évèque diocéfain.

Deux ans après, le 9 mai 1760, il eft intervenu un arrêt de la même cour, par lequel il a été ordonné que les chefs & adminiftrateurs de toutes les confréries, affociations & congrégations qui fe trouvoient dans ce reffort, feroient tenus de remettre dans les fix mois fuivans à M. le procureur-général des copies des lettres-patentes de leur établiffement.

Le 10 mars 1763, le parlement de Metz a rendu un arrêt qui « Fait très-» expreffes inhibitions & défenfes à toutes » perfonnes de quelque qualité & condi-

» tion qu'elles foient, de faire aucune » affemblée en quelque lieu, fous pré-» texte de confréries, congrégations, af-» fociations, tiers-ordre, ou autres dé-» nominations quelconques, ni de faire » aucune quête ou collecte, fans être » muni de lettres-patentes de fa majefté, » bien & dûment vérifiées en la cour » (1).

L'article 26 de la déclaration du 15 décembre 1774, concernant les monaftères du reffort du parlement de Flandres, porte expreffément qu'il ne pourra être établi aucune confrérie ou congrégation chez les réguliers, qu'elle n'ait été autorifée par lettres-patentes dûment enregiftrées, & enjoint aux archevèques & évèques diocéfains, de fufpendre celles qui ne feroient pas fuffifamment autorifées, jufqu'à ce que le Roi y ait pourvu fur leur avis.

II. L'obligation impofée aux gens de main-morte de recourir à l'autorité fouveraine, pour avoir la permiffion d'acquérir des immeubles, eft auffi ancienne que la monarchie.

Saint Louis ou Philippe-le-Hardi ont pu les premiers mettre à profit ce droit; mais les Rois même de la première race l'avoient exercé fans contradiction. On en trouve des preuves inconteftables dans les notes du célèbre Jérôme Bignon, fur la troifième formule du livre 3 de Marculphe. Il fait voir que les églifes ne jouiffoient des donations qui leur étoient faites, qu'en vertu de la permiffion du fouverain, *immunitate conceffâ;* auffi en demandoient-elles la confirmation, après les avoir acceptées (2); & dans l'acte qui contenoit l'agrément du Roi, *il ufoit de telles reftrictions ou modifications qu'il lui plaifoit* (3).

Lorfque l'affoibliffement des Carlovin-

---

(1) *Journal de jurifprudence de Bouillon,* mai 1763.

(2) Form. Marculph. liv. 1, chap. 35.

(3) Thomaffin, difcipl. eccléfiaft. liv. 1, part. 3, chap. 35.

giens eut métamorphosé tous les droits de souveraineté en droits féodaux, on perdit de vue la nécessité de recourir au Roi pour légitimer les acquisitions des gens de main-morte. Les seigneurs attentifs à la conservation de leurs *lods & ventes*, de leurs *reliefs*, & des autres droits utiles que produit la féodalité, sentirent tout le danger qu'il y avoit pour eux de laisser à des êtres qui ne mouroient point & n'aliénoient presque jamais, la liberté d'accumuler possession sur possession. Ils se plaignirent, & voulurent contraindre les gens de main-morte à remettre dans le commerce les biens qu'ils avoient acquis, ou à acheter d'eux la permission de les conserver. La plupart, & sur-tout les plus puissans, n'eurent pas de peine à établir cette alternative. On remarque, par exemple, dans le vu d'un arrêt du conseil rendu le 3 avril 1732, contre les religieux de l'abbaye de Clairmarais en Artois, qu'au mois de septembre 1200, Baudouin, comte d'Artois, amortit les biens donnés à cette abbaye par un comte de Flandres, en 1183.

A la fin, la nécessité de l'amortissement fut par-tout reconnue & devint une loi générale de la féodalité. « Si quelqu'un, » portent les établissemens de saint Louis, » donne une piéce de terre à quelques » religieux ou communauté, le seigneur » du fief où elle est assise, ne le souffrira » point, s'il ne veut : il pourra au con- » traire la mettre en sa main. Mais celui » à qui l'aumône est faite, doit venir » le trouver & lui dire : Sire, on nous » a donné telle chose, s'il vous plaît, » nous la garderons ; sinon, nous l'ôte- » rons de notre main dans le terme à » venant, c'est-à-dire dans l'an & jour : s'il » ne l'ôte point, le seigneur peut la pren- » dre comme son domaine. »

Mais ce n'étoit pas assez d'avoir pourvu à l'indemnité des seigneurs, il falloit encore pourvoir à celle de l'état. Car en même temps que les acquisitions des gens de main-morte nuisoient aux seigneurs,

en les privant pour toujours des droits de mutation, elles préjudicioient infiniment au public, en enlevant au commerce des biens, faits pour y circuler librement. On distingua donc l'intérêt des seigneurs d'avec celui du Roi, & en laissant aux premiers, le pouvoir d'exiger une indemnité des gens de main-morte qui acquéroient dans leurs terres, on réserva au Roi seul le droit de légitimer ces acquisitions, moyennant une finance appelée *amortissement*, qu'on fut obligé de lui payer.

Le plus ancien monument qui parle de cette distinction, est un arrêt de 1270, par lequel il fut jugé qu'un pair ecclésiastique ne pouvoit amortir l'acquisition que des gens de main-morte avoient faite d'un fief de sa mouvance immédiate (1).

Il est à croire cependant qu'en jugeant de la sorte, on ne suivoit que les principes de la féodalité, & qu'on ne s'élevoit pas encore jusqu'à la considération de l'intérêt de l'état purement dit. C'est ce que prouve l'arrêt même dont on vient de parler : car il permet au seigneur contre qui il est rendu, d'amortir les héritages tenus de lui en arrière-fief. Ainsi le Roi, dans le cas d'une acquisition faite sous la mouvance immédiate de son vassal, ne recevoit une finance qu'à cause que le fief de celui-ci se trouvoit diminué par l'amortissement, & que cette diminution, opérée par son vassal seul, ne devoit pas lui préjudicier. Mais lorsque l'acquisition se faisoit dans une mouvance plus éloignée, le préjudice qu'en ressentoit le Roi, considéré comme suzerain universel, devenoit moins sensible, & il n'y avoit plus de finance pour lui. Elle passoit au suzerain immédiat du seigneur dans les terres de qui la main-morte acquéroit. Tel est l'esprit de l'arrêt de 1270.

Cinq ans après, Philippe-le-Hardi recula d'un degré les limites dans lesquelles cet arrêt renfermoit le droit du

_____

(1) Papon, liv. 1, tit. 14, n. 3.

monarque, & il eut l'avantage, en le faifant, d'avoir l'air de fervir l'églife contre
les vexations des feigneurs. Les communautés & les chapitres fe plaignoient de
ce qu'après avoir payé un droit d'indemnité aux feigneurs immédiats, & aux fuzerains immédiats de ceux-ci, ils étoient
encore inquiétés par les feigneurs fupérieurs, fous prétexte que les profits des
fiefs fur lefquels ils n'avoient qu'une prééminence fort éloignée, fe trouvoient diminués, & qu'en remontant ainfi de feigneurs en feigneurs, auxquels il falloit payer
autant de finances différentes, il arrivoit
qu'ils confumoient en frais d'amortiffement, des fommes qui excédoient de
beaucoup la valeur des biens acquis. Philippe écouta ces plaintes en politique, &
fut en profiter. Il ordonna que les gens
d'églife qui produiroient des lettres d'a-
mortiffement accordées par trois feigneurs
fuzerains, en remontant de degré en
degré, ne feroient plus inquiétés, ni par
fes officiers, ni par d'autres. Il ajouta qu'à
l'égard des acquifitions faites, foit dans
fa propre mouvance, foit dans celle de
fes vaffaux immédiats, ou des vaffaux immédiats de ceux-ci, les gens d'églife, ne
feroient pas tenus de les mettre hors de
leurs mains, pourvu qu'ils lui payaffent en
argent l'eftimation des fruits de deux années, fi c'étoit aumône; ou de trois, fi
c'étoit achat (1).

Cette ordonnance établiffoit clairement que le droit exclufif d'amortir, ne
pouvoit être contefté au Roi, non-feulement dans les mouvances immédiates de
la couronne, mais même dans celles qui
n'en étoient éloignées que de trois degrés,
& que les feigneurs ne pouvoient s'attribuer ce droit au préjudice de l'autorité
royale. Philippe tint foigneufement la
main à l'exécution de cette loi: l'arche-

vêque de Reims & le chapitre de Châlons
cherchèrent à s'en affranchir, mais leurs
efforts furent réprimés par deux arrêts
rendus en 1277, au parlement de la fête
des rois, qui leur interdirent tout exercice du pouvoir d'amortir, & les renfer-
mèrent dans le droit d'exiger une indemnité (1).

Philippe-le-Bel recula prefque en tout,
les bornes dans lefquelles le fyftème féodal
avoit circonfcrit la puiffance fouveraine.
Après avoir confirmé par une première
ordonnance donnée au parlement de noël
1291, celle que fon père avoit portée en
1275, il en fit une feconde toute différente, & qui annonça un deffein formé de
rendre univerfelle la néceffité de recourir
au Roi, pour légitimer les acquifitions
des mains-mortes.

Par cette loi, datée *parifiis menfe mar-
tii vigefimo*, le Roi déclare que *pour le
bien de fon royaume*, l'utilité de la *république & le repos de fes fujets*, il a ftatué ce
qui fuit fur les acquifitions des gens d'é-
glife, *acquifitions*, dit-il indéfiniment,
*que lefdits gens d'églife ne peuvent tenir
fans notre permiffion ou celle de nos prédéceffeurs*. Après ce préambule, il détermine les taxes que les gens d'églife devront payer lorfqu'ils acquerront dans
fes fiefs ou cenfives, & celles auxquelles
ils feront foumis pour les acquifitions
qu'ils feront dans les arrières-fiefs ou ar-
rières-cenfives de la couronne, fans diftinguer le degré de la mouvance. Puis il
ajoute: « à l'égard des acquifitions qu'ils
» feront dans leurs fiefs, arrière-fiefs, cen-
» fives ou arrire-cenfives, dans lefquels
» ils auront toute juftice, haute, moyenne
» & baffe, nous ne voulons pas qu'on les
» contraigne quant à préfent à nous payer
» aucune finance, jufqu'à ce que nous en
» ayons autrement ordonné » (2). On

(1) L'abbé Vély, hiftoire de France, tom. 6,
in-12. Voyez auffi le texte latin de l'ordonnance
de Philippe-le-Hardi: elle eft rapportée en entier
par Fontanon.

(1) Papon, liv. 5, tit. 14, n. 1 & 3.
(2) Voyez dans Jarry, traité des amortiffe-
mens, pag. 17, le texte latin de cette ordonnance.

voit que Philippe-le-Bel abolit la modification apportée par son père à la généralité du droit d'amortir, & qu'il en établit une autre. Cette interversion étoit adroite : elle prouvoit que le Roi étoit le maître de faire sur cet objet, tels réglemens qu'il jugeoit à propos ; & de-là à la conséquence que la plénitude du droit d'amortir n'existoit que dans sa couronne, il n'y avoit qu'un pas.

Les successeurs de Philippe-le-Bel ne furent pas moins attentifs au maintien d'un droit aussi précieux. Philippe-le-Long & Charles-le-Bel firent faire plusieurs proclamations, qui annonçoient que les acquisitions faites par les gens d'église sans le consentement du souverain, & possédées par eux pendant un an & un jour, sans avoir payé la finance qu'avoient réglée les lois antérieures, seroient confisquées & acquises au Roi (1).

Charles V, par son ordonnance du 15 novembre 1370, déclara que tous les gens d'église, de quelque qualité qu'ils fussent, seroient tenus de lui payer une finance pour les acquisitions qu'ils feroient, n'importe à quel titre, soit dans les mouvances immédiates du Roi, soit dans les fiefs ou censives des vassaux & arrières-vassaux de la couronne (2).

L'instruction que le même monarque donna à Me. Arnaud de Laye, secrétaire du Roi, le 8 mai 1372, & qui avoit été dressée par le parlement de Paris, porte, article 11, « qu'au Roi seul & pour le » tout, appartient amortir en son royaume, » à ce que les choses puissent être dites » amorties. Présupposé ajoute-t-il, que les » pairs, barons & autres seigneurs sujets » du Roi amortissent, pour tant qu'il leur » touche ce qui est tenu d'eux, toutefois » ne peuvent & ne doivent les choses par » eux amorties avoir effet d'amortisse-

» ment, jusques à que le Roi les amor- » tisse » (1).

On imagine bien que cette ordonnance & celles dont elle rappeloit les maximes, gênoient trop les grands vassaux, pour qu'ils s'y soumissent de bon gré. Quelques-uns furent forcés d'en reconnoître l'autorité ; mais d'autres plus puissans s'y refusèrent constamment. Tels furent les comtes de Flandres : Charles-Quint, leur successeur, exerçoit encore le droit d'amortir sous François I, avant même le traité de Madrid. On voit deux de ses édits des 18 mai 1515 & 19 octobre 1520, par lesquels il défend à tous corps & communautés des provinces Belgiques, d'acquérir sans sa permission *aucuns fiefs, arrière-fiefs, rentes, ou autres biens temporels* ; & il ne paroît pas que François I ait réclamé contre ces réglemens, qui néanmoins attentoient d'une manière très-visible à sa souveraineté.

La réunion des grands fiefs à la couronne, a éteint tout sujet de querelle sur ce point important, & c'est aujourd'hui une maxime indubitable, comme le dit l'article 368 de la coutume de Bretagne, que *le Roi seul peut amortir.*

Ce droit est-il cessible au moins quant à l'exercice ? Le parlement de Paris semble avoir préjugé pour l'affirmative, lorsque par arrêt du 17 mai 1464, il ordonna au duc de Bourbon de montrer les titres du droit qu'il prétendoit avoir d'amortir, dans les provinces de Forez & de Beaujolois (2).

Mais le parlement de Dauphiné en a jugé autrement, par arrêt du 3 mai 1665, rendu contre le prince de Monaco. Il a décidé, dit M. de Salvaing, chapitre LIX, « que le droit d'amortissement est un » droit appartenant à la couronne, lequel » ne peut être cédé. »

III. La permission dont les gens de

---

(1) Jarry, *loc. cit.* pag. 26.
(2) Ibid. pag. 29.

(1) Bacquet, des droits de justice, chap. 7.
(2) Rigueau, au mot *Amortissement.*

main-morte ont befoin pour aliéner, eft, relativement au Roi, du même genre que celle d'acquérir. Sa majefté feule, fuivant le droit commun du royaume, a le pouvoir de l'accorder. Il eft même à remarquer qu'en cette matière, on regarde les emprunts à titre de rentes comme des aliénations; & c'eft de là que dérivent les défenfes faites aux corps d'arts & métiers par la déclaration du 2 avril 1763, de conftituer aucune rente pour emprunt, fans y avoir été préalablement autorifés par des lettres-patentes duement enregiftrées.

Il y a des défenfes à peu-près femblables portées contre les maifons religieufes par l'article 17 de l'édit du mois de février 1773, & contre les communautés d'habitans par l'article 18 de l'édit général du mois d'août 1764, auquel font conformes plufieurs difpofitions de l'édit du mois de novembre 1773 qui eft particulier à la province d'Artois.

Tel eft, nous l'avons déjà dit, le droit commun du royaume: mais jufqu'à préfent les pays du reffort du parlement de Flandres, ont fuivi des règles différentes. Cette cour, à l'exemple des confeils fupérieurs des Pays-Bas Autrichiens, auxquels fon édit de création l'a fubrogée pour les Pays-Bas François, a toujours joui, depuis fon établiffement, du droit d'autorifer les aliénations & emprunts des gens de main-morte. Dans la foule des preuves que je pourrois en citer, je remarque fur-tout l'arrêt d'enregiftrement de la déclaration du 17 décembre 1774, concernant les monaftères de Flandres & d'Artois. La claufe que j'y trouve de remarquable, a pour objet l'article 16 de cette loi, portant « qu'il ne pourra être » fait à l'avenir par les maifons religieu-» fes aucun emprunt de deniers, s'il n'a » été préalablement.... autorifé par nos » lettres-patentes adreffées à nos cours en » la forme ordinaire »; & cette claufe eft ainfi conçue: « fans néanmoins qu'on » puiffe induire qu'en exécution de l'ar-

» ticle 16, ladite cour foit dépouillée du » droit inhérent à fa conftitution, con-» forme au droit public & national des » provinces de fon reffort, dont elle a » conftamment joui à l'exemple de toutes » les cours fouveraines des Pays-Bas, » d'autorifer les fupérieurs & religieux » des monaftères dudit reffort, de faire » des emprunts,.... ou que lefdits fupé-» rieurs & religieux foient aftreints à » la néceffité de l'obtention des lettres-» patentes dudit feigneur Roi, pour rai-» fon de toutes efpèces d'emprunts. »

Il faut pourtant obferver que cette poffeffion fi conftante & fi ancienne, vient d'être troublée par un arrêt du confeil du 18 août 1783 (1), qui caffe du propre

---

(1) *Voici cet arrêt:*

Sur ce qui auroit été repréfenté au Roi étant en fon confeil, que la communauté du Grand-Wargnies en Hainaut, dans la vue de fe procurer un revenu néceffaire à l'acquit de fes charges, auroit arrêté d'aliéner à longues années douze mefures de warefchaix ou terre inculte; que pour en obtenir la permiffion, elle fe feroit adreffée au parlement de Flandres, en lui expofant que lui feul pouvoit autorifer ladite aliénation aux termes de l'article 4 du chapitre 48 des chartres de la province; que cette cour auroit ordonné une affemblée générale des habitans; & que, fur le rapport du procès-verbal de cette affemblée, & fur les conclufions du procureur général de fa majefté, ladite cour auroit rendu le 14 avril 1783, un arrêt qui autorife l'aliénation pour quatre-vingt-dix-neuf ans defdites douze mefures de warefchaix, les formes ordinaires obfervées; & fa majefté confidérant que cet arrêt intervertit l'ordre prefcrit par les réglemens pour l'aliénation des biens des communautés, elle a jugé ne devoir pas le laiffer fubfifter: à quoi voulant pourvoir, ouï le rapport du fieur Moreau de Beaumont, confeiller d'état ordinaire & au confeil royal des finances, le Roi en fon confeil, a caffé & annullé, caffe & annulle ledit arrêt du parlement de Flandres, du 14 avril dernier, fauf auxdits maieur, échevins & habitans du Grand-Wargnies à fe retirer pardevers fa majefté en fon confeil, pour demander permiffion d'aliéner les douze mefures de warefchaix dont il s'agit, & être par fa majefté ftatué fur ladite demande ce qu'il appartiendra; enjoint au fieur intendant & commiffaire

mouvement du Roi, un arrêt que j'avois fait rendre le 14 avril précédent, pour autoriser les habitans de Wargnies en Hainaut, à arrenter pour 99 ans une partie de leurs biens communaux.

Le parlement de Flandres a fait des remontrances au Roi sur cet arrêt. Peu de temps après, les habitans de Wargnies, ayant demandé à cette cour l'enregistrement des lettres-patentes qu'ils venoient d'obtenir pour l'arrentement qu'ils avoient en vue, elle a rendu le 13 avril 1785, un arrêt qui « ordonne que lesdites lettres- » patentes & arrêt seront enregistrées » au greffe pour jouir par les supplians » de l'effet & contenu en iceux, suivant » leur forme & teneur, sans néanmoins » qu'on puisse induire du contenu esdites » lettres-patentes & arrêt, que les com- » munautés du ressort de ladite cour » soient astreintes de se pourvoir de let- » tres-patentes, pour être autorisées de » faire les aliénations semblables à celles » mentionnées esdites lettres-patentes & » arrêt, ni que ladite cour soit privée du » droit inhérent à sa constitution, con- » forme au droit national des provinces » belgiques, dans lequel elle a été cons- » tamment maintenue & solemnelle- » ment conservée, d'accorder pareilles » autorisations, ni que ladite cour doive » se départir des principes établis à cet » égard, dans son arrêté du 3 février » 1784, & dans lesquelles elle ne ces- » sera de persister. »

## SECTION XVI.

*Du droit de recevoir & d'expulser les juifs.*

L'Alsace est la seule province du royaume, où les seigneurs partagent avec

---

départi dans le Hainaut, de tenir la main à l'exécution du présent arrêt. Fait au conseil d'état du Roi, sa majesté y étant, tenu à Versailles le 18 août 1783.

*Signé*, le maréchal DE SÉGUR.

---

le souverain l'exercice de ce droit. Écoutons là-dessus M. le premier président de Boug, dans le recueil des ordonnances de cette province, tome 1, pages 531 & 532.

« La question de savoir à qui appar- » tient le droit de recevoir des juifs, ne » peut plus aujourd'hui faire la matière » d'un problème.

» Il est constant que ce droit est un des » plus éminens *régaliens*, & qu'avant la » bulle d'or, il étoit annexé à la seule » couronne impériale.

» C'est à cette première source du » droit public d'Allemagne, qu'on rap- » porte le privilége des électeurs de re- » cevoir des juifs, l'empereur Charles » IV le leur ayant accordé au chapitre » 9, §. 2.

» Ce n'est que près de deux siècles » après, c'est-à-dire, par l'ordonnance » ou réglement pour la réformation de la » police, fait à Augsbourg en l'année » 1548, article 20, & par la diète des » députés de l'Empire de 1577., que ce » droit fut communiqué aux autres prin- » ces & aux états de l'Empire, à la no- » blesse immédiate & à tous ceux qui » avoient les droits régaliens.

» Il ne faut cependant pas douter » qu'avant 1548, les empereurs n'ayent » communiqué à d'autres qu'aux élec- » teurs, ce privilége d'admettre des juifs ; » & ce qui le fait connoître sans réplique, » ce sont les faits que l'histoire nous ap- » prend, de ce que les juifs ont souffert » dès le douzième siècle & particulière- » ment dans le quatorzième.

» Enfin il est de principe aujourd'hui, » que quoique le droit de recevoir des » juifs soit un haut *régalien*, qui n'appar- » tenoit autrefois qu'à ceux qui avoient » la supériorité territoriale, ou qui » étoient fondés en titres exprès ; cepen- » dant il peut être prescrit par la posses- » sion immémoriale. Telle est la doctrine » de tous les publicistes, *Knipschild, Vi-*

» *triarius*, *Pfeſſinger*, *Limnæus*, *Schre-*
» *der &c.*

» Ce n'eſt même qu'en vertu de cette
» poſſeſſion que la plupart des ſeigneurs
» d'Alſace en jouiſſent.

» Cependant, pour acquérir ce droit
» par la poſſeſſion, il faut avoir la qua-
» lité requiſe pour le preſcrire, c'eſt-à-
» dire qu'il faut être ſeigneur haut,
» moyen & bas juſticier du lieu où les
» juifs ſont reçus, & telle eſt auſſi la
» juriſprudence établie au conſeil ſouve-
» rain d'Alſace, conforme aux ſentimens
» des publiciſtes ; ſans quoi on pourroit
» dire que chacun ſeroit habile à pref-
» crire ce droit par ſucceſſion de temps,
» ce qui eſt révoltant.

» C'eſt d'après ces principes, que quoi-
» que le baron de Schauenbourg fût ſei-
» gneur haut-juſticier de Soultzbach, &
» que même il tint ce lieu en fief de la
» maiſon de Lorraine, circonſtance dont
» il excipoit ; cependant il a été con-
» damné par arrêt du 10 mai 1754, à
» faire ſortir les juifs qu'il y avoit reçus,
» parce qu'il n'avoit ni titres, ni poſſeſ-
» ſion qui lui donnaſſent ce droit ; &
» que le ſieur de Walcourt, au contraire,
» quoiqu'il fût prouvé que plus de ſoi-
» xante ans avant toute action, il y avoit
» eu des juifs dans ſon enclos près de
» Wettolsheim, & qu'il excipât même
» d'une poſſeſſion immémoriale, il a pa-
» reillement été condamné par arrêt du
» 25 mai 1774, comme le ſieur baron de
» Schauenbourg, parce que n'ayant au-
» cune juridiction dans cet enclos, &
» n'y étant pas ſeigneur haut-juſticier,
» ſes ancêtres, poſſeſſeurs de ce même
» enclos, n'avoient pas eu, non plus que
» lui, la qualité néceſſaire pour acquérir,
» par la voie de la preſcription, le droit
» d'y recevoir des juifs. »

Il avoit été rendu précédemment deux
arrêts ſemblables : l'un du 17 janvier 1719,
entre le ſeigneur & les habitans de Liebſ-
tein ; l'autre du 14 ſeptembre 1720, entre
le ſeigneur & les habitans de Fontaine.

Il y en a encore un du 2 mars 1730,
qui mérite une attention particulière. La
communauté de Courtelevaut, de concert avec le ſeigneur du lieu, avoit donné
entrée dans le village à un juif, qui, en
conſéquence, s'y étoit établi avec ſa famille. M. le procureur-général du conſeil
ſouverain de Colmar, inſtruit de cette
nouveauté, a donné un réquiſitoire par
lequel il a établi l'importance « de dé-
» truire cet établiſſement accordé par en-
» trepriſe ſur les droits du Roi, & contre
» les ſtatuts ſynodaux du diocèſe de Be-
» ſançon, d'où ce lieu relève pour le ſpi-
» rituel ». Et par l'arrêt cité, le conſeil
a ordonné que dans les vingt-quatre heures, le juif ſortiroit avec ſa famille &
tous ſes effets, du village de Courtelevaut, à peine d'empriſonnement & de
confiſcation. Il a été en même temps fait
défenſes à la communauté d'en recevoir à
l'avenir, ſous telle peine que de droit.

## SECTION XVII.

### Du domaine de la couronne.

Toutes les nations ont cru qu'il étoit de
l'eſſence de la ſouveraineté, d'avoir un
domaine, c'eſt-à-dire, des biens qui puf-
ſent fournir au prince de quoi ſoutenir la
majeſté du trône, défendre l'état au dehors, & faire régner entre ſes ſujets l'harmonie, la concorde & la ſûreté.

Les empereurs romains avoient un
fiſc ; nos premiers Rois, à leur exemple,
s'en formèrent un par le partage des terres
nouvellement conquiſes, qu'ils firent entre eux & les principaux capitaines qui
les avoient accompagnés dans leurs expéditions.

Les bornes de cet ouvrage, ne nous
permettent pas d'entrer dans tous les détails qu'exigeroit une matière auſſi vaſte,
pour être diſcutée & approfondie comme
elle le mérite. Nous nous bornerons 1°. à
diſtinguer & faire connoître les objets
dont le domaine eſt compoſé ; 2°. à don-

ner une idée des privilèges qui le concernent, & des moyens établis pour le conferver.

## DISTINCTION I,

### Des objets dont le domaine est composé.

Les biens qui composent le domaine
consistent ou en immeubles réels, ou en
effets purement mobiliers, ou en droits
incorporels.

## ARTICLE I.

### Des immeubles réels dont le domaine est composé.

Entre les différens immeubles réels dont
le domaine est composé, les uns sont domaniaux par la nature même de la chose,
les autres par la volonté & le fait des
hommes.

Les immeubles réels que leur nature
seule rend domaniaux, sont la mer &
ses rivages, les fleuves, les rivières navigables, & leurs bords, les grands chemins, les murs, remparts, fossés & contrescarpes des villes.

Les autres immeubles réels ne sont
domaniaux que parce qu'ils ont fait partie
du domaine dès le commencement de la
monarchie, ou qu'ils y ont été mis dans
la suite.

Il y a sur chacun de ces différens objets,
des remarques curieuses & intéressantes.
Entrons en détail.

§. I. *Des immeubles réels qui sont domaniaux par leur nature;*

*Et en premier lieu, de la mer & de ses
rivages.*

Les souverains de Rome regardoient la
mer comme un bien commun à tous les
êtres. *Communia sunt omnium hæc, aër,
aqua profluens, mare & per hoc littora maris*, dit le §. I du titre I du livre 2 des
instituts.

Les publicistes modernes ont envisagé
la mer sous un autre aspect. Ils ont cru
qu'elle devoit appartenir aux souverains,
par cela seul qu'elle n'appartenoit à personne, c'est-à-dire, parce qu'elle formoit un bien vacant.

Cette idée n'a cependant pas été poussée
aussi loin dans la pratique qu'elle auroit
pu l'être. Les traités de paix & de commerce faits entre les différens potentats
de l'europe, ont fixé à deux lieues de la
côte, la distance jusqu'à laquelle leur propriété s'étend dans les mers qui bordent
leurs états respectifs.

Ce droit de propriété emporte certainement celui de pêcher, à l'exclusion
de tous autres, dans l'étendue dont on
vient de parler. Mais nos Rois ont bien
voulu en abandonner l'exercice à leurs
sujets. Par l'article 1 du titre 1 du livre
5 de l'ordonnance du mois d'août 1681,
Louis XIV a déclaré la pêche de la mer
libre à tous ses sujets, & leur a permis
de la faire tant en pleine mer que sur
les grèves, avec les filets & engins autorisés par cette loi.

Du reste, l'ordonnance même de 1681
confirme assez clairement la distinction
qu'on a faite, relativement à la propriété entre la pleine mer & les rades.

Par l'article 1 du titre 7 du livre cité,
le Roi déclare poissons royaux, les dauphins, les esturgeons, les saumons &
les truites, & veut qu'en cette qualité
ils appartiennent à sa majesté, lorsqu'ils
sont trouvés échoués sur le bord de la mer.

Suivant l'article 2, les baleines, les
marsouins, les veaux de mer, les thons,
les souffleurs & les autres poissons à lard,
échoués sur les grèves de la mer, doivent être partagés comme épaves entre
sa majesté & l'amiral de France.

Mais lorsque les poissons royaux ou à
lard ont été pris en *pleine mer*, l'article
3 les attribue aux gens qui les ont pêchés,
sans que les receveurs du Roi, ni les
seigneurs particuliers & leurs fermiers,

puissent

puiſſent y prétendre aucun droit, ſous quelque prétexte que ce ſoit.

Voilà une diſtinction marquée ; & , comme l'on voit, elle ſuppoſe nettement que le ſouverain n'eſt propriétaire que des rades.

C'eſt une queſtion ſi les droits qui dépendent de cette propriété, peuvent être preſcrits par un ſeigneur particulier.

On cite, d'après Bacquet, un ancien arrêt du parlement de Bordeaux, par lequel le duc d'Epernon fut maintenu dans le droit de prendre l'ambre gris que la mer jette ſur ſes bords (1).

Un autre arrêt du parlement de Toulouſe, rendu le 14 août 1628, a confirmé la poſſeſſion immémoriale, dans laquelle étoit le ſeigneur de Perinhan, de prendre le douzième de toutes les pêches qui ſe faiſoient dans la mer, à laquelle ſa terre étoit contiguë (2).

L'ordonnance de 1681 a établi là-deſſus une règle fixe. L'article 9 du titre 5 du livre 5, fait défenſes aux ſeigneurs voiſins de la mer & à tous autres, de lever aucun droit, en deniers ou en eſpèces ſur les parcs ou pêcheries, & ſur les pêches qui ſe font en mer ou ſur les grèves, & de s'attribuer aucune étendue de mer pour y pêcher, à l'excluſion d'autres, à moins que ce ne ſoit en vertu d'aveux & dénombremens reçus à la chambre des comptes du reſſort, avant l'année 1544, ou de conceſſion en bonne forme, à peine de reſtitution du quadruple de ce qu'ils auroient exigé, & de 1500 livres d'amende.

La propriété de la mer entraîne naturellement celle de ſes rivages. Il y a même pour ceux-ci un argument *à fortiori* qui ne permet pas de réplique. On a vu plus haut que les légiſlateurs Romains regardoient la mer comme une choſe ſur laquelle perſonne ne pouvoit s'attribuer aucun droit excluſif. Cependant la loi 3, D. *ne quid in loco publico*, nous apprend que ces mêmes légiſlateurs rangeoient les rivages de la mer dans la claſſe des propriétés du ſouverain.

Auſſi n'y a-t-il là-deſſus aucune difficulté parmi nous. Tout le monde reconnoît que les rivages de la mer appartiennent au Roi, & cela eſt expreſſément énoncé dans le préambule de l'édit du mois de février 1710, dont on parlera dans l'inſtant.

Mais qu'entend-on par *rivages de la mer*, ou ſi l'on veut, juſqu'où s'étendent-ils ? Les lois Romaines ne s'accordent pas ſur ce point avec l'ordonnance de 1681. Suivant le §. 3 du titre 1 du livre 2 des inſtitutes, on doit réputer rivage tout ce que le plus haut flot de la mer peut couvrir en hiver : *eſt autem littus maris, quatenùs hibernus fluctus maximus excurrit.* Mais, aux termes de l'ordonnance de 1681, livre 4, titre 7, article 1, le rivage de la mer comprend « tout ce » qu'elle couvre & découvre pendant les » nouvelles & pleines lunes, & juſqu'où » le plus grand flot de mars ſe peut éten- » dre ſur les grèves. »

Ces diſpoſitions, quoique différentes, peuvent cependant ſe concilier. Il eſt très-vraiſemblable que dans la rédaction de l'ordonnance de 1681, on n'eût égard qu'à ce qui arrive ſur les bords de l'océan, lequel occupe la plus grande partie des côtes du royaume de France ; & en ce ſens, la déciſion de cette loi n'a rien que de juſte, parce qu'en effet, c'eſt au mois de mars que les flots de l'océan s'étendent le plus ſur les grèves. Les Romains n'avoient eu en vue que la méditerranée, lorſqu'ils avoient fixé le rivage à l'endroit où le plus grand flot peut atteindre en hiver, & il eſt certain que dans cette mer, le plus grand flot du mois de mars reſte au-deſſous de l'endroit qu'atteint celui d'hiver.

Ainſi, nous ne devons obſerver la diſpoſition de l'ordonnance de 1681, que

(1) La Touloubre, juriſprudence féodale, tit. 4, n. 7.

(2) D'Olive, liv. 2, chap. 3.

par rapport à l'océan, & suivre à l'égard de la méditerranée, ce que nous prescrivent les lois Romaines. C'est aussi ce qu'a jugé un arrêt du parlement de Provence, rapporté par la Touloubre, dans sa jurisprudence féodale, titre 4, n. 7.

A qui appartiennent les isles & attérissemens qui se forment quelquefois sur les côtes de la mer ? Le Roi déclare dans son édit du mois de février 1710, qu'il en a la propriété ; qu'il en a « toujours » joui comme seigneur foncier, suivant » les us & coutumes de la mer, les an- » ciennes & nouvelles ordonnances de » la marine, & notamment celle du » mois d'août 1681, articles 1 & 2 du » titre 7, article 4 du titre 3, article » 1 du titre 4, & les articles 26 & 30 » du titre 9. » Qu'en conséquence, il a pris la résolution d'ordonner la recherche des usurpations qui auroient pu être faites de ces objets, pour en faire la réunion au domaine de la couronne, avec la restitution des indues jouissances. Mais qu'en considération du tort que cette réunion pourroit faire aux possesseurs, il veut bien confirmer dans leur possession, ceux d'entre eux qui lui payeront deux années de revenu ou le dixième de la valeur, au choix de sa majesté. Que néanmoins les églises & monastères de fondation royale demeureront confirmés purement & simplement, sans rien payer, pour ce qui est compris dans leurs titres de fondations & donations, & dont ils jouissent par leurs mains ou par celles de leurs fermiers, sans fraude (1).

§. II. *Des fleuves & rivières navigables,*
       *& de leurs bords.*

Chez les Romains, les fleuves & les rivières appartenoient sans distinction au public. *Flumina autem omnia publica sunt,*

dit le §. 2 du titre 1 du livre 2 des institutes.

Parmi nous, on distingue les rivières navigables de celles qui ne le sont pas.

Les secondes appartiennent communément aux seigneurs de fiefs ; nos Rois ont bien voulu leur permettre de s'en attribuer la propriété (1).

Mais les premières font partie du domaine de la couronne : c'est ce qu'établissent plusieurs coutumes (2), dont la disposition est même consacrée par des ordonnances formelles.

Voici ce que porte l'article 41 du titre 27 de l'ordonnance des eaux & forêts de 1669 : « Déclarons la propriété de » tous les fleuves & rivières portant ba- » teaux de leurs fonds, sans artifice & » ouvrage des mains, faire partie du » domaine de notre couronne, nonob- » stant tous titres & possessions contrai- » res, sauf les droits de pêche, moulin, » bacs, & autres usages que les particu- » liers peuvent y avoir par titres & pos- » session valables. »

La déclaration du mois d'avril 1683 explique ce qu'on doit entendre par *titres & possession valables* ; & nous apprend en outre que les isles, crémens & attérissemens formés dans les rivières navigables, appartiennent comme elles au souverain. Tous les termes de cette loi sont précieux, les voici :

« Comme les grands fleuves & les ri- » vières navigables appartiennent en » pleine propriété aux Rois & aux sou- » verains, par le seul titre de leur sou- » veraineté : tout ce qui se trouve ren-

---

(1) Voyez cet édit en entier dans le recueil de Néron, tom. 2, pag. 444, édit. de 1720.

(1) Salving de Boissieu, chap. 37 & 60; Coquille sur Nivernois, chap. 16, art. 1; la Rocheflavin, traité des droits seigneuriaux, chap. 17, art. 1; Guyot, matières féodales, tom. 5; la Touloubre, jurisprudence féodale, tit. 6, n. 6; répertoire de jurisprudence, au mot *Moulin*, édit. in-4°.

(2) Meaux, art. 182; Bourbonnois, art. 341 & 342; Hainaut, chap. 134, art. 12.

» fermé dans leurs lits , comme les isles
» qu'elles forment en diverses manieres ,
» les accroissemens & attérissemens, les
» péages, passages, ponts, bacs, bateaux,
» pêches , moulins , & autres choses ou
» droits qu'elles produisent, nous appar-
» tiennent , & personne n'y peut préten-
» dre aucun droit sans un titre exprès
» & une possession légitime.

» Aussi nos officiers ont pris un soin
» particulier dans tous les temps de les
» conserver comme des portions princi-
» pales de notre domaine, auquel les
» Rois nos prédécesseurs ont ordonné
» que la réunion en seroit faite. Entre
» autres le roi François I , par ses lettres-
» patentes de l'année 1539, voulut qu'il
» fût procédé à la recherche de celles
» du rhône ; & Charles IX , en l'année
» 1572 , établit des commissaires pour
» informer des entreprises faites sur celles
» des rivieres de seine , loire , garonne,
» marne, dordogne, & autres, avec ordre
» de les réunir au domaine, s'il n'y avoit
» titre au contraire, & ensuite les donner
» à ferme, ou en faire des baux à cens
» & rentes, suivant qu'il seroit trouvé
» plus utile. C'est sur ces motifs, & sur
» ces exemples que nous nous sommes
» proposé de renouveler les ordonnan-
» ces ; & à cette fin, nous aurions fait
» expédier notre déclaration du mois de
» mars 1664, en conséquence de laquelle
» & des arrêts de notre conseil rendus
» en exécution, les détenteurs des isles,
» accroissemens, péages, moulins, & au-
» tres choses ci-dessus, ont été poursuivis.
» Mais comme ensuite des remontran-
» ces qui nous en auroient été faites,
» nous aurions bien voulu relâcher quel-
» que chose des droits que nous y avions
» par le titre de notre couronne, en fa-
» veur de ceux qui en jouissoient paisi-
» blement plus de cent années aupara-
» vant, & ce, sans autre réserve, charge ni
» condition que d'une modique redevance
» fonciere, que nous aurions voulu être
» payée à l'avenir par forme de recon-

» noissance à la recette de notre domaine,
» sur le pied de la valeur du vingtième de-
» nier du revenu, ainsi qu'il est porté
» par notre édit du mois d'avril 1668 ,
» lequel nous étant fait représenter avec
» les arrêts de notre conseil du 22 août,
» & autres donnés en conséquence, &
» voulant traiter favorablement nos sujets,
» & leur donner en cette occasion, comme
» en toutes autres , des marques de notre
» affection.

» A ces causes, cette affaire ayant été
» mise en délibération en notre conseil,
» de l'avis d'icelui, & de notre certaine
» science, pleine puissance & autorité
» royale, nous avons par ces présentes
» signées de notre main , confirmé &
» confirmons en la propriété, possession
» & jouissance des isles , islots, attériffe-
» mens, accroissemens, droits de pêches ,
» péages, bacs, bateaux, ponts, mou-
» lins & autres édifices & droits sur les
» rivieres navigables dans l'étendue du
» royaume, pays, terres & seigneuries
» de notre obéissance, tous les proprié-
» taires qui rapporteront des titres de
» propriété authentiques, faits avec les
» Rois nos prédécesseurs, en bonne forme,
» avant l'année 1566 ; c'est à savoir
» inféodation, contrats d'aliénations &
» engagemens, aveux & dénombremens
» qui nous auront été rendus , & qui
» auront été reçus sans blâme.

» Nous avons pareillement confirmé
» & confirmons en la propriété & jouis-
» sance desdits droits, même en ceux
» de justice & de propriété desdites ri-
» vieres, les églises & monastères de
» fondation royale , auxquels lesdits
» droits auront été donnés par les Rois
» nos prédécesseurs, pour cause de fon-
» dation & dotation desdites églises,
» mentionnée dans leurs titres ou dans
» les déclarations des biens & revenus
» desdites églises qui se trouveront en
» nos chambres des comptes.

» Et quant aux possessions desdites isles,
» islots, fonds, édifices & droits susdits

» fur lefdites rivières, depuis les lieux
» où elles font navigables, fans éclufe
» ni artifice, qui rapporteront feulement
» des actes authentiques de poffeffion
» commencée fans vice avant le premier
» avril 1566, & continuée fans trouble ;
» voulons & nous plaît, qu'eux, leurs
» héritiers, fucceffeurs & ayans caufe,
» demeurent confirmés, comme nous
» les confirmons en leur poffeffion, fans
» qu'à l'avenir ils puiffent y être troublés,
» à condition néanmoins de nous payer
» annuellement, à commencer du pre-
» mier janvier de la préfente année,
» entre les mains, & fur les quittances
» du fermier de notre domaine, par
» forme de redevance foncière, le ving-
» tième du revenu annuel defdites ifles,
» iflots, & autres droits & chofes fuf-
» dites, fuivant la liquidation qui en
» fera faite fur le pied des baux paffés
» fans fraude, ou fur l'eftimation du re-
» venu des chofes & fonds de pareille
» qualité ; & ce, outre les droits fei-
» gneuriaux, rentes & redevances dont
» ils fe trouveront chargés, tant envers
» nous ou les engagiftes de notre do-
» maine, qu'envers les feigneurs parti-
» culiers, auxquels nous n'entendons pré-
» judicier.

» Et à l'égard defdits droits dont les
» détenteurs ne rapporteront titres va-
» lables de propriété ou de poffeffion
» avant l'année 1566, ainfi qu'il eft dit
» ci-deffus, nous voulons que les droits
» & chofes fufdites foient réunis à notre
» domaine, comme nous les y réuniffons
» par ces préfentes : dérogeons pour cet
» effet, en tant que befoin, à toutes lois,
» ordonnances & coutumes contraires. »

Cette déclaration a été fuivie de trois
autres, portées en avril 1686, août 1689,
& décembre 1693.

Par les deux premières, rendues fpécialement pour les provinces de Languedoc
& de Bretagne, le Roi a ordonné que tous
les poffeffeurs & détenteurs des ifles &
crémens formés dans les rivières naviga-

bles, qui ne pourroient pas repréfenter
de titres valables, conformément à la
déclaration du mois d'avril 1683, demeureroient confirmés dans leur poffeffion, en payant, par forme de deniers
d'entrée, les fommes comprifes dans les
rôles arrêtés au confeil, & un droit de
champart.

Les pourfuites faites tant en Languedoc
& en Bretagne, d'après ces deux déclarations, que dans les autres provinces en
vertu de celle de 1683, ayant conftaté
qu'il ne fe trouvoit prefque aucun détenteur qui pût rapporter des titres conformes à cette dernière loi, le Roi a jugé
à propos, pour terminer entièrement la
recherche, non-feulement à l'égard des
ifles & crémens, mais encore à l'égard des
autres biens & droits qui n'étoient pas
compris dans les deux déclarations de
1686 & 1689, de porter au mois de
décembre 1693, une déclaration dont le
difpofitif eft conçu en ces termes :

« Voulons & nous plaît que tous les
» détenteurs, propriétaires ou poffeffeurs
» des ifles, iflots, attériffemens, accroif-
» femens, alluvions, droit de pêches,
» péages, ponts, moulins, bois, coches,
» bateaux, édifices, & droits fur les
» rivières navigables de notre royaume,
» qui rapporteront des titres de propriété
» ou de poffeffion, avant le premier
» avril 1566, y foient maintenus &
» confervés, comme nous les y main-
» tenons & confervons à perpétuité,
» enfemble dans les crémens futurs, en
» nous payant une année de revenu, ou le
» vingtième de la valeur préfente defdits
» biens, droits & édifices à notre choix,
» fuivant les rôles qui en feront arrêtés
» en notre confeil, avec les deux fols
» pour livres, & annuellement une re-
» devance feigneuriale de cinq fols par
» arpent des ifles, & autres femblables
» biens, & pareille redevance fur chaque
» droit de pêche, péage, paffage, ponts,
» moulins, bacs, bateaux, bâtimens,
» édifices, & autres droits par forme de

» furcens, outre & par-deſſus les cenſives
» & autres rentes & droits dont ils
» peuvent être chargés envers nous, ou
» envers d'autres ſeigneurs.

» Maintenons & confirmons ſembla-
» blement ceux qui jouiſſent des mêmes
» biens & droits, & qui n'ont aucun titre
» de propriété ou poſſeſſion avant ledit
» jour, premier avril 1566, en nous
» payant deux années de revenu, ou le
» dixième de la valeur préſente deſdits
» biens & droits, auſſi à notre choix,
» ſuivant les rôles qui en feront arrêtés
» en notre conſeil, avec les deux ſols
» pour livres, & annuellement une pa-
» reille redevance de cinq ſols.

» Maintenons & confirmons pareille-
» ment les ſeigneurs particuliers dans la
» perception des cenſives portant lods
» & ventes, & des rentes ſeigneuriales
» & foncières qu'ils ont accoutumé de
» prendre & percevoir ſur aucuns deſdits
» droits & biens, en vertu de leurs aveux
» dénombrement ou autres titres, en
» nous payant le dixième de la valeur en
» fonds deſdits droits & cenſives, lods &
» ventes, & rentes ſeigneuriales ou fon-
» cières, ſuivant l'évaluation qui en ſera
» faite. Et à l'égard des égliſes & monaſ-
» tères de fondation royale, nous les main-
» tenons & confirmons purement & ſim-
» plement ſans payer aucune choſe, dans
» la poſſeſſion & jouiſſance deſdits biens
» & droits à eux donnés, & concédés pour
» cauſe de fondation ou dotation deſdites
» égliſes & monaſtères, deſquels ils
» jouiſſent par leurs mains, ou par celles
» de leurs fermiers, ſans fraude &
» ſeulement pour ce qui en eſt compris
» dans les titres de leurs fondations ou
» dotations.

» Voulons que pour les autres biens &
» droits qui n'y ſeront point compris, ou
» qui ſont ſortis de leurs mains, même
» pour les crémens, ils ſoient ſujets au
» payement du vingtième ou dixième de
» la valeur préſente, comme les autres

» poſſeſſeurs & détenteurs, & à la rede-
» vance annuelle de cinq ſols.

» N'entendons comprendre en la pré-
» ſente déclaration, les iſles & crémens
» compris dans les rôles & états par nous
» arrêtés en conſéquence deſdites décla-
» rations de 1686 & 1689, qui jouiront
» de la confirmation à eux accordée par
» leſdites déclarations.

» Et néanmoins pour rendre leur con-
» dition égale à celle des autres poſſeſſeurs
» & détenteurs, & affranchir leſdits biens
» des champarts & redevances impoſées
» en conſéquence deſdites déclarations
» qui pourroient en empêcher la culture
» & le commerce, même de celles im-
» poſées par les fermiers de nos domaines
» en conſéquence de notre déclaration de
» 1683, ſi aucuns y a, nous les en avons
» quittés & déchargés, quittons & dé-
» chargeons en nous payant le principal
» deſdits champarts & redevances au
» denier dix-huit, & pareille redevance
» de cinq ſols. Et feront toutes leſdites
» ſommes payées ſuivant les rôles qui en
» feront arrêtés en notre conſeil, avec
» les deux ſols pour livres, entre les mains
» de celui qui ſera par nous chargé de
» l'exécution des préſentes; ſavoir les
» ſommes principales ſur les quittances
» du garde de notre tréſor royal, le tiers
» quinzaine après la ſignification de l'ex-
» trait deſdits rôles, & les deux autres
» tiers en deux payemens de deux en
» deux mois, & les deux ſous pour livre
» ſur les quittances du prépoſé au re-
» couvrement : à quoi faire, ils feront
» contraints comme pour nos deniers &
» affaires : & ſera la redevance annuelle
» de cinq ſols, payée au fermier de nos
» domaines; pour raiſon de laquelle
» redevance il ſera paſſé des reconnoiſ-
» ſances à chaque mutation de proprié-
» taire, & encore lors de la confection des
» papiers-terriers de notre domaine,
» ſoit que leſdits biens, droits & édifices
» ſoient tenus noblement ou roturière-
» ment, ce qui ſera exprimé dans leſdites

» déclarations, le tout fans que ceux
» defdits biens, droits & édifices réunis,
» & qui font à préfent en nos mains,
» puiffent être compris dans l'exécution
» des préfentes ».

Les difpofitions de cette loi ont été
révoquées par rapport à la rivière d'Ifère.
Une déclaration du 24 août 1694, a
ordonné que les poffeffeurs des ifles, iflots,
attériffemens, alluvions, droits de pêche
& autres dépendans de cette rivière,
feroient confirmés dans leur poffeffion &
propriété, moyennant une finance de
45000 livres.

Doit-on conclure de ces différentes lois,
que l'héritage dont une rivière navigable
fait une ifle en l'entourant de tous côtés,
tombe par cela feul dans la propriété du
Roi? Non, le Roi n'a parmi nous que
les droits dont le public jouiffoit chez
les Romains : or, le §. 22 du titre 1 du
livre 2 des inftitutes, décide qu'un tel
héritage ne ceffe pas, pour être réduit
en ifle, d'appartenir au particulier qui le
poffédoit auparavant. Auffi avons-nous
plufieurs ordonnances qui reftreignent les
droits du Roi aux *ifles qui naiffent dans les*
*rivières navigables*. Telle eft entr'autres la
déclaration du 15 avril 1712, concernant
les attériffemens en Languedoc.

Il a été jugé par un arrêt du confeil, du
10 février 1728, que lorfqu'un terrein a
été inondé, & a fait partie d'une rivière
navigable, pendant plus de dix ans, il
appartient au Roi après que l'eau eft retirée, fans que les anciens propriétaires
y puiffent rien prétendre, ni alléguer que
la Motte-Ferme, qui n'avoit pas été
inondée, leur ait confervé leur ancienne
propriété (1).

Cet arrêt a été rendu au fujet du fleuve
du rhône, entre le fyndic de la province
de Languedoc, & les chartreux de Ville-
neuve-lèz-Avignon.

Un arrêt du confeil du 10 mai 1780,
a déclaré domaniaux, & comme tels réunis
au domaine, les terreins provenant du
comblement du bras de la rivière de feine à
Neuilly, & ceux qui avoient été pris pour
l'élargiffement du nouveau lit de cette
rivière.

C'eft une queftion, fi une rivière qui
eft navigable dans certains endroits feulement, appartient au Roi dans tout fon
cours, ou fi les feigneurs particuliers peuvent fe l'approprier dans les endroits où
elle ne porte pas bateaux? Il y a dans
Henrys, (1) un arrêt du parlement de
Paris, du 9 décembre 1751, qui juge en
faveur de ce dernier parti.

La déclaration du mois d'avril 1683,
confirme cette décifion, lorfqu'en maintenant les poffeffeurs des édifices fur les
rivières navigables dans leur poffeffion,
elle exprime uniquement ceux qui poffèdent ces biens depuis le lieu où elles
font navigables fans éclufes ni artifices;
ce qui exclut ceux qui font au-deffus.

On peut ajouter à ces autorités, celle
d'un arrêt du 9 novembre 1694, qui
ordonne que l'édit de décembre 1693,
fera exécuté contre ceux qui poffèdent des
ifles dans la Garonne, *aux lieux où elle*
*eft navigable, foit par bateaux, ou par*
*radeaux;* termes qui exemptent clairement de la recherche les lieux fupérieurs
où cette rivière n'eft pas navigable ni
par bateaux, ni par radeaux.

On prétend néanmoins que le contraire
a été jugé vers le commencement de ce
fiècle, par arrêt de la grand'chambre du
parlement de Paris, entre le fieur de Lau-
rencie, appelant d'une fentence de la table
de marbre, du 3 juillet 1699, d'une part;
le fieur Girardon, intimé, d'autre; &
M. le procureur-général, intervenant.
Mais la requête que M. d'Agueffeau a
donnée dans cette affaire, nous fait voir

---

(1) Liv. 3, queft. 49, pag. 20 du tom. 2 de
l'édit. de 1771.

(1) Serres, inftitution au droit françois, liv.
2, tit. 1, §. 24; la Touloubre, jurifprudence
féodale, tit. 6, n. 5.

qu'il s'y trouvoit des circonſtances très-particulières ; & ſi ce grand magiſtrat ſoutient dans cette requête, « qu'une rivière » qui devient navigable dans une partie » de ſon cours , appartient dans toute » ſon étendue au domaine du Roi, » ce n'eſt que ſubſidiairement , & par forme de *préſomption* juſtifiée par les faits ( 1 ).

Mais que doit-on décider à l'égard des bras non navigables des rivières navigables ? Ils ſont réputés domaniaux, ſuivant un arrêt du conſeil du 10 août 1694 : & cette maxime a été confirmée par une déclaration du 13 août 1709, qui aſſujettit à l'enregiſtrement des conſervateurs du domaine , les poſſeſſeurs des iſles nées ſur ces parties des rivières.

A qui appartient une rivière navigable qui ſépare deux ſouverainetés ? Naturellement , elle devroit appartenir par moitié à chacun des deux princes. Mais pour que cette règle eût lieu, il faudroit que les deux ſouverainetés euſſent été établies en même temps, ou que l'une ne fût pas un démembrement de l'autre : car Grotius dans ſon traité du droit de la guerre & de la paix, & *Hieronimus de monte Brixiano ,* dans ſon traité des bornes & limites , établiſſent pour principe que lorſqu'une rivière fait la ſéparation de deux ſouverainetés, la plus ancienne en a la propriété entière.

Cette doctrine a été confirmée, relativement au Rhône , par un arrêt du conſeil du 16 mars 1719, rendu contradictoirement avec les habitans d'Avignon. Ceux-ci mécontens de cet arrêt, ont donné de nouveaux mémoires pour établir la prétention qu'il avoit condamnée, & ont ſoutenu que les ſouverains ne pouvant être juges les uns des autres , il falloit que le Roi & le pape nommaſſent des commiſſaires pour régler le différend. Mais par arrêt du 22 janvier 1726, rendu au rapport de M. Dodun, contrôleur général, & ſur le

(1) Douzième requête de M, d'Agueſſeau , tom, 2, *in-4°*, pag. 176,

dire de M. Magneux, inſpecteur général du domaine ( 1 ) le conſeil a ordonné que

(1) *Ce dire eſt précieux par les détails qu'il contient. Voici de quelle maniére il eſt rapporté dans le vu de l'arrêt dont il s'agit.*

Enſemble le dire du ſieur Magneux, inſpecteur-général du domaine, par lequel il auroit obſervé que l'acteur & les habitans d'Avignon ne ſe contentant pas de demander qu'il fût nommé des commiſſaires pour juger le différend d'entre les habitans des Angles, & ceux d'Avignon, qui l'avoit déjà été par arrêt du conſeil du 16 mars 1719, rendu en très-grande connoiſſance de cauſe, vouloient auſſi que ces commiſſaires euſſent pouvoir de décider ſi la ſouveraineté du pape s'étendoit ſur la moitié de la rivière du Rhône, du côté d'Avignon, quoiqu'il ſoit certain que cette rivière & ſes deux bords avoient toujours fait partie du royaume de France, ſans que les états voiſins y euſſent jamais eu aucun droit ; de ſorte qu'il étoit aiſé de connoître combien ſa majeſté avoit intérêt de ne point mettre en compromis un droit qui appartient ſi inconteſtablement à ſa couronne, & combien les conſéquences d'une pareille démarche ſeroient dangereuſes ; que l'acteur & les habitans d'Avignon conteſtoient , non-ſeulement au Roi la propriété & la ſouveraineté du Rhône & de ſes deux bords, mais qu'ils oſoient même avancer qu'il y avoit un endroit de cette rivière, entre Avignon & Villeneuve, qui étoit entièrement de la ſouveraineté du pape, & que cette dernière ville devoit appartenir à ſa ſainteté ; en ſorte qu'ils voudroient que ſa majeſté mît en compris la queſtion de ſavoir , ſi une portion aſſez conſidérable de ſon royaume lui appartient ; mais que le droit de ſa majeſté ſur le Rhône , d'un bord à l'autre, & ſur toutes les iſles, iſlots, crémens, & attériſſemens qui s'y forment, étant preſque auſſi ancien que la monarchie, les efforts que faiſoient l'acteur & les habitans d'Avignon, pour tâcher d'y donner atteinte, étoient inutiles ; qu'en effet tous les hiſtoriens convenoient que vingt-cinq de nos Rois, de la première & de la ſeconde race, avoient été ſucceſſivement ſouverains du Dauphiné & de la Provence, ( qui comprenoit pour lors Avignon & le Comtat-Venaiſſin, ) & de tous les pays circonvoiſins ; qu'à la vérité Bozon, gouverneur de ces deux provinces, avoit pris en l'année 879 le titre de Roi, & s'étoit révolté contre ſes légitimes ſouverains ; qu'il étoit vrai auſſi qu'un de ſes ſucceſſeurs, ayant fait donation de ſes états à l'empereur Conrad le ſalique, les grands ſeigneurs ſe prétendu royaume, s'étoient efforcés de ſe rendre ſouverains dans l'étendue de leurs ſeigneuries ; que tels avoient été les dauphins de Viennois & les comtes de Provence, mais

celui du 16 mars 1719 seroit exécuté sui- | quence « sa majesté demeureroit mainte-
vant sa forme & teneur, & qu'en consé- | » nue, ainsi que les Rois ses prédécesseurs

---

que leur usurpation ne s'étoit jamais étendue que jusqu'aux bords du Rhône, sur lequel les rois de France avoient toujours conservé la pleine & entière souveraineté, comme il étoit aisé de le prouver par un très-grand nombre d'actes authentiques, & par un argument négatif qui, en cette occasion, avoit au moins autant de force que les argumens les plus positifs; savoir, qu'il ne paroissoit pas que, ni les dauphins de Viennois, ni les ducs de Savoie, dans le temps qu'ils possédoient la Bresse & le Bugey, ni les comtes de Provence, ni le pape lui-même, depuis qu'il étoit en possession de la ville & du territoire d'Avignon, eussent jamais exercé aucun acte de souveraineté sur le Rhône, ni sur les isles, islots, crémens, & attérissemens de cette rivière; que toutes les fois qu'eux ou leurs sujets avoient voulu usurper quelques droits sur le Rhône & sur ces dépendances, les rois de France n'avoient jamais manqué de réprimer ces entreprises, & étoient restés dans la pleine & parfaite possession de ce fleuve & de ses deux bords : que même depuis que le Dauphiné, la Provence, la Bresse & le Bugey étoient réunis à la couronne, le Rhône entier étoit demeuré à la province de Languedoc, dont la réunion à la couronne étoit antérieure à celle de ses autres provinces; & que, quoique les habitans du Dauphiné & ceux de Provence eussent fait différentes tentatives, pour faire juger que la moitié du Rhône étoit de leurs provinces, leurs efforts avoient toujours été inutiles, leurs prétentions, à cet égard, ayant été condamnées toutes les fois qu'ils les avoient renouvelées, parce qu'on avoit jugé que l'étendue de la Provence & celle du Dauphiné devoient être bornées dans les limites des seigneuries qui avoient été possédées par les dauphins de Viennois & par les comtes de Provence, qui n'avoient jamais eu aucun droit sur le Rhône : que les habitans d'Avignon n'avoient pas mieux réussi toutes les fois qu'ils avoient voulu faire des usurpations sur ce fleuve, & sur des isles, crémens & attérissemens : que les preuves de cette vérité étoient si convaincantes, que l'inspecteur-général croyoit devoir les établir, afin qu'on ne pût plus raisonnablement douter, que la propriété & la souveraineté du Rhône & de ses deux bords, appartinssent incontestablement à sa majesté, & ne fissent une partie intégrante du royaume. Que plus l'acteur d'Avignon s'efforçoit d'empêcher qu'on n'entrât quant à présent dans l'examen de cette question, qu'il soutenoit devoir être jugée par des commissaires nommés de part & d'autre; plus l'inspecteur-général du domaine croyoit devoir s'at-

tacher à prouver à sa majesté, elle-même, que son droit sur le Rhône entier, n'étant pas susceptible d'aucun doute, ne devoit point être mis en compromis; qu'il convenoit avec l'acteur d'Avignon que le conseil du Roi n'avoit pas le pouvoir de juger ce qui dépendoit de la souveraineté du pape, les souverains n'étant pas juges les uns des autres, qu'ils ne pouvoient pas même avoir un juge commun, qu'il n'y avoit donc, à proprement parler, jamais de jugemens rendus entre deux souverains, leurs contestations ne pouvant être terminées que par des traités, des arbitrages ou des conventions; que lorsqu'un souverain avoit quelque prétention contre un autre souverain, cela ne suffisoit pas pour le mettre en droit de demander qu'on nommât des commissaires de part & d'autre, chaque souverain ayant droit d'examiner si la chose qu'on lui contestoit lui appartenoit, & que, s'il en étoit bien convaincu, il n'étoit pas obligé d'entrer en négociation, ni de compromettre un droit qui lui paroissoit incontestable. Qu'en effet il n'y avoit rien de si commun que les préliminaires dans les traités de paix; que c'étoit ordinairement par-là que l'on commençoit les négociations dans lesquelles on pouvoit avec raison ne point entrer, si ceux avec qui on devoit traiter, ne convenoient de ce qui nous appartenoit incontestablement, suivant les titres en bonne forme, ou par une possession immémoriale ; que, par exemple, si l'acteur & les consuls d'Avignon, non-contens de contester au Roi, comme ils faisoient aujourd'hui, la souveraineté de la totalité du Rhône vis-à-vis Avignon, & même celle de Ville-Neuve-lès-Avignon, quoique cela n'eût jamais été proposé jusqu'à présent, soutenoient aussi que d'autres portions du Languedoc étoient dans la souveraineté du pape, seroit-il juste qu'on nommât des commissaires de part & d'autre pour juger de semblables questions ? Ne seroit-on pas au contraire bien fondé à leur répondre pour sa majesté, qu'elle ne mettroit jamais en compromis des droits qui lui appartenoient incontestablement, & dont elle étoit en possession de temps immémorial; qu'il n'en étoit pas de même des souverains, que des particuliers; qu'à la vérité, entre particuliers, quelque incontestable que fût le droit d'une des parties, elle étoit obligée d'aller devant le juge, quand l'autre partie l'y appeloit; qu'il ne lui suffisoit pas d'alléguer que son droit étoit évident, sa partie pouvant lui répondre, que le juge en devoit décider après avoir vu les titres, & entendu les raisons de part & d'autre; mais que l'acteur & les habitans d'Avignon ne pouvoient, ni
» l'ont

» l'ont toujours été comme rois de France, » dans l'ancien droit & possession immé-

» 'moriale de la souveraineté & de la » propriété du fleuve du Rhône d'un bord

---

ne devoient s'exprimer de cette manière, quand on leur prouvoit évidemment que le droit de sa majesté étoit incontestable! Que le refus que faisoit l'acteur d'Avignon de proposer au conseil ses moyens, & de répondre à ceux allégués, tant par l'inspecteur-général des domaines, que par le syndic de Languedoc, étoit une preuve de la foiblesse de ses prétendus moyens; mais qu'il ne lui suffisoit pas de dire, comme il faisoit, que ce ne pouvoit être que devant les commissaires qui seroient nommés de part & d'autre, qu'il devoit les déduire, puisque, quand on parloit à un souverain, qui avoit pour lui la possession, on devoit le convaincre par raison, lui expliquer sur quoi l'on fondoit sa prétention, & lui faire voir que son droit étoit au moins douteux, parce qu'on ne pouvoit le traduire devant aucun juge, puisqu'il ne reconnoissoit point de supérieur; que d'ailleurs la nomination des commissaires étant une convention entre deux souverains, il falloit, pour parvenir à cette convention, proposer les raisons qu'on avoit, pour contester à un souverain un droit dont il jouissoit, & non pas se contenter de dire, comme faisoit l'acteur d'Avignon, dans l'espèce présente, que le Rhône, faisant la séparation du Languedoc & du comtat d'Avignon, ce fleuve ne devoit appartenir au Roi que pour moitié; car, quoique cette proposition, que quand un fleuve ou une rivière divise deux états, chacun de ces états en doit avoir la moitié, fût ordinairement véritable, cependant, quand le souverain de l'un de ces états, n'avoit en sa faveur, ni titre, ni possession, il étoit certain, comme le prouvoit *Grotius*, dans son traité de la *guerre* & de la *paix*, liv. 2, chapitre 3, nomb. 18, qu'encore, que dans le doute, le milieu de la rivière dût faire la séparation des deux états, il se pouvoit faire néanmoins, & on en avoit l'expérience en quelques endroits, qu'une rivière appartenoit toute entière à l'un de ces états; ce qui arrivoit, ou parce que l'autre état avoit acquis plus tard la juridiction sur le rivage qui étoit de son côté, son voisin étant déjà en possession de toute la rivière, ou parce que les choses avoient été ainsi réglées entre eux par quelques traités: que l'espèce, dont il s'agissoit, étoit dans le premier cas prévu par *Grotius*, puisque les rois de France étoient depuis plusieurs siècles en possession de la souveraineté sur toute la rivière du Rhône, lorsque les premiers comtes de Provence, aux droits desquels étoit sa sainteté pour le comtat d'Avignon, avoient usurpé la souveraineté de cette belle province; mais que

leur usurpation ne s'étoit jamais étendue sur le Rhône, de la souveraineté duquel les rois de France n'avoient été dépossédés en aucun temps; qu'il n'étoit donc pas surprenant, que cette rivière & ses deux bords, eussent toujours été regardés comme faisant partie du Languedoc & du royaume de France, les Rois n'ayant jamais souffert qu'aucun prince voisin eût fait des actes de juridiction sur cette rivière; que pour être convaincu de cette vérité, il étoit nécessaire de reprendre ici l'observation que l'inspecteur-général avoit déjà faite, que le droit de sa majesté, sur la totalité du Rhône, avoit été attaché à la couronne dès le commencement de la monarchie françoise, & que, pendant près de quatre cents ans, les provinces, situées aux deux côtés de ce fleuve, avoient fait partie du royaume; qu'à la vérité, sur la fin de la seconde race, il s'étoit formé diverses principautés dans les pays arrosés par ce grand fleuve; mais que, nonobstant l'établissement de ces prétendues souverainetés, celle du Rhône entier étoit toujours demeurée à la France, & que, depuis la réunion du Languedoc à la couronne, cette rivière, avec ses isles, crémens & atterrissemens, avoit fait partie de cette province; que dans tous les temps les rois de France avoient pris soin de se maintenir dans cette souveraineté, contre tous les princes voisins, comme il étoit aisé de l'établir par divers titres, & par le témoignage des meilleurs auteurs: qu'en effet, le roi Charles VI avoit déclaré par ses lettres-patentes du 9 décembre 1380, que toutes les isles qui étoient sur le Rhône, lui appartenoient en vertu de sa souveraineté, & avoit ordonné à Paul Nogaret de faire la recherche de ceux qui y avoient fait quelques usurpations; que les mêmes lettres portoient qu'aucunes personnes du royaume, ni du dehors, ne pouvoient y prétendre aucun droit, sans titre ou permission du Roi; que ces lettres-patentes, qui s'expriment en termes généraux, étoient une preuve de la possession en laquelle étoient les rois de France, dans le quatorzième siècle, de la propriété du Rhône & de ses deux bords; & que tous les princes qui étoient alors voisins de cette rivière, n'y avoient aucun droit: qu'on pouvoit même rapporter des preuves particulières de possession contre chacun de ces princes; que dans le temps que la Bresse appartenoit au duc de Savoie, ses sujets faisoient quelquefois des entreprises sur le Rhône, mais que les officiers royaux de Lyon ne manquoient pas de les réprimer, & qu'il ne paroissoit point que les ducs de Savoye se fussent

» à l'autre, tant dans son ancien que dans
» son nouveau lit, par-tout son cours, &
» des isles, islots, crémens & attérisse-

» mens qui s'y forment, & qui font partie
» de la province de Languedoc. »
: La propriété des rivières navigables,

---

plaints de leurs jugemens, comme le remarquoit Guypape dans sa question 577, en ces termes : *rex Franciæ, dominus noster, & sui officiarii dicunt, quod in solidum pertinet Rhodanus, & per consequens in eo jurisdictio ad ipsum regem Franciæ : quando officiarii domini ducis sabaudiæ in ipso Rhodano aliquid exercitui jurisdictionis facere attentant, officiarii Regis Lugduni, ipsos inquietant & condemnant, prout vidi temporibus meis pluries fieri in curia ballivi Lugdunensis.* Que le second prince voisin du Rhône, en suivant le cours de ce fleuve, étoit autrefois le dauphin de Viennois, mais qu'il n'y avoit jamais eu non plus aucun droit, comme le témoignoit le sieur Salvaing, dans son traité de l'usage des fiefs de cette province, chap. 60, en ces termes : il est pourtant certain que le Rhône a toujours été solidairement de la couronne de France, sans que nul autre prince voisin y ait eu part, comme a remarqué Guypape, question 577, & qu'il a été jugé contre le pape sur le sujet du pont d'Avignon ; qu'ainsi la domination des princes voisins, ne s'étant jamais étendue sur le Rhône, leurs vassaux avoient encore au moins de droit de s'en attribuer la seigneurie : que le comte de Provence, qui étoit pareillement voisin du Rhône, n'y avoit, non plus que le dauphin, aucun droit, comme Marie, reine de Jérusalem & de Sicile, comtesse de Provence, ayant la garde & administration de Louis, son fils, roi de Sicile & de Jérusalem, s'en étoit elle-même expliquée par ses lettres-patentes de l'année 1398, en y reconnoissant que le Rhône tout entier appartenoit au Roi, & que si elle & le prince de Tarente, son fils, avoient fait faire des exploits de guerre sur cette rivière, c'étoit sans préjudice de la seigneurie & juridiction du Roi, & par la permission, & en vertu des lettres-patentes que le Roi en avoit données, & du consentement & ordonnance de ses officiers ; qu'elle ni ses enfans ne prétendoit avoir, acquérir, ni alléguer aucun droit ni possession pour lors, ni pour l'avenir, & qu'elle n'en avoit pas eu l'intention. Que si les comtes de Provence n'avoient jamais eu ni prétendu avoir des droits sur le Rhône ; comment la ville & les officiers du comtat d'Avignon, qui faisoient partie du comté de Provence, lorsque le pape Clément en fit l'acquisition en 1348, pouvoient-ils soutenir avoir quelques droits sur cette rivière, & sur ce qui en dépendoit ? Que cependant, comme ils avoient toujours cherché à y faire des

usurpations, leur prétention avoit été condamnée par un arrêt célèbre rendu au parlement de Toulouse le 8 de mars 1494 ; qu'il paroissoit, par cet arrêt, que les habitans d'Avignon s'étoient efforcés d'usurper quelques isles sur le Rhône, & qu'ils avoient même obtenu à cet effet des ordonnances des maîtres rationnaux de Provence, qui soutenoient comme eux, que le lit du Rhône devoit être pour la moitié de la juridiction de Provence ; que les officiers du pape, & ceux de Provence, avoient arraché un poteau que le sénéchal de Beaucaire avoit fait planter, & sur lequel étoient les armes du Roi ; qu'ils étoient venus à main armée, qu'ils avoient enlevé deux sergens qui avoient aidé à planter le poteau, & qu'ils leur avoient fait faire amende honorable en chemise & pied nuds ; que le procureur-général du parlement de Toulouse, ayant été averti de ces entreprises, avoit présenté requête au parlement, & avoit exposé que les isles, dont il s'agissoit, étant dans son ressort, il étoit nécessaire d'apporter promptement remède à ce désordre ; qu'ayant fait appeler toutes les parties au parlement de Toulouse, il y avoit produit plusieurs titres & enquêtes, par lesquels il étoit prouvé que le Roi, à cause de sa couronne & royaume de France, étoit de toute ancienneté, & de tel temps, qu'il n'étoit aucune mention du contraire, en possession des flux & rivages du Rhône entièrement d'un bord ou rivage à l'autre, & de tous les lieux où cette rivière avoit accoutumé de faire son cours, tant ancien que nouveau, comme aussi de toutes les isles qui étoient entre les rivages du Rhône ; & qu'après avoir prouvé par des enquêtes le trouble qui avoit été causé, tant par les officiers du pape, que par ceux de Provence, le parlement ordonna que le procureur-général seroit réintégré en la réelle & actuelle possession, saisine & jouissance de ladite rivière du Rhône, d'un rivage à l'autre, & en tous les lieux où cette rivière avoit accoutumé de faire son cours, tant ancien que nouveau, comme aussi dans toutes les isles étant dans ladite rivière du côté de Provence, comme appartenantes au Roi, & étant du & decans le royaume de France ; & qu'après, que par cet arrêt, tout ce qui avoit été fait par les officiers du pape, & par ceux de Provence, eut été cassé & annullé, il fut fait au surplus inhibitions & défenses à l'archevêque d'Avignon, ses officiers de Barbentane, à tous autres les manans & habitans dudit lieu, au procureur du Roi, & gens des comptes, juges

qu'on ne peut, comme on vient de le voir, contester au Roi, entraîne-t-elle celle de leur rivages ? Chez les Romains,

il n'y avoit aucune conféquence à tirer de l'une à l'autre, car les bords des rivières qui appartenoient au public, étoient re-

---

ufage & tous autres officiers du comté de Provence; enfemble à tous les habitans d'icelui, à peine de cent marcs d'argent d'amende, & autre plus grande s'il y échet, de plus entreprendre d'ufurper, ni faire ufurper par eux, ou par autres, les bords de la rivière du Rhône, ni aucunes chofes dépendantes d'iceux, ni auffi les ifles fifes en ladite rivière, au préjudice de la remife en poffeffion, reftitution & faifine en laquelle le procureur-général a été remis defdites ifles. Que cet arrêt qui étoit cité par tous nos meilleurs auteurs, ne devoit pas être regardé comme le premier titre qui fut rapporté en faveur de fa majefté, puifqu'outre celui de fa couronne, en vertu de laquelle les rois de France avoient toujours eu la fouveraineté du Rhône entier, & les lettres-patentes du roi Charles VI, de l'année 1380, le roi Louis XI avoit affuré fon droit fur toute la rivière du Rhône, par fes lettres-patentes du 26 janvier 1474. Qu'en effet, fur ce qui lui avoit été expofé par le légat du pape, & les habitans d'Avignon, que pour empêcher que le Rhône ne portât préjudice à la ville d'Avignon, ils avoient fait faire certains palis ou digue dans la rivière, qu'ils fupplioient fa majefté de laiffer fubfifter; ce prince s'étoit expliqué en ces termes : lequel palis, le feu fénéchal de Beaucaire, & nos officiers en ladite fénéchauffée, connoiffant que tout le cours de ladite rivière du Rhône, tant que fe peut étendre, & tout ce qu'elle peut enceindre & embraffer, nous compète & appartient ; & qu'auxdits habitans d'Avignon, ni autres quelconques, n'eft loifible de quelque chofe édifier & conftruire en ladite rivière, finon de notre plaifir & volonté, voulurent démolir ledit palis ; mais les habitans connoiffant que fans notre permiffion & licence ils ne l'avoient pu faire, obtinrent certaines nos lettres d'octrois & permiffion ; fans préjudice de nos droits, moyennant lefquelles nos lettres, ledit fénéchal de Beaucaire laiffa ledit palis en fon état. Qu'enfuite le Roi, après avoir dit que le fénéchal de Beaucaire, auquel elles étoient adreffées, avoit de nouveau voulu faire démolir ce palis, ce qui auroit caufé beaucoup de dommage à la ville d'Avignon, continuoit de s'exprimer de cette manière. Mais le légat du pape & les habitans nous ont fait fupplier & requérir, que fans préjudice de nos droits, ni fans vouloir pour ce prétendre aucune poffeffion, ni pour le temps à venir, maintenir avoit droit de conftruire, bâtir, ni faire quelque chofe en ladite rivière du Rhône, ni prétendre qu'elle ne nous appartienne entièrement, avec tout ce

qu'elle peut enceindre & comprendre, il nous plaife que ledit palis ne foit point abbatu, & permettre, pour cette fois feulement, qu'il demeure en l'état qu'il eft, tant qu'il pourra durer. Nous, ces chofes confidérées en faveur, & à la requête de notre coufin l'archevêque de Lyon, légat de notre faint père, & auxdits habitans d'Avignon, avons octroyé & octroyons, de grâce fpéciale, que ledit palis fait en ladite rivière du Rhône par lefdits habitans, en la manière que dit eft, foit & demeure en l'état qu'il a été précédement fait, fans le démolir ; & auffi, fans qu'on y puiffe faire aucune renovation, réparation, ni entretènement, mais feulement qu'il foit laiffé en l'état qu'il eft, pour tant qu'il pourra durer, & fans que les habitans d'Avignon puiffent faire conftruire, dreffer ni édifier aucun autre palis, ni autre chofe ailleurs, dans le cours de ladite rivière, fans notre congé & licence ; pourvu toutefois que ladite conftruction dudit palis, à nous & à nos droits & feigneuries, que nous avons en ladite rivière du Rhône, (laquelle comme dit eft, & tout ce qu'elle peut comprendre nous appartient), ne puiffe porter préjudice : & ne pourront notre faint père, lefdits habitans d'Avignon, ni autres quelconques, prétendre par ce moyen aucun droit, titre ni poffeffion en ladite rivière, & que dès fitôt qu'il viendra en ruine, ils ne pourront foutenir, ni conftruire, ni en dreffer un autre nouveau. Que ces lettres étoient fi précifes, qu'elles ne laiffoient pas le moindre doute fur la queftion de la propriété du Rhône en faveur de fa majefté ; que Charles VIII ne s'étoit pas expliqué moins formellement qu'avoit fait le roi Louis XI fon père fur cette propriété, cinq ans avant l'arrêt de 1493. Qu'en effet, les officiers de Dauphiné ayant condamné au banniffement un criminel, dont l'exécution avoit été faite fur le pont du Rhône, entre Vienne & Sainte-Colombe, ce prince leur avoit défendu de faire déformais de pareilles entreprifes, & fe feroit exprimé de cette manière dans fes lettres-patentes. Notre procureur nous a expofé, que jaçoit, de tout & ancien temps, nous feul & pour le tout ayant droit, poffeffion & faifine de toute la rivière du Rhône par tout fon cours, tant comme joint & marchit en ou à notre royaume, tant vers notredit Delphiné de Viennois, comme en quelconques autres parties, & d'y avoir toute jurifdiction, juftice & feigneurie, coërcion & contrainte par nous & nos officiers royaux tant feulement, fans que nous comme delphin, ne autres tels qu'ils foient, aient jurifdiction & fei-

F f ij

gardés comme un bien propre aux pof-
fefleurs des terres adjacentes, & le public
n'en avoit que l'ufage ( 1 ).

gneurie, joignans & marchiffans à ladite rivière
à l'endroit de notredit royaume, y ayons, ne
devions ou puiffions avoir aucune connoiffance,
ne y puiffions ou devions faire aucun exploit de
juftice. Qu'après des décifions fi précifes, il ne
devoit pas paroître furprenant que l'arrêt du parlement de Touloufe du 8 mars 1493, eût maintenu le Roi dans une poffeffion fi ancienne & fi
bien établie ; & que les habitans d'Avignon, qui
avoient fait jufqu'en l'année 1500 quelques tentatives, pour s'attribuer des crémens du Rhône
du côté de leur ville, euffent abandonné ces
injuftes prétentions, qu'ils ne devoient donc pas
les renouveler aujourd'hui, après plus de deux
cents ans de filence ; que dans ces derniers temps,
les habitans de Provence aient auffi de leur part
voulu foutenir, que la moitié du lit du Rhône
étoit de leur province, leur prétention avoit été
condamnée autant de fois qu'ils l'avoient renouvelée ; & que le Rhône & tout ce qui en dépendoit, avoit toujours été déclaré être de la province de Languedoc, comme ayant fait partie du
royaume, long-temps avant que la Provence &
le Dauphiné y euffent été réunis ; que cela avoit
été auffi jugé par arrêt du 16 juillet 1681, entre
le fyndic de Languedoc d'une part, & les confuls
& habitans de Barbentane en Provence, d'autre
part, au fujet des ifles du grand & petit Mouton
fituées fur le Rhône du côté de Provence ; que
la même chofe avoit encore été jugée par un
arrêt du confeil du 7 décembre 1685, pour raifon
d'une ifle que la communauté de Douzère en
Provence, prétendoit être de fon territoire.
Que par un autre arrêt du confeil, du 8 mai
1691, le droit de champart fur les ifles du Rhône
avoit été adjugé au fermier du domaine de Languedoc, contre la prétention de ceux de Dauphiné & de Provence ; & que par une difpofition
expreffe, le confeil avoit déclaré que la rivière
du Rhône, ou fes dépendances, faifoient partie
du Languedoc, conformément à l'arrêt du parlement de Touloufe, du 8 mars 1493 ; que cet
arrêt du confeil étoit d'autant plus confidérable,
qu'il avoit été rendu fur le vu d'un grand nombre
de titres, qui établiffoient d'une manière convainquante le droit du Roi fur le Rhône, & particulièrement une enquête faite en l'année 1412
par les officiers du Roi à Nifmes, de laquelle il
réfultoit que le Rhône entier a toujours été du
royaume de France, depuis Lyon jufqu'à la mer ;
que Charlemagne l'avoit ainfi déclaré dans la

(1) §. 4, inft. lib, 1, tit, 1,

Cette jurifprudence eft encore adoptée
par quelques auteurs. Mais la plus faine
partie de nos jurifconfultes attribuent au

divifion de fes états ; que depuis ce temps, les
officiers du Roi à Nifmes en avoient toujours
joui & exercé la juftice ; que toutes les ifles de
ladite rivière appartiennent à fa majefté, fans
que les officiers du comté de Provence y euffent
pu faire aucun acte de juftice, ni donner aucune
defdites ifles ; & que même fi ce fleuve débor-
doit & inondoit Avignon, la juftice y feroit
alors exercée au nom du Roi, fans que le pape
s'y pût oppofer ; que le fieur Boyer, préfident
au parlement de Bordeaux, dans fon confeil 24,
difoit précifément la même chofe que ce qui
étoit porté par cette enquête ; mais qu'on ne
pouvoit s'empêcher de citer un auteur qui ne
devoit point être fufpect à l'acteur & aux habitans d'Avignon, puifqu'il étoit référendaire du
pape, que c'étoit Hieronymus de Monte Brixiano, qui, dans fon traité des bornes & limites,
difoit que de droit commun une rivière qui étoit
entre les deux états, appartenoit à l'un & à
l'autre ; mais qu'il en étoit autrement lorfque
l'un de ces états étoit en poffeffion de toute la
rivière, ce qu'il prouvoit par plufieurs exemples
des états d'Italie ; & que ce qu'il y avoit d'important à remarquer, c'étoit qu'il donnoit encore
pour exemple le droit du Roi fur le Rhône,
en difant que ce fleuve appartient tout entier à
fa majefté, & que le duc de Savoie, ni les
autres princes qui poffèdent des feigneuries le
long du Rhône, n'y ont aucun droit. Que les
rois Louis XII, François premier & Henri II,
n'avoient pas eu moins de foin que leurs prédéceffeurs, de fe maintenir dans la propriété &
dans la poffeffion du Rhône, & des ifles, crémens & attériffemens qui en dépendoient, en
donnant par leurs lettres-patentes des années
1498, 1516, 1539, 1556 & 1557, des commiffions à différens officiers, tant pour informer
des ufurpations qui avoient été faites des ifles
du Rhône, avec pouvoir de les inféoder au
profit de leurs majeftés, que pour inftruire les
conteftations qui s'étoient mues à ce fujet, &
qui devoient être jugées en la première chambre
des enquêtes du parlement de Touloufe, où elles
avoient été renvoyées. Que dans le vu de l'arrêt
de 1691, il étoit encore fait mention de deux
autres arrêts du confeil des 26 juillet 1681, & 28
avril 1682, rendus par rapport aux ifles du grand
& petit Mouton, de Luffan, & de Lubieres, qui
avoient été déclarées être de la province de
Languedoc, quoique fituées du côté de Provence. Qu'en l'année 1712, les habitans d'Avignon, ayant voulu faire une digue ou levée du

Roi les mêmes droits de propriété fur les rivages que fur les rivières. Bacquet dit, en fon traité des droits de juftice, « Que » tout ce qui eft deftiné à l'ufage du » public, eft cenfé appartenir au Roi » ; & il en donne pour exemple, les bords

---

côté du comtat, mais reconnoiffant comme leurs prédéceffeurs avoient fait en 1474, que le Rhône entier appartenoit au Roi, ils obtinrent de fa majefté la permiffion de conftruire cette digue ; que, quoique l'acteur d'Avignon n'eût pas voulu rapporter cette permiffion, cependant comme il convenoit que le fieur de Bafville, intendant de Languedoc, y avoit envoyé un ingénieur, pour examiner fi cet ouvrage pouvoit caufer quelque préjudice, cela fuffiroit pour prouver la juridiction que le Roi avoit fur le Rhône, puifque fi cette rivière du côté d'Avignon avoit appartenu au pape, les officiers du Roi n'auroient pas eu droit d'y faire des vérifications. Que d'ailleurs il paroiffoit par une lettre écrite le 29 mars 1717, par le fieur de Bafville, intendant de Languedoc, au maréchal d'Huxelles, que cette permiffion avoit été accordée aux habitans d'Avignon par un arrêt du confeil ; qu'enfin la queftion de favoir, fi la rivière du Rhône, & fes crémens, pouvoient jamais être cenfés faire partie de la Provence, avoit encore été agitée avec beaucoup de foin entre les habitans de Beaucaire & ceux de Tarafcon, & jugée au confeil en grande connoiffance de caufe, par arrêt du 26 juin 1724, contre les habitans de Tarafcon & les états de Provence, qui étoient intervenus en cette inftance. Que quant aux exemples cités par l'acteur d'Avignon, pour prouver que la queftion de la propriété, & de la fouveraineté du Rhône, avoit été agitée en divers temps, entre les papes & les rois de France, & qu'elle étoit encore indécife, quoiqu'elle eût été renvoyée plufieurs fois devant des commiffaires ; & que bien que depuis les dernières procédures, il fe fût écoulé plus de deux cents ans, on devoit les reprendre aujourd'hui, comme fi elles n'avoient jamais été abandonnées par les papes, & par les habitans d'Avignon. L'infpecteur-général obfervoit, qu'il ne paroiffoit par aucune des pièces produites par l'acteur d'Avignon, que les rois de France euffent regardé la queftion de la propriété & de la fouveraineté du Rhône, comme douteufe, & comme devant être décidée par les commiffaires du pape conjointement avec ceux qu'ils avoient nommés ; que les lettres-patentes de Charles VII, du 19 feptembre 1431, adreffées à différens commiffaires, non-feulement ne leur donnoient aucun pouvoir de décider la queftion de la propriété & de la fouveraineté du Rhône, mais qu'elles ne leur permettoient pas même de rien juger définitivement ; qu'il paroiffoit, par ces lettres, qu'une des arches du pont du Rhône, entre Ville-

neuve & Avignon, ayant été rompue, les officiers du Roi avoient établi un certain droit pour le paffage des bateaux, & avoient fait planter, dans la rivière du côté d'Avignon, un poteau, fur lequel ils avoient mis les armes du Roi ; mais que les officiers du pape & les habitans d'Avignon, prétendant que ce pont leur appartenoit, avoient fait ôter les armes de fa majefté, & mettre celles du pape, ce qui avoit occafionné beaucoup de troubles, & même une efpèce de guerre ; que les officiers du Roi avoient été obligés de faifir tout ce que les habitans d'Avignon poffédoient dans le royaume ; & que fur les remontrances qui avoient été faites au roi Charles VII, par les habitans d'Avignon, fa majefté avoit nommé des commiffaires pour la conservation de fes droits, & de ceux du pape, & pour rétablir la paix & la tranquillité entre les fujets de part & d'autre, fans rien décider en définitive, mais feulement d'informer le Roi de quelle manière le tout s'étoit paffé ; de faire en forte que, par provifion, il pût y avoir commerce entre les fujets des deux états, comme avant le trouble, & que cependant il feroit fait main-levée des biens faifis fur les habitans d'Avignon ; qu'il étoit donc certain, que cette nomination de commiffaires, n'avoit point été faite pour examiner, ou pour décider fi la propriété & la fouveraineté du Rhône appartenoit au Roi, mais pour pacifier les troubles, & pour informer des faits conjointement avec ceux du pape ; fur quoi l'infpecteur-général obfervoit, que ce qui s'étoit paffé depuis ce temps là, à l'égard du pont & du paffage d'Avignon, établiffoit invinciblement le droit du Roi fur le Rhône, fa majefté ayant toujours été & étant encore actuellement en poffeffion de ce pont du côté d'Avignon, & que pour la perception de ces droits, elle avoit un bureau avec fes armes, fur le bord du Rhône, proche l'une des portes de la ville d'Avignon ; qu'à la vérité l'acteur d'Avignon foutenoit que ce bureau n'avoit été établi que par la permiffion expreffe du vicelégat, fous la condition qu'il feroit mis une affiche qui marqueroit cette permiffion ; mais l'infpecteur-général répondoit, que quand ce fait, dont on ne rapporteroit aucune preuve, feroit véritable, on n'en pourroit tirer aucune conféquence, finon que l'endroit, où étoit le bureau, appartenoit au pape, & non pas que fa fainteté eût aucun droit fur le Rhône, ni fur les ifles, ilots, crémens, & attériffemens qui en dépendoient ; que d'ailleurs les droits de paffage s'étoient toujours perçus au profit du Roi, fans que les officiers

des fleuves, les fleuves & leurs rivages, *flumina, ripæ.*

M. de Salvaing, livre 1, chapitre 37,

dit que dans le Dauphiné, les hauts-justiciers qui avoisinent l'Isère se sont longtemps prétendus propriétaires de cette

---

du pape y eussent jamais rien pris, & que le seul fait, que sa majesté avoit un bureau du côté d'Avignon, pour percevoir les droits de péages sur le Rhône, étoit une preuve incontestable que cette rivière lui appartenoit en entier, puisque si le rivage de ce fleuve, du côté d'Avignon, étoit de la souveraineté du pape, le Roi n'y pourroit percevoir aucun droit : que les lettres-patentes de Louis XII, de l'année 1476, que l'acteur d'Avignon rapportoit pour le second titre, n'étoient pas plus favorables à sa prétention ; qu'elles étoient adressées à différens officiers de sa majesté, pour terminer avec ceux qui seroient nommés par le pape, les questions & procès mus entre les officiers du pape & les habitans d'Avignon, d'une part, & les officiers de la sénéchaussée de Beaucaire, d'autre part, à cause de la justice & juridiction sur le Rhône ; mais qu'elles ne donnoient point non plus pouvoir d'examiner la question de la propriété & de la souveraineté du Rhône ; qu'il n'y avoit pas même d'apparence que les habitans d'Avignon l'eussent prétendu, puisque deux ans auparavant, c'est-à-dire en 1474, ils avoient demandé au même Roi la permission de laisser subsister le palis qu'ils avoient fait construire du côté d'Avignon, ce qui étoit une reconnoissance bien précise de leur part, du droit de sa majesté sur l'intégrité de cette rivière ; qu'à la vérité l'acteur d'Avignon, qui avoit bien senti que ces lettres-patentes de 1474 étoient décisives, osoit avancer que ce n'étoit qu'un projet que le chancelier Doriol avoit préparé, & dans lequel il avoit inféré tout ce qui pouvoit être avantageux au Roi son maître ; mais qu'il suffisoit de lire ces lettres-patentes, pour être persuadé de la fausseté de cette allégation ; que Louis XI y exposoit d'abord ce qui s'étoit passé entre les habitans d'Avignon & les sénéchaux de Beaucaire ; qu'il avoit donné à ces habitans une première permission de laisser subsister une digue qu'ils avoient faite pour empêcher que le Rhône ne fît préjudice à la ville d'Avignon ; que le prédécesseur, de celui qui étoit alors sénéchal de Beaucaire, avoit voulu faire démolir ce palis, ce qui avoit obligé les habitans d'Avignon d'avoir recours à sa majesté, & d'obtenir ses lettres-patentes, à l'effet de le laisser subsister ; mais que le nouveau sénéchal de Beaucaire, ayant voulu faire démolir ce palis, comme contraire aux droits qu'avoit sa majesté sur tout le Rhône & sur ses deux bords, les habitans d'Avignon lui avoient fait de nouveau leurs remontrances, & l'avoient supplié d'empêcher cette démolition,

& que c'étoit sur ces dernières supplications que les lettres de 1474 avoient été accordées : qu'on ne pouvoit donc soutenir avec la moindre apparence, qu'un magistrat, tel que le chancelier Doriol, eût inventé tous ces faits pour les insérer dans un projet de lettres-patentes, & les faire ensuite transcrire dans un cartulaire comme une pièce authentique ; que d'ailleurs la possession dans laquelle les rois de France avoient toujours été depuis ce temps là, du lit entier du Rhône, tant ancien que nouveau, assuroit encore la vérité de ces lettres-patentes, dont l'acteur d'Avignon avoit d'autant plus de tort de vouloir révoquer en doute l'existence, qu'il y avoit toute apparence que l'original en étoit dans les archives d'Avignon, d'où il avoit tiré toutes celles qu'il avoit cru lui être utiles. A l'égard des lettres-patentes données par Charles VIII, en 1493, & par Louis XII, en 1498, 1499, & les 1 juin & 19 août 1500, l'inspecteur-général continuoit d'observer, que ces différentes lettres nommoient seulement des commissaires, à l'effet de pacifier les débats survenus entre les officiers royaux, d'une part, les officiers du pape, & les habitans d'Avignon, d'autre part ; mais qu'on n'y trouvoit point que les Rois, de l'autorité desquels elles étoient émanées, eussent mis en compromis la propriété & la souveraineté du Rhône ; que les commissaires n'avoient d'autre pouvoir que celui d'examiner le fait particulier, qui avoit donné lieu aux troubles & aux contestations ; & que ce qui s'étoit passé depuis 1500 prouvoit, ou que ces contestations avoient pour lors été jugées en faveur du Roi, ou que les officiers du pape & les habitans d'Avignon avoient reconnu, que leurs prétentions étoient si mal fondées, qu'ils avoient cru devoir les abandonner : qu'il étoit donc difficile de concevoir, sur quel fondement l'acteur & les habitans d'Avignon vouloient faire revivre un procès, après deux cents vingt-cinq ans d'inaction de la part de ces habitans, & de possession constante de la part du Roi & de ses sujets, dont les droits n'avoient en aucun temps reçu d'atteinte : que plus la prétention de l'acteur & des habitans d'Avignon étoit extraordinaire, & plus elle faisoit connoître combien sa majesté avoit intérêt de ne point mettre en compromis la question de la propriété & de la souveraineté du Rhône, & de ses îles, îlots, crémens & attérissemens, puisque l'objet en seroit très-considérable, & que sous prétexte d'une contestation peu importante entre la communauté des angles & celle d'Avignon, si l'on suivoit les idées de l'acteur, il prétendroit

rivière & de fes bords, & cela en vertu d'un article des conceffions du dauphin Humbert II, du 14 mars 1349; « mais, » ajoute-t-il, comme les droits de la » couronne doivent être uniformes dans » tout le royaume, & que les ordonnances » faites pour les eaux & forêts, ne font » pas moins pour le Dauphiné que pour » les autres provinces, cet article des » libertés delphinales a ceffé d'être en » ufage pour ce regard, ainfi que la plu- » part des autres articles, enforte qu'on » ne doute plus que la pleine feigneurie » du lit de l'Isère & de fes bords, n'ap- » partienne à fa majefté. »

Le parlement de Grenoble s'étoit écarté de cette opinion, en confirmant, par arrêt du 8 août 1716, une fentence du bureau des finances de la même ville, du 18 feptembre 1715, qui avoit main- tenu le chapitre de Romans « dans la » poffeffion du rivage de la rivière d'Isère » de chaque côté, depuis Riourfel jufqu'au » vieux monaftère, & dans le droit d'y » paffer tous albergemens, fans préjudice » de la propriété de ladite rivière appar- » tênante à fa majefté. » Mais l'infpec- teur-général des domaines a formé à cet arrêt une oppofition dont il a fait évo- quer la connoiffance au confeil. Il a fou-

---

ôter à fa majefté la fouveraineté, & à fes fujets la propriété d'un terrein fort étendu, & d'un revenu confidérable. Qu'inutilement l'acteur d'A- vignon foutenoit que Louis XII, par les com- miffions de 1498 & de 1500, avoit fufpendu l'exécution de l'arrêt du parlement de Touloufe de 1493, puifque, depuis deux cents trente-deux ans qu'il avoit été rendu, il avoit toujours été exécuté, toutes les ifles, crémens, attériffemens du Rhône ayant été inféodés par les officiers du Roi en Languedoc, & fait depuis ce temps partie de cette province. Que fi les officiers du pape & les habitans d'Avignon avoient fait alors quelque difficulté fur l'exécution de cet arrêt, ils n'y avoient plus infifté dès qu'ils avoient reconnu le droit du Roi: que c'étoit en vain que l'acteur d'Avignon difoit que le parlement de Touloufe n'avoit pas pu décider un fait qui in- téreffoit la fouveraineté du pape, puifque l'arrêt ne prononçoit point fur la queftion de la fouve- raineté du Rhône, mais feulement en préfup- pofant, comme il étoit vrai, que le Rhône entier appartenoit au Roi, il jugeoit que les ifles qui s'y formoient appartenoient pareillement à S. M. enfin, que cet arrêt avoit été regardé comme fi jufte & fi folemnel, que nos meilleurs auteurs le rapportoient comme un témoignage autentique du droit & de la poffeffion des rois de France fur le Rhône; que pour ce qui étoit de la nomination des commiffaires faite par le roi Louis XIII en 1623, comme elle ne concernoit point le Rhône, ni fes crémens, mais feulement les limites de certaines terres le long de la Durance, qui étoient contentieufes entre les habitans de Pro- vence & ceux d'Avignon, cette pièce étoit étran- gère à la conteftation préfente. A l'égard de la commiffion donnée au fieur de Bezous par le feu Roi en 1666, dans une lettre qu'il adreffa à

cet intendant, & la fentence rendue en la même année par le commiffaire du pape & par celui du Roi, l'infpecteur-général obfervoit, que s'a- giffant pour lors d'un terrein que le feigneur d'Oifelot prétendoit être un crément du Rhône, & que les habitans du comtat foutenoient au contraire être un terrein qui leur appartenoit, l'acteur d'Avignon ne pouvoit tirer avantage de ces pièces, les commiffaires n'ayant jugé autre chofe, finon que ce qui faifoit le fujet de la conteftation n'étoit point un crément du Rhône, mais un terrein qui faifoit partie des territoires de Sorgues & de Châteauneuf; qu'il falloit même remarquer que le feu Roi, par la lettre adreffée au fieur de Bezous, commençoit par dire que le Rhône lui appartenoit d'un bord & rivage à l'autre, tant en fon ancien que nouveau canal; que ce n'étoit donc que fur ce principe qu'il donnoit la commiffion, &, non point pour exa- miner quel étoit le droit de fa majefté fur le Rhône; que c'étoit cette équivoque de l'acteur d'Avignon qu'il étoit important de démêler, parce que fes raifonnemens ne tendoient qu'à confondre la queftion de droit avec celle de fait, pour la décifion de laquelle l'infpecteur-général déclaroit qu'il n'empêchoit point qu'on ne nom- mât des commiffaires; mais que pour la queftion de droit, il prendroit toujours la liberté de remontrer à fa majefté, que comme elle avoit fans contredit la propriété & la fouveraineté du Rhône & de fon lit, tant ancien que nouveau, qu'elle en étoit en poffeffion depuis plus de douze cents ans, tant par elle que par fes prédéceffeurs rois de France, il feroit d'une très-dangereufe conféquence de mettre en compromis un droit auffi inconteftable que celui-là, & contre lequel l'acteur & les habitans d'Avignon ne pouvoient oppofer ni titre ni poffeffion.

tenu que c'étoit une contradiction d'accorder au chapitre la propriété du rivage, tandis qu'on reconnoissoit le Roi pour propriétaire de la rivière. « On ne peut, » disoit-il, être propriétaire de la rivière, sans l'être en même-temps de » ses deux bords ; » & le conseil l'a jugé ainsi par son arrêt du 8 juillet 1726, infirmatif de la sentence du bureau des finances de Grenoble (1).

Reste à voir jusqu'où s'étend le rivage des rivières navigables, & c'est ce que va nous apprendre l'article 7 du titre 28 de l'ordonnance de 1669 : « Les propriétaires des héritages aboutissans aux rivières navigables, doivent laisser le » long des bords, vingt-quatre pieds de » place au moins en largeur, pour chemin royal & trait de chevaux, sans » qu'ils puissent planter arbres, ni tenir » clôture ou bayes plus près que de trente » pieds, du côté que les bateaux se tirent, & dix pieds à l'autre bord, à » peine de 500 livres d'amende contre » les contrevenans. » C'est aussi la disposition de l'article 3 du chapitre 1 de l'ordonnance du mois de décembre 1672, concernant la ville de Paris.

Tous les principes qu'on vient d'établir sur la propriété des rivières navigables & de leurs accessoires, souffrent une exception en faveur des chapitre & comtes de Lyon. Un arrêt du conseil du 4 septembre 1717, rendu contradictoirement avec l'inspecteur-général du domaine, & revêtu de lettres-patentes enregistrées au parlement de Paris, les a maintenus dans la propriété des rivières navigables de leur comté, & des isles qui s'y étoient formées. Cet arrêt contient une clause expresse de dérogation à l'ordonnance de 1669.

§. III. *Des grands chemins.*

Suivant Loyseau, traité des seigneu-

ries, chapitre 9, le Roi n'a que la garde principale & la surintendance des grands chemins, & la propriété n'en peut appartenir à personne, parce que l'usage en est commun. Mais c'est précisément par cette raison que le Roi doit être propriétaire de ces chemins ; car on l'a déjà dit, les choses communes qui n'ont pas de maître particulier, sont véritablement partie des *régales*. Telle est au reste la décision expresse du décret de l'empereur Frédéric, *quæ sint regalia*, dans le livre des fiefs, & de la coutume de la châtellenie de Lille, titre 1, article 17.

§. IV. *Des murs, remparts, fossés & contrescarpes des villes.*

Le droit de propriété du Roi sur ces objets, dérive du droit exclusif qu'il a de tenir dans son royaume des places de guerre.

Il y a plus. Lorsque les fortifications d'une ville sont démolies, le terrein qu'elles occupoient ne laisse pas de demeurer dans la propriété du Roi. C'est ce que décident expressément cinq arrêts du conseil, du dernier siècle, c'est-à-dire, des 14 avril 1603, 24 septembre 1678, 11 décembre 1680, 26 avril 1681, & 26 janvier 1688 (1). Le préambule de l'édit du mois de décembre 1681, confirme cette décision : « Encore, y est-il dit, qu'il ne puisse » être contesté que les places des remparts, murs, fossés, contrescarpes & » dehors de toutes les villes de notre » royaume, nous appartiennent, &c. » Cet édit ordonne que ces places seront vendues au profit du Roi, & que les propriétaires de celles qui avoient été précédemment aliénées, seront confirmés dans leur possession, en payant les sommes auxquelles ils seront taxés, sans qu'ils puissent être tenus d'aucune charge en-

---

(1) Brillon, au mot *Romans* ; Denizart, au mot *Rivières.*

(1) La Touloubre, jurisprudence féodale ; le Febvre de la Planche, liv. 1, chap. 6, n. 8.

vers qui que ce foit, finon d'un cens annuel envers fa majefté.

Une déclaration du 20 février 1696, & un édit du mois d'avril 1713, maintiennent les propriétaires & poffeffeurs des places qui ont fervi aux foffés, remparts & fortifications des villes, dans la propriété de ces places & des édifices qui y ont été conftruits, en payant une finance, & à la charge de tenir ces terreins dans la cenfive de fa majefté.

Par arrêt du 10 février 1740, le parlement de Paris a jugé qu'une maifon fituée rue Dauphine, donnant par derrière fur la rue Contrefcarpe, dont le terrein avoit autrefois fait partie des anciens foffés & remparts de la ville, étoit dans la cenfive & directe du Roi, & a condamné les propriétaires à en payer les droits de lods & ventes au receveur-général du domaine.

Plus récemment encore, un arrêt du confeil du 15 novembre 1781, qualifiant d'ufurpation les opérations des officiers municipaux de chaque ville de Guyenne, qui s'étoient jufqu'alors comportés en propriétaires de leurs murs & foffés, a déclaré ces objets *domaniaux*, annullé les baux à cens qui en avoient été faits au profit des communes, & cependant maintenu les détenteurs, moyennant une redevance annuelle & les droits feigneuriaux, en fe faifant reconnoître dans trois mois au bureau des finances, à peine d'être déchus de leurs poffeffions, qui, dans ce cas, feroient aliénées en faveur des riverains, & au profit du Roi, fous les mêmes claufes que les terreins non encore occupés. Le même arrêt a accordé à cet égard pleine attribution au bureau des finances, avec exécution provifoire, fauf l'appel au confeil.

Comme cet arrêt établiffoit dans la Guyenne un ordre de chofe tout-à-fait nouveau, M. Dudon, père, procureur-général au parlement de Bordeaux, l'a dénoncé aux chambres affemblées, avec plufieurs ordonnances du bureau des finan-

*Tome I.*

ces qui y étoient relatives. Il a prétendu que les adminiftrateurs du domaine, de tout temps ennemis des formes, avoient furpris la religion du Roi ; qu'un des premiers devoirs de fon miniftère étant de faire garder les ordonnances, il ne pouvoit diffimuler que l'arrêt du confeil ne fût la première décifion intervenue fur ce point en Guyenne ; qu'il n'ordonnoit l'exécution d'aucun réglement précédent ; qu'on préfumoit pourtant bien qu'il avoit pour fondement l'édit du mois de décembre 1681, les décifions particulières dont il avoit été fuivi, & la maxime que toute propriété publique appartient au Roi ; mais que l'édit & les décifions alléguées ne tombent que fur des places fortes, préfumées bâties par le Roi pour le fervice de l'état ; que la maxime qui défère au fouverain toutes les propriétés publiques, n'empêche pas les cités d'avoir auffi des propriétés inhérentes à leur exiftence légale & collective ; que celle des murailles ou clôtures eft une des plus facrées, felon le droit Romain ; que la *puiffance fouveraine* qui furveille l'intérêt commun, ne donne au monarque aucune propriété fur les biens des corps, parce qu'autre chofe eft la *feigneurie privée* dans la perfonne du Roi ; que l'apanage de la première eft l'autorité inféparable de la couronne ; que la feconde confifte dans une propriété fur fes domaines, femblable à celle de fes fujets fur leur patrimoine, & réglée dans l'exercice par les titres ou par la poffeffion ; qu'il y a donc deux efpèces de domaines, l'utile, dont le Roi peut ufer comme de fon patrimoine, quoiqu'il foit inaliénable, & les droits régaliens, qui ne font qu'une adminiftration fouveraine, dont l'objet eft de conferver fans ceffe l'intérêt de l'état & de chaque individu ; que ce feroit ( fuivant l'expreffion de Furgole, qui n'eft en cela que l'écho des plus fameux jurifconfultes, ) un paradoxe *de prétendre que le Roi qui n'a jamais poffédé la plus grande partie des terres de fon*

Gg

*royaume, ait pu retenir le domaine direct,
& transporter l'utile qui ne lui a jamais
appartenu;* que de même que les grandes
routes, les rivières navigables font des
propriétés publiques & entretenues aux
frais du public, fous l'administration immédiate du fouverain; de même les villes
ont aussi l'administration directe de leurs
clôtures, foit par la destination naturelle,
foit parce qu'elles les ont bâties; qu'enfin,
si quelques villes plus nouvelles ont, dans
la chartre de leur fondation, une décifion locale entre le domaine & elles, un
plus grand nombre existoit avant de passer
fous aucune domination; que celles-ci
font de véritables cités qu'il faut distinguer des villes de privilège, & qui comme
cités existantes par elles-mêmes, ont la
patrimonialité de leurs murailles.

M. le procureur-général appliquant ces
principes à l'arrêt du conseil de 1781, en
conclut qu'il dénature les vraies maximes
de la propriété, en privant les communautés du droit de jouir des biens attachés à leur *corporation;* qu'il blesse la
majesté royale, en faisant une propriété
générale de ce qui n'est qu'un acte de
protection souveraine & d'administration;
qu'il dépouille le possesseur contre toutes
les règles, en lui imposant la nécessité
de produire ses titres, tandis que c'est au
domaine à prouver ses prétentions sur chaque objet; qu'il emprunte la force d'une
loi, tandis qu'un arrêt du conseil ne
peut que fixer, interpréter, éclaircir, diriger l'exécution d'une loi déjà enregistrée, ou déclarer un droit déjà établi
par une loi générale; qu'enfin il attaque
l'ordre des juridictions, en enlevant, au
parlement, cour féodale du Roi, la connoissance du domaine, pour la porter
fur l'appel au conseil, fans le concours
du ministère public.

Sur cet exposé, le parlement de Bordeaux a rendu, comme on le voit dans la
*feuille hebdomadaire de Limoges,* du 30
*juin* 1784, un arrêt qui casse les ordonnances du bureau des finances, défend

au procureur du Roi de ce siège d'y donner suite, sauf à faire la recherche des
usurpations du domaine, suivant les réglemens; & ordonne que le Roi sera très-
humblement supplié de vouloir bien retirer l'arrêt rendu en son conseil le 15
novembre 1781, & laisser jouir la ville
de Bordeaux, ainsi que les autres villes
de la province de Guyenne, qui ont droit
de corporation ou de commune, de tous
les droits & avantages qu'elles ont toujours conservés de siècle en siècle.

§. V. *Des immeubles réels qui font domaniaux, non par leur nature, mais
parce qu'ils ont fait partie du domaine
dès le commencement de la monarchie,
ou parce qu'ils y ont été unis dans la
fuite.*

Nous avons déjà dit que nos premiers
Rois avoient, comme les empereurs Romains, un *fisc,* c'est-à-dire, des terres &
des biens dont ils recueilloient le revenu. Ils
possédoient, dit l'abbé Vély (1), plus de
cent soixante maisons de plaisance dans
le royaume, & ces maisons étoient moins
des palais que de riches métairies : un
bois, des étangs, des haras, des troupeaux, des esclaves occupés à faire valoir, fous les ordres d'un domestique ou
furintendant, tout annonçoit l'utile plus
que l'agréable.

On voit dans les capitulaires de Charlemagne, que les terres du domaine étoient
alors appelées *fifcs* : « Que nos officiers,
» dit ce prince, ne se contentent pas de
» faire le dénombrement des bénéfices
» des évêques, des abbés & de nos comtes
» ou vassaux; mais qu'ils fassent aussi
» celui de nos *fifcs,* afin que nous puissions
» favoir ce que nous avons dans chaque
» district. »

La foiblesse des descendans de Charlemagne fit évanouir presque tout le domaine primitif de la couronne. Les grands

---

(1) *Histoire de France,* tom. 1.

vaſſaux qui d'abord n'en avoient eu que l'adminiſtration, en uſurpèrent la propriété.

Hugues-Capet ayant ainſi trouvé le domaine éclipſé, il s'en forma un nouveau compoſé des grandes terres que ce prince poſſédoit, lorſqu'il n'étoit encore que *duc des François*; & il s'accrut dans la ſuite par les conquêtes de ſes ſucceſſeurs, par les commiſes & les confiſcations prononcées à leur profit, par les ſucceſſions qui leur échurent, & par les acquiſitions qu'ils firent; toutes voies qui peuvent être réduites à deux en général, ſavoir la réunion & l'union.

On ſent la différence de l'une à l'autre. La réunion n'eſt pas tant une augmentation que le retour d'une partie démembrée à ſon principe; au lieu que l'union produit une augmentation véritable.

Auſſi l'union ne ſe régit-elle pas par les mêmes principes que la réunion.

La réunion s'opère toujours de plein droit, parce que la partie qui ſe réunit rentre dans ſa ſituation naturelle, qui eſt de n'avoir qu'un ſeul être avec le corps dont elle a été détachée pour un temps. C'eſt ce que ſemble annoncer l'ordonnance de Charles-le-Bel, du 5 avril 1321, lorſqu'elle déclare qu'on doit réputer domaine, non-ſeulement ce qui a toujours appartenu à la couronne, mais encore ce qui lui ayant appartenu autrefois, en a été détaché par une aliénation, & s'eſt trouvé enſuite frappé de commiſe, de confiſcation, ou réuni par toute autre cauſe (1).

A l'égard de l'union, il y a une eſpèce de biens ſur leſquels tout le monde convient aujourd'hui qu'elle frappe également de plein droit; ce ſont ceux que le Roi poſſède lors de ſon avènement à la couronne. Son élévation ſur le trône eſt une eſpèce de changement d'état, *capitis minutio*, qui le dépouillant de ſa perſonne privée, anéantie & confondue dans la perſonne publique dont il eſt revêtu, anéantit pareillement les droits de cette perſonne transformée, les tranſporte à la perſonne nouvelle qui réſulte de cette transformation, & leur donne le caractère de publicité qui l'accompagne.

Ces principes n'ont pas toujours été connus. Les empereurs Romains avoient eu leur domaine privé, ſéparé du fiſc; nos premiers Rois les imitèrent, & leur exemple fut ſuivi par ceux de la ſeconde race. Les ſucceſſeurs de Hugues-Capet penſèrent & agirent toujours de même (1). Mais inſenſiblement les lumières du droit public ſe firent jour à travers les ténèbres de l'ignorance.

Louis XII, en parvenant à la couronne, poſſédoit les comtés & ſeigneuries de Blois, Coucy, Dunois & Soiſſons, qui avoient été acquis par Louis de France, duc d'Orléans, ſon aïeul, des deniers dotaux de Valentine de Milan, ſa femme. Louis XII qui n'avoit point d'enfans mâles, entraîné par ſon affection pour Claude & Renée de France, ſes deux filles, donna des lettres-patentes au mois de ſeptembre 1509, par leſquelles il déclara qu'il n'entendoit pas que les comtés & ſeigneuries de Blois, Dunois, Soiſſons & Coucy, fuſſent confus avec le domaine royal & public, mais qu'il vouloit qu'ils demeuraſſent en leur première condition privée, comme héritage maternel & féminin de la maiſon d'Orléans, aliénable & tranſitoire à tous ſes héritiers du même ſang & ligne.

Ces lettres-patentes étoient juſtifiées par la conduite de pluſieurs des Rois qui avoient occupé le trône avant Louis XII:

---

(1) *Regni autem domania intendimus non ſolùm ea quæ abantiquo, ſed quæ ex forefacturis, commiſſis, vel quibuſvis cauſis aliis obvenerant; & alienationis tranſlationiſque tempore in domaniis ipſis erant. Recueil des ordonn. tom. 1, pag. 762.*

(1) Voyez les preuves de cette aſſertion, dans le traité du domaine de le Febvre de la Planche, liv. 2, chap. 3.

mais le parlement de Paris les trouva contraires aux principes. Elles reçurent cependant le sceau de l'enregistrement, mais ce ne fut qu'après une longue & forte résistance. Les gens du Roi n'y prêtèrent même pas leur ministère (1) ; aussi n'ont-elles pas eu leur exécution. François I, successeur de Louis XII, recueillit le domaine de la maison d'Orléans comme Roi, & non comme époux de la reine Claude ; & les Rois ses successeurs l'ont possédé au même titre, sans que Renée de France, sœur de la reine, mariée au duc de Ferrare, ni son mari, aient fait aucune réclamation de ces biens, en vertu des lettres-patentes de 1509.

Henri IV étant parvenu à la couronne en 1589, voulut suivre l'exemple de Louis XII. Son affection pour la princesse Catherine sa sœur, le soin de payer ses créanciers, & la crainte de ne point laisser de postérité, le déterminèrent à donner des lettres-patentes le 13 avril 1590, pour que ses biens demeurassent séparés du domaine de la couronne. Elles furent enregistrées au parlement de Bordeaux, le 7 mai suivant. Mais le parlement de Paris séant à Tours, après plusieurs remontrances, arrêta sur les lettres de jussion, le 29 juillet 1591, qu'il ne pouvoit procéder à l'enregistrement des lettres-patentes. Il en fut expédié de nouvelles en 1596, & elles trouvèrent les mêmes obstacles.

La résistance du parlement de Paris donna enfin lieu à l'édit du mois de juillet 1607. Par cette loi, Henri IV reconnoît que les Rois ses prédécesseurs se sont dédiés & consacrés au public, duquel ne voulant avoir rien de distinct & séparé, ils ont contracté avec leur couronne, une espèce de *mariage*, communément appelé *saint & politique*, par lequel ils l'ont *dotée*

de toutes les *seigneuries, qui, à titre particulier*, leur pouvoient appartenir ; ensorte que s'il y a eu des réunions expresses, elles ont plutôt déclaré le droit commun, que rien déclaré de nouveau en faveur du royaume. En conséquence, sa majesté révoque ses lettres-patentes précédentes, confirme l'arrêt du parlement de Paris, du 29 juillet 1591 ; ce faisant, déclare les duchés, comtés, vicomtés, baronies & autres seigneuries mouvantes de sa couronne, ou des parts & portions du domaine d'icelle, tellement accrues & réunies à icelui, que dès le moment de son avènement à la couronne de France, elles sont devenues de même nature & condition que le reste de l'ancien domaine de France.

La disposition de cet édit a été confirmée par quatre arrêts du conseil, des 31 août 1728, 8 mai 1742, 7 mai 1746 & 9 juillet 1754, qui ont jugé domaniaux, des biens aliénés par Henri IV en 1603, 1604 & 1605 (1).

L'expression de *terres mouvantes de la couronne*, qui se trouve dans l'édit, semble exclure les terres qui relèvent de seigneurs particuliers. Mais c'est une fausse apparence. Le fondement de l'union n'est pas la mouvance immédiate, c'est cette espèce de consécration que le Roi, en parvenant à la couronne, lui doit faire de tout ce qu'il possède ; & cette raison s'applique aussi bien aux arrière-fiefs qu'aux terres mouvantes immédiatement du domaine. D'ailleurs, on a vu plus haut (2), que dès l'instant de l'avènement au trône, les mouvances particulières s'éteignent, parce que la majesté souveraine du prince ne peut souffrir qu'il relève d'aucun de ses sujets. L'arrêt du 9 janvier 1679 que nous avons cité ci-dessus (3), a jugé la question dans les termes les plus

---

(1) Remontrances de M. de la Guesle ; dissertation de M. de Beloy sur l'édit de 1607, rapportée dans l'édit de Maynard, édit. de 1751, tom. 2, pag. 472.

(1) Dictionnaire des domaines, au mot *Domaines*, n. 13.
(2) Section 6.
(3) *Ibid.*

précis, pour un arrière-fief que Henri IV avoit vendu en 1594. « Cette même » difficulté, dit le Febvre de la Plan- » che (1), s'étant présentée au conseil » royal des finances, vers la fin de l'année » 1732, on n'hésita pas de décider pour » la domanialité, suivant l'avis de M. le » chancelier d'Aguesseau, qui étoit pré- » sent. »

Il nous reste à parler des biens que le Roi acquiert ou qui lui échoient postérieurement à son élévation sur le trône.

La plupart des anciens auteurs, tels que Dumoulin, Carondas, Chopin, soutiennent que ces sortes de biens ne deviennent domaniaux que lorsque le Roi les unit à la couronne, soit expressément, soit tacitement ; l'union expresse, disent-ils, s'opère par une déclaration de la volonté du Roi, consignée dans des lettres-patentes ou dans le contrat d'acquisition. L'union tacite a lieu lorsque le Roi permet que son nouveau patrimoine soit administré pendant dix ans, par les officiers ordinaires du domaine, & qu'il en soit compté à la chambre des comptes. Hors ces deux cas, le bien acquis par le Roi demeure dans son domaine privé.

Ces auteurs se fondent sur l'article 2 de l'édit donné à Moulins en 1566, qui en effet paroît justifier leur opinion : « le do- » maine de notre couronne, porte-t-il, » est entendu celui qui est expressément » consacré, uni & incorporé à notre cou- » ronne, ou qui a été tenu & administré » par nos receveurs & officiers par l'es- » pace de dix ans, & est entré en ligne » de compte ». L'article 2 de l'édit du mois d'avril 1667, dit précisément la même chose.

Mais quelque formelles que paroissent ces lois, il est certain que les acquisitions du Roi s'unissent d'elles-mêmes & de plein droit à la couronne, par la raison

que le prix de ces acquisitions ne peut être payé que des deniers de l'état, & que d'ailleurs la personne privée du Roi, éteinte & confondue dans la personne publique, n'a aucune existence dans l'ordre de la loi. C'est ce que soutenoit M. de la Guesle, dans les remontrances de 1591 ; c'est l'avis de M. de Beloy, dans sa dissertation sur l'édit de 1607 ; & c'est ce que M. de Harlay représentoit à Louis XIV, au sujet de l'acquisition que ce prince avoit faite du Luxembourg. « Quand » Louis-le-Grand, dit Brillon (1), eut » acheté le palais d'Orléans, autrement » nommé le Luxembourg, il dit à M. le » procureur-général de Harlay, depuis » premier président, que c'étoit pour » remplacer le Palais-Royal, qu'il avoit » donné à M. le duc de Chartres, son » gendre : ce magistrat lui demande en » quel nom il l'avoit acheté : *au mien*, » répondit le Roi : *tant pis, sire*, répli- » qua le procureur-général, *car tout ce* » *que vous acquérez en votre nom, appar-* » *tient à la couronne ; par conséquent l'a-* » *chat du Luxembourg ne remplace point* » *l'aliénation que vous avez faite : pour as-* » *surer la possession du Palais Royal à* » *M. le duc de Chartres, il falloit acheter* » *le Luxembourg en son nom, pour en faire* » *un échange avec le Palais Royal.* »

Les édits de 1566 & 1667, ne sont pas contraires à ces principes. Comment en effet concevoir que le souverain se soit proposé, en les portant, de poser des bornes entre lui & sa couronne, & de distinguer par là, ce qui est nécessairement un & indivisible ? Aussi ces lois ne disent-elles pas que le domaine nouveau n'est uni & incorporé à l'ancien, qu'autant qu'il en a été compté pendant dix ans ; mais après avoir établi la maxime de l'inaliénabilité du domaine, elles expliquent ce que, dans cette maxime, on

(1) Traité du domaine, liv. 2, chap. 3, n. 11.

(1) Dictionnaire des arrêts, au mot *Domaine*, n. 65.

doit entendre par domaine, & à cet égard, elles diſtinguent deux cas, l'un, où il y a une union & incorporation formelle ; alors, nulle queſtion, il n'y a aucun délai à attendre. L'autre, où il n'y a point d'union expreſſe ; en ce cas le fait ſeul de l'acquiſition opère une union ſans doute, mais une union qui peut être rétractée pendant dix ans. C'eſt l'inaliénabilité qui eſt ſuſpendue, ce n'eſt pas l'union. Le terme de dix ans n'y met rien de nouveau, il ne fait que détruire une faculté d'aliéner. On ne peut donc, comme le dit le célèbre annotateur de le Fébvre de la Planche, rapporter les diſpoſitions des édits cités qu'à l'incorporation parfaite, &c. « A cette incorporation, qui ôtant la » diſtinction entre le domaine nouveau » & le domaine ancien, confondant une » obvention caſuelle avec le fond du do- » maine, attache à cette obvention les » derniers caractères d'un bien doma- » nial.... Suivant la rigueur des principes, » l'union & l'incorporation s'opéroient » enſemble, & dès le premier inſtant, » le nouveau domaine uni à l'ancien, y » étoit en même temps incorporé & ſujet » aux mêmes lois : le Roi, pour relâcher » la rigueur de ces principes, veut bien » que le ſouvenir de l'ancien état du » fonds nouvellement acquis ſubſiſte pen- » dant dix ans, que l'activité des prin- » cipes rigoureux ſoit ſuſpendue pendant » ce temps. Voilà ce que la loi contient.. »

C'eſt dans le même ſens, que doivent s'entendre certains contrats par leſquels nos Rois ont déclaré, en acquérant, qu'ils entendoient poſſéder les biens dont ils faiſoient l'achat, diſtinctement de ceux du domaine de la couronne. Par exemple, M. le maréchal de Belliſle ayant vendu à Louis XV le duché de Giſors, par contrat du 18 décembre 1759, les commiſſaires du Roi déclarèrent dans l'acte, que ſa majeſté n'entendoit pas qu'il ſe fît, quant à préſent, aucune réunion de ce duché au domaine de ſa couronne, & que ſon intention étoit d'en jouir, à titre de

ſeigneurie & de propriété privée, juſqu'à ce qu'elle en eut diſpoſé autrement. Cette déclaration priſe dans le ſens littéral ſeroit nulle, puiſque comme nous l'avons déjà dit, il n'eſt pas au pouvoir du Roi de détruire ni modifier l'identité qu'il y a dans ſa majeſté, entre la perſonne publique & la perſonne privée. Cependant on l'a regardée comme valable, puiſqu'on a cru ne pouvoir y déroger que par des lettres-patentes, qui ont été enregiſtrées au parlement de Rouen le 18 novembre 1761.

Quel peut donc être l'effet d'une pareille déclaration ? Il n'y en a point d'autre que d'empêcher tout le temps qu'il plaira au Roi, qu'on n'applique aux biens nouvellement acquis, tous les principes de la domanialité, & ſur-tout qu'il ne ſoit à jamais inaliénable.

Ces ſortes de déclarations, ne font donc que rendre indéfinie, ou du moins étendre à tout le temps de la vie du Roi qui les fait, une ſuſpenſion que les édits de 1566 & de 1661 limitent à dix ans.

Il y a une eſpèce d'acquiſition qui ſembleroit ne pas être paſſible de cette ſuſpenſion, & à laquelle par conſéquent il ne paroît pas qu'on puiſſe appliquer, ſoit les édits de 1566 & de 1667, ſoit la faculté de faire les déclarations dont on vient de parler. C'eſt celle qui ſe fait par des conquêtes ſuivies de traités paſſés avec les puiſſances étrangères. Le Roi ne faiſant point la guerre ſeul, ni dans la vue de s'acquérir des biens particuliers, mais pour étendre les limites de ſes états, ces augmentations deviennent néceſſairement une même choſe avec le royaume, & ſont par conſéquent inaliénables, dès l'inſtant où elles ſont faites. M. de la Gueſle, dit que c'eſt une maxime de nos docteurs, & il ajoute que pour le regard de la conquête qui ſe fait avec les armes, forces & finances publiqes, & par le ſang des hommes, la choſe eſt ſans difficulté.

Cette maxime n'a cependant pas toujours été refpectée. Au mois de décembre 1648, Louis XIV donna à M. le prince de Condé, les comtés & feigneuries de Stenay, Dun, Jamets, Clermont en Argonne, Varennes & Montignon, qui avoient été cédées à Louis XIII, par le duc Charles de Lorraine, fuivant le traité de Saint-Germain-en-Laye, du 29 mars 1641; & pour rendre ce don irrévocable, il fut dit dans les lettres, que ces terres n'étoient pas de l'ancien domaine de la couronne, & qu'elles n'y avoient point été unies expreffément ni tacitement, n'en ayant jamais été compté à la chambre des comptes. Il a été fait des dons femblables en décembre 1658, au cardinal Mazarin : en mai 1661, au comte de Soiffons : en avril 1684, à M. de la Grange, Intendant de Strasbourg, de différentes feigneuries, faifant partie de celles qui avoient été cédées au Roi par les traités de Munfter & des Pyrénées des 24 octobre 1648 & 7 novembre 1659(1).

Il y a même une de ces donations, qui a été jugée irrévocable, c'eft la première. On fe contentera de rapporter les faits qui la concernent.

Par lettres-patentes du mois de juin 1658, Louis XIV donna au cardinal Mazarin, le comté de Belfort, la feigneurie de Delle, les terres & feigneuries de Thann, d'Ifenheim & d'Altkirch, fituées en Alface, pour lui, fes hoirs, fucceffeurs & ayant caufe, avec la réferve de la foi, hommage, de la fouveraineté & du reffort.

Un des motifs expliqués dans ces lettres, étoit la part que ce célèbre miniftre avoit eue à la conclufion du traité de Munfter.

Une autre confidération, étoit que le Roi n'avoit pas encore joui de ces terres, & que par fuite, elles n'étoient pas encore incorporées au domaine de la cou-

ronne. Dans le fait, Louis XIII avoit donné la feigneurie de Thann au lieutenant-général OEen, celle d'Altkirch au colonel Bertz, qui étoient décédés, & le comté de Belfort, avec la feigneurie de Delle, au comte de la Suze, qui avoit quitté le fervice du Roi.

Cette donation fut enregiftrée au confeil fouverain d'Alface, le 17 janvier 1659.

Après cet enregiftrement, le cardinal Mazarin rendit au Roi, au mois de février de la même année, la foi & hommage pour raifon de ces terres; & l'acte en fut pareillement enregiftré au confeil fouverain d'Alface, le 11 mars fuivant.

La confidération due aux fervices du cardinal Mazarin devint encore plus éclatante par la conclufion du traité des Pyrénées, fait au mois de novembre 1659, qui fut fon ouvrage, & par le mariage du Roi, qui fut la fuite & la condition de ce traité : il contient, dans l'article 61, une nouvelle renonciation de la part du roi d'Efpagne, chef de la maifon d'Autriche, à la haute & à la baffe-Alface, & une nouvelle obligation de la part du Roi, en faveur de cette renonciation, de fatisfaire aux conditions du traité de Munfter.

Un mois après ce traité, le Roi, par de nouvelles lettres-patentes, fit don, au cardinal Mazarin, du comté de Ferrette, & renouvela la donation des feigneuries de Belfort, de Delle, de Thann, d'Altkirch & d'Ifenheim, avec les mêmes réferves de la foi, hommage, de la fouveraineté & du reffort.

Ces lettres furent enregiftrées au parlement de Paris le 14 janvier 1660, & elles l'ont été dans la fuite, à la chambre des comptes, par arrêt du 20 décembre 1707.

Ce n'eft que poftérieurement à toutes ces donations, que l'archiduc Ferdinand-Charles, & l'archiduc Sigifmond-François fon fils, ont ratifié les traités de Munfter & des Pyrénées, & reçu les trois mil-

---

(1) Traité hiftorique de la fouveraineté, ch. 1, §. 65 & fuiv.

lions de livres, qui devoient leur être payés.

Le cardinal Mazarin a joui paisiblement de ces terres pendant sa vie. Etant tombé malade au commencement de l'année 1661, il remit au Roi tous les biens qu'il avoit reçus de sa libéralité, par une première disposition qu'il fit le 3 mars 1661.

Le Roi, touché de sa reconnoissance, n'en voulut point profiter, & le 6 mars 1661, le cardinal Mazarin fit un nouveau testament, par lequel il nomma, pour ses héritiers & légataires universels, Hortense Mancini sa nièce, & son mari, avec substitution au profit de l'aîné mâle qui naîtroit de leur mariage.

Le même jour, le Roi, par un acte séparé, consentit à l'exécution de ce testament, & se départit du legs universel, fait par le testament du 3 du même mois.

Le cardinal Mazarin étant décédé le 9 mars, le Roi, par un acte du 18 de ce mois, réitéra le même consentement & la même renonciation.

L'époux d'Hortense Mancini, qui avoit pris le nom de duc de Mazarin, ayant continué de jouir de ces terres après la mort du cardinal, fut troublé dans la possession des droits de patronage & de collation des bénéfices dépendant de ces seigneuries, du droit de nomination aux offices, &c. Cette affaire fut renvoyée à l'intendant de la province ; & sur son avis, il intervint un arrêt du conseil, qui confirma le duc de Mazarin dans la jouissance de tous ces droits.

Le comte de la Suze excita dans la suite une contestation plus importante : son père avoit obtenu en 1636 le gouvernement de Belfort & de Delle, avec la jouissance du domaine qui en dépendoit : son fils obtint un nouveau brevet en 1640, mais il ne le fit point revêtir de lettres-patentes, & par conséquent, ce don ne fut point enregistré.

D'ailleurs, les lettres-patentes accordées au cardinal Mazarin, contenoient une révocation expresse de tous autres dons & brevets : bien plus, le comte de la Suze s'étoit révolté contre le Roi, en 1645, & par là il avoit encouru la déchéance de toutes les grâces qu'il pouvoit avoir obtenues.

Cependant il ne laissa pas de se pourvoir au parlement en 1661, pour faire valoir la donation qui avoit été faite à son profit. Le Roi évoqua l'affaire au conseil, par arrêt du 13 juin 1662 ; & après plusieurs procédures & plusieurs interventions d'autres parties, qui prétendoient représenter le comte de la Suze, des administrateurs de l'hôpital des Incurables, & du comte de Grammont, qui se disoient ses donataires, il est enfin intervenu un arrêt du conseil le 18 janvier 1684, après plus de vingt années de contestation, par lequel faisant droit sur le tout, sans s'arrêter aux brevets du 31 juillet 1636, & du 10 mars 1640, obtenus par les sieurs de la Suze père & fils, ni à un arrêt par défaut rendu au parlement le 2 mars 1678, on débouta toutes les parties qui attaquoient le droit du duc de Mazarin, de leurs demandes & requêtes.

Celui-ci délaissa à son fils, aussi duc de Mazarin, le 22 mars 1686, la jouissance de ses terres en Alsace. Dans le cours de cette jouissance, il survint une nouvelle contestation, au sujet de la terre de Blotzheim, donnée en 1660 par le Roi, au colonel Taupadel & à sa femme, à la charge de la réversion au comté de Ferrette, en cas de mort des donataires sans enfans : le cas de cette réversion étant arrivé en 1697, le duc de Mazarin fut troublé dans ce droit de reversion par plusieurs prétendans, & principalement par le traitant de l'aliénation des domaines du Roi en Alsace.

Ce traitant avoit fait procéder à la vente de la terre de Blotzheim devant M. de la Grange, intendant de la province ; & l'adjudication en avoit été faite au sieur Glutz, le 7 mars 1697, moyennant la
somme

fomme de 80,000 liv., & les deux fous
pour livre en fus.

Le duc de Mazarin s'y étant oppofé, le
traitant contefta la donation faite par le
Roi, au cardinal Mazarin du comté de
Ferrette, & des autres terres comprifes
dans les lettres-patentes de 1658 & 1659.
Il prétendit que c'étoit une aliénation du
domaine du Roi, défendue par les anciennes ordonnances, & révoquée par l'édit
de 1667; que ces donations étant poftérieures de plufieurs années au traité de
Munfter, les ducs de Mazarin, qui n'a-
voient aucun titre folide de propriété, ne
pouvoient profiter de la réverfion de la
terre de Blotzhaim.

Le contrôleur-général du domaine, fe
joignit au traitant; il fit valoir les termes
des traités de Munfter & des Pyrénées,
qui réuniffoient l'Alface & toutes fes dépendances à la couronne; il prétendit que
ces traités avoient rendu domaniales toutes les terres cédées.

De leur côté, les ducs de Mazarin s'ef-
forcèrent d'établir une différence entre
les anciens domaines du Roi, & les acquifitions faites par le droit de conquête; ils
firent remarquer l'ufage dans lequel les
Rois ont toujours été, de faire don des
domaines dépendans de leurs conquêtes,
aux grands capitaines, ou aux grands miniftres qui les avoient utilement fervis.
Ils diftinguèrent la réunion de la fouveraineté d'avec la réunion du domaine: ils
dirent qu'il n'y avoit aucune réunion des
terres dont ils s'agiffoit, foit expreffe par
des lettres-patentes regiftrées, foit tacite
par une jouiffance continuée de la part du
Roi, & par des comptes rendus à la
chambre; & qu'ainfi on ne pouvoit appliquer ici la difpofition des anciennes & des
nouvelles ordonnances.

M. de la Grange penfoit bien différemment. Ce magiftrat en adjugeant la
terre de Blotzheim au traitant de l'aliénation des domaines du Roi, avoit été
dans l'intime perfuafion que cette terre,
ainfi que le comté de Ferrette lui-même,

étoit domaniale; & cette opinion étoit
fondée fur ce que les domaines propres
de la maifon d'Autriche en Alface, avoient
été expreffément réunis à la couronne,
non-feulement par le traité de Munfter,
mais encore par l'édit du mois de feptembre 1657, publié & enregiftré en Alface le 14 octobre 1658, antérieurement
aux lettres de don obtenues par le cardinal
Mazarin; cet édit avoit même été fuivi
d'une prife de poffeffion réelle, qu'avoient
faite au nom du Roi, des commiffaires
nommés par des lettres-patentes (1).

Cependant, contre l'avis de M. de la
Grange, & conformément à celui de M.
de la Houffaye, fon fucceffeur dans l'intendance d'Alface, par arrêt du confeil
d'état du 21 juin 1707, rendu au rapport de M. d'Armenonville, les ducs de
Mazarin furent reçus oppofans à l'adjudication faite de la terre de Blotzheim; on
ordonna la réunion de cette terre au
comté de Ferrette, à compter du jour du
décès du fieur Taupadal & de fa femme,

(1) Leur procès-verbal, fait à la réquifition
du procureur général du Roi, porte que « fa
» majefté a été mife en poffeffion réelle & ac-
» tuelle, faifine & jouiffance, tant pour lui que
» pour fes fucceffeurs Rois, que les droits
» de propriété, poffeffion, feigneurie, juridic-
» tion, que la maifon d'Autriche avoit en
» Alface, & de tous les lieux & villages qui en
» dépendent; de tous les honneurs, vaffaux,
» fujets, villes, villages, châteaux, forts, bois,
» forêts, mines, fleuves, rivières, terres, &
» tous les autres droits royaux & appartenances,
» fans aucune exception ni réferve, pour être
» lefdites provinces, villes, pays, états, do-
» maines, &c. unis & incorporés pour toujours
» à la couronne de France, fans que la fpéci-
» fication particulière ou omiffion d'aucun,
» puiffent nuire ni préjudicier à fa majefté, ni
» à fes fucceffeurs Rois, &c. Qu'en outre, le
» préfent arrêt, contenant la prife de poffeffion
» defdites provinces, villages, pays, états,
» préfectures, domaines & autres droits, pour
» & au nom de fa majefté, fes fucceffeurs, Rois,
» couronne & royaume de France, fera préfenté
» audit feigneur Roi, mis & dépofé enfuite au
» tréfor de fes chartres à Paris, pour y avoir
» recours quand il appartiendra. »

pour en jouir & difpofer par le duc de Mazarin, ainfi qu'il aviferoit, avec reftitution des fruits ; & on ordonna que le traitant rendroit à l'adjudicataire de cette terre, le prix de fon adjudication.

Au refte, la fufpenfion établie par les édits de 1566 & de 1667 ne peut avoir lieu qu'autant que le monarque par qui l'acquifition a été faite, eft vivant. Une fois qu'il a ceffé d'exifter, fes acquifitions fe réuniffent de plein droit à la couronne, parce que comme on ne diftingue point parmi nous, le domaine privé du domaine public ; dans ce qui vient aux Rois de la fucceffion de leurs pères, il eft certain qu'un Roi ne reçoit rien de fon prédéceffeur qu'en qualité de Roi ; & c'eft ce que Louis XV a reconnu à l'égard des acquifitions faites par Louis XIV dans les environs de Verfailles.

### ARTICLE II.

#### *Du domaine mobilier.*

M. de la Guefle dit dans fes remontrances, pages 112, 114 & 119, que les meubles, bagues & joyaux de la couronne font partie du domaine & ne peuvent être aliénés.

M. d'Aguelleau établit la même chofe dans fon mémoire fur la vente des meubles de la couronne. Voici fes termes.

« Quoique dans le grand nombre d'or-
» donnances qui ont été faites fur le do-
» maine, on n'ait pas fait beaucoup d'at-
» tention à ce qui regarde les meubles
» qui appartiennent à la couronne, peut-
» être, parce qu'avant la magnificence
» du règne de Louis XIV, ces meubles
» n'étoient pas un auffi grand objet qu'ils
» le font aujourd'hui ; il eft difficile néan-
» moins, de ne les pas confidérer comme
» ayant le caractère d'un bien domanial,
» & foumis prefque aux mêmes lois qui
» compofent le domaine de la couronne.
» Il n'eft pas nouveau de comparer,
» même à l'égard des particuliers, les

» meubles précieux aux héritages, & l'on
» en trouve un exemple dans les lois ro-
» maines, qui veulent que les meubles
» de cette nature, qui appartiennent à
» des mineurs, ne puiffent être vendus
» qu'avec les mêmes folemnités qu'on
» obferve pour la vente des immeubles. »

L'annotateur de le Febvre de la Planche, rend la même idée avec plus de juftelle, & en indique le véritable principe. « Il s'agit de favoir, dit-il, fi le fi-
» déicommis légal qui règle la tranfmiffion
» de la couronne & de fon domaine,
» comprend les meubles. On eft conduit
» à le croire, en confidérant l'étendue
» de ce fidéicommis, qui anéantit la per-
» fonne privée du prince, & la confond
» dans cette perfonne publique qui ne
» meurt pas, de façon que toute la fuite
» des princes enfemble, ne font qu'une
» feule & même perfonne, fans diftinc-
» tion de temps, & que la deftruction de
» la perfonne privée entraine néceffaire-
» ment celle de la puiffance privée. »

Mais quelles font les conditions néceffaires, pour imprimer aux meubles de la couronne, ce caractère de domanialité qui eft l'objet des articles 2 des édits de 1566 & de 1667, c'eft-à-dire, pour les incorporer de telle manière au domaine, qu'il ne dépende plus du Roi de les en féparer ?

« C'eft une queftion, dit M. d'Aguef-
» feau, qui paroît avoir échappé aux ré-
» dacteurs de nos ordonnances, & comme
» on n'y trouve point de difpofition par-
» ticulière fur les meubles qui appar-
» tiennent aux Rois, on ne peut y fup-
» pléer que par la même comparaifon
» qu'on vient de faire des meubles pré-
» cieux avec les immeubles. »

On a vu ci-devant, que tant que l'immeuble nouvellement acquis par le Roi, n'a pas été uni expreffément à la couronne, ou qu'il n'en a pas été compté pendant dix ans à la chambre des comptes, il demeure libre dans la perfonne du mo-

narque & peut être aliéné fans formalités.

« On ne peut rendre la poffeffion des
» meubles plus dure que celle des im-
» meubles, (c'eft encore M. d'Agueffeau
» qui parle ), & c'eft même beaucoup
» faire, que de les traiter également ;
» mais comme les meubles ne produifent
» point de fruits dont on puiffe compter
» à la chambre des comptes, pour prou-
» ver une jouiffance continuée pendant
» dix ans, il paroît difficile de détermi-
» ner de quel jour les meubles du Roi
» font réputés faire partie du domaine
» de la couronne, & il femble qu'il faille
» que par quelque déclaration expreffe
» de fa volonté, ou par un acte équiva-
» lent, il les ait attachés & unis en quel-
» que manière à fon domaine, pour pou-
» voir les regarder comme inaliénables.
» C'eft ce que Louis XIV avoit fait
» dans un inventaire dreffé par fon
» ordre, des meubles de la couronne, &
» dont on a dépofé un double à la cham-
» bre des comptes. »

Lorfqu'il n'y a point de déclaration de
cette efpèce, les meubles de la couronne
demeurent libres dans la main du Roi.
Mais dans ce cas même, fi le Roi vient à
mourir, fon fucceffeur les recueillera
comme domaniaux, « parce que, dit le
» Febvre de la Planche, c'eft une maxime
» que le Roi ne reçoit rien de fon prédé-
» ceffeur qui ne foit domaine, quoique
» mobilier par fa nature. »

C'eft ce qui a été reconnu après la mort
de Louis XIV, relativement aux meubles
du château de Marly. Ce prince ne les
avoit pas fait comprendre dans l'inventaire des meubles de la couronne, & par
cette raifon, l'on ne pouvoit pas dire de
fon vivant qu'ils euffent reçu l'impreffion
d'un bien domanial. Cependant le confeil
de régence penfa qu'ils étoient devenus
domaniaux par fon décès, & la vente
n'en fut faite qu'en vertu de lettres-patentes enregiftrées au parlement.

## Article III.

### Du domaine incorporel.

Les droits qui compofent le domaine
incorporel de la couronne, font de trois
fortes. Il y en a qui font attachés à la fouveraineté, d'autres qui dérivent de la
juftice ; quelques-uns ne dépendent ni de
l'une ni de l'autre.

§. I. *Des droits domaniaux qui dépendent
de la fouveraineté ; & en premier lieu,
du droit d'amortiffement.*

Les droits domaniaux qui font ou qu'on
regarde comme tels par leur effence,
parce qu'ils dépendent ou qu'on les confidère comme dépendans de la fouveraineté, font les droits d'amortiffement,
de nouvel acquêt, de franc-fief, de def-
hérence, de bâtardife, d'aubaine, de
diftraction, de migration, d'épaves,
de joyeux avènement, de protection fur
les juifs, de marc d'orc, les droits d'annuel, & autres relatifs aux offices ; les
droits de péages, de poids & caffe, de
table de mer, de foraine & de traite domaniale en Provence ; le droit appelé
domaine & barrage ; les droits des poftes
& meffageries ; le droit d'accorder des
lettres de regrat ; celui de Mafephening
en Alface ; le contrôle ; l'infinuation ; le
centième denier ; le petit fcel ; les droits
fur les mines ; le droit d'eau & de vent
dans les provinces Belgiques ; ceux de
fouage & de monnéage en Normandie.

Commençons par le droit d'amortiffement.

Nous avons parlé ci-devant du droit exclufif qui appartient au Roi, d'autorifer
les gens de main-morte à faire des acquifitions dans fes états. Pour obtenir cette
autorifation, il faut payer au Roi une finance, & c'eft cette finance qu'on appelle
*droit d'amortiffement.*

La quotité de ce droit, pour les provinces de l'intérieur du royaume, est fixée par la déclaration du 21 novembre 1724, au cinquième de la valeur des biens tenus en fief, soit du Roi, soit des seigneurs particuliers, & au sixième de ceux qui sont tenus en roture.

Suivant l'article 4 du réglement du 13 avril 1751, lorsque la main-morte acquiert dans sa directe, & que la réunion de la roture au fief a lieu, le droit est dû sur le pied du cinquième ; & lorsque la réunion n'a pas lieu, il n'est dû qu'au sixième.

Quant aux biens tenus en franc-aleu, le droit d'amortissement en est fixé comme pour les autres biens, c'est-à-dire, au cinquième pour les franc-aleux nobles, & au sixième pour les francs-aleux roturiers. C'est la disposition de l'article 5 du réglement cité.

Lorsque le droit d'amortissement est dû pour des droits & legs de sommes en argent ou d'effets mobiliers, il doit être fixé à raison du sixième.

Dans le Roussillon, l'amortissement est fixé par une ordonnance de Jacques I, roi d'Arragon, de l'année 1376, au quart de la valeur des objets acquis ou donnés. Des arrêts du conseil des 23 janvier, 17 juillet 1691, & 11 août 1705, ont ordonné que ce droit continueroit d'être payé sur le même pied dans cette province.

Dans la Franche-Comté, l'amortissement se payoit autrefois à raison de cinq années du revenu des fiefs, & de trois années du revenu des rotures. Mais par l'article 10 de la déclaration du 18 mai 1731, ce droit a été fixé pour cette province, au même taux qu'il est actuellement payé dans l'intérieur du royaume. Il faut néanmoins excepter les fondations à prix d'argent, pour lesquelles le droit ne se paye qu'à raison de trois années du revenu. L'article 6 de la déclaration du 9 mars 1700 y est précis, & cette disposition a été confirmée par un arrêt du conseil du

11 mars 1739, rendu en faveur des cordeliers de Besançon.

Dans les provinces de Flandres, Artois & Hainaut, l'amortissement n'est dû qu'à raison de trois années du revenu des biens nobles & roturiers ; les hôpitaux & lieux de charité de ces provinces, dans les cas où ils y sont sujets, ne le doivent même qu'à raison d'une année & demie, suivant les déclaration & arrêt des 22 & 29 novembre 1695, l'article 7 de la déclaration du 9 mars 1700, & l'édit du mois de mai 1708. Voilà du moins ce que nous lisons sur ce point dans le dictionnaire des domaines.

Mais il faut observer, que les lois sur lesquelles s'appuye l'auteur de cet ouvrage, ont dû être abrogées par la déclaration citée du 21 novembre 1724, rendue pour tout le royaume, & enregistrée au parlement de Flandres le 15 avril 1725. Il n'y a qu'un cas où, malgré cette loi nouvelle, on doit encore s'attacher dans ces trois provinces, au taux prescrit par les déclarations de 1695 & 1700. C'est lorsqu'il s'agit de *rentes foncières & autres constituées* au profit des mains-mortes *par dons & legs & à prix d'argent, à la réserve de celles assignées sur les corps de villes & d'états.* Ce sont les termes d'un arrêt du conseil du 12 juillet 1729.

En Lorraine, le droit d'amortissement est fixé au tiers de la valeur des fiefs, & autres biens nobles mouvans immédiatement du souverain, au cinquième des arrières-fiefs & des rotures qui sont dans la censive du Roi, & au sixième, tant des terres tenues en roture de seigneurs particuliers, que des rentes & sommes en argent données ou léguées pour sûreté de fondations perpétuelles. Tout cela est ainsi réglé par la déclaration du Roi Stanislas du 12 juin 1758.

Ceux qui voudront avoir des connoissances plus particulières du droit d'amortissement, peuvent consulter le répertoire de jurisprudence, le dictionnaire des domaines, le traité des domaines de le Febvre de la Planche, la jurisprudence du conseil sur les droits d'amortissement, par Dubost, &c.

## §. II. *Du droit de nouvel-acquêt.*

Le droit de nouvel-acquêt dérive de celui d'amortissement. C'est un dédommagement qui est dû au Roi par les gens de main-morte, pour avoir acquis des héritages, & pour les avoir possédés, ou en avoir joui, sans les faire amortir.

Le recouvrement des droits d'amortissement ne se faisoit autrefois que de temps à autre ; ensorte que les gens de main-morte se trouvoient souvent posséder des biens pendant plusieurs années, sans qu'ils fussent amortis ; mais en attendant, on les obligeoit d'en payer le nouvel acquêt, qui se liquidoit sur le pied d'une année de revenu pour vingt années de jouissance.

L'édit du mois de mai 1708 ayant ordonné qu'à l'avenir les droits d'amortissement seroient payés dans l'an & jour des acquisitions, a fait cesser pour l'avenir le concours de ces droits avec ceux de nouvel-acquêt, parce qu'il dépend du fermier ou régisseur, après l'an expiré, de faire payer le droit d'amortissement qui se trouve exigible.

Mais le droit de nouvel-acquêt subsiste encore relativement aux biens dont les gens de main-morte ont seulement la jouissance, sans en être propriétaires ; & à cet égard, c'est toujours au vingtième du revenu des biens qu'il est fixé. Ainsi il y a cette différence entre l'état ancien & actuel de la jurisprudence sur ce point, qu'autre fois les droits d'amortissement, & le nouvel-acquêt pouvoient être dûs ensemble, au lieu qu'actuellement ils sont nécessairement exclusifs l'un de l'autre (1).

(1) Dictionn. des domaines, au mot *Nouvel acquêt.*

## §. III. *Du droit de franc-fief.*

Le droit de franc-fief est une finance qui se paye au Roi par les roturiers pour les fiefs & autres biens nobles qu'ils possèdent.

Il y a différentes opinions sur l'origine de ce droit, & les motifs de son établissement. Celle qu'a proposée M. Henrion de Saint-Amant, avocat aux conseils, dans le répertoire de jurisprudence, (1) mérite à tous égards d'être distinguée des autres ; mais notre objet n'est point de les discuter.

Il nous suffit d'observer que le droit de franc-fief est mis au nombre des *droits ordinaires & domaniaux de la couronne,* par les déclarations de Henri II, des 2 septembre 1547 & 19 mai 1549, par une autre de Louis XIV, du 29 décembre 1652, & par un édit du mois de décembre 1696.

Dans l'intérieur du royaume, ce droit se paye tous les vingt ans, à raison d'une année de revenu. C'est la disposition de la déclaration du 9 mars 1700.

La province de Flandres a sur cette matière, un réglement particulier : c'est la déclaration du 22 novembre 1695, qui ordonne que le droit de franc-fief se levera sur le pied d'une année & demie de revenu, & en même temps exempte de toute recherche, les héritiers, soit directs, soit collatéraux de ceux qui auront payé ce droit une seule fois.

La province d'Artois est encore traitée plus favorablement. Un arrêt du conseil du 15 mars 1723, ordonne que le droit de franc-fief n'y sera perçu que sur le pied *d'une année de revenu,* & il ajoute, comme les lois portées pour la Flandres, « que » les possesseurs roturiers qui auront payé » le franc-fief, ne pourront, eux ni leurs » héritiers, être poursuivis ni inquiétés » pour raison des biens pour lesquels ils

(1) Addition à l'article *Franc-fief.*

» auront acquitté le droit, tant & fi long-
» temps qu'eux & leurs héritiers en feront
» en poffeffion ».

### §. IV. *Du droit de déshérence.*

On appelle déshérence, le droit de
fuccéder à tous les biens & effets d'un
naturel françois, né en légitime mariage,
qui meurt fans avoir difpofé de fes biens
par teftament, & fans héritiers habiles à
lui fuccéder fuivant les lois & les coutumes
des lieux.

Ce droit eft certainement royal par fa
nature. Tout ce qui n'appartient point
aux particuliers, appartient au public;
c'eft une vérité évidente par elle-même :
& comme c'eft le prince qui repréfente le
public dans les monarchies, c'eft à lui feul
auffi que doivent être déférés tous les biens
vacans; biens auxquels les jurifconfultes
Romains ont donné un nom fort propre à
en exprimer la nature, en les appelant
*des biens qui n'ont point de maîtres.* C'eft-
à-dire, qui n'ayant point de maître particulier, ne peuvent avoir pour maître
que la fociété, qui dans les états monarchiques eft repréfentée par le fouverain.

Tels font les biens de ceux qui ne
laiffent point d'héritiers après leur mort;
comme ils ne font dans le domaine privé
de perfonne, ils fe réuniffent de plein
droit à la feigneurie publique, faute de
propriétaire particulier qui puiffe les recueillir.

Auffi, tant qu'on a fuivi des principes fi
fimples & fi naturels, on n'a jamais douté
que les biens vacans n'appartinffent au
fifc du prince ou de la république. Les
lois Romaines font pleines de décifions
fur cette matière.

Le droit, ou plutôt l'abus des fiefs, a
obfcurci la clarté de ces premières notions d'une faine jurifprudence.

Dans l'affoibliffement de l'autorité
royale, dans le défordre & la confufion
des guerres publiques & particulières,
qui agitèrent le royaume vers la fin de
la deuxième race & le commencement
de la troifième ; les feigneurs particuliers
ufurpèrent une portion de la puiffance
publique : on chercha à couvrir l'ufurpation par les principes de la jurifprudence
féodale : on crut que pourvu que tout
ce dont les feigneurs s'étoient emparés
fur l'autorité royale, lui fût porté en
fief, l'attentat étoit fuffifamment réparé,
& que la puiffance publique pouvoit appartenir à des particuliers en propriété,
dès le moment qu'ils en faifoient hommage
au fouverain.

Ainfi les droits de la couronne commencèrent à devenir le patrimoine de fes
vaffaux; & comme ils participent à la
feigneurie & à la puiffance publique, il
n'eft pas furprenant qu'ils aient entrepris
d'en recueillir les fruits, comme le droit
de déshérence, & beaucoup d'autres dont
il feroit inutile de faire ici une longue
énumération.

Le droit de déshérence a donc perdu
fa nature primitive, & de royal qu'il
étoit, il eft devenu feigneurial ; fi le Roi
en jouit encore, ce n'eft que dans les
terres dont il eft feigneur, & comme
feigneur. De-là, l'arrêt du confeil du 4
février 1749, qui a jugé que les engagiftes des biens domaniaux devoient
profiter des déshérences échues dans leurs
hautes-juftices, à l'exclufion du fermier
des domaines ( 1 ).

Il y a cependant des perfonnes à qui
le Roi feul fuccède encore à titre de
déshérence, du moins quant à leurs meubles : ce font les titulaires des bénéfices
confiftoriaux. L'article 1 de l'arrêt du
confeil du 25 octobre 1754 eft précis
là-deffus.

### §. V. *Du droit de bâtardife.*

Dans la pureté des principes, il n'y a
aucune différence entre le droit dont on

_____

(1) Dictionnaire des domaines, au mot *Déshé-*
*rence.*

vient de parler, & celui de bâtardise. La succession du bâtard qui ne laisse point d'enfans nés en légitime mariage, est vacante comme celle qui tombe en déshérence : elle devroit donc, comme elle, appartenir au public, c'est-à-dire, au souverain ; & c'est ce que les docteurs ont très-bien exprimé par un terme barbare, mais énergique, lorsqu'ils ont dit que le fisc occupoit les biens du bâtard, *per annihilationem personæ*, c'est-à-dire, par l'anéantissement d'un possesseur qui ne laisse aucun droit après lui, enforte qu'il ne reste pas même la moindre trace de sa propriété particulière.

L'anarchie féodale occasionna de la part des seigneurs les mêmes entreprises sur ce droit, que sur celui de déshérence. Elle leur donna même un titre de plus, pour prétendre à la succession des bâtards, car elle réduisit ces derniers à la condition servile (1), & les principes vouloient qu'un serf ne pût avoir d'autre héritier que son maître.

Aussi voyons-nous que dans le treizième siècle, on regardoit le droit des seigneurs de succéder aux bâtards, comme une maxime de droit commun. C'est ce que prouve un arrêt solemnel rendu au parlement de la Pentecôte de l'année 1267, au profit du comte de Blois. Ce seigneur s'étoit plaint de ce que le bailli d'Orléans l'empêchoit de jouir du droit de bâtardise dans l'étendue de son comté, quoique les bâtards lui appartinssent de droit commun. Le bailli d'Orléans soutenoit de son côté que le Roi étoit en possession immémoriale, de recueillir les successions des bâtards dans toute l'étendue de son bailliage. On ordonna qu'il seroit informé de cette possession ; & la preuve s'étant trouvée favorable au comte de Blois, la cour lui adjugea tous les

bâtards de son comté, d'autant plus, ajoute cet arrêt, qu'il avoit le droit commun pour lui, *maximè cùm pro se jus commune habeat.*

Au commencement du quatorzième siècle, les gens du Roi ayant voulu troubler les religieux du prieuré de saint-Martin-des-Champs, dans l'usage où ils étoient de succéder aux aubains & aux bâtards, ces religieux furent admis par un arrêt du parlement, à faire preuve de leur possession ; ils la prouvèrent en effet, & par un arrêt de l'année 1306, la cour les maintint dans cette possession ; mais parce que son intention étoit de ne juger que le possessoire, & qu'alors on respectoit toute possession, quelque vicieuse qu'elle pût être dans son origine, on leva d'un côté la main du Roi, & l'empêchement que ses officiers avoient apporté à la jouissance des religieux ; mais de l'autre, on réserva en entier les droits de la propriété en faveur du Roi, *salvâ nobis super hoc conquestione proprietatis.*

On trouve un pareil arrêt rendu l'année suivante en faveur de l'abbaye de sainte-Geneviève. Il donne également la provision aux religieux, sur le fondement de leur possession ; mais il réserve au Roi le droit de faire juger la question au fond ; *salvâ de prædictis quæstione domino Regi.*

Ainsi on accordoit au temps ce qu'on ne pouvoit lui refuser ; on donnoit aux seigneurs une provision que leur pouvoir & l'état du royaume ne permettoient pas de leur contester ; mais on laissoit au Roi la liberté de faire valoir un jour ses droits, & de rétablir la pureté des anciennes maximes, dans des temps plus tranquilles, & dans des conjonctures plus favorables à l'autorité souveraine.

Il paroît même que dès lors il y avoit beaucoup d'endroits où la possession étoit du côté du monarque. Peu de temps avant les arrêts qu'on vient de rapporter, on s'étoit plaint de toutes parts des vexations que les collecteurs des droits de main-morte, d'aubaine & de bâtardise, exerçoient dans

---

(1) Etablissemens de saint Louis, liv. 1, chap. 95 ; Boutellier, somme rurale, liv. 1, chap. 103 ; ancienne coutume de Hainaut, chap. 85.

le royaume ; ce n'étoient pas seulement les sujets du Roi qui en souffroient, le préjudice s'en faisoit sentir au Roi même : *in grave subditorum nostrorum damnum & dispendium, ac etiam in diminutionem eorum quæ ad nos debent pertinere.* C'est ainsi que le Roi Philippe-le-Bel s'exprime dans un arrêt de 1301.

Comme on étoit encore forcé de déférer à des usages que le souverain n'étoit pas en état de réformer, il fut ordonné par cet arrêt, qu'il seroit fait des enquêtes sur le fait de la possession, & que cependant les biens des bâtards & des aubains décédés dans le territoire des seigneurs hauts-justiciers, seroient mis dans la main du Roi comme main souveraine, jusqu'à ce que le parlement eût prononcé sur les preuves.

Peu de temps après, en 1315, on vit paroître une ordonnance de Louis-Hutin, dont l'article 4 restreignit aux bâtards nés de femmes serves, la possession dans laquelle étoient les seigneurs hauts-justiciers de la province de Champagne, de succéder indistinctement aux enfans illégitimes qui mouroient dans leurs terres.

Cette ordonnance fut suivie d'une autre que Charles VI porta pour la même province, le 5 septembre 1386. Le Roi y déclare qu'il a été reconnu dans son conseil, après un long examen des lois & usages de son comté de Champagne, que c'étoit à lui seul qu'appartenoient tous les biens, meubles & immeubles des bâtards & des aubains, en quelque lieu qu'ils vinssent à décéder, si ce n'étoit qu'ils fussent nés de femmes serves du seigneur.

Cette loi, particulière à la Champagne, ne nous apprend pas quelles étoient alors les prétentions respectives du Roi & des seigneurs dans les autres provinces. Mais en lisant ce qu'écrivoit dans ce temps-là l'auteur du grand coutumier, il semble qu'un seigneur ne pouvoit succéder aux bâtards que dans le concours de trois cas ; c'est-à-dire, lorsqu'ils étoient nés, qu'ils

avoient été domiciliés, & qu'ils étoient morts dans sa terre (1).

Cependant, comme dans la somme rurale qui est à-peu-près du même-temps, le droit des seigneurs paroît encore conservé dans son entier, il y a lieu de croire que l'auteur du grand coutumier n'a pas rapporté une maxime générale, mais seulement parlé de l'usage de Paris où il écrivoit, & que dans les autres endroits, il n'y avoit rien de réglé entre le Roi & les seigneurs.

Lorsque dans la suite on procéda à la rédaction de nos coutumes, on ne s'arrêta qu'au fait : le fond du droit ne fut point examiné.

Dans les lieux où la possession fut favorable au Roi, ou, ce qui est la même chose, aux ducs & comtes auxquels il a succédé, on voit les coutumes mettre sans distinction le droit de bâtardise au nombre des droits régaliens, & en adjuger au souverain tout le profit. Telles sont la Marche, article 234 ; Sedan, article 198 ; Chauny, article 46, & Bourgogne-duché, titre 8, article 1.

Dans d'autres lieux, on trouva les seigneurs en pleine possession du droit de bâtardise, & les rédacteurs des coutumes le leur laissèrent sans modification ni réserve. Ces coutumes sont Artois, article 9 ; Hainaut, chapitre 126, article 2 ; Montreuil, article 21 ; Saint-Pol, titre 2, article 2 ; Ponthieu, article 17 ; la Salle de Lille, article 25 ; Melun, article 301 ; Cambrai, titre 12, article 12.

Dans d'autres lieux, on trouva le droit des seigneurs plus limité par la possession ; & il parut qu'ils ne l'exerçoient au préjudice du Roi, que lorsque les bâtards étoient nés dans leurs terres, & que leurs biens y étoient assis, ou lorsque les bâtards étoient nés ou décédés dans leur territoire ; ou enfin, lorsqu'ils y étoient nés, domiciliés & décédés, qui est ce

_____

(1) Liv. I, chap. 3.

qu'on

qu'on appelle le concours des trois cas ; & c'est ce qui a produit encore trois sortes de coutumes.

Les unes, comme celle de Vermandois, article 6, où il faut que le bâtard soit né dans la terre du seigneur, & qu'il y ait ses biens pour autoriser la prétention du seigneur.

Les autres, comme celles de Meaux, article 30, & d'Amiens, article 250, qui n'adjugent le droit de bâtardise au seigneur, qu'à l'égard des bâtards nés & décédés dans son territoire.

Les dernières, comme celles de Mantes, article 177 ; de Châlons, titre 4, article 12 ; de Bar, article 126, où le concours des trois cas est absolument nécessaire.

C'est une grande question si les dispositions de ces différentes coutumes doivent être suivies en ce qu'elles ont de contraire aux droits du Roi.

Tous les auteurs conviennent de l'affirmative par rapport à celles qui exigent le concours des trois cas ; & il ne paroît pas que depuis qu'on les a rédigées, on ait disputé le droit de bâtardise aux seigneurs qui avoient ce concours en leur faveur.

Mais il y a plus de difficulté pour les autres coutumes. Bacquet (1), & un grand nombre d'autres jurisconsultes, soutiennent qu'elles sont sans force & sans pouvoir, & qu'un seigneur ne peut en invoquer les dispositions, pour s'approprier, à l'exclusion du Roi, les successions des bâtards qui n'ont pas tout-à-la-fois pris naissance, fixé leur domicile & fini leurs jours dans sa terre.

Cette opinion a été confirmée par un arrêt solemnel, rendu à la grand'-chambre du parlement de Paris, le 9 mai 1716. Il s'agissoit de savoir si l'article 474 de la coutume de Bretagne, qui donne les meubles d'un bâtard au seigneur de son domicile, *combien qu'il mourût en autre bien*, devoit être exécuté, & si en conséquence le seigneur de Saint-Giles qui réclamoit la succession d'un bâtard domicilié dans sa terre & mort à Paris, devoit être préféré au sieur de Cancer de Pignan, donataire du Roi. L'affaire fut instruite avec le plus grand éclat ; les états de Bretagne intervinrent pour soutenir leur coutume, & M. le procureur-général d'Aguesseau pour défendre le droit du Roi ; enfin, après la discussion la plus approfondie de tous les principes & de toutes les autorités dont on faisoit usage de part & d'autre, il intervint arrêt, au rapport de M. Dréux, qui adjugea la succession au donataire du Roi.

Quelque imposantes que soient les autorités dont cette opinion est étayée, elle ne laisse pas d'être combattue par Dumoulin sur la coutume du Maine, article 48, & sur celle d'Anjou, article 41 ; par Duplessis & Bourjon sur celle de Paris, article 167 ; par l'Hoste sur celle de Lorrys, chapitre 15, article 5 ; par d'Argentré sur Bretagne, article 446 ; par Chopin, Dupineau & de l'Hommeau sur Anjou, article 41 ; par la Thaumassière sur Berry, page 619 de l'édition in-folio ; par Coquille dans ses institutions au droit François, titre des bâtards ; par Pocquet de Livonière, traité des fiefs, livre 6, chapitre 4 ; par Loyseau, des seigneuries, chapitre 12, nombre 100 ; par le Brun, des successions, livre 1, chapitre 1, section 4 ; par Dumées, dans la préface de son traité des droits féodaux ; par Constant sur l'article 299 de la coutume de Poitou, &c.

Il y a même des arrêts qui ont confirmé cet avis. Pocquet de Livonière en rapporte un du 17 mai 1695, rendu à Paris à la quatrième chambre des enquêtes. Il seroit aisé d'en citer un plus grand nombre ; mais voilà assez d'autorités pour faire voir que les deux opinions réunissent à-peu-près autant de suffrages l'une que l'autre ; & qu'ainsi

---

(1) Des droits de justice, chap. 23 ; du droit de bâtardise, chap. 3.

l'on n'a point à craindre de passer pour amateur de paradoxes, en examinant de nouveau la question.

Il est même à remarquer que l'arrêt du 9 mai 1716, a perdu beaucoup de son autorité depuis qu'il en est intervenu un autre au conseil, le premier juillet 1737, par lequel, avant faire droit sur la demande de l'inspecteur-général du domaine, à ce qu'il fût décidé par forme de réglement, que dans la coutume de Bretagne, de même que dans le reste du royaume, les successions des bâtards décédés sans enfans & *ab intestat*, appartiendroient au Roi, à moins que les trois cas ne concourussent; il a été ordonné que les pièces & mémoires, tant de cet officier que des états de Bretagne, seroient remis entre les mains de M. le contrôleur-général des finances, pour y être pourvu par le Roi ainsi qu'il appartiendroit.

Il ne paroît pas que la décision promise par cet arrêt ait encore été portée. Ainsi entrons sans scrupule dans l'examen de la question.

Le principe de Bacquet est que les coutumes ne peuvent préjudicier au Roi. Bacquet a raison; mais la conséquence qu'il tire de là n'est pas juste.

Si les dispositions des coutumes qui défèrent aux seigneurs les bâtardises, étoient la source primitive des droits de ceux-ci, on ne devroit sans doute y avoir aucun égard, parce qu'il n'est pas au pouvoir des trois états d'une province ou d'une ville, de préjudicier aux intérêts du Roi, en insérant dans leurs lois municipales, des articles contraires au droit commun. Mais ce ne sont pas les rédacteurs des coutumes qui ont attribué aux seigneurs les bâtardises échues dans leurs terres, ils n'ont fait que déclarer des droits qu'ils voyoient établis par une possession constante, paisible, & de laquelle l'arrêt de 1301 avoit fait tout dépendre en cette partie.

Ainsi, la question n'est pas de savoir

si les coutumes excèdent leur autorité en privant le Roi des bâtardises qui échoient dans leurs territoires ; mais si les seigneurs peuvent se faire un titre contre le Roi, de la possession dans laquelle ils peuvent être à cet égard.

Pour établir l'affirmative, je n'allèguerai pas, comme Dumées, l'article 6 de la coutume de Vermandois, qui donne au Roi la succession des bâtards hors du concours de la naissance & de la situation des biens de ceux-ci dans les terres des seigneurs , *sinon que les seigneurs soient fondés de titres ou privilèges au contraire, ou de possession immémoriale équipollente à titre.* Quelque exacte que paroisse cette disposition, elle ne doit être ici d'aucune considération, parce qu'elle ne peut d'elle-même préjudicier aux droits du Roi : il faut donc remonter aux vrais principes de la matière, & faire voir que la disposition dont on vient de parler y est absolument conforme.

On prétend que le droit de bâtardise est de sa nature un droit régalien, & par là même inaliénable & imprescriptible.

On ajoute que les seigneurs ne l'ont jamais possédé que par usurpation; & de ces deux points, l'un de droit, l'autre de fait, on conclut que le Roi est fondé à se l'approprier, même hors du concours des trois cas, dans toutes les coutumes qui le défèrent indistinctement aux seigneurs.

Reprenons toutes les parties de cette objection. Le droit de bâtardise est régalien par sa nature ; j'en conviens, & cela résulte évidemment du principe que tout ce qui n'appartient point aux particuliers, doit appartenir au public représenté par le prince. Mais il y a deux sortes de droits régaliens, les uns caractérisent essentiellement la souveraineté, & les autres n'en dérivent que secondairement.

De la première espèce, sont les droits de faire battre monnoie, de rendre la justice en dernier ressort, de faire la paix & la guerre, de traiter par ambassadeurs avec les autres puissances, de légitimer les bâtards, de naturaliser les aubains, &c.

Dans la seconde classe, sont les droits, qui, à la vérité, appartenoient exclusivement au Roi avant l'établissement des fiefs & du gouvernement féodal, mais qui ne sont pas tellement attachés à la royauté qu'ils n'en puissent être séparés. Tels sont la confiscation, la deshérence, les amendes de police, l'administration de la justice contentieuse à la charge de l'appel, & je puis sans doute ajouter la succession des bâtards : car il faut distinguer la légitimation d'un bâtard d'avec le droit de lui succéder. L'une, est une dispense des loix de l'état, & conséquemment elle n'appartient qu'au législateur : l'autre, est un droit purement utile & si peu attaché par sa nature à la souveraineté, qu'en plusieurs endroits les parens collatéraux des bâtards leur succèdent, à l'exclusion du fisc, conformément aux lois romaines. En un mot, il faut faire la même différence entre le droit de légitimer un bâtard & celui de recueillir sa succession, que celle qu'on fait entre le droit de condamner souverainement un criminel à mort ou de lui faire grâce, & celui de confisquer ses biens. Le Roi seul peut prononcer contre un coupable une condamnation sans appel, ou lui donner des lettres de rémission. Mais les seigneurs jouissent par-tout sans le moindre trouble de la confiscation qui est la suite de la condamnation.

Après cette distinction, dira-t-on encore que le droit de bâtardise est inaliénable & imprescriptible ? Mais si l'on admet l'inaliénabilité & l'imprescriptibilité pour le droit de bâtardise, il faut aussi l'admettre pour les autres droits régaliens de la seconde classe, & par conséquent il faut non-seulement dépouiller les seigneurs des plus beaux attributs de leurs fiefs, tels que la deshérence, la confiscation, l'administration de la justice, mais il faut leur ôter jusqu'à leurs fiefs même ; car soit que les inféodations

aient été formées par la possession ou par la volonté des souverains, elles sont certainement contraires aux principes de l'inaliénabilité & de l'imprescriptibilité du domaine.

Gardons-nous donc de confondre les attributs *primaires* & essentiels de la souveraineté, avec les droits utiles & secondaires qu'elle produit. Les premiers sont sans contredit inaliénables de la part des Rois, & imprescriptibles de la part des seigneurs : mais les autres peuvent, comme l'expérience nous le prouve, appartenir à des seigneurs en vertu d'une concession ou d'une possession dont l'origine se perd dans l'antiquité des temps. C'est sur-tout aux droits de cette dernière espèce qu'on peut appliquer une réflexion bien judicieuse de Dumées : « Il ne convient pas » toujours (dit-il dans la préface de son » traité des droits féodaux) de remonter » trop scrupuleusement jusqu'à l'origine » des droits que nous voyons établis. La » critique qui ne doit avoir d'autre objet » que de dévoiler les erreurs vulgaires, » & qui dégénère en satyre dès qu'elle » passe les bornes qui lui sont prescrites, » n'épargneroit pas même les droits les » plus sacrés & les plus inviolables de » la souveraineté. Les siècles qui se suc- » cèdent donnent une face favorable aux » révolutions, & légitiment en quelque » manière des droits que dans le prin- » cipe on pourroit envisager comme sus- » pects & équivoques, mais dont le ren- » versement porteroit un coup violent » à l'ordre public, qui fait une loi su- » prême. »

Tous les auteurs qui ont embrassé le système de Bacquet, conviennent unanimement que les seigneurs ont valablement prescrit le droit de bâtardise dans le concours des trois cas, c'est-à-dire, lorsque le bâtard est né, a été domicilié & a terminé ses jours sur leurs terres. Si cependant ce droit étoit essentiellement régalien, s'il formoit un des attributs exclusifs de la souveraineté, il ne seroit pas moins imprescriptible dans ces circonstances que dans d'autres, parce qu'un attribut inséparable de la couronne, ne pourroit appartenir à un seigneur, que dans le cas où le seigneur deviendroit Roi. Si donc on reconnoît que le droit de bâtardise a pu être prescrit sous certaines coutumes, dans le cas où les trois conditions concourent ensemble, on doit également reconnoître que sous d'autres coutumes, il a pu être prescrit purement & simplement; car la prescriptibilité une fois admise, l'étendue de ses effets dépend du plus ou du moins de possession de chacun des seigneurs, suivant la maxime, *tantùm præscriptum quantum possessum,* & ce plus ou moins doit naturellement essuyer autant de variations qu'il y a de pays.

Des raisons si puissantes suffiroient certainement pour ne laisser aucun doute sur la validité des coutumes qui attribuent indistinctement le droit de bâtardise aux seigneurs. Mais pour ne rien omettre dans une matière de cette importance, je vais parcourir les autres objections des partisans du système contraire.

M. le Febvre de la Planche prétend que ces coutumes sont vicieuses, pour trois raisons; 1°. parce qu'elles ont formé un droit de ce qui n'étoit qu'une possession; 2°. parce qu'elles ont conservé un reste du droit de servitude, dont l'abolition doit en entraîner avec soi toutes les suites & les effets; 3°. parce qu'elles ont conservé le droit de bâtardise aux seigneurs, quoiqu'elles aient reconnu que le droit d'aubaine qu'ils avoient usurpé en même-temps & par les mêmes degrés, ne pouvoit appartenir qu'au Roi.

La première de ces raisons, trouve sa réponse dans la maxime *ex possessione jus oritur.*

Quant à la seconde, il y a deux réponses. 1°. Il n'est pas vrai que l'abolition de la servitude doive en entraîner avec soi toutes les suites & les effets. Les droits de corvées, de meilleur cattel,

de morte-main, de taille à volonté, de formariage, sont bien sûrement des vestiges de la servitude féodale; cependant ils subsistent dans plusieurs provinces sans la moindre contradiction. 2°. La servitude ôtée, il reste encore une cause pour attribuer aux seigneurs le droit de bâtardise, & cette cause est la même que celle dont ils tirent le droit de deshérence. En effet, pourquoi un seigneur succéde-t-il à des biens qui se trouvent vacans par le défaut d'héritiers? C'est parce que tout ce qui n'a pas de propriétaire est censé appartenir au public, & que chaque seigneur exerce dans son territoire tous les droits que les lois Romaines attribuent au public, tels que ceux de la chasse, de la pêche, des épaves, &c. Or, c'est précisément pour la même raison que le Roi, en certains endroits, & le seigneur en d'autres, succède aux bâtards. *Non enim,* dit d'Argentré sur l'article 447 de l'ancienne coutume de Bretagne, *persona hoc casu succedit, sed bonis, nec capit à defuncto, sed relicta sine hærede occupat jure fisci.... Et hoc per annihilationem & suppressionem personæ... neque enim jure transmisso à persona in personam, sed jure caduco & deserto fiscus succedit, nec causam habet à bastardo, etsi in locum ejus activè & passivè succedat.*

A cette raison, qui sert également pour prouver que le droit d'aubaine est attribué légitimement aux seigneurs par les chartes générales, & par plusieurs autres coutumes, & qui par là, sert de réponse à la troisième objection de M. le Febvre de la Planche, à cette raison, dis-je, M. Boullenois oppose une différence qu'il croit appercevoir entre le droit de bâtardise & celui de deshérence: voici comme il s'explique dans la dixième de ses questions mixtes: « Il n'en est pas des » biens des bâtards comme de ceux qui sont » vacans; ceux-ci, à défaut de propriétaires » reconnus, appartiennent aux seigneurs » haut-justiciers, d'abord à titre de garde » & de dépôt, & les seigneurs sont dans

» l'obligation de les conferver un certain
» temps pour les rendre en cas de ré-
» clamation légitime ; mais ceux des bâ-
» tards & des aubains appartiennent au
» Roi, à raison de leur perfonne ».

Conçoit-on comment des biens vacans
par deshérence, pourroient tomber entre
les mains d'un feigneur à titre de dépôt, &
y refter à titre de propriété? Un dépofitaire
ne prefcrit par aucun laps de temps, attendu
que la poffeffion a commencé par un titre
incapable de le rendre propriétaire, & que
*nemo poteft fibi mutare caufam poffeffionis.*
Conféquemment fi c'étoit en qualité
de gardien & de dépofitaire qu'un feigneur haut-jufticier prit les biens vacans par deshérence, il pourroit même,
au bout d'un fiècle entier de poffeffion,
être contraint de les remettre à des héritiers qui feroient connoître leurs droits ;
& cependant, c'eft une maxime univerfellement reçue, qu'il ne peut plus être in-
quiété après trente ans. Il faut donc convenir que ce n'eft point à titre de garde qu'il
fuccède ; mais comme étant aux droits du
public, & comme exerçant la puiffance
(*imperium*) qui conftitue la haute-juftice.

Mais que veut dire M. Boullenois,
lorfqu'il prétend que les biens des bâtards
retournent au Roi, à raison de leur perfonne ? Veut-il nous faire entendre que
le bâtard ne mourant fans héritiers légitimes, qu'à caufe que les lois du prince
rendent fes afcendans & fes collatéraux
incapables de lui fuccéder, il feroit contre
les règles que l'effet & le profit de ces lois
appartînt à d'autres qu'à leur auteur ? Mais
lorfque pour un des crimes défignés par
l'art. 11 du tit. 1 de l'ordonnance de 1670,
fous le nom de cas royaux, un homme eft
condamné à mort par un juge royal, ce n'eft
point le Roi, mais le feigneur haut-jufticier
qui profite de la confifcation de fes biens.
Lorfqu'un régnicole né en mariage légitime, ne laiffe à fon décès qu'un parent engagé dans l'état monaftique, la deshérence
caufée par une loi du prince qui défend aux
religieux profès de fuccéder, n'appartient

pas au prince, mais au haut-jufticier. Il n'y
a donc pas d'inconféquence à faire profiter
aux feigneurs plutôt qu'au Roi, l'incapacité
dans laquelle fe trouvent les parens d'un
bâtard relativement à fa fucceffion.

Ce n'eft pas néanmoins que je veuille
affimiler entièrement le droit de deshérence à celui de bâtardife : ils diffèrent
l'un de l'autre, en ce qu'il y a ouverture au
premier, parce que le défunt ne laiffe
aucun parent, & au fecond, parce que
le défunt ne laiffe que des parens inhabiles
à lui fuccéder. Mais cette différence ne
change rien aux droits des feigneurs,
puifqu'on vient de voir que ces droits
font les mêmes dans le cas d'un défaut
abfolu de parens quelconques, que dans
celui d'un défaut de parens habiles à
fuccéder.

Auffi voyons-nous que le Brun, Dupleffis & Bourjon aux endroits cités plus
haut, étendent au droit de bâtardife fur
lequel la coutume de Paris eft muette,
la difpofition qu'elle renferme, article
167, fur celui de deshérence. Bourjon
s'explique là-deffus en termes très-éner-
giques. « La bâtardife dit-il, forme né-
» ceffairement une déshérence, puifque le
» bâtard ne peut avoir aucun héritier légi-
» time : de-là il fuit que les biens du
» bâtard appartiennent au haut-jufticier....
» fon incapacité à avoir héritiers légitimes
» faifant vraie deshérence ».

Nous devons cependant obferver que
ce raifonnement n'eft pas jufte pour la
coutume de Paris. Le filence qu'elle garde
fur le droit de bâtardife, doit recevoir
fon interprétation par l'ufage qui avoit
lieu dans la capitale avant la rédaction
de cette loi, & comme on l'a vu plus
haut, le grand coutumier qui a paru fous
Charles VI, prouve clairement que cet
ufage renfermoit dans le concours des
trois cas, tous les droits des feigneurs fur
les bâtardifes. Auffi n'y a-t-il pas d'exemple
bien conftaté que les feigneurs aient obtenu
la fucceffion des bâtards dans la coutume

de Paris, lorfque les trois cas ne concou-
roient pas enfemble.

Il a même été jugé tout récemment
qu'ils n'y ont aucun droit hors de ce concours. La demoif. de Premard, domiciliée
à Paris, avoit une maifon de campagne
confidérable à la Vilette, dont les prêtres
de faint Lazare font feigneurs hauts-
jufticiers. Elle eft décédée *ab inteflat* en
1780. Une fentence de la chambre du
domaine a adjugé fa fucceffion au Roi,
à titre de bâtardife. Les officiers du domaine ayant été, par fuite, appofer
les fcellés dans la maifon de campagne de
la demoifelle de Premard, les prêtres de
faint Lazare s'y font rendus oppofans,
& ont prétendu que la maifon de campagne
& tous fes acceffoires devoient leur appartenir à titre de deshérence, conformément à l'article 167 de la coutume
de Paris. Ils ont en même temps formé
oppofition à la fentence de la chambre
du domaine, en ce qu'elle adjugeoit indéfiniment au Roi toute la fucceffion. Par
fentence du 28 décembre 1780, les
prêtres de faint Lazare on été déboutés
de leur oppofition. Ils en ont appelé;
mais inutilement. Un arrêt du 2 août
1782, au rapport de M. l'abbé Pommier,
a confirmé la fentence, & décidé par conféquent la queftion en faveur du Roi (1).

On fent bien que cet arrêt ne peut
avoir d'influence fur les coutumes qui
accordent expreffément le droit de bâtardife aux feigneurs, fans le foumettre à
la condition du concours des trois cas.
La queftion eft donc encore entière pour
ces coutumes; & d'après les raifons développées ci-deffus, il ne doit y avoir
aucune difficulté à la décider en faveur
des feigneurs.

Ne concluons cependant point de là
que le droit de bâtardife foit toujours
feigneurial. Non, il eft royal par fon
effence primitive, on l'a prouvé plus haut,
& quoiqu'il perde ce caractère dans la
perfonne des feigneurs, il ne laiffe pas
de le conferver dans la perfonne du Roi,
lorfque c'eft à fa majefté qu'il appartient.

De là, deux arrêts remarquables; l'un
du 16 janvier 1630, qui a jugé fur les conclufions de M. l'avoyat-général Bignon,
que le droit de bâtardife appartenant
au Roi, ne paffoit point à l'engagifte (1);
l'autre du 14 feptembre 1701, par lequel il a été décidé que ce droit n'avoit
pu être compris dans la conceffion que fa
majefté avoit faite en 1664 à la compagnie
des Indes (2).

### §. V I. *Du droit d'aubaine.*

Le droit d'aubaine, c'eft-à-dire, le droit
auquel eft foumis en France tout étranger
à qui le Roi n'a pas accordé des lettres de
naturalité, a deux objets différens : l'un
concerne les taxes qui s'impofent quelquefois fur l'étranger ; l'autre eft relatif à fa
fucceffion.

Sous le premier afpect, le droit d'aubaine
eft certainement royal, puifqu'il n'appartient qu'au Roi de lever des impôts dans
fon royaume.

La première loi qu'on trouve fur les
taxes dont il s'agit, a été portée par
Henri III, en 1587. Ce prince ordonna
que tous les marchands, banquiers &
courtiers étrangers, réfidans en fon
royaume, feroient obligés de prendre des
lettres qui leur tiendroient lieu de naturalité, en payant la fomme à laquelle ils
feroient taxés (3).

Louis XIII ordonna pareillement par
fon édit du mois d'avril 1612 & fa déclaration du 26 janvier 1639, que tous les
étrangers où chacun de leurs premiers defcendans, payeroient une taxe.

Louis XIV a fait publier plufieurs dé-

---

(1) Répert. de jurifprud, au mot *Succeffion.*

(1) Journal des audiences, liv. 2, chap. 50;
Bardet, tom. 1, pag. 430.
(2) Dictionn. des dom. au mot *Bâtardife.*
(3) Cet arrêt eft cité dans la déclaration du
26 janvier 1639.

clarations semblables en janvier 1646, mai 1656 & juillet 1697, & par arrêt du 27 janvier 1711, le conseil a ordonné que ceux qui ne satisferoient pas au payement, demeureroient déchus des lettres de naturalité qu'ils avoient obtenues.

Sous le second aspect, le droit d'aubaine est également royal par sa nature, parce qu'un étranger n'ayant point d'héritiers en France, sa succession se trouve vacante & conséquemment déférée à la puissance publique.

Mais, comme on l'a dit, en parlant des droits de deshérence & de bâtardise, l'affoiblissement de la monarchie vers la fin de la seconde race, introduisit une nouvelle jurisprudence pour les biens vacans, & les fit regarder comme des fruits de la seigneurie féodale. On a vu ci-devant par l'arrêt de 1301, que tel étoit alors, relativement à l'aubaine, l'état d'une grande partie du royaume.

Cependant l'autorité royale reprit peu à peu le dessus, & lorsque nos coutumes furent rédigées, il se trouva très-peu de pays où la possession ne fût en faveur du Roi. Les seules lois municipales qui accordent aux seigneurs la succession des aubains, sont Hainaut, chapitre 127; Anjou, article 41; Maine, article 48; Dunois, article 16; Chabris, article 26; Selles, chapitre 3, article 6; Valençay, article 5; Sens, article 10; Auxerre, article 13; Lorris, article 471, & la Marche, article 378.

Ces coutumes sont-elles valables, & les seigneurs peuvent-ils les réclamer, on ne dit pas comme lois, mais comme preuves écrites d'une possession ancienne & immémoriale du droit d'aubaine? Nous ne croyons pas, d'après ce que nous avons dit par rapport au droit de bâtardise, que l'affirmative puisse souffrir le moindre doute dans l'esprit de tous ceux qui examineront la question sans préjugés. La multitude des auteurs qui ont enseigné le contraire, ne doit pas effrayer : on va

juger par un seul passage de Loyseau, jurisconsulte si profond & si judicieux, quand l'esprit de système ne lui sert pas de guide, à combien d'erreurs & de paradoxes on a été obligé de se livrer, pour établir que le droit d'aubaine ne pouvoit appartenir qu'au Roi, tandis que celui de deshérence appartient constamment aux seigneurs.

« Ce n'est point, dit cet auteur, qu'il » y ait vacance ou deshérence absolue » en l'étranger, qui ordinairement a ses » parens aussi bien que le naturel François; » ce n'est pas même que ces parens soient » empêchés de lui succéder par le droit de » nature, ou des gens; mais par la loi » particulière du royaume qui prive l'é- » tranger d'être héritier & de laisser » héritiers en France : loi qui regarde » la police générale de l'état, & partant, » appartient au Roi seul, comme faite » pour l'augmentation du royaume, non » pour accroître & avantager les seigneurs » particuliers ».

Raisonner ainsi, c'est fermer les yeux à la lumière des premiers principes. On n'a jamais cru que le droit de la nature ou des gens eût la moindre influence sur les matières de succession, & il n'y a point d'écolier en droit, qui ne sache que la loi civile nous donne & nous ôte seule la capacité active & passive de succéder. Dès-là, dire qu'il n'y a point de deshérence, lorsqu'un étranger meurt dans le royaume, parce que ses parens ne sont pas empêchés de lui succéder par le droit naturel ni par celui des gens, mais seulement par le droit particulier de l'état, c'est confondre toutes les notions. Quelle liaison y a-t-il d'ailleurs entre ce principe, *les aubains sont privés du droit de succéder par une loi émanée du souverain, & faite pour la police générale du royaume,* & la conséquence qu'on veut en tirer, *donc leur succession ne peut appartenir qu'au Roi?* C'est en vertu d'une loi du prince, & par des raisons de police, que les condamnés à mort sont regardés parmi nous, comme incapables de fuccéder & de tranfmettre leur fucceſſion ; ce n'eſt cependant pas au Roi , mais aux ſeigneurs , qu'appartient généralement la confiſcation de leurs biens. C'eſt par une loi émanée du trône , & faite , comme dit Loyſeau , pour l'augmentation du Royaume , que les religieux profès ſont inhabiles à ſuccéder à leurs parens ; cependant lorſqu'un homme en mourant ne laiſſe que des parens engagés dans le cloître , ce n'eſt point au Roi , c'eſt aux ſeigneurs que ſa fucceſſion eſt dévolue par droit de desherence.

On oppoſera peut-être que ce n'eſt que par des exceptions au droit commun que les ſeigneurs ſe ſont approprié les confiſcations & les desherences , & qu'ainſi on ne doit pas argumenter de là pour prouver qu'ils peuvent également recueillir les fucceſſions des bâtards & des aubains.

Tout ce qui peut réſulter de cette objection , c'eſt que la poſſeſſion dans laquelle ſeroit un ſeigneur relativement aux ſeuls droits de confiſcation & desherence , ne pourroit lui ſervir de titre pour ceux de bâtardiſe & d'aubaine , parce que ſuivant la maxime , *tantum præſcriptum quantum poſſeſſum* , tout eſt de droit étroit en matière de preſcription. Mais lorſque la poſſeſſion d'un ſeigneur s'étend juſqu'aux droits de bâtardiſe & d'aubaine , & que cette poſſeſſion eſt tout-à-la-fois prouvée & confirmée par une coutume , ou , ce qui mérite encore plus de conſidération , par une loi munie du ſceau de la ſanction légiſlative , comme en Hainaut (1) , pourquoi en empêcher l'effet , tandis qu'on reſpecte celles qui ont pour objet les droits de confiſcation & de desherence ?

Mais , dira-t-on , il eſt prouvé par le chapitre 31 du premier livre des établiſſemens de ſaint Louis , que dès le temps même de ce prince , les aubains ne pouvoient *avouer* d'autre ſeigneur que le Roi.

Donc il étoit reconnu dès lors qu'il ne devoit y avoir aucune relation entre les aubains & les ſeigneurs.

Deux réponſes. 1°. Les établiſſemens de ſaint Louis ne nous préſentent que la juriſprudence obſervée ſous ce prince , dans les provinces domaniales de la couronne , qui alors n'étoient pas en grand nombre ; & le chapitre cité fait lui-même connoître qu'il y avoit dans le royaume pluſieurs provinces où il en étoit uſé différemment.

2°. Il réſulte bien de ce chapitre que les étrangers qui avoient fait *aveu* au roi pour ſecouer le joug de la ſervitude dans laquelle les retenoient la plupart des ſeigneurs , ne pouvoient avoir après leur mort d'autre ſucceſſeur que le Roi lui-même. Mais cela ne prouve rien pour ceux qui n'avoient pas fait *d'aveu* de cette eſpèce , ni par conſéquent pour ceux que l'abolition de la ſervitude a diſpenſé par la ſuite , d'en faire à qui que ce fût. Auſſi avons-nous obſervé , que nonobſtant l'ordonnance de ſaint-Louis , l'arrêt rendu par Philippe-le-Bel en 1302 , a fait dépendre de la poſſeſſion le point de ſavoir à qui du ſouverain ou des ſeigneurs , appartenoit le droit d'aubaine dans chaque ſeigneurie , & que deux arrêts poſtérieurs , de 1306 & 1307 , ont maintenu dans la jouiſſance de ce droit , les religieux de ſaint Martin-des-Champs & de ſainte-Géneviève.

Objectera-t-on , avec le Febvre de la Planche , que le Roi ſeul peut naturaliſer les aubains ?

Nous répondrons avec le ſavant & judicieux annotateur de cet écrivain , que « c'eſt un foible argument , & nous le » prouverons par ſes propres termes : il » n'y a , dit-il , aucune conſéquence de la » qualité des étrangers dans l'ordre public, » à l'attribution au Roi ſeul des effets » que les étrangers laiſſent à leur décès. » Au contraire , cette qualité fait que » ces effets ſont biens vacans , ſujets aux » droits des ſeigneurs. Le Roi , comme ......... » ſouverain

---

(1) Ce qu'on appelle improprement la coutume de Hainaut , eſt une ordonnance des archiducs Albert & Iſabelle.

« souverain, met un étranger au niveau
» des citoyens, par une adoption formelle.
« C'est un acte de puissance, non de
» domaine, & de la puissance au domaine
» il n'y a rien à conclure ».

Croiroit-on qu'en raisonnant de la sorte,
l'annotateur de le Febvre de la Planche,
ait adopté la décision de son auteur ? C'est
cependant ce qu'il a fait ; mais sur quel
principe ? « Les mœurs & l'usage, dit-il,
» déterminent souverainement ce qui
» appartient aux droits régaliens, & ne
» peut être communiqué aux seigneurs.
» Ainsi le fait de la jurisprudence suffit,
» même contre le texte des coutumes ».

Nous pensons comme cet auteur, que
si la jurisprudence des arrêts est clairement
déterminée contre les coutumes dont il
s'agit, il n'y a plus rien à dire. Mais
où sont les preuves de cette jurisprudence ?
J'ai feuilleté tous nos arrêtistes anciens
& modernes, & il ne m'est pas tombé
sous la main une seule décision relative
aux coutumes qui accordent expressément
le droit d'aubaine aux seigneurs.

L'arrêt du 29 mars 1580, qui est
rapporté par Papon, livre 5, titre 2,
nombre 9, a été rendu dans une coutume
muette.

Celui du 5 février 1597, cité par
Bacquet, *du droit d'aubaine*, chapitre 28,
est intervenu dans la coutume de Nivernois, qui gardé pareillement le silence
sur la question.

Celui du parlement de Toulouse, du
8 mars 1628, qu'on trouve dans le
recueil de Cambolas, livre 5, chapitre
49, a été rendu pour le Languedoc, province qui n'a sur ce point ni loi, ni coutume particulière.

Pour les arrêts des 13 septembre 1595,
27 août 1626, 19 juillet 1709, & 2
septembre 1721, qui sont rapportés par
le Febvre de la Planche, Denizart &
l'auteur du dictionnaire des domaines, ils
ont seulement jugé que le droit d'aubaine
est incessible de la part du Roi, dans les
coutumes qui le refusent aux seigneurs,
soit expressément, soit par leur silence.
Encore est-il à remarquer que le contraire
a été décidé par un arrêt de 1569, en
faveur du chapitre de Cléry, (1) & par
celui qui a ordonné en 1648, l'enregistrement des lettres-patentes accordées à
M. le prince de Condé pour la cession du
droit d'aubaine dans le Clermontois (2).

Ajoutons qu'un arrêt du parlement de
Paris, du 30 juillet 1718, a déclaré valable
la disposition de l'article 40 de la coutume d'Artois, qui exempte tous les étrangers du droit d'aubaine. Cet arrêt rendu
en faveur du comte d'Arbery, Liégeois,
juge clairement que c'est par la coutume,
ou plutôt par la possession qu'elle prouve,
que doit se décider la question de savoir
si le droit d'aubaine a lieu ou non. Pourquoi
n'en seroit-il pas de même de la question
de savoir à qui ce droit appartient, lorsqu'il a lieu ?

Au reste, la dissertation que nous
faisons ici, n'a presque plus actuellement
d'objet. Les lumières & le commerce,
secondés par des traités réciproques entre
les différentes puissances, sappent à l'envi
ce mur terrible qui séparoit les nations des
nations. Il s'écroule de toutes parts. Puisse-
t-il n'en exister bientôt aucun vestige, &
faire place à une pratique constante &
universelle de ce beau précepte du législateur des Juifs, *peregrinum & advenam non
contristabis de rebus suis !*

## §. V I I I. *Des droits de distraction & de*
## *migration.*

On entend communément par le droit
de *distraction*, le droit en vertu duquel le
Roi distrait à son profit, par raison de ré-

(1) Chopin, *de domanio*, lib. 1, tit. 12,
n. 6; Carondas, sur le code; Henri, liv. 6,
tit. 9, art. 1.

(2) Journal des causes célèbres, prémière
époque, tom. 14.

ciprocité, une certaine partie des successions que recueillent dans ses états les sujets des princes étrangers, qui exercent le même droit dans les leurs.

Ce droit a été fixé par la plupart des traités d'abolition du droit d'aubaine, à cinq pour cent des capitaux exportés. Il a lieu dans tout le royaume, & par-tout il se perçoit au profit du Roi.

Le droit de *migration*, qui tire son origine des constitutions de l'empire d'Allemagne, est particulier à l'Alsace. Il consiste, dit Gœtzman (1), « dans le dixième » de la valeur des biens & effets qui sont » emportés hors du royaume, soit par les » Alsaciens, lorsqu'ils quittent la pro- » vince, soit par les étrangers qui y re- » cueillent des successions, soit enfin » dans le cas de vente, lorsque le prix » en passe à l'étranger. »

Ainsi le droit de migration a lieu dans trois cas différens, & la suite de ce paragraphe fera voir que dans un de ces cas, il prend quelquefois le nom d'*abzug* ou *distraction*.

On trouve dans le recueil des ordonnances d'Alsace, un arrêt du conseil souverain de Colmar, du 24 septembre 1756, qui établit deux points fort importans, relativement à la *migration*.

Le premier est, que la permission accordée par le Roi à un de ses sujets de sortir du royaume, & même d'emporter avec soi les biens qu'il y possède, ne dispense pas ce sujet du droit dont il s'agit.

Le deuxième, que de droit commun, cette espèce de tribut appartient au souverain.

De ces deux points, le premier n'a jamais été contesté, mais sur le second, il s'est élevé plusieurs difficultés. Différens seigneurs d'Alsace ont prétendu que le droit de migration leur étoit dû à

l'exclusion du Roi ; & ceux qui ont pu justifier qu'ils étoient effectivement en possession de le percevoir, y ont été maintenus par le conseil souverain de Colmar.

La nommée Ester Philippe, veuve de Samuel Weil, rabin des juifs de la haute Alsace, demeurant à Ribeauvillé, voulant se retirer en Hollande, où elle devoit se remarier, paya le droit de migration aux officiers de M. le prince de Deux-Ponts.

Cependant elle fut dénoncée à M. le procureur-général, sans doute par les commis du fermier des domaines, comme étant sur le point de sortir du royaume, sans avoir acquitté le droit de migration dû au Roi ; ce qui engagea ce magistrat à donner son réquisitoire, sur lequel le conseil rendit arrêt le 14 mai 1756, qui fit défenses à la veuve de sortir du royaume, sans qu'elle eût au préalable payé ce droit ; en conséquence, ordonna qu'elle en rapporteroit quittance, & pour sûreté permit de saisir tous ses biens.

Cette femme à qui cet arrêt fut signifié le même jour, se pourvut dès le lendemain 15 mai, au conseil souverain, où elle obtint arrêt, sur les conclusions de M. le procureur-général, par lequel il lui fut « permis de faire assigner M. le » duc de Deux-Ponts, pour se voir con- » damner à lui fournir moyens valables » pour faire débouter le domaine pour » raison du droit de migration prétendu » de sa part ; sinon & au cas qu'il ne le » pourroit, ou ne le voudroit, à rendre » & restituer les sommes perçues par ses » officiers pour raison dudit droit, aux in- » térêts du jour de la quittance & aux dé- » pens » ; & cependant par provision il lui fut donné acte des soumissions faites pardevant le greffier de Ribeauvillé, par trois juifs, ses fils & gendres ; en conséquence, elle fut reçue opposante à l'exécution de l'arrêt du 14 mai, il lui fut donné main-levée de toutes les saisies faites en vertu de ce jugement, & il lui fut permis de sortir du royaume & d'em-

(1) Traité du droit commun des fiefs, tom. 2, pag. 134.

porter les effets qu'elle jugeroit lui convenir.

M. le duc de Deux-Ponts ayant été assigné en vertu de cet arrêt, la cause fut portée à l'audience du conseil souverain de Colmar. La veuve juive, défenderesse au principal & demanderesse en garantie, exposa qu'elle ne pouvoit acquitter deux fois le droit dont il s'agissoit ; que s'il étoit dû au Roi, c'étoit à tort que les officiers de M. le duc de Deux-Ponts l'avoient exigé.

Le prince défendeur en garantie, dit qu'il ne pouvoit être tenu de rapporter ce qu'il avoit reçu, parce qu'il étoit en possession légale & en jouissance immémoriale du droit ; & comme il justifia pleinement cette possession par les comptes de sa terre, M. l'avocat-général Müller, qui porta la parole, comme demandeur aux fins du réquisitoire présenté le 14 mai 1756, n'hésita pas à déclarer qu'il se désistoit du bénéfice de l'arrêt qui avoit été rendu sur ce réquisitoire : sur quoi le conseil, par arrêt du 18 février 1757, donna acte à la défendresse du désistement du procureur-général : en conséquence, convertit l'arrêt du 15 du même mois en définitif ; & mit sur la demande en garantie les parties hors de cour. Ainsi il fut décidé que le prince de Deux-Ponts avoit bien & valablement perçu le droit de migration.

Voici une autre espèce, dans laquelle cette matière a été singulièrement approfondie.

Jacques Brechbühl, suisse du canton de Berne, fermier de la maison de Rosen à Pulversheim, dans la dépendance du marquisat de Bollwiller, épousa en première nôces Marie Conty, née comme lui en Suisse & dans le même canton. Il en eut une fille unique nommée Magdelaine, qui fut mariée au nommé Kehr, aussi Bernois ; ces deux derniers moururent à Pulversheim, où ils demeuroient chez leur père, & beau-père, & laissèrent une fille nommée Anne-Marie Kehr.

Marie Conty étant décédée, il fut procédé à la liquidation de la succession maternelle de sa petite fille.

Par l'inventaire qui fut dressé à cet effet, il apparut qu'il avoit été envoyé en Suisse & placé dans le canton de Berne une somme de 5625 livres. Le procureur fiscal du marquisat de Bollwiller, ayant représenté que cela étoit contraire aux ordonnances, à l'intérêt du seigneur, & même à celui de la pupille, il fut donné acte de ses protestations, qui n'eurent cependant aucun autre effet.

Jacques Brechbühl se maria en seconde noces avec Barbe Bürrin, aussi native du canton de Berne, & il décéda laissant deux enfans de ce second lit, nommés Jacques & Magdelaine, auxquels le juge des lieux établit pour tuteur, Christophe Allemann de Pulversheim.

Anne-Marie Kehr, qui avoit été emmenée en Suisse, y étant morte, les enfans du second lit furent ses héritiers.

La succession de Jacques Brechbühl, ayant été liquidée, elle se monta à 23349 livres 10 sous 7 deniers, dont il revint un tiers à sa veuve.

Les commis du fermier du domaine, croyant que cette succession étoit une aubaine, la firent saisir, mais ce fermier ayant été obligé d'abandonner cette prétention, il se rabattit à en demander le dixième, sous le nom de *droit de migration*, parce qu'il supposa qu'on avoit transporté en Suisse tous les effets délaissés par le défunt.

Il se déporta donc de ses saisies ; mais en même temps il déclara qu'il s'opposoit à toute délivrance de deniers, jusqu'à ce qu'il fût payé du *droit de migration*, tant pour la succession de Jacques Brechbühl, que pour celle de sa petite fille, morte en Suisse.

Il obtint en effet, le 6 mars 1749, une ordonnance de l'intendant, qui enjoignoit de communiquer au greffier de Bollwiller, une requête tendante à ce que cet officier fût tenu de lui donner copie des inventaires faits, pour lui être délivré le dixième du montant des deux succeſſions,

Sur ces entrefaites, la veuve Brechbühl déſirant s'établir à Mulhauſen avec ſes enfans, préſenta requête au bailli de Bolwiller, ſur laquelle il intervint une ordonnance du 7 mars 1749, portant permiſſion à cette veuve, de retirer & de prendre tout ce qui lui étoit échu par la liquidation de la ſucceſſion de ſon mari, & de s'établir avec ſes enfans à Mulhauſen. Quant aux biens de ces derniers, il fut ordonné qu'ils ſeroient adminiſtrés par Chriſtophe Allemann, leur tuteur, & l'argent comptant mis a intérêt, pour du tout être rendu compte pardevant le même juge ; *à charge par la même veuve de payer le droit de migration, ou de donner caution ſuffiſante pour raiſon d'icelui.*

Cette femme alla enſuite s'établir à Mulhauſen avec ſes enfans, où elle emporta ce qui lui revenoit de la ſucceſſion de ſon mari.

La requête du fermier des domaines, fut ſignifiée au greffier de Bollwiller, conformément à l'ordonnance de l'intendant ; mais le marquis de Roſen, de ſon côté, leva une commiſſion à la chancellerie établie près du conſeil ſouverain d'Alſace, pour contraindre les héritiers de Jacques Brechbühl & ſa veuve, à lui payer le dixième denier du prix des biens & effets qu'ils avoient tranſportés ou tranſporteroient dans la ſuite en Suiſſe ou ailleurs hors du royaume, & en même temps, il fit ſignifier au greffier chez qui les deniers étoient conſignés, un acte contenant oppoſition à ce qu'ils fuſſent délivrés.

Après les aſſignations données en vertu de cette commiſſion, le marquis de Roſen préſenta requête à l'intendance, tendante à ce que le fermier fût débouté des fins de la ſienne du 6 mars, ſauf à lui à intervenir dans la cauſe liée au conſeil ; & par ordonnance du 24 avril 1749, le ſubdélégué général renvoya les parties pardevant les juges ordinaires.

La cauſe ayant été enſuite portée à l'audience du conſeil, entre le marquis de Roſen, & la veuve & les héritiers de Jacques Brechbühl, il fut rendu, le 10 mai ſuivant, un arrêt préparatoire, qui ordonna la miſe en cauſe du fermier des domaines, à la diligence des héritiers Brechbühl, qui, de ſuite, le firent aſſigner.

Au lieu de comparoir ſur cette aſſignation, le fermier appela au conſeil d'état, de l'ordonnance de renvoi de l'intendance.

Par arrêt du 22 juillet de la même année, il fut ordonné que ſa requête ſeroit communiquée au marquis de Roſen, à ſon greffier de Bollwiller, & aux héritiers de Jacques Brechbühl & de Marie Kehr. Cet arrêt fut ſignifié à toutes les parties ; mais le marquis de Roſen mourut quelque temps après.

Comme la démarche du fermier tendoit à dépouiller le conſeil ſouverain d'Alſace, d'une juridiction qui lui étoit aſſurée par des titres ſolemnels, & qu'il avoit toujours exercée, cette cour adreſſa un mémoire au miniſtre pour démontrer ſa compétence. Ses moyens prévalurent en effet ; par un autre arrêt du conſeil d'état du 2 juin 1758, l'ordonnance du 24 avril 1749 fut confirmée, & cependant, par proviſion, ſa majeſté ordonna que les deniers ſeroient remis au fermier, ſous la caution de ſon bail.

En exécution de cet arrêt, le fermier ſe fit délivrer la ſomme de 2334 liv. 19 ſous trois quarts de deniers, qui formoient le dixième de la maſſe totale, de la ſucceſſion de Jacques Brechbühl ; mais il refuſa opiniâtrement de comparoître au conſeil ſouverain d'Alſace.

La cauſe fut donc reportée à l'audience le 14 janvier 1751, entre la marquiſe de Roſen, mère, tutrice & gardienne noble du jeune Marquis de Roſen ſon fils, demandereſſe, & la veuve & les héritiers de Jacques Brechbühl, ſeuls défendeurs ; & le conſeil, conformément aux concluſions de M. l'avocat-général Muller, par arrêt du même jour, condamna ceux-ci à payer à la demanderesse, en sa qualité, le *droit de migration* ou *d'abzug* dont il s'agissoit, sauf à eux à se pourvoir en restitution de ce qu'ils avoient déjà payé.

Les héritiers Brechbühl poursuivirent l'exécution de cet arrêt, aussi bien que de celui du 10 mai 1749, & firent assigner le fermier des domaines, qui enfin se présenta, & constitua procureur.

Le 2 mai 1755, il donna sa requête en tierce opposition à l'arrêt du 14 janvier 1751.

Le 14 du même mois, le receveur-général des domaines & bois d'Alsace, présenta la sienne en intervention.

Par arrêt du 29 août suivant, le conseil reçut cette intervention, & pour faire droit sur les demandes, défenses, actes & requêtes, appointa les parties en droit.

L'instance fut instruite, & toutes les parties écrivirent fort amplement.

La veuve & les héritiers Brechbühl, disoient qu'après les offres qu'ils avoient toujours faites de payer le droit dont il s'agissoit, à celle des parties à laquelle le conseil l'adjugeroit, ils n'avoient plus à paroître dans la contestation, sinon pour réclamer les intérêts d'une somme de 1631 livres 12 sous 6 deniers, que le fermier avoit touchée au-delà du droit, & qu'il avoit aussi restituée, comme il étoit juste qu'il le fît ; parce qu'en effet, le droit de migration ne devoit se payer que des biens emportés par la veuve hors du royaume, & qui formoient le tiers de la succession de feu Jacques Brechbühl ; qu'il n'étoit rien dû pour les deux tiers de cette succession avenus à ses enfans, & que cependant le fermier s'étoit fait délivrer le dixième de toute la masse ; qu'il étoit donc juste qu'il leur payât les intérêts, pour la jouissance de cette somme pendant cinq ans, d'autant plus qu'au mois d'août 1750, époque à laquelle il l'avoit touchée, il y avoit long-temps que le partage entre Barbe Burrin & ses enfans,

étoit fait ; que l'inventaire & le partage lui avoient même été communiqués, & qu'il n'ignoroit pas que la Burrin n'avoit pas le pouvoir d'emporter ce qui appartenoit à ses enfans, puisqu'un jugement du mois de mars 1749, avoit ordonné que les biens des enfans resteroient sous l'administration d'un tuteur d'Alsace. Ils disoient encore qu'il n'étoit pas moins juste que la partie qui succomberoit, leur payât leurs dépens, & les indemnisât des frais qu'ils avoient essuyés envers la dame de Rosen.

Sur ce que le fermier leur objectoit que le Roi *plaide toujours main garnie*, ils répondoient, que jamais l'intention du Roi ne fut qu'on abusât de ses droits pour vexer ses sujets, leur occasionner par des incidens multipliés, des frais immenses, & en prolongeant la durée d'une contestation, retenir les deniers d'autrui.

Le fermier des domaines, de son côté, disoit que la relation qu'il y a entre le sujet & le souverain, ne permettoit pas l'exercice de certains droits, qui respirent une égalité de puissance ; que toute supériorité fléchissant sous l'empire des lys, les seigneurs n'ont dans le royaume qu'une juridiction de concession ; & des *justiciables* & non des *sujets* ; qu'ils ne peuvent par conséquent affecter sur ceux-ci, des droits qui supposent une prééminence souveraine ; que de ce nombre sont les droits de *distraction* & de *migration*, qui méritent l'un & l'autre la censure du ministère public, parce qu'ils ne peuvent sympathiser avec la qualité de sujet.

Que si ces droits avoient pu avoir vigueur, lorsque la province étoit une dépendance de l'empire, la réunion les avoit fait cesser ; que la *collecte*, c'est-à-dire, le droit d'établir des impôts, réside dans la personne du prince ; & que son exercice est interdit à tous les régnicoles, sans distinction des qualités.

« La contestation (poursuivoit le fermier) se divise en deux propositions ; » la première, si le droit de *distraction*

» peut être exigé par la marquife de Ro-
» fen; la feconde, fi cette dame peut pré-
» tendre le droit de *migration*, fans lettres-
» patentes qui le lui accordent.

» Le droit de diftraction, en Al-
» lemand *abzug*, qui avoit d'abord été
» établi chez les Romains pour les
» befoins de la république, & même
» ordonné par un édit pofitif de l'em-
» pereur Adrien, fut rejeté par la loi 3,
» au code *de edicto divi Adriani tollendo*;
» il confiftoit dans l'obligation où étoient
» les héritiers riches, de porter au tréfor
» public la vingtième partie des fuccef-
» fions.

» Quoiqu'en adoptant le droit romain,
» il eût fallu que l'Allemagne en reçût
» toutes les difpofitions, & qu'elle ne
» fît pas revivre un impôt qui étoit fpéci-
» fiquement rejeté; cependant, fous le
» prétexte de conferver les chemins fûrs
» & en bon état, & de fournir aux dé-
» penfes attachées à la juridiction, on a
» fait renaître une preftation qui s'eft in-
» troduite par l'ufage & la coutume.

» Tous les docteurs allemands qui ont
» travaillé fur la matière, mettent au
» nombre des *régaliens* le droit de *dif-
» traction* fur les fucceffions; ils ne l'ac-
» cordent qu'aux états qui par eux-mêmes
» ont droit de *collecte*, & s'ils fe relâ-
» chent à cet égard envers la nobleffe qui
» a juridiction, ainfi qu'envers les villes
» municipales, ils demandent tous qu'il
» y ait un ftatut ou une coutume cimen-
» tée, par une poffeffion au moins anté-
» rieure aux *recès* ou décifions de l'em-
» pire, de 1555 & 1594.

» Le droit de *diftraction* a lieu dans
» l'empire d'état à état, de juridiction à
» juridiction, fous prétexte qu'ils fouf-
» frent quelque diminution dans leur
» *collecte*, par le tranfport d'une fuccef-
» fion; l'exercice de ce droit ne peut donc
» pas avoir lieu dans le royaume, où il
» n'y a qu'un feul perfonnage, à qui l'on
» doive porter fon tribut, en qui la fou-
» veraine puiffance foit réunie, & en qui

» réfide la faculté exclufive de faire des
» *collectes*. Comme il appartient au Roi
» feul d'habiliter les étrangers à fuccéder
» dans le royaume, c'eft à lui feul qu'ap-
» partient de retirer l'indemnité de l'ad-
» miffion qu'il accorde.

» Dès l'inftant de la ceffion du fu-
» prême domaine de l'Alface, fait à la
» couronne par le traité de Weftphalie,
» les prétentions de tous les feigneurs qui
» luttoient avec la fouveraineté, ont
» ceffé; les états qui ont été fucceffive-
» ment aggrégés à la province, font tous
» devenus fujets; par cette qualité, ils
» ne peuvent plus prétendre aux *collectes*;
» ils n'ont plus de territoires diftincts,
» plus de fujets, plus d'impôts, & les
» régaliens d'un ordre inférieur, ont été
» étouffés fous le poids de ceux qui font
» inféparablement attachés au diadême,
» & defquels il n'eft pas permis de faire
» le moindre démembrement, parce
» qu'ils ne font ceffibles ni en tout, ni
» en partie.

» Mais la *diftraction* peut-elle entrer en
» concurrence avec *l'aubaine*? Ou y a-t-il
» ouverture à ce droit, lorfqu'il tient
» lieu de l'aubaine par une efpèce de fu-
» brogation?

» Par le droit d'aubaine, les fucceffions
» des étrangers habitués dans le royaume,
» tombent comme caduques dans le tré-
» for du prince, fi elles font dévolues à
» des étrangers, parce que l'étranger qui
» voudroit recueillir & celui qui délaiffe,
» n'y ont aucune aptitude, foit active,
» foit paffive. C'eft ce qui fait dire à *Be-
» folde*, dans fon dictionnaire de Pra-
» tique, au mot *abzug*, que le droit d'au-
» baine eft analogue à celui de diftraction;
» donc fi l'aubaine n'appartient qu'au
» Roi feul, la diftraction qui en tient
» lieu, ne peut appartenir à aucun autre
» dans l'étendue de la monarchie.

» L'aubaine ne pouvant fe prétendre,
» par aucun feigneur ayant juridiction
» dans le royaume, la diftraction, qui en
» eft une fuite, ne peut point être

» communiquée non plus ; & si ce droit a
» pu être exercé avant la réunion , soit
» par les états d'empire, soit par les sei-
» gneurs médiats de la province, il est
» devenu caduc, & a été réuni à l'aubaine
» comme à son centre ; en effet, il n'en
» est qu'une émanation.

» Si le monarque, dans le cas de l'au-
» baine, veut bien abandonner la succes-
» sion de l'étranger, ce n'est pas le haut
» justicier qui doit s'appliquer le béné-
» fice de cette grâce ; car enfin si l'aubaine
» avoit lieu, la distraction cesseroit ; mais
» si le Roi fait cesser l'aubaine qui ren-
» ferme la distraction, prétendra-t-on
» que le domaine ne sera privé de l'un &
» de l'autre de ces droits, que pour com-
» muniquer celui-ci aux hauts-justiciers ?
» Ce seroit supposer l'aubaine susceptible
» de communication & blesser les droits
» de la couronne ; en un mot, la distrac-
» tion ne subsiste après la remise de l'au-
» baine, que par une espèce de repré-
» saille, qui ne peut s'exercer qu'entre
» souverains, & dont la noblesse d'Al-
» sace est devenue incapable par la réu-
» nion.

» On sera pénétré de cette vérité, si
» l'on jette les yeux sur les lettres-patentes
» de Louis XIV & de Louis XV, confirma-
» tives des droits des anciens seigneurs &
» états de la province ; ils les ont obtenues
» depuis la réunion, parce qu'ils ont bien
» senti que la possession antérieure ne
» leur suffisoit pas ; mais ces mêmes let-
» tres-patentes ne portent que sur la seule
» *migration* ; dans aucune, ces seigneurs
» & états n'ont été autorisés à prendre
» la *distraction* ou *l'abzug* sur les succes-
» sions échues dans leurs terres, au pro-
» fit d'étrangers qui les transportent hors
» du royaume ; & le motif pour lequel la
» *distraction* n'est accordée par aucune
» lettre-patente, c'est que par une voie
» indirecte, les hauts-justiciers joui-
» roient de l'aubaine, quoique ce soit un
» *régalien* inséparablement attaché à la
» couronne.

» Enfin la *distraction* étant l'ombre de
» l'aubaine, elle ne peut être soustraite
» du domaine, & la dame de Rosen a
» d'autant plus de tort de vouloir se l'ap-
» pliquer dans l'étendue du marquisat de
» Bollwiller, qu'on ne voit aucun acte de
» concession, aucune investiture qui au-
» torise sa prétention. »

Cette dame ( ajouta le fermier ) ne doit
pas être plus heureuse pour le droit de *migration.*

« Ce droit, en allemand *nachsteur,*
» est usité en Allemagne ; il y a lieu dans
» la même forme & envers les mêmes
» personnes que la *distraction.* Tous les
» publicistes enseignent que la *migration*
» est ouverte par le changement de do-
» micile d'un territoire dans un autre.

» Chez les Romains, l'abondance de
» sujets étoit considérée comme la ri-
» chesse la plus précieuse d'un état ; & il
» n'étoit pas permis de quitter une ville
» sans le consentement du prince, à peine
» de confiscation de biens ; mais les Al-
» lemands se sont relâchés d'une partie
» de la sévérité romaine, à l'appât d'un
» petit gain.

» La loi 4, au code *de jure fisci,* est
» en pleine vigueur dans le royaume ; par
» l'édit du mois d'août 1669, il est dé-
» fendu à tous les sujets du Roi, de se
» retirer hors du royaume pour s'établir
» sans permission en pays étranger, à
» peine de confiscation de corps & de
» biens ; & cet édit a été suivi d'une dé-
» claration du 16 juin 1685, qui défend
» aux parens & tuteurs, de marier leurs
» enfans ou mineurs en pays étrangers
» sans permission du Roi, à peine de
» confiscation de corps & de biens, &
» où la confiscation n'auroit lieu, de
» 20,000 livres ; la même chose a encore
» été réglée depuis, par une autre décla-
» ration du 24 juillet 1705.

» Le monarque seul peut remettre la
» peine lorsqu'il permet la transmigra-
» tion ; à la vérité, comme il lui est libre
» d'abdiquer un sujet, & de consentir à

» l'enlèvement du prix des biens, il peut
» communiquer la rétribution de l'in-
» demnité à qui il lui plaît ; mais si sa
» volonté n'est point mise au jour, le
» droit de *migration* est un *régalien* qui
» appartient exclusivement au domaine.
» C'est une indemnité du transport des
» espèces, qui appartient nécessaire-
» ment au Roi, parce qu'il souffre une
» double perte, celle d'un sujet, & celle
» des deniers qu'on va faire circuler chez
» l'étranger.

» Lorsqu'un régnicole qui s'expatrie
» sans permission, encourt la confiscation
» de corps & de biens, cette confisca-
» tion appartient seule au Roi, & le haut-
» justicier ne peut prétendre qu'il en soit
» distrait le droit de *migration*, sous pré-
» texte de la perte d'un justiciable, dont
» la confiscation renferme la migration ;
» donc si le Roi renonce à la confiscation
» sans abdiquer la migration, cette *col-
» lecte* est conservée au domaine, & le
» haut-justicier ne peut se l'appliquer.

» C'est par une suite de ces considéra-
» tions, que les seigneurs qui ont voulu
» jouir de l'utile du droit de *migration*,
» ont sollicité des lettres-patentes, sans
» lesquelles ils ne pouvoient ni continuer
» ni établir cette *collecte*.

» M. le comte de Hanau en a obtenu
» en 1701, & M. l'évêque de Spire en
» 1756, qui leur ont accordé ce droit.
» La dame de Rosen elle-même en a aussi
» obtenu en 1751, par lesquelles il lui
» est également permis de le percevoir
» sur les habitans de la terre de Herrenf-
» tein, qui, autrefois immédiate, jouis-
» soit, par le droit commun de l'Alle-
» magne, de la *migration* ; mais elle n'a
» pas fait la même tentative pour le mar-
» quisat de Bollwiller, parce que cette
» terre, médiate autrefois, relevant de
» la maison d'Autriche, n'avoit jamais
» eu de sujets propres.

» Suivant ces lettres-patentes, le droit
» de *migration* cesse, si le sujet passe d'une
» juridiction à une autre dans la même

» souveraineté ; c'est aussi ce qui a été
» jugé, par arrêt du 20 février 1720,
» contre M. le comte de Hanau, & par
» un autre, du 13 septembre 1732, con-
» tre la ville de Landau, en faveur d'un
» de ses habitans, qui s'étoit établi à
» Strasbourg.

» Ceci prouve l'abolition des anciens
» usages qui s'observoient dans la pro-
» vince ; & en effet la distinction des
» territoires étant anéantie, le transmi-
» grant ne peut plus pécher que contre la
» souveraineté qu'il quitte ; c'est donc au
» souverain seul que l'indemnité est due,
» à moins qu'il n'en fasse l'application à
» un tiers.

» Vainement la marquise de Rosen
» articuleroit-elle la possession, tant
» pour la *migration* que pour la *distrac-
» tion*, parce qu'il est de principe que les
» droits domaniaux sont imprescripti-
» bles. Si au moment de la réunion, les
» seigneurs en avoient de contraires à la
» souveraineté, ils ont été supprimés de
» plein droit, & si l'exercice s'en est con-
» tinué, c'est un abus répréhensible ; d'ail-
» leurs les comptes qui annoncent cette
» possession, sont tous informes, défec-
» tueux, ou enfin inefficaces pour établir
» la prétention de la dame de Rosen. »

Le fermier finit par dire qu'après avoir
établi, comme il l'avoit fait, l'opposition à
l'arrêt du 14 janvier 1751, la demande
en indemnité de la veuve & des héritiers
Bruchbühl devoit tomber, puisqu'il étoit
prouvé qu'il avoit perçu légitimement le
droit en question ; que cependant, au cas
que le domaine vînt à échouer, on ne
leur devoit ni intérêts, ni dommages &
intérêts, parce que le Roi plaide toujours
main garnie ; ce qui étoit formellement
préjugé par l'arrêt du 2 juin 1750 ; que
d'ailleurs les deniers étoient déposés & ne
pouvoient fructifier ; quant aux dépens,
qu'en plaidant avec le monarque, ils
étoient à la charge des parties, & que
c'étoit moins ses droits que ceux du Roi,
que le fermier défendoit dans cette cause.

A

A l'égard de la dame de Rosen, voici en substance ce qu'elle répondoit, tant à la tierce opposition du fermier des domaines, qu'à l'intervention du receveur-général, dont les moyens, quant à la question de droit, étoient les mêmes que ceux du fermier. « La *distraction* & la *migration*, » qui sont, suivant les auteurs, deux branches du même droit & se régissent par » les mêmes principes, n'étoient point » anciennement les attributs de la souveraineté. A la vérité, ce sont des espèces » de *régaliens*, mais comme la pêche, la » chasse, le *débit de sel*, les péages & » tant d'autres, qui, quand ils sont perçus par de simples seigneurs, sont qualifiés de droits seigneuriaux.

» *L'abzug* ou la *migration* est d'origine » allemande, & s'exerce non de seigneurie à seigneurie, mais d'état à état. Les » seigneurs d'Alsace établis sous la domination autrichienne, ne l'exerçoient » pas sur les sujets de cette maison, » mais sur ceux des autres souverainetés » de l'Allemagne, & c'est ce qui se pratique encore dans tout l'empire. Le » fermier & l'intervenant confondent » également & à tort, *l'abzug* avec le » *florin de succession*, qui se lève sur ceux » de la même souveraineté, mais qui » sont d'une autre seigneurie ; ce dernier droit est encore usité aujourd'hui » en Alsace, au lieu que le premier n'a » jamais eu lieu que dans le cas de différentes souverainetés ou provinces.

» *L'abzug* appartient à quiconque en » est en possession, parce qu'un état d'empire, un haut-justicier, une ville municipale, & même une communauté » de village, sont habiles à le posséder.

» Tout le monde sait que la Saxe électorale est un territoire clos, où personne, autre que l'électeur, n'a la supériorité territoriale ; *Carpzove* (1) atteste » que *l'abzug* y est perçu par les seigneurs » justiciers, & même par les villes simplement municipales.

» *Stryck*, en son traité *de resignatione juris civitatis*, observe que ce droit peut » s'acquérir par convention ou par la » seule force de l'usage, & que le simple » magistrat municipal est habile à le percevoir.

» *Wehner* enseigne que les droits de » migration & de distraction se lèvent, » tantôt par le prince, tantôt par le seigneur haut-justicier, tantôt par des » villes municipales ; & *Knipschildt* dit la » même chose dans son traité de la *noblesse*, liv. 3, chap. 2.

» A la vérité *Hertius*, dans sa belle dissertation sur la supériorité territoriale, » place les droits de *distraction* & de *migration* au rang des *régaliens*, mais de » ces *régaliens* que ceux à qui appartient » une simple juridiction, peuvent acquérir.

» *Beck*, jurisconsulte qui a fait un » traité exprès sur la matière, dit que » ce droit appartient dans la Franconie, » en Suabe, & en d'autres parties de » l'empire, aux villes seigneuriales ou » municipales, même aux seigneurs bas-justiciers : & cela, ajoute-t-il, est fréquent.

» *Ertel*, qui a fait un vaste ouvrage sur » la basse justice & ses attributs, avance, » tome 2, page 202, qu'il y a même des » provinces où il est passé en maxime » que tout seigneur justicier a le droit » de *migration*, s'il n'y a pas de statuts au » contraire ; & au tome 1, page 581, il » observe, d'après *Lyncher*, fameux publiciste, & d'autres, que le droit de » migration ne dérive pas précisément de » la supériorité territoriale, ni même » de la justice, mais bien des usages ; » il ajoute que son origine paroît devoir être attribuée à l'ancienne servitude ou main-morte, lorsque les » justiciables passoient de la justice d'un » seigneur en celle d'un autre ; que ce » droit, suivant l'usage de la Franconie,

---

(1) Constit. 38.

» de la Suabe & de l'Autriche, est un
» apanage de la justice civile, & que
» quelquefois même il appartient à une
» ville simplement municipale.

» *Schwanemann*, qui a peut être fait le
» premier traité sur la *migration* & la *dif-*
» *traction*, assure que de simples bour-
» gades ont ce droit, & qu'il y en a même
» qui, au lieu du dixième, taxe assez or-
» dinaire, ont le tiers.

» Il est donc constant, d'après tous ces
» auteurs, que le droit de *migration* &
» de *distraction* appartient aux seigneurs
» justiciers, & qu'il est même tellement
» subordonné à l'usage, que la qualité
» n'en est point fixe.

» A toutes ces autorités, on peut
» ajouter celle du conseil d'Alsace lui-
» même.

» En effet, l'arrêt du 14 janvier 1751,
» auquel le fermier du domaine est op-
» posant, forme un préjugé inexpugna-
» ble; celui-ci n'ignore pas qu'il a été
» rendu en pleine connoissance de cause;
» la question y a été traitée & discutée
» non-seulement par les parties plaidan-
» tes, mais encore par la partie publique,
» vrai contradicteur de la dame de Ro-
» sen, le fermier n'ayant qu'un intérêt
» passager; & à l'égard du receveur des
» domaines qu'on voit paroître dans l'ins-
» tance, il n'a nulle qualité pour discu-
» ter la nature d'un droit, & nulle mis-
» sion, pour soutenir que tel ou tel droit
» appartient à la couronne; enfin dans
» l'examen de la question, si le droit
» de *migration* est dû ou non à la dame de
» Rosen, ou s'il appartient au Roi,
» l'homme du Roi a été entendu; M. l'avo-
» cat-général Muller, à qui ses talens &
» une expérience acquise par une appli-
» cation continuelle, ont mérité les res-
» pects de toute la province, a discuté ou
» plutôt épuisé la matière, & son zèle
» pour les intérêts du Roi, cédant à la
» force de la vérité, ainsi qu'aux princi-
» pes de la justice, il a reconnu que la

» prétention de la dame de Rosen étoit
» fondée.

» Outre ce premier préjugé, il en
» existe un second, qui est au-dessus de
» toute équivoque; c'est celui de l'arrêt
» du 18 février 1751 (1)....

» C'est donc, ajoutoit la dame de Ro-
» sen, c'est heurter les principes de
» droit & de la jurisprudence du conseil,
» que de prétendre que *l'abzug*, la *dif-*
» *traction* & la *migration* soient un droit
» de la couronne, comme l'aubaine.

» Le droit de *distraction* ne tire point
» son origine du *vingtième* des succes-
» sions qui appartenoit au fisc de l'em-
» pire Romain.

» Le *vingtième* étoit chez les Romains,
» un impôt, & il s'en lève encore un pa-
» reil en France, non a raison du *ving-*
» *tième*, mais du *centième denier*, sur tou-
» tes les successions ouvertes en ligne
» collatérale, sans distinction si les héri-
» tiers sont regnicoles ou non. Cet impôt
» n'a aucune connexité avec *l'abzug*, &
» s'il avoit été introduit en Alsace, il n'y
» auroit pas la moindre incompatibilité
» entre l'un & l'autre.

» Dire que le droit de *distraction* est
» une dépendance ou annexe du droit
» d'aubaine, c'est avancer une proposi-
» tion insoutenable. *L'abzug* se lève sur
» ceux mêmes qui ne sont pas aubains,
» tels que les Lorrains, les Suisses catho-
» liques, les sujets de l'évêché de Bâle,
» les suisses au service du Roi, & quantité
» d'autres.

» Dans tout le royaume, à l'Alsace
» près, les étrangers, aubains ou privi-
» légiés indistinctement, vendent, tra-
» fiquent, emportent leurs deniers sans
» rien payer; les étrangers privilégiés,
» comme les Flamands & les Hollandois,
» y viennent recueillir les biens délaissés.

(1) Comme cet arrêt a été rapporté ci-devant, il seroit superflu d'en retracer ici le fait & les motifs.

» par leurs parens , & ne paient point la
» *diftraction.*

» La partie peut-être la plus facrée de
» l'état civil des peuples foumis à la ju-
» ridiction du conseil (pourfuivoit la
» dame de Rofen), ce font les ufages
» de la province ; l'édit qui a formé cette
» compagnie fupérieure pour adminiftrer
» la juftice aux fujets d'Alface , lui re-
» commande le maintien de leurs *coutu-*
» *mes* & de leurs *ufages.* Il n'eft pas diffi-
» cile de concevoir combien il eft dange-
» reux d'introduire, fous prétexte de zèle,
» mais le plus fouvent par un motif d'in-
» térêt, des nouveautés qui, toujours in-
» juftes dans leur origine , ont la funefte
» prérogative d'ouvrir la porte à des in-
» convéniens qui ne fe font ordinaire-
» ment fentir que quand le mal eft fans
» remède.

» Sous la domination autrichienne , la
» nobleffe avoit des droits & des privi-
» lèges que les traités publics & l'édit de
» novembre 1657 ont confervés. Cette
» nobleffe qui faifoit le fecond ordre
» dans les affemblées générales des états
» de la haute Alface , avoit, comme par-
» tout ailleurs, divers degrés.

» Les barons de Montjoie , de Mori-
» mont , & ceux de Bolweil étoient à la
» tête de cette nobleffe , & ne le cé-
» doient qu'aux feigneurs de Ribeau-
» pierre , après que ceux-ci fe furent in-
» corporés à la nobleffe de la haute Al-
» face : les actes publics font foi que les
» membres de ces familles, qu'on pour-
» roit qualifier de maifons, étoient tou-
» jours les premiers officiers des ducs &
» archiducs d'Autriche. La famille de
» Bolweil s'eft éteinte dans la perfonne
» d'un feigneur dont la fille eft entrée
» dans une maifon des comtes-états d'em-
» pire.

» Après cela, feroit-on furpris que les
» barons de Bolweil ayent eu dans leur
» baronnie, le droit de *migration* & celui
» du *florin de fucceffion*, qui eft du même
» ordre ? Ce droit fi ufité en Allemagne,

» appartient à des perfonnes & à des
» corps bien au-deffous de la nobleffe or-
» dinaire : pourquoi donc une maifon il-
» luftre en eût-elle été privée ?

» La haute Alface faifoit partie des
» pays *antérieurs* d'Autriche, qui étoient
» l'Alface, le Brifgau, les villes foref-
» tières, la Forêt noire, & quelques au-
» tres feigneuries fituées dans la Suabe.

» La nobleffe de tous ces petits pays
» formoit un corps, qui dans les affem-
» blées provinciales des mêmes pays, te-
» noit le fecond rang.

» Le traité de Munfter a détaché de ce
» corps la nobleffe de la haute Alface,
» en détachant cette province des autres
» domaines *antérieurs* de la maifon d'Au-
» triche ; mais ce traité lui a confervé,
» comme au refte des fujets de la pro-
» vince, fes ufages & fes privilèges. Or,
» il eft conftant que la nobleffe des pays
» qui font encore connus aujourd'hui fous
» le nom d'*Autriche antérieure*, eft en
» poffeffion paifible, immémoriale, &
» non interrompue du droit de *migration* ;
» on le prouve par une atteftation de cette
» nobleffe même, & par un acte de no-
» toriété de la régence de ces pays.

» Les barons de Bolweil jouiffoient
» donc de ce droit avant le traité de
» Munfter, & la maifon de Rofen en a
» joui depuis ce traité jufqu'à préfent ;
» elle a établi ce fait en 1751, & elle
» l'établit encore à préfent avec plus de
» force.

» Les preuves de fa poffeffion, qui
» avoient paru fuffifantes au miniftère
» public lors de l'arrêt auquel on s'op-
» pofe, font des comptes de la terre de
» Bollwiller qui établiffent le fait depuis
» 150 ans.

» En vain le fermier dit-il que ces
» comptes font des pièces informes; car
» on fait que les comptes fe rendoient an-
» ciennement d'une façon différente de
» celle d'aujourd'hui.

» Quand après cela le fermier pré-
» tend que le traité de Munfter a fait per-

» dre aux seigneurs de la province leurs
» droits régaliens, sous prétexte qu'ils
» étoient contraires à la souveraineté, il
» affecte de ne point distinguer les droits
» incommunicables, tels que le droit de
» la guerre & de la paix, le droit de
» battre monnoye, de fortifier les places,
» d'avec les droits que les seigneurs ont
» pu posséder subordonnément à la souve-
» raineté, comme la réception des juifs,
» la chasse, la pêche, les péages, la des-
» hérence, la bâtardise, les corvées, les
» confiscations, & tant d'autres que
» *Sixtinus* met au nombre des régaliens,
» & que néanmoins les seigneurs perçoi-
» vent sans lettres-patentes.

» Quant il dit que différens seigneurs
» de l'Alsace ont le droit *d'abzug* par
» lettres-patentes, & qu'il en conclut
» que les autres ne le peuvent exercer,
» la prémisse est vraie; mais la consé-
» quence ne l'est pas; si elle l'étoit, le
» conseil n'auroit pas adjugé ce droit au
» seigneur de Ribeauvillé: parce qu'on
» voit aussi dans les lettres-patentes objec-
» tées, différens autres droits, tels que
» ceux d'établir & de destituer des offi-
» ciers de justice, les lods & ventes, le
» *todfall*, *l'umgelt*, &c; en induiroit-on
» raisonnablement que les autres sei-
» gneurs qui n'ont point de lettres, sont
» privés de ces droits? »

Tels étoient dans cette grande affaire,
les moyens respectifs des parties.

D'après les principes qui fondoient la défense de la marquise de Rosen, dit M. le
premier président de Boug (1), « le conseil
» d'Alsace ne put envisager le droit dont
» ils'agissoit, comme un de ces hauts *réga-*
» *liens* qui n'appartiennent qu'au souve-
» rain; mais il le regarda comme un droit
» seigneurial, dont les seigneurs d'Alsace
» se trouvent la plupart en possession;
» d'ailleurs on justifioit pleinement ici la
» possession des seigneurs de Bollwillers,

» par les comptes produits, dans lesquels
» le droit en contestation étoit rappelé,
» comme ayant été perçu dans tous les cas
» qui s'étoient présentés. »

Ensorte que par arrêt du 28 août 1759,
le fermier a été débouté de sa tierce-opposition, & condamné à indemniser les héritiers Brechbühl des condamnations prononcées contre eux, par l'arrêt du 14 janvier
1751 en faveur de la marquise de Rosen; ce
faisant, à rapporter à leur profit la somme
de 703 livres 6 sous 4 deniers, avec les
intérêts jusqu'au parfait payement.

Cet arrêt a été suivi de plusieurs autres,
qui ont également prononcé en faveur des
seigneurs.

Le comte de Waldner avoit acquis, par
contrat du 24 octobre 1756, des bourgue-
mestres & magistrats de l'ancienne ville
de Brisach, la terre & seigneurie de Bies-
heim, avec tout ce qui en dépendoit, &
nommément le droit *d'abzug* ou de *migra-*
*tion*. Le receveur-général des domaines
se prétendant fondé à réclamer ce droit
au profit de sa majesté, comme domanial,
présenta au conseil souverain de Colmar,
une requête sur laquelle il intervint, le
14 janvier 1758, arrêt qui ordonna que
les magistrats du vieux Brisach & le comte
de Waldner, seroient tenus, dans quinzaine, de représenter le contrat de vente
du 24 octobre 1756, devant un commissaire de ce tribunal, à l'effet d'être par lui
procédé à la liquidation de la somme sur
laquelle le droit en question devoit avoir
lieu, somme qui seroit ensuite payée entre
les mains du receveur-général des domaines, à l'acquit & décharge des officiers
municipaux, en déduction du prix porté
par le contrat, ainsi que les frais de la
liquidation.

Le 19 décembre suivant, le comte de
Waldner forma opposition à cet arrêt, &
en même temps somma en garantie les
magistrats du vieux Brisach.

La cause ayant été portée à l'audience
entre toutes les parties le 11 juin 1761,
le conseil souverain, par arrêt du même

_____

(1) Recueil des ordonn. tom. 2, pag. 541.

jour, fans s'arrêter au défaut de qualité que le receveur général des domaines avoit oppofé au comte de Waldner, non plus qu'à la demande en garantie, donna acte aux magiftrats du vieux Brifach de ce qu'ils adhéroient à l'oppofition formée par celui-ci ; en conféquence, le reçut oppofant à l'exécution de l'arrêt du 14 janvier 1758 ; faifant droit fur fon oppofition, ordonna que cet arrêt feroit rapporté, & condamna le receveur général aux dépens envers toutes les parties.

Le 18 du même mois, il eft intervenu un arrêt femblable dans l'efpèce fuivante.

Le nommé Samuel Ulmo, juif domicilié à Sierentz, voulant fe retirer à Manheim, fa patrie, céda toutes fes créances & fes meubles à Samfon Ulmo, juif comme lui, & comme lui domicilié à Sierentz.

Sur le bruit de cette ceffion, Pierre Henriet, fermier des domaines, préfenta fa requête au confeil fouverain de Colmar, & y obtint le 15 juillet 1760, un arrêt qui lui permit de faire affigner Samuel Ulmo, pour fe voir condamner à lui payer le droit de *migration*, à raifon du dixième denier de l'argent, des meubles & des effets qu'il avoit tranfportés ou qu'il tranfporteroit hors du royaume. Le même arrêt l'autorifâ par provifion à faire faifir & arrêter tout ce qu'il trouveroit appartenir à Samuel Ulmo.

En conféquence, affignation à celui-ci, faifie arrêt entre les mains de fon ceffionnaire, & intervention de la dame veuve de Waldner, en qualité de tutrice de fon fils mineur, pour réclamer le droit de *migration* dont il s'agiffoit.

Par l'arrêt cité, le confeil d'Alface donna acte au tiers-faifi de la déclaration qu'il avoit faite, & à la partie faifie de fon confentement à la main-vuidange ; ce faifant, reçut la dame de Waldner partie intervenante, & oppofante à l'arrêt du 15 juillet 1760, ordonna que le droit de *migration* qui étoit en litige lui feroit

remis & payé, & condamna le fermier aux dépens envers toutes les parties.

Le 29 août fuivant, même arrêt en faveur de M. l'évêque de Strasbourg, au fujet d'un droit de *migration* dû par une fucceffion ouverte, dans l'obermun-dat de Rouffach.

## §. IX. *Du droit d'épave.*

On appelle épaves, les chofes égarées dont on ne connoît pas le propriétaire.

Dans le droit Romain, les épaves appartenoient au premier occupant. Dans nos mœurs, elles fuivent la loi commune à toutes les chofes qui n'ont pas de propriétaire, c'eft-à-dire, qu'elles fe réuniffent de plein droit à la feigneurie publique.

De là, il fuit que dans la pureté des principes, toutes les épaves devroient, fans diftinction, appartenir au Roi. Mais le fyftème ufurpateur que le gouvernement féodal a fi bien enfeigné aux feigneurs particuliers, n'a pas plus refpecté ces objets que les droits de deshérence & de bâtardife ; & il eft aujourd'hui de règle générale que les épaves appartiennent aux feigneurs hauts-jufticiers. Bacquet (1) dit qu'il en a été ainfi *advifé* par les commiffaires prépofés à la rédaction de la coutume de Paris, & que, quoique les articles arrêtés à ce fujet aient été rejettés de cette rédaction, pour ne pas compromettre les droits du Roi, on ne laiffe pas de les obferver dans la pratique.

Ainfi, dans l'état actuel de la jurifprudence, le Roi ne peut réclamer les épaves, fi ce n'eft dans les terres dont il eft feigneur direct.

Mais cette règle admet plufieurs exceptions.

1°. Suivant le chapitre 90 du livre 1 des établiffemens de Saint-Louis, le tréfor

_____

(1) Des droits de juftice, chap. 2.

trouvé en terre, appartient au Roi lorsqu'il est en or, & au haut-justicier, quand il est en argent.

Cette distinction a été adoptée, quoique dans un sens différent (1), par les coutumes d'Anjou, article 66, du Maine, article 70, & elle a servi de fondement à un arrêt du mois de décembre 1259, entre le procureur-général & l'abbé de Saint-Pierre-le-Vif de Sens, par lequel, en adjugeant un trésor au haut-justicier, on excepta l'or, appelé *fortune d'or*, qu'on déclara appartenir au Roi. Quelque temps après, à la Toussaints 1295, il fut encore jugé contre l'abbé de Saint-Denis, que le trésor trouvé en or appartenoit au Roi, à l'exclusion du seigneur haut-justicier (2).

Cette jurisprudence n'est cependant pas générale. Un arrêt de 1388 a adjugé aux religieux de saint Germain-des-Prés, un trésor consistant en mille pièces d'or, qui avoit été trouvé dans leur haute-justice (3).

Deux arrêts plus récens, l'un du 29 juillet 1570, & l'autre du 30 mars 1580, ont prononcé de même (4).

La coutume de Normandie, article 211, s'est conformée à ces arrêts. Elle décide que les trésors, sans distinction de la matière en quoi ils consistent, appartiennent au seigneur.

La coutume de Bretagne a adopté un parti tout contraire. Elle porte, article 46, que *trésor d'or ou d'argent est au prince.*

2°. Les rivières navigables appartenant au Roi, les épaves qui se trouvent dans le lit ou sur le bord de ces rivières, ne peuvent incontestablement être réclamées que par sa majesté. L'article 16 du titre

31 de l'ordonnance des eaux & forêts de 1669 le décide ainsi; & c'est sur ce fondement, que par arrêt du parlement de Paris, du 29 mai 1743, rendu sur les conclusions de M. Joly de Fleury, avocat-général, il a été jugé qu'un diamant trouvé dans le lit de la seine, par le nommé Guenemond, devoit être vendu, pour le prix être partagé par tiers entre le receveur-général du domaine, Guenemond, & les orfèvres (1).

3°. Tous les effets qui se trouvent dans les bureaux de carrosses, coches, messageries, & maisons où se tiennent des voitures publiques, tant par terre que par eau, qui n'ont point été réclamés pendant l'espace de deux ans révolus, & dont on ne connoît point les propriétaires, appartiennent au Roi à titre d'épaves. C'est la disposition de la déclaration du 20 janvier 1699, des lettres-patentes du 13 août 1726, de l'article 1 du résultat du conseil, du 30 décembre 1761, portant bail à Jean-Jacques Prévôt; & c'est ce qu'ont jugé un arrêt du parlement de Paris, du 15 juillet 1752, & une sentence de la chambre du domaine de la même ville, du 28 février 1753 (2).

4°. Un arrêt du parlement de Paris, du 17 juin 1755, a ordonné que différens effets, étant au greffe criminel, abandonnés & non réclamés, seroient représentés par le greffier, & vendus au profit du domaine du Roi, comme appartenans à sa majesté à titre d'épaves (3).

5°. Lorsque les vaisseaux & effets échoués ou trouvés sur le rivage de la mer, ne sont point réclamés dans l'an & jour, ils doivent être partagés également entre le Roi & l'amiral de France, C'est ce que porte l'article 26 du titre 9

---

(1) Voyez ci-après, §. 17, des droits du Roi sur les mines.

(2) Bouchel, au mot *Trésor.*

(3) Papon, liv. 13, tit. 7, n. 2.

(4) Chopin, *de domanio,* lib. 2, tit. 5, n. 11; Bacquet, des droits de justice, chap. 32, p. 73.

---

(1) Il y a des réglemens qui attribuent à la communauté des orfèvres de Paris, le tiers des épaves de joaillerie & orfèvrerie, Dictionnaire des domaines, aux mots *Épaves & Rivières.*

(2) Dictionn. des domaines, au mot *Épaves.*

(3) *Ibid.*

du livre 4 de l'ordonnance de la marine, du mois d'août 1681.

L'article 27 ajoute que si les effets naufragés ont été trouvés en pleine mer ou tirés du fond de la mer, le tiers en sera délivré à ceux qui les ont sauvés, & le restant sera partagé de la manière prescrite par l'article 26.

Par l'article 37 du même titre, le Roi a déclaré qu'il n'entendoit faire préjudice au droit de varech attribué par les articles 597 & suivans de la coutume de Normandie, aux seigneurs des fiefs voisins de la mer.

L'article 26 du titre 9 du livre 3 de la même ordonnance, porte que si par la déposition de l'équipage qui a fait une prise, & la visite du vaisseau pris, on ne peut découvrir sur qui la prise a été faite, le tout sera inventorié pour être destitué, s'il est réclamé dans l'an & jour; sinon qu'il sera partagé, comme *épaves de mer*, entre le Roi, l'amiral & les armateurs (1). A l'égard des autres prises faites en mer pendant la guerre sur les ennemis connus de l'état, elles n'ont jamais été réputées épaves.

On a dit plus haut, §. 1, dans quelle classe on doit ranger les dauphins, esturgeons, saumons, truites, baleines, marsouins, thons, veau de mer, souffleurs & autres poissons à lard, qui sont échoués & trouvés sur les grèves de la mer.

## §. X. *Du droit de joyeux avènement.*

Il n'est pas ici question du titre en vertu duquel le Roi dispose, à son avènement à la couronne, d'une prébende dans chaque église cathédrale ou collégiale. Cette matière sera traitée ci-après, section XXI.

Le droit de joyeux avènement dont il s'agit ici, est un droit royal, en vertu duquel ceux qui ont obtenu quelques grâces des prédécesseurs de celui que la loi de l'état élève sur le trône, ou par des aliénations de leur domaine, ou par des provisions d'offices, ou par la concession de quelques privilèges, ou par quelque autre grâce que ce puisse être, sont tenus d'acquitter le prix de la confirmation dont ils ont ou sont réputés avoir besoin pour se maintenir dans la possession de ces domaines, de ces offices, de ces privilèges.

Ce droit, envisagé sous le point de vue qu'il se présente du premier abord, se concilie mal avec cette règle de notre droit public que *le Roi ne meurt jamais en France;* règle dont l'application se fait certainement à toute opération, qui, revêtue de tout l'appareil de la puissance royale, est l'ouvrage, non de la personne privée du prince, mais de cette personne publique, dans la composition de laquelle entrent les lois & les conseils, & qui est soustraite à l'empire de la mort. Ce seroit donc aller contre une de nos maximes le plus solemnellement consacrées, que de dire que les officiers sont destitués de leurs offices par la mort du Roi, & ne peuvent y être rétablis que par la confirmation du nouveau monarque. Ainsi, il faut chercher ailleurs le principe du droit de joyeux avènement, ou plutôt on ne doit le chercher que dans nos mœurs. Nos mœurs ont établi ce droit en faveur du prince montant sur le trône. Le zèle des sujets qui tiennent au souverain par des engagemens particuliers, leur reconnoissance pour les grâces qu'ils en ont reçues, leur empressement à prévenir les besoins dans un moment où il a des dépenses extraordinaires à faire, ont formé ces mœurs. C'est le titre le plus respectable & la plus noble origine qu'on puisse assigner à ce droit.

Du reste, il y a très-long-temps que ce droit est en vigueur. En 1484, les états-généraux assemblés à Tours, accordèrent 300,000 livres à Charles VIII;

---

(1) Ce qui revient au Roi en vertu des dispositions de l'ordonnance de la marine qu'on vient de rapporter, doit aujourd'hui être remis au trésorier des invalides de la marine, conformément au réglement du 23 août 1739.

pour son joyeux avènement, & cette somme fut répartie sur la noblesse, le clergé & le peuple.

En 1514, François I confirma tous les officiers du royaume dans l'exercice de leurs fonctions. Henri II en fit autant en 1546 & 1547; François II en 1559; Charles IX en 1560, & Henri III en 1574.

Par une déclaration du 25 décembre 1589, Henri IV enjoignit aux mêmes officiers de prendre des lettres pour être confirmés dans leurs charges. Louis XIII en usa de même en 1610 & 1619, nonseulement à l'égard des officiers, mais encore relativement aux privilèges des villes, des communautés & des corps d'arts & métiers.

Louis XIV, par deux édits du mois de juillet 1643, & par une déclaration du 28 octobre de la même année, confirma dans leurs fonctions & privilèges tous les officiers de judicature, police & finance, les communautés des villes, bourgs & bourgades.

Sous le feu Roi, la perception du droit de joyeux avènement fut différée jusqu'en 1723, qu'elle fut ordonnée par une déclaration du 23 septembre (1). Le 7

décembre suivant, il parut un arrêt du conseil qui en suspendit la levée jusqu'à ce qu'il en fût autrement ordonné, & cela parce que ce droit, « dont le pro-

---

qu'il n'y en avoit point de plus juste & de plus légitime, que la levée d'un droit qui a été perçu par nos prédécesseurs, dans des temps mêmes où les besoins n'étoient pas aussi pressans, ni la destination du produit de ces droits aussi favorable que celle à laquelle nous sommes résolus de les employer. A ces causes, & autres à ce nous mouvant, de l'avis de notre conseil, & de notre certaine science, pleine puissance & autorité royale, nous avons dit, déclaré, ordonné & octroyé, & par ces présentes, signées de notre main, disons, déclarons, ordonnons & octroyons, voulons & nous plait, que tous les officiers de judicature, police & finance, & autres de quelque nature qu'ils soient, toutes les communautés de nos villes, fauxbourgs, bourgs & bourgades; les communautés & les particuliers qui jouissent des droits de communes, de chauffage, de pâcage, de foires & marchés, & autres droits & privilèges; les communautés des marchands où il y a jurande & maîtrise; les communautés des arts & métiers, ensemble les privilégiés, les hôteliers & cabaretiers de notre royaume, pays, terres, seigneuries de notre obéissance, demeurent confirmés, & jouissent à l'avenir des mêmes fonctions, privilèges & immunités, libertés, affranchissemens, droits, foires, marchés, dons, octrois, exemptions, franchises & permissions généralement quelconques, sans aucun réserver ni excepter, dont ils ont ci-devant bien & dûment joui & jouissent encore à présent, en la jouissance desquels nous les avons généralement maintenus & confirmés, & de nouveau, autant que besoin est ou seroit, maintenons & confirmons par cesdites présentes, à la charge par eux de payer la finance qu'ils nous doivent, suivant les rôles qui en seront arrêtés en notre conseil. N'entendons comprendre en la présente déclaration, les présidens & conseillers des cours supérieures de notre royaume, les maîtres correcteurs & auditeurs de nos chambres des comptes, nos procureurs & avocats dans lesdites cours, ensemble leurs substituts, les greffiers en chef, & les premiers huissiers desdites cours; sans que les compagnies qui prétendent devoir jouir des mêmes droits que lesdites cours supérieures, puissent être comprises dans ladite exception, qui n'aura lieu que pour les parlemens, grand conseil, chambres des comptes, cours des aides & cours des monnoies. Si donnons en mandement à notre très-cher & féal chevalier garde des sceaux de France le sieur Fleuriau d'Armenonville, » doit

---

(1) *Cette déclaration est ainsi conçue:*

Louis, &c. le droit de confirmation des offices & des privilèges accordés, soit à des particuliers, soit aux communautés des villes, bourgs & bourgades du royaume, aux corps des marchands, arts & métiers où il y a jurande, maîtrise & privilège, hôteliers & cabaretiers, est un des plus anciens droits de la couronne: ce droit a été payé dans tous les temps lors des différens avènemens des Rois nos prédécesseurs.... L'affection que nous avons pour nos sujets, nous a empêché jusqu'à présent d'ordonner le payement d'un droit si légitime & si anciennement établi; nous nous flattons même avec plaisir de pouvoir en faire remise à nos peuples; mais quoique le bon ordre établi dans nos finances nous mette en état de payer exactement sur le courant de nos revenus toutes les charges ordinaires de notre état, comme il est impossible que ces mêmes revenus soient suffisans pour acquitter tout ce qui reste dû du passé, & qu'il est nécessaire d'y pourvoir par un fonds extraordinaire; nous avons crû

» duit n'étoit affecté que pour le paye-
» ment de ce qui étoit arriéré sur le
» passé, n'avoit point, quant à présent,
» une destination nécessaire.» Mais bientôt ce sursis fut levé, & un autre arrêt
du 5 juin 1725, ordonna l'exécution pure
& simple de la déclaration du 23 septembre 1723.

Louis XVI exécuta le projet dont son
bisaïeul n'avoit pu que donner l'idée. Il
fit remise par son édit du mois de mai
1774, du droit de confirmation qui lui
étoit dû pour son joyeux avènement à
la couronne. Mais il reconnut en même-
temps que le fond de ce droit étoit domanial & incessible, & il le réserva ex-

pressément « pour en être usé par ses suc-
» cesseurs Rois, ainsi qu'ils le jugeroient
» convenable. »

### §. XI. *Du droit de protection sur les Juifs.*

Le droit de protection sur les Juifs,
est une redevance annuelle qui se perçoit
sur chaque chef de famille juive, établie
dans la généralité de Metz & en Alsace.

Dans la généralité de Metz, le droit
a été fixé par des lettres-patentes du 31
décembre 1715, à une redevance annuelle de 40 l. sur chaque famille ; & par
un arrêt du conseil du 9 juillet 1718, le
montant de cette redevance a été abonné

---

ville, que ces présentes il ait à faire lire &
publier le sceau tenant, & registrer à l'audience
de France, pour être exécutées selon leur forme
& teneur, &c.

*En conséquence de cette déclaration, il a
été fait au mois d'octobre de la même année,
un état en forme de tarif & d'instruction,
qui étoit conçu dans les termes suivans :*

1°. Les offices de finance & ceux qui donnent
la noblesse, sur le pied du denier trente de leur
valeur, laquelle valeur sera prise sur les finances
payées dans les coffres du Roi.

2°. Les offices de justice & police, sur le
pied du denier soixante.

3°. Les vétérans des offices qui donnent la noblesse, payeront la moitié des titulaires des
moindres offices jouissant desdits privilèges.

Et les veuves, le quart.

Et les vétérans des autres offices, le quart.

Et les veuves, le huitième.

Le tout à l'exception des cours supérieures,
dans lesquelles on a excepté les présidens & conseillers, les maîtres, correcteurs & auditeurs
des chambres des comptes, les procureurs &
avocats du Roi dans lesdites cours, ensemble
leurs substituts, les greffiers en chef, & les premiers huissiers desdites cours.

4°. La noblesse acquise par lettres de 1643,
par prévôté des marchands, mairie & échevi-
nage, jurats, consulats, capitouls, & autres
offices que ceux des secrétaires du Roi de la
grande chancellerie & près des cours supérieures,
sur le pied de 2000 liv. par tête des jouissances,
tant par eux que par leurs ancêtres.

5°. Les octrois & deniers patrimoniaux, ou

subvention des villes, sur le pied d'un quart du
revenu.

6°. Les foires & marchés, sur le pied d'une
demi-année de revenu.

7°. Les usages & communes, sur le pied
d'une année de revenu.

8°. Les privilèges, statuts & jurandes des
différentes communautés des marchands-artisans,
ainsi que des cabaretiers & hôteliers, par rapport
à leurs facultés. Ceux qui ne vendent que le vin
de leur crû, tant en gros qu'en détail, ne sont
pas réputés marchands de vin.

9°. Le franc-salé par toutes personnes, y
compris les communautés ecclésiastiques, à l'exception seulement des hôpitaux, sur le pied de
la valeur d'une année dudit franc-salé, telle
que le sel se vend dans les lieux où le privilégié
le lève.

10°. Ceux qui ont obtenu des lettres de légitimation & naturalité, payeront chacun 1000 liv.

11°. Les domaines engagés & aliénés avant
1643, le quart du revenu ; & ceux engagés depuis, moitié du revenu.

12°. Les dons, concessions, privilèges, aubaines & confiscations, une année de revenu.

13°. Les droits de moulins, forges, verreries,
péages, bacs, passages, pêches & des écluses,
une demi-année de revenu.

*Cet état a été renouvelé dans les mêmes
termes le premier juillet 1745, en conséquence
de l'arrêt du conseil du 23 juin précédent,
qui avoit levé le sursis prononcé par celui
du 7 décembre 1723.*

*Le premier de ces états est rapporté par
Brillon au mot* Avènement, *Le second se trouve
dans le dictionnaire des domaines, article*
Confirmation.

à la somme de 20,000 l. dont on a obligé les élus & syndics des communautés juives de faire l'assiette & le recouvrement, pour en faire le payement de quartier en quartier.

En Alsace, le droit de protection n'est pas uniforme. Dans la haute-Alsace, il se paye d'après une ordonnance de M. Poncet, intendant de cette province, du 19 août 1672, à raison de 17 livres 10 sous. A Wissembourg, à Landau & dans la basse-Alsace, chaque famille juive, suivant la même ordonnance doit 21 livres.

Il y a même des endroits où il n'est rien dû au Roi, à titre de protection : telles sont les terres de l'évêché de Strasbourg, celles du comté de Hanau, & d'autres qui autrefois dépendoient immédiatement de l'empire d'Allemagne.

Ce droit, au reste, n'exclut point celui des seigneurs qui, suivant ce qu'on a dit plus haut, section 17, sont autorisés à admettre des Juifs dans leurs terres. C'est ce qu'à décidé l'ordonnance de M. Poncet, dont on vient de parler.

Le fermier du domaine avoit exposé à ce magistrat, qu'il avoit appris que les seigneurs des terres de la haute-Alsace, exigeoient des Juifs une espèce de taille ou de redevance annuelle, qui n'appartenoit qu'au souverain, & ne pouvoit être levée sans concussion par d'autres que ses préposés ; & en conséquence il en avoit demandé la restitution à son profit. Les seigneurs répondirent que ce droit leur appartenoit ; qu'ils en avoient toujours joui sous la domination de la maison d'Autriche, & même sous celle du Roi, depuis le traité de Munster ; qu'il étoit vrai que du temps des archiducs, les Juifs payoient à la régence d'Ensisheim, dix florins & demi par famille, pour le droit de protection ; mais que c'étoit indépendamment de ce que les seigneurs étoient en droit de lever.

Sur cette question, M. Poncet prononça, par l'ordonnance citée, que chaque famille juive payeroit à l'avenir aux fer-

miers du domaine, les sommes dont on a parlé ci-dessus, pour le droit de protection, sans préjudice du droit des seigneurs, qu'il taxa à dix florins, tant pour le droit d'habitation, que celui de pâtures, corvées, chauffages, & autres également quelconques.

On peut voir de plus grands détails sur cet objet, dans le répertoire universel de jurisprudence, au mot Juif, section 1.

### §. XII. *Du droit de marc d'or.*

Le droit de marc d'or consiste dans une certaine finance qui se paye au Roi en reconnoissance du bienfait que tiennent de sa majesté ceux à qui elle accorde des provisions d'offices, des commissions, des grâces, des honneurs, ou des titres.

Dans l'origine, ce droit ne se levoit que sur les offices.

Ducange, au mot *marca auri*, fait mention de quelques ordonnances de Louis XI, où il en est parlé ; & ce ne sont pas les premières qui aient été portées sur ce droit ; car le Febvre de la Planche (1), assure avoir vu un ancien manuscrit, dans lequel « on cite une déclaration du Roi » Charles V, portant que les clercs, no- » taires & secrétaires de sa majesté, paye- » ront un demi marc d'or, pour droit » d'entrée dans leurs charges. »

Henri III, par une déclaration du 7 septembre 1582, destina le produit du droit de marc d'or pour les appointemens des chevaliers du Saint-Esprit.

Un édit du mois de décembre 1656, céda à perpétuité le fond de ce droit à l'ordre du Saint-Esprit. Mais l'édit du mois de janvier 1720, en révoqua l'aliénation, & le réunit pour toujours au domaine de la couronne.

C'est à Louis XV que l'état est redevable de l'extension qu'a reçue le droit

---

(1) Traité des domaines, tom. 3, liv. 5, chap. 3, n. 2.

de marc d'or. Voici le préambule de l'édit que ce prince a porté à ce sujet au mois de décembre 1770 : « le marc d'or, étant » un droit attaché à notre souveraineté, » & payé en reconnoissance du bienfait » que tiennent de nous ceux auxquels » nous conférons nos offices, nous avons » pensé que si tous les offices, sans ex- » ception, même ceux qui sont les moins » lucratifs, devoient être assujettis à ce » droit, à plus forte raison étoit-il juste » de tirer un avantage pour nos finances » des autres grâces, honneurs, droits, » titres & commissions que nous confé- » rons, ainsi que des titres & commissions » que nos fermiers, cautions desdits fer- » miers, régisseurs, & cautions desdits » régisseurs, accordent en ladite qualité, » pour la direction & régie de nos affaires, » ainsi que pour la perception de nos » droits, d'autant plus que la plupart » desdites grâces, honneurs, droits, titres » & commissions, sont donnés gratuite- » ment, & rapportent des produits très- » avantageux à ceux qui en jouissent. »

Nous n'entrerons pas ici dans le détail des dispositions que contient l'édit, dont on vient de parler, ni de celles qu'y ont ajoutées les loix postérieures : elles seront mieux placées dans les parties de cet ouvrage, qui auront pour objet les offices, emplois & grâces qu'elles concernent. On peut d'ailleurs les voir rassem- blées dans le répertoire universel de jurisprudence.

§. XIII. *Des droits utiles qui appartiennent* *au Roi sur les offices vénaux.*

Pour bien connoître les droits du Roi sur les offices, il faut avoir une idée juste de la distinction qu'on fait communé- ment des offices domaniaux d'avec les offices ordinaires.

Les offices domaniaux sont ceux qui ont été démembrés du domaine, & aliénés par le Roi, à faculté de rachat perpé- tuel; qui, par cette raison, n'impriment

point au possesseur la qualité d'officier, & ne sont point inhérens à sa personne ; & qui enfin ne lui imposent que la nécessité de prendre du Roi des lettres de ratifi- cation, avec faculté de les faire exercer par des tiers munis de simples commis- sions du grand sceau. Tels sont certains greffes, notariats, tabellionages & ser- genteries.

Les autres offices, sont ceux dont le Roi n'accorde des provisions qu'à vie, & qui, par cette raison, sont attachés à la personne des titulaires.

Les uns & les autres ont cela de com- mun, qu'ils appartiennent également au Roi.

La chose est sans difficulté pour les offices domaniaux, leur nom même in- dique qu'ils sont dans la propriété du souverain, & que ceux entre les mains desquels ils se trouvent, n'en sont qu'en- gagistes.

A l'égard des autres offices, il est vrai qu'on les qualifie communément d'héré- ditaires, mais c'est improprement. Les particuliers qui les ont acquis du Roi, ont bien une créance représentative de la finance qu'ils en ont payée, mais elle n'a rien de commun avec le corps de l'office qui demeure toujours dans la main du Roi.

Indépendamment de la propriété qu'a le Roi de tous les offices de l'une & de l'autre espèce, ils sont encore sujets, envers sa majesté, à différens droits.

1°. Les offices domaniaux doivent le centième denier de leur valeur, dans tous les cas où les immeubles réels y sont assu- jettis. (Voyez ci-après le §. 16.) C'est ce qu'ont jugé cinq décisions du conseil, des 6 mars 1736, 6 mai 1747, 23 novem- bre 1748, 1 juin & 5 août 1756 (1).

Il en est même qui doivent l'annuel, de même que les offices casuels, dont on

---

(1) Dictionnaire des domaines, au mot *Offices* *domaniaux.*

parlera ci-après. Ce font ceux qui , par les édits de création , ou par d'autres rendus depuis, font affujettis à des provifions , & ne peuvent s'exercer en vertu de fimples contrats d'adjudication. C'eft ce que porte l'article 19 de l'arrêt du confeil du 6 juillet 1772.

2°. Les offices ordinaires, relativement aux droits dont ils font tenus, fe divifent en trois claffes.

Les uns font cafuels, & foumis à l'annuel.

Les autres font à furvivance.

D'autres enfin jouiffent de l'hérédité.

Les premiers forment la claffe la plus nombreufe. Ce qui en eft dit dans le préambule du fameux édit du mois de février 1771 , nous donne une jufte idée de leur nature.

Le légiflateur expofe dans cet édit que les offices n'étant eux-mêmes que le droit de remplir à fa décharge, des fonctions effentiellement liées à fa juridiction & à fon adminiftration, la nomination à ces offices étoit un des principaux attributs de fa fouveraineté : que fi, en vertu de la plénitude & de l'univerfalité de fon pouvoir, il faifoit exercer par fes officiers une portion de fon autorité, ils ne pouvoient tranfmettre à leurs fucceffeurs le dépôt qui leur étoit confié : que les befoins de l'état, ayant exigé qu'on attachât une finance aux différens offices, François premier & Charles IX, voulant que les titulaires puffent en conferver le prix & le mettre dans le commerce, leur accordèrent à tous, fans exception, la faculté de réfigner, & fe contentèrent d'affujettir chaque réfignataire à payer un droit de mutation, à condition que le réfignant furvivroit quarante jours à fa réfignation : que dans la fuite, Henri IV ayant confidéré que le prix des offices formoit un objet important pour les familles, & ayant égard aux rifques auxquels ces mêmes offices fe trouvoient expofés par la règle des quarante jours, donna l'édit de 1604, pour difpenfer de la rigueur de cette loi,

moyennant le payement du droit fixé par le même édit : mais que , ni la faculté de réfigner, ni la forte d'hérédité réfultante du payement de ce droit, n'avoient pu donner atteinte au droit inféparable de la fouveraineté du Roi, de difpofer des offices qui venoient à vaquer : que cette faculté & cette hérédité n'étoient qu'un privilège, qui , fans anéantir la règle générale, pouvoit fimplement déterminer le choix que fa majefté faifoit du fucceffeur à l'office, & non le contraindre, & ne donnoit d'autre droit que de revendiquer la finance , laquelle ne devoit en aucun cas être confondue avec le corps même de l'office : que c'étoit d'après ces principes, qu'en 1605, pour fixer, tant le prix de tous les offices du royaume, que la perception des droits aufquels ils étoient affujettis, il en fut arrêté des états d'évaluation : que les divers changemens furvenus depuis, ayant augmenté la valeur des uns, & diminué celle des autres, notamment des offices de judicature, il n'y avoit plus aucune proportion entre leur valeur actuelle & les anciennes évaluations, ni conféquemment entre les droits dont ils étoient tenus envers fa majefté, & qui ne pouvoient néanmoins être perçus d'une manière équitable, que relativement à cette même valeur; qu'il y avoit d'ailleurs nombre d'offices d'une création poftérieure, qui n'étoient point compris dans ces états d'évaluation, ce qui rendoit à leur égard la perception des droits du Roi difficile & fouvent incertaine : que fa majefté avoit penfé depuis long-temps, que, pour remédier à ces inconvéniens, il étoit néceffaire d'arrêter de nouveaux rôles d'évaluation de tous les offices de juftice, police, finances & autres du royaume ; que de tous les moyens qui lui avoient été propofés, elle n'en avoit point trouvé de plus équitable que celui de laiffer aux propriétaires d'offices, la liberté d'en fixer eux-mêmes la valeur ; fous la condition que l'eftimation qu'ils en feroient en for-

meroit à l'avenir le véritable prix : que
sa majesté avoit en outre considéré que
les offices, dont la différence ne devroit
consister que dans la différence de leurs
fonctions, puisqu'ils émanoient tous d'une
même origine, varioient néanmoins entre
eux par la distinction d'hérédité, de survivance & de casualité : que les édits &
déclarations des mois de décembre 1743,
janvier & février 1745, ayant entre autres
admis plusieurs officiers royaux à racheter
le prêt & l'annuel, avec attribution de
l'hérédité ou de survivance, la plûpart
ne s'étoient point trouvés en état de satisfaire à ce rachat, ensorte que sa majesté
avoit été obligée de les en décharger par
sa déclaration du 8 septembre 1752, &
d'ordonner que leurs offices demeureroient casuels comme auparavant; qu'en
conséquence, parmi les offices de même
nature & de même juridiction, il s'en
trouvoit qui étoient dispensés de l'annuel,
& d'autres qui y étoient sujets, ce qui
jettoit une grande confusion dans les
revenus casuels de sa majesté, à quoi il
importoit d'obvier pour l'avenir ; que
c'étoit dans cette vue qu'elle avoit résolu
de révoquer toutes les hérédités & survivances, à quelque titre qu'elles eussent
été établies, sauf à indemniser ceux qui en
jouissoient, des finances qu'ils pouvoient
avoir payées à cet effet, & de ramener tous
les offices à leur uniformité primitive, en
les assujettissant tous indistinctement à la
même nature de droits, à la réserve des offices du conseil & de ceux des cours souveraines, exceptés de l'annuel par la déclaration du 9 août 1722, en faveur desquels,
eu égard au peu de gages qui y étoient
attribués, sa majesté avoit bien voulu
continuer la même exemption.

Tels sont les principaux motifs qui ont
servi de fondement à l'édit du mois de
février 1771.

Par l'article 1, le Roi ordonne que
les pourvus ou propriétaires des offices
royaux, de quelque nature & qualité que
soient ces offices, même de ceux qui

seroient exercés sur de simples quittances
de finance, & soit qu'il y ait été pourvu
par sa majesté sur la nomination d'engagistes ou autres qui prétendoient être en
droit ou possession d'y nommer, seront
tenus dans six mois, pour tout délai, à
compter du jour de la publication du présent édit, de remettre à M. le contrôleur-
général des finances, une déclaration du
prix auquel ils estimeront que leurs offices
doivent être fixés, déclaration qui formera
à l'avenir & à toujours l'entière & absolue
fixation de la finance & du prix de ces
offices, sauf quelques exceptions marquées par les articles 1, 11, 12 & 13.

L'article 19 déclare, qu'à compter du
1 novembre 1772, les pourvus des offices
casuels seront admis à les conserver, en
payant annuellement aux revenus casuels
de sa majesté, le centième denier du prix
auxquels ils auront été fixés, & que ce
droit tiendra lieu, à l'avenir & à perpétuité, de ceux de prêt & d'annuel.

Le même article veut que le droit de
résignation, ou nomination de ces offices,
soit & demeure irrévocablement fixé au
vingt-quatrième de leur fixation, & deux
sous pour livre, le tout sans préjudice
du double & triple droit, dans les cas
portés par les édits & déclarations.

L'article 20 ordonne que toutes les
survivances & hérédités, dont jouissent
certains officiers royaux de justice, police,
finance ou autres, à quelque titre qu'elles
aient été établies, seront & demeureront
révoquées, à compter du 1 janvier 1772;
au moyen de quoi tous les offices demeureront sujets aux droits portés par l'article
précédent.

Par l'article 24, le Roi déclare n'entendre préjudicier à l'ordre établi pour
les offices dépendans de l'appanage de
M. le duc d'Orléans, par différentes lois
qui continueront d'être exécutées, à la
charge, par ce prince, de se conformer
aux régles prescrites pour les revenus casuels du Roi, en ce qui concerne les

droits de prêt , annuel , mutation & autres.

L'article 25 maintient pareillement dans leurs droits ceux des officiers de la couronne auxquels font subordonnés certains offices , & veut qu'à l'égard des offices des chancelleries , il en soit usé comme par le passé.

Le 6 juillet 1772 , le conseil a rendu un arrêt qui explique , étend & développe les dispositions qu'on vient de rappeler.

L'article 3 déclare que le payement du droit de centième denier , se fera comme celui de prêt & annuel , par avance , dans les mois de novembre & décembre de chaque année.

L'article 4 porte que ceux qui auront satisfait au centième denier , venant à résigner dans l'année pour laquelle ils auront satisfait , y seront admis en payant aux revenus casuels le vingt - quatrième de la fixation de leurs offices , & les deux sous pour livre , conformément à l'article 19 de l'édit du mois de février 1771 , & sans qu'il soit nécessaire qu'ils survivent quarante jours à leur résignation ; & que , dans le cas où ils viendroient à décéder , leurs veuves , enfans , héritiers ou représentans , pourront disposer de leurs offices , comme de chose à eux appartenante.

Par l'article 5 , sa majesté ordonne que les offices , dont les titulaires viendront à décéder sans avoir satisfait au centième denier , ou sans qu'il y ait été satisfait en leur nom par leurs créanciers , seront vacans à son profit & taxés comme tels en ses revenus casuels , encore même que ces offices eussent été saisis & qu'ils fussent adjugés par décret. Néanmoins le Roi permet à ceux qui ayant négligé de payer le centième denier , voudroient se défaire de leurs offices , d'en disposer de leur vivant , pendant les mois de novembre & décembre , en payant aux revenus casuels , au lieu du vingt-quatrième , le douzième de la fixation & deux sous pour livre , & à condition de survivre quarante

jours à leur résignation , lesquels se compteront du jour de la quittance du droit payé aux revenus casuels pour cette résignation. Mais en cas de décès dans l'espace de ces quarante jours , leurs offices seront taxés aux revenus casuels , sans qu'il puisse y avoir lieu à aucune répétition de la part de leurs représentans , du droit payé pour la résignation.

L'article 1 soumet au droit de centième denier , ceux qui pourroient posséder des offices , avec faculté de les exercer en vertu de quittances de finance contrôlées , & être dispensés de prendre des provisions par les édits de création ou par des arrêts particuliers ; & veut que dans le cas où , après la date du contrôle de leurs quittances , ils viendroient à décéder sans avoir payé le centième denier ou survécu quarante jours à leur résignation , leurs offices , encore qu'ils n'y eussent été reçus , soient vacans au profit de sa majesté , & taxés comme tels en ses revenus casuels.

Par l'article 8 , les nouveaux pourvus d'offices sont tenus de payer le droit de centième denier dans les deux mois de la date de leurs provisions ; & ceux qui possèdent des offices avec faculté de les exercer sans provisions & en vertu de simples quittances de finance contrôlées , dans les deux mois du contrôle , & cela pour le courant de l'année dans laquelle ils auront été pourvus , ou fait contrôler leurs quittances ; à peine , en cas de décès dans ces deux mois , que leurs offices seront déclarés vacans & taxés comme tels aux revenus casuels de sa majesté , conformément à la déclaration du 8 juillet 1749.

L'art. 19 applique à ceux qui exercent des offices avec dispense de provisions & en vertu de quittances contrôlées , les dispositions déjà rappelées qui portent le droit de mutation au vingt-quatrième de la fixation faite par le droit de centième denier , & au douzième de cette fixation pour le cas où le droit de centième denier n'a pas été acquitté dans les mois de novembre & décembre.

Par l'article 26, les offices venant à tomber vacans aux parties casuelles par mort ou autrement, sa majesté se réserve le droit d'en disposer en faveur de telle personne, & de faire sur la finance telle remise que bon lui semblera, sans que les veuves, enfans, héritiers ou créanciers des officiers sur lesquels ces offices auront vaqué, puissent prétendre aucune préférence sur ceux qu'elle aura jugé à propos d'en gratifier, & en faveur desquels ils auront été taxés en son conseil.

L'article 27 ajoute aux cas où les articles précédens déclarent les offices vacans au profit du Roi, celui de la mort civile des officiers qui, même ayant payé le centième denier, s'engageroient dans des ordres religieux, sans au préalable avoir résigné.

Par l'article 47, le Roi déclare qu'il n'entend préjudicier par le présent arrêt, aux droits de M. le comte de Provence & de M. le duc d'Orléans, en ce qui concerne les offices dépendans de leurs apanages, à l'égard desquels il ne fera rien innové, non plus que pour ceux des amirautés étant à la nomination du grand amiral, & de ceux des chancelleries.

La sévérité des peines prononcées par cet arrêt & par les lois antérieures, relativement au défaut de payement de l'annuel ou centième denier, a été modérée par les lettres-patentes du 27 février 1780.

Le préambule de ces lettres-patentes est intéressant. « Nous n'avons pu voir » sans peine, dit sa majesté, qu'on étoit » exposé à la perte de son office, non- » seulement si l'on manquoit à en payer » annuellement le droit, mais encore si » on ne le faisoit pas avant une époque » précise & rigoureuse ; qu'une telle pri- » vation cependant étoit d'autant plus » sévère, qu'une simple omission, un » oubli, ou la négligence d'un manda- » taire, suffisoient pour la faire encourir ; » qu'enfin, cette peine, fût-elle appli-

» cable à une inexactitude volontaire, » devenoit toujours dure dans son exé- » cution, dès qu'elle retomboit sur des » enfans ou des proches parens qui se » trouvoient ainsi privés de leur héri- » tage par un défaut de ponctualité dont » ils étoient innocens. Qu'à la vérité, » les titulaires des offices avoient la fa- » culté de s'acquitter des années du droit » annuel qu'ils avoient laissé en arrière, » pourvu qu'ils survécussent un certain » temps après ce payement tardif ; mais » qu'une telle faculté ne servoit le plus » souvent qu'à favoriser leur indifférence, » par une illusion trompeuse, l'expérience » ayant appris qu'ils prenoient rarement » leurs mesures assez à temps pour se » mettre en règle & prévenir après eux » la perte de leurs offices : que cette con- » dition cependant étant le seul moyen » coercitif établi pour déterminer au paye- » ment d'un droit qui fait une partie » importante des revenus du domaine, » l'administration se trouvoit sans cesse » combattue entre la nécessité de ne point » accoutumer à envisager cette peine » comme illusoire, & les sentimens de » commisération & d'équité qui, dans » chaque cas particulier, excitoient à » l'adoucir, ou portoient à des exceptions. » Justement sensibles à ces diverses » considérations, nous avons pensé que » nous pourrions remédier en partie à » ces contrariétés, si nous prévenions la » nécessité répétée d'un payement annuel, » & si nous écartions les risques qui sont » l'effet des oublis ou des omissions in- » volontaires : ce moyen consisteroit dans » une sorte de rachat du droit annuel » des offices, mais pour un temps limi- » té ; *ce qui dès-lors ne contrarieroit point* » *les principes rigides du domaine,* & ne » pourroit donner lieu à aucune défiance, » comme les rachats perpétuels qui ont » eu lieu ci-devant. Nous nous sommes » donc déterminés à ne promettre l'af- » franchissement de ce droit que pendant » huit années, moyennant le payement

» de six qui nous feroit fait à l'avance
» dans le courant de la présente année,
» de sorte que les titulaires euffent le
» temps néceffaire, & pour être inftruits
» de leur obligation à cet égard, & pour
» s'en acquitter fans effort. De cette ma-
» nière, ce n'eft proprement qu'un prêt
» modique à intérêt de la part des pro-
» priétaires d'offices foumis au droit an-
» nuel; nous envifagerons cependant leur
» empreffement dans ces circonftances,
» comme un témoignage de zèle que
» nous remarquerons; &, plein de con-
» fiance à cet égard, nous modérons
» même les claffes anciennes contre les
» titulaires négligens, ne voulant plus
» que, dans aucun cas, un défaut d'exac-
» titude puiffe entraîner la perte d'un
» office, & le rendre vacant à nôtre
» profit.

» Nous avons obfervé de plus, que ce
» rachat, qui, lors de fon expiration,
» fera probablement renouvelé, difpen-
» feroit à l'avenir de tout recouvrement
» annuel de ce genre, & favoriferoit par
» conféquent la réforme des bureaux
» établis dans les provinces pour perce-
» voir le droit annuel; & ce même
» arrangement diminuant auffi le travail
» de Paris, nous y trouverons d'autres
» épargnes. »

D'après ces confidérations, le Roi a
ftatué entre autres chofes ( article 1 ),
que les pourvus de tous les offices royaux,
cafuels, & fujets, comme tels, au payement du droit annuel pour la confervation
de leurs offices, fe racheteroient du
payement de huit années de ce droit, en
payant, avant le 1 octobre alors prochain,
le montant de fix années; & qu'au moyen
de ce payement, les officiers qui l'auroient fait; & leurs fucceffeurs, feroient
affranchis du droit annuel pendant huit
années confécutives, qui finiroient au
mois de décembre 1788.

Par l'article 3, fa majefté ne voulant
pas expofer plus long-temps les veuves
& enfans, ou héritiers des officiers, à

une peine rigoureufe, pour une négligence qu'il n'a pas été en leur pouvoir de
prévenir, renonce à la févérité des réglemens qui rendoient vacans à fon profit
les offices de ceux qui venoient à décéder
fans avoir payé le droit annuel, ou fans
avoir furvécu quarante jours à leur réfignation. Le Roi veut feulement que tous
les officiers affujetis au payement du droit
annuel, qui n'auront pas profité, avant
le premier octobre alors prochain, du
bénéfice du rachat, en foient déchus; &
que, lorfqu'ils viendront à décéder ou
à réfigner, leurs fucceffeurs ne puiffent
être pourvus de leurs offices qu'après le
payement du double droit de mutation,
& du double du montant de la fomme
qui fe trouvera alors due pour toutes les
années du droit annuel qui n'auront pas
été acquittées.

Par l'article 4, fi dans les fix mois du
décès d'un officier qui n'auroit pas racheté
le droit annuel, il n'a pas été fatisfait
au payement du double droit de mutation,
& du double du montant des années
arriérées du droit annuel, le Roi fe réferve la faculté de pourvoir à l'office après
le payement qui aura été fait aux parties
cafuelles de la finance fixée en la forme
ordinaire, finance qui appartiendra aux
veuves, enfans ou héritiers de l'officier
décédé, à la déduction de la fomme qui
auroit dû être acquittée pour le double
droit de mutation, le double du montant
des années arriérées, & la totalité du
droit de marc d'or.

Par l'article 11, le Roi déclare qu'il ne
fera accordé dans aucun cas, ni pour
quelque caufe & prétexte que ce puiffe
être, aucune remife ni modération fur
les fommes à payer en exécution des difpofitions des préfentes, qui ne pourront
être réputées comminatoires.

L'article 12 excepte de ces difpofitions
les offices dépendans des apanages de M.
le comte de Provence, de M. le comte
d'Artois, de M. le duc d'Orléans, & ceux
dont le cafuel & la nomination appartiennent

tiennent à M. le chancelier ou garde des sceaux, à l'égard desquels il ne sera rien innové.

Voilà tout ce que les dernières lois du royaume nous offrent de plus remarquable, relativement aux droits du Roi sur les offices casuels.

Passons maintenant à ceux que sa majesté exerce sur les offices à survivance.

On a vu par le préambule de l'édit du mois de février 1771, que l'intention du légiflateur étoit d'abolir par cette loi toutes les survivances, toutes les hérédités, & de soumettre tous les offices à la casualité. L'article 20 du même édit nous apprend de quelle manière cette intention a été remplie. En voici les termes :

« Voulons que toutes les hérédités & sur» vivances dont jouissent aucuns des » pourvus des offices de justice, police, » finance, ou autres offices royaux, à » quelque titre qu'elles aient été établies, » soient & demeurent révoquées...... au » moyen de quoi tous lesdits offices seront » & demeureront sujets aux droits portés » par l'article précédent ( c'est-à-dire au » droit annuel du centième denier, & au » droit de résignation ou nomination fixé » au vingt-quatrième de leur évaluation): » exceptons néanmoins les présidens & » conseillers de nos cours supérieures, » présidens, maîtres, correcteurs & au» diteurs de nos chambres des comptes ; » les avocats & procureurs-généraux, & » greffiers en chef desdites cours & » chambres ; les sieurs intendans des » finances & du commerce, maîtres des » requêtes, gardes de notre trésor royal, » & trésorier de nos revenus casuels, » conformément à notre déclaration du » 9 août 1722 ; lesquels continueront à » jouir de la survivance, & dont le droit » de mutation demeurera réglé au sei» zième du prix fixé par les rôles ou l'état » général, avec les deux sous pour livre, » sans préjudice du double & triple droit » dans les cas portés par nos édits & dé» clarations. »

*Tome I.*

Les offices exceptés par cet article ne sont pas les seuls qui jouissent de la survivance. Il est vrai que l'arrêt du conseil du 6 juillet 1772 (1), veut que *cette exception même dans les cours, ne puisse être prétendue s'entendre d'autres offices que de ceux qui sont spécialement dénommés dans ledit article ;* mais le même arrêt déclare, malgré cette restriction, que les offices de gardes des registres du contrôle général des finances, de baillis & sénéchaux d'épée, & de lieutenans de Roi dans les provinces, continueront de jouir de la survivance.

L'article premier de l'arrêt du conseil du 30 décembre 1774, a étendu cette faveur aux offices de substituts, notaires & secrétaires du parlement de Paris.

On a d'ailleurs remarqué par les articles 24 & 25 de l'édit du mois de février 1771, que les offices des chancelleries sont exceptés des dispositions de cette loi. Ainsi ceux de ces offices qui jouissoient antérieurement de la survivance, en jouissent encore aujourd'hui.

Les offices à survivance ne sont soumis ( outre le droit de marc d'or commun à tous les offices, ) qu'à un droit de résignation qui se paye à la mutation. On vient de voir par l'article 20 de l'édit de février 1771, que ce droit consiste, relativement aux offices dont il fait l'énumération, dans le seizième de leur évaluation avec les deux sous pour livre. L'article 18 de l'arrêt du conseil du 6 juillet 1772, & l'article 2 de celui du 30 décembre 1774, prescrivent la même chose. Mais ces réglemens ne portent point sur les offices des chancelleries, à l'égard desquels on suit les anciennes taxes.

Nous n'avons encore rien dit des offices héréditaires. L'article 20 de l'édit du mois de février 1771, les avoit tous réduits sans distinction à la casualité. Mais la rigueur de cette disposition a été d'abord

(1) Art. 6.

N n

modifiée par l'article 6 de l'arrêt du conseil du 6 juillet 1772, en faveur des payeurs & contrôleurs des trente parties de rentes créées héréditaires par l'édit du mois de mai précédent.

Quelque-temps après, le 4 janv. 1777, il est intervenu deux arrêts du conseil qui ont maintenu dans l'hérédité tous les offices de Flandres, de Hainaut, d'Artois & d'Alsace, & ont en conséquence ordonné que le droit de mutation pour ces offices, demeureroit fixé comme il l'avoit été par les lois antérieures, à une année de gages. Suivant les mêmes arrêts, les officiers sans gages doivent continuer de payer à chaque mutation les droits qu'ils acquittoient avant l'édit de février 1771. Ces droits consistent, pour la Flandres, le Hainaut & l'Artois, dans le trente-deuxième de la finance principale.

Terminons ces détails par une disposition commune à tous les offices, casuels, à survivance & héréditaires. C'est l'article 29 de l'arrêt du conseil du 6 juillet 1772. En voici les termes : « Tous les offices, » de quelque nature qu'ils puissent être, » casuels, héréditaires ou à survivance, » même ceux créés sous le titre de doma- » niaux, qui, par leurs édits de création » ou autres rendus depuis, sont assujettis » à des provisions & ne peuvent s'exercer » en vertu de simples contrats d'adjudi- » cation, seront vacans & taxés comme » tels aux revenus casuels, lorsque les » veuves, enfans, héritiers, créanciers, » adjudicataires ou propriétaires, auront » laissé ou laisseront à l'avenir passer » trente ans, à compter du jour du décès » des titulaires, ou du jour de l'expé- » dition de la quittance de finance pour » les offices levés vacans, ou pour la » première fois depuis leur création, sans » en avoir fait sceller des provisions. »

## §. XIV. *Des droits de péage.*

Les droits de péage sont connus sous différens noms, comme passages, bacs, pontonages, travers, tonlieu, trépas de loire, &c. Ils se perçoivent pour le passage des voitures, bestiaux, marchandises & denrées, même pour celui des hommes qui passent des rivières, ou qui traversent certains chemins, ou des places, ponts, chaussées, &c.

Ces droits ne sont pas de simples aides ou subsides ; ils sont vraiment domaniaux ; c'est ce que prouvent entre autres deux arrêts du conseil des 9 juillet 1686 & 18 octobre 1757. Le premier déclare le péage d'Aix, auparavant détenu par les consuls de la même ville, réuni au domaine. Le second prononce la même réunion à l'égard du péage qui se perçoit au pollet de Dieppe.

Il y a à la vérité des péages, tel que celui de Péronne, qui ont été désunis de la ferme des domaines & joints à celle des traites. Mais ce n'a été que pour en rendre la régie plus facile & moins dispendieuse, parce qu'ils sont perçus conjointement avec des droits de traite-foraine & de douane, qui dépendent des cinq grosses fermes.

Enfin, ce qui prouve la domanialité de ces droits, c'est que les ecclésiastiques qui sont exempts des aides & subsides, y sont soumis comme les particuliers. Tournet (1) rapporte un arrêt du 24 mai 1583, qui l'a ainsi jugé.

Il y a cependant des péages qui sont exceptés de la classe des droits domaniaux, & que l'on considère comme de véritables impositions.

C'est ce que prouvent les articles 11 & 12 de la déclaration du 24 août 1734, contenant réglement entre le parlement & la cour des aides de Bordeaux. Voici comme ils sont conçus :

« La connoissance de toutes les con- » testations qui s'éleveront sur les *péages* » *appartenans au Roi à cause de ses do-* » *maines*, ou dont le Roi a permis la

_____

(1) Arr. not. tom. 1, lett. E, pag. 572.

» levée à ſes ſujets..... appartiendra en
» première inſtance aux juges qui en
» doivent connoître, & par appel au par-
» lement.

» Et pour ce qui concerne les autres
» péages qui peuvent être levés à notre
» profit, ou au profit de nos villes &
» communautés, *ſoit par forme d'impo-*
» *ſition ou par forme d'octroi....* la connoiſ-
» ſance en appartiendra en première
» inſtance aux juges qui reſſortiſſent en
» notredite cour des aides, & par appel
» en notredite cour. »

On voit par-là qu'il n'y a de vraiment
domaniaux, que les péages dont la perception ſe fait dans les domaines de la
couronne.

Au reſte, il eſt très-conſtant en thèſe
générale, que les péages, quels qu'ils
ſoient, ne peuvent être perçus qu'au
profit du Roi, ou de ceux à qui ſa majeſté
en a fait la conceſſion.

Sur ce point, & ſur la queſtion de
ſavoir ſi la poſſeſſion immémoriale peut
tenir lieu d'un titre de conceſſion, voyez
les déclarations des 4 décembre 1367,
17 juin 1361, 24 août 1532, & 31 janvier 1663; l'article 1 du titre 29 de l'ordonnance de 1669; l'arrêt du conſeil du
29 août 1724; Brillon, Denizart, le
dictionnaire des domaines, & le répertoire de juriſprudence au mot *Péage.*

§. XV. *Des droits de poids & caſſe, de*
*table de mer, de foraine & de traite*
*domaniale qui ſe perçoivent en Provence.*

Voici ce que nous liſons ſur ces objets
dans le dictionnaire des domaines, article
*Provence:*

« Il ſe perçoit en Provence des droits
» véritablement domaniaux, établis par
» les comtes de Provence (1), tels que
» ceux de poids & caſſe de Marſeille, de

» table de mer, de foraine & de traite
» domaniale. Mais ces droits ſont diſ-
» traits de la ferme des domaines, &
» ſont partie des cinq groſſes fermes.

» On peut conſulter ſur ces différens
» droits le tarif imprimé à Paris en
» 1740, chez Lameſle, ſous le titre de
» *tarif & pancarte* ſur laquelle doivent
» être levés en Provence les droits forains
» & domaniaux appartenans au Roi, ſui-
» vant les lettres-patentes de ſa majeſté
» du 12 octobre 1632, & les arrêts de
» la cour des comptes, aides & finances,
» des 6 & 25 juin 1633. »

§. XVI. *Du droit de domaine & barrage.*

On appelle ainſi des droits réunis qu'on
perçoit à l'entrée de Paris ſur diverſes
eſpèces de marchandiſes.

Le droit de domaine, tel qu'il ſe perçoit, eſt compoſé de la réunion de droits
très-anciens, qui ſe levoient chacun ſépa-
rément: ils ſont rappelés dans une déclaration du 8 février 1651, par laquelle
ils furent réunis & fixés pour être levés
enſemble, & ne plus faire qu'un ſeul
droit ſous la dénomination *de droit royal*
& *domanial.*

Le barrage paroît avoir été établi en
1638. Ce droit avoit originairement pour
objet l'entretien du pavé de la ville &
banlieue de Paris; il tire ſon nom de ce
que dans les différens paſſages par leſquels
arrivoient les marchandiſes, il y avoit
des barres qui ne ſe levoient qu'après que
le droit avoit été acquitté.

Une déclaration du 17 ſeptembre
1692, arrêta un tarif dans lequel la fixation des droits de domaine & barrage
fut faite en une ſeule quotité ſur chacune
des marchandiſes & denrées qui y ſont
aſſujetties.

On ſuit encore aujourd'hui ce tarif,
ſi ce n'eſt que les droits dont il contient
l'énumération ſe perçoivent par doublement, & cela, en vertu d'une déclaration
du 7 juillet 1705, portée d'abord pour

(1) A titre de droits d'entrée & de ſortie.

Nn ij

un temps limité, prorogée enfuite par des réglemens poftérieurs, & enfin rendue indéfinie par un édit du mois de novembre 1771.

On peut confulter fur cette matière l'article *Barrage*, dans le répertoire univerfel de jurifprudence.

## §. XVII. *Des poftes & meffageries.*

Les empereurs romains s'étoient réfervé le droit exclufif de permettre à leurs fujets de voyager en pofte. C'eft ce que nous apprend la loi 9, C. *de curfu publico*. Capitolin remarque même que Pertinax ayant pris la pofte fans la permiffion de l'empereur Aurélian, fut condamné par le préfident de Syrie, à faire à pied un très-long voyage. On peut fans doute conjecturer que les empereurs ne laiffèrent point cette prérogative infructueufe, & qu'ils en tirèrent des profits pour leur fifc.

En France, on n'eut guères d'idée des poftes & meffageries avant Louis XI; & lorfqu'elles furent établies par ce prince, l'autorité royale étoit parvenue à un point de fupériorité qui ne permit plus aux feigneurs, & encore moins aux particuliers, de contefter au fouverain le droit exclufif des profits qu'elles rapportoient.

## §. XVIII. *Du droit d'accorder des lettres de regraterie.*

Ce droit eft regardé dans Paris comme domanial. On n'en connoît pas l'origine : des comptes du domaine font voir qu'il eft très-ancien, & qu'il a été expreffément compris dans plufieurs baux généraux qui ont été faits des fermes du Roi.

Le droit d'impofer des règles au commerce, d'en diftinguer les différentes efpèces, d'en attribuer les différentes parties aux uns, à l'exclufion des autres, dépend conftamment de la fouveraineté; & c'eft en vertu de ce droit, que le Roi a établi des corps d'arts & métiers, auxquels il a réfervé certains genres de commerce, que d'autres ne peuvent entreprendre.

Cette diftinction de différens commerces n'a pas femblé fuffifante : il a fallu, pour la facilité du public, par rapport aux denrées néceffaires à la vie, établir des perfonnes qui en fiffent le détail ou *regrat*; & c'eft pour autorifer ce détail, que les lettres de regrat ont été accordées.

Faire le regrat, n'eft autre chofe qu'acheter les denrées pour les vendre en détail; mais tous ceux qui revendent ainfi des chofes néceffaires à la vie, ne font pas obligés de prendre des lettres de regrat.

Ainfi les aubergistes, les cabaretiers & autres qui donnent à manger dans leurs maifons, ne font pas obligés de prendre des lettres de regrat, parce qu'ils ont un autre titre pour faire ce détail, comme il a été jugé par fentence de la chambre du domaine du mois de juillet 1696 (1).

Il en eft de même des marchands de vin qui ne font pas non plus obligés à prendre des lettres, quoiqu'ils vendent en détail, parce que tout marchand eft en droit de vendre en détail la denrée qui fait le fond de fon commerce.

A l'égard des autres qui n'ont pas un titre femblable, il leur faut des lettres de regrat, & comme le droit de regrat eft compris dans les baux des fermes, le fermier accorde ces lettres à ceux qui les demandent, moyennant une fomme modique.

Ces lettres contiennent la faculté de vendre, à petits poids & petites mefures, foin, paille, bierre, cidre, bois, poiffon, viande cuite, herbes, & généralement toutes denrées non prohibées.

_____

(1) Le Febvre de la Planche, traité du domaine, tom. 3, liv. 9, chap. 7, n. 6.

§. XIX. *Droit de masephening en Alsace.*

« Le *masephening*, dit Goetzman (1), » est un droit qui se paye pour la per- » mission de débiter le vin en détail : les » commis préposés à l'exercice & au re- » couvrement de ce droit, suivent les » entrées & les sorties des caves des » cabaretiers, qui, tous les deux mois, » leur payent le montant du droit sur le » vin qu'ils ont vendu en détail ».

§. XX. *Du contrôle des actes & exploits, de l'insinuation, du centième denier, & du petit-scel.*

Ces différens droits, fort étrangers au domaine originaire dont la constitution de la France a doté la couronne, ne font que des monumens des nécessités publiques.

Le contrôle des actes tire sa source d'un édit de Henri III, du mois de juin 1581, qui étant demeuré sans exécution, a été renouvelé par un autre du mois de mars 1693, à la suite duquel est le tarif des droits qu'on doit percevoir pour chacun des actes qui y sont sujets.

Le contrôle des exploits a été établi par édit du mois d'août 1669.

Le droit d'insinuation l'a été par édit du mois de décembre 1703. Pour rendre cette formalité plus indispensable, l'article 23 ordonne que le temps du retrait ne courra que du jour où elle aura été remplie. On trouve à la suite, un tarif des droits que doit payer chacun des actes qui y sont sujets.

Le même édit assujetit tous les nouveaux possesseurs de biens immeubles, à payer le centième denier de la valeur.

Le droit de petit-scel est plus ancien. Autrefois les jugemens & les actes n'é-

---

(2) Notice des domaines d'Alsace, imprimée à la suite du traité du droit commun des fiefs, tom, 2, pag. 109.

toient scellés par les juges & les notaires que de leurs propres cachets. Mais le Roi Philippe-le-Long, en 1319, ayant réuni à son domaine les sceaux, aussi-bien que les greffes & les notariats, les sceaux devinrent non-seulement publics, mais royaux & domaniaux.

Un édit du mois de mars 1714 a réuni au domaine les cinq espèces de droits dont nous venons de parler.

§. XXI. *Des droits du Roi sur les mines.*

On fera peut-être étonné de nous voir mettre ces droits au nombre de ceux que nous avons appelés *incorporels.* Car il y a bien des auteurs qui mettent au nombre des propriétés du souverain, les mines de substance métallique, & leur opinion paroît justifiée par une constitution de l'empereur Frédéric Barberousse, qui se trouve au livre des fiefs, titre *quæ sint regalia.*

La coutume de Hainaut fournit un argument *à fortiori* en faveur de cette opinion. Car elle attribue aux seigneurs hauts-justiciers, la propriété de toutes les mines indistinctement. L'article 1 du chapitre 130 est très-précis là-dessus.

D'autres auteurs, tels que Rebuffe, Loysel, Coquille, Chopin, Domat, distinguent les différentes espèces de mines. Ils prétendent que celles d'or & d'argent appartiennent au Roi en toute propriété ; mais ils conviennent que les autres demeurent au propriétaire du fonds.

Les coutumes d'Anjou, article 66, & du Maine, article 70, font une autre distinction. Elles donnent les mines d'or au Roi, les mines d'argent *au comte, vicomte ou baron, chacun en sa terre,* & ne parlent point des autres.

Malgré ces autorités, nous croyons que le Roi n'est vraiment propriétaire d'aucune mine, qu'elles appartiennent toutes aux propriétaires fonciers, & qu'elles ne sont sujettes envers sa majesté qu'à des droits incorporels.

Pour mettre cette vérité dans tout son jour, il faut reprendre les choses de plus haut.

Sous la république romaine & du temps des premiers empereurs, les mines étoient *du droit privé*; le propriétaire foncier en avoit le domaine libre, indépendant, absolu; en un mot, il les possédoit *optimo jure*, comme le fond même dont les lois les réputoient faire partie ( 1 ).

Dans la suite, les mines furent considérées comme des objets *du droit public*; non que les empereurs s'en soient jamais attribué la propriété. Aucun texte du code Théodosien, ni du code Justinien, qui ont des titres entiers sur cette matière, ne le prononce; tous au contraire, y répugnent. Mais cette partie de la richesse de l'état parut assez intéressante, pour que l'état lui-même s'en réservât la police, & assez fructueuse pour qu'il en partageât le profit avec les particuliers.

C'est de ce double point de vue que sont parties toutes les lois des empereurs.

Les unes concernent le régime des mines; elles donnent, refusent, modifient le pouvoir de les exploiter ( 1 ); les autres déterminent le droit dû au fisc, ou en règlent la perception ( 3 ).

Ce droit étoit le dixième. Une compagnie, sous le nom de *procuratores metallorum*, ou intendans des mines, étoit chargée de le recueillir dans les provinces, & de le verser dans la caisse du magistrat supérieur, appelé *comes metallorum*, surintendant des mines, qui résidoit ordinairement dans l'Illyrie, parce que c'étoit le district le plus voisin des provinces les plus fertiles en métaux.

Le prince ne se réservoit au-delà de ce droit, que celui d'obliger l'exploitant, qui vendoit le produit de ses mines, à le vendre de préférence au fisc ( 1 ).

Quelques lois paroissent cependant contrarier le droit des propriétaires; ce sont celles par lesquelles les empereurs accordoient à tout le monde indistinctement la permission de fouiller des mines ( de marbre ) même dans les terreins des particuliers, en n'assujetissant l'extracteur envers eux, qu'au payement d'un dixième pareil à celui auquel il étoit attenu envers le fisc. Telle est la disposition de la loi 3, C. *de metall.*

Mais il faut observer, 1°. que ces lois, fruit des circonstances, & d'un besoin momentanée ( 2 ), furent ou révoquées ou remises en vigueur, suivant que ces circonstances ou ce besoin cessoient ou renaissoient ( 3 ): 2°. qu'elles ne supposent point la propriété des mines dans la main des empereurs, mais seulement le droit d'en diriger l'exploitation pour le plus grand avantage de l'état, puisqu'elles ne réservent toutes au fisc que son dixième: 3°, & enfin, qu'elles ne dépouillent point le propriétaire du droit d'exploiter les mines cachées dans son propre fonds, puisqu'elles accordent *à tout le monde* le droit d'en fouiller *par-tout,* ce qui conserve *à fortiori* au propriétaire le droit de fouiller les siennes chez lui, & suppose que ce ne sera qu'à son refus qu'un étranger

____

(1) Quidquid amplius colligere potuerint, fisco potissimùm distrahant, à quo competentia ex largitionibus nostris pretia suscipiant. L. 1, C. *eod. tit.*

(2) Constantin & Théodose, auteurs des lois 1, 10 & 11 du code Théodosien, pour embellir Constantinople, nouvellement devenue la capitale de l'empire d'Orient : Julien, auteur de la loi 2, au même code, pour embellir Antioche, dont il vouloit, disoit-il, faire une ville toute de marbre. Voyez le commentaire de Jacques Godefroy sur les lois de ce titre.

(3) Le même Théodose qui, par les lois 10 & 11 ci-dessus, permettoit indéfiniment à tous les particuliers la fouille des marbres, la défend dans la loi 13.

____

(1) L. 7, §. 17, D. *soluto matrimonio;* l. 2 & 6, D. *de acq. rer. dom.* §. 19, inst. *de rerum divisione;* Pérez, in cod. lib. 11, tit. 6.

(2) L. 1, 2, 8, 13, 14, C. Theod. *de metall.* l. 1, 3, 6, C. ecd. tit.

(3) L. 3, 4, 10, 11, C. Theod.; l. 1, 2, 5, C. eod. tit.

poutra s'en emparer en l'indemnifant. Rien de plus fage que ces lois, rien qui concilie mieux l'intérêt de l'état, qui veut que les mines ne demeurent pas inutiles, avec l'intérêt de la propriété privée, qui veut que chacun puisse tirer de sa chose tout le profit dont elle est susceptible.

Ainsi, dans le dernier état des lois romaines, la propriété des particuliers sur leurs mines étoit constante : le droit domanial d'un dixième sur leur produit, le droit de police sur leur exploitation, telle étoit la seule restriction que cette propriété essuya de la part des souverains.

Ce n'est qu'au bout de plusieurs siècles que nos Rois ont songé à faire valoir leur droit sur les mines, soit métalliques, soit terrestres.

Les monumens les plus anciens de notre histoire nous les montrent entre les mains des propriétaires fonciers, qui en disposent librement & en perçoivent le produit entier, comme du reste de leurs biens, sans que les souverains y prétendissent rien à aucun titre.

Plusieurs chartres citées dans le glossaire de Ducange & dans le supplément (1), en contiennent la preuve. On y voit des seigneurs laïcs ou ecclésiastiques donner à des particuliers leurs mines, ou leur accorder le droit de les fouiller, tantôt sans en rien rendre, tantôt avec réserve d'une portion du produit.

Il ne paroît pas qu'on distinguât alors les mines d'or ou d'argent d'avec les mines moins précieuses. Cette distinction, qui est beaucoup plus moderne, doit son origine à l'interprétation qu'on a donnée à un article des établissemens de saint Louis cité plus haut, §. 7, article dans lequel il n'est pas même question de mines : « Nul n'a *fortune d'or* s'il n'est » Roi, & les *fortunes d'argent* sont aux » barons,... fortune si est, quand elle est » trouvée dedans terre, & terre en est » effondrée. »

M. de Laurière (1) observe que c'est par erreur qu'on a entendu des mines d'or ou d'argent, cette disposition qui n'est relative qu'aux trésors. « Ceux, dit- » il, qui ont rédigé la coutume d'Anjou » sous René de Sicile, & ceux qui ont » réformé cette coutume en 1508, igno- » rant ce que c'étoit que fortune, ont » mal mis, *fortune d'or en mine.* »

L'ordonnance de 1413, la plus ancienne de toutes celles que nous avons sur cette matière, vient à l'appui de cette opinion.

Elle a trois objets : le premier, de protéger ceux qui exploitent les mines contre les vexations des seigneurs ; le second, d'établir en faveur du Roi exclusivement, le droit de dixième, que prétendoient quelques-uns de ces seigneurs ; le troisième enfin, de donner à tous ceux qui voudroient fouiller des mines, le droit de le faire. Chacune des dispositions destinées à remplir ces trois objets, assure le droit des propriétaires fonciers sur leurs mines.

1°. L'ordonnance a eu en vue les *marchands & maîtres des très-fonds*, c'est-à-dire, les propriétaires qui exploitent par eux-mêmes ; & c'est pour remédier à leurs plaintes que la loi est faite : « Et » pour ce, afin que dorénavant les mar- » chands & maîtres des très-fonds & » des mines qui font ouvrir, & les ou- » vriers qui ouvrent auxdites mines, » fassent feu, lieu & résidence, où leurs » députés puissent ouvrer continuelle- » ment, sans en être empêchés ne trou- » blés en leur ouvrage, & ouvrer fran- » chement & seurement en notre royau- » me, tant comme ils voudront ouvrer » en icelles mines ; voulons & ordon- » nons, &c. » Une loi faite pour assurer aux propriétaires la facilité *d'ouvrer franchement & tant comme ils voudront* dans leurs mines, est bien constamment une

---

(1) Aux mots *Mina, Minare, Minalia.*

(1) Ordonn. du Louvre, tom. 1, pag. 180.

loi qui leur confirme la propriété de ces mines.

2°. La disposition par laquelle le Roi se retient à titre de souveraineté, le dixième du produit, la confirme plus énergiquement encore : « ésquelles mines » & autres quelconques étant en notre- » dit royaume, nous avons & devons » avoir, & à nous, & non à autres, ap- » partient de plein droit, tant à cause » de notre souveraineté & majesté royale, » comme autrement, la dixième partie » purifiée de tous métaux. » La consé- quence est claire : un *droit* partiaire sur la chose est exclusif de la *propriété* indi- viduelle de la chose même. Si le Roi re- connoît qu'il ne lui appartient que le dixième du produit des mines, il recon- noît par cela même que les mines ne lui appartiennent point, & il reconnoît encore par une dernière conséquence, qu'elles appartiennent aux propriétaires fonciers.

3°. Un article encore plus précis, s'il est possible, en faveur de cette propriété, est celui-ci : « Voulons & ordonnons » que tous mineurs *& autres* puissent » quérir, ouvrer & chercher mines par » tous les lieux où ils penseront en trou- » ver, & icelles traire & faire ouvrer, » *& vendre à ceux qui les feront ouvrer* » *& fondre*, payant à nous notre dixième » franchement, & en faisant certi- » fication, ou contenter à celui ou à » ceux à qui lesdites choses seront ou » appartiendront au dit de deux pru- » d'hommes. »

Cette disposition, absolument calquée sur les lois du code que nous examinions il n'y a qu'un moment, présente le même résultat. Si elle donne à tout le monde indistinctement la faculté de fouiller les mines, à plus forte raison confirme-t-elle au propriétaire le droit de fouiller les siennes ; ce n'est même qu'à lui que peut s'appliquer la clause qui permet *de vendre les mines à ceux qui les feront ouvrer*, c'est- à-dire, aux *mineurs, marchands ou maî-*

tres *des mines*, que l'ordonnance distingue des *maîtres des très-fonds ;* ce sont ceux- ci qui *vendent* les mines, & les premiers qui les font *ouvrer & fondre*.

Nous ne ferons plus sur cette loi qu'une observation. C'est qu'elle statue généra- lement pour toutes les mines d'or, d'ar- gent, *& autres quelconques étant en notre- dit royaume.* Elle détruit donc de fond en comble la distinction qu'on a voulu faire d'après les établissemens de S. Louis, entre les mines d'or & celles d'autres substances, soit métalliques, soit ter- restres.

L'intervalle qui s'est écoulé entre le règne de Charles VI & celui de Louis XI, c'est-à-dire, de 1413 à 1471, épo- que de la loi dont nous allons parler, ne présente rien de nouveau. Charles VII se contenta de confirmer, par des lettres- patentes l'ordonnance de 1413 (1).

Louis XI s'occupa plus particulièrement de l'objet des mines ; il donna en 1471, une ordonnance célèbre, datée de Mon- til-lèz-Tours, & enregistrée au parlement de Paris le 14 juillet 1475.

C'est à cette ordonnance que l'office de grand-maître des mines, supprimé en 1744, a dû son origine. Au nombre des droits qu'elle lui attribue, est celui de chercher, par lui & par ses commis, les mines du royaume, de les faire ouvrir dans les terres du domaine, & même dans celles des particuliers ou des sei- gneurs, en payant l'indemnité aux tré- fonciers.

A partir de cette disposition, on pour- roit croire que les propriétaires sont dé- pouillés des mines renfermées dans leurs fonds, & du droit de les exploiter, & qu'ils n'ont à réclamer contre les con- cessionnaires qu'une simple indemnité.

Point du tout. Deux dispositions infi- niment sages, & qui ont été depuis ou énoncées textuellement, ou sous enten-

---

(1) Voyez le code des mines.

dues

dues de droit dans toutes les concessions, garantissent la propriété.

L'une est tirée de l'enregistrement, & l'autre de la loi même. Par la première, le parlement accorde l'article qui permet à tous maîtres & ouvriers des mines, de les chercher & ouvrir en France, en le signifiant seulement aux seigneurs, quant aux terres patrimoniales ; mais il ne l'accorde que pour les lieux déserts & non hantés, en friches & stériles, avec l'ordre du général des mines, & en appelant le procureur du Roi, & les propriétaires, afin de discuter l'indemnité. Et à l'égard des terres en valeur, prés, vignes, bois, pâturages, maisons, & autres biens portant fruits industriaux, l'arrêt défend de les ouvrir sans congé spécial du propriétaire, ou par ordonnance du juge des lieux, *partibus auditis.*

Par la seconde, lorsqu'une mine a été découverte & dénoncée au grand-maître, il est accordé six mois, du jour de la dénonciation, à tout propriétaire, afin de se préparer à l'exploiter par lui-même, ou pour aviser. A son défaut, le droit d'exploitation est donné à son seigneur immédiat ; au défaut de celui-ci, au seigneur suzerain ; & enfin au défaut de tous, au grand-maître ou à ses commis.

Enfin, Louis XI fait remise pour douze ans, du droit royal du dixième, tant au grand-maître ou à ses commis, pour leurs exploitations, qu'aux seigneurs tréfonciers, à cause des frais & dépenses qu'il leur convenoit de faire.

En 1548, le sieur de Roberval obtient du Roi Henri II, un privilège pour l'exploitation des mines terrestres ; & le même souverain le confirme par une ordonnance du 19 octobre 1552. Ce privilège, tel qu'il est conçu, n'exclut point les propriétaires, mais seulement les étrangers qui, profitant de ses recherches, voudroient fouiller les mines découvertes par lui, & partager les profits sans avoir partagé le travail de ses recherches.

*Tome I.*

C'est ce qu'annonce évidemment la clause des lettres-patentes qui laisse subsister les exploitations particulières, pourvu que les exploitans aient pris l'attache du gouvernement, & n'autorise Roberval à se mettre en possession, que des mines délaissées ou exploitées secrètement ; « & » si aucunes mines ou minières ci-de- » vant faites avoient été ruinées ou dé- » laissées, ou secrètement possédées sans » congé de nos prédécesseurs ou de nous, » *desquelles notre droit de dixième ne nous* » *soit payé,* avons permis audit Rober- » val icelles prendre. » Ainsi, cette disposition, toute rigoureuse qu'elle est, emporte avec elle tout le maintien de la propriété & de la liberté d'exploitation pour les propriétaires. Car si le Roi dispose en faveur de Roberval des mines abandonnées, c'est parce qu'elles sont censées n'avoir point de propriétaires ; & quant à celles qui sont exploitées sans permission, s'il en dépouille les propriétaires, c'est *per modum pœnæ.* C'est donc de la part du Roi, une reconnoissance que si le dixième avoit été payé, l'exploitation eût été libre ; & de là, la conséquence qu'en s'asservissant au payement du dixième, & à l'obtention de la permission, tout propriétaire peut exploiter, indépendamment du privilège du concessionnaire.

C'est ce que prouvent mieux que tous les raisonnemens, des lettres-patentes du 16 septembre 1557, qui permettent à ce même Roberval, de s'emparer des mines d'argent, ouvertes en Piémont, & que des particuliers exploitoient depuis 5 ans sans permission, *sous ombre de tirer des mines de fer.* « Savoir, faisons, y est-il dit, » que pour obvier à ce que telles usur- » pations & entreprises ne se fassent ci- » après contre *notre autorité* (1) & *droit* » *de souveraineté* (2), toutes mines dé-

---

(1) Relativement au défaut de permission.

(2) Relativement au non-payement du dixième royal.

» renues & poſſédées par quelques per-
» ſonnes que ce ſoient, tant èsdits pays
» de Piémont que tous autres pays de
» notre ſujétion, *ſans privilège, congé*
» *& permiſſion expreſſe de nous*, ſoient
» priſes & ſaiſies & miſes en notre main
» par ledit de Roberval ou ſes commis
» & députés, leſquels y feront beſon-
» gner & travailler, parfonder, fondre,
» affiner, . . . . . . *à ce que nos droits de*
» *dixième y puiſſent franchement & due-*
» *ment être pris, perçus & reçus à l'avenir*».
Sous François II, en 1560, le ſieur
Grippon de Saint-Julien fut aſſocié à Roberval, & obtint, comme lui, un privilège excluſif pour le *grand nombre de*
*mines métalliques ou terreſtres* qu'il allégua
avoir découvertes. Il demanda en conſéquence deux choſes; la première, que
le Roi lui fît pour quelques années la
remiſe de ſon droit de dixième ſur les
mines qu'il auroit ouvertes; la ſeconde,
que le Roi lui abandonnât même le
dixième qui lui reviendroit ſur les mines
exploitées par d'autres, ouvertes ou à
ouvrir; ce qui lui fut accordé. Voilà bien
la preuve; 1°. Que le privilège du conceſſionnaire n'étoit rien moins qu'excluſif
des exploitations particulières, même pour
l'avenir, puiſque le Roi lui abandonnoit
le dixième en provenant, ſoit pour les
mines déjà ouvertes, ſoit pour celles qui le
ſeroient par la ſuite; 2°. que le prince étoit
bien éloigné de réclamer la propriété de
ces mines, puiſqu'il abandonnoit au ſurin-
tendant le dixième du produit comme le
ſeul droit qu'il eût à y prétendre.

Une autre clauſe non moins remarquable des lettres-patentes dont nous parlons, c'eſt celle qui ordonne « que do-
» rénavant les débiteurs du dixième de-
» nier, *enſemble les propriétaires deſdites*
» *mines*, ſoient indifféremment de la
» juſtice des juges qui ſeront députés pour
» le fait deſdites mines. »
Voudroit-on augmenter contre le droit
des propriétaires, de ce que les lettres-
patentes de 1548 & 1552, donnent aux

concessionnaires la faculté de prendre les
terres des particuliers, en les indemni-
ſant à raiſon ſeulement de la valeur de
la ſuperficie, *& ſans qu'ils puiſſent pré-*
*tendre aucun droit éſdites mines, & demander*
*autre intérêt que la récompenſe des terres,*
*ſuperficie ou incommodité d'icelles?* En con-
cluroit-on que le propriétaire du fonds
n'eſt point réputé propriétaire de la mine
que ce fonds renferme?

Cette conſéquence ne ſeroit pas juſte
par pluſieurs raiſons.

1°. Les diſpoſitions qui, dans les lettres-patentes de 1548 & 1552, accompagnent celle dont il eſt ici queſtion,
reconnoiſſent & ſuppoſent le droit des
propriétaires du ſol ſur les mines qu'il
contient; on vient de le voir par l'ana-
lyſe que nous en avons tracée.

2°. Il faut rapprocher ces deux lois de
l'ordonnance de Louis XI, la première
qui, en établiſſant, ſous le nom de grand-
maître, un conceſſionnaire-général, a déterminé ſes droits & ceux des propriétaires. Or un des articles de cette ordonnance donne bien au conceſſionnaire le
droit de fouiller des mines dans les propriétés des particuliers, en réduiſant ceux-
ci à une ſimple indemnité; mais de crainte
qu'il ne puiſſe en inférer que les propriétaires du terrein ceſſent de l'être des
mines qu'il renferme, l'ordonnance ajoute
la modification de la préférence en faveur du propriétaire; de manière que
le ſeul cas où la première diſpoſition puiſſe
être appliquée, eſt celui où le propriétaire ne voulant pas exploiter par lui-
même, ne doit pas avoir le droit d'empêcher le conceſſionnaire de le faire à
ſa place, & eſt forcé de ſe contenter du
prix du terrein qu'il l'oblige d'abandonner.

C'eſt par cette clauſe reſtrictive, renouvelée depuis, comme on le verra dans
les lois les plus modernes, & ſingulièrement dans l'ordonnance de 1680, que
s'expliquent celles de 1548 & de 1552.
Toutes les lois données par Charles IX

& par Henri III, soit au profit de Saint-Julien, soit en faveur du sieur Vidal, qui lui succéda dans la surintendance des mines du royaume, ont singulièrement pour objet de les faire payer, par les propriétaires exploitans, du dixième royal qui leur étoit cédé.

« Avons confirmé, (porte l'ordonnance » de Charles IX, du 6 juillet 1561) » ledit droit de dixième à nous appar-» tenant du profit provenant des ma-» tières des mines…. pour icelui droit » lever, prendre & recevoir des maîtres, » ouvriers, ou *seigneurs propriétaires* des-» dites mines, forges & martinets sur » les cendres d'or…… & toutes sub-» stances terrestres. »

Sous prétexte du défaut d'enregistrement des lettres-patentes de 1560, une foule de propriétaires, de communautés & de seigneurs refusoient au sieur de Saint-Julien, le payement du dixième. Nouvelle ordonnance du 1 juin 1562, portant injonction de payer. Les réfractaires y sont spécifiés. « Les consuls, » manans & habitans du lieu de Luard, » Martin Damoisin, Jean Brisau, & » autres tenanciers des martinets dudit » lieu, le procureur des trois états de » Dauphiné, présupposans ne devoir au-» cun dixième desdites mines & mi-» néraux, &c. ».

Voilà donc de tout côté des propriétaires exploitans, malgré le privilège du concessionnaire surintendant. Et que demande celui-ci ? Est-ce d'être autorisé en vertu de ce privilège à faire cesser les exploitations ? Non, mais seulement d'être payé du dixième.

A ces refus, à ces tracasseries perpétuelles des propriétaires exploitans, Charles IX opposa enfin l'ordonnance du 26 mai 1563, loi célèbre dans cette matière, & qui prouve clairement qu'en France, la propriété des mines réside dans la main des propriétaires fonciers, & qu'elle y est seulement chargée envers le prince d'un droit domanial fixé au

dixième. « Disons & déclarons » (le Roi ne dit pas que toutes les mines du royaume nous appartiennent ; ) mais *« que le droit* » *de dixième nous appartient par droit de* » *souveraineté sur toutes les mines qui ont été* » *par ci-devant, ou seront ci-après ouver-* » *tes, de quelque temps & par quelques* » *mains qu'elles soient tenues* en notre » royaume, pays, terres & seigneuries, » auxquelles on travaille de présent, ou » on travaillera à l'avenir, & que par » ci-devant les droits ne nous ont été » payés, nous les déclarons usurpés, & » comme tels pouvoir être poursui-» vis, &c. »

L'ordonnance de Henri III, du 28 septembre 1568, qui nomme le sieur Vidal surintendant, n'a rien de particulier ; elle renouvelle pour lui les privilèges & les pouvoirs attribués à son office par les lettres-patentes accordées à ses prédécesseurs ; le droit de rechercher & d'ouvrir toutes sortes de mines ; celui d'obliger les tenanciers ou propriétaires qui voudroient en exploiter à prendre son attache ; la police, l'inspection, même la juridiction sur ces exploitations particulières, & enfin le dixième appartenant au Roi.

Au mois de juin 1601, Henri IV donne un édit qui explique clairement en faveur des propriétaires, toutes les lois qui l'ont précédé. D'abord, le préambule annonce que les ordonnances antérieures, la création d'un surintendant, le réglement de ses fonctions, de ses privilèges & de ses droits, n'ont eu pour but que d'éveiller l'activité des propriétaires, & de les exciter à exploiter leurs mines. Il prouve donc que ceux-ci n'avoient pas perdu leur propriété.

Par l'article 1 de l'édit cité, le Roi retire à lui & à sa couronne le droit de dixième sur les mines, concédé jusques-là aux surintendans ; & pour en tenir lieu au nouveau titulaire qu'il nomme, il lui attribue des gages fixes.

Par l'article 2, particulier aux mines

de fer, charbon de terre, & à quelques autres substances terrestres, Henri IV, *par amour pour ses bons sujets propriétaires des lieux*, les exempte du dixième.

Par l'article 3 qui est commun à toutes les mines en général, les propriétaires qui veulent les exploiter, sont assujettis à prendre la permission du grand-maître.

Ces dispositions sont encore une preuve bien claire que le Roi n'a sur les mines, quelles qu'elles soient, que des droits de souveraineté, absolument exclusifs de celui de propriété.

Ce que contient sur les mines de fer l'ordonnance de 1680, n'est pas moins décisif. Cette loi a su réunir le double avantage d'en assurer la propriété aux maîtres du sol, & d'empêcher que le défaut d'usage de cette propriété ne tournât au préjudice de l'état, à qui il importe que ces mines soient exploitées. Le moyen qu'elle a adopté est simple. Le propriétaire a la préférence pour l'exploitation : ce n'est que sur son refus juridiquement constaté que le droit d'exploiter est donné à un autre ; & celui-ci est tenu de l'indemniser proportionnément au produit de l'exploitation (1).

Ce tempérament de l'ordonnance de 1680, a paru si sage, que sa disposition, constamment observée à l'égard des mines de fer, a été étendue aux mines qui y ont le plus de rapport, telles que celles de plomb. Un arrêt du conseil du 9 jan-

---

(1) *Voici les termes de cette ordonnance.*

« Ceux qui ont des mines de fer dans leurs
» fonds, seront tenus, à la première sommation
» qui leur sera faite par les propriétaires des
» fourneaux voisins, d'y établir des fourneaux
» pour convertir la matière en fer ; sinon, per-
» mettons au propriétaire du plus prochain four-
» neau, & à son refus aux autres propriétaires
» des fourneaux de proche en proche, & à ceux
» qui les font valoir, de faire ouvrir la terre &
» d'en tirer la mine de fer, en payant aux pro-
» priétaires des fonds, pour tout dédommage-
» ment, un sou pour chaque tonneau de mine
» de cinq cents pesant. »

vier 1717, qui accorde au sieur de Blumenstein, pour vingt ans, le privilège d'exploiter une mine de plomb qu'il avoit découverte en Forêts ; met à sa concession la restriction de l'ordonnance citée, « qu'à » cet effet, les propriétaires des fonds » étant dans l'étendue de dix lieues à la » ronde de ladite paroisse, seront obli- » gés, conformément à l'ordonnance du » mois de mai 1680, rendue à l'égard » des mines de fer, *à la première som-* » *mation qui leur sera faite*, de lui per- » mettre de tirer ladite mine hors de » leurs terres, &c. »

Pareille clause dans l'arrêt de concession, du 6 août 1719, en faveur du sieur de Saint-Germain, pour les mines de fer de Béarn ; dans l'édit portant établissement d'une compagnie pour travailler les mines du royaume, du mois de février 1722 ; & dans une foule d'autres loix générales ou réglemens particuliers.

On a prétendu que les arrêts du conseil des 14 janvier 1744 & 19 mars 1783, établissoient un nouvel ordre de choses relativement aux mines de charbon de terre. Mais ceux qui en ont tiré cette conséquence n'en ont pas bien conçu le plan, & se sont trompés sur le vrai sens de leurs dispositions.

Pour nous en convaincre, faisons un pas en arrière, & jetons un coup-d'œil sur les lois qui ont précédé celles-ci.

Avant l'édit de 1601, les mines de charbon de terre étoient comme toutes les autres, sujettes au dixième royal, & l'exploitation des propriétaires, à la formalité de la permission.

L'édit du mois de juin 1601 les affranchit du dixième ; & laissa subsister la nécessité de la permission.

Un arrêt du conseil du 13 mai 1698, leva ce dernier obstacle, & les propriétaires n'eurent plus même de permission à obtenir.

Tel étoit en 1744, l'état des choses, état peu avantageux au commerce dont une espèce d'anarchie enchaînoit les opérations, par la multiplicité des agens qu'on lui avoit donnés indiscrètement & sans choix; état funeste même aux propriétaires, dont les exploitations mal combinées, encore plus mal dirigées, s'entrechoquoient ou se détruisoient faute de fonds. C'est pour remédier à ces inconvéniens qu'est fait l'arrêt de 1744; & déjà il faut convenir que si ces motifs sont tels en effet que nous venons de les décrire, il ne doit tendre qu'à régler l'exercice de la propriété, & non à détruire la propriété même. Mais ces motifs, lisons-les dans le préambule.

Après avoir rendu compte des dispositions portées par l'édit de 1601 & l'arrêt de 1698, dans la vue d'encourager le commerce de charbon de terre, en en facilitant l'exploitation, on ajoute : « Sa » majesté étant informée que ces dispo- » sitions sont presque demeurées sans » effet, soit par la négligence des pro- » priétaires à faire la recherche & l'ex- » ploitation desdites mines, soit par le » peu de faculté & de connoissances de » la part de ceux qui ont tenté de faire » sur cela quelque entreprise ; que d'ail- » leurs, la liberté indéfinie laissée aux » propriétaires, par ledit arrêt du 13 » mai 1698, a fait naître en plusieurs » occasions une concurrence entre eux, » également nuisible à leurs entreprises » respectives, & voulant faire connoître » sur cela ses intentions, & prescrire en » même-temps les règles qui devront être » suivies par ceux qui, après en avoir » obtenu la permission, entreprendront » à l'avenir l'exploitation des mines de » charbon de terre, le Roi a ordonné, &c. »

Que voyons-nous dans ce préambule ? Une seule chose : les inconvéniens, non pas de la propriété des mines de char- bon, mais de l'usage trop absolu, trop indéfini de cette propriété ; inconvéniens qui sont en partie le fruit de l'arrêt de 1698. Pour parer à ces inconvéniens, faut-il dépouiller les propriétaires ? Non. Ce n'est pas là le remède qu'emploie un gou-

vernement juste & sage, où la propriété n'est pas un vain mot, & dont tous les efforts se réduisent à la rendre la plus fructueuse qu'il est possible à l'état. Mais un bon législateur, quand il a bien pénétré la nature & les causes du mal, y applique le remède qu'elles lui indiquent, & ce remède est toujours d'autant plus efficace, qu'il opère par des moyens plus doux, & qu'au lieu de détruire, il ne tend qu'à réparer.

Et voilà ce qu'a fait l'arrêt de 1744; il indique lui-même dans le préambule l'objet & le partage de ses dispositions; c'est de « prescrire les règles qui de- » vront être suivies par ceux qui entre- » prendront l'exploitation des mines, » après en avoir obtenu la permission. » Ainsi, 1°. permission à obtenir avant que de pouvoir exploiter les mines ; c'est le sujet de l'article premier ; 2°. règles à suivre pour les exploiter ; c'est le sujet des articles suivans.

« A l'avenir, porte l'article premier, » & à commencer du jour de la publi- » cation du présent arrêt, personne ne » pourra ouvrir & mettre en exploita- » tion des mines de houille ou charbon » de terre, sans avoir préalablement » obtenu une permission du sieur con- » trôleur-général des finances, soit que » ceux qui voudroient faire ouvrir & » exploiter lesdites mines, soient sei- » gneurs hauts-justiciers, ou qu'ils ayent » la propriété des terreins où elles se » trouveront, *dérogeant sa majesté, pour* » *cet effet, à l'arrêt du conseil du 13 mai* » 1698, & à tous autres réglemens à » ce contraires, & confirmant néan- » moins, en tant que de besoin, l'exemp- » tion du droit royal du dixième, portée » par l'article 11 de l'édit du mois de » juin 1601, à l'égard desdites mines » de houille ou de charbon de terre. » (1).

_____

(1) L'arrêt du 19 mars 1783, ne fait que rappeler quelques-unes de ces dispositions.

Ce n'est pas là une loi nouvelle ; ce n'est que le renouvellement de celle qui, comme nous l'avons vu, étoit imposée aux propriétaires par l'édit du mois de juin 1601. Ici, le ministre des finances est seulement substitué au surintendant des mines. Mais si les choses ne sont que remises au même état qu'elles étoient avant l'arrêt de 1698, & si d'un autre côté, il est prouvé que même avant cet arrêt le droit des propriétaires sur les mines étoit reconnu, étoit intact, la conséquence est simple & naturelle ; c'est que l'arrêt de 1744, en nous reportant à cette époque, & en supprimant la liberté accordée indéfiniment par l'arrêt de 1698, n'a rien ôté d'ailleurs à la propriété ; qu'il la confirme au contraire & en assure le maintien, puisque la condition qu'il lui impose, n'est qu'une précaution pour la rendre plus utile & au propriétaire & à l'état.

Il faut en dire autant des règles d'exploitation qui remplissent les autres articles, & qui ont pour objet, l'ouverture ou la forme des puits, la solidité des ouvrages intérieurs faits pour assurer la vie des ouvriers, la non interruption des exploitations, &c. Tout cela prouve que le souverain a regardé les mines de charbon de terre comme un des objets dont la police appartient à l'administration publique, & dont il ne doit être permis aux particuliers d'user que pour le grand bien de l'état : mais c'est-là que se borne l'effet de ces dispositions & le droit que le souverain se réserve sur les mines de charbon de terre.

Et n'avons-nous pas, dans une classe plus commune de nos propriétés, des exemples de cet assujetissement à de certaines formes, dont l'unique but est de diriger l'usage de ces propriétés vers l'utilité publique, sans cependant lui rien ôter ? Suivant l'ordonnance des eaux & forêts, titre 26, article 3, « ceux qui possèdent » des bois de hante futaye à dix lieues de » la mer, & deux des rivières navigables, » ne peuvent les vendre ou les faire ex- » ploiter, qu'ils n'en aient six mois au- » paravant averti le grand-maître & le » contrôleur-général. » Dira-t-on qu'ils n'en sont pas propriétaires ?

On a déjà vu que le propriétaire d'une mine de fer qui, sur la sommation que lui fait son voisin de l'exploiter, refuse de le faire, est obligé de souffrir que ce voisin l'exploite. Dira-t-on encore que par cela seul il cesse d'être propriétaire ?

Non ; dans ce cas, comme dans une foule d'autres, on dira que nos propriétés sont à l'état avant que d'être à nous. Que cette règle est vraie, sur-tout à l'égard des propriétés qui produisent les denrées de première nécessité ; que celles-là semblent devoir être gouvernées moins par la loi civile que par la loi politique, & que le souverain, comme stipulant l'intérêt de l'état, peut, par l'organe de la loi, en prescrire le meilleur usage possible, ou en prévenir l'abus. Voilà tout ce qu'on trouvera dans le réglement de 1744 ; & c'est ainsi que l'a interprété un arrêt du conseil du 12 mai 1771.

Cet arrêt, malgré la concession originalement faite à une compagnie, sous le nom de Baçot, & la subrogation accordée à David, qui par-là se trouvoit aux droits de sa majesté, a permis au sieur Foulon d'exploiter indistinctement toutes les mines de charbon qui se trouveroient dans la terre de Douai, en Anjou, même celles qui auroient été ouvertes sans sommation préalable, par David ou ses auteurs, en les indemnisant.

Au reste, voyez ce que nous avons dit sur cette matière dans le répertoire de jurisprudence.

§. XXII. *Du droit de vent & d'eau dans les Pays-Bas François.*

Quelques ministres de l'empereur Charles-Quint, ont fait croire à ce prince, que le vent & l'eau des pays de sa domination, faisoient partie de ses propriétés, & qu'en conséquence, on ne pouvoit en appliquer l'usage aux moulins, sans sa permission expresse.

Il n'en fallut pas davantage à ce prince, pour porter, le 21 février 1547, un placard, par lequel il érigea cette idée en loi, & déclara que la permission, dont il établissoit la nécessité pour bâtir des moulins, ne seroit accordée que moyennant une redevance annuelle, qui se payeroit à son domaine à titre de cens.

Ce placard fut mal accueilli des Flamands. Philippe III en ordonna l'exécution par un autre du 21 juillet 1628, mais peu de personnes s'y soumirent.

Lorsqu'une partie des Pays-Bas fut réunie à la couronne, le ministère laissa passer beaucoup de temps, sans porter son attention sur cet objet. Ce ne fut qu'en 1700, que l'on commença de s'en occuper. Un arrêt du conseil du 4 mai de cette année, ordonna que tous les particuliers qui jusqu'alors auroient construit des moulins à eau, à vent, à huile ou à cheval, dans les provinces dont il s'agit, sans la permission de sa majesté, demeureroient confirmés dans leur possession & jouissance, en payant à l'avenir une redevance annuelle de quinze florins pour les moulins à eau, de six pour les moulins à vent, de cinq pour les moulins à huile, & de quatre pour les moulins à cheval.

Le 7 décembre de la même année, le conseil déclara par un autre arrêt, que les permissions pour construire des moulins dans les provinces de Flandres, d'Artois & de Hainaut, ne pouvoient être accordées que par sa majesté ; & il fit défenses aux officiers du bureau des finances de Lille, & à tous autres, d'en accorder à l'avenir.

Cet arrêt n'ayant pas empêché les trésoriers de France de donner un grand nombre de ces permissions, il en fut rendu un autre le 9 mars 1726, par lequel elles furent toutes cassées, sauf aux propriétaires des moulins bâtis en conséquence

à remettre dans un mois au sieur contrôleur-général des finances, leurs mémoires, pour la conservation desdits moulins, pour, sur le rapport qui en seroit par lui fait à sa majesté, y être statué ainsi qu'il appartiendroit. »

Le 18 novembre 1778, il est intervenu au conseil un arrêt important sur cette matière ; en voici les termes :

« Sur ce qui a été représenté au Roi, » étant en son conseil, *que le droit d'eau* » *& de vent étoit un droit domanial dans* » *la province de Flandres*, aucun parti-» culier ne peut y construire de moulins » à eau & à vent, sans la permission de » sa majesté ; que ces permissions ne s'ac-» cordent que sur l'avis du bureau des » finances & du commissaire départi en » ladite généralité ; que ces précautions » ont été sagement établies, pour s'assurer » que les constructions de moulins de-» mandées, ne sont susceptibles d'aucun » inconvénient ; que néanmoins plusieurs » particuliers s'y soustraient, soit en cons-» truisant les moulins sans avoir obtenu » le jugement du bureau des finances, » soit enfin en allant payer aux fermiers » ou régisseurs des domaines de la géné-» ralité, les redevances d'usage, comme » s'ils avoient obtenu l'octroi de sa ma-» jesté ; ce qui est aussi contraire aux » réglemens, que préjudiciable aux par-» ticuliers eux-mêmes, qui s'exposent à » supporter la perte des frais de cons-» truction desdits moulins : à quoi sa » majesté voulant pourvoir, vu sur ce, » l'avis du sieur intendant & commissaire » départi en ladite province : oui le rap-» port du sieur Moreau de Beaumont, » conseiller d'état ordinaire, & au con-» seil royal des finances ; LE ROI ÉTANT » EN SON CONSEIL, a ordonné & ordonne » ce qui suit :

» Art. 1. Tous ceux qui pourroient » avoir construit dans la province de » Flandres aucun moulin, soit à eau, » soit à vent, sans jugement préalable » du bureau des finances de Lille, & sans

» avoir fur ledit jugement obtenu la per-
» miffion de fa majefté, feront tenus de fe
» pourvoir, dans trois mois pour tout dé-
» lai, audit bureau des finances, à l'effet
» d'obtenir un jugement préparatoire fur
» lefdites conftructions, & dans les trois
» mois dudit jugement, de fe retirer par-
» devers fa majefté, à l'effet d'obtenir
» les permiffions néceffaires.

» 2. Ceux qui pourroient avoir conf-
» truit dans ladite province aucun mou-
» lin, fur le feul jugement du bureau
» des finances, & fans avoir fur icelui
» obtenu les permiffions néceffaires de fa
» majefté, feront pareillement tenus de
» fe retirer dans les trois mois du jour
» de la publication du préfent arrêt, pour
» tout délai, pardevant fa majefté, à
» l'effet d'obtenir lefdites permiffions.

» 3. Lefdites permiffions ne peuvent,
» dans l'un & dans l'autre cas, être ac-
» cordées, qu'à la charge, par ceux qui
» les obtiendront, de payer les rentes
» prefcrites par l'arrêt du 4 mai 1700,
» & les arrérages d'icelles, depuis l'épo-
» que defdites conftructions, ou du der-
» nier payement qu'ils pourroient avoir
» fait.

» 4. Veut fa majefté que, faute par
» les propriétaires defdits moulins d'ob-
» tenir lefdits jugemens & permiffions
» dans les délais ci-deffus, lefdits mou-
» lins foient démolis, & les propriétaires
» d'iceux contraints au payement des ar-
» rérages des rentes qu'ils auroient dû
» acquitter depuis l'époque des conftruc-
» tions defdits moulins, ou du dernier
» payement des arrérages defdites ren-
» tes, jufqu'au jour de la démolition
» d'iceux.

» 5. Fait fa majefté très-expreffes inhi-
» bitions & défenfes à toutes perfonnes
» de faire conftruire à l'avenir, dans
» ladite province de Flandres, aucun mou-
» lin, fans avoir obtenu jugement du
» bureau des finances, & fur icelui la
» permiffion de fa majefté, laquelle ne
» fera accordée que fur l'avis du fieur in-

» tendant & commiffaire départi dans
» ladite province. »

» 6. Ordonne fa majefté que tous les
» moulins qui feront conftruits depuis le
» jour de la publication du préfent arrêt,
» même les ouvrages commencés avant
» d'avoir obtenu lefdits jugemens & per-
» miffions, feront démolis aux frais des
» propriétaires, lefquels feront en outre
» condamnés à trois cents livres d'a-
» mende.

» 7. Fait défenfes aux fermiers & rece-
» veurs des domaines en Flandres, à
» leurs prépofés & commis, d'accepter &
» recevoir le payement des redevances
» ordinaires, pour aucun nouveau mou-
» lin, fi préalablement il ne leur eft
» apparu defdits jugemens & permif-
» fions; leur ordonne de dénoncer à fon
» procureur, audit bureau des finances
» à Lille, les conftructions des moulins
» qui auront été faites en contravention
» aux difpofitions du préfent arrêt, à
» l'effet, par fon dit procureur, d'en pour-
» fuivre la démolition, & de faire con-
» damner les contrevenans à l'amende
» ci-deffus prononcée.

» 8. N'entend fa majefté préjudicier,
» par les difpofitions de l'article précé-
» dent, aux droits appartenans à l'hôpital
» comteffe de Lille, en vertu de con-
» ceffions des anciens comtes de Flandres,
» & dans lefquels ledit hôpital a été con-
» firmé fous la dénomination de mouée
» de Lille, par arrêt du confeil du 21
» novembre 1775, qui continuera d'être
» exécuté felon fa forme & teneur. »

Il a été rendu un arrêt femblable pour
le Hainaut, le 2 janvier 1778.

Ces réglemens font clairs; cependant,
ofons le dire, la queftion qu'ils paroiffent
décider, eft encore un problème au moins
hors de la Flandre flamande; & toutes
les fois qu'elle a été traitée contradictoirement, elle a toujours été jugée contre
le domaine.

La liberté de conftruire des moulins
eft de droit naturel; quelques coutumes
l'ont

l'ont modifiée en faveur des feigneurs ; mais on ne peut pas dire que les fouverains des Pays-Bas l'aient jamais gênée légalement par rapport à d'autres provinces que la Flandre flamande.

Il eft vrai que les deux placards de 1547 & de 1628, mettent au nombre des attributs exclufifs de la fouveraineté, le droit de permettre la conftruction des moulins ; mais Charles-Quint a fi peu compté fur le fuccès de la première de ces lois, qu'il n'a ofé la faire publier, ni dans la Flandre gallicane, ni dans le Hainaut, ni dans l'Artois. Elle n'eft adreffée qu'au confeil provincial de Gand, & elle eft conçue en langue flamande.

Le deuxième placard ne fait qu'ordonner l'exécution du premier, & réprimer les abus qu'une fauffe interprétation de celui-ci avoit fait commettre aux feigneurs : il n'a donc été rendu, ni pour la Flandre gallicane, ni pour l'Artois, ni pour le Hainaut, puifque le placard de 1547 n'y avoit point été exécuté, ni dû l'être, & que par conféquent on n'y avoit pas pu abufer de fes difpofitions.

Ce fut néanmoins d'après ces deux placards, & dans la fauffe fuppofition qu'ils avoient force de loi dans tous les Pays-Bas, qu'a été rendu l'arrêt du confeil du 4 mai 1700. Cet arrêt excita les réclamations des états d'Artois & de la Flandre gallicane ; ils firent valoir leurs priviléges, leur affranchiffement immémorial des difpofitions confignées dans les placards cités ; les articles de leurs capitulations qui les maintenoient dans tous leurs anciens droits & ufages ; & le Roi jugea leur caufe fi favorable, qu'il furfit à l'exécution de l'arrêt, pour la province d'Artois, par une réponfe au cahier de 1701, & pour la Flandre gallicane, par arrêt du 3 octobre 1702, jufqu'à ce qu'il en eût été autrement ordonné.

Cette furféance n'a point été levée par l'arrêt du confeil du 9 mars 1726, rapporté ci-devant ; c'eft ce qu'en prouvent les motifs, l'objet & le difpofitif ; on

voit en effet qu'il n'y eft queftion, ni des redevances annuelles, ni des lods & ventes aux mutations, ni même du fond du droit d'eau & de vent ; il déclare feulement que le bureau des finances de Lille, n'eft point compétent pour permettre l'érection des moulins ; & l'on fent qu'il feroit contre toutes les règles d'étendre cet arrêt au-delà de fes termes. D'ailleurs la féance prononcée par l'arrêt de 1702, devoit durer jufqu'à ce que les états de la Flandre gallicane euffent repréfenté les titres, en vertu defquels ils prétendoient être déchargés de l'exécution de l'arrêt de 1700, jufqu'à ce que le fermier du domaine eût été entendu, que l'intendant eût donné fon avis, & que le confeil eût prononcé définitivement fur le tout. Or, rien de tout cela n'a été fait en 1726 ; il n'eft donc pas poffible qu'on ait alors voulu lever la furféance. Enfin, quand un arrêt lève un furfis, il le porte en termes exprès, & celui de 1726 n'en dit pas le mot.

En 1728, le Roi demanda aux provinces Belgiques un droit de confirmation de leurs franchifes & immunités, & l'on en détermina particulièrement la levée fur les arts & métiers, ifles & iflots. En conféquence, il intervint au confeil un arrêt qui, acceptant l'office des états de la Flandre gallicane, d'une fomme de 60,000 livres par forme d'abonnement, a déclaré que les corps d'arts & métiers, & les propriétaires des ifles & iflots, demeureroient confirmés dans toutes les franchifes, droits & priviléges dont ils jouiffoient avant l'avénement de Louis XV au trône. Cet arrêt ne parloit pas des moulins ; on en inquiétoit fi peu les propriétaires, que les états n'avoient pas cru devoir demander la confirmation de leurs droits à cet égard ; mais, trois ans après, ils y penfèrent plus férieufement, & fur leurs repréfentations, le confeil déclara, par arrêt du 29 mai 1731, que fa majefté avoit entendu comprendre dans l'abonnement de 1728, le droit de confirmation des moulins dépendans du département de Lille, Douai & Orchies.

Sur quoi porte la confirmation que cet arrêt accorde aux états ? Est-ce sur les lettres d'octroi particulières pour chaque moulin ? Non, sans doute, les trois quarts des propriétaires n'en ont point. C'est donc sur l'affranchissement de la province, par rapport aux redevances & aux droits de mutation exigés depuis peu sur les moulins ; & par-là le conseil les a maintenus dans cet affranchissement, sinon pour toujours, du moins jusqu'à ce que la chose ayant été examinée plus à fond, sa majesté ait prononcé définitivement sur les remontrances de 1702.

En 1757, le sieur de Raincourt, receveur des domaines, menaça d'exécuter les sieurs Duchateau & Grenet, l'un pour le payement d'une redevance annuelle, supposée due par son moulin ; & l'autre pour un droit de lods & ventes qu'il avoit reçu en conséquence de la vente d'un moulin situé dans sa mouvance. Mais ces deux particuliers se pourvurent devant M. de Caumartin, intendant de Flandres ; & après une discussion très-approfondie, ce magistrat rendit, le 20 décembre 1759, une ordonnance, portant que le surfis prononcé par l'arrêt du conseil de 1702, seroit exécuté selon sa forme & teneur, jusqu'à ce qu'il en eût été autrement ordonné par le Roi.

En 1760, le sieur Duclair, préposé à la recette des droits seigneuriaux du domaine, voulut obliger les propriétaires des moulins à l'eau, bâtis dans la ville de Douai, de lui représenter leurs contrats d'acquisition, pour, sur les prix qui y seroient exprimés, distraction faite de la valeur des fonds, percevoir les droits de lods & ventes ordinaires : il commença par sommer trois de ces propriétaires ; ceux-ci se réunirent, les échevins de Douai intervinrent, & par sentence rendue au bureau des finances de Lille, le 24 mars 1760, le sieur Duclair obtint toutes ses demandes avec dépens. Mais

sur l'appel au parlement de Flandres, il a été rendu le 5 janvier 1765, arrêt, au rapport de M. de Forest, qui « a mis » l'appellation & la sentence dont a été » appelé au néant ; émandant, a débouté » ledit Duclair de ses demandes, fins & » conclusions, & l'a condamné aux dé- » pens, tant de la cause principale, que » de celle d'appel. »

A ces décisions si claires & si précises, se réunit une sentence du bureau des finances de Lille, du 7 août 1772, rendue entre le receveur des domaines & les religieuses de l'Abbiette, au sujet d'un droit seigneurial prétendu par le premier, sur le prix d'un moulin appartenant à celles-ci. Ce jugement ordonne que l'arrêt du conseil de 1702, sera exécuté suivant sa forme & teneur, & en conséquence, condamne le receveur des domaines à restituer les lods & ventes par lui perçus, & aux dépens.

Mais l'arrêt du conseil du 16 novembre 1778, n'a-t-il pas introduit à cet égard une jurisprudence toute différente ? Cette question fait depuis plusieurs années la matière d'un procès pendant au bureau des finances de Lille. Le prince de… y soutient la négative contre le procureur du Roi, poursuite & diligence de l'administration générale des domaines. Voici le précis des raisons que j'ai employées pour sa défense dans un mémoire, qui jusqu'à présent est demeuré sans réponse.

L'arrêt du conseil du 18 novembre 1778, ne peut être que le fruit de la surprise. Il présente le droit d'eau & de vent, comme incontestablement domanial dans toutes les provinces de Flandres ; il suppose comme décidé, ce que les arrêts du conseil de 1702 & 1731, ont laissé indécis, il ne fait pas la moindre mention de ces arrêts, & il anéantit ainsi en un seul moment des jugemens solemnels & contradictoires, à l'abri desquels se reposoient tranquillement tous les propriétaires des moulins. Il n'en faudroit pas d'avantage, sans doute, pour les autoriser à y former opposition ; mais cette voie ne leur est pas nécessaire, ils trouvent dans l'arrêt même la preuve qu'il ne peut faire loi ; l'article 9 ordonne que *seront sur le présent arrêt toutes lettres-patentes nécessaires expédiées* ; il falloit donc des lettres-patentes pour le faire exécuter, cette forme étoit essentielle : elle n'a point été remplie ; conséquemment l'arrêt doit être regardé comme non-avenu.

## §. XXIII. *Des droits de fouage & de monéage en Normandie.*

Ces droits, qui dans le principe n'étoient que de simples aides, ont été par la suite regardés comme domaniaux. Le chapitre 15 de l'ancienne coutume de Normandie, portoit : « le monéage est » une *aide* de deniers qui est due au duc » de Normandie, de trois ans en trois » ans, afin qu'il ne fasse changer la » monnoie qui est en Normandie, & » pour ce souloit être appelé *fouage*, » car le payent principalement ceux qui » tiennent feu & lieu. »

Et suivant l'article 57 de la nouvelle coutume : « le Roi, pour droit de mo-» néage, peut prendre douze deniers de » trois ans en trois ans, sur chacun feu, » qui lui fut retrayé anciennement pour » ne point changer la monnoie. »

On voit par ces textes pourquoi ce droit s'appelle à la fois monéage & fouage. Il s'appelle *monéage*, parce qu'il a été établi pour que les anciens ducs ne changeassent pas leur monnoie : & il porte le nom de *fouage*, parce que ce droit se perçoit sur les feux de chaque ville ou village.

Suivant les articles 77, 78 & 79 de la coutume citée, les religieux, les ecclésiastiques, les sergens fieffés, les roturiers qui n'ont que vingt sous de rente, & quarante de meubles, les barons qui ont sept sergens, la châtellenie de Saint-Jacques & du Mortain, sont exempts de

ce droit, & le Roi seul en connoît par ses officiers, parce que c'est un droit régalien.

Par arrêt du conseil du 15 avril 1687, il est ordonné que le droit de fouage & monéage, sera levé par les collecteurs de tailles, pour être remis au fermier du domaine, à la déduction de dix deniers pour livre qu'ils retiendront par leurs mains, pour tous salaires & frais.

En conséquence, le fermier ou régisseur des domaines, obtient de trois ans en trois ans une ordonnance de M. l'intendant, pour la levée de ce droit, dans les lieux seulement où il est en usage ; & cette ordonnance enjoint aux collecteurs d'en faire un rôle séparé sur les habitans qui y sont sujets, à raison d'un sou pour trois années.

## §. XXIV. *Des droits domaniaux qui dérivent de la justice ;*

### *Et en premier lieu, de la confiscation.*

Les droits domaniaux qui dérivent de la justice, sont la confiscation, les amendes, la gruerie, la grairie, le tiers & danger, les droits de poids & mesure, de contrôle des poids, de minage, de voierie, les greffes, les droits de greffes & les sergenteries.

La confiscation, disent tous nos auteurs, est un fruit de la haute-justice. Ainsi elle appartient régulièrement aux seigneurs, & ce n'est que comme seigneur que le Roi en peut jouir.

Mais cette règle admet plusieurs exceptions.

1°. Les seigneurs ne peuvent rien prétendre dans les confiscations prononcées pour crimes de lèz-majesté ; elles appartiennent au Roi seul, suivant l'article 144 de la coutume de Normandie, l'article 26 de la coutume d'Auxerre, l'article 24 de celle de Sens, l'article 206 de celle de Meaux, un arrêt du parlement de Toulouse du 14 août 1584 (1), & trois du parlement de Dijon, des 5 décembre 1569, 5 octobre 1630, & 14 janvier 1633 (2).

Ces confiscations ont même une particularité remarquable, c'est qu'elles sont déchargées des douaires, substitutions, dettes, hypothèques & autres charges quelconques; telle est la disposition expresse des déclarations de François I, des 10 août 1639 & 13 novembre 1540, & elle a été confirmée par un arrêt du 23 août 1613 (3).

Un arrêt du 3 août 1551, rendu en faveur des créanciers du maréchal de Biez, a excepté de cette disposition le cas où la confiscation tombe sur des arrière-fiefs de la couronne (4). Mais juger de la sorte, c'est contrevenir formellement à l'article 2 de la première des deux déclarations citées. (5).

2°. Les confiscations, pour fausse monnoie, appartiennent également au Roi,

à l'exclusion des seigneurs. On a vu plus haut, que saint Louis l'a ainsi réglé dans un parlement de 1262, & nous lisons dans le recueil de Papon, livre 13, titre 9, nombre 3, que cette loi a été confirmée par un arrêt du parlement, tenu à la Magdelaine. 1277. M. Bouhier, chapitre 55, nombre 108, rapporte deux arrêts semblables du parlement de Dijon, des premier décembre 1614, & 29 mai 1628.

Mais il faut remarquer que ces arrêts ont été rendus contre des fabricateurs de fausse monnoie. Il en seroit autrement, suivant Loiseau (1), s'il ne s'agissoit que d'exposition, parce qu'un expositeur de fausse monnoie, pêche plus contre le public, que contre le Roi, & doit plutôt être traité comme larron, que comme faux-monnoyeur. Cette doctrine est conforme à la disposition expresse de quelques coutumes, telles que Vitry, article 15, Chaumont, article 95, & il y a deux arrêts, l'un du parlement de Paris, du 15 février 1342 (2), & l'autre du parlement de Dijon, du 19 septembre 1572 (3), qui adjugent aux seigneurs des confiscations prononcées contre de simples expositeurs de fausse monnoie.

3°. Que doit-on décider par rapport au duel? Les édits du mois d'avril 1602, du mois de juin 1609, & du mois de juin 1643, déclarent coupables de lèze-majesté, tous ceux qui commettent ce crime; & dès là il semble que c'est au Roi que doit appartenir la confiscation de leurs biens. Tel est en effet le sentiment de M. le Prêtre (4), & nous voyons dans les plaidoyers de Boné (5), que la chambre de l'édit de Castres l'a confirmé par un arrêt du mois de juin 1658, rendu contre

---

(1) La Rochesavin, liv. 1, tit. 37, art. 27.
(2) M. Bouhier sur la coutume de Bourgogne, chap. 55, n. 103.
(3) Opuscules de Loysel, pag. 232.
(4) Taisand sur la coutume de Bourgogne, tit. 2, art. 1, n. 19.
(5) *Voici les termes de cet article.*
« Ordonnons qu'ésdits cas ainsi commis contre
» nous, nos enfans & postérité, même quand il
» y aura crime de lèze-majesté joint avec le
» crime de félonie, outre les biens féodaux
» possédés par lesdits criminels qui sont retournés
» ou retourneront à nous, comme souverain &
» féodal de tous nos sujets & vassaux, soit que
» lesdits fiefs soient tenus de nous en plein fief
» ou arrière-fief; les autres biens desdits crimi-
» nels, meubles, immeubles allodiaux ou rotu-
» riers, lesquels biens il n'est encore discuté à
» qui ils appartiennent; & s'ils doivent être
» chargés desdites substitutions ou condition de
» retour, soient appliqués à nous, notredit fisc
» ou domaine sans lesdites charges de substitu-
» tions ou de retour; tellement que notredit fisc
» soit préféré esdits biens auxdits substitués, &
» qu'il les exclue ainsi qu'il feroit les enfans de
» tels criminels; si aucuns en avoient. » Voyez
ci-devant, sect. 6.

---

(1) Des seigneuries, chap. 12, n. 80.
(2) Bacquet, des droits de justice, chap. 11, n. 13 & 18.
(3) M. Bouhier, *loc. cit.* n. 109.
(4) Cent. 4, chap. 69.
(5) Part. 2, pag. 1141.

M. le prince de Conti, feigneur de Bagnols.

Mais le contraire a été jugé au parlement de Paris, par arrêt du 10 août 1611 (1), & à celui de Dijon, par arrêts des 31 mars 1628, & 13 juillet 1632 (2).

Mais ces arrêts peuvent-ils encore faire jurifprudence, depuis que l'édit du mois d'août 1679, & la déclaration du 28 octobre 1711, ont réglé que les biens, des coupables du crime de duel, appartiendroient au Roi & aux pauvres ? Boucheul, fur la coutume de Poitou, article 200, nombre 39, regarde l'affirmative comme certaine. Mais M. Bouhier penfe différemment. « Ces édits, dit-il, n'ayant rien » de plus que les précédens, fur le fait » dont il s'agit, ils ne portent aucun pré- » judice au droit des feigneurs hauts- » jufticiers en notre province. La chofe a » même été contradictoirement jugée en » leur faveur, par un arrêt du confeil, dont » il eft fait mention dans un des derniers » commentateurs de notre coutume (3). » Ainfi la difpofition de ces édits, par » rapport à la confifcation, doit être ref- » treinte aux feuls cas, ou par les lois » municipales, elle doit appartenir au » Roi. »

4°. A qui appartient la confifcation des biens de ceux qui empêchent, par la force, l'exécution des arrêts & jugemens fouverains ? A en juger par les ordonnances qui déclarent ces perfonnes criminelles de lèze-majefté, il fembleroit qu'elle ne dût appartenir qu'au Roi. Cependant l'article 29 de l'ordonnance de Moulins, l'article 2 de l'édit donné à Amboife en 1572, & l'article 191 de l'ordonnance de Blois, déclarent que cette confifcation aura lieu au profit du Roi ou des feigneurs, fuivant qu'il appartiendra.

Mais ces lois ne font pas générales. Le parlement de Dijon en enregiftrant la feconde le 27 février 1572, a arrêté «que » les confifcations de ceux qui feroient » réfiftance & rébellion, & qui tien- » droient fort en leurs maifons contre la » juftice, & fes décrets, feroient adju- » gés au profit du Roi». L'arrêt que la même cour a rendu le 28 février 1628, contre le gouverneur de Châlons, eft une preuve de fon attachement à cette réferve : car en condamnant ce feigneur à avoir la tête tranchée pour avoir fait rébellion à un huiffier de la cour, & avoir employé contre lui des gens de guerre, il a déclaré tous fes biens acquis & confifqués au profit du Roi.

Il n'a pas été prononcé de même, à l'égard des foldats qui avoient prêté mainforte au gouverneur. Comme ils n'avoient fait qu'exécuter fes ordres, la cour s'eft contentée d'ordonner que leurs biens feroient confifqués au profit de qui il appartiendroit, « & je crois, dit M. Bou- » hier (1), qu'elle en uferoit de même », pour des rébellions de moindre confé- » quence.»

5°. Quelques auteurs (2) ont foutenu que le Roi devoit avoir, à l'exclufion des feigneurs, toutes les confifcations prononcées pour crime de lèze-majefté divine, c'eft-à-dire, pour magie, forcellerie, apoftafie, blafphême, &c. & c'eft en effet ce que décident les coutumes de Valois, article 3, de Chaumont, article 95, de Vitry, article 15. C'eft auffi ce qu'a jugé un arrêt du parlement de Paris du 27 janvier 1599. (3) Enfin telle eft la difpofition d'un des articles fecrets, qui furent rédigés par les derniers réformateurs de la coutume de Paris (4).

---

(1) Brodeau fur Paris, art. 183, n. 25.
(2) M. Bouhier, *loc. cit.* n. 110.
(3) Obfervations de M. Bretagne fur la coutume de Bourgogne, pag. 127.

(1) *Loc. cit.* n. 115.
(2) Ranchin fur Guypape, queft. 76; Dupineau fur Anjou, art. 142.
(3) Papon, liv. 1, tit. 2, n. 1.
(4) Bacquet, des droits de juftice, chap. 2, n. 3.

Mais ce fentiment eft contredit par du Moulin, fur l'article 12 de la coutume d'Artois, par Guy-Pape, queftion 76, par Imbert, dans fa pratique, liv. 3, chap. 17, nomb. 10, par Loifeau, des feigneuries, chapitre 12, nombre 81, & leur raifon paroît décifive : c'eft difent-il que *ce crime n'offenfe point le Roi en fa qualité, mais le public & la juftice.* Auffi exifte-t-il un grand nombre d'arrêts qui ont accordé aux feigneurs la confifcation dont il s'agit. Ferrière (1) en rapporte un du parlement de Paris du mois de mai 1586, qui mérite d'autant plus d'attention, qu'il a été rendu les chambres confultées. Bacquet (2) nous en a confervé un femblable du 26 février 1587. La même chofe a été jugée par fept arrêts du parlement de Dijon des 16 janvier 1577, 9 juin 1599, 22 juin 1610, 12 octobre 1631, 7 octobre 1634, 28 avril 1636, & 3 avril 1743 (3).

6°. Il y a des chofes qui, indépendamment de la qualité du crime pour lequel elles font frappées de confifcation, ne peuvent en ce cas, être reclamées que par le Roi.

Ainfi par l'article 145 de la coutume de Normandie, « les fruits des immeubles » de celui qui eft condamné par juftice » royale, appartiennent au Roi pour la » première année exempts de toutes det- » tes, autres que les rentes feigneuriales » & foncières pour ladite année : & outre » il a les meubles du condamné, les dettes » préalablement payées. »

Un arrêt du parlement de Normandie du 30 janvier 1655, a jugé que l'exemption de dettes dont il eft parlé dans la première partie de cet article, a lieu même dans le cas d'une condamnation par contumace, & au préjudice de la dot de la femme du condamné (4).

7°. Les biens domaniaux que le con-

damné tenoit par conceffion du Roi, ne peuvent être confifqués qu'au profit de fa majefté. M. le Bret, livre 3, chapitre 13, dit qu'il en a été ainfi jugé au confeil d'état, lui préfent, relativement à un greffe domanial. Loifeau (1) en donne une raifon très-fatisfaifante. « La confifcation, » dit-il, fuit la juftice, c'eft-à-dire, ap- » partient au feigneur qui a la juftice & » feigneurie publique fur la chofe confif- » quée : or un feigneur fubalterne n'a ja- » mais la juftice ou feigneurie fur un of- » fice royal, ni fur un droit du domaine » du Roi, lequel étant inaliénable & » auffi n'étant aliéné qu'à faculté de ra- » chat, demeure toujours royal & par- » tant fujet à la juftice du Roi, & par » conféquent confifcable vers lui feule- » ment. »

8°. Ce que nous difons des biens & offices domaniaux, s'applique également aux offices royaux ordinaires, parce qu'ils émanent également du Roi.

Mais il y a deux particularités remarquables fur la confifcation de ces offices, lorfqu'elle eft prononcée par contumace pour crime de lèze-majefté.

La première, concerne le temps dans lequel cette confifcation eft encourue irré- vocablement.

Suivant les articles 30 & 31 du titre 17 de l'ordonnance de 1670, la confifca- tion des immeubles des condamnés par contumace, n'a fon effet fur les fonds qu'après l'expiration des cinq ans, & ni le Roi ni les feigneurs ne peuvent difpofer auparavant de ces fonds. Il en eft autrement à l'égard des offices.

L'édit du mois d'avril 1633, décide « que les jugemens rendus fur la qualité » du crime de lèze-majefté, contre les » officiers du Roi, quoique donnés par » défaut & contumace, doivent être exé- » cutés après qu'ils auront été publiés, & » ce pour le regard feulement de la con-

---

(1) Sur Paris, art. 183, n. 66.
(2) Des droits de juftice, chap. 11, n. 19.
(3) M. Bouhier, *loc. cit.* n. 124.
(4) Bafnage fur Normandie, art. 145.

(1) Des offices, liv. 2, chap. 7, n. 22.

» fiscation des offices & charges, sans que » les condamnés puissent jamais y être » rétablis ». Il est clair, d'après cette disposition, que le Roi n'est pas obligé d'attendre l'expiration des cinq ans, pour disposer des charges de ceux qui sont condamnés pour crime de lèze-majesté.

A cette première particularité, il faut en ajouter une seconde, qui se tire des termes du même édit, & de ce qui s'est pratiqué en conséquence.

« Et attendu les condamnations ci-de-» vant rendues contre ledit le Cogneux » pour sa rébellion, & absence notoire » hors notre royaume, avons ledit office » de président en notre cour de parle-» ment que tenoit ledit le Cogneux, » éteint & supprimé, *suivant nos ordon-» nances.* ».

Quoique cette suppression semble supposer pour fondement, un usage ancien & même une disposition expresse des ordonnances, elle paroît néanmoins la première qui ait été faite en ce genre, & on ne trouve ni loi ni exemple antérieur qui l'autorise.

Il semble au contraire qu'on puisse prouver, par des argumens positifs, que cette peine n'avoit pas encore été mise en usage avant l'édit de 1633.

En effet, quoique le connétable de Saint-Pol eût été condamné en 1475, pour crime de lèze-majesté, on ne voit pas néanmoins que sa charge eût été supprimée par Louis XI, ni qu'elle eût été rétablie par le roi Charles VIII, lorsque ce prince en disposa en faveur de Jean de Bourbon en 1483.

Il ne paroît pas non plus, que lorsque l'amiral Chabot fut condamné en 1540, ni lorsqu'en 1572, le procès fut fait à l'amiral de Châtillon, quoiqu'on eut accumulé contre ce dernier les peines les plus rigoureuses que les lois eussent introduites contre les coupables du crime de lèze-majesté, on ait eu néanmoins la pensée de supprimer la charge d'amiral,

ni de la créer de nouveau, en faveur de celui qui lui succéda dans cette charge.

Cependant l'exemple de cette suppression ayant été une fois établi par l'édit de 1633, on l'a imité dans des occasions semblables. Sous le règne de Louis XIV, le sieur Muisson, conseiller au parlement de Paris, étant sorti du royaume, contre les défenses de sa majesté, & ayant passé dans les terres des ennemis de l'état, le parlement lui fit son procès par contumace ; sa condamnation ayant été prononcée, le Roi, par un édit du mois de juin 1688, déclara sa charge de conseiller éteinte & supprimée ; & depuis, par un édit du mois de mai 1698, sa majesté créa de nouveau cette charge en faveur du fils de M. le président Molé.

Cette manière de disposer de l'office d'un criminel de lèze-majesté, a pour but d'imprimer plus fortement aux hommes l'horreur du crime dont elle est la peine. Elle leur apprend que l'office est tellement profané par la perfidie de l'officier, qu'il ne peut plus être dans le commerce, & qu'il faut qu'il rentre dans le néant, si l'on peut parler ainsi, pour recouvrer, en sortant des mains du Roi, une seconde fois sa première pureté.

9°. Il y a une coutume où le droit du Roi sur la confiscation des biens d'un criminel quelconque, dépend, à certains égards, du domicile & de la qualité de celui-ci. Cette coutume est celle de Hainaut.

Suivant l'article 6 du chapitre 15 de cette loi, si un étranger de la province de Hainaut y commet un crime qui emporte confiscation, le seigneur haut-justicier du lieu où il l'a commis, a droit sur tous les meubles & le revenu de tous les immeubles qui se trouvent dans l'étendue de sa haute justice, & le reste appartient au Roi.

L'article 7 ajoute que si un seigneur haut-justicier commettoit lui-même le crime dans sa haute-justice, la confiscation des meubles & du revenu des immeubles qui s'y trouveroient, appartiendroit au seigneur dominant, & le reste au Roi ; & que s'il commettoit le crime hors de sa seigneurie, le Roi auroit tout.

Il est inutile d'avertir ici, qu'il y a plusieurs provinces & villes du royaume où la confiscation n'a pas lieu.

Ce détail n'a pas un rapport assez direct avec notre sujet, pour trouver ici place.

Nous n'avons parlé jusqu'à présent que de la confiscation proprement dite, c'est-à-dire, de l'adjudication qui se fait, soit au profit du Roi, soit aux seigneurs, des biens d'un homme condamné à mort, aux galères perpétuelles, ou au bannissement du royaume à perpétuité.

Il y a d'autres espèces de confiscations qui ne frappent que sur des effets particuliers, & se prononcent, soit dans les cas de contravention aux lois fiscales, soit pour fraude faite aux droits des seigneurs, soit pour des causes particulières dont le détail seroit infini.

Les premières appartiennent toujours au Roi. Les secondes ne doivent régulièrement être adjugées qu'aux seigneurs. A l'égard des troisièmes, il faut s'attacher strictement aux lois qui les prononcent, & les adjuger à celui à qui ces lois les défèrent.

On peut rapporter à cette dernière espèce de confiscation, l'article 465 de la coutume de Normandie, suivant lequel « si un acheteur (assigné en retrait) dé- » nie qu'il y ait eu contrat, & qu'il soit » prouvé ensuite le contraire, le prix du » contrat est confisqué au Roi, & l'héri- » tage reste au clamant ». Il a été décidé par un arrêt du parlement de Rouen du 10 décembre 1529, que cette confiscation doit être jugée contre l'acheteur lui-même, & non contre son héritier (1).

### §. XXV. *Des amendes.*

Les amendes, c'est-à-dire, les peines pécuniaires que la justice impose ; soit pour quelque infraction aux lois, soit pour satisfaction & réparation de quelque faute, peuvent être divisées en deux classes générales.

Dans la première, sont les amendes arbitraires.

Dans la seconde, celles qui sont fixées par les lois.

Les amendes arbitraires s'étendent sur toutes sortes de crimes, de fautes & de contraventions. Il n'est pas possible par cette raison de les détailler ici, mais il importe de savoir à qui elles appartiennent.

La règle générale est que ces amendes appartiennent au Roi lorsqu'elles s'adjugent dans une juridiction royale, & aux seigneurs lorsque ce sont les juges de ceux-ci qui les prononcent.

Cette règle est si constante, qu'il a même été jugé par arrêt du parlement de Normandie, du 22 février 1659, que l'amende adjugée par cette cour en matière criminelle, devoit appartenir au Roi, quoique le procès eût été instruit par les juges d'un seigneur, & que celui-ci en eût fait tous les frais (1).

Ce n'est pas néanmoins que cette extension de la règle soit à l'abri de toute critique. M. le président Bouhier (2) la désapprouve formellement. « Les seigneurs, » dit-il, ayant avancé les frais, il est » juste qu'ils en soient en quelque sorte » dédommagés par l'amende ». Il ajoute qu'il en a été ainsi jugé par cinq arrêts du parlement de Dijon des 10 juillet 1563, 12 mars 1597, 14 octobre 1606, 4 mars 1613, & 20 juin 1643.

La même chose a été décidée au parlement de Flandres, par arrêt rendu le 12 novembre 1693, les chambres consultées (3) ; & par un autre du 21 octobre 1735, qui est imprimé.

---

(1) Basnage, art. 465.

(1) Basnage, art. 14.
(2) Chap. 56, n. 33.
(3) M. de Flines, arr. 38.

*Très-souvent*

Très-fouvent le parlement de Dijon a partagé l'amende entre le Roi & le feigneur qui avoit fait les frais du procès criminel. M. Bouhier en rapporte 17 arrêts des 11 août 1553, 18 février 1566, 13 janvier & 28 juin 1567, 15 mars 1597, 22 mai 1601, 18 juin 1604, 25 novembre 1610, 23 septembre 1612, 4 juillet 1616, 20 décembre 1617, 5 juin 1619, 1 juillet 1620, 1 décembre 1621, 2 janvier 1631, 23 juillet 1638, & 13 septembre 1642.

Il y a des officiers qui ont part aux amendes adjugées dans les juridictions royales.

Par exemple, fuivant les réglemens des 12 novembre 1669, 19 mai 1745 & 22 juin 1753, l'amiral de France doit jouir des amendes prononcées dans les fièges particuliers d'amirauté. Mais ces réglemens ne s'exécutent point en Bretagne : dans cette province, les amendes qu'ils ont pour objet appartiennent au Roi (1).

L'édit du mois de mars 1690, portant érection en titre d'offices formés & héréditaires, des charges de judicature du parlement de Flandres, attribue au procureur-général de cette cour une portion dans les amendes adjugées au criminel.

Quelques officiers royaux du reffort du même parlement, ayant prétendu, à l'exemple de ce magiftrat, jouir des amendes adjugées au Roi, il fut ordonné par arrêt du confeil du 14 juillet 1722, que tous les juges & officiers prétendant avoir droit ou portion dans les amendes, de quelque nature qu'elles fuffent, feroient tenus de repréfenter leurs titres devant les intendans de Flandres & de Hainaut.

Le fieur Broux, procureur du Roi à la prevôté de Bouchain, prétendit, en cette qualité, devoir jouir du tiers des amendes, comme les procureurs du Roi de Lille & de Douai. Il fe fit même confirmer dans cette prétention par arrêt du parlement de Flandres, qui condamna le fieur Langa, receveur des amendes à Bouchain, à lui en faire le payement. Mais par arrêt du confeil du 25 octobre 1723, le Roi, fans avoir égard à ce jugement, ordonna que le fieur Langa rendroit compte à Cordier feul, chargé de la régie des fermes, des amendes par lui reçues, & fit défenfes au parlement de détourner ces amendes ni d'en faire aucune application, fauf au fieur Broux à produire fes titres, s'il en avoit. Le fieur Broux, pour fatisfaire à cet arrêt, produifit l'édit cité du mois de mars 1693, & prétendit avoir les mêmes droits que le procureur général du parlement de Flandres. Mais par arrêt définitif du 31 juillet 1725, il a été jugé que l'attribution faite à la charge du procureur général ne pouvoit être étendue à d'autres officiers ; en conféquence, fa majefté a ordonné que les déclarations des 21 mars 1671 & 21 janv. 1685, ainfi que les arrêts du confeil des 14 juillet 1722 & 25 octobre 1723, feroient exécutés, & que la *totalité* des amendes qui avoient été & feroient jugées tant dans le fiège royal de Bouchain, que dans les autres juridictions inférieures du reffort du parlement de Flandres, demeureroit & appartiendroit au domaine de fa majefté, fans que ni le fieur Broux ni autres pourvus de pareils offices, y puffent rien prétendre.

Par un autre arrêt du confeil du 24 octobre 1747, il a été ordonné que toutes les amendes qui feroient prononcées par les maire, fous-maire & jurats de Bordeaux, foit dans l'exercice de la juridiction criminelle, foit dans celle de la police, & à quelque fomme qu'elles puffent monter, appartiendroient au Roi, & que le recouvrement en feroit fait par le fermier des domaines, fans que les maire, fous-maire & jurats, ni autre puffent en percevoir ou s'en approprier

(1) Dictionnaire des domaines, au mot *Amirauté.*

aucune, fous quelque prétexte que ce fût, & ce, fous les peines prononcées par les réglemens.

Le droit exclufif qu'a le fouverain fur les amendes prononcées par les juges royaux, fuppofe affez que ceux-ci ne peuvent pas en priver fa majefté, non-feulement en fe les appropriant, mais même en les appliquant foit à des réparations d'auditoires, foit au pain des prifonniers, foit à tout autre objet. C'eft en effet ce que décide l'article 5 de la déclaration du 21 mars 1671, dont l'exécution a été ordonnée par une autre déclaration du 21 janvier 1685, & par des arrêts du confeil des 27 mai 1671, 15 janvier, 10 mai & 9 août 1672, 22 janvier 1678, 7 novembre 1682, 13 novembre 1683, 11 juillet 1684, 22 feptembre & 6 novembre 1685, 29 octobre 1720, 11 avril 1727, 11 janvier 1729, 27 février 1731 (1), 11 décembre 1770, 23 feptembre 1775, & 28 novembre 1781 (2).

Les engagiftes du domaine, ont-ils droit aux amendes dont il eft ici queftion ? Oui, fi la juftice leur a été aliénée avec tous les droits acceffoires, utiles & onéreux. Mais hors ce cas, ces amendes ne leur appartiennent pas. Il ne leur ferviroit même de rien que le mot *amende* fe trouvât compris dans l'engagement, parce qu'il ne s'appliqueroit qu'aux amendes féodales établies par les coutumes.

Les amendes fixées par les lois, font de plufieurs fortes. Les unes concernent les délits commis relativement aux forêts, la chaffe & la pêche. Les autres ont été établies pour punir les plaideurs téméraires. D'autres regardent les réglemens concernant l'adminiftration & la régie des droits du Roi. Il en eft quelques-unes qui font prononcées par les coutumes.

Examinons à qui appartiennent ces différentes efpèces d'amende.

1°. Les amendes, prononcées pour délits commis dans les bois du Roi, de même que pour ceux qui font tenus en gruerie, grairie, tiers & danger, conceffion, engagement & par indivis, appartiennent au Roi, parce que fa majefté s'eft réfervé la juftice dans ces bois avec les profits qui y font attachés.

Il en eft de même en général, de toutes celles qui font adjugées par les officiers royaux des eaux & forêts, pour délits commis dans les bois des eccléfiaftiques & des communautés. Un arrêt du confeil du 8 août 1724 a caffé une fentence de la maîtrife de Vefoul, en ce qu'elle adjugeoit au feigneur de Noroy, une amende de deux mille livres prononcée pour délits commis dans les bois de la communauté du même lieu : & a fait défenfe aux officiers des maîtrifes de prononcer aucune amende au profit des feigneurs, lorfque les pourfuites auroient été faites à la requête des procureurs du Roi (1).

Un autre arrêt du confeil du 15 octobre 1741, a défendu au marquis de Salles, engagifte du domaine de Vaucouleurs, & aux officiers de la gruerie royale du même lieu, de percevoir à l'avenir aucune des amendes qui feroient adjugées dans cette gruerie, ou au fiège de la maîtrife de Chaumont-en-Baffigny, pour raifon des délits commis dans les forêts fituées fous ces juridictions, foit que ces forêts appartinffent aux eccléfiaftiques ou aux communautés, foit qu'elles dépendiffent du domaine de Vaucouleurs, &c. (2).

2°. Les amendes de chaffe & de pêche appartiennent au Roi, lorfque les pourfuites ont été faites dans une juftice royale; mais lorfque le juge d'un feigneur a pris connoiffance du délit, l'amende appartient au feigneur.

Telle eft la règle qui s'obferve conftamment dans l'intérieur du royaume.

---

(1) Dictionn. des domaines, au mot *Amendes.*
(2) Répert. de jurifprud. au mot *Amendes.*

(1) Répert. de jurifprud. au mot *Amendes.*
(2) *Ibid.*

Mais il paroît que les Pays-Bas François ont là-dessus des principes différens. L'article 36 du placard de 1613, porte que les seigneurs vassaux du Roi pourront interdire la chasse dans l'étendue de leurs seigneuries à ceux qui n'en ont pas le droit, *à peine de soixante royaux d'amende qui se payera aux commis* ( de sa majesté ); & *que si lesdits vassaux ont franches forêts ou garennes, ladite amende sera à leur profit.* Cette disposition semble prouver que ce n'est point par la qualité du Juge qu'on détermine à qui doit appartenir l'amende, puisque dans le cas même où le seigneur qui n'a pas de franche garenne, défend la chasse à ceux qui n'en ont pas le droit, c'est-à-dire, les fait poursuivre par ses officiers, l'amende est au profit du Roi.

3°. Les amendes établies dans les sièges royaux pour punir les plaideurs téméraires, sont de deux sortes : les unes appartiennent en totalité au Roi : les autres se partagent entre sa majesté & la partie.

De la première espèce sont les amendes de fol appel, c'est-à-dire, celles qu'on est obligé de consigner pour être reçu appelant.

Ces amendes ne sont pas uniformes partout. Au parlement de Flandres, la peine du fol appel est de 30 livres, lorsque la sentence est confirmée contradictoirement; de 15 livres lorsque la confirmation se prononce par défaut ou que l'appel est déclaré non-recevable ; de 12 livres lorsque l'appel est interjeté d'une sentence consulaire, & de la même somme lorsqu'il a pour objet une ordonnance du rapporteur. Au parlement de Nancy, elle est de 30 francs barrois. Dans les autres cours souveraines, elle monte à 75 livres ; mais elle peut être modérée à 12 livres. Dans les présidiaux elle est de 6 livres, & dans les autres juridictions royales, de 3 livres. Au conseil du Roi, les appelans des ordonnances des rapporteurs doivent consigner 12 livres par amende.

Il faut ranger dans la même classe l'a-

mende de révision en matière civile au parlement de Flandres. Cette amende est de 150 livres.

Les amendes qui se partagent entre le Roi & la partie qui gagne sa cause, sont celles de requête civile, de tierce-opposition, de récusation, de cassation, & quelques autres dont on va donner le détail.

Tout demandeur en requête civile contre un arrêt contradictoire, doit consigner une amende de 450 livres, dont 300 pour le Roi & 150 pour la partie. Si l'arrêt a été rendu par défaut, l'amende ne doit être que de 150 livres envers le Roi, & de 75 livres envers la partie.

En Lorraine, cette amende est dans le premier cas de 400 francs barrois, & de 200 dans le second. Lorsque le demandeur succombe, les deux tiers de cette amende appartiennent au souverain, & l'autre tiers à la partie qui gagne sa cause.

Les tiers-opposans qui sont déboutés de leurs oppositions, doivent être condamnés à 150 livres si le jugement qu'ils ont inutilement attaqué est un arrêt, & à 75 livres, si c'est une sentence, moitié au profit du Roi, & moitié à l'autre partie.

Ceux qui récusent un juge, & dont les moyens de récusation sont déclarés impertinens & inadmissibles, doivent être condamnés à 200 livres d'amende dans les cours souveraines & aux requêtes de l'hôtel ; à 50 livres dans les présidiaux, bailliages & sénéchaussées, & à 35 livres dans les châtellenies, prévôtés, vicomtés, élections, greniers à sel & autres juridictions royales. La moitié de ces amendes appartient au Roi, & l'autre moitié à la partie.

Celui qui veut se pourvoir en cassation contre un jugement souverain, doit consigner 150 livres, si ce jugement est contradictoire ; & la moitié seulement s'il est par défaut ou forclusion ; s'il succombe après un arrêt de soit communiqué, il doit en outre être condamné dans le premier cas, à 300 livres d'amende envers le Roi, & à 150 livres envers la partie; & dans le deuxième cas, à la moitié des mêmes sommes.

Celui qui succombe dans une demande en évocation du chef de parenté ou de récusation, doit être condamné à 300 livres d'amende envers le Roi, & à 150 livres envers la partie.

L'amende encourue par ceux qui succombent dans de simples oppositions aux arrêts du conseil, est de 150 livres, applicables moitié au Roi, & moitié à la partie.

Le demandeur en inscription de faux qui est déclaré non fondé ou qui se désiste après que l'inscription a été formée au greffe, doit être condamné à une amende dont les deux tiers appartiennent au Roi ou aux hauts-justiciers, & l'autre tiers à la partie. Cette amende doit être de 300 livres dans les cours souveraines & aux requêtes de l'hôtel; de 100 livres dans les sièges qui ressortissent immédiatement aux cours, & de 60 livres dans les autres sièges. Les juges ont d'ailleurs le pouvoir d'augmenter ces amendes, selon les circonstances.

Celui qui n'étant point privilégié fait assigner quelqu'un par devant des juges de privilège, doit être condamné, lorsqu'on prononce sur le déclinatoire, à 75 livres d'amende, applicables moitié au Roi & moitié à la partie.

4°. Les amendes de contravention aux réglemens concernant l'administration & la régie des droits du Roi, appartiennent toutes à sa majesté, & le recouvrement s'en fait par les fermiers ou régisseurs des droits dont elles tendent à assurer la conservation.

5°. Les amendes de coutume, c'est-à-dire, celles qu'ont introduites nos lois municipales, appartiennent presque toutes au seigneur; parce qu'elles sont presque toutes établies contre les vassaux qui sont en demeure de payer les droits

seigneuriaux, ou de rendre les devoirs de vassalité auxquels ils sont attenus.

La coutume du Hainaut a introduit en faveur du Roi, des amendes qu'elle appelle *quint, demi-quint, & peines de lettres*. Ce sont des sommes assez modiques que doivent payer au Roi les particuliers qui sont assignés dans une justice royale, en payement de dettes qu'ils sont en retard d'acquitter. On peut voir ce que nous en avons dit assez au long dans le Répertoire universel de jurisprudence, aux mots QUINT, DEMI-QUINT.

## §. XXVI. Des droits de gruerie, grairie, tiers & danger.

Les droits de gruerie & grairie dont le Roi jouit en quelques provinces du royaume, & ceux de tiers & danger dont il jouit en Normandie, sont au rang des droits domaniaux qui dérivent de la justice.

1°. Le mot *gruerie*, dans la plus commune signification, n'est autre chose que la justice qui s'exerce dans une forêt quelconque. Ici nous l'employons précisément comme désignant le droit de justice immédiate que le souverain a sur certains bois dont le fonds appartient, soit à des gens de main-morte, soit à des particuliers. Le produit de ce droit consiste en amendes, confiscations & autres profits casuels, ainsi que dans une portion qui se perçoit au profit de sa majesté, sur le prix des bois vendus.

L'origine du droit de gruerie paroît très-ancienne, & se perd dans l'obscurité des premiers temps de la monarchie.

M. le Bret prétend, dans son traité de la souveraineté, qu'il provient de ce qu'autrefois il n'y avoit que les Rois qui eussent le droit d'avoir des bois de haute-futaie, & que personne ne pouvoit en laisser croître sans leur permission; de sorte que, lorsqu'ils permettoient à quelqu'un d'en avoir, ce n'étoit qu'à la charge qu'ils y auroient la juridiction avec les profits qui en dépendent, ainsi qu'une part dans

le prix de ceux qui feroient vendus à l'a-
venir, comme de moitié en quelques endroits, du tiers, & de plus ou de moins
en d'autres.

La preuve qu'il en donne, eſt que le
droit de gruerie n'a pas lieu ſur toutes
les forêts, mais ſeulement ſur celles dont
l'origine n'eſt pas connue, parce que les
Rois ayant donné dans la ſuite une permiſſion générale à tous leurs ſujets d'avoir
des bois de haute-futaie, ils ſe ſont contentés de réunir le droit de gruerie ſur
les anciennes forêts, ſans y aſſujettir les
nouvelles.

Ainſi, ceux qui poſsèdent des bois ſujets au droit de gruerie, ne peuvent les
vendre, ni les couper ſans la permiſſion
du Roi, & c'eſt à ſa majeſté ſeule qu'y
appartiennent la chaſſe, la paiſſon & la
glandée. Voyez l'ordonnance des eaux &
forêts de 1669, titre 23 en entier.

2°. Le droit de grairie a beaucoup d'affinité avec celui de gruerie, & pluſieurs
auteurs les confondent. Ce qui fait pourtant croire que ces deux mots n'ont pas
une ſignification ſynonyme, c'eſt que dans
les anciennes & les nouvelles ordonnances,
ils ſont toujours employés diſtinctement.

Quelle eſt donc la différence de l'un
de ces deux termes avec l'autre? C'eſt que
*gruerie* déſigne les droits que le Roi
exerce dans certaines forêts ſur leſquelles
il n'a d'ailleurs aucune propriété foncière,
au lieu qu'on entend par *grairie*, les droits
qui appartiennent au Roi dans les forêts
dont il eſt propriétaire en partie & par
indivis.

Du reſte, l'ordonnance de 1669, attribue à la grairie les mêmes droits qu'à
la gruerie.

Et la preuve qu'elles ſont l'une & l'autre
conſidérées comme domaniales, c'eſt que
dans tous les temps, il a été défendu de
les donner & de les vendre. Témoins les
ordonnances de 1318, article 8; de 1484,
article 10; du mois d'août 1561; du
mois de février 1554 & 1669, titre
13, article 8.

3°. Les droits de *tiers* & *danger* ſont
particuliers à la province de Normandie.

Le droit de *tiers*, ſuivant la ſignification naturelle, conſiſte à prendre la troiſième partie des bois qui y ſont ſujets,
lors de la coupe.

Le droit de *danger* conſiſte à prendre
le dixième de la totalité des prix.

C'eſt ce qu'explique parfaitement l'article 3 du titre 8 de l'ordonnance de 1669.
En voici les termes : « Le tiers & danger
» ſera levé & payé ſelon ſa coutume
» ancienne, qui eſt de diſtraire à notre
» profit ſur le total de la vente, ſoit en
» eſpèce ou en deniers à notre choix,
» le tiers & le dixième; en ſorte que
» ſi l'adjudication eſt de 30 arpens pour
» une ſomme de 300 livres, nous en
» ayons 10 arpens pour le tiers de 30,
» & 3 pour le dixième de la même quan-
» tité, qui ſeront 13 arpens ſur 30,
» ou ſi nous le prenons en argent, 100
» livres pour le tiers de 300 livres, &
» 30 livres pour le dixième de la même
» ſomme de 300 livres. »

On attribue l'origine de ces droits à
la conceſſion faite par nos Rois aux nobles de la province, dès le temps de leur
première conquête dans les Gaules, de
quelques portions de bois, ſous la condition que le tiers de la coupe leur appartiendroit. Comme cette coupe ne ſe
pouvoit faire ſans la permiſſion du Roi,
ſous peine de confiſcation du tout, l'uſage
s'établit de payer le dixième du prix total
pour obtenir cette permiſſion, & parce
qu'elle faiſoit ceſſer le danger de confiſcation, ce dixième fut appelé *danger* (1).

Les anciennes ordonnances excluoient
de ce droit ce qu'on appelle *mort-bois.*
Celle de Louis Hutin, de 1314, article
8, range dans cette claſſe les ſauz, mar-
ſauz, puiſnes, épines, aunes, genêts, ge-

_____

(1) De Laurière ſur Ragueau, au mot *Danger*; Bacquet, des droits de juſtice, chap. 10,
n. 5.

nèvres & ronces. L'article 9 de l'ordonnance de 1315 y ajoute les feurs.

L'ordonnance de François I, de 1518,
défend d'arracher & de défricher les bois
sujets au tiers & danger, à peine d'être
contraint de remettre les lieux dans leur
ancien état & nature, & de tous dépens,
dommages & intérêts.

L'ordonnance de 1669 a ajouté plusieurs dispositions à celles de ces lois.

D'abord, elle déclare, titre 23, article 6, « le droit de tiers & danger dans
» les bois de la province de Normandie,
» imprescriptible & inaliénable, comme
» faisant partie de l'ancien domaine de
» la couronne. »

Elle ajoute, article 7, que tous les
bois situés en Normandie, hors ceux qu'on
a plantés à la main & les morts-bois,
sont sujets au tiers & danger, s'il n'y
a titre au contraire.

Elle décide, article 3, que le Roi peut
à son choix, percevoir son droit en espèce
ou en deniers, tant pour le tiers que pour
le dixième.

Terrien, titre *de tiers & danger*, observe qu'il y a des bois qui ne sont sujets qu'au tiers sans danger, & d'autres
au danger sans tiers. L'article 4 du titre
cité de l'ordonnance de 1669, autorise
cette distinction lorsqu'elle est fondée en
titre.

Par un édit du mois d'avril 1673,
enregistré au parlement de Rouen le
17 mai suivant, le Roi a déclaré que ce
droit, quoique domanial, n'est ni royal
ni universel, & il en a ordonné l'extinction en payant finance. Mais cet édit est
demeuré sans exécution.

## §. XXVII. *Du droit de poids & de mesure.*

Le droit de régler les poids & les
mesures, dépend de la police, & par
conséquent de la justice (1).

De là vient que presque par-tout il
appartient aux seigneurs. La plupart de
nos coutumes, disent même que donner
poids & mesures, c'est exploit de moyenne-
justice.

Mais dans quelques endroits, & relativement à certaine nature de marchandises, la puissance royale a retenu ce
droit ; & non contente de déterminer les
poids, elle a voulu tenir elle-même la
balance par les mains d'officiers ordonnés
pour ce ministère. De là, l'expression de
*poids-le-Roi.*

Ce droit a lieu à Paris. Il y consiste
à avoir un poids pour peser les marchandises d'œuvre de poids (1), & dans une
perception qui est regardée comme le sa-
laire du pesage.

Louis VII avoit aliéné ce droit en 1168.
Il fut réuni depuis, ensuite aliéné de
nouveau au chapitre de Paris, & enfin
réuni au domaine par arrêt du conseil
du 24 juillet 1691 (2).

Un arrêt du 23 septembre 1692, en
déclarant ce droit domanial, a fait défenses à toutes personnes, dans la ville
& les fauxbourgs de Paris, d'avoir des
fléaux, balances & poids au-dessus de
vingt-cinq livres, & de vendre ni débiter aucune marchandise sans avoir été
pesée au poids-le-Roi.

Un autre arrêt du 16 juin 1693, a
réglé le tarif des droits qui devoient être
perçus ; mais cette perception se fait aujourd'hui par doublement, en conséquence
de la déclaration du 7 juillet 1705, qui
a été prorogée par plusieurs autres déclarations postérieures.

Le même arrêt a permis aux communautés des marchands & artisans de la
ville de Paris, d'avoir chez eux des poids
& balances au-dessus de vingt-cinq li-

---

(1) On appelle marchandises d'œuvre de
poids, celles qui ne se mesurent ni par le
nombre, ni par les dimensions, ni par le volume, mais par le poids. Telles sont le fil, le
coton, les épiceries & les drogueries.

(2) Le Febvre de la Planche, traité des domaines, liv. 10, chap. 7, n. 4.

---

(1) Loiseau, des seigneuries, tit. de police,
chap. 9, n. 19 & 42.

vres, pour pefer leurs marchandifes feulement & non celles des autres, à la charge par chaque maître qui voudra avoir de tels poids & balances, d'en faire fa déclaration au bureau du poids-le-Roi, au premier janvier de chaque année, & d'y payer en même-temps la redevance annuelle contenue au tarif arrêté au confeil le même jour 16 juin 1693.

Il y a auffi dans la ville de Poitiers un poids-le-Roi, au fujet duquel ont été données, le 2 feptembre 1779, des lettres-patentes dont voici le difpofitif. « Faifons défenfes à tous marchands forains, voituriers & autres étrangers » qu'il appartiendra, de faire pefer au- » cune marchandifes d'œuvre de poids » dans la ville de Poitiers, ailleurs qu'au » poids-le-Roi de ladite ville; à tous » aubergiftes, cabaretiers & voituriers, » d'avoir chez eux aucuns fléaux, balan- » ces, romaines & poids; & à tous mar- » chands domiciliés en ladite ville; & au- » tres perfonnes, de pefer chez eux, ni fouf- » frir qu'il y foit pefé par les fufdits mar- » chands forains, voituriers, autres étran- » gers, & pour autrui, les marchandifes » d'œuvre de poids, achetées ou vendues » en ladite ville de Poitiers. Faifons pa- » reillement défenfes aux bouchers de » pefer les peaux & fuifs des bêtes qu'ils » tuent, ailleurs qu'au poids-le-Roi; le » tout à peine par les contrevenans au » réglement ci-deffus, de vingt-cinq li- » vres d'amende, & de confifcation def- » dits fléaux, balances & marchandifes. » Enjoignons, fous la même peine, aux- » dits marchands forains, voituriers & » autres qu'il appartiendra, de faire pefer » lefdites marchandifes aux poids-le-Roi » établi en ladite ville de Poitiers, & » de payer au fermier dudit poids-le- » Roi, fes prépofés ou commis, favoir, » un fou fix deniers par cent pefant de » marchandifes de toutes efpèces; un fou » fix deniers par chaque peau de bœuf » ou vache fortant de deffus l'animal; » un fou par chaque douzaine de veaux

» tannés, & deux fous fix deniers par » chaque cochon gras, de quelque poids » qu'il foit. Enjoignons aux officiers du » bureau des finances de la ville de Poi- » tiers, de tenir la main à l'exécution » des préfentes. »

Ces lettres-patentes ont été enregiftrées au parlement de Paris le 22 août 1780.

La Normandie eft une des provinces du royaume dans laquelle le droit exclufif du fouverain fur les poids & mefures s'eft le mieux confervé.

Terrien, livre 4, chapitre 15, rapporte l'article de l'ancienne coutume de Normandie, qui porte « que toute la pofte » & feigneurie des mefures & poids de » Normandie appartient au duc. »

Loyfeau, traité des feigneuries, chapitre 9, nombre 36, parle de ce droit dans les mêmes termes, & ajoute, qu'il faut un titre particulier pour l'acquérir aux feigneurs.

Chopin en parle auffi dans fon traité du domaine, livre 3, titres 21 & 23, & fur la coutume d'Anjou, article 40. Il explique comment ce droit dérive de la juftice, & il dit que fingulièrement en Normandie, il appartient au Roi comme repréfentant les anciens ducs.

Un édit du mois d'août 1768, & une déclaration du 15 décembre 1772, interprétative de cette loi, ont fupprimé tous les offices de mefureurs de grains, & ordonné la perception, au profit du Roi, des droits qui y étoient attachés.

La régie de ces droits a été confiée depuis à François Noël.

Ce régiffeur, en vertu de l'édit & de la déclaration, a voulu fe mettre en poffeffion des droits de mefurage dont M. le prince de Poix jouit dans fa principauté de Poix. Ce feigneur s'eft oppofé aux tentatives du régiffeur, & a foutenu que les droits de mefurage dont il jouit, avoient été inféodés par nos Rois, aux anciens feigneurs de Poix, avec la terre même; qu'ils ne dépendoient d'aucun office, & qu'ils avoient été perçus plusieurs siècles avant 1569, époque de la première création des offices de mesureurs de grains.

De son côté, le régisseur a soutenu que les seigneurs particuliers pouvoient bien jouir d'un droit de visite & de correction sur les mesures; mais que le droit utile du mesurage dérivoit de la grande police; qu'il émanoit nécessairement du Roi, & qu'on n'avoit pu en jouir, qu'en vertu d'un office.

Par arrêt du 17 août 1776, la cour des aides de Paris, en infirmant deux sentences de l'élection d'Amiens, a débouté le régisseur de sa demande.

Ainsi, il est jugé quels seigneurs particuliers peuvent jouir d'un droit utile de mesurage, qui n'est pas l'attribut & la dépendance d'un office, & que le régisseur ne peut pas dépouiller ceux qui en jouissent, sous prétexte que l'édit de 1768 & la déclaration de 1770 ont ordonné, au profit du Roi, la perception des droits attachés aux offices de mesureurs de grains.

Cet arrêt, qui peut intéresser un grand nombre de seigneurs particuliers, a été rendu sur les conclusions de M. Boula de Mareuil, premier avocat-général de la cour des aides.

M. Treillard plaidoit pour M. le prince de Poix, & M. le Prêtre de Boisderville, pour François Noël.

§. XXVIII. *Du contrôle des poids & du parisis en Normandie.*

En 1637, Louis XIII, pressé par les nécessités de la guerre, créa, par édit du mois d'octobre, des offices de contrôleurs des poids & mesures, dans chaque ville de Normandie, avec attribution de quatre sous par chacun cent pesant des marchandises qui seroient pesées à ce poids.

En 1654, Louis XIV créa & ajouta aux droits de contrôle un nouveau droit appelé le parisis.

En 1668, tous ces droits furent supprimés par édit du mois de novembre.

Mais, par arrêt du conseil du 2 septembre 1669, le Roi déclara n'avoir entendu comprendre dans cette suppression, *les droits de contrôle des poids* des villes de Rouen, Dieppe, le Havre, Honfleur & Harfleur, engagés à M. le prince de Condé.

Il a été question, en 1723, de savoir si ces droits étoient vraiment domaniaux, & devoient comme tels, se partager suivant la coutume du lieu où ils se perçoivent, ou s'ils devoient suivre l'ordre des successions, prescrit par la coutume du domicile de madame la duchesse de Vendôme qui en étoit décédée propriétaire. Les parties étoient madame la princesse de Conti & madame la duchesse du Maine, d'une part; M. le duc de Bourbon, M. le comte de Charolois & M. le comte de Clermont, de l'autre.

Madame la princesse de Conti & madame la duchesse du Maine, qui demandoient le partage suivant la coutume de Paris, se fondoient sur une clause expresse de l'édit de 1637, portant *que ces offices ne pourroient être estimés ni réputés domaniaux, ni sujets à revente pour raison de l'hérédité.*

On répondoit que cette clause imaginée pour rendre plus prompt le débit des offices, n'avoit pas pu détruire la nature & la qualité des droits qui y étoient attachés. « C'est, ajoutoit-on, une couleur » spécieuse que la nécessité des temps » fait admettre; mais on revient tou- » jours à la vérité; & comme le domaine » du Roi ne peut jamais cesser d'être » domaine, tous ces prétextes, toutes » ces fictions, auxquels on a recours pour » trouver de l'argent, ne peuvent altérer » la véritable qualité du domaine du » Roi.... D'ailleurs, le Roi lui-même » a reconnu par deux arrêts du conseil, » des 24 novembre 1659 & 3 août » 1662, & par l'édit du mois de no- » vembre 1668, que ces droits étoient » véritablement domaniaux. Ils ont été » sujets à toutes les taxes des domaines;
» ils

» ils ont été réunis ou supprimés comme » les autres domaines; il n'y a que le » privilège des princes du sang qui a » garanti ceux que possédoit la maison de » Condé, de ces taxes, de ces réunions » & de ces suppressions. »

On objectoit de la part de madame la princesse de Conti & de madame la duchesse du Maine, que les droits dont il s'agissoit, ne devoient être considérés que comme de simples impositions. Pour les rendre domaniaux, disoit-on, il auroit fallu les unir, soit expressément, soit tacitement, au domaine. Or, 1°. il n'y en a pas eu d'union expresse, puisque au contraire, l'édit de 1637 les a créés héréditaires & non domaniaux, & que depuis, il n'est intervenu aucune loi qui ait dérogé à cet édit. 2°. L'union tacite ne pourroit, suivant l'édit de 1566, résulter que d'un compte rendu de la ferme de ces droits pendant dix ans à la chambre des comptes; mais puisqu'ils ont été aliénés dès l'instant de la création, il est bien clair qu'ils n'ont point été affermés par le Roi, & par conséquent qu'ils ne sont point entrés pendant dix ans dans les comptes de son domaine.

On répondoit que ces droits n'étant qu'une augmentation des droits de l'ancien domaine, ne pouvoient être que domaniaux; que du reste, il y avoit plusieurs exemples de droits qui sans incorporation expresse, & sans être entrés en ligne de compte, avoient été réputés domaniaux dès le principe.

Sur ces raisons, sentence des requêtes du palais, du 18 mars 1723, qui ordonne que le contrôle des poids de Rouen, Dieppe, le Havre, Honfleur, Harfleur, & le parisis du contrôle, dépendans de la succession de madame la duchesse de Vendôme, seront partagé entre les héritiers, suivant la coutume de Paris.

Appel, & après l'instruction la plus approfondie, arrêt du 28 avril 1725, à la seconde chambre des enquêtes, au rapport de MM. Caré de Montgeron

& Parent, qui infirme la sentence, décide que les droits contentieux étoient régis par la coutume de la perception, & ordonne en conséquence, qu'ils seront partagés entre les trois princes appelans, suivant l'article 248 de la coutume de Normandie.

§. XXXI. *Du droit de minage.*

Le droit de minage, comme en certains lieux, sous le nom de layde, bichenage, levage, petite coutume, sextérage, couponage, cartelage, stellage, hallage, terrage (1), est de la même nature que le droit de poids.

C'est un droit qui appartient au Roi & aux seigneurs sur les grains, denrées & autres marchandises qui se vendent dans les foires, dans les marchés, quelquefois dans les maisons des particuliers, & cela en récompense du soin qu'ils prennent de prévenir par des réglemens de police, & les injustices des ventes & les querelles qui en pourroient naître.

Il n'y a rien d'uniforme ni sur la quotité de ce droit, ni sur la nature des objets qui y sont assujettis, ni sur les exemptions qu'en ont ou prétendent avoir certaines villes. Ces trois points dépendent absolument de l'usage qui varie dans les différens lieux.

Par une déclaration du 14 mars 1709, le Roi a ordonné que le minage seroit à l'avenir payé en argent, tant dans l'étendue de ses domaines, que des seigneuries particulières, selon l'évaluation qui en seroit faite; mais cette loi est demeurée sans exécution.

Voyez sur cette matière le traité des domaines de Lefebre de la Planche, le traité des fiefs de Guyot, & le répertoire universel de jurisprudence, aux mots *hallage & minage.*

§. XXX. *Des droits de voirie.*

Les droits de voirie sont certainement

_____

(1) Répert. de jurisprud. au mot *Minage.*

une émanation de la justice, puisque la voirie n'est autre chose que la police des chemins.

Cette police, en tant qu'elle a pour objet les chemins royaux, & les chemins ordinaires dans les terres du domaine, appartient incontestablement au Roi.

Mais relativement aux chemins ordinaires, dans les terres des seigneurs particuliers, c'est une difficulté si elle appartient à ceux-ci par le seul titre de leur justice.

Il paroît qu'en plusieurs endroits on a considéré la voirie comme une justice à part. Plusieurs coûtumes, par une disposition spéciale, la donnent aux seigneurs, & font par conséquent entendre que, sans cette concession expresse, les seigneurs n'y pourroient rien prétendre. C'est aussi ce que reconnoît l'article 11 du titre projeté pour régler les droits de justice, lors de la réformation de la coutume de Paris : « le Roi, porte-t-il, est » seul voyer, s'il n'y a titre au contraire ; » & où il y a titre, le Roi est toujours » en concurrence pour juger quand il a » prévenu. »

Cependant il faut convenir que les derniers arrêts du parlement de Paris ne reconnoissent pas cette séparation du droit de voirie de la police ordinaire, & sous le titre de *justice*, maintiennent les seigneurs dans l'exercice de la voirie.

Il y en a en particulier un célèbre, en date du 1 septembre 1760, au rapport de M. l'abbé Terray, qui maintient les seigneurs de Clichy, Mont-Rouge, & autres des environs de Paris, dans l'exercice de leur haute-justice ; en conséquence les autorise à exercer toute police sur les chemins étant en leurs justices, autres que les chemins royaux conduisant d'une ville à une autre ; & pour cet effet, à faire assigner devant leurs juges tous contrevenans aux réglemens de la voirie ; & les faire punir par amende ou autrement, suivant l'exigence des cas.

Telle est aussi la jurisprudence du conseil du Roi ; témoin l'arrêt du 3 juin 1780, par lequel le comte & la comtesse d'Andlau ont été maintenus dans le droit de voirie qu'ils exerçoient sur toute l'étendue de leur haute-justice, & dans lequel ils étoient troublés par le bureau des finances d'Alençon.

Quoi qu'il en soit, voyons quels sont les droits utiles que le Roi tire de la voirie qui lui appartient.

L'édit du mois de décembre 1607, est la première loi du royaume, où il soit fait mention de ces droits. Cet édit, qui fut porté en faveur du duc de Sully, pourvu depuis peu de l'office de grand voyer, parle de trois espèces de droits.

Les premiers se prennent sur ceux qui demandent la permission de placer un auvent ou une enseigne.

La seconde espèce de droits due au voyer, suivant cet édit, consiste à jouir de tout ce qui lui est attribué par les titres de la voirie, extraits de la chambre des comptes, de la chambre du trésor & du châtelet, comme chandelles, gâteaux, beure, œufs, &c. que paient chaque année, à jours fixes, ceux qui étalent dans les places, marchés, rues & voies publiques de la ville & des fauxbourgs de Paris.

La troisième espèce de droit appartenante au voyer, suivant l'édit cité, consiste à disposer des places, anciennement appelées *les places aumônées à pauvres femmes & filles, par le feu Roi saint Louis*, & de toutes les autres places dépendantes de la voirie.

L'office de grand voyer ayant été uni en 1627, au corps des trésoriers de France, les droits de voirie commencèrent à faire partie de la ferme du domaine, & furent perçus par les fermiers qui disposèrent aussi des places qui dépendoient du grand voyer.

Un arrêt du conseil du 28 juin 1687, attribua les droits de voirie aux trésoriers de France, à la charge par eux de faire payer aux fermiers des domaines, une somme annuelle de 3500 livres: mais les places dépendantes de la charge de grand voyer, continuèrent de faire partie de la ferme du domaine.

Les trésoriers de France ont joui de ces droits jusqu'au mois de mars 1693. A cette époque, il parut un édit qui réunit au domaine les droits utiles de la voirie, & les attribua en même-temps à quatre commissaires-généraux de la voirie, créés par la même loi, pour en jouir suivant le tarif qui en seroit arrêté au conseil.

Ce tarif, qui fut fait le 16 juin de la même année, a été remplacé en 1733 par un autre que des lettres-patentes du 22 octobre ont confirmé. Voyez d'ailleurs sur cette matière, l'arrêt du parlement de Paris du 27 janvier 1780, & les lettres-patentes du 11 décembre 1781, rapportés au mot *Voirie*, dans le répertoire de jurisprudence.

## §. XXXI. *Des greffes.*

Les offices de greffiers sont bien constamment accessoires à l'administration de la justice. Pour savoir quels sont les droits du Roi sur ces offices, dans les lieux où la justice n'est point sortie des mains de sa majesté, il faut remonter à l'origine des choses.

Chez les Romains, les fonctions de greffiers furent long-temps remplies par les esclaves publics de chaque ville, qui, par cette raison, s'appeloient *scriba* ou *tabularii.*

Vers le déclin du quatrième siècle, les empereurs défendirent d'employer des esclaves pour ces fonctions; & les greffiers furent choisis dans le corps des officiers ministériels attachés à la suite des présidens & gouverneurs des provinces.

En France, sous les deux premières races, on suivit à peu près ce qui avoit été ordonné par les empereurs, en ne commettant aux greffes que des personnes libres.

Sous la troisième race, les juges commirent pour greffiers leurs clers, & ensuite leurs domestiques. Cela en fit retomber les fonctions dans une espèce d'avilissement.

Philippe-le-Bel, par l'article 30 de son ordonnance de 1302, défendit à tous ses justiciers de donner de pareilles commissions, & se réserva d'en disposer comme il le jugeroit à propos, attendu que c'étoit un *droit royal.*

Philippe-le-Long confirma cette ordonnance par celle de 1319, qui déclare *les sceaux & écritures,* c'est-à-dire, *les greffes, notariats & tabellionages, être de son domaine.*

En conséquence, nos Rois commencèrent par affermer ou donner en engagement les greffes de leurs justices; mais dans la suite, ils en créèrent plusieurs en titre d'offices formés, héréditaires & non domaniaux.

De là est venu la distinction des greffes en domaniaux & en casuels. Les premiers sont ceux dont le domaine de la couronne a conservé la propriété absolue, & qui, par cette raison, sont sujets à la vente & revente. Les autres appartiennent aux officiers qui en sont pourvus, autant du moins que peut le permettre la nature de tels biens (1), & le domaine n'en tire qu'un casuel, c'est-à-dire, des émolumens connus dans les greffes sous le nom de *droits du Roi.*

Il importe sans doute de connoître à quels caractères on peut s'assurer si un greffe est domanial ou casuel.

Pour y parvenir, il faut distinguer trois temps.

1°. Tous les offices de greffiers qui sont de la première création, c'est-à-dire, qui ont été créés avant le règne de Henri III;

_____

(1) Voyez ci-devant, §. 10.

foit par François premier (1), foit par
Charles IX (2), & qui ont été exercés par
des titulaires, font des offices cafuels.
C'eſt ce qui a été décidé pluſieurs fois
pour le greffe en chef de la prévôté de
Barſac, dans la généralité de Bordeaux :
provenant de l'ancienne création, il fut
levé comme vacant aux parties cafuelles
en 1610, & en conféquence il a été jugé
cafuel & non domanial, 1°. par arrêt du
conſeil du 2 juin 1620, 2°. par un autre
du 26 novembre 1622, 3°. par un jugement des commiſſaires députés pour la
revente des domaines, du 23 avril 1641,
4°. enfin, par arrêt du conſeil du 11 janvier 1689, qui maintient le titulaire de
ce greffe, pour en jouir ſuivant ſes proviſions, attendu que s'agiſſant d'un office
cafuel, il n'étoit point compris dans la
réunion au domaine qui avoit été précédemment ordonnée (3).

　2°. Henri III ordonna en 1580, que
les greffes feroient engagés à faculté de
rachat perpétuel ; tous les offices créés
depuis ce temps juſqu'à 1672, & qui ſub-
ſiſtent encore, comme n'ayant point été
réunis en rembourſant les engagiſtes, font
domaniaux, ſujets à vente & revente,
de même que les autres biens & droits
dépendans du domaine de la couronne.
C'eſt ce que l'auteur du dictionnaire des
domaines (4) prouve fort au long par
l'expoſé de toutes les lois portées ſur cette
matière dans l'intervalle dont il s'agit : &
c'eſt ce qui a été jugé par trois arrêts du
conſeil des 27 juillet 1728, 1 juin 1756
& 9 janvier 1758.

　Le premier, rendu ſur le dire de M.
Magneux, inſpecteur général du domaine,
en jugeant que le greffe de la maîtriſe des

eaux & forêts de Lyon, engagé en 1647,
étoit domanial, & que comme tel il
avoit été réuni au domaine par la deshérence du nommé Jacquet, mort en 1699;
a déclaré nulles & ſubreptices les proviſions que le ſieur le Blic en avoit obtenues
en 1725, lui a fait défenſes d'en exercer
aucune fonction, & l'a condamné à rendre
les jouiſſances qu'il en avoit eues, à la
déduction des deux ſous pour livre pour
ſes frais d'exercice ; ſauf à lui à ſe pourvoir ainſi qu'il appartiendroit, pour la
répétition des ſommes qu'il avoit payées
à raiſon de ce prétendu office.

　Le ſecond arrêt a été rendu dans l'eſpèce ſuivante.

　Le fermier ayant demandé à la dame
de Menars, le droit de centième denier
de ſon acquiſition des greffes du parlement
de Rouen & des bailliages de Vire & de
Falaiſe, elle a ſoutenu que ces greffes
n'étoient pas domaniaux. Condamnée au
payement du droit par ordonnances des
intendans de Rouen & d'Alençon, elle
s'eſt pourvue au conſeil, où il a été ordonné, le 5 juillet 1755, qu'elle rapporteroit les anciens titres de propriété
de ces greffes pour en connoître la nature.
Et comme il a été reconnu qu'ils avoient
été créés & aliénés en 1618, il eſt intervenu une déciſion du conſeil le premier
juin 1756, qui, en confirmant les ordonnances dont la dame de Menars étoit
appelante, a jugé qu'ils étoient vraiment
domaniaux.

　Le troiſième arrêt a été rendu pour le
même greffe que le premier. Le nommé
Beaufils, à qui il avoit été paſſé un bail,
en obtint des proviſions en 1755, ſur la
quittance du tréſorier des parties cafuelles;
mais par l'arrêt cité, il a été ordonné que
ces proviſions feroient rapportées, comme
nulles & non avenues ; le greffe a été
déclaré domanial, non cafuel & réuni au
domaine, conformément à l'arrêt de
1728 ; & ſur l'offre de Beaufils, il a été
ordonné, par grâce, qu'il lui en feroit
paſſé acte d'arrentement, moyennant une

_____

(1) Edit du 6 juillet 1521 ; déclaration du 22
juin 1543.

(2) Lettres-patentes en forme d'édit du mois
de ſeptembre 1571, pour les greffes des juridictions conſulaires.

(3) Dictionn. des dom. au mot *Greffes*, §. 1.

(4) *Loc. cit.*

redevance annuelle de 630 livres ; sauf à lui à retirer des mains du tréforier des parties cafuelles, la fomme qu'il lui avoit payée.

L'affertion confirmée par ces arrêts, que tous les offices de greffiers créés depuis 1580 jufqu'à 1672, font domaniaux, admet deux exceptions.

La première eft pour les greffiers en chef, civil & criminel du parlement de Dauphiné : leurs offices, créés en 1340, par le dauphin Humbert, avant que cette province fût unie à la couronne, ont toujours été cafuels & non domaniaux. C'eft ce qu'ont jugé trois arrêts du confeil des 24 feptembre 1600, 30 mars 1610, & premier juillet 1654 : la même chofe a été reconnue par lettres-patentes du mois de décembre 1689 ; & c'eft fur ce fondement qu'un arrêt du grand confeil du 12 avril 1714, a décidé que les fecrétaires du Roi n'étoient pas exempts des droits de greffe au parlement de Grenoble (1).

La deuxième exception eft pour les offices de greffiers des bureaux des finances, élections, greniers à fel, & corps de villes. Par édit du mois de décembre 1663, le Roi, entre autres chofes, révoqua les héréditéts de ces offices, & les déclara cafuels. En conféquence, il fut ordonné par arrêts du confeil des 29 février & premier août 1676, 20 mars 1677, & 26 février 1684, que ces offices ne pourroient être exercés qu'en vertu de provifions fcellées à la grande chancellerie, & que ceux dont les propriétaires étoient décédés depuis l'édit du mois de décembre 1663, fans avoir payé le droit annuel, ni aucune autre finance aux revenus cafuels, feroient taxés comme vacans & levés en la manière accoutumée.

3°. Tous les offices de greffiers créés depuis 1672 font purement cafuels. Il

y en a une difpofition expreffe dans l'édit du mois de mars 1673, concernant les greffes civils & criminels du parlement de Paris, & des cours, préfidiaux & autres juridictions royales de fon reffort.

C'eft auffi ce qu'a jugé pour la Bretagne, un arrêt du confeil du 21 feptembre 1755, dont l'efpèce eft rapportée dans le dictionnaire des domaines (1).

## §. XXXII. *Des droits de greffes.*

Dans la diftinction que nous venons de faire des offices domaniaux & des offices cafuels, il ne faut pas confondre les droits & émolumens des greffes, qui font toujours des droits véritablement domaniaux à tous égards. La portion qui en eft attribuée au titre, fuit à la vérité le titulaire de l'office, & quoique domaniale de fa nature, elle devient vacante lorfque l'office eft vacant, foit faute d'y avoir été pourvu, foit autrement : mais auffi-tôt cette partie reprend fa première nature, & le régiffeur des domaines jouit de la plénitude des droits, en faifant exercer le greffe jufqu'à ce qu'il y foit pourvu. Les autres parties des droits & émolumens, qui ne font point attribués au titre, reftent toujours dans la main du Roi, & font l'objet de ce qu'on appelle tantôt la ferme, tantôt la régie des greffes, qui fait partie de celle des domaines.

Ainfi, les droits & émolumens des greffes appartiennent aux titulaires des greffiers, & aux fermiers ou régiffeurs des domaines. On trouve dans le dictionnaire raifonné des domaines, & dans le répertoire univerfel de jurifprudence, tous les détails de la diftinction de ce qui appartient aux uns & aux autres, & de l'ordre qui doit être obfervé dans l'exercice & dans la régie des greffes, relativement aux intérêts du Roi & des greffiers.

(1) Dictionnaire des domaines, *loc. cit.* Brillon, au mot *Secrétaires du Roi,* n. 31.

(1) *Loc. cit.*

### §. XXXIII. *Des sergenteries.*

Les offices de sergens sont, comme ceux de greffiers, accessoires à l'administration de la justice, & ils sont de même qu'eux, en partie casuels & en partie domaniaux. Il n'y a point de règle fixe pour déterminer de laquelle de ces deux qualités est telle ou telle sergenterie ; ce n'est que par les titres particuliers à chacune qu'on peut en connoître la nature. Tout ce qu'on peut dire à cet égard de plus général, c'est que la Normandie, le ressort du parlement de Flandres & l'Artois, sont les provinces du royaume où les sergenteries domaniales sont les plus communes.

### §. XXXIV. *Des droits domaniaux qui ne dérivent ni de la souveraineté ni de la justice.*

*Et en premier lieu, des droits d'échange dans l'étendue des seigneuries particulières.*

Outre les droits attachés à la souveraineté ou à la justice, le domaine est encore grossi de plusieurs droits incorporels qui ne dépendent ni de l'une ni de l'autre, & qui pourroient être possédés par les particuliers.

Tels sont, dit le Febvre de la Planche (1), les droits d'échange dans les mouvances des seigneurs particuliers, les redevances imposées sur les maisons bâties hors des limites de la ville de Paris, & généralement toutes les redevances en grain, en argent ou autres prestations qui appartiennent au Roi. L'épier de Flandres est de cette dernière espèce.

Reprenons ces différens objets, en commençant par les droits d'échange.

Un édit du mois de mai 1645 y a donné lieu. Par cet édit, le Roi, pour prévenir les fraudes de ceux qui, pour éviter le payement des droits seigneuriaux établis par les coutumes, en cas de vente, déguisoient ces sortes de contrats sous l'apparence d'un échange, & à cet effet, simuloient des constitutions de rente qu'on feignoit de donner en échange, mais dont on ne manquoit pas de rembourser le principal peu de temps après, ordonna qu'à l'avenir tous les échanges d'héritages contre des rentes de quelque nature qu'elles fussent être, seroient sujets aux mêmes droits que les ventes faites en deniers, & que ces droits seroient perçus à son profit, même dans l'étendue des seigneuries particulières dont les seigneurs ne les auroient pas acquis de lui.

Cet édit n'ayant pas eu d'exécution, la disposition en fut renouvelée par une déclaration du 20 mars 1673 ; & elle fut étendue, dans la suite, par un édit du mois de février 1674, aux échanges d'héritages contre héritages.

En portant ces lois, le souverain n'a eu en vue que les coutumes où les seigneurs de fief n'ont pas pour les mutations par échange, les mêmes droits que pour les ventes. Ainsi, l'établissement qu'il a fait alors, n'a nullement nui aux droits que les seigneurs étoient fondés à prétendre auparavant.

Mais que doit-on décider, si ces droits sont, aux termes des coutumes qui les établissent, moindres que ceux dus pour les ventes ? Les édits & la déclaration citée doivent avoir lieu dans ces coutumes, mais seulement pour l'excédent des droits de vente sur ceux auxquels elles assujetissent les échanges, & le Roi n'y peut prétendre que cet excédent. C'est la disposition expresse de la déclaration du 1 mai 1696.

L'intention du Roi, après avoir remédié, par l'établissement des droits d'échange, aux fraudes qui se pratiquoient par des échanges simulés, a toujours été d'unir ces droits aux différens fiefs & seigneuries ; & si cet objet n'est pas eux

---

(1) *Dictionnaire des domaines*, liv. 10, chap. 10.

tièrement rempli, c'est que les seigneurs n'ont pas jugé à propos de profiter de la préférence qui leur a été accordée différentes fois pour les acquérir, ou du droit qu'on leur a donné d'en faire le retrait sur les particuliers qui pouvoient les avoir acquis.

En 1748 encore, par une déclaration du 20 mars, enregistrée au parlement de Paris le 23, le Roi accorda six mois aux engagistes & aux seigneurs particuliers pour acquérir ces droits ; sinon, ordonna qu'ils seroient vendus, pour être possédés par les acquéreurs comme fiefs mouvans du Roi, à cause du chef-lieu le plus prochain, avec le titre de *seigneurie,* & tous les droits qui en dépendent, même les droits honorifiques dans les églises, après les seigneurs.

On conçoit aisément, d'après tout ce qu'on vient de dire, que les droits d'échange ne sont réputés que très-improprement domaniaux. Ce sont plutôt des droits d'imposition. Aussi a-t-il été jugé par arrêt du conseil du 14 avril 1739, que les receveurs-généraux des domaines & bois n'avoient point droit de les recevoir, & que la recette en appartenoit au fermier du Roi.

Il faut cependant distinguer. L'arrêt qu'on vient de citer a été rendu à l'occasion de droits d'échange dus aux Roi pour biens situés dans les directes & mouvances des seigneurs, & la décision en est juste à cet égard. Mais il en seroit autrement des droits d'échange dus à cause de biens mouvans immédiatement du Roi : ceux-ci sont devenus entièrement domaniaux par la réunion qui en a été faite aux domaines dont dépendent les mouvances, & les receveurs - généraux des domaines & bois, avant la suppression de leurs offices, étoient fondés à en faire le recouvrement. Cette distinction est nommément établie par un arrêt du conseil du 13 octobre 1739.

§. XXXV. *Des redevances sur les maisons bâties hors des limites de Paris.*

On a toujours regardé l'aggrandissement excessif de la capitale comme dangereux pour elle-même, & nuisible aux provinces. Long-temps avant que Paris ne fût parvenu au point où il est aujourd'hui, les ordonnances avoient pris la précaution de défendre d'en augmenter les bâtimens. Celle du Roi Henri II, du mois de novembre 1548, défend de bâtir dans les fauxbourgs, à peine de confiscation du fonds & du bâtiment. Louis XIII renouvela cette défense par ses déclarations des 31 août 1627 & 27 juin 1633, & par un arrêt du conseil du 15 janvier 1698.

Mais ces lois ne furent pas respectées. Par une déclaration du 20 avril 1672, Louis XIV, en en renouvelant les dispositions pour l'avenir, confirma les propriétaires des bâtimens construits hors des limites qu'elles avoient fixées, à la charge de lui payer le dixième de la valeur des édifices & des clôtures, & une redevance annuelle de cinq sous pour chaque maison.

« Cette redevance, dit le Febvre de » la Planche, fait constamment partie » des droits incorporels qui composent » le domaine. »

§. XXXVI. *De l'épier de Flandres.*

On appelle *épier,* une redevance domaniale qui se lève en plusieurs endroits de la province de Flandres. Ce mot a été formé du latin *spica,* épi, parce que la redevance ainsi nommée consiste en grains.

L'épier se perçoit par des receveurs dont les emplois sont érigés en fiefs. Ces redevances sont présentement possédées en grande partie par des engagistes.

La coutume de la prévôté de Saint-Donat, dans la châtellenie de Berghes-Saint-Winock, contient sur cette matière

une difpofition qu'il eft à propos de remarquer. « Tous ceux, porte l'article 3
» de la rubrique 2, qui deviennent pro-
» priétaires par acquifition ou par fuc-
» ceffion de fonds d'héritages dans la
» prévôté, étant redevables à l'épier de
» Bergues, font tenus de venir au re-
» ceveur du même épier, & de faire
» enregiftrer lefdits fonds d'héritages fur
» fon livre, & les faire mettre fous leur
» nom dans les quarante jours après l'ac-
» quifition & clôture du partage, à peine
» de l'amende de trois livres parifis pour
» chaque partie. »

L'objet de cette difpofition eft de parer
à la difficulté qu'il y auroit de retrouver
les terres chargées de la redevance dont
nous parlons, fi l'on ne prenoit pas les
précautions qu'elle indique.

Ce fut dans les mêmes vues que les
archiducs Albert & Ifabelle rendirent le
placard du 13 juillet 1602, par lefquels
ils ordonnèrent aux receveurs de l'épier
de faire de nouveaux regiftres, & aux
redevables de fournir le dénombrement
des rentes par eux dues, leur permettant
d'hypothéquer fpécialement telles parties
de terres qu'ils jugeroient à propos, &
d'obliger généralement leurs perfonnes
ou leurs autres biens.

Le même placard ordonne que ces redevances feront payables folidairement
par l'hofman, où il y a hofmanie; &
où il n'y en a pas, par le chef de la communauté ou par les plus grands tenanciers, fauf leur recours contre leurs co-
détenteurs.

Une ordonnance rendue par M. de
Grainville, intendant de Flandres, le 3
novembre 1732, enjoint aux hofmans
de la châtellenie de Bergues, de rapporter entre les mains du receveur de
l'épier, les rôles des terres & des noms
des tenanciers, & aux greffiers de donner
une déclaration exacte des terres chargées de cette redevance.

L'épier eft auffi privilégié que les autres efpèces de biens domaniaux. C'eft
pourquoi l'article 55 du placard du 15
juillet 1602, l'affranchit expreffément de
la prefcription même immémoriale.

La connoiffance des conteftations qui
s'élèvent fur cette matière dans la partie
Françoife de la Flandres, appartient en
première inftance au bureau des finances
de Lille, & par appel au parlement de
Douai.

## DISTINCTION II.

*Des privilèges du domaine de la couronne ;
& des moyens établis pour le conferver.*

Les privilèges du domaine de la couronne fe rapportent ou à la préférence
due au Roi pour le recouvrement des
effets ou droits qui en dépendent, ou
aux juridictions dans lefquelles les caufes
qui le concernent doivent être traitées,
ou à la nature des actions qu'il peut intenter ou dont il eft exempt, ou aux
exceptions qu'il peut oppofer ou qu'il n'eft
pas tenu de fouffrir, ou enfin à fa confervation.

De ces cinq efpèces de privilèges, les
quatre premiers font l'objet du §. 2 de
la fection 8. Il ne nous refte donc plus
qu'à parler de la cinquième.

Les privilèges relatifs à la confervation du domaine, font de deux fortes.
Les uns font établis par des lois qu'on
regarde depuis long-temps comme fondamentales de l'état ; tels font l'inaliéna-
lité & l'imprefcriptibilité, fuites naturelles de la deftination à l'ufage du prince,
pour le bien public ; les autres font établis
fur les difpofitions d'ordonnances purement arbitraires.

### §. I *De l'inaliénabilité du domaine.*

« Il eft auffi néceffaire, dit Montef-
» quieu, qu'il y ait un domaine pour faire
» fubfifter

» fubfifter l'état, qu'il eft néceffaire qu'il
» y ait dans l'état des lois civiles qui rè-
» glent la difpofition des biens. Si donc
» on aliène le domaine, l'état fera forcé
» de faire un nouveau fonds par un autre
» domaine. Mais cet expédient renverfe
» encore le gouvernement politique,
» parce que, par la nature de la chofe,
» à chaque domaine qu'on établira, le
» fujet payera toujours plus, & le fouve-
» rain retirera toujours moins ; en un
» mot, le domaine eft néceffaire, & l'a-
» liénation ne l'eft pas. »

Ces raifons démontrent fort bien, les
inconvéniens qui réfultent de l'aliénation
des domaines ; mais des inconvéniens ne
peuvent jamais tenir lieu d'une loi expreffe ; ils ne peuvent que la provoquer,
& quand on la fait, ce n'eft que pour l'a-
venir.

Pour mettre un bien perpétuellement
hors du commerce, dit M. d'Aguelfeau,
il faut une loi, ou un ufage qui en tienne
lieu, ou une difpofition de l'homme autorifé par la loi.... Que l'on parcoure toutes les efpèces de biens qui font inaliénables, on n'en trouvera aucun qui ne foit
devenu tel, par l'un de ces trois moyens.

Cependant bien des auteurs ont foutenu que le domaine eft inaliénable par
fa nature ; leur doctrine eft vraie fans
doute, par rapport aux droits régaliens
qui conftituent la fouveraineté même, &
qui font néceffairement compris dans l'i-
dée d'une couronne ; mais nous la croyons
fauffe, relativement à ce qui n'eft domaine que par convention.

Il a été démontré ci-devant, diftinct.
1, art. 1, §. 5, que les biens acquis par
le Roi, font dès l'inftant unis au domaine & en prennent la nature : néanmoins il eft univerfellement reconnu
qu'ils ne deviennent inaliénables que lorfqu'il en a été compté pendant dix ans. L'i-
naliénabilité n'eft donc pas de l'effence
des biens domaniaux.

Il y a peu des biens affignés primitive-
ment au fifc de nos Rois, qui ne foient

aujourd'hui dans la main des particuliers.
Si l'on admet le fyftème de l'inaliénabilité par effence, ceux-ci n'en auront donc
qu'une propriété incertaine, & fujette à
révocation ? Il faudra donc ranger dans la
claffe des fimples engagiftes, tous les poffeffeurs d'héritages qu'on prouvera avoir
été inféodés par les defcendans de Clovis
ou de Charlemagne ? Mais qui ne feroit
révolté d'une propofition femblable ? Qui
ne trembleroit au fimple foupçon d'un
pareil renverfement de la fociété.

Quelle eft donc l'époque précife, à laquelle on doit faire remonter l'inaliénabilité du domaine ? C'eft ce qu'il n'eft pas
aifé de déterminer.

Il exifte plufieurs monumens des deux
premières races, qui atteftent l'opinion
où étoient dès-lors plufieurs perfonnages,
que le Roi ne pouvoit pas aliéner les biens
de fon fifc (1). Mais ce qui prouve invinciblement que cette opinion n'étoit ni
fondée fur aucune loi de l'état, ni confacrée par un ufage qui pût tenir lieu de
loi, c'eft qu'elle étoit perpétuellement
méprifée, & que rien n'eft plus fréquent
dans l'hiftoire de ces deux dynafties, que
de voir les Rois aliéner les terres de leur
fifc (2).

Deux magiftrats célèbres, M. de la
Guefle (3), & M. le Bret (4), fixent au
règne de Hugues-Capet, l'établiffement
de l'inaliénabilité du domaine. Mais fur
quoi fe fondent-ils ? On ne trouve ni
chartre, ni ordonnance qui puiffe donner
à leur conjecture un air de probabilité.

Loin de là, les premiers volumes du
recueil des ordonnances de la troifième
race, font remplis de chartres particulières de nos Rois, qui accordent à diffé-

---

(1) Voyez le répertoire de jurifprudence, art.
*Roi.*

(2) *Ibid.* art. *Inaliénabilité.*

(3) Remontr. pag. 131 & 133.

(4) Difcours prononcé lors de l'enregiftrement
de l'édit de 1607.

rentes villes & seigneuries, le privilège de ne pouvoir être aliénées & distraites du domaine. Si le domaine eût été en effet inaliénable, quel eût été l'objet de ces chartres & de ces privilèges ? Aussi les éditeurs de ces ordonnances disent-ils formellement (1), « que sous les deux » premières races de nos Rois, & même » sous les premiers Rois de la troisième » race, le domaine de la couronne n'é- » toit pas inaliénable. »

Ce qui confirme cette idée, c'est que les sermens faits par Philippe I, & par Louis VII à leur sacre (2), ne contien- nent pas un mot qui puisse insinuer qu'on les crut strictement obligés de conserver à leurs successeurs, tout le domaine que leur avoient transmis les Rois par qui le trône avoit été précédemment occupé.

Une autre preuve non moins frappante, c'est que la première ordonnance pour la révocation des aliénations de biens do- maniaux, ne fut portée qu'en 1318, par Philippe-le-Long. Encore est-il à remar- quer que ce prince ne révoqua pas indis- tinctement toutes les aliénations; mais seulement celles qui avoient été faites par Philippe-le-Bel son père, & par Louis- Hutin son frère, *comme ayant été désor-* *donnément faites, menées & traitées, & à* *cause de plusieurs grandes malices & fraudes* *qui commises ont été.*

Charles-le-Bel, en 1321, ordonna l'exé- cution de l'ordonnance de Philippe-le- Long son prédécesseur.

Sous le roi Jean, il parut deux ordon- nances, en 1358 & 1561 (3), par les- quelles furent révoquées toutes les alié- nations du domaine qui avoient été faites depuis Philippe-le-Bel. Les apanages des enfans de France & les dons faits à l'église furent seuls exceptés.

Pourquoi ces trois princes font-ils una- nimement remonter au règne de Phi- lippe-le-Bel, les révocations qu'ils or- donnent ? Cet accord ne seroit-il pas une preuve que l'auteur du *Fleta* n'a pas avancé un mensonge, lorsqu'il a dit qu'en 1279, c'est-à-dire, peu de temps avant que Philippe-le-Bel ne montât sur le trône, il se tint une assemblée solemnelle à Montpellier, où tous les princes chré- tiens convinrent par eux ou leurs ambas- sadeurs, que le domaine de leur cou- ronne seroit inaliénable ? --- Nous n'ap- puyerons pas sur cette conjecture, parce qu'elle nous mèneroit trop loin ; mais il semble que, vraie ou fausse, l'assertion de l'auteur du *Fleta*, qui écrivoit sous Phi- lippe-le-Bel, prouve toujours qu'on étoit dès-lors convaincu de l'inaliénabilité du domaine.

Ce qu'il y a du moins de bien constant, c'est qu'il ne se passa pas un demi-siècle après la mort de Philippe-le-Bel, sans que cette inaliénabilité fût universellement reconnue : elle l'étoit tellement sous Charles V, que le gouverneur du Dau- phiné voulut en profiter pour révoquer les aliénations qui avoient été faites par Humbert II, souverain de cette province. Mais le Roi les confirma par une ordon- nance du 22 mars 1367 (1).

Charles VI mit le sceau à la maxime de l'inaliénabilité. A l'exemple de son père, il fit serment lors de son sacre, en 1380, de ne point aliéner son do- maine (2), & porta plusieurs lois pour le conserver. Le 15 octobre 1460, il fit une ordonnance par laquelle il déclara nuls tous les dons qui seroient faits sur les biens domaniaux. En 1401, il or- donna, sur les remontrances des états généraux assemblés à Paris, que les terres du domaine royal, ne pourroient être

(1) Tom. 1, pag. 665.
(2) Voyez ci-devant, sect. 3, §. 1.
(3) Chopin, *de domanio,* lib. 2, tit. 14, n. 17 ; V. Daret, histoire de France, tom. 6, *in-12.*

(1) Brillon, dictionnaire des arrêts, au mot *Domaine*, n. 41.
(2) Dupuis, traité des droits du Roi, p. 301.

aliénées à perpétuité, ni même à temps (1).
Le 14 février de la même année, il fit
expédier des lettres-patentes, *contenant
loi, édit, & constitution pragmatique*, par
lesquelles il fut ordonné que de là en
avant il ne seroit fait aucun don, même
à vie, des terres, seigneuries, possessions,
rentes, revenus, justices, ni autres choses
appartenantes au domaine de la couronne
tant présent qu'à venir, à peine de nullité. Ces lettres-patentes furent enregistrées au parlement de Paris le 17 avril
1402, après avoir été jurées par le Roi,
les princes du sang, le connétable, le
chancelier, le parlement & la chambre
des comptes (2). Le 28 février 1402, il
parut une déclaration portant défenses de
vendre, aliéner ni échanger, soit en
propriété, soit en usufruit, aucun bien
du domaine de la couronne. Cette loi fut
enregistrée au parlement de Paris le 17
avril 1403 (3). Fontanon, tome 4, page
1310, en cite une autre du mois de mai
1413, par l'article 90 de laquelle Charles VI révoqua tous les dons du domaine
ci-devant faits, & ordonna qu'il n'en feroit fait aucun à l'avenir, pour quelque
cause & à quelque personne que ce fût, si
non pour apanage, & que si par inadvertance, importunité ou autrement, il en
étoit fait quelques-uns, ils seroient nuls
& de nulle valeur.

Sous Charles VII, Louis, duc de Savoie,
porta le 22 avril 1445, un édit par lequel, s'appuyant sur l'exemple des princes
voisins, & sur-tout du roi de France (4),
il défendit toute donation & aliénation
de ses domaines. Voilà bien la preuve

que l'inaliénabilité du domaine de la couronne de nos Rois étoit dès-lors considérée comme une maxime inviolable.

Charles VIII, par une déclaration du
22 septembre 1483, révoqua les *dons &
engagemens* du domaine de la couronne.
Le 27 novembre 1484, le même prince
donna des lettres-patentes, pour la réunion du domaine aliéné depuis la mort de
Charles VII.

François I donna, les 13 décembre
1517, 25 février 1519, juillet 1521, 13
avril 1529, 30 juin 1539 & 10 septembre
1543, six édits ou déclarations par lesquels
il annulla & révoqua toutes les aliénations
du domaine, autres que celles qui avoient
été faites pour fournir aux frais de la
guerre. Voici dans quels termes les principes de l'inaliénabilité sont rappelés par
l'avant dernière de ces lois : « Savoir fai-
» sons que nous, considérant notre do-
» maine & patrimoine de la couronne
» de France, (tant par la loi de notre
» royaume, constitutions de nos prédé-
» cesseurs, comme de disposition de
» droit civil & canonique, & par le ser-
» ment que nous & nos prédécesseurs
» avons fait, & ont accoutumé de faire
» les rois de France, en leur sacre), *être
» inaliénable par quelque espèce ou manière
» que ce soit*, directement ou indirecte-
» ment, par jouissance, possession, usur-
» pation, intention, détention, ou au-
» tre façon & manière de le vouloir ac-
» quérir, attendu que ledit domaine &
» patrimoine de notredite couronne *est
» réputé sacré, & ne peut tomber au com-
» merce des hommes ; ce* que nul de nos
» sujets ne peut & ne doit ignorer, & où
» il en voudroit prétendre cause d'igno-
» rance, seroit intolérable, attendu que
» *telle est la loi commune de notre
» royaume....* »

François II donna un édit semblable
le 18 août 1559. Après avoir exposé que
le domaine est *sacré & inaliénable*, &
que *les rois de France ont promis & juré de
le conserver en son entier*, il révoqua toutes

---

(1) Brillon, *loc. cit.* n. 29.

(2) Mémoires de la chambre des comptes,
coté E, fol. 110 ; Choppin, *de domanio*, lib. 6,
tit. 2, n. 9, & lib. 2, tit. 1, n. 4 ; histoire de
la maison de France, liv. 22, chap. 23.

(3) Brillon, *loc. cit.* n. 26.

(4) Exemplo freti nobis vicinorum regnantium,
& maximè serenissimi principis domini Francorum regis.

les donations, ventes, engagemens, & aliénations qui avoient pu être faites *des membres, portions & revenus du domaine de la couronne*, pour quelque cause que ce fût, à perpétuité, à vie, ou à temps. Il déclara qu'à l'avenir il n'en pourroit être fait aucune donation ou aliénation, à moins que ce ne fût pour les apanages des frères ou enfans du Roi, ou pour la constitution des dots & douaires des reines & filles de France. Enfin il excepta les ventes, aliénations & engagemens faits à prix d'argent pour subvenir aux frais des guerres, pourvu que les deniers en fussent réellement entrés dans les finances, & que toutes les formalités prescrites par les commissions & pouvoirs dépêchés pour ces ventes & aliénations, eussent été exactement observées.

En 1566, Charles IX rassembla dans son édit donné à Moulins, au mois de février, toutes les maximes établies jusqu'alors sur l'inaliénabilité du domaine. Voici le préambule de cette loi célèbre. « Comme à notre sacre, nous avons en- » tr'autres choses, promis & juré garder » & observer le domaine & patrimoine » royal de notre couronne, l'un des prin- » cipaux nerfs de notre état, & retirer » les portions & membres d'icelui qui » ont été aliénés, vrai moyen pour sou- » lager notre peuple, tant assiégé des ca- » lamités & troubles passés; & parce que » les règles & maximes anciennes de l'u- » nion & conservation de notre domaine, » sont à aucuns assez mal, & aux autres » peu connues, nous avons estimé très- » nécessaire de les faire recueillir & ré- » duire par articles, & iceux confirmer » généraux & irrévocables, afin que ci- » après personne n'en puisse douter. »

Louis XIV, par son édit du mois d'avril 1667, ordonna la réunion de tous les domaines aliénés, sans qu'ils pussent l'être de nouveau par la suite, pour quelque cause que ce pût être, sinon pour apanage des enfans de France.

L'édit de Louis XV du mois de juillet 1717, rapporté ci-devant, section 1, contient de la part de ce prince une reconnoissance formelle, que les lois fondamentales du royaume le mettent dans une heureuse impuissance d'aliéner le domaine de la couronne.

C'est ce que reconnoît aussi Louis XVI dans l'article 2, du premier de ses édits, cité plus haut, distinction 1, article 3, §. 8.

Tels sont les principaux titres qui établissent l'inaliénabilité du domaine. Parcourons maintenant les exceptions que reçoit cette maxime.

1°. On a déjà vu que l'édit du mois d'août 1559, celui du mois de février 1566 & celui du mois d'avril 1667, permettent d'aliéner pour les apanages des princes, fils de France, à la charge néanmoins de réversion à la couronne, en cas de décès sans hoirs mâles. Ces apanages étant des charges naturelles de l'état, il étoit de la prudence de la loi, d'ouvrir une voie pour les acquiter, & la plus convenable étoit d'admettre une exception à la règle qui interdit l'aliénation du domaine.

Disons mieux, l'apanage n'est pas même une aliénation proprement dite, & voici la preuve qu'en donne le savant annotateur de le Febvre de la Planche : « Le soin » de la subsistance des enfans puînés de » France, n'est-il pas au nombre des dé- » penses publiques? La loi de l'état est » tellement jalouse de tout ce qui peut » séparer la personne privée du prince, » d'avec la personne publique, dont elle » revêt celui qui monte sur le trône, » qu'elle n'admet à ce sujet, que ce que » les lois de la nature la forcent d'ad- » mettre. Ainsi elle ne reconnoît aucune » possession, aucune propriété privée. » L'union du prince au trône, est regar- » dée comme aussi étroite, & plus étroite » encore que celle de la femme au mari » qu'elle épouse. Toutes ses possessions » deviennent une dot qu'il apporte au » trône. Il n'a point de biens paraphér-

» naux ; mais réciproquement aussi, ses
» besoins sont les besoins de l'état,
» comme ceux de la femme, sont ceux
» du mari. Le premier de ces besoins, est
» ce desir ordonné par la nature elle-
» même, de pourvoir à la subsistance de
» ses enfans & de ses frères, suivant la
» grandeur du rang où la providence les
» a placés ; & indépendamment de l'in-
» térêt personnel du prince, disons en-
» core que ce desir est celui de l'état. La
» désignation de certains fonds pour sa-
» tisfaire à ces besoins, n'est donc point
» une aliénation : c'est une assignation de
» certains revenus, & une obligation re-
» lative à l'une des branches des dépenses
» publiques, conforme aux règles de la
» plus sage économie, suivant lesquelles
» jamais l'administration des finances ne
» sera stable & solide, que lorsque cha-
» que branche de dépenses aura son assi-
» gnation, avec assez d'abondance, pour
» que l'inégalité des temps & des cir-
» constances ne jette point les flots au-delà
» du rivage. ».

2°. L'édit de 1559, fait la même exception pour la dot des filles de France &
pour le douaire des reines, que pour les
apanages. Cette exception qui n'est pas
moins naturelle que la précédente, puisqu'elle a également pour objet des charges de l'état, subsiste quoiqu'elle ne soit
pas nommément rappelée dans les édits
de 1566 & de 1667. Mais, dit l'auteur
du dictionnaire des Domaines, à l'égard
de la dot, il ne faut pas entendre une
dot en immeubles cédés en propriété,
parce qu'il seroit contraire au bien de
l'état & à ses lois, que les terres & seigneuries du royaume, passassent dans là
possession des princes étrangers ; on peut
donc simplement, en cas de besoin, & en
vertu d'édits, déclarations ou lettres-patentes duement enregistrées, aliéner à
prix d'argent, mais à faculté de rachat
perpétuel des biens du domaine, pour
en être le prix employé au payement de la
dot des filles de France. Quant au douaire

des reines, voyez ci-après le chapitre
de la reine.

3°. M. Talon reconnoît dans son plaidoyer du 21 mars 1641 (1), que la nécessité de payer la rançon du Roi, peut
être une raison d'aliéner le domaine sans
retour.

On en trouve un exemple dans la personne de François I : les traités qui furent
faits alors, l'exécution qu'ils ont eue,
& la perte de la souveraineté des comtés
de Flandres & d'Artois, semblent justifier
la maxime de M. Talon. Cependant M.
l'avocat général Cappel soutint le contraire au parlement, à l'occasion du traité
de Madrid (2) ; & il fut appuyé par M.
de Selves, premier président (3).

A l'égard des aliénations faites pour
acquiter la rançon des princes du sang,
voyez ci-après N°. 6.

4°. L'édit de 1559 & celui de 1566,
permettent d'aliéner pour les nécessités de
la guerre, mais à la charge du rachat perpétuel. Ainsi ces aliénations ne sont proprement que des engagemens, & les
biens qui en sont l'objet ne peuvent être
censés distraits de la couronne, puisque
la faculté de les racheter subsiste toujours,
sans être sujette à aucune prescription.

5°. Les biens du domaine peuvent être
aliénés par échange, parce que l'échange
met entre les mains du prince, une représentation parfaite de l'objet aliéné.

C'est sur ce principe, que par arrêt du
conseil du 6 décembre 1710, le sieur de
Sauvan a été maintenu dans la propriété
incommutable des terres d'Aramont & de
Vallabregues, qu'il possédoit à titre d'é-
change fait en 1426, & confirmé purement & simplement en 1690, à la charge
d'une rente albergue de 300 livres (4).

_____

(1) Journal des audiences.
(2) Auberi, des droits du Roi sur l'Empire,
liv. 1, chap. 3.
(3) Hénault, abrégé chronolog. pag. 903,
édit. de 1756.
(4) Dictionnaire des domaines, au mot
*Échange.*

« La voie d'échange, dit l'annotateur » de le Fèbvre de la Planche, n'a jamais » été contredite en elle-même ; elle a été » seulement soumise à toutes les épreuves » qui pouvoient assurer que le titre d'é- » change étoit fidèle, & ne diminuoit » point la consistance du domaine. »

C'est par là que se concilie l'arrêt cité avec l'ordonnance de Charles VI, du 28 février 1402, dont on a parlé plus haut. Aussi l'édit du mois d'avril 1667 porte- t-il que le Roi pourra rentrer dans ses do- maines échangés, en rendant les autres biens & droits qui auront été cédés à sa majesté en contr'échange, lorsqu'elle aura souffert une lésion énorme, ou que l'éva- luation de ces domaines aura été faite sans les formalités requises, par fraude ou fic- tion, & contre les édits & déclarations relatifs à cette matière.

6°. Le domaine peut-il être aliéné pour récompense de services rendus à l'état ?

Sur cette question importante, écou- tons M. d'Aguésseau dans son mémoire sur la terre de Breval.

Pour la mettre dans tout son jour, « dit ce magistrat, il faut nécessairement » distinguer deux temps. Un premier » temps qui a précédé l'ordonnance faite » à Moulins en l'année 1566, sur le » domaine du Roi ; un deuxième temps » qui a suivi cette ordonnance.

» Dans le premier temps, on doutoit » encore si le domaine de la couronne » ne pourroit pas être valablement aliéné, » pour récompense de services impor- » tans rendus à l'état ; & quelque zèle » que le parlement ait toujours eu pour » la défense des lois qui ont été faites » pour la conservation du domaine du » Roi, il faut avouer néanmoins que » dans quelques circonstances singulières, » il a cru pouvoir se relâcher de la ri- » gueur de ces lois.

» C'est ainsi qu'il a jugé plusieurs fois » que des services militaires rendus par » des seigneurs étrangers, qui, sans aucun » autre engagement que celui de leur

affection pour la France, & par zèle » plutôt que par devoir, s'étoient con- » sacrés volontairement à la défense de » l'état, avoient pu recevoir une por- » tion du domaine de nos Rois, pour le » prix de leurs services, & que le prince » par-là avoit exercé à leur égard plutôt » un acte de justice qu'une véritable li- » béralité.

» C'est sur ce fondement que Jean » Stuard, par un arrêt du parlement, » fut maintenu dans la possession de la » terre d'Aubigny, qui avoit été donnée » à Jean Stuard son auteur, par Charles » VII, en l'année 1422, pour la récom- » pense des secours qu'il en avoit reçus » contre les Anglois.

» C'est encore sur ce principe, que la » jouissance de la terre de Concresault » fut laissée par plusieurs arrêts à ceux » qui l'avoient acquise des successeurs de » Berauld Stuard, jusqu'à ce que le » Roi lui eût fourni un autre fonds de » 2,000 livres de rente, que Charles VII » lui avoit promis en reconnoissance des » services que ce seigneur lui avoit rendus » contre les mêmes ennemis du royaume.

» Enfin, ce fut par la même raison » que les successeurs de Guillaume de » Rochefort, qui avoit perdu tous les » biens qu'il possédoit dans la Franche- » Comté, lieu de sa naissance, pour » passer du parti de Marie de Bourgogne » dans celui de Louis XI, obtinrent main- » levée des terres de Plaunot, Langeau » & Labergement, que ce Roi avoit » données à Guillaume de Rochefort, » soit pour récompenser les services de » ce seigneur, soit pour le dédommager » du grand sacrifice qu'il lui avoit fait » en abandonnant sa patrie.

Mais la même faveur, ou plutôt les » mêmes raisons de justice peuvent-elles » s'appliquer aux services rendus au Roi » par ses sujets ? Et ces services, quel- » que grands qu'ils soient, étant une suite » des engagemens de leur naissance, & » une dette, pour ainsi dire, dont ils

» s'acquitent envers leur patrie, peuvent-
» ils être récompensés aux dépens de
» l'état & sur le fond même du domaine
» de nos Rois? C'est une question beau-
» coup plus difficile que la première.

» On prétend néanmoins que cette
» question a été décidée contre le do-
» maine, par arrêt du 13 juillet 1553,
» rendu en faveur des héritiers de Pierre
» de Brezé. Mais dans quelles circonstan-
» ces & par quels motifs la donation con-
» firmée par cet arrêt avoit - elle été
» faite?

» En l'année 1444, Charles VII donna
» à Pierre de Brezé les terres de Breval,
» d'Anher, de Montchaumet & de No-
» gent-le-Roi. C'étoit dans un temps où
» la France commençant à sortir de la
» servitude, & n'ayant pas encore entiè-
» rement secoué le joug des Anglois, ne
» croyoit pas qu'on pût jamais assez ré-
» compenser les services de ceux qui,
» comme Pierre de Brezé, avoient été
» les instrumens de sa délivrance; & ce-
» pendant, on ne jugea pas alors, que
» pour assurer la concession que le Roi
» lui vouloit faire, il suffît de la fonder
» sur les services que ce seigneur avoit
» rendus à l'état; on crut qu'il falloit y
» joindre un autre motif pour affermir
» cette grâce, & l'on exposa au Roi que
» les terres dont Pierre de Brezé deman-
» doit le don, n'étoient presque d'aucune
» valeur.

» Tels furent les deux motifs sur les-
» quels le Roi Charles VII se détermina
» en faveur de Pierre de Brezé; & même
» le second motif, c'est-à-dire, le peu
» de valeur & le mauvais état des terres
» dont il demandoit la concession, fut
» le premier de ceux qu'on mit dans la
» bouche du Roi.

» Les lettres de don furent enregistrées
» au parlement; mais à condition qu'au
» défaut des descendans mâles du dona-
» taire, les biens donnés retourneroient
» à la couronne.

» Dans le siècle suivant, le procureur-

» général prétendit que ce don étoit nul.
» Il demanda la réunion des biens qui
» y étoient compris. La question que cette
» demande fit naître, fut d'abord par-
» tagée à la quatrième chambre des
» enquêtes, & le procès ayant été ren-
» voyé à la première, pour y être jugé
» avec un certain nombre de juges choisis
» par le Roi dans toutes les chambres
» du parlement, le partage fut vidé
» en l'année 1553, par un arrêt favora-
» ble à la maison de Brezé.

» Il est certain, d'après la teneur des
» lettres de don, que les juges ont fondé
» leur avis, ou sur le mauvais état des
» terres données, ou sur les services du
» donataire, ou peut-être sur tous les
» deux; mais ce qu'il y a de constant,
» c'est que quoique le mauvais état des
» terres données, se joignit en cette
» occasion à la faveur des services de
» Pierre de Brezé, la question parut néan-
» moins si douteuse & si difficile, que les
» suffrages des magistrats furent d'abord
» partagés entre la rigueur de la règle
» qui réclamoit contre cette donation,
» & les raisons d'équité qui sembloient
» la soutenir.

» Mais le doute qui donna lieu à ce
» partage, a été tellement éclairci par
» l'édit de 1566, que si dans le pre-
» mier temps, c'est-à-dire, dans celui
» qui a précédé cette loi, il y a eu quel-
» que incertitude sur ce point, il n'est
» plus permis de douter de la règle qu'on
» doit suivre dans le second temps.

» Après avoir supposé, comme toutes
» les anciennes ordonnances, que l'obli-
» gation de conserver le domaine de
» la couronne est renfermé dans le ser-
» ment que nos Rois font à leur sacre,
» cette loi établit d'abord un principe gé-
» néral qui tranche absolument la ques-
» tion de la validité des dons du do-
» maine, en décidant *que le domaine ne*
» *peut être aliéné qu'en deux cas seule-*
» *ment, l'un pour apanage des puînés mâles*
» *de la maison de France; l'autre pour*

» l'aliénation à deniers comptans pour la
» nécessité de la guerre.

» Elle donne ensuite une définition
» exacte de ce qui doit être regardé comme
» le véritable domaine de nos Rois, &
» après avoir marqué que c'est celui qui
» a été uni expressément ou tacitement
» à la couronne, elle ajoute, article 3,
» cette disposition remarquable pour les
» terres qui avoient été autrefois données
» par nos Rois : de pareille nature & con-
» dition sont les terres autrefois aliénées
» & transférées par nos prédécesseurs Rois,
» à la charge de retour à la couronne, en
» certaines conditions, de défaut de mâles
» ou autres semblables.

» L'article 17 du même édit confirme
» cette disposition, en déclarant que les
» terres domaniales ne se pourront do-
» rénavant aliéner pour inféodation à
» vie, à long-temps ou perpétuité, ou con-
» dition quelle que ce soit, ains se bail-
» leront à ferme à notre profit, comme
» nos autres terres & droits ; & afin qu'on
» ne put faire dans la suite aucune dif-
» tinction entre les terres dont le Roi
» étoit en possession, & celles qui avoient
» été aliénées à la charge du retour à
» la couronne ; le même article porte
» qu'il en sera usé de pareille façon,
» ès terres sujettes à retour à notre cou-
» ronne, & ce sans préjudice des inféoda-
» tions déjà faites, pour le regard desquelles
» enjoignons à nos procureurs s'enquérir
» bien & diligemment de la cause & forme,
» pour en faire telle poursuite que de raison.

» Ainsi, le Roi abandonne le passé à
» l'examen & à la recherche de la partie
» publique ; mais il règle lui-même l'ave-
» nir, & confondant toujours les terres
» sujettes à retour, avec les autres do-
» maines dont il jouissoit actuellement,
» il en défend absolument l'aliénation,
» même à titre d'inféodation à vie ou
» autrement.

» Enfin la volonté du prince est si forte
» & si inviolable sur ce point, que par
» le même édit, le Roi Charles IX

» défend à ses cours de parlemens &
» chambres des comptes, d'avoir aucun
» égard aux lettres-patentes contenant
» aliénation du domaine, à la réserve
» des cas exceptés dans l'article premier.

» L'ordonnance de Blois, en ce qui
» regarde le domaine, a été faite dans
» le même esprit que celle de 1566,
» puisque l'article 332 de cette loi con-
» tient une révocation expresse de tous
» les dons faits par le Roi Henri III & ses
» prédécesseurs des membres du domaine
» de la couronne, soit que lesdits dons
» aient été faits pour récompense, rému-
» nération de services ou autrement, en
» quelque manière, par quelque temps &
» à quelque personne que ce soit. On n'ex-
» cepte de cette disposition que les apa-
» nages, & les assignats faits tant pour
» le douaire des reines, que pour la dot
» des filles de France.

» Louis XIV a jugé à propos de con-
» firmer ces maximes, en ordonnant, par
» son édit du mois d'avril 1667, que
» les commissaires députés pour la réu-
» nion des domaines, & pour la liqui-
» dation de la finance des engagistes,
» n'auroient aucun égard aux dons & con-
» cessions desdits domaines, pour quelque
» cause & prétexte qu'ils aient été faits,
» & le Roi déclare qu'il révoque & an-
» nulle ces dons, conformément aux an-
» ciennes ordonnances. »

Voilà comme s'est expliqué M. d'Aguesseau dans le mémoire cité, sur la question
de savoir si le domaine peut être aliéné à
titre de donation rénumératoire. Joignons
aux maximes tracées par ce magistrat im-
mortel, les réflexions qu'a faites sur la
même matière M. Freteau, inspecteur-
général de la couronne, dans son mémoire contre l'évêque de Périgueux (1).

» Il est certain en général que le do-
» maine de la couronne est inaliénable,
» même à titre de don rénumératoire,

---

(1) Dictionn. des domaines, au mot Don.
» parce

» parce que les finances de l'état four-
» nissant au Roi de quoi satisfaire aux
» libéralités qu'il juge à propos d'exercer
» envers ceux qui ont bien mérité de
» lui, il ne doit point employer à cet
» usage, des fonds du domaine destinés
» pour toujours au soutien de la nation
» & de la puissance souveraine.

» Cependant, comme l'intérêt de l'état,
» qui est la cause de l'aliénation du do-
» maine, peut exiger dans certaines occa-
» sions, que pour animer d'autant plus
» les sujets à le bien servir, on leur ac-
» corde la jouissance de quelque portion
» du domaine public, on laisse subsister
» ces dons que les Rois en ont faits par
» un motif si légitime.

» Mais cela n'empêche pas que l'alié-
» nabilité du domaine ne soit perpé-
» tuellement un obstacle à ce que les
» donataires, ou du moins leurs ayant
» cause, puissent acquérir une possession
» incommutable de ces sortes de biens.

» Cela est si vrai que les dons du do-
» maine, quelque anciens qu'ils soient,
» ont toujours besoin de confirmation
» de règne en règne, & ces confirmations
» ne sont pas des actes qui affermissent
» pour toujours le don, & qui privent
» le Roi ou ses successeurs d'y rentrer :
» ce sont seulement des marques de la
» bonté & de la magnificence du sou-
» verain, qui veut bien suspendre &
» éloigner l'exercice d'un droit qui ne
» peut jamais être à couvert.

» Nos Rois ont accoutumé d'user de
» cette générosité, tant que la famille
» de celui qui a obtenu le don subsiste,
» & lorsqu'il est évident que le don a
» été accordé à des services réels &
» importans : mais, lorsque cette famille
» est éteinte, le Roi doit y rentrer né-
» cessairement, parce que cette récom-
» pense si extraordinaire & si distinguée
» est personnelle, & ne doit point pro-
» duire d'effet au-delà de la descen-
» dance du donataire.»

» C'est ce qui concilie plusieurs arrêts
» qui paroissent contraires, dont la plu-
» part ont fait rentrer le Roi dans des
» terres domaniales aliénées à titre de
» don ; & quelques autres ont maintenu
» des donataires, ou leurs héritiers : c'est
» aussi ce qui explique le motif des enre-
» gistremens que les cours ont fait de
» plusieurs dons du domaine.

» Elles se sont conformées au desir que
» nos Rois ont eu d'assurer la jouissance
» à quelques-uns de leurs sujets, de cer-
» tains fonds domaniaux, lorsque les ser-
» vices rendus étoient d'une grande im-
» portance ; lorsqu'elles ont cru que cette
» marque d'honneur étoit utile & né-
» cessaire, soit pour soutenir le zèle de
» ceux qui s'étoient distingués par des
» actions héroïques, soit pour piquer
» d'émulation les héritiers de leur sang
» ou les autres sujets du Roi ; mais les
» cours, en se rendant à des raisons si
» supérieures, n'ont pas perdu de vue que
» ces aliénations, quoique revêtues d'en-
» registrement, & plusieurs fois confir-
» mées, étoient néanmoins, par la na-
» ture des choses, toujours révocables
» à la volonté du souverain ; c'est pour-
» quoi elles se sont déterminées suivant
» les circonstances.

» Lorsque les héritiers de celui qui a
» mérité le bienfait, sont encore en
» possession de la chose donnée, comme
» le nom qu'ils portent, le sang qu'ils
» ont reçu, font revivre en leur personne
» & soutiennent dans les esprits la mé-
» moire des services récompensés, on
» juge que l'intention du souverain est
» de perpétuer en eux la grâce accordée
» à leur auteur, dont le motif est encore
» présent. Lorsque les temps, les révo-
» lutions ont fait passer dans des mains
» étrangères ou obscures ces portions pré-
» cieuses du domaine, & que la famille
» du donataire est éteinte, alors le motif
» de la grâce étant éclipsé & anéanti,
» on n'en soutient plus l'effet, & la por-
» tion du domaine, aliénée à titre de

» don est rappelée à la maffe dont elle
» avoit été détachée. »

Ces principes font juftifiés par le cé-
febre arrêt du 14 février 1682, rapporté
au journal du palais. Louis XI, par lettres-
patentes du mois d'octobre 1478, en
confidération des grands fervices rendus
à l'état par Philippe de Hohsberg, marquis de Rotelin & Brifgaw, maréchal de
Bourgogne, & de ce que pour garder
fa loyauté, & tenir le parti du Roi, il
avoit abandonné plufieurs de fes terres
& feigneuries, lui fit donation entre-vifs,
pure, fimple, & irrévocable, des terres
de Monbar & Sermoife, *pour en jouir
par lui, fes hoirs mâles & femelles defcendans d'eux, en faire & difpofer comme
de fa propre chofe & héritage, fous la charge
feulement des foi & hommages, reffort &
fouveraineté.* En 1613, le duc de Nemours
auquel la terre de Monbar avoit été affignée
par un partage fait en 1554, la vendit
au duc de Bellegarde; qui la céda en
1616, au baron de Termes fon frère. Le
13 mai 1638, elle fut adjugée par décret à M. Dupleffis, confeiller au parlement de Paris, & après la mort de
ce magiftrat, elle paffa au fieur Aubert,
fon légataire univerfel. Le fermier des
domaines la fit faifir fur celui-ci, & l'arrêt
cité a jugé qu'elle étoit réunie au domaine.

Cet arrêt, dit l'auteur du dictionnaire
des domaines, a décidé « que la terre
» de Monbar étant domaniale, n'avoit
» pu être donnée à perpétuité par Louis
» XI, & que, quoiqu'il l'eût donnée
» pour récompenfe de fervices & autres
» motifs confidérables, elle étoit réunie
» au domaine de la couronne, après l'ex-
» tinction de la famille des donataires. »

On feroit plus rigoureux encore, fi
l'on fuivoit ftrictement la déclaration de
François I, du 30 mai 1539. Cette loi
porte qu'après le décès de ceux qui pof-
sèdent des terres domaniales, en vertu
de dons qu'on leur a faits, ces mêmes
terres demeureront réunies au domaine,

& que les donations ne feront pas continuées à leurs enfans.

Voici une efpèce, que le parlement de
Paris vient de juger, & qui fe place naturellement ici.

La terre de Montreuil-Bonin, fituée
en Poitou, & l'une des principales châtellenies de ce comté, avoit été vendue en
1774, par le Marquis de Courtomer, au
fieur Forien, receveur des tailles de Poitiers. Celui-ci ayant fait banqueroute,
fes créanciers fe font emparés de fes
biens; la vente en a été annoncée par une
affiche publique, & la terre de Montreuil-Bonin a été comprife dans cette affiche, comme poffédée patrimoinalement
par le fieur Forien.

Monfeigneur comte d'Artois, en fa
qualité de prince apanagifte, s'eft d'abord
oppofé à ce qu'on vendît cette terre comme
patrimoniale. Il a foutenu qu'elle n'étoit
qu'un domaine engagé. Il a déclaré enfuite
qu'il entendoit en exercer le retrait domanial, & a offert d'en payer la finance,
fuivant l'évaluation qui en feroit faite
entre les parties.

Les créanciers ont défendu à ce retrait,
& mis en caufe le marquis de Courtomer
leur vendeur, qui avoit reçu 203,000 livres
en 1774, du fieur Forien, & avoit promis de rendre cette fomme, dans le cas
où fon acquéreur feroit troublé par le fait
du Roi, ou de ceux qui pourroient avoir
fes droits.

La caufe s'eft donc engagée entre toutes
les parties; & les principales queftions
agitées, ont été celles de favoir fi la terre
de Montreuil-Bonin étoit domaniale en
1423, & fi, en admettant qu'elle le fût
alors, elle avoit pu ceffer de l'être.

La difcuffion de ces deux points a été
précédée d'un hiftorique très-intéreffant.

Les Anglois avoient fait prifonnier en
1415, à la bataille d'Azincourt, le comte
d'Eu, prince du fang royal.

Laurent Vernon, gentilhomme Ecoffois, prit prifonnier à la bataille de Baugé,
donnée peu de temps après, le comte de

Sommerfet, prince de la maison d'Angleterre.

Charles VII, qui monta sur le trône en 1422, défira traiter en 1423, avec Laurent Vernon, de la rançon de son prisonnier, afin de l'échanger avec le comte d'Eu. Cette rançon fut fixée à 40,000 écus d'or ; & le Roi Charles VII convint, par des lettres-patentes expédiées à cet effet en 1423, qu'en payement des 15,000 écus, faisant partie de 40,000, il donneroit en pleine propriété, à Laurent Vernon, la terre de Montreuil-Bonin. Le surplus du prix devoit être payé en argent, & à des époques convenues.

L'état des finances de Charles VII, ne lui permettant pas de payer au mois de décembre 1423, 2000 écus d'or, qui étoient alors exigibles, il donna à Laurent Vernon, aussi en pleine propriété, une autre terre située en Poitou, & voisine de Montreuil-Bonin, pour demeurer quitte de ces 2000 écus d'or.

Les édits émanés de Charles VII, de Charles VIII, de François I, & de tous leurs successeurs rois de France relativement à la rentrée dans les domaines, ont mis les héritiers de Laurent Vernon dans le cas de solliciter des lettres de confirmation. Ils en ont obtenu de Charles VIII, en 1483 ; & de François I, en 1532 & 1543, pour les deux terres de Montreuil-Bonin & de Craffai ; mais il paroît que, dans le cours du seizième siècle, la terre de Craffai rentra dans la main du Roi, puisqu'il n'en est plus parlé dans les lettres de confirmation postérieures, & qu'elle fait constamment aujourd'hui partie du domaine de la couronne.

La terre de Montreuil-Bonin est passée des Vernon aux Lanoue, & des Lanoue aux Courtomer, qui l'ont possédée jusqu'en 1774, après avoir obtenu en 1612, en 1657 & 1762, des lettres de confirmation, qui ont été enregistrées au parlement. Les dernières portent même que la terre de Montreuil-Bonin n'est point domaniale, mais que le marquis de Courtomer la possède patrimonialement.

Le motif de l'aliénation, les lettres de confirmation, les lettres-patentes de 1657 & de 1762, & la longue possession des représentans Laurent Vernon, ont formé autant de bases de la défense du marquis de Courtomer, qui a pris le fait & cause des créanciers Forien.

Monseigneur comte d'Artois a soutenu que la terre de Montreuil-Bonin, étoit originairement un domaine de la couronne, & qu'elle n'avoit pu cesser de l'être, d'après la loi inviolable de l'inaliénabilité du domaine.

Il paroît certain par les monumens de l'histoire, que les comtes de Poitou faisoient anciennement leur séjour de plaisance à Montreuil-Bonin. Les Rois y ont eu pendant long-temps un établissement pour faire frapper leurs monnoies. Il est prouvé qu'il y avoit en 1415, un château fort & une garnison. Les bois de cette terre portent encore aujourd'hui le nom de *bois du Roi*.

En 1377, elle étoit dans la main du connétable du Guesclin, qui la vendit à Jean, duc de Berry, oncle de Charles VI. Ce prince étant mort sans postérité, Charles VI la trouva dans sa succession, & dès ce moment elle devint domaniale. Charles VI la donna avec le Poitou en 1416, à titre d'apanage, à Jean, dauphin de Viennois, son fils aîné. Celui-ci étant mort dans la même année, elle revint au Roi en vertu du droit de réversion des apanages à la couronne, par le décès sans hoirs mâles des princes apanagistes. Charles VI la donna une seconde fois, à titre d'apanage, à Charles son fils puîné, qui en jouit jusqu'en 1422, époque à laquelle il monta sur le trône sous le nom de Charles VII. La terre de Montreuil-Bonin se réunit alors de plein droit à la couronne : elle étoit donc bien certainement domaniale en 1423.

Restoit à savoir, si elle n'avoit pas cessé de l'être. Le marquis de Courtomer prétendoit que le domaine de la couronne, pouvoit être aliéné, pour récompenser des étrangers qui étoient venus au secours de la France dans des temps difficiles; qu'il pouvoit l'être pour la rançon des princes du sang.

On a soutenu de la part de monseigneur comte d'Artois, que les lettres de 1423, ne prouvoient point que la terre de Montreuil-Bonin eût été donnée à titre de récompense, à Laurent Vernon, qu'elle ne l'avoit pas été non plus pour la rançon du comte de Sommerset, mais en payement d'une partie du prix auquel cette rançon avoit été fixée; que ces lettres, en supposant qu'elles ne fussent pas suffisamment claires, étoient expliquées par toutes celles qui les avoient suivies, & prouvoient que Laurent Vernon n'avoit fixé la rançon du comte de Sommerset qu'à 40000 écus d'or.

On a cité ensuite les ordonnances des rois Charles-le-Bel, Jean, & Charles V, celles de Charles VI, de 1409; de François I, de 1539; de Charles IX, de 1566, & notamment l'ordonnance de Blois, qui révoque les aliénations du domaine, faites même pour cause de récompense de services, & en faveur de quelque personne que ce puisse être.

On a cité aussi ceux des articles de l'ordonnance, où les Rois ont déclaré nulles toutes lettres dérogatoires qui pourroient leur être surprises à l'avenir, a défendu à ses cours de les enregistrer, & d'y avoir aucun égard.

Enfin on a conclu que la terre de Montreuil-Bonin étoit encore domaniale aujourd'hui, nonobstant toutes les lettres de confirmation, lettres-patentes & arrêts d'enregistrement, que le marquis de Courtomer avoit pu obtenir.

La plaidoirie a été terminée par des offres dignes de la générosité de monseigneur comte d'Artois. Me de Bonnieres, défenseur de ce prince, a offert par son ordre, & uniquement en considération des services du marquis de Courto-

mer & de ceux de ses ancêtres, de lui rendre les 203,000 livres, dont les créanciers du sieur Forien lui demandoient la restitution.

M. l'avocat général Séguier, qui a porté la parole dans cette cause importante, après avoir rappelé succinctement les faits, a développé les principes applicables à la cause, avec cette énergie qui l'a placé depuis long-temps au rang des plus grands orateurs; il a regardé comme une chose constante, que la terre de Montreuil-Bonin étoit domaniale à l'époque de 1423; que Charles VII n'avoit pu l'aliéner qu'avec la condition de la racheter quand lui ou ses successeurs Rois le jugeroient à propos. Il a principalement insisté sur ce que cette terre n'étoit plus dans les mains du marquis de Courtomer, & a conclu enfin, à ce qu'en donnant acte à monseigneur comte d'Artois de ses offres, on lui adjugeât le retrait domanial de la terre de Montreuil-Bonin.

L'arrêt qui est intervenu à l'instant même, le vendredi 25 juin 1784, a adopté les conclusions de M. l'avocat-général; & monseigneur comte d'Artois a été envoyé en possession de la terre de Montreuil-Bonin, qui, par là, a été jugée domaniale (1).

_____

(1) *Voici les termes de l'arrêt.*

« Après que de Bonnieres, avocat de M. le » comte d'Artois; Hochereau, avocat des créan- » ciers Forien, &c.; Hardoin, avocat du mar- » quis de Courtomer, ont été ouis pendant cinq » audiences; ensemble Séguier, pour notre pro- » cureur général.

» Notredite cour donne acte à la partie de » de Bonnieres, de ce que, par considération » des services de la partie de Hardoin & de » ceux de ses ancêtres, elle offre de lui rendre » & rembourser dans le jour les 203,000 liv. que » la partie de Hardoin a reçues pour le prix » de la terre de Montreuil-Bonin, & est tenue » de garantir aux parties de Hochereau; donne » pareillement acte à la partie de de Bonnieres » de l'acceptation desdites offres; comme aussi » lui donne acte de la dénonciation qu'elle en » fait aux parties de Hochereau, & de son con-

Nous difons qu'elle a été *jugée doma-niale*, & outre que cela réfulte affez du récit que nous venons de faire, c'eft ce qu'a démontré parfaitement M. de Bon-nières lui-même, dans une lettre du 5 octobre 1784, à l'auteur de la gazette des tribunaux, qui avoit avancé le contraire à la page 52 du tome 18 de fes feuilles (1).

7°. Il y a des biens domaniaux, qui par leur nature, font exceptés de la rigueur de l'inaliénabilité.

---

» fentement de leur remettre ladite fomme » offerte; donne également acte aux parties de » Hochereau, des déclarations, confentemens, » réferves & reftrictions, contenus dans leur » requête du 23 juin préfent mois; en confé-» quence, faifant droit fur la demande en retrait » domanial formée par la partie de de Bonnières, » ordonne que les fyndic & directeurs des créan-» ciers de Jean-Elie Forien feront tenus, fui-» vant leurs offres, de remettre à la partie de » de Bonnières la terre & châtellenie de Mon-» treuil-Bonin, en recevant lefdites parties de » Hochereau, à diftraire les meubles & effets » mobiliers, placés dans ladite terre; comme » auffi à la charge par la partie de de Bonnières, » d'entretenir le bail général, fi mieux n'aime » indemnifer le fermier; en conféquence, renvoie » la partie de Hardoin de la demande en garantie » contre elle formée, tous dépens entre les » parties compenfés. »

(1) Vous annoncez dans le n°. 30, ( dit M. de Bonnières), qu'il s'eft gliffé une erreur dans le n°. 24; qu'elle confifte en ce que, parlant de la terre de Montreuil-Bonin, vous aviez dit qu'elle avoit été jugée domaniale. « Nous aurions dû » dire, ajoutez-vous, que la cour n'a rien dé-» cidé; les offres par monfeigneur comte » d'Artois, & acceptées par le marquis de Cour-» tomer, & les créanciers Forien ayant fait » ceffer toute conteftation entre les parties, fans » que la cour ait eu à ftatuer fur la queftion de » la domanialité. »

Il me femble que vous avez été trop prompt à vous rétracter, & qu'il ne s'étoit gliffé aucune erreur dans le récit que contient le n°. 24 de vos feuilles.

Monfeigneur comte d'Artois a formé une demande en retrait domanial de la terre de Mon-treuil-Bonin. Cette demande a été portée direc-tement à la grand'chambre : les créanciers Forien & le marquis de Courtomer y ont défendu; ils ont foutenu que monfeigneur comte d'Artois étoit non-recevable & mal fondé dans cette de-mande.

Monfeigneur comte d'Artois a fait demander acte à l'audience de ce que par confidération des

fervices du marquis de Courtomer, & de ceux de fes ancêtres, il offroit de lui rendre & rem-bourfer les 203,000 liv. qu'il avoit reçues en 1774 pour le prix de fa terre, & a perfifté à demander que le retrait domanial, qu'il avoit exercé fur les créanciers du fieur Forien, lui fût adjugé. Ces offres ont été acceptées; & la cour, faifant droit fur la demande en retrait domanial formée par monfeigneur comte d'Artois, or-donne que les fyndic & directeurs des créanciers du fieur Forien, feront tenus, fuivant leurs offres, de remettre à monfeigneur comte d'Artois la terre & châtellenie de Montreuil-Bonin.

Ce font ces offres faites par monfeigneur comte d'Artois, acceptées par le marquis de Cour-tomer & les créanciers Forien, qui vous ont fait dire, fans doute, *que la cour n'avoit point ftatué fur la queftion de domanialité;* mais vous auriez penfé tout autrement, fi vous euffiez fait attention que monfeigneur comte d'Artois n'a point offert aux créanciers Forien, propriétaires de la terre de Montreuil-Bonin, la valeur actuelle de cette terre, qu'il a feulement offert au marquis de Courtomer, vendeur en 1774, le prix qu'il en avoit retiré alors. Ses offres ont eu pour motif les fervices perfonnels du marquis de Courtomer & ceux de fes ancêtres. On ne peut donc pas dire que monfeigneur comte d'Artois ait défin-térefié les créanciers; mais qu'en exerçant une action jufte, il n'a pas voulu laiffer un gentil-homme, qui a bien mérité de la patrie, expofé à des demandes en garantie. Ainfi la queftion de la validité du retrait fubfiftoit dans fon entier.

Les offres qu'en pareil cas peuvent faire les parties, ne fauroient influer fur le jugement de la cour. L'ordre public eft intéreffé à ce que l'état des terres, qui font partie de la glèbe du royaume, ne foit pas incertain ; & MM. les avocats généraux, qui portent toujours la parole dans ces fortes de caufes, s'oppoferoient avec raifon à ce qu'on obtînt, à l'aide de femblables offres, un arrêt qui jugeât domaniale une terre qu'il ne le feroit pas. M. l'avocat général Séguier a été entendu dans celle-ci pendant plus de deux heures. Le barreau a admiré l'ordre de fes idées, la force de fa difcuffion, l'éloquence de fon dif-cours; il a rappelé les principes de la domania-lité; il a fait voir que la terre de Montreuil-Bonin avoit été dans tous les temps un domaine de la couronne; il a conclu à ce que le retrait domanial, exercé au nom de monfeigneur comte d'Artois, lui, fût adjugé. C'eft d'après fes con-clufions, que la cour a rendu l'arrêt dont vous

Tels font d'abord tous ceux qui n'ont été incorporés au domaine, ni par l'une ni par l'autre des voies qu'a prescrites l'article 2 de l'édit du mois de février 1566 (1).

Tels sont encore les meubles de la couronne, même après que les conditions dont on a parlé ci-devant, distinction 1, article 2, y a imprimé le caractère des biens domaniaux.

Remarquons la différence qu'il y a entre ces deux exceptions. La première est absolue ; tous les biens qu'elle comprend peuvent être aliénés sans nécessité, sans cause, & par la seule raison que telle est la volonté du Roi.

La seconde est plus limitée. Pour assurer l'effet d'une vente de meubles appartenans à la couronne, « dit M. d'Aguesseau (2), il faut en employer le prix, & cela sur le fondement du principe qui les répute domaniaux. Les biens de cette nature, ne peuvent être aliénés ou engagés que pour la nécessité de l'état, c'est-à-dire, pour soutenir la guerre, ou pour acquiter les dettes que la guerre a fait contracter ; ainsi le prix des meubles qui seront vendus, doit être employé à payer quelqu'une des dettes de cette espèce. »

On diroit en vain, continue M. d'Aguesseau, « que dans le cas même de la nécessité de l'état, le domaine du Roi ne peut être engagé qu'avec faculté

de rachat perpétuel, & non pas aliéné incommutablement. La nature des effets qu'il s'agit de vendre, n'admet pas cette règle rigoureuse ; ce sont des meubles qui dépérissent & qui se consument par l'usage ; le Roi y perdroit, s'il vouloit les retirer après un certain temps. Ainsi on peut dire que ce sont des biens dont l'usage consiste dans l'abus, & pourvu que la couronne en profite véritablement, en se libérant d'une partie de ses dettes, on croit que l'aliénation perpétuelle en sera solide & durable, même auprès des plus rigides défenseurs des maximes du domaine. »

Enfin, on a trouvé convenable & même avantageux à l'état, de regarder comme permise l'aliénation à titre d'accensement ou d'inféodation & de propriété incommutable, de certains petits domaines dont l'exploitation est dispendieuse & le revenu modique.

Ainsi Charles VI, par son ordonnance de 1408, permit aux gens des comptes de donner à cens ou à rentes, à temps, à vie, ou à perpétuité, les parties de domaines qu'il ne seroit pas convenable au Roi de posséder, comme échoppes, boutiques, &c.

Charles IX, par un édit donné à Moulins en février 1566, ordonna, attendu l'utilité & la nécessité de mettre en culture & labeur *les terres vaines & vagues, prés, palus & marais vacans,* appartenans au Roi, qu'il en seroit fait aliénation à perpétuité, à cens, rentes, & deniers d'entrée modérés, sans que ces aliénations pussent être dans la suite révoquées pour quelque cause & occasion que ce fût. Cet édit a été enregistré au parlement de Paris le 27 mai suivant, « à la charge que lesdites terres ne pourront être baillées qu'à cens, portant lods, ventes, défauts & amendes, quand le cas y écherra, selon les coutumes des lieux ; & à rentes perpétuelles & non rachetables, sans que les preneurs puissent donner aucun

avez rappelé les dispositions ; elle ordonne, faisant droit sur la demande en retrait domanial, formée par monseigneur comte d'Artois, que les syndic & directeur des créanciers Forien seront tenus, suivant leurs offres, de remettre la terre de Montreuil-Bonin. Ces offres sont un hommage qu'ils ont rendu aux principes ; & en acceptant celles qui étoient faites au marquis de Courtomer seulement, ils n'ont point rendu passif le ministère du parlement, qui restoit juge de la domanialité, & qui l'a décidée en faveur de monseigneur comte d'Artois.

(1) Voyez ci-devant, distinct. 1, art. 1, §. 1.

(2) Mémoires sur la vente des meubles de la couronne.

» deniers d'entrée, pour quelque raison
» ou cause que ce soit, sur peine de
» payer le quadruple & de perdition de
» la chose, laquelle, en ce cas, la cour
» déclare dès-à-présent réunie à la cou-
» ronne (1). »

Louis XIV a porté plusieurs lois semblables à celles dont on vient de parler.
La déclaration du 8 avril 1672, est une
des principales. Elle ordonne qu'il sera
procédé à la vente à perpétuité, par inféodation & deniers d'entrée ; jusqu'à
400,000 livres de revenus des petits domaines mélangés avec les biens des particuliers ; des justices & seigneuries des paroisses sans domaines, des terres vaines
& vagues, communes, landes, bruyères,
marais, étangs, boqueteaux séparés des
forêts, droits de tiers & danger sur les
bois de Normandie, fours, boutiques,
échoppes, halles, passages, péages ; &c,
avec tous les droits honorifiques & utiles
en dépendans, à la charge de les tenir
de la couronne en plein fief, en rendre
foi & hommage, & payer une redevance
annuelle.

L'arrêt du conseil du 29 décembre
1683, ordonne que les moulins, fours,
pressoirs, étangs & autres édifices dépendans des domaines, qui sont sujets à réparations, seront publiés, vendus & aliénés
à titre de propriété incommutable & à
perpétuité, sous la charge d'une redevance annuelle proportionnée au prix des
baux, & aux dépenses nécessaires pour les
contenir en bon état.

L'exécution de cet arrêt a été ordonnée
par un autre du 23 juillet 1686.

L'édit du mois de mars 1695, ordonne
qu'il sera procédé à la vente à perpétuité
de tous les petits domaines restant entre
les mains du Roi, de la nature de ceux
dont l'aliénation a été ordonnée par la
déclaration du 8 avril 1672 ; ensemble

(1) Dictionnaire des domaines, au mot *Domaine.*

de toutes les places des anciens fossés &
remparts des villes du royaume qui restent
à aliéner.

La déclaration du 27 septembre 1707,
porte que les acquéreurs de tous ces différens objets ne sont pas assujetis à la nécessité de faire enregistrer leurs titres par
les conservateurs des domaines aliénés.
Il est donc décidé que ces objets ne sont
plus regardés comme faisant partie du
domaine.

Il faut cependant remarquer que parmi
les biens compris dans les lois dont on
vient de parler, il s'en trouve qui, ne
pouvant pas être considérés comme *petits
domaines*, n'ont pu être aliénés de la manière prescrite par cette loi, & doivent
par conséquent encore être réputés domaniaux. C'est à ce sujet, & relativement
aux aliénations ordonnées par Henri IV
en 1591 & 1592, que M. Gibert, inspecteur général des domaines, s'exprimoit
ainsi dans un de ses *dires* : « Personne
» n'ignore aujourd'hui que ces disposi-
» tions, que les malheurs publics avoient
» produites, n'ont pu imprimer un seul
» instant à ces domaines le caractère
» *d'une parfaite expropriation* ; que le Roi
» peut toujours y rentrer avec justice, &
» que ces prétendues aliénations à per-
» pétuité ne sont regardées que comme
» de simples engagemens. »

Quels sont donc les biens qu'on appelle
proprement *petits domaines*, & qui peuvent, comme tels, être aliénés à titre de
propriété incommutable ? « Ce sont, dit
» M. d'Aguesseau dans sa première requête
» sur la mouvance du fief des Londes,
» des biens dont on ne peut jouir qu'en
» les aliénant, & pour se servir ici des
» expressions du droit civil, *quorum usus
» in abusu consistit* ; entre les mains du
» Roi les charges en consomment le
» revenu ; ainsi le Roi perd en voulant les
» garder, & il profite au contraire en les
» aliénant, parce que les seigneurs voi-
» sins de ces sortes de domaines ayant
» des raisons de convenance, d'honneur

» & de commodité qui les portent à les
» acquérir, en donnent au Roi souvent
» plus que leur véritable valeur, & une
» valeur exempte de toutes les charges
» qui en absorboient auparavant le
» revenu. »

L'édit du mois de mai 1708, justifie cette définition. Il porte qu'on doit entendre par *petits domaines*, & conséquemment regarder comme aliénables à perpétuité, les moulins, fours, pressoirs, halles, maisons, boutiques, échoppes, places à étaler, places vaines & vagues, communes, landes, bruyères, pâtis, palus, marais, étangs, boqueteaux séparés des forêts, bacs, bateaux, péages, travers, ponts, passages, droits de minage, mesurages, aunages, poids, greffes, tabellionages, prés, isles, islots, crémens, attérissemens, accroissemens, droits sur les rivières navigables, leurs fonds, lits, bords, quais & marchepieds, les bras, courans, eaux mortes & canaux; les places qui ont servi aux fossés, murs, remparts & fortifications, tant anciennes que nouvelles de toutes les villes du royaume.

8°. Il n'est point douteux que les domaines situés dans les provinces unies ou réunies à la couronne, n'aient été dès l'instant de l'union ou de la réunion, frappés de la loi qui déclare inaliénable le patrimoine de la couronne. Mais en est-il de même de ceux que les souverains de ces provinces avoient aliénés précédemment, & peut-on, sous ce prétexte, en révoquer les aliénations ?

Il faut distinguer si ces provinces avoient antérieurement à leur union à la couronne, des lois qui défendoient à leurs souverains d'aliéner le domaine qu'ils possédoient, ou non.

Au premier cas, il est clair que les aliénations peuvent être révoquées, au moins jusqu'à l'époque des lois qui les avoient interdites. Ainsi, dans le Bugey qui a été cédé à la France en 1601, la recherche des domaines aliénés par les ducs de Savoie peut être poussée jusqu'au 22 avril 1445, date d'un édit dont on a parlé ci-dessus.

Au second cas, les aliénations faites avant la réunion, ne peuvent en recevoir aucune atteinte. « On conçoit sans
» peine, dit M. Henrion de Pensey (1),
» quelles injustices & quel désordre en-
» traîneroit la proposition contraire. Si
» ces aliénations remontent à des épo-
» ques où il n'existoit aucune loi qui y
» fît obstacle, la foi publique en ga-
» rantit pleinement l'exécution : les pro-
» priétaires seroient trompés, les familles
» seroient troublées par des recours infi-
» nis, l'ordre public seroit renversé, si
» une loi postérieure pouvoit autoriser
» de semblables recherches. »

Les autorités les plus précises justifient cette doctrine.

En 1652, au mois de décembre, il parut un édit qui ordonna en autres choses, la revente des domaines dépendans de la couronne de Navarre. Cette loi fut modifiée par une restriction conçue en ces termes : « A la réserve seulement des
» aliénations à perpétuité, faites par le
» feu Roi Henri-le-Grand, nôtre très-
» honoré seigneur & aïeul, avant son
» avènement à notre couronne de Na-
» varre. »

En 1666, le 5 octobre, il intervint au conseil un arrêt par lequel le Roi annonçoit vouloir rentrer dans les domaines aliénés par les anciens comtes de Provence. La noblesse de ce pays y forma opposition; & après un mûr examen, il fut rendu le 15 juin 1663, arrêt qui « Maintint tous les aliénataires dont les
» titres étoient antérieurs à l'union du
» comté de Provence à la couronne, sans
» que sa majesté ni ses successeurs pussent
» prétendre y rentrer, ni avoir droit d'y
» rentrer. »

La Franche-Comté offre trois jugemens

(1) Répertoire de jurisprudence, au mot *Inaliénabilité.*

semblables,

femblables. L'un, rendu en 1724 en faveur de la ville d'Arbois; l'autre obtenu par le marquis de Beaufremont pour la feigneurie de Faucogney; & le troifième, rendu le 28 feptembre 1728, pour toute la province (1).

Le 7 mai 1748, il eft intervenu un femblable arrêt du confeil pour le Dauphiné. Il s'agiffoit de la terre de Saint-Maurice-en-Tiers, qui avoit été aliénée par les anciens dauphins de cette province. On a vu ci-devant que Charles V avoit décidé la même chofe par fon ordonnance du 22 mars 1367.

Même arrêt en juillet 1779, entre l'infpecteur-général du domaine, & M. le maréchal prince de Soubife. Il étoit queftion de la baronie d'Avaujour & de la châtellenie de Cliffon, inféodées en 1480 & 1481, par François II, duc de Bretagne, à François de Bretagne fon fils naturel. Ces deux terres étoient parvenues par fucceffion à M. le prince de Soubife. L'infpecteur du domaine prétendoit que le décès de Henri-François de Bretagne, baron d'Avaujour & feigneur de Cliffon, qui eft arrivé le 2 feptembre 1746, fans qu'il eut laiffé d'enfans ni de defcendans mâles de fa maifon, avoit opéré le retour de ces terres à la couronne, nonobftant l'exiftence des defcendans des filles. Mais par l'arrêt cité, rendu à la grande direction, M. le prince de Soubife a été maintenu dans fa propriété (2).

La queftion étoit déjà préjugée par un arrêt du 2 juillet 1568, qui, en ordonnant la révocation de tous les domaines fitués en Bretagne, avoit formellement excepté ceux dont l'aliénation avoit précédé l'union de cette province à la couronne (3).

§. II. *De l'imprefcriptibilité du domaine.*

Chez les Romains, le fifc n'étoit pas foumis à l'*ufucapion* (1), c'eft-à-dire, à la prefcription de dix ou vingt ans; mais on pouvoit prefcrire contre lui par quarante ans (2); terme qui, fuivant Cujas, fur la loi 5, C. *de præfcript. 30 vel 40 annor.*, fut par la fuite prorogé à cent ans.

En France, il eft de maxime qu'on ne prefcrit pas contre le Roi. Mais comment cette maxime s'eft-elle établie? C'eft ce qu'il faut examiner.

Laiffer prefcrire, c'eft aliéner, dit la loi 28, D. *de verborum fignificatione.* Ainfi, les biens qui font hors du commerce, ne font point paffibles de prefcription.

De-là, il réfulte que le privilège d'imprefcriptibilité dérive, par rapport au Roi, de deux fources différentes.

Relativement à ces droits éminens qui font attachés à la fouveraineté, & qui ne peuvent jamais appartenir à un fujet, il eft fondé fur la nature même des chofes, & il n'a fallu aucune loi pour l'établir. Comme il n'y a eu aucun temps où ces droits aient pu être aliénés, il n'y a auffi eu aucun temps où ils aient été prefcriptibles. « La plus longue poffeffion, en ce » cas, dit le Febvre de la Planche (3), » ne prouve qu'une plus longue durée » d'un abus qui ne peut ni produire de » titre en faveur d'un poffeffeur, ni di- » minuer le droit du fouverain. »

A l'égard de ce qui n'eft domaine que par convention, le privilège d'imprefcriptibilité eft de pur droit pofitif. De même qu'il a fallu une loi pour rendre ce domaine inaliénable, il en a fallu pareillement une pour le rendre imprefcriptible.

Difons mieux. L'imprefcriptibilité a dû être en cette matière la fuite & la conféquence de l'inaliénabilité. Auffi, dans

---

(1) Dunod, traité des prefcript. part. 3, ch. 5.
(2) Répert. de jurifprud. *loc. cit.*
(3) Dictionnaire des domaines, au mot *Domaines.*

Tome I.

(1) §. 9, inft. *de ufucapionibus.*
(2) L. 4, C. *de præfcript. 30 vel 40 annor.*
(3) Liv. 12, chap. 7, n. 6.

V v

un temps où les lois s'étoient bornées à parler de celle-ci & gardoient le silence sur celle-là, voyons-nous Louis XI soutenir , contre le duc de Bretagne qui avoit usurpé plusieurs droits domaniaux, & qui prétendoit les conserver sur le fondement de sa possession, que le domaine ne pouvoit être prescrit par quelque temps que ce pût être.

Enfin, la déclaration du 30 juin 1539 assura bien solemnellement cette maxime. Elle décida qu'on ne devoit avoir aucun égard à la longueur de la possession des particuliers dans le jugement des causes qui concernoient le domaine, quand même elle excéderoit l'espace de cent années.

Cependant, une déclaration de Henri II, du 15 janvier 1555, rendue en faveur des habitans du Dauphiné, & enregistrée au parlement de Grenoble le 14 août 1556, sembla donner atteinte à cette maxime.

Ces habitans se plaignirent au Roi Henri II, que, quoique suivant les dispositions du droit écrit, observé dans leur province, la prescription centenaire garantit tout possesseur, même des poursuites du fisc; cependant, à l'occasion de la recherche de son domaine, on inquiétoit ceux même qui devoient être en sûreté après un espace de temps aussi considérable.

Sur ces plaintes, Henri II déclara « son » vouloir & intention avoir été & être » que telles contentions & procès soient » jugés & terminés selon le droit , & » ainsi que par ci-devant a été accoutumé.»

Quoique cette déclaration n'eût eu en vue que la seule province de Dauphiné , elle a cependant donné lieu à plusieurs auteurs de soutenir, en thèse générale, que la prescription centenaire mettoit le possesseur du domaine en sûreté (1). L'un d'eux a même ajouté que la disposition qui se trouvoit au contraire dans la décla-

ration du 30 juin 1539, n'étoit suivie ni dans les tribunaux ni dans les consultations (1).

Mais l'opinion de ces auteurs, contredite d'abord par M. le Bret, liv. 3 , chap. 2 , & par plusieurs autres écrivains distingués, a été nettement proscrite dans l'article premier de l'édit de 1667.

Est-il donc bien vrai que la possession la plus longue, celle même qui est affermie par plusieurs siècles, soit impuissante pour garantir de l'éviction, le détenteur d'un bien qu'on prouvera avoir été autrefois dans le domaine ? Il n'y auroit là-dessus aucun doute, si la maxime de l'inaliénabilité ne souffroit point d'exceptions ; mais on a vu plus haut qu'elle en admet plusieurs ; & dès-lors, comment concevoir que la possession soit absolument sans effet dans cette matière ? Mes pères ont acquis, dans le quinzième siècle , un de ces *petits domaines*, dont l'ordonnance de Charles VI de 1408 , avoit ordonné l'aliénation; en serois-je dépossédé, parce que le titre de leur acquisition a été dévoré par le temps ? Ils ont, pour se prêter à la convenance du monarque ou à l'intérêt de l'état, consenti d'échanger un bien qui leur étoit propre, contre un bien domanial: viendra-t-on m'enlever celui-ci, parce que j'aurai perdu le titre de l'échange ?

Il y auroit à cela bien de la dureté, disons même de l'injustice. Et ne croyons pas que la déclaration de 1539 ni l'édit de 1667 puissent favoriser l'une ou l'autre. Non. Ces lois écartent bien la prescription centenaire, mais elles n'affoiblissent nullement cette présomption de propriété qui résulte de la possession immémoriale.

Ecoutons là-dessus un écrivain dont le suffrage ne peut pas être suspect aux défenseurs des droits de la couronne , M. Lorry, inspecteur général du domaine, dans ses notes sur le Febvre de la Planche, liv. 9 , chap. 7 : après avoir laissé dire à

---

(1) Loysel, *institutions coutumières*, titre de la prescription , n. 16 ; Chopin, *de domanio*, n. 3 ; Rebuffe sur la déclaration de 1539; d'Argentré , art. 266,

(1) Bacquet , *du droit de deshérence*, chap. 7, n. 7.

son auteur que les jurisconsultes sont partagés sur la question de savoir si la prescription centenaire a lieu contre le domaine, & que les déclarations de 1539 & de 1555 paroissent se contrarier sur ce point, il ajoute : « Toute la difficulté » de cette question ; qui, comme on le » voit, divise les jurisconsultes & les » magistrats entre eux, &, pour ainsi » dire, le législateur avec lui-même, » suivant nous, consiste dans la manière » de la présenter. Il y a d'abord un point » convenu, suivant ce qui a été dit ci- » dessus, savoir que le domaine est im- » prescriptible, comme il est inaliénable : » ainsi, s'il s'agit de prescription, toute » prescription est exclue, même la pres- » cription centenaire. Mais cela n'em- » pêche pas qu'on ne puisse demander si » celui qui possède d'une manière paisible, » depuis cent ans, sans pouvoir rendre » compte du titre de sa possession, ne » sera pas en sûreté ; même contre les » gens du Roi, malgré les indications » que ceux-ci pourront fournir, que, » dans une époque antérieure, l'héritage » a été dans le domaine. Qu'il évite sur- » tout dans sa défense le nom de *prescrip-* » *tion* ; qu'il ne réclame pas la loi civile, » elle est impuissante, mais qu'il ré- » clame la loi de justice naturelle, » suivant laquelle il n'y a plus rien de » stable entre les hommes, si on récuse » le témoignage de plusieurs générations » qui se sont succédées ; qu'il dise qu'une » possession qui remonte à cette anti- » quité, fait partie des mœurs de la » nation, & fait une loi souveraine sur » l'état respectif des parties ; qu'il résolve » toutes les objections par lesquelles on » pourra lui indiquer un vice dans le » commencement de sa possession ; qu'il » mette en thèse qu'on ne peut relever » contre lui aucune trace d'usurpation, » car la tradition des siècles ne consacre » pas l'abus. Qu'il dise, j'ai possédé, je » possède : les nuages qu'on élève sur ma » possession ne sont que des inquiétudes :

» ce sont mes pères qui ont formé ma » possession : la justice en a été jugée » avec eux. A moins que les gens du » Roi ne justifient une usurpation, on » mettra hors de cour sur leur demande, » & toutes les lois seront exécutées. C'est » la force de la possession qui est propriété » à l'égard de tout autre que celui qui » vérifie une propriété qui n'a point reçu » d'atteinte. La justice l'exige ainsi, » puisque dans les ténèbres des temps » anciens, on ne peut trouver que des » lumières éteintes, c'est-à-dire, les té- » nèbres mêmes, & qu'il n'y a de lumières » vivantes, que celles qu'un siècle » transmet à l'autre. »

A cette doctrine, aussi sage que pré- cise, on n'opposera pas sans doute l'arrêt rendu dans le seizième siècle, entre l'évêque de Clermont & la reine Cathe- rine de Médicis : car tout ce que juge cet arrêt, c'est que quand le titre de la possession est vicieux, il ne peut être validé au préjudice du domaine par aucun laps de temps. En effet, il étoit bien prouvé que les évêques de Clermont étoient depuis plusieurs siècles en posses- sion de la seigneurie de la ville de Cler- mont même ; mais aussi on produisoit le titre originaire de cette possession, qui étoit un acte par lequel cette seigneurie avoit été donnée en garde à un évêque de Clermont.

Revenons à la prescription proprement dite. Nous avons parlé de la déclaration donnée par Henri II pour le Dauphiné, le 15 janvier 1555. C'est une question si cette loi soumet vraiment les biens do- maniaux situés dans cette province à la prescription centenaire.

M. le Febvre de la Planche soutient la négative, par deux raisons ; la première, que la déclaration de Henri II « ne fait » aucune mention du fonds du domaine » ; la seconde, « qu'elle ne déroge point à » l'ordonnance de 1539. »

Pour apprécier ces deux raisons, exa- minons le texte même de la loi dont il

s'agit. Elle est conçue en ces termes :
« Henri, par la grâce de Dieu, roi de
» France, dauphin de Viennois, comte
» de Valentinois & Diois : A nos amés
» & féaux conseillers les gens tenant
» notre parlement de Dauphiné, salut
» & dilection. Pour qu'au moyen de ce
» que nos avocats & procureurs en no-
» tredite cour ont puis aucun temps mis
» en fait prescription centenaire ne de-
» voir avoir lieu ès droits, choses &
» matières esquelles aurions intérêt, &
» que par tel fait, ordonnance ou loi
» nouvelle, nos bien amés les gens des
» trois états de notre pays de Dauphiné
» se sentiroient grandement grevés, &
» que sur ce, se pourroient mouvoir
» plusieurs différens & débats; voulant
» y obvier, nous avons déclaré & décla-
» rons notre vouloir & intention avoir
» été & être que telles contentions &
» procès seroient jugés, décidés & ter-
» minés selon le droit, & ainsi que par
» ci-devant a été accoutumé. Voulant &
» vous mandant que notre présente dé-
» claration, vouloir & intention vous
» observiez, gardiez & entreteniez,
» fassiez observer, garder & entretenir
» de point en point selon sa forme &
» teneur, cessant & faisant cesser tous
» troubles & empêchemens au contraire;
» car tel est notre plaisir. Donné à Blois
» le quinzième jour de janvier, l'an de
» grâce mil cinq cents cinquante-cinq,
» & de notre règne le neuvième.
» *Signé*, Par le Roi-Dauphin, en son
» conseil.
» Après que lecture a été faite, des
» lettres-patentes du Roi, contenant dé-
» claration sur prescription centenaire.
» La cour ordonne que sur le repli
» desdites lettres, sera mis, lûes, pu-
» bliées & enregistrées, ce requérant, le
» procureur des états de ce pays, & à ce
» consentant le procureur-général du Roi,
» sauf le cas occurrent de restitution en
» entier, être pourvu par la cour comme
» elle verra être à faire par raison. Fait

» à Grenoble en parlement, le quator-
» zième d'août l'an mil cinq cent cin-
» quante-six. »

Tels sont les termes de la déclaration
de 1555, & de l'arrêt qui l'a enregistrée.

On y voit, 1°. qu'elle a pour objet tous
les *droits, choses & matières* où le Roi
peut avoir intérêt; ce qui très-certainement enveloppe aussi bien le fond du
domaine que ses accessoires.

2°. Qu'elle n'a été portée que parce que
les gens des trois états du Dauphiné *se
sentoient grandement grevés* par *une ordonnance ou loi nouvelle*, qui ne pouvoit être
que la déclaration du 30 juin 1539.

3°. Qu'elle admet nommément la
prescription centenaire, c'est-à-dire, une
prescription qui est sans objet par rapport
au domaine casuel, à l'égard duquel la
prescription de trente ans est universellement reconnue avoir lieu, comme on le
verra dans l'instant.

4°. Que le parlement de Grenoble l'a
tellement regardée comme frappant sur
le fond même du domaine, qu'il a cru
devoir la modifier en l'enregistrant, par
une clause qui réserve au Roi la faculté
de se faire restituer en entier, *le cas
occurrent*, contre la prescription centenaire.

Il est donc clair, plus clair que le jour,
que cette déclaration assujettit réellement
à la prescription de cent ans le fond
même des biens domaniaux; & ce qui
rend la chose encore plus évidente, c'est
que le parlement de Grenoble l'a toujours ainsi jugé.

Le 28 juillet 1626, cette cour rejeta
dans une cause domaniale, l'exception
qu'on fondoit sur la prescription centenaire; mais la déclaration de 1555 n'a-
voit pas été alléguée au procès; il n'y avoit
été question que de celle de 1539, à
laquelle on ignoroit alors qu'il eût été
dérogé (1).

_____
(1) Expilly, ch. 217; Salvaing, liv. 1, ch. 14.

« Depuis cet arrêt, dit M. de Salvaing,
» on a trouvé dans les registres la décla-
» ration du roi Henri II, du 15 janvier
» 1555.... de sorte que la même question
» ayant été traitée au parlement entre
» Jean Guy, fermier des droits du Roi
» dans la terre de Vif, appelant de la
» sentence du vibailli de Gresivaudan,
» portant déboutement de sa demande
» par fins de non-recevoir, fondées sur
» prescription centenaire, d'une part, &
» N. Jacques Armand, seigneur de
» Gresse, intimé d'autre, il y eut arrêt
» de l'avis des chambres le 27 août 1654,
» aux termes suivans :

» La cour, de l'avis des chambres, a
» mis l'appellation a néant sans amende;
» ordonne que ce dont a été appelé sor-
» tira son plein & entier effet : a renvoyé
» la cause & parties au juge duquel est
» appel, pour mettre la sentence à exé-
» cution, ainsi qu'il verra à faire, dépens
» de l'instance d'appel compensés : or-
» donne aussi que la déclaration du roi
» Henri II, donnée à Blois le 15 de jan-
» vier 1555, concernant la prescription
» centenaire, vérifiée le 14 d'août 1556,
» sera suivie & exécutée selon sa forme
» & teneur ; & à ces fins de nouveau
» publiée en l'audience. Fait à Grenoble
» en parlement, le 27 août 1654. »

Basset, liv. 2, tit. 29, chap. 18, dit
que la même chose a été jugée à la chambre
de l'édit, au rapport de M. de Bardon-
nanche le 15 février 1657, « étant à
» observer, ajoute-t-il, que cette ordon-
» nance de Henri II étoit inconnue à M.
» Expilly. »

Nous faisions entendre tout-à-l'heure
que la prescription a lieu sans difficulté
contre le Roi, lorsqu'elle ne touche point
au fonds du domaine. Ainsi nul doute
que les droits casuels dus à sa majesté,
tels que les profits de fief, les confiscations, les aubaines, les bâtardises, ne
soient prescriptibles par le même délai
que celui que les coutumes fixent aux sei-

gneurs pour le recouvrement des droits
semblables qui leur appartiennent.

Il faut néanmoins observer que si le
nouveau possesseur n'a pas fait ensaisiner son titre par les préposés à la recette
des domaines, il ne pourra opposer
aucune prescription pour les profits de
fiefs résultans de la mutation non-ensai-
sinée. C'est la disposition de l'édit du
mois de mai 1710, & il a été ainsi jugé
par sentence de la chambre du domaine
de Paris du 2 septembre 1750 (1).

Une autre exception non moins remarquable, est qu'il n'y a point de prescription
contre les droits d'insinuation & de centième denier, ni contre les amendes &
peines encourues par ceux qui ont fraudé
ces droits. C'est ce que porte un arrêt du
conseil du 28 mars 1719, rendu en forme
de réglement. La même chose a été décidée le 18 mars 1725, sur la question
proposée par M. l'intendant de Besançon,
au sujet d'anciennes contraventions. Il y
a une infinité d'autres décisions semblables (2).

On ne doit pas non plus regarder comme
prescriptible, l'indemnité due au Roi par les
gens de main-morte pour les biens qu'ils
acquièrent dans les mouvances, censives
& justices de sa majesté, parce que ce
n'est pas un droit casuel ; mais le prix de
l'aliénation d'une portion du domaine.
Aussi l'article 5 de la déclaration du 21
novembre 1724, porte-t-il, que « les
» gens de main morte n'en pourront ac-
» quérir aucune prescription, par quelque
» temps que ce soit. »

Rien n'empêcheroit cependant la main-
morte de prescrire les arrérages de la rente
qu'elle auroit constituée pour le payement
de l'indemnité ; l'imprescriptibilité ne
frappe que sur le fond du droit.

Il en est de même du droit de nouvel

---

(1) *Dictionnaire des domaines*, au mot *Ensaisinement*, n. 11.

(2) *Ibid.* au mot *Prescription*, n. 3.

acquêt. Un arrêt du conseil du 21 décembre 1723, a décidé, contre les états d'Artois, que le fond de ce droit étoit imprescriptible, & que les communautés de cette province y étoient assujetties, quoiqu'elles ne l'eussent jamais payé (1).

L'imprescriptibilité n'étant par rapport au domaine, qu'une suite de l'inaliénabilité, il est clair que les biens & les droits domaniaux qui peuvent être aliénés, peuvent également être prescrits.

Ainsi, point de doute que les petits domaines ne soient prescriptibles; il peut y avoir des lois particulieres qui en exceptent quelques-uns de cette règle; mais elle subsiste toujours pour le général.

Il faut dire la même chose des biens que le Roi a acquis, mais qui n'ont été incorporés ni expressément ni tacitement, au domaine de la couronne.

Dans tous les cas où l'on prescrit contre le Roi, la prescription court même durant le bas-âge de sa majesté, parce que gouvernant son royaume par l'avis des princes & des personnes éclairées qui composent son conseil, elle a pour veiller à ses intérêts autant de ressources en minorité, que si elle étoit majeure. C'est ce qu'a soutenu Cynus sur la loi *res publica*, C. *exquibus causis majores*, & il en a été ainsi jugé par arrêt du 4 mai 1551 (2).

§. III. *Des autres moyens que les ordonnances ont établis pour la conservation du domaine de la couronne.*

Pour assurer la conservation du domaine de la couronne, on a pris différentes précautions en différens temps. C'est ainsi que par arrêt du 29 septembre 1684, il a été ordonné que les fermiers, sous-fermiers, engagistes & autres possesseurs du domaine remet-

troient leurs baux, sous-baux, registres & états de recette en détail, au greffe ou bureau des finances de chaque généralité.

A ces précautions, on a ajouté celle de faire ensaisiner tous les titres translatifs de propriété des héritages situés dans la directe du Roi, & même de les faire contrôler avant l'ensaisinement, par des officiers établis expressément pour cela. On peut voir là-dessus l'article 5 de l'édit du mois de décembre 1701, l'arrêt du 22 décembre 1705, & l'édit du mois de décembre 1727.

### SECTION XVII.

*Quels sont en général les droits du Roi dans son royaume considéré comme une assemblée de chrétiens.*

Si l'instant de la mort étoit le terme de notre existence, si nous n'avions point d'autre vie à espérer, le Roi ne seroit que le chef d'un état civil, & en parcourant, ainsi qu'on vient de le faire, le cercle des droits qui lui appartiennent en cette qualité, nous aurions rempli tout notre objet.

Mais l'homme est appelé à une autre patrie qu'il doit connoître & mériter; cette patrie toute spirituelle, c'est le sein même de Dieu. Nos âmes seules sont, en attendant la résurrection, capables du bonheur qui nous y est promis; les sens charnels n'y ont aucune part; nous ne pouvons donc la connoître que par la foi & par le raisonnement; & la persuasion, jointe à la grâce divine, sont les seuls véhicules par lesquels nous puissions être portés vers la route qui y conduit.

Pour nous faciliter cette route, Dieu a établi une société toute différente de celle dont on a parlé jusqu'ici. Ce sont les fidèles qui la composent. Il a voulu qu'ils missent leurs œuvres & leurs prieres en commun, afin qu'il en appliquât les mé-

(1) Jurisprudence du conseil, sur les amortissemens, pag. 657.

(2) Lucius, pag. 768; Dupuis, traité de la majorité des Rois, tom. 1, pag. 400.

rites aux particuliers à proportion du besoin de chacun.

Mais chacun a, humainement parlant,
la liberté de ne pas prier & de ne pas
faire de bonnes œuvres, & cette liberté ne
peut être contrainte par aucune puissance
créée, parce que les esprits ne sont, par
leur nature, subordonnés qu'à l'action
immédiate de Dieu, ou à la raison dont
il les a doués, quand ils la veulent prendre pour guide. C'est pour la déterminer
cette raison, & faire pencher la liberté de
son côté, que Dieu a institué dans la société chrétienne, des ministres auxquels
il a donné le pouvoir d'enseigner les vérités qu'il a daigné révéler, de travailler
à persuader les peuples de la réalité de ces
vérités, & de la nécessité de pratiquer
les bonnes œuvres qu'il a prescrites. Tels
sont la matière & l'objet du ministère
ecclésiastique.

Ainsi, tandis que la puissance civile ne
tend qu'à la conservation du bon ordre
dans la vie présente, la puissance spirituelle s'occupe de l'éternité. L'une est bornée à la police extérieure, & tout son
objet est de maintenir les citoyens dans la
paix & la tranquillité. L'autre pénètre
jusques dans les cœurs, & cherche à y
faire régner la justice & la vertu.

Voyons quels rapports ces deux puissances ont entre elles.

Le Roi a deux qualités dans l'église,
parce que l'église elle-même doit être
considérée à son égard sous deux faces
différentes, c'est-à-dire, comme un corps
mystique, & comme un société extérieure.

On la considère comme un corps mystique & sacré, par relation au fils de Dieu
dont elle est l'épouse, suivant le langage
des pères. On la considère comme une
société extérieure, ou, si l'on veut, comme
un corps politique, par rapport à l'état
dans lequel elle existe.

Sous le premier aspect, le Roi est enfant de l'église, & rien de plus. Simple
membre de la république chrétienne, il

est soumis, comme le dernier de ses sujets, aux lois qui la gouvernent ; car l'é-
glise n'a point de maître, point de monarque ; & personne de ceux qui vivent
dans son sein, n'est affranchi de ses lois.

Mais sous le deuxième point de vue,
l'église est assujettie à la puissance royale.
Comme il n'est pas possible qu'elle agisse,
qu'elle commande ou qu'elle punisse,
sans causer un mouvement quelconque
au dehors, il faut aussi qu'en tout cela
elle reconnoisse l'autorité de celui que le
souverain Être a préposé au maintien
de l'ordre extérieur. Dieu a voulu que
l'homme fût aussi heureux dans ce monde
que sa condition & sa destination le
comportoient : par là, il a nécessairement soumis à la manutention de la puissance temporelle, tout ce qui pouvoit
donner la plus légère atteinte à ce bonheur. Ainsi le mouvement que donne le
prince temporel au ressort qui est dans sa
main, ne doit trouver aucune résistance,
& doit faire sentir à la fois ses effets bien-
faisans dans toutes les parties de la machine politique.

Cette vérité n'est pas fondée seulement
sur la raison, & sur la justice humaine ;
elle a été consacrée par les fondateurs de
la religion chrétienne qui en ont fait un
précepte. Saint Paul écrit aux Romains (1),
« que toute personne soit soumise aux
» puissances extérieures ; car il n'y a point
» de puissance qui ne vienne de Dieu,
» & c'est lui qui a établi toutes celles qui
» sont *sur la terre*. Celui donc qui s'op-
» pose aux puissances, s'oppose à l'ordre
» dont Dieu est l'auteur ; & ceux qui s'y
» opposent attirent sur eux-mêmes une
» *juste* condamnation. Car les princes ne
» sont point à craindre, lorsqu'on ne fait
» que de bonnes actions, mais seulement
» lorsqu'on en fait de mauvaises. Voulez-
» vous ne point craindre celui qui a la
» puissance, faites bien, & il vous don-
» nera *même* des louanges. Car il est

_____

(1) Ad Rom. XIII, cap. & seqq.

» miniftre de Dieu pour votre bien ; mais
» fi vous faites mal, vous aurez fujet de
» craindre ; car ce n'eſt pas inutilement
» qu'il a le glaive en main, & qu'il eſt le
» miniſtre de Dieu, pour exercer ſa ven-
» geance, en puniſſant celui qui fait de
» mauvaiſes actions. Il eſt donc néceſſaire
» de vous y ſoumettre, non-ſeulement
» par la crainte du châtiment, mais auſſi
» par *un devoir* de conſcience. C'eſt pour
» cette raiſon que vous payez le tribut
» *aux princes*, parce qu'ils ſont les miniſ-
» tres de Dieu, toujours appliqués aux
» fonctions de leur emploi : rendez donc
» à chacun ce qui lui eſt dû ; le tribut, à
» qui *vous devez* le tribut ; les impôts, à
» qui *vous devez* les impôts ; la crainte, à
» qui *vous devez* de la crainte ; l'honneur,
» à qui *vous devez* de l'honneur. »

S. Pierre tient à-peu-près le même langage (1) ; « ſoyez ſoumis pour l'amour de
» Dieu, dit-il, à tout homme qui a du
» pouvoir ſur vous ; ſoit au Roi, comme
» votre ſouverain ; ſoit aux gouverneurs,
» comme à des perſonnes envoyées de ſa
» part pour punir ceux qui font mal, &
» pour récompenſer ceux qui font bien.
» Car c'eſt la volonté de Dieu, que par
» votre bonne vie, vous fermiez la bou-
» che aux hommes ignorans & inſenſés....
» Rendez l'honneur à tous ceux à qui il
» eſt dû ; aimez vos frères, craignez
» Dieu, reſpectez le Roi, »

Et ſur quoi l'eſprit ſaint qui a dicté ce
précepte aux deux apôtres, eſt-il fondé ?
il a daigné nous l'apprendre lui-même.
« Que l'on faſſe, fait-il dire à S. Paul (2),
» des ſupplications, des prières, des de-
» mandes, & des actions de graces pour
» tous les hommes, pour les Rois, &
» pour tous ceux qui ſont élevés en di-
» gnité ; afin que nous menions une vie
» paiſible & tranquille dans la piété &
» dans la vertu, »

Ce ſont donc les apôtres, ou Jéſus-
Chriſt lui-même, qui parloit par leur
bouche, qui nous apprennent que la tranquillité publique eſt l'objet de la puiſſance
temporelle ; que tout ce qui maintient
cette tranquillité, & tout ce qui la trouble, eſt de ſon reſſort.

La choſe deviendra encore plus ſenſible, ſi l'on fait une attention ſérieuſe à
la nature & aux caractères de la ſociété
que forment les chrétiens.

Si nous avions le malheur de ne pas
être convaincus que notre être eſt compoſé de deux ſubſtances, dont l'une ſe
diſſout après un certain temps, & l'autre,
inviſible, doit, quand elle ſera dégagée
des liens du corps, paſſer dans l'éternité ; nous ſerions uniquement citoyens,
nous ne connoîtrions d'autre félicité, que
celle que produit le réſultat des combinai-
ſons qui ont donné l'être à l'état civil ;
nous jouirions de la propriété des choſes
terreſtres, qui nous a été concédée par
le créateur, & nous ne porterions pas nos
vues plus loin.

Mais la foi qui a rendu l'homme chrétien, lui apprend qu'il n'y a point de
vrai bonheur en ce monde, que tout y
eſt paſſager, que ſon corps eſt animé
d'une ame qui n'attend que la diſſolution
de ce corps pour paſſer dans une autre
vie ; que les liens qui l'attachent à celle-
ci, ne lui ont été impoſés que pour la
mettre à portée de mériter d'être heu-
reuſe, lorſqu'elle en ſera dégagée ; que la
vie préſente n'eſt qu'un paſſage ; que ſi le
corps qui la retient, eſt habitant de la
terre, ſa nature à elle, qui eſt toute ſpirituelle, l'appelle ſans ceſſe dans le ſéjour
des ſubſtances ſpirituelles.

C'eſt donc le citoyen qui eſt propriétaire de la terre, c'eſt à lui que Dieu l'a
donnée, pour y réſider. Mais il a défendu
au chrétien de s'y attacher, parce qu'il
n'y eſt qu'en paſſant, & comme dans une
route qui le conduit ailleurs (1).

---

(1) I, c. 13 & ſeqq.
(2) I, ad Thimoth. II, 1 & 2.

(1) Paul II ad Cor. v, 6 ; ad Hebr. XI, 13,
14, 16 ; XIII, 14 ; I, Petr. II, 11.

Ainſi

Ainſi l'égliſe n'a aucun droit ſur la terre; toutes ſes eſpérances ſont dans l'autre vie. Elle eſt ici étrangère, & ne demande, pour toute grâce, que la liberté du paſſage. Elle eſt dans l'empire, mais elle n'eſt pas de l'empire. Tout eſprit de domination, toute affeſtation *d'autorité extérieure*, ſont donc diamétralement contraires à l'eſprit du chriſtianiſme, parce qu'il eſt contraire au droit naturel de vouloir dominer chez les autres. Si nous voulons que les puiſſances de la terre nous accordent le paſſage que nous leur demandons, il faut que nous le méritions en reſpeſtant leurs droits.

D'un autre côté, le maintien du bon ordre dont le maître temporel eſt chargé, lui impoſe la néceſſité de ſe faire informer exaſtement de toutes les vues, de tous les deſſeins de ces étrangers qui lui demandent paſſage. Il doit connoître leur doſtrine, leurs mœurs, leurs cérémonies, leur miniſtère, les motifs, les uſages, les objets & le réſultat de leurs aſſemblées, leur gouvernement, & leurs myſtères. Ce n'eſt pas qu'il doive ni qu'il puiſſe être le juge du dogme qu'ils profeſſent; mais il doit ſavoir ſi le bon ordre de l'état n'y eſt point intéreſſé. Ils lui doivent donc le compte le plus exaſt de tout ce qui les concerne. L'exemple de Jéſus-Chriſt leur fait un devoir de cette déférence: quand il ſe laiſſa conduire devant Pilate, il lui répondit ſur ſa doſtrine & ſur ſa conduite. Cet exemple a été ſuivi par S. Paul, & par ceux des pères qui ont été dans le cas de faire leur apologie devant les princes païens & perſécuteurs.

Si dans le compte qui eſt rendu au maître temporel, il ne trouve rien qui ſoit capable de troubler l'ordre établi dans ſes terres, & s'il accorde le paſſage à ces voyageurs qui le lui ont demandé, il doit veiller ſur eux & les faire obſerver de près, afin qu'ils n'ajoûtent ou qu'ils ne changent rien aux règles qu'ils lui ont promis de garder, & qu'il a ju-

gées utiles ou indifférentes à la tranquillité ou au bonheur de ſon peuple.

Car quand l'égliſe entre dans un état, quand un gouvernement l'admet dans les terres ſoumiſes à ſa domination, il ſe fait un paſte entre elle & le ſouverain qui lui accorde l'entrée & le paſſage chez lui. D'un côté, elle s'engage à ſe renfermer ſtriſtement dans les bornes de la règle établie par Jéſus-Chriſt. Le ſouverain, à ſon tour, s'oblige à la maintenir dans l'exercice libre des dogmes, de la morale & de la diſcipline ſur leſquels le contrat a été formé, & qui en contient les clauſes.

Mais que fera l'égliſe, ſi la puiſſance temporelle outre ſes droits & manque à ſes obligations, ſoit en défendant des aſtes que la religion ordonne, ſoit en en ordonnant qu'elle proſcrit? Si ce cas arrivoit, le prince ſeroit coupable ſans-doute, & il auroit à ſe reprocher un abus criminel de ſon droit de propriétaire. Mais en conſéquence de cette propriété, qu'il tient de Dieu, c'eſt à lui ſeul qu'il eſt comptable de ſes excès; & le droit dont il fait tel uſage qu'il juge à propos, emporte de la part des eccléſiaſtiques, l'obligation de n'oppoſer à ces excès, que la force qui vient de la foi, & non celle des corps ou choſes extérieures, parce que cette force ne peut être de leur reſſort.

Nulle autorité, nulle puiſſance dans le monde, n'a droit ſans-doute, d'abuſer de ſon pouvoir; mais comme l'autorité ne juſtifie point l'abus qui vient de l'homme, l'abus à ſon tour ne ſauroit jamais détruire l'autorité qui vient de Dieu. Ne conſentez point à l'abus, & ne vous y conformez pas, cela eſt juſte; mais que rien ne vous faſſe perdre la ſoumiſſion à l'autorité, à laquelle vous ne pouvez réſiſter, ſans réſiſter à Dieu même qui l'a établie; & auquel ſeul par conſéquent, elle eſt comptable de ſes excès.

Par la même raiſon, ſi un ſouverain

*Tome I.*                    X x

ferme à l'église l'entrée dans ses états, s'il refuse le passage aux voyageurs qui la composent, s'il veut nous faire retourner sur nos pas, nous n'avons point à nous plaindre, nous n'avons aucun droit chez lui : notre divin instituteur ne nous a promis dans l'ordre de la religion, que des traverses, des persécutions, & la mort même.

Ce qu'il y a d'admirable dans sa loi, c'est qu'on la trouve en tout conforme à ces principes, qui dérivent de la nature des choses, & qui sont le résultat nécessaire de l'ordre établi par le créateur. Aussi, le rédempteur n'a-t-il pas manqué d'en faire un précepte exprès (1) : « En » quelque ville ou village que vous alliez, » (dit-il à ses apôtres, lorsqu'il les en- » voya prêcher pour la première fois,) » informez-vous qui en ce lieu est digne » de *vous recevoir*, & demeurez chez lui » jusqu'à ce que vous partiez de-là. En- » trant dans la maison, saluez-là, di- » sant que la paix soit dans cette maison. » Si cette maison en est digne, votre » paix viendra sur elle, & si elle n'en » est pas digne, votre paix reviendra sur » vous. Lorsqu'on ne voudra ni vous re- » cevoir, ni écouter vos paroles, sortez » de cette maison, ou de cette ville, » en secouant la poussière de vos pieds. »

En deux mots, la société civile est propriétaire de la terre, la force extérieure lui appartient exclusivement, & cette force réside dans la main du souverain qui n'en doit compte qu'à Dieu. La société qui forme l'église n'a de patrie que dans le ciel ; la terre n'est pour elle qu'un lieu de passage ; & le propriétaire qui lui accorde l'hospitalité, a une inspection exécutrice sur tous ses actes extérieurs, sur tout ce qui peut avoir rapport aux opérations corporelles qu'elle exerce.

Tels sont les principes généraux qui rè-

glent le partage du sacerdoce & de l'empire, & qui déterminent les rapports respectifs de ces deux ministères (1).

---

(1) *Nous pourrions rapporter une foule de lois nationales qui ont adopté ces principes. Pour éviter des longueurs fatiguantes, nous nous bornerons à l'arrêt du conseil du 24 mai 1766, qui rappelle les plus importantes & en confirme les dispositions.*

Le Roi s'étant fait représenter l'arrêt rendu en son conseil le 15 septembre 1755,... sa majesté.... auroit jugé nécessaire.... de rappeler, comme il appartient à son autorité, les principes invariables qui sont contenus dans les lois du royaume, & notamment dans les édits de 1682 & de 1696, & dans l'arrêt de son conseil du 10 mars 1731 : principes suivant lesquels il est incontestable que l'église a reçu de Dieu même une véritable autorité, qui n'est subordonnée à aucune autre dans l'ordre des choses spirituelles, ayant le salut pour objet : que d'un autre côté, la puissance temporelle, émanée immédiatement de Dieu, ne relève que de lui seul, & ne dépend, ni directement ni indirectement, d'aucune autre puissance qui soit sur la terre ; que le gouvernement des choses humaines, & tout ce qui intéresse l'ordre public & le bien de l'état, est entièrement & uniquement de son ressort, & qu'il n'y a aucune puissance qui, sous quelque prétexte que ce soit, puisse, en aucun cas, affranchir les sujets, de quelque rang, qualité & condition qu'ils soient, de la fidélité inviolable qu'ils doivent à leur souverain : qu'il appartient à l'église seule de décider ce qu'il faut croire & ce qu'il faut pratiquer dans l'ordre de la religion, & de déterminer la nature de ses jugemens en matière de doctrine, & leurs effets sur l'ame des fidèles, sans que la puissance temporelle puisse, en aucun cas, prononcer sur le dogme, ou sur ce qui est purement spirituel ; mais qu'en même-temps la puissance temporelle, avant que d'autoriser la publication des décrets de l'église, de les rendre lois de l'état, & d'en ordonner l'exécution, avec défenses, sous des peines temporelles, d'y contrevenir, a droit d'examiner la forme de ces décrets, leur conformité avec les maximes du royaume, & tout ce qui, dans leur publication, peut altérer ou intéresser la tranquillité publique ; comme aussi d'empêcher, après leur publication, qu'il ne leur soit donné des qualifications qui n'auroient point été autorisées par l'église ; qu'indépendamment du droit qu'a l'église de décider les questions de doctrine sur la foi & la règle des mœurs, elle a encore celui de faire des canons

---

(1) Matth. X. 11 & seq. vid. Marc. VI, 10 & 11, Luc, X, 10 & 11, Act, XIII, 50, 51.

Un détail raisonné & méthodique de tous les objets auxquels ces principes si vrais, si simples & si naturels, reçoivent leur application, nous meneroit trop loin. Contentons-nous d'examiner,

1°. Quelle est la nature de l'obédience

---

ou règles de discipline, pour la conduite des ministres de l'église & des fidèles dans l'ordre de la religion, d'établir ses ministres ou de les destituer, conformément aux mêmes règles, & de se faire obéir, en imposant aux fidèles, suivant l'ordre canonique, non-seulement des pénitences salutaires, mais de véritables peines spirituelles, par les jugemens ou par les censures que les premiers pasteurs ont droit de prononcer & de manifester, & qui sont d'autant plus redoutables, qu'elles produisent leur effet sur l'ame du coupable, dont la résistance n'empêche pas qu'il ne porte, malgré lui, la peine à laquelle il est condamné : mais à la puissance temporelle seule appartient, privativement à toute autre autorité, d'employer les peines temporelles & la force visible & extérieure sur les biens & sur les corps, même contre ceux qui résisteroient à l'autorité spirituelle, & qui contreviendroient aux règles de l'église, dont la manutention extérieure & la défense contre toute infraction, est un droit de la puissance temporelle comme elle en est un devoir : qu'en conséquence, la puissance temporelle, protectrice des canons, doit à l'église le secours de son autorité pour l'exécution des jugemens prononcés contre les fidèles, suivant les règles canoniques ; mais qu'elle ne doit pas moins veiller à la conservation de l'honneur des citoyens, lorsqu'il seroit compromis par l'inexécution des formes requises, & punir même ceux qui se seroient écartés de ces formes & des règles sagement établies : que ce droit, que donne au souverain la qualité de vengeur des règles anciennes, droit que l'église a souvent invoqué elle-même pour le maintien de l'ordre & de la discipline, ne s'étend point à imposer silence aux pasteurs sur l'enseignement de la foi & de la morale évangélique ; mais qu'il empêche que chaque ministre ne soit indépendant de la puissance temporelle, en ce qui concerne ses fonctions extérieures, appartenantes à l'ordre public, & qui donne au souverain le moyen d'écarter de son royaume des disputes étrangères à la foi, & qui ne pourroient avoir lieu sans nuire également au bien de la religion & à celui de l'état : qu'il appartient à l'autorité spirituelle d'examiner & d'approuver les instituts religieux dans l'ordre de la religion ; & qu'elle seule peut commuer les vœux, en dispenser, ou en relever dans le for intérieur ; mais que la puissance temporelle a droit de déclarer abusifs & non valablement émis, les vœux qui n'auroient pas été

formés suivant les règles canoniques & civiles ; comme aussi d'admettre ou de ne pas admettre des ordres religieux, suivant qu'ils peuvent être utiles ou dangereux dans l'état, même d'exclure ceux qui s'y seroient établis contre lesdites règles, ou qui deviendroient nuisibles à la tranquillité publique : qu'enfin, outre ce qui appartient essentiellement à la puissance spirituelle, elle jouit encore dans le royaume de plusieurs droits & privilèges sur ce qui regarde l'appareil extérieur d'un tribunal public, les formalités de l'ordre ou du style judiciaire, l'exécution forcée des jugemens sur les corps ou sur les biens, les obligations ou les effets qui en résultent dans l'ordre extérieur de la société, & en général tout ce qui ajoute la terreur des peines temporelles à la crainte des peines spirituelles ; mais, que ces droits & privilèges accordés pour le bien de la religion & pour l'avantage même des fidèles, sont des concessions des souverains, dont l'église ne peut faire usage sans leur autorité ; & que, soit pour empêcher les abus qui peuvent se commettre dans l'exercice de cette juridiction extérieure, soit pour réprimer également toute entreprise des deux côtés sur l'une ou l'autre puissance, la voie de recours au prince a été sagement établie, utilement observée, & constamment reconnue. Le Roi rendra toujours au clergé de son royaume la justice de croire qu'il est convaincu de la vérité de ces maximes inviolables, qui servent de fondement à l'indépendance des deux puissances ; qu'il les soutiendra toutes avec le même zèle, & qu'il ne cessera jamais de resserrer, par son enseignement & par son exemple, les liens de fidélité, d'amour & d'obéissance qui unissent les sujets à leur souverain ; & sa majesté, pénétrée également de l'obligation où elle est de rendre elle-même, & de faire rendre aux décisions de l'église universelle, le respect & la soumission qu'elles exigent, & de maintenir en même-temps, contre toutes entreprises, l'indépendance absolue de sa couronne, se fera un devoir de réprimer tous excès, & d'empêcher que personne ne transgresse les bornes que Dieu lui-même a établies pour le bien de la religion & la tranquillité des empires. ... A quoi voulant pourvoir, ouï le rapport, & tout considéré : le Roi étant en son conseil, a ordonné & ordonne que les ordonnances, édits, déclarations & lettres-patentes concernant la nature, l'étendue & les bornes de l'autorité spirituelle & de la puissance séculière, notamment les édits des mois de mars

que le Roi prête au pape, lors de l'avénement de celui-ci à la chaire apostolique?

2°. Si le Roi peut être excommunié?

3°. Si considéré comme membre de la république chrétienne, il doit être réputé simple laïc, & quels sont les titres qui le distinguent à cet égard tant de ses sujets que des autres souverains?

4°. Quels sont les droits du Roi dans la disposition des bénéfices?

Ces quatre objets font la matière des quatre sections qu'il nous reste à parcourir.

## Section XIX.

### De l'obédience que nos Rois prêtent au pape nouvellement élu.

Rien de si beau sans doute & de plus propre à nous inspirer du respect pour le vicaire de Jésus-Christ, & le chef de son église, que l'obédience que nos Rois font dans l'usage immémorial de lui prêter par leurs ambassadeurs.

Mais cet hommage n'a aucun caractère de vassalité & de dépendance temporelle. Il a toujours été rendu dans des termes dont on ne peut tirer que la preuve d'une piété tendre & éclairée.

C'est ce qu'annonce & prouve l'article 7 des libertés de l'église gallicane. Il y est dit que « le Roi envoyant ses ambassadeurs au pape élu pour le congratuler » sur sa promotion, & le reconnoître » comme père spirituel, & premier de » l'église militante, n'a accoutumé d'user » de termes de si précise obéissance que » plusieurs autres princes, qui d'ailleurs » ont quelque spécial devoir ou obliga- » tion particulière envers le saint siège » de Rome, comme vassaux, tributaires » ou autrement : mais seulement se re- » commande & le royaume que Dieu lui » a commis en souveraineté, ensemble » l'église gallicane, aux faveurs de sa sain- » teté. . . . . »

L'article cité apporte pour exemple une lettre de Philippe-le-Bel, par laquelle il témoigne au pape Benoît XI, le contentement qu'il a de son élection au souverain pontificat. Par cette lettre en effet, le Roi, loin de reconnoître dans le pape le moindre pouvoir sur le temporel de son royaume, déclare formellement qu'il ne tient sa couronne que de Dieu (1).

Il est dit dans le même article, que le Roi Louis XI s'écarta sur ce point de l'exemple de ses prédécesseurs, en prêtant au pape une obédience absolue & indéfinie, mais que cette innovation occasionnée par un besoin particulier que ce monarque avoit du pontife, excita les remontrances du parlement de Paris & de toute la nation.

Il ne faut donc pas croire que les papes aient sur le royaume de France ni sur aucun autre, le moindre droit temporel. Il a été un temps, il est vrai, où ils ont prétendu le contraire, & les excès auxquels Grégoire VII & Boniface VIII se sont portés contre l'empereur Henri IV & le Roi Philippe-le-Bel, en sont des témoins à jamais mémorables. Mais sur

---

1682 & avril 1655, seront exécutés selon leur forme & teneur, dans tout son royaume, terres & pays de son obéissance. Veut en conséquence, sa majesté, que les quatre propositions arrêtées dans l'assemblée des évêques de son royaume, convoqués extraordinairement à cet effet, en ladite année 1682, & les maximes qui y ont été reconnues & consacrées, soient inviolablement observées dans tous ses états & soutenues dans toutes les universités & par tous les ordres, séminaires & corps enseignans, ainsi qu'il est prescrit par ledit édit de 1682 : fait défenses à tous ses sujets, de quelque état & condition qu'ils soient, de rien entreprendre, soutenir, écrire, composer, imprimer, vendre ou distribuer, directement ou indirectement, qui soit contraire auxdites maximes & aux principes ci-dessus rappelés.

---

(1) *Voici comme elle est conçue :*
Cæterùm nos & regnum cujus moderamini, DISPONENTE DOMINO, præsidemus, & ecclesiam gallicanam sanctitatis vestræ favoribus fiducialiter commendamus.

quoi fondoit-on cette prétention ? Il faut entendre les deux pontifes mêmes qu'on vient de nommer.

Grégoire VII dit dans le chapitre *alius* (1), que le pape Zacharie déposa Childéric III, roi de France, moins à cause de ses péchés, que parce qu'il étoit inepte au gouvernement ; que Pepin, père de Charlemagne, fut mis par Zacharie sur le trône de ce Roi, & que le pape dispensa tous les François du serment de fidélité. « C'est ainsi, conclut-il, que la » sainte église use souvent de son auto-» rité, quand elle absout les soldats de » l'obligation du serment. »

Un peu plus de connoissance de l'histoire auroit empêché Grégoire VII de s'appuyer sur un pareil exemple. Ce ne fut point le pape Zacharie qui détrôna Childéric III. Ce prince foible, & livré à la fainéantise, ne prenoit aucune connoissance des affaires ; Pepin-le-Bref étoit le seul dispensateur de l'autorité royale. Il s'apperçut que tout le monde étoit disposé à le reconnoître pour Roi ; il fit assembler un placité général des sujets du royaume, qui lui donnèrent unanimement leur suffrage ; ensorte qu'il parvint à la couronne, par le consentement volontaire de la nation assemblée. Pepin, pour s'assurer d'avantage le trône, & pour calmer les consciences de ses sujets, envoya à Rome Bouchard, évêque de Vitzbourg, & Fulrade, abbé de Saint-Denis, pour demander au pape Zacharie, sous le nom de la nation, lequel étoit le plus digne de régner, ou celui qui ne se mettoit point en peine des affaires du royaume, ou celui qui, par sa prudence & par sa valeur, le gouvernoit sagement, & le défendoit contre ses ennemis. Le pape répondit que c'étoit celui qui gouvernoit avec sagesse, & qui combattoit avec valeur. Après cette réponse favorable, Pepin fut sacré à Soissons, par les évêques, avec le suffrage

unanime des grands & du peuple ; & Childéric rasé, & mis dans un monastère. Le pape donna donc simplement un conseil, & non pas un jugement. Grégoire VII, pour autoriser, par des exemples, une doctrine dont il paroît avoir été l'auteur, a donc controuvé ce fait, ou du moins l'a altéré dans ses principales circonstances, pour l'adapter à son système. Mais, quand il seroit tel qu'il l'a rapporté, il seroit contraire au texte de l'évangile & des apôtres, au droit naturel ; en un mot, aux lois les plus sacrées & les plus imprescriptibles, & conséquemment il ne prouveroit rien.

Boniface VIII a fait d'un texte de saint Paul, le même abus que Grégoire avoit fait du trait d'histoire dont on vient de parler. Il l'a corrompu, pour donner une ombre d'autorité à sa prétention. Voici comme il s'explique dans la bulle *unam sanctam* : « ne pas convenir que le » glaive temporel est dans la main de » saint Pierre, c'est ne pas connoître la » parole de Dieu, qui a dit à ce prince » des apôtres de remettre son épée dans » le fourreau. Le glaive spirituel & le » glaive matériel sont donc également » soumis à la puissance ecclésiastique : » celui-ci doit être mis en usage pour » l'église ; & l'autre par l'église : l'un » est entre les mains des ministres, qui » doivent l'employer pour l'église ; l'autre » est dans la main des Rois & de leurs » armées, *mais il ne doit servir que par* » *les ordres, ou du consentement du pon-* » *tife.* Il est nécessaire que l'un des deux » glaives soit subordonné à l'autre, & » que *l'autorité temporelle soit sujette à* » *la puissance spirituelle.* Car, comme dit » l'apôtre, *il n'y a point de puissance qui* » *ne vienne de Dieu* ; or, tout ce qui vient » de Dieu est bien ordonné, & les puis-» sances ne seroient pas bien ordonnées, » si l'un des deux glaives n'étoit pas su-» bordonné à l'autre. . . . . L'institution » des puissances de la terre appartient à » la puissance ecclésiastique ; & c'est à

---

(1) Décret de Gratien, cons. 15. q. 6. can. 3.

» elle à juger leur conduite. C'est ainsi
» que s'accomplit la prophétie de Jéré-
» mie, touchant l'église & sa puissance :
» *je t'ai élevée aujourd'hui sur toutes les na-*
» *tions & sur tous les empires.....* Nous
» déclarons donc, disons, statuons &
» prononçons, *qu'il est absolument de né-*
» *cessité de salut* de croire que toute créa-
» ture humaine est sujette du pontife
» de Rome. »

Ainsi raisonne, ainsi parle Boniface
VIII, &, comme l'on voit, c'est un passage
de saint Paul tiré de l'épître aux Romains,
chapitre 13, verset 1, qui fait la base
de tout son système. Mais ce pape, pour
faire dire à saint Paul ce qu'il avoit en
vue, n'a pas craint d'en corrompre le texte,
tant par la transposition d'une virgule,
que par le déplacement d'un mot & le
changement du genre d'un adjectif. Cette
infidélité est trop importante pour qu'on
ne la mette pas ici dans tout son jour.
Nous emprunterons pour cela les observations que faisoit M. l'avocat-général
Joly de Fleury, en 1765, au parlement
de Paris, les chambres assemblées.

Voici les termes du passage dont il
s'agit : *non est enim potestas nisi à Deo :*
*quæ autem sunt, à Deo ordinata sunt.* Cette
ponctuation est celle de la Vulgate, qui,
dans le membre de la phrase *quæ autem*
*sunt, à Deo ordinata sunt,* place la virgule après les mots *quæ autem sunt* ; au
lieu que Boniface VIII l'a placée après
le mot *à Deo,* ce qui change absolument
le sens de l'apôtre, comme on va le voir
dans un moment.

M. Joly de Fleury, pour s'assurer encore plus de la vérité du texte, a consulté la version grecque, & a trouvé
qu'elle porte cette vérité jusqu'à l'évi-
dence ; car elle répète le mot *potestates*
εξουσιαι dans ce membre de la phrase, &
place la virgule après ce mot ; de manière que la traduction littérale du grec
est : *quæ autem sunt potestates, à Deo,* ou
*sub Deo ordinatæ sunt.* Or, le sens de ce

texte ne peut être équivoque ; tout ce
chapitre ne peut jamais être entendu que
de la puissance temporelle. Ainsi, on pourroit dire d'abord que ce seroit détourner
le texte cité de ce chapitre, que de vouloir lui faire prouver que le ministère
spirituel vient de Dieu ; c'est une vérité
constante, dont la preuve est consignée
par-tout ; mais ce chapitre n'est pas le
siège de la matière.

Quoiqu'il en soit, le sens de ce texte
est évident. L'apôtre dit : *omnis anima*
*potestatibus sublimioribus subdita sit :* que
tout le monde soit soumis aux puissances
supérieures ; *non est enim potestas nisi à*
*Deo :* car il n'y a point de puissance qui
ne vienne de Dieu ; *quæ autem sunt,* dit
la vulgate, & le texte grec, *quæ autem*
*sunt potestates, à Deo ordinatæ sunt :* &
toutes les puissances qui existent ont été
établies de Dieu ; ou, comme le tra-
duisent ceux qui ont donné des traductions françoises, *c'est Dieu qui a établi*
*toutes celles qui sont sur la terre.* Voilà
comme toute l'église a entendu ce passage ;
& jamais le texte n'a dû être autrement
ponctué qu'il ne l'est dans la vulgate.
Mais ce n'étoit pas le compte de Boniface VIII, qui, par la simple transposition d'une virgule, a prêté à saint Paul
une maxime contraire aux vérités de l'évangile, & à celles que cet apôtre n'a cessé
d'enseigner sur l'obéissance due aux souverains. En effet, l'altération dont il s'agit
ici, fait dire à saint Paul qu'il n'y a de
puissance qui ne vienne de Dieu que celle
qui est bien ordonnée. Celle qui est mal
ordonnée ne vient donc pas de Dieu ;
l'obéissance ne lui est donc pas due. Or,
qui est-ce qui jugera si une puissance est
bien ou mal ordonnée ? Boniface VIII
nous l'enseigne ; c'est le pape ; & par une
conséquence nécessaire, le pape est le
maître de dispenser les sujets de l'obéissance, ou ce qui est la même chose, de
donner à un autre la couronne du prince,
dont il ne juge pas le gouvernement bien
ordonné.

Il se trouve quelques éditions de la bulle *unam sanctam*, où la ponctuation est conforme, il est vrai, à celle de la vulgate ; c'est une faute des éditeurs, qui, en voulant restituer au passage de saint Paul son vrai sens, n'ont pas fait attention qu'ils détruisoient absolument le raisonnement de l'auteur de cette pièce. Mais il n'est pas possible de douter de l'intention de Boniface VIII, d'après les recherches du magistrat dont on a parlé. Il a consulté les annales de Baronius, continuées par Rainald, édition de Rome 1648. On lit dans l'avertissement au lecteur, qui est en tête du treizième volume, le premier de la continuation, que Rainald a travaillé sur les propres originaux déposés au vatican. *Hæc . . . . , documenta*, dit-il, *eò avidiùs arripui, & legis cujusdam instar habui, quòd summorum pontificum regesta, aliorumque commentariorum volumina ex sedis apostolicâ & vaticani archivis, singulari ejusdem sedis beneficio, mihi exhibita fuerint & exhibentur.* Or voici comment ce même Rainald rapporte le passage en question, d'après l'original qu'il avoit sous les yeux : *nam cùm dicat apostolus : non est potestas, nisi à Deo : quæ autem à Deo sunt ordinata sunt. Non ordinata essent, &c.* Ce n'est plus ici la seule ponctuation qui altère le sens de l'apôtre. Pour lui faire dire clairement & sans équivoque, le contraire de ce qu'il dit, on a placé le mot *à Deo* avant le premier *sunt* ; & pour soumettre tout ce qui existe à la puissance dont on impute l'établissement à S. Paul, on a changé *ordinatæ* en *ordinata* ; & le sens qui résulte de cette infidélité, est que toute puissance vient de Dieu à la vérité ; mais qu'il n'y a, d'un autre côté, que les choses bien ordonnées qui viennent de Dieu.

Nous ne suivrons pas ici le fil chronologique des faits qui prouvent que les papes n'ont rien négligé pour soutenir l'empire despotique que Grégoire VII & Boniface VIII s'étoient arrogé sur les droits

les plus inébranlables des souverains ; & que les nations qu'on n'a pas pris soin de garantir, par de bonnes instructions, des fureurs de l'aveugle fanatisme, ont été ébranlées jusques dans leurs fondemens par les suites de ce funeste système.

Mais ce qu'il y a d'étonnant, c'est que la lumière qui commence de toutes parts à éclairer les esprits, & les efforts redoublés des magistrats, n'ont pas encore guéri Rome de cette chimère. Son obstination à ne pas reconnoître nos Rois pour souverains de Navarre, en est la preuve ; & la légende du pape Grégoire VII, qui parut en 1729, y met le comble. Cette pièce, ouvrage de Benoît XIII, donne de grands éloges à Grégoire VII de ce qu'il avoit détrôné l'empereur Henri IV ; elle le met au nombre des saints, & assure que c'est à cette action principalement qu'il doit le bonheur dont il jouit dans le ciel. Dès que cette légende fut connue en France, tous les parlemens s'empressèrent de la proscrire, & le clergé même la condamna hautement. M. Bossuet, évêque de Troies, digne héritier de la doctrine & des sentimens du célèbre évêque de Meaux son oncle, en fit une réfutation aussi savante que victorieuse.

Voyez sur toute cette matière le traité des libertés de l'église gallicane, imprimé à Lyon, en 1771.

## SECTION XX.

### *Le Roi peut-il être excommunié ?*

L'église, comme on l'a déjà dit, est une société de voyageurs, qui sont en route pour arriver à leur patrie. Les vertus évangéliques, les bonnes œuvres & la prière, sont les provisions de voyage dont ils doivent se munir, & qu'il leur faut renouveler sans cesse. Comme ils marchent tous en même-temps, qu'ils suivent la même route, que leurs besoins sont les mêmes à tous, & qu'ils tendent au même but, leurs provisions sont en commun, & chacun y participe à proportion de son nécessaire : ainsi tout le monde est obligé d'y contribuer en raison de ses forces & des grâces qu'il reçoit de celui de qui nous tenons tout.

Mais si, dans cette société, il se trouve quelque membre qui, non content de ne rien porter à la masse, contrevienne publiquement aux règles fondamentales de l'association, il est juste de l'en exclure, & de le priver de sa part dans les biens communs de l'église. En un mot, il doit être excommunié, c'est-à-dire, retranché du corps mystique, jusqu'à ce qu'il ait mérité par sa pénitence d'y rentrer.

Mais cette peine, l'église peut-elle la lancer, par la main de ses ministres, contre les souverains qui lui donnent l'hospitalité dans leurs états !

Il faut distinguer deux qualités dans un Roi chrétien. Dans l'ordre civil, il ne connoît aucun supérieur sur la terre, & personne, sous quelque qualité & sous quelque dénomination que ce puisse être, ne peut lui imposer des lois. Mais, en même temps, il est enfant de l'église, & soumis dans l'ordre du salut, aux règles du corps dont il est membre : il ne peut s'y soustraire sans rompre le nœud qui l'y tient attaché. Ainsi les Rois peuvent, absolument parlant, être excommuniés par l'église ; c'est-à-dire, qu'elle peut les déclarer indignes de toute participation à ses trésors spirituels, sans que ce jugement porte la plus légère atteinte à leurs droits civils & temporels.

Cependant il faut convenir, qu'il est bien peu de rencontres où la prudence puisse permettre d'avoir recours à ces voies rigoureuses. Elles peuvent conduire à des effets qui seroient beaucoup plus funestes à l'église, qu'ils ne pourroient lui être utiles. On court le danger d'élever un schisme, de troubler la paix publique, d'exposer l'église aux persécutions, & aux autres calamités auxquelles on doit naturellement s'attendre. C'est donc le cas de la règle établie par S. Augustin en plu-

sieurs endroits de ses ouvrages, qu'il vaut mieux souffrir un méchant dans la communion extérieure de l'église, que s'exposer, par une sévérité trop scrupuleuse, à des maux publics, pernicieux à la société civile & à l'église elle-même.

Et c'est ce qui fait tenir depuis très-long-temps en France, que le souverain ne peut être excommunié pour quelque cause que ce soit.

Ce n'est pas qu'on n'ait quelquefois vu sortir des excommunications du Vatican, pour aller frapper la tête de nos Rois ; mais il en est très-peu qui aient eu leur effet, & les maux qui en sont résultés pour l'ordre politique, en ont fait totalement proscrire l'usage.

Cette proscription est très-ancienne. Car dès le 14 octobre 1468, le roi Louis XI, traitant avec le duc de Bourgogne, croyoit ne pouvoir mieux assurer celui-ci sur l'effet des conventions arrêtées entre eux, qu'en renonçant par un article exprès à *tous privilèges donnés à lui, aux Rois & au royaume de France, pour non être contraints par les censures de l'église.*

Le même monarque réitère cette renonciation dans le traité de paix qu'il fit le 24 décembre 1482, avec l'archiduc d'Autriche : voici ses termes ; « & pour ce » traité confirmer & inviolablement te- » nir, avons soumis & soumettons, » nous, notredit fils, nos successeurs & » notre royaume, à toutes coercitions, » peines & censures ecclésiastiques, non- » obstant le privilège qu'avons, que nous, » nosdits successeurs & notre royaume, » ne pouvons ou devons être soumis & » astreints par censures.»

Même renonciation dans le traité fait à Paris le 2 août 1498, entre Louis XII & Philippe archiduc d'Autriche.

Au mois de mars 1508, le procureur du Roi de la chambre des comptes protesta contre une autre renonciation de cette espèce, «& aussi proteste que la soumis- » sion sur les censures n'oblige ni puisse » lier le Roi notre seigneur, comme » nulle ;

» nulle, & étant contraire & dérogeante
» aux droits, prérogatives & préémi-
» nence du Roi, à cause de sa cou-
» ronne. »

Cette protestation n'empêcha pas que
François I ne fît deux renonciations semblables en 1514; l'une dans le contrat
de mariage d'entre le prince d'Espagne &
Renée de France, & l'autre dans le traité
de paix, avec l'archiduc Charles, depuis
empereur sous le nom de Charles-Quint.

Mais François I lui-même, soutint vi-
goureusement le privilège dont il s'agit.
C'est ce que prouvent les instructions
qu'il donna en 1532 aux cardinaux de
Tournon & de Grammont, en les dépu-
tant vers le pape : « & si sa sainteté, au
» cas dessusdit, vouloit user de censures,
» chose que ses prédécesseurs papes n'ont
» jamais accoutumé de faire par le passé
» envers les rois de France, & que le-
» dit seigneur fût contraint d'aller à
» Rome querir son absolution, il ira si
» bien accompagné, que sadite sainteté
» sera très-aise de la lui accorder. »

Le 30 janvier 1549, le parlement de
Paris, procédant à la vérification des bulles d'érection de l'université de Reims,
qui entres autres clauses, déclaroient le
Roi *absous, quant à l'effet d'icelles, de
toutes sentences, excommunications & censures qu'il pourroit avoir encourues*, déclara qu'on ne pourroit inférer de cette
disposition, « le Roi avoir été, & être
» pour le présent, & à l'avenir, aucune-
» ment, ni pour quelque cause que ce
» soit, sujet aux excommunications &
» censures apostoliques. »

Pareil arrêt du 31 janvier 1596, en
enregistrant les lettres-patentes portant
main-levée des défenses d'aller prendre
à Rome les provisions des bénéfices.

Le 22 juin 1649, MM. les gens du Roi
du parlement de Paris, consultés par sa
majesté sur une bulle du pape, portant excommunication contre les auteurs d'un
homicide, commis envers la personne d'un
évêque Italien, de quelque qualité & con-

dition qu'ils fussent, même Rois ou ducs
souverains, furent d'avis « sous le bon
» plaisir du Roi, que ladite bulle ne de-
» voit ni ne pouvoit être publiée en ce
» royaume, si non en ôtant les mots, *re-
» gali & ducali præcellentiâ fulgentibus.* »

# SECTION XXI.

*Le Roi, considéré comme membre de la ré-
publique chrétienne, doit-il être réputé
simple laïc ? Quels sont les titres qui le
distinguent à cet égard, tant de ses sujets
que des autres souverains.*

Jean-Juvenal des Ursins, archevêque
de Reims, tranche la question dans ses remontrances au Roi Charles VII, page
225 : « au regard de vous, mon souve-
» rain seigneur (dit-il), vous n'êtes pas
» simplement personne laye, mais prélat
» ecclésiastique, le premier en votre
» royaume qui soit après le pape, le bras
» dextre de l'église. » Et dans un autre
endroit : « Vous avez le plus haut titre
» en la foi & chrétienté que soit, & au-
» tre ne le doit porter & avoir que
» vous. »

Maréchal, dans son traité du droit de
Patronage, titre 3, dit que l'onction du Roi
« lui donne presque participation au sa-
» cerdoce; & que c'est pour cela qu'il est
» chanoine dans certaines églises. »

Le même auteur dit dans son traité des
droits honorifiques, chapitre 1, « que les
» empereurs & Rois sont mixtes, savoir
» de qualité ecclésiastique & séculière. »
Il confirme son assertion par un fait, auquel il est sans doute permis de ne pas
croire : « en 1528, dit-il, l'empereur
» Charles-Quint, s'acheminant à Aix-
» la-Chapelle, pour y recevoir la cou-
» ronne impériale, passant par la ville
» d'Utrecht, on le vit officier publique-
» ment en l'église cathédrale au service
» divin, *talari indutus linteo & sacrâ amic-
» tus veste.* » Maréchal ajoute, pour prouver que les Rois ne sont pas purement

laïcs, qu'à leur sacre ils sont revêtus de la dalmatique, comme les diacres, qu'ils communient alors sous les deux espèces, & qu'à leurs obsèques, leur représentation est décorée de la même manière que le sont les prêtres lorsqu'on les inhume.

M. Talon, avocat-général, tenoit à-peu-près le même langage dans un de ses plaidoyers. « Nos Rois, disoit-il, ne sont » pas tenus pour personnes profanes & » purement laïques, mais ils participent » de la condition & qualité ecclésiasti- » que, & ils jouissent de plusieurs privi- » lèges qui sont attachés à cet ordre : en- » sorte que bien que les personnes laïques » ne puissent tenir les charges, ni les of- » fices de l'église, ni être pourvus d'au- » cun bénéfice, le Roi est excepté de » cette règle, & est réputé capable de » tenir des prébendes aux églises de son » royaume. »

Tout cela se réduit à dire, que le Roi est par son sacre *oint du seigneur*, & rien de plus. Car de prétendre qu'il soit, à proprement parler, ecclésiastique, & qu'il puisse, en cette qualité, s'entremettre dans les fonctions du ministère sacré, c'est une absurdité visible, & qui a été très-bien remarquée par Rusée, nombre 55. (1).

On peut voir encore là-dessus M. Bossuet, dans sa défense de la déclaration de 1682, livre 1, section 2, chapitre 7, & les mémoires du clergé, tome 11, page 412... 2043.

Mais si le Roi ne peut pas être mis au nombre des prêtres, il est du moins le

premier de tous les laïcs du monde chrétien ; & c'est en cette qualité qu'il porte les titres de *fils aîné de l'église*, & de *Roi très-chrétien*. Voyez ci-devant, section 4, §. 2 & 3.

## SECTION XXII.

### *Des droits du Roi dans la disposition des bénéfices ecclésiastiques.*

Les droits du Roi sur les bénéfices, dérivent de deux sources ; de son caractère de souverain du temporel qui fait partie du titre bénéficial, & de sa qualité de protecteur de l'église dans laquelle l'office & les fonctions du titre sont acquités. C'est ce qui met les droits de sa majesté touchant les bénéfices dont elle a la collation, bien au-dessus des droits de tous les autres collateurs laïcs.

Pour avoir une idée complette de ces droits, il faudroit en distinguer le fond d'avec la forme de les exercer. Mais comme notre objet n'est pas de faire ici un traité de jurisprudence canonique, nous nous renfermerons dans l'examen & l'énumération des différens titres en vertu desquels le Roi dispose des bénéfices ecclésiastiques.

Ces titres peuvent être rangés sous deux classes.

Dans la première, sont ceux que l'on considère comme des droits de la couronne.

Dans la deuxième, ceux dans lesquels il paroît que l'autorité de l'église est entrée par des actes de concession ou approbation.

PREMIERE CLASSE. *Titres que l'on considère comme droits de la couronne.*

Ces titres sont la régale, le serment de fidélité, le joyeux avènement, la joyeuse entrée, la garde royale, le droit de litige entre les patrons, le patronage.

_____

(1) *Quantùm verò, dit-il, ad illud quod dicunt, quòd Reges & imperatores ex quo inunguntur, fiunt capaces juris spiritualis, contrarium est veritas, quia licet Reges & imperatores inungantur, nihilominùs non consequuntur potestatem disponendi de juribus merè ecclesiasticis, merè spiritualibus, nec recipiunt ordinem ecclesiasticum, sed laicorum numero continentur.*

### §. I. *de la Régale.*

On entend ici par *régale*, un droit en vertu duquel le Roi jouit tant des fruits temporels des évêchés qui viennent à vaquer, que de la collation des bénéfices non-curés que l'évêque auroit droit de conférer, si le siège étoit rempli.

L'origine de ce droit & le temps auquel l'exercice en a commencé, sont des points difficiles à éclaircir & sur lesquels les auteurs sont partagés. M. le président Hénault prétend qu'on en trouve le principe dans le concile d'Orléans, tenu sous Clovis. Mais Pasquier n'apperçoit rien dans les actes de ce concile, qui regarde cette glorieuse prérogative de la couronne.

Le sentiment le plus vraisemblable est qu'elle dérive du droit féodal. On sait que de tout temps, nos Rois ont donné des terres à condition du service militaire, ou de quelque autre redevance. Témoin Clovis le Grand, qui investit le comte Aurélien de la seigneurie de Melun, pour la tenir de lui en foi & hommage. Le nom de ces sortes de gratifications du souverain, n'a pas toujours été le même dans tous les temps : on les appeloit *bénéfices* sous les Mérovingiens ; on les nomma *fiefs* dans la seconde race. Mais les uns & les autres emportoient également l'idée de vasselage & l'obligation d'être fidèle au prince. Or, ces bienfaits, toujours viagers, étoient réversibles à la couronne au moment de la mort du possesseur. Les revenus rentroient alors dans la main du monarque, & n'en sortoient que par une nouvelle investiture. Cette loi ne souffroit aucune exception ; elle affectoit généralement tous les fiefs tant ecclésiastiques que laïcs. On peut donc la regarder comme la base du droit de régale, qui avec le temps s'est étendu non-seulement sur tous les biens temporels de l'évêché, mais encore sur les bénéfices dont la collation appartiendroit à l'évêque, s'il y en avoit un, parce qu'aux termes de plusieurs décrétales, la colla-

tion est un fruit du droit ou du titre duquel elle dépend.

Ce qui justifie cette conjecture, c'est qu'on voit par le testament de Philippe-Auguste, & par plusieurs ordonnances des Rois ses successeurs, qu'il y avoit alors des églises qui ne vaquoient point en régale. Quelle peut être la raison de cette exception ? On ne la trouvera ni dans les actes du concile d'Orléans, qui suivant M. le président Hainault, soumet généralement tous les évêchés à ce droit de la couronne ; ni dans la qualité de protecteurs (toutes les églises étoient également sous la garde du Roi) ; ni dans la prérogative de fondateurs & de patrons ; (elle est commune à tous les souverains qui cependant ne jouissent pas tous de ce privilège) : il faut donc la chercher dans la nature des biens qui constituoient les revenus de ces églises ; elles n'étoient point sujettes à la régale, parce qu'elles ne tenoient aucun fief du Roi. Aussi voyons-nous que les fiefs ecclésiastiques sont nommés *régoles* dans quelques-uns de nos vieux auteurs. Ils disent que les évêques d'Orléans & d'Auxerre ayant refusé d'amener les hommes qu'ils étoient obligés de fournir, Philippe-Auguste se saisit de leurs *régales*, c'est-à-dire, suivant l'explication de Rigord, de tous les biens qu'ils tenoient de sa majesté en foi & hommage.

Quoi qu'il en soit de l'origine de cette prérogative, Grégoire de Tours assure que les Mérovingiens en ont joui malgré les oppositions de quelques évêques. Les papes Innocent III, Clément IV, & Grégoire X, l'ont reconnue par des bulles solemnelles. Le concile de Lyon l'autorisa dans les églises où elle étoit établie par la fondation, ou par quelque coutume ancienne ; mais il défendit en même temps de l'introduire dans celles où elle n'étoit pas reçue.

Le parlement de Paris ne s'arrêta point à cette restriction ; il décida, le 24 avril 1608, que la régale étant un droit de la couronne, devoit affecter généralement tous les archevêques & évêques du royaume ; & le 10 Février 1673, il parut une déclaration du Roi, par laquelle sa majesté déclara la même chose, sans excepter d'autres archevêques & évêques, que ceux qui avoient acquis l'exemption de ce droit à titre onéreux (1).

Cette déclaration du Roi fut acceptée authentiquement par le clergé. Les seuls évêques d'Aleth & de Pamiers s'y opposèrent. Le Roi fit saisir leurs revenus. Innocent XI fulmina quelques bulles d'excommunication en leur faveur. L'affaire fut accommodée sous Innocent XII, & l'universalité de la régale unanimement reconnue.

## §. II. *Du serment de fidélité.*

Le serment de fidélité que les évêques prêtent au Roi, après avoir reçu leurs provisions, est d'un usage très-ancien, & l'on peut dire, aussi ancien que la monarchie, quoiqu'on n'en trouve point de preuves fréquentes sous la première race. Au commencement de la troisième, Yves de Chartres écrivoit au pape Paschal II, qu'on étoit persuadé que les évêques avoient toujours prêté ce serment au Roi ; ce qu'il disoit à l'occasion d'un arrêt du parlement, qui y avoit condamné Gervais archevêque de Reims (2).

L'obligation où est chaque évêque, nouveau promu, de donner à son bienfaicteur, protecteur en même temps de

son église, des témoignages d'une juste reconnoissance, a amené insensiblement l'usage des *brevets de serment de fidélité.* On appelle ainsi, une sorte de mendat par lequel le Roi enjoint à l'évêque dont il a reçu le serment, de conférer la première prébende qui viendra à vaquer dans l'église cathédrale, à l'ecclésiastique désigné par le brevet.

On n'est pas d'accord sur l'époque précise de l'introduction de ce droit en France : mais communément on ne lui en donne pas d'autre, que les lettres-patentes de Henri IV, enregistrées au grand conseil le 31 mars 1599 (1)

En 1605, le clergé fit des remontrances contre cette loi, & demanda qu'il plût à sa majesté *décharger les prélats de telles charges de nouvel introduites.* Voici quelle fut la réponse du Roi : « les prélats » que sa majesté a nommés aux évêchés, » ne lui doivent refuser cette gratifica- » tion. »

## §. III. *Du droit de joyeux avènement.*

Ce droit, dans l'ordre bénéficial, est tout différent de celui du même nom dont on a parlé ci-devant, section 16, distinction 1, article 3. C'est le droit en vertu duquel le Roi, nouvellement venu à la couronne, nomme un sujet pour être pourvu du premier bénéfice qui vaquera par mort dans les cathédrales & certaines collégiales de son royaume.

M. d'Aguesseau a fait en 1716, un mémoire très-intéressant sur la question de savoir si les églises de Cambrai, d'Arras & de Saint-Omer, étoient sujettes à ce droit, comme celles de l'ancien domaine de la couronne.

Pour établir l'affirmative, il a d'abord prouvé que le droit de joyeux avènement n'est point fondé sur la concession des

---

(1) Tels sont les archevêques de Lyon, de Cambrai, de Besançon, & l'évêque d'Autun. Voyez le répertoire de jurisprudence, au mot *Régale.*

(2) Reclamante curiâ, plenariam pacem impetrare nequivimus, nisi prædictus metropolitanus, per manum & sacramentum eam Regi, fidelitatem facere, quam prædecessoribus suis regibus Francorum anteà fecerant omnes Remenses archiepiscopi & cæteri regni Francorum quàmlibet religiosi & sancti episcopi. *Epist.* 190, 30, 87.

(1) Chopin, *de sacr. polit.* lib. 1, tit. 3, n. 5 ; *Monastic.* lib. 2, tit. 3, n. 16.

papes ; mais qu'il y a lieu de croire qu'il est tiré du droit des fiefs, comme la régale & le serment de fidélité.

Un arrêt de 1274, qui obligea les religieuses de Coucy à recevoir une demoiselle qui avoit la nomination du Roi, prouve que le fonds du droit de joyeux avènement étoit pour lors reconnu, & que le Roi en jouissoit comme usant de son droit propre, *utendo jure proprio suo ;* qu'il en usoit dans les abbayes qui sont à sa garde, *in abbatiâ de gardiâ suâ,* & qu'il l'exerçoit au commencement de son règne, *in principio sui regiminis.*

Philippe-le-Long, par ses lettres du 5 juillet 1317, mande à ses officiers de faire recevoir dans plusieurs monastères d'Anjou, un moine, comme étant chose qui lui appartenoit par droit royal.

Par arrêt du 15 janvier 1322, le droit de joyeux avènement fut déclaré appartenir au Roi dans le monastère de Beaumont-en-Rouergue, qui est proprement un chapitre régulier, & ce droit y est traité de droit royal, *locum sibi jure regio debitum.*

Le 25 février 1323, le parlement rendit un pareil arrêt contre l'abbaye de Beaulieu, & un autre en 1351, contre les religieux du prieuré de Longueville.

En 1353, le chapitre d'Arras & les administrateurs de l'Hôtel-Dieu voulurent contester ce droit au Roi. Après enquête faite, il y eut arrêt, par lequel il est arrêté, 1°. que le Roi avoit droit de faire recevoir un religieux dans chaque abbaye & Hôtel-Dieu, principalement quand ils étoient de fondation & garde royale, ou que le Roi étoit en possession de ce droit ; 2°. que toutes les églises cathédrales étoient de la garde du Roi.

Enfin, ce droit du Roi étoit tellement reconnu dans ces premiers temps, qu'il étoit passé en style, & on en trouve une formule très-ancienne au protocole de la chancellerie de France.

Les mêmes motifs qui ont fait établir le droit de joyeux avènement sur les mo-

nastères, ont dû y soumettre les évêchés ; même droit de garde & de protection, même devoir envers le seigneur féodal & le souverain ; même obligation de reconnoissance pour l'exécution des droits dont les autres vassaux sont chargés.

La pragmatique-sanction, selon la remarque de la glose, aussi-bien que Benedict, sur le terme *aliquandò,* est encore une preuve, que selon le droit commun de la France, au quinzième siècle, le Roi usoit du droit de premières prières pour les évêchés mêmes, & que ce droit étoit tellement reconnu, que l'élection d'un autre sujet que celui qui avoit été recommandé par le Roi, étoit annullée, si le Roi s'en plaignoit.

Après ces détails, M. d'Aguesseau a rapporté des témoignages d'auteurs célèbres, en faveur du droit de joyeux avènement sur les prébendes des églises cathédrales & collégiales, tels que François Marc, conseiller au parlement de Dauphiné, qui écrivoit en 1502 ; Carolus Grassalius, qui vivoit sous François I ; le Prêtre, Boyer, Rebuffe, Romillard, Chopin, &c.

Il a cité ensuite quatre arrêts du grand conseil, de 1577, 1583, 1587 & 1594 ; les lettres-patentes de Henri III, du 22 décembre 1577, qui exemptent le chapitre de Nesle du droit de joyeux avènement ; les déclarations de Louis XIII, de 1610 & 1612 ; celles de Louis XIV, de 1646, & l'édit des insinuations de 1691.

De toutes ces autorités, M. d'Aguesseau a conclu que le droit de joyeux avènement étoit fondé sur une très-ancienne possession ; que toutes les églises en particulier se sont soumises à l'exercice de ce droit, & que s'il n'a pas aujourd'hui la même étendue qu'il a eue autrefois sur les monastères de la garde du Roi, ce ne peut être que parce que les places de moines ont été peu recherchées dans les derniers siècles, & que la piété de nos Rois n'a pas voulu que les monastères fussent assujetis au double droit d'oblut & de joyeux avènement.

M. d'Aguesseau a ensuite examiné si le droit de joyeux avènement pouvoit être étendu aux églises des provinces nouvellement conquises.

Il a distingué les provinces autrefois démembrées de la monarchie, & rentrées sous la domination Françoise, qui est le cas de la réunion, & les provinces qui n'ayant jamais été soumises à nos Rois, sont ajoutées à la couronne, qui est le cas de l'union.

Il a prouvé que dans le premier cas, tous les principes se réunissent pour faire voir que le droit de joyeux avènement doit avoir lieu dans ces provinces : les fondemens du droit de joyeux avènement, protection, seigneurie, reconnoissance, reprennent leur première force dans le moment de la réunion ; de même qu'un citoyen, qui, après avoir été long-temps captif chez les ennemis, rentrant dans sa patrie, est censé *jure post liminii*, n'en avoir jamais été séparé. Ainsi, une province distraite pendant quelque temps de la monarchie, rentre de plein droit dans les privilèges des autres sujets du Roi, & le Roi de son côté rentre dans tous les droits qu'il exerçoit sur cette province, avant son démembrement.

Du reste, la question a été jugée contre le chapitre d'Arras, par un arrêt célèbre rendu au grand-conseil, dès l'année 1648 ; & le chapitre s'étant pourvu en cassation, en a été débouté par arrêt du conseil du 15 avril 1663.

Quant aux provinces nouvellement acquises à la couronne, M. d'Aguesseau a d'abord supposé comme certain, le principe *quid quid accrescit Regno, fit pars ejus & eodem jure censetur*, sur-tout lorsqu'il s'agit d'un droit royal, dont on trouve dans les provinces conquises, les motifs qui ont donné lieu à l'établir dans le royaume, comme sont les qualités de protecteur, de seigneur suprême, de fondateur & de bienfaiteur.

Et pour répondre à la seule objection qu'on pût faire par rapport à l'église de Cambrai, M. d'Aguesseau a rapporté l'article 4 de la capitulation, par lequel le Roi promet de conserver cette église dans ses franchises, & il a fait voir que ce terme s'entend seulement des immunités & privilèges dont l'église de Cambrai jouissoit avant la conquête, soit dans ses biens, soit dans la personne de ses ministres — que le Roi étant aux droits de l'empereur, il avoit encore sur cette église, un nouveau titre qui autorisoit le droit de joyeux avènement, savoir celui de premières prières — que prétendre exclure le droit de joyeux avènement, parce que l'église de Cambrai étoit déjà sujette au serment de fidélité, c'étoit les vouloir exclure tous deux, puisqu'ils dérivent de la même source, l'un ayant lieu à la mutation du seigneur dominant, & l'autre à la mutation du vassal, & qu'ils sont tous deux, non-seulement compatibles entre eux, mais également justes séparément.

Sur toutes ces raisons, il est intervenu les 10 octobre 1716 & 8 mars 1717, des décisions des conseils de conscience & de régence, par lesquelles il a été arrêté que le Roi donneroit des brevets de joyeux avènement pour les églises de Cambrai, d'Arras & de Saint-Omer, comme pour les autres, sauf aux brevetaires, s'ils étoient troublés, à faire valoir le droit du Roi dans les justices réglées, où ils seroient appuyés par les officiers royaux.

Ces décisions ont été exécutées. L'église de Cambrai, & celle de Seclin en Flandres, ayant refusé de pourvoir les brevetaires, deux arrêts du grand conseil ont fait cesser leur résistance. Ils sont rapportés par Durand de Maillane, au mot *brevet*, l'un sous la date du 20 juillet 1724, & l'autre sans date.

L'église d'Elne en Roussillon a réclamé les mêmes exemptions que celles des Pays-Bas, & n'a pas été plus heureuse. Un arrêt du grand conſeil du 19 mai 1719, a jugé que cette province étoit ſujette au droit de joyeux avènement comme les autres.

Les bénéfices ſur leſquels peut s'exercer le droit de joyeux avènement, ſont ſpécifiés par la déclaration du Roi du 28 février 1726 : « Voulons & nous plaît, » porte-t-elle, que notre droit de joyeux » avènement ait lieu, tant ſur les pré- » bendes des égliſes cathédrales, que ſur » les dignités & prébendes des égliſes col- » légiales, où il y avoit ci-devant plus de » dix prébendes outre les dignités, ſans » que les réductions des prébendes deſ- » dites égliſes collégiales faites ſans notre » exprès commandement, porté par nos » lettres-patentes, puiſſent empêcher » l'exercice dudit droit. »

### §. IV. *Du droit de joyeuſe entrée.*

Le Roi jouit en pluſieurs égliſes d'un droit particulier. Il y diſpoſe d'un canonicat lorſqu'il y fait ſa première entrée. C'eſt ce qui a fait appeler ce droit, *droit de joyeuſe entrée*, à l'imitation du droit de joyeux avènement.

Quelques auteurs aſſurent que dans une grande partie des égliſes où le Roi eſt en poſſeſſion de ce droit, il a été établi chanoine par la fondation de ces égliſes ; & que dans les autres, c'eſt par une ancienne coutume qu'il jouit de ce droit.

D'Héricourt prétend que l'exercice de ce droit remonte à des temps beaucoup plus reculés que celui du droit de joyeux avènement.

La cérémonie qui s'obſerve lorſque le Roi diſpoſe d'un canonicat par droit de joyeuſe entrée, eſt fort ſimple. Un chanoine préſente au Roi l'aumuſſe, & le Roi la remet à l'eccléſiaſtique qu'il déſigne pour le premier canonicat vacant dans cette égliſe.

La chambre eccléſiaſtique des états généraux de 1614, déſapprouva cette manière d'exercer le droit dont il s'agit ;

mais elle reconnut la légitimité du droit en lui-même.

### §. V. *Des droits de garde royale & de litige.*

Ces droits ſont particuliers à la province de Normandie.

Nous avons parlé du premier dans la ſection 6. Le ſecond eſt, ſuivant l'article 73 de la coutume de cette province, un *privilège ſpécial* en vertu duquel ſa majeſté nomme aux bénéfices dont le patronage eſt litigieux entre les patrons.

Un arrêt du parlement de Rouen rendu le 8 octobre 1550, le roi Henri II y ſéant en ſon lit de juſtice, a jugé que quoique le contrat par lequel ſa majeſté avoit aliéné, à titre d'échange, les domaines de Mortaing & de la vicomté d'Auge, contînt une ſubrogation, dans les termes les plus forts & les plus étendus, à tous les droits du Roi, il n'avoit pu attribuer à l'échangiſte le droit qui appartenoit au Roi de nommer aux bénéfices ſitués dans ces domaines, dont le patronage pouvoit tomber en litige. (1) Ce droit eſt donc vraiment régalien, & inaliénable.

### §. VI. *Du patronage royal.*

Le Roi eſt en général le patron & le protecteur de toutes les égliſes de ſon royaume ; mais il l'eſt d'une manière plus particulière pour certaines égliſes, ſoit parce qu'elles lui ſont redevables de leur fondation, ſoit parce que les droits de leur fondateur ont été tranſmis à ſa majeſté par ſucceſſion, achat ou confiſcation (2).

_____

(1) Denizart, au mot *Litige*.
(2) C'eſt ſur le droit de confiſcation qu'eſt fondée la diſpoſition de l'article 25 de l'édit du mois d'août 1679. Voici ce qu'il porte : « Pen- » dant le temps que les accuſés ou prévenus » deſdits crimes ( de duel ) ne ſe rendront point » priſonniers, nous voulons que la juſtice de » leurs terres ſoit exercée en notre nom, & nous » pourvoirons pendant ledit temps aux offices » & bénéfices dont la diſpoſition appartiendra » auxdits accuſés ou prévenus. »

Louis XIV, par un édit du mois d'avril 1702, avoit ordonné l'aliénation, à titre de propriété incommutable, des droits de patronage dépendans des seigneuries domaniales. Mais cette loi étoit contraire au principe que le patronage ne peut être transmis, si ce n'est avec l'universalité de la terre à laquelle il est attaché. Aussi fut-elle révoquée en 1715 par un édit du mois de mai.

Par arrêt du conseil du 20 mars 1734, enregistré au grand conseil avec des lettres-patentes, le Roi déclara que par la révocation que cet édit avoit prononcée, sa majesté avoit entendu rentrer dans le patronage de la cure du Mesnil-sous-l'Isle-Bonne, ainsi que dans tous les autres patronages aliénés, en exécution de l'édit du mois d'avril 1702, ou autres.

L'exercice du patronage dépendant d'un domaine engagé ne passe point à l'engagiste, à moins qu'il n'y en ait une clause expresse dans le contrat d'engagement.

C'est une maxime constante en France qu'on doit regarder comme patronage royal & purement laïc, celui que le Roi tient de la concession de l'église, & cela, quoique dans son origine, il fût purement ecclésiastique.

Il y a plus. Si un patronage qui étoit originairement ecclésiastique, a appartenu au Roi, & a par la suite été cédé à quelqu'un des sujets de sa majesté, il conserve toujours la qualité de patronage Royal (1).

Le Roi n'est point assujeti aux loix qui obligent les patrons laïcs à disposer des bénéfices de leur patronage dans quatre ou six mois. La cure de Gaineville, au diocèse de Rouen, dont le patronage appartient au Roi, comme dépendante d'une terre domaniale, ayant vaqué, sa majesté y nomma le sieur Sirop; celui-ci ne prit point le _visa_ dans les six mois de la vacance. Les grands vicaires du diocèse le siège vacant, le conférèrent. De-là, naquit une complainte qui fut portée au grand conseil; & par arrêt du 13 juin 1724, le nommé du Roi fut maintenu, sur le fondement que l'intention de l'église n'a point été de comprendre le Roi dans les loix qui limitent le temps donné aux patrons.

DEUXIÈME CLASSE. _Titres dans lesquels l'autorité de l'église est entrée par des actes de concession ou d'approbation._

Ces titres sont le concordat passé en 1516 entre Léon X & François I; ceux qui furent faits en 1682 & 1698, entre Louis XIV & les églises de Cambrai & de Besançon; celui qui fut passé en 1564 entre Philippe II, roi d'Espagne & le clergé belgique; les indults accordés à nos Rois par les papes pour la disposition de différens bénéfices dans quelques provinces; enfin l'indult du parlement de Paris.

§. I. _Des bénéfices auxquels le Roi nomme en vertu du concordat fait en_ 1516 _entre Léon X & François I._

Suivant ce concordat, §. 1, _titre de regiâ ad prælaturas nominatione_, le Roi a le droit de nommer aux archevêchés, évêchés, abbayes, & même aux prieurés conventuels à l'élection desquels on procédoit auparavant dans la forme prescrite par le chapitre _quia propter_, & dont on avoit coutume de demander la confirmation.

Le §. 3 du même titre exceptoit de cette disposition, les cathédrales, abbayes & prieurés qui avoient obtenu du pape des privilèges pour nommer leurs prélats. Mais cette exception ne subsiste plus; elle a été abrogée par une bulle de Pie IV, qui, quoique destituée du sceau de l'enregistrement dans les cours, n'a pas laissé de passer en usage, & de faire le droit commun du royaume.

_____

(1) Répert. de jurisprud. au mot _Patronage_, §. 13.

Cette

Cette bulle a cependant refpecté les privilèges des abbayes chefs-d'ordre ; elle leur a confervé le droit d'élire leurs prélats, & la difpofition en a été non-feulement confirmée, mais encore étendue aux quatre premières filles de Cîteaux, par l'article 3 de l'ordonnance de Blois (1).

La manière générale dont s'exprime le concordat par rapport aux abbayes, ne laiffe prife à aucune équivoque. Toutes, hors celles dont on vient de parler, font fujettes à la nomination royale. On ne doit pas même excepter les abbayes de filles (2), encore moins celles de la congrégation de Chéfal-Benoît (3), parce qu'encore une fois la difpofition du concordat eft générale.

Mais il y a plus de difficultés pour les prieurés.

D'abord on fait qu'il y a des prieurés féculiers. On remarque en France plufieurs collégiales, dont le premier dignitaire porte le titre de prieur. Tels font Loches, Chatillon-fur-Indre, & Saint-Germain de la Châtre. Ces prieurés font-ils compris dans la claufe du concordat qui affujetit à la nomination royale, tous les prieurés électifs ? L'auteur des définitions canoniques rapporte un arrêt du

grand confeil du 10 feptembre 1526, qui juge nettement pour la négative, & cette opinion n'eft plus conteftée aujourd'hui. J'ai même vu le 19 décembre 1777, la grand'chambre du parlement de Paris, ordonner, en déclarant nulle une élection du prieuré de Saint-Germain de la Châtre, à caufe d'un défaut de formalités, qu'il en feroit faite une nouvelle dans la forme prefcrite par le chapitre *quia propter.*

A l'égard des prieurés conventuels, il faut, pour fuivre les termes du concordat, diftinguer ceux qui, au temps de cet acte, étoient électifs-confirmatifs, d'avec ceux qui, à la même époque, étoient fimplement collatifs.

Par le concordat, les premiers font tombés à la nomination du Roi ; les feconds au contraire font demeurés dans leur ancien état.

On trouve à ce fujet une obfervation importante dans Fuet. « Les prieurés de » l'ordre de Grammont, dit-il, qui font » conventuels, & au nombre de trente- » neuf dans le royaume, diftribués en » neuf provinces, font auffi compris dans » la nomination royale, parce qu'au » temps du concordat, ils étoient tous » conventuels & électifs par les religieux » de chaque monaftère, & confirmatifs » par l'abbé ; & comme par le concordat » la nomination royale a fuccédé à l'é- » lection, ils y font demeurés fujets, à » la réferve des quatre premiers qui vien- » nent à vaquer après l'élection & confir- » mation de l'abbé, qui eft général d'or- » dre & réfident en France. Ce privilège » d'exception a été donné à cet abbé par un » indult de Clément VI, confirmé depuis » par la bulle de Clément VII, du 9 juin » 1531 ». Et nous voyons dans Chopin, *de facrâ politiâ*, liv. 1, tit. 2, nomb. 15, que le même privilège a autrefois reçu la fanction de plufieurs jugemens.

Quelques auteurs étendent fort loin les droits du Roi fur les prieurés conventuels. Pour fe former une jufte idée de

---

(1) *Voici les termes de cet article :*

Pour rétablir, conferver & entretenir l'état régulier & difcipline monaftique, voulons qu'arrivant vacation des abbayes & monaftères qui font chefs-d'ordre, comme Cluny, Cîteaux, Prémontré, Gramont, le Val-des-Ecoliers, Saint-Antoine de Viennois, la Trinité dite des Mathurins, le Val-des-Choux... femblablement ès abbayes & monaftères de Saint-Edme de Pontigny, la Ferté, Clairvaux & Morimond, appelées les quatre premières filles de Cîteaux, y foit pourvu par élection des religieux profès defdits monaftères, fuivant la forme des faints décrets & conftitutions canoniques.

(2) Arrêté du grand confeil du 11 mars 1580, conforme à une déclaration verbale de Henri III.

(3) Arrêt du parlement de Paris du premier feptembre 1764. Durand de Maillane fur l'article 58 des libertés de l'églife gallicane.

leur syſtême, il faut d'abord peſer les termes du concordat ; voici ce qu'il porte : *Monaſteriis verè & prioratibus conventua-* *libus & verè electivis, videlicet in quorum* *electionibus forma capituli quia propter ſer-* *vari, & confirmationes electionum hujuſmodi* *ſolemniter peti conſueverunt....*

On prétend, d'après ces termes, que le Roi doit avoir la nomination de tous les prieurés conventuels, qui dans l'origine étoient des abbayes, quoique aujourd'hui on les regarde comme purement collatifs. C'eſt ce que ſoutient principalement l'auteur d'un traité qui a paru ſur cette matière dans le ſiècle dernier. Pour juſtifier cette opinion, il établit, 1°. que le mot *monaſterium* ne peut pas être entendu d'un prieuré, mais ſeulement d'une abbaye ; 2°. que toutes les abbayes, avant le concordat, étoient réellement électives ; 3°. que par conſéquent les termes *verè* *electivis videlicet*, ne s'appliquent qu'aux prieurés conventuels ; & de ces trois propoſitions, il conclut que, pour ſavoir ſi un prieuré conventuel eſt à la nomination du Roi, il faut, non pas examiner s'il étoit électif-confirmatif au temps du concordat, mais s'il a autrefois exiſté avec le titre d'abbaye ; car, dit-il, le concordat portant généralement que le Roi nommera aux monaſtères ou abbayes, ſans diſtinguer comme il le fait par rapport aux prieurés conventuels, s'ils ſont vraiment électifs, ou s'ils ne le ſont pas, on doit aſſujetir à la nomination royale tous les prieurés qui étoient originairement de véritables abbayes, parce que l'état n'a pu en être changé au préjudice du ſouverain.

Mais comment a pu s'opérer ce changement ? C'eſt ce que l'auteur explique fort bien. Les abbayes de Cluny, de Chaiſe-Dieu, de Saint-Denis & quelques autres, étant devenues puiſſantes & recommandables par l'obſervance exacte de la diſcipline monaſtique, pluſieurs moindres abbayes s'y agrégèrent & s'y ſoumirent ; les unes d'elles-mêmes, les autres par l'auto-

rité des Rois ou des papes : quelques-unes à la vérité ſe maintinrent dans leur gouvernement primitif ; mais la plupart perdirent inſenſiblement leur ancien régime, & l'on s'accoutuma peu à peu à les regarder comme des membres de ces grandes abbayes & des prieurés de leur dépendance.

( La bibliothèque de Cluny nous fournit en effet pluſieurs exemples de cette réduction d'abbayes en prieurés, Nous les avons rapportés dans le répertoire de juriſprudence au mot *Prieur.* )

Il eſt donc certain, conclut l'auteur cité, que dans le nombre des prieurés que les abbés de Cluny, de Marmoutier & autres grandes abbayes, prétendent être à leur nomination, il s'en trouve beaucoup qui ont été des abbayes ; par conſéquent on doit, aux termes du concordat, les regarder comme ſujets à la nomination royale.

Ce ſyſtême ne pouvoit manquer d'être accueilli par l'auteur du traité des droits du Roi ſur les bénéfices. « Il eſt très-vrai, » dit-il, que le concordat porte en gé-» néral, que le Roi nommera aux mo-» naſtères, & qu'on ne fait dans ce traité » aucune diſtinction ni réſerve des mo-» naſtères ſoumis ou non ſoumis, unis » ou non unis, agrégés ou non agrégés. » Ainſi, il ſuit de cette diſpoſition » générale, que tout ce qui eſt monaſ-» tère, c'eſt-à-dire abbaye, ſe trouve » compris dans le concordat : de même » que ſi, par un traité entre les deux » couronnes de France & d'Eſpagne, le » Roi d'Eſpagne cédoit au Roi les villes » d'une province, tout ce qui ſeroit ville » dans cette province ſeroit compris dans » ce traité, & préſumé avoir été aban-» donné au Roi, & qu'on alléguroit » inutilement que telle ville eſt membre » & une dépendance de telle principauté » ou ſeigneurie ; le traité étant général » & ſans réſerve, cette exception ne ſeroit » pas écoutée ».

Mais cette comparaiſon ne ſe tourne-t-elle pas contre l'auteur ? Un traité qui cédetoit des villes, ne feroit certainement pas un titre en vertu duquel on pût prétendre les villages qui ont été villes autrefois ; pourquoi donc le concordat, c'eſt-à-dire un traité qui accorde au Roi la nomination à toutes les abbayes de ſon royaume, lui donneroit-il le droit de nommer aux prieurés qui, ayant été abbayes dans leur origine, n'étoient plus, au temps de cet acte, que de ſimples membres d'autres monaſtères, & ſujets à la collation des abbés de ceux-ci ? N'eſt-il pas évident qu'en donnant au Roi la nomination aux abbayes, on n'a eu en vue que les bénéfices qui avoient alors cette qualité ?

Cette objection paroît inſurmontable. Voici cependant ce que répond notre auteur. L'intention de nos Rois & des ſeigneurs particuliers, en fondant des monaſtères, n'a point été d'établir de ſimples habitations pour des religieux ; il paroît au contraire, par les titres mêmes des fondations, que leur deſſein a été d'ériger de véritables abbayes. Il y a même des fondateurs qui ont prévu que les abbés chefs-d'ordre pourroient tenter de réduire en prieurés les abbayes qu'ils fondoient, & qui ont pris des précautions contre cet abus. En 1106, Robert, comte de Flandres, agrège l'abbaye de Saint-Bertin à la congrégation de Cluny, & dit à ce ſujet, en parlant à l'abbé de Cluny : *Sancti Bertini monaſterium vobis veſtriſque ſucceſſoribus omninò liberè ordinandum perpetuo jure concedimus, eâ tamen conditione præfixâ, ut abbatia numquam in prioratum redigatur* (1). En 821, le comte Vaibert donne à l'abbé Geils un terrein nommé *Rodunion*, à la charge d'y conſtruire, non une ſimple habitation dépendante d'un chef-lieu, mais un monaſtère. *Eâ videlicet ratione, ut nulli alio loco ſubjectus habeatur, ſed ibi monaſterium deo & prædictis ſanctis conſtituat.*

D'après cela, ne peut-on pas dire que la converſion de certaines abbayes en prieurés, eſt contraire à l'intention des fondateurs ! Et puiſqu'elle n'a été nullement autoriſée par les deux puiſſances, ſpirituelle & temporelle, qui ont le plus grand intérêt à la conſervation de ces titres, ne doit-on pas conſidérer ces maiſons religieuſes comme étant encore dans leur état primitif, & conſéquemment comme de véritables abbayes ?

Dira-t-on que le laps de temps & le défaut de réclamation doivent faire préſumer une approbation de la part des perſonnes qui repréſentent les fondateurs & les deux puiſſances ? Non, répond notre auteur. « Pour couvrir un pareil » changement, il ſeroit néceſſaire que » les puiſſances euſſent agi de concert » par des actes formels & pour des cauſes » légitimes. Les titres qui exiſtent ſont » autant de réclamations perpétuelles » contre leſquelles la preſcription ne peut » avoir lieu, d'autant plus qu'il s'agit » des droits du Roi, & d'entretenir les » fondations de ſes auteurs, qu'il eſt du » bien de l'égliſe & de l'honneur de l'état » de conſerver. Ainſi il eſt donc vrai » que dans le temps que le concordat a » été paſſé, quoique ces monaſtères ne » fuſſent connus que ſous le nom de » prieurés, ils étoient véritablement des » abbayes, & que les entrepriſes qu'on » a faites pour renverſer leur état, n'ont » pu opérer ce changement ».

L'auteur ajoute que le Roi nomme conſtamment aux abbayes de Tiers, de Saint-Martial de Limoges, & à pluſieurs autres, quoiqu'elles aient été ſoumiſes à l'ordre de Cluny ; que par conſéquent toutes les autres abbayes qui ont été fondées comme telles, doivent être à la nomination du Roi, ſous quelque nom qu'on les connoiſſe aujourd'hui.

Il convient cependant qu'entre les monaſtères agrégés, ſoit à l'abbaye de Cluny, ſoit aux chefs-d'ordre, il peut y en avoir que les fondateurs ont voulu y ſoumettre,

---

(1) *Bibliothèque de Cluny*, pag. 538.

avec pouvoir aux abbés de ces grandes abbayes d'y envoyer, au cas de vacance, de leurs religieux pour en être les abbés & les gouverner avec cette subordination; mais il soutient que cette exception ne peut avoir lieu qu'à l'égard des abbayes dont les titres de fondation en disposent expressément ainsi.

« Il ne reste donc plus, dit enfin notre » auteur, qu'à connoître le nombre de » ces monastères ainsi réduits en prieurés. » Le moyen le plus simple & le plus sûr » pour parvenir à cette connoissance, est » d'obliger les collateurs de ces prétendus » prieurés à représenter les titres de » fondation de ces bénéfices, ou du » moins des actes équivalens, & qui » soient en bonne forme ; faute de quoi » le Roi pourra y nommer ».

Nous ne nous permettrons aucune réflexions sur ce système : il suffit qu'on sache qu'il n'est pas encore accrédité, & qu'il y a au contraire dans les lois ecclésiastiques de d'Héricourt (1), un arrêt du conseil du 16 août 1681, qui le condamne formellement.

Il nous reste une question sur le concordat. C'est de savoir si le droit de nomination qu'il attribue au Roi a lieu dans les provinces qui n'étoient point soumises à la France lors de ce traité, & qui depuis ont été acquises ou réunies à la couronne.

Les officiers de la cour de Rome prétendent non-seulement que le concordat ne peut s'étendre à d'autres provinces que celles qui y sont spécialement énoncées, mais même qu'il ne doit point avoir lieu dans tout ce que le royaume comprenoit en 1516. Le concordat, disent-ils, n'a été établi qu'à la place de la pragmatique & pour en tenir lieu. Il ne doit par conséquent faire loi que dans les pays où la pragmatique avoit été reçue. Or, sous Charles VII, lors de l'établissement de la pragmatique, le royaume ne comprenoit ni la Bretagne, ni la Provence; donc, selon eux, ces deux provinces ne sont pas soumises au concordat.

On oppose à cette conséquence, la maxime, *quidquid accrescit regno fit pars ejus & eodem jure censetur*, & l'exemple de la régale, du serment de fidélité, du droit de joyeux avènement, qui ont été étendus sans difficulté à toutes les provinces nouvellement conquises.

Mais osons le dire, ni cette maxime, ni cet exemple ne détruisent le raisonnement des officiers de la cour de Rome.

A la bonne heure, que dans les droits royaux, dans les attributs essentiels ou même accessoires de la souveraineté, on suive la règle *quidquid accrescit regno fit pars ejus & eodem jure censetur*; rien de plus juste. L'unité du monarque imprime sur tous ces droits, sur tous ces attributs, le caractère de l'uniformité. Ainsi le domaine de la couronne est imprescriptible dans toute l'étendue de la monarchie, & celui qui voudroit prétendre le contraire par rapport aux provinces nouvellement conquises, ne seroit pas seulement écouté. Ainsi la régale, le serment de fidélité & le droit de joyeux avènement, ont été étendus à toutes les provinces qui n'ont été acquises que depuis peu à la couronne. Ainsi le privilège qui empêche les sujets du Roi d'intenter complainte contre sa majesté, est reçu universellement dans tous ses états, même dans ceux où il n'avoit pas lieu pendant qu'ils appartenoient à des princes étrangers (1).

Mais il ne faut pas argumenter des droits qui sont royaux par leur nature, à ceux qui peuvent n'être devenus tels, que par l'effet d'un concordat passé avec une autre puissance. Les contrats sont de droit

---

(1) Part. 2, chap. 4, n. 16.

(1) Voyez l'arrêt du parlement de Flandres de 1675, rapporté ci-devant sect. 8, §. 2.

étroit : les ſtipulations qu'ils contiennent ne peuvent s'étendre au-delà des limites dans leſquelles la volonté des parties les a renfermées.

Si donc le concordat n'a été fait que pour les provinces où la pragmatique étoit précédemment en vigueur, il eſt clair qu'il ne peut par ſoi s'étendre plus loin.

Or il paroît par les termes mêmes du concordat, qu'il n'a vraiment eu pour objet que ces provinces. On y déclare que le Roi nommera aux bénéfices conſiſtoriaux *dans ſon royaume & dans le Dauphiné.* Pourquoi cette expreſſion ſingulière du Dauphiné, ajoutée à l'énonciation du royaume en général ? C'eſt parce que le Dauphiné a été uni à la couronne ſans confuſion, & à condition de faire un tout dépendant, à la vérité, de la couronne, mais ſans y être entièrement incorporé, enſorte qu'il eſt tenu par le Roi *æquè principaliter*, ſuivant le langage des juriſconſultes. Mais la Provence eſt préciſément dans le même état : on en a rapporté les preuves dans le §. 1. de la ſection 4 de ce chapitre. Pourquoi donc le concordat n'a-t-il pas fait une mention particulière de la Provence comme du Dauphiné ? Il ne peut pas y en avoir eu d'autre motif, que l'intention des hautes parties contractantes de borner l'effet de leurs ſtipulations reſpectives aux pays où la pragmatique étoit reçue : la pragmatique avoit lieu dans la province de Dauphiné & point dans celle de Provence : c'eſt par cette raiſon que le concordat parle de l'une & ne dit rien de l'autre.

La conduite de François I juſtifie ce que nous avançons. Le 6 octobre 1516, c'eſt-à-dire, deux mois après la ſignature du concordat, il obtint du pape un indult particulier pour nommer aux bénéfices conſiſtoriaux de la Provence & de la Bretagne. C'étoit ſans doute reconnoître bien nettement que ces pays n'étoient pas ſujets au concordat ; & une reconnoiſſance

auſſi voiſine du traité auquel elle ſe réfère, eſt très-certainement le meilleur & le plus ſûr commentaire, qu'on puiſſe conſulter pour l'interprétation de cet acte.

On m'objectera que le parlement de Paris n'a jamais regardé cet indult & tous ceux du même genre, obtenus par les ſucceſſeurs de François I, pour les provinces nouvellement conquiſes, comme des titres néceſſaires qui formaſſent véritablement le droit du Roi, mais comme des expédiens dans leſquels il eſt entré pour ſurmonter les difficultés de la cour de Rome. On ajoutera, ſi l'on veut, que l'un de ces indults, celui de 1740 concernant la Lorraine, n'a été enregiſtré qu'avec la clauſe, *pour être exécuté en conſéquence du concordat.*

Mais les magiſtrats de cette cour ont leurs vues, pour étendre la règle *quidquid accreſcit regno, &c.* juſqu'aux droits du Roi, qui proviennent des conceſſions de la cour de Rome ou de traités faits avec elle. Par ce moyen, ils ſont ſûrs de faire valoir leur indult dans les provinces nouvellement conquiſes, & de le mettre, pour ainſi dire, à côté de la régale. C'eſt en effet ce que nous liſons dans le mémoire de M. d'Agueſſeau, ſur le droit de joyeux avènement : *la régale...., l'indult du parlement n'ont pas moins lieu dans l'Artois que dans les égliſes qui ne ſont jamais ſorties de la domination du Roi.* Ce ſont ſes termes.

Il eſt cependant bien aiſé de ſentir l'extrême différence qu'il y a ſur ce point entre la régale, qui eſt un droit attaché à la couronne, & l'indult du parlement. Nous l'avons déjà démontrée, & le conſeil d'état l'a miſe au-deſſus de tous les doutes, en jugeant par quatre arrêts de 1673, 1677, 1726 & 1728, que l'indult du parlement n'a lieu ni en Flandres ni en Artois (1).

_____

(1) Répertoire de juriſprudence au mot *Flandres.*

Disons le donc avec confiance, le concordat ne peut étendre son empire hors des provinces pour lesquelles il a été fait, & comme il n'a été fait que pour la partie du royaume dans laquelle la pragmatique avoit été reçue, il est clair qu'il ne peut *par soi* donner à sa majesté le droit de nommer aux bénéfices consistoriaux, dans les provinces qui ont depuis été acquises ou réunies à la couronne.

On croira que je vais tirer de ces principes, une conséquence peu avantageuse aux droits du Roi. Point du tout. J'en conclus seulement que pour juger si la nomination royale doit s'étendre aux provinces dont il s'agit, il faut laisser à l'écart le concordat, & voir quels sont, en thèse générale, & indépendamment de tout traité particulier, les droits du Roi dans la disposition des prélatures de son royaume.

Un des points les plus constans de l'histoire de France, est la possession dans laquelle ont été nos Rois de nommer aux prélatures du royaume, du moment qu'ils ont eu embrassé le christianisme. Grégoire de Tours, M. de Marca, le père Thomassin, l'abbé de Vertot & beaucoup d'autres historiens en ont recueilli une infinité d'exemples. Ils sont sans nombre, dit le célèbre Baluze dans ses notes sur les capitulaires (1) ; *reges dederunt episcopatus, quod innumeris propemodum exemplis probari potest* (2). Nous n'en citerons qu'un seul, que tous les historiens ont principalement remarqué.

Emerius avoit été nommé par le Roi Clovis II, évêque de Xaintes. L'archevêque de Bordeaux, assisté de ses suffragans, fit le procès à ce prélat, le destitua, & mit à sa place Héraclius. Charibert, fils de Clovis, en est irrité. « Quoi! » dit-il, ils ont osé déposer sans mon

» consentement, un évêque que mon » père avoit choisi ? » Il fait à l'instant rétablir Emerius sur son siège, & il condamne l'archevêque de Bordeaux à mille écus d'amende.

C'est ainsi, dit Grégoire de Tours, que ce prince vengea l'injure faite à son père. *& sic patris ultus est injuriam.* Cette expression, dans la bouche d'un des plus grands évêques de l'église de France, & d'un évêque qui, suivant Thomassin (1), « donna tant de preuves de la pureté de » son zèle, & de la fermeté de son cou-» rage, même contre les Rois, » dépose plus hautement en faveur des droits de la couronne, que tous les exemples qu'on pourroit rapporter.

Faut-il rechercher le principe de ces exemples, de ces suffrages, de ces autorités ? Il est, on ne craint pas de le dire, dans la nature des choses.

On ne dira pas que les Rois sont les défenseurs de l'église ; que c'est à l'ombre de leur protection puissante, que ses ministres exercent en paix leurs fonctions saintes ; que si l'empire de la religion s'est établi, s'il s'est étendu dans tout l'univers, s'il s'étend encore dans des mondes nouveaux, c'est en partie l'ouvrage de la piété des souverains ; que ses temples offrent par tout des preuves de leur bienfaisance ; que c'est des trésors de l'état que se sont formés ceux de l'église ; que ces biens, ces domaines, ces grands fiefs qu'elle possède, ne sont pour la plus grande partie qu'une émanation du domaine même de la couronne. Tous ces titres, quelque suffisans qu'ils paroissent pour assurer au Roi la nomination aux grands bénéfices fondés par son autorité ou dotés par sa munificence, disparoissent devant un autre titre, plus éminent encore que ceux de fondateur, de patron, de suzerain.

_____

(1) Tom. 2, pag. 1141.

(2) On peut en voir la liste chronologique dans le dictionnaire de Durand de Maillane, sur l'article 67 des libertés de l'église Gallicane.

(1) Discipline ecclésiastique, tom. 2, liv. 2, chap. 14, n. 2 & 5.

Ce titre eft la royauté même, ou fi l'on veut, cette magiftrature facrée qui en eft inféparable.

Tant que l'églife n'a pas été un corps dans l'état, tant que fes miniftres n'ont eu ni dignité, ni pouvoir extérieur, tant qu'ils n'ont vécu que des offrandes des fidèles, & qu'ils ont regardé le règne de la religion, comme un règne étranger à celui de ce monde, *regnum meum non eft ex hoc mundo*, l'élection a fans doute été la feule voie qui dût conduire au choix de fes pafteurs, & les fouverains n'ont pu y exercer aucun droit.

Mais auffi, dès l'inftant que l'églife a acquis une exiftence civile, qu'elle eft devenue le premier ces ordres de l'état, & qu'admife à participer à la puiffance publique, il lui a été donné d'exercer cette autorité fur les fujets du prince, les dignités de l'églife font devenues de vraies magiftratures dont la difpofition a dû néceffairement dépendre du fouverain. Il n'y a en effet qu'un Roi, qu'une loi, qu'une autorité. Tout pouvoir émane de la puiffance fouveraine. Toute dignité qui s'exerce dans l'état, eft une portion de la dignité royale. Toute magiftrature enfin civile, politique, eccléfiaftique, ne peut dériver que de cette magiftrature fuprême qui réfide dans le fouverain.

Les prélatures ont à la vérité des fonctions purement fpirituelles ; ces fonctions font indépendantes de toute autorité civile, c'eft-là le vrai patrimoine de l'églife ; mais toutes leurs fonctions publiques, leur autorité extérieure, leur jurifdiction, font néceffairement une émanation de la puiffance fouveraine.

C'eft ce qui faifoit dire au grand Conftantin, « qu'un évêque n'étoit que l'évêque de fon diocèfe, mais que le fouverain étoit l'évêque de tous. » C'eft auffi dans le même efprit que les pères du fixième concile de Paris, affemblés par les ordres de Louis-le-Débonnaire, difoient à ce prince que fouvent les princes du fiècle exercent dans l'intérieur même de l'églife, le pou-

voir le plus abfolu. *Principes faculi non nunquàm intrà ecclefiam poteftatis adeptæ culmina tenent.*

Tel eft le véritable principe des droits du Roi fur les prélatures de fon royaume ; & l'on ne doit pas craindre qu'il conduife jamais à rien diminuer de l'autorité qui eft propre à l'églife, & qu'elle ne tient que de Dieu même : « autre chofe eft, dit » le célèbre du Moulin (1) ; le droit de » fervir aux autels & de remplir les fonc- » tions auguftes du facerdoce, autre chofe » de régler & de conferver la difcipline » eccléfiaftique. Salomon, de fa feule au- » torité royale, deftitue le grand prêtre, » & inftitue Sadoch à fa place. Judas Ma- » chabée choifit des prêtres fans tache, » & il leur commet le foin du temple. » Qui ofera dire que la puiffance royale, » ait moins de droit dans l'églife chré- » tienne que dans l'églife juive ! Et n'eft- » ce pas une vérité fondamentale de la » religion de Jéfus-Chrift, que les Rois » font les miniftres de Dieu, & que » tout doit leur être foumis. »

Il faut donc bannir à jamais cette idée étrangère, que le droit du Roi fur les prélatures du royaume, eft une conceffion du pape. Il n'eft permis qu'à des docteurs Ultramontains de foutenir une telle maxime. Le concordat pourroit être aboli fans que le droit du Roi en reçût aucune atteinte. Ce traité n'eft point la fource de la nomination royale. Dès les premiers temps de la monarchie, nos Rois en ont été en poffeffion. C'eft l'apanage effentiel de leur couronne. Les Rois nomment aux prélatures de leur royaume, parce qu'ils font Rois : voilà leur titre. Le concordat n'a point ajouté à ce titre ; il n'a été de la part de François I, qu'une précaution pour faire ceffer les conteftations de la cour de Rome. C'eft ce que les jurifconfultes appellent *remotio impedimenti*.

Il n'eft pas befoin de faire l'applica-

---

(1) Préface fur l'édit des petites dates, p. 28.

tion de ces principes. Déjà sans doute, on en a conclu que la nomination royale aux prélatures, doit avoir lieu dans les provinces conquises depuis le concordat, comme dans celles de l'ancienne domination du Roi, & cela indépendamment de tout traité, de tout indult, en un mot par le seul effet de la nature des choses.

§. II. *Des concordats faits en 1682 & 1698, avec les chapitres Métropolitains de Cambrai & de Besançon.*

Par une suite de ce qu'on vient de dire, il est clair que Louis XIV, après la conquête de Cambrai & de Besançon, n'avoit besoin d'autre titre que de sa couronne, pour nommer aux archevêchés dont ces deux villes sont le siège. Mais ce sage monarque aima mieux user de ménagemens que d'exercer son droit à la rigueur.

Le 25 août 1682, le chapitre métropolitain de Cambrai, pour se maintenir dans l'exemption de la régale, céda au Roi son droit de nomination à l'archevêché. Ce traité fut passé avec le comte de Montbron, gouverneur de Cambrai, & M. le Pelletier, intendant de Flandres & de Cambrésis, tous deux munis des pouvoirs de sa majesté. Il fut enregistré au parlement de Paris le 7 septembre de la même année, en vertu de lettres-patentes du 30 août précédent, & au parlement de Flandres le 7 février 1715, en vertu de lettres-patentes du 28 janvier de la même année.

Le 28 juin 1698, même traité entre M. de Vauxbourg, intendant de Franche-Comté, commissaire du Roi en cette partie, & le chapitre métropolitain de Besançon. Il a été enregistré le 30 juillet suivant, avec des lettres-patentes du 15 du même mois.

§. III. *Du concordat fait le 30 juillet 1564, entre Philippe II, roi d'Espagne, & les provinces Belgiques.*

Ce concordat porte qu'en cas de vacance des abbayes, le prince enverra des commissaires pour informer de la capacité des sujets, & recevoir le suffrage des religieux, & le prince, de son côté, promet de nommer ensuite un des religieux élus. Les changemens de domination survenus depuis ce concordat, n'en ont apporté aucun dans la forme qu'il avoit réglée pour la nomination aux abbayes. L'article 6 de la capitulation d'Hesdin, du 29 juin 1639, l'article 11 de celle d'Arras, du 9 août 1640, l'article 62 de celle de Cambrai, du 25 avril 1677, déclarent formellement qu'il sera pourvu aux abbayes, & autres bénéfices du pays, en la manière accoutumée.

C'est en effet ce qui s'est toujours pratiqué, depuis la réunion d'une partie des Pays-Bas à la couronne. Le brevet de nomination à l'abbaye de Saint-Vaast d'Arras, le 28 octobre 1641, en offre un exemple voisin de cette époque. Le Roi y déclare, que voulant laisser à tous ses sujets des pays conquis, les privilèges dont ils avoient duement joui sous leurs anciens souverains, il a écouté favorablement les remontrances que les grand prieur & religieux de cette abbaye lui avoient faites, touchant le droit qu'ils avoient toujours eu de proposer trois sujets pour la dignité d'abbé, afin d'en être choisi un par sa majesté, &c.

Cette forme de nomination est attestée par un acte de notoriété du 6 juillet 1643, donné par les officiers du conseil provincial d'Artois *ouis en corps pour le service du Roi.* Cet acte a été délivré en exécution des ordres que Louis XIV avoit donnés pour constater quelle étoit la manière ordinaire de pourvoir à la prélature des abbayes de cette province, afin de s'y conformer, comme il s'y étoit engagé par les capitulations; & c'est en effet dans la forme attestée par cet acte de notoriété, que toutes les abbayes sont remplies, lorsqu'elles viennent à vaquer dans les Pays-Bas, soit François, soit Autrichiens.

Les états d'Artois supplièrent sa majesté, par leur cahier de 1747, de déclarer

clarer que son intention étoit de maintenir les religieux de la province d'Artois,
dans l'usage dont ils avoient toujours
joui jusqu'alors, par rapport aux élections.
La réponse du Roi porte que : « L'inten-
» tion de sa majesté n'a jamais été de
» changer l'usage établi en Artois, à l'é-
» gard des élections des abbés, & qu'elle
» aura attention, dans les occasions, à
» ce qu'elles continuent à se faire comme
» par le passé. »

En 1740, le Roi nomma dom Hay à
l'abbaye de Marchiennes, située en Flandres, sans que cette forme d'élection eût
été observée. Le brevet de nomination
ne faisoit aucune mention du droit en
vertu duquel sa majesté l'avoit fait expédier, & chargeoit dom Hay d'obtenir en
cour de Rome des bulles & provisions
apostoliques, quoique cette abbaye fût
soumise à l'évêque diocésain.

Cette innovation excita les réclamations de toute la Flandres & de tout l'Artois. Les remontrances que le parlement
de Flandres adressa à ce sujet au Roi,
méritent d'être conservées. En voici un
passage qui, quoiqu'un peu long, inté-
ressera sûrement nos lecteurs.

« Nommer à l'abbaye de Marchiennes,
» sans exprimer que c'est par droit de
» patronage & de souveraineté, & obli-
» ger dom François Hay à prendre des
» bulles, c'est avouer que cette abbaye
» est à la disposition du pape, & que
» votre majesté n'y a nommé qu'en vertu
» de l'indult à elle accordé par le saint
» père. — Or, un pareil aveu tend à
» dépouiller la majesté royale d'une pré-
» rogative dont elle a toujours joui pour
» en revêtir le pape qui ne l'a jamais
» eue. — Le droit de patronage, de
» souveraineté & de protection sur les
» églises de Flandres, est le véritable
» titre de nos Rois pour la nomination
» aux abbayes ; titre respectable par lui-
» même, imprescriptible & inaliénable
» de sa nature ; mais devenu plus incon-
» testable encore..., par l'engagement

» libre & solemnel contracté par le
» corps ecclésiastique envers Philippe
» II, dans le concordat de l'an 1564....
» — On pourroit peut-être insinuer à
» votre majesté que ce concordat lui ôte
» la liberté du choix.... de sorte qu'il
» seroit plus avantageux pour elle de se
» servir de son indult..... — Ceux qui
» parleroient ainsi, ignoreroient ce que
» c'est que cette information qui précède
» la nomination royale aux abbayes. Ce
» n'est point une élection, quoique vul-
» gairement & mal-à-propos on lui donne
» ce nom ; la vraie élection, l'élection
» canonique se fait par les religieux après
» l'expédition du brevet de nomination,
» & tombe toujours & nécessairement sur
» celui qu'il a plu à votre majesté de
» nommer. L'information que le concor-
» dat de 1564 desire, n'est qu'une espèce
» d'enquête, dans laquelle vos commis-
» saires reçoivent les dépositions des re-
» ligieux comme témoins, sur le mérite
» des sujets les plus dignes d'entre eux ;
» dépositions qui ne lient en aucune façon
» les mains au prince, qui est si peu
» tenu de renfermer son choix dans le
» nombre des personnes qui lui sont pro-
» posées, qu'il peut, aux termes du con-
» cordat, non-seulement les négliger,
» mais encore tous les religieux du mo-
» nastère vacant, pour en choisir un
» dans une autre abbaye du même ordre.
» — La sage précaution demandée par
» le clergé & accordée par le souverain,
» n'est donc pas une contrainte gênante
» pour votre majesté ; mais un tempé-
» rament équitable, qui, en éclairant sa
» religion, ne rend pas son choix moins
» libre ni sa volonté moins absolue... —
» La formule des lettres-patentes accor-
» dées par les princes de la maison d'Au-
» triche aux religieux nommés aux ab-
» bayes, est un garant certain de ce fait ;
» & en même-temps une preuve écla-
» tante de l'attention que ces princes ont
» toujours eue à se conserver en ces oc-
» casions, la possession & l'exercice du

» droit *de patronage & de régale*, en ex-
» primant que c'étoit en vertu de ce
» droit qu'ils nommoient aux abbayes....—
» Il est vrai que dans la même formule,
» le droit tiré de l'indult est joint à
» celui de patronage & de souveraineté ;
» mais on ne peut conclure de-là que
» les indults aient été regardés comme
» des titres nécessaires. Il est constant
» au contraire qu'ils n'ont jamais été con-
» sidérés que comme des titres surabon-
» dans, dont l'expression superflue ne
» pouvoit nuire. Pour se convaincre de
» cette vérité, il ne faut que faire atten-
» tion aux réflexions suivantes.
» 1°. Philippe IV, depuis la mort de
» l'archiduc Albert, arrivée en 1621 jus-
» qu'en 1640, Louis XIII jusqu'en 1643,
» Louis XIV jusqu'en 1668, ont nommé
» à toutes les abbayes de leur domina-
» tion dans les Pays-Bas, sans avoir ob-
» tenu d'indult à cet effet. Votre ma-
» jesté, sire, en a usé de même jusqu'en
» 1722 ; & la cour de Rome, si jalouse
» de ses droits, n'a jamais réclamé contre
» ces nominations : on ne peut, ce sem-
» ble, une preuve plus convainquante
» de l'inutilité des indults.
» 2°. Les princes mêmes auxquels Rome
» avoit accordé des indults, & qui en
» ont fait mention dans leurs lettres-
» patentes, n'ont jamais prétendu nom-
» mer aux abbayes, en conséquence de
» ces indults ; mais seulement en vertu
» du *droit de patronage & de régale* ; ce
» qui se démontre par deux circonstances
» également décisives.
» La première est, que ces princes ont
» toujours nommé aux abbayes suivant
» la forme indiquée par le concordat de
» 1564. C'est-à-dire ; après information
» faite par commissaires de la capacité
» des religieux ; précaution qu'ils n'eussent
» point prise, s'ils avoient cru pouvoir
» se servir de leur indult.
» La seconde est, que les religieux nom-
» més à des abbayes soumises aux ordi-
» naires, ont toujours reçu des évêques

» leurs provisions de confirmation, sans
» qu'il y ait d'exemple qu'aucun d'eux
» ait eu recours à Rome pour obtenir
» des bulles apostoliques ; ce qu'ils n'au-
» roient pu se dispenser de faire, s'ils
» avoient été nommés par le souverain
» en vertu d'un droit cédé par le saint
» siège.
» 3°. Le pape Urbain VIII ayant offert
» à Philippe IV, un indult pour les
» Pays-Bas, à condition que les nommés
» par ce prince se pourvoiroient de bulles
» apostoliques, le conseil privé de Bru-
» xelles consulté au nom du roi d'Es-
» pagne par l'archiduc Ferdinand, gou-
» verneur du pays, répondit par son avis
» du 5 mai 1638, *que cet indult ne se*
» *pouvoit accepter sans faire notable pré-*
» *judice aux droits de sa majesté & de ses*
» *sujets ; qu'il convenoit que l'archiduc*
» *déclarât qu'il entendoit pourvoir au nom*
» *de sa majesté les dignités & prélatures,*
» *comme fait avoit du passé, nonobstant*
» *pareil indult dépêché pour l'archiduc*
» *Albert.*
» Cet avis prouve également la per-
» suasion où l'on étoit de l'inutilité
» des indults, & que nonobstant ceux
» accordés aux souverains, s'avoit été en
» leur nom & en vertu des droits pro-
» pres & inhérens à la couronne, qu'il
» avoit toujours été pourvu aux abbayes.
» L'avis donné par le même conseil
» privé, & sur le même sujet, le 27 sep-
» tembre 1639, est encore plus positif.
» Il n'y a, dit-il, *qu'à se tenir &*
» *adhérer sans indult purement & simple-*
» *ment aux droits & usages anciens, qui*
» *sont tels que sa majesté.....n'a besoin*
» *d'aucun indult.*
» Et plus bas, après avoir attesté que
» la forme réglée par le concordat de
» 1564, pour la nomination aux abbayes,
» a toujours été observée depuis, il
» ajoute, que sa majesté n'a pour ce, be-
» soin d'aucun indult.
» D'où il conclut, en finissant, *qu'il*
» *y a plus d'avantage pour les droits de*

» sa majesté, & ceux des églises de par-
» deçà, de s'abstenir de l'impétration de
» l'indult.

» Philippe IV fut touché de ces raisons
» solides ; mais trop engagé d'ailleurs
» avec le pape qu'il avoit intérêt de mé-
» nager, il trouva un moyen d'allier ses
» droits avec sa politique. Ce fut d'ac-
» cepter l'indult, mais de n'en point
» faire usage ; en effet, il continua de
» nommer aux abbayes dans la forme
» ancienne, & les religieux nommés sous
» son règne, ne prirent point d'autre con-
» firmation que celle de l'ordinaire.

» 4°. Une dernière réflexion qui achève
» de dissiper jusqu'au moindre doute,
» que la mention faite des indults dans
» les lettres - patentes des rois d'Espa-
» gne pourroit avoir fait naître, c'est
» que dans tous les brevets & lettres-
» patentes dépêchés aux religieux nom-
» més aux abbayes des Pays - Bas par
» les rois Louis XIII & Louis XIV, &
» par votre majesté même, on laisse en-
» sevelis dans le plus profond oubli les
» indults des souverains pontifes, pour
» ne parler uniquement que du droit de
» patronage & de souveraineté, comme
» du titre véritable & légitime de nos
» Rois. »

Ainsi s'est expliqué le parlement de
Flandres dans les remontrances citées.
« Les principes en ont paru si solides,
» (écrivoit à ce sujet M. le chancelier
» d'Aguesseau à M. de Pollinchoye, pre-
» mier président du parlement de cette
» cour), l'usage qui les a confirmés si
» constant & si important à maintenir....
» pour la conservation des droits du Roi
» & de la couronne, que sa majesté s'est
» portée très-volontiers à y avoir égard. »

En effet, le brevet de dom Hay fut
révoqué, & le Roi ordonna qu'il en fût
expédié un nouveau dans la forme prescrite par le concordat de 1564 ; c'est ce
que M. le marquis de Breteuil, ministre
& secrétaire d'état, annonça aux dé-

putés des états d'Artois, par sa lettre du
11 février 1741.

## §. IV. *Des indults accordés au Roi par la cour de Rome pour nommer à différens bénéfices dans certaines provinces.*

On a déjà dit que nos Rois tiennent
de leur couronne même, le droit de nommer aux prélatures des provinces dans
lesquelles le concordat n'a par soi aucun
empire. Ils n'avoient donc pas besoin d'indults pour cette nomination. Cependant
ils ont bien voulu en recevoir plusieurs
du saint siège, parce que toujours pleins
d'attachement pour l'église, ils ont mieux
aimé paroître en tenir à titre ce faveur,
ce qui leur appartenoit de droit, que
d'exciter dans son sein le plus léger trouble. Il est vrai aussi que la cour de Rome
a récompensé leur complaisance en leur
cédant les droits qu'elle s'étoit acquis sur
certains bénéfices qui, par eux-mêmes,
n'étoient pas sujets à la nomination
royale.

Ceci va s'expliquer par le détail des
indults que nos Rois ont obtenus pour
différentes provinces de leur nomination.

Le premier, & celui qui a donné
l'idée des autres, a été accordé à François I, le 6 octobre 1516, pour la nomination aux archevêchés, évêchés, &
autres bénéfices consistoriaux de Provence
& de Bretagne.

Louis XIV ayant fait la conquête des
trois évêchés de Metz, Toul & Verdun,
Alexandre VII lui accorda, par un indult
du 11 décembre 1664, le droit de nommer à tous les bénéfices consistoriaux de
ces pays. Clément IX ajouta, par un am-
pliatif du 23 mars 1668, la nomination
à tous les bénéfices non-cures auxquels
il appartenoit aux souverains pontifes de
pourvoir, même aux premières dignités
après l'évêque dans les églises cathédrales, & aux principales dans les collégiales, encore que par le concordat ger-

manique cette nomination fut réservée au pape (1).

Le 9 avril de la même année 1668, Clément IX donna au Roi un autre indult pour la nomination aux bénéfices confistoriaux des comtés & vigneries de Rouffillon , de Conflans & de Cerdagne.

Le 20 mai 1686 , Louis XIV obtint du pape un indult pour les bénéfices confistoriaux de la Franche-Comté & de Belançon. Louis XV le fit renouveler le 30 août 1722.

Les conquêtes de nos Rois dans les Pays-Bas donnèrent lieu à trois indults pour les bénéfices du même genre qui se trouvent dans ces provinces. Ils font des 9 avril 1668 , 20 mai 1686 & 29 août 1721.

On connoît encore dans les Pays-Bas trois autres indults ; mais ils ne concernent pas ce qu'on appelle proprement *bénéfices confistoriaux.*

Le premier, du 4 juillet 1515, accorde à Charles-Quint , alors souverain de ces provinces , la nomination aux premières dignités après l'évêque dans les cathédrales , & aux dignités principales des églises collégiales. Nos Rois se sont maintenus après la conquête dans l'exercice de ce droit, &, à l'imitation des princes de la maison d'Autriche , ils ont toujours déclaré dans leurs brevets de nomination, qu'ils en usoient, tant à titre de royauté & de patronage, qu'en vertu de l'indult.

Le second , du 11 décembre 1749, a subrogé le Roi à tous les droits de nomination que le concordat germanique avoit attribué aux papes dans la ville de Cambrai. Sa majesté en a ordonné l'exécution par lettres-patentes du 3 mai 1752, avec la clause expresse qu'elle n'entendoit en jouir « que pour la nomination » des canonicats & dignités de l'église » métropolitaine & des collégiales de » Cambrai, énoncés audit indult , que » notre saint père le pape étoit ci-devant » en droit & possession légitime de con- » férer librement. » Ces lettres-patentes ont été enregistrées au parlement de Flandres le 3 août 1752 (1).

---

(1) Avant cet indult , les chapitres des églises cathédrales & des collégiales des Trois-Evêchés étoient en possession de recevoir des démissions pures & simples dans tous les mois de l'année , comme le pape recevoit les résignations en faveur, même pendant les mois réservés aux chapitres. Ce qui formoit entre ceux-ci & le souverain pontife une espèce de compensation.

On a demandé si cet usage pouvoit encore avoir lieu au préjudice du Roi. Deux arrêts du grand conseil des 20 & 28 avril 1671 , avoient jugé pour l'affirmative. Mais ces arrêts ont été cassés par lettres-patentes du 14 août suivant, avec « très-expresses inhibitions & défenses aux » chapitres des églises cathédrales de Metz , » Toul & Verdun , d'accorder ni expédier à » l'avenir de semblables collations sur les dé- » missions des titulaires décédés ès mois réservés » en conséquence desdits indults , & au grand » conseil d'y avoir égard en jugeant le posses- » soire. »

La question de savoir si l'on peut permuter ou résigner, sans l'agrément du Roi, dans les mois de sa majesté , a été décidée par des lettres-patentes du 19 janvier 1723. « Nous avons été » informé, dit le législateur dans le préambule » de ce règlement , qu'au préjudice du droit de » nomination qui nous appartient dans l'étendue » des Trois-Evêchés , en vertu de l'indult per- » pétuel accordé au feu Roi , notre très-honoré » seigneur & bisaïeul de glorieuse mémoire » par le pape Clément IX , & contre la dispo- » sition de l'arrêt de notre conseil du 13 décembre » 1670 , plusieurs particuliers s'introduisent dans » lesdits bénéfices par la voie des résignations » faites sans notre agrément, & nous privent » par ce moyen du droit de nomination qui » nous est acquis par ledit indult ». En consé- quence , le Roi ordonne « qu'à l'avenir aucun » résignataire de bénéfices dépendans des évêchés » de Metz, Toul & Verdun, dont les nomi- » nations appartiennent à sa majesté en vertu de » l'indult de Clément IX , ne pourra être admis » à en prendre possession, ni à prêter le serment » nécessaire à cet effet, qu'après avoir obtenu » de sa majesté des lettres d'attache sur la pro- » vision desdits bénéfices, expédiées sur lesdites » résignations. »

---

(1) On a agité plusieurs fois, au parlement de Flandres, la question de savoir si les résigna- tions faites sans le consentement du Roi, dans les mois réservés à sa majesté en vertu de l'indult dont il s'agit, sont bonnes & valables ?

Par le troisième, daté du 6 des calendes de mars 1776, le pape cède au Roi son droit de nomination aux prébendes des églises collégiales de saint Pierre

---

La négative sembloit ne devoir souffrir aucune difficulté, soit d'après les lettres-patentes du 19 janvier 1723, qui l'avoient ainsi décidé pour les diocèses de Metz, Toul & Verdun, soit d'après les principes, reconnus par tous les auteurs, qu'un droit de nomination, d'ecclésiastique qu'il étoit, devient laïc & royal lorsqu'il passe dans les mains du Roi, & qu'en aucun cas on ne peut résigner au préjudice du souverain, ni même d'un simple patron laïc.

Cependant, il a toujours été jugé au parlement de Flandres que ces sortes de résignations étoient valables.

Le 20 août 1761, le sieur le Page se fait résigner un canonicat de la métropole de Cambrai. Cette résignation n'est acceptée en cour de Rome que le 7 septembre suivant ; & par conséquent, c'est dans un mois réservé à sa majesté qu'elle devient parfaite. Le sieur de Susanges obtient du Roi un brevet qui le nomme au même canonicat. Là-dessus, procès entre les deux pourvus. Arrêt de 1763, au rapport de M. de Francqueville de Fontaine, qui maintient le sieur le Page. Requête en cassation. Ordre du Roi, annoncé à Douai par une lettre ministérielle, qui empêche le rapport de cette requête, & par conséquent maintient l'arrêt du parlement.

Au mois de janvier 1772, le sieur Morel permute un bénéfice contre un canonicat de la métropole. L'ancien titulaire étant mort dans le mois de mars suivant, sa majesté en dispose en faveur du sieur Griffin. Le sieur Morel s'oppose à l'enregistrement du brevet & des bulles de ce dernier, & demande d'être maintenu dans la possession du canonicat. Le sieur Griffin soutient que la permutation dont se prévaut son adversaire est nulle, faute du consentement du Roi. Arrêt du premier mars 1773, qui déclare la permutation bonne & valable, & maintient le sieur Morel dans la possession du canonicat. Le sieur Griffin se pourvoit au conseil, qui, par arrêt sur requête du 21 juin suivant, casse celui du parlement de Flandres, & évoque la connoissance du fond. Le sieur Morel y forme opposition, mais il en est débouté par arrêt contradictoire du mois d'août 1774. Il décède peu de temps après, & par-là son compétiteur demeure en possession du bénéfice litigieux, sans faire juger le fond.

Le 10 mai 1782, le sieur Dufour se fait pourvoir, par permutation, d'un canonicat de la collégiale de saint Géry de Cambrai. Son copermutant meurt le lendemain. Le Roi nomme à ce canonicat le sieur Heim. La contestation s'engage entre les deux pourvus. Par arrêt du 23 novembre 1782, au rapport de M. l'abbé de Ranst, le sieur Dufour est maintenu, & le sieur Heim débouté avec dépens. Le sieur Heim suit la route qu'avoit tracée le sieur Griffin en 1774. Il se pourvoit au conseil. Par arrêt de 1783, le conseil casse l'arrêt du parlement de Flandres, & renvoie les parties au grand conseil.

Il n'est pas possible de prévoir comment la question sera jugée dans ce nouveau tribunal. Mais ce qu'on peut assurer dès-à-présent, c'est qu'il est très-difficile de répondre à toutes les raisons sur lesquelles sont fondés les trois arrêts du parlement de Flandres qu'on vient de citer. En voici la substance :

« Le souverain pontife n'a fait, par son indult
» de 1749, que subroger le Roi aux droits qui
» lui étoient acquis par le concordat germa-
» nique. L'indult est précis sur ce point : il
» annonce d'abord que le droit du pape est fondé
» sur le concordat & son observance. *Ubi con-*
» *cordata mutuò servantur & vigent, ita ut*
» *collationes, &c.* Il exprime ensuite la cession
» des droits qui étoient exercés selon le con-
» cordat. *Jus providendi in mensibus semper*
» *nobis & prædictæ sedi vigore concordatorum*
» *hujusmodi reservatis, transferimus.* Enfin,
» pour dissiper tous les doutes, il déclare que
» sa majesté pourra user des mêmes droits,
» *eodem jure quod dicta sedes,* & qu'à cet
» effet, elle est subrogée aux droits du pape,
» *de illis providendi substituimus & subro-*
» *gamus.*

» Le Roi lui-même, dans ses lettres-patentes
» du 3 mai 1752, a fait connoître qu'il n'en-
» tendoit pas exercer d'autres droits que ceux
» du pape : & le parlement a réglé, par son
» arrêt d'enregistrement, que l'indult ne préju-
» dicieroit point aux *usages* ni aux privilèges
» des églises de Cambrésis (1).

» Les droits acquis par le Roi sont donc restés
» les mêmes que les droits cédés par le pape.

» Le pape n'avoit pas le droit d'empêcher
» la permutation : au contraire, il ne pouvoit
» pourvoir que dans les vacances opérées par
» toute autre cause que la permutation ; & ce
» droit, ainsi circonscrit par sa nature, est pré-
» cisément celui qu'il a cédé.

» Le droit de permuter appartenoit au titu-
» laire ; c'étoit une suite de la propriété de son
» titre ; ce droit, qui étoit général dans toute

---

(1) Voyez le répertoire de jurisprudence, au mot *Concordat germanique.*

de Lille , de faint Pierre de Douai , de faint Pierre de Seclin , de faint Pierre & de Notre-Dame de Caffel, dans les mois de février, mai, août & novembre. Cet

---

» l'églife, formoit un des *ufages* les plus pré-
» cieux du clergé belgique, & il n'y avoit jamais
» été donné le moindre atteinte.

» Il faudroit donc interpréter l'indult , les
» lettres - patentes & l'arrêt d'enregiftrement
» contre leur teneur & contre leur efprit tout
» enfemble , pour pouvoir en conclure que le
» droit du Roi , fubrogé au pape en cette par-
» tie , eft devenu plus étendu en foi-même , &
» a privé les bénéficiers de la faculté ordinaire
» de réfigner & de permuter.

» Sans doute lorfque le Roi confère par un
» droit qui lui eft propre , *jure proprio*, comme
» en régale, ou à titre de patron , on ne peut
» réfigner ni permuter fans fon confentement.

» Ce feroit la même chofe , fi l'on cédoit au
» Roi un véritable droit de patronage eccléfiaf-
» tique, un droit de nomination inhérent à un
» bénéfice , acquis ou retenu par la fondation
» ou la dotation.

» La raifon en eft fimple : c'eft que le droit
» de régale, qui eft auffi ancien que la monar-
» chie; c'eft que le patronage qui découle de
» la propriété, n'ont pas dû recevoir la plus
» légère atteinte des ufages & des permiffions
» que les lois canoniques ont depuis fait admettre.
» Ces lois ont pu gêner les eccléfiaftiques ; mais
» quand le droit eft paffé dans une main fécu-
» lière , & fur-tout dans celle du Roi, il a dû
» y reprendre fa nature primitive , & par con-
» féquent exclure toute faculté de réfigner ou
» de permuter.

» Mais fi le Roi n'eft point patron , s'il ne le
» devient pas, s'il n'a , pour ainfi dire , que des
» droits fuperficiels fur le bénéfice , pourquoi
» & fur quel fondement s'écarteroit-on des règles
» générales de l'églife , & dépouilleroit-on les
» titulaires d'une liberté qui eft de droit com-
» mun ?

» Par la régale , par la ceffion d'un droit de
» patronage, le droit radical de conférer les
» bénéfices paffe dans la main du Roi ; mais dans
» notre cas, le droit radical appartient encore,
» comme il a toujours appartenu, aux ordi-
» naires, On a bien empêché leur nomination,
» d'abord par les mandats apoftoliques , & en-
» fuite par le concordat : mais fi cela eft devenu
» un droit , c'eft fans doute un droit extraordi-
» naire , exorbitant, qui ne change pas de na-
» ture en paffant au fouverain tel qu'il eft.

» Ce droit, le pape ne l'avoit acquis que fur
» les vacances des bénéfices dans certains mois &

» de la manière réglée par la poffeffion ; en le
» cédant au Roi, le pape n'a cédé qu'un droit
» fur les vacances de tel & tel genre : le Roi
» n'a donc pu rien acquérir de plus.

» Il eft fimple & naturel qu'on ne permette
» pas de prévenir ou d'éluder, dans aucun temps,
» la vacance des bénéfices, au préjudice du
» collateur ou nominateur laïc qui a des droits
» permanens fur les bénéfices. La chofe à cer-
» tains égards eft dans fes mains : c'eft le fond
» de fon droit qu'il régit & qu'il conferve intact
» fous la protection des lois gardiennes de la
» propriété. Les atteintes directes ou indirectes
» qu'on voudroit y porter, feroient des violations
» de cette propriété.

» Il en eft autrement du nominateur extraor-
» dinaire qui n'a point de droit fur la chofe,
» mais fur certains genres de vacance feulement.
» Comme fon droit ne s'eft établi que fans pré-
» judice à la faculté de réfigner & de permuter,
» comme le genre de vacance qui doit fonder
» ce droit dépend du hazard de l'évènement,
» & de ce que le pourvu n'aura point fait ce
» qu'il pouvoit faire , foit en réfignant, foit en
» permutant; il n'eft pas vrai de dire , il n'eft
» pas même poffible de concevoir que les ré-
» fignations & les permutations foient des atteintes
» portées à ce droit, puifqu'il eft de fa nature
» de n'avoir lieu qu'à défaut de réfignation &
» de permutation.

» En deux mots, le droit de patronage, même
» eccléfiaftique, doit exclure la faculté de ré-
» figner & de permuter , lorfqu'il paffe dans
» une main laïque, parce que de fon fond & de
» fon origine, ce droit eft plein, entier , dégagé
» de toute entrave , & au-deffus de tous les
» autres droits qui ne fe font formés qu'après
» lui & à fes dépens. Le droit du pape, au con-
» traire, ne s'eft formé qu'après les autres : loin
» d'être libre & entier, il n'a jamais été ni pu
» être qu'éventuel. Telle eft fa nature. Il n'eft
» pas poffible qu'il la change, en changeant de
» poffeffion.

» Ce qui a été décidé pour les Trois-Evêchés
» ne doit pas embarraffer. L'indult donné pour
» ces provinces eft très-différent de celui de
» 1749. Nous avons vu que celui-ci ne fait que
» fubroger le Roi pour nommer aux bénéfices
» vacans, comme le pape y nommoit. Mais
» l'indult pour les Trois-Evêchés eft plus gé-
» néral. Il porte cette claufe, *quocumque modo*
» *& ex quibufvis perfonis vocaverint*, & l'arrêt
» du confeil du 13 décembre 1749, a déclaré

indult a été revêtu de lettres-patentes du mois d'avril 1777, qui ont été enregistrées au parlement de Flandres le 17 juin suivant (1).

Les duchés de Lorraine & de Bar ont été, sous le règne de Louis XV, la matière d'un nouvel indult. Clément XII, par son bref du 15 janvier 1740, a accordé au Roi Stanislas pendant sa vie, & après sa mort à nos Rois, le droit de nommer aux bénéfices consistoriaux de ces deux provinces. Ce bref exceptoit l'abbaye de Moyen-Mouftier, parce qu'elle avoit précédemment obtenu du saint siège le privilège d'élection libre. Mais cette ex-

ception a été réprouvée par l'arrêt du parlement de Paris, du 6 septembre 1740, rendu sur la vérification des lettres-patentes qui avoient été expédiées sur l'indult au mois d'août précédent.

L'isle de Corse ayant été cédée au Roi par la république de Gênes, Louis XV obtint du pape Clément XIV, un indult daté du 14 mars 1770, pour nommer aux cinq évêchés de cette isle, & aux autres bénéfices consistoriaux qui y sont situés. Cet indult a été enregistré au conseil supérieur de Bastia, le 22 mai de la même année.

## §. V. *De l'indult du parlement de Paris.*

L'indult du parlement de Paris est un privilège en vertu duquel nos Rois, d'après les concessions des papes, ont le droit de présenter à certains collateurs ou patrons ecclésiastiques du royaume, MM. les chanceliers, gardes des sceaux & officiers ordinaires du parlement de Paris.

L'origine de cet indult remonte à des temps fort reculés. M. Cocher de Saint-Vallier prouve par d'anciens rôles, qu'on l'exerçoit dès le commencement du quatorzième siècle. Mais alors il n'étoit pas perpétuel, il n'avoit de force que pendant la vie du pape qui l'avoit accordé; & à chaque mutation du souverain pontife, il falloit en obtenir le renouvellement.

Eugène IV a établi sur ce point un nouvel ordre de choses. Par ses deux bulles, des 24 avril 1431 & 18 mars 1434, & ses trois rescrits des 20 janvier, 1 octobre 1436 & 5 avril 1437, il régle *à perpétuité* que les officiers du parlement auront droit chacun une fois dans leur vie, pendant l'exercice de leur office, de se présenter au Roi, s'ils sont clercs, ou s'ils sont laïcs, de présenter un de leurs parens ou amis, clerc, pour être nommé par le Roi à un collateur ou patron ec-

___

» qu'il a été donné pour la nomination aux bé-
» néfices consistoriaux & autres qui viendroient
» à vaquer, *soit par mort, résignation ou*
» *autrement.* Ainsi tous les genres de vacances
» y sont compris, & doivent faire ouverture au
» droit de sa majesté.

» Les auteurs françois dont on oppose les suf-
» frages, ne doivent pas non plus être considé-
» rés. Ils ne font pas la distinction du droit de
» patronage d'avec le droit du pape; & ils ne
» la font pas, parce qu'elle est inutile. Ils
» ne connoissent d'autres indults que ceux qui
» ont cédé au Roi le droit de nommer aux bé-
» néfices, de quelque manière qu'ils vinssent à
» vaquer. Le Roi ayant par ces indults, un
» droit général sur les bénéfices & sur tous les
» genres de vacances, on a cru devoir donner
» à ce droit la même étendue & les mêmes
» privilèges qu'au patronage proprement dit.
» Dans le fait, on ne s'est pas trompé; mais
» c'est un fait donné au lieu d'un principe; &
» il n'y a pas de raison pour l'appliquer à des
» indults d'un genre différent, à des indults qui,
» par leur teneur, autant que par la nature de
» la chose, bornent les droits du Roi à ceux
» qui étoient réglés par le concordat germa-
» nique ». Voyez la note suivante.

(1) L'arrêt d'enregistrement est une nouvelle preuve de la persuasion où est le parlement de Flandres, que la cession des droits du pape au Roi, ne fait pas perdre aux pourvus la faculté de résigner & de permuter. Voici ce qu'il porte : « Lu, publié & enregistré.... sans préjudice.... ». des droits de résignation & permutation en la » forme usitée ès églises... de Lille, Seclin, » Cassel & Douai. »

cléfiaftique du royaume, qui feront tenus de conférer le premier bénéfice vacant à leur collation, ou de les préfenter à ceux de leur patronage.

Ces bulles ont été confirmées en 1538 par Paul III, & en 1668 par Clément IX. ( *M.* )

---

# CHAPITRE II.

### *De la maifon du Roi en général, & des privilèges des commenfaux.*

Ce terme de *maifon du Roi* fe prend dans deux fens différens, dont l'un a beaucoup plus d'étendue que l'autre. La maifon du Roi, dans fon acception la plus générale, comprend tous les officiers, tant eccléfiaftiques, que civils & militaires, qui font des fonctions auprès de la perfonne du Roi, ou dans fon palais. D'autre fois, on entend fimplement par-là les troupes deftinées pour la garde de fa majefté.

On va s'occuper ici uniquement de ce qui eft général à tous les offices de la maifon du Roi. L'ancienneté de ces offices, la prérogative dont jouiffent plufieurs d'entre eux, d'être des grands offices de la couronne, les changemens que la maifon du Roi a fubis à diverfes époques, la nature & les différentes efpèces de ces offices, leur jurifprudence particulière, enfin les privilèges des commenfaux, exigent qu'on entre dans plufieurs détails.

On va parler dans fept fections :

1°. De la maifon du Roi, & des grands offices de la couronne, fous les deux premières races :

2°. Des grands offices de la couronne en particulier, fous la troifième race :

3°. De l'état de la maifon du Roi, fous les derniers règnes :

4°. De l'état actuel de la maifon du Roi, & des différentes fortes d'offices qui la compofent :

5°. De la nature & des différentes efpèces des offices de la maifon du Roi :

6°. Des principes qu'on y fuit, relativement aux droits des créanciers, aux fucceffions & à la communauté entre conjoints :

7°. Des privilèges des commenfaux.

### Section I.

### *De la maifon du Roi & des grands offices de la couronne, fous les deux premières races.*

Dès les premiers temps de la monarchie, nos Rois ont eu plufieurs officiers, pour le fervice particulier de leur perfonne & de leur maifon. Les Rois de la première race en eurent un moindre nombre ; ceux de la feconde les augmentèrent, & fous ceux de la troifième, qui feule a déjà règné plus long-temps que les deux autres enfemble, ce nombre s'eft accru de plus en plus ; mais dans un fi bel ordre, que les royaumes voifins l'ont pris la plupart pour modèle (1).

Il y a lieu de croire qu'avant que la monarchie eût acquis la ftabilité dont elle jouit, la maifon de nos Rois étoit réglée, à bien des égards, comme celle d'un riche particulier, où les fonctions de chaque ferviteur font déterminées par la volonté du maître, plutôt que par des ufages conftans, ou par des réglemens.

---

(1) Dutillet, Favin, des premiers offices de la couronne, liv. 3, chap. 1.

Il faut beaucoup d'effais & l'expérience de plufieurs fiècles pour qu'on puiffe affeoir folidement la répartition de l'autorité, & cette diftribution de pouvoirs intermédiaires, qui, dans les monarchies bien conftituées, fait tout-à-fois la fûreté du prince & celle des fujets. Dans l'enfance des fociétés, l'extrème liberté dont on jouit, permet à peine de fentir le befoin d'un tel ordre, tandis que dans le déclin des empires, le defpotifme confond tout, parce que rien de ce qui n'a pas de rapport à la perfonne du maître, ne doit ni l'arrêter, ni le diftraire.

Il fe peut bien néanmoins qu'à certains égards, les premiers Rois François aient réglé leur maifon fur l'ordre qui fubfiftoit à la cour des empereurs Romains ou Grecs. C'eft l'opinion de beaucoup d'auteurs, & particulièrement de Favin (1), dont l'ouvrage, bien loin de mériter le mépris que Pigariol de la Force affecte d'en avoir, eft encore, malgré fes imperfections, le guide le plus fûr qu'on puiffe confulter fur cette matière.

Quelque fyftème qu'on adopte fur l'établiffement de la monarchie Françoife, il eft certain que les peuples du nord adoptèrent plufieurs ufages des pays où ils s'établirent, & cela doit arriver prefque néceffairement, lorfqu'un peuple barbare conquiert rapidement des états anciennement policés.

Il y a tout lieu de croire même que c'eft à ce mêlange des ufages & des lois des nations feptentrionales & de ceux de l'empire Romain, qu'on doit attribuer avec l'établiffement des fiefs, cette conftitution des monarchies européennes, qui n'a jamais été connue ailleurs (2).

Il paroît néanmoins que Favin a étendu trop loin les rapports qui peuvent fe trouver entre l'adminiftration de l'empire & celle de la monarchie Françoife. C'eft pour trouver une identité parfaite entre elles, qu'il a compté fept premiers offices pour le prétoire des Gaules (1) & pour la maifon des empereurs (2), comme pour la couronne de France fous la première race de nos Rois. Mais outre qu'on pourroit élever des difficultés très-fondées fur le nombre de ces offices, foit dans le prétoire des Gaules, foit dans la maifon des empereurs, il eft clair que plufieurs d'entre eux ne correfpondoient pas avec ceux de la monarchie Françoife.

Quoi qu'il en foit, voici, fuivant Favin, quels étoient, fous la première race, les fept offices de la couronne qui étoient auffi les fept principaux officiers de la maifon du Roi.

I. *Le maire du palais*, qu'on appeloit tantôt préfet, tantôt patrice, & plus communément maire du palais, préfet de la falle royale, & *majordome* (1). On a auffi nommé cet officier par un titre particulier d'excellence & d'honneur, *duc des François*. Son office, dit Favin, fous la première & fous la feconde race, revenoit proprement à celui du préfet du prétoire; car il avoit toute puiffance fur les autres officiers, en général & en particulier. Il connoiffoit abfolument de la guerre & de la paix, des chofes eccléfiaftiques & civiles, de la juftice & des finances. Quelquesuns des maires furent d'abord les tuteurs des Rois mineurs; comme le maire Landry

---

(1) Ces fept offices du prétoire des Gaules font, 1°. le préfet du prétoire, 2°. le maître de l'infanterie (*magifter peditum*), 3°. le maître de la cavalerie (*magifter equitum*), 4°. le chancelier (*quaeftor*), 5°. les ducs, 6°. les comtes, 7°. les préfidens.

(2) Ces fept offices du prétoire ou de la maifon des empereurs, étoient le *propricerius facri cubiculi*, le *magifter officiorum*, le *comes caftrenfis*, le *comes largitionum*, le *comes rerum privatarum*, le *comes domefticorum equitum*, & enfin le *comes domefticorum peditum*.

(3) Praefectus, patricius, praefectus aulae regiae & major domus. (Favin, des premiers offices de la couronne de France, liv. 1, chap. 1 & 2.)

---

(1) *Ubi fuprà*.
(2) Voyez l'admirable chapitre 4 du livre 2 de l'efprit des lois.

le fut de Clotaire II (1) & le maire Ega de Clovis II. Tandis que ces monarques, leurs créatures, se montroient seulement une fois l'an au champ de Mai, sur un chariot traîné par des bœufs, pour recevoir les dons de leurs sujets, les maires du palais se tenoient debout devant eux pour régler tout, apres quoi ces vains fantômes de la royauté retournoient dans leur sérail. Enfin les maires finirent par s'emparer du trône qu'ils avoient donné.

On grava sur le tombeau de Charles-Martel, cette épitaphe, très-propre à faire connoître quelle étoit la puissance de ces maires du palais, mais qui convenoit bien moins à un tombeau, qu'à tout autre monument:

*Dux dominusque ducum, regum quoque,*

*Rex fora spernit,*

*Non vult regnare, sed regibus imperat ipse.*

II. *Les ducs*, qui étoient alors les gouverneurs des provinces (2).

III. *Les comtes*; suivant Favin (3), ils étoient les gouverneurs des villes, comme les ducs qui les installoient étoient ceux des provinces; ils conduisoient les milices de leur département à la guerre, & ils administroient la justice en personne en temps de paix. Il y avoit douze comtes sous un duc.

Mais quoique les choses aient été quelquefois ainsi, on ne peut pas prendre ces exemples particuliers, pour des règles générales. Il y avoit des comtes subordonnés aux ducs, en plus ou moins grand nombre. Mais il y avoit aussi des comtes qui n'avoient point de ducs au-dessus d'eux, comme nous l'apprenons de Frédégaire (1).

IV. *Le comte du palais.* Cet office, dit Favin, différoit de celui de maire du palais, quoique des auteurs mal instruits, & particulièrement *Vincentius Lupanus*, dans son livre *de præfecturis & magistratibus Francorum*, aient prétendu le contraire. Ses fonctions répondoient à celles du maître des offices de la maison des empereurs. Il avoit la juridiction & la surintendance sur les officiers de la bouche & de la maison du Roi. C'est à-peu-près ce que nous appelons aujourd'hui le grand-maître de France.

Le comte du palais étoit néanmoins inférieur en dignité aux ducs, puisqu'on voit dans Aimoin, qu'Adelard, comte du palais de Louis le Débonnaire, fut envoyé en Italie, en qualité de duc, avec un comte de Bresse, pour y faire rendre la justice (2).

Mais Aimoin ne parle que d'une mission passagère, qui ne paroît avoir attribué aucune nouvelle dignité à Adelard (3). Ce fait particulier ne prouve pas plus l'infériorité que la supériorité des comtes du palais sur les ducs.

V. *Le comte de l'Etable.* Il avoit la surintendance sur les étables & écuries du Roi, avec la juridiction sur les officiers inférieurs qui y faisoient le service, ce qui revient aujourd'hui à l'office de grand écuyer de France. Voilà, dit Favin, à quoi se bornoit alors son autorité, & le même Aimoin, trompé par la correspondance des noms, a mal-à-propos rapporté à cet office celui de connétable, dont la dignité à une toute autre étendue, & est une espèce d'échantillon de cette grande autorité qu'avoient les maires du palais.

Il seroit néanmoins très-facile de prouver

___

(1) Landry fut bien le favori de Frédégonde, mère de Clotaire II; mais il n'est pas certain qu'il ait eu la tutelle de ce jeune prince: & le savant du Puy n'en parle point dans les chapitres 7 & 11 de son traité de la majorité des Rois, où sa place se seroit trouvée s'il eût eu la tutelle & la régence.

(2) Favin, *ibid.* chap. 3.

(3) *Ibid.* chap. 1.

(1) *Ibid.* liv. 1, chap. 7.

(2) *Ibid.* chap. 5.

(3) *Ibid.* chap. 6.

que la dignité de connétable, qui, de l'aveu de Favin même, n'a été la première de l'état que dans les derniers siècles, provient de celle du comte de l'étable, qui de la furintendance des écuries du Roi, paffa à celle de la cavalerie, laquelle a fait long-temps prefque toute la force de nos armées.

VI. *Le référendaire.* C'eft l'officier, qu'on a depuis appelé chancelier (1).

VII. *Le chambrier,* en latin, *camerarius.* Cet officier qui correfpondoit au *præpofitus facri cubiculi* des empereurs, avoit particulièrement fous les Rois de la première race, le foin de la perfonne du Roi, qu'il levoit, habilloit & couchoit. Il avoit, dit toujours Favin, un lieutenant qu'on appeloit *chambellan,* fous lequel étoient d'autres chambriers. (2)

Mais cette fubordination du chambellan, ou chambrier, & la diftinction même de ces deux offices fous la première race, n'eft point folidement établie.

On ne croit pas mieux fondée cette obfervation générale de Favin, fur les grands offices de la couronne durant la première race, que les fix premiers regardoient l'état en général, & le feptième particulièrement la perfonne du Roi (3). Il eft certain que la plûpart de ces offices fe rapportoient prefque tous, du moins dans l'origine à la perfonne ou à la maifon du monarque. On n'en doit pas même excepter la dignité de maire du palais. L'auteur de l'efprit des lois a fort bien obfervé (4) qu'on devoit diftinguer deux époques à cet égard, celle où les maires du palais furent maires du Roi & choifis par lui, & celui où ils furent maires du royaume & choifis par la nation. Dans le premier temps, ils étoient principalement des officiers de la maifon du Roi. Dans le dernier, ils furent véritablement les

officiers de la nation françoife. Ils devinrent même bientôt les feuls grands officiers, & leur autorité s'accrut fans relâche, jufqu'au moment où ils prirent pour eux la couronne qu'ils avoient fi fouvent diftribuée.

Lors de l'avènement de Pepin-le-Bref, la mairie fut réunie à la couronne. Mais cette feconde race n'en eut pas moins une cour & des officiers dont l'éclat & la dignité répondirent d'abord au luftre des premiers règnes. On a des détails précieux fur l'adminiftration du royaume, & fur les offices de la maifon du prince, dans une épître du fameux Hincmar (1). La dernière partie roule entièrement fur cet objet, & ce prélat annonce qu'il avoit pris tous ces détails dans l'ouvrage qu'Adélard, abbé de Corbie, avoit compofé fous le titre *d'Ordo facri palatii.*

Quoique cette efpèce de petit traité n'ait pas une méthode affez marquée pour qu'on puiffe y diftinguer bien précifément quels étoient véritablement les premiers officiers de la couronne, on convient affez généralement que les principaux offices dont il y eft parlé, fe réduifent à dix (2) dont voici la lifte.

I. L'archi-chapelain ou l'apocrifiaire, dont les fonctions approchoient beaucoup de celles du grand-aumônier (3).

II. Le grand chancelier, dont les fonctions n'étoient pas auffi étendues qu'elles le font aujourd'hui. Il préfidoit néanmoins dès-lors à la confection & au fceau des actes publics (4).

III. Le chambrier, dont l'office a tantôt été féparé de celui de chambellan, & tantôt uni avec lui. Il avoit fous l'infpection de la reine le foin de la chambre,

---

(1) *Ibid.* chap. 7.
(2) *Ibid.* chap. 8.
(3) *Ibid.* chap. 2.
(4) Liv. 31, chap. 3.

(1) Epiftola ad magnatas de regno & palatio Francorum. Hincmar, tom. 2.
(2) C'eft là ce qu'enfeignent en particulier Favin, Marcel & le comte du Buat.
(3) Voyez le chapitre du grand aumônier.
(4) Hincmar, epiftol. ad magnat. cap. 16; Marcel, hiftoire de la monarchie, tom. 2, pag. 218.

c'est-à-dire de l'appartement du Roi, de ses meubles & de ses bijoux (1).

IV. Le comte du palais qui tenoit la place du grand maître connu sous la premiere race, & qui connoissoit toujours du fait de la justice & de la police générale du palais & de la cour (2).

V. Le sénéchal, dont l'office fut institué par Charlemagne, qui en démembra les fonctions de celui de comte du palais, à l'imitation, dit-on, du grand maître du sacré palais & du *comes castrensis* des empereurs. Ce dernier étoit le chef des officiers de la bouche du prince & de tous ceux du palais, excepté des chambellans. Sous la seconde race, il étoit principalement chargé d'avertir les officiers de la bouche & de la maison du Roi du lieu où il vouloit manger & à quelle heure, combien il demeureroit en telle ou telle ville. Il avoit aussi l'inspection sur les maîtres-d'hôtel, les gentilshommes servans, les pages d'honneur & de la chambre. Il n'étoit pas chargé néanmoins de ce qui concernoit la boisson (3).

On voit que ces fonctions du sénéchal se rapportoient beaucoup à celles des grands-maîtres d'aujourd'hui. On nomma quelquefois les grands maîtres, maires du palais du Roi, *majores domus regia*, sous déclin de la seconde race. L'office en fut supprimé sous la troisième race, comme plusieurs autres, après avoir été donné en fief héréditaire.

VI. Le bouteillier ou grand échanson (4).

VII. Le comte de l'étable qui tenait alors tout au plus le cinquième rang entre les officiers de la couronne (5).

VIII. Le mansionnaire qui présidoit au logement du Roi, de ses officiers & de toute la cour. Quoique Favin & le comte de Buat (1) le mettent au nombre des grands officiers de la couronne, il étoit dans la dépendance du sénéchal sous la seconde race, & dès la premiere race, où l'office existoit déjà, il dépendoit des comtes du palais. Mais il avoit l'inspection sur les fouriers particuliers, qu'on appeloit *metatores*. On l'a connu dans la suite sous le titre de grand maréchal du corps ou maréchal des logis (2).

IX. Quatre principaux veneurs. Ils avoient sous eux des officiers inférieurs, qu'on ne semble avoir multipliés, dit M. le comte de Buat, que pour achever le nombre de 12. Tel est vraisemblablement le fondement de la fable des douze pairs & de ces fameux paladins de Charlemagne (3).

X. Le fauconnier (4).

On ne voit pas qu'il y eût alors de grand veneur au-dessus des veneurs & du fauconnier. Il y avoit d'ailleurs sous tous ces grands officiers beaucoup de domestiques inférieurs. Mais la plupart étoient des serfs du domaine (ou fisc) qu'on appeloit *fiscalins*, par cette raison, comme Loiseau l'a observé d'après du Tillet (5). Cela n'étoit point étonnant, puisque des offices de la plus grande importance, & ceux de juges même, qui, à la vérité, faisoient plutôt alors les fonctions du ministère public, que celles des juges actuels, étoient très-souvent remplis par des serfs du domaine.

Ce domaine étoit alors si bien administré, qu'il suffisoit à toutes les dépenses

---

(1) Hincmar, *ibid.* cap. 22; capit, Car. Magn. de divis. thesauri.

(2) Hincmar, *ibid,* cap. 13; capit, Car. Calv. tit. 27, cap. 7.

(3) Hincmar, *ibid.*; Marcel, *ibid.* pag. 219.

(4) Hincmar, Favin & Marcel, *ibid,*

(5) Id, *ibid,*

---

(1) Les origines, ou l'ancien gouvernement de la France, liv. 8, chap. 4, §. 4, & chap. 5, §. 4.

(2) Hincmar, Favin & Marcel, *ibid.*

(3) Les origines, liv. 8, chap. 4, §. 4.

(4) Hincmar, Favin, Marcel, le comte de Buat, &c.

(5) Des offices, liv. 4, chap. 3, n. 59; Bouchel, au mot *Offices,* &c.

du fouverain. On peut voir dans Hincmar & dans les capitulaires, ou dans l'extrait que feu M. Bouquet en a donné (1), les fages réglemens que Charlemagne fit pour l'adminiftration de fon fifc. Ce grand prince qu'on n'accufera pas d'avoir manqué de génie, de magnificence & de générofité, y entre dans les plus petits détails. Il y parle de la récolte de chaque efpèce de fruits, du foin de fes baffecours, de fes abeilles, des beftiaux. Il exigeoit que les juges de chaque lieu lui rendiffent un compte exact de tous ces objets, & qu'ils lui envoyaffent dans le temps convenable toutes les provifions dont il avoit befoin.

Hincmar nous apprend encore que l'apocrifiaire & le chambrier affiftoient, quand il leur plaifoit, au confeil, mais non les autres officiers, s'ils n'y étoient appelés. « L'apocrifiaire ou grand chapelain, garde du palais, & le chambrier, étoient toujours membres de ce confeil intime. C'eft pourquoi on les choififfoit avec grande précaution, & à l'égard des autres grands officiers du palais, que l'affiduité du fervice a fait nommer *palatins*, on examinoit fcrupuleufement leur capacité & leur conduite, le foin qu'ils prenoient de s'inftruire, l'affection qu'ils marquoient pour l'utilité publique, afin de juger s'ils étoient dignes enfuite d'être avancés aux premiers honneurs, foit en remplaçant les fujets du confeil qui venoient à manquer, foit en leur confiant le gouvernement des provinces & des frontières, foit en leur donnant le commandement des armées, & cette heureufe inftitution n'a jamais manqué de fuccès par rapport aux affaires qu'on leur a confiées. A l'égard des autres moindres officiers du palais, dont les offices n'influoient point fur les affaires générales, mais qui ne fe

» rapportoient qu'à des commiffions particulières, le prince les régloit avec un tel ordre, qu'il n'arrivoit aucune confufion ni différent qui ne pût être réglé fur le champ ; que fi l'importance de la chofe requéroit qu'elle fût remife à la décifion du parlement, fa fageffe tempéroit, avec tant de juftice & de ménagement, les courages les plus aigris, que Dieu n'étoit point offenfé, & qu'aucun ne pouvoit fe plaindre d'en recevoir aucune honte (1). »

Tous ces officiers étoient chargés d'aider de leurs confeils les malheureux, qui venoient chercher au palais du fecours contre la mifère, l'oppreffion & la calomnie, ou ceux qui s'étant acquités de leurs devoirs avec diftinction, avoient été oubliés dans la diftribution des récompenfes. Il étoit ordonné à chaque officier de pourvoir à leurs befoins, de faire paffer leurs requêtes jufqu'au prince, & de fe rendre leur folliciteur (2).

Ceux qui defireront de plus grands détails fur la maifon des princes, avant la troifième race, peuvent confulter le premier volume du traité des lois anglo-normandes de M. Houard. Les détails où il entre fur celle des rois d'Angleterre ne font pas abfolument étrangers à la maifon de France, fur laquelle il foutient encore que celle des rois d'Angleterre fut formée (3).

SECTION. II.

*Des grands offices de la couronne en particulier, fous la troifième race.*

Sur le déclin de la feconde race & dans les révolutions qui tranfmirent la

---

(1) Droit public, première differtation, part. 3, art. 3.

(1) Je me fers ici de la traduction du comte de Boulainvilliers, fur les parlemens.
(2) Hincmar, *ibid.*; Mably, obfervations fur l'hiftoire de France, liv. 2, pag. 161.
(3) Differtation préliminaire, pag. 61 & fuivantes.

couronne à la troisième, les offices de la couronne & de la maison du Roi, se ressentirent de l'impression générale qu'é prouvèrent toutes les parties du gouvernement. Les duchés & les comtés avoient été rendus héréditaires, comme tous les autres fiefs qui étoient alors de véritables offices. Mais ce ne fut que peu à peu qu'on distingua dans les hauts-barons, une classe particulière sous le nom de *pairs*, qui furent, dit-on, d'abord au nombre de six pour les laïcs comme pour les ecclésiastiques, & qu'on peut regarder à tant d'égards comme de grands officiers de la couronne.

Dans cet intervalle, plusieurs nouveaux offices furent créés, d'autres s'éteignirent, & les fonctions de ceux même qui subsistèrent, subirent divers changemens. La plupart furent inféodés, après que le domaine eut été épuisé, & quelques-uns même, tels que celui du grand sénéchal de France, devinrent héréditaires. On peut en voir des preuves dans le petit ouvrage du majorat de la sénéchaussée de France, par Hugues de Clers, chevalier Angevin, qui vivoit sous Louis-le-Gros (1). L'inféodation de ces offices, ne cessa entièrement qu'au milieu du quinzième siècle (2).

Suivant Favin (3), il y avoit cinq grands officiers au commencement de la troisième race; le chancelier, le sénéchal, ou grand-maître de la maison du Roi, le grand échanson, ou bouteiller, le chambrier, ou chambellan, & le comte de l'Etable, ou connétable. Du Tillet en ajoute deux autres, le grand pannetier

& le grand queux, ou surintendant des cuisines du Roi (1). Mais il n'est pas bien certain si tous ces offices ont subsisté dès les premiers temps de la troisième race. Quelques-uns du moins, tel que celui du grand sénéchal & du connétable, ont été depuis supprimés. On aura occasion de parler des uns & des autres dans des chapitres particuliers.

Il paroît du moins que les Rois de la troisième race, eurent dès le commencement un grand sénéchal, un bouteiller, un grand chambrier & un connétable. Les hauts seigneurs eurent aussi des officiers de cette espèce, dont les offices furent pareillement inféodés. On peut en voir les preuves dans Brussel (2), dans l'histoire particulière de nos provinces (3) & de nos grandes maisons, & dans les mémoires d'Olivier de la Marche (4) : les monastères même en avoient de semblables (5).

Une des plus belles & des plus anciennes prérogatives de ces officiers, étoit de signer les chartres & les ordonnances de nos Rois. Le président Hénault (6) prétend que Philippe I est le premier de nos Rois qui ait établi cette formalité, pour donner plus d'authenticité à ces actes. Favin avoit dit la même chose (7); mais cet usage est bien plus ancien; les premières des ordonnances du louvre sont dans ce cas, & l'on trouve des chartres signées de

_____

(1) Hugonis de clerico militis Andegavensis commentarius de majoritate & seneschallia Franciæ Andegavarum olim comitibus hereditariâ. ( Cet opuscule se trouve au tome 4 des *miscellanea* de Baluze, & du recueil de Duchesne, &c.)

(2) Brussel, liv. 2, chap. 40.

(3) Liv. 3, chap. 3.

_____

(1) Recueil des grands de France.

(2) Usage général des fiefs, liv. 3, chap. 40.

(3) Voyez sur-tout celle de Dauphiné, par M. de Valbonnais.

(4) Il y donne les détails de la maison des ducs de Bourgogne.

(5) Voyez l'histoire de Saint-Denis; les mémoires de M. de la Curne de Sainte-Palaye, tom. 3.

(6) Remarques sur la fin du règne de Philippe premier; Abrégé chronologique, années 1103, 4, 5, &c.

(7) Des premiers offices de la couronne, liv. 3, chap. 3.

de cette manière, dès avant la troisième race (1).

Il seroit néanmoins très-difficile de se servir de ce moyen, pour distinguer les grands officiers de la couronne. Car le nombre & la qualité de ceux qui faisoient ces signatures, a fort varié. La première des ordonnances, au recueil du Louvre, qui est de Henri I, & de l'année 1051, est signée de Hugon, Bouteiller, d'Hervei, voyer, d'Herbert, sous-voyer, de Gislebert, pannetier, de Jordan, cellerier, de Baudoin, chancelier, de plusieurs évêques & d'autres seigneurs laïcs, qui paroissent n'avoir eu aucun office dans la maison du Roi ni dans l'état. Ce ne sont pas toujours les mêmes officiers qui signent les ordonnances des Rois suivans, & les mêmes officiers ne signent pas toujours dans le même ordre.

Les officiers qu'on trouve le plus communément dans ces signatures, sont le sénéchal, le bouteiller, le grand chambrier & le connétable. Ce qui semble d'ailleurs indiquer qu'ils étoient les seuls grands officiers de la couronne, c'est la contestation importante qui fut jugée en leur faveur lorsqu'il s'agit, en 1224, de procéder dans la cour du Roi, au jugement du procès de la comtesse de Flandres & de Jean de Nesle ou de Nivelle, son vassal. Les pairs de France prétendirent que ces quatre officiers ne devoient point assister avec eux, au jugement des causes qui les concernoient. Mais ce point ayant été fortement débattu de part & d'autre, en présence du Roi, après que ces quatre officiers eurent soutenu qu'ils étoient en possession d'y assister, l'arrêt fut rendu en leur faveur; & ils jugèrent ce procès avec les pairs (2).

Ces quatre officiers sont donc les seuls que l'arrêt de 1224 autorise à siéger au parlement avec les pairs. Les autres, dit Favin, n'ont pas ce droit « si le Roi n'y est » en personne, lequel étant une vive » source, qui ne tarit jamais, d'honneurs » & de chevanche, les départ & distribue ainsi que bon lui semble (2). »

Il est néanmoins remarquable, que l'arrêt de 1224 ne les qualifie point autrement que d'officiers de la maison du Roi (2). Cependant Favin dit, sans citer ses garants, « qu'ils étoient élus par le conseil » du Roi, qui les agréoit puis après, » confirmant leur élection; tout ainsi » qu'il se pratiquoit en celle des conseil- » lers de parlement, au nombre desquels » ils étoient (3). »

On peut du moins juger par là, avec combien peu de fondement Loiseau (4) & tant d'autres auteurs après lui, ont prétendu que les premiers officiers de l'état, ont pris ce titre à l'exemple des grands officiers d'Allemagne, pour se maintenir plus sûrement dans leur charge, comme si leurs offices eussent plus appartenu à l'état qu'au Roi.

Tous les doutes qu'on pourroit avoir sur le nombre & l'espèce des grands offices de la couronne, auroient dû être levés par les dernières lois qui ont été rendues sur cet objet; des lettres-patentes données par Henri III, le 3 avril 1582, & qui ont été enregistrées au parlement, portent expressément, que les officiers de la couronne sont le connétable de France, le chancelier de France, le grand maître, le grand chambellan, l'amiral, les maréchaux de France & non autres (5).

Il est donc constant qu'à l'époque de cette loi, il n'y avoit en France que six grands officiers de la couronne. Mais depuis ce

---

(1) Voyez le dictionnaire de diplomatique, au mot *Signature.*

(2) Brussel, liv. 2, chap. 40, n. 8.

---

(1) Des premiers offices de la couronne, liv. 3, chap. 3.

(2) Brussel, liv. 2, chap. 40, n. 8.

(3) *Ibid.* liv. 3, chap. 3.

(4) Des offices, liv. 4, chap. 2, n. 6.

(5) Introduction à la description de la France, par Piganiol de la Force, tom. 1, chap. 3, art. 2.

temps là, Henri IV en créa deux, savoir l'office de *grand écuyer de France*, en faveur de M. de Bellegarde, & celui de *grand-maître de l'artillerie*, en faveur de M. le duc de Sulli en 1601. D'ailleurs les offices de connétable de France & d'amiral de France ont été supprimés en 1626. Mais l'office d'amiral de France a depuis été rétabli par édit du mois de novembre 1669, en faveur de M. le comte de Vermandois, fils naturel de Louis XIV & légitimé de France : ce prince étant mort en 1683, Louis XIV créa de nouveau l'office d'amiral en faveur du comte de Toulouse, fils naturel de ce prince, & légitimé de France, par édit de cette même année 1683, & cet office est encore aujourd'hui rempli par M. le duc de Penthièvre son fils (1).

Henri III avoit aussi érigé en faveur de M. le duc d'Epernon, l'office de colonel de l'infanterie Françoise, en titre d'office de la couronne, sous la dénomination de *grand colonel de France.* Mais cette dignité, créée en 1584, a depuis été supprimée par édit du mois de juillet 1661, à cause de la trop grande autorité qu'elle donnoit au titulaire sur les armées du Roi (2).

Plusieurs autres grands officiers de la maison du Roi, réclament aussi le titre de grand officier de la couronne. Tels sont en particulier les grands aumôniers. Mais il n'y a que les offices dont on vient de parler, à qui cette qualité soit assurée par les lois qu'on vient de citer.

Ces lois n'ont déterminé que le nombre des grands officiers de la couronne. Piganiol de la Force, qui s'est beaucoup occupé de notre droit public, & à qui le célèbre Struvius a fait l'honneur de traduire son introduction à la description de la France, observe que les auteurs, tant anciens que modernes, comme du Tillet,

Loiseau, Favin, Marcel & autres, qui ont traité des officiers de la couronne, ne nous expliquent pas mieux leur nature & leur qualité, & en quoi ils diffèrent des grands officiers de la maison du Roi, qu'ils ne conviennent de leur nombre (1).

Le père Anselme, ajoute-t-il, le sieur du Fourny, le père Simplicien, augustin (2), & les trois bénédictins qui ont donné l'état de la France en 1749, & dont on peut voir l'avertissement qui est à la page 57 de leur premier volume, ne les connoissent pour ainsi dire que de nom.

Quoi qu'il en soit, voici quelle est l'opinion de Piganiol à cet égard. « Les offices » de la couronne, dit-il, diffèrent des » grands officiers de la maison du Roi, » en ce que les grands officiers de la mai- » son du Roi n'ont ordinairement au- » cune juridiction attachée à leur office, » ou s'ils en ont quelques-unes, comme » le grand prévôt, ils n'ont que la seule » administration de la justice, au lieu » que les officiers de la couronne n'en » ont pas seulement l'exercice, mais en- » core la propriété, la possédant comme » fief à vie, & cette prérogative est tel- » lement de l'essence de l'office de la cou- » ronne, que tout autre office dénué de » cet avantage, ne peut être appelé office » de la couronne, si ce n'est par grace » & privilège du Roi (4). »

Piganiol cite ensuite les grands électeurs d'Allemagne, qui sont dit-il, proprement les officiers de la couronne impériale, & qui ont non-seulement la propriété, mais encore l'exercice souverain & perpétuel de la justice, pour eux & leurs successeurs, & les pairs de France, tant laïcs qu'ecclésiastiques (3).

_____

(1) Piganiol, *ibid.* pag. 214 & 215 (?)
(2) *Idem, ibid.* pag. 237.

(1) Introduction à la description de la France, tom. 1, chap. 3, art. 1, pag. 233 de l'édition de 1752 : voyez aussi à la fin de l'avertissement.
(2) Ce sont les auteurs de l'histoire généalogique des grands officiers de la couronne.
(3) Piganiol, *ibid.* art. 1, pag. 218 & 219.
(4) *Ibid.* art. 2, pag. 240.
(5) Piganiol ne parle que des duchés, comme

Mais

Mais outre que beaucoup d'officiers de l'empire qui n'en sont pas de grands officiers, ont aussi une juridiction patrimoniale (1), on ne doit pas confondre l'exercice de la juridiction qui appartient aux pairs avec la propriété de cette juridiction qui est attachée à quelques-uns des grands officiers de la couronne.

Il suffit au surplus de lire ce qu'ajoute Piganiol lui-même, & de jeter un coup d'œil sur les droits des grands officiers de la couronne & de ceux de la maison du Roi, pour se convaincre, que des sept grands offices qui subsistent aujourd'hui, trois au moins, c'est-à-dire, ceux de grand maître, de grand chambellan & de grand écuyer, n'ont aucune juridiction propre à leurs offices, & l'on pourroit dire qu'il en est de même de l'office de chancelier de France, auquel la surintendance de la justice est attachée, sans que la propriété de la juridiction en fasse partie.

Piganiol prétend concilier cela avec son système, en distinguant l'état ancien des choses de leur état actuel. Parmi les grands officiers de la couronne, dit-il, les uns conservent encore leur première nature & qualité, savoir le chancelier, l'amiral & les maréchaux de France ; les autres ont perdu leur juridiction, qui a été supprimée comme celle du grand chambrier en 1545, ou qui a été attribuée à un officier particulier, comme celle du grand maître, dont la justice est exercée aujourd'hui par le grand prevôt. C'est par une grace & un privilège particulier que ces deux grands offices jouissent encore du nom, titre & prééminence des offices de la couronne. Enfin d'autres ont été

créés sans aucune justice annexée à leur dignité, avec simple attribution du nom, titre & prééminence d'officiers de la couronne ; tels sont le grand écuyer & le grand maître de l'artillerie (1). C'est parce que le grand aumônier & l'échanson n'ont plus de juridiction, qu'ils ne sont plus de grands officiers de la couronne.

Quel que soit le mérite de ces recherches, il paroît plus sûr d'après l'arrêt de 1224, & l'usage où étoient les grands officiers, de signer les chartes & les ordonnances de nos Rois, de regarder comme la prérogative caractéristique des grands officiers de la couronne, le droit d'être les conseillers du prince & les membres de sa cour, si l'on ne veut pas se contenter de dire qu'ils sont grands officiers de l'état, & non pas seulement de la maison du Roi.

C'est ce que Coquille semble enseigner : le Roi dit-il, « est monarque, & » n'a point de compagnon, en sa majesté » royale.... vrai est que selon l'ancien éta-» blissement, il a des conseillers, les uns » naiz, les autres faits, sans l'assistance » desquels il ne doit rien faire, puisqu'en » sa personne il reconnoît toutes les in-» firmités qu'ont les autres hommes. Les » conseillers naiz, sont les princes de son » sang, & les pairs de France, tant laïcs » qu'ecclésiastiques. Les conseillers faits » sont les officiers généraux de la cou-» ronne, comme connétable, grand cham-» bellan, grand maître, grand échanson, » chancelier & les quatre maréchaux de » France ; la charge desquels maréchaux » est aide ou compagne de celle du con-» nétable. Ces dignités sont à vie & ne » sont pas adhérentes à évêchés, duchés » & comtés, comme sont les pairs laïcs. » Au temps de Philippe-Auguste, Roi, » & jusqu'au Roi Philippe-le-Bel, les-» dits officiers généraux de la couronne,

_____

s'il n'y avoit que des duchés-pairies, même ecclésiastiques. Mais il y a aussi des comtés-pairies.

(1) Tels sont la plupart des états de l'Empire à bien des égards ; mais sur-tout les sous-officiers, l'office de portier appartient au comte de Werthern.

Tome I.

_____

(1) Cela ne paroît pas exact, du moins quant au grand-maître de l'artillerie, qui a une juridiction.

Ccc

» assistoient & soussignoient à toutes les
» expéditions d'importance que les Rois
» faisoient, même quand ils ordonnoient
» quelques lois (1). »

Quant aux autres officiers qui portent
le titre de grand, ils ne sont néanmoins
que des officiers de la maison de sa majesté, tandis que les grands officiers de la
couronne sont plus souvent officiers de
sa maison & de son royaume. Ces derniers ont l'honneur d'être traités par le
Roi du titre de cousin, en vertu de leur
seul office ; le Roi ne le donne à aucun
des autres officiers de sa maison, pas
même à ceux qui portent le titre de grand,
& qui reçoivent l'ordre immédiatement
de sa majesté (2).

Les autres prérogatives des grands officiers de la couronne, sont d'avoir des
fonctions particulières aux sacres de nos
Rois, d'avoir une place aux états généraux, &c (3).

On doit ajouter ici une remarque des
auteurs de l'état de France, sur les marques des charges de grands officiers, tant
de la couronne que de la maison du Roi,
que quelques officiers mettent à leurs armoiries. Le sieur de la Colombière en in-
venta pour plusieurs autres de ces officiers,
dans son livre de la science héroïque du
blason. Mais il n'a pas toujours été suivi (4).

## SECTION III.

De l'état de la maison du Roi, sous les
derniers règnes.

Outre les grands officiers de la couronne, dont plusieurs sont les chefs de
divers départemens dans la maison du
Roi, la maison du Roi a été composée

dans tous les temps, de plusieurs autres
chefs de divers départemens, tels que le
grand aumônier, le grand veneur, le
grand fauconnier, & d'une grande quantité d'officiers dont les fonctions étoient
plus ou moins importantes. On y comprenoit autrefois beaucoup d'offices, qui n'en
dépendent plus à présent, tels que le
grand maître des eaux & forêts, & les
secrétaires du Roi, qui conservent néanmoins encore une partie des privilèges de
ces officiers, comme on le verra dans la
suite (1).

Les privilèges dont tous ces officiers
jouissoient, en rendoit les titres si re-
cherchés, que la sagesse de nos Rois a
souvent été obligée de mettre des bornes
à leur multiplicité, que le crédit ou l'a-
vidité parvenoient à rendre abusive. Il
n'a pas fallu moins de vigilance, pour régler les fonctions & les droits de tous ces
officiers. On se contentera d'indiquer ici,
ceux de ces réglemens qui sont les plus
importans & les plus généraux.

Vrevin (2) cite une ordonnance, donnée par Philippe de Valois, à Notre-
Dame de Champs-lez-Paris le 25 février
1345, sur la réformation de plusieurs
états & offices de son hôtel & autres.
Une foule de règlemens dont on rendra
compte en parlant des commensaux (3),
ont accordé, confirmé, augmenté, ou
restreint les privilèges des officiers de la
maison du Roi.

Un réglement somptuaire, fait par
Charles IX le 14 février 1567, & d'autres
lettres données à Paris, par Henri III au
mois de mars 1583, permirent de porter
des pierreries & des habits particuliers
aux demoiselles, femmes, ou filles do-

---

(1) Instituts au droit françois, tit. du droit de
royauté.
(2) Piganiol, ibid, pag. 242 & 249.
(3) Les états-généraux, dit Favin, liv. 1.
chap. 1, ne se peuvent tenir sans eux.
(4) Voyez d'autres détails à ce sujet dans l'état
de la France, tom. 1, pag. 57.

(1) Voyez la section 6, §. 1.
(2) Code des privilégiés, table chronologique,
pag. 2. Cette loi se trouve, dit-il, ès ordonnances imprimées, en parlement, au registre des
ordonnances royaux 29, & au registre des arrêts
de 1345, en la chambre du procureur du Roi
au châtelet, au livre noir, fol. 126.
(3) Voyez la section 5 ci-après.

mestiques du Roi, de la reine & des enfans de France (1).

Une déclaration de Henri IV, du dernier février 1601, règle le rang & l'ordre que doivent tenir ès assemblées les valets de sa chambre & garderobe, les portemanteaux, & les huissiers de la chambre, cabinet & anti-chambre.

Une autre déclaration donnée par Louis XIII, le 8 septembre 1610, a réglé le service que devoient rendre ses officiers domestiques & commensaux, ceux des reines & autres (2).

D'autres déclarations du même prince, données à Paris le 27 juillet & à Rouen le 20 décembre 1617, ont réglé le rang des maréchaux des logis, fouriers du corps & fouriers ordinaires du Roi, ceux des archers & gardes du corps (3).

Plusieurs réglemens faits par le même prince les 5 février 1624, dernier février & 8 mars 1625, & en janvier 1634, avoient retranché divers offices, en ne conservant que ceux qui étoient nécessaires pour le service du Roi & des princes. L'art. 5 du premier de ces réglemens, avoit même supprimé toutes les charges *d'ordinaires*, à l'exception de celle de chapelain ordinaire du Roi. Mais il paroît par l'état de la France, imprimé en 1661, que la plupart des offices furent rétablis sous Louis XIV; leur nombre s'étoit accru de plus en plus sous ce prince & sous Louis XV (4).

L'abus de cette multiplicité d'offices, » dit Piganiol de la Force, s'est intro- » duit dans la maison du Roi, par la » trop grande facilité que les petits offi- » ciers donnent à diviser leurs charges & » en multiplier le nombre, sous le pré- » texte spécieux, qu'il n'en coûte rien » à sa majesté, qui se trouve servie par » deux officiers au lieu d'un, sans aucune

» augmentation de gages; ce qui est d'une » dangereuse conséquence pour le Roi, » parce que le trop grand nombre d'offi- » ciers domestiques, & commensaux de » sa majesté est à charge au public, mais » bien moins par l'augmentation de ga- » ges que par la multiplicité des privi- » léges, qui augmentent à l'infini par ces » sortes d'accommodemens; aussi voyons » nous que ce nombre de surnuméraires » est venu à un tel point, que dans les » états du Roi, il y a certaines classes de » petits officiers, où il est dit qu'ils de- » meureront supprimés à mesure qu'ils » viendront à vaquer, jusqu'à ce qu'ils » soient réduits à certain nombre; & cela » est d'autant plus nécessaire que dans la » chancellerie, on expédie des lettres de » committimus à tous ceux qui rapportent » des certificats de la cour des aydes, » pour justifier qu'ils sont employés sur » l'état du Roi pour soixante livres de » gages: & c'est ainsi que d'un office de » soixante livres de gages, on en forme » trois offices en partageant ces gages à » trois différentes personnes, qui devien- » nent d'abord privilégiées, jouissant du » droit de committimus (1). »

En 1681, Louis XIV voulut mettre dans l'administration de sa maison, l'ordre qu'il avoit mis dans presque toutes les parties du gouvernement. Il fit en 1681, un réglement pour sa maison, qui s'est observé jusques dans ces derniers temps.

On aura occasion de parler dans des chapitres particuliers, des changemens les plus essentiels que Louis XV a faits dans cette partie, & des réformes bien plus importantes que le Roi régnant y a mises.

### SECTION IV.

*De l'état actuel de la maison du Roi, & des différentes sortes d'offices qui la composent.*

On peut diviser la maison du Roi en

---

(1) *Ibid.* pag. 12.
(2) Vrevin, *ibid.* pag. 15 & 16.
(3) *Ibid.* pag. 17 & 18.
(4) Vrevin, *ibid.* Piganiol, introduction à la description de la France; code des commensaux.

(1) Introduction à la description de la France, tom. 1, pag. 251.

maison ecclésiastique, maison civile, & maison militaire.

La maison ecclésiastique est composée du grand-aumônier de France, du premier aumônier, du maître de l'oratoire, du confesseur du Roi, des aumôniers servans par quartier, des chapelains, des clercs de chapelle, &c.

La maison civile est composée du grand-maître de France & de la maison du Roi, du premier pannetier, du premier échanson, du premier tranchant, du premier maître-d'hôtel & des autres maîtres-d'hôtel, des gentilshommes servans, & de divers autres officiers attachés à ce département.

Du grand chambellan de France, des premiers gentilshommes de la chambre, des premiers valets-de-chambre, & des autres valets-de-chambre, des huissiers du cabinet, des huissiers de la chambre, &c.

Du grand-maître de la garderobe, des maîtres de la garderobe, des premiers valets & des autres valets de garderobe, des garçons de garderobe, &c.

Du premier médecin & des autres médecins du Roi, du premier chirurgien & des autres chirurgiens, &c.

Du maître de la librairie, intendant du cabinet des livres, manuscrits, médailles & raretés, garde de la bibliothèque du Roi, & de la librairie du cabinet du louvre, cour & suite de sa majesté, du garde de la bibliothèque particulière du Roi, des secrétaires de la chambre & du cabinet, des lecteurs de la chambre & du cabinet, &c.

Du grand-maître des cérémonies, du maître des cérémonies, de l'aide des cérémonies, des introducteurs des ambassadeurs, &c.

Du grand maréchal des logis, des maréchaux des logis, des fourriers des logis, &c.

Du grand écuyer de France, & des divers officiers attachés tant à la grande qu'à la petite écurie.

Du grand veneur & des autres officiers de la venerie, du grand fauconnier & des autres officiers de fauconnerie, du capitaine & des autres officiers du vautrait, &c.

La maison militaire du Roi est composée des gardes du corps, des cent-suisses, des gardes de la porte, des gardes de la prévôté de l'hôtel, des gendarmes de la garde, des chevaux-légers de la garde, des gardes Françoises, &c.

Nous ne faisons ici qu'indiquer sommairement les différens corps & offices de la maison du Roi. On trouvera dans les chapitres qui suivront celui-ci, les détails relatifs aux fonctions & aux prérogatives de chaque officier.

## SECTION V.

### *De la nature & des différentes espèces des offices de la maison du Roi.*

La nature des offices de la maison du Roi n'est pas la même pour tous. C'est ce que Loyseau, le créateur de la jurisprudence des offices, a fort bien remarqué.

Les grands officiers de la maison du Roi, dit-il, sont vrais officiers pourvus par lettres du Roi, scellées du grand-sceau, & reçus à serment par sa majesté même, ou par l'officier de la couronne sous lequel ils sont, & par conséquent sont perpétuels, & non destituables, & toutesfois sont du nombre des officiers non-venaux, parce qu'ils n'entrent aux parties casuelles ; mais comme je l'ai dit des offices de la couronne, ils sont réservés pour la récompense des personnages de grande maison ou de grand mérite (1).

Il y a d'autres grands états en la maison du Roi, qui ne sont pas en titre d'office, mais plutôt sont de simples commissions révocables au bon plaisir de sa majesté.

_____

(1) Des offices, liv. 4, chap. 3, n. 11.

Tels sont généralement tous ceux du conseil privé du Roi, que nous appelons vulgairement le conseil d'état, comme les conseillers d'état, les secrétaires d'état, ceux du conseil des finances (1).

Voilà, ajoute Loyseau, tous les grands états de la maison du Roi. Quant aux petits, ou menus offices, que j'appelle ainsi, non pas qu'ils soient petits en soi; mais par comparaison aux grands officiers qui sont leurs chefs, & auxquels ils obéissent, on peut bien les appeler *milices*, ou *places & offices de compagnie;* car de chacune sorte il y en a plusieurs, tandis que les grands officiers sont quasi tous uniques en leur espèce. Ces petits offices ne sont pas de vrais offices fondés en lettres de provision. Ils n'ont que de simples retenues, & ne jouissent de leurs gages qu'en vertu de l'état auquel ils sont couchés (2).

Il y a deux sortes de ces offices inférieurs, continue Loyseau; les uns affectés aux gentilshommes, tels que les gentilshommes de la chambre, les écuyers d'écurie, & les autres aux roturiers (3).

Ces derniers ont sur-tout été établis pour apprêter le manger du Roi & de ses domestiques, & l'on y distingue trois rangs d'officiers, savoir les chefs, les aides & les sommiers (4).

Tels sont encore un grand nombre d'officiers de la chambre, de l'écurie, venerie, fauconnerie, artillerie, de la musique du Roi, &c. (5).

Du temps de Loyseau, & même jusqu'à nos jours, le Roi permettoit aux chefs de choisir ces mêmes offices, afin, dit cet auteur, qu'ils s'y pussent mieux faire, & aussi qu'ils fussent responsables de leurs fautes, s'il en survenoit qu'ils

eussent pu prévoir. Il en étoit de même des offices de la maison des empereurs Romains. Les chefs y nommoient d'abord. Mais dans la suite, les empereurs s'en réservèrent la provision, en les conférant sur la suggestion, c'est-à-dire, sur la nomination de leurs chefs (1).

Dans la maison du Roi, ce sont aussi les chefs d'office qui, ayant choisi à leur volonté les mêmes officiers, les font pourvoir par le Roi, non par lettres de provision du grand sceau, mais par simples lettres de retenue, scellées en placard du cachet du Roi, qui s'expédient par l'un des quatre secrétaires des commandemens, sur la simple relation du chef d'office, fors à l'égard des officiers de bouche, dont les retenues ne s'expédient point sans le commandement du Roi, pour ce que le grand-maître n'en veut être responsable. Et par après ils sont tous couchés sur l'état du Roi, & en vertu de ce, ils jouissent de leurs gages, droits & privilèges. Même j'ai ouï dire que ceux de l'artillerie, & aucuns de l'écurie, venerie, fauconnerie, ont de simples retenues de leur chef, & jouissent de leurs gages & privilèges, en conséquence de ce qu'ils se trouvent couchés sur l'état du trésorier de la charge (2).

Loyseau ajoute que les premiers officiers se sont mis sur le pied de vendre ces mêmes offices; il se recrie beaucoup sur cet abus, contre lequel il n'y a point, dit-il, d'autre remède, sinon que le Roi reprenne l'entière disposition de ces offices (3)

Quant à leur réception, elle se fait par le chef d'office, lequel, comme on voit à présent, les ayant lui-même choisis, n'a plus que faire d'informer de leur vie & mœurs, ni d'apporter en icelle aucune autre cérémonie, sinon de prendre garde si leur argent est bon, & au surplus re-

---

(1) *Ibid.* n. 12, 13, 14, 15 & 16.
(2) *Ibid.* n. 17 & 18.
(3) On reviendra sur cette distinction au §. 4 de la section 7.
(4) *Ibid.* n. 56 & suivans.
(5) *Ibid.* n. 65.

(1) *Ibid.* n. 67, 68 & 69.
(2) *Ibid.* n. 70.
(3) *Ibid.* n. 71.

cevoir d'eux la simple prestation de serment, qui est toujours nécessaire, pour attribuer la puissance publique. Mais si c'étoit le Roi qui les conférât pleinement & sans leur nomination, ils seroient plus exacts à s'informer de leur fidélité & capacité, n'étant engagés, comme ils sont à présent, par la vente qu'ils en font (1).

Ces vœux de Loyseau ont été remplis il y a peu d'années. Louis XVI voulant mettre dans sa maison l'ordre & l'économie qui peuvent se concilier avec la dignité de sa couronne, a jugé qu'un des moyens de parvenir à ce but étoit de réunir à son domaine tous les offices de sa maison, dont une partie avoit été aliénée à titre de revenu casuel aux grandes charges de la couronne. C'est ce qu'il a effectué par un édit du mois de janvier 1780, que la chambre des comptes a enregistrée le 29 du même mois, & dont voici les dispositions :

Art. I. A compter de ce jour, nous déclarons toutes les charges & offices de notre maison & de celle de la reine notre très-chère épouse & compagne, réunis à nos parties casuelles, comme faisant portion du domaine de notre couronne ; défendons expressément à toutes personnes, de quelque état & condition quelles soient, de vendre aucun desdits offices à leur profit, comme d'en acquérir de qui que ce soit, autre que du trésorier-général de nos revenus casuels, & d'après les rôles qui seront arrêtés en notre conseil, nous réservant de nous expliquer plus particulièrement sur la manière dont il sera procédé à l'avenir à la vente & à l'acquisition de ces offices.

*Il a été dérogé à ces dispositions relativement aux offices de la maison de la reine, par un édit du mois d'octobre 1781.*

II. N'entendons, par les dispositions de l'article précédent, dispenser ceux qui voudront acquérir des offices de notre maison, d'obtenir l'agrément des différens supérieurs desdits offices, auxquels nous confirmons le droit de le donner ; voulons qu'aucunes provisions ne puissent être expédiées aux acquéreurs, que sur la représentation par écrit dudit agrément.

III. N'entendons, par la présente réunion à notre domaine, rien changer aux droits acquis par les divers officiers de notre maison ; voulons que les survivances & brevets de retenue, accordés par le feu Roi, notre très-honoré seigneur & aïeul, ainsi que par nous-mêmes, depuis notre avènement à la couronne, aient leur plein & entier effet.

La manière de pourvoir aux offices de la maison du Roi, telle que Loyseau vient de l'exposer, a d'ailleurs subi peu de changemens. Avant cet édit même, le conseil avoit déclaré nul, par arrêt du 4 août 1716, le traité d'un office de la maison de madame la duchesse d'Orléans, fait sans sa participation. Un autre arrêt du 8 janvier 1721, a fait défenses à tous les officiers du Roi & des maisons royales, de traiter d'aucune charge, avec réserve du service actuel, & à toutes personnes d'en acquérir avec cette condition, à peine de nullité (1).

Quoi qu'il en soit, on distingue aujourd'hui dans la maison du Roi, trois différentes espèces de charges & autant d'espèces de provision. Quelques-unes ont été créées par édit en titre d'office ; les titulaires en sont pourvus par lettres-patentes intitulées du nom du Roi & scellées du grand sceau pendant sur une double queue. Ce sont les seuls qui soient véritablement *officiers* (2).

D'autres charges sont de simples commissions, dont les titulaires sont pourvus

_____

(1) Traité des élections par Vieuille, chap. 29, pag. 438 ; état de la France, tom. 1.
(2) Introduction à la description de la France, tom. 1, chap. 3, art. 3, pag. 247.

par retenue & scellées sous le scel secret, non pendant, mais appliqué sur le parchemin.

Piganiol assure que toutes les charges de la maison du Roi, grandes & petites, s'expédioient autrefois de cette manière, & que le scel secret étoit alors entre les mains du grand chambrier. Cette fonction éclatante, est, dit-il, passée depuis entre les mains du secrétaire d'état ayant le département de la maison du Roi, qui a le droit exclusif d'expédier les provisions des officiers-domestiques & commensaux du Roi (1).

Il y a enfin une troisième espèce d'offices de la maison du Roi, qui consistent dans de simples emplois, lesquels sont pourvus par simple brevet, sans aucun sceau, & conséquemment dans la forme la moins authentique; car la principale autorité de l'acte, réside dans le sceau, qui est la marque publique de l'intention du Roi, & de l'aveu qu'il fait du commandement qu'il a donné au secrétaire d'état qui l'a expédié (2).

Il résulte de-là, continue Piganiol, que les offices de la maison du Roi, sont d'une nature bien différente de ceux que nous appelons ordinairement *offices royaux*; car le moindre office royal suppose un édit de création. Au contraire, dans la maison de sa majesté, il y a très-peu d'offices créés par édit, il y en a même plusieurs auxquels le Roi a attribué le titre de grand, qui n'ont d'autre constitution qu'un simple brevet. Il y en a d'autres, quoique subalternes & inférieurs à ceux qui sont établis par des brevets, qui sont créés par des édits. Ces établissemens si irréguliers, & ordinairement peu connus par ceux qui sont chargés d'expédier les provisions de ces divers offices, ont produit une autre sorte d'irrégularité dans les provisions, en

ce qu'il a été donné souvent des lettres-patentes à ceux qui ne devoient avoir que des retenues, & au contraire il a été donné des retenues à ceux qui auroient dû avoir des lettres scellées du grand sceau (1).

Enfin, si l'on considère les officiers de la maison du Roi, en nom collectif & par rapport aux motifs de leur institution, on trouve encore qu'ils sont de trois sortes. Les premiers & les plus grands sont institués uniquement pour la dignité, la parade & la pompe de la royauté, & ceux-là sont proprement honoraires, & ne servent que dans les grandes cérémonies & occasions extraordinaires. Les seconds sont institués pour le service du Roi qu'ils rendent personnellement, & comme représentant les grands officiers leurs supérieurs, qui leur délaissent leurs moindres fonctions, & ceux-là sont proprement les onéraires. Les troisièmes, sont ceux qui sont institués pour les actions purement civiles, & qui n'ont aucune dignité, étant employés uniquement pour la nécessité (2).

## SECTION VI.

*Des principes qu'on suit pour les offices de la maison du Roi, relativement aux droits des créanciers, aux successions & à la communauté entre conjoins.*

Malgré toutes ces différences dans la manière de pourvoir aux offices de la maison du Roi, ils n'ont pas moins des caractères communs qui les distinguent de tous les autres offices, à l'exception des offices militaires, avec lesquels ils ont le plus grand rapport. Le plus important de tous, celui qui est la cause de tous les autres, est que ces offices dépendent absolument de la volonté du Roi, qui peut en disposer librement, sans attendre la résignation du titulaire,

---

(1) *Ibid.* pag. 246 & 247.
(2) *Ibid.* pag. 248.

(1) *Ibid.* pag. 250 & 251.
(2) *Ibid.* pag. 249.

ou de ses héritiers, & que l'officier ne peut aucunement en disposer.

Loyseau s'est élevé avec beaucoup de force contre cette destitution arbitraire, qui de son temps, dépendoit de la simple volonté des chefs de chaque département. Il observe qu'on dit que ce fut principalement pour les officiers de sa maison, que Louis XI fit son ordonnance de la perpétuité des offices. Quoi que ce soit, ajoute Loyseau, Dutillet nous témoigne que ce fut pour eux, qu'étant au lit de la mort, il fit jurer son fils Charles VIII, qu'il ne destitueroit point ses officiers, notamment ses domestiques. Bref, le roi Henri III fit pour eux un édit exprès à cette fin, en 1554, dont voici les mots : « d'autant que sans avoir égard » à l'ordonnance dudit Roi Louis XI, » on a voulu prétendre que les officiers » comptables & domestiques de notre mai- » son, devoient être destituez, ôtez & » demis à mutation de règne, & à vo- » lonté, comme aucuns d'iceux offices » n'étant estimez que commissions, ou, » pour autres raisons; à cette cause, afin » de rendre lesdits états de la même con- » dition & sûreté que sont les autres » offices de notre royaume, tant de ju- » dicature, qu'autres; ordonnons que » lesdits états de notre maison & dé- » pendances du fait d'icelle, seront te- » nus, censez & réputez de la nature » & qualité des autres de notredit royau- » me, & non destituables, sinon ès cas » de ladite ordonnance. »

Loyseau observe enfin que les chefs veulent subtiliser sur cet édit, en disant qu'il n'est que pour eux, qui sont seuls vrais officiers, ayant lettres de provision du grand sceau, quoique les expressions de l'édit paroissent contraires à cette distinction.

L'usage & nos dernières lois ont décidé la question contre les commensaux (1).

L'édit du mois de janvier 1678, est le fondement de notre jurisprudence à cet égard. Mais il paroît que les principes qui y sont contenus, étoient reçus long-temps auparavant, du moins au conseil du Roi, & qu'ils avoient été établis par un précédent édit du mois de juillet 1653, qui néanmoins n'avoit pas été enregistré dans les cours.

C'est ce qu'on voit dans le préambule de celui du mois de janvier 1678 (1), qui n'est que la confirmation du précédent : « Voulons, porte cette dernière » loi, qu'en conformité de notre édit » du mois de juillet 1653, attaché sous » le contre scel de notre chancellerie, » tous nos officiers-domestiques & com- » mensaux présens & à venir, même ceux » qui ont été pourvus de leurs charges » avant & depuis l'année 1653, comme » vacantes par résignation & par mort, » ou qui y ont été reçus en survivance » pendant la vie de leurs pères ou autres » parens, depuis ladite année 1653,

---

(1) *Voici ce préambule.*

« Encore que les charges & offices de notre » maison aient dû être, & aient été en effet » de tout temps exempts de toutes hypothèques, » & non sujets à partage dans les successions » de ceux qui les ont achetés, ou qui en ont » été pourvus & qui s'en sont démis, soit à » titre de survivance ou autrement ; & que » toutes les fois que ces questions ont été portées » aux Rois nos prédécesseurs & à nous, elles » ayent toujours été jugées en conformité ; & » lesdites charges & offices déclarés francs & » libres de tous privilèges & hypothèques, en- » semble de leurs partages & rapports dans les » successions : & afin que la nature & qualité » desdits offices fût connue, & que nos cours » & officiers de nos justices eussent à juger en » conformité, nous avons fait expédier notre » édit du mois de juillet 1653, contenant notre » volonté : néanmoins, attendu que par défaut » d'enregistrement dudit édit en nos cours, elle » n'a pas été assez clairement connue ; les offi- » ciers commensaux de notre maison ont été » obligés de se pourvoir pardevers nous toutes » les fois qu'ils ont été troublés pour raison » d'hypothèques, privilèges, ou rapport du » prix, valeur ou titre de leurs offices. »
» jouïssent

---

(1) Mais voyez l'édit de 1780, dans la section précédente.

» jouissent pleinement & paisiblement
» de leurs charges & des gages & droits
» y attribuez, sans qu'ils y puissent être
» troublez ni inquiétez, pour quel-
» que cause que ce soit par les créan-
» ciers, héritiers, ou autres prétendant
» droit sur les titres, prix ou valeur des-
» dites charges ; ensemble sur leurs gages
» & émolumens, comme étant en notre
» seule & entière disposition : les dé-
» clarons à cet effet, ensemble les prix
» & récompenses d'icelles stipulées ver-
» balement ou par les actes & contrats,
» jusqu'au payement actuel, non sujettes
» à saisies, ni à entrer en partage dans
» les familles, ni à aucuns privilèges ni
» hypothèques dont nous les avons dé-
» chargées. »

Cet édit a été enregistré au parlement
le 26 avril 1678.

Il résulte de cette loi six caractères
principaux qui déterminent la nature particulière des offices de la maison du Roi.

1°. Ils ne sont susceptibles ni de privilèges ni d'hypothèques, même en faveur du vendeur, ou de celui qui a prêté
ses deniers, pour en faire l'acquisition.
La raison en est suivant l'édit même,
qu'ils sont à la seule & entière disposition du Roi ; ils sont censés accordés pour
le service actuel & personnel de l'officier (1).

Cette règle ne souffre qu'une exception. Un arrêt du conseil d'état du Roi
donné à Versailles le 17 novembre 1692,
portant réglement pour les brevets d'assurance des sommes qu'il plaît au Roi accorder sur les charges de sa maison, &
autres charges ou gouvernemens, déclare
que tous les brevets d'assurance qui ont été
ou pourront être ci-après accordés sur le
prix des charges ou gouvernemens, seront
& demeureront nuls, au moyen des sur-

vivances qui en ont été ou seront expédiées sur la démission des titulaires, sans
que leurs enfans, héritiers ou ayans cause
y puissent rien prétendre, ni que ceux
qui auront obtenu les survivances, puissent être troublés ni inquiétés par les co-
héritiers, créanciers ou autres, excepté
les créanciers compris & dénommés èsdits brevets, pour les sommes, par eux
prêtées pour l'acquisition desdites charges
ou gouvernemens, lesquelles sommes leur
seront payées, si elles se trouvent dues lors
de la démission des titulaires, à condition de survivance, ou lors de leur décès,
sans que les survivanciers puissent, sous
prétexte de la survivance, prétendre se
dispenser de payer lesdites sommes.

Un autre arrêt du conseil, du 24 janvier 1694, confirme l'arrêt du 17 novembre 1692 ; & ordonne en outre, que
si les dettes établies par ces brevets, se
trouvent encore existantes & non acquitées
lors de la démission, ou lors du décès des
possesseurs desdites charges ou gouvernemens, tant titulaires que survivanciers,
aucun ne puisse en être pourvu de nouveau, que d'après le payement actuel aux
créanciers dénommés auxdits brevets, ou
à ceux qui auront leurs droits, des sommes
qui pourront alors leur être dues, voulant qu'il ne soit point expédié de provisions ou brevets desdites charges ou gouvernemens, qu'après qu'il sera apparu
de la quittance desdites sommes.

Un dernier arrêt du conseil du 10 janvier 1778, a jugé que le sieur Bonnefoy
l'aîné, qui étoit créancier du sieur Robert
pour la charge d'huissier de la maison
de MONSIEUR, dont il s'étoit démis en sa
faveur, moyennant 7000 livres, & de
l'agrément du prince, avoit un privilège
sur une somme de 760 livres, qui restoit
due au sieur Robert, par le sieur Richelle,
auquel il avoit revendu cet office. Le sieur
Robert ayant fait faillite, l'arrêt cité a

_____

(1) Journal du palais, *in-4°*, tom. 4, pag.
377 ; Bourjon, droit commun, tit. 1, part. 4,
chap. 1, sect. 2, n. 6.

(1) Etat de la France, tom. 1, pag. 538
& 539.

ordonné que le fieur Richelle feroit tenu de payer cette fomme au fieur Bonnefoy, nonobftant toutes faifies & oppofitions faites à la requête des créanciers du fieur Robert, dont il a été fait main-levée au fieur Bonnefoy (1).

2°. Par la même raifon, l'office lui-même, ainfi que les gages & les émolumens qui y font attachés, eft toujours infaififfable (2).

Une déclaration du Roi donnée à Verfailles le 24 novembre 1678, ordonne que les tranfports & ceffions qui feront faits à l'avenir par les officiers de fa maifon, des gages attribués à leurs charges, portés par les contrats & obligations qui feront par eux paffés au profit de leurs créanciers, ou en quelque autre manière que ce foit, feront nuls & de nul effet, fans que les tréforiers de fa majefté puiffent avoir aucun égard aux faifies qui feront faites entre leurs mains en conféquence.

La même loi veut auffi que les officiers employés fur les états de la maifon de la reine, de M. le duc & de madame la duchesse d'Orléans, jouiffent à l'avenir des privilèges & prérogatives accordés aux officiers commensaux de la maifon du Roi, tant par l'édit du mois de janvier 1678, que par la déclaration dont il s'agit.

Un arrêt du confeil du 17 octobre 1679, confirme celui du 13 août 1665; & en conféquence, ordonne que les gages, récompenfes, penfions & livrées ordonnées aux officiers de la reine mère, & de la reine époufe du Roi, ne pourront être faifis, nonobftant même les confentemens que ces officiers pourroient donner à leurs créanciers, fans la permiffion & l'agrément de fa majefté, pour toucher le prix ou le revenu de leurs charges, lefquels confentemens fa majefté a caffés & annullés.

Un autre arrêt du confeil d'état du Roi, donné à Paris le 29 juin 1719, ordonne en conféquence des édits des années 1653 & 1678, que les charges de la maifon du Roi ne pourront être faifies & arrêtées fans expreffe permiffion du Roi par écrit.

Un dernier arrêt rendu au parlement de Paris le 29 mars 1760, a pareillement jugé les gages & appointemens des officiers commensaux de M. le duc d'Orléans, non faififfables; en conféquence déclare nulle la faifie faite à la requête du fieur Collier, marchand mercier, des gages du fieur Fauquet, huiffier de la chambre de S. A. S. entre les mains du fieur Palerne, fon tréforier.

3°. Par la même raifon encore, ces offices ne font point vénaux par leur nature. Si donc le Roi permet quelquefois à l'officier de fa maifon de vendre fon office, c'eft une grâce particulière qui n'intéreffe que lui feul, & qui ne peut tirer à conféquence pour d'autres. S'il décédoit avant d'avoir fait ufage de cette grâce, la faculté n'en pafferoit point à fes héritiers ou à fes autres repréfentans (1).

Lors néanmoins que l'officier a confommé cette grâce, en vendant fon office, & que le prix en eft refté dans les mains de l'acquéreur, rien n'empêche que ce prix ne foit faififfable de la part des créanciers, à moins que la permiffion de vendre ne porte le contraire. C'eft la doctrine de Bourjon : « Je l'ai entendu, dit-il, juger » ainfi au châtelet, par la raifon que ce » font fimples deniers, qui fe trouvent » dans le commerce comme les autres » biens du débiteur, & que, comme tels, » on ne peut y attacher le privilège d'in- » faififfabilité (2).

Cela doit s'entendre néanmoins fous la réferve du privilège du vendeur.

---

(1) Arrêt imprimé chez Prault.
(2) Bourjon, *ibid.* fect. 1 & 2; Loifeau, des offices, liv. 4, chap. 3, n. 79.

(1) Loifeau, *ibid.* liv. 3, chap. 4; Bourjon, *ibid.* fect. 3, n. 8.
(2) *Ibid.* fect. 3, n, 10.

4°. Les brevets de retenue, c'est-à-dire les sommes qu'il plaît au Roi d'accorder, soit à la veuve, soit aux enfans, ou aux héritiers du titulaire sur la valeur de l'office dont il est mort revêtu, sont encore des grâces purement personnelles à ceux à qui elles sont accordées. La somme qui en est l'objet, n'est donc point regardée comme faisant partie de la succession de l'officier, ses créanciers n'y pouvant rien prétendre; cette grâce ne leur fait aucun tort, puisqu'elle étoit absolument volontaire de la part du prince (1).

Un arrêt du 17 février 1651, a même jugé qu'il en étoit ainsi du prix de l'office accordé à la veuve; c'est du moins là ce que dit Bourjon. Mais il paraît que la question faisoit alors difficulté, & quoique dans l'espèce de l'arrêt de 1651, M. l'avocat général eût donné ses conclusions en faveur de la veuve, l'arrêt ne fit que prononcer un appointement qui ne préjugeoit rien en faveur de la veuve (2).

Quoi qu'il en soit, il n'est point nécessaire, pour jouir du bénéfice de retenue, que les enfans se portent pour héritiers, ni que la veuve accepte la communauté.

Quant aux droits respectifs des enfans, les termes du brevet font la loi. S'il n'est accordé qu'à la veuve, la somme lui appartient en totalité, quand bien même l'office auroit été propre au mari. Elle n'est tenue ni d'indemnité, ni de remploi envers la communauté, puisque tout était perdu par la mort du titulaire (3).

Si au contraire le brevet est accordé aux enfans seulement, il leur appartient en entier, sans que la veuve y puisse

rien prétendre (1). Si le brevet de retenue est accordé à la veuve & aux enfans conjointement, la moitié en appartient à la veuve, & l'autre moitié aux enfans. Ce partage est conforme aux règles du droit commun, que le Roi est censé avoir voulu suivre par cela seul, qu'il n'y a pas dérogé (2).

Par la même raison, lorsqu'il n'y a pas d'enfans & que le brevet de retenue est accordé aux héritiers, il appartient, non pas à tous les héritiers conjointement, mais aux héritiers plus prochains, qui succèdent au mobilier. « En effet, dit » fort bien Bourjon, la somme contenue » au brevet de retenue est un pur mo- » bilier, & sous la vocation d'héritiers, » on entend les plus prochains, qui » succèdent comme tels à tous les biens » que la loi n'affecte pas à de certaines » lignes : ce sont ces héritiers qui ont » la grande main, c'est donc à eux que » le brevet doit appartenir ; dans ce » même cas, les plus prochains héritiers » profitant du brevet de retenue, ne » contribuent pas pour cela plus aux » dettes, en sorte que dans la contri- » bution aux dettes, ce bénéfice n'entre » pas en ligne de compte à leur égard, » c'est pure grâce du Roi, & non bien » héréditaire. (3) ».

5°. On tient communément, lorsque l'office a été acquis à prix d'argent pendant la communauté, que si le mari survit à sa femme, il doit conserver l'office, « sans être obligé de payer aucune récom- » pense à la communauté, quoiqu'il en » ait tiré les deniers pour l'acquérir; car, » dit Pothier, cet office n'étant pas une » chose qui soit *in bonis*, ni par consé- » quent qui soit susceptible d'aucune » estimation, il n'est pas censé s'être

---

(1) *Ibid.* n. 11, 12 & 13 ; Loiseau, liv. 3, chap. 10.

(2) Journal des audiences, tom. 1, liv. 6, chap. 18.

(3) Même arrêt du 17 février 1651 ; Bourjon, *ibid.* n. 16 & suivant.

(1) Bourjon, *ibid.* Il dit l'avoir entendu ainsi juger au châtelet.

(2) Loiseau, liv. 3, chap. 10, n. 13; Bourjon, *ibid.*

(3) *Ibid.* n. 14 & 15.

» enrichi, en l'acquérant des deniers
» de la communauté, & il ne doit par
» conséquent aucune récompense (1) ».

Il y a néanmoins un arrêt du 18 juin
1712, rendu au rapport de M. Delpech
de Mérinville, qui n'a déchargé le mari
survivant de faire récompense aux héritiers de sa femme du prix d'un office
de chef de gobelet chez le Roi, dont
il avoit été pourvu pendant sa communauté, *qu'en affirmant qu'il n'avoit tiré
de sa communauté aucune somme pour se
faire pourvoir de cet office.* Mais, dit du
Rousseau de la Combe, cet arrêt est contraire à l'édit de 1678, au sentiment
des auteurs, & à l'avis du palais.

Mais si le mari avoit obtenu durant
la communauté un brevet de retenue
sur l'office acquis durant la communauté,
ce brevet de retenue seroit, suivant beaucoup d'auteurs, un effet de la communauté,
& les héritiers de la femme devroient
avoir leur part dans la somme qui seroit
payée par le successeur à l'office (2).

Du Rousseau de la Combe assure au
contraire, qu'il n'est dû aucune récompense, & que les officiers qui ont obtenu
de tels brevets de retenue, étant assignés, ne manqueroient pas d'obtenir un
arrêt du conseil qui les déchargeroit de
toute récompense, attendu que le brevet
de retenue n'est fondé que sur la pure
volonté du Roi, qui en peut gratifier
qui bon lui semble ; de même que l'office,
dont le prix tiré de la communauté, n'est
point sujet à récompense.

On peut invoquer pour cette décision,
l'arrêt du conseil du 17 novembre 1692,
rapporté précédemment.

Mais si l'office étoit propre au mari,
& que pendant la communauté il obtint
la permission de le vendre, il est assez
difficile de décider si le prix qu'il en
tireroit lui seroit aussi propre, & s'il pourroit le répéter contre la communauté.

Quelques auteurs, tel que Renusson,
pensent qu'il n'en est dû aucun remploi
au mari ; « la raison en est, dit ce
» dernier auteur, que ces offices ne
» sont point titres d'office, mais simples
» commissions. Ils ne sont point vénaux
» de leur nature : il n'y a que les offices
» vénaux, qui soient réputés immeubles
» & qui deviennent propres ; la somme
» qui a été reçue & l'argent qui est
» provenu de la démission faite par le
» mari, est une chose casuelle, pure-
» ment mobilière, qui entre dans la
» communauté, comme toute autre
» somme de deniers venue au mari
» pendant son mariage, de la libéralité
» du Roi, seroit entrées dans la com-
» munauté » (1).

La plupart des auteurs pensent au
contraire que le mari doit avoir l'action
de remploi. La raison qu'ils en donnent
est, que le brevet de retenue est une
grâce qui doit être présumée être faite
personnellement au mari, & qu'en reje-
tant l'action de remploi dans ce cas, ce
seroit ouvrir la porte aux avantages indirects, & laisser au pouvoir du mari
la faculté d'augmenter la communauté
aux dépens de ses propres (2).

La question a été jugée conformément
à cette dernière opinion, par un arrêt
du 24 septembre 1679, rapporté au
second tome du journal du palais, pour
un office de secrétaire du cabinet du
Roi, dont étoit pourvu le sieur Lucas,
dès avant son mariage, & qu'il avoit
vendu durant son mariage, pour le prix
de 108,000 livres avec l'agrément du Roi.

____

(1) Traité de la communauté, n. 674 ; le
Brun, même traité, liv. 1, chap. 5, distinct. 4,
n. 22 ; le Maître sur Paris, pag. 244 & 245 ;
Bourjon, *ibid.* n. 27 & 28.

(2) Jurisprud. civile, au mot *Office*, sect. 1,
n. 5.

(3) Pothier, *ibid.* Renusson, *ibid.*

(4) Jurisprudence civile, au mot *Office*,
sect. 1, n. 5.

____

(1) Traité des propres, chap. 5, sect. 4, n. 36.

(2) Du Rousseau de la Combe, au mot *Office*, sect. 1, n. 5.

Lucas ayant demandé la reprise de cette somme au partage de la communauté, elle lui fut contestée par les héritiers de sa femme ; leur moyen étoit que ces offices n'étant, comme nous l'avons vu, que des commiffions qui font fous la main du Roi, qui ne font pas proprement partie du patrimoine & des biens de l'officier qui en eft revêtu, le fieur Lucas ne pouvoit pas prétendre que la somme qu'il avoit reçue du réfignataire de fon office, fût le prix de fon *bien propre*, & qu'elle ne pouvoit être confidérée que comme une fimple obvention, que Lucas tenoit de la libéralité du Roi, qui, pour le gratifier, avoit bien voulu donner au réfignataire l'agrément, fous la condition de payer à Lucas cette fomme. Les héritiers concluoient de là, que cette obvention étant advenue durant la communauté, elle étoit tombée dans la communauté.

Lucas repondoit, que quoiqu'un office de la maifon du Roi, en tant qu'on le confidère comme dans la main & à la difpofition du Roi, ne foit pas le bien de l'officier, il le devient par la permiffion que le Roi donne à l'officier de le vendre & d'en difpofer ; le fieur Lucas, en vendant fon office, a donc vendu fon *bien*, & fon bien *propre*, puifque c'étoit une chofe qu'il avoit avant fon mariage : la fomme qu'il a reçue pour le prix de fon office eft donc le prix d'un bien propre, vendu durant la communauté, dont la coutume lui accorde la reprife ?

L'arrêt a jugé que la reprife étoit due.

6°. Quant aux fucceffions, il eft bien certain, dans la thèfe générale, que les offices de la maifon du Roi n'y font pas rapportables. Si donc un père revêtu d'un pareil office le réfigne fous le bon plaifir du Roi à l'un de fes enfans, ce dernier ne devra faire aucun rapport pour cet objet à la fucceffion de fon père ; car, dans la vérité, ce n'eft point le père qui donne

l'office, c'eft le Roi feul qui en avoit la libre difpofition (1).

On cite, à la vérité, deux arrêts contraires. Le premier du 12 février 1607 (2), & le fecond du premier mars 1629 (3). Mais outre que l'efpèce du premier offre des circonftances particulières (4), la jurifprudence que ces arrêts peuvent avoir établie, a bientôt été abandonnée.

La Peyrère rapporte un arrêt du parlement de Bordeaux, qui a jugé qu'un office de garde vaiffelle chez le Roi n'étoit pas fujet à rapport (5).

Un fecond arrêt rendu au parlement de Paris, le 20 mai 1655, mit les parties hors de cour, fur la demande en rapport d'un office de roi d'armes, dont un des enfans du défunt avoit été pourvu en furvivance (6).

La même chofe a été jugée par arrêt du confeil privé du 17 avril 1654 (7).

Bourjon ne fait pas difficulté de dire que cet affranchiffement de rapport auroit lieu, quand bien même le Roi auroit accordé au père la faculté de vendre l'office indiftinctement. Le fait du père, dit-il,

____

(1) Le Brun, des fucceffions, liv. 3, chap. 6, fect. 3, n. 41 ; note fur Dupleffis, pag. 176 ; Pothier, des fucceffions, chap. 4, art. 2, §. 7 ; Bourjon, droit commun, tit. 11, chap. 1, n. 32 & fuivans.

(2) Plaidoyer de Corbin, chap. 83.

(3) *Voici l'efpèce de cet arrêt.* « Un père réfigne à fon fils aîné un office » qu'il avoit chez la reine. Le fils le réfigne à » fon tour à un autre qui lui en donne 10,000 » livres. Ses frères veulent l'obliger à rapporter » cette fomme. Il s'y refufe, fur le fondement » qu'elle ne venoit pas de la libéralité de fon » père, mais de la libéralité de la reine. L'arrêt » ordonna le rapport. »

(4) Lettre R, n. 21.

(5) Journal des audiences, tom. 1, liv. 2, chap. 27 ; Brodeau fur Louet, lett. C, fomm. 23.

(6) Même journal, code des commenfaux, pag. 102 ; Brodeau, *ibid.*

(7) Renuffon, traité des propres, chap. 5, fect. 4, n. 65.

ſemble ouvrir le rapport, mais la nature de l'effet l'efface (1).

Au reſte, Bourjon lui-même convient que ſi le père vendoit effectivement l'office à ſon fils, au lieu de le lui donner, le prix en ſeroit rapportable à la ſucceſſion, parce que le père a véritablement traité avec ſon fils, comme avec un étranger.

Il en ſeroit de même ſi le père donnait l'office à ſon fils, à la charge de rapporter une certaine ſomme, parce que cette condition eſt inſéparable de la donation. Mais le père ne pourroit pas impoſer au fils une telle condition, s'il n'avoit obtenu la permiſſion de s'en démettre qu'en faveur de ſon fils. Dans ce cas, le fils tient plus l'office de la libéralité du Roi, que de la volonté de ſon père. Il ne doit pas dépendre du père de grever cette grace d'une charge qui n'y a pas été impoſée (2).

Lorſqu'au lieu de céder à ſon fils l'office dont il étoit revêtu, le père acquiert pour lui un autre office de la maiſon du Roi, c'eſt-à-dire, qu'il débourſe une ſomme d'argent pour l'en faire pourvoir, le rapport ne doit faire aucune difficulté.

L'additionnaire de le Brun, dit qu'on l'a ainſi pratiqué, ſur l'avis de MM. du Hamel & Barbier, deux avocats très-célèbres, entre les enfans de M. de Bauye, maître des comptes, pour la charge de gentilhomme ordinaire qu'il avoit achetée à l'un de ſes fils, & que le parlement de Paris a conſacré cette déciſion par l'arrêt de la princeſſe de Naſſau du 2 août 1758 (3).

C'eſt, à ce qu'il paroît, ſans fondement que Bourjon qui adopte au ſurplus cette déciſion, penſe qu'il y a diverſité d'opinions & de variétés dans la juriſprudence à cet égard (4).

Au reſte, rien n'annonce que l'édit du mois de janvier 1780, ait pu apporter aucun changement à la juriſprudence. Cet édit n'a eu d'autre objet que de réunir au domaine du Roi tous les offices de ſa maiſon, dont une partie avoit été aliénée par les prédéceſſeurs de ſa majeſté à titre de revenu caſuel aux grandes charges de la couronne. Il défend bien à toutes perſonnes, de quelque état & condition qu'elles ſoient, de vendre aucun de ces offices à leur profit, comme d'en acquérir de qui que ce ſoit, autre que du tréſorier-général des revenus caſuels, & d'après les rôles qui ſeront arrêtés au conſeil : mais on voit que tout cela n'eſt relatif qu'aux perſonnes qui diſpoſoient, en vertu de leurs charges, des offices qui en dépendoient & non pas à celles qui diſpoſent, par une grace particulière du Roi, des offices même dont elles ſont revêtues.

## SECTION VII.

### *Des privilèges des commenſaux.*

Les privilèges des commenſaux ſont auſſi nombreux qu'importans. Tous ou preſque tous tiennent à des uſages très-anciens, & la plupart des réglemens même qui en font mention ſont purement déclaratifs. Ils ne font que confirmer un droit déjà établi. Ces réglemens ſont tellement multipliés, les privilèges qui en ſont l'objet ont d'ailleurs ſouffert tant de variations, d'extenſions, de reſtrictions & de modifications, qu'il eſt néceſſaire, pour les bien expliquer, de les rapporter à différens chefs, en expoſant ſur chacun d'eux les anciens & les nouveaux réglemens.

D'après ce plan général, on va parler ici 1°. des perſonnes compriſes ſous le nom de commenſaux.

2°. Des différens ordres ou claſſes qu'on y diſtingue.

3°. De l'origine de leurs privilèges.

---

(1) *Ibid.* n. 34.
(2) *Ibid.* n. 35, 36 & 38.
(3) Traité de la communauté.
(4) Bourjon, tit. 11, chap. 1, ſect. 5, n. 37.

4°. Du droit de committimus.

5°. De la noblesse & de la qualité d'écuyer.

6°. De l'exemption du ban & arrière-ban, & du droit de franc-fief.

7°. Des privilèges relatifs à l'habillement & à la parure.

8°. Des rangs & préséances dans les cérémonies & assemblées publiques.

9°. Des droits honorifiques dans les églises.

10°. De l'exemption des charges de tuteurs, curateurs, marguilliers.

11°. De celle des charges des villes, comme des logemens des gens de guerre.

12°. De l'exemption des péages.

13°. De celle des impôts en général.

14°. De l'exemption des tailles & des impositions accessoires.

15°. De celle des droits d'aides.

16°. Des conditions & des formalités requises pour jouir des privilèges.

17°. Des incompatibilités qui s'y opposent.

18°. Des veuves & des commensaux vétérans.

On ne dira rien ici des privilèges particuliers à certaines classes des commensaux, tels que ceux des ecclésiastiques attachés à la maison du Roi, & des marchands privilégiés. On aura lieu d'en parler dans des chapitres particuliers.

### §. I. *Des personnes comprises sous le nom de commensaux.*

On appelle proprement *commensaux* les officiers & les domestiques de la maison du Roi & des maisons royales, en comprenant sous ce nom de *maisons royales*, outre la maison du Roi, celles de la reine, des enfans & des petits-enfans de France, & des princes du sang qui ont une maison conchée sur l'état du Roi (1).

Il ne faut pas néanmoins comprendre sous le nom de *commensaux* tous les officiers de la maison du Roi & des maisons royales indistinctement. On ne donne ce titre qu'à ceux qui servant près de la personne du Roi, ou des princes, ont *bouche, gages & livrée en cour*, & sont conchés sur l'état de la maison du Roi enregistré à la cour des aides (1).

Le nom de *commensaux* indique effectivement des personnes qui mangent à la même table, des domestiques.

D'un autre côté, il y a beaucoup d'officiers & d'autres personnes, qui sont réputés du nombre des commensaux & qui jouissent des mêmes privilèges, sans avoir aucun service auprès de la personne du Roi, ou dans les maisons royales.

Tels sont les officiers des cours souveraines, ceux des chancelleries, les secrétaires du Roi, les trésoriers de France, les receveurs généraux des finances, les officiers de l'artillerie, ceux de l'ordre militaire de Saint-Louis & des maréchaussées, les maîtres des postes, le lieutenant-général du bailliage de l'arsenal, les chevaliers du Saint-Esprit, & une grande quantité d'autres qu'il seroit trop long de spécifier ici (2). On les énoncera en parlant de ces différens officiers en particulier.

Au reste, le nombre des commensaux & la nature des offices auxquels leurs privilèges ont été attachés, ont subi beaucoup de variation. Nos Rois ont tantôt augmenté, & tantôt restreint ce nombre par leurs ordonnances, ou par les réglemens de leur conseil. Il seroit trop long de donner à cet égard tous les détails de ces réductions, ou de ces augmentations successives. Il suffira d'indiquer ici les principales, qui peuvent servir à l'histoire de la maison du Roi.

Différens articles de l'édit du mois de

---

(1) *Code des privilèges*, par Vreyin, *passim.*

(1) *Traité des élections*, par Vieuille, ch. 29.

(2) Voyez l'article 13 & les suivans du titre 4 de l'ordonnance du mois d'août 1669, avec les commentaires de Pothier, Jousse, &c.

juin 1614, portant réglement fur les tailles, ont retranché du nombre des exempts plufieurs officiers de la maifon du Roi (1).

On trouve de pareils retranchemens dans les réglemens du 5 février 1624 (2), dernier février 1625 (3), qui fupprima toutes les charges d'ordinaire, à la réferve du chapelain ordinaire du Roi (4).

Dans la fuite , Louis XIII rétablit les privilèges de plufieurs de fes domeftiques, & augmenta le nombre de fes officiers par un édit du mois de janvier 1634, & par les lettres-patentes du 27 mars fuivant (6).

La même chofe a eu lieu par la déclaration de ce prince du 26 Novembre 1643 (2).

Louis XIV , après avoir accordé différens édits ou réglemens portant confirmation des privilèges des commenfaux, les excepta de la révocation générale des privilèges contenue dans l'édit du mois d'août 1705 (7).

Depuis bien des fiècles, nos Rois ont accordé le titre & les droits des commenfaux aux officiers de plufieurs des princes de leur fang ; mais il y a eu des variations à cet égard, non-feulement fous des règnes différens, mais quelquefois auffi fous un même règne.

Henri II, par fa déclaration du mois de novembre 1549, confirma les privilèges des officiers de fa maifon & de ceux de la reine fon époufe (8).

Par une autre déclaration du mois de mars 1549 , il étendit cette faveur aux domeftiques de fes enfans & de la reine Marguerite, fa fœur (1).

L'article 2 de la déclaration du 2 janvier 1557, prononce l'exemption du ban & arrière-ban, en faveur des officiers des Reines & enfans de France (1).

Charles IX, par l'ordonnance d'Orléans de 1560, art. 125, accorde les mêmes exemptions aux officiers de fa mère, de fes frères & de fes fœurs, de la reine Marie, des duchefses de Ferrare & de Savoie (3).

Henri III, par les art. 342 & 343 de l'ordonnance de Blois, met au même rang, pour l'exemption des tailles, fes propres officiers, ceux de la reine mère, du duc d'Anjou , du Roi & de la reine de Navarre, de la reine d'Ecoffe, de la reine Ifabelle , douairière de France , & ceux des feues duchefses de Ferrare & de Savoie (4).

Par l'art. 5 de l'édit du mois de mars 1583 , le même Roi met auffi au nombre des commenfaux, les officiers de fa mère & de fon époufe, du duc d'Anjou, de la reine douairière de France , de la feue reine d'Efpagne, des duchefses de Lorraine, de Ferrare & de Savoie (5).

Henri IV, par fes édits du mois de février 1591 & du mois de juin 1592, fait cependant une diftinction entre les officiers de fa maifon & de celle de la reine douairière & ceux des Rois fes prédécefseurs, des feues reines , du duc d'Anjou & autres. Il refufe aux derniers l'exemption de la garde des portes & des fortifications des villes de leur demeure , qu'il accorde aux premiers (6).

---

(1) Voyez les articles 14 & fuivans dans le code des commenfaux, tom. 1, pag. 53 & fuiv.

(1) Voyez l'article 16, avec les modifications de l'arrêt d'enregiftrement, dans le code des privilégiés de Vreyin, art. 97, pag. 263.

(3) Voyez l'article 1 ; *ibid.*, art. 98, pag. 267.

(4) Voyez l'article 5 ; *ibid.* art. 101, pag. 273 ; voyez auffi les articles fuivans.

(5) Voyez encore le code de Vrevin, art. 108 & fuivans , & fur-tout l'article 130.

(6) *Ibid.* art. 143, pag. 365.

(7) Voyez dans le code des commenfaux, pag. 398 & fuivantes, les articles 5 & fuivans de cet édit.

(8) Code des privilégiés, par Vreyin, pag. 11, 12.

---

(1) *Ibid.* pag. 24, art. 13.

(2) *Ibid.* pag. 52, art. 35.

(3) *Ibid.* pag. 26, art. 14.

(4) *Ibid.* pag. 27 & 28 , art. 15 & 16.

(5) *Ibid.* pag. 29, art. 18.

(6) *Ibid.* pag. 38 & 41, art. 22 & 23.

Lﬀ

Le même prince, par ses lettres du 16 mai 1596 (1), accorda néanmoins tous les privilèges des commensaux aux officiers de la maison du prince de Condé, premier prince du sang. Par un édit du mois de mai 1605, il confirma les droits de commensalité aux officiers de la Reine, du dauphin, de sa fille & de ceux qui avoient servi précédemment les reines ses belle-mère & belle-sœur, son beau-frère le duc d'Anjou, & sa sœur unique la duchesse de Bar, (2) ainsi qu'aux officiers de la maison du prince de Condé & de celle de la duchesse d'Angoulême, par ses lettres du mois de juin 1605 & du mois de juillet suivant (3).

Louis XIII, par son réglement du mois de janvier 1634, art. 8, met parmi les exempts des tailles, comme commensaux, les officiers de la reine & du prince de Condé (4). Mais par l'article 12 du même réglement, il refuse cette exemption aux officiers des feu ducs d'Alençon, de la feue reine Marguerite, des duchesses de Bar & d'Angoulême, des reines d'Espagne & d'Angleterre, & de la duchesse de Savoie, aussi décédées.

Le même prince, par sa déclaration du 30 juillet 1635, accorde l'exemption de ban & d'arrière-ban aux officiers de la maison de la reine, du duc d'Orléans son frère, & du prince de Condé, en leur qualité de commensaux (5).

La déclaration du 28 août 1635, donnée à Monceaux par le même prince, assure encore les privilèges des commensaux aux officiers du duc d'Orléans & de la princesse, sa fille (6).

Par une autre déclaration du 2 avril 1636, il assura les mêmes privilèges aux

anciens officiers de la couronne de Navarre (1).

Enfin, par des lettres du mois de septembre 1637, il confirma encore ceux des officiers du duc d'Orléans (2).

Le 29 décembre 1660, Louis XIV rendit une déclaration en faveur des domestiques & commensaux de la maison de la reine (3).

Le 3 mars suivant, il en donna une autre en faveur de ceux du duc d'Orléans (4).

Le 17 février 1663, il en rendit une autre en faveur de ceux de madame, duchesse d'Orléans (5).

Les 14 mai & 24 septembre 1666, il donna deux déclarations en faveur des officiers commensaux de la feue reine-mère Marie de Médicis (6).

Par une autre déclaration du 24 décembre 1668, il rétablit les privilèges des aides en faveur des officiers commensaux de la maison de Monsieur & de Madame (7).

Par une autre du 20 juillet 1680, il fit jouir des privilèges de commensaux les officiers de madame la dauphine, au nombre de 418 (8).

Par une autre du 3 novembre 1683, il conserva ces privilèges aux officiers de la feue reine (9).

Par celles du 3 janvier 1687, & du 10 octobre 1693, il accorda la même grace aux officiers du feu prince de Condé & de feu mademoiselle d'Orléans (10).

Le 16 janvier 1694, il donna une autre déclaration en faveur des officiers de madame la duchesse de Chartres (11).

---

(1) Code des commensaux, tom. 1, pag. 25.
(2) Ibid. pag. 164, art. 68.
(3) Ibid. pag. 161 & 163, art. 66 & 67.
(4) Ibid. pag. 285, art. 108.
(5) Ibid. pag. 74. art. 36.
(6) Ibid. pag. 318, art. 130.

(1) Ibid. pag. 395, art. 151.
(2) Ibid. pag. 398.
(3) Ibid. pag. 110.
(4) Ibid. pag. 129.
(5) Ibid. pag. 131.
(6) Ibid. pag. 147 & 149.
(7) Ibid. pag. 150.
(8) Ibid. pag. 210.
(9) Ibid. pag. 236.
(10) Ibid. pag. 260 & 313.
(11) Ibid. pag. 325.

Le 23 juillet 1701, il confirma les privilèges des officiers de feu Monsieur (1).

Le même jour, il en accorda de semblables à ceux de M. le duc d'Orléans (2).

Le 7 septembre suivant, pareille déclaration en faveur des officiers de M. le prince, en sa qualité de premier prince du sang (3).

Le premier mai 1708, un arrêt du conseil confirma les privilèges de ceux des officiers de M. le duc d'Orléans, qui ne l'avoient point suivi en Espagne (4).

Une déclaration du 21 mai 1709, les conserva aux officiers de feu M. le prince (5).

Une autre du 2 septembre 1710, les assura à ceux de M. le duc & de madame la duchesse de Berry (6).

Deux autres déclarations du 4 avril 1712, & du 28 juillet 1714, y maintinrent les officiers de feu madame la Dauphine & de feu M. le duc de Berry (7).

Sous Louis XV, un arrêt du conseil confirma les privilèges des officiers commensaux des feu princes Louis & Henri-Jules de Bourbon (8).

Le 2 septembre 1719, ce monarque rendit une déclaration pour y maintenir ceux de feu madame la duchesse de Berry (9).

Le 29 janvier 1723, il accorda la même grâce à ceux de feu Madame (10).

Le 4 janvier 1724, une autre déclaration assura les mêmes privilèges à ceux de feu M. le duc d'Orléans, régent (11).

Le 6 du même mois, pareille déclaration en faveur des officiers de M. le duc d'Orléans, fils du précédent (1).

La même faveur fut accordée aux officiers de ce prince après son décès, à ceux de feu madame la duchesse d'Orléans sa mère, & à ceux de son fils, par des déclarations des 28 juin 1749, 20 & 26 février 1752 (2).

Louis XVI a rendu de pareilles déclarations en faveur des officiers de Monsieur, de monseigneur comte d'Artois, &c. (3).

§. II. *Des différens ordres des commensaux.*

On en distingue trois ordres, ou classes principales.

Dans le premier ordre sont compris les officiers de la couronne, ceux qui forment le conseil du Roi, tous ceux enfin qui, à cause de la dignité de leurs offices, ont le titre & l'état de chevalier, & sont nobles, d'une noblesse parfaite & transmissible à leur postérité (4).

Tels sont le grand maître de la maison du Roi, le grand-chambellan, le grand-maître de la garderobe, le grand-écuyer, le grand-échanson, le grand-veneur, le grand-fauconnier, le grand-louvetier & autres grands officiers de la maison du Roi (5).

Le second ordre, est composé des maîtres-d'hôtel, des gentilshommes servans, des officiers de la vénerie, de la fauconnerie & de la louveterie, des écuyers, des maréchaux des logis, des fouriers, des gardes de la porte, des

---

(1) *Ibid.* pag. 380.
(2) *Ibid.* pag. 381.
(3) *Ibid.* pag. 382.
(4) *Ibid.* pag. 426.
(5) *Ibid.* pag. 439.
(6) *Ibid.* pag. 440.
(7) *Ibid.* pag. 452 & 461.
(8) *Ibid.* pag. 504.
(9) *Ibid.* pag. 524.
(10) Supplément au code des commensaux, pag. 131.
(11) *Ibid.* pag. 148.

(1) *Ibid.*
(2) *Ibid.* pag. 392, 431 & 433.
(3) On les trouve chez Prault.
(4) Dictionnaire des domaines, au mot *Commensaux*; répertoire de jurisprudence, *ibid.* traité des aides de la Bellande, &c.
(5) Répert. de jurisprud. *ibid.*

valets-de-chambre, huissiers de la chambre, porte-manteaux, valets de la garde-robe, contrôleurs, héraults-d'armes, gardes de la manche & autres semblables officiers qu'on appelle vulgairement du second ordre (1).

On comprend encore dans cette classe, les aumôniers du Roi, les chapelains, les clercs de chapelle & les autres officiers ecclésiastiques, qui sont sous le grand aumônier.

Dans le troisième ordre des commensaux, on compte tous les bas-officiers & domestiques, dont les offices ont été de tout temps exercés par des roturiers (2).

On peut aussi distinguer les commensaux proprement dits, qui ont bouche à cour & servent près de la personne du prince, d'avec les simples domestiques qui n'ont point bouche à cour, ou qui ne servent point près de la personne du prince. Les officiers de la vénerie, de la fauconnerie, & de la louveterie, sont dans ce dernier cas. On y peut ajouter la plupart des officiers de justice, qui jouissent néanmoins du committimus & de quelques autres prérogatives des commensaux.

On verra dans la suite, qu'il y a plusieurs différences entre ces différens ordres de commensaux, relativement à l'étendue de leurs privilèges.

## §. III. Origine des privilèges des commensaux.

Il est si naturel que ceux qui font le service près du souverain, participent aux grâces dont il est le dispensateur, que les domestiques du prince ont toujours joui & jouissent encore de privilèges & d'exemptions particuliers dans tous les états monarchiques.

On peut voir dans le code Théodosien,

dans celui de Justinien, & dans les auteurs qui ont traité des antiquités de l'empire romain, quels étoient les privilèges des domestiques des empereurs. Les principales charges de l'état, tenoient même le plus souvent à un office dans la maison de l'empereur (1).

Les ouvrages imprimés sous le nom d'Etats de l'Espagne, d'Angleterre & de la plupart des autres royaumes de l'europe, prouvent aussi que les officiers des maisons de tous ces souverains, ont partout des prérogatives plus ou moins étendues.

L'origine de celles des commensaux de la maison de nos Rois, paroît remonter au commencement de la monarchie.

On trouve dans les capitulaires de Charlemagne & de ses successeurs, diverses lois qui ordonnent de porter honneur à leurs domestiques, ainsi qu'on l'avoit pratiqué du temps de leurs prédécesseurs (2), & qui exemptent les officiers de leurs maisons de différentes charges (3).

---

(1) Voyez la section première de ce chapitre.

(2) « Vassi quoque & vassalli nostri nobis famulantes volumus ut condignum apud omnes » habeant honorem, sicut à genitore nostro & » à nobis sæpè admonitum est ». ( Baluf. & Chiniac, tom. 1, pag. 743.)
Du Tillet dit que Charles-le-Chauve renouvela cette ordonnance, par l'édit de Pifte ou de Poissy, du 25 juin 864. « Mandant à tous ses » comtes, que s'ils vouloient être entretenus de » lui en honneur, ils honorassent ses officiers-» domestiques, comme il étoit accoutumé du » temps de ses prédécesseurs. »

(3) Le capitulaire de villis entre autres, énonce diverses prérogatives des domestiques attachés aux maisons du Roi. L'article 3 dit en particulier : « Ut non præsumant judices nostram » familiam in eorum servicium ponere, Non » corvadas, non materiam cædere, nec aliud » opus sibi facere cogant. Et neque ulla dona » ab ipsis accipiant, non caballum, non bovem, » non vaccam, non porcum, non vervecem, non » porcellum, non aguellum, nec aliam causam » nisi buticulas & ortum, poma, pullos & ova. » ( Baluf. & Chiniac, pag. 331.)

---

(1) Dictionnaire des domaines, au mot Commensaux.
(2) Ibid.

Ces privilèges ont été conservés & augmentés sous les Rois de la troisième race; mais comme nous n'avons point de lois des premiers Rois de cette race, & fort peu de quelques-uns de leurs succesfeurs, il n'est pas extraordinaire que nos recueils d'ordonnances ne contiennent aucune loi antérieure au quatorzième siècle, qui soit relative aux commensaux.

La plus ancienne de celles que l'on connoît, sont un commandement du Roi Philippe-le-Long du 10 janvier 1317, & un arrêt du parlement de l'année suivante qui les exempte du péage; mais Vrevin cite un arrêt de la faint Martin 1217, qui déclare les commensaux de la maison du Roi exempts de tous péages de vivres, pour leur provision.

Le même auteur (1) cite encore des arrêts rendus au parlement, à la Touffaint 1288, & aux Brandons 1302, qui déclarent des officiers de la maison du Roi, exempts de toutes tailles & subsides.

Enfin il cite aussi les ordonnances de l'année 1318, & des années 1334, 1345, 1355 & 1356, relatives au droit de committimus (2).

Une autre ordonnance de l'an 1386, entre dans quelques détails sur ces privilèges & sur ceux qui doivent en jouir (3).

Il est assez singulier que cette ordonnance ni les précédentes, ni plusieurs autres de celles qui sont dans le recueil de Vrevin, ne se retrouvent pas dans le code des commensaux.

Depuis le seizième siècle, on trouve une foule de lois pour accorder diverses exemptions aux commensaux, ou pour les y confirmer. On aura occasion de les rapporter sous les §§. suivans.

Ces lois ont sur-tout pour objet, le droit de committimus, la qualité de noble ou d'écuyer affurée à plufieurs des commensaux, l'exemption des taxes pour la recherche des faux nobles, le ban, arrière-ban & les franc-fiefs, la préféance dans les cérémonies publiques, les honneurs dans l'église, l'exemption des charges publiques de tuteurs, marguillers, &c. celles du logement des gens de guerre & les autres charges du domicile, l'exemption des péages, celle des impôts en général, & particulièrement des tailles & des droits d'aides.

On va examiner ces privilèges en détail.

### §. IV. *Du droit de committimus.*

On appelle droit de *committimus*, le privilège qu'ont certaines personnes, de plaider tant en demandant qu'en défendant par devant certains juges, & sur-tout aux requêtes de l'hôtel, ou du palais.

On a ainsi nommé ce droit, parce que les parties pour jouir de ce privilège, obtenoient des lettres ou *commissions* latines, qui commençoient par ce mot *committimus.*

Ce fait seul, prouve combien l'origine

---

(1) Dans ses notes sur l'article 11 de son code, pag. 20.

(2) Vrevin, pag. 13.

(3) « Ordonnons, y est-il dit, que quelconques
» officiers que nous ayons, soit conseiller, cham-
» bellan, maître des requêtes, maître de l'hôtel,
» secrétaire, notaire, pannetier, échanson,
» écuyer d'écurie, valet-de-chambre, ou autre
» officier, de quelque état qu'il soit, s'il n'est
» du vrai nombre & ordonnance de ceux retenus
» à gages, ordinaires & extraordinaires, pour
» nous servir, ne jouira d'aucun privilège,

» liberté ou franchife qui appartienne à son
» office, ni ne sera franc, ni exempt de notre
» grand fcel, ni fceaux royaux, ni des péages,
» & coutumes de notre royaume; ainsi nous
» payera chacun son droit, comme s'il n'étoit
» point officier; & outre s'ils sont convenus de-
» vant juges compétans, seront tenus d'y ré-
» pondre; & s'ils veulent faire convenir ou
» approcher aucun aux requêtes par vertu de
» quelconques lettres obtenues ou à obtenir de
» nous ou de notre cour, faire ne le pourront;
» mais en demeurera la connoissance devant les
» juges ordinaires. »

du *committimus* est ancienne. Cette prérogative est assurée aux commensaux, par les ordonnances du mois de février 1318, de...... 1334, février 1345, décembre 1355, & mars 1356..... 1386, juillet 1485, 2 février 1548, 24 janvier 1549, janvier 1560, article 75; février 1566, article 56, & mai 1579; article 177 & 342 &c (1). Ces trois dernières lois, sont les célèbres ordonnances d'Orléans, Moulins & Blois.

Les premières de celles qu'on vient de citer, n'attribuent même de compétence aux maîtres des requêtes de l'hôtel, que pour les causes des commensaux (2) : la plupart des lois postérieures n'ont attribué les causes de tant d'autres personnes à ce tribunal, ou à celui des requêtes du palais, qu'en les réputant domestiques & commensaux de la maison du Roi. On parlera de ce droit de *committimus* avec plus d'étendue, dans les chapitres de cet ouvrage, qui sont consacrés aux requêtes de l'hôtel & à celles du palais.

On verra pareillement, dans les chapitres destinés au grand conseil & à la prévôté de l'hôtel du Roi, quelle est leur compétence sur les commensaux.

## §. V. *De la noblesse & de la qualité d'écuyer.*

On peut appliquer ici la distinction qu'on a faite des commensaux, en trois ordres. Ceux du premier ordre, remplissant les premières charges de la couronne & de la maison du Roi, jouissent éminemment des privilèges de la noblesse. Mais comme leurs charges sont toujours remplies par des personnes que distingue l'éclat de leur naissance, elles n'ont guères besoin d'invoquer le titre de leur office & la qualité de commensal, pour jouir des privilèges de la noblesse.

La plupart des commensaux de la seconde classe, comptent parmi leurs privilèges, celui de prendre la qualité d'écuyer. L'origine de ce titre vient, dit-on, de ce que leurs offices n'étoient anciennement exercés que par des gentilshommes.

L'article 259 de l'ordonnance de Blois, défend du moins que par ci-après, aucun soit reçu aux états de gentilshommes de la chambre ou ès compagnies de cent gentilshommes, ni aux places de maître-d'hôtel, gentilshommes servans, & écuyers d'écurie, qu'ils ne soient nobles de race. Et si aucun s'en trouvent qui ne soient de ladite qualité, le Roi se réserve d'y pourvoir (1).

L'article 6 du réglement du dernier février 1625, ordonne la même chose. Il veut de plus que la preuve de noblesse, se fasse en la « cour des aides à Paris, afin » de corriger les abus qui s'y sont glissés » par le passé, d'y avoir admis toutes » sortes de personnes indifféremment, » lesquelles, par ce moyen, se sont qualifiées nobles, & attribué ce titre, pour » jouir comme elles font abusivement des » privilèges, & exemptions y attri- » bués (2). »

Ce sont là, je crois, les seules lois qui exigent la noblesse pour certains offices de la maison du Roi.

Loiseau (3) & Vrevin disent néanmoins qu'on doit mettre dans la même classe des offices attribués aux seuls nobles, ceux des gentilshommes de la vénerie; ceux des peages sont dans le même cas, & s'ils ne sont point dénommés dans ces ordonnances, c'est, dit Vrevin, parce qu'ils n'ont point de gages, mais la livrée seulement (4).

Il est même certain que l'ordonnance de Blois & la déclaration du dernier fé-

---

(1) Voyez ces lois dans les premières pages du code du privilégié de Vrevins du code des commensaux, & du supplément à cet ouvrage.
(2) Vrevin, *ibid.* pag. 2.

(1) Voyez aussi l'article suivant de la même ordonnance.
(2) Vrevin, code des privilégiés, art. 103, pag. 274.
(3) Des offices, liv. 4, chap. 1.
(4) Vrevin, *ibid.* pag. 275.

vrier 1625 ; n'ont jamais eu d'exécution.

Une déclaration du. . . . .1628 , ordonna simplement qu'à défaut d'être nobles , ces gentilshommes seroient imposés à la taille.

Une autre déclaration du... janvier 1634 , ordonna la même chose , nonobstant la modification que la cour des aides avoit mise à la précédente , par son arrêt d'enregistrement (1).

Les officiers qui y sont dénommés, ont seulement conservé le titre de noble & d'écuyer ; plusieurs autres officiers sont dans le même cas ; différentes lois les ont maintenus dans ce privilège.

Une déclaration en forme d'édit du mois d'avril 1654 , en réduisant le nombre des maîtres-d'hôtel ordinaires à douze, & celui des gentilshommes servans à trente-six , avoit omis de leur donner la qualité de chevaliers & d'écuyers ; mais par une nouvelle déclaration du 17 octobre 1656, Louis XIV ordonna qu'à l'avenir ces officiers porteroient les qualités de chevalier & d'écuyer, & leurs armoiries timbrées (2).

On voit aussi dans un arrêt du conseil du 16 avril 1657, que sur le fondement de la déclaration du 15 mars 1655 , concernant la recherche de ceux qui avoient usurpé le titre d'écuyer , on avoit poursuivi un des gendarmes & l'un des gardes-du-corps de sa majesté. Mais ce dernier arrêt, conforme à un précédent du 30 mai 1656 , défendit de faire des poursuites contre eux à l'avenir, en les confirmant en tant que de besoin dans la qualité d'écuyer (3).

Le 28 mai 1664, le conseil rendit un arrêt semblable , en faveur d'un fourier du corps de sa majesté (4).

Par un autre arrêt du 24 décembre de la même année, le Roi se réserva de pourvoir aux requêtes, qui lui seroient présentées par les officiers commensaux des maisons royales , contre le traitant chargé de poursuivre les usurpateurs du titre de noblesse (1).

Un autre arrêt du conseil du 12 mars 1665 , assure aussi la qualité d'écuyer aux maréchaux & fouriers ordinaires des logis de sa majesté (2).

La même chose fut ordonnée en faveur de ceux de M. le duc d'Orléans , par un arrêt du 10 juin suivant (3).

Un arrêt du conseil du 25 avril 1659, déchargea pareillement un valet-de-chambre ordinaire du Roi , des poursuites du traitant pour la même qualité (4).

La même chose a été ordonnée en faveur d'un garde de la porte du Roi , par arrêt du 9 novembre 1668 (5).

Une déclaration du 26 mars 1697, attribue aussi la qualité d'écuyers aux porte-manteaux & huissiers de la chambre & du cabinet, aux valets-de-chambre & garde-robe du Roi (6).

Un arrêt du conseil du 18 février de la même année , maintient les valets de la garde-robe, dans la même qualité d'écuyer (7).

Un second arrêt du 9 juillet de la même année , l'assure également aux porte-manteaux & valets-de-chambre de Monsieur. Cet arrêt rappelle beaucoup d'autres réglemens sur le même objet (8).

Deux autres arrêts des 6 août & 26 novembre de la même année , prononcent la même chose en faveur des trésoriers des gardes-du-corps & du trésorier-général des véneries (9).

---

(1) *Ibid.* art. 11 , pag. 294.
(2) *Code des commensaux*, tom. I , pag. 113.
(3) *Ibid.* pag. 115.
(4) *Ibid.* pag. 133.

(1) *Ibid.* pag. 134.
(2) *Ibid.* pag. 137.
(3) *Ibid.* pag. 140.
(4) *Ibid.* pag. 115.
(5) *Ibid.* pag. 532 & 533.
(6) *Ibid.* pag. 345.
(7) *Ibid.* pag. 343.
(8) *Ibid.* pag. 347.
(9) *Ibid.* pag. 349 & 351.

Les 18 mars & 8 avril 1698, 24 mars, 5 & 8 mai & 1 décembre 1699, 13 juillet & 14 septembre 1700, il intervint de pareils arrêts au conseil, en faveur de trois gentilshommes de la grande vénerie, des huissiers de la chambre & valets-de-chambre de madame la duchesse de Bourgogne, des porte-manteaux, huissiers de la chambre & du cabinet, des valets-de-chambre & de garde-robe, des huissiers de l'anti-chambre, des garçons de la chambre du Roi, des valets-de-chambre, des porte-manteaux & des garçons de la garde-robe de madame la dauphine, & d'un huissier de la chambre du Roi (1).

Une déclaration du 25 mai 1699, assure la même prérogative aux porte-manteaux, huissiers de la chambre & du cabinet, valets-de-chambre & de garde-robe (2).

Mais pour empêcher que cette qualité ne donnât lieu aux commensaux d'usurper la noblesse, l'article 33 de l'arrêt du conseil servant de réglement général, pour la procédure qui sera faite contre les usurpateurs de cette qualité, porte que les officiers qui ont droit de prendre le titre d'écuyer & de noble, ne pourront le faire qu'en y ajoutant la qualité de leurs charges, & dans le cas seulement qu'ils seront employés dans les états de la cour des aides, ou que leurs brevets ou provisions y seront enregistrés (3).

L'article suivant, permet de poursuivre comme usurpateurs de noblesse, ceux des commensaux qui prendroient ces qualités sans en avoir le droit par le titre de leurs charges (4).

## §. VI. *De l'exemption du ban & arrière-ban & des droits des francs-fiefs.*

Indépendamment des réglemens qui ont attribué la qualité d'écuyer à divers commensaux de la maison du Roi & de celles des princes, une déclaration du mois de mai 1605, met l'exemption de la contribution aux ban & arrière-ban, au nombre des privilèges appartenans aux commensaux (1).

Vrevin qui étoit conseiller ordinaire du conseil & affaires de la reine régente, ajoute (2) qu'on l'a ainsi jugé par arrêt donné à son profit, au conseil d'état du Roi le 22 mars 1645 (3).

Le même auteur rapporte ou cite des ordonnances, ou réglemens du mois de mai 1545, article 3; du 10 janvier 1557, article 2; du 30 juillet 1635, article 5; & du 17 janvier 1639, article 10, qui assurent la même exemption aux domestiques & commensaux du Roi, des reines, des enfans de France, du duc d'Orléans & du prince de Condé (4).

Loiseau & quelques autres auteurs ont pensé, d'après ces exemptions & les réglemens qui autorisent tant d'officiers de la maison du Roi à prendre la qualité de nobles, qu'ils devoient à plus forte raison être exempts des droits de franc-fief (5).

D'un autre côté, aucun des réglemens qui détaillent les exemptions dont jouissent les commensaux en général, ne parle du droit de franc-fief. Bacquet a conclu de là, avec beaucoup de raison, que les commensaux n'étoient point exempts de ce

---

(1) *Ibid.* pag. 353, 355, 367, 369, 371, 372, 375 & 376. C'est mal à-propos que la table chronologique du code des commensaux donne à l'arrêt du conseil du premier décembre 1699, le titre de déclaration.
(2) *Ibid.* pag. 372.
(3) Supplément au code des commensaux, pag. 62.
(4) *Ibid.* pag. 63.

(1) Vrévin, code des privilégiés, art. 11, pag. 17.
(2) Anne d'Autriche.
(3) Vrévin, *ibid.* pag. 19.
(4) *Ibid.* art. 33, 34, 35, 36 & 37, pag. 70 & suivantes. Celui du 30 juillet 1635, se trouve aussi dans le code des commensaux, tom. 1, pag. 79.
(5) Des offices, liv. 1, chap. 9, n. 48.

droit, quelques privilèges qu'ils euſſent d'ailleurs (1).

Il faut néanmoins obſerver que l'édit du mois d'avril 1719, portant confirmation de l'ordre royal & militaire de Saint-Louis, dit, en attribuant aux officiers de cet ordre les privilèges des commenſaux, qu'ils jouiront en conſéquence de l'exemption _de taille & de franc-fief_ (2).

Pluſieurs commenſaux ont même été déchargés du droit de franc-fief, en cette qualité.

On peut voir un grand nombre d'arrêts rendus en leur faveur dans le code des commenſaux, dans le ſupplément de cet ouvrage, & dans le dictionnaire des Domaines. Mais on trouve auſſi dans ce dernier ouvrage, un très-grand nombre d'arrêts rendus contre des commenſaux (3); en ſorte qu'il étoit très-difficile de diſtinguer ceux de ces officiers, qui pouvoient être ſoumis à ce droit, d'avec ceux qui devoient en être exempts. Il paroît ſeulement qu'on n'accordoit l'exemption qu'à ceux qui, par le titre de leur office, pouvoient prendre la qualité d'écuyer, mais qu'on ne l'accordoit pas à tous les officiers qui étoient dans ce cas.

Ces difficultés ont été terminées par un arrêt du conſeil du 15 mai 1778. Le préambule de cet arrêt, après avoir obſervé que le droit de franc-fief ne peut pas être compris ſous le nom général d'impoſitions, dont les commenſaux ſont exempts, parce que c'eſt un droit domanial, & que le titre d'écuyer, attaché à quelques-unes des charges de la maiſon du Roi, eſt purement honorifique & de décoration, rappelle auſſi les exemptions du droit de franc-fief qui avoient été accordées à une partie de ces offices. Après quoi il ajoute ; « Sa majeſté conſidérant

» que dans le nombre de ces officiers, il » s'en trouve dont les charges ſont toujours » confiées à des ſujets de condition noble, » & d'autres à des ſujets connus & choiſis, » qui ſont dans le cas d'être diſtin-» gués, tant par leur importance & l'uti-» lité de leurs fonctions, que par l'hon-» neur qu'ils ont d'appartenir à ſa ma-» jeſté, & de la ſervir perſonnellement, » elle auroit jugé qu'il étoit de ſa di-» gnité, autant que de ſa bienveillance, » de les rapprocher les uns des autres, » en faiſant participer ceux qui n'étant » pas nobles, lui ont paru cependant » devoir être placés au-deſſus de la claſſe » commune des citoyens, à une préro-» gative & à un avantage qui les faſſent » jouir de la conſidération que leur ſer-» vice peut mériter. Sa majeſté auroit » encore jugé convenable d'étendre cette » faveur aux officiers, domeſtiques & » commenſaux qui poſſèdent des charges » de pareille nature, & qui rempliſſent » les mêmes fonctions dans les maiſons » royales, & dans celles des princes & » princeſſes du ſang, pourvu néanmoins, » que les uns & les autres ſoient com-» pris dans les états envoyés à la cour » des aides, qu'ils ſervent réellement & » actuellement, qu'ils ne faſſent aucuns » actes dérogeans ou répugnans à leurs » qualités, & qu'ils n'exercent aucunes » charges, offices, places ou emplois » ayant fonctions publiques & ſerment » en juſtice. »

D'après cet expoſé, l'article 1 de l'arrêt du conſeil, déclare exempts du droit de franc-fief divers officiers (1), tant qu'ils

---

(1) Traité du droit de franc-fief, chap. 8.
(2) Traité des élections, par Vieville, chap. 19, pag. 425 ; ſupplément au code des commenſaux, pag. 42.
(3) Au mot _Commenſaux_, art. 3.

(1) Voici, d'après cet article même, l'état de ces officiers.

_Chambre du Roi._

« Les valets-de-chambre ordinaires & de » quartier,
» Les huiſſiers du cabinet, de la chambre & » de l'anti-chambre;
» Les portes-manteaux ordinaires & de quar-» tier;

exerceront

exerceront leurs charges, ou lorfqu'ils auront obtenu des lettres de vétérance, en rempliffant par eux les conditions requifes pour jouir des privilèges de la commenfalité.

L'article 2 déclare que fa majefté n'entend comprendre dans le préfent arrêt, les officiers & commenfaux de fa maifon, ci-après défignés (1), qui, devant être

---

» Les garçons de la chambre.
» Les portes arquebufes.

*Garde-robe du Roi.*

» Les premiers valets de garderobe ordi-
» naires & de quartier.
» Les garçons de garde-robe.
» Le porte-malle ordinaire.
» Le cravatier.

*Maifon du Roi.*

» Les gentilshommes fervans.
» Le contrôleur ordinaire de la bouche.
» Les contrôleurs d'offices.

*Faculté.*

» Le premier médecin & le médecin ordi-
» naire.
» Le premier chirurgien & le chirurgien
» ordinaire.
» Les quatre premiers apothicaires.

*Autres officiers.*

» Les maréchaux & fouriers des logis.
» Le garde général des meubles de-la cou-
» ronne.
» Les intendans & contrôleurs généraux de
» menus plaifirs & affaires de la chambre du
» Roi.

*Ecuries.*

» Le porte-épée de parement.
» Le roi & les hérauts d'armes.

*Maifon militaire.*

» Les gardes-du-corps qui feront pourvus de
» lettres d'anciens gardes.
» Les chevaux-legers.
» Les gendarmes de la garde.
» Les officiers des cent-fuiffes.
» Et les officiers de la prévôté de l'hôtel ».

(1) Voici ce fecond état.

*Chambre du Roi.*

» Les premiers valets de chambre.

---

de condition noble, ont le droit en cette qualité de jouir perfonnellement de l'exemption du franc-fief.

L'article 3 porte, « que les officiers qui
» feront pourvus dans les maifons royales
» & dans celles des princes & princeffes
» du fang, de charges de pareille nature
» que celles énoncées dans l'article pre-
» mier du préfent arrêt, jouiront pareil-
» lement, & aux mêmes conditions, de
» l'exemption du droit de franc-fief,
» pour raifon de leurs terres, fiefs &
» biens nobles. »

L'article 4 ajoute, « que la même exemp-
» tion aura lieu encore en faveur des
» veuves des officiers, domeftiques &
» commenfaux défignés dans les articles
» 1 & 3, tant qu'elles fe tiendront en
» viduité, pourvu que leurs maris foient
» décédés revêtus de leurs charges, après
» vingt-cinq ans de fervice; ou s'ils n'en
» étoient plus pourvus à leur mort, qu'ils
» aient obtenu des lettres de vétérance,
» après avoir fervi pareillement pendant
» vingt-cinq ans confécutifs. »

---

*Maifon du Roi.*

» Les maîtres d'hôtels ordinaires & de quar-
» tier.
» Les contrôleurs généraux.

*Cabinet du Roi.*

» Les fecrétaires de la chambre, du cabinet
» & des commandemens.
» Les lecteurs de la chambre du Roi.
» Les conducteurs des ambaffadeurs.
» Le fecrétaire ordinaire du Roi à la conduite
» des ambaffadeurs.

*Autres officiers.*

» Les gentilshommes ordinaires.
» L'intendant & contrôleur général des meubles
» de la couronne.
» Les écuyers de fa majefté.
» Les gouverneurs & fous-gouverneurs des
» pages de fes écuries.

*Equipages de chaffe.*

» Et les commandans, lieutenans & gentils-
» hommes de la vénerie, du vautrait, de la
» louveterie & fauconnerie. »

Enfin , fuivant l'article 5 , « tous officiers, domestiques & commenfaux de » la maifon du Roi , des maifons royales » & de celles des princes & princeffes » du fang , autres que ceux dénommés » dans les articles 1 & 3 ci deffus , les » officiers qui ne feront reçus qu'à titre » de furvivance , & pour ne remplir qu'à » la mort des titulaires , les fonctions » des charges auxquelles l'exemption du » franc-fief eft accordée, même les veuves » des officiers défignés dans les articles 1 » & 3 , lefquels n'auront pas obtenu des » lettres de vétérance , après vingt-cinq » ans de fervice , ou qui feront décédés » pourvus de leurs charges , fans avoir » préalablement fervi pendant le même » nombre d'années , & les furnuméraires » dans les compagnies des gardes du » corps , gendarmes de la garde & che- » vaux-légers , feront tenus de payer le » droit de franc-fief, pour raifon des » fiefs , terres & biens nobles qu'ils pof- » féderont , à moins qu'ils n'en foient » affranchis par leur naiffance, anoblif- » fement , ou par d'autres charges ou » offices auxquels l'exemption de ce droit » aura été fpécialement attribuée.»

Un autre arrêt rendu au confeil d'état du Roi le 25 février 1784 , a ordonné que les officiers commenfaux défignés dans l'article 1 de celui du 15 mai 1778 , jouiroient de la plénitude de l'exemption dont il s'agit , même pour les jouiffances antérieures à l'arrêt qui a accordé cette grâce, fans néanmoins qu'ils puffent demander la reftitution des droits déjà payés.

Enfin , un dernier arrêt du 11 août 1784 , a étendu l'exemption du droit de franc-fief aux principaux officiers du confeil de Monsieur & de M. comte d'Artois , ainfi qu'à ceux du confeil de la reine & de celui de M. le duc d'Orléans (1).

§. VII. *Des privilèges relatifs aux habille-mens & à la parure.*

Le 4 février 1567 , le Roi Charles IX fit arrêter en fon confeil un réglement pour la police générale du royaume, qui contient diverfes lois fomptuaires. Il fut fuivi de lettres-patentes données à Fontainebleau le 25 mars fuivant , qui en ordonnoient l'exécution , & d'une amplia-tion donnée à Paris le 28 juillet 1572, le tout vérifié au parlement le 12 août fuivant.

On y trouve divers privilèges relatifs aux commenfaux , qui prouvent que ces

» Les contrôleurs généraux des finances ; » Les intendans des maifons , domaines & » finances ; » Les tréforiers généraux ; » Les procureurs & avocats généraux ; » Les confeillers ; » Et les maîtres des requêtes , feront & demeu- » reront exempts du droit de franc-fief, tant » qu'ils exerceront leurs charges , ou lorfqu'ils » auront obtenu des lettres de vétérance après » vingt-cinq années de fervice réel & perfonnel, » à condition que les uns & les autres ne feront » aucun acte dérogeant à leur qualité, qu'ils » n'exerceront point d'autres charges, offices, » places ou emplois ayant fonctions publiques & » ferment en juftice ; qu'ils ferviront réellement » & actuellement , foit ordinaire, de femeftre » ou de quartier ; qu'ils feront employés dans les » états envoyés annuellement à la cour des » aides , & que ceux qui auront obtenu des » lettres de vétérance, auront fervi préalablement » pendant vingt-cinq années confécutives ; faute » de quoi ils feront déchus de la grâce à eux » accordée. » 2. Les furvivanciers defdits officiers ne » jouiront de la même prérogative, qu'autant » qu'ils feront en activité de fervice par la » vente ou démiffion des propriétaires defdits » offices, lefquels ne feront exempts du droit de » franc fief qu'autant qu'ils auront rempli les » conditions mentionnées dans l'article premier. » 3. Tous membres ou officiers defdits con- » feils, autres que ceux dénommés par le pré- » fent arrêt , ne jouiront point de la faveur » accordée par icelui , à moins qu'ils ne foient » affranchis du droit par leur naiffance, ano- » bliffement , ou autres charges ou offices aux- » quels l'exception du droit de franc-fief aura » été fpécialement attribuée. »

(1) *Cet arrêt eft compofé de trois articles qui font ainfi conçus :*
« Art. 1. Les fecrétaires des commandemens , » maifons , domaines & finances , & du ça ne ;

officiers étoient assimilés aux gentilshommes & aux personnes les plus distinguées par leurs dignités. C'est sous ce point de vue qu'on a cru devoir rappeler ici ces privilèges, qui n'ont plus un objet direct aujourd'hui, puisque ces lois somptuaires sont absolument restées sans exécution (1).

§. VIII. *Des rangs & préséances dans les cérémonies & assemblées publiques.*

« Nos Rois, dit du Tillet, recon-

(1) Voici les dispositions que Vrevin a rapportées dans son code des privilégiés, art. 38 & 39, pag. 78 & suivantes.

« Le Roi veut & entend qu'il soit permis aux » gentilshommes, dames & damoiselles de mai- » son, résidans aux champs & hors les villes, » s'habiller de robes, & cottes de draps de soie » de toutes couleurs, selon leur état & qualité, » pourvu que ce soit sans aucun enrichissement.

» Que ceux ou celles qui seront à la suite & » en l'état dudit seigneur, de la reine sa mère, » MM. ses frères & sœurs, pourront porter les » habillemens que bon leur semblera, lorsqu'ils » seront à ladite suite, & hors de là garderont » ces présentes ordonnances.

» Que les veuves qui seront à ladite suite, & » celles de maison demeurantes aux champs & » hors villes, porteront satin & velours plein, » sans toutefois aucun enrichissement, ne autre » bord que celui qui sera mis pour ôter la clô- » ture. Et quant à celles qui demeureront aux » villes, leur sera interdit l'usage de toutes soies » en robes.

» Entendons que les damoiselles, qui sont » femmes des présidens, maitres des requêtes, & » conseillers de nos cours souveraines & grand » conseil, ensemble de nos officiers domestiques, » de la reine mère, notre frère, sœurs & leurs » filles, pendant qu'elles seront filles, puissent » porter sur leurs chaperons & coiffures, des » brodures, un serre-tête, & un carcan au cou » de pierreries ou de perles, une bague & des » anneaux aussi de pierreries, en or émaillé & » non-émaillé, & des chaines, brasselets & cein- » tures, patenotes & chapelets, fers & boutons » d'or devant leurs robes & manteaux, & aux » ailerons de leurs manches, une rangée seule- » ment & sans aucune chamarrure, toutes fois » sans aucun émail, perles, ni pierreries, si ce » n'est en heures à prendre devant, qu'elles » pourront porter à couvertures d'or émaillé ou » non-émaillé, & y ayant seulement cinq pièces » de pierreries. »

» noissant que la rétribution d'honneur » est plus à personnes de cœur, que celle » de richesse, voulurent par édit que » leurs domestiques fussent honorés par » tous les pays de leur obéissance; les » empereurs Charlemagne & Louis-le- » Débonnaire l'ordonnèrent ainsi » (1).

Henri IV dit aussi par sa déclaration du dernier février 1605, « que ses » valets-de-chambre & de garderobe, » porte-manteaux & huissiers de cham- » bre, cabinet & antichambre, auront » rang, & marcheront ès assemblées qui » se feront doresnavant esdites villes de » leur habitation, & autres où ils se » trouveront, immédiatement après les » conseillers des baillages, sénéchaussées » & sièges présidiaux, auparavant que » les officiers des élections, greniers à » sel, & tous autres inférieurs en ordre » auxdits conseillers : & la déclaration » ajoute, que les procès qui se trou- » veront intentez à présent à cette occa- » sion, seront réglez suivant cette loi » (2).

L'arrêt d'enregistrement qui se trouve au code des Commensaux, a été rendu au grand conseil, sur la requête des commensaux, sans entendre les officiers des élections & greniers à sel, au préjudice du procès qui y étoit alors pendant entre eux (3). Mais cette préséance a depuis été confirmée par plusieurs autres lois & divers réglemens, en faveur de presque tous les corps de la maison du Roi.

Le Roi Louis XIII accorda les mêmes prérogatives à ses maréchaux de logis, fouriers du corps & fouriers ordinaires, par sa déclaration du 27 juillet 1613 (4), qui fut vérifiée au conseil le 2 août sui-

(1) Voyez le capitulaire cité dans la note du §. 3.

(2) Vrevin, code des privilégiés, art. 70, pag. 177; code des commensaux, tom. 1, pag. 128.

(3) Vrevin, *ibid.* Chenu, &c.

(4) C'est par erreur que Vrevin, art. 72, la date du 27 juillet 1617. Voyez le code des commensaux, tom. 1, pag. 50.

vant. Elle ajoute qu'ils auront rang avant les juges non-royaux & tous autres inférieurs en ordre aux conseillers des bailliages (1).

Le même prince donna une déclaration absolument semblable, en faveur des archers des gardes du corps, le 20 décembre suivant. Mais l'arrêt de vérification rendu au grand conseil le 12 février 1618, porte que c'est sans préjudice des oppositions qui pourront intervenir sur l'exécution d'icelles lettres, pour raison desquelles les parties seront assignées audit conseil, pour leur être pourvu & fait droit ainsi que de raison (2).

Vrevin (3) cite un arrêt donné à l'audience du grand conseil, le 27 mai 1630, sur les conclusions du ministère public, qui accorde cette préséance à Jean Roüez, archer des gardes du corps vétéran, & capitaine entretenu pour le service du Roi dans l'infanterie françoise, sur César Marchand, procureur fiscal à la juridiction d'Erver (4).

Un arrêt du conseil, rendu contradictoirement entre Daniel de Rebergues, huissier ordinaire de la chambre du Roi, Me Philippe Tavernier, lieutenant-particulier à l'élection de Clermont en Beauvoisis, & les autres officiers de cette élection, & les autres huissiers ordinaires de la chambre du Roi, valets-de-chambre, porte-manteaux, valets de garde-robe, huissiers du cabinet & antichambre de sa majesté, parties intervenantes le 15 février 1661, « ordonne que ledit » de Rebergues, & les autres huissiers » ordinaires . . . . . auront rang & mar-» cheront conformément à la déclaration » de sadite majesté, du dernier février

» 1605, vérifiée au grand conseil le » 22 mars audit an, en toutes as-» semblées générales & particulières de » ladite ville de Clermont & autres, » immédiatement après les conseillers » des bailliages, sénéchaussées & sièges » présidiaux, & auparavant les officiers » de ladite élection de Clermont, & » autres officiers des élections & greniers » à sel, auxquels sa majesté fait très-» expresses défenses de les y troubler » en quelque sorte & manière que ce » soit, à peine de quinze cents livres » d'amende, & de tous dépens, dom-» mages & intérêts sans dépens de l'ins-» tance » (1).

Le 29 avril 1675, un pareil arrêt rendu contre le maire & les échevins & habitans d'Epernon, ordonne que le sieur Dupuis, garde du corps, aura le pain-béni avant le maire de ladite ville, & le précédera en toutes assemblées publiques & particulières, hors & excepté dans les assemblées de ville & fonctions concernant ladite ville (2).

Le 17 juin 1659, Louis XIV rendit une déclaration pareille aux précédentes, pour la préséance des gardes de sa porte. Elle fut enregistrée au grand conseil le 27 juillet 1675, en vertu de lettres de suranation, du 3 mai précédent.

Une ordonnance du Roi donnée à Saint-Germain-en-Laye, le 17 janvier de cette même année 1675, ordonne que tous les officiers, tant de sa maison que des autres maisons royales, demeurant dans ledit lieu de Saint-Germain-en-Laye, auront rang & séance, & marcheront dans les lieux & assemblées où ils se trouveront, immédiatement après le prévôt & le procureur de sa majesté à la prévôté dudit lieu, & avant les autres officiers, bourgeois & habitans inférieurs en ordre audit prévôt & procureur du Roi. Défenses aux habitans de les y troubler, à

---

(1) *Ibid.* art. 72, pag. 183.
(2) *Ibid.* art. 73, pag. 187.
(3) *Ibid.*
(4) Il est aussi visé, avec plusieurs autres titres, dans l'arrêt du conseil du 15 février 1661.

---

(1) Code des commensaux, tom. I, pag. 121.
(2) *Ibid.* pag. 184.

peine de quinze cents livres d'amende &
de tous dépens, dommages & intérêts.

Le 30 septembre 1681, deux gardes
du corps ont obtenu, sur leur requête, un
pareil arrêt contre le bailli de la Cha-
pelle-Saint-Denis (1)

Le 15 novembre 1684, pareil arrêt
rendu sur la requête d'un autre garde
du corps, contre les officiers de la seigneurie de Courtenay (2).

Le 27 mars 1685, Louis XIV rendit
une nouvelle déclaration conforme à celle
de 1605, en faveur de ses écuyers ordinaires, contrôleurs, clercs d'offices de
sa maison; & les lieutenans, enseignes
& exempts de la compagnie des cent-
suisses de la garde.

Cette déclaration fut enregistrée au
grand conseil le 13 avril suivant.

Le 24 juillet 1685, le même prince
rendit une pareille déclaration en faveur
des gardes du corps. Elle fut enregistrée
au grand conseil le 11 août suivant (5).

Le 22 août 1686, un chevau-léger
obtint un arrêt semblable contre les officiers de la seigneurie de Falvi (6).

Cet arrêt fut suivi d'une nouvelle déclaration rendue en faveur des chevaux-
légers, le 1 octobre de la même année,
& enregistrée au grand conseil le 7 novembre suivant (7).

Le 3 mars 1688, un arrêt rendu sur
productions respectives, dans le même
tribunal, sans s'arrêter à l'intervention du
chapitre de l'église de Paris, seigneur
de la paroisse de Sucy, accorde la même
préséance à un maréchal des logis ordinaire de madame la dauphine, & à un
officier de la maison de la feue reine &
de la bouche de M. le duc d'Orléans,

sur les officiers de la justice de cette paroisse, pour les processions & autres cérémonies de l'église, & en toutes assemblées publiques & particulières qui se feront audit Sucy (1).

Le 25 juillet 1688, Louis XIV accorda
une déclaration pareille aux précédentes,
à ses gentilshommes servans, pannetiers,
échansons & tranchans. Elle fut enregistrée au grand conseil le 13 août 1688 (2).

Le 6 juillet 1696, M. de Marillac,
conseiller d'état ordinaire & d'honneur
dans tous les parlemens, rendit une sentence arbitrale, par laquelle il décida que
le sieur Huchard, vétéran, garde de la prévôté de l'hôtel, devoit avoir rang & séance
devant le bailli & le procureur-fiscal de
Males-Herbes, en toutes assemblées publiques & particulières, excepté néanmoins dans celles où le bailli feroit fonctions de juge, même que ledit Huchard
les devoit précéder dans les assemblées
& cérémonies de l'église, & avoir le pain-
béni avant eux. Le seigneur de Males-
Herbes & le sieur Huchard acquiescèrent
à ce jugement (3).

Le 31 janv. 1697, un arrêt contradictoire du grand conseil maintint encore un
garde de la porte dans le droit de préséance
sur les consuls (4), & le procureur du Roi
de la ville de Bilhom en Auvergne (5).

Le 6 juillet 1719, un arrêt contradictoire rendu au grand conseil le 6 juillet
1719, assura la même préséance au sieur
Jamet, garde-du-corps du Roi, sur Pierre
du Puy, fauconnier de la chambre du Roi,
& marguillier de la confrérie du saint
sacrement de la paroisse de Mouy (6).

Un arrêt du 5 août 1724 a de nou-

(1) *Ibid.* pag. 527.
(2) Etat de la France, tom. 1, pag. 537, de
l'édition de 1749.
(3) *Ibid.* pag. 246.
(4) *Ibid.* pag. 247.
(5) *Ibid.* pag. 251.
(6) *Ibid.* pag. 256.
(7) *Ibid.* pag. 257.

(1) *Ibid.* pag. 276.
(2) *Ibid.* pag. 285.
(3) *Ibid.* pag. 336.
(4) L'intitulé de cet arrêt, tel qu'il se trouve
dans le code des commensaux, dit mal-à-propos
les *juges-consuls*. Il s'agit du consul qui étoit
à la tête de la ville de Bilhom.
(5) *Ibid.* pag. 340.
(6) *Ibid.* pag. 522.

veau jugé la préféance d'un mousquetaire sur les officiers de l'élection d'Evreux (2).

Le supplément au code des Commensaux dit qu'un timbalier des gardes du corps du Roi, a obtenu les mêmes honneurs par deux sentences rendues à la prévôté de l'hôtel, les 15 juin 1728 & 9 août 1729 (2).

§. IX. *Des droits honorifiques dans les églises.*

La préféance dans les églises, & le pain-béni par distinction, sont pour ainsi dire une suite des prérogatives qui appartiennent aux commensaux, en vertu des lois & des arrêts cités au §. précédent. Ils ont d'ailleurs été assurés nommément à plusieurs commensaux, par quelques-uns de ceux qu'on vient de citer, & par diverses autres décisions.

Un arrêt des requêtes de l'hôtel au souverain, rendu sur productions respectives entre le sieur Marchais, garde du corps de M. le duc d'Orléans, & les curé & marguilliers de la paroisse de Ville-Thierry, sur l'intervention des 100 gardes du corps de M. le duc d'Orléans, condamne ledit curé « à donner l'eau-bénite, » le pain-béni & la paix au sieur Marchais, & lui rendre tous les autres » honneurs attribués aux séculiers dans » l'église, préférablement aux habitans » de ladite paroisse & tous autres infé- » rieurs en qualité audit Marchais. »

L'arrêt du 29 avril 1675 attribue aussi le pain-béni avant le maire d'Epernon, au sieur du Puy (3).

Un autre arrêt du grand conseil, rendu le 6 mars 1687, sur la requête du sieur Bauvais de la Garsaude, sous-brigadier & aide-major des gendarmes de la garde ordinaire du Roi, en permettant de faire

assigner les parties aux fins d'icelles, ordonne que l'arrêt du conseil d'état du 15 novembre 1684, & la déclaration du 1 octobre 1686, seront exécutés. « Ce fai- » sant, que ledit Bauvais aura rang & » préséance avant les officiers de la sei- » gneurie de Courtenay, aux processions, » prédications & autres cérémonies de » l'église, où il se trouvera, & qu'on » lui portera le corbillon, pour avoir le » pain-béni avant eux, & jouira des au- » tres honneurs portés par ladite déclara- » tion » (1).

La même chose a été jugée par un autre arrêt contradictoire du même tribunal, le 29 novembre 1700, en faveur d'un garde de la prévôté de l'hôtel, contre le juge-maire de la justice subalterne de Saint-Arnoult (2).

Pareil arrêt le 17 février 1707, pour un valet-de-chambre du Roi, contre le seigneur haut-justicier de Crosne & de Noisy, prenant le fait & cause des marguilliers en charge du lieu, « sans pré- » judice, y est-il dit, de la distinction » accoutumée être faite au seigneur & à » sa famille. » (3).

Une sentence de la prévôté de l'hôtel du 10 avril 1714, rendue en faveur d'un officier de la fauconnerie du Roi, ordonna pareillement qu'il auroit le pain-béni, par morceau de distinction, lui, sa femme & famille, préférablement aux officiers de justice *non-gradués*, de la paroisse de Notre-Dame-des-Champs & autres habitans (4).

Le 4 avril 1719, un arrêt contradictoire du grand conseil confirma une autre sentence de la prévôté, qui accordoit la

---

(1) Supplément au code des commensaux, pag. 157.
(2) *Ibid.* pag. 234.
(3) *Ibid.* pag. 184. Voyez le §. précédent.

(1) *Ibid.* pag. 265. Voyez aussi l'arrêt du 3 mars 1688, le jugement du 5 juillet 1696, cités au §. précédent.
(2) *Ibid.* pag. 376.
(3) *Ibid.* pag. 425. Le dispositif de cet arrêt est ou mal imprimé, ou conçu d'une manière assez embrouillée.
(4) *Ibid.* pag. 460.

même distinction à la fille d'un secrétaire du Roi (1).

Le 25 janvier 1723, pareil arrêt qui maintient deux gardes de la porte dans les rangs & préséances avant les officiers de justice, marguilliers & autres habitans du lieu de Chemiré, aux prédications, eau-bénite, processions, pain-béni & autres cérémonies de l'église, & en toutes assemblées générales & particulières (2).

Mais un autre arrêt du 3 février suivant, n'a accordé cette préséance à un chevau-léger qu'après les seigneurs de fief. Il est remarquable qu'il s'agissoit d'une paroisse dont le Roi étoit le seigneur (3).

On trouve néanmoins au supplément du code des commensaux (4), une sentence de la prévôté de l'hôtel, du 18 janvier 1742, « qui donne les droits ho-
» norifiques à un officier commensal,
» brigadier des gardes du corps du Roi,
» au préjudice de sa partie, gentilhomme
» qui en avoit joui de tous les temps, &
» qui possédoit un fief dans la paroisse. »

Tel est l'intitulé de ce jugement : mais on y voit que ce jugement a été rendu par défaut.

Deux arrêts du grand conseil des 14 février 1716 & 9 janvier 1727, ont assuré la même préséance à un sous-brigadier des chevaux-légers, sur les marguilliers de Notre-Dame-de-Corbeil (5).

Le 2 septembre 1731, la prévôté de l'hôtel a rendu un pareil jugement en faveur d'un valet-de-pied de la reine, contre les marguilliers de Saint-Faucy (6).

Les 5 octobre & 2 décembre 1734, 25 juin 1737, 22 février 1738, 4 mars 1740, 2 mai & 19 septembre 1742, 21

mai 1746, 31 mai & 25 octobre 1747, 31 janvier 1750, 3 février 1752, 10 mai 1755, 30 juillet 1760, le même tribunal en a rendu de pareils, en faveur d'un garde du corps de madame la duchesse d'Orléans, d'un garçon du garde-meuble de la Muète, d'un gendarme de la garde, d'un trompette des gardes du corps, &c. (1).

Le supplément au code des commensaux cite un arrêt du conseil, rendu sur cet objet, le 5 mai 1736, en faveur d'un brigadier des gardes du corps (2).

Un arrêt du grand conseil du 4 août 1742, assure également le pain-béni par distinction à un gendarme de la garde, avant les élus de Fontenai-le-Comte (3).

Un autre du 2 novembre 1755, assure ces préséances à un commensal, immédiatement après les seigneurs & dames de la paroisse.

Il y a un arrêt semblable rendu au conseil le 26 mai 1775, en faveur du sieur des Moutis, garde du corps de M. comte d'Artois.

Enfin un autre arrêt rendu au grand conseil le 19 mars 1777, assure cette préséance aux commensaux militaires de la maison du Roi, & notamment aux chevaux-légers de sa majesté, leurs femmes & famille, avant tous gentilshommes domiciliés, autres que les seigneurs hauts-justiciers, fondateurs ou patrons. Un dernier du 5 janvier 1780 a jugé la même chose contre un lieutenant des maréchaux de France.

D'autres arrêts du grand conseil qui sont imprimés, ont aussi assuré des préséances, immédiatement après les seigneurs & dames des paroisses aux commensaux. Il y en a un du 2 novembre 1765.

---

(1) *Ibid.* pag. 510.
(2) Supplément au code des commensaux, pag. 131.
(3) *Ibid.* pag. 132.
(4) *Ibid.* pag. 337.
(5) *Ibid.* pag. 195.
(6) *Ibid.* pag. 269.

(1) *Ibid.* pag. 280, 304, 311, 322, 344, 350, 370, 372, 373, 404, 433, 472, 519. Celle du 31 janvier 1750, a été confirmée par arrêt rendu au grand conseil le 3 juillet 1751.
(2) *Ibid.* pag. 296.
(3) *Ibid.* pag. 346.

Les honneurs des commensaux dans les églises ne se bornent pas à cette distinction, si l'on s'en rapporte à une dissertation insérée au supplément du code des commensaux (1).

« Les femmes & filles des seigneurs, » y est-il dit, ont droit naturel, comme » les patrons, d'occuper au chœur ou » chapelle de l'église, sur la ligne du » chœur ou du principal autel, les bancs » du seigneur & patron ; par consé- » quent, les femmes & filles des commen- » saux ont le même privilège, quand il » y a eu quelqu'un qui s'y est placé avant » eux qui n'étoit ni seigneur ni patron : » *ils représentent le Roi*, qui est seigneur » universel de toutes les paroisses : cela » se trouve jugé en l'arrêt du grand con- » seil, du 6 juillet 1719, pages 522 & » 523. Il vient d'être rendu une sentence » contradictoire en la prévôté de l'hôtel » qui suit la même loi. »

Il n'est pas besoin de beaucoup d'efforts pour établir combien ces prétentions sont excessives. Les commensaux ont l'honneur d'être les serviteurs du Roi ; mais ils ne le représentent point. Si cela étoit, ils devroient incontestablement précéder les seigneurs mêmes.

L'arrêt du 6 juillet 1719, invoqué dans cette dissertation, ne juge que la pré- séance & non point le droit de banc. Enfin la sentence même rendue à la prévôté de l'hôtel le 15 juillet 1721, ne fait que proscrire une entreprise du curé de Sti- gny, qui avoit fait déplacer le banc du sieur Bault, l'un des gardes de la porte de M. le duc d'Orléans, régent, de son autorité privée, sans lui attribuer aucun droit de banc.

Quoique le sieur Bault eût acquis le banc avec le château du lieu en 1717, la sentence condamne seulement le curé & les marguilliers à rétablir le banc, « sans » néanmoins attribution de droit, & sans

» préjudicier au droit des seigneurs, ni » aux ordonnances de l'archidiacre. »

Ce supplément même du code des com- mensaux, rapporte un arrêt rendu au grand conseil le 14 juin 1733 (1), qui, suivant l'intitulé, juge « que les commen- » saux ne sont fondés à prétendre d'au- » tres droits honorifiques dans les églises, » que ceux qui leur sont nommément » accordés par les édits & déclarations » de sa majesté. »

Il faut néanmoins avouer qu'un arrêt du grand conseil rendu le 13 février 1754, en faveur du sieur de la Coste, capitaine de cavalerie & garde du corps, a con- damné les curé & marguilliers de la pa- roisse d'Argental en Limosin, à lui accor- der, moyennant la rétribution qui seroit convenue, une place convenable & au- dessus de ceux qui lui sont inférieurs en qualité, dans la nef de ladite église, à l'effet d'y mettre un banc pour la dame son épouse & sa famille. Mais cet arrêt a été rendu sur la requête du sieur de la Coste lui-même, sans qu'elle eût été communiquée.

### §. X. *De l'exemption des charges de tuteurs, marguilliers, &c.*

Je n'ai pu rien trouver d'antérieur au dix-septième siècle, pour établir les pri- vilèges des commensaux à ce sujet : mais en 1602, Jean Sezille, fourier ordinaire de Henri IV, ayant été élu tuteur, par avis de parens, cette nomination fut con- firmée par une sentence du bailliage de Gisors. Il en interjeta appel au parlement de Rouen. Au mois de mars 1602, il obtint des lettres-patentes qui le décla- rent exempt de ladite tutelle, *comme l'un des officiers domestiques du Roi*, tant qu'il tiendra ledit état (1).

L'exposé sur lesquelles ces lettres furent

---

(1) Pag. 270.
(2) Vrevin, code des privilégiés, art. 28, pag. 56.

obtenues,

obtenues, portent que les officiers domestiques actuellement servant, sont exempts de telles charges « par plusieurs ordonnances des Rois nos prédécesseurs & de » nous, & arrêt sur ce donné en notre » conseil d'état. » Mais, dit Vrevin, « je » ne trouve pas que ces lettres ayent été » vérifiées au parlement de Rouen, auxquelles elles étoient adressantes ». On ne voit en effet aucun arrêt d'enregistrement au code des commensaux, où elles sont aussi rapportées (1).

Mais ce même auteur cite un arrêt du 14 novembre 1615, qui, sur l'appel d'une pareille nomination faite de la personne d'un maître ordinaire de la musique du Roi & de la reine, ordonna qu'il seroit procédé à une nouvelle élection à la diligence & aux frais de l'appelant (2).

Le supplément du code des commensaux donne la note d'une sentence de la prévôté de l'hôtel du 10 avril 1731, qui a déchargé un postillon de M. le duc d'Orléans de la charge de marguillier de Suresne (1).

Une sentence de la prévôté de l'hôtel, du 20 décembre 1741, a pareillement déchargé un garde-du-corps de ce prince, de la charge de trésorier de l'œuvre & fabrique de Notre-Dame de Gournay (4).

Enfin le supplément au code des commensaux énonce un arrêt rendu au grand conseil, le 16 octobre 1691, qui exempte les vingt-cinq marchands de vin cabaretiers suivant la cour, d'être commissaires des boues (5).

Le même supplément (6) donne la note d'un arrêt rendu au grand conseil le 30 juin 1695, par lequel les vingt-cinq marchands de vin cabaretiers suivant la cour, sont exempts de tutelle & curatelle.

Divers arrêts du conseil, des 20 mai 1730, 17 avril 1704, 29 janvier 1743, 29 octobre 1757, ont pareillement maintenu un gentilhomme de la grande vénerie, un lieutenant par quartier de la grande vénerie, un enseigne des mousquetaires, & un correcteur de la chambre des comptes, dans l'exemption de tutelle & curatelle (1).

Un arrêt du conseil du 11 juillet 1718, rendu en faveur du sieur du Rosel, fourier de la grande écurie du Roi, a déclaré nulle l'élection de sa personne pour marguillier de la fabrique de saint Pierre de Dreux, & l'assignation à lui donnée en conséquence au bailliage de cette ville, l'a déchargé de la nomination dont il s'agit.

§. XI. *De l'exemption des charges des villes, comme du logement des gens de guerre, &c.*

Les lettres-patentes du 6 juillet 1576, déclarent les maréchaux des logis, fouriers ordinaires, & autres officiers du Roi & commensaux, exempts de toutes contributions, subsides, emprunts, guets, gardes de porte & fortifications de ville. Ces lettres ont été entérinées par arrêt de la cour des aides du 22 septembre suivant, « pour, du contenu en icelles, jouir » par lesdits maréchaux & fouriers de » toutes sortes de contributions mises » ou à mettre, fors toutefois des emprunts, ou remboursemens desquels y » aura promesse » (3).

Des lettres ou déclarations du mois de février 1591, & du...... juin 1592, veulent que les commensaux employés dans l'état de la maison du Roi, jouissent des anciens privilèges & de toutes les immunités de fortifications, bois, chan-

---

(1) Tom, 1, pag. 25.
(2) *Ibid.* pag, 220 & 221.
(3) Pag. 255.
(4) *Ibid.* pag. 335.
(5) Pag. 25.
(6) *Ibid.*

(1) *Ibid.* pag. 241, 276, 352 & 478.
(2) Code des commensaux ; Vieville, traité des élections, chap. 29, pag. 416.
(3) Ce sont les termes de Vrevin, dans ses notes sur le code des privilégiés, art, 40 pag. 85.

delles & autres, qui se lèvent dans les villes auxquelles ils font leur demeure, même de gardes de portes, pour le temps qu'ils seront en quartier, & en service actuel seulement, durant lequel leurs femmes ou familles ne pourront être contraintes d'envoyer auxdites gardes, mais étant de retour en leurs maisons, seront tenus y assister, & faire la garde des portes comme les autres habitans, en leur ordre, pour toutes charges quelconques, sans qu'ils puissent être contraints en d'autres taxes ou impositions quelles qu'elles soient (1).

La même ordonnance, en assurant les privilèges des commensaux aux officiers de la reine douairière, & même à ceux des Rois & des reines prédécédés, & du feu duc d'Anjou, assujettit néanmoins tous ces officiers, à l'exception de ceux de la reine douairière, aux charges de la garde des portes, du bois, de la chandelle & des fortifications des villes de leurs demeures, attendu que c'est pour leur propre conservation (2).

Les lettres-patentes du 17 mars 1636, déclarent les officiers domestiques & commensaux du Roi & de la reine, ensemble leurs maisons, fermes, métairies, avec leurs fermiers & serviteurs, exempts & déchargés des logement & nourriture de gens de guerre, tant de cheval que de pied, de quelque langue & nation qu'ils soient, &c. (3).

Un arrêt rendu au parlement le 5 juillet 1642, entre les échevins de la ville de Tournan, appelans d'une procédure criminelle intentée contre eux au siège de la connétablie, par un maréchal des logis, chez qui ils avoient logé des gens de guerre, évoquant le principal, & y faisant droit, condamna ces échevins en 150 liv. tournois pour tous dépens, dommages & intérêts, & fit inhibition &

défenses aux mêmes échevins de plus envoyer des gens de guerre dans sa maison, à peine d'en répondre en leur propre & privé nom (1).

La même exemption est rappelée dans l'arrêt du 3 mai 1718, pour les officiers des princes Louis & Henri-Jules de Bourbon (2).

Enfin une sentence rendue à la prévôté de l'hôtel, le 29 juillet 1720, a maintenu le sieur Godel de Solerac, gendarme de la garde, dans la même exemption (3).

Enfin l'art. 75 d'une ordonnance donnée par le Roi le 25 juin 1750, concernant les gouverneurs & lieutenans-généraux des provinces, les gouverneurs & états majors des places, & le service desdites places, sur l'exemption du logement des gens de guerre, porte que les officiers commensaux des maisons royales, chargés d'un service annuel dans lesdites maisons, jouiront de cette exemption sans que ceux qui n'auront qu'un titre de charge, & ne rempliront aucun service, puissent prétendre ladite exemption.

## §. XII. *De l'exemption des péages.*

Plusieurs des lois qu'on a citées au §. 9, font mention expresse de l'exemption du droit de péage. Mais cette exemption est constatée par des monumens bien plus anciens de notre législation. Suivant le code des commensaux (4) on trouve dans les anciennes ordonnances du parlement, folio 2, « un mandement du roi Phi- » lippe-le-Long, du 19 janvier 1317, » pour faire rendre à trois de ses officiers » y mentionnés, ce qui avoit été pris » d'eux pour péage : suivant l'exemption » de tous péages & coutumes qu'ont les » officiers domestiques des Rois, & les » arrêts du parlement de la saint

---

(1) *Ibid.* art. 22, pag. 39.
(2) *Ibid.* art. 23, pag. 41.
(3) *Ibid.* art. 133, pag. 340.

(1) *Ibid.* pag. 215 & 340.
(2) Code des commensaux, tom. I, pag. 504.
(3) Supplément au code des commensaux, pag. 86.
(4) Pag. 1 & 2.

» Martin 1318, tous les officiers domes-
» tiques du Roi font déclarés exempts
» de tous péages des vivres qu'ils font
» venir pour leur provision.

» En l'arrêt de Mᵉ Sauveſtres de Cer-
» velle, aumônier du Roi, du 11 mars
» 1367, fut jugée l'exemption des péages
» pour les officiers domeſtiques ».

Cette exemption ſouffre néanmoins des modifications pour les péages appar-tenans aux ſeigneurs. Un arrêt rendu au parlement le 4 mars 1705, entre le marquis de Surville, propriétaire des droits de péage, qui ſe perçoivent ſur les ponts de Neuilly, & Jérome de la Haye, chef de ſerdeau de madame, ducheſſe d'Orléans, ordonne que cet of-ficier, toutes les fois qu'il paſſera ſur le pont de Neuilly, ſes domeſtiques qui le ſuivront, & la voiture à lui appartenante, ſeront exempts du droit de péage, *tant & ſi longuement ſeulement qu'il plaira au Roi de continuer* au marquis de Surville *la gratification de la ſomme de 1500 liv. pour le paſſage des officiers de ſa maiſon*, & que ledit de la Haye ſera revêtu de ſa charge (1).

§. XIII. *De l'exemption des impôts en général.*

Une foule d'ordonnances, ont pro-noncé les exemptions les plus générales en faveur des commenſaux. Celles du mois de février 1548, du mois de février 1562, & du mois de mai 1605, les dé-clarent eux & leurs veuves « francs,
» quittes & exempts de toutes manières
» de contributions, ſoit emprunts géné-
» raux & particuliers, faits ou à faire,
» tant par nous, que par les villes : ſem-
» blablement pour la fourniture des vi-
» vres & munition pour la guerre, frais
» de conduite de toutes tailles, aides,
» impoſition de douze deniers pour li-
» vres, de quatrième, huitième, di-

» xième, & appetiſſement de vin, de
» guets, gardes de portes & murailles,
» de ponts, paſſages, travers & détroits,
» fournitures & contributions, d'étapes,
» logis & garniſons de gens d'armes,
» tant à pied qu'à cheval, auſſi de la
» ſolde de cinquante mille hommes de
» pied, de charrois & chevaux d'artil-
» lerie, contribution de nos ban & arriere-
» ban, ſouchet, traite, foraine, péages,
» paſſages, & de toutes choſes de leur
» cru, & de tous autres ſubſides, con-
» tributions & ſubventions généralement
» quelconques, faits & à faire, en quel-
» que ſorte & manière que ce ſoit, ja-
» çoit qu'ils ne ſoient cy autrement, &
» par le menu ſpécifiés & déclarés, ſans
» qu'il ſoit beſoin en prendre, ni lever,
» ci-après de nous, autre ne plus ample
» déclaration, encore que par nos com-
» miſſions, les exempts, & non exempts,
» privilégiés, & non privilégiés y ſoient
» compris, & que par inadvertance, l'on
» y ait obmis faire expreſſe mention de
» l'exemption, exception & réſervation
» d'iceux officiers domeſtiques, & com-
» menſaux, enſemble de leurſdites veuves,
» durant leur viduité : leſquelles cette
» fois pour toutes, & ſans que par cy-
» après on puiſſe alléguer aucune com-
» miſſion avoir été faite d'iceux eſdites
» commiſſion voulons être exécutées » (1).

Celle du mois de novembre 1549 les exempte de tous ſubſides, impoſitions fo-raines, contributions & ſubventions (2).

L'édit du mois de janvier 1588, veut auſſi « qu'ils ſoient exempts de toute
» contribution & ſubventions générales
» & particulières quelconques, faites & à
» faire, tant pour nous, que pour les
» affaires de notre royaume, jaçoit qu'il
» n'en ſoit fait ici plus ample ſpécifi-
» cation & déclaration » (3).

D'autres lettres du mois de juillet 1575,

_____

(1) *Ibid.* pag. 392.

(1) Code des privilégiés, art. 11, pag. 17.
(2) *Ibid.* art. 12, pag. 21.
(3) *Ibid.* pag. 35.

relative à divers officiers, augmentent encore ces énumérations (1).

Quoique par les commissions du 26 mars 1574, il eût été mandé que les privilégiés & les domestiques du Roi seroient compris dans la subvention générale qui en étoit l'objet, une déclaration du 27 avril suivant en exempta les officiers du Roi, de la reine mère, des frères & sœurs du Roi, & de sa fille, servant actuellement, mais non pas ceux qui étoient employés seulement dans les états pour le privilège, sans service actuel.

Vrevin observe néanmoins que cette déclaration ne paroît pas avoir été vérifiée (2).

Depuis, les privilèges des commensaux ont souffert plusieurs restrictions, dont on va parler sous les §. suivans.

### §. XIV. De l'exemption des tailles & des impositions accessoires.

L'exemption des tailles, de la collecte & des impositions accessoires qui se payent avec la taille, est l'un des privilèges les mieux assurés aux commensaux. Elle se trouve particulièrement énoncée dans les ordonnances, édits, ou déclarations des mois d'avril 1459, avril 1536 & mars 1543, juillet 1576 & 23 mars 1578, de décembre 1580 & de novembre 1581 (3).

« Défendons, y est-il dit, à tous manans, & habitans des villes, de ne » comprendre, ni cottiser à l'avenir nos » officiers domestiques, & commensaux » de notre maison, actuellement servans » par quartier, au rôle des tailles ordi- » naires, emprunts, guets, gardes des » portes, & chevaux d'artillerie, forti-

» fications, vivres, munitions, & autres » subventions, & subsides, qui pour- » roient être cy-après levés en deniers, » ou en espèces, pour quelque cause que » ce soit, encore que nos commissions » portent d'y comprendre les exempts, » & non exempts, même les domesti- » ques de notre maison, à peine de ré- » pondre par lesdits habitans, asséurs, » & collecteurs, en leurs propres & privés » noms, des dépens, dommages & in- » térêts ».

On a vu au §. 3, que ces exemptions étoient bien plus anciennes. Vrevin cite aussi des arrêts de la cour des aides des années 1525 & 1575 (1), qui les ont autorisées.

Le même privilège est assuré implicitement aux commensaux par l'art. 342 de l'ordonnance de Blois, par l'édit du mois de janvier 1634, & par beaucoup d'autres lois (2).

Vrevin rapporte sur ces ordonnances trois arrêts du conseil d'état du Roi, des 17 septembre 1568, 29 novembre 1581, & 25 septembre 1585, rendus en faveur d'un fourier ordinaire & d'un valet-de-chambre ordinaire du Roi, par lesquels il fut ordonné qu'ils seroient rayés des rôles des impositions levées ès villes de Sezanne & paroisse de S. Euverte d'Orléans, avec défenses aux habitans des villes de son royaume, de comprendre ou cottiser les officiers domestiques & commensaux de sa maison, actuellement servant par quartier, aux contributions des tailles, crües, emprunts, impositions, guets, gardes des portes & châteaux, fortifications, munitions, chevaux d'artillerie, & autres subventions, impositions & subsides quelconques, qui pourroient par ci-après être levés en deniers, ou espèces, pour quelque cause que ce soit, encore que les commissions portassent d'y comprendre les exempts &

---

(1) Vrevin, *ibid.* art. 30, pag. 64. Voyez aussi dans le même ouvrage les articles 29, 31, 32.
(2) *Ibid.* art. 41, pag. 89 & 91.
(3) Vrevin, code des privilégiés, art. 8, 9 & 40, pag. 13, 15 & 84.

(1) *Ibid.* pag. 74.
(2) *Ibid.* art. 125, pag. 314.

non exempts, même les domestiques de sa maison, à peine de répondre par les échevins & asséeurs en leurs propres & privés noms, de tous dépens, dommages & intérêts (1).

Le dernier de ces trois arrêts ordonne qu'il sera lu au siége de l'élection, icelui tenant & registré aux registres d'icelles, avec défense aux élus d'y contrevenir aussi à peine de répondre en leurs propres & privés noms, des dépens, &c.

Le même auteur rapporte quatre arrêts conformes rendus par la cour des aides, les 4 mai 1609, 3 décembre 1610, 15 juillet 1615, &.... avril 1615, pour des commensaux. Dans l'espèce de celui du 15 juillet 1615, les habitans d'Aubeterre plaidaient contre Jean de Lusson, l'un des cent gentilhommes de l'ancienne bande de la maison du Roi. Il lui opposoient l'art. 259 de l'ordonnance de Blois, qui exige la noblesse pour ces sortes d'emplois. Ils ajoutoient que pour parvenir à cet office, il avoit supposé & emprunté la qualité d'écuyer, pourquoi il devoit être mulcté d'amende arbitraire, suivant l'article 257 de la même ordonnance, étant d'ailleurs de fort basse condition. Mais M. Charpentier, avocat-général, qui conclut en sa faveur, observa que les habitans n'alléguoient point pour rendre cet officier incapable de son exemption, qu'il fit trafic, ou dérogeât, & que l'ordonnance de Blois qu'ils opposoient *in desuetudinem abierat*.

L'arrêt ordonna que le sieur de Lusson seroit rayé du rôle des tailles, pour l'année dont il étoit question, & que les deniers par lui payés lui seroient rendus, fit défenses aux habitans de plus le comprendre aux rôles de leurs tailles à l'avenir, tant & si longuement qu'il seroit couché en l'état, feroit service actuel aux occasions qui se présenteroient, & ne feroit acte dérogeant à son privilège.

Au reste, ce privilège des commensaux, relativement à la taille, a souffert beaucoup de restrictions, par l'édit du mois de juin 1614 (1), par celui du mois de janvier 1634 (2), par celui du mois de novembre 1640 (3) qui défendit même toute exemption durant la guerre, & par la déclaration du 16 avril 1643 (4).

Mais l'édit du mois de novembre 1640, fut révoqué par la déclaration du 26 novembre 1644 (5).

La déclaration du 20 mars 1573, porte que, « les officiers commensaux jouiront » de l'exemption de la taille, & autres » privilèges à eux attribués & non révo- » qués, pourvu qu'ils soient bien & due- » ment pourvus & reçus; qu'ils servent » actuellement; qu'ils soient employés » dans les états registrés en notre cour » des aides de Paris, aux gages de » soixante livres au moins; qu'ils rappor- » tent un certificat des juges des lieux, » publié au prône des paroisses, comme » ils partent pour venir exercer leurs » charges; qu'ils rapportent aussi à leur » retour autre certificat valable de leur » service; qu'ils le fassent pareillement » publier au prône de leur paroisse, & » pourvu aussi qu'ils ne fassent aucun » acte dérogeant, sans lesquelles condi- » tions n'entendons qu'ils jouissent de la- » dite exemption, ni des autres privi- » lèges à eux attribués. »

Suivant l'article 22 de l'édit de janvier 1634 & l'édit de janvier 1652; « le nom- » bre des privilégiés demeurans ès villes, » bourgs & paroisses taillables, sera ré- » duit au nombre de huit privilégiés de » toute qualité, pour celles taxées à neuf » cents livres du principal de la taille, & » au-dessus, & à quatre pour les autres » paroisses taxées au-dessous. Et quant aux

---

(1) *Ibid.* pag. 85 & 86.

(1) Code des commensaux, tom. 1, pag. 55.
(2) *Ibid.* pag. 68.
(3) *Ibid.* pag. 80.
(4) *Ibid.* pag. 89.
(5) *Ibid.* pag. 90.

» officiers nouvellement venus, & habi-
» tués éfdites paroiſſes, ils ne jouiront
» d'aucune exemption, juſqu'à ce qu'ils
» ſoient réduits au nombre ſufdit : &
» ſans qu'il puiſſe y avoir éfdites pa-
» roiſſes, plus de deux perſonnes privilé-
» giées poſſédans même titre d'office.
» N'entendons toutefois comprendre au
» préſent article les villes où les com-
» pagnies ſouveraines, bureaux de nos
» finances, & élections en chef, ſont éta-
» blis (1). »

L'exécution de cet article de l'édit de
1634, a été depuis ordonnée par un arrêt
du 9 décembre 1710, rendu à la cour des
aides ſur les concluſions de M. le procureur-général, en faveur des habitans de
Surennes (2).

Enfin, la même choſe a été encore ordonnée par une déclaration du 19 janvier
1712, qui a pris de nouvelles précautions, pour prévenir tous les abus qu'on
pourroit commettre à ce ſujet (3).

L'exemption de la taille d'exploitation,
a auſſi ſouffert bien des reſtrictions tant
qu'elle a ſubſiſté. On l'a d'abord reſtrainte
aux terres qui appartenoient aux commenſaux même, & qu'ils exploitoient perſonnellement.

Cette dernière condition eſt formellement exigée par l'article 3 de l'édit donné
par François I, en 1540 (4).

L'article 33 de l'édit de janvier 1634,
porte auſſi, « que les privilégiés pourront
» faire valoir par leurs mains, une de
» leurs terres & maiſons, & celles qui y
» ſont adjacentes & contiguës en dépen-
» dantes, & pour les autres terres &
» métairies, qu'ils feront valoir par re-
» ceveurs ou ſerviteurs, ſeront taxés tout
» ainſi que pourroient être taxés leurs fer-

» miers deſdites terres & métairies (1). »

La même choſe eſt répétée dans la déclaration du 16 avril 1643, articles 21,
22 & 23 (2).

L'article 28 veut auſſi que les privilégiés, qui tiendront à ferme les dîmes des
cures & autres bénéfices, ſoient taxés &
cottiſés aux tailles, tout ainſi que le pourroient être des fermiers roturiers & taillables.

Vieville cite néanmoins un arrêt du
conſeil du 15 avril 1720, qui a permis
aux nobles & commenſaux, de tenir les
fermes des terres des princes & princeſſes du ſang, ſans déroger (3).

Cette faculté ne peut plus avoir lieu
aujourd'hui.

Le privilège des commenſaux, relativement aux tailles & aux impoſitions ac-
ceſſoires, a encore été ſuſpendu pendant
la durée de la guerre, & deux années
après le rétabliſſement de la paix, par les
déclarations des 17 avril & 20 mai
1759 (4) : mais ils ont été rétablis quant à
l'exemption de la taille perſonnelle ſeulement, par une autre déclaration du 18
ſeptembre 1760 (5).

Enfin un édit du mois de juillet 1766,
enregiſtré au parlement de Paris le 19 mai
1767 & à la cour des aides le 1 ſeptembre 1768, a ſupprimé entièrement
l'exemption de la taille d'exploitation,
dont les commenſaux avoient joui juſqu'en
1759, pour borner leur exemption à la
taille perſonnelle (6).

Cette dernière loi rend inutile l'examen de la queſtion, ſi les privilèges de
l'exemption des commenſaux pour la taille
d'exploitation, pouvoient être de quelque
effet dans les pays où la taille eſt réelle. Il

_____

(1) *Ibid.* tom. 1, pag. 22.
(2) *Ibid.* pag. 443.
(3) *Ibid.* pag. 446. Vieville, traité des élections, chap. 29, pag. 434 & 435.
(4) Vrevin, art. 59, pag. 131.

(1) *Ibid.* art. 125, pag. 314.
(2) *Ibid.* art. 139, 140 & 141, pag. 359 &
ſuivantes.
(3) Traité des élections, chap. 29, pag. 411.
(4) *Ibid.* pag. 495 & 500.
(5) *Ibid.* pag. 520.
(6) Répertoire de juriſprudence, au mot
*Taille*, ſect. 2.

paroît que les commensaux avoient obtenu des privilèges, même dans ces pays là. Vieville (1), & le supplément au code des commensaux (2), citent un édit du roi François I, du mois d'avril 1536, qui ordonne que tous biens, terres, possessions & héritages ruraux, en quelque main & lieux de la province du Languedoc qu'ils soient situés, seront contribuables aux tailles, à l'exception des notaires & secrétaires, & les officiers commensaux de la maison du Roi & de ses enfans, &c.

Mais rien ne prouve que cet édit ait été exécuté. Le traité des tailles de Despeisses n'en parle point. Voyez néanmoins le titre *des tailles* (3), dans le commentaire de Julien, sur les statuts de Provence.

Outre les conditions requises pour être réputé véritablement commensal, dont on parlera au §. 16, il y en a de particulières pour jouir, soit de l'exemption des tailles, soit de celles des droits d'aides. La plus importante sans contredit, est de ne point faire d'acte de dérogeance. C'est ce qui est porté par l'édit du mois de mars 1583 : « & où aucuns desdits nobles & offi- » ciers, y est-il dit, privilégiés ou exempts, » se trouveront tenir aucune ferme, ou » faire train, ou trafic de marchandise, » par eux ou par personnes interposées : » nous voulons pareillement qu'ils soient » mis & cottisés auxdites tailles & impo- » sition, comme les autres contribua- » bles. »

Cet édit a été vérifié à la cour des aides, le 27 juillet suivant, à la charge que pour le regard des nobles & officiers ayant dignités annexées à leurs offices, qui se trouveront faire trafic de marchandises, tenir fermes d'autrui, ou faire quelque autre acte dérogeant à leurs pri-

vilèges, qu'ils seront taxés aux tailles, non-seulement eu égard au trafic de marchandise, ou de la ferme qu'ils tiennent d'autrui, mais pour tous leurs biens.

Il paroît d'après cet arrêt, que les commensaux qui n'ont point *de dignités annexées à leur office*, peuvent faire le trafic, sans déroger à leur privilège. Le même Vrevin cite deux arrêts rendus à la cour des aides les 9 juin 1606, & 11 décembre 1626, qui l'ont ainsi jugé en faveur d'un chef d'office de la maison du Roi, & d'un aide de la panneterie de la reine mère, qui faisoient commerce de laines, ou d'autres marchandises. Mais comme cette faculté auroit pu devenir trop préjudiciable aux paroissiens, l'édit du mois de mars 1600, qui est antérieur à ces deux arrêts, avoit réduit, par l'article 32, l'exemption de taille des officiers qui n'ont point de dignité annexée à leur office, à une certaine somme, *pour ôter le moyen aux riches d'en abuser, & se faire employer aux états, sans que la plupart fassent aucun service* (3).

Enfin l'édit du mois de janvier 1634, a depuis autorisé cette distinction. L'article 10 porte expressément : « lesdits » officiers ne jouiront de l'exemption » des tailles s'ils ne sont employés ès- » dits états, aux gages de soixante li- » vres du moins par an, & à la charge de » ne faire aucun trafic de marchandise, » n'y tenir fermes d'autrui, excepté ceux » des sept offices de notre maison qui » jouiront de ladite exemption, encore » qu'ils ayent moindres gages que lesdites » soixante livres. Et pourront ceux d'en- » tre eux qui n'ont dignité annexée à » leurs offices, faire trafic de marchan- » dise, pourvu qu'ils ne tiennent ferme » d'autrui, conformément aux ordon-

---

(1) Traité des élections, chap. 29, pag. 427.
(2) Pag. 2.
(3) Voyez sur-tout la seconde partie, sect. 9, pag. 275 du tom. 2.
(4) Vrevin, code des privilégiés, art. 45, pag. 96.

(1) *Ibid.* pag. 97.
(2) Code des privilégiés, pag. 98.
(3) Vrevin, code des privilégiés, art. 51, pag. 105. Voyez aussi l'édit de janvier 1598, *ibid.* art. 65, pag. 159.

» nances & arrêts de nos cours des ai-
» des. »

Au reste la défense de faire le trafic,
ne peut pas s'appliquer au commerce en
gros, pour lequel les nobles même ne dé-
rogent point. Un arrêt du conseil du 28
avril 1727, a déchargé un gentilhomme
de la venérie, de la taxe à laquelle il avoit
été imposé pour les casernes, sur le fondement d'un tel commerce (2).

### §. XV. De l'exemption des droits d'aides.

Les réglemens qu'on a rapportés précédemment, mettent les droits d'aides & les
autres impositions sur les denrées au nombre de ceux dont les commensaux sont
exempts.

Mais cette exemption a souffert aussi
des restrictions & des modifications en
divers temps.

La déclaration du 22 septembre 1561,
vérifiée à la cour des aides le 3 décembre
suivant, du très-exprès commandement
du Roi, ordonne que « pendant le temps
» de six ans, il n'y aura personne, de quel-
» que état, qualité ou condition que ce
» soit, qui soit exempt de l'imposition de
» cinq sous (pour muid de vin), soit en
» vertu de son ancien privilège, ou par
» nouvelle exemption, encore que le vin
» provienne de leur cru, & qu'il soit pour
» notre usage, &c ». Ce droit de cinq
sous par muids ou d'autres semblables,
ont été prorogés ou établis par diverses autres lois, & notamment par les déclarations des mois de juillet 1581, & février
1593, qui contiennent les mêmes restrictions à fort peu de différence près.

Mais la déclaration du mois de mai

1605, défend au fermier des aides, quatrième, huitième, douzième, vingtième
appétissement & autres subsides quelconques, & aux officiers établis pour la perception de ces droits, de troubler les commensaux dans la jouissance de l'exemption d'iceux (1).

Vrevin rapporte sur cette loi, divers
arrêts qui ont jugé conformément à cette
exemption (2).

L'article 1 de la déclaration du 5 février 1624, « ordonne la perception du
» sou pour livre, sur les mêmes den-
» rées vendues en détail, sans qu'aucuns
» s'en puissent dire exempts, sinon
» qu'ils eussent obtenu des lettres d'af-
» franchissemens d'icelui, ou que d'an-
» cienneté ils s'en fussent rachetés par le
» moyen de l'équivalent, subrogé au lieu
» dudit sou pour livre, qui s'est levé, &
» lève tous les ans sur eux avec les tail-
» les. » Mais cette loi ajoute : « sans
» néanmoins que nous entendions déro-
» ger par le présent article, aux privi-
» léges accordés à nos sujets, qui auront
» été bien, & duement vérifiés, & dont
» ils se trouveront jouir à présent. »

Vrevin observe à cette occasion, que
par tous les privilèges accordés aux commensaux, ils sont exempts de ce droit, &
que cet article ne s'entend point de ces
officiers. Ils ne se trouvent effectivement
pas compris dans la réduction des privilégiés portée par l'article 16 de la même
loi (3).

Il est vrai que cette réduction des officiers privilégiés de la maison du Roi, eut
lieu l'année suivante, par une déclaration
du dernier février 1625. Mais cette loi
même, confirma de nouveau les privilèges des commensaux non réformés (4).

---

(1) Code des commensaux, tom. 1, pag. 69.
(2) Supplément au code des commensaux,
pag. 231.
(3) Vrevin, code des privilégiés, art. 70,
pag. 136.
(4) Ibid. art. 61, 62, 63 & 64, pag. 139
& suivantes.

(1) Ibid. art. 69, pag. 173. Voyez aussi celui
du 16 décembre 1613, dans le code des commensaux, tom. 17, pag. 51.
(2) Ibid. pag. 174 & 175.
(3) Ibid. art. 97, pag. 263.
(4) Ibid. art. 98 & suivans, pag. 267 & suiv.

Ils furent maintenus nommément dans l'exemption des droits de gros & ving- tième, des vins de leur cru qu'ils ven- droient en gros, par l'édit du mois d'oc- tobre 1641, qui porte aussi révocation des privilèges des aides, «Sans toutes » fois ajoute l'édit, qu'ils en puissent ven- » dre, ni débiter en détail, sinon en » payant lesdits droits (1). »

Avant cet édit, les commensaux pou- voient vendre en détail le vin de leur crû, sans en payer de droits. L'arrêt d'enregis- trement du réglement général du 5 fé- vrier 1624, les arrêts du conseil des 4 mars 1631, 10 juin & 15 septembre 1633, & les lettres-patentes données sur ce dernier arrêt, les y autorisoient expres- sément (2).

L'article 5 du titre de l'ordonnance du mois de juin 1680, sur le fait des aides, veut que les commensaux servant «actuel- » lement, & ceux qui ont obtenu des » lettres de déclaration, soient main- » tenus dans le privilège de vendre en » gros le vin de leur crû, sans payer au- » cun autre droit que celui d'augmenta- » tion, pour lequel ils seront tenus de » souffrir les visites des commis.

» L'article 7 leur permet de vendre » leur vin en gros, en tel lieu que bon leur » semblera, excepté à Paris où ils seront » tenus de payer le droit de gros.

» L'article 8 déclare le vin provenant » des pressoirs bannaux, être vin de leur » crû, si la bannalité est établie avant » 1560. »

Un arrêt du conseil d'état du Roi, du 5 août 1684, sans s'arrêter à la sentence des élus de Tonnerre du 15 juin 1683, maintient & garde le sieur Henri dans sa qualité de fourier de la grande vénerie de sa majesté, en la possession & jouis- sance des droits, privilèges, & exemptions accordés aux officiers de la vénerie par les arrêts, édits & déclarations de sa majesté,

ce faisant l'autorise à vendre en gros le vin de son crû, sans payer aucun autre droit que celui d'augmentation, pour le- quel il sera tenu souffrir la marque des commis, conformément à l'ordonnance, & condamne le fermier à lui restituer les deniers par lui payés pour raison dudit gros (1).

Cet arrêt en vise plusieurs autres sem- blables, rendus, soit à la cour des aides, soit au conseil, qui en donna un autre le 28 juillet 1685, en faveur de la veuve de ce même fourier (2).

Le 31 août 1715, la cour des aides a jugé la même chose en faveur du sieur Cotte, officier de la maison du Roi, & des cordonniers de la garde-robe du Roi (3).

L'ordonnance du mois de juillet 1681, & l'édit du mois d'août 1717 (4) n'ayant supprimé que les privilèges des aides qui ne sont point compris dans l'ordonnance de 1680, ne portent aucune atteinte à ceux des commensaux.

Le supplément au code des commen- saux (5), cite un arrêt du parlement de Flandres, du 14 décembre 1744, rendu en faveur d'un gentilhomme servant de la reine, qui le maintient dans l'exemption d'un nouveau droit d'aide extraordinaire, sur les boissons nécessaires pour sa con- sommation.

Un arrêt contradictoire de la cour des aides, du 21 août 1748, a de nouveau confirmé les garde-chasses des plaisirs du Roi, à Fontainebleau, dans l'exemption du droit de gros, sur les vins de leur crû, en satisfaisant par eux aux réglemens (6).

Un autre arrêt rendu contradictoire- ment par cette cour le 30 janvier 1759,

_____

(1) *Ibid.*
(2) *Ibid.* pag. 20, 21 & 37.

_____

(1) *Ibid.* pag. 237.
(2) *Ibid.* pag. 252.
(3) Code des commensaux, tom. I, pag. 449.
(4) Supplément au code des commensaux, pag. 65.
(5) Pag. 365.
(6) *Ibid.* pag. 387.

ordonne la restitution des droits de gros, que le sieur Marthe, marchand de vin ordinaire du Roi, avoit payé comme forcé sur le refus fait par le fermier, de lui délivrer des congés pour la vente des vins de son crû, à titre de privilégié, sous prétexte qu'il ne rapportoit point d'ampliation de quittance de ses gages, ni ne faisoit pas signifier son départ, pour service de sa charge (1).

Il y a un pareil arrêt du 11 décembre 1776, rendu en faveur d'un capitaine exempt des gardes du Roi, & de deux gardes de la prévôté de l'hôtel.

Il faut néanmoins observer qu'il n'y a que les vrais commensaux, ayant bouche à cour, jouissant de gages en cette qualité, & servant près de la personne du prince, qui doivent jouir de l'exemption du droit de gros; elle n'appartient point aux simples officiers, qui n'ont ni bouche à cour, ni service auprès du Roi.

Il paroît aussi que les domestiques de la maison du Roi, qui par leurs fonctions ne sauroient être mis dans la classe des personnes vivant noblement, sont exclues de ce privilège.

C'est par l'une ou l'autre de ces raisons, que plusieurs officiers mis au nombre des commensaux, & jouissant d'ailleurs de la franchise de la taille & des autres exemptions attachées à ce titre, ont été assujettis au payement du droit de gros. On trouve des arrêts du conseil & de la cour des aides, rendus les 21 mars & 1 août 1714, 9 mars & 30 avril 1715, 1 mai 1717, 13 octobre & 31 décembre 1724, 15 mai 1725, 25 janvier 1726, 25 juillet 1730, 15 juillet 1732, 10 avril & 13 novembre 1736, & 28 mars 1741, contre les officiers & soldats des invalides, les trésoriers de France, les officiers monnoyeurs, ceux de la connétablie de France, &c (2).

L'auteur du dictionnaire des aides, comprend au nombre des exemptions, dont les officiers & domestiques commensaux jouissent, le droit de subvention à l'entrée, à l'égard des marchandises de leur crû qu'ils font entrer pour leurs provisions; mais la Bellande, dans son traité général des droits d'aides (1), observe que les commensaux, ainsi que les trésoriers de France, qui soutenoient être exempts de ce droit sur les boissons de leur crû consommées dans leurs maisons, ont été condamnés à le payer, par trois arrêts du conseil des 3 octobre 1622, 6 juin 1624, & 6 mai 1749, & par deux arrêts, l'un de la cour des aides de Paris, du 11 mai 1717, & l'autre de la cour des aides de Rouen, du 10 juillet 1711, rendus contre des commensaux.

L'exemption n'a point lieu non plus pour les eaux-de-vie, à l'égard desquelles il n'y a aucune espèce d'exemption (3).

Pour jouir de ces privilèges, il est nécessaire de remplir les formalités que les ordonnances ont exigées pour constater l'état des commensaux. Voyez ci-dessus le §. 16.

L'art. 7 du tit. 9 de l'ordonnance du mois de juin 1680, assujettit de plus les privilégiés à fournir au fermier auquel les droits sont dus, une déclaration de la quantité du vin par eux recueilli chaque année, à peine d'être déchus du privilège pour le temps qu'ils n'auront pas satisfait; ce qui doit avoir lieu aussi en cas qu'ils fassent façonner leurs vignes par leurs fermiers, ou les domestiques de leurs fermiers.

Un arrêt du conseil, revêtu de lettres-patentes du 30 juillet 1728, duement enregistrées, ordonne que cette loi & divers autres réglemens seront exécutés; & en conséquence « que lesdits commen- » saux pourvus & reçus, servant actuelle- » ment & employés dans les états re-

---

(1) _Ibid._ pag. 495.

(2) Voyez le dictionnaire des aides, & le traité des aides par la Bellande, &c.

(1) Pag. 417.

(2) La Bellande, _ibid._

» giftrés à la cour des aides, aux gages
» de foixante livres au moins, feront
» tenus à l'avenir de faire dénoncer &
» fignifier avant la vente des vins &
» boiffons de leur crû, au bureau des
» aides, dans les lieux de leurs vignes &
» héritages, copies des actes juftificatifs
» du fervice actuel par eux rendu, en-
» femble des publications & fignifications
» qu'ils en auront fait faire, en confor-
» mité defdits réglemens, aux corps &
» communauté des habitans de la pa-
» roiffe où ils demeurent, le tout à peine
» de déchéance de leur exemption des
» droits de gros, laquelle déchéance aura
» pareillement lieu, au cas qu'il foit
» juftifié par le fermier qu'ils faffent actes
» dérogeans à leurs privilèges, ou d'im-
» pofition ou cotifation d'office aux rôles
» des tailles » (1).

Un arrêt contradictoire, rendu par la
cour des aides le 29 juillet 1750, condamne la veuve du fieur Offart, officier
commenfal, à donner chaque année,
avant la vente de fes vins de chacune
récolte, une déclaration par tenans &
aboutiffans fignée d'elle, des vignes qui
lui appartiennent, & qu'elle fait façonner
par fes mains, à peine de déchéance de
fon privilège pour l'année dans laquelle
elle n'y aura point fatisfait, conformément à l'article 6 du tit. 9 des exemptions
de gros, L'ordonnance de 1680 ordonne
l'exécution de la contrainte contre elle
décernée pour les droits de gros des fix
demi-muids de vin, provenant du gain
de fes preffoirs non bannaux; & juge que
les vins provenans du gain defdits preffoirs, feront réputés vendus avant ceux
de fon crû (2).

§. XVI. *Des conditions & des formalités
nécefaires pour jouir des privilèges de
commenfal.*

La première & la plus indifpenfable
des conditions requifes pour faire jouir
un commenfal des privilèges attribués à
fa charge, eft qu'il ferve actuellement,
& qu'il foit compris dans les états pour
foixante livres de gages au moins. C'eft
ce qui a été prefcrit par l'art. 115 de l'ordonnance d'Orléans de 1560; par l'article
341 de celle de Blois de 1579, & par
un arrêt de réglement de la cour des
aides, rendu fur les conclufions de M. le
procureur-général le 16 juin 1607 (1).

Ces formalités ont été de nouveau exigées par la déclaration du 8 feptembre
1610.

L'arrêt d'enregiftrement du 21 feptemb.
1610, ordonne l'exécution de cette loi
pour le regard des officiers qui doivent
fervir actuellement par quartier, en les
affujettiffant feulement au rapport des certificats du fervice actuel, & à la charge
que les officiers de l'artillerie, de la marine, & autres dénommés aux états de
l'écurie qui ne doivent fervice qu'en temps
d'expédition navale, de guerre, ou de
cérémonie, en faifant le fervice requis
en leurs charges, quand ils font mandés,
feront déchargés de rapporter certificats
de leurs fervices par chacun an, hors le
temps d'armes ou de cérémonies, auquel
ils feront tenus de rapporter certificats
de leurs fervices, comme les autres officiers (2).

L'art. 24 de l'édit de 1614, veut que
dans les états qui feront envoyés de la
cour, les officiers foient nommés par
noms, furnoms, & qu'on y défigne leur
demeure & l'élection dont ils dépendent (3).

L'art. 26 affujetit les officiers à faire
fignifier d'avance le quartier de leur fervice; & après le fervice fait, le certificat
qu'ils en retireront (4).

---

(1) Etat de la France, tom. 1, pag. 540.
(2) Supplém. au code des commenf. pag. 468.

(1) Code des privilégiés, par Vrevin; traité
des élections, par Vieville, ch. 29, pag. 429.
(2) Vrevin, *ibid.* Vieville, *ibid.* pag. 430.
(3) Vieville, *ibid.* pag. 431.
(4) *Ibid.* pag. 431.

L'article 28 du réglement de 1634 ordonne de plus que les officiers employés dans les états de la cour des aides seront tenus d'en retirer un extrait, & le faire signifier aux habitans de la paroisse de leur demeure, & au procureur du Roi de l'élection, pour une fois, avant le premier octobre précédant l'assiette, & déclarer le quartier qu'ils doivent servir ; & qu'autrement ils ne jouiront d'aucune exemption l'année suivante (1).

L'article ajoute que les commensaux seront tenus de lever pareil extrait, & le signifier autant de fois que les nouveaux états auront été envoyés & reçus par la cour deux mois après l'arrêt de réception, & à faute de ce faire, seront imposés aux tailles (2).

L'art. 30 établit les règles par lesquelles ces officiers peuvent prouver le payement de leurs gages ; c'est par les extraits des comptes des trésoriers, payeurs & argentiers, la preuve du contraire réservée aux habitans (3).

L'art. 31 porte, qu'il ne pourra être accordé aucune dispense de service, que pour cause de maladie, certifiée par le juge & procureur du lieu de la demeure, par acte signé d'eux & de leur greffier, qui sera signifié aux habitans des paroisses de leur résidence, à l'issue de la grande messe, un jour de dimanche ou de fête, & à leur Syndic, & encore au procureur du Roi de l'élection, pour le débattre par écrit ou par témoins, sans être obligés de s'inscrire en faux ; cela est conforme à l'article 27 de l'édit de 1614 (4).

L'édit d'avril 1669 défend aux élus d'avoir aucun égard aux certificats de dispense de service, si ce n'est pour cause de maladie attestée par les médecins & officiers des lieux, en présence du pro-

cureur du Roi : ils doivent être certifiés par le président de l'élection, & deux élus (1).

Ces réglemens n'avoient pas été sans doute toujours observés. Car la déclaration du 30 mai 1664, porte encore qu'à commencer en 1665, nuls officiers que ceux actuellement servans, & qui se trouveront compris dans le nombre porté par les états, ensemble leurs veuves, ne pourront jouir d'aucun privilège.

Les privilèges d'exemptions de tailles accordés aux commensaux ayant été révoqués par l'édit de novembre 1640, le Roi les rétablit à la paix. En conséquence, il ordonna par l'art. 14 du réglement du 10 mars 1673, que les officiers commensaux de la maison du Roi, de la reine, & des autres maisons royales, jouiroient de l'exemption de taille & autres privilèges à eux attribués & non révoqués, pourvu qu'ils fussent bien & duement pourvus & reçus, qu'ils servissent actuellement, qu'ils fussent employés dans les états registrés à la cour des aides aux gages de 60 liv. au moins, qu'ils rapportassent un certificat des juges des lieux, publié aux prônes des paroisses, comme ils partoient pour aller exercer leurs charges, qu'ils rapportassent aussi à leur retour un autre certificat valable de leur service, qu'ils le fissent pareillement publier au prône de leur paroisse, & pourvu aussi qu'ils ne fissent aucun acte dérogeant, sans lesquelles conditions le Roi n'entendoit pas qu'ils jouissent de ladite exemption, ni des autres privilèges à eux attribués (2).

Comme l'édit de 1695 avoit dispensé les curés des formalités des publications au prône, l'édit d'août 1705, qui dispense les commensaux de la révocation des privilèges y portée, ordonne par l'article 6, qu'ils seront tenus tous les ans de déclarer par acte, un jour de dimanche ou fête,

---

(1) *Ibid.*
(2) *Ibid.*
(3) Vieville, *ibid.* pag. 432.
(4) *Ibid.*

(1) *Ibid.* pag. 433.
(2) *Ibid.* pag. 435.

issue de messe, au corps des habitans de leur paroisse, l'année, le quartier, ou le semestre, pendant lesquels ils devront servir, & le jour de leur départ, & six semaines après le quartier fini, de rapporter aux habitans un certificat valable de leur service, & six semaines après, une ampliation de la quittance de leurs gages, avec un extrait de l'état envoyé à la cour des aides, sauf aux habitans à prouver le contraire, sans être tenus de s'inscrire en faux.

Et en cas de fraude, qu'ils seront imposés à la taille, & taxés d'office par les intendans, sans pouvoir ensuite jouir de l'exemption dont ils demeureront déchus (2).

Les mêmes formalités ont été prescrites de nouveau par un arrêt du 30 juillet 1726, qui a été revêtu de lettres-patentes du même jour, enregistrées à la cour des aides (1).

Enfin la même chose a encore été ordonnée par les lettres-patentes du 14 août 1764, & par d'autres lois enregistrées à la cour des aides de Normandie, pour régler les privilèges des commensaux de cette province (3).

La déclaration du 24 novembre 1682, a néanmoins dispensé du service actuel les officiers de la vénerie employés dans les états, suivant l'article 9 de l'édit de 1634, savoir les lieutenans, sous-lieutenans & gentilhommes de la vénerie, nonobstant l'art. 14 de la déclaration du 20 mars 1673, à laquelle le Roi a dérogé (4).

Une autre déclaration du 11 décembre suivant, a prononcé la même exception pour les officiers inférieurs de la vénerie (5).

Enfin le même privilège a été confirmé par une dernière déclaration du 2 janvier 1706 (1).

Un arrêt de la cour des aides du 26 janvier 1661, a aussi dispensé du certificat de service deux secrétaires de mademoiselle de Montpensier, & un maître des requêtes de M. le duc d'Orléans (2).

Les commensaux nouvellement pourvus par résignation ou autrement, doivent faire publier leur nouvelle qualité à la paroisse de leurs prédécesseurs, & en prendre un certificat. Ils doivent faire faire de pareilles publications à la paroisse où ils veulent jouir de leur privilège, & le signifier, tant au syndic de la paroisse qu'au procureur du Roi de l'élection. C'est ce qui a été ordonné par l'art. 30 du réglement de 1614, & par l'art. 29 de l'édit de 1634 (3).

Ils doivent de plus faire enregistrer leurs privilèges dans les élections. Il faut pour cela qu'ils y rapportent leurs lettres de provision, & des extraits du greffier de la cour des aides, pour constater leur emploi dans les états remis au greffe de cette cour. Elle l'a ainsi ordonné par un arrêt du 4 septembre 1692.

Les frais de ces enregistremens sont réglés à 31 liv. par des arrêts du conseil & de la cour des aides (1).

La cour des aides de Paris a été maintenue par deux arrêts du conseil des 29 décembre 1663 & 28 mars 1685, dans le droit exclusif d'enregistrer les provisions & les lettres de vétérance des commensaux. Cependant un troisième arrêt du conseil du 2 janvier 1690, intervenu sur les remontrances de la cour des aides de Rouen, a ordonné que les officiers commensaux du Roi & des maisons royales domiciliés en Normandie, feront enregistrer leurs provisions au greffe de

---

(1) Traité des élections, par Vieville, chap. 39, pag. 434.
(2) Supplément au code des commensaux, pag. 210.
(3) Dictionnaire du droit normand, par M. Houard, au mot *Privilégié*, pag. 630.
(4) Vieville, *ibid*, pag. 412.
(5) Vieville, *ibid*.

(1) Vieville, *ibid*.
(2) Vieville, traité des élections, chap. 29, pag. 437.
(3) *Ibid*, pag. 436.

la cour des aides de Rouen, en payant 9 liv. pour tous frais d'enregistrement, y compris les droits du greffe (1).

On doit ajouter ici que l'art. 408 de l'ordonnance de 1629 avoit défendu d'admettre aucun sujet aux offices de la maison du Roi & autres privilégiés, même à ceux qui sont dépendans de l'écurie, vénerie, fauconnerie, artillerie & amirauté, à moins qu'il n'en fût capable, en ordonnant de priver de leur office & des privilèges ceux qui y auroient été reçus sans être de la condition requise. Mais cette loi si sage ne s'est pas mieux observée que la plupart des autres articles de cette ordonnance (2).

### §. XVII. _Des offices imcompatibles avec le titre de commensal._

Les ordonnances de Philippe-le-Bel, de l'an 1302, de Charles VI, des années 1388 & 1413, de Charles VII, de 1452, de François I, de 1517, Charles IX, de 1560, & de Henri III, de 1577, défendent aux officiers de judicature, tant royaux que des seigneurs particuliers & autres ayant serment à justice, demeurant aux lieux taillables, de prendre des charges dans la maison du Roi & autres princes du sang, par la raison que la liberté de posséder ces différens offices, multiplioit les exempts de la taille à l'oppression des pauvres (3).

C'est en conformité de ces anciennes ordonnances que par l'art. 29 de l'édit de 1614, il est dit que les officiers employés dans les états de la cour des aides ne doivent s'employer à aucune vacation répugnante à leur qualité (4).

L'art. 27 du réglement de 1634 porte aussi, que les officiers des sièges prési-

diaux, royaux, élections & greniers à sel ne pourront être pourvus de charges & offices de la maison du Roi, & des maisons des reines & princesses, que cette loi déclare incompatibles avec leurs offices (1).

Par la déclaration du 23 octobre 1680, il est ordonné que tous les sujets habitans des villes, bourgs & paroisses taillables, qui sont ou seront à l'avenir pourvus d'office de judicature ou autre, ayant fonction publique & serment à justice, soit du Roi ou des seigneurs particuliers, & des charges de la maison du Roi, & autres maisons royales, jouissant de l'exemption de taille, employés dans les états de la cour des aides, servant actuellement, & payés de leurs gages, seront imposés aux rôles des tailles & du sel, selon leurs biens & facultés, tant qu'ils demeureront pourvus conjointement de deux offices, nonobstant les privilèges des commensaux, dont le Roi les déclare déchus, jusqu'à ce qu'ils ayent fait l'option, & qu'ils se soient démis des offices de judicature, & qu'un autre soit pourvu en leur place, nonobstant tous les privilèges & lettres de comptabilité qui demeurent révoqués, & auxquels les juges n'auront aucun égard (2).

L'art. 81 de l'édit du mois d'août 1705, confirme les mêmes dispositions, & révoque toutes les lettres de comptabilité qui pourroient avoir été obtenues par les officiers commensaux (3).

Enfin, par l'article 25 de l'édit du mois de septembre 1706, il fut ordonné que ceux qui n'avoient pas satisfait à la disposition de l'art. 8 de l'édit de 1705, seroient à la prochaine assiette imposés d'office à la taille par les intendans & commissaires départis dans les lieux où elle étoit personnelle (4).

_____

(1) _Ibid._ pag. 436 & 437.
(2) _Ibid._ pag. 421.
(3) _Mémorial des tailles_, au mot _Incompatibilité_; code des privilégiés & des commensaux.
(4) _Ibid._

(1) _Ibid._
(2) _Code des commensaux_, pag. 241.
(3) _Ibid._ pag. 398.
(4) _Ibid._ pag. 412.

C'est conformément à ces lois qu'une décision du conseil du 20 mars 1737, a jugé que le sieur Poulard, pourvu en 1730 de l'office de receveur des tailles à Mortagne, & en 1736 de la charge de gentilhomme de la grande vénerie, étoit sujet au droit de franc-fief, attendu l'incompatibilité de son office de receveur des tailles avec sa charge de vénerie (1).

Le même principe a dicté l'arrêt du conseil rendu contradictoirement le 2 mai 1752, par lequel le nommé François-Toussaint Boulet, fourier de logis, & pourvu en même temps d'un office de receveur des tailles de l'élection de Montdidier, fut, sur le fondement de cette incompatibilité, condamné à payer le droit de franc-fief des biens nobles qu'il possédoit, à compter du jour de sa réception dans l'office de receveur des tailles (2).

Au reste, Vrevin (3) cite un arrêt rendu à la cour des aides, le 6 février 1609, qui confirme l'exemption des tailles du sieur le Feron & la compatibilité d'une charge de gentilhomme servant chez M. le prince, avec celle de maître particulier des eaux & forêts, qu'il possédoit conjointement.

§. XVIII. *Des veuves des commensaux & des officiers vétérans.*

Les privilèges des veuves & des officiers vétérans, paroissent aussi anciens que ceux des commensaux même. Ceux des veuves se trouvent du moins énoncés dans des ordonnances ou édits des mois de février 1548, mars & novembre 1549, février 1562, janvier 1588, mai 1605 &c, (4).

L'édit du mois d'août 1610, relatif aux privilèges des commensaux, les déclarations du 10 décembre 1635 & du.... janvier 1652, portant rétablissement des privilèges des commensaux, & l'ordonnance du mois de juillet 1681, concernant l'exemption des droits d'aides, assurent les mêmes privilèges aux veuves qu'aux commensaux eux-mêmes. Mais elles ne leur attribuent que durant le temps de leur viduité (1).

Quant aux vétérans, du Tillet rapporte une ordonnance donnée par Charles VII en 1408, suivant laquelle les officiers domestiques ayant servi vingt ans, doivent jouir de leurs gages, sans servir.

Loiseau, qui s'est beaucoup récrié contre la facilité avec laquelle les grands officiers de la maison du Roi, destituoient les commensaux, dit que, « c'est bien » loin de faire, comme il s'est fait en » l'antique maison de Bourbon, & en- » core par le roi Louis XII. & la reine » Anne sa femme, qui ont fondé des » hôpitaux pour leurs pauvres officiers. » De tout temps ça, ajoute-t-il, ça été » la coutume des Rois, quand en ces cas » ils donnoient congé à leurs officiers, de » les renvoyer en leurs maisons à mi-ga- » ges, & à condition de jouir de leurs » privilèges, mêmement du Tillet rap- » porte une ordonnance du roi Charles » VII, de l'an 1408, que les *officiers domesti-* » *ques ayant servi vingt ans, auroient dé-* » *sormais leurs gages sans servir.* »

Quoi qu'il en soit, les vétérans ont joui jusqu'à ces derniers temps, des mêmes privilèges que les commensaux. Mais le temps nécessaire pour acquérir la vétérance n'a pas toujours été le même (2).

On vient de voir dans Loiseau, qu'il n'étoit que de vingt ans avant cet auteur. La même chose avoit été ordonnée par

(1) Voyez le dictionnaire des domaines.
(2) Répertoire de jurisprudence, au mot *Commensal*, sect. 3; supplément du code des commensaux, pag. 456.
(3) Code des privilégiés, pag. 47.
(4) Voyez le code des privilégiés de Vrevin, pag. 7, 16, 17, 22, 35, 44, 49, 91, 181, 193, 209, 210, 304, 305, 320, 593, 594 & 595; le code des commensaux, &c.

(1) Vrevin & code des commensaux, *ibid.*
(2) Voyez aussi la centurie 2 des réglemens de Chenu, tit. 40, chap. 45, où l'on trouve divers arrêts conformes.

l'édit du mois de juin 1614 article 21, & par quelques autres lois rendues pour certains officiers seulement. Mais la déclaration du dernier février 1625 article 9, exigea vingt-cinq ans (3).

Celle du 10 décembre 1635, fixoit le même terme en n'admettant néanmoins le privilège de la vétérance qu'en cas de démission en faveur des enfans, gendres & neveux; l'arrêt d'enregistrement de cette déclaration rendu le 7 août 1636, avoit prorogé ce terme jusqu'à 30 ans. Mais une dernière déclaration du 11 juillet 1678, enregistrée le 30 août suivant, sans avoir égard aux clauses de la précédente, ni à l'arrêt d'enregistrement, ordonne « que les domestiques employés » dans les états qui auront servi le temps » de vingt-cinq années consécutives en » une même charge jouiront de la vété- » rance. »

L'article 7 de l'édit du mois d'août 1705, a depuis renouvelé cette même disposition, en ordonnant que les lettres de vétérance obtenues par les officiers domestiques & commensaux de la maison du Roi, ou autres officiers réputés domestiques ou commensaux, ne procureront aucun privilège ni aucune exemption, si elles n'ont été obtenues après vingt-cinq ans de service actuel. L'arrêt d'enregistrement de cette déclaration de 1678, porte que les officiers qui obtiendront des lettres de vétérance, ne pourront jouir d'aucune exemption, que les lettres n'ayent été bien & duement vérifiées. La cour des aides a depuis jugé que le temps pour acquérir les privilèges des vétérances, ne commenceroit à courir à l'avenir, que du jour que les officiers auroient été employés sur les états envoyés au greffe de la cour (1).

Au reste les privilèges des commensaux ont été souvent conservés à des officiers qui n'avoient point acquis la vétérance; leur service n'a cessé d'avoir lieu, que par des causes qui ne sont pas de leur fait. Cela a sur-tout eu lieu, en faveur des officiers des reines & princes & princesses du sang, qui les avoient servi jusqu'à leur décès. On peut en voir une foule d'exemples au §. 1. (_G.D.C._)

(1) Vrevin, code des privilégiés, art. 85 & 106, pag. 143 & 299.

(1) Vieville, traité des élections, chap. 19, pag. 422.

# CHAPITRE III.

### _Du bureau général des dépenses de la maison du Roi, & des offices qui y ont rapport._

Un nouvel ordre de choses s'est établi dans cette partie sous le règne actuel. Le Roi, dont les vues économiques ont toujours eu pour objet d'alléger les charges publiques, a reconnu que sans nuire à la ponctualité de son service & à l'éclat du trône au dehors, il pouvoit supprimer un grand nombre d'offices de sa maison, qui y occasionnoient une dépense considérable, & en même temps étoient une source de privilèges dont les provinces ressentoient le poids. En conséquence sa majesté a donné deux édits, l'un au mois de janvier 1780, & l'autre au mois d'août de la même année, par lesquels elle a supprimé les charges de contrôleurs-généraux de sa maison & chambre aux deniers; celle d'intendant contrôleur-général des meubles

bles de la couronne ; celles d'intendans-contrôleurs-généraux des écuries ; celles d'intendans-contrôleurs-généraux de l'argenterie, menus plaisirs & affaires de la chambre du Roi, & plus de quatre cents autres charges qui avoient été créées sous différentes dénominations pour le service des tables de sa majesté.

Pour suppléer aux fonctions divisées des contrôleurs-généraux de la maison du Roi, de l'intendant-général des meubles de la couronne, & des autres officiers principaux dont on vient de parler, sa majesté, par la première des lois dont il s'agit, a formé un établissement nouveau, sous le titre de *bureau général des dépenses de la maison du Roi.*

L'intention de sa majesté, en créant ce bureau, a été qu'il ne s'y trouvât que des gens qui en réunissant différentes connoissances, pussent néanmoins conduire dans un même esprit & avec des principes uniformes, le détail des dépenses de sa maison. En conséquence, elle a ordonné qu'il seroit composé de deux magistrats de la chambre des comptes de Paris, & de cinq commissaires-généraux, choisis de préférence parmi les personnes les plus versées dans la manutention des dépenses diverses de la maison du Roi.

Sa majesté a d'ailleurs réglé que le premier commis de sa maison, & le premier commis de ses finances assisteroient à ce bureau, & qu'il seroit présidé par le ministre de sa maison & par celui de ses finances, ou, en leur absence, par l'un des magistrats de la chambre des comptes dont on vient de parler.

Suivant l'article 5 de l'édit que nous analysons, il doit être expédié à chaque commissaire-général, une commission scellée du scel royal, qu'il est tenu de faire enregistrer à la chambre des comptes. Quant au serment qu'il est obligé de prêter, c'est M. le chancelier ou garde des sceaux de France, qui est chargé de le recevoir.

Les objets dont le bureau doit s'occuper, conformément aux vues du législateur, consistent particulièrement à examiner toutes les parties des dépenses, afin d'y apporter la plus grande clarté, & à proposer les améliorations de tout genre dont elles peuvent être susceptibles.

Le bureau est chargé de rendre un compte exact de ses travaux à cet égard, tant au ministre de la maison du Roi, qu'au contrôleur-général des finances.

L'édit de création de ce bureau, lui attribue exclusivement le droit de connoître, suivre & arrêter définitivement toutes les dépenses de la maison du Roi, & d'en ordonner le payement, à quelque titre & sous quelque dénomination que ces dépenses aient été faites : pour cet effet, sa majesté a révoqué tous les pouvoirs qui avoient pu être délégués à cet égard, par les Rois ses prédécesseurs, ou par elle-même, à quelque personne que ce fût.

Suivant l'article 9 de cette loi, les dépenses de tout genre doivent être apportées au bureau pour y être examinées, discutées & arrêtées définitivement. Elles doivent d'ailleurs être recueillies dans des cahiers que le bureau est chargé de vérifier, avant que le trésorier-payeur-général les présente à la chambre des comptes, lorsqu'il y rend son compte.

L'article 10 veut que tous les marchés, de quelque nature qu'ils puissent être, soient passés au rabais, & qu'auparavant ils aient été publiés & affichés, & que le bureau ait examiné les différentes soumissions. Il faut d'ailleurs, pour la validité de chaque marché, qu'il soit revêtu des signatures des cinq commissaires-généraux, & approuvé par le ministre de la maison du Roi, & par le contrôleur-général des finances.

Les pièces ou cahiers qui contiennent la dépense, tant ordinaire qu'extraordinaire, & le compte du trésorier-payeur-général des dépenses, doivent être signés par le secrétaire d'état de la maison du Roi, & par les cinq commissaires-généraux, avant d'être présentés à la chambre des comptes. D'un autre côté, il eſt défendu à cette cour d'allouer au tréſorier général dans ſes comptes aucun article de dépenſe, qu'il ne ſoit compris dans les cahiers dont il s'agit; c'eſt ce qui réſulte des articles 11 & 15.

Aucune dépenſe courante ou extraordinaire, & autre que celles qui ſont compriſes dans les états de la maiſon du Roi, ne peut être payée à aucun officier, ouvrier ou fourniſſeur, que ſur un mandement motivé & ſigné des cinq commiſſaires-généraux. Le tréſorier-général eſt obligé de rapporter au bureau ces mandemens comme pièces juſtificatives de ſon compte qui doit y être examiné, vérifié & ſigné avant qu'il puiſſe le préſenter à la chambre des comptes. Telles ſont les diſpoſitions de l'article 12.

Pour faciliter l'exécution des ordres du Roi, ou de ceux que donnent, ſous le nom de ſa majeſté, les grands officiers & autres ſupérieurs de ſa maiſon, l'article 13 a réglé que chacun des cinq commiſſaires-généraux, ſeroit attaché particulièrement à un département pour en diriger & ſuivre les dépenſes & en faire le rapport au bureau. La même loi a autoriſé le tréſorier à payer juſqu'à la concurrence de 10,000 livres, ſur la ſignature d'un ſeul commiſſaire-général, pour les objets preſſés & imprévus concernant le département dont ce commiſſaire dirige particulièrement les dépenſes. Mais ce tréſorier eſt tenu de faire échanger, dans le cours du mois au plus tard, les mandats particuliers du commiſſaire contre des états arrêtés par le bureau général.

Chaque commiſſaire-général eſt tenu de dépoſer au tréſor royal une ſomme de 500,000 livres qui doit lui être rendue, ou à ſes héritiers, en cas de mort, de démiſſion ou autre changement. C'eſt ce qu'a preſcrit l'article 6.

A l'égard du traitement pécuniaire que l'édit de création a aſſigné aux commiſſaires-généraux, il conſiſte, 1°, en ce qu'il doit leur être payé 5 pour 100 de leur finance, ſans aucune retenue quelle qu'elle ſoit; 2°, ils doivent recevoir chacun 15,000 livres par année pour leur tenir lieu d'*appointemens, entretenemens & émolumens quelconques.*

L'importance des places des commiſſaires-généraux & l'obligation dans laquelle ils ſont de faire leur réſidence à la cour, pour le bien du ſervice du Roi, exigeoient qu'il leur fût accordé des diſtinctions particulières. Auſſi ſa majeſté, par ſes lettres-patentes, données en forme d'édit au mois de mars 1780, & enregiſtrées à la cour des aides le 5 avril ſuivant, a ordonné que ces officiers jouiroient, ainſi que leurs ſucceſſeurs, de tous les privilèges des commenſaux, & notamment du droit de *committimus* au grand ſceau, conformément à la déclaration du 16 février 1771, du titre d'écuyer & de l'exemption des droits de franc-fief. La même loi a réglé que les privilèges qu'on vient de rapporter ſeroient conſervés à chacun de ces commiſſaires durant ſa vie, lorſqu'il auroit exercé ſa place pendant vingt ans.

Il convient maintenant de nous occuper du tréſorier-payeur-général des dépenſes de la maiſon du Roi, dont nous avons déjà dit quelque choſe ci-deſſus.

Le Roi voulant raſſembler plus facilement ſous ſes yeux toutes les dépenſes de ſa maiſon, afin de les déterminer d'une manière convenable & d'y apporter toute la modération qui pourroit ſe concilier avec la majeſté de ſa couronne, a ſupprimé, par ſon édit du mois de juillet 1779, divers offices, tels que celui de tréſorier-général de ſa maiſon, ceux des maîtres de la chambre aux deniers, celui de tréſorier de l'argenterie, des menus plaiſirs, &c. & a en même-temps créé un officier de *tréſorier-payeur-général des dépenſes de ſa maiſon,* pour remplir les fonctions des tréſoriers ſupprimés, & payer toutes les dépenſes qui étoient acquitées auparavant par ces tréſoriers, à la réſerve néanmoins des penſions qui avoient été affignées fur leurs caiffes. Ces penfions doivent fe payer au tréfor royal, conformément aux lettres-patentes du 8 novembre 1778.

Ce tréforier-payeur-général eft chargé, par l'article 5 de l'édit cité, de tenir un regiftre diftinct concernant chaque partie, pour en compter féparément à la chambre des comptes. Et fuivant l'article 6, il doit auffi tenir un compte diftinct pour les dépenfes ordinaires & pour les dépenfes extraordinaires de chaque partie.

La finance de cet office important, auquel le Roi s'eft réfervé de nommer en tout temps fur la préfentation du miniftre des finances, a été fixée à un million.

Les gages attribués au même office font de 50,000 livres, c'eft-à-dire, l'intérêt du montant de la finance, à raifon du denier vingt. Le Roi y a ajouté un traitement annuel de 20,000 livres, indépendamment du rembourfement des frais de commis. Ces gages & traitement doivent être exempts de retenue; c'eft ce qui réfulte de l'article 7 de la loi dont il s'agit.

Le légiflateur n'avoit rien décidé relativement au ferment que devoit prêter le tréforier-général; mais la chambre des comptes de Paris y a pourvu par fon arrêt d'enregiftrement de l'édit de création de cet office. Elle n'a fait cet enregiftrement qu'à la charge que le titulaire prêteroit ferment & compteroit pardevant elle.

# CHAPITRE IV.

## Du grand-aumônier de France.

LA charge de grand-aumônier eft la première dignité eccléfiaftique de la cour.

Quoique la dénomination de *grand-aumônier* ne foit pas fort ancienne, l'origine de la charge dont cet officier eft revêtu remonte à des temps fort reculés; car le clergé de la cour a toujours eu un chef.

L'hiftoire nous apprend qu'au commencement de la feconde race, ce chef fe nommoit *archichapelain* (1), & que le Roi Pepin le décora des plus belles prérogatives. En effet, il étoit premier officier de la couronne, & ne reconnoiffoit au-deffus de lui que le Roi, la reine & la famille royale. Il exerçoit dans l'intérieur du palais l'autorité la plus étendue quant au fpirituel; il y difpofoit de toutes les places eccléfiaftiques, & il étoit le pafteur du Roi, de la famille royale & de tous ceux qui habitoient dans le palais, foit qu'ils y demeuraffent habituellement, ou qu'ils n'y fuffent que momentanément pour y vaquer à leurs affaires. C'étoit lui où ceux qu'il avoit prépofés qui leur adminiftroient les fecours fpirituels dont ils pouvoient avoir befoin; il étoit comme leur évêque.

Cette juridiction de l'archichapelain n'étoit point bornée à l'intérieur du palais. On portoit à fon tribunal toutes les caufes eccléfiaftiques du royaume indiftinctement, & il les jugeoit en dernier reffort. Quand il s'en préfentoit quelqu'une fur laquelle il convenoit que le prince prononçât lui-même, il ne le faifoit que fur le rapport de l'archichapelain. C'eft pour cela que les anciens diplômes de nos Rois parlent fouvent de l'intervention de l'archichapelain dans les caufes portées aux pieds du trône.

(1) On l'a auffi appelé quelquefois *archiprêtre de France*, lorfqu'il avoit été choifi parmi les fimples prêtres; & *archevêque du facré palais*, quand on l'avoit tiré de l'ordre des évêques. *Voyez l'abbé Oroux, tom. 1, pag. 6.*

Ajoutons qu'aucun ecclésiastique de quelque dignité qu'il fût revêtu, ne pouvoit être admis à l'audience du Roi, sans y être présenté par l'archichapelain.

Ces fonctions & cette autorité de l'archichapelain ont été attestées par le célèbre Hincmarc, archevêque de Reims, d'après le livre qu'Adhalard, neveu de Pepin, avoit écrit sur l'ordre observé dans le palais de nos Rois.

Après la mort de Charles-le-Chauve, il paroît que la dénomination d'archichapelain se confondit dans celle d'archichancelier, parce que le même individu se trouva tout-à-la-fois le chef de la justice & à la tête du clergé de la cour.

La réunion de ces deux offices fut fondée sur deux motifs principaux. D'un côté l'ignorance, effet nécessaire des guerres continuelles qui désoloient la France, régnoit parmi les séculiers au point qu'ils dédaignoient de savoir écrire leur nom: les ecclésiastiques seuls avoient conservé quelque teinture des lettres.

D'un autre côté, la division de l'empire françois & les usurpations des seigneurs avoient tellement affoibli la puissance & diminué les revenus de nos Rois, qu'ils se virent forcés de restreindre le nombre des officiers de leur maison. Ainsi, se trouvant dans l'obligation d'entretenir un clergé pour célébrer devant eux les mystères de la religion qu'ils professoient, ils le chargèrent en même-temps de vaquer aux affaires de l'état. Par-là, le chef de ce clergé devint archichancelier, & les clercs qui lui étoient subordonnés & qui dressoient sous ses ordres les actes, les chartres & les ordonnances, prirent indifféremment les titres de chapelains, de notaires ou de chanceliers.

Ce n'a été que sous Louis XI que le titre de *grand-aumônier* a commencé d'être employé pour désigner le premier officier ecclésiastique de la cour. Ce prince voulant faire pourvoir de l'évêché de Meaux le docteur Jean Lhuillier son confesseur, écrivit au chapitre de la cathédrale à ce sujet une lettre, où il qualifie ce docteur de son grand-aumônier (1).

Sous Charles VIII, Geoffroi de Pompadour prit pareillement le titre de grand-aumônier du Roi. Il mourut en 1493, & Louis XII lui donna pour successeur dans la même qualité, François le Roi de Chavigny.

A celui-ci succéda Adrien de Boisy, évêque de Coutances, à qui Léon X donna le chapeau de cardinal en 1515.

La cour de Rome ayant ensuite nommé ce cardinal *légat apostolique en France*, il se démit de la charge de grand-aumônier du Roi, & elle fut conférée à François des Moulins, le 8 octobre 1519.

Ce dernier étant mort en 1525, on lui donna pour successeur Jean le Veneur, évêque de Lisieux, qui depuis fut élevé au cardinalat. Il mourut le 7 mars 1543, & le 7 août suivant, François I conféra la dignité de son grand-aumônier à Antoine Sanguin, dit le *cardinal de Meudon*.

Celui-ci jouit à la cour d'une grande faveur, & il s'en servit pour donner un nouveau relief à la dignité dont le Roi l'avoit revêtu. Il s'appliqua particulièrement à en rechercher les anciens droits, & comme son ministère n'étoit point li-

(1) *Cette lettre est ainsi conçue:*

Chers & bien-amez, nous avons su présentement le trépas de votre évêque; & pour ce que en notre ville de Meaux, nous désirons bien avoir personne pourvue dudit évêché à nous seur & féable. A cette cause, avons incontinent écrit à notre saint père, à ce qu'il plaise à sa sainteté pourvoir dudit évêché notre amé & féal conseiller, confesseur & grand-aumônier, messire Jean Lhuillier, docteur en sainte théologie, doyen de Paris, pour les grands biens, vertus, science & mérite de sa personne, & pour les grands, louables & recommandables services qu'il nous a faits, & fait journellement à l'entour de notre personne, nous devons icelui bien pourvoir en cette église. Si vous prions, & néanmoins enjoignons, sur-tout tant que désirez nous complaire, que ne procédiez à aucune élection ou postulation dudit évêché, sans premièrement nous avertir de vos vouloir & intention sur ce. Donné au Plessis-du-Parc, le 10 mai, LOUIS.

mité à la personne du Roi ni même renfermé dans l'enceinte de la cour, il ne fut plus qualifié que du titre de *grand-aumônier de France*, au lieu de celui de *grand-aumônier du Roi*, qu'avoient porté ses prédécesseurs depuis le règne de Louis XI, comme nous l'avons observé. Il convient maintenant d'exposer les fonctions, les droits & les prérogatives qui sont annexés à cette dignité.

### *Fonctions, droits & prérogatives du grand-aumônier de France.*

Avant le cardinal de Meudon, le caractère principal du grand-aumônier étoit, comme l'indique ce titre, la dispensation des aumônes du Roi; dispensation à laquelle, par une sorte d'analogie, on avoit cru devoir attacher l'administration des hôpitaux & autres lieux de charité (1). Mais le grand-aumônier n'avoit ni inspection sur ce qui se passoit dans la chapelle du Roi, ni autorité sur les clercs destinés à y faire le service. Ce fut le cardinal de Meudon qui acquit cette inspection & cette autorité. Alors, sans changer de titre & sans rien perdre de son caractère primitif, le grand-aumônier devint presque tout ce qu'avoit été anciennement l'archichapelain, c'est-à-dire, le chef de la chapelle royale, le supérieur du clergé qui la compose, & enfin le seul évêque de la cour & le propre pasteur du Roi en quelque lieu du royaume que sa majesté pût se trouver.

Le grand-aumônier de France prête serment de fidélité entre les mains du Roi.

Il peut se trouver au lever & au coucher du Roi pour assister aux prières de sa majesté.

Il peut pareillement être présent aux

repas publics du Roi, pour la bénédiction de la table & pour les grâces.

A la messe du Roi, le grand-aumônier présente à sa majesté son livre de prières & lui donne l'eau-bénite. Quand le Roi va à l'offrande, il l'accompagne depuis le prie-Dieu jusqu'à l'autel. A certaines fêtes de l'année, il présente à sa majesté l'évangile & la paix à baiser.

C'est lui qui administre au Roi la communion & les autres sacremens, & qui le dispense, quand il le faut, de l'abstinence qu'on doit observer durant le carême & les autres jours spécifiés par l'église.

C'est pareillement le grand-aumônier qui baptise les enfans de France & ceux dont le Roi est parrain. Il fiance & marie devant sa majesté les princes & les princesses; mais toujours en présence du curé, lequel inscrit sur les registres de la paroisse les actes qui se font en conséquence de ces cérémonies.

La distribution des aumônes du Roi appartient au grand-aumônier, & il dispose en conséquence de tous les fonds destinés pour cet objet.

Aux sermens d'alliance, il présente au Roi le livre des évangiles. Cela s'est ainsi pratiqué le 18 novembre 1663, lors du renouvellement d'alliance avec les ambassadeurs des Treize-Cantons-Suisses.

Les certificats du serment de fidélité que prêtent au Roi pour les dignités ecclésiastiques, les nouveaux archevêques ou évêques, les six grands-prieurs de Malthe à l'avènement du Roi à la couronne, ainsi que quelques autres ecclésiastiques, tels que l'abbé-général de Cîteaux, &c. doivent être expédiés par le grand-aumônier de France, ou, en son absence, par le premier aumônier du Roi, ou par l'aumônier de quartier, ou enfin en leur absence, par l'ecclésiastique qui a l'honneur de servir sa majesté pendant qu'elle reçoit ce serment.

C'est toujours pendant une messe basse après l'évangile que se prête ce serment.

---

(1) On parlera ci-après du changement qu'a éprouvé cette partie des droits du grand-aumônier.

Une des belles prérogatives de sa dignité consiste en ce qu'il est commandeur né de l'ordre du Saint-Esprit (1), & qu'en cette qualité, c'est entre ses mains que ceux qui aspirent à être reçus dans cet ordre, doivent faire cette profession de foi, selon la forme prescrite.

Lorsque le Roi, à l'occasion de quelque heureux événement, tel que son sacre, la naissance d'un prince ou quelque victoire signalée, juge à propos d'accorder la liberté à des prisonniers, c'est au grand-aumônier de France qu'appartient le droit de les délivrer. Mais comme la grâce ne s'étend pas indistinctement à toutes sortes de criminels, le grand-aumônier doit être assisté de plusieurs maîtres des requêtes qui examinent les procès de tous les prisonniers, & lui remettent ensuite un état de ceux dont les crimes sont rémissibles, afin qu'il les fasse jouir du bienfait de la clémence du Roi.

Le grand-aumônier de France est supérieur-général, tant pour le spirituel que pour le temporel, de l'hôpital royal des Quinze-Vingts aveugles de Paris, C'est ce que fait connoître particulièrement l'arrêt qui a été rendu au conseil d'état du Roi le 14 mars 1783, concernant l'administration de cet hôpital (2).

(1) Nous avons, porte l'art. 10 des statuts, dès-à-présent incorporé & uni pour l'avenir audit ordre, en titre de commandeur, notre grand aumônier & ses successeurs audit état.

(2) Voici cet arrêt :
Le Roi voulant, à l'exemple de ses prédécesseurs, donner des marques spéciales de sa protection à cette classe de ses sujets, que la perte de la vue met hors d'état de travailler pour se procurer les besoins de la vie, s'est fait rendre un compte particulier & détaillé de l'exécution du nouveau plan d'administration que sa majesté avoit approuvé, concernant l'hôpital royal des quinze-vingts aveugles de Paris, lequel lui avoit été présenté par le cardinal de Rohan, grand-aumônier de France, supérieur général & immédiat dudit hôpital, pour le spirituel & le temporel ; sa majesté auroit reconnu qu'ayant la vente de l'ancien enclos des quinze-vingts & leur

Une déclaration de François I du 10 décembre 1543, prouve qu'autrefois le grand-aumônier avoit la direction ou administration des différentes maladreries & léproseries du royaume, ainsi que celle

translation au fauxbourg saint Antoine, autorisées par lettres-patentes du Roi, enregistrées en parlement le 31 décembre 1779, les aveugles domiciliés n'ayant alors par jour sur leurs revenus, qu'une rétribution insuffisante, étoient obligés de se répandre avec importunité dans les églises, & même avec danger dans les rues de la capitale, pour trouver, dans la commisération des personnes charitables, de quoi pourvoir à leur propre subsistance & à celle de leurs femmes & enfans; que plusieurs étant seuls & isolés, souvent sans aide ni secours lorsque la vieillesse & les infirmités les réduisoient à ne plus sortir, n'avoient d'autre ressource que de solliciter leur transport dans l'hôtel-dieu ; mais que par les soins du cardinal de Rohan, on auroit trouvé dans l'emploi des revenus ordinaires de quoi améliorer le sort des trois cents aveugles, en supprimant la quête & la mendicité ; & dans l'accroissement de ceux qu'a procurés la vente de l'ancien enclos, des fonds suffisans pour de nouveaux établissemens analogues à la fondation primitive & propres à consoler l'humanité souffrante ; qu'en conséquence, on auroit fait aux trois cents aveugles de l'ancienne fondation, domiciliés dans l'hôpital, un traitement beaucoup plus considérable, en le graduant, selon les besoins, à raison de 20 sous par jour, outre le sel pour les garçons & les veufs ; de 26 sous pour les personnes mariées à des étrangers ; de 36 sous pour ceux ou celles mariés à des aveugles de l'hôpital : qu'en outre, on auroit destiné des fonds pour contribuer à élever les enfans des aveugles mariés, jusqu'à l'âge de seize ans, & leur faire apprendre des métiers, & ensuite pour l'établissement d'une infirmerie dans l'intérieur de l'enclos, où les aveugles domiciliés & malades trouveront tous les secours qui leur seront nécessaires ; que dans l'augmentation des revenus, on avoit déjà trouvé les moyens de créer les nouveaux établissemens suivans : 1°. vingt-cinq places pour des gentilshommes, & huit pour des ecclésiastiques pauvres & aveugles ; 2°. des pensions alimentaires de 100 livres, 150 livres & de 200 livres pour trois cents pauvres aveugles de province ; 3°. cent cinquante aveugles choisis parmi les pauvres aspirans, auxquels on donne tous les jours le pain : que de plus, il seroit fondé un hospice de vingt-cinq lits pour des pauvres de province, qui, affligés de la maladie des yeux, y seront reçus, nourris & traités gradu collège royal, avec le droit d'en nommer les professeurs & de recevoir leur serment. Mais ces prérogatives ont été distraites de sa dignité sous Louis XIV, quand il conféra la charge de grand-aumônier au cardinal de Bouillon (1).

Ce monarque attribua l'administration des maladreries, léproseries, &c. à l'ordre de Saint-Lazare, & régla, à l'égard du collège royal, que l'administration en seroit confiée à l'avenir au secrétaire d'état ayant la maison du Roi dans son département. Il ne fut laissé au grand-aumônier que le droit de recevoir le serment des professeurs.

La juridiction du grand-aumônier s'étendoit aussi sur tous les monastères des religieuses du royaume. Mais le cardinal de la Rochefoucault, pourvu de cette dignité en 1618, ayant considéré combien il étoit difficile de maintenir la régularité dans des couvens éloignés

---

tuitement, jusqu'à leur guérison ou jusqu'à ce que la cécité parfaite soit décidée : qu'il y aura d'habiles oculistes attachés au service de l'hôpital, lesquels donneront, deux fois par semaine, gratuitement leur temps : leurs soins & les secours de leur art à tous ceux qui viendront les consulter : qu'il doit être donné un prix annuel de 400 livres, lequel sera adjugé au meilleur mémoire, dont le sujet aura été proposé, sur les maladies des yeux, sur la manière de les prévenir & de les guérir, avec le prix des remèdes à employer. Sa majesté ayant bien voulu approuver ces nouveaux établissemens, & en marquer sa satisfaction, il lui a été représenté que vu la retraite & la démission des anciens gouverneurs-administrateurs, il étoit important qu'elle voulût bien agréer, approuver & confirmer, la nomination faite par le cardinal de Rohan, comme il lui appartient, par le droit de son état & charge de grand-aumônier, & d'après les statuts enregistrés en parlement, de six gouverneurs-administrateurs, pour l'aider & régir avec lui & en son absence, les biens & revenus dudit hôpital : ouï le rapport ; le Roi étant en son conseil, a approuvé & approuve les nouveaux établissemens ci-dessus mentionnés ; a confirmé & confirme la nomination faite par le grand aumônier de France, du sieur Bertin, conseiller d'état, des sieurs Tolozan, Royer & Menc, maîtres des requêtes, du vicaire-général de la grande-aumônerie, & du sieur le Couteulx, auxquels, selon l'usage, il sera donné par le grand-aumônier, lettres & provisions de gouverneurs-administrateurs, pour l'aider & gouverner avec lui & en son absence, d'après les lettres-patentes de François Ier enregistrées en parlement l'an 1546, & d'après les statuts, ordonnances & réglemens des grands-aumôniers. Entend sa majesté, qu'en cas de décès ou de retraite d'un ou de plusieurs desdits gouverneurs, il y soit pourvu, conformément aux lois & statuts de l'hôpital des quinze-vingts. Veut en outre que, sur la nomination qui en a été faite par le grand-aumônier, le sieur prieur réside dans l'enclos des quinze-vingts, avec séance & voix au chapitre, en qualité de gouverneur-administrateur onéraire & intendant dudit hôpital, pour veiller spécialement, sous les ordres du grand-aumônier, à l'exécution des nouveaux établissemens, des délibérations du chapitre, ainsi qu'à la police & au bon ordre. Fait, &c.

(1) Cette charge resta vacante depuis la mort du cardinal Barberin, arrivée le 3 août 1671, jusqu'au mois de décembre de la même année. Le Roi, en y nommant le cardinal de Bouillon, lui dit qu'il ne l'avoit pas nommé plutôt, parce qu'il avoit voulu auparavant régler certaines choses sur cette charge, comme en distraire les maladreries, la direction du collège royal, &c. mais, ajouta sa majesté en riant, *je vous laisse les quinze-vingts.* En conséquence, les provisions du nouveau titulaire furent expédiées aux conditions suivantes :

« Sans toutefois que ledit sieur grand-aumônier » puisse prétendre aucune chose à la nomination, » administration, présentation, direction ou » autre inspection que ce puisse être sur les maladreries, léproseries, hôpitaux & maisons » pieuses de notre royaume, à la réserve des » hôpitaux des quinze-vingts de notre ville de » Paris & des six-vingts aveugles de notre ville » de Chartres, sur lesquels nous lui avons laissé » les mêmes droits, inspection & administration » dont ses prédécesseurs pourvus de ladite charge » ont & dûment joui ; de même que sur la » maison de l'assomption, & autres couvens de » religieuses qui ont eu jusques à présent les » grands-aumôniers de France pour supérieurs : » & sans aussi que ledit grand-aumônier puisse » prétendre aucun droit de nomination & présen- » tation aux places de professeurs du collège » royal, ni au payement des gages & distribution » des récompenses que nous accordons tous les » ans auxdits professeurs, nous réservant de » pourvoir de plein droit à leurs charges & au » payement des gages & distribution desdites » récompenses. »

de la préfence de leur fupérieur, & ayant jugé que la difcipline s'y conferveroit beaucoup mieux fi les religieufes étoient foumifes à la juridiction immédiate des évêques diocéfains, il demanda & obtint en 1621, une bulle du pape Grégoire XV, par laquelle fa fainteté, avec le confentement du Roi, affranchit les religieufes hofpitalières & leurs monaftères de la juridiction du grand-aumônier de France, & les foumit à perpétuité à la pleine & entière juridiction de leurs évêques diocéfains, pour la vifite, correction & réformation. La bulle excepta néanmoins de ces difpofitions, les religieufes hofpitalières de la ville & des fauxbourgs de Paris; celles-ci furent laiffées fous la juridiction du grand-aumônier, parce que réfidant ordinairement à la cour, il étoit à portée de les gouverner par lui-même.

Le grand-aumônier de France difpofe de différentes bourfes dans les collèges de Louis-le-Grand, de Navarre & de fainte Barbe.

Au collège de Louis-le-Grand, il nomme 1°. à 15 bourfes en faveur de tels fujets que bon lui femble; 2°. à 12 bourfes en faveur d'enfans nobles qui doivent faire les mêmes preuves de nobleffe que celles qu'on exige pour l'école militaire; 3°. à 24 bourfes qui font deftinées, tant pour le diocèfe de Bayeux, que pour la province feule de Normandie.

Au collège de Navarre, il nomme à 10 bourfes, & au collège de fainte Barbe, à 30. Ces dernières ne font pas fondées: elles fe payent fur les fonds des aumônes du Roi.

Le traitement pécuniaire du grand-aumônier de France confifte en 1200 livres d'anciens gages; 1200 livres de penfion; 6000 livres *pour fon plat & livrée*, & 6000 livres fur l'ordre du Saint-Efprit, ce qui fait en tout 14,400 livres.

Lorfque le Roi vient à mourir, les ornemens & l'argenterie de la chapelle de fa majefté appartiennent au grand-aumônier.

*Le grand-aumônier de France doit-il être compté parmi les grands officiers de la couronne?*

Ceux qui fe font déclarés pour la négative ne fe font fondés que fur ce que Henri III ayant donné le 3 avril 1582, des lettres-patentes pour fpécifier les grands officiers de la couronne, il n'y avoit pas compris le grand-aumônier.

Parmi ceux qui foutiennent l'affirmative, on remarque particulièrement le fameux jurifconfulte Charles Loyfeau. Voici comme il s'exprime dans fon traité des offices, livre 4, chapitre 2:

« Il y a grande apparence de mettre
» au rang des officiers de la couronne
» le grand-aumônier de France, ores que
» du Tillet ne l'y mette pas, & que
» toutes les ordonnances & l'eftat de la
» maifon du Roi, le qualifient feulement
» grand-aumônier du Roi. Toutefois il
» eft nommé tout le premier audit eftat,
» & Duhaillan dit que c'eft le premier
» office de chez le Roi, & d'ailleurs il
» a toutes les marques & les propriétés
» des officiers de la couronne. »

On peut ajouter à l'appui de cette opinion, que le grand-aumônier a réuni à fa place, comme nous l'avons remarqué précédemment, les prérogatives qui avoient été attribuées à l'archichapelain, & que perfonne ne doute que celui-ci n'ait été fous la feconde race, grand officier de la couronne.

Au furplus, la charge de grand-aumônier eft confidérée en France comme le comble des honneurs eccléfiaftiques.

CHAPITRE

# CHAPITRE V.

*Du premier aumônier & des autres aumôniers du Roi.*

Nous diviferons ce chapitre en deux fections : la première aura pour objet le premier aumônier du Roi, & la feconde, les autres aumôniers.

### Section I.

*Du premier aumônier du Roi.*

Suivant un ancien ufage obfervé à la cour de nos Rois, certains grands officiers ont au-deffous d'eux un officier dont la qualification ne diffère de la leur qu'en ce qu'il a le titre de *premier* au lieu de celui de *grand*. Nous voyons que du temps de Philippe de Valois, il y avoit fous le grand-maître de l'hôtel du Roi, un premier maître-d'hôtel ; & que dès le commencement du règne de Louis XI, il y a eu un premier écuyer fous le grand écuyer. C'eft en conformité de ces exemples, qu'en 1523, François I créa un premier aumônier, pour être comme le lieutenant ou le vicaire né du grand-aumônier, & le repréfenter en fon abfence.

Depuis cette époque, lorfque le grand-aumônier de France a été abfent, les fonctions qui lui font dévolues dans *la chapelle du Roi & dans tout ce qui en dépend à la fuite de la cour* (1), ont été remplies par le premier aumônier du Roi. C'eft ce que démontrent les anciens regiftres de la grande aumônerie de France. Celui de Louis de Brézé qui s'étend depuis le 1 janvier 1558, jufqu'au dernier décembre 1559, eft intitulé : « regiftre journal » contenant toutes expéditions faites fous » le bon plaifir du Roi, par monfei- » gneur Louis de Brézé, évêque de Meaux » & grand-aumônier de France ; & en » fon abfence par M. *le premier aumô-* » *nier dudit feigneur*, & autres chofes » concernant le fait de la grande aumô- » nerie de France, tenu par le comman- » dement de mondit feigneur, par Mi- » chel Rote fon fecrétaire. »

Les regiftres de Pierre Duchâtel, de Charles d'Humières & de Jacques Amyot, grands-aumôniers de France, prouvent pareillement que quand ces prélats étoient abfents, le premier aumônier rempliffoit leurs principales fonctions dans la chapelle du Roi & à la fuite de la cour.

Enfin, il eft conftant que toutes le fois que la charge de grand-aumônier de France s'eft trouvée vacante, le premier aumônier du Roi en a toujours rempli les fonctions. La chambre des comptes a toujours reconnu fes droits à cet égard, & n'a jamais refufé d'admettre fa fignature.

Il fuit de-là que le premier aumônier a fur les autres aumôniers du Roi, une prééminence non-feulement de rang & de nom, mais encore de pouvoir & de dignité. Voici comme s'explique là-deffus du Peyrat, qui eft d'autant moins fufpect, qu'il étoit lui-même l'un des aumôniers du Roi.

« J'ai toujours foutenu, dit-il, cette

---

(1) Obfervez que les fonctions que le grand-aumônier de France a droit d'exercer hors de la cour, comme l'adminiftration de certains hôpitaux, l'infpection de certains monaftères, &c. n'appartiennent au premier aumônier que quand la charge de grand-aumônier eft vacante : dans tout autre cas d'abfence ou d'empêchement du grand-aumônier, ces fortes de fonctions fe rempliffent par les vicaires généraux de la grande aumônerie.

» proposition ; quoique préjudiciable à
» la charge que j'exerçois, & bien qu'elle
» ne fût pas au gré de mes compagnons
» d'office que j'honorois, & auxquels je
» n'entendois préjudicier en façon que
» ce soit, Je les priois d'excuser en cela
» la candeur de mon ame, & mon hu-
» meur, qui aime Socrate & qui aime
» Platon, mais qui aime encore plus la
» vérité ; les assurant que j'étois prêt à
» changer d'avis, s'ils me pouvoient jus-
» tifier le contraire. »

Il y a néanmoins certains cas où le premier aumônier partage le service avec l'aumônier de quartier. A la chapelle, par exemple, le premier aumônier du Roi reçoit au commencement de la messe ou de l'office, le chapeau du Roi, & l'aumônier de quartier donne le livre à sa majesté. A la fin, le premier aumônier reçoit le livre des mains du Roi, & l'aumônier de quartier lui donne le chapeau. Mais par-tout ailleurs, le premier aumônier fait le service exclusivement à l'aumônier de quartier.

Le premier aumônier prête, de même que le grand-aumônier, serment de fidélité entre les mains du Roi. Il jouit de 1200 livres de gages ; de 6000 livres de livrées *pour sa bouche à cour*, & de 3000 livres de pension.

## SECTION II.

### Des autres aumôniers du Roi.

Il paroît qu'avant François I, le ministère des aumôniers du Roi s'étoit borné à aider à la distribution des aumônes du souverain ; mais les nouveautés qui, sous le règne de ce monarque, s'introduisirent dans la chapelle royale, occasionnèrent beaucoup de changement dans l'état des anciennes charges. Les aumôniers du Roi devinrent alors les vicaires du grand-aumônier pour remplir en son absence les fonctions de sa charge qu'on appelle ordinaires & de nécessité, comme de faire

la prière au lever & au coucher du Roi ; lui donner ses livres à la chapelle, dire le *benedicite* & les grâces à ses repas, &c.

Le nombre des aumôniers du Roi étoit très-considérable sous Henri II. Les ecclésiastiques de la première qualité, & même des prélats, ambitionnoient ce titre d'honneur qu'on pouvoit alors acquérir pour de l'argent.

Il y a des états de la maison de ce prince où l'on compte près de cent cinquante aumôniers : mais il y a lieu de croire que la plupart n'étoient obligés à aucun service & ne percevoient point de gages. Il n'y avoit que seize aumôniers qualifiés de *servans* ; *lesquels*, dit du Peyrat, *j'estime vraisemblablement avoir été ainsi appelés parce qu'ils avoient quartier tous les ans chez le Roi, auquel ils servoient actuellement sa majesté, à la différence des aumôniers honoraires, qui furent seulement depuis appelés ordinaires, n'ayant aucun quartier.*

Henri III réduisit cette multitude d'aumôniers à deux par quartier, à chacun desquels il attribua 300 livres de gages.

En 1761, il s'éleva entre les aumôniers & les chapelains du Roi, une contestation relative aux prérogatives de leurs places. Ceux-là prétendoient que quand ils étoient absens, les chapelains n'étoient pas fondés à les suppléer dans le service du Roi. Ceux-ci soutenoient au contraire, que non-seulement ils avoient le droit de représenter les aumôniers absens, mais encore qu'ayant commencé le service, ils devoient le continuer, même après l'arrivée de l'aumônier ; ensorte, par exemple, que s'ils avoient dit le *benedicite* au commencement du repas, l'aumônier survenu ne pouvoit pas les empêcher de dire les grâces.

A ce premier objet de contestation, s'en joignit une autre qui concernoit le service de mesdames, filles du Roi, & des jeunes princes, duquel les chapelains & les clercs de chapelle étoient seuls chargés. Les aumôniers soutenoient que quand ils se trouvoient au dîner ou au souper de ces princes ou princesses, le droit d'y dire le *benedicite* & les grâces leur étoit dévolu préférablement aux chapelains ou aux clercs de chapelle. Ceux-ci répondoient qu'ils ne devoient céder cet honneur qu'au grand-aumônier ou au premier aumônier leurs supérieurs; & que les aumôniers n'ayant pas la même qualité, ils ne pouvoient pas dépouiller un officier présent, des fonctions qui lui étoient spécialement attribuées.

Le grand-aumônier de France ayant mis ce procès sous les yeux du Roi, il intervint le 29 juin 1761, une décision ainsi conçue:

» Sur le compte que M. le grand-aumônier a rendu au Roi, de différentes » contestations élevées entre les aumô- » niers, & les chapelains & clercs de » la chapelle oratoire, sa majesté a dé- » cidé:

« 1°. Que les chapelains ou clercs de » chapelle pouvoient bien faire le ser- » vice des aumôniers en leur absence, » mais que ne le faisant que subsidiaire- » ment, ils ne pouvoient empêcher l'au- » mônier de quartier, de reprendre le » service quand il se présentoit.

» 2°. Que les aumôniers n'étant pas » chargés habituellement du service au- » près de mesdames & des jeunes princes, » ils ne pouvoient point l'enlever aux » chapelains ou clercs de chapelle, à » moins que dans certaines occasions » d'éclat ou autres, sa majesté ne jugeât » à propos de nommer un aumônier pour » faire ce service. Fait à Marli, &c. »

Indépendamment des aumôniers servant par quartier, il a été créé en 1761, une charge d'aumônier ordinaire, dont les fonctions consistent à suppléer au défaut des aumôniers de quartier.

Avant le réglement que le Roi a fait le 17 août 1780, pour l'administration intérieure de sa maison, les aumôniers avoient à la cour une table où ils mangeoient, & qu'on appeloit *la table des*

*aumôniers*; mais cette table a été supprimée par l'article 15 du réglement qu'on vient de citer, & l'article 16 a ordonné que les personnes qui y mangeoient recevroient à l'avenir leur nourriture à raison de cinq livres par jour.

Les aumôniers du Roi ont le titre de conseillers du Roi, & en leur qualité de commensaux de la maison de sa majesté, ils ont droit de committimus au grand sceau.

Ils sont d'ailleurs, durant leur service, & en leur qualité d'officiers de la chapelle & oratoire du Roi, réputés présens aux bénéfices dont ils peuvent être pourvus. C'est ce qui résulte de différentes lois, & singulièrement d'une déclaration de Louis XIV du mois de mars 1666, enregistrée au grand conseil le 18 du même mois, & d'une autre déclaration de Louis XV, du 2 avril 1727, enregistrée pareillement au grand conseil le 6 mai suivant.

Cette dernière loi est ainsi conçue:

« Louis, &c. salut. Le feu Roi notre » très-honoré seigneur & bisaïeul, vou- » lant assurer l'exactitude & la dignité du » service de sa chapelle & oratoire, a » ordonné par sa déclaration du mois de » mars 1666, conformément à plusieurs » bulles des papes, autorisées dans le » royaume par ses lettres-patentes & » celles des Rois ses prédécesseurs, que » les officiers de nosdites chapelle & ora- » toire, & de notre Sainte-Chapelle de » Paris, seroient à raison de leurs ser- » vices, près de sa personne, réputés » présens dans toutes les églises de notre » royaume, pour tous les bénéfices, of- » fices & dignités dont chacun d'eux se- » roit pourvû; qu'en conséquence ils » jouiroient de tous les fruits, revenus » & émolumens desdits bénéfices, à l'ex- » ception des distributions manuelles pen- » dant le temps & aux termes marqués » dans ladite déclaration; il y avoit lieu » d'espérer que des dispositions si précises, » empêcheroient toutes les contestations » qui pourroient naître entre les chapitres

Kkk ij

„ des églises cathédrales &/collégiales ,
„ & lesdits officiers à ce sujet. Nous som-
„ mes cependant informés qu'il s'élève
„ encore souvent de nouvelles disputes
„ & de nouveaux procès à cette occasion:
„ que des chapitres , par rapport à quel-
„ ques statuts particuliers, ou par rap-
„ port à certains arrangemens qu'ils font
„ pour le payement de leurs revenus &
„ distributions, prétendent priver lesdits
„ officiers de certains droits & émolu-
„ mens, dont jouissent les dignités & les
„ chanoines qui sont dans une actuelle
„ résidence, & qui assistent aux offices
„ divins; que d'un autre côté quelques
„ officiers de nosdites chapelle & ora-
„ toire, & de notre Sainte-Chapelle de
„ Paris, qui occupent dans les églises ca-
„ thédrales & collégiales, des emplois,
„ offices, chapellenies, vicaireries, ou
„ autres places, spécialement destinées
„ par les titres de leur établissement, ou
„ par l'usage desdites églises, à un service
„ personnel & continuel, soit pour l'ac-
„ quit des fondations, soit pour sup-
„ pléer aux absences des dignités & cha-
„ noines desdites églises, prétendent pen-
„ dant le temps de leur service dans nos-
„ dites chapelle & oratoire, & dans notre
„ Sainte-Chapelle de Paris, percevoir
„ les revenus desdits emplois, offices &
„ chapellenies, vicaireries, ou autres pla-
„ ces, sans les desservir, sous prétexte
„ qu'en étant pourvus à titre de bénéfice,
„ ils se trouvent dans la disposition de la-
„ dite déclaration de 1666; à quoi vou-
„ lant pourvoir & maintenir lesdits offi-
„ ciers dans leurs droit & privilège, sans
„ que le service divin en souffre dans les
„ églises de notre royaume. A ces causes
„ & autres à ce nous mouvans, de l'avis
„ de notre conseil & de notre certaine
„ science, pleine puissance & autorité
„ royale, nous avons par ces présentes
„ signées de notre main, confirmé & ap-
„ prouvé, confirmons & approuvons tous
„ & chacun les privilèges accordés aus-
„ dits officiers de nos chapelle & ora-

„ toire, & de notre Sainte-Chapelle de
„ Paris, par les bulles des papes, par les
„ lettres-patentes des Rois nos prédéces-
„ seurs, & en particulier par la déclara-
„ tion du mois de mars 1666. Voulons
„ & nous plaît, que pendant le temps
„ marqué par ladite déclaration, tous les-
„ dits officiers soient tenus & réputés
„ présens en toutes les églises de notre
„ royaume, pour tous les bénéfices, of-
„ fices & dignités dont chacun d'eux est,
„ ou sera pourvu (1); qu'ils entrent en
„ jouissance desdits revenus, quand même
„ ils n'auroient pas fait le stage prescrit
„ par les statuts de plusieurs chapitres, à
„ proportion néanmoins de ce qui en est
„ perçu par les chanoines actuellement
„ résidens, qui font ledit stage; bien en-
„ tendu qu'ils auront pris préalablement
„ possession personnelle, si les statuts
„ l'exigent, & qu'après le temps de leur
„ service, ils feront ledit stage; qu'ils
„ soient employés sur le tableau, pour
„ nommer à leur rang, aux bénéfices dé-
„ pendans des églises où ils ont des di-
„ gnités ou prébendes, & que s'il est d'u-
„ sage que lesdites nominations se fassent
„ dans le chapitre, ils soient admis à y
„ faire, pendant leur temps de service,
„ lesdites nominations par procureur;
„ qu'ils parviennent aux maisons cano-
„ niales, à leur tour, quand même les
„ statuts des chapitres exigeroient une ré-
„ sidence actuelle dans les lieux ou sont
„ lesdits chapitres, pour pouvoir obtenir
„ ou opter lesdites maisons, laquelle ré-
„ sidence sera suppléée par le service
„ qu'ils rendront dans nosdites chapelle

---

(1) Le temps fixé par la loi dont il s'agit est
proportionné au service de chaque officier. Ceux
qui sont ordinaires doivent être réputés présens
pendant toute l'année : ceux qui servent par
semestre, pendant huit mois, y compris les deux
mois qu'on leur accorde pour venir de leurs bénéfices & pour y retourner; & ceux qui servent
par quartier, pendant cinq mois, y compris pareillement deux mois pour venir de leurs bénéfices
& pour y retourner.

» & oratoire, & Sainte-Chapelle de Paris; qu'ils participent à tous autres droits généralement quelconques, qui appartiennent aux titulaires desdits bénéfices, actuellement résidens & présens à l'office divin dans lesdites églises, à la réserve seulement des distributions manuelles, qui de tout temps ont accoutumé de se faire à la main au chœur, & pendant le service divin, en argent sec & monnoie, sans que lesdits chapitres puissent changer ni innover en aucune manière que ce soit, la forme des payemens & distributions au préjudice desdits officiers. Voulons pareillement que tous offices & bénéfices dans les églises cathédrales ou collégiales, (autres que les dignités & prébendes), chargés par les fondations ou par l'usage desdits chapitres d'un service personnel & continuel, soient censés à l'avenir, incompatibles avec les charges de notre chapelle & oratoire, & avec le service de notre Sainte-Chapelle de Paris. Voulons qu'à l'avenir aucun titulaire de pareils offices ou bénéfices, ne puisse être pourvu des charges de nos chapelle &

» oratoire, qu'en se soumettant de résigner lesdits offices ou bénéfices dans le temps de droit : comme aussi que ceux de notre Sainte-Chapelle de Paris, qui sont & pourroient être ci-après pourvus desdits offices ou bénéfices, soient tenus d'opter suivant les règles de droit, & dans le temps y porté; lequel passé, les déclarons vacans ou impétrables; & jusqu'à ce que ladite option soit faite, lesdits chapitres seront en droit de pourvoir à la desserte desdits offices ou bénéfices, sur les revenus qui écherront pendant l'absence desdits officiers; dérogeant à cet égard, en tant que besoin, à la déclaration du mois de mars 1666, qu'au surplus nous voulons être exécutée selon sa forme & teneur. Si donnons mandement à nos amés & féaux conseillers, les gens tenans notre grand conseil, que ces présentes, ils ayent à faire registrer, & leur contenu exécuter, garder & observer de point en point selon sa forme & teneur, dérogeant à cet effet à tous édits, déclarations & réglemens contraires : car tel est notre plaisir &c.

---

# CHAPITRE VI.

## Du maître de l'oratoire.

L'OFFICE de maître de l'oratoire a été établi par François I. Ce prince voulant avoir des chapelains destinés uniquement aux fonctions des offices publics & solemnels, & d'autres chapelains qui fussent chargés du service particulier de son oratoire, il créa deux chefs pour avoir inspection sur ces deux sortes de chapelains. Le maître de la musique, ou de la chapelle musique, qu'on a depuis supprimé en 1761, fut établi chef des premiers, & le maître de l'oratoire le fut des seconds.

Symphorien Bulhioud, évêque de Bazas, se trouve employé en qualité de maître de l'oratoire, dans les états de la maison du Roi de l'an 1523.

On voit par les registres du secrétariat de la grande aumônerie de France, tenus en 1559 sous Charles d'Humiers, & en 1560 sous Jacques Amyot, grands aumôniers de France, que le maître de l'oratoire prêtoit serment de fidélité entre les mains du grand aumônier de France. Mais le duc de Guise, grand-maître de France, ayant réclamé en 1572, comme une prérogative de sa charge, le droit de recevoir ce serment, il paroît que la question fut décidée en sa faveur, quelques années après par Henri III. On ne voit pas que, depuis ce temps, les grands-aumôniers de France ayent tenté de faire révoquer cette décision.

Quand nos Rois faisoient dire une messe basse à un autel portatif par les chapelains de leur oratoire, en même temps qu'on en célébroit une haute au grand autel, le maître de l'oratoire se plaçoit à la gauche du Roi, entre l'autel portatif & le prie-dieu de sa majesté : mais Henri IV ayant changé cet usage, & ne s'étant plus dit dans la chapelle du Roi, aux jours ordinaires, qu'une messe basse dont les chapelains de la chapelle oratoire sont seuls chargés, les grands-aumôniers de France, & singulièrement le cardinal de Bouillon, représentèrent qu'il convenoit que les officiers ecclésiastiques du Roi, & tous ceux qui composoient l'oratoire, fussent sous la juridiction du grand-aumônier ; qu'il devoit seul avoir inspection sur tout ce qui concernoit le service de la chapelle royale ; qu'il étoit de la dignité de sa place, que son autorité ne fût ni divisée ni partagée, & qu'enfin c'étoit le meilleur moyen pour remédier aux abus & prévenir les contestations.

Louis XIV ayant trouvé ces raisons plausibles, il décida que les officiers de sa chapelle & oratoire seroient à l'avenir sous l'entière direction du grand-aumônier de France. Depuis cette époque, le maître de l'oratoire est resté sans fonctions : il a seulement conservé son titre & l'honneur d'être placé dans les cérémonies ecclésiastiques à côté du prie-dieu du Roi, à la gauche du grand-aumônier de France, à qui seul appartient le service auprès de sa majesté. Si le grand aumônier est absent, c'est le premier aumônier qui en fait les fonctions, & successivement les aumôniers de quartier, les chapelains & les clercs de chapelle, sans que le maître de l'oratoire puisse suppléer à l'absence des uns ni des autres.

Le maître de l'oratoire est le troisième officier ecclésiastique de la maison du Roi. Il a les entrées de la chambre, & le droit de *committimus* au grand sceau. Il est réputé présent toute l'année aux bénéfices qu'il peut avoir, exigeant résidence. Ses gages sont de 120 livres par an, & il a en outre 3600 livres pour ses livrées ou *sa bouche à cour.*

La finance de l'office de maître de l'oratoire est de 120, 000 livres.

L'ecclésiastique qui est aujourd'hui revêtu de cet office, est M. Jean-Baptiste-Joseph Florimond de Meffray de Cézarges.

# CHAPITRE VII.

## Du confesseur du Roi.

Il y a lieu de croire qu'aussi-tôt que nos Rois eussent embrassé le christianisme, ils eurent des confesseurs en titre d'office.

On voit que saint Aubain, évêque de Cancerino, & saint Aldric, évêque du Mans, fussent confesseurs de Louis le Débonnaire.

On trouve dans l'Europe Ecclésiastique imprimée à Paris en 1757, les noms de tous les confesseurs de nos Rois, depuis Robert Sorbon confesseur de Saint Louis.

La principale fonction du confesseur du Roi, est, comme on le conçoit bien, d'entendre la confession de sa majesté lorsqu'elle juge à propos de vaquer à cet acte de religion.

Nos Rois ont d'ailleurs, en différens temps, attribué à leur confesseur certaines commissions qui lui donnoient une autorité plus ou moins étendue. Sous Philippe-le-Long, le confesseur du Roi fut chargé de la disposition des bénéfices de collation royale.

Sous Philippe de Valois, il fut nommé supérieur du collège de Navarre, & il conserva ce titre jusqu'en 1604. Alors le père Cotton, jésuite, confesseur de Henri IV, s'en démit en faveur du grand-aumônier de France, qui étoit le cardinal du Perron.

En 1248, sous saint Louis, le confesseur du Roi fut créé chef de la chapelle avec la même autorité & les mêmes droits que ceux que les archi chapelains exerçoient sur le clergé de la cour.

Les confesseurs de nos Rois se sont maintenus dans cette prérogative jusqu'en 1543 : mais à cette époque, François I régla que le confesseur du Roi ne seroit à l'avenir que le quatrième ecclésiastique de la cour & que par conséquent il y auroit avant lui le grand-aumônier de France, le premier aumônier & le maître de la chapelle & oratoire.

Le confesseur du Roi est au nombre des commensaux, & en cette qualité il a ses causes commises aux requêtes de l'hôtel ou du palais, & jouit du droit d'être réputé présent aux bénéfices dont il est pourvu, conformément aux lois dont nous avons parlé dans la seconde section du chapitre 5.

# CHAPITRE VIII.

## Des chapelains du Roi.

Un concile de Germanie tenu en 742, sous Carloman, fils de Charles Martel, donne le nom de chapelains aux prêtres qui exerçoient les fonctions ecclésiastiques auprès de nos Rois (1).

La considération dont ils jouissoient, étoit telle que les personnages les plus distingués aspiroient à ces places : elles ont quelquefois été remplies par des parens de nos Rois & des empereurs de la seconde race. Il paroît même que les chapelains souscrivoient autrefois les chartres

---

(1) Pour connoître l'origine du mot *chapelain*, il faut savoir que la vénération dans laquelle étoit saint Martin en France, fit conserver comme une relique précieuse un vêtement qu'avoit porté ce saint, & qu'on appeloit *chape*. Cette chape étoit renfermée dans une châsse, à laquelle, pour cette raison, on donna le nom de *chapelle*. Marculphe, qui florissoit vers le milieu du septième siècle, nous apprend que cette dénomination étoit déjà reçue de son temps. On remarque dans une des formules de cet auteur, que quand deux hommes étoient en procès l'un contre l'autre, ils devoient, faute d'autres preuves, *jurer sur la chapelle de saint Martin*, où l'on avoit coutume de faire les autres sermens. Ceci se trouve confirmé par un plaid tenu sous le roi Thierri, en 680, à Compiègne, où il fut ordonné que les parties jureroient dans l'oratoire du Roi *sur la chapelle de saint Martin*, c'est-à-dire sur la châsse qui renfermoit sa chape. Dans un autre plaid du roi Childebert, de l'an 710, on voit que le nom de *chapelle* avoit déjà passé à l'oratoire même du Roi, où la chape de saint Martin étoit conservée ; & c'est de là enfin qu'on l'a emprunté pour désigner tous les oratoires ou petites églises qui n'ont qu'un autel.

Le même motif qui avoit fait appeler *chapelle*, d'abord la châsse qui renfermoit la chape de saint Martin, & successivement l'oratoire où elle étoit conservée, fit pareillement appeler *chapelains* les clercs qui étoient chargés de la garder & de la porter où alloient nos Rois ;

avant les évêques, car on voit les noms de Goscelin & de Richard, chapelains de Henri I, avant ceux des évêques au bas de la chartre de donation que ce prince fit à l'abbaye de Saint-Martin-des-Champs.

Les chapelains suivoient nos Rois, comme ils le font encore dans leurs voyages, & le fourier de la cour marquoit pour eux le quatrième logement. Les trois premiers étoient pour le chancelier, pour le confesseur & pour l'aumônier. Les chapelains étoient appelés anciennement *clerici palatini*, *clerici liberi*, parce qu'on les regardoit comme exempts de la juridiction des évêques, & qu'ils ne dépendoient que de celle de l'archi-chapelain ou du grand aumônier.

On distingue aujourd'hui chez le Roi, deux sortes de chapelains, qui sont les chapelains de la chapelle & oratoire, & les chapelains de la grande chapelle (1).

Les chapelains de la chapelle & oratoire servent par quartier auprès du Roi. Ils disent alternativement la messe pendant quinze jours devant sa majesté, partout où elle se trouve, à l'exclusion de tout autre ecclésiastique. Et quand il s'est élevé quelque difficulté relativement aux privilèges qu'ont certains chapitres, de ne laisser officier au maître autel de leurs églises, que des ecclésiastiques *chanoines*, on a sur le champ, pour ne point porter atteinte à ces privilèges, dressé dans le chœur de l'église, un autel appartenant à la chapelle du Roi, qui accompagne sa majesté par-tout où elle va.

Lorsque les chapelains de la chapelle & oratoire ont fini leur service auprès du Roi, ils passent de suite au service de M. le dauphin & des enfans de France. Ils disent la messe tous les jours devant eux, & font d'ailleurs auprès d'eux les fonctions d'aumônier.

Durant l'éducation des jeunes princes, & jusqu'à ce qu'ils aient leur maison, les chapelains de la chapelle & oratoire ou les clercs de chapelle, assistent à leur prière ainsi qu'à leur dîner & à leur souper, tous les jours de l'année, & ils suivent ces mêmes princes dans leurs voyages.

Les chapelains de quartier sont au nombre de huit, & il y a en outre un chapelain ordinaire qu'a créé Henri IV en 1693, pour suppléer au défaut des chapelains de quartier lorsque ceux-ci seroient malades ou absens. Ce chapelain ordinaire doit toujours être à la suite de la cour.

Les chapelains de la grande chapelle ont succédé à la chapelle-musique & à la chapelle de plein-chant. La première étoit composée d'habiles musiciens, & l'autre de chantres & d'ecclésiastiques.

Ces deux corps furent établis par François I en 1543. Ils se réunissoient les jours de fêtes solemnelles, & alors leur assemblée se nommoit *grande chapelle*.

La chapelle de plein-chant ayant été donnée dans la suite par Henri III, à Catherine de Médicis sa mère, les fonctions en furent attribuées à la chapelle-musique. Celle-ci fut considérablement augmentée sous Louis XIV; mais le nombre des ecclésiastiques resta sur l'ancien pied, qui étoit d'un maître de la chapelle-musique, d'un sous-maître, de huit chapelains & de quatre clercs de chapelle.

Enfin, Louis XV, par édit du mois d'août 1761, supprima la charge du chef de ce corps, après la mort de M. de Vauréal, évêque de Rennes, qui en étoit revêtu. Ce prince réunit la musique de sa chambre à celle de sa chapelle, & fixa le nombre des ecclésiastiques en titre de charge à un chapelain ordinaire ou sous-

---

(1) Cette dernière est ainsi appelée, parce que les ecclésiastiques qui la composent servent aux grands offices des jours solemnels, au lieu que les fonctions de ceux de la chapelle & oratoire consistent à célébrer les messes basses que le Roi entend, soit dans sa chapelle, soit dans sa chambre ou oratoire.

L'origine de la grande chapelle ne remonte qu'au règne de François premier, qui l'a établie; au lieu que la chapelle & oratoire est aussi ancienne que le christianisme dans le palais de nos Rois.

fous maître, huit chapelains, quatre clercs de chapelle fervant par femeftre, & un clerc ordinaire pour fuppléer les clercs malades ou abfens pendant les fix mois de leur fervice. Il fut ajouté à ces quatorze eccléfiaftiques dix clercs ordinaires par commiffion.

Tous ces eccléfiaftiques font à la nomination & fous la juridiction du grand-aumônier de France. Il a pareillement fous fes ordres les muficiens laïcs, en ce qui concerne leurs fonctions dans l'intérieur de la chapelle, fur-tout les jours qu'on nomme de grande chapelle (1). C'eft de lui que les furintendans, les maîtres & les garçons de la mufique prennent l'ordre ces jours-là.

Les gentilshommes de la chambre ayant contefté au grand-aumônier le droit de difpofer aux jours de grande chapelle, des travées libres pour y faire placer quel-

ques feigneurs de la cour, le Roi a décidé en fa faveur, & M. Amelot, fecretaire d'état, a notifié la décifion de fa majefté aux gentilshommes de la chambre, par une lettre du 29 mars 1782.

En figne de cette juridiction, un chapelain de la grande chapelle, en furplis & en étole, fe trouve placé les jours de grande chapelle dans l'orcheftre même pendant la grand'meffe, & il n'a d'autre fonction à y remplir que celle de repréfenter le grand-aumônier.

Les jours de grande chapelle, l'ancien des chapelains de la chapelle-mufique, célèbre la meffe haute lorfque ce n'eft point un évêque qui doit officier, & les autres chapelains font diacre & fousdiacre.

Les chapelains, tant de la chapelle & oratoire que de grande chapelle, jouiffent du droit de *commitimus* au grand fceau.

Ils font d'ailleurs réputés préfens aux bénéfices dont ils peuvent être pourvus, conformément aux déclarations des mois de mars 1666, & du 2 avril 1727, dont nous avons rappelé les difpofitions dans la feconde fection du chapitre 5.

---

(1) Ce font des jours folemnels où le Roi & la famille royale entendent une grand'meffe chantée dans la chapelle de fa majefté, par un prélat ou par le plus ancien eccléfiaftique de la chapelle-mufique.

---

# CHAPITRE IX.

## Des clercs de la chapelle du Roi.

Ces clercs font fort anciens, car on voit que fous le règne de Pepin, ils compofoient avec les chapelains le clergé de la cour.

Il n'a pas toujours été néceffaire que les clercs de la chapelle du Roi fuffent prêtres. Ce n'eft que fous le règne de Louis XIV qu'eft intervenu en 1677, le réglement par lequel il a été défendu d'admettre à l'avenir au nombre des eccléfiaftiques de la chapelle du Roi, d'autres clercs que des prêtres qui puffent, dans

l'occafion, fuppléer au défaut des chapelains.

Il y a huit clercs de la chapelle & oratoire du Roi, & un neuvième que Louis XV a créé en 1718, fous le titre de clerc de chapelle ordinaire, pour fuppléer au défaut des autres clercs de chapelle, en cas d'abfence ou de maladie.

Les clercs de chapelle fervent par quartier. Leurs fonctions confiftent particulièrement à affifter les chapelains lorfqu'ils exercent leur miniftère & qu'ils célèbrent la meffe devant le Roi. Ainfi c'eft à ces clercs de chapelle à fervir la meffe baffe en furplis feulement, de la même manière que le diacre & le fous-diacre fervent les meffes hautes.

Lorfque le chapelain eft abfent ou malade, l'ancien clerc de chapelle le remplace, à moins toutefois, que le chapelain ordinaire n'ait été prévenu d'avance, & qu'il ne foit en état de remplacer le chapelain de quartier.

Les clercs de chapelle rempliffent auprès de monfeigneur le dauphin & des enfans de France, les mêmes fonctions que celles qu'ils exercent devant le Roi, & ils font près d'eux, au défaut des chapelains, les fonctions d'aumônier.

Les clercs de chapelle jouiffent des privilèges & prérogatives des chapelains, & ils fuccèdent à ceux-ci par rang d'ancienneté, dans le cas de vacance, par retraite ou par mort. Ainfi ils doivent être réputés préfens aux bénéfices dont ils peuvent être pourvus.

Le chapitre de l'églife cathédrale d'Evreux, a voulu récemment contefter ce droit à un clerc de chapelle de madame Victoire de France ; mais un arrêt rendu au grand confeil le 12 janvier 1785, a jugé que ce chapitre étoit mal fondé dans fa prétention : voici cet arrêt :

« Louis par la grace de Dieu, Roi de » France & de Navarre : à tous ceux qui » ces préfentes lettres verront, falut. Sa- » voir faifons, comme par arrêt ce jour- » d'hui rendu en notre grand-confeil, » entre notre amé Paul-Louis Larcher, » prêtre du diocèfe de Bayeux, chanoine » de l'églife cathédrale de Notre-Dame » d'Evreux, clerc de chapelle de notre » très-chere & bien aimée tante madame » Victoire de France, demandeur par » commiffion & exploit d'affignation des » premier & 26 avril dernier ; requérant » que les déclarations des mois de mars » 1666 & 2 avril 1727, enfemble l'ar- » rêt de notre confeil d'état du 10 jan- » vier 1767, & les différens arrêts de

» notredit confeil, concernant les pri- » vilèges des officiers de nos maifons, » feront exécutés felon leur forme & » teneur ; ce faifant, que le chapitre » d'Evreux fera tenu de réputer le de- » mandeur en fa qualité de clerc de cha- » pelle, de notre très-chere & bien ai- » mée tante madame Victoire de France, » préfent tout le temps de fon fervice & » celui porté par les mêmes déclarations, » pour venir & s'en retourner fans préju- » dice du temps des vacances, telles » qu'ont droit d'en jouir les autres béné- » ficiers du chapitre ; en conféquence qu'il » foit ordonné que le demandeur jouira » de tous les fruits, revenus, droits uti- » les & honorifiques apparatenans à fon- » dit canonicat en ladite églife d'Evreux, » comme s'il y eût été & s'il y étoit pré- » fent ; ce faifant que ledit chapitre d'E- » vreux foit condamné à délivrer & payer » au demandeur les fruits & revenus qui » lui ont été retenus depuis le 6 mars » dernier, date de fon brevet, même » tous droits de préfence, à l'exception » feulement des diftributions manuelles, » fi aucune y a, qu'ils font accoutumés » de tout temps de fe payer à la main au » chœur, & pendant le fervice divin en » argent fec & monnoyé ; qu'il foit fait » défenfes au chapitre d'Evreux de rien » innover ni changer au préjudice du de- » mandeur dans ce qui s'eft pratiqué juf- » qu'à préfent à l'égard du payement def- » dits droits, & à raifon des bénéfices qui » font à la nomination & collation de » chacun des chanoines dudit chapitre, » & que ledit chapitre d'Evreux foit con- » damné aux intérêts du montant des » fommes qu'il fe trouvera devoir au de- » mandeur, & aux dépens, d'une part ; » & les doyen, chanoines & chapitre de » l'églife cathédrale d'Evreux, défen- » deurs, d'autre part. Et entre ledit abbé » Larcher, demandeur fuivant la re- » quête du 15 décembre dernier, ten- » dante à ce qu'il plaife à notredit con- » feil fans s'y arrêter n'y avoir égard aux

» demandes du chapitre d'Evreux, dans
» lesquelles il sera déclaré purement &
» simplement non-recevable, ou dont en
» tous cas il sera débouté ; adjuger au de-
» mandeur les fins & conclusions par lui
» ci-devant prises par ses commission &
» exploit d'assignation des premier & 26
» avril dernier , & icelles reprenant ,
» expliquant, corrigeant & augmentant,
» ordonner que nos déclarations des mois
» de mars 1666 & 2 avril 1727, & les
» arrêts d'enregistrement d'icelles en no-
» tredit conseil, concernant les privi-
» lèges des officiers des chapelles royales,
» seront exécutés selon leur forme & te-
» neur ; ce faisant, ordonner que ledit
» chapitre d'Evreux sera tenu de réputer
» le demandeur en sa qualité de clerc
» de chapelle de notre très-chère &
» bien aimée tante madame Victoire de
» France, présent tout le temps de son
» service & celui porté par les mêmes dé-
» clarations , pour venir & s'en retour-
» ner sans préjudice du temps des va-
» cances, tels qu'ont droit d'en jouir les
» autres bénéficiers dudit chapitre. En
» conséquence, ordonner que le deman-
» deur jouira de tous les fruits, revenus,
» droits utiles & honorifiques apparte-
» nant à sondit canonicat en ladite église
» d'Evreux, comme s'il y eût été & s'il
» y étoit présent ; ce faisant, condamner
» ledit chapitre d'Evreux à délivrer &
» payer au demandeur les fruits & reve-
» nus qui lui ont été retenus depuis le
» 6 mars dernier , date de son brevet ,
» comme tous droits de présence & les
» droits de chapitre , & tous droits géné-
» ralement quelconques, même de le
» faire jouir de l'exemption de marance
» en cas d'office, à l'exception seulement
» des distributions manuelles, si aucunes
» y a, qu'ils sont accoutumés de tout
» temps de se payer à la main au chœur
» & pendant le service divin, en argent
» sec & monnoyé ; faire défenses audit
» chapitre d'Evreux, de rien innover ni
» changer au préjudice du demandeur

» dans ce qui s'est pratiqué de tout temps
» à l'égard du payement desdits droits,
» notamment pour les processions qui se
» payoient autrefois à raison de cinq sous,
» & qui se payent aujourd'hui à raison de
» vingt sous ; & encore à raison des bé-
» néfices qui sont à la nomination & col-
» lation de chacun des chanoines dudit
» chapitre : ordonner que, conformément
» à l'usage du chapitre d'Evreux, lesdites
» processions ne seront payées que sur le
» pied de cinq sous ; faire défenses de re-
» tenir ou diminuer au demandeur, pen-
» dant le temps de son service , une
» somme plus forte que celle de cinq
» sous pour chacune desdites proces-
» sions ; comme aussi faire défense audit
» chapitre , d'employer le nom du de-
» mandeur dans les listes des chanoines
» qui seront destinés à remplir quelqu'of-
» fice pour la célébration du service di-
» vin , & ce pendant le temps de son ser-
» vice , faire pareillement défenses audit
» chapitre d'Evreux de retenir ou faire
» payer au demandeur aucune amende ou
» droits de marance pendant ce temps, à
» peine de toutes pertes, dépens, dom-
» mages & intérêts ; condamner ledit cha-
» pitre d'Evreux aux intérêts du montant
» de ce dont il se trouvera redevable envers
» le demandeur, à compter du jour de
» la demande, & aux dépens d'une part.
» Et lesdits doyen, chanoines & chapi-
» tre d'Evreux, défendeurs, d'autre part.
» Et entre ledit abbé Larcher, deman-
» deur suivant la requête du 4 du pré-
» sent mois, tendante à ce qu'il plaise à
» notredit conseil adjuger au demandeur
» les fins & conclusions par lui ci-devant
» prises , & à icelles ajoutant, ordonner
» que pour fixer le montant des restitu-
» tions à lui dues par ledit chapitre d'E-
» vreux, sera tenu dans huitaine , à
» compter du jour de la signification de
» l'arrêt à intervenir à personne ou do-
» micile de communiquer au deman-
» deur , & sous son récépissé ou celui de
» son fondé de procuration, ses regis-

» tres, comptes, feuilles, & tous au-
» tres renseignemens nécessaires, & à
» se purger par serment par devant notre
» aimé & féal notre lieutenant-général du
» bailliage d'Evreux, qu'il plaira à notre-
» dit conseil commettre à cet effet, qu'il
» ne retient directement ni indirecte-
» ment ancunes desdites pièces & ren
» seignement ; condamner ledit chapi-
» tre d'Evreux aux intérêts du montant
» desdites restitutions au fur & à mesure
» des échéances & aux dépens ; lesquels
» dépens, ainsi que le montant des con-
» damnations qui seront prononcées en
» faveur du demandeur en principal &
» intérêts, seront payés sur la masse des
» revenus communs & prélevés sur la por-
» tion revenante à chaque chanoine, à
» l'exception de la portion du deman-
» deur que le receveur dudit chapitre sera
» tenu de lui délivrer en entier, sans qu'il
» puisse le faire contribuer au payement
» des condamnations qui seront pronon-
» cées en faveur du demandeur, tant en
» principal & intérêts que dépens, ni
» même aux frais, faux frais & déboursés
» qui seront faits par ledit chapitre, re-
» lativement à la présente contestation,
» & au surplus adjuger au demandeur
» les autres frais & conclusions par lui
» ci-devant prises, d'une part : & les
» doyen, chanoines & chapitre d'Evreux,
» défendeurs d'autre part. Et entre ledit
» abbé Larcher, demandeur suivant la
» requête de ce jourd'hui, tendante à
» ce qu'il plaise à notredit conseil, sans
» s'arrêter ni avoir égard aux requêtes
» & demandes du chapitre d'Evreux,
» dans lesquelles il sera déclaré purement
» & simplement non-recevable, ou dont
» en tous cas il sera débouté, adjuger au
» demandeur les fins & conclusions par
» lui ci-devant prises, avec dépens d'une
» part : & les doyen, chanoines & cha-
» pitre d'Evreux, défendeurs, d'autre
» part, sans que les qualités puissent
» nuire ni préjudicier ; après que Des-
» nos, avocat dudit abbé Larcher, assisté

» de Gelez, son procureur, a conclu en
» ses requêtes & demandes, & a été ouï,
» que Mille, avocat des doyen, chanoi-
» nes & chapitre d'Evreux, assisté de
» Carteron, leur procureur, a aussi con-
» clu en ses demandes & judiciairement
» sur le barreau, à ce que ledit abbé Lar-
» cher soit déclaré purement & simple-
» ment non-recevable dans ses deman-
» des, ou, en tous cas, qu'il en soit
» débouté ; ce faisant, ordonner que l'é-
» dit de Henri II, du mois d'avril 1554 ;
» les lettres-patentes confirmatives du
» mois de janvier 1567 ; l'arrêt d'enre-
» gistrement du 15 mars suivant ; l'arrêt
» de réglement de notredit conseil d'état
» du 30 avril 1708, soient exécutés selon
» leur forme & teneur ; en conséquence,
» qu'il soit sursis à l'exercice du privilège
» dudit abbé l'Archer, jusqu'à ce que
» le nombre des privilégiés de cette na-
» ture, dans l'église cathédrale d'Evreux,
» se trouve réduit à celui fixé & déter-
» miné par les lois ; & en cas de diffi-
» culté, qu'il soit ordonné que les parties
» seront tenues de se retirer par-devers
» nous, pour nous supplier de faire con-
» noître nos intentions sur l'étendue ar-
» bitraire que les officiers de nos cha-
» pelles voudroient donner à leurs privi-
» lèges dans les églises dont les bénéfices
» ne sont point à notre nomination, &
» de fixer par une interprétation devenue
» nécessaire, le véritable sens des décla-
» rations de 1666 & 1727 ; que les pri-
» vilégiés s'efforcent de mettre en oppo-
» sition aux lois anciennes & toujours
» suffisantes ; & en tout évènement, con-
» damner ledit abbé Larcher aux dépens,
» & a été ouï, & que notre amé & féal
» maire Duposet, pour notre procureur-
» général, a pareillement été ouï. Icelui
» notredit grand-conseil, ordonne que
» les déclarations des mois de mars 1666,
» & 2 avril 1727 ; concernant les clercs
» de nos chapelles, ensemble les arrêts
» de notredit conseil d'enregistrement
» d'icelles & autres arrêts & réglemens

» rendus à cet égard, feront exécutés fe-
» lon leur forme & teneur ; ce faifant
» que la partie de Defnos, en fa qualité
» de clerc de chapelle de notre très-chère
» & bien aimée tante madame Victoire
» de France, fera tenue préfente en l'é-
» glife cathédrale d'Evreux, pendant le
» temps de fon fervice en ladite chapelle
» & pendant le temps accordé par lef-
» dites déclarations, pour venir & s'en
» retourner fans préjudice des vacances,
» telles qu'ont droit d'en jouir les au-
» tres bénéficiers du même chapitre ; en
» conféquence, que ladite partie de Def-
» nos jouira de tous les fruits, revenus,
» & droits utiles & honorifiques apparte-
» nans à fon canonicat. Condamne les
» parties de Mille à lui délivrer les fruits
» & revenus qui lui ont été retenus de-
» puis le 6 mars dernier, même tous les
» droits de préfence, foit à l'églife, foit
» au chapitre, à l'exception feulement
» des diftributions manuelles, fi aucune
» y a, qu'il font accoutumé de tout temps
» de payer à la main au chœur, & pen-
» dant le fervice civin, en argent fec &
» monnoyé ; fait défenfes aux parties de
» Mille de rien innover ni changer, au
» préjudice de la partie de Defnos, dans
» ce qui s'eft pratiqué anciennement à
» l'égard du payement defdits droits,
» foit aux chapitres, tant généraux que
» particuliers, foit aux proceffions ; non
» plus que pour raifon des bénéfices qui
» font à la collation de chacun des cha-
» noines dudit chapitre : & néanmoins
» fur la demande en diminution des ré-
» tributions pour les proceffions, met les
» parties hors de cour ; pourront les par-

» ties de Mille comprendre celle de Def-
» nos pendant le temps de fon fervice au
» nombre des chanoines qui devront faire
» quelques offices à l'églife, & cepen-
» dant leur fait défenfes de lui retenir pour
» ce aucune amende ; les condamne aux
» intérêts, à compter du jour de la de-
» mande, des fommes dont elles feront
» débitrices au fur & à mefure des
» échéances, & aux dépens, lefquels dé-
» pens ; ainfi que le montant des condam-
» nations ci-deffus prononcées en faveur
» de la partie de Defnos en principal &
» intérêts, feront payés fur la maffe des
» revenus communs & prélevés fur la
» portion revenante à chaque chanoine,
» à l'exception de la portion de la partie
» de Defnos, que le receveur dudit cha-
» pitre, partie de Mille, fera tenu de
» lui délivrer en entier fans qu'il puiffe
» le faire contribuer audit payement, ni
» même aux frais & débourfés qui feront
» faits par lefdites parties de Mille, re-
» lativement à ladite contestation ; fur le
» furplus des autres demandes, fins &
» conclufions des parties, les met hors de
» cour.

» Si donnons en mandement au pre-
» mier des huiffiers de notredit grand-
» confeil, en ce qui eft exécutoire en
» notredite cour & fuite, & hors d'icelle
» au premier notredit huiffier ou autre
» notre huiffier ou fergent fur ce requis,
» le préfent arrêt y mettre à exécution ;
» de ce faire te donnons plein & entier
» pouvoir, fans pour ce demander placet
» ni paréatis. Donné en notredit con-
» feil, &c. »

# CHAPITRE X.

## *Du prédicateur du Roi.*

Le premier que l'on connoisse pour avoir été revêtu du titre de prédicateur du Roi, est Vincent de Beauvais, religieux dominicain, à qui saint Louis confia ce titre en 1254. Depuis cette époque, il y a toujours eu des prédicateurs en charge à la cour; mais le nombre en a beaucoup varié; tantôt il n'y en a eu qu'un & tantôt plusieurs. On en trouve jusqu'à huit à la fois portés sur les états de la maison du Roi.

Dans l'origine, le prédicateur du Roi étoit obligé de prêcher devant sa majesté lorsqu'elle le desiroit. Il devoit répondre à toutes les questions qu'on lui faisoit, tant sur la religion que sur les sciences & l'histoire, & il étoit chargé de composer des livres pour la famille royale, ou de lui en fournir de bons, composés par d'autres auteurs. C'est pour cela qu'on n'appeloit à ce ministère que des théologiens qui avoient acquis une réputation de savoir & d'éloquence.

Henri IV ayant entendu prêcher en 1604 le père Coton, jésuite, son confesseur, il le trouva si éloquent, qu'il ne voulut plus entendre d'autres prédicateurs que lui; & depuis cette époque, les charges de prédicateur devinrent des titres sans fonctions.

Il n'y a plus aujourd'hui qu'un prédicateur en titre. Cette charge ayant vaqué par la mort du père Hély, religieux de l'ordre de S. Dominique, le Roi en a pourvu sur la présentation du grand-aumônier de France, le 29 mai 1783, le père Antoine Guilhou, prieur du collège des dominicains de la rue saint Jacques de Paris.

Le prédicateur en charge jouit des privilèges des commensaux de la maison du Roi, & de 300 livres de gages.

Les stations, tant de l'avent que du carême, & même les sermons particuliers des fêtes solemnelles, sont distribués à des ecclésiastiques choisis par le grand-aumônier de France. Ceux qui prêchent l'avent ou le carême à la cour, sont dans l'usage de prendre le titre de prédicateur ordinaire du Roi, & celui qui ne prêche qu'un sermon particulier, prend la qualité de prédicateur du Roi.

Le 13 mars 1785, le Roi a décidé que les ecclésiastiques dignitaires ou chanoines des églises cathédrales ou collégiales, qui auroient l'honneur de prêcher à la cour & l'année précédente aux Quinze-Vingts, les stations de l'avent & du carême, seroient réputés présens à leur chapitre, & jouiroient, sans aucune exception, de tous les fruits de leur bénéfice pendant tout le temps que dureroient leurs stations; savoir, pour celle de l'avent, depuis la veille de la Toussaints jusqu'au premier janvier; & pour le carême, depuis le premier février jusqu'au dimanche de *quasimodo*, & que de plus il leur seroit accordé un mois pour se rendre à leurs stations, & un mois pour retourner à leur chapitre, conformément à ce qui se pratique à l'égard des officiers commensaux de la chapelle du Roi, qui ont un service personnel auprès de sa majesté,

# CHAPITRE XI.

## *Du grand maître de France & de la maison du Roi.*

Pour avoir une connoiſſance diſtincte de cette charge, il faut néceſſairement ſe livrer à quelques détails. Elle a une prééminence, un éclat qui la diſtinguent des autres. Jetons d'abord ſur celles-ci quelques idées préliminaires, qui marqueront les nuances & nous conduiront tout de ſuite à l'objet de cet article.

Loyſeau (1), parlant de quelques-uns des officiers de la maiſon du Roi, dit que « ce » ſont proprement ceux qui, chez les » empereurs Romains, étoient appelés » les milices, *militia.* Les milices, dit- » il, étoient proprement les places des » compagnies, ou bandes de ſerviteurs- » domeſtiques, ou officiers ſervant en » la maiſon des empereurs, auxquelles » milices ſe rapportent entièrement les » places des mêmes officiers de la mai- » ſon du Roi, comme des gardes-du- » corps, de la venerie, fauconnerie, » écurie, ſommellerie, panneterie, cui- » ſine, fruiterie, & autres ſemblables, » qui ne ſont pas proprement officiers » formés, n'étant établis par édit, & » n'étant conférés par le Roi, & les pour- » vus d'iceux n'étant tenus de ſe faire » recevoir ſolemnellement en juſtice, » qui ſont, pour le dire en paſſant, les » marques des vrais officiers royaux.

» Mais ces places ſont conférées par » chacun chef d'office, & ne s'en baille » autre proviſion, ſinon un ſimple brevet » de retenue, encore la plupart n'en ont » point, mais ſe contentent d'être cou- » chés ſur l'état du Roi, & d'en avoir

» un certificat de leur tréſorier, tout » ainſi qu'il s'obſervoit aux milices ro- » maines, comme il ſe juſtifie par ſa » novelle 35, inſérée dans le corps du » droit.

» Anciennement en France, dit-il (1), » tous les mêmes offices de la maiſon » du Roi avoient le droit de bouche en » cour. »

Au temps que Loyſeau écrivoit, les mêmes officiers avoient donc été privés de ce droit. Mais ils l'avoient donc enſuite recouvré, puiſque nous avons vu dans ce ſiècle une grande réforme commencée ſur ce point, ſous le miniſtère des finances de M. de Silhouete, & portée plus loin ſous l'adminiſtration de M. Neker. Dans l'intervalle de ces deux époques, ce que ces deux hommes d'état qualifient d'abus, c'eſt-à-dire, le droit de bouche en cour, avoit repris des forces. Ainſi là, comme ailleurs, il y a eu un temps où l'abus étoit général, un temps où il avoit entièrement ceſſé, un temps où il étoit comme reſſuſcité, un temps où il fut condamné en partie, un temps où cette partie rejetée ſe remontra, un temps enfin, où la réforme fut exécutée plus complètement. Tant de variations prouvent qu'il n'y a en toute matière rien de ſtable & de permanent, que tout cède aux temps & aux circonſtances, que les lois, les établiſſe- mens, les uſages changent & ſe ſuccèdent avec facilité. Ne ſemble-t-il pas cependant que telle choſe, ſi elle eſt eſſentiellement bonne & utile, doit per- pétuellement ſubſiſter ; que ſi au con-

---

(1) Traité des offices, liv. 1, chap. 1, n. 36 & ſuivant.

(1) *Ibid,* n. 56.

traire elle est un abus, l'autorité doit être ferme, & l'empêcher perpétuellement de se montrer ou de reparoître, quand une fois un réglement sage & réfléchi l'a proscrite.

Mais abrégeons ces réflexions pour entrer tout de suite dans le sujet principal qui doit nous occuper. Il est naturel que la grandeur & la magnificence, la majesté & la puissance d'un monarque François, se fassent sentir par tout ce qui l'environne dans son palais. Tant que ce régime sera soumis à des lois sagement combinées, pour concilier la grandeur qui doit régner autour du souverain, avec les ménagemens nécessaires pour son peuple, nul abus n'en peut résulter ; car dès que l'abus s'est fait sentir, la vigilance du ministère s'est empressé d'en instruire le Roi, & aussi-tôt sont intervenus des réglemens qui ont prescrit une réforme salutaire à l'état, & nécessaire à l'économie du trésor royal. C'est ainsi que le prince, dès qu'il est éclairé, veille au bien public.

Il y a dans la maison du Roi des grands officiers, des chefs qui leur sont subordonnés, & de moindres officiers subordonnés à ceux-là. Telle est, dans toutes les classes, la chaîne sociale, au-dessus de laquelle est le Roi. Tâchons de suivre cette gradation.

La charge de grand-maître de France est portée la première dans l'état civil de la maison du Roi. M. le prince de Condé, prince du sang royal, en est actuellement revêtu depuis l'année 1740, & M. le duc de Bourbon, son fils, en a, depuis l'année 1770, la survivance.

Quelle est l'origine de cette charge de grand-maître de France ? Quelles variations, quels progrès, quels accroissemens a-t-elle éprouvé dans la révolution des siècles ? Qu'est-ce que c'est en un mot que cette charge, & quelles fonctions y sont attachées ? Il faut répondre à ces questions.

### §. I. *Origine de la charge de grand-maître de France.*

Pour expliquer cette origine, il faudroit percer la nuit des temps, dévorer une infinité de monumens historiques, parcourir ce qu'en dit un grand nombre d'auteurs & de compilateurs de chroniques, tâcher de démêler la vérité au milieu des contradictions que chacun d'eux croit remarquer dans les fastes d'une antiquité si éloignée de nous. Quel seroit le but de ce travail ? Il seroit nul, tant l'état actuel des choses est éloigné de l'ancien ; qu'il suffise donc de se réduire à ce qui paroîtra clair & prouvé.

Il semble toujours qu'en tout ce qui porte un caractère de grandeur & de bonne police, il faille recourir à Rome. Ce n'est pas assez qu'elle gouverne une partie du monde par la sagesse d'une grande partie de ses lois, elle a voulu encore lui communiquer ses usages ; & les nations qui se piquent d'avoir la police la plus exacte, l'administration la mieux combinée, semblent avoir emprunté de l'ancienne Rome les usages qu'elles ont adopté. C'est à l'exemple de ce qui étoit pratiqué dans le palais des empereurs, qu'on a introduit en France la dignité de grand-maître du palais de nos Rois.

Chez les Romains, il étoit désigné sous le titre de maître des offices, *magister officiorum.* Le prince, ( dit le traducteur de Gravina, dans son esprit des lois romaines, tome 3, page 326), « le » prince avoit à sa suite le maître des » offices, chargé de veiller sur les mœurs » dans son palais. Cet emploi n'étoit » confié qu'à un philosophe ou à un ju- » risconsulte, » En effet, à qui le soin de veiller sur les mœurs pouvoit-il être plus dignement confié qu'à un homme doué de cette philosophie, c'est à-dire, de cette raison sage & prudente que nous remarquons dans les écrits de ces hommes fameux qui ont mérité justement le nom de philosophes.

philofophes. Caton, le fage & vertueux Caton n'étoit-il pas digne du trône même ?

Les jurifconfultes de Rome étoient auffi des génies fupérieurs que le prince admettoit dans fes confeils, dont il faifoit exécuter les décifions comme des lois, & ces lois nous gouvernent encore ; car nos coutumes, nos ordonnances, nos lois modernes les adoptent, les prennent chaque jour pour bafe de leurs difpofitions.

Le prince les combloit de faveurs, de diftinctions, de prérogatives ; il en faifoit des chevaliers Romains, des comtes illuftres ; il mettoit l'honneur & l'illuftration de la profeffion qu'ils exerçoient, au niveau des plus grandes dignités de l'empire. Eft-il étonnant qu'il en fît des maîtres d'offices de fon palais.

Ce maître des offices, *magifter officiorum*, (dit M. Terraffon, dans fon hiftoire de la jurifprudence romaine, page 36), étoit un magiftrat qui avoit une infpection générale fur tous les officiers civils & militaires de la maifon des empereurs.

Le code du droit civil, au titre 31, intitulé *de officio magiftri officiorum*, livre 1, entre fur ce point dans des détails curieux. La perfonne revêtue de cette dignité, jetoit les yeux fur ceux qu'elle jugeoit propres à remplir les places, ou les offices néceffaires dans la maifon de l'empereur. Le prince ne s'étoit réfervé que le droit d'approuver le choix. Cet officier avoit auffi le droit de dégrader & de priver de leurs places ceux qu'il jugeoit avoir mérité ce châtiment. Les gloffateurs de ce titre du code ont recueilli en peu de lignes quelles étoient les autres fonctions attachées à cette dignité. *Magiftri officiorum dicebantur quibus cura erat procurare, ut milites ceteros in acie antecedant quibus meliora ftipendia darentur, vel labor prolixior anteire faceret ; his etiam incumbebat quotannis, cæfaribus referre quemadmodum militum nu-*

*merus fe haberet ; caftrorum ac claufularum jura procederent. Coram magiftro officiorum conveniri debent, duces apparitores, & limitanti caftrorum præpofiti.* C'eft en parlant de la grande étendue de ces fonctions, que Mornac, l'un de nos jurifconfultes, expliquant le titre du code, penfe quelles réuniffoient fur une feule tête toutes les prérogatives, toutes les autres fonctions, qui, de fon temps, étoient réunies en plufieurs mains, & formoient autant de places différentes. *Celle*, dit-il, *de grand-maître de France qui a la furintendance entière fur les officiers de la maifon du Roi, celle de grand-maître de l'artillerie, celle des quatre capitaines des gardes-du-corps du Roi.*

Quant à la maifon du Roi, dit Loyfeau dans fon traité des offices de la couronne, livre 4, chapitre 2, n°. 52, « comme de tout temps ès maifons des » princes, le maître-d'hôtel a la furin- » tendance fur tous les domeftiques, auffi » en celle du Roi, celui qui ancienne- » ment s'appeloit le fouverain maître- » d'hôtel du Roi, ( ainfi que du Tillet » nous apprend ), & qui maintenant fe » qualifie *grand-maître de France*, pour » marque qu'il eft officier de la couronne, » en a toujours eu la furintendance ; cor- » refpondant à celui qui en l'ancien em- » pire étoit appelé *magifter officiorum*, » comme qui diroit le chef des officiers » de la maifon du prince. Et de fait, » il y a apparence qu'il étoit du com- » mencement feul chef de la maifon du » Roi, & qu'il avoit autrefois la furin- » tendance de tous les officiers d'icelle » indiftinctement, & qu'il n'y avoit en » icelle qu'un état & qu'un tréforier : » de fait, aucuns de ces grands officiers » qui depuis fe font fait officiers de la » couronne, font encore à préfent cou- » chés fur l'état général de la maifon, » qui eft le vrai état des offices qui font » fous le grand-maître, encore qu'aucuns » depuis aient gagné ce point, d'avoir » leur état à part. Auffi les mêmes offi-

» ciers étant sous eux sont encore jus-
» ticiables du prévôt de l'hôtel, qui étoit
» anciennement le juge établi par le
» grand-maître, pour faire sa première
» charge de *comes palatii*, qui signifie
» le juge de la maison du Roi, tout
» ainsi qu'en droit, tous les domestiques
» de l'empereur indistinctement étoient
» justiciables du *magister officiorum*, *ad*
» *quem omnis palatii disciplina pertine-*
» *bat*, suivant l'expression de Cassio-
» dore. »

Plus bas, n°. 94, le même auteur dit :
« Le grand-maître de France avoit an-
» ciennement toute justice dans la mai-
» son du Roi, à l'exclusion de tous au-
» tres juges quelconques : d'où vient
» qu'encore aujourd'hui on n'y oseroit
» faire aucun exploit sans sa permission,
» ou du maître-d'hôtel du Roi étant en
» exercice, & qui partant le représente,
» & il y a grande apparence que le pré-
» vôt de l'hôtel fut son juge, comme
» il vient d'être dit. C'est pourquoi aussi
» il connoît des causes de tous ceux de
» la maison du Roi, même de ceux qui
» sont à la suite de la cour, qui est
» une ample justice qui ressortissoit au-
» trefois au parlement, comme prouve
» du Tillet, ainsi que les autres justices
» des officiers de la couronne ; mais à
» présent le grand-conseil en possède le
» ressort au regard du civil. Car en cri-
» minel, le prévôt de l'hôtel juge sans
» appel, à plus forte raison que les simples
» prévôts des maréchaux. »

Tous les auteurs qui ont écrit sur ce
sujet, s'accordent tous à chercher & à
découvrir l'origine de la dignité de grand-
maître chez les empereurs Romains. Suivant eux, « les empereurs Romains
» avoient, pour rendre la justice en leur
» cour, celui qu'ils appeloient maître
» des offices. Les appellations des ducs
» & comtes, gouverneurs des provinces,
» étoient relevées devant les chanceliers
» & lui, qui les terminoient souverai-
» nement ». C'est l'expression de Favin,

chapitre 5 de son traité des premiers officiers de la couronne de France, liv. 1,
pag. 37.

Cependant si l'on en croit le même
auteur, au livre 2, chapitre 7, ce n'est
plus cela, car voici comme il en parle :
« Au palais des empereurs Romains,
» celui qui commandoit aux officiers &
» domestiques du prince, étoit appelé
» *comes castrensis*, qui répondoit à notre
» *comte du palais*, &c. Il étoit le grand-
» maître de l'empereur : il avoit le soin
» de sa table, commandoit aux officiers
» de la bouche, avoit sous lui le panne-
» tier, l'échanson, le bouteiller, les
» maîtres-d'hôtel, les gentilshommes
» servans, (lesquels, par un titre d'hon-
» neur, étoient appelés *mensores*, c'est-
» à-dire, *mensæ regiæ servientes*,) les
» ciriers qui servoient les flambeaux,
» appelés *lampadarii* ; ceux du gobelet,
» appelés *cellarii*, & ceux qui versoient
» à boire, *pincernæ*. Ainsi ce *comes cas-*
» *trensis palatii regiæ mensæ prepositus erat*.
» Il portoit un sceptre que nous appelons
» bâton de grand-maître, lequel avoit
» la moitié de fin or, depuis la poignée,
» & l'autre moitié étoit faite en nœud,
» comme une branche de roseau, un nœud
» d'or, & l'autre émaillé de noir, un
» d'or & un noir, ainsi l'un après l'autre
» jusques au bout ; ce qui montre qu'il
» avoit la justice sur ceux qui étoient
» sous sa charge, &c. »

Que conclure de cette contrariété d'o-
pinions, sinon qu'il n'en est point qui ne
trouve ses partisans, lorsqu'on veut péné-
trer dans l'obscurité des siècles sur lesquels on ne trouve pas des annalistes
exacts, qui ayent pris le soin de transmettre à la postérité les faits & les évé-
nemens dont ils ont été contemporains ?

§. II. *De la charge de grand-maître, sous
les rois de France.*

Ici la confusion redouble, & si l'on
confronte les auteurs, les uns aux autres,
on a peine à reconnoître en quel temps

le grand-maître de France a été créé, & sous quelle dénomination il a été originairement connu : les uns prétendent qu'il a porté d'abord le titre de sénéchal, puis celui de souverain maître de l'hôtel du Roi, & enfin celui de grand-maître de France. D'autres, au contraire, regardent comme probable que ce dernier titre est le seul sous lequel il ait été reconnu de tout temps.

L'époque de la création de cette dignité en France, n'est pas plus certaine. Suivant le même Favin, livre 2, chapitre 7, « à l'imitation, dit-il, de ce comte » du sacré palais des empereurs Romains, que Honorius appelle *Comitem castrensem sacri palatii*, notre empereur *Charlemagne* institua l'office de » grand-maître de son sacré palais, » lequel il appela sénéchal, du vieux » mot Allemand, qui signifie homme » & maître de famille ; car il ne se » parloit point de lui sous les Rois » de la première lignée, sous laquelle » le comte du palais avoit la dispo- » sition, tant de la justice du pa- » lais & sur les suivans de la Cour, » que le commandement & la surin- » tendance sur les officiers de la bou- » che & maison du Roi. Charlemagne » laissa le fait de la justice au comte » du palais, & selon les occurrences & » occasions nécessaires, aucune fois le » maniement des armées ; & pour le » soulager, il établit le nouvel office » de sénéchal, sous la charge duquel » furent assujetis les officiers de la bou- » che & maison. La charge de ce sénéchal » étoit principalement d'avertir ces of- » ficiers de la bouche & maison du lieu » où le Roi vouloit manger, & à quelle » heure, combien il demeureroit en » telle ou telle ville, à ce que chacun » se trouvât au rendez-vous ; pour y faire » sa charge sans bruit & sans confusion : » il faisoit, à l'heure du manger, marcher » en ordonnance les maîtres-d'hôtel, » gentilshommes servans, pages d'hon-

» neur ou de la chambre, &c, & le » écuyers tranchans pour servir la viande » ceux de la panneterie & du gobelet, » fruiterie & autres domestiques appelés » *castrenses, pedagogii, discerptores, pistores, pencerna atque cellarii* ».

Au contraire, si l'on en croit Jean le Feron, dans son traité des grands-maîtres de France, il en commence l'énumération par « Landri de la Tour, qu'il dit » avoir été élu le premier maire du palais » de Paris ou de France par les princes, » ducs & comtes du royaume, l'an 576, » du temps de *Chilpéric*, roi de Soissons... » Que depuis, plusieurs se sont efforcés de » tenir les deux charges & offices de maire » & ducs, ou grand-maître & connétable » de France jusques à Pépin le bref ».

Mais Charlemagne régnoit vers la fin du huitième siècle, & mourut en 815 ; & quand Favin lui attribue la création du premier grand-maître de France, cela ne quadre point avec le récit de le Feron, à moins qu'on ne dise que sous les premiers rois, & jusqu'à Charlemagne, le maire du palais n'étoit autre que le grand-maître de France.

A partir du règne de Charlemagne, l'obscurité commence à disparoître.

On trouve dans du Tillet, en son recueil des rois de France, leur couronne & maison, page 74 du livre premier, que Raoul le vieux, comte de Vermandois, fut sénéchal, qui est, dit-il, *grand-maître de France*.

A la page 183, au chapitre des comtes de Blois & de Champagne, il parle de Thibault le grand, qui avoit ces deux comtés : son fils aîné, surnommé le bon, comte de Blois, est appelé dans un titre du trésor de l'an 1183, *sénéchal de France*, qui est, dit du Tillet, grand-maître, & il paroît que cette dignité a été long-temps dans la maison des comtes de Champagne, après avoir été pendant long-temps aussi dans la maison d'Anjou.

Les comtes de Champagne & d'Anjou étoient des princes du sang, & c'est ce qui prouve, dit Favin, que ce premier office de la couronne étoit d'ordinaire tenu par ce qu'il y avoit de plus grand dans le royaume.

A la pag 401, du Tillet entre dans quelques détails. En réfumant ce qu'il dit, on voit qu'anciennement , & fous les deux premières races de nos rois, l'officier revêtu de cette dignité, étoit appelé comte du palais ; qu'au commencement de la troisième race , il fut appelé fénéchal de France , enfuite fouverain maître de l'hôtel du Roi ; puis enfuite le titre de grand-maître de France a été conftamment adopté.

Lorfque les prélats nommés à la dignité de l'épiscopat, prétoient le ferment de fidélité, cet officier avoit un droit de 10 livres qui devoit être payé par les prélats. Le tréfor des chartes contient la preuve qu'au mois de décembre 1229, l'évêque d'Orléans acquita une fomme de 15 livres, pour fa rétribution au fénéchal & au grand bouteiller de France; & l'abbé de Bonneval ayant voulu contefter ce droit , il y fut condamné par arrêt du parlement de l'année 1276.

Quelquefois nos rois fe font eux-mêmes refervé cet office, quand ils l'ont jugé à propos ; témoin l'ordonnance rendue par Philippe-le-Bel, en mars 1309, qui porte que l'argent provenant des fermens de fidélité des prélats, fera employé à marier de pauvres filles des gentilshommes, tant que le Roi tiendra en fes mains la grande maîtrife & fénéchauffée de France (1).

_____

(1) Cette ordonnance de Philippe-le-Bel, & cette application du droit à des filles nobles, paroiffent avoir fervi de modèle à quelques lois poftérieures. L'article 6 de l'ordonnance de François premier , donnée à Romorentin, en mars 1120, porte, « ordonnons que tous & chacun » archevêques, évêques, abbés & autres prélats » de notre royaume, qui doivent & font tenus » nous faire ferment de fidélité , payeront & » bailleront ès mains de notre grand aumônier, » ou de ceux qu'il y commettra, la fomme de » 10 livres tournois, chacun, incontinent après

Du Tillet, qui étoit greffier du parlement de Paris, obferve que la grandemaîtrife de France ne fait point ferment au parlement, bien qu'il ait juridiction, & faut, dit-il, qu'il la tienne à hommage du Roi.

Deux faits hiftoriques prouvent que le grand-maître avoit quelque juridiction. Charles-Quint étoit dans la ville de

_____

» leurs provifions, ou qu'ils auroient fait leurf- » dits fermens de fidélité, pour les deniers qui » en proviendront être baillés & diftribués aux » pauvres filles nobles à marier , pour leurs » mariages. »

Et fur ces mots, *la fomme de 10 livres,* Théveneau, dans fon commentaire fur les ordonnances, dédié au cardinal de Richelieu, qui étoit tout à la fois grand maître ; chef & furintendant de la navigation & commerce de France, fait cette obfervation, qui prouve bien que tous les fiècles fe reffemblent , & qu'en tout temps l'or a exercé fon empire fur les hommes. « C'eût » été, dit-il, pag. 248, chofe jufte d'ordonner » que les prélats & abbés donneroient au moins » une demi-annate, puifqu'ils en donnent une » entière à Rome. Car fi elle eft prife pour le » droit de collation, la demi-annate peut bien » être demandée pour le droit de nomination en » faveur des pauvres ; quoi qu'il en foit, il eût » été très-jufte & très-équitable d'ordonner qu'ils » payeroient pour une fois, au profit des pau- » vres, entre les mains du grand aumônier, » la quatrième ou troifième portion du revenu » des bénéfices, vu qu'elle leur appartient d'ail- » leurs par les conciles & conftitutions de l'églife » tous les ans efdits revenus ; & feroit une grande » piété aux Rois de faire employer ladite por- » tion à marier de pauvres filles nobles, fuivant » cette ordonnance, vu le grand nombre de » pauvre nobleffe qu'il y a en France, laquelle » n'ayant pas le moyen de marier leurs filles , la » pauvreté fait bien fouvent qu'elles fe profti- » tuent, & principalement en ce fiècle, auquel » l'honneur des familles n'eft plus recherché, » mais le bien & les richeffes, encore qu'elles » ayent été volées aux Rois & au peuple ; ce » qui fait que la plus haute nobleffe de la France » prend alliance dans les maifons des financiers » & partifans, & fe défaparent ; ainfi les » hommes courent à l'argent, où il n'y a point » d'honneur : & les filles de bonne extraction » demeurent fans marier faute d'argent, encore » qu'elles ayent beaucoup d'honneur & de no- » bleffe. »

Melun, où les ducs de Bourgogne & de Bourbon eurent une contestation au sujet d'une maison. Le grand-maître prononça, & l'adjugea au duc de Bourbon, par sentence du 29 décembre 1367.

Au mois d'août 1404, au sujet d'un vol de vaisselle d'argent, fait à Paris, dans l'hôtel de Saint-Pol, occupé par le roi Charles VI, le prévôt de Paris, le grand-maître de France & les autres maîtres d'hôtel du Roi, prétendirent au droit de juger l'affaire. Ce conflit de juridiction fut porté au parlement, où le procureur-général du Roi prit fait & cause pour le prévôt de Paris, mais du Tillet n'apprend point si, & comment la contestation fut jugée ; il est vraisemblable que le grand-maître en resta juge.

Les clefs de la maison du Roi sont pendant la nuit sous la garde du grand-maître, qui par les états & ordonnances des rois saint Louis, Philippe-le-Bel & Philippe-le-Long, *a chambre en ladite maison.*

C'est tout ce que remarque du Tillet sur la charge de grand-maître ; & il faut peu s'étonner de cette espèce de nuage & d'obscurité qui règne sur tout ce qui remonte à ces temps reculés, quand cet auteur avoue, qu'après des dépenses infinies pour recouvrer & mettre en ordre une partie des choses qu'il fait entrer dans son ouvrage, il est obligé de le laisser imparfait. Cette entreprise étant d'autant plus difficile, qu'ayant lui, Girard de Montagu, secrétaire & trésorier des chartes du roi Charles V, n'avoit trouvé dans le trésor des chartes que des registres imparfaits.

§. III. *Comment les grands-maîtres de France sont nommés & installés.*

On a ici des actes au lieu de simples conjectures. C'est la forme dans laquelle les provisions sont données & la formule de serment qu'on est obligé de prêter entre les mains du Roi.

Voici la forme des provisions données en 1560, par François II au duc de Guise.

« François, &c, comme notre très-
» cher & très-amé cousin Anne de
» Montmorenci, pair, grand-maître &
» connétable de France, & pareillement
» notre très-cher & très-amé cousin de
» Montmorenci son fils, gouverneur,
» & notre lieutenant en l'isle de France,
» que feu notre très-honoré seigneur &
» père que Dieu absolve, avoit pourvu
» à condition de survivance dudit état de
» grand-maître de France, par la rési-
» gnation de notre cousin son père, se
» seroit cejourd'hui volontairement, pu-
» rement & simplement démis en nos
» mains d'icelui état de grand-maître de
» France par leurs procureurs suffisam-
» ment fondés de procuration quant à
» ce, attachée sous le contrescel de
» notre chancellerie ; & ce pour en faire,
» disposer & ordonner ainsi qu'il nous
» plaira : & desirant par ce moyen pour-
» voir de personnage sur lequel nous
» puissions nous reposer des faits & exer-
» cice dudit état, & qui soit pour y
» faire le devoir tel que l'importance
» d'icelui le requiert, *savoir faisons,*
» que nous sachant quels sont les grands
» sens, vertus, prudence, fidélité, bonne
» conduite & intelligence de notre très-
» cher & très-amé oncle, François de
» Lorraine, duc de Guise, pair & grand
» chambellan de France, considérant
» d'autre part combien la grandeur de
» ses mérites & services nous le rendent
» recommandable, & comme un tel &
» si digne personnage, qui a si bien mé-
» rité de nos prédécesseurs, de nous &
» de la chose publique de notre royaume,
» non-seulement en la conduite des
» guerres & ès grandes & utiles con-
» quêtes qu'il a faites à l'accroissement
» de notredit royaume, mais aussi au
» maniement & direction de nos plus
» grandes & importantes affaires d'état,
» mérite que nous l'ayons cher, & libé-
» ralement départions en son endroit,

» Pour ces caufes & autres grandes &
» raifonnables confidérations à ce nous
» mouvans, avons icelui notredit coufin
» le duc de Guife fait, ordonné, rete-
» nu & établi, faifons, ordonnons, re-
» tenons & établiffons grand-maître de
» France, & ledit état & office vacant
» à préfent par la démiffion de nosdits
» coufins, comme dit eft ci-deffus, lui
» avons baillé, donné & octroyé, donnons
» & octroyons par ces préfentes, pour
» l'avoir, tenir & dorefnavant exercer
» & en jouir aux honneurs, autorité,
» prérogatives, prééminence, pouvoir,
» puiffance, facultés, franchifes, privi-
» léges, libertés, livraifons, hoftelages,
» gages, penfions, droits, profits, re-
» venus & émolumens accoutumés, &
» qui y appartiennent, & tels & fem-
» blables dont ont ci-devant joui fes pré-
» déceffeurs audit état & office. Si
» donnons en mandement par ces mêmes
» préfentes aux maîtres de notre hôtel,
» maître & contrôleur de notre cham-
» bre, & à tous officiers de notre hôtel
» & maifon, que à notredit coufin,
» duquel nous avons pris le ferment en
» tel cas requis, & icelui mis & infti-
» tué en poffeffion & faifine dudit état,
» & office, ils aient à obéir; & mandons
» en outre à nos amés & féaux les tréforiers
» de notre épargne & des officiers domef-
» tiques, que à notredit coufin, ils payent
» baillent & délivrent les gages & pen-
» fions audit état & office appartenans
» dorefnavant par chacun an, felon &
» enfuivant les effets qui leur en feront
» par nous faits, & qu'il eft accoutumé
» au femblable cas; a en témoins de ce
» &c, donné &c ».

La formule du ferment eft ainfi conçue.

« Vous jurez Dieu votre créateur, &
» fur la part que vous prétendez en pa-
» radis, que bien loyaument & fidel-
» lement vous fervirez le Roi en l'état
» de grand-maître de France, duquel il
» vous a pourvu, garderez & ferez gar-
» der & obferver & entretenir les ordon-

nances, droits, privilèges, franchifes
» & libertés de la maifon dudit fei-
» gneur; aurez l'œil & foin fur les
» officiers de fa maifon, à ce que chacun
» faffe en fon état & fa charge le bon
» & loyal devoir qu'il appartient pour
» le fervice dudit feigneur, biens,
» fûreté & fanté de fa perfonne, don-
» nerez ordre à la police & bon ména-
» gement de la dépenfe de ladite mai-
» fon, & contiendrez chacun d'eux en
» fon devoir; fi vous entendez chofe qui
» touche & appartienne à l'honneur &
» fervice de fadite majefté, l'en averti-
» rez, & de votre royal pouvoir empê-
» cherez & pourvoirez à toutes chofes
» qui y feront contraires, & générale-
» ment ferez & accomplirez audit état,
» charge & office de grand-maître de
» France, ce que un bon, fidele &
» digne ferviteur & fujet du Roi doit à
» fon prince & fouverain feigneur, felon
» la parfaite fiance qu'il a en vous, lequel
» en figne de ce, vous a mis entre les
» mains le bâton du commandement
» qu'il vous donne en fadite maifon ».

Après ces détails, on peut être curieux
d'avoir fous les yeux la lifte des grands-
maîtres de France, en partant de l'opinion qui fait remonter la création de
cette charge au règne de Chilpéric.

Depuis cette dernière époque, ce font les princes du fang de la branche de Condé qui ont poffédé cette charge.

**§. IV.** *Autorité & fonctions du grand-maître de France, dans le palais de nos Rois.*

Sous Louis XIV, il y eut le 7 janvier 1681, un réglement qui fait connoître cette autorité & ces fonctions, ainfi que les devoirs de tous les officiers qui dépendent du grand-maître : il eft à propos de le tranfcrire en entier : c'eft un corps de lois d'après lequel on juge plus aifément tout l'enfemble (1). On y puife des notions précifes, que bien d'autres explications ne fuppléeroient pas.

(1) Ce réglement s'exécute encore aujourd'hui, mais avec les modifications & les changemens qu'y ont apportés les lois nouvelles, & fingulièrement les édits des mois de janvier & août 1780, & le réglement du 17 du même mois d'août. Voyez ci-devant les chapitres 2 & 3, où il eft parlé de ces lois.

« Le Roi s'étant fait repréſenter ſes
» ordonnances & réglemens, faits en plu-
» ſieurs temps ſur l'ordre que ſa majeſté
» vouloit être établi dans ſa maiſon ; &
» voulant déclarer de nouveau ſes inten-
» tions, ſur ce qu'elle veut être obſervé
» à l'avenir, elle a réſolu le préſent ré-
» glement ainſi qu'il ſuit.

» I. Le bureau ſera aſſemblé par M.
» le duc d'Enghien, prince du ſang,
» grand-maître de France, un des quatre
» premiers jours du quartier, où ſe trou-
» veront le premier maître d'hôtel, maî-
» tre d'hôtel ordinaire, maîtres d'hôtel,
» gentilshommes ſervans, maître de la
» chambre aux deniers, contrôleurs-gé-
» néraux, contrôleur ordinaire de la
» bouche, contrôleurs clercs d'office,
» officiers de la bouche & du commun,
» qui ſeront en quartier : & ſera lû le
» préſent réglement pour faire connoître
» à chacun deſdits officiers, ce qui doit
» être obſervé pendant le quartier. »

» II. Leſdits officiers ſeront tenus de
» ſervir en perſonne, & ne pourront
» commettre en leur place, ſans permiſ-
» ſion expreſſe de ſa majeſté.

» III. La meſſe ſe dira tous les jours
» de fêtes, à heure convenable ; & les
» maîtres d'hôtel en quartier, feront
» avertir tous les officiers par l'huiſſier
» du bureau.

» IV. M. le grand-maître viſitera, ou
» fera viſiter les offices au commence-
» ment de chaque quartier, par le pre-
» mier maître d'hôtel, maître d'hôtel or-
» dinaire, & maîtres ſervans par quar-
» tier, afin qu'il connoiſſe tous leſdits
» officiers, auxquels il ſera très-expreſſé-
» ment défendu de permettre l'entrée
» dans les lieux où ſont préparées les
» viandes pour la bouche de ſa majeſté,
» à autres perſonnes qu'aux officiers ci-
» deſſus nommés, enſemble au premier
» médecin, aux maîtres de la chambre
» aux deniers, contrôleurs-généraux,

» contrôleur ordinaire de la bouche &
» contrôleurs clercs d'offices.

» V. Sa majeſté veut que les officiers
» du bureau s'aſſemblent trois fois la ſe-
» maine : ſavoir les deux premiers jours
» pour arrêter les dépenſes, & le ſa-
» medi pour faire un menu de toute la
» viande qui ſera ſervie ſur la table de ſa
» majeſté, chacun jour de la ſemaine ſui-
» vante, & ſi quelques-uns des officiers
» qui doivent aſſiſter, y manquoient ſans
» la permiſſion de M. le grand-maître, ils
» ſeront privés de leurs livrées à l'excep-
» tion toute-fois du premier maître d'hôtel
» qui peut être employé ailleurs pour le
» ſervice de ſa majeſté.

» VI. A la fin de chaque quartier, &
» au plus tard le quatrième jour ſuivant,
» M. le grand-maître fera aſſembler les
» maîtres d'hôtel des deux quartiers,
» avec les autres officiers du bureau, pour
» vérifier les dépenſes du paſſé, & régler
» celles de l'avenir : voulant ſa majeſté
» que leſdits officiers s'aſſemblent tous
» les jours, juſqu'à ce qu'ils ayent entiè-
» rement arrêté la dépenſe du quartier
» précédent.

» VII. Seront tenus trois regiſtres au
» bureau, dans l'un deſquels ſera enre-
» giſtré le préſent réglement, & tous
» ceux qui pourront être faits ci-après,
» enſemble les ordonnances qui ſeront
» données par M. le grand-maître dans
» le courant de chaque année, & les
» marchés faits pour la dépenſe de la
» maiſon. Dans l'autre ſeront enregiſtrés
» les menus de toutes les dépenſes ordi-
» naires & extraordinaires ; & dans le
» dernier, les mémoires des traitemens
» des princes étrangers, ambaſſadeurs &
» autres feſtins de cérémonie, qui ſont
» cottés & paraphés par le maître d'hôtel
» qui aura fait le ſervice : tous leſquels
» regiſtres ſeront conſervés dans un cof-
» fre, dont le contrôleur-général aura
» la clef, pour y avoir recours, quand
» beſoin ſera.

» VIII.

» VIII. Le contrôleur-général, ou son commis, se trouveront au bureau pour écrire les délibérations sur le registre, & en leur absence, le plus ancien contrôleur clercs d'office, tiendra la plume ; & pourront aussi le premier maître d'hôtel & autres officiers du bureau, prendre la plume pour tenir mémoire des choses à l'exécution desquelles il sera nécessaire de tenir la main.

» IX. Les enregistremens seront signés par M. le grand-maître, quand il voudra par le premier maître d'hôtel ordinaire, les maîtres d'hôtel servant le quartier, & le contrôleur général & extraits délivrés par le contrôleur général.

» X. Fait sa majesté défenses à M. le grand-maître, premier maître, maîtres d'hôtel ordinaire & de quartier, de signer aucunes écroues qu'après les avoir vérifiées & calculées soigneusement, après quoi ils les signeront à la fin & à chacune des feuilles dont sont composées lesdites écroues, pour les dépenses ordinaires, & quant aux dépenses extraordinaires, M. le grand-maître en fera faire les écroues par le premier maître, maîtres ordinaire & de quartier, & contrôleur-général, qui les signeront en même temps qu'elles auront été ordonnées par sa majesté, & feront arrêter les cahiers sur les menus qui seront à cet effet représentés en original, dans le quatrième jour du mois en suivant, au plus tard.

» XI. Sa majesté fait pareillement défenses auxdits premier maître, maîtres ordinaire & de quartier, de passer dans les écroues aucune dépense faite dans le quartier précédent ou pour le suivant, à peine d'interdiction de leur charge, & de plus grande s'il y échet.

» XII. Fait sa majesté très-expresses défenses d'employer sur les livres d'office, aucuns extraordinaires, autres

que ceux qui seront pour le service de sa majesté, pour quelque cause que ce puisse être ; & en cas qu'il en fût ordonné quelqu'un par les officiers du bureau, ils seront tenus d'en donner des billets, dans lesquels ils marqueront le jour, la quantité de chaque chose qu'ils auront fait fournir, & la raison de cette fourniture, & sera fait un mémoire de tous ces billets en la fin de chacun mois, pour en être rendu compte à sa majesté par M. le grand-maître, ou à son absence ; par M. le premier maître d'hôtel, ou par l'officier du bureau qui tiendra le premier rang, & recevoir les ordres sur le contenu audit mémoire, avant que d'arrêter lesdits cahiers.

» XIII. Les cahiers seront divisés en six chapitres, le premier desquels contiendra les dépenses extraordinaires faites par les ordres de sa majesté & pour sa personne, dont le détail sera expliqué jour par jour. Fait sa majesté très-expresses défenses à tous les officiers du bureau, de passer dans le premier chapitre aucune autre dépense extraordinaire ; ni de passer comme extraordinaire ce qui aura été fourni pour la table de sa majesté, à la réserve des nouveautés, vins de liqueur & viande qu'on fera fournir par ordre de sa majesté, qui seront mis dans le second chapitre ; le troisième sera composé des dépenses extraordinaires faites sur les billets des officiers du bureau, & sera fait mention dans chaque article, du jour que ces dépenses auront été faites, du nom de celui qui les aura ordonnées, & de la personne pour laquelle elles auront été faites. Le quatrième chapitre contiendra les dépenses extraordinaires qui reviennent souvent, qui seront arrêtées suivant les états & menus faits par M. le grand maître, sans qu'il y puisse être rien augmenté. Le cinquième contiendra la dépense pour les équipages de sa majesté dans

» les voyages : & le sixième , la dépense
» extraordinaire de monseigneur le dau-
» phin.

» XIV. Tout officier qui aura employé
» dans les livres de la dépense, dont il
» comptera, autre chose que ce qui aura
» été actuellement fourni , sera chassé
» de la maison de sa majesté.

» XV. M. le grand-maître fera faire
» des mémoires par les officiers du bu-
» reau, des nouveautés de viandes , de
» fruits & de vins de liqueur, qu'il sera
» nécessaire de faire venir pour recevoir
» sur iceux les ordres de sa majesté, qui
» seront ensuite exécutés par les soins
» desdits officiers, & dont sera rendu
» compte en détail au bureau.

» XVI. Les viandes, fruits, confitures
» & vins qui arriveront, se mettront en-
» tre les mains du contrôleur ordinaire
» de la bouche, qui en tiendra un re-
» gistre exact, & remettra entre les
» mains desdits officiers de la bouche &
» du gobelet, les nouveautés de viandes
» & de fruits, qui s'en chargeront sur
» leurs registres, & à l'égard des confi-
» tures & vins de liqueur, il en fera
» lui-même la distribution ainsi qu'il sera
» ordonné, dont il rendra compte toutes
» les semaines au bureau.

» XVII. La recette de la grosse viande
» & de la viande pour les bouillons &
» autres, se fera tous les jours à trois
» heures après-midi pour le lendemain :
» celle de la volaille & du gibier, à cinq
» heures du matin en été & à sept heures
» en hiver : celle du pain pour la bouche
» à sept heures du matin & à cinq heures
» du soir, & pour le commun à huit
» heures du matin pour tout le jour, &
» seront tenus les maîtres d'hôtel, con-
» trôleurs-généraux & contrôleur de la
» bouche, être présens à la recette de
» tout ce qui sera destiné pour la bouche
» de sa majesté, & ledit contrôleur or-
» dinaire de la bouche, examinera tous
» les jours à l'office de la bouche, avant

» qu'on porte la viande de sa majesté ;
» si toutes les pièces contenues sur le
» menu, seront employées. Et à l'égard
» de la distribution pour le commun,
» elle se fera toujours au moins en pré-
» sence d'un contrôleur, qui examinera
» le poids & la qualité des viandes & du
» pain , & les fera distribuer au maître
» d'hôtel servant les tables, & à ceux
» qui ont ordinaire.

» XVIII. Veut que les officiers d'é-
» chansonnerie-bouche, aillent en per-
» sonnes, quérir l'eau pour la personne
» de sa majesté, & prendre le vin à la
» cave des marchands ; faisant défenses
» aux marchands de vin de délivrer à
» d'autres qu'auxdits officiers ; & seront
» lesdits vin & eau enfermés sous la clef,
» par le soin du contrôleur de la bouche,
» à quoi les autres officiers du bureau,
» tiendront particulièrement la main.

» XIX. Les boulangers, marchands de
» vin & pourvoyeurs, répondront de
» leurs garçons, & n'en pourront nom-
» mer qu'ils ne soient connus, dont il
» sera fait un état, & ne pourront les
» changer qu'après en avoir averti.

» XX. Deux officiers d'échansonnerie
» se transporteront chaque jour en la
» cave des marchands de vin, où ils se-
» ront depuis huit heures du matin jus-
» qu'à dix, & depuis cinq heures du soir
» jusqu'à sept, & feront tirer tous les
» vins du jour, suivant le menu ; & le-
» dit vin sera délivré en la présence d'un
» contrôleur aux maîtres d'hôtel servans
» les tables, & à ceux qui ont ordinaire ;
» & ledit contrôleur gardera pour essai
» une bouteille de chaque sorte de vin,
» à laquelle on aura recours, en cas qu'on
» se plaignît du vin dans les tables, pour
» vérifier si les maîtres d'hôtel qui les
» servent, n'auront point changé celui
» qui leur aura été donné ; auquel cas ils
» seront punis.

» XXI. Lorsque le marchand de vin
» en aura de mauvaise qualité dans sa

» cave, il en fera acheté d'autre à fes
» dépens, & les officiers du bureau pren-
» dront foin d'aller de temps en temps
» vifiter les caves defdits marchands de
» vin.

» XXII. Ceux qui ont des ordinaires,
» auront foin d'aller prendre leur vin
» aux heures ci-deffus marquées, à faute
» de quoi il ne leur en fera point dé-
» livré.

» XXIII. Fait défenfes à tous officiers
» de la maifon, de recevoir aucuns pré-
» fens ni gratification de quelque nature
» qu'elle puiffe être, des marchands de
» la maifon, & à peine d'interdiction de
» leurs charges.

» XXIV. Lorfque les officiers du go-
» belet porteront le couvert, l'huiffier
» de falle marchera à la tête : un chef de
» gobelet enfuite, qui portera la nef,
» avec un garde-du-corps à côté, & der-
» rière les autres officiers, lefquels met-
» tront la nef & le couvert fur la table
» ordinaire, & enfuite les gentilshom-
» mes fervans, feront faire devant eux
» l'effai par lefdits officiers, & pren-
» dront enfuite le couvert de fa majefté,
» pour le porter fur la table où elle man-
» gera.

» XXV. Quand fa majefté aura de-
» mandé la viande, le maître d'hôtel fe
» rendra à la bouche, où il aura foin de
» faire l'effai, & de le faire faire à l'é-
» cuyer : ce qui fera fait faire de nouveau
» par les gentilshommes fervans, lorfque
» la viande fera fur la table de fa ma-
» jefté.

» XXVI. La viande de fa majefté fera
» portée en cet ordre. Deux des gardes
» marcheront les premiers, enfuite l'huif-
» fier de falle, le maître d'hôtel avec
» fon bâton, le gentilhomme fervant-
» pannetier, le contrôleur clerc d'office
» & autres qui porteront la viande ; l'é-
» cuyer de cuifine & le garde vaiffelle ;
» & derrière eux, deux autres gardes de
» fa majefté, qui ne laifferont approcher

» perfonne de la viande, & les officiers
» ci-deffus nommés, avec un gentil-
» homme fervant, retourneront à la
» viande à tous les fervices.

» XXVII. Le maître d'hôtel fervant,
» donnera la ferviette à M. le grand-maî-
» tre, s'il y eft, pour la préfenter à fa
» majefté, fi ce n'eft qu'aucun des prin-
» ces du fang, ou enfans naturels fuffent
» préfens, auquel cas le maître d'hôtel
» fervant, la donnera à celui d'entre eux
» qui tiendra le premier rang, & où il
» n'y auroit aucuns des fufdits, ledit
» maître d'hôtel fervant, la donnera lui-
» même à fa majefté.

» XXVIII. Un contrôleur clerc d'of-
» fice, & le maître d'hôtel fervant la
» table du grand-maître, porteront tous
» les famedis au bureau le menu de ce
» qui devra être fervi pendant la femaine
» fuivante, où il fera arrêté, & ledit
» contrôleur affiftera à la recette de la-
» dite viande, & fe trouveront tous les
» jours à l'office, lorfque ladite table
» fera fervie, pour tenir la main à ce
» que tout foit conforme audit menu.

» XXIX. M. le grand-maître man-
» gera quelquefois de la femaine, à fa
» table & à celle du chambellan.

» XXX. Seront tenus les maîtres d'hô-
» tel, & autres officiers du bureau, de
» manger aux tables auxquelles ils ont
» ordinaire, fans qu'ils en puiffent rien
» divertir, & les contrôleurs clercs d'of-
» fice iront au moins deux fois la fe-
» maine aux tables, où ne mangera point
» d'officier du bureau, pour tenir la
» main à ce qu'elles foient bien fervies.

» XXXI. La table de M. le grand-
» maître fera fervie en même temps que
» celle de fa majefté : celle du chambel-
» lan au choix du premier maître d'hôtel :
» celles des maîtres & des valets de
» chambre en quartier à onze heures :
» celle des aumôniers, lorfque le Roi for-
» tira de la meffe : le fert-d'eau inconti-
» nent après le dîner de fa majefté. Et

» pour le souper, la table des maîtres,
» celles des aumôniers & des valets de
» chambre en quartier, seront servies
» à sept heures.

» XXXII. Fait sa majesté défenses aux
» officiers de son gobelet & de la bouche,
» de servir aucune personne que par l'or-
» dre exprès de M. le grand-maître, ou
» du premier maître d'hôtel, ou en leur
» absence de l'officier du bureau qui tien-
» dra le premier rang, dont il sera rendu
» compte le jour même à sa majesté ; &
» à ceux du commun, d'accommoder à
» manger pour de l'argent à personne,
» même aux officiers du bureau.

» XXXIII. Un des contrôleurs-clercs
» d'office, sera tenu d'assister chaque
» jour à la fourière, pour être présent à
» la délivrance du bois : & les officiers
» du bureau iront souvent examiner eux-
» mêmes à la fourière, la qualité du bois
» dont les officiers auront fait provision.

» XXXIV. Celui des officiers qui se
» trouvera selon son ordre le premier à
» commander, fera allumer tous les soirs
» au commencement de la nuit, des flam-
» beaux & fallots dans toutes les salles &
» passages du logis de sa majesté, & fera
» pareillement apporter avant la nuit,
» les flambeaux & bougies ordinaires
» pour les anti-chambres, chambres &
» cabinets de sa majesté, qui seront
» données par poids & comptes aux gar-
» çons de la chambre, qui sera choisi
» par le premier valet de chambre ; &
» lorsqu'il sera ordonné d'en fournir
» d'extraordinaires, l'officier de la frui-
» terie sera tenu d'apporter au bureau,
» à la fin de chaque mois, un reçu du
» premier valet de chambre, sans quoi
» la dépense ne lui sera point allouée.
» Veut pareillement sa majesté que l'of-
» ficier de panneterie-bouche, donné
» par compte à un des garçons de la
» chambre, les serviettes & napes néces-
» saires pour sa chambre, lequel les ren-
» dra de la même manière, & sera en-

» suite rendu compte au bureau de ce
» qu'il y en aura de perdu.

» XXXV. Les contrôleurs-généraux se
» chargeront solidairement de toute la
» vaisselle, au bas de l'inventaire qui en
» sera fait par l'intendant des meubles de
» la couronne, en présence du premier
» maître d'hôtel & des autres officiers du
» bureau, & lesdits contrôleurs-généraux
» en chargeront ensuite par inventaire
» particulier, le garde vaisselle de cha-
» que office & les autres officiers qui en
» doivent répondre.

» XXXVI. M. le grand-maître fera
» faire au commencement de chaque se-
» mestre, une vérification exacte de l'in-
» ventaire de la vaisselle & batterie en
» présence du premier maître d'hôtel,
» maîtres d'hôtel ordinaire & de quar-
» tier, des contrôleurs-généraux & de
» l'intendant des meubles de la cou-
» ronne, qui sera tenu de s'y trouver ;
» & après cette vérification, s'il se trou-
» voit quelque vaisselle perdue, ou rom-
» pue, elle sera remplacée aux dépens
» de sa majesté ou des officiers par la
» faute desquels elle aura été perdue,
» ainsi qu'il sera jugé par M. le grand-
» maître.

» XXXVII. En cas qu'il se trouve quel-
» que pièce de vaisselle perdue ou égarée
» pendant le cours de l'année, l'officier
» qui en sera chargé, sera tenu d'en aver-
» tir aussi-tôt le premier maître d'hôtel,
» le contrôleur-général ou l'un des prin-
» cipaux officiers du bureau ; & de tirer
» certificat, comme il a fait avertir : après
» quoi il en sera fait une exacte recher-
» che, tant à la diligence dudit officier,
» que de ceux du bureau qu'il aura avertis.

» XXXVIII. M. le grand-maître tien-
» dra la main, que le maître de la cham-
» bre aux deniers, paye exactement à la
» fin de chacun quartier, les fournitures
» qui auront été faites pour la maison de
» sa majesté, suivant les écroues & cahiers
» qui en seront arrêtés au bureau.

» XXXIX. Sa majefté veut que tous les officiers foient obligés de fe trouver pour leur fervice, le premier jour du quartier ; & fi fans caufe légitime ils ne s'étoient pas rendus aux devoirs de leurs charges, au moins le troifième, M. le grand-maître les privera du payement de leur quartier.

» XL. Il fera dreffé par le grand-maître à la fin de chacun quartier, un état de tous les officiers qui auront fervi avec afliduité, qui fera figné double par lui, l'un defquels fera remis au bureau, & l'autre ès main du tréforier, & les extraits dudit état, feront donnés aux officiers lorfqu'ils en auront befoin, par les contrôleurs-généraux.

» XLI. Sa majefté veut que dans toutes les féances du bureau & en tous les autres lieux, les officiers dénommés au préfent réglement, prennent leur rang, felon leur dénomination.

» Fait & arrêté à Saint-Germain-en-Laye, le feptième jour de janvier mil fix cents quatre-vingt un. *Signé*, Louis. Et plus bas, COLBERT.

Ce réglement fait connoître ce qui fe pratiquoit fous le règne le plus magnifique. Il donne la plus exacte connoiffance du régime de la maifon de nos Rois pour la bouche ; il fait voir quelle exactitude on doit obferver dans l'adminiftration intérieure, relativement au fervice domeftique. On y remarque un ordre admirable pour garantir la bonté ; la fûreté des alimens & des boiffons, & pour prévenir cet efprit de rançon fi commun aux marchands, ces énormes déprédations trop faciles à commettre dans une confommation fi immenfe, & cette efpèce d'apathie que chaque officier n'eft que trop difpofé à mettre dans l'accompliffement de fes devoirs.

Mais revenons au grand-maître. Voilà fon infpection & fa furintendance fur les officiers de la maifon du Roi, clairement expliquées par ce réglement. Entrons dans quelques autres détails.

La verge ou bâton de commandement qu'il porte, fignifie, dit le préfident Fauchet dans fon livre de l'origine des dignités & magiftrats de France, *qu'il a jurisdiction & peut frapper ceux qui font contre les ordonnances.*

Ce bâton de commandement a fait, s'il eft permis de le dire, comme les modes ; il a changé avec le temps, de forme, de tournure & de couleur. Favin, livre 2, chapitre 7, en donne la defcription. C'étoit un bâton en nœuds. Godefroy, dans fes notes fur le Feron, le décrit autrement. « Ce bâton eft garni d'argent doré vermeil, dont les bouts d'en haut fe terminent en couronnes fleurdelifées & fermées. »

Cette jurisdiction, dont le bâton de commandement eft le figne, s'exerçoit fur les fept offices qui compofoient la maifon du Roi. C'étoient, fuivant le réglement de 1681, les officiers du gobelet-pain, ceux du gobelet-vin, les officiers de la bouche du Roi ou cuifinebouche, ceux de la panneterie commune, de l'échanfonnerie, de la fruiterie, de la fourrière. Il difpofoit d'un certain nombre de ces offices quand ils venoient à vaquer. C'eft entre fes mains que ces officiers prêtoient le ferment de fidélité au Roi.

§. V. *Fonctions des grands-maîtres de France aux obfèques des Rois, & au facre de leurs prédéceffeurs.*

La defcription de la pompe funèbre des Rois n'eft point l'objet de cet article. Nous n'avons qu'à faire connoître la place que le grand-maître remplit dans les triftes momens où le peuple verfe des larmes fur le cercueil des Rois qui l'ont gouverné en pères.

Aux obfèques d'Henri IV, le comte de Saint-Pol faifoit les fonctions de grand maître. On partit du louvre pour fe rendre à l'églife Notre-Dame; il étoit à cheval, portant le bâton de commande-

ment, couvert de velours noir; il avoit
à sa gauche le chevalier de Guise, faisant les fonctions de grand-chambellan,
qui étoit aussi à cheval, & portoit la
banière de France. Les princes du sang
étoient aussi montés sur des chevaux couverts de serge noire.

On se rendit le lendemain à Saint-
Denis. Le jour de l'enterrement, après
les grand'messes célébrées & les prières
achevées, le cardinal de Joyeuse qui offi-
cioit, s'assit à l'un des bords du caveau,
vers l'autel; le comte de Saint-Pol,
comme représentant le grand-maître, s'assit
à l'autre bord; & les maîtres des cérémonies se rangèrent près de lui. Toutes
les pièces d'honneur ayant été déposées
dans le caveau, c'est-à-dire, les cottes
d'armes, l'enseigne des suisses, les éperons, les gantelets, &c. Le comte de
Saint-Pol se leva, & dit à moyenne voix,
*le Roi est mort.* Le roi-d'armes fit trois
pas au milieu du chœur & cria trois
fois, *le Roi est mort, priez tous Dieu
pour son ame;* alors chacun se mit à
genoux, & les larmes coulèrent de tous
les yeux.

Un moment après, le comte de Saint-
Pol retira du caveau le bâton de grand-
maître & dit *vive le Roi;* le roi-d'armes
reprit la parole & cria trois fois, *vive
le Roi Louis XIII de ce nom, par la grâce
de Dieu, Roi de France & de Navarre,
très-chrétien, notre souverain seigneur &
bon maître, auquel Dieu donne une très-
heureuse & très-longue vie;* puis dans la salle
préparée pour le festin & après le dîné;
le comte de Saint-Pol cassa son bâton.

Nous prendrons encore pour exemple
les funérailles de Louis XIII. Il mourut
à Saint-Germain-en-Laye. Son corps ne
fut point apporté à Paris; ainsi son convoi
n'eut pas tout ce cortège & cet appareil
frappant & majestueux des convois de ses
prédécesseurs; mais d'ailleurs on y observa
exactement toutes les cérémonies prati-
quées dans ces occasions.

Seize maîtres-d'hôtel nommés, ayant

jetté dans le caveau leurs bâtons couverts de crêpe, M. le duc de la Trémoille faisant les fonctions de grand-
maître de la maison du Roi, pour M. le
prince de Condé, y mit le bout du sien,
& dit à voix basse, *le Roi est mort.* Le
roi-d'armes se tournant vers le peuple répéta trois fois à haute voix, *le Roi est mort,
prions Dieu pour le repos de son ame.* Après
quelques momens de silence, le duc de
la Trémoille dit *vive le Roi, vive le Roi,
vive le Roi Louis XIV du nom, Roi de
France & de Navarre.* Le grand-chambellan releva la banière de France, le grand-
maître de la maison du Roi son bâton;
toute l'église retentit du son des trompettes, des tymbales, des fifres & des
hauts-bois; chacun se retira ou alla dîner.
Le doyen des aumôniers du Roi, (pour
le grand-aumônier), bénit les tables du
grand-maître & du parlement, & y dit
les grâces, après lesquelles la musique
du Roi chanta un *Laudate* au bout des
mêmes tables. Ensuite, en présence du
parlement, le prince de Condé, (grand-
maître), ayant fait appeler tous les officiers de la maison du Roi, cassa son bâton (1), en disant à ces officiers que la
maison étoit rompue, & qu'ils eussent à
se pourvoir, leur promettant en même-
temps ses bons offices auprès de leur nouveau maître, & qu'il tâcheroit de les faire
rétablir dans leurs mêmes charges & fonctions.

On sait qu'à la mort de Louis XV,
les cérémonies accoutumées n'ont pas été
observées. Il mourut le 10 mai 1774. Le
surlendemain 12, son corps fut porté à
Saint-Denis & descendu dans le caveau;
on ne célébra dans cette église un ser-

(1) Le grand-aumônier, dit M. de Thou,
faisoit la prière avant & après le repas, à la
table du parlement, & le grand-maître de la
maison du Roi y cassoit son bâton, pour marquer
que les fonctions de sa charge étoient finies par la
mort & l'inhumation du Roi: ensuite il reprenoit
un autre bâton, & faisoit crier *vive le Roi* par le
héraut.

vice folemnel que le 27 juillet, où fe rendit M. le duc de Bourbon, grand-maître de la maison du Roi, en furvi-vance de M. le prince de Condé fon père. Il mit le bout de fon bâton dans le ca-veau & l'en retira; il cria enfuite *le Roi eft mort;* le roi-d'armes répéta trois fois *le Roi eft mort, prions tous Dieu pour le repos de fon ame;* on fit une prière, & le roi-d'armes répéta trois fois *vive le Roi Louis XVI.*

Ces divers exemples prouvent que de-puis l'établiffement de la monarchie, & fouvent dans le même fiècle, toutes les cérémonies, tous les ufages varient; ce ne font, ni les mêmes paroles, ni le même ordre, ni le même coftume, ou du moins, fi l'on en conferve le fond, on y remarque toujours des nuances; c'eft que toutes ces chofes ne font connues que par tradition, & que n'exiftant point de réglement, de loi qui aient fixé un ordre conftant & immuable, elles éprou-vent les variations que les mœurs, le goût, les opinions veulent y intro-duire.

Nos Rois meurent donc comme tous les autres hommes, comme tout ce qui refpire ici-bas; mais ils font cenfés néan-moins ne jamais mourir. Trifte condition de l'humanité, qu'il faille que l'imagina-tion fe figure à elle-même qu'un potentat qui vient d'être enfermé dans la tombe, eft encore affis fur fon trône. Son fuccef-feur prend fa place; il eft Roi à l'inftant même; il ne s'agit plus que de lui donner l'onction facrée, c'eft ce qu'on appelle le facre; & voici la fonction que remplit le grand-maître de France dans cette au-gufte & religieufe cérémonie. Prenons pour exemple ce qui s'eft paffé au facre de Louis XVI, le 11 juin 1775.

Le Roi partit de Verfailles le 5, fe rendit à Compiegne, & en repartit le 8 pour fe rendre à Fîmes d'où il arriva le 9 à Reims. Dans le fecond carroffe étoient

les grands officiers de la couronne. Mais comme les princes du fang étoient dans le carroffe du Roi, M. le prince de Condé y occupoit la place due à fon rang. A la cérémonie du facre, le prince repréfenta le comte de Flandres.

Ce fut M. le prince de Soubife qui dans cette occafion fit les fonctions de grand-maître de la maifon du Roi.

Quand le Roi fortit de l'archevêché pour fe rendre à l'églife, il avoit à fa droite l'évêque de Laon, & à fa gauche l'évêque de Beauvais.

M. le prince de Lambefc, grand-écuyer de France, qui étoit deftiné à porter la queue du manteau royal, marchoit der-rière M. le comte de Clermont-Tonnerre, repréfentant le connétable, lequel précé-doit le Roi.

Derrière le Roi étoient, à fa droite M. le maréchal de Noailles, & à fa gau-che M. le prince de Beauveau, tous deux capitaines des gardes.

Le Roi étoit environné de fix gardes Ecoffois, ou de la Manche.

Venoit enfuite M. de Miromefnil, garde des fceaux de France, repréfentant le chancelier.

Après lui marchoit M. le prince de Soubife, portant le bâton de grand-maî-tre à la main. Il avoit à fa droite, & fur la même ligne, M. le duc de Bouillon, grand-chambellan de France, à fa gauche M. le maréchal de Duras, premier gen-tilhomme de la chambre, & M. le duc de Liancourt, grand-maître de la garde-robe.

Tous quatre étoient vêtus *comme les pairs laïcs,* & avoient la *couronne de comtes fur la tête.*

Cette marche étoit fermée par les of-ficiers des gardes-du-corps.

Voici quel étoit *l'habillement des pairs laïcs.* Une vefte d'étoffe d'or, une cein-ture d'or, & par deffus leur longue vefte, un manteau ducal de drap violet, doublé & bordé d'hermine, ouvert sur l'épaule droite, un épitoge ou collet rond aussi bordé d'hermine.

Les places destinées au grand-maître de France & aux autres officiers qui l'entourent, sont désignées d'avance, comme tous les autres préparatifs de cette cérémonie.

Lorsque après le couronnement fait, on conduit le Roi sur le trône qui est préparé dans l'église, le grand-maître marche après le chancelier, lequel marche seul derrière le Roi. Ils y occupent à côté du trône les places qui leur sont marquées.

Après la messe, & lorsque le Roi descend de son trône, la marche s'exécute dans le même ordre que lorsqu'on est allé présenter les offrandes ; mais alors le grand-chambellan & le premier gentilhomme de la chambre marchent aux deux côtés du grand-maître de la maison du Roi.

Au festin royal, qui a lieu après la cérémonie, dans la grande salle de l'archevêché, destinée à cet effet, voici les fonctions du grand-maître. Quand les tables sont mises, le grand-maître des cérémonies va avertir le grand-maître de France que la viande du Roi est prête ; le Roi ordonne de faire servir, le grand-maître de France se rend dans le lieu où les plats sont préparés, & un moment après le premier service est apporté. Le grand-maître de France, tenant en main son bâton de commandement, précède immédiatement le service ; il va ensuite avertir le Roi, qui se rend à la salle du festin, précédé d'un cortège où le grand-maître tenant son bâton marche entre le grand-chambellan & le premier gentilhomme de la chambre. Le grand-maître de France, quand le Roi est assis à sa table, se tient debout près de la table & à la droite du Roi ; c'est lui qui présente le service à sa majesté, avant & après le dîner.

Après le dîner du Roi, le grand-maître de France, le connétable représenté par le premier maréchal de France, & les seigneurs qui ont porté le sceptre & la main de justice, se rendent avec plusieurs autres principaux officiers à l'hôtel de ville de Reims, où ils sont servis à plusieurs tables aux dépens de la ville.

Voilà comment les choses se sont passées au dernier sacre.

Suivez à présent d'un coup d'œil le grand-maître de France.

Chez les empereurs, celui que ce grand officier représente aujourd'hui tient & dans leur cour & dans leur palais le rang le plus honorable. Un ministère de confiance pour veiller autour du prince. Un ministère précieux & cher à l'homme de bien, celui de l'inspection des mœurs de tous ceux qui sont employés au service de sa personne sacrée. Que leurs mœurs soyent pures, que le vice & le désordre soient punis, que tout ce qui est impur en soit banni, car rien n'est plus dangereux que la corruption autour du trône. C'étoit là un grand & sublime emploi de ce *magister officiorum* du palais des empereurs. Quels mouvemens de respect, de confiance, de dévouement, d'émulation, n'auroit pas inspiré à tout l'univers un palais habité par Marc-Auréle, & surveillé par Caton. Qu'une pareille dominaion eût été chère & douce à tous les peuples !

En France, soit qu'on remonte au règne de Chilpéric, ou de Charlemagne, soit que le comte du palais, ou le sénéchal n'aient été proprement que le grand-maître, ça toujours été, dès cette époque reculée, une des premières dignités dans la cour de nos Rois. Son pouvoir est d'autant plus étendu, ses fonctions d'autant plus grandes, que cette cour a pris un accroissement plus considérable, & que l'état actuel des choses exige

exige plus de soins, de vigilance & d'attention délicate dans le choix des sujets qui composent la maison des Rois. Il n'y a que trop d'hommes disposés à abuser de la chose publique. Il est donc bien important que tout ce qui compose la maison du Roi soit épuré; & c'est à quoi veille le grand-maître de France, en n'accordant son attache qu'à des sujets d'un mérite distingué, pour exercer chez le Roi les offices sur lesquels il a inspection. ( *R.-D.-M.* )

# CHAPITRE XII.

*Du premier panetier, du premier échanson, & du premier tranchant de France.*

Ce sont, en tout ce qui concerne la bouche, les trois principaux officiers de la maison du Roi.

Leurs fonctions, leurs droits, leurs prérogatives ont toujours été très-distinguées. Mais il y a eu à cet égard de grands changemens qui ne doivent point empêcher de remonter à ce qu'ils étoient anciennement. Pour connoître exactement une charge, un office, il faut les voir par tous les états où ils ont passé, & par toutes les révolutions qu'ils ont essuyées.

L'article 1 du réglement fait le 17 août 1780, pour l'administration intérieure de la maison du Roi, porte, « sa majesté maintient le grand-maître de sa » maison, le premier panetier, le pre- » mier échanson, le premier tranchant, » le premier maître-d'hôtel, les maîtres- » d'hôtel ordinaires & de quartier, & » les gentilshommes servant, *dans toutes » leurs fonctions honorifiques seulement.* »

Ainsi, les trois principaux officiers dont nous allons parler sous ce chapitre, ont l'honorifique de leurs places, & comme les lois ne sont pas tellement stables qu'on ne puisse revenir quelque jour à l'état ancien, c'est un motif de plus pour ne rien omettre de ce qui peut les concerner.

Pour mettre l'ordre qu'il convient dans ce chapitre, nous le diviserons en trois sections. Dans la première, nous parlerons du premier panetier; dans la seconde, du premier échanson, & dans la troisième, du premier tranchant.

## SECTION. I.

*Du premier panetier de France.*

L'étymologie du mot *panetier* s'annonce d'elle-même. Il vient à *pane*; mais dans le sens qu'il comporte ici, au moyen de l'addition qu'on y fait, nous entendons un officier préposé pour le service du Roi & à sa bouche, dans l'aliment le plus nécessaire à la vie (1).

La subsistance des citoyens étoit à Rome l'objet d'une vigilance & d'une inspection continuelle. Un peuple libre devoit avoir de lui-même une opinion superbe, & s'occuper du soin de veiller à son bonheur, en se procurant toutes les choses nécessaires pour se composer une existence sûre & aisée: or, le pain est le premier des alimens. Parmi nous, tout ce qui concerne l'approvisionnement des villes, est confié à la police. A Rome, on avoit & le préfet des vivres, & l'édile céréal, qu'on appeloit *præfectus annonæ, ædilis cerealis,*

---

(1) On appeloit *panes palatini,* les pains qu'on distribuoit aux officiers du palais des empereurs romains.

&c. Cette dernière expression s'accordoit
fort bien avec le système de la fable,
qui nous donne une déesse Cérès prési-
dant à la production & à la conservation
des moissons d'où nous tirons les grains
destinés à composer le pain.

Le préfet des vivres, *præfectus annonæ*,
avoit un emploi très-important. C'étoit
lui qui avoit soin d'entretenir l'abondance du pain & des autres denrées; il
en fixoit le prix, & il recevoit les plaintes
des citoyens qui prétendoient avoir été
trompés sur le poids ou sur la mesure.
En ce genre sur-tout, la police ne peut
jamais commettre une faute, une imprudence, une simple négligence même qu'elle
n'entraîne avec elle des suites fâcheuses.
C'est-là, dit un de nos auteurs, qu'on
a le plus à redouter les émotions popu-
laires; car comment se flatter de pouvoir contenir un peuple à qui l'on rendroit
difficile la possibilité de satisfaire ce premier besoin de la vie. Mais avec des administrateurs sages, tant que la nature
ne fermera pas ses guerets, tant que le
germe que les cultivateurs confient chaque année à la terre, n'y sera pas étouffé
par une température désastreuse, tant
qu'à l'exemple de ces insectes qui ont
l'intelligence de prévoir l'avenir & de
pourvoir à des besoins futurs, les hommes
d'état auront soin que les greniers d'abondance soient remplis, tant qu'on écar-
tera ce monopole vorace (1) qui, par
des accaparemens odieux affame des contrées, pour enrichir quelques individus,
cet inconvénient ne sera point à redouter.

L'édile Céréal, *ædilis Cerealis*, fut en
quelque sorte donné pour adjoint au préfet des vivres, pour partager avec lui
une partie de ses fonctions. Il avoit l'inspection sur les grains. Ce fut César qui
créa deux édiles de cette qualité. Voyez ce
ton de grandeur & de majesté avec laquelle
s'explique le corps de droit dans la loi
2, au digeste *de origine juris & omnium
magistratuum*, &c. §. 32.

« Après que la Sardaigne, puis la
» Sicile, puis l'Espagne, puis la province
» Narbonnaise eurent été soumises, &
» à mesure que nous mettions des pro-
» vinces sous notre domination, il fallut
» y créer des préteurs, y multiplier ces
» officiers, instituer des questeurs, des
» édiles, &c. »

*Captâ sardiniâ, mox Siciliâ, item his-
paniâ, deindè Narbonensi provinciâ: to-
tidem prætores, quot provinciæ in ditionem
venerant, creati sunt: partim qui urbanis
rebus, partim qui provincialibus præessent.
Deindè Cornelius Sylla questiones publicas
constituit, veluti de falso, de parricidio,
de sicariis: & prætores quatuor adjecit.
Deindè Caïus Julius Cæsar duos prætores
& duos ædiles qui frumento præessent, &
à Cerere cereales appellatos constituit.*

Quelle grande idée nous donne ce passage seul de cette étonnante rapidité des
conquêtes des Romains & de l'étendue
de ces conquêtes! « Quand nous eûmes

---

(1) Jules-César porta une loi sévère contre
ceux qui rendoient les denrées trop chères, soit
en les enlevant, soit en les supprimant, soit en
formant des conspirations pour détourner les voituriers du chemin de la ville, soit en détenant
les vaisseaux & les nautonniers, en occasionnant
enfin de quelque façon que ce fut, la disette des
vivres, pour s'enrichir aux dépens du public.
Ces sortes de gens furent appelés *Dardanaires*
(*Dardanarii*), d'un certain *Dardanes*, le
premier auteur peut-être d'un artifice si horrible.

La même loi frappoit contre ceux qui usoient

de fraude dans l'administration sur cet objet, je
veux dire, le préfet même des denrées, ou celui
de Rome.

Comme ce jugement avoit pour objet le besoin
& le salut commun, les délations des femmes &
des esclaves y avoient lieu. On condamnoit à
une amende de vingt écus d'or, les personnes
convaincues de ce monopole. Si c'étoient des négo-
tians, on leur interdisoit le commerce ou on les
réléguoit. Enfin, on condamnoit aux travaux
publics les personnes de la basse extraction; &
la peine se trouvoit toujours proportionnée au
délit.

» vaincu la Sardaigne, la Sicile, l'Espa-
» gne, &c. » ils regardoient ces royaumes
comme des provinces feulement, en comparaifon de cette immenfité de pays qui
formoient comme la métropole de l'empire.

Le *præfectus annonæ* différoit de l'*ædilis
cerealis*, en ce que celui-ci n'avoit infpection que fur le pain, au lieu que le
*præfectus annonæ* fe mêloit de tout qui
avoit rapport à l'entretien de la vie des
citoyens.

Mais, venons à ce que fut progreffi-
vement le grand panetier de France,
aux prérogatives attachées à cette charge,
à ce qu'il eft actuellement, aux fonctions
qu'il exerce.

### §. I. *Origine de cette charge.*

Le commiffaire de la Marre, dans fon
traité de la police, livre 5, titre 12,
chapitre 6, prétend que jufqu'au règne
de Philippe-Augufte, il n'eft aucune mention dans les états de la maifon de nos
Rois, d'un officier particulier pour le fervice du pain; qu'il eft bien fûr néanmoins
qu'un fervice fi important n'étoit point
négligé, mais qu'il y a beaucoup d'apparence que comme le pain eft le premier
& le plus néceffaire des alimens, le *da-
pifer* ou *fénéchal*, (qui fut depuis le grand-
maître de France), s'en étoit réfervé à
lui-même le foin.

Ce n'eft donc, ajoute-t-il, que fous
le règne de Philippe-Augufte qu'on
trouve entre les principaux officiers de
la maifon du Roi un panetier. Il en pourvut
Eudes Arrode (1), & à celui-ci fuccéda
Hugues Dathis, qui étoit encore en exercice fous Louis VIII, & au commencement du règne de faint Louis. Cette
charge ne fut pas long-temps fans être
beaucoup diftinguée; fous faint Louis,
elle fe trouva remplie par un feigneur

de Nangis; fous Philippe-le-Hardi,
par le vidame de Chartres. Il ne prit
d'abord que le titre de *maître panetier du
Roi*. Ce fut Raoul Herpin, feigneur d'Er-
query, qui exerçoit fous les Rois Philippe-le-Bel, Louis-Hutin & Philippe-le-
Long, qui ajouta le premier à fon titre,
celui de *grand*.

Le grand panetier de France, dit du
Tillet (1), eft un office ancien, ayant la
fupérintendance fur tous les officiers de
paneterie de la maifon du Roi, pour
le pain dont ils ont charge.

Il paroît que cet office a toujours été dans
les mains de feigneurs puiffans, & qui
jouiffoient à la cour du crédit attaché à une
grande naiffance & à des fervices rendus
à l'état.

Les preuves de ces deux faits font en
grand nombre. Sous le Roi faint Louis,
on voit, comme on l'a déjà remarqué,
Hugues Dathis & Geoffroy de la Chapelle; fous Philippe-le-Long, Robert de
Meudon & Guillaume le Vicomte; fous
Philippe-de-Valois, un Montmorency;
fous le Roi Jean, un feigneur de Tray-
nel; fous Charles V, Raoul de Renne-
val; fous Charles VI, un Laroche Guyon,
auquel fuccéda Antoine de Craon; un
feigneur de Graville qu'une faction defti-
tua, pour y placer Robert de Mailly; puis
Regnaud de Prye, qui, fous Charles VII,
fut remplacé par Jean de Maillac, fieur
de Château-Brun.

Après la mort de celui-ci, l'office fut
contefté entre Jean de Chatillon, feigneur de Dampierre, & Tolland d'En-
kerque. Pendant la durée de ce procès,
ce fut le parlement qui, par arrêt du 17
feptembre 1437, commit à l'exercice de
cet office, & par un fecond arrêt du 24
février 1439, prononçant fur le fait, il
l'adjugea à Chatillon. On verra tout à
l'heure qu'il falloit, en effet, nommer
dans l'*intérim*, puifqu'à cet office étoit

---

(1) Arrode eft mort en 1217.

(1) Traité des rois de France, leur couronne
& maifon, pag. 408.

O o o ij

attachée une juridiction qu'il étoit nécessaire d'exercer.

Sous Charles VIII, Jacques Odard, sieur de Curfay, fut pourvu de cette charge. Jacques de Cruffol l'exerça sous les deux règnes de Louis XII & François I.

On vient de citer les noms, parce que de nos jours il existe encore plusieurs familles qui retrouvent parmi leurs aïeux des grands paneriers de France, & comptent parmi leurs titres de grandeur celui-là qui n'étoit pas le moins éclatant.

Le grand panetier de France prête-t-il ferment, & à qui? Suivant du Tillet, qui, comme greffier du parlement, en avoit les registres sous les yeux, & dont le témoignage est par conséquent digne de foi, Antoine de Craon prêta ferment en parlement le 7 novembre 1411, Mailly & Maillac en 1418 & 1428. Mais du Tillet fait à ce sujet cette remarque. Si le ferment pour le ressort de sa juridiction est dû au parlement, elle n'est tenue à hommage; si elle l'est, ces fermens ont été faits par erreur.

Voici comme Loyfeau s'explique sur ce sujet (1), en parlant des grand maître, grand panetier, grand échanfon, grand écuyer tranchant de la maison du Roi.

« Et pour parler maintenant de leur droit, » c'est sans doute qu'ils font vrais offi- » ciers, pourvus en titre d'office perpé- » tuel, ce que ne font régulièrement » les officiers de la guerre, & les menus » officiers de la maison du Roi : même » ils ont autrefois prétendu être officiers » féodaux & héréditaires, dont toutes- » fois ils ont été déboutés par plusieurs » arrêts du parlement, & néanmoins ont » gardé ce privilège particulier de n'être » tenus prendre lettres de confirmation » aux mutations des Rois, & voilà quant » à leur provision.

» Quant à leur réception & installa- » tion, ils ne font tenus à aucune infor- » mation de vie & mœurs, ni autre cé- » rémonie, sinon de faire le ferment » entre les mains du Roi, & ne le doi- » vent à aucun autre, attendu qu'ils font » chefs souverains, chacun en ce qui est » de leur office, & ne dépendent d'autre » que du Roi. Il est bien vrai que pen- » dant les guerres civiles de France, » ceux qui se vouloient assurer plus plei- » nement de ces offices, en faisoient le » ferment au parlement, & encore main- » tenant aucuns d'iceux y font enregif- » trer leurs lettres pour plus grande ap- » probation & notoriété publique de leur » qualité. Mais ce n'est point par obli- » gation, comme à la vérité ils ne dé- » pendent en rien du parlement, même » il n'y a aucune connexité ni correspon- » dance de leurs charges au parlement, » si ce n'est à l'occasion de leurs justices, » dont il sera parlé tout incontinent. » Et je puis dire que selon la droite » raison il n'y a qu'eux seuls qui doi- » vent le ferment au Roi seul : tout ainsi » qu'il n'y a qu'eux seuls des officiers de » France, qui soient chefs purement sou- » verains au fait de leurs charges sous » l'autorité du Roi : encore que quel- » ques-uns des grands officiers de la mai- » son, comme entre autres les capitaines » des gardes-du-corps, & des cent gen- » tilshommes, aient usurpé cette même » prérogative de ne faire ferment à autre » qu'au Roi, & aussi de ne reconnoître » autre que le Roi, bien qu'ils fussent an- » ciennement sous le connétable, comme » Bouteillier nous apprend, & les or- » donnances anciennes qui lui attribuent » juridiction fur eux.

» Mais il me semble, continue Loy- » seau, qu'il n'y a guères d'apparence de » dire avec du Tillet, qu'ils fissent l'hom- » mage seulement des justices dépen- » dantes de leurs offices, comme sei- » gneuriales & patrimoniales, attendu » que ces justices n'en dépendent pas par » droit de seigneurie, c'est-à-dire, en

(1) Traité des offices, liv. 4, chap. 2, n°. 83.

» forte qu'ils en aient la propriété, & » non l'exercice : mais c'est la vérité, » que l'exercice de ces justices étoit autrefois une des vraies & propres fonctions de leurs offices, & étoient tenus » les exercer en leur propre personne, » ou du moins, elles étoient & sont encore exercées en leur nom, comme » celles des baillifs & sénéchaux, ce qui » n'est pas de celles des seigneurs, qui » ne sont pas intitulés aux sentences de » leurs juges. Et ce que les officiers de » la couronne mettent des lieutenans en » leurs justices, c'est pour les soulager, » & non pas pour les décharger tout-à-fait » d'exercer leur justice ; mais ils sont toujours intitulés aux sentences, comme » chefs & premiers officiers de leur justice.

» L'officier de la couronne a plus de » puissance en son siège, que non pas » les baillifs & sénéchaux au leur, ni le » seigneur en sa justice. Car le seigneur » ne peut exercer lui-même sa justice, » & les baillifs & sénéchaux n'ont voix » délibérative en leurs sièges, qui leur » a été ôtée par l'ordonnance d'Orléans : » mais à mon avis, les officiers de la » couronne peuvent présider, & avoir » voix délibérative, conclusive & prononciative au leur, n'y ayant ordonnance aucune qui les en prive, joint » que l'exercice de la justice ordinaire » est plus difficile, que des justices extraordinaires dépendantes des charges » des officiers de la couronne, qu'il est » à présumer être encore mieux entendu » par eux-mêmes que par leurs lieutenans.

» Et c'est la principale raison pour laquelle le parlement prétend, que tous » les officiers de la couronne, comme » étant juges de son ressort, doivent être » reçus en icelui, en la même solemnité que les baillifs & sénéchaux, & » les y a par fois condamnés, dit du » Tillet : il ajoute, que cela a été cause, » qu'aucuns d'iceux ont mieux aimé quitter leurs justices, que de se soumettre » à cette réception. Mais la dispute est » bien aisée à accorder à mon avis. Car » si les officiers de la couronne veulent » eux-mêmes exercer leurs justices, ils » ne se peuvent exempter de prêter serment au parlement, comme juges de » son ressort : ne pouvant aucun faire » office de juge, qu'il n'ait fait serment » en justice : mais s'ils ne veulent en » faire l'exercice, ils ne doivent serment » à autre qu'au Roi, duquel seul dépend » la vraie charge de laquelle ils font » l'exercice. »

On chercheroit à approfondir davantage cette discussion ; mais l'état actuel des choses dispense de ce soin.

## § II. *De l'ancienne juridiction du grand panetier.*

Quand les ducs & les comtes des provinces eurent obtenu les inféodations de leurs offices, qui leur en assurèrent la propriété, les grands officiers de la couronne & quelques uns des principaux officiers de la cour, se réglant sur cet exemple, aspirèrent au même avantage ; ce qui leur fut aussi accordé par nos Rois. Leurs offices qui avoient été jusqu'alors amovibles, furent ainsi érigés, par une espèce de fiction, en autant de fiefs personnels & à vie, dont ils faisoient foi & hommage au Roi. Quelques-uns même des plus puissans, se les rendirent héréditaires : il y eut néanmoins beaucoup de différence entre ces fiefs de la cour ( pour ainsi dire ), & ceux des provinces. Les ducs & les comtes avoient eu la recette du domaine, & l'administration de la justice attachée à leurs offices ; tout cela leur fut inféodé ; leurs fiefs avoient un territoire & un domaine certain, une juridiction & des vassaux. Il n'en fut pas de même des officiers de la couronne ; leurs offices ne consistant qu'en dignité & en exercice personnel, les inféodations leur en assurèrent bien à la vérité la possession ; mais ce furent autant de fiefs fans domaine ni territoire, ou, comme parlent les jurifconfultes, *fine glebâ*. Ils voulurent néanmoins avoir une juridiction & une efpèce de fujets ou vaffaux, & cette prérogative leur fut encore accordée ; nos Rois donnèrent donc à quelques-uns ce droit de difpofer des maîtrifes des arts & métiers, & une efpèce de juridiction fur tous les marchands & les artifans qui avoient quelque rapport à leurs offices. Ainfi le grand chambrier eut une juridiction fur les drapiers, les pelletiers, les fripiers, &c. le grand panetier fur les boulangers, & ainfi des autres.

D'anciens ftatuts des boulangers, recueillis par un prévôt de Paris, portent que nos Rois ont donné à leur maître panetier la maîtrife des boulangers de Paris ; qu'en vertu de ce droit, c'eft à lui à les recevoir, & à leur donner des jurés ; qu'il commet un maître des boulangers pour les vifiter, avec les jurés & un fergent du châtelet ; que ce maître ( qui a été nommé depuis lieutenant du grand panetier, ) connoît des fautes qui fe commettent dans la façon & débit du pain, des querelles & des batteries entre les boulangers, quand il n'y a effufion de fang, & de leurs actions purement perfonnelles ; qu'il peut les punir de l'avis des jurés, par la confifcation de leur pain, fufpenfion de leur commerce, & fix deniers d'amende contre les maîtres, & trois deniers contre les compagnons ; mais que fi les boulangers refufent d'obéir à fes jugemens, ou que le cas mérite plus grande peine, il doit avoir recours au prévôt de Paris pour y pourvoir.

Le parlement rendit un arrêt en 1281 qui porte que le grand panetier recevra les maîtres boulangers ; que l'élection de leurs jurés fe fera devant lui ; qu'il aura la juridiction fur eux pour le fait de leur métier, mais à condition de n'en connoître que jufqu'à fix deniers d'amende contre les maîtres, & trois deniers

contre les compagnons. Que pour les autres cas, ils feront jufticiables du prévôt de Paris. Et en cas que les officiers du grand panetier, ou les jurés foient négligens de vifiter les boulangers toutes les femaines deux fois, le prévôt de Paris pourra les y contraindre, ou y commettre d'autres perfonnes.

Mais le commiffaire de la Marre entre fur cela dans de plus grands détails.

Cette petite juridiction, dit-il, attribuée par Saint-Louis à fon maître, ou grand panetier, fit naître dans la fuite fix difficultés, qui en traverfèrent l'exercice, & apportèrent quelques troubles dans la police de Paris.

La première, que les boulangers ne voyoient qu'avec peine le choix que le grand panetier faifoit de l'un d'entre eux, pour le repréfenter, & qui étoit qualifié leur maître : *magifter talemelariorum* ; & ils refufoient de lui obéir.

La feconde, que le grand panetier n'ayant point de prifons, les boulangers éludoient fouvent les condamnations qu'il prononçoit contre eux, ne pouvant les y contraindre par corps ; ou s'il les faifoit emprifonner au châtelet, le prévôt de Paris, qui étoit toujours juge fupérieur, les mettoit en liberté, fans entendre le grand panetier ou le maître des boulangers, fon lieutenant.

La troifième, que ce lieutenant entreprenoit fouvent au-delà de fa compétence & fur la juridiction ordinaire du prévôt de Paris.

La quatrième, que ce maître des boulangers, lieutenant du grand panetier, & les douze jurés fes affeffeurs, fatiguoient les boulangers forains, & vouloient les obliger à fe conformer au prix que le petit pain fe vendoit par les boulangers de la ville ; ce qui faifoit déferter les marchés.

La cinquième, que pour contraindre tous les bourgeois à prendre du pain chez eux, ils empêchoient les fourniers ou conducteurs des fours banaux d'y faire cuire certains pains délicats, où il entroit du lait & du fel, & qu'on nommoit en ce temps-là, tourteaux, *tortellos*; ils prétendoient que ces tourteaux, étant une efpèce de petits pains, il n'appartenoit qu'aux maîtres boulangers de les faire & de les vendre.

La fixième enfin & la plus importante, qu'on ne fut pas long-temps à s'appercevoir combien il étoit dangereux de confier ainfi aux boulangers mêmes toute la police du pain dans Paris, & de s'en fier à leurs vifites, affiftés d'un feul fergent du châtelet. Leur négligence, leur prédilection pour leur confrères, leur propre intérêt, les bornes étroites de leur compétence, furent encore autant d'obftacles au bon ordre & au bien public.

Les plaintes que ces défordres caufoient dans le commerce d'une matière auffi importante que celle du pain, furent portées jufques au Roi Philippe-le-Hardi; ce prince manda au parlement d'y pourvoir, & cela fe fit en grande connoiffance de caufe, par un arrêt de la Touffaints de l'an 1285, qui leva toutes les difficultés qui avoient paru, & que nous venons de parcourir.

La petite juftice du grand panetier lui fut confervée; il fut enjoint aux boulangers d'obéir à fon lieutenant, à peine d'interdiction. Il lui fut permis de faire emprifonner dans les prifons du châtelet les boulangers qui feroient trouvés en faute, & il fut ordonné que le prévôt de Paris ne pourroit les mettre en liberté, fans y appeler le lieutenant du grand panetier. Il fut auffi permis à ce maître des boulangers & aux jurés de faire leurs vifites tous les jours que bon leur fembleroit; mais s'ils y manquoient par négligence, le prévôt de Paris pouvoit les y contraindre, & nommer des bourgeois pour affifter à ces vifites, & voir ce qui s'y pafferoit.

Le grand panetier ou fon lieutenant fut encore confervé dans le droit de connoître de tous les différens d'entre les boulangers, ou leurs valets, pourvu qu'il

ne s'agît que de leur impofer pour peine une amende de fix deniers aux maîtres, & trois deniers aux compagnons. Tous les autres cas plus importans, furent refervés au prévôt de Paris.

Il ne fut permis au furplus aux boulangers de Paris que de faire du petit pain d'une obole, d'un denier ou de deux deniers. Nous dirions aujourd'hui de deux liards, d'un fou & de deux fous, en comparant la monnoye de ce tems-là à la nôtre; & à l'égard des boulangers forains, ce réglement leur conferva la liberté d'apporter & vendre à Paris du pain, à tel prix qu'ils voudroient; & aux fourniers, celle de faire des tourteaux de tout poids avec la pâte qui leur feroit portée. Les boulangers furent enfin foumis au guet comme les autres métiers. Voici l'arrêt.

« Vifâ inqueftâ factâ de mandato do- » minis Regis fuper ufibus & confuetu- » dinibus panetariæ villæ Parifienfis; & » qualiter panetarii Franciæ, qui pro » tempore fuerunt ufi funt fuper, hoc » probatum inventum fuit.

» Primò. Quod magifter panetarius » Franciæ debet ponere Parifiis magif- » trum talemelariorum & duodecim ju- » ratos, qui debent jurare quod benè & » fideliter fervabunt jura panetariæ; fci- » licet quòd Parifiis fiet bonus panis & » fufficiens fecundùm forum bladi, & fi » inveniant parifiis panem qui non fit » fufficiens fecundùm forum bladi, po- » terunt eum capere, & dare pauperibus, » pro Deo, & quòd fiet panis de certo » pretio, fcilicet de obolo, & de dena- » rio & de duobus denariis, & non de » plus, nec minus: & fi inveniant panem » majoris pretii, vel minorem oboli, » vel duorum denariorum poterunt eum » capere tanquam fore factum panetario, » foranei tamen poterunt vendere panem » Parifiis cujuscumque pretii voluerint, » & quòd furnerii poterunt vendere » panem Parifiis de pafto quæ fibi datur, » pro tortellis cujuscumque pretii vo- » luerint.

» Item, quòd magifter talemelariorum
» habebit juftitiam talem, quando unus
» conqueretur de alio fuper facto minif-
» terii, & de eo quòd pertinebit ad
» minifterium, poterit levare à magiftro
» talemelario fex denarios, & valeto
» tres pro emenda; & in omnibus aliis
» cafibus præpofitus parifienfis jufticiabit
» talemelarios.

» Item. Quòd magifter talemelariorum
» poterit inhibere officium feu minifte-
» rium, feu talemelario qui non volet
» obedire magiftro talemelariorum.

» Item. Quòd magifter poterit ponere
» in prifionem domini Regis de cafteleto
» talemelarios, qui meruerunt tenere
» prifionem, & præpofitus parifienfis
» non liberabit eos fine vocare magiftrum.

» Item. Quòd nullus talemelarius,
» etiamfi fit juratus, erit liber, feu
» quittus à guetto.

» Item. Quòd magifter & jurati pote-
» runt vifitare panem Parifiis qualibet
» die feptimanæ; fed fi præpofitus vide-
» rit eos in hoc negligentes, ipfe pote-
» rit eos ad hoc cogere & mittere bur-
» genfes cum eis ad vifitandum panem.
» Datum in parlamento omnium fanc-
» torum, anno domini 1281 ».

On rapporte avec plaifir les anciens
monumens, parce qu'ils font une nouvelle preuve de l'attention avec laquelle
le parlement veilloit fur les premiers befoin du peuple.

Le grand panetier avoit fous lui un
officier appelé le maire du panetier de
France, deftiné à le fuppléer dans certaines occafions.

C'eft ce qu'on voit dans l'ordonnance
de Jean I, en 1350, fur la police de la
ville de Paris.

Sur le fait du pain, y eft-il dit, qu'on
fait à Paris, & aux fauxbourgs d'icelle ville
pour vendre, feront élus chacun an par
le prévôt de Paris, ou l'un des auditeurs
du châtelet, à ce appelé le prévôt des
marchands, & quatre prud'hommes, lefquels vifiteront toutes les femaines deux

fois le pain chez les boulangers de ladite
ville & fauxbourgs de Paris, pour voir
s'il eft cuit, & s'il a le poids prefcrit par
nos ordonnances.

*Item.* Les quatre prud'hommes fufdits, appelleront avec eux le maire du panetier de France, & feront l'effai du poids
deux fois l'an, ou plus, parmi la ville de
Paris (fi métier eft), fauf en autre chofe
les droits dudit panetier, & que ce ne
lui tourne à préjudice, ni à autres, ni
à leurs droits, & ainfi eft-il ordonné tout
pour le profit du commun.

La jurdiction de grand-panetier de
France fur les boulangers, a été quelque
fois conteftée. Car tel eft le fort de tous les
établiffemens. Le fupérieur veut conferver. L'inférieur, au contraire, tend toujours à fecouer & détruire la fujétion.
Montmorenci foutint fes droits, & s'y fit
maintenir lui & les officiers fes prépofés,
par arrêt du 31 décembre 1333. Autre
arrêt, du 2 mai 1485, qui y maintint
Odard de Curfay & fes officiers.

Sur tout cela, fe préfente une obfervation, qui ne paroîtra pas déplacée.

Le grand-panetier avoit jurdiction
pour lui & fes officiers, fur les boulangers.

Mais la jurdiction placée dans les
mains d'un feul, eft-elle toujours exercée
avec vigilance? Sans-doute un officier tel
que le grand-panetier, ne l'exerçoit pas
par lui-même. Il avoit fon maire, fon greffier, fon procureur du fifc. Il étoit donc
forcé de s'en repofer fur ceux-ci. Mais al-
loient-ils exactement vifiter les boutiques
des boulangers, & jamais l'intérêt qui arrête quelquefois les fubalternes au milieu
de leurs courfes, ne détournoit-il leurs
pas? L'expérience a prouvé de tout temps
qu'on a mille moyens d'amortir le zèle des
inférieurs.

Ce fut donc une fage inftitution, lorfqu'en confervant cette jurdiction au
grand-panetier, on conferva auffi celle
du prévôt de Paris & des officiers du châtelet fur les mêmes jufticiables. *Toutefois,*
*dit*

dit du Tillet, *le prévôt de Paris a*, *par pré-*
*vention*, *ou par la négligence du grand-pa-*
*netier,lefdites vifites, correction & juridiction.*
Ce qui fut ainfi jugé par un arrêt du 22
janvier 1406. Un autre arrêt jugea que le
prévôt de Paris & le châtelet pourroient
auffi faire les vifites du pain toutes les
fois qu'ils le voudroient, fans qu'ils puffent
en être empêchés par le grand-panetier,
ou fes officiers.

De forte que le double aiguillon qui
preffoit les boulangers, ces doubles vifites
qui tomboient tout-à-coup chez eux, tenoient la bonne foi éveillée, & tour-
noient à l'avantage du public. Il eft dur
peut-être que des artifans foient expofés à ces efpèces d'incurfions ; mais l'eft-il
moins que leurs infidélités y donnent lieu,
& l'intérêt public, qui eft la première des
lois, ne fuffifoit-il pas pour autorifer cette
follicitude.

La juridiction emporte toujours quelque
droit, ou annuel, ou une fois payé. « Le
» grand-panetier ou fes officiers, dit du
» Tillet, avoient un denier parifis à pren-
» dre par chaque année fur les taillemel-
» liers (1) & boulangers, » rien de tout
cela n'exiftant plus, il importe peu d'apprécier la valeur d'un pareil droit, ni
d'en faire la comparaifon avec notre monnoie actuelle. Des fiècles ont coulé, &, ce
qui nous paroît aujourd'hui très-miféra-
ble, étoit peut-être dans l'origine un droit
de quelque importance. Le pain eft celui
de tous les alimens qui n'a pas ceffé d'être
fur un pied très-bas. Mais en 1350, époque
d'un réglement fur le pain, tranfcrit dans
le recueil de Fontanon, tom. 1, pag. 172,
le prix du fetier de bled étoit de 24, 26,
30 & jufqu'à 40 fous, pour atteindre à
la plus belle qualité. Si le prix du pain,
de cette unique fubfiftance de la claffe
du peuple qui l'achette par tant de fueurs,
ou qui ne l'obtient que de la charité publique, venoit tout-à-coup à imiter la

même proportion que les autres comef-
tibles ont acquis, une grande partie
de la population ne pouvant atteindre
à ce taux, éprouveroit une diminution
prodigieufe.

Ce qu'on aime toujours à voir, c'eft
l'attention du parlement à réprimer les
exactions qui fe gliffent dans quelque adminiftration. Ces officiers du grand-panetier prenoient infenfiblement l'allure
commune à prefque tous les inférieurs qui
fe couvrent d'un grand nom, pour toutes
les ufurpations. Ils ont un penchant naturel à s'élancer hors des bornes, & quand
l'abus a eu quelque fuccès, il eft très-difficile de les faire retrograder. Le parlement y mit de la fermeté, & défendit de
continuer l'exaction qui s'étoit introduite
par autorité, dit du Tillet, de lever 5
fous fur chaque boulanger du royaume.

Une juridiction a néceffairement un
auditoire, fur-tout depuis que les jugemens ne fe prononcent plus fous les arbres, comme autrefois nos Rois prononn-
çoient leurs arrêts dans le bois de Vincennes. « Les officiers du grand-panetier,
» dit du Tillet, maire, greffier, procu-
» reur en fon lieu, avoient pour l'exer-
» cice de leur juftice un parquet, établi
» dedans la cloture du palais. »

Voilà à-peu-près tout ce qui concerne
cette juridiction. Elle a reçu des fecouffes,
& enfin elle a été anéantie.

Il y avoit anciennement à Paris, dit
Denizard dans fa collection, une juridiction qu'on appeloit *paneterie*, parce
qu'elle s'exerçoit fur les boulangers, &
qu'elle dépendoit de l'office du grand-panetier. Mais elle a été fupprimée par l'édit
du mois d'août 1711, portant réunion
des maîtres boulangers des fauxbourgs à
ceux de Paris, pour ne former qu'une
communauté.

Le même édit a ordonné qu'à l'avenir
les boulangers feroient reçus par M. le
procureur du Roi, & foumis à la juridiction de M. le lieutenant de police du châtelet, comme les autres communautés,

---

(1) C'eft-à-dire pâtiffier.

§. III. *Etat actuel de la charge de grand-panetier de France.*

Pourquoi ne dit-on plus aujourd'hui *grand-panetier de France*, mais seulement *premier panetier*. Pourquoi ne regarde-t-on plus cette dignité comme grand office de la couronne. Loiseau dans son traité des Offices de la Couronne (1), cherche l'explication de ces difficultés. Voici ce qu'il en dit.

Du temps passé, le grand-panetier, le grand-échanson ou bouteillier, & le grand-queux de France, c'est-à-dire le sur-intendant des cuisines du Roi, étoient tous trois tenus pour offices de la couronne : & de fait, ils sont qualifiés tels par du Tillet. Néanmoins pour ce que la charge de ces trois offices de grand-panetier, grand-échanson & grand-queux, dépendoit naturellement de l'office de grand-maître de France, il y a apparence que les grands-maîtres les ont fait supprimer, du moins quant au titre, & aussi quant à la qualité d'offices de la couronne, dont toutefois je n'en trouve rien dans les livres : mais j'ai vu l'état de la maison du Roi d'apréfent, auquel ces trois officiers ne font point, mais s'y trouvent seulement employés le premier panetier, le premier échanson, & le premier tranchant.

En effet, il existoit déjà fort anciennement, & sous le grand-panetier de France, un *premier panetier de la maison du Roi*. Cet office étoit pareillement donné aux seigneurs distingués à la cour. Du Tillet nous apprend qu'il étoit possédé par messire René de Cossé, sous les Rois Louis XII & François I.

Mais l'office de grand-panetier de France, passa aussi dans cette famille, &, suivant l'observation de Lamarre, il n'est point sorti de l'illustre maison de Cossé de Brissac, qui l'avoit déjà possédé une

première fois sous Louis XII, comme on le voit par des lettres-patentes de Charles IX, du mois de décemb. 1561, « qui portent confirmation de l'office de grand-panetier de France, en faveur d'Artur » de Cossé, seigneur de Gonnor, che-» valier de l'ordre du Roi, pour en jouir » en la même sorte & manière que ses » prédécesseurs en avoient joui. » Les mêmes lettres-patentes prouvent qu'Artur de Cossé avoit été pourvu de cet office par le roi Henri, père de Charles. Voici ce qu'elles portent : « Charles, &c. « avons reçu l'humble supplication de » notre très-cher & amé cousin Artur » de Cossé, sieur de Gonnor, chevalier » de notre ordre, & grand-panetier de » France, contenant qu'il a été pourvu » par le feu roi Henri notre très-honoré » seigneur & père dudit état de grand-» panetier, à cause du quel état lui com-» pettent & appartiennent plusieurs beaux » droits, tant de justices, que privilè-» ges, même sur tous les boulangers, » talmeliers & geindres de la ville, pre-» vôté & vicomté de Paris, lesquels & » chacun d'eux, seront tenus de lui payer » un denier par chacun an le dimanche » d'après les Rois, selon & en suivant les » statuts & ordonnances de la grande pa-» neterie, les arrêts de parlement sur » ce intervenus, & autres privilèges, au-» torités & prééminences, desquels il a » toujours joui & usé, joui : & use encore » de présent : toutefois pour ce qu'il » doute que au moyen des trépas advenus » des feus rois Henri & François nos très-» honorés père & frère, que Dieu ab-» solve, on voulut prétendre ledit état » de grand-panetier vacant & impétra-» ble, ou le troubler & empêcher en la » jouissance desdits privilèges, s'il ne » lui étoit sur ce par nous pourvu de nos » lettres de confirmation : savoir faisons, » que voulant maintenir & conserver » notredit cousin en la jouissance de la-» dit état de grand-panetier de France, » & desdits droits de justice & privi-

» lèges ; avons à icelui seigneur de Gon-
» nor, continué & confirmé, continuons
» & confirmons ledit état de grand-pa-
» netier de France, ensemble tous les
» droits & privilèges à lui appartenans à
» cause d'icelui état, pour en jouir par
» lui tout ainsi & par la forme & ma-
» nière que ses prédécesseurs panetiers de
» France, en ont ci-devant bien & due-
» ment joui & usé, jouissent & usent de
» présent. Si nous donnons en mande-
» ment à nos amés & féaux les gens te-
» nans notre cour de parlement à Paris,
» prévôt de Paris ou son lieutenant, & à
» tous nos autres officiers justiciers, &c. »
Ces lettres-patentes furent enregistrées
à la cour le 17 février 1562, en ces
termes.

*Regiſtrata audito procuratore generali*
*regis pro gaudendo per impetrantem procet*
*anteà rite & rectè prædecessores usi sunt &*
*de præsenti utitur impetrans. Parisiis, in*
*parlamento, &c.*

Les comtes de Champagne, qui ont
joué un si grand rôle dans l'histoire,
avoient aussi un panetier. Thibault,
comte de ce nom, donna en 1234 à
Pierre de Joincourt l'office de panetier
de Champagne pendant sa vie, à la charge
de l'hommage.

L'abbaye de Saint-Denis avoit pareillement son panetier & son échanson.
Guillaume Allegrin, conseiller au parlement, étoit revêtu de ce dernier titre.
Philibert de Fontaines, religieux de
l'abbaye, avoit le premier. En cette qualité il prétendoit avoir autorité sur les
boulangers, meûniers & pâtissiers de la
ville de Saint-Denis, & leur interdire
d'avoir un four sans sa permission. Le
grand panetier de France n'avoit sûrement pas imaginé d'étendre jusque-là son
pouvoir dans Paris. Nous ignorons si l'abbaye a joui de ce privilège. Au reste, il
n'y auroit rien là de plus étrange que le
droit de four, de bannalité ; & cela seroit bien moins extraordinaire que le
droit de corvée, qu'on trouve si souvent

dans la liste des droits seigneuriaux, qui
occupent un si grand terrein dans la législation féodale.

Suivant l'état de la France imprimé en
1749, le grand-panetier de France ne sert
ordinairement que dans les grandes cérémonies, le premier jour de l'an, & les
quatre principales fêtes de l'année. Ce
sont les gentilshommes servans qui font
journellement à la table du Roi les fonctions qu'y remplissoit autrefois le grand-
panetier.

C'est pourquoi six de ces gentilshommes
servans sont appelés *panetiers*, parce que
dans le service ils remplissent les fonctions
du grand-panetier.

Dans tous les temps on a cherché à
figurer par des emblêmes, une image qui
représente à l'œil le rang, la profession,
le nom. La Colombière, dans sa science
héroïque du blason, prétend que le grand-
panetier doit avoir au dessous de ses
armes la nef d'or & le cadenat qu'on met
pour le couvert du Roi.

Quelles sont au sacre & aux obsèques
de nos Rois les fonctions du grand-panetier ?

Au sacre, l'heure du festin royal étant
arrivée, dit la relation de ce qui s'est
passé au sacre de Louis XVI, & les
cinq tables ayant été dressées dans la
grande salle de l'archevêché destinée à
cet effet, . . . . lorsque tout fut prêt,
M. le duc de Cossé, grand-panetier de
France, fit mettre le couvert du Roi,
& s'étant rendu ensuite au gobelet, il
en rapporta le cadenat de sa majesté,
étant accompagné du marquis de Verneuil,
grand-échanson, qui portoit la soucoupe,
les verres & les caraffes du Roi, & du
marquis de la Chenaye, grand-écuyer
tranchant, qui portoit la grande cuillère,
la fourchette & le grand couteau. Ils
étoient vêtus d'habits & de manteaux
de velours noir, doublé de drap d'or.
La nef d'or, enrichie de pierreries, fut
mise du côté de la table la plus éloignée du Roi, & du côté droit.

Après que sa majesté eut ordonné de faire servir, le grand-maître de la maison du Roi se rendit au lieu où les plats étoient préparés, & un moment après, le premier service fut apporté. Le grand-panetier de France portoit le premier plat.

Sa majesté se rendit ensuite à la salle du festin, & étant à sa table, le grand-panetier, le grand-échanson & le grand-écuyer tranchant se placèrent devant la table, vis-à-vis de sa majesté, pour être à portée de faire les fonctions de leurs charges. Le grand-panetier changea les assiettes, les serviettes & le couvert du Roi. Le grand-échanson lui donna à boire toutes les fois que sa majesté y demanda, alla chercher le verre, le vin & l'eau, dont il fit faire l'essai devant sa majesté. Le grand-écuyer tranchant servit & desservit les plats, & approcha ceux dont le Roi désira manger. Un aumônier du Roi étoit auprès de la nef, pour l'ouvrir toutes les fois que le Roi vouloit changer de serviettes.

Le second service fut apporté par les officiers du Roi, avec le même cortège; & le troisième, qui étoit celui du fruit, fut servi par le grand-panetier de France.

Voilà pour le sacre; mais aux funérailles, nous ne voyons point que le grand-panetier de France remplisse quelques fonctions. Dans la relation des obsèques de Louis XIII, nous lisons que le roi d'armes appelant les officiers principaux, appela aussi le premier tranchant. *M. de Beaumont, premier tranchant, apporta le panon du Roi.* Aux obsèques de Louis XV, nous lisons que *le marquis de la Chenaye, premier écuyer tranchant, apporta le panon du Roi.* Mais nous ne voyons point que le grand-panetier, ni le grand-échanson aient été appelés.

Autrefois, & lorsqu'on avoit encore l'usage singulier de servir le Roi pendant quarante jours après sa mort, ces trois officiers étoient représentés comme à l'ordinaire par les gentilshommes servans. Les essais historiques de Saintefoi, nous ont conservé ces détails. « On ne fait, » dit-il, ordinairement les funérailles » de nos Rois que quarante jours après » leur mort; on expose, pendant ces » quarante jours, leur image en cire, » à la vue du peuple, sur un lit de pa- » rade, (1) & dans tout l'éclat de la » majesté: on continue de les servir aux » heures des repas, comme s'ils étoient » encore vivans : étant la table dressée » par les officiers de fourrière; le ser- » vice apporté par les gentilshommes » servans, panetiers, échanson & écuyer » tranchant; l'huissier marchant devant » eux, suivi par les officiers du gobelet qui » couvrent la table avec les révérences » & essais qu'on a accoutumé de faire; » puis après le pain défait & préparé, » la viande & service conduits par un » huissier, maître-d'hôtel, panetier, page » de la chambre, écuyer de cuisine & » garde vaisselle; la serviette pour essuyer » les mains, présentée par ledit maître- » d'hôtel au seigneur le plus considérable » qui se trouve là présent, pour qu'il » la présente audit seigneur Roi; la » table bénite par un cardinal ou autre » prélat; les bassins à l'eau à laver pré- » sentés au fauteuil audit seigneur Roi, » comme s'il étoit encore vivant & assis » dedans ; les trois services de ladite » table continués avec les mêmes formes, » cérémonies & essais, sans oublier la » présentation de la coupe aux momens » où ledit seigneur Roi avoit accoutumé » de boire en son vivant; la fin du repas » continuée par lui présenter à laver, » & les grâces dites en la manière ac- » coutumée, sinon qu'on y ajoute le » *De profundis* ».

Tout ce cérémonial fut sans doute dicté par notre amour pour nos Rois: on cherche à tromper sa douleur : il

_____

(1) Le corps est dessous, embaumé, dans un cercueil de plomb.

semble qu'on les ait fait revivre, en continuant de les servir, lors même qu'ils ne sont plus.

## SECTION II.

### *Du premier échanson de France.*

En Egypte, en Perse, on connoissoit l'échanson. C'étoit, chez le roi des Perses une charge fort honorable. Parmi les princes d'Allemagne, le titre de grand-échanson est sur la tête d'un des électeurs de cet empire.

En France, l'officier revêtu de cette dignité avoit anciennement le titre de grand-bouteillier, mot qui, pour exprimer trop littéralement l'objet des fonctions auxquelles il s'applique, n'étoit peut-être pas fort noble, & que des siècles plus polis ont crû apparemment devoir rejeter, pour y substituer le terme plus doux d'échanson.

C'est cependant sous la première dénomination, que cet office a été connu parmi nous durant fort long-temps. Comme il y avoit un panetier pour surveiller ceux qui fournissoient le pain destiné à la consommation du palais des Rois, il falloit bien aussi qu'il y eût un bouteillier pour veiller sur les fournitures des vins destinés au service de leurs tables. Cette fonction-ci semble exiger une attention plus sévère, un goût délicat, & une vigilance très-rigoureuse, soit pour ne laisser entrer dans les caves du palais, que des boissons recherchées avec soin, soit pour en écarter toutes ces fraudes devenues si communes & si dangereuses depuis que la funeste avidité de certains marchands de vins a trouvé le secret de composer, à peu de frais, des boissons mal-faisantes, qu'ils vendent au public comme si c'étoit du vin fait avec du raisin ; car les hommes ont abusé de tout, & l'amour immodéré de l'or a tout corrompu. Le vin que nos poëtes, qui savou-

roient le plaisir de boire celui de Falerne, appellent un présent des dieux, un bienfait céleste, cette boisson, qui semble donner en effet la force & la vigueur, & soutenir encore sur le bord de sa tombe une vieillesse défaillante, n'a pas été respectée par cet amour du lucre qui semble être germé dans l'ame de ceux qui exercent un état mercantile (1).

Il faut bien croire que dans ces temps reculés, auxquels remonte la création de toutes ces charges, la fonction du grand-bouteillier n'étoit pas fort embarrassante. Alors nos Rois consommoient dans leur palais les grains de leurs demaines, les boissons de leurs vignobles, le laitage de leurs bergeries, comme aujourd'hui l'habitant des campagnes consomme dans son ménage les productions de ses métairies. S'ils voyageoient, ils avoient pour ainsi dire des gîtes ; leurs haltes étoient marquées, & loin d'être obligés de faire marcher avec eux les provisions nécessaires avec un attirail pénible, l'amour de leur peuple les prévenoit, & s'empressoit d'apporter à leurs pieds l'offrande de

---

(1) La sophistication ou falsification par laquelle on change l'état naturel des vins, étoit connue aux anciens, & on ne peut pas douter qu'ils l'aient mise en usage. Ainsi l'art de tromper semble être né avec le premier homme. Pline rapporte que « les vins de Languedoc, & prin-
» cipalement ceux d'Alby, étoient fort aimés
» à Rome, mais qu'on avoit peine à s'y fier,
» parce que le plus souvent, pour leur donner
» du goût & de la couleur, ils étoient sophis-
» tiqués avec des parfums, de l'aloès, ou d'autres
» drogues qui nuisoient à la santé.
» De toutes les falsifications des alimens, il
» n'y en a point, dit Plutarque, qui soit plus à
» craindre que celle du vin, & dont les per-
» nicieux effets soient plus prompts ; c'est un
» véhicule si vif, si délié & si subtil, qu'il
» porte droit au cœur, & qu'il insinue dans tous
» les autres viscères, tout ce qu'il y a de bonnes
» ou de mauvaises qualités ; de-là vient que,
» selon les médecins, c'est le premier des cor-
» diaux, l'aliment qui rétablit plus promptement
» les forces abattues, le préservatif le plus assuré
» contre les poisons froids. »

tout ce qu'il y avoit de plus pur & de plus sain (1).

Insensiblement & à mesure que le faste se montra, que les Rois furent obligés d'étaler la magnificence, d'avoir autour d'eux un plus grand nombre d'officiers & de serviteurs, de multiplier par conséquent les dépenses & les consommations : les principaux officiers de leur palais ayant une inspection plus étendue, eurent des subordonnés. Ceux-ci devant supporter le fardeau & être chargés de tout le mécanique de l'administration, le pouvoir & autorité des grands officiers s'étendoient par là même. Avoir dans le palais des Rois une portion du commandement, est toujours une prérogative distinguée, un titre d'honneur nécessairement recherché, & il fut naturel que tout ce qui tient à un service qui a pour objet la sûreté & la santé du prince, fût confié au zèle & à la fidélité des grands ; car en veillant pour le prince, ils veillent pour l'état ; & qui peut mieux garantir l'un & l'autre, qu'une noblesse distinguée, quand les Rois & les peuples sont assez heureux, pour qu'elle réunisse les vertus d'un citoyen à la valeur guerrière.

L'époque de l'établissement du grand-bouteillier paroît remonter fort loin. Anciennement les lettres-patentes étoient signées des officiers principaux qui se trou-

voient présens dans le conseil où le Roi les arrêtoit. Celles d'une donation faite en 1112 par Louis-le-Gros à l'abbaye de Saint-Denis, énoncent le grand-bouteillier au nombre des signataires. *Præsentibus ex palatio nostro quorum nomina subtitulata sunt & signa, S. Giliberti, Buticularii,* c'est-à-dire bouteillier. Il a même précédé la création du grand-panetier : car on voit dans tous les historiens, qu'ils observent l'ordre de ne parler de celui-ci, qu'après avoir fait connoître l'autre ; c'est que la charge de grand-panetier paroît n'avoir été qu'un démembrement de celle de grand-maître.

En 1270, sous le règne de Saint-Louis, on trouve Jean Daire, qui descendoit d'une tête couronnée, & qui étoit gendre de Guy, comte de Saint-Pol, revêtu de la dignité de bouteillier ; en 1317, sous Philippe-le-long, Henri de Sully, qui, parce qu'il étoit le quatrième Henri, de père en fils, étoit appelé Henri IV de Sully. Deux noms, dont le rapprochement, fruit d'un hasard singulier, réveillent toutes les idées de bonheur & de vertus que le règne de Henri IV & du ministère de Sully ont gravées dans tous les esprits. Deux noms, que la postérité de tous les siècles & de tous les pays, où l'on aura une opinion juste sur la manière de régner & de gouverner sagement un grand royaume, respectera à jamais (1). Sous Louis-le-Jeune & Philippe-Auguste, on trouve Guy de Senlis ; sous d'autres Rois, Robert de Courtenai, qui étoit prince du sang, Louis de Sancerre, Guy de Chatillon, Erard de Montmorenci de Conflans, un Voyecourt, un Montigny-Lancour, un comte d'Auxerre, un comte de Sarrebruche, un la Suze, un de Croy, un Destouteville, &c. tous ces

---

(1) On aime à retracer à cette occasion, ce que disoit bien long-temps après les temps dont nous parlons, un grand prélat dans l'une des assemblées de la nation. « La seconde manière de » gouverner un royaume, c'est de régner par » l'amour & la bienveillance des sujets. Elle est » ferme & assûrée, & donne tant de repos & » contentement au prince, qu'ayant en main les » cœurs de ses sujets, il se peut assûrer d'avoir » aussi tous leurs biens quand les plus grandes » nécessités du royaume le requièrent, s'ils recon-» noissent qu'on épargne leur bien & leur sub-» stance à l'usage de telles nécessités, » Harangue de l'archevêque de Bourges, prononcée le 25 novembre 1588. Recueil général des états tenus en France, part. 2, pag. 169.

(1) C'est ce Henri IV, qui avoit coutume de dire, que « la première loi des souverains est » de les observer toutes, & qu'il a lui-même » deux souverains, Dieu & la loi. » Mémoires de Sully, tom. 1, pag. 460.

hommes illustres , dont il reste encore parmi nous des tiges florissantes , ont possédé la charge de grand-bouteillier de France.

On voit dans du Tillet , que le grand-bouteillier prêtoit serment au Roi , & lui faisoit foi & hommage à cause de la juridiction qui étoit annexée à cet office , comme on le dira tout à l'heure. Jean Daire & Henri de Sully prêtèrent le serment à S. Louis & à Philippe-le-Long. Mais on ne voit point que le grand-bouteillier ait prêté serment au parlement , comme du Tillet rapporte que quelques grands panetiers de France l'avoient fait, en ajoutant néanmoins que c'étoit par erreur.

Suivant du Tillet , lorsqu'il s'agissoit de juger les pairs , ces officiers si distingués dans l'état sous tous les rapports , le grand bouteillier prenoit place & étoit l'un des juges. « Il avoit , dit les auteurs, » assistance & opinion en la cour des » pairs de France, au jugement des pairs. » Il en rapporte quelques exemples. Page 393 , il cite un arrêt de 1224 , sous le règne de Louis VIII : « par cet arrêt , » dit-il , les connétable , *grand-échanson ,* » grand-chambrier & le chancelier , ont » la prééminence d'assister avec les pairs » de France , au jugement des pairs. »

C'est aussi ce que remarque Loyseau (1). Notamment, dit-il , le grand-échanson, ou grand-bouteiller avoit une grande autorité; il assistoit au jugement des pairs de France, & souscrivoit avec les autres grands officiers les chartres du Roi de la plus grande importance.

C'est ce qui paroît par les lettres-patentes de 1112 ci-dessus citées , relativement à l'abbaye de Saint-Denis.

Le grand-bouteillier avoit un droit de 100 sous à prendre sur chaque prélat qui venoit lors de sa nomination faire ser-

ment de fidélité au Roi. On a remarqué , dans l'article du grand-maître de France , qu'il avoit aussi un droit de cette qualité ; on le lui contesta ; il y fut maintenu. Quelques prélats le contestèrent de même au grand bouteillier. Mais plusieurs arrêts , dit du Tillet , le lui conservèrent.

Le même du Tillet observe qu'à l'occasion de l'office de grand-bouteillier , celui qui en étoit revêtu étoit par cela seul l'un des deux présidens de la chambre des comptes de Paris , & qu'il y a à ce sujet une ordonnance expresse donnée par Charles VI, le 7 janv. 1400 , & enregistrée au parlement. Henri de Sully étoit président de cette chambre lorsqu'il fut créé grand bouteillier. Il continua de rester président , & c'est ce qui donna lieu à la règle établie par l'ordonnance de Charles VI. Il suffisoit donc , aux termes de cette loi , d'être créé grand-bouteillier pour être à l'instant, par le seul droit de cet office , président né de la chambre des comptes.

Le grand-bouteillier avoit une autre prérogative singulière ; mais elle lui étoit commune avec le connétable , le chambellan , le grand - maître , le chancelier de France , « c'étoit , dit du Tillet , » d'avoir à Paris, prix & taux de pois- » son , pour la provision de leurs hô- » tels, moindre que le commun. » C'est-à-dire , d'avoir le poisson à meilleur marché que le reste du peuple. Ce privilège est consigné dans un arrêt du parlement , de la Toussaint 1291. La raison est fort loin d'approuver ces sortes de grâces. C'est pour le peuple qu'il faut réserver le bas prix des alimens ordinaires. Car c'est lui , ce sont ses travaux qui fournissent les subsistances à toutes les autres classes de la société. Le riche , l'homme en place que l'état paye & récompense, qui possèdent tous les postes lucratifs, doivent payer de manière que leurs richesses refluent dans les campagnes, pour dédommager le cultivateur de ses travaux forcés, & le mettre en état de reverser des approvisionnemens dans les villes & les bourgs. Sans cette

---

(1) Traité des offices de la couronne, liv. 4, chap. 1, n°. 73.

circulation nécessaire, il faut bien que l'agriculture languisse & tombe. Il y a pour les grands, des honneurs, des distinctions, des prérogatives; mais ce ne doivent point être celles dont nous venons de rapporter l'exemple. Il seroit honteux de voir dans les marchés publics, le maître-d'hôtel du riche acheter des comestibles en vertu d'un privilège particulier, à plus bas prix que les autres citoyens.

Au reste, quand nous remarquons, en passant, ces choses-là qui ne subsistent plus, c'est uniquement pour faire observer tantôt les idées saines, tantôt les idées singulières ou déraisonnables qui ont pullulé sur la terre.

A toutes ces prérogatives, le grand-bouteillier joignoit celle d'avoir une juridiction. Nous avons dit, en parlant du premier panetier, comment se formèrent ces justices particulières attribuées aux principaux officiers de la couronne. Comme le grand-panetier eut une juridiction sur les boulangers de Paris, celle qui concernoit les marchands de vin tomba dans le lot du grand-bouteillier. Elle essuya, comme celle du grand-panetier, des obstacles & des contradictions.

Guy, comte de Saint-Pol, grand-bouteillier de France, se plaignit à Philippe-le-Bel qu'il étoit traversé dans ses droits & sa juridiction sur les cabaretiers. Le Roi lui accorda des lettres-patentes le 6 octobre 1311, adressées au prévôt de Paris, pour examiner ses titres, & le maintenir dans la juridiction & les autres droits qui se trouveroient lui appartenir légitimement. Le prévôt de Paris commit deux examinateurs du châtelet, pour en faire une enquête. Le grand-bouteillier mit ses faits entre leurs mains, & toutes ses prétentions se réduisirent à ces trois chefs.

Le premier, que la moitié des lies de tous les vins qu'on vendoit à broches en certains celliers de Paris, lui appartenoit.

Le second, que le registre que lui ou ses gens tenoient, faisoit foi en justice.

Le troisième, que lorsque les cabaretiers contestoient son dire, qu'ils prétendoient que leur cellier n'y étoit pas sujet, qu'il étoit du nombre des celliers libres, ou qu'ils refusoient pour quelque autre raison d'y satisfaire, c'étoit à sa justice d'en connoître; qu'il pouvoit même les condamner à l'amende, les faire emprisonner au châtelet, & qu'ils ne devoient être mis en liberté que de son consentement.

L'enquête fut faite par les examinateurs. Tous ces faits du grand-bouteillier furent prouvés, & que ses prédécesseurs en avoient été en possession. Le comte de Saint-Pol mourut pendant cette instruction, & la poursuite en fut abandonnée.

Henri IV du nom, sire de Sully, fut pourvu de la charge de grand-bouteillier en 1317. Il s'adressa à Philippe-le-Long, pour être maintenu dans tous les droits dont ses prédécesseurs avoient joui. Ce prince lui accorda aussi des lettres-patentes le 7 juin 1320, adressées au prévôt de Paris, par lesquelles, « il lui mande de » voir l'enquête & les pièces du grand- » bouteillier, & de lui faire justice. » Le prévôt de Paris se fit représenter l'enquête qui avoit été faite par les deux examinateurs, sur & anciens registres; & sur le vu de ces pièces, il rendit sa sentence en 1321. Elle porte que le grand-bouteillier est maintenu & gardé dans le droit d'avoir la moitié des lies de tous les vins qui seront vendus à broches dans tous les celliers qui dépendent de lui, & ses officiers conservés dans la juridiction & connoissance de tous les différens concernant ce droit.

Ainsi, le grand-bouteillier n'avoit aucune juridiction de police sur les cabaretiers, mais seulement pour la conservation de ses droits utiles; encore étoit-il obligé d'avoir recours au prévôt de Paris

Paris pour l'y maintenir, lorsqu'il y étoit troublé.

Il y a une ordonnance de Charles VI, du septième janvier 1397, publiée au châtelet, par laquelle, « il est défendu » au prévôt de Paris de souffrir que le » grand-panetier & le grand-bouteillier, » lèvent à l'avenir *cinq sous* sur cha- » que boulanger & sur chaque cabare- » tier. » Il y eut encore une semblable ordonnance qui fut publiée l'an 1414.

Mais il seroit inutile de rechercher sur ce point d'autres monumens, parce que cette juridiction a essuyé le même sort que celle du grand-panetier ; créées à l'instar l'une de l'autre, marchant à-peu-près sur le même niveau, sur les mêmes bases, cet exercice étant dirigé par les mêmes principes, étant confié à des repré-sentans de ces grands officiers, ayant été contestées par ceux sur qui elles s'exer-çoient, & croisées aussi par la justice or-dinaire, toutes deux ont disparu pour faire placé à la seule justice ordinaire, telle que nous la voyons exercer de nos jours sur les boulangers & les cabare-tiers.

Cette attribution de juridiction ainsi mise de côté, le grand échanson comme le grand panetier avoient leurs fonctions & leurs prérogatives renfermées dans le palais de nos Rois. Dans les grandes cé-rémonies, dans les occasions d'usage où il s'agit de déployer tout l'appareil de la couronne, ils remplissent en personne les fonctions de leurs charges.

Mais, dans l'usage journalier, leur service est fait par les gentilshommes servans ; les uns qualifiés panetiers du nom de la personne qu'ils représentent, & les autres par la même raison qualifiés d'échansons. C'est sur cette classe d'offi-ciers que tombe la charge du service des grands panetiers & échansons.

C'est-là que se borne la liberté de rem-placement de personnes pour faire le ser-vice de la maison du Roi ; car les gentils-

hommes servans ne peuvent point com-mettre d'autres personnes à leur place. C'est ce qui a été prévu par l'article 2 du réglement général fait en 1681, par Louis XIV, & que nous avons rapporté à l'article du grand-maître de France. Cet article 2 porte : « lesdits officiers » seront tenus de servir en personne, & » ne pourront commettre en leur place » sans permission expresse de sa majesté. » Comme si l'on avoit craint que par la suite des temps le relâchement s'in-troduisant, & chacun négligeant ses de-voirs, le service de la maison royale ne vînt à en souffrir. Mais au moyen de cette disposition, nul officier n'a plus d'ex-cuse à proposer.

Quelle est la fonction du grand-échan-son dans ces deux cérémonies si oppo-sées qui commencent & terminent un règne, & sont comme l'aurore d'un beau jour, ou le dernier terme d'une nuit sombre ?

Au sacre, on ne voit dans les rela-tions que l'histoire nous en conserve, que le grand-échanson remplisse des fonc-tions marquantes ailleurs que dans le festin royal. Nous avons expliqué en par-lant du grand-panetier, celles qu'y rem-plit cet officier, concurremment avec le grand-échanson & le grand-écuyer tran-chant ; car ces trois officiers marchent de concert, & font un service simultanée. Ainsi revoyez sur ce point la description qui en est donnée dans la section précé-dente, concernant le premier panetier.

Aux funérailles, on ne voit point que le grand-échanson paroisse non plus que le grand-panetier. Seulement le grand-écuyer tranchant y a un instant de représentation.

Au-dessous de ses armes, le grand-échanson doit avoir deux flacons d'argent vermeil doré, portant l'empreinte des armes du Roi. C'est du moins ce que prétend la Colombière dans son ouvrage sur le blason.

Les comtes de Champagne qui pre-noient toujours la royauté pour modèle, avoient aussi leur bouteillier, Hugues de Chatillon, fils du comte de Saint-Pol, reconnut tenir pendant sa vie seulement, la bouteillerie de Champagne, par don du comte de Champagne.

Allegrin, conseiller au parlement, étoit aussi grand-bouteillier de l'abbaye de Saint-Denis. L'abbé de Saint-Denis lui contesta cet office. Ils amusèrent la justice de ce débat; ils plaidèrent. Arrêt du parlement, le 7 septembre 1469, qui ordonne que par provision, Allegrin jouira des droits de cet office.

En récapitulant tout cet article, quel en est le résultat ? C'est, pour ainsi dire, la morale de la fable. La main du temps imprime sur tous les établissemens humains des signes de voracité ou de décrépitude. Tantôt ils prennent une force & un accroissement prodigieux, *vires acquirit eundo.* Tel office qui fut imperceptible dans l'origine, est aujourd'hui une masse très-importante; tel autre, grand & superbe dans sa source, n'a presque plus rien conservé de sa grandeur passée. Quelquefois le lustre reste, quoique les anciens attributs aient disparu, c'est toujours un honneur inestimable, un avantage précieux & justement ambitionné par les grands, d'être à portée d'approcher le trône. C'est un soleil dont ils reçoivent les favorables influences.

## SECTION III.

### *Du premier tranchant de France.*

Cette diversité de mets & de préparations rafinées qui couvrent nos tables, a dû être imaginée un peu tard. Les premiers hommes avoient trouvé l'art perfectionné depuis, de former le pain, ensuite on planta la vigne, & déjà sans-doute on immoloit ces jeunes agneaux, dont on composoit un festin, au tour duquel se rangeoient ces bons patriarches dont les livres saints nous entretiennent.

Mais cet âge patriarchal n'a pas été vrai-

semblablement d'une bien longue durée. A mesure que les hommes se sont multipliés, que les besoins se sont fait sentir, les connoissances ont dû s'étendre & les arts se développer. Tout ce que la terre présentoit aux hommes, a dû être employé, soit à satisfaire leurs besoins, soit à contenter leurs goûts, leurs desirs, leur sensualité.

A Rome où il semble que tous les crimes & toutes les vertus, tous les biens & tous les maux se fussent réunis, à Rome qui en tout genre semble fournir des exemples, voyez ce Lucullus étalant sur ses tables, une magnificence que les cours de l'europe moderne, n'ont peut-être jamais imitée, & mettant à contribution tous les élémens pour couvrir ses tables de ce qu'ils receloient de plus rare & de plus propre à satisfaire tous les goûts.

Entre Rome détruite, & la création de toutes les monarchies formées sur ses débris, il y a eu un grand espace de temps. La frugalité avoit pris la place d'un luxe dévorant. Les tables de nos premiers Rois étoient simples. Elles ont pris insensiblement l'accroissement & l'augmentation proportionnée à tout ce qui environnoit leur personne. Après avoir établi un grand-maître de leur maison, il a fallu un grand-panetier, un grand-échanson, & comme le pain & les boissons ne sont que les préliminaires de l'existence du riche, il a fallu des cuisines, des serviteurs pour la préparation des autres alimens, & un chef qui inspecte ce département nécessaire pour le service royal.

Ce chef n'a dû être, par la même raison, qu'un officier principal de la maison des Rois, un seigneur favorisé de la bienveillance de son maître, & dont le zèle & la fidélité lui fussent connues; tout ce qui tient de si près à la conservation du monarque exigeant la plus grande attention dans un pareil choix.

C'est cet officier que nous avons appelé depuis grand-écuyer tranchant, mais qu'autrefois & dans l'origine de la créa-

tion de cette charge, on appeloit grand-
queux de France. Ce nom étoit assez bifarre. Mais en le traduisant en latin, il
exprimoit assez, comme celui de bouteillier, l'objet des fonctions de cette charge.
*Cet officier,* dit du Tillet, page 405, *avoit
la superintendance sur tous les officiers des
cuisines de la maison du Roi.* C'étoit donc la
même autorité dans ce département, la
même administration, les mêmes fonctions que le grand-panetier & le grand-
échanson avoient dans les autres parties
du service.

Sous Philippe-le-Bel, en 1312, Guillaume
d'Harcourt étoit revêtu de l'office de grand-
queux. Ce fut un Chatillon sous Philippe
de Valois, & un Dampierre sous Charles
VI. « Ce Dampierre, observe du Tillet,
» étoit fils d'Alix d'Ossemont, fille du
» sire d'Ossemond, surnommé de Nesle,
» maréchal de France, & marié à Marie
» de Bar, ce qui est dit pour montrer
» que grands seigneurs se tenoient ho-
» norés dudit office. »

D'autres monumens font remonter la
création de cet office avant 1312. Une
ordonnance de 1306, du même Philippe-
le-Bel, apprend que cet officier avoit alors
la garde de l'étendard royal, & qu'à l'armée il devoit être *le plus prochain derrière
le Roi, portant son panon, & qui doit aller
çà & là par-tout où le Roi va, afin que
chacun connoisse où le Roi est.* Ainsi combattoit dans les plaines d'Yvri, ce père tendre, ce bon Roi, ce brave & généreux
Henri IV, *Mes enfans, ralliez vous à mon
panache blanc, vous le trouverez toujours au
chemin de l'honneur.* Il méritoit de vaincre;
il vainquit.

C'étoit donc un poste honorable réservé
au grand-écuyer tranchant. Là, il indi-
quoit un Roi qui combattoit à la tête des
François; là devoit se porter tout l'effort
de l'ennemi. Mais là aussi, un fidèle sujet,
un brave guerrier, avoit l'occasion de déployer sous les yeux de son maître toute sa
valeur, & de lui donner les preuves de
sa capacité militaire. Une confiance mé-

ritée devoit le porter fort avant dans la
faveur de son Roi.

Mais cependant étoit-ce par la seule
qualité de grand-écuyer tranchant, qu'il
avoit le droit de porter à l'armée l'étendard royal! Les auteurs de l'état de la
France, imprimé en 1749, disent que
non, & en donnent pour raison que dans
les anciens temps, l'écuyer tranchant réunissoit à cette charge, celle de porte-cornette blanche. Ces deux charges, disent-
ils, étoient réunies & toujours fixées sur
la tête de la même personne, sous les
rois Charles VII, Charles VIII, & après.

Sous cet étendard royal, appelé depuis
cornette blanche, combattoient les officiers commensaux du Roi, les seigneurs
& gentilshommes de sa maison, & les
autres gentilshommes volontaires que l'a-
mour de la gloire conduisoit à la suite du
Roi.

En 1660, le marquis de Vandeuvre de
Mesgrigny possédoit ces deux charges
réunies, parce qu'alors cette réunion subsistoit encore. Mais en 1680, suivant l'état
de la France, imprimé à cette époque là,
Bontenai de Chatelier, comte de Lom-
bourg, n'avoit que la charge de premier
écuyer tranchant, sans avoir celle de
porte-cornette blanche, soit qu'il y eût
une désunion prononcée par quelque loi,
soit que le marquis de Vandeuvre, en lui
cédant l'un de ces offices, se fût réservé
l'autre.

Après la mort de celui-ci, en 1685, les
deux charges furent réunies sur la tête de M.
de la Chenaye, en faveur de qui le comte
de Hombourg se démit de celle de grand-
écuyer tranchant; il paroît que les auteurs
dont nous venons de parler, avoient eu
sous les yeux les provisions de M. de la
Chenaye. Elles portent, disent-ils, que
la charge de porte-cornette blanche, étoit
vacante par le décès du marquis de Vandeuvre, & elles confèrent l'une & l'autre
charge. M. le marquis de la Chenaye en
est actuellement pourvu.

Mais retournons à l'origine.

Le grand-queux, dit du Tillet, tenoit cet office à vie, & en faisoit foi & hommage au Roi. Il parle d'un arrêt du 6 août 1345, rendu entre le grand-queux & les habitans de la ville de Rheims, dans lequel, ajoute-t-il, il est narré que cet officier & les grands-échansons, panetier, maîtres d'hôtel & autres officiers, prétendoient pouvoir exiger de cette ville certains droits le jour du sacre & couronnement des Rois.

Il y a apparence qu'ils en restèrent aux termes d'une simple prétention, ou qu'ils en furent déboutés ; à moins que du Tillet n'entende parler d'une obligation qui étoit imposée à la ville de Rheims, par un arrêt rendu près d'un siècle auparavant (en 1275). Voyez à cet égard, la note au bas de la page 68, au chapitre des droits du Roi & de la couronne de France.

A l'office de grand-queux, suivant du Tillet, étoient attachés des objets utiles qui en étoient une dépendance. 1°. Une maison où étoit un four dans la grande rue de Saint-Germain-l'Auxerrois, à la pointe du For-l'Evêque. C'est apparemment celui-ci, qui depuis a été la prison du For-l'Evêque, aujourd'hui abattu & remplacé par l'hôtel de la Force. 2°. Des rentes éparses sur Aubervilliers, Montreuil sous Vincennes & Villeneuve. Guillaume d'Harcourt, du consentement du Roi, & en réservant la directe seigneurie à l'office, donna en accensement la maison du four, sous une rente de 24 livres parisis, en avril 1307.

Le grand-queux avoit sa jurisdiction, à l'exemple des grands-panetier & échanson. Elle frappoit sur les cuisiniers, rotisseurs, chaircuitiers &c. Comme elle a eu le sort des deux autres, nous ne la suivrons pas dans son établissement, ses usages & les contradictions qu'elle rencontra. Ce sont des justices abolies dont il suffit d'avoir connu l'existence, sans être obligé de rechercher aujourd'hui des traces perdues depuis si long-temps.

La juridiction du grand-queux n'existant plus, ses fonctions restent concentrées dans la maison royale ; mais son service est fait par les gentilshommes servans, tout comme celui des grands-panetier & échanson. Il ne le fait en personne que dans les occasions d'éclat.

Il paroît dans la cérémonie du sacre, pour faire au festin royal ses fonctions. Nous les avons rapportées à la fin de l'article du grand-panetier où il est facile de recourir.

Nous y avons dit aussi qu'aux funérailles, il apporte le panon du Roi, pour être jeté dans le caveau, au lieu que les relations de cette cérémonie ne parlent point de la présence des grands-panetier & grand-échanson. Il paroît donc que le grand-écuyer tranchant ne s'y présente que parce qu'il porte le panon du Roi, comme le grand-maître y porte son bâton de commandement.

Le comte de Champagne avoit aussi son grand-queux héréditaire. En 1316, Philippe-le-Long, pour éteindre cet office, donna à Jean des Barres, qui le tenoit des comtes de Champagne, une rente de 500 livres.

Du Tillet, page 407, parle d'un écuyer tranchant d'une singulière espèce. Il fait mention d'un titre du roi Philippe de Valois, de juin 1345, qui est au trésor des chartres. Un nommé Milet, du lieu de Parai en Maconnois, tenoit du prieur de Parai, un office de maréchal à titre d'inféodation. Quand le prieur voyageoit pour les besoins de son église, Milet étoit tenu de lui fournir pour lui & pour sa suite, *une suffisante chevauchée, en bon ordre de harnois & de fers.* Il étoit obligé d'accompagner le prieur, *& de lui servir à table d'écuyer tranchant.*

Il falloit bien dédommager Milet d'un service semblable : aussi avoit-il bouche en cour chez le prieur, une robe rouge, un cheval de livrée, *la desserte de la grosse chair de la table*, des chandelles & torches; annuellement une charrée de foin à six bœufs, & le chauffage de sa maison à prendre dans les bois du prieuré.

Suivant la Colembière, dans son livre sur le blason, l'écu des armes du grand-écuyer tranchant doit porter un couteau & une fourchette passés en sautoir, les manches terminés en couronne royale. · ( R.-D.-M. )

# CHAPITRE XIII.

## *Des maîtres d'hôtel de la maison du Roi.*

On en distingue de plusieurs classes; savoir, le premier maître-d'hôtel, le maître-d'hôtel ordinaire, & les maîtres-d'hôtel de quartier. Il faut suivre cette gradation, en parlant d'eux séparément.

Mais d'abord, qu'est-ce qu'étoient anciennement les maîtres-d'hôtel de la maison du Roi, pris en général ? On ne peut douter qu'ils formoient une portion importante de l'administration de la maison royale, qu'ils tenoient dans le palais une place distinguée. C'est sur quoi il faut résumer quelques notions préliminaires, avant de parler séparément de chacune des trois classes que nous annonçons.

Le commissaire de la Marre, dans son traité de la police, tome 1, page 167, entre à cet égard dans quelques détails. Dès la naissance de la monarchie, il y a eu, dit-il, un magistrat établi dans le palais de nos Rois, pour y rendre la justice sous leur nom. Ce fut encore l'un de ces usages Romains dont nos ancêtres connurent d'abord l'utilité, & qu'ils conservèrent avec soin. Ils trouvèrent dans les provinces, des ducs ou des comtes qui les gouvernoient & y administroient la justice; & ils n'y apportèrent d'autre changement, que de faire remplir ces grands postes par des seigneurs François.

Ces magistrats Romains avoient eu au-dessus d'eux tous, le préfet ou comte du palais de l'empereur. Nos Rois établirent aussi dans leur palais & auprès d'eux, un comte, supérieur de tous les autres magistrats, sous le titre de comte du palais, *comes palatii.* Les ordonnances & les écrivains de ces premiers temps nomment encore ce souverain magistrat, maire, préfet, gouverneur, duc & prince du palais ou de la cour royale, *major domus regiæ, præfectus, gubernator & dux palatii regalis, curiæ princeps.* Aussi ses fonctions répondoient-elles à tous ces grands titres. C'étoit sur lui que nos Rois se reposoient des principaux soins de l'état & du gouvernement, soit pour les armes, soit pour la justice, ou pour les finances. Ils connoissoient en première instance de plusieurs affaires importantes, qu'on nommoit par cette raison, *causa palatina.* Toutes celles où le prince avoit intérêt, soit pour sa personne, soit pour le bien de son état, distingués par ces noms, *causæ regales, causæ rei publica; vel causæ pro salute patriæ & utilitate francorum,* n'étoient traitées que dans ce tribunal. Il confirmoit ou corrigeoit les jugemens rendus par les magistrats des provinces, lorsque les parties s'en plaignoient. Il étoit ordinairement assisté dans ces jugemens d'un certain nombre de conseillers nommés par cette raison, *scabini palatini.* Ce nom *scabinus* venoit de l'Allemand *scaben*, qui signifie juge ou enquêteur, que les François avoient retenu de leur ancienne patrie. D'autres seigneurs, tant ecclésiastiques que laïcs, avoient aussi entrée dans ce conseil, & nos Rois s'y trouvoient souvent en personne, selon l'in-

portance des matières. Si c'étoit une affaire
dont le prince seul dût être informé, ou
dont il se fût réservé la connoissance,
c'étoit encore ce magistrat qui s'en ins-
truisoit & lui en faisoit le rapport. Plusieurs personnes de considération avoient
aussi par privilège, leurs causes commises
devant lui; & enfin, comme il tenoit son
tribunal dans la maison du Roi, il connoissoit de toutes les actions qui s'y passoient, tant pour le civil que pour le
criminel.

Suivant quelques auteurs, cette haute
magistrature étoit partagée en deux différentes charges : l'une pour les armes
& le gouvernement, sous le titre de maire;
& l'autre, pour l'administration de la
justice, sous celui de comte du palais.

D'autres auteurs, & en plus grand nombre tiennent, que ce n'étoit qu'une seule
& même charge; & les capitulaires de nos
premiers Rois semblent s'accorder avec ce
dernier sentiment. Mais quoi qu'il en soit,
l'un & l'autre de ces titres furent éteints
& supprimés au commencement de la troisième race de nos Rois.

Il n'en fut pas de même de l'exercice.
Comme toutes ces fonctions sont importantes & nécessaires au gouvernement de
l'état, nos Rois les séparèrent entre plusieurs seigneurs de leur cour, & en formèrent autant de dignités & de charges
considérables.

De-là, sont venus les maîtres des requêtes de l'hôtel, & le grand sénéchal ou
grand-maître, entre lesquelles l'administration de la justice dans la maison du
Roi fut partagée.

Les maîtres des requêtes durent juger
certaines affaires, rapporter les autres devant le Roi ou son conseil, & connoître de
toutes les causes personnelles ou mixtes des
officiers du Roi, ou de quelques autres personnes privilégiées.

Le grand-sénéchal ou grand-maître,
outre les éminentes fonctions attachées à
sa charge, eut aussi d'abord le droit de
connoître, *avec les maîtres-d'hôtel du Roi*,

de toutes les actions, tant civiles que
criminelles, qui se passoient dans les maisons royales.

A la juridiction que les maîtres-d'hôtel
exercèrent, ils voulurent, dans la suite,
tenter d'y réunir la police des vivres &
des autres provisions destinées pour les
maisons royales; mais cette tentative ne
réussit pas, la police de ces objets ayant
été par différens édits attribuée au prévôt
de Paris; & les maîtres-d'hôtel du Roi
ayant été réduits à ne prendre connoissance d'aucune affaire que des actions
où les officiers de l'hôtel du Roi seroient
parties, en défendant, & pour causes
pures personnelles seulement. C'est ce
qu'on lit dans un édit du 25 février 1318.

Dans la suite on alla plus loin. Le
roi Jean, par édit du mois de décembre
1355, supprima la juridiction de ses maîtres-d'hôtel, & renvoya aux maîtres des
requêtes de l'hôtel, les causes des officiers de sa maison en action personnelle,
& en défendant seulement, dont les maîtres-d'hôtel avoient connoissance.

Cette loi, néanmoins, ne reçut pas
une entière exécution. Le parlement de
Paris fut obligé d'user de son autorité, &
de réduire cette juridiction dans l'enclos
de la maison du Roi, par un arrêt du 7
mars 1389.

Des lettres-patentes du 19 septembre
1406, en achevèrent la destruction. Elles
ordonnèrent que l'édit de 1355 qui avoit
supprimé la juridiction des maîtres-d'hôtel, seroit exécuté; qu'il n'y auroit à
l'avenir en l'hôtel du Roi, aucune autre
juridiction que celle des maîtres des requêtes, pour les affaires de leur compétence, & que les ordonnances faites en
faveur des juges ordinaires, seroient exécutées.

Ce qui est digne de remarque, & ce
qui doit toujours intéresser les lecteurs,
lorsqu'ils étudient l'antiquité avec les yeux
de la morale, c'est ce fait consigné dans
les historiens. Lorsque la juridiction des

maîtres-d'hôtel du Roi étoit en vigueur, il y avoit pour l'exécution de leur fentence, un officier nommé roi des Ribaux, *rex Ribaldi.* Ce titre, qui paroîtroit aujourd'hui extraordinaire & avoir quelque chofe de rebutant, étoit en ce temps fort commun. Un mauvais ufage s'étoit introduit de nommer Roi, quelques-uns de ceux qui avoient quelque commandement ou autorité fur les autres. Cela s'étendoit même jufqu'aux chefs de quelques communautés du commerce ou des arts, & des plus bas exercices. Ainfi, l'on difoit fort férieufement : *Rex armorum, Rex arcariorum & albaleftrariorum, Rex merceriorum, Rex alutariorum, Rex juglatorum, Rex miniftellorum.* Et c'eft dans ce même fens qu'on difoit ainfi : *Rex ribaldorum.* Le nom de Ribauds, *Ribaldi,* qui ne fe prend aujourd'hui qu'en mauvaife part, étoit alors équivoque. Il avoit, à la vérité, comme à préfent, cette fignification obfcène qui le rend odieux : mais il fignifioit auffi très-fouvent des gens forts & puiffans de corps, foit pour le travail, foit pour les armes. Ainfi, *Ribaud,* étoit pris également pour un débauché, un homme mercenaire, un foldat fort & vigoureux.

Les auteurs qui ont parlé du roi des Ribaux, prétendent que dans toutes ces fignifications, ce nom lui convenoit, & fe tiroit de fes fonctions. Il avoit fous lui un lieutenant, fous le nom de prévôt, & certains nombre d'archers ou fergens qui devoient être gens de main & d'exécution « Ses fonctions confiftoient à chaffer » de la cour les vagabons, les filoux, les » brelans, les femmes débauchées, & les » autres gens d'intrigue & de mauvaife » vie. » Il avoit le foin que perfonne ne reftât dans la maifon du Roi, pendant le dîner & le fouper, que ceux qui avoient bouche à cour, & d'en faire fortir tous les foirs ceux qui n'avoient pas droit d'y coucher. Il tenoit enfin la main à l'exécution des fentences qui étoient rendues par le grand-maître de France, &

les maîtres-d'hôtel de la maifon du Roi, comme leur officier. Ainfi, difent les auteurs, foit que l'on confidère cet officier par rapport aux gens qu'il commandoit, foit qu'on s'arrête à ceux fur lefquels il exerçoit fes fonctions, il pouvoit bien être appelé, felon l'ufage de ce temps-là, *rex Ribaldorum.*

Comme les fonctions de cet officier étoient néceffaires pour purger la fuite de la cour de gens de mauvaife vie, il fut continué.

Mais, infenfiblement nos Rois fe mirent dans l'ufage d'avoir à la fuite de leur cour & dans leurs voyages, un prévôt des maréchaux accompagné de fes archers, pour faire exécuter les jugemens, de forte que l'office du roi des Ribauds devenu inutile, fut abfolument fupprimé. Auffi voit-on dans le recueil de Miraumont, que depuis l'année 1422, il n'en eft plus fait mention dans les états de la maifon du Roi.

Voilà les lumières qu'on puife dans les monumens anciens fur les maîtres-d'hôtel de la maifon de nos Rois. Il eft clair qu'ils avoient une juridiction importante, & un officier principal pour l'exécution de leurs jugemens.

Il convient maintenant d'expofer ce qu'ils font aujourd'hui, & les fonctions qui leur reftent.

### Du premier maître-d'hôtel.

« Le premier maître-d'hôtel eft un » office ancien. C'étoit meffire Jean de Jam-» bes, fous le roi Philippe de Valois. » Ce font les expreffions de du Tillet, page 404.

Quand Loyfeau parle des officiers de la maifon du Roi, il a foin de diftinguer les grands officiers, c'eft-à-dire les chefs, ceux qui ont la fupériorité ; & s'il eft permis de le dire, la haute main, ou le commandement, d'avec les officiers qui exécutent les ordres, & font le fervice journalier en perfonne.

En effet, dans la milice guerrière,

comme dans la milice palatine, tout marche par ce double rouage. Il faut des chefs qui commandent, & des milices qui exécutent. Le service marche quand l'œil du commandement & la main exécutrice se correspondent avec intelligence & exactitude.

Les premiers chefs qui volontiers sont princes, dit Loyseau (1), n'ayant pu être assujetis à faire continuellement en personne l'exercice de leurs charges, il a fallu mettre d'autres chefs encore qui s'y tenant plus assidus, commandassent aux mêmes officiers. C'est sur-tout, ajoute-t-il, sous le grand-maître de France qu'il y a le plus d'officiers, tant grands que petits. Raison pour laquelle il étoit appelé dans le palais des empereurs, *magister officiorum*. Après lui, les grands officiers sont les premier panetier, premier échanson, premier tranchant, premier maître-d'hôtel, & le maître-d'hôtel ordinaire, quand le Roi juge à propos d'y en mettre.

Suivant l'état de la France, imprimé en 1749, le premier maître-d'hôtel, (c'étoit alors le marquis de Livri qui avoit la survivance de M. son père), à la juridiction sur les sept offices (2); mais pour le service seulement, & sans pouvoir disposer des charges. Il reçoit le serment de fidélité des officiers de gobelet de la bouche, & des autres offices; mais il ne reçoit point celui des autres officiers. Ceux-ci ont le droit de le prêter au Roi entre les mains du grand-maître.

Si le grand-maître étoit absent, il seroit remplacé par le premier maître-d'hôtel; mais alors cette cérémonie se feroit dans le bureau destiné pour les assemblées des principaux officiers.

Quand le Roi s'acquite de ce devoir

que la religion, qui, aux yeux de l'Eternel, place tous les hommes sur la même ligne, prescrit à tous, c'est-à-dire, quand il communie, le premier maître-d'hôtel lui présente la serviette pour essuyer sa bouche, à moins qu'un prince du sang, ou un prince légitimé de France soit présent: car alors c'est à l'un d'eux que le premier maître-d'hôtel céderoit l'honneur de présenter la serviette.

Le premier maître-d'hôtel a le droit de conduire le matin le bouillon de sa majesté, quand elle désire en prendre. Il reçoit d'elle les ordres pour les repas & l'heure, & fait passer ces ordres aux officiers du gobelet & de la bouche.

La question s'éleva dans le siècle dernier de savoir à qui, lorsque dans un bal, une comédie, un opéra, le Roi fait collation, sans être à table, l'honneur de le servir appartient. Il fut réglé en 1669, que ce seroit au maître-d'hôtel ordinaire, lorsque le premier maître-d'hôtel ne seroit pas présent.

Le premier maître-d'hôtel tenoit la table du grand-chambellan, il en avoit la desserte; c'est une acquisition qu'avoient faite les anciens premiers maîtres-d'hôtel. Mais cette table a été supprimée par l'article 15 du réglement que le Roi a fait pour l'administration intérieure de sa maison, le 17 août 1780.

L'art. 10 de ce réglement porte « que » les nouveaux officiers dont le Roi se » réserve en tout temps la nomination, » seront pourvus de commissions de sa » majesté, & prêteront serment entre » les mains du premier maître-d'hôtel, » qui sera tenu de le recevoir sur la repré- » sentation de leurs commissions. »

L'art. 14 porte, que « en conséquence » du traitement dont jouit le premier » maître-d'hôtel, il tiendra une table à » la cour, conformément aux ordres qui » lui seront donnés par sa majesté ».

Au festin royal qui termine la cérémonie du sacre, le premier maître-d'hôtel remplit ses fonctions. Quand le Roi eut
*commandé*

---

(1) Traité des offices, liv. 4, chap. 3, n°. 5.
(2) Ces sept offices de la maison du Roi sont, comme on l'a dit ailleurs, le gobelet, la paneterie & échansonnerie-bouche, la bouche du Roi ou cuisine-bouche, l'échansonnerie-commun, la paneterie-commun, la fruiterie & la fourrière.

commandé de fervir, dit la relation de cette cérémonie fous Louis XVI, le grand-maître de la maifon du Roi fe rendit au lieu où les plats étoient préparés, & un moment après, le premier fervice fut apporté dans l'ordre fuivant.

Les hautbois, les trompettes, les flûtes de la chambre jouoient des fanfares. Les fix hérauts d'armes, le grand-maître & le maître des cérémonies, les douze maîtres-d'hôtel du Roi, marchant deux à deux & tenans leurs bâtons. *Le comte Descars, premier maître-d'hôtel du Roi.* Le grand-maître de la maifon du Roi tenant fon bâton de commandant, & précédant immédiatement le fervice; le grand pa-netier de France portant le premier plat, les gentilshommes fervans portant les autres plats.

Après que les plats furent rangés fur la table, découverts, effayés & recou-verts, le grand-maître, précédé du même cortége, retourna pour avertir le Roi. Alors fa majefté fe rendit à la falle du feftin dans cet ordre.

Les hautbois, les trompettes & les flûtes de la chambre, les fix hérauts d'ar-mes, le grand-maître & le maître des cé-rémonies, les douze maîtres-d'hôtel du Roi tenant leurs bâtons. *Le premier maître-d'hôtel*, les quatre chevaliers de l'ordre du Saint-Efprit, qui avoient porté les offrandes, le maréchal de France portant la couronne de Charlemagne, &c.

Le fecond fervice fut apporté avec le même cortége.

Nous donnons ces détails relatifs à chaque officier de la maifon du Roi, pour qu'il connoiffe fon rang, fa prérogative, l'ordre qu'il doit garder dans la marche du cérémonial; car telle eft la loi terrible de l'humanité, la loi devant qui tous les trônes de tous les potentats expirent; la loi, fur qui, ni leurs trônes, leur puiffance, leur grandeur, leurs volontés, ni les vœux, les defirs, les larmes, le défefpoir & les fupplications de leurs fujets ne peuvent rien, que les généra-

tions préfentes & futures verront de nouveaux Rois, & qu'après que l'impi-toyable mort aura moiffonné les uns, il faudra s'occuper du foin de remplir pour ceux qui les fuivront la cérémonie du facre & du couronnement.

### Du maître-d'hôtel ordinaire.

Après le premier maître-d'hôtel, vient le maître-d'hôtel ordinaire; mais il pa-roît affez probable que le fecond n'a pas exifté dans tous les temps. Tout porte à croire qu'il n'a été établi par la fuite, que pour être en quelque forte l'adjoint du premier, pour le remplacer en cas d'abfence, ou de quelque autre empê-chement, & pour remplir les mêmes fonctions, lorfque le premier ne pour-roit les faire en perfonne. C'eft ce qui paroît clairement par ce paffage de Loi-feau déjà rapporté précédemment: « les » grands officiers font le premier pane-» tier, premier échanfon, premier tran-» chant, premier maître-d'hôtel *& le* » *maître-d'hôtel ordinaire, quand le Roi* » *juge à propos d'y en mettre* ».

De ce paffage réfultent deux chofes. La première, qu'il n'y a donc pas toujours un maître-d'hôtel ordinaire, puifque tan-tôt il plaît au Roi *d'y en mettre*, & que tantôt il n'y en met pas. La feconde, que lorfqu'il a plu au Roi d'en établir un, il l'a créé à l'inftar de ces premiers offi-ciers, de forte qu'il eft auffi dans le nom-bre des principaux officiers de la maifon du Roi.

Ainfi avoir fait connoître ce qu'a été, ce qu'eft de nos jours le premier maître-d'hôtel, c'eft avoir expliqué ce que fut & ce qu'eft aujourd'hui le maître-d'hôtel ordinaire.

En parlant du premier maître-d'hôtel, nous avons dit quelles fonctions il remplit dans le feftin qui termine la cérémonie du facre & couronnement de nos Rois, On conçoit bien que fi cet officier n'y affiftoit pas, il feroit naturellement remplacé par le maître-d'hôtel ordinaire, qui y occuperoit le même rang & la même place.

Cette charge est aujourd'hui possédée par M. le marquis de Mondragon, qui y a succédé à ses pères.

### Des maîtres-d'hôtel servant par quartiers.

Nous avons assez parlé de la juridiction qu'avoient autrefois les maîtres-d'hôtel, des révolutions qu'elle éprouva, de la suppression qui l'a anéantie. Nous n'avons pas dû négliger de contempler même ces ruines.

Il faut maintenant voir les maîtres-d'hôtel sous d'autres rapports.

Toutes les anciennes ordonnances semblent les rappeler comme chargés d'exécuter les ordres du Roi dans tout ce qui tendoit à bannir de la cour la corruption des mœurs; car, à en juger par les traits que l'antiquité nous a conservés, on voit toujours que les mœurs paroissent avoir été corrompues de tout temps. Deux différences se font néanmoins remarquer. L'une, que la succession des années n'a fait qu'empirer le mal. Certainement les meurtres, les assassinats, les brigandages avec le poignard à la main ne sont pas de nos jours aussi multipliés. De ce côté les siècles modernes se sont polis; mais combien de vices ont été substitués à ces crimes.

La seconde différence qui frappe à la lecture des anciennes lois, c'est qu'on en voit un grand nombre qui témoignoient la plus grande horreur, non-seulement pour les crimes, mais encore pour le vice, & qui infligeoient un châtiment sévère même au simple libertinage, au lieu que si nous remontons à deux siècles, le recueil de notre législation n'offre plus aucune ordonnance de ce genre. Les lois anciennes tâchoient au moins d'opposer une barrière, au lieu que les modernes semblent n'avoir point eu cette

sollicitude, ou bien elles ont eu des hommes une meilleure opinion.

Mais pour revenir à ce que nous nous proposons de dire, on voit dans le réglement du 6 août 1570, rapporté par Fontanon, tome 1, page 800, qu'il avoit pour objet de régler la police qui devoit être observée dans le séjour & dans les voyages des Rois, lorsqu'ils marchoient avec leur cour. Les prévôts de l'hôtel faisoient justice; mais les maîtres-d'hôtel étoient établis comme les surveillans, les censeurs, & enfin les dénonciateurs, s'ils trouvoient des sujets indociles ou incorrigibles. L'art. 6 de ce réglement porte: « que toutes filles de » joie & femmes publiques ayent à délo- » ger de notre cour dans le délai de » vingt-quatre heures, sous peine du » fouet & de la marque ». Cette loi seroit-elle aujourd'hui inutile?

L'article 7 défendoit les blasphêmes, les juremens & les imprécations contre la divinité, sous des peines très-fortes, « à quoi, est-il dit, les maîtres- » d'hôtel de la suite de notre cour, tien- » dront la main, afin que tel vice prenne » plus prompte fin, & où quelques-uns » se trouveroient incorrigibles, voulons » que lesdits maîtres-d'hôtel les défèrent » à la justice, sous peine d'être regardés » & punis comme fauteurs d'un tel » crime. »

Le réglement porté sur le même objet le 29 décembre 1570, renouvelle toutes ces lois; il chargeoit le premier des maîtres-d'hôtel de quartier d'envoyer au prévôt la liste de tous les domestiques, commensaux & autres étant sous sa charge. Il imposoit la même obligation aux maîtres-d'hôtel de la reine & de tous les princes de la famille royale. Tout cela avoit pour objet d'empêcher cette profusion de gens sans aveu qui se glissent dans les cours comme dans les villes, & portent avec eux l'intrigue, l'esprit de débauche, & des cœurs dévorés d'ambition, qui sacrifient tout au but de leurs desirs.

Les maîtres-d'hôtel avoient encore sur-tout cela un ministère de vigilance & d'inspection.

Dans presque tous les états de la société, il y a des grades, des distinctions, des lignes de rôture ou de noblesse, qui ouvrent ou qui ferment la porte de tels ou tels états. Les règles introduites sur ce point, font souvent l'ouvrage du temps, des circonstances, ou des besoins d'état.

Il paroît qu'autrefois les rôturiers étoient admis parmi les maîtres-d'hôtel de la maison du Roi ; car, pour les repousser, il fallut porter une loi d'exclusion. Henri III crut devoir la prononcer aux états de Blois. Les articles 259 & suivans portent : « N'entendons que par ci-après aucun soit reçu aux places de nos maîtres-d'hôtel, gentilshommes servans, & écuyers d'écurie, qu'ils ne soient nobles de race ; & si aucuns s'en trouvent qui ne soient de ladite qualité, y sera par nous pourvu d'autres en leur place.

» Nul ne pourra être reçu aux états de notre maison, s'il n'a été trois ans entiers de nos ordonnances, ou capitaine, ou chef de gens de pied. »

Mais cette loi étoit donc tombée en désuétude, comme parlent les jurisconsultes ; c'est du moins ce qui semble résulter d'une disposition du règlement des tailles fait en janvier 1634. Il parle dans l'art. 8 des privilèges & exemptions de tailles, dont plusieurs officiers, & notamment *nos officiers ordinaires*, est-il dit, *& commensaux de notre maison jouiront.* Mais cet article est terminé par ces mots : *N'entendons que les maîtres-d'hôtel, écuyers & gentilshommes servans de notre maison, qui* NE *sont nobles d'extraction, puissent jouir de ladite exemption.* Preuve sensible que l'ancien règlement, qui exigeoit la noblesse, avoit reçu des atteintes. La rôture avoit couru ces places, pour s'y mettre à couvert des tailles. Le nouveau règlement la replace sous cette sujétion, & n'en affran-

chit, parmi les maîtres-d'hôtel, que la noblesse d'extraction.

La règle d'incompatibilité avoit été également établie par l'ancienne ordonnance que nous avons citée, rendue par Henri III.

« Quiconque sera pourvu d'office, ou couché en état de notre maison, ne pourra être en état ou office d'aucun autre prince ou seigneur, quel qu'il soit : autrement sera l'état & office qu'il tient de nous, réputé vacant ; & dès-à-présent, entendons que ceux qui en tiennent soient contraints opter l'un desdits états dedans trois mois après la publication de la présente ordonnance. »

De ces dispositions résultoient deux choses. La première, que pour arriver au grade de maître-d'hôtel chez le Roi, il falloit être noble ; au lieu qu'aujourd'hui, c'est précisément cette charge qui commence à effacer la rôture, & à y substituer la noblesse. Cette nouvelle existence devient, avec le temps, plus brillante ; car la seconde génération est plus noble que la première : autant de générations nouvelles qui sortent de la première, forment autant de couches qui en augmentent le lustre. Quand plusieurs siècles se sont écoulés, quand on n'apperçoit plus l'origine, quand on ne peut plus distinguer le moment où la famille a commencé à acquérir la noblesse, alors cette heureuse & favorable obscurité fait l'un de ses plus beaux titres ; elle est censée avoir été noble de tout temps ; c'est la noblesse par excellence.

La seconde observation, c'est qu'on ne pouvoit, suivant ces lois, exercer à la fois deux états. Etoit-on pourvu d'un office dans la maison du Roi, & couché comme tel dans l'état, on ne pouvoit plus être pourvu d'un autre office & couché dans l'état d'une maison d'un autre prince. Il est bien évident que cela étoit réciproque ; & que l'officier commensal d'un prince ne pouvoit pas se présenter dans la maison du Roi pour y réunir d'autres ou femblables fonctions. Il y avoit donc là incompatibilité. On n'admettoit pas la pluralité de places, d'offices, de fonctions, de commenfalité, &c.

Les maîtres-d'hôtel avoient différens privilèges, comme exemptions de droits, *committimus*, &c. Une loi de Charles V, de 1364, rappelle ces attributs, & les fit ceffer par rapport aux officiers qui ne rempliffoient pas leur fervice dans la maifon du Roi. Apparemment on vouloit profiter des privilèges attachés à ces places. On fe contentoit pour cela d'y être nommé. Ce qui dégénéroit en abus ; car les privilèges deviennent onéreux au peuple, qui fupporte une plus forte portion dans les charges communes auxquelles les individus peuvent fe fouftraire au moyen de l'acquifition d'une place, d'un office. Ainfi devient plus dure encore la condition de ceux qui ne peuvent fe revêtir d'un titre d'exemption. C'eft ce qu'exprime affez énergiquement la loi dont nous parlons.

« Savoir faifons que nous, en confi-
» dération aux chofes fufdites, & les
» grandes charges que notre peuple a
» fouffert & fouffre, tant pour occafion
» de nos guerres, & pour les aides qui
» ont cours en notre royaume, comme
» autrement, voulant auffi ramener les
» chofes ès termes où elles doivent de-
» meurer, avons pour certaines caufes
» juftes & raifonnables, par délibération
» de notre confeil, ordonné & ordon-
» nons par ces préfentes, que quelcon-
» que officier que nous ayons, foit con-
» feiller, chambellan, maître des re-
» quêtes, *maître-d'hôtel*, fecrétaire, no-
» taire, panetier, échanfon, écuyer d'é-
» curie, valet tranchant, huiffier, ou
» fergent d'armes, valet-de-chambre,
» ou autre officier de quelque état qu'il
» foit, *s'il n'eft du vrai nombre & ordon-*
» *nance, & de ceux retenus à gages ordi-*
» *naires & ordonnés pour nous fervir*, ne
» jouira dorénavant d'aucun privilège,
» liberté ou franchife qui appartienne à
» fon office, ni ne fera franc ou exempt

» à notre grand-fcel, ni aux fceaux
» royaux, ni auffi aux péages & cou-
» tumes de notredit royaume ; mais
» payera chacun fon droit, comme s'il
» n'étoit point notre officier ; & outre,
» s'ils font convenus devant juges com-
» pétens, feront tenus d'y répondre, &
» s'ils veulent faire convenir ou appro-
» cher aucun auxdites requêtes de notre
» palais, par vertu de quelconques let-
» tres obtenues, ou à obtenir de nous,
» ou de notre cour, faire ne le pour-
» ront, mais en demeurera la connoif-
» fance devant les juges ordinaires. »

En exprimant les privilèges dont la loi les prive dans le cas particulier quelle prévoit, elle exprime tous ceux dont jouiffoient les maîtres-d'hôtel *qui étoient du vrai nombre & ordonnance, & de ceux retenus à gages ordinaires, & ordonnés pour le fervice royal.*

L'ordonnance de Charles V, que nous avons rappelée pour montrer dans quels cas les privilèges ceffoient, avoit fans doute été oubliée. L'abus s'étoit remonté. L'ordonnance donnée aux états d'Orléans, en janvier 1629, tâcha d'y remédier. Elle porte, article 408.

« Et pour corriger les abus que nous
» avons reconnu par lefdits états, être
» commis à la foule de nos fujets contri-
» buables aux tailles, nous défendons
» qu'aucun ne foit admis *aux offices de*
» *notre maifon* & autres, même de celles
» qui dépendent des charges de l'écurie,
» venerie, fauconnerie, amirauté & ar-
» tillerie, qui ne foit de la condition re-
» quife, pour tenir l'office dont il fera
» pourvu, être capable, & y fervant ac-
» tuellement & en perfonne, & fi au-
» cuns ont été employés efdites charges
» fans être de ladite condition, nous or-
» donnons qu'ils en foient ôtés & privés
» de leurs charges, & que tout ufage
» defdits privilèges leur foit dénié. »

Ainfi de fiècle en fiècle on s'occupoit à fondre & refondre la conftitution des perfonnes de la maifon du Roi ; mais il paroît qu'on ne faifoit que des lois partiales, qui fans établir jamais aucun réglement général, fans reprendre jamais l'édifice en entier, ne frappoient que fur des parties détachées. Le 17 octobre 1656, parut une déclaration en faveur des maîtres-d'hôtel & des gentilhommes fervans. Elle eft néceffaire à connoître, parce quelle fixe fur quelques points, le dernier état des privilèges dont jouiffent les maîtres-d'hôtel.

« Louis, &c. Salut. Quoiqu'en réduifant le nombre de nos confeillers & maîtres-d'hôtel ordinaires à douze, & celui de nos gentilshommes fervans, à trente-fix, pour nous fervir déformais par quartier, nous, ayant eu l'intention de faire jouir ceux que nous pourvoirons de ces charges, de tous les privilèges, franchifes & immunités convenables au rang qu'ils tiennent auprès de notre perfonne, & dans notre maifon, enfemble des autres droits dont ont accoutumés de jouir nos autres officiers commenfaux, néanmoins parce que dans la déclaration en forme d'édit, que nous fîmes expédier fur ce fujet au mois d'avril de la même année 1654, & qui a été enregiftrée en notre cour des aides, nous ayons ômis de leur donner la qualité de chevaliers & d'écuyers, avec la faculté de porter leurs armoiries & timbres, & de révoquer à leur égard l'édit que le feu Roi notre très-honoré feigneur & père, fit au mois de janvier 1634, pour les réglemens des tailles, attendu que par les deuxième & huitième articles de cet édit, il eft défendu à tous fujets de prendre la qualité d'écuyers, & de porter leurs armoiries & timbres, & que nos maîtres-d'hôtel & gentilshommes fervans, foient exclus du privilège d'exemptions des tailles, s'ils ne font nobles d'extraction; on pourroit, fous ce prétexte, & contre notre volonté, inquiéter nofdits maîtres-d'hôtel & gentilshommes fervans fur ces deux points

» contenus en ces deux articles, fi elle » n'étoit plus particulièrement énoncée; » comme il eft bien fouvent néceffaire » pour la fatisfaction, de *préférer le mé-* » *rite des uns à la naiffance des autres*, » & que le fervice, le courage & la fi- » délité, l'expérience & les autres bon- » nes qualités de ceux que nous avons » retenus & que nous retiendrons pour » nous fervir en ces charges, *doit fuffire* » avec le choix dont nous honorons leurs » perfonnes: à cet effet, pour les faire » jouir des mêmes avantages, nous, » pour ces caufes, & en interprétant » notre fufdit édit, de notre certaine » fcience, pleine puiffance & autorité » royale, voulons & nous plaît qu'à l'a- » venir nos maîtres-d'hôtel & gentils- » hommes fervans, qui fe trouveront » employés au nombre fufdit des états » généraux de notre maifon, & non » d'autres, portent les qualités de che- » valier & d'écuyer, & leurs armoiries » timbrées, & jouiffent enfemble les veu- » ves pendant leur viduité, de l'exemp- » tion des tailles, taillons & fubfiftance, » droits d'aides & autres impofitions, de » même qu'en jouiffent nos autres offi- » ciers commenfaux: mandons à nos » amés & féaux confeillers les gens te- » nans notre cour des aides à Paris, que » ces préfentes y ayent à faire regiftrer, » & de tout ce qu'elles contiennent faire » jouir & ufer pleinement & paifible- » ment nofdits maîtres-d'hôtel & gentils- » hommes fervans qui fe trouveront em- » ployés dans les états généraux de notre » maifon, enfemble leurs veuves pen- » dant leur viduité, nonobftant le con- » tenu aux articles du fufdit édit du » mois de janvier 1634, auquel & à tous » autres édits, arrêts & réglemens à ce » contraires, nous avons dérogé & déro- » geons pour ce regard, & aux déroga- » tions des dérogations y contenues; » car tel eft notre plaifir, &c. »

Il réfulte de cette loi, 1°. que toutes les anciennes ordonnances qui n'admetroient que la noblesse aux offices de maîtres-d'hôtel sont modifiées. La loi nouvelle adopte cette vérité de sentiment & de raison, que le *mérite doit être préféré à la naissance.* En effet, qu'est-ce que l'avantage de la naissance, si cet ouvrage du hasard n'est pas orné par le mérite ? A-t-on payé sa dette à la patrie, lorsqu'on ne lui présente qu'un vain nom, que nulle qualité distinguée ne sépare des hommes ordinaires.

2°. La loi nouvelle ne fait plus aucune différence entre les commensaux de cette qualité, nobles, ou non nobles d'extraction ; elle autorise ceux-ci à prendre le titre de chevalier, d'écuyer, à avoir leurs armoiries timbrées, & leur assure l'exemption de l'impôt des tailles auxquelles le réglement de 1634 les avoit assujettis. Elle les qualifie tous, conseillers.

3°. C'est sans doute parce que les privilèges & les exemptions accordés aux uns, retombent sur le reste du peuple, que l'édit d'avril 1654 énoncé dans la déclaration d'octobre 1656, avoit réduit les maîtres-d'hôtel au nombre de douze pour servir par quartier.

Loiseau (1) induiroit à penser que les maîtres-d'hôtel servans par quartier sont du nombre des grands officiers, *auxquels toutefois, dit-il, aucuns débattent aujourd'hui ce titre à cause de leur grand nombre.*

En effet, les auteurs de l'état de la France observent qu'au commencement du règne de Louis XIV, un si grand nombre de personnes avoient le titre de *maître-d'hôtel du Roi,* que l'état de la France, imprimé en 1649, en comptoit 170 employés avec des gages. Deux autres états de 1653 & de 1660 en nommoient 318 ; mais en même temps on avertissoit qu'il n'y en avoit jamais que trois qui servoient par quartier, au choix du grand-maître, ce qui faisoit douze par an, & que ce grand nombre devoit être

enfin réduit à douze, vacation avenant.

Le grand-maître reçoit le serment de ces officiers ; ils ont des brevets ou provisions du Roi, & ils sont obligés de les présenter au contrôle général, pour y être enregistrés. Sans cet enregistrement ils ne recevroient ni gages, ni livrées ; c'est à quoi sont encore obligés les officiers qui prêtent serment ailleurs, & qui ont des gages, nourriture & bouche à cour.

Les maîtres-d'hôtel sont du nombre des officiers qui sont vraiment & réellement le service auprès de la personne du Roi. Loiseau parle ainsi dès le début de son chapitre 3 du livre 4. « Ce sont ici » vraiment les plus vrais officiers du Roi, » qui assistent & servent lui-même jour- » nellement, au lieu que les autres (les » grands officiers) servent l'état & le pu- » blic, & non pas directement la per- » sonne du Roi. »

Les maîtres-d'hôtel ont le commandement sur les sept offices. Pour marque de leur autorité, ils portent dans la maison du Roi, un bâton garni d'argent doré lorsqu'ils conduisent le service au dîner ou souper du Roi, (quand il mange en public), lorsqu'ils accompagnent le pain béni, & lorsqu'ils accompagnent le bouillon du Roi quand il en prend le matin.

Ils présentent au Roi lorsqu'il se met à table, la première serviette mouillée, destinée à lui laver les mains : c'est un honneur qu'ils ne cedent qu'aux princes du sang, ou aux princes légitimés de France, ou au grand-maître (1) : ce sont eux qui en l'absence du premier maître

---

(1) Traité des offices, liv. 4, chap. 3, n. 10.

(1) Article 27 du réglement du 7 janvier 1681 :

« Le maître-d'hôtel servant donnera la ser- » viette à M. le grand-maître, s'il y est, pour » la présenter à sa majesté, si ce n'est qu'aucun » des princes du sang, ou enfans naturels, fussent » présens ; auquel cas le maître-d'hôtel servant » la donnera à celui d'entre eux qui tiendra le » premier rang : & où il n'y auroit aucun des » susdits, ledit maître-d'hôtel servant la donnera » lui-même à sa majesté. »

d'hôtel & du maître-d'hôtel ordinaire, reçoivent les ordres du Roi pour le lieu, l'heure, & le service des repas du lendemain. Ils font passer ces ordres aux officiers du gobelet & de la bouche, chargés de l'exécution des ordres.

Quand le Roi doit rendre les pains bénits à quelque paroisse ou confrérie, le maître-d'hôtel qui est de jour, tenant son bâton en main, doit accompagner à l'église les pains bénits.

On peut voir dans le réglement du 7 janvier 1681, rapporté à l'article du grand-maître de France, & leurs fonctions, & quelques unes de leurs prérogatives.

L'article 25, « porte que quand sa » majesté aura demandé la viande, le » maître-d'hôtel se rendra à la bouche, » où il aura soin de faire l'essai, & de le » faire faire à l'écuyer : ce qui sera fait » faire de nouveau par les gentils- » hommes servans, lorsque la viande » sera sur la table de sa majesté.

» Article 26 : la viande de sa majesté » sera portée en cet ordre. Deux des » gardes marcheront les premiers, en- » suite l'huissier de salle, le maître-d'hô- » tel avec son bâton, le gentilhomme » servant panetier, & autres qui porte- » ront la viande ; l'écuyer de cuisine & le » garde vaisselle ; derrière eux deux au- » tres gardes de sa majesté, qui ne lais- » seront approcher personne de la viande, » & *les officiers ci-dessus nommés, avec* » *un gentilhomme servant, retourneront à* » *la viande à tous les services.* ( R. D. M. ) »

---

# CHAPITRE XIV.

## *Des gentilshommes servans.*

Il y avoit autrefois chez le Roi trente-six gentilshommes servans : mais un édit du mois d'août 1780, enregistré à la chambre des comptes le 18 du même mois, à réduit ces officiers au nombre de dix-huit.

Les gentilshommes servans font journellement à la table du Roi, les fonctions que font aux grandes cérémonies le premier pannetier, le premier échanson & le premier tranchant de France, représentés chacun par six de ces gentilshommes : cependant ils ne dépendent point de ces trois principaux officiers ; car lorsqu'il arrive à ceux-ci d'exercer leurs charges, les gentilshommes servans font le service conjointement avec eux.

Ils font qualifiés de *gentilshommes servant le Roi*, parce qu'ils ne servent que sa majesté, les têtes couronnées, ou les princes du sang & les souverains quand ils mangent avec le Roi. Le premier maître-d'hôtel ou les maîtres-d'hôtel de quartier, servent alors avec le bâton de cérémonie.

Le jour de la cène, les gentilshommes servans ont l'honneur de servir avec les fils de France, les princes du sang & les principaux seigneurs de la cour qui présentent au Roi les plats que sa majesté sert aux treize enfans pauvres.

Ces gentilshommes ont rang aux grandes cérémonies, & séance immédiatement après les maîtres-d'hôtel.

Ils servent toujours l'épée au côté, & prêtent serment de fidélité entre les mains du grand-maître de France.

Lorsque les gentilshommes servans ne font pas nobles d'extraction, ils ont par leur charge le droit de prendre les qualités de chevalier & d'écuyer, & d'avoir leurs armoiries timbrées. C'est ce que porte une déclaration du Roi donnée tant pour eux que pour les maîtres-d'hôtel du Roi, le 17 octobre 1656. Elle est rapportée au chapitre précédent.

Par une autre déclaration du 20 juillet 1688, enregistrée au grand conseil le 11 août de la même année (1), le Roi a accordé aux gentilshommes servans, rang & préséance dans les assemblées & cérémonies publiques, immédiatement après les conseillers des bailliages, sénéchaussées & sièges présidiaux, & avant les officiers des élections & autres inférieurs en ordre à ces conseillers.

Enfin, les gentilshommes servans jouissent de tous les autres privilèges des commensaux, & même de l'exemption du droit de franc-fief, quand ils ne seroient pas nobles d'extraction. Mais dans ce dernier cas, l'exemption n'a lieu que tandis qu'ils exercent leurs charges, à moins qu'ils n'aient obtenu des lettres de vétérance après vingt-cinq années de service réel & personnel. Il faut d'ailleurs qu'ils s'abstiennent de tout acte dérogeant à leur qualité, & qu'ils n'exercent aucune autre charge, office, place ou emploi ayant fonctions publiques & serment en justice. C'est ce qui résulte de l'article 1 de l'arrêt rendu au conseil d'état du Roi, le 15 mai 1778.

---

(1) Cette déclaration est ainsi conçue :

Louis, &c. Salut. Nos gentilshommes servans, panetiers, échansons & tranchans, nous ont très-humblement remontré, qu'encore que par l'honneur qu'ils ont de nous servir esdites charges, ils ayent lieu de prétendre dans les lieux de leur demeure, la préséance aux cérémonies & assemblées qui s'y font, ainsi que plusieurs officiers de notre chambre & autres nos officiers en jouissent. Néanmoins, parce qu'ils ne sont pas expressément dénommés dans les déclarations qui ont été expédiées à cet effet, ils sont souvent troublés en la jouissance de ce droit : ce qui les oblige d'avoir recours à nous, à ce qu'il nous plaise précisément expliquer nos intentions à leur égard ; & voulant les traiter favorablement : A ces causes, de notre grâce spéciale, pleine puissance & autorité royale, nous avons dit & déclaré, disons & déclarons par ces présentes, signées de notre main, voulons & nous plaît, que nos gentilshommes servans ayent rang, & marchent ès assemblées qui se feront à l'avenir ès villes & lieux de leur habitation, & autres où ils se trouveront, immédiatement après les conseillers de nos bailliages, sénéchaussées & sièges présidiaux, avant les officiers de nos élections & greniers à sel, & tous autres inférieurs en ordre auxdits conseillers. Si donnons en mandement à nos amés & féaux conseillers les gens tenant notre grand conseil, &c.

---

# CHAPITRE XV.

### Du contrôleur ordinaire & des autres contrôleurs de la maison du Roi.

CES officiers doivent leur existence à un édit du mois de janvier 1782, enregistré à la cour des aides le 15 février suivant.

Par l'article 1 de cette loi, le Roi a supprimé la charge de contrôleur ordinaire de sa cuisine-bouche.

Et par les articles 2 & 5 de la même loi, ont été créées la charge de contrôleur ordinaire, & quatre autres charges de contrôleurs de la maison du Roi.

Les titulaires de ces quatre dernières charges servent par quartier.

Les pourvus de toutes ces charges doivent, suivant le même édit, jouir des honneurs, autorités, prérogatives, prééminences, privilèges, franchises, libertés & autres avantages, que les ordonnances

nances ont attribué aux officiers commenfaux de la maison de fa majesté.

Le Roi s'est réfervé par l'édit dont
il s'agit, de régler les fonctions, gages,
appointemens, droits, profits, revenus
& émolumens de ces nouveaux officiers.

La qualité d'écuyer ne peut point être
contestée à ces officiers, non plus que la
préféance en toute affemblée générale &
particulière fur les officiers des greniers
à fel, & autres qui font inférieurs aux
bailliages, fénéchauffées ou fièges préfidiaux. Le rang des contrôleurs dont il
s'agit, doit être immédiatement après les
confeillers de ces fièges. Ce font des conféquences qui réfultent de la déclaration
du Roi donnée en faveur des contrôleurs
clercs d'office, le 27 mars 1685, enregiftrée au grand confeil le 13 avril fuivant (1).

On ne peut d'ailleurs pas douter que
fi les contrôleurs de la maison du Roi
dont il eft question, avoient été créés
à l'époque du 15 mai 1778, lorfque fa
majesté rendit en fon confeil, l'arrêt
qui défigne les officiers, domeftiques &
commenfaux de fa maison, des mai-

fons royales, & de celles des princes
& princeffes du fang qui doivent être
exempts du droit de franc-fief, cette exemption ne leur eût été attribuée comme elle
l'a été par l'article 1, au contrôleur ordinaire de la bouche, & aux contrôleurs
d'office qui exiftoient alors.

Ce feroit donc en vain qu'on oppo-
feroit aux contrôleurs nouvellement créés,
que les commenfaux qui n'ont point été
fpécialement affranchis du droit de franc-
fief par les édits de création de leurs
charges, ne peuvent pas s'en prétendre
exempts, quoi que ces édits leur aient
attribué l'exemption *de la taille, corvée,
tutelle, curatelle, logement de gens de
guerre & autres impofitions ou charges publiques*, parce que le franc-fief ne peut
être cenfé compris fous l'expreffion générale *d'autres impofitions*, attendu que
c'est un droit domanial & non d'impofition. Il fuffiroit, pour faire évanouir une
telle difficulté, de comparer les charges des
nouveaux contrôleurs avec celles dont les
titulaires ont été déclarés exempts du droit
de franc-fief par l'article premier de l'arrêt
cité.

_____

(1) *Cette loi eft ainfi conçue :*

Louis, &c. A tous ceux qui ces préfentes
lettres verront ; falut. Nos écuyers ordinaires,
les contrôleurs, clercs d'office de notre maifon,
& les officiers de la compagnie des cent-fuiffes
de notre garde, nous ont fait remontrer qu'encore qu'ils doivent jouir des droits de rang &
préféance ès affemblées qui fe font ès villes &
lieux de leur demeure, immédiatement après les
confeillers de nos bailliages, fénéchauffées &
fièges préfidaux, conformément aux déclarations
des dernier février 1605, 27 juillet 1613, & 21
décembre 1617, expédiées en faveur des officiers
de notre chambre & de notre garde-robe, maréchaux & fourriers de nos logis & de nos gardes-
du-corps, néanmoins fous prétexte qu'ils ne font
nommés en aucune defdites déclarations, ils font
troublés en la jouiffance dudit droit de préféance,
par des juges & officiers inférieurs en ordre
auxdits confeillers en nos bailliages, fénéchauffées
& fièges préfidaux ; ce qui les oblige d'avoir
recours à nous, à ce qu'il nous plaife déclarer

notre volonté à leur égard fur lefdits droits de
rang & de préféance. A ces caufes, de notre grâce
fpéciale, pleine puiffance & autorité royale,
nous avons dit, déclaré & ordonné, difons, déclarons & ordonnons par ces préfentes, fignées
de notre main, voulons & nous plaît, que nos
écuyers ordinaires, contrôleurs, clercs d'office
de notre maifon, & les lieutenans, enfeignes &
exempts de la compagnie des cent-fuiffes de
notre garde, ayent rang & marchent ès affemblées
qui fe feront à l'avenir ès villes de leur habitation, & autres où ils fe trouveront, immédiatement après les confeillers de nos bailliages,
fénéchauffées & fièges préfidaux, avant les officiers de nos élections & greniers à fel, & tous
autres inférieurs en ordre auxdits confeillers ;
voulant que les procès qui fe trouveront à préfent intentés à cette occafion, foient réglés fuivant & conformément à notre préfente déclaration.
Si donnons en mandement à nos amés & féaux
confeillers les gens tenant notre grand confeil,
que ces préfentes ils ayent à faire regiftrer, &c,

# CHAPITRE XVI.

*Des huissiers de salle, & de quelques autres officiers employés aux tables & aux cuisines du Roi, dans le département du grand-maître de France.*

LES huissiers de salle étoient autrefois au nombre de couze servant par quartier. Mais un édit du mois d'août 1780, les a réduits au nombre de six, servant par semestre.

Les fonctions de ces officiers consistent particulièrement à faire connoître les ordres qu'ils ont reçus pour le repas du Roi, & à garder les portes de la salle tandis que sa majesté est à table.

Il y avoit aussi autrefois huit huissiers du chambellan, servant par quartier : mais l'édit qu'on vient de citer, les a réduits à deux qui sont ordinaires.

Ces officiers remplissoient pour la table du chambellan, avant qu'elle fût supprimée, des fonctions semblables à celles dont les huissiers de salle sont chargés, relativement à la table du Roi.

Aujourd'hui, les huissiers du chambellan n'ont plus de fonctions pour les tables qu'à Marly ; mais lorsqu'il plaît au Roi de donner des bals ou des fêtes, ils gardent les portes des salles où sont les buffets.

Il y a encore dans le département du grand-maître de France, deux officiers serdeaux, deux portes-tables, un contrôleur de paneterie & échansonnerie, dix chefs de paneterie & échansonnerie, deux chefs travailleurs & sept aides dans la même partie, un contrôleur de cuisine-bouche, quatre chefs de cuisine-bouche, quatre autres chefs travailleurs, & neuf aides dans la même partie, un huissier de la bouche, un sommelier de la table du grand-maître, un garde-vaisselle, &c.

Tous ces officiers jouissent des privilèges ordinaires des commensaux : mais leurs charges ne les exemptent point du droit de franc-fief, & ne les autorise point à se décorer de la qualité d'écuyer.

# CHAPITRE XVII.

## *Du grand-chambellan de France.*

PARCOURONS sous trois paragraphes tout ce qui concerne la charge éminente du grand-chambellan de France.

La majesté royale a toujours eu besoin d'un appareil de grandeur & de magnificence, relatif aux mœurs de chaque siècle. Toujours il a fallu aux Rois des officiers chargés du soin de cet appareil. Mais ils étoient en petit nombre durant l'antique simplicité des premiers siècles de notre monarchie.

Dans la suite, les seigneurs François ayant usurpé une partie de l'autorité en profitant de la foiblesse des derniers Rois de la seconde race, ils se firent des cours nombreuses, & nos souverains qui ne pouvoient pas s'opposer à cet abus, ni arrêter les progrès du luxe, furent forcés de multiplier en proportion le nombre de leurs officiers, pour conferver toujours la diftance convenable entre le maître & le fujet.

La charge de grand-chambellan eft auffi ancienne que la monarchie Françoife. Dès l'origine, elle étoit une des plus confidérables par les honneurs qui y étoient attachés, par le crédit qu'elle donnoit, par l'importance & l'étendue de fes fonctions. Ces fonctions fe diviferent dans la fuite en plufieurs branches, à mefure que les offices fe multiplièrent.

Cependant les droits de cette charge n'en furent pas diminués. Au contraire, ils devinrent en quelque forte exorbitant par l'autorité des grands feigneurs qui la pofféderent fous les Rois de la troifième race. Ils en firent un fief héréditaire, fous le nom de grande-chambrerie; & dès-lors, on commença à diftinguer le grand-chambrier du grand-chambellan. Celui-là, (le grand-chambrier) retint la majeure partie des droits & les grands honneurs attachés à cette charge. Celui-ci, (le grand-chambellan) en fit toujours les fonctions auprès de la perfonne du Roi.

Autrefois, on connoit indifféremment les noms de chambrier ou de chambellan, au même officier. On entendoit toujours par-là le premier officier de la chambre du Roi. Depuis ce temps-là même, on les a fouvent confondus; ce qui répand un peu d'obfcurité dans ce qu'en ont écrit les auteurs.

Enfin, la grande-chambrerie fut fupprimée & fon fief réuni au domaine de la couronne. L'office de grand-chambellan eft demeuré. Nous parlerons de fon origine & des différens changemens que nous venons d'indiquer, avant d'établir quelles font fes fonctions & fes prérogatives actuelles.

## §. I. *De l'origine du grand-chambellan, & des anciens droits de fa charge.*

Il femble que la cour des empereurs romains ait fervi de modèle à celles de tous les Rois dont la puiffance s'eft établie fur les débris de l'empire. Les empereurs avoient un officier qu'on appeloit *præpofitus facri cubiculi.* Cet officier n'avoit point de juridiction; mais il étoit foumis à celle du grand-maître, *juridictioni magiftri officiorum.* Sa dignité étoit égale à celle d'un préfet du prétoire ou de la ville, & il en confervoit les prérogatives, même après être forti de charge. Voyez le titre du code *de præpofitis facri cubiculi.* Car ces charges chez les Romains ne fe donnoient pas à vie comme parmi nous. Un magiftrat, après avoir rempli avec honneur une place pendant une ou plufieurs années, la quittoit volontiers pour en occuper une autre plus ou moins importante, ou même pour rentrer dans la claffe des fimples citoyens. Par-là, chacun avoit l'efpoir de parvenir à fon tour, & par degrés jufqu'aux premières dignités de l'empire. C'étoit, ce femble, un puiffant reffort d'émulation.

En France même, toutes les charges, tous les offices étoient révocables à la volonté du fouverain, avant que le Roi Louis XI les eût rendus perpétuels; aucun n'étoit héréditaire avant que par l'aliénation qui en a été faite, ils fuffent devenus un objet de commerce & le patrimoine des particuliers (1).

La dignité de chambellan s'eft confervée dans l'empire d'occident, où l'électeur de Brandebourg s'honore encore d'en porter le titre; mais il n'a aucune fonction, fi ce n'eft au couronnement des empereurs.

En France, le premier Roi chrétien, celui qu'on peut regarder comme le premier qui ait régné dans les Gaules, Clovis avoit un chambellan, nommé *Aurélien.*

C'eft le premier dont il foit fait mention dans notre hiftoire. Ce fut lui que Clovis députa vers Gombaut, roi des

_____

(1) Voyez Loyfeau, traité des offices, liv. 1, chap. 3, liv. 2, chap. 2, liv. 5, chap. 4. Voyez auffi l'article 37 de l'ordonnance de Rouffillon.

Bourguignons, pour demander fa nièce Clotilde en mariage. Une négociation de cette nature ne pouvoit être donnée qu'à un homme en qui le Roi eût la plus entière confiance, & quel autre pouvoit mieux la mériter, qu'un officier choisi par le Roi lui-même pour être toujours auprès de fa perfonne facrée?

Tel étoit en effet le premier devoir du grand-chambellan. Il étoit continuellement dans la chambre du Roi, & il y couchoit lorsque la reine n'y étoit pas; c'étoit à lui de faire les honneurs de la chambre, d'y introduire ceux qui devoient être admis aux audiences du Roi, d'en écarter les gens fufpects, ou importuns. On conçoit aifément quel crédit ces fonctions devoient lui donner; aufli, fuivant un ancien auteur, c'étoit la première charge pour avoir l'oreille du fouverain. Il avoit la garde du fcel fecret & du cachet du cabinet; c'eft peut-être la raifon pour laquelle les auteurs difent qu'il étoit exempt du droit de fceau: il avoit foin de faire orner & meubler magnifiquement l'appartement, & de faire décorer convenablement le lit de fa majefté. Il veilloit aufli à la propreté de fes vêtemens & de fon linge, & ce foin important, il le partageoit ordinairement avec la reine, qui ne dédaignoit pas de s'en occuper aufli. Telle étoit la fimplicité des mœurs anciennes.

Le grand-chambellan avoit la garde du tréfor royal qui étoit alors dans la chambre du Roi. C'eft lui qui faifoit les préfens aux ambaffadeurs étrangers; il diftribuoit les gratifications que le Roi accordoit aux foldats. Il portoit toujours de l'argent pour les libéralités journalières de fa majefté, & pour fes autres dépenfes; ainfi fon autorité s'étendoit jufque fur l'adminiftration des finances, à laquelle il préfidoit. Cette partie du gouvernement étoit alors bien moins étendue & moins compliquée qu'elle ne l'eft aujourd'hui.

Dans l'origine, le grand-chambellan a fait aufli l'office de maître-d'hôtel, d'écuyer-tranchant & de gentilhomme fervant. Il avoit foin des armes du Roi, & quand le Roi faifoit des chevaliers, le grand-chambellan préparoit tout ce qui étoit néceffaire pour la cérémonie.

Il avoit une autre fonction très-importante. C'étoit d'introduire les grands vaffaux de la couronne qui venoient porter la foi, & le plus fouvent c'étoit le chambellan qui les recevoit pour le Roi au devoir de vaffelage: foit que le vaffal fût reçu en foi par le chambellan, ou par le Roi lui-même, il payoit au chambellan une redevance en argent, appelée *droit de chambellage*. Ce droit étoit proportionné à la fortune ou à la qualité du vaffal. Voici comment il eft réglé par une ordonnance donnée à Nogent-le-Rimbert, le 31 août 1272.

« Par devant le Roi, préfens M. l'abbé
» de Saint-Denis, M. Jean d'Acre, bou-
» teillier de France, M. de Mailly, cham-
» berlan de France & plufieurs autres.
» Il fut arrêté que quiconque feroit ou
» auroit fait hommage au roi Philippe,
» qui ores eft, dont il ne fut mie en
» l'hommage au roi Loys fon père, que
» li plus pauvres hons (hommes) paye-
» roit vingt fols parifis au maiftre cham-
» berlan, chevalliers, & à tous les au-
» tres chamberlan, & li autres hons,
» de cent livres de terre, & de qui que
» il les tingne, payeront cinquante fols
» de parifis, & chil de cinq cents li-
» vres de rente, de qui que il les tiengne
» payeront cent fols de parifis. Et li ba-
» ron, & li évêque & li archevêque
» payeront dix livres de parifis auxdits
» chamberlans. »

Nous remarquons qu'on donne ici au chambellan le titre de chevalier. Il paroît par cette ordonnance que ceux qui avoient déjà porté la foi & hommage au feu Roi, ne devoient pas un nouveau droit de chambellage en la portant au Roi fon fucceffeur. La raifon en eft que le vaffal ne doit point fouffrir des murations qui arrivent dans la propriété du fief dominant. On diftinguoit les mutations qui arrivent, l'une par la mort du vaffal même, & l'autre par la mort de fon feigneur.

C'eft à préfent la chambre des comptes qui reçoit la foi des vaffaux de la couronne ; elle fuccède en cela aux fonctions du chambellan. On paye encore un droit de chambellage ; mais cette rétribution n'appartient plus au chambellan ; elle ne retient que le nom de fon ancienne origine.

On eft étonné de la multitude des fonctions que le grand-chambellan avoit à remplir. Il avoit fous lui un grand nombre d'officiers inférieurs. Il faifoit prêter ferent à tous les officiers de la chambre & à tous ceux qui fervoient fous lui (1).

Quant à lui, il ne doit prêter ferment qu'entre les mains du Roi, parce qu'étant l'un des grands officiers de la couronne, il ne reconnoît point d'autre fupérieur. Loyfeau prétend même que les grands officiers ne font pas obligés de faire enregiftrer leurs provifions dans les cours ; il fe fonde fur l'éminence de leur dignité, leur indépendance & l'étendue de leurs pouvoirs, qui ne font ni limités à un certain reffort, ni fubordonnés à aucune juridiction. Cependant, il eft d'ufage que leurs provifions foient enregiftrées au parlement pour leur donner un caractère de publicité, un caractère légal. Ils n'ont pas befoin non plus d'une information de vie & mœurs pour être reçus dans leurs charges, apparemment parce qu'ils font cenfés fuffifamment connus du Roi qui leur donne les provifions.

Comme les officiers qui environnent le trône annoncent la gloire & la majefté du maître, ainfi l'éclat de la grandeur fuprême fe communique & fe répand du monarque fur les grands qui l'entourent. Ceux qui l'approchent de plus près, en font le plus honorés : c'eft pour cela qu'anciennement le grand-chambellan a eu quelquefois le pas fur tous les autres officiers, excepté à la guerre, où le connétable a toujours tenu le premier rang après le Roi, & commandoit même aux princes du fang. Cela ne s'entend néanmoins que d'un temps poftérieur à la fuppreffion de l'office de maire du palais. Car tant que celui-ci a fubfifté, il étoit, à parler exactement, le feul grand-officier de la couronne. Tous les autres lui étoient fubordonnés : fous le nom de duc de France, il gouvernoit l'état entier.

Après la fuppreffion de cet officier, dont la puiffance redoutable a deux fois ébranlé le trône, les principaux officiers de chaque département devinrent les chefs, chacun dans la partie du gouvernement qui les concernoit, & fe firent grands officiers de la couronne ; en ajoutant au titre de leur office, ces mots *de France,* comme pour fignifier qu'ils font plutôt les officiers de l'état que de la perfonne du Roi.

Ainfi s'établirent le connétable de France, le chancelier de France, le grand-maître de France, le bouteiller ou échanfon de France. Le premier chambellan ou chambrier de la chambre du Roi (1), qu'on appeloit chambellan du Roi ou fimplement chambellan, prit alors le titre de grand-chambellan de France.

Revenons au rang qu'il occupoit dans l'état de la maifon du Roi & des officiers de la couronne. Il étoit nommé immédiatement après le chancelier. Loyfeau dit que, » de fon temps, le grand-chambellan pré- » cédoit encore le grand-maître ; ce qu'il

---

(1) Il avoit droit de commettre un lecteur pour le Roi ; ce qui vient apparemment de ce qu'anciennement lorfque nos Rois & nos reines prenoient leurs vêtemens, & pendant leurs repas, on avoit coutume de leur lire quelques hiftoires, qui leur rappeloient les actions héroïques des princes leurs prédéceffeurs.

(1) Il eft nommé auffi comte de la chambre du Roi ; Aimon le Moine l'appelle *camerarius feu cameræ regis præfectus.*

» faut, dit-il, préfumer avoir été ainfi
» établi, du temps qu'il y avoit un maire
» du palais, & que le grand-maître n'é-
» toit que comte du palais, & n'avoit
» aucune furintendance fur les officiers
» de la maifon du Roi » Au refte l'ufage
a beaucoup varié touchant les préféances
entre les feigneurs de la cour, en forte
que l'on n'a guères fuivi de règles certaines à cet égard.

Le roi Philippe premier ordonna que
le grand-chambellan figneroit avec les
autres grands officiers, les chartes d'importance ; & cela fe pratiquoit même
long-temps auparavant ; on ne délivroit
guères de lettres-patentes qu'en préfence
du grand-chambellan.

Il fut jugé en 1224, fous Louis VIII,
que le grand-chambellan devoit affifter
au jugement des pairs, avec voix délibérative. Voyez Pafquier dans fes recherches,
liv. 4, chap. 9.

Comme dans l'origine, le grand-chambellan étoit fans ceffe auprès du Roi, il
étoit néceffaire qu'il fût nourri dans le
palais ; c'eft pourquoi il avoit une table
entretenue aux frais du Roi ; mais Claude
de Lorraine, duc de Chevreufe, grand-
chambellan, s'en accommoda avec les
premiers maîtres-d'hôtel, qui tenoient encore cette table il y a plufieurs années.
Elle s'appeloit toujours la table du grand-
chambellan. Elle fut fupprimée dans les
dernières réformes. L'art. 15 du réglement du 17 août 1780, *fupprime la table
du chambellan.* L'art. 1 d'un édit du même
mois avoit déjà fupprimé un office de
*maître-d'hôtel fervant cette table.*

Gelliot, dans fon indice armorial, dit auffi
qu'autrefois la dépouille & les habits du Roi
appartenoient au grand-chambellan : le Roi,
dit-il, *en devoit avoir neuf par jour.* Mais
comme il eft difficile d'imaginer rien de
plus fatigant qu'une pareille étiquette, on
prit le parti de faire une converfion du droit
de dépouille en une fomme d'argent. Le
droit dont nous parlons, a quelque chofe
de fort extraordinaire, & même d'in-

croyable. Qui auroit pu faire adopter un
ufage fi bifarre ? Changer neuf fois en un
jour de vêtemens, eft un luxe non moins
extrême qu'incommode, qui ne s'accorde
point avec l'efprit d'économie, la fimplicité de mœurs & la barbe traînante que
l'on voit chez les anciens François, &
même chez les Rois.

Il y a des noms augustes & refpectés
du peuple, des familles dont l'origine fe
perd dans l'obfcurité des temps voifins de
l'établiffement de la monarchie, dont les
membres ont été, de fiècle en fiècle,
les foutiens de l'état, ont toujours eu le
plus de part au gouvernement, & en ont
poffédé les premières charges. Les rejetons de ces tiges illuftres ont dû, fans
doute, être préférés. C'eft à eux que
les grands honneurs doivent être déférés ; les charges les plus importantes doivent leur être confiées. On doit récom-
penfer en eux la valeur & les fervices de
leurs ancêtres. Leur nom & les exemples
de vertu qu'ils ont dans leur propre maifon, femblent répondre de leur mérite
perfonnel.

On fait bien que la charge de grand-
chambellan n'a jamais fervi de dégré pour
arriver à la nobleffe. Elle n'a jamais fervi
à illuftrer une famille obfcure. Elle a
prefque toujours été entre des mains dignes
de porter le fceptre. C'eft l'expreffion de
l'un des hiftoriens.

Dès la première race de nos Rois, cette
charge ne fe donnoit qu'à de très-grands
feigneurs & à des hommes de la plus haute
naiffance. *Evroul*, qui en étoit pourvu
fous *Chilpéric*, eft qualifié ce prince par
Grégoire de Tours. Il en fut de même
fous la feconde race. Boffon, grand-
chambellan fous le roi Louis-le-Bègue,
étoit allié de l'Empereur, & devint enfuite roi de Provence.

Sous la troifième race, cette charge a
été poffédée dans les douzième & treizième fiècles par les feigneurs de la maifon de Villebeon. L'un d'eux, grand-
chambellan du roi Saint-Louis, mort à

Tunis en 1270, fut enterré à Saint-Denis aux pieds de son maître.

Après eux, cet office passa aux comtes de Tancarville, qui le possédèrent de père en fils jusqu'en 1443 ; ce long usage leur fit imaginer de prétendre qu'il étoit héréditaire dans leur maison ; à l'exemple des ducs de Bourbon, qui ayant joui du fief de la chambrerie, alors séparée & distinguée de la charge de grand-chambellan, prétendirent aussi que la grande chambrerie étoit héréditaire chez eux.

Quant à la chage de grand-chambellan, Jean, bâtard d'Orléans, ayant épousé Marie de Harcourt, héritière du comte de Tancarville, eut cet office, & néanmoins son fils ne put en jouir paisiblement, à cause des brouilleries qu'il eut avec le roi Louis XI : mais aussi-tôt que ses descendans furent rentrés en grace sous Louis XII, dont ils étoient parens naturels, l'office leur fut remis, & ils en jouirent jusqu'au décès du petit duc François. Après sa mort, le duc de Guise, son tuteur, en fut pourvu : il passa ensuite aux descendans du duc de Guise. Après eux, il a passé dans la maison de Montmorenci & dans celle de la Tremoille, puis aux ducs de Lorraine, & enfin dans l'illustre maison de la Tour d'Auvergne, dont le nom, cher à la France, est au-dessus de tous les éloges. Il suffiroit de dire qu'elle a produit le maréchal de Turenne.

On voit que du temps que tous les offices étoient destituables en France, les grands officiers de la couronne faisoient tout ce qu'ils pouvoient pour éviter cette destitution, & même pour rendre les offices héréditaires dans leurs maisons (1) : ils n'y trouvèrent point, dit Loyseau, de meilleur expédient que de faire au Roi foi & hommage de leurs offices, pour en être investis par sa majesté comme de fiefs ; puis ils prétendoient avoir droit de les retenir à ce titre : ils faisoient la foi

& hommage de leur office même, & non pas seulement de leurs justices, comme le prétend du Tillet. Car les justices de ces officiers ne sont pas des justices seigneuriales ; ils en sont eux-mêmes les premiers juges : à l'*instar* des baillifs & sénéchaux, la justice s'y rend en leur propre nom, à la différence des justices seigneuriales, où la justice ne se rend pas au nom du seigneur, mais bien au nom du baillif. Ainsi conclut Loyseau. Ce n'étoit pas à raison de leurs justices, qu'ils portoient la foi & hommage au Roi ; puisqu'ils étoient à cet égard dans le cas de tous les juges qui n'ont jamais porté en foi & hommage les justices où ils exercent leurs fonctions ; mais ils portoient la foi & hommage à raison de leur office même, pour le tenir à titre de fief, & conséquemment à titre perpétuel.

Depuis que les offices ont été faits perpétuels par l'ordonnance de Louis XI, les officiers n'ont plus fait la foi & hommage de leurs offices.

Quelques officiers ont aussi porté en différens temps les noms de chambellan ordinaire, ou de chambellan du Roi. Il ne faut pas les confondre avec le grand-chambellan de France. Tel fut M. de la Trémoille, chambellan du roi Henri IV, qui s'assit à un lit de justice, aux pieds de sa majesté, mais au-dessous du grand-chambellan de France. Ce fait est rapporté par du Tillet.

Le prévôt de Paris prend encore le titre de chambellan ordinaire du Roi. Cela vient apparemment de ce que nos Rois, voulant qu'il leur rendît un compte journalier de ce qui se passe dans cette capitale, attachèrent à son office celui de chambellan ordinaire, pour lui donner un accès plus facile.

§. II. *Ce qu'étoit le grand-chambrier, & quelles étoient ses fonctions & ses droits.*

Le grand-chambrier, comme on l'a annoncé au commencement de ce chapitre,

_____

(1) C'est la remarque de Loyseau.

n'étoit pas autrefois distingué du grand-chambellan, & le même officier prenoit indifféremment l'un & l'autre nom : en 1397, Jacques de Bourbon, l'un des descendans du roi Saint-Louis, fut pourvu de cet office, qui a toujours été possédé depuis par les princes de cette maison, jusqu'à sa suppression, comme le prouve fort bien du Tillet.

Nous avons vu que les grands officiers de la couronne ont fait, à l'ombre & sous le prétexte des justices annexées à leurs charges, tout ce qu'ils ont pu pour les changer en fiefs, afin de les rendre héréditaires, comme les ducs & les comtes avoient fait. Ils ont rencontré sur ce point des obstacles & des contradictions ; mais l'on n'a pu empêcher les ducs de Bourbon de convertir tout-à-fait en fief leur office de grand-chambrier ; ces princes étoient, sans doute, trop puissans, pour qu'on entreprît de les en dépouiller.

L'office de grand-chambrier étant tenu successivement par des princes du sang royal, on peut croire que nos Rois ne voulurent pas les forcer d'en faire assidûment les fonctions : en effet, cette charge imposoit des devoirs très-assujétissans : tels que de coucher presque toujours dans la chambre de sa majesté. Il étoit de la bonté de nos Rois d'en dispenser des princes que les liens du sang devoient leur rendre chers. C'est l'observation de du Tillet & de Loyseau.

Comme dans l'empire Romain, le grand-chambellan, appelé *prapositus sacri cubili*, avoit sous lui un *primicerius* ou *decurio cubiculorum* ; de même le grand-chambrier avoit sous lui un premier chambellan. Celui-ci faisoit ordinairement auprès de la personne du Roi, tout le service que le grand-chambrier auroit dû faire : par ce moyen il en usurpa toutes les fonctions avec les émolumens casuels, & se fit officier de la couronne, indépendant du grand-chambrier, sous le titre de grand-chambellan de France. C'est peut-être de-là qu'est venue la distinction de ces deux

offices de grand-chambrier & de grand-chambellan, qui originairement n'en faisoient qu'un seul.

Les autres grands officiers de la couronne, attachés à la maison du Roi, n'ont pas eu le même sort que le grand-chambrier : quoiqu'ils ayent tous sous eux un premier officier, dépendant de leur charge, ces officiers subalternes n'ont pas pris la place de leurs chefs, parce que le chef n'a pas abandonné ses fonctions, qu'il est toujours demeuré officier, & n'a pas converti son office en fief, comme a fait le grand-chambrier. Tous ont bien tenté de le faire, comme on l'a observé plus haut, mais tous n'ont pas également réussi.

« On peut encore, dit Loyseau, ex-
» pliquer la *rencontre* de ces deux offices
» de grand-chambrier & de grand-cham-
» bellan, en observant que, comme
» d'une part il étoit prétendu à titre de
» succession comme fief, & que d'autre
» part il étoit conféré par mort comme
» office, on trouva moyen de diviser
» l'office entre deux contendans, si bien
» que ce qui pouvoit être féodal en ice-
» lui, comme la justice & ses droits an-
» nuels, fut laissé à celui qui le préten-
» doit par droit de succession, avec l'an-
» cien nom de chambrier, & le pourvu
» par mort, eut ce qui étoit de l'exer-
» cice & fonctions de l'office, & les pro-
» fits manuels ou casuels, sous le titre
» de grand-chambellan de France. »

Le grand-chambrier jouissoit de tous les droits & de tous les honneurs des grands officiers de la couronne, comme de signer les chartes d'importance, & de tenir un rang distingué dans les grandes cérémonies.

Outre son fief & la justice foncière, avec les cens, rentes & droits seigneuriaux qui y étoient attachés, il avoit encore une juridiction sur plusieurs corps de métiers. Cette juridiction s'étendoit sur les fripiers, les pelletiers, les cordonniers, les ceinturonniers, les bazaniers ou marchands de peaux passées par le le tan, & qui ne font pas corroyés, enfin fur les merciers.

Pour ceux-ci, il établiſſoit ſous lui un viſiteur qu'on nommoit *roi des merciers*, c'eſt-à-dire, correcteur ou ſyndic. Cette dénomination étoit alors aſſez commune. Il y avoit un *roi des merciers*, un *roi des ribauds*, & pluſieurs autres à qui l'on prodiguoit ce nom.

Les fonctions du roi des merciers étoient d'examiner les poids, les meſures les balances, les aunages de ces ſortes de marchands.

La juſtice du grand-chambrier étoit rendue à la table de marbre du palais à Paris, par un juge appelé *maire*, & par quelques autres officiers au nom du grand-chambrier lui-même, qui en étoit le premier juge ; c'eſt pourquoi le parlement de Paris prétendoit qu'il devoit ſe faire recevoir, & prêter ſerment à la cour, comme officier de ſon reſſort ; mais cela a toujours ſouffert difficulté. Voyez Loyſeau, *des offic.* liv. 4, chap. 2.

On ſe rappelle que dans l'origine le chambrier ou chambellan avoit ſoin de l'ameublement & de la garde-robe du Roi. Il avoit donc beſoin des merciers, des fripiers, & autres marchands de cette eſpèce ; c'eſt, ſans doute, la raiſon pour laquelle on lui avoit attribué une juridiction ſur ces ſortes de marchands & d'ouvriers, comme le grand-panetier s'en étoit attribué une ſur les boulangers, le grand-bouteillier ſur les marchands de vin, &c. (1).

(1) *Pour connoître parfaitement toutes les branches, toutes les ramifications, & juſqu'aux plus minces détails de cette juridiction du grand-chambrier, il faut lire l'ordonnance de François premier, du mois de juin 1544. La voici, telle qu'on la trouve dans le recueil de Fontanon, tom. 1, pag. 1054.*

François, &c..... Comme dès pieça & de tout temps & ancienneté ayent été faites, tant par nous que par nos prédéceſſeurs Rois, pluſieurs belles & grandes ordonnances *ſur l'état de la*

Cette juridiction a ſubi le ſort de ſes compagnes, elle ne ſubſiſte plus depuis que le roi François premier a ſupprimé la grande chambrerie. Ce fief fut d'abord

grande chambrerie de France, concernant mêmement le fait de la fripperie en notre ville & banlieue de Paris : depuis leſquelles ordon-nances, tant pour le long-temps qu'elles ont été faites, que *pour la diverſité & dégaiſement des habits* qui ſe ſont depuis faits & ſont encore cejourd'hui, & diverſité de langage duquel on uſoit : & auſſi pour obvier aux abus qui ci-devant ont été commis & commette ſe peuvent chacun jour, ſoit très-utile & néceſſaire pour le bien & profit de nos ſujets, réformer leſdites ordonnances, ainſi que la néceſſité du temps, la variété des occaſions & des occurrences journellement ſuccédant le requièrent.

A cette cauſe, après que par permiſſion & ordonnance de notre très-cher & t-ès-amé fils, Charles, *duc d'Orléans*, pair & *grand chambrier de France*, les maîtres frippiers de notre ville & banlieue de Paris ont été aſſemblés, & par l'avis de pluſieurs grands & notables perſonnages de ſon conſeil, ont été certains articles concernant ledit métier de fripperie, extraits deſdites anciennes ordonnances, & rédigés par écrit, nous inclinant libéralement à la ſuppli-cation & requête de notredit très-cher & très-amé fils & grand-chambrier de France, qu'il nous a pour cet effet cejourd'hui faite, avons, de notre certaine ſcience, &c. ordonnons, déclarons & nous plaît, en ratifiant & approuvant les anciennes coutumes & ordonnances de la-dite grand-chambrerie, que leſdits frippiers en uſent en la forme & manière qui s'enſuit :

1. C'eſt à ſavoir que nul ne pourra être reçu maître frippier dedans la ville & banlieue de Paris, vendant ou achetant robes, vieux linges ou langes, ne nulle manière de cuirain, vieil & neuf, s'il n'a acheté le métier dudit grand-chambrier de France ou de ſon commis.

2. Nul maître frippier ne pourra dorénavant avoir & tenir avec lui que deux apprentifs, & ne les pourra prendre à moins de trois ans chacun, leſquels apprentifs à l'entrée de leur apprentiſſage payeront à notredit très-cher & très-amé fils & *grand-chambrier* ou ſon commis, *dix ſous pariſis*, chacun, ou leur maître pour eux.

3. Aucun ne pourra être reçu maître audit métier de frippier, par ledit grand-chambrier ou ſon commis, s'il n'eſt ſuffiſant, de bonne vie, renommée, & honnête converſation ; qu'il ait fait

confisqué avec tous les biens de Charles de Bourbon, grand-chambrier de France. Au moyen de cette confiscation, le Roi donna le fief de la grande chambrerie à Charles de France, duc d'Orléans, son fils puîné, après la mort duquel il le supprima, sans retour, au mois d'octobre 1545.

---

son temps d'apprentissage par le temps ci-dessus déclaré, fait son chef-d'œuvre bien & dûment, & qu'il ait été rapporté par les jurés & gardes dudit métier audit grand-chambrier ou son commis. Et payera à sa réception audit chambrier ou son commis pour son droit *demi-marc d'argent, ou la valeur d'icelui.*

4. *Item*, que tous lesdits maîtres frippiers consentiront & confesseront le *droit de visitation de leurdit métier appartenir audit grand-chambrier de France, à cause de ladite chambrerie :* laquelle visitation se fera en la manière qui s'ensuit : c'est à savoir, qu'une fois l'an le lundi prochain & précédent le jour des cendres, *tous les maîtres frippiers s'assembleront en la halle de la fripperie à Paris,* & là seront élus, après serment solemnel par eux fait, deux prud'hommes jurés & gardes dudit métier, en la présence du *maire, juge de ladite chambrerie de France pour ledit grand-chambrier,* pour par lesdits deux élus exercer l'état de juré dudit métier, avec deux anciens, qui demeureront par chacun an. Lesquels jurés & gardes auront pouvoir de visiter toutes denrées & marchandises, tous les ouvriers & marchands d'iceux. Et des fautes & malfaçons qu'ils trouveront avoir été faites & commises en iceux métier & marchandises, faire leurs rapports pardevant ledit grand-chambrier ou son commis,

5. Et pour ce que plusieurs fois plusieurs colporteurs, revendeurs & revenderesses vendent & exposent en vente plusieurs denrées & marchandises qui gisent en visitation, & que lesdits jurés n'y peuvent toujours être présens : nous ordonnons que *les sergens & officiers de ladite grande chambrerie,* pourront prendre & saisir lesdites denrées & marchandises, & dedans vingt-quatre heures après ladite saisie faite, les mettre ès mains desdits jurés pour faire leur rapport des malfaçons qui y seront trouvées, lesquels jurés seront tenus dedans vingt-quatre heures après, visiter lesdites denrées & marchandises, & d'icelles faire leur rapport pardevant ledit grand-chambrier.

6. Nul maître frippier n'achetera aucunes denrées, ni marchandises de larron, ni de larronnesse à son scient, ni en bordel, ni en taverne, s'il ne sait de qui : ni chose mouillée, ni sanglante, s'il ne sait dont le sang & la mouillure viennent : ni de mezel ou de mezelle, ni de bourreau, ni de bourelle, hôtels-dieu, ni hôpitaux, ni nul garnement de religion, s'il n'est dépecé par droite usure, ou que le vendeur ait puissance de son supérieur, & pour obvier aux abus qui se pourroient commettre & qui en pourroient advenir.

7. Si aucun desdits maîtres frippiers contrevenoit à ce que dessus, & à son escient, comme il est dit, il perdra le métier, & ne se pourra plus entremettre dudit métier de maître frippier, pour vendre, ni pour acheter, s'il n'est réhabilité, qu'il ait racheté ledit métier, & fait serment en tel cas requis & accoutumé.

8. Qu'aucun ne pourra ouvrer, ni vendre chose qui soit nouvellement ouvrée, ni faire aucunes rentraitures en la ville & banlieue de Paris, s'il n'est maître frippier, & tel approuvé par les maîtres jurés & gardes dudit métier, & reçu comme dessus est dit, sur peine de perdre les denrées, marchandises & ouvrages qui seront trouvés en sa possession, & de *vingt sous parisis d'amende envers ledit grand-chambrier.*

9. Les commis dudit grand-chambrier, & pareillement les jurés & gardes dudit métier pourront prendre & arrêter toutes écroues vieilles & neuves, comme de drap de soie, de laine, linage, lange, cuiran & pelleterie, sur quelques personnes qu'elles seront trouvées, d'icelles *faire leur rapport pardevant ledit grand-chambrier,* lesquelles écroues seront *confisquées audit grand-chambrier,* si icelui ou ceux sur lesquels auront été prises lesdites écroues, ne demandent garantisseur.

10. Il est défendu à tous colporteurs, revendeurs & revenderesses, qu'ils ne puissent parler, avec les maîtres dudit métier, ni les empêcher en leur état & marchandise.

11. Et pour ce que sous ombre desdits colporteurs, revendeurs & revenderesses, se commettent plusieurs larcins & plusieurs abus dans cette ville de Paris, *qui ne peuvent venir à connoissance,* nous défendons à tous colporteurs, revendeurs & revenderesses de fripperie, lingerie & mercerie, de ne vendre ni exposer en vente aucune marchandise en la ville & banlieue de Paris, ès trois jours de marché, qui sont le mercredi, vendredi & samedi, sinon en la halle de la fripperie, en la place commune, sans avoir aucuns étaux, bancs, coffres, mannes, ne selles, pour icelles exposer en vente, lesquels colporteurs, revendeurs & revenderesses, ne pourront avoir avec eux aucuns serviteurs ou chambrières, pour vendre ou acheter marchandises, sur peine d'amende arbitraire envers ledit chambrier, èsquels jours de mercredi, vendredi & samedi, ils ne

La charge de grand-chambellan a toujours subsisté avec les mêmes droits qu'elle avoit avant la suppression de la grande chambrerie. Le grand-chambellan a pris le rang que le grand-chambrier occupoit à la cour; mais il n'a pu réussir à s'en faire attribuer les droits.

Claude de Lorraine, prince de Join-

---

pourront tenir leurs boutiques ouvertes, ni aller par la ville & fauxbourgs d'icelle, pour vendre, ni exposer en vente, ni acheter aucune marchandise : ains seront tenus & leur enjoignons fermer leursdits boutiques esdits jours.

12. Défendons pareillement auxdits revendeurs & revenderesses, de se mettre leursdites denrées & marchandises de fripperie, lingerie & mercerie par terre esdits jours de mercredi, vendredi & samedi, en ladite place commune de la fripperie, ne faire aucune chose empêchant la vente des étaliers étant en ladite halle, ne le peuple à aller parmi ladite halle : mais ordonnons que iceux colporteurs, revendeurs & revenderesses porteront toutes leursdites denrées & marchandises auxdits jours de marché à leur col & sur les bras, sur peine de quarante sous parisis d'amende, & *de confiscation de ladite marchandise, envers ledit grand-chambrier.*

13. Avons permis & permettons à tous maîtres frippiers de pouvoir dorénavant acheter toutes denrées & marchandises, comme linge, lange vieux & neuf, cuirain vieux & neuf, & aussi tous autres biens-meubles de bois & ustensiles ; & ordonner qu'ils pourront partir les uns avec les autres de toutes les denrées & marchandises qu'ils auront achetées, pourvu qu'ils aient été présens à l'achat d'icelles, & qu'ils ayent présenté argent à l'acheteur dedans le jour de l'achat d'icelles; & si ledit acheteur est refusant prendre l'argent de celui qui requerra avoir part en icelles denrées & marchandises, ledit requérant en sera cru en son serment, sinon que ledit acheteur voulût vérifier qu'il n'eût présenté argent, duquel cas ledit acheteur sera tenu sommairement *administrer témoins audit chambrier ou son commis, qui prendra ledit serment desdits témoins.*

14. Ordonnons que tous lesdits maîtres frippiers, leurs valets & apprentifs se soumettront *à la justice & juridiction dudit grand-chambrier de France ou son commis,* & seront tenus de procéder pardevant lui *de toutes choses qui concernent le métier,* tant pour la marchandise que pour les dettes dépendantes d'icelle.

15. Si aucun dudit métier dit ou *fait injure audit grand-chambrier, son commis,* ou aux jurés & gardes dudit métier, ou aucuns de ses sergens, ou à aucun autre en jugement *pardevant ledit grand-chambrier ou son commis,* il doit être, & sera condamné en l'amende, *à la dis-*

crétion *de justice tant envers ledit grand-chambrier,* que celui auquel l'injure aura été faite.

16. Ordonnons que le commis dudit grand-chambrier sera tenu aller pardevant le prévôt de Paris, & par-tout ailleurs, toutes & quantes fois qu'il en sera requis par les jurés & gardes dudit métier, pour requérir le maître frippier qui sera arrêté ou poursuivi pardevant le juge, auquel sera ledit réquisitoire, lui, sa femme, ses biens, ès procès & actions contre lui intentées pour le fait dudit métier & marchandises, & requérir le renvoi *pardevant ledit grand-chambrier ou son commis.*

17. Défendons à tous maîtres frippiers de ne mettre en besogne le valet d'autrui, ne le prendre ne retenir avec lui, qu'il n'ait congé de son maître : & que celui qui le voudra prendre ne s'en soit enquis dudit maître, *sur peine de vingt sous parisis d'amende envers ledit grand-chambrier.*

18. Et pour ce qu'un chacun maître, à sa réception, étoit par ci-devant tenu faire un dîner à tous les autres maîtres dudit métier, qui étoit de grands coûts & dépense, nous voulons & ordonnons que ceux qui dorénavant seront reçus & passés maîtres audit métier de maître frippier, ne feront aucun dîner aux autres maîtres; mais payera chacun qui voudra être reçu maître, huit livres parisis au lieu dudit dîner, lesquelles huit livres parisis seront converties & employées aux affaires dudit métier, & ès frais de la banière d'icelui, du payement desquelles huit livres parisis, exemptons & ne voulons, ne entendons les fils de maîtres dudit métier y être compris.

19. Nous voulons & ordonnons que dorénavant lesdits quatre jurés & gardes dudit métier & leurs clercs, seront francs & exempts du guet, pendant & durant le temps qu'ils auront lesdites charges, duquel nous les affranchissons & exemptons.

20. Et pour ce que de toute ancienneté a été permis auxdits frippiers vendre petits draps de laine, que notre cour, par arrêt donné en mars l'an 1530, par manière de provision, & jusqu'à ce que autrement en fût ordonné, auroit déclaré être jusques à la valeur de douze sous parisis l'aune, qui étoit la moitié, à tout le moins le tiers de ce que pouvoit valoir le meilleur drap audit temps, & que de présent *la valeur des draps est merveilleusement augmentée de prix,*

ville, qui fut pourvu en 1621 de la charge de grand-chambellan, fit une tentative pour faire rétablir & attribuer à sa charge l'ancienne juridiction du grand-chambrier sur les arts & métiers de Paris, il eut même le crédit de le faire comprendre dans ses provisions; mais s'étant présenté au parlement pour les faire enregistrer, il fut ordonné par arrêt du 8 avril 1622, qu'elles seroient réformées en ce qui concernoit l'attribution de juridiction. En conséquence de cet arrêt, les provisions furent réformées.

Mais c'est assez parler de cet ancien titre de grand-chambrier.

### §. III. *Des fonctions, droits & prérogatives actuelles du grand-chambellan.*

Aujourd'hui les principales fonctions du grand-chambellan sont de pure cérémonie. Lorsqu'il couche chez le Roi, tous les matins un valet-de-chambre doit aller l'avertir, quand le Roi est éveillé, afin qu'il présente la chemise. Il ne cède cet honneur qu'aux fils de France, aux princes du sang & aux princes légitimés.

---

*tellement qu'aujourd'hui se vendent des draps de laine neuf & dix livres tournois l'aune, & ne se trouve de présent draps de douze sous parisis, même se vendent les frisés servant à faire doublures seulement, dix ou douze sous parisis, au moyen de quoi seroient privés de leursdits droit & privilège de mettre en œuvre draps neufs, qui est le principal de leur métier, & contre le bien de la chose publique, nous ordonnons que lesdits maîtres frippiers pourront dorénavant mettre en œuvre draps de laine neufs, jusqu'à la valeur de quarante sous parisis l'aune.*

*21. Dorénavant nul ne pourra faire aucune prisée & partage de biens-meubles en la ville & banlieue de Paris, s'il n'est maître frippier en icelle ville & banlieue de Paris.*

*Telle est la loi qui fut enregistrée à la cour. Elle donne peut-être, mieux que tous les raisonnemens, une idée très-juste des mœurs, des goûts, des désordres, & tout à la fois cependant des vues sages du siècle qui la vit naître.*

Quand le Roi mange dans sa chambre, c'est aussi le grand-chambellan qui lui présente la serviette mouillée & qui fait le reste du service durant le repas.

Les plus grands seigneurs du royaume mettant toute leur gloire dans les services qu'ils rendent à leur souverain, s'honorent des moindres devoirs qu'ils lui rendent & de ceux sur-tout qui les rapprochent le plus de sa personne sacrée.

Lorsque le Roi tient son lit de justice, & autrefois les états généraux, le grand-chambellan est assis à ses pieds. Du Tillet rapporte l'origine de cette prérogative en ces termes; en parlant de Pierre de Villebeau, seigneur de Baigneux, grand-chambellan du roi saint Louis, mort à Tunis.

« Il fut, dit-il, enterré au pied de
» son maître, en la manière qu'il gisoit
» à ses pieds de son vivant. Et de ce est
» demeuré que quand le Roi tient son
» lit de justice, & le trône royal, le
» grand-chambellan est couché à ses
» pieds, & est tel lieu estimé rang honorable. »

Aux audiences des ambassadeurs, le grand-chambellan est placé derrière le fauteuil du Roi, le premier gentilhomme de la chambre à sa droite & le grand-maître de la garderobe à sa gauche.

Quand le Roi fait son entrée dans une ville, le grand-chambellan marche à sa droite.

Le grand-chambellan jouit de tous les honneurs attribués aux grands officiers de la couronne. Cette qualité lui a été confirmée par des lettres-patentes de Henri III, du 3 avril 1582, registrées au parlement, qui portent que les grands-officiers de la couronne sont, le connétable, (supprimé depuis) le chancelier, le grand-maître, le grand-chambellan, l'amiral, & les maréchaux de France.

Dans les cérémonies, les bals, & les autres assemblées où sa majesté permet qu'on soit assis en sa présence, un garçon de la chambre place un fiége pliant, de la chambre du Roi, pour le grand-chambellan, derrière le fauteuil de fa majefté, & un autre pour le premier gentilhomme de la chambre. Le même cérémonial s'obferve dans ces affemblées religieufes où de grandes & fublimes vérités font répétées dans la chaire de l'évangile par les prédicateurs que le Roi nomme pour parler devant lui.

Lorfque le Roi eft en voyage, les maréchaux-des-logis doivent marquer, pour le grand-chambellan, la première chambre après celle du Roi. Cela fut jugé au voyage de Louis XIII, en Languedoc, en faveur du duc de Chevreufe. La raifon qui détermina ce jugement, eft, qu'il couchoit autrefois dans la chambre du Roi.

La majefté royale, ne paroît jamais avec plus d'éclat que le jour du facre. C'eft auffi ce jour là, que le grand-chambellan remplit fes fonctions avec le plus grand appareil.

Les cérémonies du facre ont éprouvé quelques variations. Difons en peu de mots ce qui fe paffa au facre de Louis XVI, en ce qui a trait feulement au grand-chambellan.

L'évêque duc de Laon, & l'évêque comte de Beauvais, députés comme pairs eccléfiaftiques, pour aller chercher le Roi, partirent proceffionnellement, précédés des chanoines, du chantre, du fouschantre, & du grand-maître des cérémonies. Lorfqu'ils furent arrivés à la chambre du Roi, dans le palais archiépifcopal, ils trouvèrent la porte fermée. Le chantre y frappa de fon bâton. *Le grand-chambellan* (c'étoit M. le duc de Bouillon), fans ouvrir la porte, dit: que demandez-vous. « L'évêque de Laon répondit: le Roi, *Le » grand-chambellan* répartit: le Roi dort: » le chantre ayant frappé & l'évêque de» mandé une feconde fois le Roi, *le » grand-chambellan* fit la même réponfe. » Mais à la troifième fois, le chantre » ayant frappé & le *grand-chambellan* ré-

pondu de même, l'évêque de Laon dit: » nous demandons Louis XVI, que Dieu » nous a donné pour Roi. Auffi-tôt les » portes de la chambre s'ouvrirent, & » le grand-maître des cérémonies condui» fit les évêques de Laon & de Beauvais, » auprès de fa majefté. »

Les prélats emmenèrent le Roi proceffionnellement à l'églife. Il étoit fuivi de M. de Miroménil, repréfentant le chancelier, & après lui marchoit le grand-maître de la maifon du Roi, ayant à fa droite le grand-chambellan, & à fa gauche le premier gentilhomme de la chambre, & le grand-maître de la garde-robe.

Arrivés à l'églife, après plufieurs cérémonies, le *grand-chambellan* reçut de l'abbé de Saint-Denis, les bottines ou fandales de velours, qu'il chauffa au Roi.

Après les fept premières actions, le Roi qui étoit à genoux, s'étant levé, le *grand-chambellan* revêtit fa majefté de fa tunique, de la dalmatique & du manteau royal.

Après l'augufte cérémonie du facre, le Roi fut conduit à fon trône élevé fur le jubé. Le *grand-chambellan* marchoit alors à fa droite, & le premier gentilhomme de la chambre à fa gauche.

Pendant que le Roi alla à l'offrande, le grand-chambellan refta fur le jubé, pour garder le trône avec le premier gentilhomme de la chambre & le grand-maître de la garde-robe.

Après la meffe, le Roi, les pairs & les grands-officiers defcendirent pour la communion. Alors le *grand-chambellan* & le premier gentilhomme de la chambre marchèrent à côté du grand-maître de la maifon du Roi.

Au feftin, dans la grande falle de l'archevêché, il y avoit, pour le *grand-chambellan*, une table, appelée la table des honneurs. Elle étoit placée vis-à-vis de celle du nonce & des ambaffadeurs. Le *grand-chambellan* y occupoit la première place. Il avoit à fes côtés & fur la même ligne, le premier gentilhomme de la chambre, le grand-maître de la garde-robe, & les quatre chevaliers qui avoient porté les offrandes.

Le grand-maître de la maison du Roi, précédé d'un nombreux cortége, alla avertir le Roi de se rendre au repas. Il tenoit son bâton à la main, & marchoit entre le *grand-chambellan*, & le premier gentilhomme de la chambre. Après le dîner, l'on reconduisit sa majesté dans le même ordre.

Le lendemain, à la cérémonie des chevaliers du Saint-Esprit, où le Roi fut reçu grand-maître souverain de l'ordre, le *grand-chambellan* qui étoit derrière le fauteuil de sa majesté, lui ôta son capot de novice, avant qu'elle reçût des mains de l'archevêque de Reims, la croix de l'ordre. Enfin, le lendemain de cette dernière cérémonie, le Roi étant allé en cavalcade à Saint-Remi, le *grand-chambellan* suivoit immédiatement sa majesté, accompagné du premier gentilhomme de la chambre & du premier écuyer du Roi.

Voilà les fonctions du grand-chambellan dans la cérémonie du sacre.

Enfin comme les grands-chambellans ont l'honneur d'approcher de plus près la personne de nos Rois, durant leur vie; aussi quand la nature a exigé d'eux son dernier tribut, ils ensevelissent le corps, accompagnés des premiers gentilshommes de la chambre.

Aux obsèques de Louis XV, M. le duc de Bouillon, grand-chambellan de France, tenoit la bannière royale, qui est la pièce d'honneur attribuée à sa charge. Lorsque la messe fut finie, & que le grand-aumônier eût fait les encensemens autour de la représentation, le Roi d'armes, après avoir jeté sa cotte d'armes dans le caveau, appela ceux qui portoient les pièces d'honneur. Le grand-chambellan se présenta avec la bannière de France. Il précédoit le duc de Béthune, portant la main de justice, le duc de la Trémoille portant le sceptre, & le duc d'Uzès, portant la couronne royale.

La marque de la dignité du grand-chambellan, est la bannière de France. Il porte aussi derrière l'écu de ses armes, deux clefs d'or passées en sautoir, les anneaux couronnés de même. Voy. Gelliot, dans son indice armorial.

C'est là tout ce qu'il peut être essentiel de recueillir sur la charge de grand-chambellan de France. ( *R.-D.-M.* )

# CHAPITRE XVIII.

## *Des premiers gentilshommes de la chambre du Roi.*

LES premiers gentilshommes de la chambre sont des officiers qui ont succédé au chambrier, & dont la première création s'est faite sous François I. Il n'y en eut qu'un jusqu'à la mort de Henri III. Alors, M. de Bellegarde, qui étoit tout-à-la-fois grand-écuyer, seul premier gentilhomme de la chambre, & maître de la garderobe, s'étant présenté pour coucher dès la première nuit aux pieds du lit de Henri IV, comme faisoit alors le premier gentilhomme de la chambre, ce prince lui dit qu'il lui laissoit la charge de grand-écuyer; mais qu'il falloit qu'il partageât sa charge de premier gentilhomme de la chambre avec le vicomte de Turenne, & qu'il cédât celle de maître de la garderobe à Roquelaure. Il y eut donc dès ce moment deux premiers gentilshommes de la charge.

M. d'Epernon qui avoit été premier gentilhomme de la chambre avant M. de

Bellegarde, parvint à faire créer en sa faveur une troisième charge de cette espèce ; & enfin Louis XIII créa la quatrième, & en pourvut M. de Montemart.

Les gentilshommes de la chambre prêtent serment de fidélité entre les mains du Roi. Ils font, en l'absence du grand-chambellan, toutes les fonctions de ce grand officier. Ils servent le Roi quand il mange dans sa chambre ; ils donnent la chemise à sa majesté quand il ne se trouve pas quelque fils de France, prince du sang, prince légitimé, ou le grand-chambellan. Ils reçoivent les sermens de fidélité de tous les officiers de la chambre, & leur donnent les certificats de service. Ce font aussi eux qui donnent l'ordre à l'huissier relativement aux personnes qu'il doit laisser entrer.

Les quatre premiers gentilshommes de la chambre servent chacun pendant une année, & durant cette année, ils font les seuls ordonnateurs de toute la dépense ordinaire & extraordinaire employée sur les états de l'argenterie pour la personne du Roi, de même que sur l'état des menus plaisirs & affaires de la chambre.

C'est à eux à faire faire pour le Roi les premiers habits de masques, ballets & comédies, ainsi que les habits pour les divertissemens de sa majesté.

Ils ordonnent aussi le deuil pour les officiers auxquels le Roi l'accorde.

Nous obferverons à ce sujet qu'après la mort de Louis XIV, il survint une contestation entre le premier gentilhomme de la chambre en exercice, & le grand-écuyer de France, relativement au droit que l'un & l'autre prétendoit avoir de donner les ordres qui pouvoient concerner la pompe funèbre ; en conséquence, Louis XV, pour prévenir de nouvelles contestations à cet égard, fit le 8 janvier 1717, un réglement dont il convient de faire connoître les dispositions.

Ce réglement ordonne que dans toutes les pompes funèbres des Rois, reines,

fils ou filles, petits-fils ou petites-filles de France, que le Roi aura prescrites & après que sa majesté aura déterminé les honneurs qu'elle voudra faire rendre aux princes ou princesses défunts, le gentilhomme de la chambre donnera les ordres néceffaires pour la fourniture des ornemens, tentures, décorations, luminaires, & généralement pour tout ce qui sera à faire concernant la pompe funèbre, tant aux maisons royales qu'aux églises de Saint-Denis, Notre-Dame de Paris, & autres. C'est au même officier que le réglement dont il s'agit attribue le droit d'ordonner les habits & les robes de deuil pour le Roi, pour les princes, pour les princesses, pour les officiers de la maison du Roi, & pour toute autre personne de quelque rang & qualité que ce soit, à qui il plaira à sa majesté d'en faire donner. C'est aussi sur les ordres du premier gentilhomme de la chambre que les officiers des gendarmes & des chevaux-légers, & les principaux officiers de la vénerie & de la fauconnerie doivent recevoir leurs habits de deuil, soit en étoffe, soit en argent.

Nous disons au chapitre du grand-écuyer jusqu'où s'étendent ses droits dans les cérémonies dont nous venons de parler.

Quand un premier gentilhomme de la chambre a ordonné la dépense de quelque divertissement pour le Roi, comme ballets, &c. l'inspection lui en est confiée tant que ce divertissement continue, même après la fin de son année d'exercice.

Les comédiens François & les comédiens Italiens sont soumis pour leur administration & leur discipline intérieure, à une commission composée des premiers gentilshommes de la chambre. C'est ce qui résulte de l'article 38 de l'arrêt rendu au conseil d'état du Roi le 18 juin 1757.

Chaque gentilhomme de la chambre est couché sur les états du Roi pour 3500 livres de gages, 4500 livres de pension,

& 6000 livres d'autres appointemens.

Les places de premier gentilhomme de la chambre ont toujours été occupées par des seigneurs du rang le plus distingué. Elles sont aujourd'hui remplies par

MM. le duc de Fleuri, le maréchal duc de Richelieu, le maréchal duc de Duras, & le duc de Villequier.

M. le duc de Fronsac a la survivance de M. le maréchal duc de Richelieu.

# CHAPITRE XIX.

## Des valets-de-chambre du Roi.

Il y en a de trois sortes ; savoir,

Les premiers valets-de-chambre ;

Les valets-de-chambre ordinaires ;

Les valets-de-chambre-barbiers, les valets-de-chambre-tapissiers, & les valets-de-chambre-horlogers.

Nous allons parler successivement des uns & des autres.

### Des premiers valets-de-chambre du Roi.

Ils sont au nombre de quatre qui servent indifféremment à la place l'un de l'autre. Ils font tous le service de la chambre, quand le grand-chambellan & les gentilshommes de la chambre sont absens.

Chaque valet-de-chambre couche au pied du lit du Roi durant son quartier. Il se lève ordinairement une heure avant celle que le Roi a fixée pour se lever, & il va s'habiller dans l'antichambre.

Si le Roi n'étoit point éveillé à l'heure à laquelle sa majesté a dit qu'elle se leveroit, ce seroit au premier valet-de-chambre à l'éveiller. Mais auparavant, il fait entrer des garçons de la chambre qui ouvrent doucement les volets des fenêtres & enlèvent le lit de veille, c'est-à-dire, le lit où le premier valet-de-chambre a couché.

Celui-ci reste ensuite seul dans la chambre du Roi, jusqu'au moment où sonne l'heure à laquelle sa majesté a ordonné qu'on l'éveillât. Alors, quand elle est éveillée, il ouvre aux garçons de la chambre dont un est allé un demi-quart-d'heure auparavant avertir le grand-chambellan & le premier gentilhomme de la chambre en exercice : un autre va avertir au gobelet & à la bouche pour qu'on apporte le déjeûner, & un autre prend possession de la porte, & laisse seulement entrer les personnes auxquelles le Roi en a accordé le privilège. Ce sont celles qui ont ce qu'on appele l'*entrée familière*.

Le Roi dit ensuite au premier valet-de-chambre d'appeler ; & il appelle la grande entrée, c'est-à-dire, les officiers de la chambre & de la garderobe, & les seigneurs auxquels le Roi veut bien accorder cette entrée.

Quand le Roi sort de son lit, le grand-chambellan ou le premier gentilhomme de la chambre, ou quelque autre grand officier, met la robe-de-chambre à sa majesté, & le premier valet-de-chambre la soutient. S'il n'y avoit aucun des officiers dont on vient de parler, ce seroit le premier valet-de-chambre qui la mettroit.

Quand la chemise a été donnée au Roi, le premier valet-de-chambre aide à passer la manche droite, le premier valet de garderobe, la manche gauche.

Si le Roi se levoit avant qu'il fût jour, on allumeroit un bougeoir que le premier valet-de-chambre mettroit entre les mains de celui que sa majesté auroit nommé pour le tenir pendant qu'on l'habilleroit.

Quand un officier vient prêter serment

ment de fidélité au Roi, il s'agenouille sur un carreau que le premier valet-de-chambre lui présente devant les pieds de sa majesté. Dans la somme que donne l'officier pour le droit du serment, il y a une part pour les premiers valets-de-chambre.

Au coucher du Roi, le premier valet-de-chambre & le premier valet-de-garderobe lui défont ses jarretières, celui-là à droite & celui-ci à gauche, & ils les donnent, l'une à un valet-de-chambre, & l'autre à un valet-de-garderobe.

Quand le Roi est couché, le premier valet-de-chambre ferme les rideaux du lit de sa majesté ; ensuite il ferme en dedans au verrou les portes de la chambre, éteint le bougeoir & se couche.

Si la nuit le Roi demandoit quelque chose, le premier valet-de-chambre se leveroit, & s'il avoit besoin d'aide, il appelleroit les garçons de la chambre qui sont à portée.

Le premier valet-de-chambre en quartier garde les clefs des coffres de la chambre.

Pour être premier valet-de-chambre du Roi, il faut être de condition noble, comme le prouve l'article 2 de l'arrêt rendu au conseil d'état du Roi, le 15 mai 1778. Ainsi les premiers valets-de-chambre jouissent de tous les privilèges dont peuvent être susceptibles les commensaux de la première classe.

*Des valets-de-chambre ordinaires du Roi.*

Ils sont au nombre de trente-deux, dont huit servent par quartier.

Les valets-de-chambre ont différentes fonctions à remplir auprès du Roi quand on l'habille ou qu'on le déshabille, comme de lui donner le fauteuil, lui tenir sa robe-de-chambre & lui présenter le miroir. Ils font le lit du Roi, aidés par les tapissiers.

Un valet-de-chambre est chargé de demeurer assis dans la balustrade pour garder le lit du Roi, & aux heures des repas, un de ses camarades a soin de le relever. Ce valet-de-chambre doit répondre du lit

& empêcher que personne n'en approche.

Quand le Roi garde la chambre ou le lit, soit pour cause de maladie ou pour avoir pris quelque remède, & que la reine, les princesses & les duchesses viennent voir sa majesté, les valets-de-chambre présentent un fauteuil à la reine, & des sièges plians aux princesses & aux duchesses, avec cette différence qu'ils présentent les sièges aux princesses du sang aussi-tôt qu'elles arrivent & sans attendre aucun signal à cet égard, & qu'ils ne les présentent aux princesses étrangères & aux duchesses qu'après l'ordre du Roi.

Au défaut d'un des premiers valets-de-chambre, ce seroit un valet-de-chambre ordinaire qui auroit l'honneur de coucher dans la chambre du Roi.

C'est ce qui a été décidé à Chambor par Louis XIV en 1685, à l'occasion d'une maladie du premier valet-de-chambre.

Suivant une déclaration du Roi du 28 février 1605, les valets-de-chambre de sa majesté doivent avoir rang & marcher aux assemblées des villes où ils se trouvent, immédiatement après les conseillers des bailliages, sénéchaussées & sièges présidiaux, & avant les officiers des élections, & tous autres inférieurs en ordre à ces conseillers.

Les mêmes valets de chambre sont fondés à prendre le titre d'écuyer, & ils sont exempts du droit de franc-fief. C'est ce qui résulte de différentes lois, & singulièrement d'un édit du mois d'octobre 1694 ; d'un autre édit du mois de mai 1611 ; d'une déclaration du 10 mars 1622 ; d'un autre édit du mois de juillet 1653 ; d'un arrêt rendu au conseil d'état du Roi, le 25 avril 1669, par lequel le sieur Dubreuil, valet de chambre ordinaire du Roi, a été déchargé de l'assignation qui lui avoit été donnée à la requête du commis aux poursuites des usurpateurs du titre de noblesse, parce qu'il avoit pris le titre d'écuyer ; d'un autre arrêt rendu pareillement au conseil d'état du Roi, le 13 novembre 1696, par lequel les valets de-chambre de fa majesté ont été déchargés des taxes pour lesquelles ils avoient été compris dans les rôles concernant le droit de franc-fief, relativement aux fiefs qu'ils possédoient ; d'une autre déclaration du 26 mars 1697, & enfin d'une autre déclaration du 25 mai 1699, qui est ainsi conçue :

« Louis, par la grâce de Dieu, roi de
» France & de Navarre, à tous ceux qui
» ces présentes lettres verront ; salut.
» Ayant toujours défiré traiter favorable-
» ment nos porte-manteaux, les huissiers
» de notre chambre & de notre cabinet,
» nos valets-de-chambre & de garde-
» robe, nous aurions, en confirmant &
» interprétant diverses déclarations don-
» nées en leur faveur, par les Rois nos
» prédécesseurs & par nous, fait expé-
» dier nos lettres du 26 mars 1697, par
» lesquelles nous aurions maintenu les
» officiers susdits, en la qualité d'écuyers
» à eux attribuée par lesdites déclara-
» tions, & ordonné qu'ils en jouiroient
» tant qu'ils seroient revêtus de leurs
» charges, ou qu'ils auroient obtenu
» nos lettres de vétéran, sans y pouvoir
» être troublés ni inquiétés ; depuis lequel
» temps s'étant élevé quelque difficulté
» sur l'exécution de nosdites lettres du
» 26 mars 1697, nous aurions par arrêt,
» de notre conseil du 24 mars dernier,
» rendu en interprétation de nosdites
» lettres, permis à nos officiers susdits
» de prendre la qualité d'écuyers, tant
» qu'ils seront revêtus de leurs charges,
» ou après les avoir exercées pendant
» vingt-cinq années, & avoir obtenu nos
» lettres de vétéran, sans qu'ils puissent
» prendre la qualité d'écuyers, s'ils se
» démettent de leurs charges avant le
» temps de vingt-cinq ans de service, &
» sans qu'en aucun cas elle puisse passer
» à leurs descendans, lesquelles lettres
» & arrêts nous aurions déclaré communs
» avec les six garçons de notre chambre
» par arrêt du 17 du présent mois de
» mai ; comme aussi nous aurions per-

» mis, par arrêt de notre conseil du 5 du-
» dit mois, aux huissiers de notre anti-
» chambre de prendre la qualité d'é-
» cuyers, ainsi que lesdits huissiers de
» notre chambre & de notre cabinet : &
» voulant faire jouir nosdits officiers de
» l'effet desdites lettres & arrêts. A ces
» causes & autres considérations à ce
» nous mouvans, en confirmant nosdites
» lettres du 26 mars 1697, & lesdits ar-
» rêts des 24 mars, 5 & 17 mai de la
» présente année, nous avons permis &
» permettons par ces présentes signées
» de notre main, à nosdits porte-man-
» teaux, aux huissiers de notredit cabi-
» net, chambre, antichambre, à nos
» valets-de-chambre & de garde-robe, &
» aux six garçons de notre chambre, de
» prendre la qualité d'écuyers, tant qu'ils
» seront revêtus de leurs charges, ou
» lorsqu'après vingt-cinq ans de service
» ils auront obtenu nos lettres de vété-
» ran esdites charges, sans qu'ils puis-
» sent prendre ladite qualité d'écuyers,
» après qu'ils se seront démis desdites
» charges, & qu'ils n'auront obtenu nos
» lettres de vétéran ; voulant qu'en aucun
» cas ladite qualité d'écuyer ne puisse
» passer à leurs descendans, à cause des-
» dites charges. Si donnons en mande-
» ment à nos amés & féaux conseillers les
» gens tenant notre cour de parlement,
» chambre des comptes & cour des aydes
» à Paris, que ces présentes ils ayent à
» faire registrer, & du contenu en icelles
» faire jouir & user nosdits porte-man-
» teaux, les huissiers de notre cabinet,
» chambre & antichambre ; nos valets-
» de-chambre & de garde-robe, & les
» garçons de notre chambre pleinement
» & paisiblement, cessant & faisant cesser
» tous troubles & empêchement, car tel
» est notre plaisir, &c. »

Cette loi a été enregistrée au parlement, à la chambre des comptes & à la cour des aides de Paris, les 3, 16, & 22 juin de la même année 1699.

C'est d'après les dispositions que renferment les différentes lois que nous venons de citer & rapporter, que l'article premier de l'arrêt rendu au conseil d'état du Roi, le 15 mai 1778, a ordonné que les valets-de-chambre ordinaires & de quartier, feroient exempts du droit de franc-fief, tant qu'ils exerceroient leurs charges ou lorsqu'ils auroient obtenu des lettres de vétérance après vingt-cinq années de service réel & personnel, à condition qu'ils ne feroient aucun acte dérogeant à leur qualité ; qu'ils n'exerceroient point d'autres charges ou emplois ayant fonctions publiques & serment en justice ; qu'ils feroient employés dans les états envoyés annuellement à la cour des aides, & que ceux qui auroient obtenu des lettres de vétérance auroient servi préalablement pendant vingt-cinq années consécutives, faute de quoi ils feroient déchus de la grâce à eux accordée.

Les valets-de-chambre du Roi jouissent d'ailleurs de tous les autres privilèges des commensaux.

*Des valets-de-chambre barbiers, tapissiers*
*& horlogers.*

Il y a huit *valets-de-chambre barbiers* servant par quartier, & un *valet-de-chambre barbier ordinaire.*

Les fonctions de ces officiers, consistent à peigner le Roi tant le matin que le soir, à lui faire le poil, & à l'essuyer au bain, ou après qu'il a joué à la paume.

Chaque valet-de-chambre barbier a droit de tenir ou faire tenir boutique ouverte en telle ville du royaume qu'il juge à propos de choisir pour y établir son domicile.

Les *valets-de-chambre horlogers* sont au nombre de quatre, & servent par quartier. Leurs fonctions consistent à monter tous les jours les montres & les pendules du Roi. Ils ont pour cet effet les entrées de la chambre & du cabinet.

Les *valets-de-chambre tapissiers* sont au nombre de huit, & ils servent aussi par quartier.

Ils aident tous les jours les valets-de-chambre à faire le lit du Roi.

Ils gardent les meubles de campagne du Roi pendant leur quartier, & font les meubles de sa majesté.

Tous les valets-de-chambre barbiers, horlogers & tapissiers, jouissent des privilèges ordinaires des commensaux.

# CHAPITRE XX.

## *Des pages du Roi, & des gens qui leur sont attachés.*

Le nom de page, qui avoit autrefois la signification de *varlet*, se donnoit à un gentilhomme qu'on retiroit des mains des femmes, à l'âge de sept ou huit ans, pour le mettre auprès de quelque haut baron, ou de quelque illustre chevalier, qui avoit un état de maison & des officiers semblables à ceux de la cour du souverain. Cette place n'avoit rien de deshonorant. Villehardouin, en parlant du jeune Alexis, héritier de l'empire d'Orient, ne le nomme que le *varlet* de Constantinople, parce qu'il n'étoit pas encore chevalier. Par la même raison, Louis, roi de Navarre, Philippe comte de Poitou, Charles, comte de la Marche, fils de France, & d'autres princes du sang, sont seulement qualifiés de *varlets* dans un compte de la maison de Philippe-le-Bel.

Les pages & les varlets n'avoient d'autres fonctions, que de remplir les services ordinaires de domestiques près de la personne de leurs maîtres, pour se former sur le modèle des chevaliers, aux grâces extérieures, fi néceffaires dans le commerce du monde, & dont le monde feul peut donner des leçons. Cette coutume fubfiftoit encore du temps de Montagne, & il en fait l'éloge fuivant.

*C'eſt un bel ufage de notre nation, qu'aux bonnes maiſons nos enfans ſoient reçus pour y être nourris & élevés pages, comme en une école de nobleſſe, & eſt diſcourtoiſe, dit-on, & injure d'en refuſer un gentilhomme.* On lit dans la vie du chevalier Bayard, qu'au fortir de l'école, il fut mis par fes parents, dans la maifon de l'évêque de Grenoble, fon oncle, qui le mena avec lui à la cour de Savoye. Le prélat ayant été admis à la table du duc, *durant icelui* (dîner) *étoit fon neveu, le bon chevalier Bayard qui le ſervoit, & très-mignonnement ſe contenoit.*

Ces jeunes gentilshommes étoient mis hors de page à l'âge de quatorze ans, & étoient reçus parmi les écuyers. Il y avoit chez les Rois & chez les grands feigneurs d'autres domeftiques diftingués par le nom de *gros varlets;* & ils étoient à-peu-près ce que font aujourd'hui chez les princes les valets de pied, & les garçons de la chambre. Ajoutons d'après M. de Sainte-Palaye, qu'on ne doit plus être étonné de rencontrer les noms des plus illuftres maifons parmi les pages, les écuyers, & même les domeftiques inférieurs, des chevaliers ou feigneurs qui pouvoient ne valoir pas mieux & peut-être valoir moins du côté de la naiffance. Le mérite feul décidoit du choix qu'on faifoit de celui à qui on s'attachoit. Comme fa maifon étoit une école où on venoit s'inftruire, on ne confidéroit que la valeur, l'expérience & l'habileté dans l'art militaire, du maître dont on vouloit recevoir les leçons. Ce fut fans doute ce motif qui détermina Antoine de Chabannes à entrer page d'abord dans la maifon du comte de Ventadour, & enfuite dans celle de la Hire. Ce fut en fortant de cette école qu'il parvint à la capitainerie ou gouvernement de Creil-fur-Oife.

La facilité qu'on a d'entrer de bonne heure dans le fervice militaire, fait que la jeune nobleffe n'eft plus comme autrefois, inftruite dans les maifons des grands feigneurs, d'où elle étoit enfuite admife à la cour des Rois, & il n'y a plus que les Rois & les princes, qui ayent aujourd'hui des pages pour les fervir. Ces pages portent la livrée du maître.

Ceux qui afpirent à être pages chez le Roi, doivent juftifier par titres originaux, qu'ils font d'une nobleffe ancienne, au moins depuis l'an 1550.

Il y a chez le Roi, les pages de la chambre, les pages de la grande écurie, & les pages de la petite écurie.

Deux pages de la chambre entrent le matin dans la chambre du Roi avec les officiers de la chambre, pour prendre les mules ou pantouffles de fa majefté, & le foir ils les lui donnent. Ils font la même chofe quand le Roi s'habille ou fe déshabille au jeu de paume.

Tous les jours, quand la nuit s'approche, deux pages de la chambre fe rendent à l'antichambre du Roi, & lorfque fa majefté en fort pour entrer dans la falle des gardes, ces deux pages, accompagnés d'un de la grande écurie, & d'un autre de la petite écurie, portent chacun un grand flambeau de poing de cire blanche, & marchent devant le Roi par-tout où il va.

Au retour de la chaffe, deux pages de la chambre entrent au débotté du Roi.

Aux proceffions où le Roi fe trouve, les pages de la chambre ont le pas fur ceux des écuries. Les pages de la grande écurie ont le côté droit, & ceux de la petite écurie le côté gauche. Enfuite viennent les pages de la chambre, qui marchent deux à deux, & occupent l'un & l'autre côté.

A la cène que le Roi fait le jeudi faint, les pages de la chambre ont chacun une ferviette d'une aune & demie de toile comme les officiers.

Quand le Roi monte en carroffe à deux chevaux, les pages de la chambre montent sur le devant du carrosse vers la place du cocher, ou bien derrière avec les pages des écuries.

Si on porte le Roi en chaise, les pages de la chambre & ceux des écuries marchent devant la chaise de sa majesté.

Autrefois les pages de la petite écurie éclairoient dans Paris le carrosse du Roi, quand il étoit à deux chevaux, mais il n'y a plus présentement que les valets-de-pied qui l'éclairent.

Si le Roi marchoit de nuit en campagne, & en carrosse à six ou huit chevaux, quatre pages de la petite écurie éclaireroient autour du carrosse de sa majesté, & deux autres pages éclaireroient chaque autre carrosse de la suite du Roi.

Quand le Roi va tirer, quatre pages de la grande écurie sont détachés pour être auprès de sa majesté, & on les appelle les quatre ordinaires ou les quatre *surtout* à cause du surtout bleu qu'ils ont alors. Ils suivent le Roi, & portent ses chiens de chasse à cheval sur des coussins.

Six pages de la petite écurie suivent pareillement le Roi, & portent les fusils de sa majesté, conjointement avec le porte-arquebuse.

L'ancien page amasse le gibier que le Roi tue, & il l'apporte jusqu'au lieu où sa majesté en dispose.

Quand des dames vont à la chasse avec le Roi, celles qui montent des coureurs de la grande écurie, sont accompagnées par des pages de la grande écurie, & celles qui sont montées sur des chevaux de la petite écurie, ont pareillement chacune un page de la petite écurie pour les accompagner.

Si le Roi donne à manger à quelques seigneurs, ou à quelques dames en public, ce sont des pages de la grande écurie & de la petite écurie, en nombre égal, qui servent ces seigneurs & ces dames : mais les princes & les princesses de la maison royale, sont servis par les officiers du Roi.

Lorsque le Roi fait un voyage, douze pages de la grande écurie & douze de la petite sont détachés, pour suivre sa majesté ; mais en route de guerre, il doit y avoir vingt-quatre pages de la grande écurie, & douze de la petite.

A l'armée, les armes du Roi sont portées à la suite de sa majesté, soit sur un charriot, soit sur un cheval de bât : mais lorsqu'il y a apparence de bataille ou de combat, le doyen des pages de la grande écurie, met sur lui les armes du Roi, afin d'être toujours prêt à les donner à sa majesté.

Les pages du Roi ont des gouverneurs, des sous-gouverneurs & des précepteurs.

Les gouverneurs & les sous-gouverneurs doivent être de condition noble : c'est du moins ce qui paroît résulter de l'article 2, de l'arrêt rendu au conseil d'état du Roi, le 15 mai 1778.

Les précepteurs des pages sont, indépendamment de leurs gages & appointemens, logés, nourris & montés, tant à la grande qu'à la petite écurie, & on leur entretient un valet de livrée.

Au surplus, tous ces officiers jouissent des privilèges des commensaux.

Les pages ont aussi, aux frais du Roi, des maîtres pour leur enseigner les mathématiques, le dessin, l'exercice, le voltige, la danse, les exercices de guerre, l'écriture, la langue allemande & la connoissance du cheval.

Les pages, tant de la chambre du Roi que de la grande, & de la petite écurie, servent d'aides de camp aux aides de camp de sa majesté.

# CHAPITRE XXI.

*Des huissiers, tant de l'antichambre que de la chambre & du cabinet du Roi.*

Il n'y avoit autrefois que deux *huissiers de l'antichambre*; mais un édit donné par le feu Roi au mois de septembre 1722, & enregistré à la cour des aides le 10 février 1723, en a créé un troisième (1).

Les huissiers de l'antichambre servent l'épée au côté. Tous les matins ils se rendent à leurs postes une demi-heure avant le lever du Roi, & ils ne doivent laisser entrer personne avant que le premier gentilhomme de la chambre en exercice ne soit entré. Ils laissent ensuite entrer les personnes connues à la cour, à moins qu'il n'y ait quelques ordres contraires.

Ces officiers ouvrent les deux battans de la porte pour les princes & pour les princesses à qui cet honneur appartient,

ainsi que pour les ambassadeurs, quand le Roi leur donne audience.

Les restes de la bougie ordinaire de l'antichambre, & les restes de la bougie extraordinaire, quand il y a bal ou autre spectacle dans l'antichambre, appartiennent à ces officiers. Il en est de même des échafauds dressés dans l'antichambre pour les divertissemens ou spectacles.

Lorsque le Roi fait donner le deuil à quelques officiers de sa maison, les huissiers de l'antichambre sont toujours du nombre. C'est aussi à eux qu'appartiennent, quand le Roi quitte un grand deuil, les tentures d'étoffe violette qui ont servi de tapisserie dans l'antichambre, & les sièges de même étoffe.

---

(1) *Voici cet édit :*

Louis, par la grâce de Dieu, roi de France & de Navarre; à tous présent & à venir; salut. Le feu Roi, notre très-honoré seigneur & bisaïeul, ayant remarqué que le service de son antichambre ne pouvoit se faire que par deux huissiers, & qu'il étoit souvent nécessaire que ceux de sa chambre servissent à la porte dudit antichambre, avoit résolu de créer une troisième charge; & après notre avènement à la couronne, étant informé de la même nécessité pour le bon ordre de notre service, nous nous contentâmes de commettre à l'exercice de ladite charge, pour nous y servir concurremment avec les titulaires; nous avons vu avec satisfaction depuis cet établissement, l'utilité de ce secours, & voulant qu'il demeure fixe & assuré; A ces causes, & autres à ce nous mouvant, de l'avis de notre très-cher & très-amé oncle le duc d'Orléans, petit-fils de France, régent; de notre très-cher & très-amé oncle le duc de Chartres, premier prince de notre sang; de notre très-cher & très-amé cousin le duc de Bourbon; de notre très-cher & très-amé cousin le comte de Charollois; de notre très-cher & très-amé cousin le prince de

Conty, prince de notre sang; de notre très-cher & très-amé oncle le comte de Toulouse, prince légitimé, & autres grands & notables personnages de notre royaume; nous avons créé & érigé, & par ces présentes, signées de notre main, créons & érigeons une troisième charge d'huissier de notre antichambre, pour, par celui qui en sera par nous pourvu, nous servir à l'avenir, en jouir & user aux honneurs, autorité, privilèges, franchises, libertés, gages, droits, fruits, profits & émolumens, tels & semblables qu'en jouissent ou doivent jouir les deux titulaires de pareilles charges, & qu'à cet effet il soit à l'avenir employé dans les états des officiers de notre maison. Si donnons en mandement à nos amés & féaux conseillers les gens tenant notre cour des aides à Paris, que ces présentes, ils ayent à faire registrer, & de leur contenu jouir & user celui qui sera par nous pourvu de ladite troisième charge d'huissier de notre antichambre & ses successeurs, pleinement & paisiblement, cessant & faisant cesser tous troubles & empêchemens, nonobstant tous édits, déclarations, arrêts & réglemens contraires, auxquels nous avons dérogé & dérogeons par ces présentes, à cet égard seulement ; car tel est notre plaisir, &c.

*Les huiſſiers de la chambre* ſont au nombre de ſeize, dont quatre ſervent chaque quartier.

Les huiſſiers de la chambre ſervent comme ceux de l'antichambre, l'épée au côté.

Tous les matins, lorſque le Roi a fait appeler ſa chambre par le premier gentilhomme ou le premier valet-de-chambre, les huiſſiers de la chambre s'emparent de la porte de la chambre, & après que l'un d'eux a dit tout bas au premier gentilhomme de la chambre les gens de qualité qui ſont à la porte, tels que des cardinaux, des évêques, des ambaſſadeurs, des ducs & pairs, des maréchaux de France, des gouverneurs de province, des lieutenans-généraux, des premiers préſidens; ce premier gentilhomme annonce au Roi ces ſeigneurs, & ſa majeſté ordonne qu'on faſſe entrer, ou eſt cenſée l'ordonner, quand elle ne dit rien de contraire. Alors cet huiſſier communique cet ordre à ſon camarade qui tient la porte, & il revient enſuite pour faire place devant le Roi, & faire ranger le monde.

L'huiſſier qui tient la porte de la chambre, fait entrer les perſonnes pour leſquelles il y a un ordre général : il laiſſe auſſi entrer les principaux officiers de la maiſon du Roi, à meſure qu'ils arrivent; & enfin il laiſſe entrer la nobleſſe & les autres officiers, ſelon la diſtinction qui doit être faite des perſonnes plus ou moins qualifiées.

Il eſt du devoir de cet huiſſier de demander le nom & les qualités des perſonnes qu'il ne connoît pas.

Si l'on parle trop haut dans la chambre du Roi, c'eſt aux huiſſiers de la chambre à faire faire ſilence.

Ils doivent d'ailleurs avoir l'œil à ce que perſonne ne ſe couvre, ni ne s'aſſeye dans la chambre ſur les ſièges, ſur une table, ou ſur le baluſtre de l'alcove.

Si quelqu'un veut ſortir quand les portes ſont fermées, il ne doit pas ouvrir la porte lui-même, il faut qu'il la laiſſe ouvrir par l'huiſſier.

Les jours que le conſeil ſe tient dans la chambre du Roi, les huiſſiers vont avertir, de la part de ſa majeſté, les miniſtres & les magiſtrats qui doivent y aſſiſter : quand ils ſont revenus, ils ſe tiennent auprès de la porte, pour exécuter les ordres que le Roi peut leur donner.

Le ſoir, quand le Roi ſort, ou qu'il rentre, un huiſſier de la chambre doit marcher devant pour l'éclairer par-tout dans les appartemens du château, juſqu'au bas des eſcaliers, avec deux flambeaux : mais lorſque ſa majeſté eſt deſcendue juſque dans la cour, il n'y a plus que les pages de la chambre & ceux de la grande & de la petite écurie qui continuent de porter leurs flambeaux de poingt devant le Roi.

Aux jours de cérémonies, comme, quand on chante un *te deum* devant le Roi, ou qu'il marche en proceſſion le jour de la purification, le jour des rameaux, à la fête Dieu, &c. deux huiſſiers de la chambre portent chacun une maſſe d'argent doré devant ſa majeſté. Ils reçoivent pour cet effet, & chaque fois qu'ils portent ces maſſes, une ſomme de 150 livres, en vertu d'une ordonnance qu'on leur donne ſur le tréſor royal.

Il eſt dû chaque jour aux huiſſiers de la chambre par les officiers de la fruiterie, un flambeau de cire blanche du poids d'une demi-livre.

*Les huiſſiers du cabinet* ſont au nombre de deux, qui ſervent alternativement.

Comme le droit d'entrer dans le cabinet du Roi ne vient, ni de la naiſſance, ni de la charge dont on peut être revêtu, l'huiſſier du cabinet n'y doit laiſſer aller que les perſonnes qui ont les entrées familières, ou celles que ſa majeſté y fait appeler.

Quand le conſeil ſe tient dans le cabinet du Roi, l'huiſſier va, de la part de ſa majeſté, avertir les miniſtres & les autres perfonnes qui doivent affifter à ce confeil,

Les officiers qui prêtent ferment de fidélité immédiatement entre les mains du Roi, le font d'ordinaire dans la chambre, ou dans le cabinet, auffi-tôt que fa majefté a prié Dieu.

Si ce ferment fe prête dans la chambre, l'officier qui le fait, laiffe fon chapeau, fes gants & fon épée, s'il eft homme d'épée, entre les mains de l'huiffier de la chambre; ou entre les mains de l'huiffier du cabinet, fi le ferment fe prête dans le cabinet.

Après le ferment prêté, l'officier fait une révérence au Roi, & va retirer des mains de l'huiffier ce qu'il lui avoit donné en garde. Cet officier donne enfuite pour le droit de ferment une fomme qui n'eft point fixée, mais qui eft plus ou moins confidérable, felon la nature de l'office ou charge dont il s'agit.

Dans cette fomme, l'huiffier du cabinet a comme un huiffier de la chambre: les quatre huiffiers de la chambre, qui font en quartier, ont leur part, & les huiffiers de l'antichambre n'ont à eux trois qu'autant qu'un huiffier de la chambre.

Tous les huiffiers, tant de l'antichambre que de la chambre & du cabinet, jouiffent des mêmes droits & privilèges que ceux que nous avons dit appartenir aux valets-de-chambre ordinaires du Roi. Ainfi voyez ci-devant le chapitre 19.

# CHAPITRE XXII.

## Des porte-manteaux du Roi.

Il y a le porte-manteau ordinaire, & douze autres portes-manteaux, dont trois fervent chaque quartier.

Ces portes-manteaux prêtent ferment entre les mains du premier gentilhomme de la chambre en exercice, & c'eft de lui qu'ils prennent certificat de fervice. Ils fervent ayant l'épée au côté.

Leurs fonctions confiftent à fe trouver tous les matins au lever du Roi, où ils entrent avec les officiers de la chambre. Ils fe rendent pareillement au dîner, au fouper & aux collations de fa majefté, qui leur donne en garde fon chapeau, fes gants & fa canne, quand le grand-chambellan, le premier gentilhomme de la chambre, ou le grand-maître de la garde-robe n'y font pas. Après le repas, si les officiers que nous venons de nommer, continuent d'être abfens, les portes-manteaux remettent eux-mêmes entre les mains du Roi fon chapeau, fes gants & fa canne.

Soit que le Roi aille à la chaffe, à la promenade, à la paume, au billard ou au bal, le porte-manteau de fervice accompagne d'ordinaire fa majefté, parce qu'elle peut avoir befoin de différentes chofes qu'elle l'envoie chercher, comme un mouchoir, un manchon, une canne, &c.

Enfin, quand le Roi fort de fes appartemens & marche à découvert, ne fit-il que traverfer les cours, ou fe promener dans les jardins, il eft du devoir du porte-manteau d'aller à la garde-robe prendre le manteau de fa majefté, & de fe tenir auprès d'elle pour le lui donner, fi elle vient à le lui demander.

Lorfque dans certaines cérémonies, le Roi a un manteau de parade, c'eft au porte-manteau à le lui ôter & à lui remettre fur les épaules, quand toutefois le grand-chambellan, le premier gentilhomme de la chambre & le grand-maître de la garde-robe font abfens, car s'ils étoient

étoient présens; ce seroit à eux qu'appartiendroit l'honneur de servir sa majesté dans cette occasion.

Les porte-manteaux étant obligés de garder tout ce que le Roi quitte, comme ses gants, son chapeau, son manchon, &c., pour le reprendre quelque temps après (1), & devant toujours être prêts à rendre ces choses à sa majesté, ils ont entrée presque par-tout où elle va.

Comme l'épée du Roi doit être gardée tantôt par les écuyers, & tantôt par les porte-manteaux, il survenoit souvent des contestations à cet égard entre ces officiers; mais, pour les prévenir par la suite, les premiers gentilshommes de la chambre firent à ce sujet, le 25 novembre 1720, conjointement avec le premier écuyer, un réglement dont voici les dispositions.

« Lorsque le Roi est à pied, ou en » carrosse à deux chevaux, c'est au porte-» manteau à garder l'épée de sa ma-» jesté : mais lorsque le Roi a des éperons, » c'est à l'écuyer à prendre l'épée de sa » majesté dans le moment qu'elle sort de » sa chambre, où il remet l'épée, quand » le Roi rentre & quitte ses éperons. Que » si le Roi monte à cheval ou en car-» rosse à six chevaux, le porte-manteau » remet l'épée de sa majesté entre les » mains de l'écuyer, & au retour, quand » le Roi descend pour rentrer dans l'in-» térieur de ses maisons, où de celles » dans lesquelles sa majesté peut aller, » alors l'écuyer rend l'épée au porte-man-» teau : bien entendu que tant que le » Roi est dehors de ses maisons & jar-» dins, c'est l'écuyer qui garde l'épée de » sa majesté, & que la fonction de porte-» manteau ne commence que dans le » moment que le Roi descend de son » carrosse à six chevaux, & rentre dans » l'intérieur de ses maisons ou jardins, ou » dans toute autre maison & jardin, » qui doivent être regardés alors, par » rapport au service, comme ses maisons » & jardins. »

Les porte-manteaux ont le droit d'entrer à cheval au château, à la suite du Roi, & ils montent aussi à cheval dans la cour du château, lorsque sa majesté sort.

Quand le Roi joue à la paume, ils présentent d'une main les balles à sa majesté, & gardent son épée de l'autre. Ils doivent tenir le compte de ces balles, & c'est aussi à eux d'arrêter les parties du maître du jeu de paume pour les frais qui s'y font, tandis que le Roi joue; parce que sa majesté paye toujours tous les frais de ce jeu; soit qu'elle gagne ou qu'elle perde.

Lorsque le Roi fait donner le deuil à quelques officiers de sa maison, les porte-manteaux sont toujours au nombre de ces officiers.

Les privilèges des porte-manteaux du Roi, sont les mêmes que ceux des valets-de-chambre ordinaires du Roi. Nous les avons rapportés précédemment au chapitre 19.

---

(1) Nous disons *pour le reprendre quelque-temps après*, car si le Roi quittoit ces choses pour ne plus les reprendre de la journée, ce seroit aux officiers de la garde-robe à s'en charger.

# CHAPITRE XXIII.

### Des garçons de la chambre du Roi.

Les garçons de la chambre sont au nombre de six qui prêtent serment entre les mains du premier gentilhomme de la chambre en exercice. Ceux qui sont de service, doivent toujours être dans la chambre pour y recevoir les ordres de leurs supérieurs, & même du Roi lui-même, quand ces supérieurs sont absens. Ils couchent au nombre de deux près de la chambre du Roi; l'un dans l'antichambre, & l'autre dans le cabinet de sa majesté.

Le matin, ils tiennent la porte de la chambre avant que les huissiers en aient pris possession, & ils appellent la chambre en remettant la porte aux huissiers. Ils vont avertir à la bouche qu'on apporte le bouillon que le Roi veut prendre, ou le déjeûner de sa majesté.

Les garçons de la chambre sont chargés de préparer ou faire préparer plusieurs choses nécessaires à la chambre, telles que les tables, les tapis & les sièges pour les conseils qui se tiennent dans la chambre ou dans le cabinet du Roi.

Ils ont soin de la cire de la chambre, & les reste de cette cire leur appartiennent.

Quand on joue dans les appartemens du Roi, les garçons de la chambre ont les profits du jeu pour les cartes qu'ils fournissent.

Dans la somme que donnent les officiers qui prêtent serment entre les mains du Roi, les six garçons de la chambre ont une part égale à celle des quatre huissiers de la chambre de quartier.

Les garçons de la chambre ont, comme les porte-manteaux & les huissiers de l'antichambre, de la chambre & du cabinet, les mêmes droits & privilèges que ceux que nous avons dit précédemment au chapitre 19, appartenir aux valets-de-chambre ordinaires & de quartier.

# CHAPITRE XXIV.

### Des porte-arquebuses du Roi.

Les porte-arquebuses sont au nombre de deux. Quand le Roi va tirer, les porte-arquebuses montent à cheval au château, & y rentrent de même à la suite de sa majesté, dont ils prennent l'ordre. Ils mettent le premier fusil entre les mains du Roi, & le reprennent de sa majesté.

Les fusils, les pistolets & les autres armes de chasse du Roi appartiennent aux porte-arquebuses quand sa majesté ne s'en sert plus. Les porte-arquebuses sont couchés sur l'état de la maison du Roi, chacun pour 1100 livres par an, tant pour leurs gages que pour fourniture de poudre & de plomb, & pour 300 livres de récompense qu'on leur paye au trésor royal. Ils ont d'ailleurs 100 sous par jour pour leur nourriture, depuis le réglement du 17 août 1780, qui a supprimé la table des valets-de-chambre à laquelle ils mangeoient.

Les porte-arquebuses jouissent de tous les privilèges des commensaux, & peuvent se décorer de la qualité d'écuyer. Ils sont d'ailleurs compris pour l'exemption du droit de franc-fief, dans l'article 1 de l'arrêt rendu au conseil d'état du Roi le 15 mai 1778, qu'on a précédemment rapporté dans la septième section du second chapitre, page 408.

# CHAPITRE XXV.

*De quelques autres offices du département du grand-chambellan, ou des premiers gentilshommes de la chambre.*

Il y a neuf porte-meubles, dont un avec son garçon accompagnent en voyage la première chambre du Roi, & un autre, aussi avec son garçon, accompagnent la seconde chambre. Ils ont chacun 340 livres de gages.

Deux porte-chaises d'affaires qui ont chacun 800 livres par an.

Un menuisier de la chambre.

Un capitaine des levrettes de la chambre, qui a 2466 livres de gages.

Un capitaine de l'équipage des mulets.

Ces mulets conduits par des muletiers habillés à la livrée du Roi, & escortés par un détachement des cent-suisses, servent à porter les lits du Roi & les tapisseries de campagne avec les coffres de la chambre & de la garde-robe.

Nous observerons ici que chaque premier gentilhomme de la chambre a quatre mulets de cet équipage du Roi, & que celui d'entre eux qui est dans son année d'exercice, en a six.

Un peintre de la chambre & du cabinet du Roi.

Un graveur & dessinateur du cabinet du Roi.

Un dessinateur ordinaire de la chambre & du cabinet.

Et un *Imprimeur* ordinaire de la chambre & du cabinet.

Tous ces officiers jouissent des privilèges ordinaires des commensaux.

# CHAPITRE XXVI.

*Du grand-maître de la garde-robe.*

La charge de grand-maître de la garde-robe n'est pas fort ancienne à la cour. C'est Louis XIV qui l'a créée en 1669. Celui qui en est pourvu, prête serment de fidélité entre les mains du Roi.

Les fonctions du grand-maître de la garde-robe consistent particulièrement à recevoir le serment de fidélité des premiers valets de garde-robe & des autres officiers inférieurs de garde-robe, à prendre soin des habits, du linge & de la chaussure du Roi, & à disposer de ces effets quand sa majesté ne veut plus s'en servir.

Xxx ij

Le grand-maître de la garde-robe donne la chemise au Roi en l'absence des princes du sang, des princes légitimés, du grand-chambellan & des premiers gentilshommes de la chambre.

Lorsque le Roi s'habille le matin, c'est au grand-maître de la garde-robe à lui mettre sa camisole, son cordon bleu & son juste-au-corps.

Le soir, quand on déshabille sa majesté, le grand-maître de la garde-robe lui présente sa camisole de nuit, & successivement son bonnet & son mouchoir de nuit, & lui demande quel habillement il lui plaira prendre le lendemain.

Aux jours de solemnités, le grand-maître de la garde-robe met le manteau sur les épaules du Roi, & le collier de l'ordre du Saint-Esprit par-dessus.

Quand le Roi donne audience aux ambassadeurs, le grand-maître de la garde-robe a sa place derrière le fauteuil de sa majesté, à côté du premier gentilhomme de la chambre ou du grand-chambellan, & il prend la gauche du fauteuil du Roi.

Le grand-maître de la garde-robe fait faire tous les habits ordinaires de sa majesté; mais les premiers gentilshommes de la chambre ordonnent le premier habit de chaque deuil, & les habits par extraordinaire, comme quand il y a bal, ballet, mascarade ou autre divertissement.

Le grand-maître de la garde-robe a un appartement chez le Roi, les mêmes honneurs & privilèges que les premiers gentilshommes de la chambre, 19600 livres d'appointemens, & quatre mulets de l'équipage de sa majesté.

M. le duc de Liancourt est aujourd'hui revêtu de cette charge.

# CHAPITRE XXVII.

## Des maîtres de la garde-robe.

Ces officiers qui sont au nombre de deux, sont beaucoup plus anciens que le grand-maître de la garde-robe. Ils prêtent, comme celui-ci, serment de fidélité entre les mains du Roi, & servent alternativement chacun une année.

En l'absence des princes du sang, des princes légitimés, du grand-chambellan, des premiers gentilshommes de la chambre & du grand-maître de la garde-robe, les maîtres de la garde-robe ont l'honneur de donner la chemise au Roi. Leurs fonctions consistent d'ailleurs à présenter le matin à sa majesté, quand elle s'habille, sa cravate, son mouchoir, ses gants, sa canne & son chapeau.

Quand le Roi change d'habit, c'est le maître de la garde-robe qui lui présente les poches de l'habit qu'il quitte, pour les vider dans celles de l'habit qu'il prend.

Le soir, quand le Roi sort de son cabinet, le maître de la garde-robe se trouve à la porte pour recevoir les gants, la canne, le chapeau & l'épée de sa majesté; & lorsqu'elle est sur son fauteuil pour achever de se déshabiller, le maître de la garde-robe tire le juste-au-corps, la veste & le cordon bleu du Roi, & en reçoit aussi la cravate.

Au commencement de chaque année, le maître de la garde-robe qui est de service fournit pour le Roi deux belles robes-de-chambre, l'une d'hiver & l'autre d'été, & deux paires de mules ou pantoufles. Il fournit aussi ce qu'on appelle les toilettes.

Les maîtres de la garde-robe se trouvent aux audiences des ambaſſadeurs, & montent ſur l'eſtrade ou le haut-dais. Celui qui eſt en exercice a ſon appartement chez le Roi.

Les deux charges de maîtres de la garde-robe ſont aujourd'hui poſſédées par M. le comte de Boiſgelin & par M. le marquis de Chauvelin.

# CHAPITRE XXVIII.

## Des valets de garde-robe.

Il y a les premiers valets de garde-robe qui ſont au nombre de quatre ;

Un valet de garde-robe ordinaire ;

Et ſeize autres valets de garde-robe ſervant par quartier.

Les premiers valets de garde-robe ont la clef des coffres & couchent dans la garde-robe. Celui qui eſt de quartier préſente au Roi ſes chauſſons & ſes jarretières. Le ſoir, lorſque le maître de la garde-robe tire la manche droite de la veſte & du juſte-au-corps de ſa majeſté, le premier valet de garde-robe en tire la manche gauche & reçoit ce juſte-au-corps, la veſte & le cordon bleu, qu'il remet entre les mains d'un des officiers de la garde-robe. Enſuite le premier valet de garde-robe défait la jarretière du côté gauche, & il la remet au valet de garderobe qui a déchauſſé le Roi ; après quoi il noue le ruban de la manche gauche de la chemiſe de ſa majeſté.

En l'abſence du grand-maître & du maître de la garde-robe, c'eſt le premier valet de garde-robe qui fait tout le ſervice de la garde-robe.

Lorſque le Roi marche en campagne, les mulets de la garde-robe portent le lit & le coffre des eff.. du premier valet de garde-robe de quartier.

Quoiqu'en général les officiers ordinaires ne ſervent qu'au défaut de ceux de quartier, le valet de garde-robe ordinaire fait exception à cette règle, & ſert toujours chez le Roi, conjointement avec les valets de garde-robe qui ſont de quartier.

Les fonctions des valets de garde-robe, conſiſtent à apporter les habits du Roi, & à lui donner quand il s'habille, ſon haut de chauſſes, ſes bas, & même ſes bottes lorſqu'il juge à propos d'en mettre : ils déchauſſent & débottent le Roi, mais du côté gauche ſeulement. Ils donnent au grand-maître, au maître de la garde-robe, ou en leur abſence au premier valet de garde-robe, les habillemens dont le Roi veut ſe ſervir, ou ils les préſentent & les mettent eux-mêmes à ſa majeſté, lorſque les officiers que nous venons de nommer ne s'y trouvent pas. Ils prennent auſſi ſur les genoux du Roi, la chemiſe que ſa majeſté quitte, ou ils la reçoivent de ſa main.

En toute autre occaſion, lorſque le Roi juge à propos de changer ſon habillement, comme quand il joue à la paume, ou qu'il revient de la chaſſe, de la promenade, les valets de garde-robe rempliſſent les mêmes fonctions.

Lorſque la cour marche en campagne, les coffres de la garde-robe ſont partagés en deux chambres, & deux valets de garde-robe accompagnent chaque chambre.

Tous les valets de garde-robe ont le droit de ſe décorer de la qualité d'écuyer, & jouiſſent d'ailleurs de tous les privilèges que nous avons dit appartenir aux valetsde-chambre ordinaires du Roi. Ainſi voyez précédemment le chapitre 19.

# CHAPITRE XXIX.

*Des garçons de garde-robe & du porte-malle ordinaire du Roi.*

LES garçons de garde-robe sont au nombre de quatre, dont deux doivent toujours faire le service.

Leurs fonctions consistent particulièrement à prendre soin de tous les habits & du linge du Roi. Ils ont aussi en garde plusieurs pierreries, comme des épées garnies de diamans, des croix de l'ordre aussi de diamans, &c.

Le grand-maître de la garde-robe leur donne à la fin de l'année une partie des habits du Roi.

Ils entrent tous les matins avec les autres officiers de la garde-robe dans la chambre du Roi, même avant qu'il soit sorti de son lit, afin de tenir tout prêt l'habillement de sa majesté.

Les fonctions du porte-malle consistent à monter à cheval avec sa malle, pour suivre le Roi quand il sort, excepté quand sa majesté va à la chasse. Cette malle renferme tout ce qui peut servir à l'habillement, comme habit, linge, robe de chambre, &c.

Le porte-malle est monté à l'écurie du Roi, & a autant de relais que sa majesté, afin qu'il puisse la suivre, & ne la point quitter.

Les garçons de garde-robe, & le porte-malle ordinaire du Roi, ont le droit de se décorer de la qualité d'écuyer, conformément à un arrêt que nous allons rapporter.

« Le Roi s'étant fait représenter en » son conseil l'arrêt rendu en icelui le » 17 mai dernier, & les lettres-patentes » du 25 dudit mois, par lesquelles sa ma- » jesté auroit accordé aux six garçons de sa » chambre la permission de prendre la » qualité d'écuyer, tant qu'ils seront re- » vêtus de leurs charges, ou, qu'après » vingt-cinq ans de service, ils auront » obtenu des lettres de vétérance esdites » charges, avec cette condition qu'ils » ne pourront prendre ladite qualité d'é- » cuyer, après qu'ils se seront démis des- » dites charges, sans avoir obtenu des let- » tres de vétérance, & qu'en aucun cas la- » dite qualité puisse passer à leurs descen- » dans, à cause desdites charges ; & sa » majesté voulant faire la même grace au » porte-malle ordinaire, & aux quatre » garçons de sa garde-robe, de la fidé- » lité desquels elle est satisfaite ; sa ma- » jesté, étant en son conseil, a déclaré, » & déclare ledit arrêt & lettres-patentes » des 17 & 25 mai 1699 communs » avec le porte-malle & lesdits garçons » de sa garde-robe, & en conséquence » ordonne qu'ils jouiront de l'effet & » contenu en iceux, ainsi que les garçons » de sa chambre. Fait au conseil d'état » du Roi, sa majesté y étant, tenu à » Versailles le premier jour de décembre » mil six cent quatre-vingt-dix-neuf. » *Signé,* PHILPPEAUX »

Les officiers dont il s'agit, jouissent d'ailleurs des autres privilèges des commensaux, & singulièrement de l'exemption des droits de franc-fief, en vertu de l'article premier de l'arrêt rendu au conseil d'état du Roi le 15 mai 1778, rapporté précédemment dans la section septième du second chapitre.

# CHAPITRE XXX.

*Du cravatier du Roi, & de quelques autres officiers du département du grand-maître de la garde-robe.*

Les fonctions du cravatier consistent à préparer les cravates du Roi de manière qu'elles puissent être employées. Il présente la cravate de sa majesté au maître de la garde-robe, ou au premier valet de garde-robe, & ensuite il accommode le col de la chemise du Roi. La cravate étant mise, si le cravatier apperçoit quelque endroit qui n'aille pas assez bien, il y touche ; & si les officiers supérieurs sont absens, il met lui-même la cravate au Roi.

Tous les matins, le cravatier attache les diamans & les manchettes aux poignets des chemises du Roi. Enfin, il a entre ses mains toutes les cravates, les manchettes & les dentelles de sa majesté.

Le cravatier a chez le Roi les mêmes entrées que les autres officiers de la garde-robe.

Par l'article premier de l'arrêt rendu au conseil d'état le 15 mai 1778, le cravatier du Roi est déclaré exempt du droit de franc-fief, pourvu qu'il ne fasse aucun acte dérogeant à sa qualité, qu'il n'exerce aucune autre charge, office,

place ou emploi, ayant fonctions publiques & serment en justice ; qu'il serve réellement & actuellement ; qu'il soit employé dans les états envoyés annuellement à la cour des aides, & que, s'il a obtenu des lettres de vétérance, il ait servi préalablement pendant vingt-cinq années consécutives.

Le cravatier du Roi jouit d'ailleurs des privilèges ordinaires des commensaux.

Il y a encore dans les départemens du grand-maître de la garde-robe un *porte-mail*, dont les fonctions consistent à aller prendre dans les coffres de la garde-robe un mail, une passe ou lève, & des boules, & à les présenter au Roi, quand sa majesté juge à propos de prendre cet exercice.

Un *tailleur ordinaire*, qui est chargé de faire les habits du Roi, & qui doit se trouver au lever de sa majesté, quand on l'habille.

Un *garçon tailleur*, un *chapelier ordinaire*, & trois coffretiers maletiers-gainiers de la chambre & de la garde-robe du Roi.

# CHAPITRE XXXI,

## *Des officiers de santé.*

On comprend sous le titre d'*officiers de santé*, les médecins, les chirurgiens, les apothicaires, & quelques officiers particuliers dont les fonctions appartiennent du plus au moins à la profession de chirurgien.

On parlera dans trois sections différentes de ce qui concerne ces trois espèces d'officiers.

On donnera dans une quatrième section, la table chronologique des réglemens relatifs à tous ces officiers.

### SECTION PREMIÈRE.

#### *Des médecins du Roi.*

L'abondance des matières oblige encore à subdiviser cette section en six paragraphes. On trouvera dans le premier des recherches historiques sur les médecins du Roi.

Dans le second, les droits & privilèges dont le premier médecin jouit à la cour.

Dans le troisième, ceux dont il jouit dans le surplus du royaume.

Dans le quatrième, ce qui concerne les autres médecins du Roi, & les droits dont ils jouissent à la cour.

Dans le cinquième, les privilèges des médecins du Roi, relativement à l'exercice de la médecine.

Dans le sixième, le service de tous les médecins du Roi.

§. I. *Recherches historiques sur les médecins du Roi.*

L'emploi de médecin du Roi est d'une institution fort ancienne. On trouve un Tranquillinus médecin de Clovis, dans le premier siècle bénédictin du père Mabillon, & Grégoire de Tours nous apprend que Marileife étoit aussi médecin du roi Chilpéric.

Il ne faut pas croire néanmoins qu'il y ait eu dès-lors plusieurs médecins du Roi, parmi lesquels on en distinguoit un sous le titre de *premier médecin*, quoique Piganiol de la Force ait donné ce titre à Marileife. La place de médecin du Roi étoit unique dans son origine. Il paroît que nos Rois ont néanmoins commencé à en avoir plusieurs, dès avant la fin du quatorzième siècle.

C'est ce qui résulte d'un passage de Pasquier, dont voici les termes :

« Au mémorial de la chambre des » comptes, cotté O, il se trouve par l'or- » donnance du roi Philippe de Valois, » du mois de mars 1350, qu'il n'y auroit » qu'un physicien ordinaire en cour & » non plus, à vingt sous tournois par » jour ; & après sa mort, que le roi Jean » son fils n'avoit que trois physiciens. Le » roi Charles V confirmant la fondation » faite par son ancien médecin, & vou- » lant que son grand-aumônier y eût » toute intendance : *Carolus, Dei gratia* » *Francorum rex, ad perpetuam rei me-* » *moriam. Cum dilectus physicus noster* » *magister Gervasius Christianus, &c.* » *Datum Parisiis mense aprilis, anno do-* » *mini 1378 (1).* »

La même gradation paroît avoir eu lieu à-peu-près dans le même-temps, chez les autres princes de l'Europe. Cela semble résulter des renseignemens

_____

(1) Recherches de la France, liv. 8, chap. 26.

*que*

que fourniffent l'ouvrage de M. de Valbonnais fur les dauphins de la Tour-du-
pin & l'état de la maifon du duc de Bourgogne, par Olivier de la Marche, où
l'on trouve des détails à ce fujet,
qu'on chercheroit je crois vainement
ailleurs.

Un des officiers les plus employés de la
maifon du dauphin, dit M. de Valbonnais, étoit un médecin ordinaire qui avoit
foixante florins de gages, avec deux chevaux, un valet-de-chambre, & un autre
valet entretenus : il ne lui étoit pas permis
de vifiter des malades hors de l'hôtel.
Toute fon attention devoit être pour le
dauphin : il le voyoit foir & matin pour
lui prefcrire un régime de v? fuivant la
difpofition où il le trouvoit ; il ordonnoit
au chef de cuifine de lui préparer les
viandes qu'il jugeoit les plus convenables
à fa fanté : il fe tenoit d'ordinaire à fes
côtés pendant qu'il étoit à table pour
obferver fon appétit. Les foins du médecin
s'étendoient auffi fur l'apothicairerie. Il
faifoit renouveler de temps en temps les
drogues qu'on y employoit dans la compofition des remèdes.

Ainfi les dauphins n'avoient qu'un feul
médecin. Mais les ducs de Bourgogne en
avoient plufieurs dès le quinzième fiècle,
fuivant Olivier de la Marche. « Le duc,
» dit-il(1), a fix docteurs médecins, qui
» fervent à vifiter la perfonne & l'état
» de la fanté du prince. Et quand le duc
» eft à table, iceux médecins font der-
» rière le banc, & voient de quels mets
» & viandes l'on fert le prince, & leur
» confeillent à leur avis lefquelles viandes
» lui font plus profitables. Ils peuvent être
» à toutes les heures en la chambre du
» prince, & font gens fi notables, fi
» bons, & fi grands clercs, qu'ils peuvent
» être à beaucoup de confeils, & ont
» plat à cour comme le premier fom-

mellier, mais ils n'ont point de
» chambre ordinaire (1). »

C'eft à-peu-près à la même époque
qu'on trouve pour la première fois un des
médecins de nos Rois qualifié de premier
médecin. Ce titre a tout au plus commencé
à être en ufage à la fin du feizième
fiècle.

On lit effectivement dans l'itinéraire
de Charles VIII, intitulé *le vergier d'honneur, par le révérend père en Dieu M.
Octavien de Saint-Gelais, évêque d'Angoulême, & par Me. Andry de la Vigne,* « que
» le mardi dix-huitième jour d'août
» (1493) le Roi partit de Thurin, pour
» aller de rechief à Quiers, & là de-
» moura jufqu'au vingt-deuxième jour
» dudit mois, que trépaffa Me Jehan
» Michel, *premier médecin du Roi,* très-
» excellent docteur en médecine, duquel
» le Roi fut fort marry. »

Cependant Jacques Mentel, dit en
parlant de Jean Defparts, dans fes *adver-
faria,* qu'il avoit fervi en qualité de médecin auprès du duc de Bourgogne & de
Charles VII, *mais non pas en qualité de
premier médecin, & qu'il n'y en avoit pas
encore avant François premier* (2).

Il n'eft guères plus aifé de fixer le temps
précis où l'on donna en latin la qualité
d'*archiatres* aux médecins ordinaires du
Roi, & celle de *comte des archiatres* au
premier médecin. Il y a toute apparence
que ces titres honorifiques n'ont commencé à être en ufage que lorfque la
ruine de l'empire grec, ou peut être même
le beau fiècle des Médicis porta d'Italie
en France avec l'étude des lettres, la
connoiffance des antiquités grecque &
latine.

Quelque paffion qu'on eût pour la lati-

---

(1) Charles-le-Hardi, qui commença à régner
en 1467 & mourut en 1477.

(1) Etat de la maifon du duc de Bourgogne,
compofé par Olivier de la Marche en 1474, à
la fuite des mémoires du même auteur, pag. 666
de l'édition faite à Bruxelles en 1616.

(1) Effais hiftoriques fur la médecine en
France, pag. 18 de la préface.

niré du beau ſiècle d'Auguſte, comme la médecine avoit été fort peu honorée à Rome, pour ne rien dire de plus, juſqu'aux premiers empereurs romains, & que la maiſon de ces princes ne ſe monta ſur ce ton de magnificence, qui a ſubſiſté juſqu'à la priſe de Conſtantinople, que bien du temps après la ruine de la république, l'érudition fut obligée de deſcendre juſques dans le bas-empire, pour y chercher les qualifications dont elle voulut décorer les docteurs de la maiſon du Roi, comme toute autre choſe.

Les ſavans ne ſont pas néanmoins d'accord ſur le véritable ſens de ce mot d'*archiatre*. Les uns penſent qu'il déſigne le prince des médecins, ou ſi l'on peut ainſi parler, l'*archi-médecin*. D'autres veulent qu'on entende par-là un médecin penſionné(1). Il eſt certain en effet qu'on a donné ce titre aux médecins des villes, comme à ceux des empereurs grecs. On l'a ainſi pratiqué même parmi nous il y a quelques ſiècles, & encore aujourd'hui en Allemagne le titre d'*archiatre* ſe donne aux médecins penſionnés des villes (2).

A l'égard du titre d'*archiatrorum comes*, aujourd'hui réſervé au ſeul premier médecin du roi de France, il a commencé d'être le titre diſtinctif du premier médecin de l'empereur Valentinien I. Vindicien, ſon médecin, eſt appelé *archiatrorum comes*. Démétrius, médecin de l'empereur Antonin, ne prenoit que le titre d'*archiater*. Saint Céſaire, frère de ſaint Grégoire de Nazienſe, & médecin des empereurs Julien & Valens, dans le milieu du quatrième ſiècle, avoit la qualité d'*archiater*; il étoit de plus receveur de Bithynie, préfet du tréſor

royal, ſénateur de Conſtantinople, & à tant de titres juſtement mérités, il ajoutoit celui de *comes rerum privatarum*, qui voudroit preſque dire conſeiller d'état privé (1).

Cet exemple ſuffiroit pour prouver combien les places de médecin des empereurs étoient honorables à leur cour.

Ils étoient exempts du logement de gens de guerre, & généralement de toutes les taxes & impoſitions quelconques, comme on le voit dans pluſieurs lois des codes de Théodoſe & de Juſtinien.

On lit dans Caſſiodore, qui vivoit au ſixième ſiècle, un article fait à l'honneur de la médecine & de celui qui étoit décoré du titre de *comes archiatrorum*, bien propre à en donner une grande idée.

Cette qualification n'étoit cependant pas non plus réſervée excluſivement aux premiers médecins des empereurs. Comme il y avoit dans toutes les grandes villes un nombre fixe de médecins qui avoient le titre d'archiatre celui qui étoit le premier, ſoit dans la ville, ſoit dans le palais de l'empereur, à Conſtantinople ſur-tout, ſe nommoit *comes archiatrorum*.

Godefroy dit dans ſes notes ſur le code Théodoſien, que cette qualification ne fut réſervée au premier archiatre du palais, que ſous les Rois Goths.

Quoi qu'il en ſoit, il étoit d'autant plus honorable de porter ce titre, qu'on n'en étoit redevable ni à l'intrigue, ni à la cabale, ni à la baſſe flaterie; mais toujours au mérite. Lorſque le *comes archiatrorum* mouroit, on ne pouvoit lui en ſubſtituer un autre que ſur le témoignage au moins de ſept de ſes plus anciens confrères. Cette loi, faite ſous le conſulat des empereurs Valens & Valentinien, vouloit encore qu'un médecin penſionné n'oubliât jamais qu'il y avoit plus d'honneur à acquérir pour lui, en ſervant le peuple, qu'à ſe rendre baſſement l'eſ-

_____

(1) Voyez le lexicon de Kahl, au mot *archiater*; Ménage, *amenitates juris civilis*, cap. 35; Verdier, juriſprudence de la médecine en France, tom. 2, liv. 1, chap. 5, §. 1, pag. 12.

(2) Eſſais hiſtoriques ſur la médecine en France, pag. 38.

(1) *Ibid.* pag. 14 de la préface.

clave des riches ; *honeſtè obſequi tenuio-ribus malint , quam turpiter ſervire divi-tibus.* Il lui étoit permis de recevoir la récompenſe de ſes ſervices ; mais jamais ce que les mourans promettoient pour recouvrer la ſanté ; *quos etiam ea patimur accipere quæ ſani offerunt pro obſequiis , non ea quæ periclitantes pro ſalute pro-mittunt.* (1).

Si on prenoit tant de précautions pour choiſir les archiatres, le crédit de l'*ar-chiatrorum comes* devoit être fort grand.

Dans la formule de réception ou de preſtation de ſerment qui étoit d'uſage , & que Caſſiodore a conſervée, l'empe-reur donnoit à ſon médecin un pouvoir fort étendu ſur ſa perſonne ; *habeto fidu-ciam ingrediendi quæ magnis ſolent pretiis comparari.* Ainſi, il avoit le droit des grandes entrées chez l'empereur, droit qui ne s'accordoit qu'aux premières char-ges. « Les autres, continue la formule, » nous ſervent à titre de ſoumiſſion , » & vous à titre de ſupériorité. Vous » pouvez nous aſſujetir à votre volonté, » combattre nos goûts, nos paſſions, nous » contredire , enfin avoir ſur nous un » pouvoir égal à celui que nous avons » ſur les autres : *fas eſt tibi nos fatigare » jejuniis , contra noſtrum ſentire deſide-» rium , & in locum beneficii dictare quod » nos ad gaudia ſalutis excruciet ; talem » tibi denique licentiam noſtri eſſe cognoſcis, » qualem nos habemus in cæteros »* (2).

Voilà bien le ſtyle du bas empire. Mais les prérogatives du comte des archiatres ne ſe bornoient pas à cette pompe vaine. Il avoit la juridiction ſur tous les médecins de l'empire , comme le prouve encore la formule de ſa réception, conſervée par Caſſiodore : « Nous vous honorons, » dès à préſent de la dignité de comte » des archiatres , afin que vous ſoyez » ſeul diſtingué entre les maîtres de la

ſanté , & que tous ceux qui auront » quelque difficulté par rapport à la mé-» decine, s'en rapportent à votre déci-» ſion. Vous ſerez l'arbitre d'un art ho-» norable & le juge de toutes les con-» teſtations qui ne ſe décidoient aupara-» vant que par la paſſion de chaque par-» ticulier. Vous guérirez en quelque fa-» çon les malades , en tant que vous » connoîtrez des querelles qui leur ſont » préjudiciables. C'eſt un grand honneur » pour vous que ces habiles gens vous » ſoient ſoumis, & que vous ſoyez con-» ſidéré par ceux que tout le monde con-» ſidère , &c. Vous me ſervirez auſſi dans » mon palais, & vous aurez un libre » accès auprès de ma perſonne, &c. » (1).

Le docteur Chomel qui nous a fourni les principaux de ces détails, ajoute « qu'en » europe aujourd'hui, le ſeul premier » médecin du roi de France porte le » titre d'*archiatrorum comes* , & qu'en » Eſpagne & en Italie, les premiers s'ap-» pelent ſimplement *el protomedico.* » (2). Ce qui ne paroît néanmoins convenir qu'à l'Eſpagne.

Il n'en eſt pas moins vrai que depuis pluſieurs ſiècles , les premiers médecins de toutes les cours de l'europe jouiſſent des plus belles prérogatives, & particu-lièrement de la nobleſſe & des titres les plus honorables. On peut en juger par ce qu'en dit le célèbre Chaſſaneuz , d'après d'autres auteurs (3).

---

(1) *Ibid.* pag. 39 du corps de l'ouvrage.
(2) *Ibid.* pag. 40.

(1) Juriſprudence de la médecine , par M. Verdier, tom. 2 , pag. 56.
(2) Chomel, *loc. cit.* pag. 39 & 40.
(3) *Voici le texte de ce juriſconſulte :*
« In palatio principis ſunt & alii, qui de de per-» ſona ejus curant, ut ſunt medici, & ſunt in hoc » officio tres ordinarii : primus videlicet, ſe-» cundus & tertius : & quilibet ordo habet unum » præcipuum etiam ſummum medicum & ſupe-» riorem, qui vocatur princeps medicorum, & » tales vocantur archiatri ; ut in L. *medicos in » prin. C. de profeſſ. & medicis , lib.* 12.
» Et tales habent tantam dignitatem, quantam » habent duces & vicarii principis, qui admi-

En Espagne, le tribunal du *protomedicato*, composé des trois médecins du Roi, ou *protomedicos*, est chargé de l'examen de tous ceux qui veulent exercer la profession de médecin. Ces derniers ne peuvent pas la faire sans leur aveu (1).

Indépendamment des qualifications dont on vient de parler, qui sont pour ainsi dire étrangères à nos mœurs, les médecins du Roi, & sur-tout les premiers médecins, ont été honorés des faveurs les plus distinguées à diverses époques. Ils ont aussi quelquefois rendu des services très-importans à nos Rois, sans parler du soin qu'ils ont pris de leur santé.

Le Roi Charles VIII tint sur les fonts de baptême Louis de Bourges, petit-fils de Jean de Bourges, son médecin. Ce Louis de Bourges fut lui-même premier médecin de François I, dont il suivit la fortune. Ce prince étant en prison en Espagne, de Bourges feignit que le Roi étoit malade très-dangereusement, d'une maladie de langueur ou de la consomption. Il le fit croire aussi aux médecins de Charles-Quint, lequel aimant mieux l'argent que la personne, accepta la rançon qui lui étoit offerte, & délivra le Roi (2).

Gabriel Miron, premier médecin de la reine Anne de Bretagne, & de la reine Claude, femme de François I, signa le contrat de mariage de la reine Anne, le 1 janvier 1499 (1).

Catherine de Médicis, femme de Henri II, après plusieurs années de mariage, faisoit craindre de ne pas donner au Roi une postérité désirée : Fernel, par des remèdes appropriés, mit la reine en état de donner à la France quatre princes & deux princesses. Le Roi fit présent à son médecin de quarante mille écus d'or. Gui-Patin dit dans ses lettres, avoir appris de Fernel lui-même, qu'à chaque couche la reine lui donnoit dix mille écus, somme très-considérable dans ce temps-là (2).

Les ennemis de Chapelain, médecin de Charles IX, ayant voulu le rendre suspect à ce prince, Charles IX, *à l'exemple de Trajan* (3), alla dîner chez son médecin, & voulut bien prendre le verre de sa main.

Henri III prenoit le conseil de Marc Miron, son premier médecin, dans les affaires les plus épineuses. Ce fut aussi ce docteur qui lui procura la facilité de sortir de la Pologne, pour venir prendre possession du trône de France (4). Enfin Henri III l'envoya à Paris dans un temps de trouble où il soutint fortement les intérêts de son maître, contre MM. de Guise (5).

Louis Duret, médecin ordinaire de Charles IX & de Henri III, étoit si considéré de ses maîtres, que Henri III voulut conduire sa fille à l'église le jour de son mariage. Sa majesté étoit à droite & le père à gauche. Le Roi ne se contenta pas d'honorer la noce de sa présence, il

---

» nistraverunt, qui apud nos dicuntur guberna-
» tores patriarum, ut dicit *Johan*, *de Plat. in*
» *rub.* C. *de comitib.* & *archiatris sacri pala-*
» *tii, lib.* 12. Ubi etiam dicit post *Bartol.* Quod
» medici principum, qui meruerunt esse in
» primo ordine medicorum, nobilitantur, ut
» efficiantur palatini comites. Et sunt in dignitate
» spectabili : & ibi sunt tres dignitates, scilicet
» archiatrorum, id est, medicorum principis,
» vicariorum, & ducum, quæ adæquantur, &
» non est doctrina, nisi in prioritate temporis,
» ut dicit ibi. *Text. Jac. Rebuff.* & *Joh. de*
» *Plat.* & *Luc. de Penna*, » ( *Catalog. glor.*
*mundi pars 6 consid.* 12. )

(1) *Diccionario de la lengua castellana por la real academia española.*

(2) *Chomel, loc. cit*, pag. 21.

(1) *Ibid.* pag. 21.

(2) Eloge historique de la faculté de médecine, par M. Hazon, pag. 45.

(3) Ce sont les termes du docteur Chomel, *ibid.* pag. 22.

(4) Eloge historique de la faculté, par Hazon, pag. 44.

(5) Essais historiques sur la médecine en France, pag. 23 de la préface.

fit don à la mariée de toute la vaisselle d'or & d'argent qui avoit servi au repas, & qui pouvoit monter à la somme de 40,000 livres (1).

On lit dans la gazette de France, du 24 avril 1649, p. 270, « que leurs » majestés reconnoissant les soins conti- » nuels du sieur Vautier, premier mé- » decin du Roi, & pour marque par- » ticulière de leur souvenir de la cure » par lui faite en la personne de Monsieur » frère unique de sa majesté, l'ont gratifié » de l'abbaye de saint Taurin d'Evreux, » vacante par le décès du sieur du Perron, » évêque de ladite ville » (2).

On peut voir au commencement des recherches historiques sur la médecine en France du docteur Chomel, une table chronologique des premiers médecins ou archiatres de nos Rois, avec quelques détails sur les plus célèbres d'entre eux. La même table se retrouve dans le *Calendarium medicinæ*, avec le nom des Rois auxquels chaque premier médecin a été attaché.

On trouve néanmoins quelques médecins de plus dans la table de Chomel, parce qu'il y a compris quelques médecins ordinaires du Roi.

§. II. *Des droits & privilèges dont le premier médecin jouit à la cour.*

Outre ces grâces particulières que les médecins du Roi ont reçues à différentes époques, il y a de très-beaux privilèges attachés à leurs places, & sur-tout à celle de premier médecin.

Celui à qui nos Rois la confient, ne jouit pas seulement de la qualité de comte, *comes*; il transmet à ses descendans une noblesse réelle; il a aussi un brevet de conseiller d'état, en prend la qualité, & en touche les appointemens (3). Ce titre

lui a été confirmé par l'article 6 d'un réglement du 3 janvier 1673, que Louis XIV ordonna être observé en son conseil d'état.

M. Verdier ne fait pas de difficulté de placer le premier médecin parmi les grands officiers de la maison du Roi. C'est à tort, ajoute-t-il, que quelques-uns ont rangé son office au nombre de ceux qui sont sujets au grand-chambellan, puisque le premier médecin n'obéit qu'au Roi, entre les mains duquel il prête serment comme le grand-chambellan lui-même, qu'il jouit pareillement des honneurs, titres & privilèges des grands officiers, & est en cette qualité le chef des officiers de santé de sa majesté, qui forment en quelque manière un genre d'office distinct & séparé. (1).

Le même auteur nous donne la formule du serment que le premier médecin prête entre les mains du Roi. Voici comme elle est conçue : « Vous jurez & » promettez à Dieu de bien & fidelle- » ment servir le Roi, en la charge de » son premier médecin; dont sa majesté » vous a pourvu, d'apporter pour la con- » servation de sa personne & pour l'en- » tretenement de sa santé, tous les soins » & toute l'industrie que l'art & la con- » noissance que vous avez de son tempé- » rament vous feront juger nécessaire, » de ne recevoir pension ni gratification » d'autre personne que de sa majesté, » & de tenir la main à ce que ses officiers » qui sont sous votre charge, s'acquittent » de leur devoir, & généralement faire » en ce qui la concerne tout ce qu'un » fidèle sujet & serviteur doit, & est » tenu de faire, ainsi vous le jurez & » promettez. » (2).

M. Verdier observe encore que les premiers médecins ont la couronne de comte dans leurs armoiries. On y fait entrer

---

(1) *Ibid.* pag. 24.
(2) *Ibid.* pag. 25.
(3) Description de la France, par Piganiol de la Force, tom. 1, chap. 3, art. 3.

(1) Jurisprudence de la médecine en France, tom. 2, pag. 22.
(2) *Ibid.* pag. 57.

aussi, dit-il, les symboles que les anciens ont donné à Esculape, le Dieu de la médecine, c'est-à-dire un bâton rempli de nœuds, pour désigner, comme le marque *Fœstus Pompeïus*, la difficulté qu'Hyppocrate dit être attachée à l'art. Dans la suite, on entortilla un dragon autour de ce bâton. Mais l'interprétation de ce dernier symbole n'est pas sujette à moins de difficulté que l'art de la médecine (1).

Suivant l'état de la France, imprimé en 1749 (2), le premier médecin a 34,000 » livres d'appointemens, savoir, 3,000 li-» vres de gages par les trésoriers de la mai-» son, 2,000 livres de livrée, 3,000 livres » pour sa bouche à cour, 16,000 livres » pour son entretenement, 3,000 livres » pour son carosse, ces trois dernières » sommes payables à la chambre aux » deniers, 4,000 livres de récompense » attachées à sa charge, par brevet du 14 » avril 1692, par forme de dédomma-» gement de la suppression faite au mois » de février précédent, de la faculté qui » étoit attribuée au premier médecin, » de commettre des chirurgiens dans les » villes, bourgs & lieux du royaume, » pour faire les visites & rapports, & » 6,000 livres de pension, comme con-» seiller d'état. Ces deux pensions paya-» bles au trésor royal.

Il faut seulement observer que la chambre aux deniers ne subsistant plus, tous ces articles ont dû être réunis dans un état séparé où il est porté qu'un seul article pour la même personne, tel qu'il a dû être réglé par sa majesté, suivant l'article 17 du réglement du 17 août 1780, fait pour l'administration intérieure de la maison du Roi.

En vertu de la prééminence attribuée au premier médecin, tout office de médecin cesse par-tout où il se présente dans la maison du Roi (1).

Enfin, il a l'inspection sur les autres officiers de santé de la maison du Roi, qui lui sont subordonnés de toute ancienneté.

Cette inspection a deux objets.

1°. Le premier médecin doit interroger, examiner & agréer tous ceux qui doivent sous lui exercer quelque office de santé, c'est-à-dire, tous les autres médecins & les apothicaires, leur donner en conséquence ses certificats de capacité & recevoir leur serment, de la prestation duquel il est dressé au bas de leurs provisions, un procès-verbal signé du premier médecin. Autrefois cependant, ces officiers prêtoient serment entre les mains du premier maître-d'hôtel, cela s'observoit encore au commencement du sixième siecle. Mais le premier médecin est rentré depuis dans des fonctions si essentiellement attachées à sa commission, elles lui avoient même été assurées à l'égard des chirurgiens, par lettres-patentes du 26 avril 1696, qui défendent à tous autres de prendre connoissance de la suffisance & capacité du premier chirurgien, du chirurgien ordinaire de sa majesté, & de ses huit chirurgiens servant par quartier, sauf & excepté le premier médecin qui en doit répondre au Roi à l'égard des chirurgiens & apothicaires pourvus d'offices auprès de la personne & dans la maison du Roi, & celles des reines, enfans de France & petits-enfans, & premier prince du sang. L'art. 38 de l'édit de mars 1707, portoit aussi qu'ils seroient obligés de subir l'examen en la manière accoutumée, par devant le premier médecin, ou autre par lui commis (1). Mais cela a été changé

---

(1) Voyez les différentes explications qu'on en a données dans le même ouvrage, tom. 2, pag. 61.

(2) Tom. 1, pag. 330. J'observerai néanmoins qu'il y a une faute dans les détails de cet ouvrage, où l'on a omis la somme de 3000 livres pour la bouche à cour.

---

(1) Jurisprudence de la médecine, tom. 2, pag. 73.

(2) *Ibid.* pag. 64.

pour les chirurgiens par la déclaration
du 19 juin 1770. Voyez la section suivante, §. 2.

2°. L'inspection du premier médecin
a aussi pour objet l'exactitude avec laquelle les médecins & les apothicaires
s'acquittent des fonctions de leur office,
pour lesquelles ils ne reçoivent aucun
ordre que de sa part. En conséquence,
ils ne peuvent s'absenter de la cour, ni
manquer à leur service, sans en avoir
préalablement obtenu dispense & permission du premier médecin. Ce n'est que
sur l'attestation qu'il leur délivre de l'exactitude avec laquelle ils ont rempli leurs
devoirs, qu'ils reçoivent les émolumens & les gages attachés à leur place.
Ce second chef est fondé sur l'inspection
générale commise aux premiers officiers des
maisons royales, de veiller sur ceux qui
leur sont subordonnés par la police de la
cour (1).

§. III. *Des droits & privilèges attribués
au premier médecin dans tout le royaume.*

Le premier médecin du Roi avoit autrefois le droit de commettre par-tout le
royaume un ou deux chirurgiens, pour
faire les rapports & visites ordonnés en
justice. Un édit donné par Henri IV,
en faveur d'André du Laurens, au mois
de janvier 1606, l'avoit ainsi ordonné.

Cet arrêt n'avoit été enregistré au grand
conseil qu'avec des modifications. Mais
la même prérogative fut assurée aux successeurs de du Laurens, par des déclarations des 16 juin 1608, 31 novembre
1609 & 20 août 1610, enregistrées au
même tribunal (2).

M. Verdier dit aussi que l'édit de 1606
& un autre édit de 1611, attribuèrent

aux premiers médecins & aux médecins
par eux commis, *l'intendance sur la médecine, la chirurgie & la pharmacie*, avec
le droit d'interroger, approuver & recevoir les barbiers-chirurgiens sur-tout, &
les apothicaires qu'ils trouveroient capables; mais sur la réclamation de tous les
médecins & apothicaires, & du premier
barbier, & même sur l'opposition des barbiers-chirurgiens de Paris, les premiers
médecins furent déboutés de l'attribution extraordinaire à eux faite de cette
autorité, par arrêt du grand-conseil, du
21 juillet 1611, lequel enjoignit aux
parties de se conformer à ce sujet aux
réglemens auxquels les lettres qu'ils
avoient obtenues étoient contraires, notamment à ceux faits sur la chirurgie (1).

Il est certain du moins que deux arrêts
du grand-conseil, rendus les 31 août 1621
& 28 février 1622, ont ordonné l'exécution des trois déclarations de 1608,
1609 & 1610, en ce qui concerne la
nomination des chirurgiens pour faire les
rapports. (2.)

Un arrêt du conseil du 25 février 1639,
maintint le premier médecin dans le droit
de nommer deux chirurgiens, en cassant
deux arrêts du parlement de Rennes, qui
y étoient contraires (3).

Le même privilège fut de nouveau
assuré au premier médecin par les déclarations du 22 septembre 1646 & du 31
avril 1654 (4).

Le 12 janvier 1663, un arrêt du grand-
conseil maintint dans l'exercice exclusif des
rapports, les chirurgiens nommés par le
premier médecin (5).

En 1664 & 1665, le premier médecin
rendit des ordonnances conformes (6).

_____

(1) *Ibid.* pag. 65.
(2) Table chronologique imprimée chez
Prault, de tous les édits & réglemens concernant
les médecins, chirurgiens, &c. pag. 11.

(1) Jurisprudence de la médecine, tom. 2,
pag. 67.
(2) Table chronologique ci-dessus citée,
pag. 16 & 17.
(3) *Ibid.* pag. 25.
(4) *Ibid.* pag. 28 & 36.
(5) *Ibid.* pag. 35.
(6) *Ibid.* pag. 36.

En 1670, nouvelle ordonnance précédée d'un arrêt du conseil sur le même objet (1).

En 1672 & 1673, déclaration du Roi & arrêt du conseil conformes (2).

Mais un édit du mois de février 1692, enregistré aux parlemens de Paris & de Rouen les 11 & 12 dudit mois, a révoqué ce privilège, en créant des offices de médecin ordinaire du Roi & de chirurgiens-jurés dans toutes les villes du royaume, pour faire, à l'exclusion de tous autres, les rapports des visitations qui se font, tant par ordonnance de justice, que dénonciatifs des corps morts ou blessés (3).

Les choses subsistent encore ainsi aujourd'hui.

Des lettres-patentes du mois d'avril 1617, enregistrées au parlement de Rouen, donnèrent aussi le pouvoir à M. Jean Heroard, premier médecin du Roi, de commettre un ou deux médecins dans toutes les villes où il n'y a ni université ni maîtrise, pour examiner tous ceux qui se mêlent de l'apoticairerie, même de les ériger en jurande, & de faire chez eux les visites nécessaires (4).

La même chose fut ordonnée par-tout le royaume par des lettres-patentes du 14 octobre 1619, & par d'autres lettres-patentes du 2 décembre suivant, qui furent enregistrées au parlement de Toulouse (5).

Le 26 février 1635 & le 20 janvier 1637, le premier médecin fit des statuts pour la communauté des apoticaires, conformément aux édits de 1615 & 1621 (6).

Le 11 août 1635, une commission du Roi autorisa le premier médecin à continuer l'établissement des apothicaires dans les villes non jurées, conformément aux édits précédens (1).

Le 10 octobre 1656, des lettres-patentes confirmèrent l'édit du mois d'avril 1617, relatif au même objet (2).

Le 2 août 1661, d'autres lettres-patentes donnèrent pouvoir au premier médecin de régler les apothicaires suivant les statuts du 30 septembre 1661 (3).

Les premiers médecins du Roi ont dressé ou fait dresser plusieurs autres statuts en exécution de ces réglemens, & les ont fait munir de l'autorité royale (4).

Ce dernier privilège subsiste encore. Le premier médecin a tout pouvoir de visite & examen sur les apothicaires des villes qui n'ont point d'université, ni de jurande. Il peut commettre un ou plusieurs médecins pour y exercer la juridiction en son lieu & place (5).

Les vues du ministère ayant été d'établir la maîtrise d'apothicaire dans les bourgs, même où il auroit été impossible d'établir une communauté, les réglemens ont permis aux premiers médecins de réunir les maîtres par châtellenies, vicomtés, prévôtés ou autrement, suivant qu'ils le jugeroient convenable, pour former entre eux une communauté, dont le district est alors réglé par l'étendue des lieux réunis (6).

C'est également aux premiers médecins à fixer l'étendue des villes, & même des provinces soumises à l'inspection de leurs lieutenans. Mais l'établissement de ces maîtrises n'a point eu lieu dans le royaume, il s'en faut de beaucoup (7).

Les empiriques s'étant souvent adressés

---

(1) Ibid. pag. 41.
(2) Ibid. pag. 43 & 44.
(3) Ibid. pag. 56. Jousse, commentaire sur l'ordonnance de 1670, tit. 5, art. 1.
(4) Même table chronologique, pag. 16.
(5) Ibid. pag. 17.
(6) Ibid. pag. 22 & 24.

(1) Ibid. pag. 23.
(2) Ibid. pag. 32.
(3) Ibid. pag. 35.
(4) Essais de jurisprudence sur la médecine, par M. Verdier, pag. 313.
(5) Jurisprudence de la médecine, tom. 2, pag. 70.
(6) Essais de jurisprudence sur la médecine, pag. 312.
(7) Ibid. pag. 313.

à l'autorité royale pour la distribution des remèdes, nos Rois n'ont accordé les lettres & brevets qui leur étoient demandés, que sur l'avis des premiers médecins. C'est ainsi que ceux-ci ont eu la prérogative d'approuver les prétendus spécifiques, concurremment avec les facultés, & ce droit leur a été confirmé à l'égard même des remèdes chirurgicaux.

Sur les remontrances de M. Dodart, le Roi Louis XV établit en 1728 une société de médecins, chirurgiens & apothicaires de Paris & de la cour, présidée par le premier médecin, & connue sous le nom de commission royale de médecine, pour procéder à l'examen & approbation des spécifiques (1).

On dira, en parlant de la société royale de médecine, les changemens que cet établissement a occasionnés sur cet objet.

L'édit du mois de janvier 1626 avoit encore attribué au premier médecin l'intendance du jardin royal des plantes créé par cet édit. La même chose fut ordonnée par lettres-patentes du 8 août 1626 (2).

Un édit du mois d'octobre 1642, réunit à cette qualité celle de surintendant & ordonnateur des bâtimens & jardins des maisons royales (3).

Le 9 mai 1708, d'autres lettres-patentes confirmèrent au premier médecin la surintendance du jardin royal (4). Mais le 31 mars 1718, une déclaration du Roi enregistrée au parlement le 2 avril suivant, a distrait la surintendance du jardin royal de la charge de premier médecin (5).

Des lettres-patentes du 19 août 1719, ont uni la surintendance des eaux minérales à la charge du premier médecin du Roi (1). Mais l'article 12 des lettres-patentes du mois d'août 1778, en laissant au premier médecin la qualité de surintendant des eaux minérales & médicinales du royaume, a ordonné que tout ce qui concerneroit la distribution de ces eaux, seroit soumis à l'examen de la société royale de médecine.

Enfin, les premiers médecins du Roi & de la reine, sont reçus à la porte par le doyen, accompagné de quelques bacheliers, & précédé des bedeaux, lorsqu'ils viennent aux écoles de médecine revêtus de leurs robes de satin, comme conseillers d'état, quand bien même ils ne seroient pas docteurs de la faculté de Paris.

Ils y ont alors une séance d'honneur, mais hors ce cas-là, les premiers médecins ne peuvent exiger aucune distinction dans la faculté même dont ils sont membres. Ils n'y occupent que la place que leur donne leur réception, sans aucune primauté, ni autorité (2).

La faculté de Paris a envoyé par décret le bonnet de docteur à feu M. Lieutaud, premier médecin du Roi, qui l'a remerciée, en y prenant séance. Il est le premier qui ait été reçu dans cette faculté sans subir d'examen probatoire & sans soutenir de thèse (3).

§. IV. *Des autres médecins du Roi, & des droits dont ils jouissent à la cour.*

On ignore l'époque de l'institution des médecins ordinaires ou de quartier qu'on

---

(1) Jurisprudence de la médecine, tom. 1, pag. 161.

(2) Table chronologique, imprimée chez Prault, pag. 18.

(3) *Ibid.* pag. 26.

(4) *Ibid.* pag. 75.

(5) *Ibid.* pag. 80.

---

(1) *Ibid.* pag. 76 & 79.

(2) Etat de la France, tom. 1, pag. 331; jurisprudence de la médecine, tom. 2, pag. 68.

(3) Etat de la médecine en Europe, pour l'année 1776, pag. 152.

appelle en latin *medici regis cubicularii*, parce que le médecin ordinaire couchoit dans la chambre du Roi.

La place de ces médecins étoit autrefois plus importante qu'elle ne l'est aujourd'hui. Le Docteur Chomel qui étoit lui-même médecin ordinaire de Louis XV, dit que »par de petites intrigues particulières, »les médecins ordinaires ont perdu presque »que tous leurs privilèges, principalement »ment sous Louis XIV, & dans le temps »que M. Daquin étoit premier médecin. »Peut-être aussi, continue Chomel, nos »Rois, ne faisant plus leur demeure à »Paris, ces médecins qui, pour la plupart, étoient les plus employés, peu-à-peu ont obtenu la permission de s'absenter de la cour, & leur service a été »totalement remplacé (1) ».

Il y a aujourd'hui à la tête des médecins ordinaires, un premier médecin ordinaire; il y a ensuite huit médecins ordinaires servant par quartier, un médecin du Roi n'ayant point de quartier, huit médecins consultans, dont un qualifié de premier, un médecin oculiste du Roi, un médecin ordinaire de la maison du Roi & du grand commun. Quelques-unes de ces places sont de plus assurées à titre de survivance à d'autres médecins. Il y a aussi deux médecins ordinaires honoraires.

Suivant l'état de la France (2) imprimé en 1749, le premier médecin ordinaire qui étoit alors qualifié de *conseiller médecin ordinaire*, a de gages sur l'état 1800 livres, payées par les trésoriers de la maison, 1500 livres de livrées, pour sa bouche à cour à la chambre aux deniers, 2400 livres de pension au trésor royal, & de plus 9000 livres comme médecin consultant. Les huit médecins servant par quartier, ont chacun 1200 livres de gages

payées par les trésoriers de la maison, & 273 livres 15 sous de livrées chacun, pour sa bouche à cour à la chambre aux deniers, à raison d'un écu par jour. Mais comme on l'a vu au § II, cette distinction des attributions payables à la chambre aux deniers, ne subsiste plus, non plus que cette chambre.

Les quartiers des médecins ordinaires commencent aux mois de janvier, avril, juillet & octobre.

Les médecins consultans, qui n'étoient qu'au nombre de quatre, lors de la dernière édition de l'état de la France, & qui y sont placés immédiatement après le premier médecin du Roi, ont été créés en mars 1718 à 9000 livres d'appointemens chacun. Il y avoit néanmoins alors quatre autres médecins qui jouissoient du titre de médecins consultans. On vient de voir qu'ils sont aujourd'hui au nombre de huit.

Outre les médecins propres à sa majesté, le Roi en a encore d'autres à ses gages pour les différens corps d'officiers qui servent auprès de sa personne. Il y en a deux pour la grande & petite écurie, qui ont chacun 200 livres de gages. Il y a un médecin du haras du Roi, qui a 400 livres de gages. Les cent suisses ont aussi un médecin; il y en a deux pour le régiment des gardes suisses; il y en a un au château de la bastille, qui a 2400 livres de gages, &c.

Il y avoit aussi autrefois des médecins pour l'artillerie, dont les privilèges avoient été réglés par édit du mois de février 1677; mais leurs offices furent supprimés par un autre édit d'août 1703.

§. V. *Des privilèges des médecins du Roi, relativement à l'exercice de la médecine.*

Les médecins du Roi & des princes ont le droit d'exercer leur profession dans tout le royaume, & même à Paris, sans

(1) Essais sur la médecine en France, pag. 15 de la préface.

(2) Tom. 1, pag. 737.

avoir été reçus docteurs de cette faculté. Ce privilège est très-ancien: la faculté l'a reconnu par un décret du 5 novembre 1505. Il a été confirmé par un arrêt du parlement du 3 août 1536 (1); enfin il a été inséré dans les statuts de la faculté de médecine enregistrés au parlement le 3 septembre 1598. Il a depuis été confirmé toutes les fois que l'occasion s'en est présentée. On trouve dans la Marre (2) une sentence rendue contre un médecin empirique, pour avoir contrevenu aux sentences & arrêts. On y voit que le défendeur soutenoit être médecin de monseigneur le comte de Soissons, & avoir été médecin de feu MONSIEUR, frère du Roi, & que la faculté de Paris soutint au contraire, qu'il n'étoit, ni n'avoit été médecin de ces deux princes.

Cette sentence fut confirmée par un arrêt du 23 mars 1599, qui fit défenses à l'appellant de contrevenir aux précédens arrêts sur le réglement de la médecine, & d'exercer la médecine en quelque façon que ce fut, a peine d'amende arbitraire, & punition corporelle ; le cas échéant.

M. Servin, qui donna ses conclusions dans cette affaire, dit « que l'appelant » n'avoit qualité pour exercer la méde- » cine, n'étant approuvé, ni par la fa- » culté, *ni au service du Roi & des princes* » *du sang* » (3).

Un arrêt rendu au parlement le 1 mars 1644, défendit au fameux Théophraste Renaudot, docteur de la faculté de Montpellier, & soi-disant médecin ordinaire du Roi, & à d'autres non méde-

cins de la faculté de Paris, d'y exercer la médecine (1).

Il étoit réservé, dit M. Verdier, à la protection dont jouissoit M. de la Peyronie, de faire fléchir la rigueur de la première loi en sa faveur. Cet illustre chirurgien ayant obtenu deux brevets, l'un de médecin consultant du Roi, & l'autre de son médecin de quartier, sur des lettres de docteur en médecine qu'on lui avoit accordées à Reims ; la faculté de médecine de Paris le fit assigner au Châtelet de cette ville, pour y voir dire qu'il seroit tenu de communiquer & faire registrer au greffe les lettres en vertu desquelles il s'attribuoit ces qualités : mais M. de la Peyronie, sans répondre à l'assignation, obtint au conseil sur sa requête un arrêt le 5 août 1743, par lequel l'assignation fut déclarée nulle, & M. de la Peyronie maintenu dans ses prérogatives, en vertu de ses deux brevets (2). Mais on voit que, dans cet exemple même, M. de la Peyronie avoit obtenu deux brevets de médecin du Roi.

Les mêmes statuts qu'on vient de citer, veulent que les docteurs régens de la faculté de Paris, qui sont médecins du Roi ou des princes, soient réputés présens durant leur service, & qu'ils partagent dans les honoraires des réceptions, pourvu qu'ils présidenr aux thèses à leur tour (3).

Pour empêcher que des intrus ne se

____

(1) Jurisprudence de la médecine, tom. 2, pag. 82.

(2) Traité de la police, tom. 1, liv. 4, tit. 11, pag. 599.

M. Verdier rend un compte un peu différent de ce jugement, tom. 2, pag. 88, de sa jurisprudence de la médecine.

(3) La Marre, *ibid.*

____

(1) Table chronologique ci-dessus citée, pag. 26.

On peut consulter sur les démêlés de ce médecin avec la faculté de Paris, l'éloge historique de cette faculté par M. Hazon, pag. 34 & 35.

(2) Jurisprudence de la médecine, tom. 2, pag. 90.

(3) *Article* 47.

Doctores regentes, qui Regi christianissimo, vel principibus regio sanguine procreatis inserviunt, absentes pro præsentibus habeantur, dum ipsis serviunt, eâ conditione, ut quodlibetariæ præsint suo ordine.

qualifient fans droit du titre de médecin du Roi ou des princes, l'article 9 des nouveaux ſtatuts homologués au parlement le 31 août 1696, veut qu'on dreſſe un catalogue de ces médecins, à la ſuite du tableau des docteurs régens. Il les prive du privilège de conſulter avec les docteurs de la faculté, ſi l'on apprend qu'ils conſultent avec d'autres médecins & des empiriques (1).

Quoique les privilèges dont on vient de parler, ſoient fondés ſur la préſomption avantageuſe qui naît de la confiance des princes, comme il n'eſt pas impoſſible que cette confiance ſoit trompée, on a pris des précautions pour qu'elle ne pût pas être nuiſible au public.

On a donc exigé des médecins du Roi, qui voudroient exercer leur profeſſion à Paris, ou ailleurs, qu'ils fuſſent gradués dans une faculté de médecine.

Vrevin (2) dit « que par arrêt interlocutoire donné au profit des médecins, » apothicaires & chirurgiens d'Auxerre, » contre un médecin de monſeigneur le » prince de Condé, la cour ordonna qu'il » feroit dans ſix mois apparoir de ſes lettres de dégré, & cependant continueroit ſon exercice: à quoi n'ayant pu » ſatisfaire, ni dans les ſix mois, ni depuis, & en ayant été forclos, par arrêt définitif du 10 juin 1606, auroit, » en confirmant la ſentence du bailli

» d'Auxerre, fait inhibitions & défenſes » audit médecin d'exercer la médecine, » & icelui condamné ès dépens. »

On peut encore citer pour cette déciſion l'art. 408 de l'ordonnance de 1629, qui défend expreſſément « qu'aucun ne » ſoit admis aux offices de la maiſon du » Roi & autres, qu'il ne ſoit de condition requiſe pour tenir & exercer l'office dont il ſeroit pourvu & capable, » y ſervant actuellement en perſonne, & » ſi aucuns avoient été employés eſdites » charges, ſans être de la condition, » ordonne qu'ils en ſoient ôtés, & privés » de leurs charges, & que tout uſage » des privilèges leur ſoit dénié. »

L'édit du mois de mars 1707, portant réglement pour l'étude de la faculté de médecine, reſtreint auſſi le privilège qu'ont les médecins du Roi d'exercer partout la médecine à ceux qui ſont gradués dans quelques-unes des univerſités du royaume (1).

Il n'eſt pas beſoin d'ajouter, que pour jouir de ces privilèges, & de tous ceux qui ſont attachés à la qualité de commenſal, il faut être véritablement médecin du Roi, ou des princes, ſervant près de leur perſonne. Il ne ſuffiroit donc pas d'avoir obtenu, par importunité, le titre de médecin du Roi ou des princes. Un arrêt célèbre du 2 mars 1536, dont on

_____

(1) Ut autem doctoribus noti ſint medici qui Regi chriſtianiſſimo, & principibus regio ſanguine procreatis inſerviunt, quibuſcum apud ægrotantes conſultare liceat; extabit eorum catalogus diſtinctus à catalogo doctorum facultatis, & utrorumque nomina & cognomina à bidello publicè recitabuntur ſingulis annis actuum initio, iiſdemque medicis regiis renunciabitur, ſi notum ſit eos medicinam facere, & conſilia inire cum medicis extraneis, non probatis, aut cum empiricis, hocce jure, & privilegio conſultationis caſuros.

(2) Code des privilégiés, pag. 433 & 434.

_____

(1) C'eſt la diſpoſition de l'art. 34.

« Exceptons, y eſt-il dit, des défenſes portées » par l'art. 32 de notre préſent édit, nos méde» cins & ceux de notre maiſon royale, ceux » des reines, enfans de France & petits-enfans, » & premier prince de notre ſang, qui ſont em» ployés dans nos états, envoyés en notre cour » des aides; voulons qu'ils puiſſent exercer la » médecine dans toute l'étendue de notre » royaume, ainſi qu'ils l'ont fait par le paſſé; » & néanmoins à l'avenir il ſera fait mention » dans leurs proviſions de leurs grades, dûment » obtenus dans quelqu'une des univerſités de » notre royaume, à peine de nullité deſdites » proviſions. »

peut voir les détails dans M. Verdier, l'a ainſi jugé (1).

L'art. 74 des ſtatuts de la faculté de médecine de 1751 porte « qu'il ne ſera » permis à aucun d'exercer la médecine » à Paris, s'il n'eſt reçu ou aggrégé à la » faculté, ou *s'il n'eſt couché ſur l'état* » *des médecins de la cour*, & ne ſert ac- » tuellement au ſervice du Roi très-chré- » tien, ou de la famille royale (2).

Les anciens médecins des princes dé- cédés jouiſſent des mêmes privilèges. Un arrêt du conſeil d'état du Roi du 16 nov. 1644, ordonne que les médecins, qui ont ſervi actuellement la reine mère dé- funte juſques à ſa mort, les médecins de monſeigneur le duc d'Orléans, de MA- DAME, de MADEMOISELLE & des princes du ſang royal, continueront à exercer la médecine dans Paris, ordonneront aux malades, & conſulteront avec les autres médecins de la faculté de Paris avec in- jonction au doyen de l'école de médecine de Paris de les comprendre & employer dans le rôle qu'il délivrera par chacun an aux gardes & jurés apothicaires, auxquels pareillement eſt enjoint d'exécuter leurs ordonnances, avec défenſes à toutes per- ſonnes de les troubler dans l'exercice de la médecine dans Paris (3).

### §. VI. *Du ſervice des médecins du Roi.*

Le premier médecin entre tous les jours dans la chambre du Roi avant qu'il ſoit levé, à l'entrée familière, avant ce qu'on appelle la première entrée, & même avant les grandes entrées (4).

Le premier médecin ordinaire du Roi a ſeulement la première entrée (1); les deux médecins ſervans par quartier, n'ont que l'entrée de la chambre, qui eſt la quatrième de toutes. Les uns & les autres doivent néanmoins ſe trouver comme le premier médecin au lever, au coucher & aux repas du Roi, quoiqu'il ſe porte bien (2).

Le médecin ſervant qui n'a pas de quartier, a auſſi l'entrée de la chambre, mais ſeulement quand on l'appelle (3).

Le premier médecin ordinaire remplace le premier médecin, quand ce dernier eſt abſent.

On a néanmoins conteſté long-temps au premier des médecins ordinaires le droit de jouir dans ce cas de toutes les diſtinctions attachées à l'emploi de pre- mier médecin, telles que la préſéance dans les conſultations ſur les médecins des princes, & le droit de faire ceſſer tout office de médecin par-tout où il ſe préſente. Cette queſtion, qui n'étoit pas encore décidée quand M. Verdier a fait imprimer ſon ouvrage, paroît l'être au- jourd'hui contre les autres médecins (4), depuis l'établiſſement de l'office de premier médecin ordinaire.

Lorſque le Roi doit toucher les ma- lades, c'eſt-à-dire ceux qui ont les écrouelles, ou lorſqu'il lave les pieds des treize enfans le jour de la cène, c'eſt au premier médecin, ou au premier médecin

---

(1) Juriſprudence de la médecine, tom. 2, pag. 88.

(2) *Ibid.*

(3) Vrevin, code des privilégiés, pag. 355.

(4) Etat de la France, tom. 1, pag. 330 & 331.

M. Verdier, tom. 2, pag. 58, dit que les fonctions du premier médecin ſont de ſe trouver tous les matins *à la première entrée ou entrée*

---

*familière*, qui eſt dès que ſa majeſté eſt éveillée étant encore au lit juſqu'au moment qu'elle appelle les grandes entrées. Il y a un peu d'inexac- titude dans cette expreſſion. Il y a cinq entrées chez le Roi, non compris celle du cabinet, qui ſont, 1°. l'entrée familière, où le premier mé- decin ſe trouve, 2°. les grandes entrées, 3°. *la première entrée*, &c. Voyez l'état de la France, tom. 1, pag. 340 & ſuiv.

(1) *Ibid.* pag. 332.

(2) *Ibid.* pag. 333.

(3) *Ibid.* pag. 346.

(4) Juriſprudence de la médecine, tom. 2, pag. 59.

ordinaire, ou enfin aux médecins de quartier, à vifiter auparavant les perfonnes qui fe préfentent pour cela. L'état de la France (1) dit qu'ils ont pour cela 17 livres 9 fous 4 deniers ; payables à la chambre aux deniers pour une douzaine de pains, deux quartes de vins de table & fix pièces de gibier piquées. Mais on a déjà obfervé que la chambre aux deniers avoit été fupprimée.

Quand le Roi eft malade, c'eft fon premier médecin qui le gouverne particulièrement ; il préfide aux confultations faites pour le rétabliffement de fa fanté, ainfi qu'au traitement & à la conduite du régime & des médicamens qui y font réglés ; & à cet effet il doit être toujours auprès de fa majefté, lorfqu'elle prend quelque remède, pour en régler l'adminiftration & les effets (2), mais les médecins ordinaires doivent s'y trouver auffi (3).

Le premier médecin ou celui qui le remplace, peut auffi donner l'ordre à la bouche dans ces circonftances (4).

Tous les officiers de trimeftre du Roi, après avoir fait un quartier chez le Roi, font un quartier de fervice chez M. le dauphin qui n'a point une maifon diftinete de celle de fa majefté. Ceux qui font ordinaires, fervent toute l'année ; mais outre les officiers du Roi, M. le dauphin a pour faire le fervice à la place de ces médecins ordinaires un premier médecin qui a 1800 livres de gages, & 8000 livres de penfion. Les enfans de France qui n'ont point une maifon diftinete de celle du Roi, font gouvernés par les mêmes médecins ; mais ils ont de

plus un premier médecin pour fuppléer à l'abfence des autres (1).

## SECTION II.

### *Des chirurgiens du Roi.*

Voici l'ordre qu'on fe propofe de fuivre pour expliquer tout ce qui concerne cette feconde branche des officiers de fanté du Roi. On donnera dans cinq paragraphes,

1°. Quelques recherches fur l'ancien état des chirurgiens du Roi.

2°. Les droits & la juridiction du premier chirurgien du Roi fur les chirurgiens & fur les barbiers du royaume.

3°. Les tribunaux auxquels appartient la connoiffance des conteftations relatives à ces droits & à cette juridiction.

4°. Les droits & privilèges des autres chirurgiens du Roi.

5°. Les fonctions des chirurgiens de la maifon du Roi.

§. I. *Recherches fur l'ancien état des chirurgiens du Roi.*

Il y a lieu de croire que dans l'origine le médecin du Roi faifoit les fonctions des chirurgiens, puifque ces deux profeffions n'ont été bien diftinctes que dans les derniers fiècles. Il paroît même que les fonctions des médecins, fans en excepter ceux des princes, fe bornoient prefque uniquement à l'exercice de la chirurgie.

Les lois données au commencement du dixième fiècle par Hoël-dâ ou Hoël-lebon, fouverain du pays de Gallés, femblent en fournir la preuve, fi l'on en juge par l'extrait que M. Houard en a donné (2). « Le médecin, y eft-il dit, » avoit quatre deniers d'honoraire pour » l'extraction des os du crâne, pourvu

---

(1) Tom. 1, pag. 333.
(2) Jurifprudence de la médecine, tom. 2, pag. 59.
(3) Etat de la France, pag. 348.
(4) Jurifprudence de la médecine, tom. 2, pag. 59. Introduction à la defcription de la France, tom. 1, chap. 3, art. 17.

(1) *Ibid.* pag. 75 & 76.
(2) Differtation préliminaire à la tête des lois anglo-normandes, tom. 1, pag. 71.

» que l'os fût affez confidérable pour
» faire réfonner un chaudron d'airain, fi
» on l'y eût jeté ; s'il fe fervoit d'on-
» guent rouge pour le traitement d'une
» plaie, il avoit douze deniers ; tous
» les linges déchirés ou enfanglantés lui
» reftoient ; quand le malade n'étoit
» pas guéri, il ne pouvoit rien exiger ;
» trop heureux, dit la loi, de ce qu'on
» ne le puniffoit pas ».

Nos Rois ont néanmoins eu des chirurgiens particuliers depuis une époque
très-reculée. Mais ces chirurgiens étoient
alors les mêmes que ceux du châtelet.

C'eft ce qu'on voit dans un edit donné
par Philippe-le-Bel au mois de novembre
1311, qui fait défenfes à toutes perfonnes
d'exercer l'art de chirurgie dans la ville
& vicomté de Paris, fans avoir été examinées par les maîtres chirurgiens de Paris
convoqués par *le chirurgien du Roi au châtelet* (1).

---

(1) Le titre de cet édit, tel qu'il fe trouve
dans le recueil de Girard & de Joly fur les
offices, pag. 1915, & dans le premier tome des
ordonnances du louvre, dit *par le premier chirurgien du Roi*. Mais le texte de l'édit ne porte
rien de femblable. « Nullus chirurgicus, *y
» eft-il dit*, nulla chirurgica artem chirur-
» giæ, feu opus quomodo libet exercere præ-
» fumat, feu fe immifcere eidem publice, vel
» oculte, in quacumque juridictione, feu terrâ,
» nifi per magiftros chirurgicos juratos, mo-
» rantes parifius, vocatos per dilectum magiftrum
» Joannem Pitardi, *chirurgicum noftrum ju-
» ratum caftelli noftri Parifius* tempore
» fuo, ac per ejus fuccefores in officio, qui
» ex juramenti fui vinculo, chirurgicos alios
» prædictos juratos vocare pro hujufmodi cafu,
» quoties opus fuerit tenebuntur, & prius exa-
» minati fuerint diligenter, & approbati in ipfa
» arte, ac ab ipfo, vel ejus fuccefforibus in
» officio, ut eft dictum, juxta approbationem
» aliorum chirurgicorum, vel majoris partis
» eorum, ipfius vocantis voce inter alias nume-
» rata, licentiam operandi in arte prædicta
» meruerint obtinere ; ad quem ratione fui
» officii, quod a nobis obtinet, & ad ejus fuc-
» ceffores in hujufmodi officio habebit licentiæ
» conceffionem, non ad alium volumus perti-
» nere. »

J'ignore abfolument l'époque où nos
Rois commencèrent à avoir plufieurs
chirurgiens attachés à leurs maifons. Mais
il eft probable qu'ils en eurent dès le
quinzième fiècle au moins, puifque le
duc de Bourgogne en avoit dès-lors quatre.
On peut appliquer plus ou moins à la
maifon de nos Rois ce qu'Olivier de la
Marche rapporte de celle de ce prince :
« Le duc, dit-il, a quatre chirurgiens ;
» ces quatre chirurgiens fervent pour la
» perfonne du duc, & pour ceux de fon
» hôtel, & autres, & certes ce ne font
» point de ceux qui ont le moins affaire
» en la maifon, *car le duc eft prince
» chevaleureux, & de tel exercice de
» guerre, que par bleffure de coup à main,
» de trait de poudre ou autrement, il a bien
» fouvent tant de gens bleffés en fa maifon
» & en fes ordonnances, que autre part,
» en divers lieux bleffés, que cinquante
» chirurgiens diligens, auroient affez à
» befogner, & à faire leur devoir des
» cures qui furviennent, & pour cette
» caufe a ordonné le duc en chacune
» compagnie de cent lances un chirur-
» gien. Lefdits quatre chirurgiens du duc
» ne prendront rien des pauvres, ni
» des compagnons étrangers, qui font
» au fervice du prince, & s'attendent à
» lui de la fatisfaction de leurs onguens
» & drogueries, & peuvent entrer à la
» chambre à toutes heures comme les
» médecins ».

Quoique les mœurs de ce temps-là
femblaffent rendre l'exercice de la chirurgie plus néceffaire encore dans la maifon des princes qu'aujourd'hui, cette
profeffion n'y jouiffoit que de fort peu
de confidération.

L'article 29 de l'édit donné par Henri
IV au mois de mars 1600 pour le réglement des tailles, porte « que les
» menus officiers comme *maréchaux-fer-
» rans, chirurgiens & autres de pareille
» qualité*, ne pourront jouir d'exemp-
» tion qu'autant qu'ils feront à la fuite des
» compagnies ».

Vrevin, qui rapporte cette loi dans son code des privilégiés (1), n'en avoit pas une plus haute idée, lorsqu'il dit d'après Sénèque, Tiraqueau & Brisson en parlant de la chirurgie : *ars mechanica & illiberalis, ars vilis & sordida, quæ manu conflat.*

L'union de la barberie & de la chirurgie contribuoit sans doute à perpétuer cette espèce de mépris. On sait que ces deux professions n'étoient presque séparées nulle part dans le royaume. Il y avoit à la vérité de toute ancienneté des chirurgiens non-barbiers, soit dans la ville de Paris en général, soit dans la maison du Roi en particulier. Mais la plupart des barbiers exerçoient aussi la chirurgie dans cette ville sous le titre de barbiers-chirurgiens.

Aussi, les chirurgiens de Saint-Côme, c'est-à-dire les chirurgiens non-barbiers regardèrent-ils comme un avantage l'union qui fut faite de leur communauté à celle des barbiers-chirurgiens, comme on le verra, en parlant des chirurgiens en général.

Il est même remarquable que la juridiction sur les barbiers-chirurgiens n'appartenoit point au premier chirurgien du Roi, mais à son premier barbier.

Les chirurgiens de saint Côme n'étoient pas à la vérité sujets à cette juridiction. Mais le premier chirurgien du Roi n'en avoit pas non plus sur eux. Ils reconnoissoient toujours pour leurs chefs les chirurgiens du châtelet (2).

Le premier chirurgien du Roi n'eut même aucune séance marquée dans les assemblées de la confrérie de saint Côme, jusqu'au commencement du dix-septième siècle, que les chirurgiens assemblés le 6 février 1606, firent un statut, par lequel il fut dit : « que le premier chirurgien du Roi étant invité & assistant aux actes publics de maîtrise, tiendroit

le premier lieu, & précéderoit tous lesdits maîtres chirurgiens-jurés ; puis lesdits deux chirurgiens du Roi jurés au châtelet ; & après eux le prévôt de la confrérie ; puis chacun desdits maîtres, selon son rang de réception. » Ce statut fut confirmé par des lettres-patentes du 24 mai 1609, & par un arrêt du parlement de Paris du 26 janvier 1624 (1).

Mais ce privilège purement honorifique ne porta point d'atteinte à la juridiction du premier barbier sur les barbiers chirurgiens. Cette juridiction s'étendit même aux chirurgiens non-barbiers de Paris, lorsqu'ils s'unirent aux barbiers-chirurgiens en 1656.

Les lettres-patentes qui opérèrent cette union, portoient que les deux communautés réunies demeureroient sous la juridiction du premier barbier ; & l'arrêt d'enregistrement ajouta seulement en faveur du premier chirurgien du Roi, « que les deux communautés seroient tenues de le laisser jouir des mêmes séances, dont il avoit auparavant bien & dûment joui » (2).

Il est vrai que cet assujetissement ne dura pas long-temps. Quelques années après, Louis XIV trouva cette juridiction du premier barbier extraordinaire, & peu sortable avec les fonctions de son office. Sa majesté voulut l'en désunir, pour l'unir à l'office de son premier chirurgien. Sur les ordres quelle donna, le sieur Felix, son premier chirurgien, traita de la charge de premier barbier, & de tous les droits y appartenant, avec Jean de Rety, sieur de Villeneuve, en 1668 (3), il en fut

---

(1) Art. 50.
(2) Essai de jurisprudence sur la médecine, liv. 3, chap. 1, pag. 214.

(1) Jurisprudence de la chirurgie, tom. 1, chap. 1, pag. 10 & 11.
(2) *Ibid.* pag. 11. Essai de jurisprudence sur la médecine, liv. 3, chap. 1, pag. 214.
(3) Ce sont là les expressions de M. Verdier, dans sa jurisprudence de la chirurgie, tom. 1, pag. 11. Mais l'arrêt du conseil de 1668, prouve que Jean de Rety resta toujours premier barbier, & que le sieur Felix ne succéda qu'à sa juridiction.

pourvu,

pourvû, & en fit unir les droits à son office; & depuis cette époque, le premier chirurgien a toujours eu sur la chirurgie & la barberie, toute l'autorité & la juridiction qui auparavant appartenoient au premier barbier.

Felix obtint ensuite au conseil le 6 août suivant, un arrêt par lequel sa majesté ordonna que «les privilèges & droits » ci-devant attribués à la charge de son » premier barbier, seroient & demeure- » roient dès-à-présent désunis & séparés » du corps de ladite charge; & iceux » unis & incorporés à celle de son pre- » mier chirurgien, dont est pourvu ledit » Felix; pour lui & ses successeurs en » ladite charge, en jouir & user en la » manière, qu'en a joui ou dû jouir » ledit Villeneuve & ses prédécesseurs, » sans que lui ou ceux, en faveur des- » quels ledit Felix pourra se démettre de » ladite charge de premier barbier, ni » leurs successeurs en icelle, puissent » avoir à l'avenir aucune juridiction ni » connoissance du fait de la barberie & » chirurgie, ni sur les maîtres chirur- » giens-jurés-barbiers de la ville de Pa- » ris, baigneurs, étuvistes, perruquiers, » sages-femmes & tous autres exerçans » l'art & profession de chirurgie, bar- » berie & dépendances, dans tout le » royaume; laquelle appartiendra audit » Felix & ses successeurs en ladite charge, » comme en étant le chef, & garde des » chartres & privilèges dudit art : en » sorte que celui ou ceux qui seront » pourvus de ladite charge de premier » barbier ne pourront prétendre autre » chose que de servir en ladite qualité » près de sa majesté, & jouir des gages » qui appartiennent, & autres droits y » attribués.»

En conséquence de cet arrêt, le Roi fit expédier des lettres-patentes confirmatives, où il assure au sieur Felix & à ses

successeurs, & leurs lieutenans & commis, la jouissance pleine & paisible généralement «de tout chacun les privi- » lèges qui peuvent avoir été ci-devant » attribués à ladite charge de premier » barbier, concernant ledit art & pro- » fession de barbier-chirurgien, encore » qu'ils ne fussent énoncés en ces pré- » sentes, & que nous voulons, disent » les lettres-patentes être tenus pour ex- » primés, sans aucun en excepter.»

Peu de temps après, les chirurgiens de la famille royale s'unirent ensemble pour former un corps réglé par une police particulière, & gouverné par des officiers qui lui fussent propres. Cette société reçut des statuts qui furent registrés au grand-conseil le 13 mai 1681. Une sentence de la prévôté de l'hôtel du 23 juin 1692, porta réglement entre les chirurgiens du Roi, maison, famille royale & artillerie; mais cette communauté ne subsista pas long-temps séparée, elle fut unie à celle des chirurgiens de Paris, par le titre 13 des statuts de 1699. Ces statuts ayant été enregistrés au parlement de Paris, par arrêt du 3 février 1701, les chirurgiens des maisons royales y formèrent opposition; mais ils en furent déboutés par arrêt du conseil du 30 mai 1701 (1)

## §. II. *De la juridiction du premier chirurgien du Roi sur les chirurgiens & sur les barbiers du royaume.*

On a vu dans le paragraphe précédent, que la juridiction du premier chirurgien du Roi dérivoit de celle du premier barbier. Cette juridiction est très-ancienne. Des lettres & statuts accordés aux barbiers de Paris en l'année 1371 & au mois de mai 1383, constituent & confirment le premier barbier & valet-de-chambre du Roi,

(1) *Ibid.* pag. 24.
*Tome I.*

(1) Jurisprudence de la médecine en France tom. 2, pag. 124.

A a a a

garde du métier de barbier, *comme au-trefois*. Ils lui permettent d'inftituer un lieutenant, auquel on obéiroit comme à lui, en tout ce qui audit métier appartient, & défendent à tout barbier, de quelque condition qu'il foit, d'en faire office, s'il n'eft examiné par lefdits maîtres & les jurés en la manière accoutumée (1).

Il fembleroit néanmoins, d'après ces lettres, que la juridiction du premier barbier ne s'étendoit que fur les barbiers de Paris, proprement dits.

Quant aux chirurgiens, l'édit de 1311, dont on a parlé au paragraphe précédent, veut qu'ils foient examinés par les chirurgiens-jurés, convoqués par le chirurgien du Roi au châtelet; l'édit enjoint au prévôt de Paris de faire brûler les enfeignes de ceux qui n'auroient point été examinés; & de les faire emprifonner au châtelet (2).

C'eft mal-à-propos que le recueil imprimé chez Prault en 1739, & le titre même mis à l'édit de 1311 dans les ordonnances du Louvre, porte que ce fera le premier chirurgien qui fera brûler ces enfeignes, & conduire les contrevenans

au châtelet. Ce foin eft attribué par l'édit au prévôt de Paris *præpofito noftro.*

Quoiqu'il en foit, on trouve bien dans les quinzième & feizième fiècles, des lois qui confirment la juridiction du premier barbier fur les autres barbiers du royaume. Mais il n'y eft pas dit un mot des chirurgiens ou des barbiers-chirurgiens. Ces lois font des édits & ftatuts des mois de juin 1427, de janvier 1484, de décembre 1514, & de mai 1575, lefquels ont été confirmés par des déclarations des 4 avril & 13 août 1578 (1).

Enfin, lorfque par un édit de décembre 1581 Henri III. érigea tous les métiers des villes où il n'y avoit point de jurandes en maîtrifes, les barbiers y furent expreffément dénommés. Mais l'on n'y dit rien de la juridiction du premier barbier, foit fur eux, foit fur les chirurgiens.

Ce n'eft que fous Henri IV qu'on commence à trouver des chirurgiens nommément foumis à la juridiction du premier barbier. Ce prince lui ayant donné de nouveaux ftatuts en 1592, rendit un édit de réglement au mois de janvier 1597 en interprétation de celui de 1581. Il y ordonna que ceux qui voudroient être reçus à la maîtrife de chirurgie & barberie, feroient tenus de fouffrir l'examen & expérience fommaire pardevant les commiffaires nommés à cet effet par fa majefté. Le premier barbier ayant repréfenté que cette difpofition nuifoit à fes droits, le Roi la corrigea, en confirmant les ftatuts & privilèges du premier barbier de 1592, par une déclaration de 3 feptembre 1597 (2).

Enfin les commiffaires nommés par l'édit de 1597 ayant prétendu que l'examen des chirurgiens leur appartenoit, un arrêt du parlement, du 10 décembre de la même année, leur fit défenfes de s'entremettre d'aucun examen des barbiers-chirurgiens, à peine d'amende ar-

---

(1) Jurifprudence de la chirurgie, tom. 1, pag. 14.

(2) « Damus itaque præpofito noftro Parifienfi...... in mandatis, quatenus...... bannerias » omnium chirurgicorum & chirurgicarum præ- » dictorum, non approbatorum & juratorum, » ut præmittitur, poft publicationem hujus » edicti, domibus eorum appofitas, coram do- » mibus ipforum publice conburi, perfonas » eorum capi, & in cafteletum noftrorum Pari- » fienfe conduci, & tamdiu teneri quo ufque » nobis fuerit légitimè emendatum, eifdem » diftricte & firmiter inhibendo, ne de cætero » in arte prædicta praticare præfumant; nifi » prius per dictum magiftrum Joannem Pitardi, » vel fucceffores fuos in officio dicto ut præ- » miffum eft, examinati & approbati fuerint, » & juramenta præftiterint ante dicta. Si quis » vero ipforum ipfa præftare recufaverit, nos » eidem dictæ artis opus & exercitium penitus » interdicere volumus, &c. »

(1) *Ibid.* pag. 15.
(2) *Ibid.* pag. 16.

bitraire, & même de punition corporelle s'il y échéoit (1).

La juridiction du premier barbier sur
les chirurgiens, fut confirmée dans les
lettres-patentes & les statuts du mois de
janvier 1611, qui n'ont reçu que peu
d'altération par les lois postérieures.

Cette juridiction est sur-tout établie
dans les dix premiers articles de ces lettres.
Il suffira d'en rapporter ici les trois premiers, dont les suivans ne sont, pour
ainsi dire, que la confirmation.

ART. I. « Voulons que notre premier
» barbier & valet-de-chambre, & ses
» successeurs soient maîtres & gardes de
» l'état de maître barbier-chirurgien par
» toutes les villes, bourgs, bourgades,
» villages & autres endroits de notre
» royaume, pays, terres & seigneuries
» de notre obéissance : lui donnons plein
» pouvoir, puissance & autorité de
» mettre & ordonner en chacune des
» villes de notredit royaume, pays, terres
» & seigneuries de notre obéissance,
» ainsi qu'il verra bon être, un lieutenant
» ou commis pour lui, qui aura égard
» & visitation sur tous les barbiers-chi-
» rurgiens desdites villes, lieux, ban-
» lieues, villages appartenans & dépen-
» dans à icelles : auxquels lieutenans &
» commis les autres barbiers-chirurgiens
» seront tenus d'obéir, comme à notre
» premier barbier, en tout ce qu'audit
» état appartient ou appartiendra.

II. » Qu'aucun barbier-chirurgien ne
» pourra prendre ni s'attribuer la qua-
» lité de lieutenant ou commis de notre
» premier barbier, s'il n'a pris lettres
» de lui signées de sa main, & scellées
» de ses armes, & prêté le serment
» devant icelui, ainsi qu'il est requis, &
» en la manière accoutumée.

III. » Que pour l'entretènement &
» manutention dudit état de maître-
» barbier-chirurgien, ledit premier bar-

» bier ou ses lieutenans & commis auront
» pouvoir de faire assembler par toutes
» les bonnes villes & autres de notre
» royaume, tous les autres maîtres bar-
» biers & chirurgiens en la chambre
» commune. . . . . ».

L'article 15 ajoute « que si aucuns bar-
» biers-chirurgiens sont contredisans à
» obéir à notre premier barbier ou à ses
» lieutenans ou commis & jurés dudit
» état, en ce qui regarde le fait dudit
» état & des ordonnances d'icelui, pourra
» notredit premier barbier ou ses lieu-
» tenans, appeler & prendre de nos
» sergens, pour leur aider, & faire à
» leur requisition, tous exploits de jus-
» tice, en les payant de leurs salaires (1).

Les articles 17 & 21 ordonnent que
tous les barbiers-chirurgiens du royaume
payeront au premier barbier, ou à ses
lieutenans & commis une fois seulement
durant sa vie, 5 sous parisis, *ainsi que
ses prédécesseurs ont accoutumé prendre &
avoir*, & 15 sous aussi pour une fois seulement, qui lui sont attribués par cette
loi, pour subvenir ès frais, mises &
dépens de l'entretènement de la police
des statuts relatifs audit état (2).

Ces lettres-patentes & statuts ont été
confirmés par de nouvelles lettres-patentes des mois d'avril 1618, décembre
1643 & février 1656. Le premier barbier fut spécialement maintenu dans ses
droits sur la ville de Paris, par le contrat
d'union des barbiers avec les chirurgiens
du premier octobre 1655, & par les lettres-patentes de mars 1656 ; il y est dit
que les deux communautés réunies demeureront sous la juridiction du premier
barbier, qui en demeurera prévôt honoraire, & jouira des mêmes honneurs (3).

Quoique la juridiction du premier
barbier eût été attribuée au premier chirurgien par l'arrêt du conseil & les let-

---

(1) *Ibid.* pag. 22.

(1) *Ibid.* pag. 17 & 18.
(2) *Ibid.* pag. 20.
(3) *Ibid.* pag. 21.

tres-patentes des mois d'août 1668, comme on l'a vu au paragraphe précédent, il n'en jouit pas d'abord paisiblement, sur-tout à Paris. D'un côté, les chirurgiens du châtelet prétendant présider dans la communauté des chirurgiens de Paris & les convoquer conformément aux titres de leur établissement, ne voulurent point reconnoître la supériorité du premier chirurgien; d'un autre côté, les greffiers que nomme aujourd'hui le premier chirurgien n'étant compris dans les titres du premier barbier, que sous le nom général de commis, la communauté des barbiers-chirurgiens de Paris voulut conserver le droit qu'elle avoit toujours eu de nommer son greffier (1).

Ces deux chefs donnèrent lieu à un arrêt du conseil du 28 juillet 1671, qui, en conséquence des précédens réglemens, maintient par l'article 1 « le premier chi-» rurgien dans la qualité de chef & garde » des chartes & privilèges de ladite chi-» rurgie & barberie du royaume, & au » droit d'avoir toute juridiction & con-» noissance du fait de ladite barberie & » chirurgie, & sur les maîtres chirurgiens » jurés, barbiers de ladite ville de Paris, » baigneurs, étuvistes, perruquiers, sages-» femmes & tous autres exerçant l'art & » profession de ladite chirurgie & barbe-» rie : comme aussi d'avoir sa chambre de » juridiction; & icelle exercer en la mai-» son de S. Côme; de présider, ou son » lieutenant en son absence, à toutes les » assemblées de la communauté desdits » maîtres chirurgiens de Paris, recueillir » les voix, prononcer & conclure, avec » pouvoir d'établir son greffier, pour » tenir registre de tous les actes de ladite » communauté; duquel vacation ave-» nant, la provision & nomination en » appartiendra au premier chirurgien (2). L'article 6 du même arrêt porte que

» toutes assemblées pour affaires de ladite » communauté, seront faites en ladite » chambre commune & juridiction, sur » les mandemens ou billets dudit pre-» mier chirurgien seul, ou de son lieu-» tenant ».

Les autres articles établissent de même & confirment la présidence & juridiction du premier chirurgien & de son lieutenant dans les actes faits pour l'élection des prévôts, la réception aux maîtrises; le compte des receveurs, la garde des titres de la communauté, & autres chefs dont il est question (1).

Le premier chirurgien du Roi fut encore maintenu dans les droits du premier barbier par un autre arrêt du conseil du dernier mars 1674; par un arrêt du grand conseil du 20 novembre 1676; enfin, par un arrêt du conseil du 26 juin 1677, qui porte qu'il sera permis au premier chirurgien de pourvoir de lieutenans dans les villes où il arrivera vacance (2).

Charles-François Felix ayant succédé à son père qui avoit acquis la juridiction du premier barbier, obtint le 30 sep. 1679 des lettres-patentes qui confirment tous les privilèges & droits ci-devant accordés au premier barbier & premier chirurgien. Cette loi ordonne en conséquence que le premier chirurgien continuera de nommer dans tous les lieux du royaume, où il le jugera nécessaire, « des » lieutenans, greffiers ou commis, qui » seront installés en vertu de ses lettres, » par les juges des lieux; qu'à cet effet, » les maîtres des communautés de chi-» rurgiens, dans les lieux où il y a maî-» trise, pourront, si bon leur semble, » tenir lesdites charges de lieutenans qui » sont présentement vacantes & non » remplies, & en faire pourvoir l'un » d'entre eux dans un mois après la publi-» cation qui aura été faite du présent édit

(1) *Ibid.* pag. 32.
(2) *Ibid.* pag. 34.

(1) *Ibid.*
(2) *Ibid.* pag. 35.

» dans les baillages & sénéchauffées, dans » le reffort defquels lesdites villes & » lieux font fituées (1). »

Cette juridiction du premier chirurgien reçut beaucoup d'atteintes par l'édit de février 1692, qui révoqua la faculté donnée au premier chirurgien de nommer & commettre des lieutenans dans le royaume, & toutes les lettres & commiffions par lui expédiées jufqu'à ce jour. Le même édit créa deux chirurgiens-jurés-royaux pour remplacer les lieutenans & greffiers du premier chirurgien dans toutes les communautés des chirurgiens; & outre les vifites & rapports, fa majefté leur attribua les mêmes fonctions, juridictions, droits utiles & honorifiques, que ceux dont jouiffoient avant eux les lieutenans & greffiers du premier chirurgien, tant de Paris que des provinces : cette attribution leur fut confirmée par plufieurs arrêts du confeil (2).

L'édit de 1692 excepte néanmoins de cette difpofition la ville & banlieue de Paris; « dans lefquels, fa majefté veut » que fes premiers chirurgiens, leurs » lieutenans & commis jouiffent des » mêmes droits, privilèges & fonctions » qu'ils ont accoutumé, fans aucune » diminution, ni modération, de même » & comme ils faifoient avant le préfent » édit ». (3)

Cette exception fut rappelée dans les ftatuts donnés aux chirurgiens de Paris en 1699.

Le premier chirurgien conferva même dans le furplus du royaume la qualité de *chef de la chirurgie*, & quelques droits utiles & honorifiques, attachés à ce titre. Par une déclaration du 21 janvier 1710, le Roi maintient le fieur Marechal « en » la qualité de chef & garde des chartes, » ftatuts & privilèges de la chirurgie &

» barberie du royaume; au droit d'avoir » toute juridiction, infpection & con- » noiffance du fait de la chirurgie & » barberie » (1).

Cette déclaration ordonnoit en outre qu'il feroit payé au premier barbier-chirurgien, & à fes fucceffeurs dans cette charge, la fomme de vingt-un fous trois deniers pour fon droit d'avènement à icelle, comme chef de la chirurgie & barberie, par tous les maîtres chirurgiens, barbiers, perruquiers, baigneurs, étuviftes, bailleurs, renoueurs, oculiftes, lythotomiftes, experts pour les dents, fages-femmes, & tous autres faifans aucunes defdites profeffions (2).

Cette déclaration n'ayant point été enregiftrée au parlement, Louis XV la confirma par un autre du 21 janvier 1716, & par un autre du 10 février 1719, toutes deux enregiftrées au parlement de Paris. Celle-ci, plus explicative que les autres, ajoutoit « fans préjudice de l'exécution de » l'édit du mois de février 1692, portant » création de chirurgiens royaux (3). »

Le premier chirurgien commença à rentrer en poffeffion de fon ancienne juridiction par les ftatuts des chirurgiens de Verfailles, autorifés par lettres-patentes de mars 1719. Ces ftatuts affurent au premier chirurgien la juridiction qui lui eft attribuée par l'article 1 de l'arrêt de 1671, & les ftatuts de Paris.

Enfin, le premier chirurgien rentra tout-à-fait dans fes droits par l'édit de feptembre 1723, « qui défunit à tou- » jours des offices des chirurgiens-jurés, » créés par les édits des mois de mars » 1691 & février 1692, foit titulaires » ou réunis aux communautés, tous les » droits, fonctions, prérogatives & émo- » lumens dont jouiffoient ci-devant les » lieutenans & greffiers: lefquels feront,

---

(1) *Ibid.* pag. 35 & 36, Recueil imprimé chez Prault, pag. 18.
(2) *Ibid.* pag. 40.
(3) *Ibid.* pag. 39 & 40.

(1) *Ibid.* pag. 41.
(2) *Ibid.* pag. 42.
(3) *Ibid.* pag. 43.

» à l'avenir & à toujours, à compter
« du jour & date des présentes, nom-
» més & commis par le premier chirur-
». gien, dans les communautés des maî-
» tres chirurgiens » (1).

Cet édit ordonne en outre « que les
» lieutenans feront choifis par le pre-
» mier chirurgien dans le nombre de
» trois maîtres de chacune communauté
» dont les noms & furnoms lui feront
» envoyés à cet effet par les échevins,
» jurats, capitouls, mayeurs, ou autres
» officiers municipaux defdites villes,
» un mois après la publication du pré-
» fent édit ; finon, & ledit temps paffé,
» permet audit premier chirurgien, de
» nommer tel maître qu'il avifera bon
» être, ainfi qu'il fe pratiquoit avant
» la création defdits jurés » (2).

L'édit ajoute, qu'en cas de vacance
par mort defdits offices defdits lieute-
tenans & greffiers, il y fera pourvu de
la même manière : « & jufqu'à ce que
» lefdits lieutenans, greffiers ou com-
» mis ayent été reçus & inftallés, or-
» donne qu'il fera furfis à toutes récep-
» tions de maîtres, à peine de nullité
» d'icelle, de 300 livres d'amende contre
» ceux qui auront procédé auxdites ré-
» ceptions, & à la reftitution des fom-
» mes qu'on aura reçu des afpirans » (3).

Tous ces privilèges ont été de nouveau
confirmés par les ftatuts généraux de
1730, les déclarations du 24 janvier de
la même année, du 3 feptembre 1736, &
d'avril 1743, article 7, & enfin par les
lettres-patentes en forme d'édit du mois
de mai 1768, qui contiennent les nouveaux ftatuts des chirurgiens de Paris.

Le titre premier de ces lettres-patentes
confirme au premier chirurgien, le titre
de garde des chartes, ftatuts & réglemens de fa compagnie, avec droit de
jurifdiction, par lui ou fes lieutenans,

fur ceux qui exercent la profeffion en tout
ou en partie dans l'étendue du royaume.

Il eft autorifé à donner des provifions
à un des maîtres tirés du nombre des
gradués du collège de Paris pour l'établir fon lieutenant dans ce collège, &
des provifions de greffier à un autre maître, ou à telle perfonne étrangère qu'il
juge à propos, avec le droit d'avoir fa
chambre de jurifdiction au collège, d'y
convoquer les affemblées, d'y préfider,
de recevoir les fermens, d'entendre les
comptes, & d'y faire obferver les réglemens, &c.

Les conteftations concernant fes droits
utiles ou honorifiques, ainfi que ceux
de fes lieutenans, de fes greffiers & de
fes commis, doivent fe porter directement
à la grand'chambre du parlement de Paris.

Quoique l'article 1 des ftatuts généraux
de 1730 autorife le premier chirurgien
du Roi à exercer fa jurifdiction dans toutes les communautés du royaume, *fans
exception d'aucune province ni colonie*, il
y a néanmoins plufieurs lieux du royaume
où cette jurifdiction n'eft point admife,
& d'autres où elle n'eft admife qu'avec
quelques modifications. Les premiers
font les provinces nouvellement réunies
à la couronne, telles que l'Artois, le
Rouffillon, l'Alface & le pays de Dombes.
Les fecondes font principalement des
villes où il y a eu des ftatuts particuliers
pour les collèges de chirurgie qui y font
établis. La ville de Verfailles eft auffi
dans ce cas, à caufe des ftatuts qu'elle
a reçus en 1719. On peut confulter fur
les uns & les autres le chapitre 4 de
la jurifprudence de la chirurgie de M.
Verdier, l'état de la médecine en Europe imprimé en 1776, & quelques
réglemens rapportés à la fin de la fection 4.

Cette jurifdiction s'étend d'ailleurs fur
ceux qui n'exercent qu'une partie de la
chirurgie, tels que les oculiftes, les
dentiftes & fages-femmes, &c. Le premier chirurgien a droit d'exiger de cha-

---

(1) *Ibid.* pag. 44.
(2) *Ibid.* pag. 45.
(3) *Ibid.* pag. 46.

can d'eux la fomme de 21 fous 3 deniers, ainfi que des baigneurs, étuviftes; la déclaration du 21 janvier 1716 y eft précife, & l'article 2 des ftatuts de 1730, autorifés par la déclaration de la même année, porte expreffément, « que tous » ceux qui exerceront quelque partie de » la chirurgie, feront pareillement foumis » à la juridiction du premier chirurgien » du Roi ».

Les titres accordés au premier chirurgien depuis 1720, ne font aucune mention de la rétribution de 21 fous 3 deniers qui lui eft accordée par les anciens réglemens; mais il y a été maintenu par deux arrêts du parlement du 3 feptembre 1737 & du 17 août 1747. Ce dernier arrêt ordonne que ce droit lui fera payé par tous ceux qui exercent la chirurgie & la barberie, pour fon droit d'avènement à la charge de premier chirurgien du Roi; à quoi faire, ils feront contraints par toutes voies dues & raifonnables : l'arrêt permet en outre de faire affigner les refufans à la cour, & fait défenfes aux parties de faire à cet égard aucune pourfuite ailleurs qu'à la cour, à peine de nullité, &c. (2).

Au refte, depuis que la barberie s'eft infenfiblement défunie de la chirurgie, le titre en vertu duquel le premier chirurgien exerce fa juridiction fur les barbiers, a changé. La déclaration d'avril 1743 la lui a confirmée fous le titre d'*infpecteur & directeur général commis par fa majefté* (3).

Une dernière prérogative du premier chirurgien du Roi eft qu'il eft préfidentné de l'académie de chirurgie, qui doit effectivement fon établiffement au zèle & à la bienfaifance de M. Marechal & de M. de la Peyronie. Cette préfidence

a été affurée aux premiers chirurgiens par l'art. 2 du réglement donné à cette académie le 12 mars 1751.

## §. III. *Des tribunaux auxquels appartient la connoiffance des conteftations relatives aux droits & à la juridiction du premier chirurgien.*

Les premiers titres relatifs à la juridiction du premier barbier ne lui donnèrent point de juge-confervateur particulier pour fes privilèges, & pour ceux de fes lieutenans. Les édits & ftatuts de 1371, 1383 & 1427 les foumettoient même expreffément à la juridiction ordinaire, c'eft-à-dire, à celle du prévôt de Paris & des baillis royaux. Mais Henri III attribua au grand-confeil toute juridiction & connoiffance des titres qui établiffoient les droits du premier barbier par une déclaration du 4 avril 1578. En conféquence, les ftatuts de 1575 furent enregiftrés dans cette cour au mois de juillet fuivant.

Le motif de cette attribution étoit » d'éviter la confufion & diverfité de » jugemens qui pourroient fur ce inter- » venir, parce que lefdits privilèges , » ftatuts & ordonnances s'étendent par » tout le royaume, & au reffort de » toutes les cours de parlement, ou s'en » pourroient enfuivre divers jugemens » & arrêts contraires ».

Cette attribution a encore été confirmée au grand confeil en faveur du premier barbier par les lettres-patentes d'avril 1618, & de février 1656; & en faveur du premier chirurgien, par l'arrêt du confeil du 6 août, & lettres-patentes du 28 du mois de février 1668 (2).

L'attribution étoit néanmoins limitée aux droits, fonctions & privilèges du pre-

(1) Jurifprudence de la chirurgie, tom. 1, pag. 1.
(2) *Ibid.* pag. 57 & 58.
(3) Jurifprudence de la médecine, tom. 2, pag. 94 & 95.

(1) Jurifprudence de la chirurgie, tom. 1, pag. 25.
(2) *Ibid.* pag. 29.

mier chirurgien & de ses lieutenans, commis & greffiers. L'article 20 du réglement du conseil de 1671, qui la confirme de nouveau, porte : « & à l'égard » des procès & différends de ladite com- » munauté des maîtres chirurgiens, bar- » biers & autres, quoique dépendans de » la juridiction du premier chirurgien, » dans lesquels il sera question en par- » ticulier, ou en général d'abus & mal- » versations, visites de jurés & autres » choses généralement quelconques, ne » regardant lesdits statuts, ordonnances, » privilèges, droits, fonctions & émolu- » mens dudit premier chirurgien, ses- » dits lieutenans, greffiers & commis, » les parties se pourvoiront en première » instance au châtelet de Paris, & par » appel au parlement, sans qu'audit cas » ledit premier chirurgien, ses lieute- » nant, commis & greffiers, sous pré- » texte d'intervention, puissent préten- » dre leur renvoi audit grand conseil ».

L'article suivant ordonne au surplus l'exécution des arrêts du grand conseil portant réglement sur le fait de la chirurgie & barberie en plusieurs villes du royaume (1).

Une déclaration interprétative du... septembre 1679 ordonne la même chose, en attribuant néanmoins au grand conseil la connoissance de tous les procès & différends mus & à mouvoir « entre » les lieutenans du premier chirurgien » & les jurés-maîtres dudit art, pour » raison de la manutention des statuts, » police, droits, émolumens, privilèges » dudit art, circonstances & dépendances, » & des contraventions qui se font à » iceux par les particuliers qui prétendent » l'exercer sans avoir été reçus maîtres, » & ceux concernant la capacité des » aspirans tant en la théorie qu'en la » pratique dudit art; & même de juger » seul à l'exclusion de tous autres juges

» des refus faits aux aspirans par les- » dits lieutenans & maîtres chirurgiens, » sauf à notredit grand conseil, suivant » l'exigence des cas, de commettre, » comme il est accoutumé, les juges des » lieux pour informer & juger lesdits » procès en première instance; à la charge » de l'appel en notredit grand conseil, » sans que néanmoins notredit grand » conseil puisse connoître des différends » de la communauté des maîtres chirur- » giens-barbiers & autres de notre bonne » ville de Paris, & autres villes, dans » lesquelles il sera question en particu- » lier ou en général d'abus & malver- » sations, visites de jurés, certificats de » vie & mœurs, apprentissage & service » des aspirans, ou autres choses généra- » lement quelconques, non concernant » lesdits statuts, ordonnances, privilèges, » droits, fonctions, & émolumens de » notredit premier chirurgien, sesdits » lieutenans, commis ou greffiers : pour » raison desquels les parties se pourvoi- » ront en la manière accoutumée en pre- » mière instance, pardevant les juges » des lieux, & par appel en nos cours » de parlement, sans qu'audit cas ledit » premier chirurgien, son lieutenant & » greffier, sous prétexte d'intervention, » puissent prétendre leur renvoi audit » grand conseil, si ce n'est qu'il fut » aussi question esdites instances, des » privilèges & droits utiles & honorables, » fonctions & émolumens de sa charge » ou de ses lieutenans & greffiers : au- » quel cas seulement ils pourront inten- » ter leurs actions séparément pour rai- » son de ce, en notredit grand conseil, » en vertu du présent édit, sans retar- » dation néanmoins de l'instruction & » jugement desdites instances pendantes » devant les juges des lieux ou esdit » parlemens (1). »

Ce partage de juridiction ayant fait naître

des

des conflits de juridiction & des instances en réglement de juges au conseil, elles produisirent l'inconvénient qu'on avoit voulu éviter. Pour y remédier, le Roi décerna cette juridiction à la grand'chambre du parlement de Paris, par une déclaration du 25 août 1715, dont voici la teneur. « Nous ordonnons que toutes » les contestations qui pourront être » formées au sujet des droits utiles, ho- » norifiques & privilèges de la charge » de notre premier barbier-chirurgien, » ses lieutenans, greffiers & commis, » de quelque nature qu'elles puissent » être, soient portées directement en » la grand'chambre de notre cour de » parlement de Paris, à qui nous en at- » tribuons toute cour, juridiction & » connoissance, & icelle interdisons à » toutes nos autres cours & juges pour » y être lesdites contestations, même » celles qui pourront être appointées, » jugées & décidées, suivant & confor- » mément à nos ordonnances : révo- » quant à cet effet l'attribution que nous » & nos prédécesseurs avions ci-devant » accordée à notre grand conseil, sans » que, sous prétexte de *committimus*, & » autres privilèges de pays, de causes ou » de personnes, on puisse se pourvoir » ailleurs qu'en la grand'chambre de » notredite cour de parlement, à peine » de nullité, cassation de procédures, » de cinq cents livres d'amende & de » tous dépens, dommages & intérêts » contre les contrevenans, & afin que » notredite cour de parlement soit en » état de prononcer sur tous lesdits » procès, voulons que les édits, décla- » rations, arrêts, statuts & réglemens, » concernant les privilèges, fonctions & » droits de ladite charge de notredit pre- » mier barbier-chirurgien, soient adres- » sés à notredite cour, & enregistrés » en la manière ordinaire : & au sur- » plus, dérogeons aux articles desdits » édits, statuts & réglemens, en ce qui

*Tome I.*

» concerne l'attribution de juridiction à » notre grand conseil » (1).

Cette déclaration a été confirmée par une autre du 10 février 1719, donnée pour les communautés des perruquiers, laquelle ajoute cependant « sans préju- » dice de la juridiction des officiers de » police sur lesdits chirurgiens, barbiers, » perruquiers, baigneurs, étuvistes à eux » attribuée par les édits de création de » leurs offices » (2).

Cette attribution de juridiction est en- core rappelée dans les statuts des chirur- giens de Versailles du mois de mars 1719, & dans l'article 5 des statuts généraux de chirurgie de 1730.

L'article 5 qui confirme cette attri- bution n'en excepte que les contestations qui peuvent naître dans l'étendue des colonies : celles-ci doivent être portées en première instance devant les juges qui y sont établis. Mais cet article ajoute que les lieutenans du premier chirurgien, ses greffiers ou commis, ne pourront, sous prétexte de cette attribution, faire évoquer à la grand'chambre du parlement de Paris, « leurs autres causes, contes- » tations ou affaires personnelles; ou » celles qui ne concerneront que la po- » lice ou l'exécution des présens statuts, » sans aucun rapport à leurs droits & » privilèges ».

Enfin, les lettres-patentes du 31 déc. 1750, portent que les contestations nées sur les droits du premier chirurgien, & de ses lieutenans & greffiers, seront portées à la grand'chambre du parlement de Paris, conformément à la déclaration du 25 août 1715.

## §. IV. *Des droits & privilèges des autres chirurgiens du Roi.*

Les chirurgiens du Roi & de la fa- mille royale ont de tout temps réclamé

---

(1) *Ibid.* pag. 65 & suiv.
(2) *Ibid.* pag. 67.

le droit d'exercer leur art librement dans le surplus du royaume, & sur-tout dans la capitale. Mais cette prétention souffrit d'abord des difficultés.

Deux arrêts du grand-conseil des 13 mars & 19 juin 1619, en cassant les lettres de réception données par les chirurgiens de robe-longue à plusieurs chirurgiens de la maison du Roi, fit défense à ces derniers, & à tous autres du commun de la maison du Roi, écuries des reines & de MONSIEUR, frère de sa majesté, d'exercer l'art de barbier & chirurgien dans Paris, à peine de 300 livres d'amende, jusqu'à ce qu'ils eussent subi l'examen, & fait les opérations requises & accoutumées suivant les statuts, pardevant le premier barbier & ses lieutenans, en la manière accoutumée. Un arrêt du conseil du 9 mai 1633, en ordonnant l'exécution du précédent, défendit à trois particuliers se disant chirurgiens de MONSIEUR, d'exercer avant que d'être examinés (1).

Cette jurisprudence souffrit des modifications par un arrêt du conseil du 17 juillet 1635, qui permit aux chirurgiens-commensaux des maisons royales, compris aux états envoyés à la cour des aides, de pendre à leurs maisons, tant à Paris qu'aux autres villes, des enseignes portant leurs noms & qualité de leurs offices, avec pouvoir d'exercer l'art de chirurgie, sans pouvoir tenir aucune boutique, pendre bassins, ni tenir apprentifs chez eux, qu'après l'examen fait en la forme prescrite par l'article premier des statuts arrêtés pour la communauté des barbiers-chirurgiens de Paris,

Cet arrêt fut confirmé & expliqué par un autre du conseil du 4 juillet 1636, qui permet néanmoins à ceux qui n'auront pas satisfait à l'article susdit des statuts, d'exercer leur art en chambres hautes seulement, & ordonne qu'en cas

de contravention, renvoi sera fait pardevant le prévôt de Paris & par appel au parlement, le tout à peine de 800 livres d'amende (1).

Mais, par des lettres-patentes en forme de déclaration du 26 août 1636, vérifiées en parlement pour les considérations y contenues, Louis XIII permit à son premier chirurgien, son chirurgien ordinaire & ses chirurgiens, servant par quartier, d'exercer & faire la fonction de chirurgie tant à Paris, qu'aux autres villes de son royaume, où ils résident ordinairement, avec pouvoir de tenir & faire tenir boutique de chirurgie, & enseigne de chirurgien, où soient les armes du Roi, & leurs qualités exclusivement à tous autres, pour faire différence des autres barbiers-chirurgiens, & jouir par eux des honneurs, privilèges & exemptions appartenans à leurs charges, nonobstant les arrêts & réglemens donnés sur ce sujet au conseil les 17 juillet 1635 & 4 juillet 1636, que le Roi a déclaré par lesdites lettres ne vouloir leur nuire ni préjudicier, & de l'exécution desquels il les a par exprès exceptés & réservés, avec défenses aux maîtres barbiers-chirurgiens de la communauté de Paris, & à tous autres de les troubler & empêcher en ladite jouissance, à peine de 3000 livres d'amende, & de tous dépens, dommages & intérêts en cas de contravention, interdisant à tous autres de prendre connoissance de leur suffisance & capacité, fors, & excepté le premier médecin, qui seul en doit répondre au Roi (2).

Cette loi ne parloit que des chirurgiens du Roi; la communauté des chirurgiens de Paris prétendit qu'elle ne devoit point s'étendre à ceux des princes.

Mais le même privilège fut accordé à quatre chirurgiens de la reine, & à

---

(1) Jurisprudence de la médecine, tom. 2, pag. 107.

(1) *Ibid.* pag. 108.
(2) Code des privilégiés, par Vreyin, pag. 404.

cinq chirurgiens du duc d'Orléans, par deux déclarations des 16 février & 20 octobre 1638, qui permirent aux autres chirurgiens de la reine & du prince, d'exercer leur profession dans les autres villes (1).

Une autre déclaration de Louis XIII, donnée à Saint-Germain-en-Laye le 29 janvier 1639, veut que des huit chirurgiens du prince de Condé, servant par quartier, quatre d'iceux seulement, tels qu'il voudra nommer, puissent exercer, & faire la fonction de la chirurgie dans la ville de Paris, & les quatre autres dans les villes & lieux du royaume, où ils résident ordinairement, avec pouvoir de tenir boutique de chirurgie & enseigne de chirurgien, où seront les armes du prince & leur qualité, exclusivement à tous autres, & jouir par eux de tels & semblables privilèges dont jouissent les chirurgiens du Roi (2).

Les barbiers-chirurgiens de Paris s'étant opposés à l'enregistrement de ces lettres, le parlement les débouta de leur opposition, par quatre arrêts des 28 mars 1637, 20 avril 1638, 7 septembre 1638, & 23 mars 1639, qui portent que ces chirurgiens jouiront de leurs privilèges en subissant l'examen, & faisant leurs chef-d'œuvres pardevant les premiers médecins des princes auxquels ils sont attachés (3).

Les contestations se répétoient sans cesse à cet égard. Une déclaration en forme d'édit du mois de novembre 1644, renouvela les précédentes lois, en ne permettant aux chirurgiens du Roi & des princes, autres que ceux dont on vient de parler, d'exercer leur art qu'en se con-

formant à l'arrêt du conseil du 17 juillet 1635 (1).

L'enregistrement de cette loi souffrit des difficultés qui donnèrent lieu à une instance entre les chirurgiens-commensaux & ceux de Paris. Elle fut terminée par un arrêt du 4 août 1668, qui ordonna l'enregistrement de cet édit & l'exécution des précédentes déclarations.

Cette loi porte néanmoins que les chirurgiens qui se trouveront employés dans l'état des maisons royales, vérifié à la cour des aides, & non compris dans lesdites déclarations, pourront se faire recevoir maîtres, si bon leur semble, conformément auxdits statuts; & en cas qu'ils soient trouvés capables, ladite communauté sera tenue de les recevoir, encore qu'ils ne fassent apparoir d'aucun apprentissage, & en payant seulement la moitié des droits ordinaires que payent les autres aspirans. En attendant & jusqu'à ce que lesdits chirurgiens aient été reçus, leurs boutiques demeureront fermées, avec défenses de les ouvrir ni d'exercer la chirurgie en ladite ville & fauxbourgs de Paris, si ce n'est ès chambres hautes des maisons où ils feront leur demeure ordinaire, à peine d'une amende de 1000 livres, applicable à l'hôpital général, qui demeurera encourue en cas de contravention, en vertu du présent arrêt (2).

Les mêmes privilèges avoient aussi été attribués aux quatre chirurgiens des écuries du Roi, par une déclaration du 22 décembre 1667.

Sur de nouvelles contestations, le Roi s'étant fait représenter les lois précédentes, & les placets & mémoires des parties, ordonna, par un arrêt du conseil du premier juin 1669, que ces lois seront exécutées; en conséquence, que son premier chirurgien, son chirurgien ordinaire, & ses huit chirurgiens servant par quartier, & plusieurs autres chirurgiens des

(1) Vrevin, code des privilégiés, art. 154, pag. 402 & suiv. Jurisprudence de la médecine, tom. 2, pag. 110.
(2) Code des privilégiés, art. 137.
(3) Vrevin, ibid, pag. 354. Jurisprudence de la médecine, tom. 2, pag. 111.

(1) Ibid. pag. 112.
(2) Ibid, pag. 113 & 114.

maisons royales ou de celles des princes, auroient droit & privilège d'exercer la chirurgie & de tenir boutique ouverte, tout ainsi que les maîtres chirurgiens de Paris, & sans qu'ils fussent tenus de faire auparavant aucun acte & expérience à la communauté des maîtres chirurgiens.

L'arrêt rappelle au surplus les dispositions de celui du 4 août, contre les autres chirurgiens des maisons royales.

Un second arrêt du 4 septembre suivant ordonna l'exécution de celui du 1 juin contre les contrevenans, & enjoignit à cet effet, aux receveurs & administrateurs de l'hôpital-général, de faire contraindre les contrevenans en vertu de cet arrêt, au payement de l'amende de 1000 livres, portée par celui du 1 juin, & cela trois jours après la signification qui leur en seroit faite, à la diligence des prévôts & gardes en charge de la communauté des chirurgiens de Paris (1).

Un dernier arrêt du conseil du 27 juin 1672, permit aux chirurgiens réservés par les arrêts de 1669, de pendre à leurs enseignes & boutiques, des bassins, boëtes, poëlettes & autres marques de leur profession, ainsi que les maîtres barbiers-chirurgiens de Paris, à la charge qu'ils seroient tenus d'ajouter à leurs enseignes, les armes des princes & princesses, au service desquels ils seroient attachés.

Les mêmes privilèges ont été assurés aux chirurgiens de l'artillerie, par un arrêt du conseil du 7 janvier 1673, par les déclarations des 8 novembre 1673 & 24 janvier 1677, & par les édits de 1703 & 1716.

Pour jouir de ces privilèges, il est nécessaire d'avoir subi un examen; mais la jurisprudence de la chirurgie a essuyé des variations très-multipliées sur cet objet. L'état le plus ancien des choses se rapporte assez à l'état actuel.

Il a été jugé à l'audience du grand conseil, dit Vrevin (1), par arrêt du vendredi 24 octobre 1610, contre Robin, « que la reine Marguerite ne l'avoit pu » faire son chirurgien, d'autant qu'il » n'avoit point été examiné par les maî- » tres : encore qu'il s'offrît s'abstenir de » traiter d'autres qu'elle, parce qu'on » estima que sur cette qualité de chirur- » gien d'une reine, des particuliers se » pourroient commettre à lui : joint que » cet art est *publici juris*, & ne dépend » pas du choix des particuliers, lesquels » le public a intérêt, *ne re sua male utan-* » *tur*, n'étant point au pouvoir des grands » de faire un rhéteur & un chirurgien » sans expérience. »

Il faut néanmoins avouer que les réglemens suivans paroissent uniquement exiger que les chirurgiens des princes soient examinés par le premier médecin du prince, qu'ils soient couchés sur l'état de la maison du Roi, envoyé à la cour des aides, & qu'ils servent actuellement aux gages prescrits, les simples brevetés ne pouvant point jouir de ce privilège. Cela a été ainsi jugé par des arrêts du conseil des 3 décembre 1647, 18 décembre 1648, 16 novembre 1654 & 10 octobre 1659, par un arrêt du parlement du 7 septembre 1638; & enfin par des arrêts du grand-conseil, des 10 décembre 1661 & 8 novembre 1666.

Mais depuis l'union de la communauté des chirurgiens du Roi à celle des chirurgiens de Paris, dont on a parlé à la fin du paragraphe 1, la réception des chirurgiens du Roi dans la communauté des chirurgiens de Paris, devint une condition requise pour l'exercice de cette profession dans la capitale. L'article 90 des statuts de 1699 porte que ceux qui seront pourvus à l'avenir des principaux offices des maisons royales spécifiés dans

---

(1) *Ibid.* pag. 117.
(2) *Ibid.* pag. 117 & 118.

(1) Code des privilégiés, pag. 405.
(2) Jurisprudence de la médecine, tom. 2, pag. 120 & suiv.

l'article 85, feront obligés de fe faire agréger à cette communauté, fix mois après la date de leurs provifions, fans qu'ils puiffent tenir boutique ouverte juf-qu'à leur aggrégation.

L'article 91 ajoute que ceux qui n'au-ront pas été agrégés pendant ce délai, feront déchus pour toujous du droit d'exer-cer ni de faire exercer la chirurgie, ni partie d'icelle, dans la ville & fauxbourgs de Paris.

L'article 98 permettoit aux autres chi-rurgiens des maifons royales de fe faire recevoir maîtres en la manière accou-tumée, par le grand chef-d'œuvre, encore qu'ils n'euffent fait aucun apprentiffage, & en payant la moitié des droits, que payent les autres afpirans. Mais cette fa-cilité a été abrogée par l'article 38 de l'édit du mois de mars 1707, portant réglement pour l'étude & l'exercice de la médecine (1).

C'eft mal-à-propos néanmoins qu'on a cité cet édit du mois de mars 1707, comme contenant le dernier état des cho-

fes à cet égard, dans l'état de la mé-decine en europe, imprimé en 1776. Cette loi a été de nouveau modifiée par la déclaration du 23 avril 1743, & par les lettres-patentes en forme d'édit du mois de mai 1768, portant réglement pour le collège de chirurgie de Paris. L'article 85 de cette dernière loi, con-firmant en tant que de befoin la décla-ration du 23 avril 1743, veut, confor-mément à icelle, que les candidats rap-portent, outre les pièces & atteftations re-quifes, des lettres de maître-ès-arts dans une univerfité du royaume. Mais elle ajoute : « feront néanmoins exceptés de » cette obligation, les chirurgiens de » notre maifon & famille royale, ceux » qui auront gagné leur maîtrife par un » fervice de fix années dans un hôpi-» tal, &c. »

L'article fuivant ajoute « que lefdits » chirurgiens non-gradués jouiront des » mêmes droits, honneurs & préroga-» tives dont jouiffent les autres maîtres » fans diftinction, à l'exception toutefois » qu'ils ne pourront être préfentés au » Roi pour remplir les places de pro-» feffeurs, ni celles d'officiers de l'aca-» démie. »

Depuis, la déclaration du 19 juin 1770 a encore ordonné « qu'à l'égard des chi-» rurgiens ordinaires du Rci, ceux qui » fervent par quartier, auprès de fa per-» fonne, dans fa maifon, dans celles » des reines, enfans de France, petits-» enfans & premier prince du fang, nul » ne pourra à l'avenir être pourvu def-» dites charges & de toutes celles de » pareille qualité, s'il n'a été reçu à » la maîtrife dans quelqu'une des villes » principales du royaume, dans lefquelles » il y a parlement, ou autre cour fou-» veraine, & qu'il ne rapporte, outre » fes lettres de maîtrife, un certificat » du premier chirurgien, à l'effet de » conftater de fa capacité & de fa fuffi-» fance à ladite charge, defquels cer-» tificats & lettres de maîtrife, il fera

---

(1) « Et fur ce qui nous a été repréfenté, y » eft-il dit, que plufieurs perfonnes fans aucunes » lettres de maîtrife, ni certificat de capacité » & de fervice, fe faifoient pourvoir des charges » de chirurgiens & apothicaires auprès de notre » perfonne & dans notre maifon, & celle des » reines, enfans de France & petits-enfans, & » premier prince de notre fang ; ordonnons que » nul ne pourra à l'avenir être pourvu defdites » charges, & de toutes celles de pareille qua-» lité, s'il n'a été reçu maître dans quelqu'une » des villes de notre royaume ; ou fi, n'étant » pas maître, il ne rapporte pas des certificats » de dix années de fervice, dans les hôpitaux » de nos armées, ou dans l'hôtel-dieu de Paris, » ou des autres villes de notre royaume, dans » lefquelles il y a parlement ou bailliage royal, » defquels certificats en bonne forme ou lettres » de maîtrife, nous voulons qu'il foit fait » mention dans fes provifions, à peine de nul-» lité, fans préjudice de l'examen qu'il fera » obligé de fubir en la manière accoutumée, » devant notre premier médecin ou autre par lui » commis. »

» fait mention dans ses provisions, à
» peine de nullité » (1).

Mais, par une autre déclaration du
13 mars 1771, sa majesté, pour les raisons y contenues, en dérogeant à cette
disposition, ordonne que les chirurgiens
de sa maison & famille royale, puissent
être revêtus de leurs charges, encore
qu'ils n'aient pas été préalablement admis
à la maîtrise dans quelqu'une des villes
du royaume, en rapportant avec le certificat de leur suffisance & capacité, signé
du premier chirurgien du Roi, un procès-verbal de deux actes, ou examens par
eux subis en deux jours différens au collège de chirurgie de Paris (2).

Les principaux des chirurgiens des maisons royales devroient avoir une séance
d'honneur aux écoles de chirurgie suivant
les statuts de 1699. L'article 12 de ces
statuts porte « que dans toutes les assem-
» blées, soit générales, soit particulières,
» & du conseil, le premier chirurgien de
» sa majesté & son lieutenant auront les
» premières places, ensuite les quatre
» prévôts & le receveur, le premier chi-
» rurgien de la reine, le chirurgien or-
» dinaire du Roi, les premiers chirur-
» giens des enfans de France, ainsi qu'il
» se pratique dans la faculté de médecine
» de Paris, puis les autres maîtres sui-
» vant l'ordre de leur réception. »

Cette préséance a été confirmée aux
chirurgiens ci-dessus nommés par des sentences de police des 1 mars 1701 & 4
janvier 1718, & par un arrêt du parlement du 4 juillet 1701 (3); mais les
lettres-patentes en forme d'édit du mois
de mai 1768, ne parlent de cette préséance qu'en faveur du premier chirur-

gien du Roi seulement & de son lieutenant (1).

L'article 128 des statuts de 1599, porte
de plus « que le premier chirurgien du
» Roi, son lieutenant, le doyen de la
» communauté, les chirurgiens de la
» maison & famille royale pendant leur
» service actuel, seront censés présens
» aux actes & examens, & comme tels
» auront & recevront les distributions
» qui leur peuvent appartenir. »

Ce privilège leur a été confirmé de
nouveau par l'article 92 des derniers
statuts de 1768, qui porte « qu'ils seront
» censés présens à tous les actes pendant
» leur service actuel. »

Les chirurgiens du Roi & des princes
ne peuvent ni louer leur privilège, ni
avoir d'élèves ailleurs que dans leur domicile. Cette jurisprudence est conforme
à ce qui se pratiquoit le plus anciennement.

L'article 2 des statuts des barbiers-
chirurgiens de 1634, contient de pareilles
défenses; & le parlement, par son arrêt
du 10 février 1637, qui ordonnoit l'enregistrement de la déclaration du 26 août
1636, enjoignit aux chirurgiens de la suite
de la cour de s'y conformer.

Un barbier privilégié suivant la cour
ayant été reçu chirurgien des écuries de
la reine, vendit le privilège qu'il tenoit
du grand-prévôt, loua celui de la reine,
& continua de tenir boutique ouverte.
Mais les chirurgiens de Paris le firent
condamner à 50 livres d'amende, & aux
dépens de l'instance, par arrêt du grand-
conseil du 31 mars 1667, qui ordonna
de plus, qu'il jouiroit du privilège de
barbier-chirurgien des écuries de la reine-
mère; mais sans pouvoir tenir boutique
ouverte, ni pendre bassins.

Un arrêt du conseil du 17 août 1672,
défendit au chirurgien ordinaire du duc
d'Anjou, de louer son privilège, & de

_____

(1) Edits & réglemens à la suite des statuts
& réglemens généraux des maîtres en chirurgie,
par le Blond d'Oblien, imprimés en 1771,
n°. 13.
(2) *Ibid.* pag. 121, note 1.
(3) *Ibid.* pag. 128 & 129.

(1) C'est la disposition de l'article 15.

tenir boutique ailleurs que dans la maison où il seroit actuellement demeurant.

Cet ordre avoit été changé par l'article 138 des statuts de 1699, qui permettoit aux chirurgiens du Roi & des princes, « de faire exercer la chirurgie dans la » ville & fauxbourgs de Paris, en leur » place, par tels garçons que leur sem- » bleroit, sans être obligés à résidence », sous les conditions prescrites par les mêmes statuts.

Cette disposition avoit été confirmée par un arrêt du 27 juin 1727 (1); mais l'article 125 des statuts du mois de mai 1768, donnés pour la ville de Paris, défend à tous les chirurgiens agrégés, comme aux autres chirurgiens de Paris, de louer leur privilège, & d'avoir des élèves ailleurs que dans le domicile qu'ils occuperont en personne, à quelque titre & sous quelque prétexte que ce puisse être.

### §. V. *Des fonctions & des droits des chirurgiens du Roi à la cour.*

Le Roi a aujourd'hui un premier chirurgien, un premier chirurgien ordinaire, huit chirurgiens ordinaires servant par quartier, quatre chirurgiens-renoueurs ordinaires, un chirurgien-oculiste, un chirurgien-dentiste, deux opérateurs pour la pierre, l'un au petit appareil, & l'autre au grand appareil, un chirurgien-pédicure du Roi & de la famille royale.

Plusieurs de ces offices sont donnés en survivance à d'autres chirurgiens.

Il seroit inutile de parler des barbiers du Roi.

On peut consulter à leur égard la jurisprudence de la médecine de M. Verdier, tome 2, page 98 & suivans.

Il y a de plus des chirurgiens attachés aux troupes de la maison du Roi & de l'artillerie, lesquels jouissent des privilèges des commensaux.

Tous les chirurgiens du Roi & des princes prêtoient autrefois serment entre les mains du premier médecin de la maison. Ils l'ont ensuite prêté entre les mains du premier médecin du Roi. Cela s'est ainsi observé jusqu'en 1770. Mais à cette époque, une déclaration du 19 juin a ordonné que le premier chirurgien prêteroit serment entre les mains du Roi, & qu'il recevroit celui des autres chirurgiens ordinaires & de quartier, ainsi que des chirurgiens de la famille royale & du premier prince du sang. Ces derniers ne peuvent même être reçus qu'en rapportant un certificat de leur suffisance & capacité, signé du premier chirurgien du Roi, outre le procès-verbal des examens qu'ils doivent subir en deux jours différens au collège de chirurgie de Paris (1).

Il paroît que les premiers chirurgiens jouissent aussi depuis cette époque, du titre de conseiller d'état. Ils ont les mêmes entrées que le premier médecin (2).

On peut voir sur ce qui concerne les gages & les attributions de tous ces chirurgiens, l'état de la France & l'ouvrage de M. Verdier.

Les chirurgiens du Roi doivent se trouver aux repas du Roi, à son lever & à son coucher, comme les médecins. Ils doivent de plus se trouver à la chasse où est sa majesté, crainte d'accident, & ne pas s'éloigner beaucoup du carrosse du Roi, quand il marche en campagne (3).

Les chirurgiens ordinaires du Roi servent pareillement chez M. le dauphin & les enfans de France. Les uns & les autres ont cependant chacun un premier chirurgien, pour faire le service actuel.

(1) État de la médecine en Europe, pour l'année 1776, pag. 112. Jurisprudence de la chirurgie, tom. 2, pag. 429.

(1) Statuts généraux de 1730, par le Blond d'Olbien, pag. 111 de l'édition de 1771.
(2) Répertoire universel de jurisprudence, au mot *Chirurgie*, tom. 3, pag. 443; de l'édition in-4°.
(3) État de la France, tom. 1, pag. 340.

M. le dauphin a de plus un valet-de-chambre-barbier qui n'est payé que par extraordinaire (1).

Suivant le célèbre Dionis (2), qui avoit été lui-même médecin de la duchesse de Bourgogne & de mesdames les dauphines, « quand on saigne le Roi, ou quelqu'un » de la famille royale, c'est le premier » médecin qui tient la bougie, il se fait » un honneur de rendre ce service, aussi » bien que l'apothicaire de tenir les poë- » lettes. S'il y avoit quelqu'un dans la » chambre que le chirurgien ne crût pas » de ses amis, il pourroit le faire sortir, » parce qu'il ne faut point qu'il ait pour » spectateur des gens qui pourroient l'in- » quiéter & le chagriner par leur pré- » sence. Autrefois, les chirurgiens du Roi » usoient de ce privilège, & un jour que » M. Felix le père alloit saigner le Roi, » il dit à l'huissier de faire sortir un des » chirurgiens de quartier qui n'étoit pas » de ses amis ; mais aujourd'hui, ajoute » Dionis, cela ne se pratique plus. Toutes » les fois que j'ai saigné madame la dau- » phine, ou quelqu'un des princes, la » chambre étoit pleine de monde, & » même monseigneur & les princesses se » mettoient sous le rideau du lit, sans » que cela m'embarrassât. »

Le même Dionis, en parlant de l'embaumement des corps, auquel il soutient que les chirurgiens doivent présider, a défendu avec beaucoup de chaleur la préséance des chirurgiens sur les apothicaires ; & voici ce qu'il dit à cette occasion :

« Dans les consultations sur les ma- » ladies chirurgicales, les chirurgiens » signent les ordonnances conjointement » avec les médecins, & les apothicaires ne » font que les exécuter ; les rapports & » les relations des ouvertures des corps » sont signées des médecins & des chi- » rurgiens, & jamais des apothicaires. » On remarque que dans les états des » maisons royales, les médecins sont en- » registrés les premiers, puis les chirur- » giens, & ensuite les apothicaires. Enfin, » le Roi voulant donner des gratifications » aux officiers de madame la duchesse » de Bourgogne, qui l'avoient été querir » au Pont de Beauvoisin, il mit de sa » main sur l'état qui lui en fut présenté, » pour M. Bourdelot, médecin, 1000 » écus ; pour moi chirurgien 1500 li- » vres ; pour M. Riqueur, apothicaire, » 1000 livres » (1).

Enfin, cet auteur dit dans un autre endroit (2), « Ambroise Paré, qui a été » premier chirurgien de plusieurs Rois, » nous a fait part dans ses œuvres des » relations d'ouverture des corps des » Rois qu'il avoit servis. Elles sont toutes » signées des médecins & des chirurgiens » qui étoient présens, & nous ne voyons » pas qu'elles le soient d'aucuns apothi- » caires, & encore aujourd'hui dans toutes » les relations d'ouverture de corps de » personnes de la famille royale que j'ai » faite, ou que j'ai vu faire, tous les chi- » rurgiens en charge ont signé conjoin- » tement avec les médecins, & jamais » les apothicaires, quoique souvent ils » aient été présens à ces ouvertures. »

### Section III.

*Des apothicaires de la maison du Roi.*

Les passages de Dionis qu'on vient de citer, prouvent que les apothicaires n'ont pas joué dans la maison du Roi un rôle aussi brillant que les médecins & les chirurgiens. Cela n'est point étonnant. Les travaux de la pharmacie, qui exigent tant d'observations & de sagacité, de-

_____

(1) Jurisprudence de la médecine, tom. 2, pag. 100 & 101.

(2) Cours d'opérations de chirurgie, démonstration 8, pag. 657 de l'édition de 1765.

(1) *Ibid.* pag. 879.

(2) *Ibid.* pag. 867.

mandent

mandent auffi une affiduité , qui y jette beaucoup d'obfcurité. Il eft peu de fciences où l'on ait fait autant d'utiles découvertes , avec auffi peu de gloire.

Il y a donc fort peu de chofes à dire fur cette dernière partie des officiers de fanté.

Il n'y a point de premier apothicaire dans la maifon du Roi. Le fervice de cette partie fe fait par huit apothicaires , fervans par quartier , dont quatre font appelés chefs, & les quatre autres aides. On peut voir dans l'état de la France (1), quels font les gages & les attributions des uns & des autres.

Le Roi a de plus pour fon fervice deux apothicaires-diftillateurs (2).

Il y a en outre divers apothicaires attachés aux troupes de la maifon du Roi, à fes écuries, à l'artillerie , &c. fur lefquels on peut confulter l'ouvrage de M. Verdier (3).

Tous les apothicaires de la maifon du Roi , tant les chefs que les aides, prêtent ferment de fidélité entre les mains du premier médecin , qui leur donne des certificats de fervice. Ils font qualifiés de maîtres , comme les médecins & les chirurgiens , fur l'état de la maifon du Roi (4). Les apothicaires de quartier ont la grande entrée (5).

Les fonctions des apothicaires du Roi , de leurs aides & de leurs garçons d'office , ont été fixées par un réglement du confeil du 14 août 1671. En général, ils doivent fournir les médicamens néceffaires pour exécuter les ordonnances des médecins , fans lefquels ils n'en doivent point fournir aux princes-mêmes qu'ils fervent, fous peine de démiffion

de leurs offices , comme on en a des exemples (1).

Les apothicaires du Roi fourniffent encore, outre les remèdes, quelques confitures dans les coffres de la chambre , & autres compofitions de coriandre , d'anis & de fenouil , de l'écorce de citron , de l'efprit de vin , & quelques liqueurs : ils font exempts de faire l'effai de toutes ces chofes , & ils ont l'honneur de donner eux-mêmes de la main à la main ce qu'ils fourniffent. Ils font auffi les fachets de fenteur pour les habits , les linges & les perruques du Roi (2).

Il y a toujours à la fuite de la cour , le charoi de l'apothicaire : & par brevet du Roi du 12 novembre 1642 , il fut ordonné que les fyndics des apothicaires de Paris avertiroient les apothicaires du corps du Roi , de l'arrivée des drogues à Paris dans leur chambre commune , pour en être pris par préférence à tous autres , la quantité néceffaire au fervice du Roi (3).

Les apothicaires de la maifon du Roi, cour & fuite, ont toujours joui paifiblement du pouvoir & faculté d'exercer leur art publiquement , & de tenir leurs boutiques ouvertes à Paris , & dans toutes les autres villes du royaume où ils font leur réfidence , fans pour cela être obligés de faire autres examens, chefs-d'œuvres, ni expériences, que ceux qu'ils ont accoutumé de faire pardevant le premier médecin du Roi, ou autres médecins ordinaires par lui nommés (4). Ils peuvent

_____

(1) Pag. 335 & fuiv.
(2) Etat de la France , pag. 338.
(3) Jurifprudence de la médecine , tom. 1, pag. 131 & fuiv.
(4) *Ibid.* pag. 338.
(5) *Ibid.* pag. 342.

Tome I.

(1) Jurifprudence de la médecine , tom. 2, pag. 133 & 134.
(2) *Ibid.* Etat de la France, tom. 1, pag. 338, Introduction à la defcription de la France , par Piganiol de la Force, tom. 1, chap. 3 , art. 17.
(3) Jurifprudence de la médecine , tom. 2, pag. 134. Etat de la France, &c.
(4) Code des privilégiés , par Vrevin , pag. 437.

Cccc

même louer leur privilège, lorsqu'ils se retirent, ou lorsqu'ils n'ont pas de boutique ouverte, soit à Paris, soit à Versailles (1).

Ce privilège d'exercer, ou faire exercer la profession pour laquelle on est officier du Roi, est attaché de toute ancienneté au titre de commensal, pour toutes les professions. C'est par cette raison que les apothicaires de l'artillerie ayant été déclarés commensaux, obtinrent au mois de janvier 1622 ces lettres-patentes, qui permirent à eux & à leurs veuves, pendant leur viduité, de tenir boutique dans toutes les villes & lieux du royaume où ils feroient leur résidence aux charges portées par cette loi (2).

Ce privilège fut spécialement confirmé à un de ces apothicaires, par une déclaration du 10 avril 1636, & à eux tous par les déclarations des 8 novembre 1673 & 24 février 1677. L'édit de 1703 ayant paru porter atteinte à leurs privilèges, celui de 1716 ordonna qu'ils jouiroient des mêmes privilèges que ceux dont les personnes pourvues de pareilles charges jouissoient auparavant (3).

La confirmation des privilèges des apothicaires de l'artillerie, ayant fait craindre aux apothicaires du Roi & des princes, que ce ne fût une occasion de les troubler dans la possession immémoriale où ils étoient de l'exercice de la pharmacie, sous prétexte qu'ils n'avoient point un pareil titre, ils obtinrent en janvier 1642 une déclaration, par laquelle « sa majesté continue, confirme & approuve » tous les privilèges, franchises & immunités, appartenans aux charges des » apothicaires de sa maison, de la reine, » du duc d'Orléans & du prince de Condé: » & ordonne en conséquence que suivant

» iceux, ils pourront eux & leurs successeurs esdites charges, exercer la » pharmacie publiquement & tenir leurs » boutiques ouvertes, tant à Paris qu'autres villes du royaume où ils feront leur » résidence, & leurs veuves aussi pendant » leur viduité, pour jouir & leurs successeurs qui seront employés sur les » états desdites maisons, comme en ont » bien & duement joui, use, jouissent » & usent encore de présent les apothicaires de la cour, suite & de l'artillerie, à la charge toutefois qu'il n'y » aura que les quatre apothicaires du » Roi, servans par quartier; & les deux » apothicaires & distillateurs du Roi, » servans ordinairement, qui jouiront » du privilège de tenir boutique ouverte, » & pareil nombre de la maison de la » reine, cinq pour celle du duc d'Orléans, & quatre pour celle du prince » de Condé, sans que ledit nombre puisse » être augmenté (1). »

Le même privilège a été attribué à l'office unique d'aide des apothicaires du Roi, qui fut établi par une ordonnance du 10 avril 1633, par cela seul que le titre & les droits de commensal lui furent assurés. Mais comme il n'est point fait mention dans cette ordonnance des trois autres aides, qui furent ajoutés dans la suite aux premiers, ils ne furent point d'abord participans de ce privilège. Ils passèrent même un acte le 15 janvier 1653, par lequel ils reconnurent que les fonctions qu'ils avoient, ne pourroient tirer à conséquence pour eux, ni leur donner le titre d'apothicaires. Cependant ils sont aujourd'hui dans la possession de tenir ou faire tenir boutique ouverte à Paris, & dans les autres villes (1).

Au surplus, les apothicaires de la cour ont toujours été maintenus dans le libre

____

(1) Etat de la médecine en Europe, pour l'année 1776, pag. 171.
(2) Vrevin, *ibid.* pag. 437.
(3) Jurisprudence de la médecine, tom. 2, pag. 136.

(1) Code des privilégiés, par Vrevin, art. 156.
(2) Jurisprudence de la médecine, tom. 2, pag. 138.

exercice de leur profession, par la jurisprudence des arrêts. Un arrêt du conseil du 13 octobre 1644 défendit aux maîtres & gardes apothicaires de Paris, de troubler les apothicaires de la cour, dans la possession & jouissance des privilèges à eux attribués par les lettres-patentes de 1642, sous peine de 3000 livres d'amende, & de tous dépens, dommages & intérêts.

Il fut en outre ordonné que l'arrêt seroit exécuté, nonobstant oppositions ou appellations quelconques, desquelles, si aucunes intervenoient, le Roi s'en réservoit & à son conseil, la juridiction & connoissance, & icelle interdisoit à tous autres juges, même au grand-conseil, avec défenses aux parties de se pourvoir ailleurs pour raison de ce, qu'à sondit conseil, à peine de nullité, cassation des procédures & de tous dépens, dommages & intérêts (1).

Un autre arrêt du conseil du 17 octobre 1662, débouta les maîtres & gardes de l'apothicairerie & épicerie de Paris, de leurs fins & conclusions prises contre les apothicaires de la cour, à ce que les boutiques de ceux-ci fussent distinguées par quelque marque & écriteau, & fermées lorsque sa majesté seroit hors de Paris ou autres lieux voisins. Enfin, un arrêt du grand conseil du 28 septembre 1679, ordonne entre autres choses, que les apothicaires des maisons royales, pourront prendre la qualité de maîtres apothicaires demeurans à Paris, ou dans les autres villes où ils feront leur résidence, y tenir boutique ouverte, & y faire tous les exercices de leur art (2).

Cependant les apothicaires du Roi & de la cour ne font point corps avec la communauté des apothicaires de Paris. Il n'en est pas dit un mot des apothicaires des maisons royales, dans les statuts de cette communauté, homologués en 1638 (1).

Ceux du Roi & de la cour, forment une communauté particulière : depuis la confirmation authentique faite de leurs privilèges par les lettres-patentes de 1642, ils arrêtèrent le 2 juin de cette année des statuts en 18 articles, qu'ils firent d'abord enregistrer au greffe de la prévôté de l'hôtel, par sentence du 17 juin, & qui ont ensuite été enregistrés au grand conseil par arrêt du 13 novembre 1671 (2).

Suivant ces statuts, les apothicaires du Roi & des princes ne reconnoissent d'autres juges, en ce qui regarde la conservation des privilèges attribués à leurs charges & offices, soit en demandant, soit en défendant, que le prévôt de l'hôtel en première instance, & le grand-conseil en cas d'appel, conformément aux lettres-patentes du mois de janvier 1642. (*Art.* 2).

Ils doivent s'assembler de trois ans en trois ans, le lendemain de la fête de S. Nicolas d'hiver, devant le grand-prévôt de l'hôtel, ou son lieutenant, pour élire, à la pluralité des voix, un syndic de leur communauté, lequel doit avoir le maniement des affaires, avec la garde des privilèges, papiers & chartes concernant la communauté, & est obligé de faire les visites annuelles des médicamens, tant simples que composés, qu'ils ont dans leurs boutiques, conformément à un arrêt du grand conseil donné entre les apothicaires privilégiés de la suite de la cour & ceux de la ville de Paris, contenant l'ordre & réglement de ces visites. (*Art.* 3 & 5).

Le rapport de ces visites doit être fait par devant le grand-prévôt, ou son lieu-

_____

(1) Vrevin, code des privilégiés, pag. 438 & 439.
(1) Jurisprudence de la médecine, tom. 2, pag. 139.

(1) Les apothicaires de Paris ont obtenu au mois de juin 1779, de nouveaux statuts. Mais l'enregistrement de ces statuts, auxquels les médecins & les épiciers ont formé opposition, a souffert tant de difficultés, qu'ils ne sont point encore publiés.
(1) Jurisprudence de la médecine, pag. 143.

Cccc ij

tenant, dès le même jour ou le lendemain qu'elles ont eu lieu : « & s'il advient
» qu'en icelles aucunes drogues & médi-
» camens soient trouvés défectueux, &
» qu'à raison de ce, lesdits apothicaires
» soient condamnés en quelque amende,
» la moitié d'icelles sera adjugée au profit
» de ladite communauté, & l'autre moitié
» ainsi qu'il sera jugé à propos par le grand-
» prévôt, ou son lieutenant. (*Art.* 4.)

Tous les apothicaires sont obligés de
tenir dans leurs boutiques tous les médicamens, tant simples que composés, que
contient la pharmacopée qui a été donnée
au public par la faculté de Paris, & le
syndic ne peut pas leur demander dans
ses visites d'autres médicamens. (*Ibid. art.*
16 & 17).

S'il arrivoit que le syndic fût malade
ou absent, lorsque les visites se doivent
faire, le plus ancien de la communauté seroit obligé d'y aller à sa place :
& s'il arrivoit que ce syndic vînt à se
démettre de sa charge au profit d'un
autre, ou vînt à décéder, le même ancien seroit obligé de convoquer la communauté, pour procéder à l'élection &
nomination d'un autre syndic, de la
manière ci-dessus prescrite. (*Art.* 10).

Nul des apothicaires ne peut déroger
aux privilèges de sa charge, au préjudice de la communauté, ni souffrir
aucune visite, si ce n'est selon les formes
& réglemens contenus dans l'arrêt du
grand conseil, à peine de 100 livres tournois d'amende, applicables, comme dit est,
pour la première fois, & d'être rejetés &
réputés indignes de la compagnie pour la
seconde. (*Art.* 11).

Cet arrêt du grand conseil de 1598 est
aussi proposé pour règle dans les lettres-
patentes du mois de janvier 1642.

Les délibérations doivent être inscrites
sur un registre tenu par le syndic, &
elles ne peuvent valoir qu'autant qu'elles
sont signées de quatre apothicaires pour
le moins. (*Art.* 12).

« Les apothicaires & leurs veuves ne
» pourront prendre aucuns apprentifs en
» leurs boutiques pour leur apprendre la
» vacation, & s'en servir en la préparation
» & confection de leurs médicamens, sans
» les avoir au préalable présentés au syn-
» dic, pour être par lui examinés & jugés
» s'ils sont capables d'apprendre ladite
» vacation, & d'entendre les ordonnances
» des médecins ; ni les obliger pour moins
» de temps que les autres apprentifs des
» maîtres apothicaires de Paris ; ni les dis-
» penser du temps de service qu'ils sont
» obligés de rendre aux maîtres de la va-
» cation, après leursdits apprentissages
» faits, auparavant qu'ils se puissent pré-
» senter aux médecins desdites maisons du
» Roi, de la reine, de MONSIEUR, frère
» unique du Roi, & de Mgr le prince de
» Condé, pour être reçus ésdites charges,
» s'il y en a de vacantes, ou en la maîtrise
» des villes ésquelles ils voudront faire
» leur résidence, s'ils en sont jugés ca-
» pables par les maîtres de la vacation. »
(*Art.* 13 & 14).

Les autres articles règlent la manière
dont on doit contribuer aux dépenses faites
& à faire par la communauté, & à quelques autres objets de peu d'importance.

Ces statuts supposent que les apothicaires de la maison du Roi sont soumis
à la juridiction de son premier médecin.
Vrevin cite effectivement un arrêt du
conseil du 30 janvier 1625, rendu entre
les apothicaires de Paris & ceux de la
cour, qui porte que ces derniers ne doivent pas être reçus s'ils ne sont maîtres
dans l'une des villes du royaume, & qu'au
préalable ils n'aient été interrogés par le
premier médecin du Roi, le doyen de
la faculté de médecine, l'ancien des maîtres & gardes-apothicaires de la ville de
Paris, & le plus ancien apothicaire suivant la cour, à peine de nullité des
réceptions (1).

Les lettres-patentes de 1622 & 1626,
portoient que les médecins de l'artillerie

_____

(1) Code des privilégiés, pag. 419.

feroient examinés par deux médecins de l'artillerie (1).

La déclaration de 1642, porte qu'ils ne feront tenus de faire d'autre examen, chef-d'œuvre & expériences, que ceux qu'ils ont accoutumé de faire de tout temps, favoir, ceux de la maifon du Roi & de la reine, en préfence des premiers médecins ou autres médecins ordinaires nommés par les premiers médecins, & ceux des princes pardevant leur médecin ordinaire, ou autres médecins de la faculté de Paris par lui nommé. Cette dernière loi a été confirmée par un arrêt du confeil du 17 octobre 1662 & par l'édit de 1703. Enfin, l'article 38 de l'édit de 1707, en comprenant les apothicaires & les chirurgiens du Roi dans la même difpofition, ordonne « que nul ne pourra être pourvu » defdites charges en cour, s'il n'a été » reçu maître, ou s'il ne rapporte des cer- » tificats de dix années de fervice, fans » préjudice de l'examen qu'il fera obligé » de fubir pardevant le premier médecin » ou autre par lui commis » (2).

## SECTION IV.

*Table chronologique des réglemens relatifs aux officiers de fanté du Roi.*

Il y a peu d'offices pour lefquels on ait fait un nombre auffi grand de régle- mens, que pour ceux de fanté de la mai- fon du Roi. On a cru par cette raifon que la table des lois & des décifions qui y font relatives, étoit un fupplément en quelque forte néceffaire à ce qu'on vient de dire dans les fections précé- dentes.

Cette table eft principalement extraite de celle de tous les édits, déclarations, lettres-patentes, arrêts du confeil, ftatuts & réglemens concernant les médecins, chirurgiens, apothicaires &c. du royaume, qui a été imprimée chez Prault en 1733, en 88 pages in-4°.

---

(1) Jurifprudence de la médecine, tom. 2, pag. 140.

(2) *Ibid*, pag. 143.

On a inféré dans celle qu'on donne ici ceux des réglemens concernant les officiers du Roi ou des princes que le rédacteur de la table de Prault avoit omis, & qu'on a pu recouvrer, ou voir indiqués dans quelques autres ouvrages, & principalement ceux dont on a parlé dans les fections précédentes.

On y a joint ceux des réglemens pof- térieurs, dont on a pu avoir connoiffance. La notice de chacun de ces réglemens ajoutés, eft précédée d'un aftérique, pour les diftinguer de ceux qu'on a pris dans la table de Prault.

On a de plus réformé quelques-unes des notices de cette table, lorfqu'on a reconnu qu'elles étoient inexactes.

Novembre 1311. Edit de Philippe IV, dit le Bel, portant que le prévôt de Paris fera crier folemnellement, que nul à Paris n'exerce l'art de chirurgie, à moins qu'il n'ait été examiné par les maîtres chirur- giens-jurés de Paris, convoqués par le chirurgien du Roi au châtelet, &c.

* Juin 1427, janvier 1484 & décem- bre 1514, édits & ftatuts fur la juridic- tion du premier barbier. Voyez le para- graphe 2 de la feconde fection.

Mai 1575. Edit de Henri III, regiftré au grand-confeil les 23 & 24 juillet 1578, portant réglement pour les droits du pre- mier barbier du Roi, & fa juridiction fur les autres barbiers du royaume.

* 3 feptembre 1597. Déclaration du Roi, regiftrée au grand confeil le 19 du même mois, concernant les privilèges du premier barbier du Roi.

18 décembre 1597. Arrêt du parlement, portant réglement contre le premier médecin de Roi, pour la réception des apothicaires & chirurgiens ès villes, bourgs & lieux où il n'y a point de jurés, en la prévôté & vicomté de Paris, lefquelles réceptions, pour être valables, feront faites conformément à l'édit du mois d'août 1597.

10 novembre 1598. Sentence du lieute- nant-civil du châtelet de Paris, contre un

médecin empirique, pour avoir contrevenu aux arrêts qui défendent d'exercer la médecine à tous autres que ceux de l'université de Paris, ou des maisons royales.

* 22 décembre 1598. Arrêt du grand conseil, portant réglement pour la visite des drogues entre les apothicaires privilégiés & ceux de Paris. V. la section III.

Janvier 1606. Edit du Roi, regiſtré au grand conseil le 2 mai 1606, qui donne pouvoir à M. André du Laurens, premier médecin du Roi, de commettre par toutes les villes, & autres lieux du royaume, un ou deux chirurgiens, pour faire faire les rapports.

* 6 février 1606. Statuts des chirurgiens de Paris, qui aſſurent la préſéance au premier chirurgien du Roi dans les actes publics des maîtriſes. Voyez le paragraphe 1 de la ſection 2.

24 mars 1608. Arrêt du parlement ſur la requête de la faculté de médecine, qui défend au premier chirurgien du Roi, de faire pourſuite ailleurs qu'en la cour, à cauſe des cauſes commiſes que ladite faculté y a, comme faiſant corps de l'univerſité.

14 juillet 1608. Arrêt du conſeil privé, qui, faiſant droit ſur le réglement de juge, renvoye le premier chirurgien du Roi & la faculté de médecine au parlement de Paris, ſans préjudice du privilège du premier chirurgien, lorſqu'il s'agira du fait de l'art de barberie, pour lequel on ne le peut traduire qu'au grand conſeil.

* 24 mai 1609. Lettres-patentes, qui confirment le ſtatut du 6 février 1609. Voyez le paragraphe premier de la ſection 2.

15 ſeptembre 1609. Arrêt du parlement de Dauphiné, qui donne acte au ſieur Fougerolles, médecin du Roi, de la nomination qu'il fait de la perſonne de M. David Laigneau, docteur en médecine, pour continuer ſa commiſſion touchant la viſite & jurade des chirurgiens, & apothicaires du Dauphiné.

31 novembre 1609. Déclaration du Roi, regiſtrée au grand conſeil le 2 mars 1610, qui donne pouvoir à M. Pierre Milon, premier médecin, de commettre dans les principales villes du royaume, deux chirurgiens pour faire les rapports des morts, bleſſés & autres qui ſe feront par autorité de juſtice, nonobſtant l'arrêt de modification à l'édit de janvier 1606, à un ſeul chirurgien.

20 août 1610. Déclaration du Roi, qui confirme M. Jean Héroard, premier médecin du Roi, dans la faculté de commettre deux chirurgiens, conformément à l'édit de janvier 1606 & déclaration du 16 juin 1609.

* 24 octobre 1610. Arrêt du grand conſeil, qui défend à un chirurgien de la reine Marguerite, qui n'avoit pas été examiné, d'exercer ledit office.

Janvier 1611. Lettres-patentes du Roi, portant confirmation des privilèges du premier chirurgien-barbier du Roi, & de ſes lieutenans.

28 mars 1611. Statuts, privilèges & ordonnances accordés au premier chirurgien & à ſes lieutenans & commis, établis dans toutes les villes du royaume, regiſtrés au grand conſeil.

* . . . . . . . . . 1611, Edit qui attribue au premier médecin l'intendance ſur la médecine, la chirurgie & pharmacie. Voyez le paragraphe 2 de la ſection 2.

* 21 juillet 1611. Arrêt du conſeil qui déboute le premier médecin de cette attribution. V. *ibid.*

Avril 1617. Lettres-patentes du Roi, regiſtrées au parlement de Rouen, qui donnent pouvoir à M. Jean Héroard, premier médecin du Roi, de commettre un ou pluſieurs médecins dans les villes & lieux du royaume où il n'y a ni univerſité ni maîtriſe, qui auront tout droit, pouvoir & autorité d'examen ſur tous ceux qui ſe mêlent de l'apothicairerie, même de les ériger en jurande, & de faire chez eux les viſites néceſſaires.

Avril 1618. Lettres-patentes du Roi, regiftrées au grand-confeil le 14 mai fuivant, portant confirmation des ftatuts ci-devant accordés au fieur Jean Boudet, premier barbier, fes lieutenans & autres barbiers-chirurgiens.

* 13 mars 1619. Arrêt du grand con-feil fur l'exercice de la chirurgie à Paris par les chirurgiens des maifons royales. Voyez le paragraphe quatre de la fec-tion 2.

6 juin 1619. Arrêt du grand confeil, qui permet au lieutenant du premier barbier du Roi de la ville de Montpel-lier, de procéder à l'examen des afpi-rans hors ladite ville, en appelant avec lui un ou deux maîtres chirurgiens.

* 19 juin 1619. Arrêt pareil à celui du 13 mars.

14 octobre 1619. Lettres-patentes du Roi, qui donnent pouvoir à M. Jean Héroard, premier médecin du Roi, de continuer l'établiffement de l'art des apo-thicaires par toutes les villes de France non jurées.

2 décembre 1619. Lettres-patentes du Roi, regiftrées au parlement de Tou-loufe, le 12 novembre 1621, pareilles à celles de 1617.

31 août 1621. Arrêt du grand confeil, qui maintient un maître barbier-chirur-gien en la ville de la Flèche, commis par le premier médecin dans les fonc-tions & droits portés par l'édit de janvier 1608 & déclaration du 16 juin 1608.

* janvier 1622. Lettres-patentes véri-fiées au grand-confeil, concernant les privilèges des apothicaires des maifons royales. Voyez la fection 3.

28 février 1622. Arret du grand confeil, qui défend aux maîtres chirurgiens de la ville de Semur de troubler le chirurgien commis par le premier médecin, en con-formité des édits de janvier 1606, & de la déclaration du 16 juin 1608.

20 avril 1622. Arrêt du grand-con-feil, qui permet aux lieutenans du pre-mier barbier de procéder à l'examen, &

recevoir les afpirans à l'art de barberie & chirurgie, fans être tenus de deman-der l'avis aux médecins.

4 novembre 1622. Arrêt du grand-confeil, qui ordonne que le lieutenant du premier barbier baillera l'heure & le jour aux afpirans à la maîtrife de l'art de barberie & chirurgie, fans être tenu de demander l'avis des deux médecins qui y auront affifté, lefquels pourront néanmoins le donner, s'il le juge à propos.

* 30 janvier 1625. Arrêt du confeil pa-reil à celui du 22 décembre 1598. V. le code des privilégiés, pag. 440.

Janvier 1626. Edit du Roi regiftré en parlement le 8 juillet audit an, qui or-donne l'établiffement d'un jardin royal à Paris, pour y planter toutes fortes d'her-bes médicinales; nomme le fieur de la Broffe, premier médecin du Roi, inten-dant dudit jardin. Il eft joint à l'édit plu-fieurs pièces concernant l'établiffement dudit jardin.

30 mai 1626. Commiffion du Roi à MM. David & Juft Laigneau, médecins ordinaires du Roi pour vifiter, affiftés d'un chirurgien, les perfonnes foupçon-nées de lépres, dans toutes les villes du royaume.

8 août 1626. Lettres-patentes du Roi, qui donnent au fieur Héroard, premier médecin du Roi, & à fes fucceffeurs, premiers médecins, la qualité d'intendant du jardin royal des plantes.

13 mars 1629. Arrêt du grand-confeil, qui défend aux barbiers & chirurgiens des maifons royales, de tenir boutique ouverte, jufqu'à ce qu'ils aient fubi l'exa-men des maîtres chirurgiens, & de deux docteurs de médecine en la manière ac-coutumée.

* 9 mai 1633. Arrêt du confeil pareil à celui du 13 mars 1619.

10 avril (ou août) 1633. Ordonnance du Roi, portant établiffement d'une charge d'aide des apothicaires du Roi, en faveur du fieur d'Hoquinquan, lequel

jouira de 400 livres tournois de gages, & des privilèges des officiers commensaux.

* Juin 1634. Lettres-patentes du Roi, regiſtrées en parlement le 26 août fuivant , portant confirmation des ſtatuts de la communauté des maîtres barbiers-chirurgiens de Paris, du 10 du même mois y annexés.

26 février 1635. Statuts faits par le premier médecin du Roi, pour l'exécution des édits du mois de décembre 1619 & novembre 1621 , que les apothicaires obſerveront.

17 juillet 1635. Arrêt du conſeil-privé, entre les chirurgiens commenſaux à la ſuite de la cour, les maîtres barbiers-chirurgiens de la ville de Paris , les premiers médecins du Roi & des maiſons royales , & la faculté de Paris, qui ordonne que les chirurgiens des maiſons royales ne pourront tenir boutique ouverte qu'après l'examen fait en la forme preſcrite par le préſent arrêt.

11 août 1635. Commiſſion du Roi, qui donne pouvoir à M. Charles Bouvart, premier médecin du Roi , de continuer l'établiſſement de l'art des apothicaires par toutes les villes de France non-jurées, conformément aux édits & déclarations de 1617, 1619 & 1621.

10 avril 1636, Déclaration confirmative des privilèges des apothicaires du Roi V. la ſection 3.

* 26 avril 1635. Lettres-patentes qui aſſurent au premier médecin l'examen de tous les autres officiers de ſanté de la maiſon du Roi. Voyez la ſection 1, paragraphe 2.

4 juillet 1636. Arrêt du conſeil-privé, qui défend, conformément à l'arrêt du 17 juillet 1635 , aux chirurgiens des maiſons royales, de tenir aucune boutique ni officine dans la ville de Paris ; & néanmoins leur permet d'exercer leur art en leurs maiſons en chambres hautes, le tout à peine de 800 livres d'amende.

26 août 1636. Déclaration du Roi ,

regiſtrée en parlement le 28 mars 1657 ; qui permet au premier chirurgien du Roi , au chirurgien ordinaire , & aux autres chirurgiens, ſervans par quartier chez le Roi , de tenir , ou faire tenir boutique de chirurgie , & enſeigne de chirurgien , où feront les armes du Roi ; & ce nonobſtant les arrêts des 17 juillet 1634 & juillet 1636 , & aux charges portées par l'arrêt d'enregiſtrement.

6 ſeptembre 1636. Arrêt du conſeil-privé , qui ordonne qu'un apothicaire du Roi , jouira de ladite charge , nonobſtant la demande faite par ſes deux beaux frères , à ce qu'il fût condamné à leur en payer les deux tiers , & la condamnation portée par une ſentence des requêtes du palais , adjudicative de ladite demande.

20 janvier 1637. Statuts faits par le premier médecin du Roi pour les apothicaires des villes de France non-jurées.

10 février 1637. Arrêt du parlement qui reçoit la déclaration des premiers chirurgiens &c. de la maiſon du Roi , qu'ils n'entendent jouir de l'effet de la déclaration du 26 août 1636, que pour eux ſeulement , ſans que leurs veuves & enfans puiſſent ſe ſervir dudit privilège.

* 28 mars 1637. Arrêt ſur la réception des chirurgiens des maiſons royales. V. le § 4 de la ſection 2.

26 février 1638. Déclaration du Roi, regiſtrée au parlement le 7 ſeptembre ſuivant , en faveur des barbiers-chirurgiens de M. le duc d'Orléans.

7 ſeptembre 1638. Arrêt du parlement, qui ordonne que MONSIEUR, frère unique du Roi, duc d'Orléans , jouira du privilège accordé de nommer cinq chirurgiens, ſans que ce nombre puiſſe être augmenté.

20 octobre 1638. Déclaration du Roi, regiſtrée en parlement le 2 avril 1639, portant pouvoir aux quatre chirurgiens du corps de la reine, d'exercer la chirurgie, & tenir boutique ouverte, avec enſeigne de chirurgien , tant en la ville
de

de Paris, que par toutes les villes du royaume, où ils feront leur résidence, & de jouir par eux des mêmes privilèges, franchises & exemptions que les chirurgiens du corps du Roi.

29 janvier 1639. Déclaration du Roi, regiftrée en parlement le 23 mars fuivant, portant pouvoir aux chirurgiens de monfeigneur le prince de Condé, premier prince du fang, d'exercer la chirurgie, & tenir boutique ouverte avec enfeigne de chirurgien, tant en la ville de Paris, qu'autres villes où ils réfident ordinairement.

25 février 1639. Arrêt du confeil-privé, qui caffe deux arrêts du parlement de Rennes, & maintient le premier médecin du Roi dans la faculté de commettre deux chirurgiens, conformément à l'édit de janvier 1606, & déclaration du 16 juin 1603.

\* 23 mars & 20 avril 1639. Arrêts conformes à celui du 28 mars 1637.

31 avril 1641. Arrêt du confeil-privé, qui défend aux barbiers-perruquiers du Roi y dénommés, d'exercer la barberie & chirurgie, à peine de quinze cents livres d'amende &c. & évoque au châtelet de Paris, & par appel au parlement, la connoiffance de l'exécution du préfent arrêt.

25 novembre 1641. Lettres-patentes du Roi, qui nomment M. David Laigneau, médecin ordinaire, au lieu & place du fieur Fougerolles, auffi médecin ordinaire, pour continuer la commiffion touchant la verte & jurande des chirurgiens & apothicaires du Dauphiné, & lui donnent pouvoir de nommer & choifir tel médecin qu'il jugera capable, pour l'exécution de ladite commiffion.

5 décembre 1641. Acte de la nomination faite par M. David Laigneau, médecin ordinaire du Roi, de la perfonne de M. Jofias Floriet, auffi médecin ordinaire, pour continuer la commiffion touchant la réformation de la médecine en Dauphiné.

13 décembre 1641. Ordonnance du premier médecin du Roi, portant pouvoir à M. Gabriël Ducroc, docteur en médecine, pour l'exécution des déclarations des mois de décembre 1619, & 6 novembre 1621.

Janvier 1642. Lettres-patentes du Roi, regiftrées au grand-confeil, & en la prévôté de l'hôtel, les 20 & 24 mai 1642, portant confirmation des privilèges des apothicaires des maifons du Roi, &c. En conféquence, ordonne qu'ils pourront exercer la pharmacie publiquement, & tenir boutique ouverte, tant en la ville de Paris, qu'en toutes les autres villes du royaume.

2 juin 1642. Statuts & réglemens pour les apothicaires des maifons du Roi, de la reine, de MONSIEUR, frère unique du Roi, & de M. le prince de Condé, premier prince du fang, regiftrées en la prévôté de l'hôtel le 17 juin 1642.

Octobre 1642. Edit du Roi regiftré en la chambre des comptes le 10 novembre fuivant, portant que le premier médecin du Roi, intendant du jardin royal des plantes, jouira de la qualité de furintendant, & ordonnateur des bâtimens & des jardins maifons royales, & que lefdites deux charges demeureront unies, pour n'en faire qu'une feule.

12 novembre 1642. Brevet du Roi, portant que les fyndics de l'apothicairerie de Paris, avertiront les apothicaires du corps du Roi, de l'arrivée des drogues à Paris en leur chambre commune, pour être par eux pris, par préférence à tous autres, la quantité néceffaire pour le fervice du Roi.

Décembre 1643. Lettres-patentes du Roi, regiftrées ès regiftres du grand-confeil, le 8 janvier 1644, portant confirmation des ftatuts accordés au fieur Jean Boudet, premier barbier, fes lieutenans ou commis, & autres barbiers-chirurgiens.

1 mars 1644. Arrêt du parlement, qui défend au fieur Renaudot, docteur en

médecine de la faculté de Montpellier, soi-disant médecin ordinaire du Roi, prétendu commissaire des pauvres, & intendant du bureau d'adresse du royaume, & autres non-médecins de la faculté de Paris, d'exercer la médecine en aucun lieu dans la ville & fauxbourgs de Paris, ni de traiter & panser les malades sous quelque prétexte que ce soit, à peine de 500 livres d'amende.

31 septembre 1644. Arrêt du grand-conseil, qui défend aux apothicaires du Roi, de la reine & du prince de Condé, de tenir boutique ouverte, qu'après avoir été examiné par les maîtres apothicaires de Paris.

13 octobre 1644. Arrêt du conseil qui défend aux maîtres & gardes des apothicaires de la ville de Paris, de troubler les apothicaires du Roi, de la reine, de M. le duc d'Orléans, & de M. le prince, sous peine de 3000 livres d'amende.

22 septembre 1646. Déclaration du Roi, regiftrée au grand-conseil le 30 août 1647, qui confirme le sieur Vaultier, premier médecin du Roi, dans la faculté de commettre deux chirurgiens, conformément à l'édit de janvier 1606, & à la déclaration du 16 juin 1608.

* 3 décembre 1647 & 18 décembre 1648. Arrêts du conseil sur l'exercice de la chirurgie à Paris, par les chirurgiens des maisons royales. Voyez le §. 4 de la section 2.

17 avril 1654. Arrêt du conseil privé, qui décharge Jean Grou, chirurgien ordinaire du Roi, de la demande à lui faite pour raison d'une récompense de 10,000 livres sur sa charge, attendu sa démission de ladite charge ès mains du Roi, & en conséquence de l'édit du mois de juillet 1653, qui se trouve au code des commensaux, page 111.

31 avril 1654. Déclaration du Roi, regiftrée au grand-conseil le 7 septembre 1654, qui confirme le sieur Vallot, premier médecin du Roi, dans la faculté de commettre deux chirurgiens, conformé-

ment à l'édit de janvier 1606, & déclaration du 16 juin 1608.

16 novembre 1654. Arrêt du conseil-privé, qui défend à Florent Vertu, compagnon chirurgien, & porteur d'un brevet de chirurgien simple de sa majesté, de s'en aider en la ville & fauxbourgs de Paris, ordonne qu'il sera rayé de l'état arrêté à la cour des aides.

Février 1656. Lettres-patentes du Roi regiftrées au grand-conseil le 13 décembre 1656, portant autorisation des statuts accordés au premier barbier, ses lieutenans ou commis, & autres barbiers-chirurgiens.

10 octobre 1656. Lettres-patentes du Roi regiftrées au grand-conseil le 7 février 1657, qui confirme le sieur Vallot, premier médecin du Roi, dans le pouvoir de commettre un, ou plusieurs médecins, conformément à l'édit d'avril 1617.

7 septembre 1658. Arrêt du parlement, qui ordonne que le nommé Brochan, soi-disant chirurgien de M. le duc d'Orléans, justifiera qu'il est des cinq chirurgiens, servant mondit seigneur le duc d'Orléans, sinon, que sa boutique sera fermée.

23 août 1659. Arrêt du conseil-privé, qui renvoie la faculté de médecine, & le premier barbier-chirurgien du Roi, au parlement de Paris, pour y procéder sur ce que les chirurgiens de saint Côme se sont unis aux barbiers-chirurgiens de Paris, & sur ce qu'ils font des thèses, & prennent la qualité de professeurs.

* 10 octobre 1669. Arrêt du conseil, pareil à ceux de 1647 & 1648.

2 avril 1661. Lettres-patentes du Roi, regiftrées au grand-conseil le 30 septembre au dit an, qui donne pouvoir au sieur Vallot, premier médecin, ou ses lieutenans, de régler tous les apothicaires, épiciers, ciriers, droguistes & confiseurs du royaume, suivant les statuts du 30 dudit mois de septembre 1661.

* 10 novembre 1661. Arrêt du grand-conseil, qui défend à Pierre Vitard, se disant l'un des quatre barbiers-chirurgiens

du Roi , & porteur d'un brevet , d'exercer l'art de barberie & chirurgie , tenir boutique ouverte , & pendre baffins , à peine de 500 livres d'amende.

17 août 1662. Arrêt du conseil, qui défend au chirurgien ordinaire du duc d'Anjou , de louer son privilège , & tenir boutique ailleurs que dans la maison où il sera actuellement demeurant.

17 octobre 1662. Arrêt du conseil, portant réglement entre les apothicaires de Paris & les apothicaires privilégiés des maisons & familles royales.

13 juillet 1664. Ordonnance du premier médecin, qui nomme M. Etienne Licourt, docteur en médecine, pour son lieutenant, à l'effet d'établir l'art de l'apothicairerie , dans la généralité de Soiffons & bailliage de Senlis.

Novembre 1664. Edit du Roi , qui défend entre autres choses à tous autres qu'aux chirurgiens des maisons & familles royales, & autres à la suite de la cour, de tenir bains & étuves, autrement que conformément aux arrêts des 11 avril & 5 mai 1634, & 6 août 1638.

25 janvier 1665. Ordonnance du premier médecin du Roi, qui nomme M. Louis de Meusve, médecin ordinaire du Roi, & Léonard Jacob, apothicaire du Roi , pour l'exécution de l'édit du mois d'avril 1617, & des statuts du 30 7bre. 1661.

7 juillet 1665. Sentence du bailliage du palais, qui déclare nulle la réception d'un apothicaire, pour avoir été faite en vertu des lettres du premier médecin du Roi.

Décembre 1666. Lettres-patentes du Roi, regiftrées en parlement le 26 avril 1667, portant que les apothicaires de Marguerite de Lorraine, duchesse douairière d'Orléans , jouiront des privilèges accordés aux apothicaires de maisons royales, par celles du mois de janvier 1642.

* 31 mars 1667. Arrêt du grand-conseil contre un chirurgien de la cour , qui avoit loué son privilège. Voyez le paragraphe 4 de la section 11.

6 juin 1667. Arrêt du grand-conseil, qui défend à la veuve d'un barbier-chirurgien de M. le duc d'Orléans , de tenir boutique ouverte en la ville de Paris, sans dépens.

22 décembre 1667. Déclaration du Roi, regiftrée en parlement le 4 septembre 1669, qui ordonne que les quatre chirurgiens des écuries du Roi , jouiront des mêmes privilèges dont jouiffent ceux de la maison du Roi.

4 août 1668. Arrêt du conseil, qui ordonne que la déclaration ou édit du mois de novembre 1664, fera exécutée selon sa forme & teneur , nonobstant l'opposition du lieutenant - criminel du châtelet de Paris, à l'enregistrement d'icelle, &c.

6 août 1668. Arrêt & lettres-patentes, regiftrés au grand-conseil le 28 des mêmes mois & an, portant défunion des droits & privilèges, fur & concernant l'état & l'art de barberie - chirurgie dans tout le royaume, ci-devant attribués à la charge de premier barbier du Roi , & union d'iceux, à la charge du premier chirurgien du Roi.

* 1 juin 1669. Arrêt du conseil, qui modifie celui du 4 août 1668. Voyez le paragraphe 4 de la section 2.

18 juillet 1669. Sentences des requêtes de l'hôtel; entre François Barnoüin, ci-devant premier barbier du Roi , & garde des chartres dudit art ; & les prévôt & jurés-gardes des maîtres chirurgiens, qui déboute ledit Barnoüin de sa demande en révision de taxe de dépens , dont exécutoire a été délivré.

25 août 1669. Commiffion du Roi, afin d'évocation au conseil des instances, au sujet des veuves des maîtres chirurgiens privilégiés.

4 septembre 1669. Arrêt du conseil, qui fait défenses à tous chirurgiens-barbiers ; & autres prétendus privilégiés ; & employés dans les états des maisons de la famille royale, autres que ceux qui font compris & nommés dans l'arrêt du

1 juin 1669, de tenir boutique de chirurgien dans la ville & fauxbourgs de Paris, & d'y exercer l'art de chirurgie, qu'aux conditions portées par ledit arrêt du 1 juin 1669.

21 mars 1670. Arrêt du conseil, qui ordonne que les sieurs Coronel & Meurel, commis par le premier médecin du Roi, pour établir des apothicaires dans les villes du royaume non jurées, rapporteront au greffe les originaux de leur commission, ensemble un état des particuliers qu'ils ont établis.

12 avril 1670. Ordonnance du Roi, portant permission au sieur Barbereau, l'un des médecins ordinaires du Roi, de vendre & débiter à Paris, des eaux médicinales & remèdes de son invention, & défenses à toutes personnes de contrefaire lesdits remèdes.

30 septembre 1670. Arrêt du conseil, qui nomme le sieur de Meufve, médecin ordinaire du Roi, en la qualité de lieutenant du premier médecin, pour établir des apothicaires, épiciers, ciriers, droguistes & confiseurs, dans toutes les villes du royaume non-jurées, à l'exception de celles y dénommées.

4 octobre 1670. Ordonnance du premier médecin du Roi, portant pouvoir au sieur de Meufve, son lieutenant, en exécution de l'arrêt du 30 septembre 1670.

28 juillet ou 28 mars (1) 1671. Arrêt du conseil, portant réglement pour les fonctions & droits attribués au premier chirurgien du Roi, & à ses officiers, pour la réception des aspirans audit art de chirurgie, & des cas où le parlement & le grand-conseil connoîtront des contestations qui pourroient survenir, pour l'exécution du présent arrêt.

14 août 1671. Réglement du conseil, entre les apothicaires du Roi, leurs aides & garçons d'office, pour leurs fonctions.

22 août 1671. Déclaration du Roi,

registrée en parlement le premier septembre 1671, portant que les visites des blessés seront faites par les deux chirurgiens commis par le premier médecin, comme avant l'ordonnance de 1670, rendue pour les matières criminelles.

13 novembre 1671. Arrêt du grand-conseil, qui ordonne l'enregistrement en ladite cour, des statuts des apothicaires privilégiés du 2 juin 1642.

27 juin 1672. Arrêt du conseil, qui donne pouvoir aux chirurgiens des maisons royales, à qui il est permis de tenir boutique ouverte, de pendre enseignes comme les autres chirurgiens ordinaires, à la charge qu'ils ajouteront à leurs enseignes les armes du Roi.

17 août 1672. Déclaration du Roi, registrée au grand-conseil le 23 août 1672, qui confirme le sieur Daquin, premier médecin du Roi, dans la faculté de commettre deux chirurgiens, conformément à l'édit de janvier 1606, & à la déclaration du 17 juin 1608.

* Arrêt conforme à celui du 31 mars 1667.

5 décembre 1672. Arrêt du conseil, qui ordonne que tous les baigneurs-étuvistes, faisant le poil & perruques en la ville de Paris, même ceux se disant du nombre des quarante-huit, représenteront leurs titres au premier chirurgien du Roi, &c.

* 3 janvier 1673. Réglement qui confirme le titre de conseiller d'état au premier médecin du Roi. Voyez la section 1, paragraphe 2.

5 janvier 1673. Arrêt du conseil, qui ordonne que les chirurgiens commis par le premier médecin du Roi, jouiront des droits & privilèges à eux attribués par l'édit de 1606, & la déclaration de 1608.

2 mars 1673. Déclaration du Roi, registrée au parlement le 5 septembre de la même année, portant réglement pour les privilèges des quatre barbiers & chirurgiens du commun du Roi.

22 août 1673. Arrêt du grand-con

(4) Voyez la jurisprudence de la chirurgie, tom. 1, pag. 394.

feil, qui condamne un chirurgien & un lieutenant du premier chirurgien de la ville de Troyes, à rendre & reftituer aux maîtres chirurgiens de la même ville, commis par le premier médecin, les droits par eux perçus des rapports qu'ils ont affirmés en juftice, au préjudice de la déclaration de 1672.

9 feptembre 1673. Arrêt du confeil, qui caffe un arrêt du parlement de Rennes, défend de traduire les commis par le premier médecin, ailleurs qu'au grand-confeil, à peine de 1000 d'amende, caffation de procédures, dépens, dommages & intérêts.

* 8 novembre 1673. Déclaration pareille à celle du 5 janvier 1673. Voyez le paragraphe 2 de la fection 1.

* Autre pareille à celle du 10 avril 1636. Voyez *ibid.*

14 décembre 1673. Déclaration du Roi, regiftrée en parlement le 17 août 1674, qui, entre autres chofes, défend à toutes perfonnes, autres que les deux cents vingt barbiers-baigneurs-étuviftes qu'elle établit de faire ladite profeffion, excepté néanmoins les barbiers de la maifon royale, pour le poil & la barbe feulement.

Dernier mars 1674. Arrêt du confeil, qui ordonne que les barbiers-perruquiers de Paris, feront reçus par le premier chirurgien du Roi.

Avril 1674. Edit du Roi regiftré en parlement, cour des aides, grand-confeil, bureau des finances & chambre des comptes, les 5, 9 & 28 juin, 9 juillet & 18 août 1674, portant établiffement de l'hôtel royal des invalides, & que les médecins, chirurgiens & apothicaires qui ferviront audit hôtel, jouiront des mêmes privilèges que ceux reçus aux autres hôpitaux de Paris, & des mêmes droits & privilèges que ceux de la maifon du Roi.

20 novembre 1676. Arrêt du grand-confeil, portant réglement pour les droits dus au premier chirurgien par les afpirans à la maîtrife.

Février 1677. Edit qui règle les pri-

vilèges des médecins de l'artillerie. Voyez le paragraphe 4 de la fection 1.

* 24 février 1677. Déclaration pareille à celle du 10 avril 1636.

* 26 juin 1677. Arrêt du confeil qui permet au premier chirurgien de pourvoir de lieutenans dans les villes où il arrivera vacances. Voyez le paragraphe 2 de la fection 2.

* 28 feptembre 1679. Arrêt du confeil qui permet aux apothicaires des maifons royales d'exercer leur profeffion à Paris & ailleurs. Voyez la fection 3.

30 feptembre 1679. Lettres-patentes du Roi, portant réglement pour les privilèges du premier chirurgien du Roi.

14 janvier 1681. Arrêt du confeil-privé du Roi, qui ordonne que les veuves des chirurgiens des familles royales, fixés & réfervés par l'arrêt du confeil du premier juin 1669, jouiront des mêmes privilèges & avantages que les veuves des maîtres chirurgiens de Paris.

28 janvier 1681. Arrêt du confeil-privé, qui défend aux maîtres chirurgiens de troubler les fieurs Barré & Jean Bernard, chirurgiens de la garde-robe du Roi, dans leur privilège de tenir boutique ouverte, conformément à l'arrêt du 1 juin 1669.

16 mars 1684. Sentence du prévôt de l'hôtel, qui défend aux chirurgiens des maifons royales, qui jouiffent du privilège de tenir boutique ouverte dans la ville de Paris, d'en tenir deux, quoi qu'ils aient plufieurs charges.

3 feptembre 1686. Arrêt du confeil, qui permet au fieur Fouët, médecin, & commis par le premier médecin pour la vente des eaux minérales de Bourbon, de prendre douze deniers par bouteilles, pour la peine de les cacheter & les fiffeler.

12 janvier 1690. Arrêt du confeil, qui défend aux chirurgiens privilégiés de la prévôté de l'hôtel, de prendre la qualité de chirurgiens du Roi, mais feulement celle de privilégiés fuivant la cour.

22 janvier 1692. Arrêt du confeil d'état du Roi, qui caffe les baux à loyer faits,

tant par les anciens perruquiers créés par édit du mois de mars 1673, que par les officiers barbiers des maisons royales, de leur droit de privilège, à commencer du jour que les acquéreurs auront actuellement payé la finance de chacune des nouvelles charges.

Et fait défenses auxdits anciens perruquiers & officiers barbiers des maisons royales, de vendre ni louer leurs privilèges, que les cent charges nouvellement créées, n'aient été entièrement levées.

Février 1691. Edit du Roi registré ès parlemens de Paris & de Rouen, les 11 & 12 dudit mois, portant révocation de la faculté accordée au premier médecin du Roi, par celui du mois de janvier 1606, de commettre des chirurgiens dans les villes & lieu du royaume, pour faire les visites & rapports, & révoque aussi celle accordée au premier chirurgien du Roi, de nommer des lieutenans dans lesdites villes, & création de chirurgiens-jurés, & d'un médecin ordinaire du Roi dans les villes & bourgs du royaume, lesquels chirurgiens feront seuls les rapports, conformément à l'édit de janvier 1606.

29 avril 1691. Arrêt du conseil d'état du Roi, portant que les particuliers qui seront pourvus des offices de chirurgiens-jurés, avant que d'être reçus maîtres, pourront se faire recevoir pardevant le premier chirurgien de sa majesté, ou son lieutenant en la chambre de Saint-Côme à Paris, ou pardevant les maîtres des communautés de chirurgiens des villes les plus prochaines de celles de leur résidence.

23 juin 1691. Sentence de la prévôté de l'hôtel, portant réglement entre les chirurgiens du Roi, maisons, familles royales & artillerie.

19 mars 1691. Arrêt du parlement, qui confirme la sentence de la prévôté de l'hôtel (1) du 23 juin 1691, portant

réglement entre les chirurgiens du Roi, maisons & familles royales, & de l'artillerie.

29 novembre 1695. Traduction de l'épitre de la thèse dédiée par la faculté de médecine à M. Fagon, conseiller ordinaire du Roi en ses conseils, & son premier médecin.

* Septembre 1699. Lettres-patentes du Roi confirmatives des statuts des chirurgiens de Paris, registrées en parlement le 3 février 1701.

15 décembre 1699. Ordonnance du premier médecin, portant approbation du remède pour la guérison des descentes, en faveur de la veuve du sieur Devaux, vivant chirurgien de l'hôtel des invalides.

30 mai 1701. Arrêt du conseil du Roi, qui déboute les chirurgiens des maisons & familles royales, de leur opposition à l'enregistrement des statuts des maîtres chirurgiens-jurés de Paris; en conséquence, ordonne qu'ils seront exécutés selon leur forme & teneur.

6 juillet 1701. Ordonnance du premier médecin, concernant la police à observer par les étudians de l'école des plantes, lorsqu'ils sont en classe.

7 février 1702. Arrêt du conseil d'état du Roi, qui casse & annulle les baux à loyer que les anciens maîtres barbiers-perruquiers, baigneurs & étuvistes, les privilégiés des maisons royales, leurs veuves, enfans ou héritiers, ont fait de leurs places & privilèges aux particuliers qui acquerreront les places de barbiers, perruquiers, baigneurs & étuvistes, créés par édit du mois d'octobre 1701, &c.

Août 1703. Edit du Roi, registré en parlement, chambre des comptes & cour des aides, les 3 décembre 1703, 4 janvier & 11 février 1704, portant suppression d'offices en l'artillerie, des médecins, chirurgiens & apothicaires, & création d'un premier médecin, d'un premier chirurgien & d'un premier apothicaire, qui résideront dans l'arsenal, & pour suivre le grand maître dans les armées, de

---

(1) Ce sont les termes de la notice de Prault.

deux autres médecins, huit chirurgiens & quatre apothicaires ordinaires pour être à la suite des équipages, auquel premier médecin appartiendra l'examen & chef-d'œuvre desdits médecins, chirurgiens & apothicaires ; ordonne que ledit premier médecin, chirurgien & apothicaire, jouiront du droit de committimus en la grande chancellerie, comme commensaux.

29 février 1704. Arrêt du grand-conseil, qui ordonne l'exécution des articles 17 & 21 des statuts de 1611, contre les chirurgiens-barbiers & perruquiers des provinces, en faveur de M. Maréchal, premier chirurgien du Roi.

Mars 1707. Edit du Roi, registré ès parlement de Paris, Rouen, Dijon & Grenoble, les 18 mars, 5 & 16 avril, & 20 juin audit an, portant réglement pour l'étude & l'exercice de la médecine.

9 mai 1708. Lettres-patentes du Roi, portant que les premiers médecins du Roi, auront l'entière surintendance de la culture des plantes, & direction du jardin royal, sis au fauxbourg Saint-Victor à Paris.

29 décembre 1708, arrêt du conseil, qui casse & annulle les baux à loyers faits par le nommé Grandly, barbier de M. le duc d'Orléans, de ses privilèges de barbier-perruquier, aux nommés Coytoux & d'Avity, auxquels sa majesté fait défenses de faire aucune fonction de la profession de barbier-perruquier en la ville de Grenoble, qu'ils ne soient pourvus chacun d'une des places créées dans la communauté des barbiers-perruquiers de ladite ville, à peine de cinq cents livres d'amende, & de tous dépens, dommages & intérêts, &c.

19 août 1709. Lettres-patentes du Roi, registrées en parlement, le 4 septembre 1709, qui unissent la surintendance des eaux-minérales & médicinales du royaume, à la charge du premier médecin du Roi.

21 janvier 1710. Déclaration du Roi, ou lettres-patentes, registrées au grand-conseil le 31 janvier 1710, portant con-

firmation des droits & privilèges du premier barbier & chirurgien du Roi, en faveur du sieur Maréchal.

4 septembre 1711. Arrêt du conseil-d'état privé du Roi, qui confirme les droits honorifiques & la juridiction de George Maréchal, écuyer, conseiller, premier barbier-chirurgien du Roi, & de ses successeurs à ladite charge, sur les barbiers, perruquiers, baigneurs & étuvistes, ainsi que sur les maîtres chirurgiens, avec attribution au grand-conseil, &c.

* 25 août 1715. Déclaration du Roi, qui attribue au parlement de Paris la connoissance des contestations qui pourront survenir à l'occasion des privilèges attribués à la charge du premier chirurgien du Roi. Elle se trouve au numéro I du recueil joint au commentaire de le Blond d'Olblen sur les statuts de 1730.

18 septembre 1715. Brevet de retenue de premier médecin du Roi, pour le sieur Poirier.

Décembre 1715. Lettres-patentes du Roi, registrées en parlement le 9 janvier 1716, portant union de la surintendance générale des eaux minérales & médicinales du royaume, à la charge du premier médecin du Roi.

21 janvier 1716. Lettres-patentes registrées en parlement le 13 août 1716, confirmatives de la déclaration du Roi du 21 janvier 1710, en faveur du sieur Maréchal, premier chirurgien du Roi.

* Mars 1716. Edit relatif aux privilèges des officiers de santé de l'arsenal. Voyez le paragraphe 4 de la section 2 & la section 3.

31 mars 1718. Déclaration du Roi, registrée en parlement le 2 avril 1718, qui ordonne qu'à l'avenir la surintendance du jardin royal sera distincte & séparée de la charge de premier médecin.

3 septembre 1718. Arrêt du parlement, concernant les réceptions des barbiers-perruquiers, & les droits du premier chirurgien, &c.

Septembre 1723. Edit du Roi, regiſtré, en parlement le 8 octobre 1723, portant déſunion des droits & privilèges des chirurgiens jurés royaux créés par celui du mois de février 1692, & union d'iceux aux lieutenans du premier chirurgien du Roi, rétablis par le préſent édit. Cet édit ſe trouve à la ſuite du commentaire de le Blond d'Olblen ſur les ſtatuts de 1730, numéro 11.

* 9 novembre ou 9 décembre 1726. Arrêt du conſeil, qui confirme la nomination d'un lieutenant, faite par le premier chirurgien à Dijon. Voyez la juriſprudence de la chirurgie, tom, 1, pag. 379 & 396.

* 27 juin 1727. Arrêt qui permet aux chirurgiens du Roi & des princes de louer leurs privilèges. Voyez le § 4 de la ſection 2.

* 16 ſeptembre 1727. Arrêt du conſeil, qui ordonne que dans les villes du royaume, où le premier chirurgien du Roi n'aura point de lieutenans, & dans celles où ſa lieutenance ſera vacante, il pourra commettre pour procéder à la réception des aſpirans qui voudront ſe faire admettre à la maîtriſe en chirurgie pour ces villes, tels de ſes lieutenans qu'il jugera à propos. Voyez le numéro III des réglemens joints au commentaire ſur les ſtatuts de 1730.

* 24 février 1730. Statuts & réglemens généraux pour les maîtres en chirurgie du royaume, enregiſtrés au parlement de Paris le 13 août 1731, & adreſſés aux autres parlemens du royaume en 1752. Voyez le commentaire de le Blond d'Olblen.

* Déclaration du Roi, confirmative des mêmes ſtatuts, enregiſtrée le même jour.

* 3 ſeptembre 1736. Déclaration du Roi, portant que le premier chirurgien du Roi ſera autoriſé à nommer ſes lieutenans & greffiers dans les communautés des villes du royaume, en conformité de l'édit du mois de ſeptembre 1723,

ſans qu'il ſoit beſoin du nombre de ſix maîtres chirurgiens dans ces communautés. Voyez le numéro IV des réglemens joints au commentaire ſur les ſtatuts de 1730.

* 3 ſeptembre 1737. Arrêt du parlement, concernant le droit de 23 ſols 3 deniers dus au premier chirurgien.

* 12 décembre 1742. Arrêt du conſeil, qui confirme la juridiction du premier chirurgien du Roi en Provence (1).

* 1 avril 1743. Arrêt contradictoire du conſeil, qui maintient le premier chirurgien dans le droit excluſif de recevoir par ſon lieutenant dans la communauté des perruquiers de Poitiers, le ſerment des maîtres après leur réception, & celui des ſyndics après leur élection. Voyez le commentaire de le Blond d'Olblen ſur l'article 60 des ſtatuts généraux de 1730.

* Avril 1743. Déclaration du Roi, qui confirme la juridiction du premier chirurgien ſur la barberie du royaume, ſous le titre d'_inſpecteur & directeur-général commis par ſa majeſté_.

* 17 août 1747. Arrêt qui aſſujettit au droit de 23 ſols 6 deniers dus à l'avénement du premier chirurgien, tous ceux qui exercent quelque partie de la barberie & de la chirurgie dans le royaume.

* 1752. Enregiſtrement dans tous les parlemens du royaume, de l'édit de 1723. Voyez la note de le Blond d'Olblen ſur le numéro V des réglemens joints à ſon commentaire ſur les ſtatuts de 1730, & la juriſprudence de la chirurgie, tome 1 page 323 (2).

_____

(1) Cet arrêt du conſeil eſt rapporté par M. Verdier, dans ſa juriſprudence de la chirurgie, tom. 1, pag. 384 & 385.

Cet auteur ajoute que l'exécution de cet arrêt fut ordonnée par lettres-patentes du 9 mars 1642, & par l'arrêt d'enregiſtrement au parlement de Provence, du 17 avril ſuivant.

Il y a, comme on le voit, erreur dans ces dates.

(2) M. de la Martinière, dit ce dernier

2 29 mars

* 29 mars 1760. Déclaration du Roi, qui fixe le district ou département des lieutenans du premier chirurgien du Roi dans les différentes provinces du royaume. Elle se trouve page 401 & suivantes du tome 1 de la jurisprudence de la chirurgie, & à la suite du commentaire de le Blond d'Olblen, sur les statuts de 1730, numéro 2.

* Mai 1768. Lettres-patentes en forme d'édit, portant réglement pour le collège de chirurgie de Paris, registrées en parlement le 10 du même mois.

* Février 1770. Lettres-patentes du Roi, concernant les fonctions du premier chirurgien du Roi dans les duchés de Lorraine & de Bar. Voyez le même ouvrage, page 122 & note 23.

* 19 juin 1770. Déclaration du Roi, portant que le premier chirurgien du Roi prêtera serment à l'avenir entre les mains de sa majesté, & recevra ceux des chirurgiens ordinaires & de quartier du

Roi, de la famille royale & du premier prince du sang. Elle se trouve au numéro 13 des réglemens joints au commentaire des statuts de 1730, par le Blond d'Olblen.

* 29 juin 1770. Lettres-patentes concernant les chirurgiens des duchés de Lorraine & de Bar. Elles se trouvent au numéro 14 *Ibid*, & contiennent l'envoi à la cour souveraine de Nanci des déclarations du 24 février 1730, & 3 septembre 1736, des lettres-patentes du 31 décembre 1750, de l'arrêt du 6 août 1756, & de la déclaration du 29 mars 1760.

* 13 mars 1771. Déclaration qui régle les conditions requises pour être chirurgien de la maison du Roi, & de la famille royale. Voyez les mêmes commentaires, & le paragraphe 4 de la section 3.

* 20 janvier & 6 avril 1770. Arrêt du conseil & lettres-patentes sur icelui, concernant la juridiction du premier chirurgien en Flandres. Ils sont relatés dans la déclaration suivante.

* 1 juillet 1772. Déclaration du Roi, enregistrée au conseil-supérieur de Flandres le 3 juillet suivant, portant réglement pour les corps & collèges des maîtres en chirurgie des villes de Flandres. Elle se trouve au numéro 17 des réglemens joints aux statuts de le Blond d'Olblen. ( *G. D. C.* )

---

ouvrage, a fait enregistrer l'édit de 1723, les statuts de 1730, les déclarations de 1730 & 1736, & les lettres-patentes du 31 décembre 1750, dans tous les parlemens du royaume, pour être observés selon leur forme & teneur par toutes les communautés des maîtres en chirurgie : l'édit de 1723 a même été enregistré dans les conseils supérieurs d'Alsace & de Roussillon ; mais il n'y est point observé,

# CHAPITRE XXXII.

*Du maître de la librairie, intendant du cabinet des livres manuscrits ; médailles, raretés antiques & modernes, & garde de la bibliothèque du Roi & de la librairie du cabinet du louvre, cour & suite de sa majesté.*

Cet officier, qu'on appelle communément *bibliothécaire du Roi,* a sous sa garde & sa direction, la bibliothèque la plus riche & la plus magnifique qui ait jamais existé. L'origine en est néanmoins assez obscure ; formée d'abord d'un nombre peu considérable de volumes, il n'est pas aisé de déterminer auquel de nos Rois elle doit sa fondation. Ce n'est qu'après une longue suite d'années & diverses révolutions, qu'elle est parvenue à ce dégré de magnificence, & à cette espèce d'immensité, qui éterniseront à jamais l'amour de nos Rois pour les lettres & la protection dont ils les ont honorées.

Quand on supposeroit qu'avant le quatorzième siècle, les livres de nos Rois eussent été en assez grand nombre pour mériter le nom de *bibliothèques,* il n'en seroit pas moins vrai, que ces bibliothèques ne subsistoient que pendant la vie de ces princes ; ils en disposoient à leur gré ; & presque toujours dissipées à leur mort, il n'en passoit guère à leurs successeurs, que ce qui avoit été à l'usage de leur chapelle : Saint-Louis qui avoit rassemblé une bibliothèque assez nombreuse, ne la laissa pas à ses enfans ; il en fit quatre portions égales, non-compris les livres de sa chapelle, & la légua aux jacobins & aux cordeliers de Paris, à l'abbaye de Royaumont, & aux jacobins de Compiègne. Philippe-le-Bel & ses trois fils en firent de même. Ce n'est donc qu'aux règnes suivans qu'on peut rapporter l'établissement d'une bibliothèque royale, fixe, permanente, destinée à l'usage du public, en un mot comme inaliénable &

comme une des plus précieuses portions des meubles de la couronne. Charles V, dont les trésors littéraires consistoient dans un fort petit nombre de livres qu'avoit le Roi Jean, son prédécesseur, est celui à qui l'on croit devoir les premiers fondemens de la bibliothèque royale d'aujourd'hui. Il étoit savant ; son goût pour la lecture, lui fit chercher tous les moyens d'acquérir des livres ; aussi sa bibliothèque fut-elle considérablement augmentée en peu de temps. Ce prince, toujours attentif au progrès des lettres, ne se contenta pas d'avoir rassemblé des livres pour sa propre instruction ; il voulut que ses sujets en profitassent, & il logea sa bibliothèque dans une des tours du Louvre, qui pour cette raison fut appelée *la tour de la librairie* ; afin qu'on pût y travailler à toute heure, il ordonna qu'on pendît à la voûte, trente petits chandeliers & une lampe d'argent. Cette bibliothèque étoit composée d'environ 910 volumes ; nombre remarquable dans un temps où les lettres n'avoient fait encore que de médiocres progrès en France, & où par conséquent les livres devoient être assez rares.

Ce prince tiroit quelquefois des livres de sa bibliothèque du Louvre, & les faisoit porter dans ses différentes maisons royales. Charles VI, son fils & son successeur, tira aussi de sa bibliothèque, plusieurs livres qui n'y rentrèrent plus ; mais ces pertes furent réparées par les acquisitions qu'il faisoit de temps en temps. Cette bibliothèque resta à-peu-près dans le même état, jusqu'au règne de Charles

VII, que par une suite des malheurs dont le royaume fut accablé, elle fut totalement dissipée, du moins n'en parut-il de long-temps aucun vestige.

Louis XI, dont le règne fut plus tranquille, donna beaucoup d'attention au bien des lettres; il eut soin de rassembler, autant qu'il le put, les débris de la librairie du Louvre; il s'en forma une bibliothèque qu'il augmenta depuis, des livres de Charles de France, son frère, &, selon toute apparence, de ceux des ducs de Bourgogne, dont il réunit le duché à la couronne.

Charles VIII, sans être savant, eut du goût pour les livres; il ajouta beaucoup à ceux que son père avoit rassemblés, & singulièrement une grande partie de la bibliothèque de Naples, qu'il fit apporter en France après sa conquête. On distingue encore aujourd'hui, parmi les livres de la bibliothèque du Roi, ceux des Rois de Naples & des seigneurs Napolitains, par les armoiries, les suscriptions, les signatures, ou quelques autres marques.

Tandis que Louis XI & Charles VIII rassembloient ainsi le plus de livres qu'il leur étoit possible, les deux princes de la maison d'Orléans, Charles, & Jean, comte d'Angoulême son frère, revenus d'Angleterre après plus de vingt-cinq ans de prison, jetèrent le premier à Blois, & le second à Angoulême, les fondemens de deux bibliothèques qui devinrent bientôt royales, & qui firent oublier la perte qu'on avoit faite par la dispersion des livres de la cour du Louvre, dont on croit que la plus grande partie avoit été enlevée par le duc de Betfort. Charles en racheta en Angleterre un certain nombre de volumes, qui furent apportés au château de Blois, & réunis à ceux qui y étoient déjà en assez grande quantité.

Louis XII, fils de Charles, duc d'Orléans, étant parvenu à la couronne, y réunit la bibliothèque de Blois, au milieu de laquelle il avoit été, pour ainsi dire,

élevé, & c'est peut-être par cette considération qu'il ne voulut pas qu'elle changeât de lieu. Il y fit transporter les livres de ses deux prédécesseurs Louis XI & Charles VIII, & pendant tout le cours de son règne il s'appliqua à augmenter ce trésor, qui devint encore plus considérable lorsqu'il y eut fait entrer la bibliothèque que les Visconti & les Sforce, ducs de Milan, avoient établie à Pavie, & en outre les livres qui avoient appartenu au célèbre Pétrarque. Rien n'est au-dessus des éloges que les écrivains de ce temps là, font de la bibliothèque de Blois; elle étoit l'admiration, non-seulement de la France, mais encore de l'Italie.

François I, après avoir augmenté la bibliothèque de Blois, la réunit, en 1544, à celle qu'il avoit commencé d'établir au château de Fontainebleau plusieurs années auparavant. Une augmentation si considérable, donna un grand lustre à la bibliothèque de Fontainebleau, qui étoit déjà par elle-même assez riche. François I avoit fait acheter en Italie beaucoup de manuscrits grecs par Jérôme Fondule, homme de lettres, en grande réputation dans ce temps là: il en fit encore acheter depuis par ses ambassadeurs à Rome & à Venise. Ces ministres s'acquittèrent de leur commission avec beaucoup de soin & d'intelligence; cependant ces différentes acquisitions ne formoient pas au-delà de 400 volumes, avec une quarantaine de manuscrits Orientaux. On peut juger de-là, combien les livres étoient encore peu communs alors, puisqu'un prince qui les recherchoit avec tant d'empressement, qui n'épargnoit aucune dépense, & qui employoit les plus habiles gens pour en amasser, n'en avoit cependant pû rassembler qu'un si petit nombre, en comparaison de ce qui s'en est répandu en France dans la suite.

La passion de François I, pour les manuscrits grecs, lui fit négliger les latins & les ouvrages en langues vulgaires, étrangères. À l'égard des livres François qu'il fit mettre dans sa bibliothèque, le nombre n'en fut pas considérable.

Jusqu'alors il n'y avoit eu, pour prendre soin de la bibliothèque royale, qu'un simple garde en titre. François I créa la charge de bibliothécaire en chef, qu'on appela long-temps, & qui dans ses provisions est encore appelé *maître de la librairie du Roi.*

Guillaume Budé fut pourvû le premier de cet emploi, & ce choix fit également honneur au prince & à l'homme de lettres. Pierre du Chastel ou Chatellain lui succéda ; c'étoit un homme fort versé dans les langues greque & latine. Il mourut en 1552, & sa place fut remplie, sous Henri II, par Pierre de Montdoré, conseiller au grand conseil, homme très-savant, sur-tout dans les mathématiques. La bibliothèque de Fontainebleau n'avoit reçu que de médiocres accroissemens sous les règnes des trois fils de Henri II, à cause, sans-doute, des troubles & des divisions que le prétexte de la religion excita à tous dans le royaume. Montdoré, ce savant homme, soupçonné & accusé de donner dans les opinions nouvelles en matière de religion, s'enfuit de Paris en 1567, & se retira à Sancerre en Berri, où il mourut de chagrin trois ans après. Jacques Amyot, qui avoit été précepteur de Charles IX & des princes ses frères, fut pourvû, après l'évasion de Montdoré, de la charge de maître de la librairie. Le temps de son exercice ne fut rien moins que favorable aux arts & aux sciences : on ne croit pas, qu'excepté quelques livres donnés à Henri III, la bibliothèque royale ait été augmentée d'autres livres que de ceux de privilège. Tout ce que put faire Amyot, ce fut d'y donner entrée aux savans, & de leur communiquer avec facilité, l'usage des manuscrits dont ils avoient besoin. Il mourut en 1593, & sa charge passa au présiden: Jacques-Auguste de Thou, si célèbre par l'histoire de son temps qu'il a écrite.

Henri IV ne pouvoit faire un choix plus honorable aux lettres ; mais les commencemens de son règne ne furent pas assez paisibles, pour lui permettre de leur rendre le lustre qu'elles avoient perdu pendant les guerres civiles. La bibliothèque du Roi souffrit quelque perte de la part des factieux. Pour prévenir de plus grandes dissipations, Henri IV, en 1595, fit transporter au collége de Clermont, à Paris, la bibliothèque de Fontainebleau, dont aussi bien le commun des savans n'étoit pas assez à portée de profiter. Les livres furent à peine arrivés à Paris, qu'on y joignit le beau manuscrit de la grande bible de Charles le-Chauve. Cet exemplaire, l'un des plus précieux monumens littéraires du zèle de nos Rois de la seconde race pour la religion, avoit été conservé depuis le règne de cet empereur, dans l'abbaye de S. Denis. Quelques années auparavant, le président de Thou avoit engagé Henri IV à acquérir la bibliothèque de Catherine de Médicis, composée de plus de 800 manuscrits grecs & latins ; mais différentes circonstances firent que cette acquisition ne put être terminée qu'en 1599. Quatre ans après l'acquisition des manuscrits de la reine Catherine de Médicis, la bibliothèque passa du collége de Clermont, chez les Cordeliers, où elle demeura quelques années en dépôt. Le président de Thou mourut en 1617, & François de Thou, son fils aîné, qui n'avoit que neuf ans, hérita de la charge de maître de la librairie.

Pendant la minorité du jeune bibliothécaire, la direction de la bibliothèque du Roi fut confiée à Nicolas Réghault, connu par divers ouvrages estimés. Cette bibliothèque s'enrichit peu sous le règne de Louis XIII ; elle ne fit d'acquisitions un peu considérables, que les manuscrits de Philippe Hurault, évêque de Chartres, au nombre d'environ 418 volumes, & de 110 beaux manuscrits syriaques, arabes, turcs & persans, achetés, aussi bien que des caractères syriaques, arabes & persans, avec les matrices toutes frappées, des héritiers de M. de Brèves, qui avoit été ambassadeur à Constantinople. Ce ne fut que sous le règne de Louis XIII, que la bibliothèque royale fut retirée des Cordeliers, pour être mise dans une grande maison rue de la harpe, appartenante à ces religieux.

François de Thou ayant été décapité en 1642, l'illustre Jérôme Bignon, dont le nom seul fait l'éloge, lui succéda dans la charge de maître de la librairie. Il obtint en 1651, pour son fils aîné, nommé Jérôme comme lui, la survivance de cette charge. Quelques années après, M. Colbert, qui méditoit déjà ses grands projets, fit donner à son frère, Nicolas Colbert, la place de garde de la librairie, vacante par la mort de Jacques Dupuy. Celui-ci légua sa bibliothèque au Roi. Louis XIV l'accepta par lettres-patentes, registrées au parlement le 16 avril 1657.

Hyppolite, comte de Béthune, fit présent au Roi, à-peu-près dans le même temps, d'une collection fort curieuse de manuscrits modernes, au nombre de 1923 volumes, dont plus de 950 sont remplis de lettres & de pièces originales sur l'histoire de France. A un zèle également vif pour le progrès des sciences, & pour la gloire de son maître, M. Colbert joignoit une passion extraordinaire pour les livres; il commençoit alors à fonder cette célèbre bibliothèque, jusqu'à ces derniers temps la rivale de la bibliothèque du Roi; mais l'attention qu'il eut aux intérêts de l'une ne l'empêcha pas de veiller aux intérêts de l'autre. La bibliothèque du Roi est redevable à ce ministre, des acquisitions les plus importantes. Nous n'entrerons point ici dans le détail de ces diverses acquisitions : ceux qui voudront les connoître dans toute leur étendue, pourront lire le mémoire historique sur la bibliothèque du Roi, à la tête du catalogue, page 26 & suivantes. Une des plus précieuses est celle des manuscrits de Brienne; c'est un recueil de pièces concernant les affaires de l'état, qu'Antoine de Lomenie, se-

crétaire d'état, avoit rassemblées avec beaucoup de soin, en 340 volumes.

M. Colbert trouvant que la bibliothèque du Roi étoit devenue trop nombreuse pour rester commodément dans la maison rue de la harpe, la fit transporter, en 1666, dans deux maisons de la rue Vivienne qui lui appartenoient. L'année suivante, le cabinet des médailles, dans lequel étoit le grand recueil des estampes de l'abbé de Marolles, & autres raretés, fut retiré du Louvre & réuni à la bibliothèque du Roi, dont ils sont encore aujourd'hui une des plus brillantes parties. Après la disgrace de M. Fouquet, sa bibliothèque, ainsi que ses autres effets, fut saisie & vendue. Le Roi en fit acheter un peu plus de 1300 volumes, outre le recueil de l'histoire d'Italie.

Il n'étoit pas possible que tant de livres imprimés, joints aux anciens, avec les deux exemplaires des livres de privilège que fournissoient les libraires, ne donnassent beaucoup de doubles : ce fonds seroit devenu aussi embarrassant qu'inutile, si on n'avoit songé à s'en défaire par des échanges. Ce fut par ce moyen qu'on fit, en 1668, l'acquisition de tous les manuscrits & d'un grand nombre de livres imprimés, qui étoient dans la bibliothèque du cardinal Mazarin. Dans le nombre de ces manuscrits, qui étoit de 2156, il y en avoit 102 en langue hébraïque, 343 en arabe, samaritain, persan, turc, & autres langues orientales; le reste étoit en langue grecque, latine, italienne, françoise, espagnole, &c. Les livres imprimés étoient au nombre de 3678. La bibliothèque du Roi s'enrichit encore peu après par l'acquisition qu'on fit à Leyde, d'une partie des livres du savant Jacques Golius, & par celle de plus de 1200 volumes manuscrits ou imprimés, de la bibliothèque de M. Gilbert Gaumin, doyen des maîtres des requêtes, qui s'étoit particulièrement appliqué à l'étude & à la recherche des livres orientaux.

Ce n'étoit pas seulement à Paris, &

chez nos voisins que M. Colbert faisoit faire des achats de livres pour le Roi ; il fit rechercher dans le Levant, les meilleurs manuscrits anciens, en grec, en arabe, en persan & autres langues orientales. Il établit dans les différentes cours de l'europe, des correspondances, au moyen desquelles ce ministre vigilant procura à la bibliothèque du Roi des trésors de toute espèce.

L'année 1670 vit établir dans la bibliothèque royale, un fonds nouveau bien capable de la décorer, & d'éterniser la magnificence de Louis XIV. Ce sont les belles estampes que sa majesté fit graver, & qui servent encore aujourd'hui aux présens d'estampes que le Roi fait aux princes, aux ministres étrangers & aux personnes de distinction qu'il lui plaît d'en gratifier. La bibliothèque du Roi perdit M. Colbert en 1683. M. de Louvois, comme surintendant des bâtimens, y exerça la même autorité que son prédécesseur, & acheta de M. Bignon, conseiller d'état, la charge de *maître de la librairie*, à laquelle fut réunie celle de *garde de la librairie*, dont s'étoient démis volontairement MM. Colbert. Les provisions de ces deux charges réunies, furent expédiées en 1684, en faveur de Camille le Tellier, qu'on a appelé *l'abbé de Louvois*.

M. de Louvois fit, pour procurer à la bibliothèque du Roi de nouvelles richesses, ce qu'avoit fait M. Colbert ; il y employa nos ministres dans les cours étrangères, & en effet on en reçut dans les années 1685, 1686, 1687, pour des sommes considérables. Le père Mabillon, qui voyageoit en Italie, fut chargé par le Roi d'y rassembler tout ce qu'il pourroit de livres ; il s'acquitta de sa commission avec tant de zèle & d'exactitude, qu'en moins de deux ans il procura à la bibliothèque royale près de 4000 volumes imprimés.

La mort de M. de Louvois, arrivée en 1691, apporta quelque changement à l'administration de la bibliothèque du Roi. La charge de maître de la librairie avoit été exercée jusqu'alors sous l'autorité & la direction du surintendant des bâtimens ; mais le Roi fit un réglement en juillet 1691, par lequel il ordonna que M. l'abbé de Louvois jouiroit & feroit les fonctions de *maître de la librairie, intendant & garde du cabinet des livres, manuscrits, médailles, &c. & garde de la bibliothèque royale*, sous l'autorité de sa majesté seulement.

En 1697, le père Bouvet, jésuite missionnaire, apporta 49 volumes chinois, que l'empereur de la Chine envoyoit en présent au Roi. C'est ce petit nombre de volumes qui a donné lieu au peu de littérature chinoise qu'on a cultivée en France ; mais il s'est depuis considérablement multiplié. Nous ne finirions pas si nous voulions entrer dans le détail de toutes les acquisitions de la bibliothèque royale, & des présens sans nombre qui lui ont été faits. A l'avènement de Louis XIV à la couronne, la bibliothèque étoit tout au plus de 5000 volumes, & à sa mort il s'y en trouva plus de 70000, sans compter le fonds, les planches gravées & des estampes ; accroissement immense, & qui étonneroit, si l'on n'avoit vu depuis la même *bibliothèque* recevoir à proportion des augmentations plus considérables.

L'heureuse inclination du Roi, à protéger les lettres & les sciences, à l'exemple de Louis XV & de Louis XIV, l'empressement des ministres, à se conformer aux vues de sa majesté, l'attention du bibliothécaire actuel & des personnes qui sont sous ses ordres, à profiter des circonstances, comme les bibliothécaires ses prédécesseurs, en ne laissant, autant qu'il est en eux, échapper aucune occasion d'acquérir, ont accumulé richesses sur richesses, dans un trésor qui déjà, sous le règne de Louis XIV, étoit au-dessus de tout ce qu'il y avoit dans ce genre.

Parmi les livres du cabinet de Gaston d'Orléans, laissés au Roi en 1660, il s'étoit trouvé quelques volumes de plantes & d'animaux que ce prince avoit fait peindre en miniature fur des feuilles de vélin, par Nicolas Robert, dont perfonne n'a égalé le pinceau pour ces fortes de fujets. Ce travail a été continué fous M. Colbert jufqu'en 1728, temps auquel on a ceffé d'augmenter ce magnifique recueil.

On y a par la fuite travaillé de nouveau avec beaucoup de fuccès, & il forme aujourd'hui une nombreufe collection de feuilles qui repréfentent des fleurs, des oifeaux, des animaux & des papillons.

La bibliothèque du Roi perdit en 1728 M. l'abbé de Louvois, & M. l'abbé Bignon lui fuccéda. Les fciences & les lettres ne virent pas fans efpérance un homme qu'elles regardoient comme leur protecteur, élevé à un pofte fi brillant. M. l'abbé Bignon, prefqu'auffi-tôt après fa nomination, fe défit de fa bibliothèque particulière, pour ne s'occuper plus que de celle du Roi, à laquelle il donna une collection affez ample & fort curieufe de livres chinois, tartares & indiens, qu'il avoit. Il fignala fon zèle pour la bibliothèque du Roi dès les premiers jours de fon exercice, par l'acquifition des manufcrits de M. de la Marre, & de ceux de M. Baluze, au nombre de plus de mille. Le grand nombre de livres dont fe trouvoit compofée la bibliothèque du Roi, rendoit comme impoffible l'ordre qu'on auroit voulu leur donner dans les deux maifons de la rue Vivienne. M. l'abbé de Louvois l'avoit repréfenté plufieurs fois, & dès le commencement de la régence, il avoit arrêté de mettre la bibliothèque dans la grande galerie du Louvre; mais l'arrivée de l'infante dérangea ce projet, parce qu'elle devoit occuper le Louvre.

M. l'abbé Bignon, en 1721, profita de la décadence de ce qu'on appeloit alors *le fyftême*, pour engager M. le régent à ordonner que la bibliothèque du Roi fût placée à l'hôtel de Nevers, rue de Richelieu, où avoit été la banque. Sur les ordres du prince, on y tranfporta fans délai tout ce qu'on put de livres; mais les différentes difficultés qui fe préfentèrent, furent caufe qu'on ne put obtenir qu'en 1724 des lettres-patentes, par lefquelles fa majefté affecta à perpétuité cet hôtel au logement de fa bibliothèque. Perfonne n'ignore la magnificence avec laquelle ont été décorés les vaftes appartemens qu'occupent aujourd'hui les livres du Roi. C'eft le fpectacle le plus noble & le plus brillant que l'europe offre en ce genre. M. l'abbé Sallier, profeffeur royal en langue hébraïque, de l'académie royale des infcriptions & belles-lettres, l'un des quarante de l'académie françoife, & nommé en 1726 commis à la garde des livres & manufcrits, ainfi que M. Melot, auffi membre de l'académie des belles-lettres, & attaché à la bibliothèque du Roi, lui ont rendu les plus grands fervices. La magnificence des bâtimens eft due, pour la plus grande partie, à leurs follicitations; & le bel ordre qu'on admire dans l'arrangement des livres, ainfi que dans l'excellent catalogue qui en a été fait, eft dû à leurs connoiffances.

Pendant le cours de l'année 1728, il entra dans la bibliothèque du Roi beaucoup de livres imprimés. Il en vint de Lisbonne, donnés par MM. les comtes d'Ericeira; il en vint auffi des foires de Leypfick & de Francfort pour une fomme confidérable. La plus importante des acquifitions de cette année, fut faite par M. l'abbé Sallier, à la vente de la bibliothèque Colbert: elle confiftoit en plus de mille volumes. Mais de quelque mérite que puiffent être de telles augmentations, elles n'ont pas l'éclat de celle que le miniftre fe propofoit en 1728.

L'établiffement d'une imprimerie turque à Conftantinople avoit fait naître en 1727 à M. l'abbé Bignon, l'idée de s'adreffer, pour avoir les livres qui fortoient de cette imprimerie, à Zaïd Aga, lequel, difoit-on, en avoit été nommé le directeur, & pour avoir auffi le catalogue des manuscrits grecs & autres qui pouroient être dans la bibliothèque du Grand-Seigneur. M. l'abbé Bignon avoit connu Zaïd Aga en 1721, pendant qu'il étoit à Paris à la suite de Mehemet Effendi son père, ambassadeur de la Porte. Zaïd Aga promit les livres qui étoient actuellement sous la presse; mais il s'excusa sur l'envoi du catalogue, en assurant qu'il n'y avoit personne à Constantinople assez habile pour le faire. M. l'abbé Bignon communiqua cette réponse à M. le comte de Maurepas, qui prenoit trop à cœur les intérêts de la bibliothèque du Roi, pour ne pas saisir avec empressement & avec zèle cette occasion de la servir. Il fut arrêté que la difficulté d'envoyer le catalogue demandé, n'étant fondée que sur l'impuissance de trouver des sujets capables de le composer, on enverroit à Constantinople des savans qui, en se chargeant de le faire, pourroient voir & examiner de près cette bibliothèque.

Ce n'est pas qu'on fût persuadé à la cour que la bibliothèque tant vantée des empereurs grecs existât encore; mais on vouloit s'assurer de la vérité ou de la fausseté du fait. D'ailleurs, le voyage qu'on projetoit, avoit un objet qui paroissoit moins incertain, c'étoit de recueillir tout ce qui pouvoit rester des monumens de l'antiquité dans le Levant, en manuscrits, en médailles, en inscriptions, &c.

M. l'abbé Sevin & M. l'abbé Fourmont, tous deux de l'académie des inscriptions & belles-lettres, furent chargés de cette commission. Ils arrivèrent au mois de décembre 1728 à Constantinople; mais ils ne purent obtenir l'entrée de la bibliothèque du Grand-Seigneur; ils apprirent seulement, par des gens dignes de foi, qu'elle ne renfermoit que des livres turcs & arabes, & nul manuscrit grec ou latin: alors ils se bornèrent à l'autre objet de leur voyage. M. l'abbé Fourmont parcourut la Grèce, pour y déterrer des inscriptions & des mé-

dailles; M. l'abbé Sevin fixa son séjour à Constantinople. Là, secondé de tout le pouvoir de M. le marquis de Villeneuve, ambassadeur de France, il mit en mouvement les consuls & ceux des échelles qui avoient le plus de capacité, & les excita à faire chacun dans son district quelques découvertes importantes. Avec tous ces secours, & les soins particuliers qu'il se donna, il parvint à rassembler en moins de deux ans, plus de six cents manuscrits en langue orientale; mais il perdit l'espérance de rien trouver des ouvrages des anciens Grecs dont on déplore tant la perte. M. l'abbé Sevin revint en France, après avoir établi les correspondances nécessaires pour continuer ce qu'il avoit commencé; &, en effet, la bibliothèque du Roi a reçu depuis son retour, divers envois de manuscrits, soit grecs, soit orientaux. On est redevable à M. le comte de Maurepas, de l'établissement des *enfans* ou *jeunes de langue*, qu'on élève à Constantinople aux dépens du Roi; ils ont ordre de copier & de traduire les livres turcs, arabes & persans: usage bien capable d'exciter parmi eux de l'émulation. Ces copies & ces traductions sont adressées au ministre qui, après s'en être fait rendre compte, les envoie à la bibliothèque du Roi. Les traductions ainsi jointes aux textes originaux, forment déjà un recueil assez considérable, dont la république des lettres ne pourra par la suite que retirer un fort grand avantage.

M. l'abbé Bignon, non content des trésors dont la bibliothèque du Roi s'enrichissoit, prit les mesures les plus sages pour faire venir des Indes les livres qui pouvoient donner en France plus de connoissance qu'on n'en avoit de ces pays éloignés, où les sciences ne laissent pas d'être cultivées. Les directeurs de la compagnie des Indes se prêtèrent avec un tel empressement à ses vues, que depuis 1729, il a été fait des envois assez considérables de livres indiens, pour former dans la bibliothèque du Roi un recueil en ce genre, peut-être unique en europe.

Dans les années suivantes, la bibliothèque du Roi s'accrut encore par la remise d'un des plus précieux manuscrits qui puisse regarder la monarchie, intitulé *Registre de Philippe-Auguste*, qu'avoit laissé au Roi M. Rouillé du Coudray, conseiller d'état; & par diverses acquisitions. Telles sont celles des manuscrits de saint Martial de Limoges, de ceux de M. le premier président de Mesmes, du cabinet d'estampes de M. le marquis de Beringhen, & du fameux recueil des manuscrits anciens & modernes de la bibliothèque de M. Colbert, la plus riche de l'europe, si l'on en excepte celle du Roi & celle du vatican.

Ajoutons que différentes lois & réglemens ont aussi contribué & contribuent encore tous les jours à enrichir la bibliothèque du Roi. François I, dans une déclaration du 8 décembre 1536, donnée pour la restauration des lettres dans ses états, commença par défendre d'envoyer hors du pays aucun livre ou cahier, sans en avoir remis un exemplaire entre les mains de son aumônier ordinaire garde de sa librairie au château de Blois.

Un arrêt du parlement du 30 mars 1623, fit défenses de vendre aucun livre imprimé avec privilège du Roi, qu'il n'en eût été remis auparavant deux exemplaires à la bibliothèque du Roi; & le procureur-général fut autorisé à faire saisir dans tous les magasins les livres dont les exemplaires n'auroient pas été remis.

Un arrêt du conseil du 19 mars 1642 fit les mêmes défenses, & exigea un certificat du garde de la bibliothèque du Roi, à peine de 1000 livres d'amende,

Comme en 1695 il s'étoit débité beaucoup de livres sans qu'on eût fourni les exemplaires accoutumés, il fut ordonné, par un arrêt du conseil du 19 mai de la même année, que les exemplaires qui étoient à fournir seroient remis dans un temps préfix.

Un autre arrêt du conseil du 31 janvier 1685, à-peu-près semblable, ajouta qu'on feroit saisir & vendre au profit de l'hôpital-général des villes, les livres qui s'y trouveroient avant que les exemplaires exigés eussent été remis. La contravention devoit même emporter une amende de 1500 livres, & il étoit enjoint aux syndics de la librairie, de délivrer les exemplaires des ouvrages qui seroient imprimés dans la suite, à peine d'y être contraints comme pour affaires du Roi.

Le 21 mai 1698, il y eut un ordre de M. de Ponchartrain, secrétaire d'état, portant que quand on visiteroit des livres à la chambre syndicale, on en retiendroit trois exemplaires pour le Roi, même des ouvrages imprimés dans les provinces.

Un autre arrêt du conseil du 11 octobre 1720, ordonna que les auteurs, libraires & graveurs qui avoient obtenu des privilèges ou permissions pour leurs ouvrages, & qui n'avoient pas fourni les exemplaires ordonnés, seroient tenus de les fournir dans un mois.

Tous ces différens réglemens ont été réunis dans un seul article, qui est le cent-huitième du réglement du mois de février 1723. En voici les termes:

« Tous libraires, graveurs & autres » personnes qui obtiendront des privi- » lèges ou permissions du grand sceau pour » l'impression, réimpression ou gravure » des livres, feuilles, estampes, seront » tenus, avant de pouvoir afficher » & exposer en vente, de remettre sans » frais entre les mains des syndic & ad- » joints, cinq exemplaires brochés de » chacun des livres, feuilles & estampes » qu'ils auront imprimés ou fait imprimer » en vertu desdites lettres de privilège » ou de permission, desquelles cinq exem- » plaires lesdits syndic & adjoints seront » tenus de se charger sur un registre par- » ticulier, & d'en donner un reçu pour » être par eux lesdits exemplaires remis » huitaine après; savoir, deux au garde

» de la bibliothèque publique de sa ma-
» jesté , un au garde du cabinet du
» château du Louvre , un à la biblio-
» thèque de M. le garde des sceaux de
» France , & un à celui qui aura été
» choisi pour l'examen desdits livres,
» feuilles ou estampes ; comme aussi les-
» dits imprimeurs-libraires, graveurs ou
» autres, remettront sans frais entre les
» mains desdits syndic & adjoints des li-
» braires & imprimeurs de Paris, trois
» exemplaires brochés , de toutes les im-
» pressions & réimpressions des livres,
» feuilles , estampes, desquels exemplai-
» res lesdits syndic & adjoints se char-
» geront pour être employés aux affaires
» & besoins de ladite communauté ; le
» tout à peine de nullité des lettres de
» privilège ou permission , de confisca-
» tion des exemplaires, & de 1500 li-
» vres d'amende. Enjoint auxdits syndic
» & adjoints d'y tenir la main, & de
» saisir tous les exemplaires des livres,
» feuilles & estampes qui feront mis en
» vente & affichés avant qu'il ait été sa-
» tisfait à ce qui est ordonné par le pré-
» sent article ; ce qui fera pareillement
» observé pour les livres & autres écrits
» imprimés avec permission des juges de
» police. »

Enfin , pour assurer les fournitures prescrites , & mettre obstacle aux contraventions qui avoient encore journellement
lieu au sujet de ces fournitures, le Roi
a rendu en son conseil, le 16 avril 1785,
un nouvel arrêt qui forme le dernier état
de la jurisprudence à cet égard, & dont
nous allons rapporter les dispositions.

ART. I. « Les édits de 1617, 1618
» & 1686 ; les arrêts du conseil dès
» 21 octobre 1618 , 29 mars 1656 ,
» 17 mai 1671 ; 4 mai 1676 , 31 jan-
» vier 1685, 27 octobre 1704, 9 mai
» 1707 , 16 décembre 1715 , & notam-
» ment les articles 101 & 108 du régle-
» ment de la librairie, du 28 février
» 1723, feront exécutés selon leur forme
» & teneur ; en conséquence, tous au-

» teurs, libraires, imprimeurs, graveurs
» marchands d'estampes & de cartes,
» compositeurs ou éditeurs , & mar-
» chands de musique, & autres personnes
» de quelque qualité & condition qu'elles
» soient, mêmes les archevêques & évê-
» ques , pour les usages de leurs diocèses ;
» ensemble les académies, corps & com-
» munautés, maisons religieuses & autres
» qui obtiendront des privilèges , per-
» missions du sceau ou des juges de
» police, & autres de quelque espèce
» qu'elles puissent être, pour l'impression
» ou réimpression, ou gravures des livres,
» estampes , musique, cartes, &c. re-
» mettront ou feront remettre à la cham-
» bre syndicale de Paris, neuf exem-
» plaires brochés & complets desdits li-
» vres, estampes , musique, cartes, &c.
» pour lesquels ils auront obtenu privi-
» lège ou une permission quelconque.

II. » Lesdits neuf exemplaires, dont
» trois pour la bibliothèque du Roi, un
» pour celle de M. le chancelier, un
» pour celle de M. le garde des sceaux,
» un autre pour le censeur qui aura exa-
» miné l'ouvrage, & les trois autres pour
» la chambre syndicale, feront remis sans
» frais à ladite chambre, huit jours après
» l'impression finie, à peine de déchéance
» du privilège ou de la permission, de
» confiscation de l'édition entière, & de
» quinze cents livres d'amende ; annulle
» sa majesté tous privilèges & toutes per-
» missions dans lesquels il se trouve-
» roit quelques dispositions à ce con-
» traires.

III. » A chaque fourniture qui fera
» faite à la chambre syndicale, les syn-
» dic & adjoints en donneront un cer-
» tificat sans frais, dans lequel certificat
» ils feront mention du numéro ; de la
» date, de l'espèce de permission qui
» aura été accordée pour l'ouvrage dont
» il s'agira ; & en outre y désigneront
» avec le titre dudit ouvrage, le nom-
» bre des volumes, le format ; l'année
» de l'édition, le nom de l'auteur ou

» éditeur connu, ainsi que celui de l'im-
» primeur qui l'aura faite.

IV. » Dans le cas où il y auroit plu-
» sieurs auteurs ou plusieurs libraires
» intéressés à un même ouvrage, ils se-
» ront tenus solidairement, & l'un d'eux
» pour le tout, de satisfaire à la remise
» desdits neuf exemplaires, sauf à celui
» qui aura fait ladite fourniture, à s'en
» faire tenir compte par ses co-intéressés;
» il en sera de même à l'égard des gra-
» veurs, auteurs ou marchands de mu-
» sique, pour les ouvrages de leur pro-
» fession, composition ou commerce.

V. » Les livres, estampes, cartes,
» ouvrages de musique & autres ouvrages
» imprimés ou gravés, venant des pays
» étrangers, dont la vente aura été au-
» torisée dans le royaume, seront égale-
» ment sujets à la même obligation : en-
» joint à cet effet sa majesté aux officiers,
» tant de la chambre syndicale de Paris,
» que de celles des provinces, de rete-
» nir, lors des visites qu'ils feront des
» caisses, balles, ballots & paquets d'ou-
» vrages d'impression ou de gravure, na-
» tionaux ou étrangers, déposés dans
» leursdites chambres, & dont toutefois
» la vente & distribution aura été per-
» mise, lesdits neuf exemplaires, à peine
» de cinq cents livres d'amende, &
» d'être personnellement obligés de pro-
» curer à leur frais lesdits neuf exem-
» plaires; ordonne de plus aux officiers
» des chambres syndicales des provinces
» de faire passer au commencement de
» chaque année, à la chambre syndicale
» de Paris, les exemplaires qu'ils auront
» ainsi retenus pendant le cours de l'an-
» née précédente, sur lesquels les auto-
» rise sa majesté à en retenir alors un
» de chaque ouvrage, pour leur cham-
» bre, de manière que la chambre syn-
» dicale de Paris n'en aura en ce cas, que
» deux à son profit.

VI. » Entend néanmoins sa majesté,
» que si le nombre d'exemplaires qu'on
» fera venir, n'excède pas celui de cin-

» quante, la chambre syndicale, au lieu
» de neuf, n'en retiendra que quatre,
» dont un pour la bibliothèque de sa
» majesté, un pour celle de M. le chan-
» celier, un pour celle de M. le garde
» des sceaux, & le quatrième pour la
» chambre syndicale ou de Paris ou de
» province, qui fera ladite retenue, sauf
» à compléter le nombre de neuf exem-
» plaires lors des envois subséquens.

VII. » Les syndic & adjoints de la
» chambre syndicale de Paris, tiendront
» un livre-journal particulier, & à ce
» destiné, dans lequel ils enregistreront,
» jour par jour & sans aucun blanc ni in-
» terligne, & avec les indications &
» renseignemens mentionnés en l'article
» III, tous les ouvrages à eux remis, ou
» qu'ils retiendront lors de leurs visites
» de balles, ballots & paquets envoyés
» à ladite chambre; & ils continueront
» de faire porter au commencement de
» chaque mois, à la bibliothèque de sa
» majesté, à celle de M. le chancelier
» & de M. le garde des sceaux, & aux
» censeurs, les exemplaires qui leur sont
» dûs, en en fournissant, suivant l'usage,
» un état extrait de leur registre, & signé
» d'eux : Veut en outre qu'il soit loisible
» à l'inspecteur chargé desdits recouvre-
» mens par M. le chancelier ou M. le
» garde des sceaux, de prendre commu-
» nication dudit registre, toutes fois &
» quantes il le jugera nécessaire.

VIII. » Ne pourront les auteurs ven-
» dre leurs ouvrages ni les distribuer, &
» les libraires, imprimeurs, graveurs &
» marchands d'estampes ou de musique,
» se charger de la vente ou distribution
» d'aucun ouvrage, soit pour le compte
» d'un auteur, imprimeur, graveur,
» ou d'un compositeur de musique, soit
» pour toute autre personne que ce puisse
» être, que préalablement ils n'aient en
» main, outre la permission d'imprimer
» ou graver, vendre & distribuer, le
» certificat de la fourniture desdits neuf
» exemplaires, le tout à peine de révo-

Ffff ij

» cation de leurs privilèges ou permissions,
» de saisie & confiscation des exem-
» plaires, & de quinze cents livres d'a-
» mende, même de telle autre plus
» grande peine qu'il appartiendra, sui-
» vant l'exigence des cas, s'il s'agissoit
» d'ouvrages non-permis ou défendus.

IX. » Veut également sa majesté que
» tous les auteurs, éditeurs, libraires,
» imprimeurs & graveurs, ensemble les
» compositeurs & marchands de musique,
» qui proposent quelques ouvrages par
» souscription, soit pour être imprimés,
» soit pour être gravés, remettent à la
» chambre syndicale de Paris, & avant
» l'ouverture de la souscription, une sou-
» mission de fournir à ladite Chambre,
» neuf exemplaires desdits ouvrages, à me-
» sure des livraisons qu'ils en feront au pu-
» blic ; fait défenses à tous imprimeurs,
» d'imprimer aucun projet de souscrip-
» tion, s'il n'est revêtu d'une permission de
» Police, laquelle ne pourra être accor-
» dée qu'après que la souscription aura
» été autorisée par M. le chancelier ou
» le garde des sceaux, & le privilège ou
» permission scellé & enregistré, &
» ensuite de commencer d'imprimer l'ou-
» vrage, que la remise de ladite sou-
» mission n'ait été faite à la chambre syn-
» dicale, à peine de cinq cents livres
» d'amende pour la première fois ; &
» en cas de récidive, d'interdiction,
» même de plus grandes peines, s'il s'a-
» gissoit d'ouvrages prohibés ou non
» permis.

X. » Seront pareillement obligés ceux
» qui auront des souscriptions actuelle-
» ment ouvertes, de fournir à la cham-
» bre syndicale, quinze jours après la
» publication du présent arrêt, la soumis-
» sion prescrite par l'article précédent, &
» d'y remettre, si fait n'a été, les neuf
» exemplaires prescrits de chacune des
» livraisons par eux déjà fournies à leurs
» souscripteurs, & ce, sous les peines
» ci-devant énoncées ; défend en consé-
» quence sa majesté à tous imprimeurs,

» de continuer l'impression dudit ou-
» vrage, & à tous journalistes, auteurs,
» directeurs ou rédacteurs de gazettes,
» & autres papiers publics, d'en annon-
» cer la suite, qu'il ne leur ait été jus-
» tifié auparavant qu'il a été satisfait à
» la remise, tant de la soumission que
» des volumes déjà publiés.

XI. » Pour faciliter & multiplier aux
» libraires & marchands d'estampes, de
» musique, cartes, &c. ainsi qu'aux au-
» teurs, directeurs ou rédacteurs de ga-
» zettes, journaux & autres feuilles pé-
» riodiques, les moyens d'être assurés
» qu'un ouvrage est permis, & que la
» fourniture des exemplaires dûs a été
» faite, il sera, à compter du 1 *Juillet*
» *prochain*, formé sur le registre pres-
» crit par l'article VII, tous les mardi
» & vendredi de chaque semaine, par
» les officiers de la chambre syndicale
» de Paris, un état, avec deux copies,
» contenant les indications & renseigne-
» mens mentionnés aux articles III &
» VII ci-dessus, de tous les ouvrages
» imprimés ou gravés qui auront été per-
» mis & pour lesquels il aura été satis-
» fait à ladite obligation ; lequel état
» dûment signé & certifié, sera par eux
» remis au magistrat chargé par M. le
» chancelier ou garde des sceaux, de la
» direction générale de la librairie ; &
» lesdites deux copies également signées
» & certifiées, seront envoyées, savoir,
» l'une à l'inspecteur chargé par M. le
» chancelier ou garde des sceaux, du
» recouvrement desdits neuf exemplaires,
» & l'autre au propriétaire du privilège
» du journal des savans ; & seront les-
» dits propriétaires du journal des savans,
» tenus de publier sur le champ ledit
» état, à peine de déchéance de leur pri-
» vilège, par la voie dudit journal, &
» subsidiairement par celle du journal de
» Paris (1), ce dont en aucun cas ils ne

_____

(1) La gazette de France a depuis été substituée
au journal de Paris pour cet objet.

» pourront se dispenser , si ce n'est du
» consentement des auteurs , éditeurs ou
» autres ayant droit à la propriété de
» l'ouvrage non annoncé.

XII. » Et en même temps, sa majesté
» voulant d'autant mieux assurer la re-
» mise desdits neuf exemplaires , & en
» outre prévenir plus efficacement que
» par le passé la publicité des ouvrages
» prohibés ou non permis, a défendu &
» défend à tous auteurs & éditeurs,
» directeurs & rédacteurs des gazettes,
» journaux, affiches, feuilles périodiques
» & autres papiers publics , tant à Paris
» que dans les provinces, même de ceux
» étrangers , dont la distribution est per-
» mise dans le royaume, d'annoncer, sous
» quelque prétexte que ce puisse être ,
» aucun ouvrage imprimé ou gravé, na-
» tional ou étranger, si ce n'est après qu'il
» aura été annoncé par le journal des
» savans , ou subsidiairement par celui
» de Paris (1) , à peine d'être tenus, en
» leur propre & privé nom, d'acquiter
» ladite fourniture , & en outre , de
» cent livres d'amende pour la première
» contravention, de trois cents livres
» pour la seconde, & d'amende arbitraire,
» ainsi que de déchéance de leurs privi-
» lèges ou permissions pour la troisième,
» même de telle autre peine qu'il ap-
» partiendra , s'il s'agissoit d'ouvrages
» non permis ou prohibés.

XIII. » Tous les auteurs, imprimeurs,
» libraires & autres, tant de Paris que
» des provinces, même des pays étran-
» gers, qui ont obtenu depuis vingt an-
» nées des privilèges ou permissions pour
» faire imprimer des livres ou graver
» des estampes, cartes & musique, &
» qui depuis ce temps n'ont pas fourni
» les exemplaires dûs, seront tenus, con-
» formément aux arrêts du conseil des
» 17 mai 1681 , 31 janvier 1675, &
» autres subséquens, de rapporter & re-

» mettre , quinze jours après la publi-
» cation du présent arrêt , lesdits exem-
» plaires à la chambre syndicale de Paris;
» autrement & à faute de ce faire, &
» ledit délai expiré, ordonne sa majesté
» aux syndic & adjoints de saisir tous les
» exemplaires dudit ouvrage qu'ils trou-
» veront dans les magasins desdits au-
» teurs , imprimeurs , libraires , mar-
» chands d'estampes, musique, cartes,
» &c. lesquels ouvrages seront confisqués
» au profit de ladite chambre, en satis-
» faisant par elle aux fournitures pres-
» crites envers la bibliothèque de sa
» majesté & celles de M. le chancelier
» & de M. le garde des sceaux, & en-
» vers les censeurs desdits ouvrages.

XIV. » Ordonne sa majesté aux syn-
» dic & adjoints, tant de la chambre
» royale & syndicale de Paris , que des
» autres chambres syndicales du royaume,
» & aux inspecteurs établis près lesdites
» chambres , notamment au sieur le
» Prince, chargé desdits recouvremens,
» de se conformer au présent arrêt, &
» de l'exécuter & faire exécuter en tout
» ce qui peut les concerner. Enjoint au
» sieur Lenoir, conseiller d'état, biblio-
» thécaire de sa majesté, & lieutenant-
» général de police à Paris, commissaire
» du conseil en cette partie; & aux sieurs
» intendans & commissaires départis dans
» les différentes provinces & généralités
» du royaume, d'y tenir la main, chacun
» en droit soi, & ce nonobstant tous ré-
» glemens précédens, auxquels sa ma-
» jesté a dérogé & déroge, en tant que
» de besoin, en ce qui seroit contraire
» aux dispositions contenues au présent
» arrêt, & ce nonobstant toutes oppo-
» sitions ou empêchemens quelconques;
» dont si aucun intervenoit, sa majesté
» leur attribue la connoissance, sauf l'ap-
» pel au conseil, & icelle interdit à toutes
» ses cours & autres juges.

» Et sera le présent arrêt imprimé,
» publié & affiché par-tout où besoin
» sera ; & enregistré dans toutes les

_____

(1) Voyez la note précédente.

» chambres syndicales. Fait au conseil » d'état du Roi, &c. »

Le bibliothécaire du Roi a sous ses ordres, pour le service de la bibliothèque, différens préposés à la garde des livres, des médailles, des estampes, &c.

Quoique la bibliothèque du Roi ne soit régulièrement ouverte au public que le mardi & le vendredi matin, les gens de lettres y trouvent en tout temps un accès facile.

Il y a sur les états du Roi, six mille livres de gages pour le bibliothécaire de sa majesté.

# CHAPITRE XXXIII.

### Des secrétaires de la chambre & du cabinet du Roi.

CES officiers sont au nombre de quatre. Leur établissement remonte, selon toute apparence, à ces anciens notaires du Roi, qui, étant distingués de leurs confrères, furent appelés *clercs du secret*, comme qui diroit *secrétaire du cabinet* : car anciennement, suivant la remarque de Pasquier, le cabinet du Roi s'appeloit *secretum* ou *secretarium*, pour exprimer que c'étoit le lieu où l'on parloit des affaires les plus sécrètes.

Cette origine est la même que celle des secrétaires du Roi, & des secrétaires d'état.

Les fonctions des secrétaires de la chambre & du cabinet du Roi, consistent à servir sa majesté dans ses dépêches.

Il paroît que pour posséder ces charges, il faut être de condition noble ; c'est du moins ce qu'on doit inférer de l'article 2 de l'arrêt rendu au conseil d'état du Roi le 15 mai 1778.

Les secrétaires de la chambre & du cabinet, ont été maintenus dans la qualité de *conseillers ordinaires du Roi en ses conseils*, & ils jouissent de tous les privilèges des commensaux.

# CHAPITRE XXXIV.

### Des lecteurs de la chambre & du cabinet du Roi.

CHEZ les Grecs & chez les Romains, il y avoit dans les grandes maisons, un domestique destiné à lire pendant les repas. Quelquefois le maître de la maison prenoit l'emploi de *lecteur* ; l'empereur Sévère, par exemple, lisoit souvent lui-même aux repas de sa famille. Les Grecs établirent des *anogostes* ou lecteurs, qu'ils consacrèrent à leurs théâtres, pour y lire publiquement les ouvrages des poëtes. Les

*anogostes* des Grecs & les *lecteurs* des Romains, avoient des maîtres exprès qui leur apprenoient à bien lire, & on les appeloit en latin *prælectores*.

Le temps de la lecture étoit principalement à souper, dans les heures des vacations, au milieu même de la nuit, si l'on étoit réveillé & disposé à ne pas dormir davantage. C'étoit du moins la pratique de Caton ; dont il ne faut pas s'étonner, car il étoit affamé de cette nourriture. Je l'ai rencontré, dit Cicéron, dans la bibliothèque de Lucullus, assis au milieu d'un tas de livres de Stoïciens, qu'il dévoroit des yeux : *erat in eo inexhausta aviditas legendi, nec satiare poterat, quippe nec reprehensionem vulgi inanem reformidans, in ipsâ curiâ soleret sæpius legere, dum senatus cogeretur, ità ut helu librorum videbatur.*

Atticus ne mangeoit jamais chez lui en famille ou avec des étrangers, que son lecteur n'eût quelque chose de beau, d'agréable & d'intéressant à lire à la compagnie ; de sorte, dit *Cornelius Nepos*, qu'on trouvoit toujours à sa table le plaisir de l'esprit réuni à celui de la bonne chère. Les historiens, les orateurs, & sur-tout les poëtes, étoient les livres de choix pendant le repas, chez les Romains comme chez les Grecs.

Juvenal promet à l'ami qu'il invite à venir manger le soir chez lui, qu'il entendra lire les vers d'Homère & de Virgile durant le repas, comme on promet aujourd'hui aux convives une reprise de berlan après le souper. Si mon *lecteur*, dit-il, n'est pas des plus habiles dans sa profession, les vers qu'il nous lira sont si beaux, qu'ils ne laisseront pas de nous faire plaisir.

Fauchet observe que la charge de lecteur de la chambre & du cabinet du Roi, étoit autrefois possédée par de grands seigneurs, & qu'aux *banquets* des grandes fêtes, & lorsque nos Rois tenoient *cour*

pleniére, ils faisoient lire les *beaux faits* de leurs prédécesseurs. Il ajoute que cela a duré au moins jusqu'au règne de Charles VII, sous lequel on trouve que le comte de Tancarville *tenoit l'état de lecteur auxdites fêtes, par héritage & même en fief.*

François I faisoit lire devant lui divers savans de son siècle, tels que Budée & plusieurs autres. Henri III eut pour lecteur Jacques Davy du Perron, depuis cardinal & grand-aumônier de France. Henri IV n'eut point de lecteur en titre ; quelquefois il faisoit lire quelque ouvrage en sa présence, par un secrétaire des commandemens ou du cabinet. Louis XIII ayant quelque temps avant sa majorité, perdu son précepteur, on n'en nomma point d'autre, mais on substitua à ce précepteur, un *lecteur de la chambre & du cabinet du Roi.*

Louis XIV n'avoit encore qu'un lecteur en 1665 ; mais dans la suite il en eut deux.

Aujourd'hui il y a trois lecteurs de la chambre & du cabinet du Roi.

Nous dirons de ces charges, ce que nous avons dit dans le chapitre précédent de celles de secrétaires de la chambre & du cabinet, que suivant l'article 2 de l'arrêt rendu au conseil d'état du Roi, le 15 mai 1778, il faut être de condition noble pour les posséder.

Au surplus les lecteurs de la chambre & du cabinet du Roi, jouissent de tous les privilèges des commensaux.

# CHAPITRE XXXV.

## De la musique du Roi.

Autrefois la musique de la chambre & celle de la chapelle du Roi formoient deux corps séparés : mais le feu Roi jugea qu'il étoit convenable de les réunir & de ne former qu'un seul & même corps de musique, composé des sujets les plus distingués par leurs talens & capables de servir également tant à la chapelle qu'à la chambre, sans qu'on fût obligé d'appeler des musiciens étrangers. Sa majesté trouva que dans cet arrangement elle auroit l'avantage de pouvoir récompenser des sujets qui, par leur étude, leur application & leur bonne conduite, se seroient rendus dignes d'être admis dans sa musique, & qu'elle ne seroit plus obligée à des dépenses extraordinaires, dans les occasions de cérémonie ou autres circonstances. En conséquence, elle donna au mois d'août 1761 un édit, dont nous allons faire connoître les dispositions.

Le premier article de cette loi concerne la composition, les privilèges & les gages des officiers de la grande chapelle, & ne s'applique point au chapitre dont nous sommes occupés.

Par le second article, le Roi éteint & supprime la charge de maître de la chapelle-musique, devenue vacante par le décès de l'évêque de Rennes qui en étoit pourvu.

Le second article éteint pareillement & supprime toutes les charges de chantres & symphonistes de la musique, tant de la chambre que de la chapelle, énoncées dans l'état annexé à l'édit : mais le Roi conserve aux propriétaires de ces charges, leur vie durant, la jouissance des gages appointemens & privilèges qui leur avoient été attribués.

» Et attendu, porte l'article 4, que » plusieurs desdits musiciens ont obtenu » de notre grace & de notre libéralité des » brevets d'assurance sur les charges dont » ils sont revêtus, & dont nous vou- » lons qu'eux, leurs héritiers ou les » créanciers auxquels ils pourroient avoir » affecté les sommes contenues auxdits » brevets, en soient remboursés à me- » sure que lesdits officiers viendront à » décéder, ou à donner leur démission » pure & simple de leurs charges, nous » avons ordonné qu'il soit fait un fonds » de la somme de dix mille livres an- » nuellement sur l'état de la dépense de » notre musique, lequel restera entre » les mains du trésorier de l'argenterie, » menus plaisirs & affaires de notre » chambre, pour être par lui employée » au remboursement desdits brevets, à » fur & à mesure que lesdites charges » viendront à vaquer par mort ou dé- » mission, sans que ladite somme puisse » être employée à aucune autre usage, » jusqu'à l'entière extinction desdits bre- » vets, après laquelle, en vertu de notre » présent édit, elle sera employée au » payement de dix musiciens ordinaires, » choisis par les premiers gentilshommes » de notre chambre, entre ceux qui se se- » ront les plus distingués par leurs ta- » lens ; lesquels, outre leurs appointe- » mens ordinaires, jouiront chacun de » mille livres par année.

V. » Nous avons conservé les deux » sur-intendans de la musique de notre » chambre dans les charges dont ils sont » revêtus, pour continuer d'en jouir, » ainsi que des privilèges, prérogatives » & autres avantages qui leur sont attri- » bués,

» bués, & de la somme de six mille
» livres chacun, que nous leur avons ré-
» glée pour tous gages, appointemens &
» autres revenus & droits que nous leur
» attribuons par notre présent édit ; au
» moyen de quoi, ceux dont ils ont ci-
» devant joui, seront rayés des différens
» états où ils sont employés, à commen-
» cer du premier janvier 1761. Les deux
» maîtres de musique de notre chambre
» continueront pareillement de jouir de
» leurs charges en titre d'offices, comme
» ils en ont joui ou dû jouir par le passé ;
» & attendu la réunion des deux corps
» de musique en un seul, nous avons
» supprimé & supprimons par ces pré-
» sentes les quatre sous-maîtres de notre
» chapelle-musique : & par notre même
» pouvoir & autorité que dessus, nous
» avons créé & créons deux maîtres de
» notre musique, pour avec les deux
» que nous avons conservé, faire quatre
» maîtres de notre musique, & jouir
» par eux des mêmes privilèges, préro-
» gatives & autres avantages dont les
» maîtres de notre musique ont ci-devant
» joui, & dont jouissent les officiers
» commensaux de notre maison : attri-
» buons à chacun d'eux la somme de
» trois mille livres, pour tous gages, ap-
» pointemens & autres revenus & droits
» qui seront employés sur l'état de notre
» musique ; à compter du premier jan-
» vier 1761 ; au moyen de quoi ceux
» dont ils ont ci-devant joui, seront
» rayés des états de notre maison : &
» attendu la réunion que nous faisons
» de nos deux musiques en un seul corps,
» nous voulons que, tant les sur-inten-
» dans que les maîtres de notre musique,
» reçoivent & exécutent les ordres du
» grand-aumônier de France, sur tout
» ce qui pourra concerner leurs fonctions,
» relativement au service de notre grande
» chapelle.

VI. » Seront sous les ordres des pre-
» miers gentilshommes de notre chambre,
» un maître de ballet & un maître de

» danse, lequel maître de ballet nous
» avons conservé & conservons en titre
» d'office, & aux privilèges & préroga-
» tives à lui appartenans, & lui attri-
» buons deux mille quatre cents livres
» d'appointemens, au moyen de quoi
» ceux dont il a ci-devant joui, seront
» rayés des états de notre maison. A
» l'égard du maître de danse, nous l'a-
» vons créé & créons par le présent édit,
» pareillement en titre d'office, & aux
» mêmes privilèges & prérogatives, &
» nous lui attribuons quinze cents livres
» d'appointemens, qui seront employés
» sur l'état de notre musique ; le tout à
» commencer du premier janvier de la
» présente année : & au surplus seront
» établis par commission sous les ordres
» desdits sieurs premiers gentilshommes
» de notre chambre, les sujets qui seront
» jugés par eux les plus capables d'être
» admis dans notre musique, suivant &
» conformément à l'état qui en sera par
» nous arrêté, sans que lesdits musiciens
» ni musiciennes puissent prétendre de
» privilèges particuliers.

VII. » Nous avons fixé & fixons irré-
» vocablement la dépense de notredite
» musique à la somme de trois cents
» vingt mille livres ; compris le payement
» des gages, appointemens & toutes autres
» attributions, tant des musiciens vété-
» rans, que de ceux qui servent & ser-
» viront à l'avenir à notre musique ;
» comme aussi la somme de dix mille
» livres, que nous avons ordonné être
» réservée pour l'acquit des brevets d'as-
» surance ; de laquelle somme de trois
» cents vingt mille livres, il sera fait
» fonds dans les états desmenus plaisirs &
» affaires de notre chambre, à commencer
» du premier janvier dernier, dans la-
» quelle somme ne sera point comprise
» celle de onze mille huit cents trente
» livres, à laquelle monteront les gages
» & appointemens desdits chapelains or-
» dinaires, sous-maîtres, chapelains ou
» clercs de chapelle, & autres qui se-

» ront fous les ordres du grand-aumô-
» nier de France, & compris en l'art.
» premier de notre préfent édit, dont
» fera fait fonds dans l'état de l'argen-
» terie de notre chambre ; & l'état des
» muficiens, chantres, fymphoniftes,
» danfeurs, danfeufes, dont notre corps
» de mufique fera compofé, fera arrêté
» annuellement par le premier gentil-
» homme de notre chambre en exer-
» cice, vifé & contrôlé par les inten-
» dans & contrôleurs-généraux de l'ar-
» genterie, menus plaifirs & affaires de
» notre chambre. Si donnons en man-
» dement, &c. ».

Cet édit a été enregiftré à la chambre
des comptes le 18 feptembre 1761, &
à la cour des aides le 19 mars 1762.

On lit dans l'état de la France que les
religieux Bénédictins de la congrégation
de Saint - Maur ont publié en 1749,
que quand la mufique de la chambre
va chanter par ordre du Roi devant les
princes du fang, (excepté les fils de
France ), & devant les princes étrangers,
même fouverains, fi ces princes fe couvrent, la mufique de la chambre du
Roi fe couvre auffi. Cela fe pratiqua ainfi
à Nantes en 1626 devant le duc de Lorraine ; & en 1642, le prince de Monaco étant à Perpignan, aima mieux entendre découvert la mufique du Roi,
que de la voir ufer de fon privilège.

# CHAPITRE XXXVI.

## *Du grand-maître, du maître & de l'aide des cérémonies.*

LA diftinction des rangs & les préféances qui paroiffent des objets fi fri-
voles au premier coup d'œil, peuvent
néanmoins avoir une utilité très-réelle,
fur-tout dans les monarchies. Une fage
difpenfation de ces honneurs y peut fouvent tenir lieu des plus grandes récompenfes ; & le maintien des anciens ufages
à cet égard, comme à tant d'autres, rend
le paffage de l'autorité fuprême à la fujétion moins fenfible.

C'eft de l'Italie, & fur-tout de la cour
de Rome, que les autres états de l'europe
tiennent la plus grande partie de leur cérémonial, & l'Italie paroît l'avoir elle-
même imité de la cour des empereurs
Grecs. Mais il n'eft pas douteux que les
inftitutions féodales qui établirent une fubordination de pouvoirs fi marquée, &
le goût de la chevalerie, qui foumit,
pour ainfi dire, les honneurs aux formalités de la procédure, n'aient auffi contribué à introduire bien des ufages à cet
égard.

Auffi les hérauts d'armes, dont l'établiffement tient immédiatement à la chevalerie, ont - ils été les feuls officiers
chargés de faire obferver le cérémonial
dans toutes les cours de l'europe, jufques
vers le milieu ou la fin du feizième fiècle,
fi du moins on en excepte la cour de Rome.

Wicquefort (1), qui écrivoit il y a
plus de cent ans, obferve néanmoins que
l'office de maître des cérémonies exiftoit dès-lors à Rome *depuis plufieurs fiècles.*

On voit ailleurs que c'eft Sixte-Quint,
dont le règne n'a commencé qu'en 1585,
qui a créé la congrégation des rites ; à
laquelle on a depuis ajouté celle du cérémonial, dont les fonctions y ont tant
de rapports (2).

_____

(1) L'ambaffadeur & fes fonctions, tome 1,
pag. 198, de l'édition de 1690.
(2) On peut confulter fur ces deux congré-

C'est à-peu-près dans ce temps-là qu'on s'occupa pour la première fois en France , d'instituer des maîtres des cérémonies, si l'on en croit Piganiol de la Force. Cet auteur dit en effet « que la charge de » grand-maître des cérémonies fut créée » par Henri III, le 2 de janvier de l'an » 1585, & *que les deux autres*, celles » de maître & d'aide de cérémonies , » *l'ont été depuis* » (1). Mais c'est-là très-certainement une erreur, du moins pour ce qui concerne l'office de maître des cérémonies.

Dès le 22 décembre 1548, le greffier du Tillet, si connu par son recueil qu'il a fait conjointement avec son frère l'évêque de Meaux, reçut du roi Henri II, par un chevaucheur de l'écurie, une commission pour extraire des registres du parlement, & s'il en étoit besoin de ceux de la chambre des comptes, l'ordre qui s'étoit observé aux assemblées solemnelles (2).

Les mêmes motifs firent probablement créer à la même époque l'office de maître des cérémonies.

On lit dans la relation *de l'ordre tenu à l'entrée de Catherine de Médicis*, à Paris, le 18 juin 1549, « que pour faire en- » tretenir l'ordre susdit, *le sieur de Che-* » *mant*, prévôt de l'ordre du Roi, suivi » de dix archers de la garde, ayant dis- » posé à l'entrée de la ville, chacun selon » son ordre alloit çà & là durant ladite » entrée » (1); & la note mise en marge de ce passage dans le recueil de Gode-froy, qualifie ce sieur de Chemant, de *maître des cérémonies*.

L'article 46 des statuts de l'ordre du saint Esprit, rédigés lors de l'institution de cet ordre en 1578, met aussi au nombre des officiers de l'ordre, un prévôt maître des cérémonies ; & l'ordre de saint Michel avoit un pareil officier bien long-temps auparavant.

Quoi qu'il en soit, les difficultés que

---

gations, *lo stato presente della Corte di Roma*, par le cavalier Lunadoro & Andrea Tosi, tom. 2 , pag. 94 & suiv.

(1) Introduction à la description de la France, tom. 1, chap. 3 , art. 24.

(2) *Voici cette commission , telle qu'elle est en tête du cérémonial François de Godefroy.*

« Pour ce que nous desirons savoir & en- » tendre quel rang & ordre , du temps de nos » prédécesseurs Rois de France jusques à huy , » ont tenu en toutes grandes & solemnelles assem- » blées les princes de notre sang , tant ducs que » comtes & les autres princes de notre royaume , » tant ducs , comtes & autres de moindre titre » & dignité ; & semblablement les connétables , » maréchaux & amiral de France : A cette cause, » nous vous mandons & commettons que toutes » affaires cessans & post posés , vous ayez , tant » par vous que par ceux que vous commettrez » sous vous , à bien voir & visiter les registres » de notredite cour de Parlement , faisant men- » tion de semblables choses ; & sur iceux faisiez » bons & loyaux extraits de ce que vous verrez » appartenir à la vérification de ce que dessus ; » lesquels extraits feront mention spéciale de la » qualité de l'assemblée , & si elle étoit solem- » nelle en forme d'états, ou d'entrée des Rois nos

» antécesseurs en leurs villes , ou en tenant le lit » de la justice , ou autres solemnelles assemblées , » èsquelles les rangs & ordres se soient gardés, & » assignés à un chacun , & de quel temps & sous » quels Rois elles auront été faites : & si vous » connoissez que pour plus ample intelligence & » vérification de tout ce que dessus , il soit re- » quis voir aucuns registres étant, soit en notre » chambre des comptes ou au trésor de nos chartes » audit Paris, vous vous retirerez pardevers les » gens de nos comptes , & trésoriers de nosdites » chartes; auxquels nous mandons & enjoignons » vous exhiber & représenter, ou faire exhiber & » représenter, si-tôt que requis en seront par vous, » lesdits registres, pour, sur iceux faire faire sem- » blables extraits ; tous lesquels extraits qui ainsi » seront par vous faits, vous ferez tenir ès mains de » notre très-cher féal chancelier incontinent & le » plus diligemment qu'il vous sera possible. Car » tel est notre plaisir : de ce faire nous avons » donné & donnons plein pouvoir , puissance , » autorité , commission & mandement éspécial. » Donné à Saint-Germain-en-Laye , le vingt-un » décembre, l'an de grace milcinq cents quarante- » huit : & de notre reigne le deuzième. Ainsi » signé par le Roi, DE LAUBESPINE, & scellé » à simple queue de cire jaune. »

(1) Cérémonial françois , par Théodore & Denis Godefroy, tom. 1, pag. 884.

le cérémonial faisoit naître continuellement, parut un objet assez digne d'attention, pour qu'on s'en occupât à l'assemblée des notables, convoquée à Saint-Germain-en-Laye en 1583. Le Roi y demanda, « si l'on devoit résoudre les » rangs & séances, tant des princes, ducs, » officiers de la couronne, qu'autres qui » en doivent avoir, comme les compa- » gnies; à savoir, ceux du conseil du Roi, » les parlemens, chambre des comptes, » & autres cours & corps, pour éviter » la contention & confusion que souvent » l'on voit arriver en tous lieux, où les- » dits rangs & séances se doivent tenir, » & en faire un registre authentique, » pour à l'avenir être observé. »

La réponse des notables prouve que cette entreprise n'étoit pas moins épineuse qu'importante. Ils furent d'avis qu'il falloit se contenter quant à présent de régler les rangs des compagnies & des officiers du Roi, & pour ceux des grands de faire recueillir seulement les matériaux qui y étoient relatifs, par le *maître des céré- monies* (1), preuve incontestable, que cet office subsistoit dès-lors.

Les mêmes motifs qui avoit fait faire ces propositions, donnèrent lieu sans doute à l'établissement de la charge de grand-maître des cérémonies. Elle fut instituée le 2 janvier 1585, par de simples lettres adressées au grand-maître de France; elles contenoient en même-temps des provisions en faveur du sieur de Rhodes, premier titulaire de cet office (2).

» comme elle verra bon être. Et pour le regard » des disputes qui sont pour lesdits rangs entre » les communautés, tant de gens d'église, cours » souveraines, qu'autres particuliers officiers de » sa majesté; qu'il est bien expédient de les » vuider dès-à-présent, & pour ce faire, en » retenir la connoissance en son conseil, ou » l'attribuer à tels autres juges qu'il plaira à sa » majesté choisir & députer ».

(1) On trouve encore à la tête du recueil de Godefroy, les propres termes de cette réponse.

« Combien y est-il dit que l'ordre qui paroît » ès choses extérieures & publiques, soit un » grand indice de la disposition des plus particu- » liers, & que pour cette ocasion il fut très-ex- » pédient pour la réputation de ce royaume, de » pourvoir à l'incertitude des rangs & séances, » qui rend nos cérémonies (qui sont d'ailleurs » très belles & bien établies) toutes confuses & » imparfaites; toutefois parce que ce seroit un » œuvre grand, plein d'épines, & qui ne se » peut achever promptement; lesdits sieurs ont » estimé qu'il suffira, quant à présent, d'y don- » ner quelque commencement. Et à cette fin, » qu'il plaise à sa majesté commander au *maître de ses cérémonies* de lui recueillir un mémoire » bien ample de toutes les disputes qui sont entre » les princes, officiers de la couronne & autres » grands seigneurs pour raison des rangs; ensem- » ble de ce qu'il trouvera sur les registres & » mémoires concernant lesdites disputes, pour » avec le temps y être pourvu par sa majesté,

(2) *Voici ces lettres, telles qu'elles se trouvent au commencement de l'ouvrage de Godefroy.*

« Grand-maître de France, maîtres ordinaires » de notre hôtel, & vous maître & contrôleur » de notre chambre aux deniers, salut; comme » pour le singulier désir que nous avons que » toutes choses soient conduites & maintenues en » notre cour avec l'ordre requis pour y faire re- » connoître la dignité & splendeur convenable à » notre royale grandeur, nous avons fait plusieurs » beaux réglemens, pour l'exécution d'aucuns » desquels nous avons, par exprès, voulu & or- » donné, que le sieur de Rhodes Guillaume Pot, » prévôt & maître des cérémonies de nos deux » ordres, soit ordinairement ou le plus souvent » qu'il pourra, à notre suite, afin de faire & » accomplir ce qui dépendra de sa charge selon » notre intention, & tout ainsi que ce nous sera » beaucoup de contentement de voir cette charge » dignement desservie : aussi voulons-nous bien » l'honorer le plus que faire se pourra : savoir » faisons, que nous, pour ces causes & autres » bonnes considérations à ce nous mouvans; & » ayant égard mêmement aux continuels & agréa- » bles services qu'il nous a ci-devant faits en » icelle, comme nous espérons qu'il continuera » de bien en mieux, avons icelui sieur de Rhodes » fait, créé & institué, faisons, créons & ins- » tituons par ces présentes, grand-maître des » cérémonies, pour par lui dorénavant en cette » qualité nous servir audit état, & en jouir & » user des honneurs, autorités, prérogatives, » prééminences, franchises, libertés & droits qui » y appartiennent, & aux gages de mille écus par » an; que nous lui avons ordonnés & attribués;

Godefroy ne nous apprend point à quelle époque la charge d'aide des cérémonies a été créée.

Il est certain du moins qu'elle existoit lors de la seconde édition de son ouvrage, faite en 1649.

Il en est question dans la relation des lits de justice tenus par Louis XIV le 7 septembre 1645 & le 15 janvier 1648 (1).

On trouve aussi l'aide des cérémonies placé à la suite du grand-maître & du maître des cérémonies dans l'état nouveau de la France, imprimé en 1661, & ces trois offices ont constamment subsisté depuis.

Le grand-maître, le maître & l'aide des cérémonies prêtent le serment de fidélité entre les mains du grand-maître de France & de la maison du Roi (2).

Suivant l'état de la France, imprimé en 1749 (3), le grand-maître ordonne de toutes les cérémonies, comme mariages, baptêmes, sermons solemnels, lits de justice, entrées & départs des Rois & reines & autres princes, audiences publiques données par le Roi aux légats, nonces & ambassadeurs extraordinaires des souverains, ainsi qu'à toutes les cours, corps & compagnies du royaume, assemblées d'états, *Te Deum* & réjouissances publiques, processions, pompes, sacres & couronnemens, rang & séances entre les Rois, princes & grands du royaume, sur toutes lesquelles choses il a l'honneur de recevoir les ordres du Roi; & pour marque de son autorité en tout ce qui regarde les cérémonies, il porte un bâton de commandement, à bout & pomme d'yvoire, couvert de velours noir, en vertu duquel il est dans les occasions de cérémonies, aidé des gardes & autres forces de la maison du Roi, pour y maintenir le bon ordre.

Outre ses appointemens, qui sont de 3,000 livres sur l'état de la maison du Roi, toutes les choses, comme tentures, mausolées, dais & autres de cette nature, servant aux cérémonies, lui appartiennent en partie, & pour son dédommagement, le Roi lui accorde des gratifications proportionnées.

Il porte d'azur à un chevron d'or, accompagné de deux roses d'argent en chef, & d'une ombre de soleil d'or en pointe (1). La Colombière, dans son livre de la science héroïque du blazon, lui attribue pour marque de sa charge, deux bâtons de cérémonies couverts de velours noir, passés en sautoir derrière l'écu de ses armes. Mais comme l'ont observé les auteurs de l'état de la France, cela n'est pas toujours suivi (2).

Le maître des cérémonies à 1,500 livres de gages. Il jouit des mêmes droits, honneurs & prérogatives que le grand-maître des cérémonies, sert à toutes,

---

» ordonnons & attribuons par ces présentes tant
» qu'il nous plaira. Si vous mandons que, sans
» prendre dudit sieur de Rhodes autres nou-
» veaux sermens que celui qu'il a ci-devant fait
» & prêté: Vous, cette présente création & ins-
» titution de grand-maître des cérémonies faisiez
» enregistrer ès registres, papiers & écrits de
» notre chambre aux deniers, & dudit état &
» charge faisiez, souffriez & laissiez icelui sieur de
» Rhodes jouir & user pleinement & paisible-
» ment, & à lui obéir & entendre de tous ceux
» & ainsi qu'il appartiéndra ès choses touchant
» & concernant icelle. Mandons en outre aux tré-
» soriers de notre épargne qu'ils payent, ou par
» les trésoriers de nos officiers-domestiques cha-
» cun en l'année de son exercice, fassent payer
» audit sieur de Rhodes lesdits gages de mille
» écus dorénavant par chaçun an, selon & en-
» suivant les états qui en seront par nous faits,
» & qu'il est accoutumé en semblable : car tel
» est notre plaisir : donné à Paris sous le scel
» de notre secret le deuxième jour de janvier,
» l'an mil cinq cents quatre-vingt-cinq. *Signé*,
» HENRI; & plus bas, par le Roi BRULART,
» avec un paraphe. »

(1) Cérémonial françois, tom. 2, pag. 644 & suiv. pag. 637 & suiv.

(2) Introduction à la description de la France, tom. 1, chap. 3 *bis*, art. 14.

(3) Tom. 2, pag. 296 & 297.

(1) *Ibid.* pag. 296.

(2) *Ibid.* tom. 1, pag. 59.

conjointement avec lui, & a l'honneur d'accompagner les princes & les princesses qui sortent du royaume, ou qui y arrivent.

L'aide des cérémonies a 600 livres de gages. Il a part aux rétributions par proportion, pour toutes les choses qui servent aux cérémonies, & porte le bâton de commandement de même que le grand-maître & le maître (1).

Le grand-maître & le maître des cérémonies, ajoute Piganiol de la Force (2), exercent concurremment les mêmes fonctions; ils sont assis & marchent sur la même ligne. Lorsqu'ils vont porter les ordres du Roi aux cours supérieures, après les avoir saluées, ils prennent place entre les deux derniers conseillers, & parlent assis & couverts, ayant l'épée au côté & le bâton de cérémonie en main. L'aide reçoit les ordres du grand-maître & du maître, & marche devant eux dans les cérémonies.

Tous ces détails sont justifiés par une quantité de pièces qu'on trouve dans le cérémonial François de Godefroy. On peut consulter en particulier les lits de justice du 20 décembre 1625, & du 7 septembre 1645, & le *Te Deum* du 10 juillet 1637. On voit même dans cette dernière relation, que le grand-maître des cérémonies entra au parlement botté & éperonné (3).

(1) *Ibid.* tom. 1, pag. 297 & 298.
(2) *Ibid.* tom. 1, chap. 3 *bis*, art. 24.

(3) *Voici l'extrait de cette relation, tel qu'il se trouve dans le cérémonial françois, tom. 2, pag. 1008.*

« Ce samedi 6 juillet, le maître des céré-
» monies alla à sept heures & demie du matin à la
» cour, à la grand'chambre, où il fit frapper par
» un huissier à la porte : le greffier vint savoir
» ce que c'étoit : à quoi l'huissier répondit que
» c'étoit Saintot, maître des cérémonies, qui
» venoit de la part du Roi trouver la cour : le
» rapport fait à la cour par le greffier, elle or-
» donna qu'on le fit entrer, où d'abord qu'il
» entra dans le parquet, le premier président

On voit dans la même relation, que la chambre des comptes ayant fait difficulté de donner séance au maître des cérémonies, Louis XIII écrivit au procureur-général de cette cour, à cette occasion. « Notre intention est, dit-il, » que lorsque ledit maître de nos céré-
» monies s'y présentera de notre part, » pour chose dépendante de sa charge, » ou que nous lui commanderons, notre-
» dite chambre lui donne entrée & séance, » tout ainsi & en la même manière que fait » notre cour de parlement de Paris, sans » y apporter aucune difficulté : vous assu-
» rant qu'outre que c'est un honneur qui » est dû à sa charge, vous ferez en cela » chose qui nous sera très-agréable, n'y » faites donc faute ; car tel est notre » plaisir. Donné à Saint-Maur-des-Fossez, » le douzième octobre 1637 » (1).

J'ajouterai que malgré la subordination qui subsiste entre ces trois offices, ils ont souvent été remplis par des personnes du même rang. On voit dans le procès-verbal

» lui dit : Monsieur, voilà votre séance, laquelle
» il prit entre les sieurs Thadert & de Thélis &
» avec les autres. Le maître des cérémonies se
» couvrit, l'épée au côté, botté, éperonné &
» le bâton à la main ; & après un peu de temps
» il ôta son chapeau, & dit : Messieurs, voilà
» une lettre de cachet volant du Roi, & la
» donna audit de Thélis, conseiller de la grande
» chambre, au-dessous de lui, dont il fit la lecture
» tout haut : après laquelle, ce maître des céré-
» monies prit la parole, & fit un discours ; après
» lequel fini, le premier président dit : la cour
» ne manquera pas d'exécuter le contenu en
» votre semonce de la part du Roi. Ledit de
» Saintot se découvrit & se leva, & en faisant
» quelques révérences à la cour se retira. Ensuite
» il fut à la cour des aydes, où il ne trouva
» personne. On ajoute qu'il alla aussi à la cham-
» bre des comptes, qui étoit en vacance, à
» cause de la huitaine de la Pentecôte. Alors
» il fit venir les greffiers qu'il chargea d'avertir la
» cour, & de remettre aux présidens les lettres
» du Roi, d'autant qu'il ne pouvoit revenir le
» lundi matin : lequel discours fut écrit sur
» le registre du greffe, & rapporté le lundi
» 8 au matin à MM. de la chambre.

(1) *Cérémonial françois*, tom. 1, pag. 14.

du lit de justice du 7 septembre 1645, « que le grand-maître des cérémonies » avertissoit les plus grands du royaume, » comme faisoit aussi de son côté le sieur » de Saintot, *aide & frère du maître d'i-* » *celles*, les ducs & pairs, maréchaux » de France, & autres seigneurs & offi- » ciers du Roi » (1).

Lorsque les maîtres des cérémonies ne se trouvent pas auprès du Roi, ou ne peuvent pas remplir leurs fonctions, le Roi commet quelqu'un pour les exercer, & ce sont toujours des personnes de distinction. On voit dans la relation des fiançailles & épousailles de Madame, avec le roi Charles I d'Angleterre, en 1625, que le commandeur de Rhodes reçut commandement du Roi pour venir servir dans la charge de grand-maître des cérémonies, en l'absence de son neveu, M. de Rhodes, qui pour lors étoit à l'académie (2).

On lit aussi dans la relation du lit de justice tenu par Louis XIII au parlement de Bordeaux, le 10 décembre 1615, que « pendant que les présidens & conseillers » des requêtes étoient à la chambre du » conseil, MM. l'évêque de Chartres » & de Marillac, conseillers d'état, com-

mis maîtres des cérémonies, étoient dans » la salle d'audience, faisant préparer » & disposer les bancs & sièges, èsquels » sa majesté, la reine sa mère, & au- » tres princes, seigneurs & conseillers, » tant ecclésiastiques qu'autres de la cour, » devoient seoir » (1).

Les introducteurs ou conducteurs des ambassadeurs étoient autrefois subordonnés au grand-maître des cérémonies. Mais cette subordination ne subsiste plus aujourd'hui.

Le grand-maître & les maîtres des cérémonies servent néanmoins quelquefois avec les introducteurs des ambassadeurs dans des cérémonies solemnelles, & sur-tout aux audiences des ambassadeurs extraordinaires.

Ils suppléent aussi quelquefois les introducteurs des ambassadeurs dans leur absence. *Voyez le commencement du chapitre suivant.* Voyez aussi *le chapitre du Roi & des hérauts-d'armes.*

M. le marquis de Brezé est aujourd'hui revêtu de la charge de grand-maître des cérémonies, M. de Nantouillet de celle de maître des cérémonies, & M. de Vatronville de celle d'aide des cérémonies. ( G.-D.-C. )

_____

(1) *Ibid.*
(2) Cérémonial françois, tom. 2, pag. 119.

_____

(1) *Ibid*, pag. 603.

# CHAPITRE XXXVII.

*Des introducteurs des ambassadeurs, & du secrétaire ordinaire du Roi pour la conduite des ambassadeurs.*

Les honneurs qu'on fait aux ambassadeurs à leur réception & à leur entrée, sont réglés dans presque toutes les cours. Mais ils ne le sont, que depuis qu'on a établi des officiers particuliers pour ce cérémonial. La cour de Rome a un maître des cérémonies depuis plusieurs siècles. Ce n'est que depuis 1585, qu'il y a un grand-maître des cérémonies en France, encore ne se mêle-t-il point du fait des ambassadeurs, non plus que le maître des cérémonies, si ce n'est en l'absence des introducteurs, ou dans quelque cérémonie fort solemnelle & extraordinaire, où il y concourt avec eux. Les introducteurs des ambassadeurs & des princes étrangers, en titre d'office, sont encore plus modernes. A l'entrée que la reine Elisabeth d'Autriche, femme de Charles IX, fit à Paris, après son couronnement le 29 mars 1571, où on remarque le nonce & les ambassadeurs d'Espagne, d'Ecosse & de Venise, le sieur Hiérôme Gondy, commis pour les recevoir, marchoit immédiatement devant eux, & ils étoient conduits, savoir, le nonce par l'abbé de Vendôme ; l'ambassadeur d'Espagne par M. d'Espinay ; celui d'Ecosse par le comte de Chaulne, & celui de Venise par M. de Meillant, chevalier de l'ordre du Roi. A l'entrée que la même reine fit à Mézières le 26 de novembre 1570, les mêmes ambassadeurs furent conduits & accompagnés par quatre des plus anciens conseillers d'état ; savoir par MM. de Morvillers, de Tavanes, de Lansac & de Limoges, sans qu'il fut parlé d'introducteur. Dans toute l'ambassade de Walsingam, il n'est point parlé d'introducteur. Lorsque lui

& Norris son prédécesseur, allèrent à l'audience le 25 de janvier 1571, personne ne les conduisit. En arrivant au château de Madrid, ils y rencontrèrent M. de Lansac, qui les entretint ; & leur fit compagnie à leur dîner. Après le repas un autre seigneur les vint entretenir, & après cela, Hiérôme Gondy les avertit que le Roi étoit prêt à leur donner audience, & les fit entrer dans une chambre où le Roi parut bientôt après. Lansac les conduisit à l'audience de la reine mère (1).

Piganiol de la Force, dit que la charge d'introducteur des ambassadeurs est *de la fin du siècle dernier* (2). Les pères bénédictins, qui nous ont donné en 1749 la dernière édition de l'état de la France, nous disent aussi que *ces charges sont de la création de Louis XIV* (3). Mais ces deux assertions sont inexactes, ou méritent du moins d'être expliquées. Long-temps avant la fin du siècle dernier, & même dès avant le commencement du règne de Louis XIV, il y avoit en France des officiers préposés à la conduite des ambassadeurs.

On voit dans Wicquefort (4), qu'ils existoient dès le temps du ministère du cardinal de Richelieu. Cet auteur & Godefroy, dont la dernière édition a été faite en 1649, donnent, même à Ber-

---

(1) L'ambassadeur & ses fonctions, par Wicquefort ; tom. 1, pag. 198 de l'édition de 1690.

(2) Introduction à la description de la France, tom. 1, chap. 3 bis, art. 25.

(3) Tom. 2, pag. 298.

(4) L'ambassadeur & ses fonctions, tom. 1, pag. 274 de l'édition de 1690.

lise qui remplissoit alors ce ministère, la qualité d'*introducteur des ambassadeurs*; mais on les appeloit plus communément *conducteurs d'ambassadeurs*, & ils étoient comme le maître & l'aide des cérémonies, subordonnés au grand-maître des cérémonies (1).

J'ignore le temps où l'érection de l'office d'*introducteur des ambassadeurs*, les a soustraits à cette dépendance. Mais il est certain que les choses subsistoient encore dans leur ancien état, lors de l'édition de l'état nouveau de la France, faite en 1661, comme on peut le voir, en consultant ce qui concerne les grands-maîtres des cérémonies.

Les offices d'introducteurs des ambassadeurs sont néanmoins réglés tels qu'ils subsistent aujourd'hui, depuis plus de cent ans : il existoit même dès-lors un aide ou sécrétaire à la conduite des ambassadeurs, & il paroît que c'est sur la cour de France, que se sont modelées les autres cours de l'Europe, où l'on trouve des offices semblables.

C'est ce qu'on voit dans l'ouvrage de Wicquefort, imprimé en 1681 (2). « Aujourd'hui, dit-il, il y a en France deux » introducteurs, qui servent par semestre, » & ont pour aide ou pour lieutenant » un officier qui est perpétuel, & qui » fait sa charge à toutes les civilités » qu'on fait aux ambassadeurs, à quelque » occasion que ce soit. Il y a aussi un » introducteur en Espagne : mais en là » plupart des autres cours, il n'y en a » point, & cette charge se trouve con- » fondue avec celle de maître des céré- » monies : comme en celles de Stokolm, » à Coppenhague, à Turin &c. (3).

» C'est le chiaoux bachi, ou le capitaine » des chiaoux, qui en fait la fonction » à Constantinople, & la Moscovie a » ses pristaves, comme la Perse ses me- » hémandars, qui ne sont pourtant que » des commis pour la seule action à » laquelle le souverain les destine. Il » n'y a ni maître des cérémonies, ni » introducteur à Vienne, en Pologne, » en Portugal, ni même à Venise, & » néanmoins il n'y a pas d'état où les » cérémonies soient mieux réglées qu'en » cette république. Dans les Provinces- » Unies il n'y en a point non plus, quoi- » qu'il s'en faille beaucoup que les civi- » lités soient aussi bien réglées qu'à Ve- » nise, ou dans les autres cours de l'Eu- » rope » (1).

Suivant l'état de la France, les intro- ducteurs des ambassadeurs n'ont encore aujourd'hui que les 600 livres de gages qu'avoient les conducteurs des ambassa- deurs en 1660. Mais ils ont de plus 9000 livres d'appointemens, payés au trésor royal. Ils prêtent serment de fidé- lité entre les mains du grand-maître de France & de la maison du Roi. Mais ils ne prennent ordre que du Roi pour les audiences, & pour tout ce qui regarde leurs charges (2).

L'introducteur des ambassadeurs con- duit au Roi, aux reines, & à tous les princes & princesses du sang, les Rois, princes souverains & princesses, les légats, cardinaux, nonces, les ambas- sadeurs ordinaires & extraordinaires, les gentilshommes, envoyés, résidens, agens, chefs d'ordres, & députés étrangers, por- tant caractère de ministres, *cognito &* *incognito.*

Il conduit aussi chez les reines & chez

---

(1) Etat nouveau de la France, liv. 2, chap. 5, pag. 107.

(2) Wicquefort avoit donné auparavant une ébauche de cet ouvrage, sous le titre de *mémoires touchant les ambassadeurs.*

(3) Voyez aussi ce que le même auteur a dit

sur cet objet, tom. 1, pag. 15 & suiv. tom. 2, pag. 234.

(1) L'ambassadeur & ses fonctions, pag. 198 & 199.

(2) Tom. 1, pag. 298.

toutes les autres princesses du sang, les femmes de tous les étrangers ci-dessus nommés (1).

Wicquefort a examiné la question, si l'introducteur des ambassadeurs peut prendre la place d'honneur chez l'ambassadeur, & l'on y voit que cela ne souffre plus de difficulté en France (2).

(1) État de la France, tom. 2, chap. 5, pag. 299. Introduction à la description de la France, tom. 1, chap. 3 *bis*, art. 14.

(1) « Berlise, dit-il, l'un des introducteurs
» des ambassadeurs en France, écrit dans ses
» mémoires, que voulant un jour aller voir de
» la part du Roi, le vicomte de Scudamor,
» ambassadeur d'Angleterre, & se trouvant à
» vingt pas de l'hôtellerie où le vicomte étoit
» logé, il demanda au sieur Girault si l'ambas-
» sadeur ne le traiteroit pas comme les autres
» ambassadeurs avoient traité les autres conduc-
» teurs des ambassadeurs. Que Girault lui dit
» bien, qu'il n'en falloit pas douter, & néanmoins
» qu'il voulut s'en éclaircir avec M. de Vie,
» agent d'Angleterre, avant que d'entrer, &
» que de Vie lui dit que Waques, prédécesseur
» de Scudamor, avoit été blâmé en Angleterre
» d'avoir cédé la place d'honneur à l'introduc-
» teur ; que sur cela il avoit dit à Girault,
» que lui qui étoit ancien dans la charge, ne
» devoit pas commettre celui qui représentoit
» la personne du Roi, & que c'étoit la première
» fois qu'il y ayoit été pris, & que ce seroit
» la dernière : qu'on résolut enfin sur le champ
» que Berlise verroit l'ambassadeur dans sa salle,
» sans s'asseoir ; que celui-ci le viendroit con-
» duire, & le verroit monter en carrosse : ce
» qui fut fait ; que depuis ce temps-là, il ne
» voulut plus aller chez l'ambassadeur, & que
» le cardinal de Richelieu lui avoit dit qu'il
» faisoit bien de conserver la dignité de la charge.
» Berlise y ajoute, qu'il alloit chez l'ambassadeur
» de la part du Roi, & qu'à cause de cela on le
» devoit considérer, & lui faire honneur. Si on
» veut prendre la peine de raisonner sur ce que

Dans la relation du *te Deum*, chanté en 1637 pour la reprise des îles Sainte-Marguerite & Saint-Honorat sur les Espagnols (1), on trouve aussi l'introducteur des ambassadeurs placé sur le même banc que le nonce du pape, l'ambassadeur de Venise & celui de Savoie, les seuls qui aient assisté à ce *te Deum*. On a vu néanmoins ci-dessus que les introducteurs ou conducteurs des ambassadeurs étoient alors subordonnés au grand-maître des cérémonies.

*Le secrétaire ordinaire du Roi pour la conduite des ambassadeurs*, prête, comme les introducteurs des ambassadeurs, serment de fidélité entre les mains du grand-maître de France & de la maison du Roi.

Cet officier accompagne les introducteurs des ambassadeurs dans leurs fonctions. Il sert toute l'année. Il est couché sur les états du Roi pour 1200 livres de gages, & 1800 livres d'appointemens,

( *G.-D.-C.* )

» ces mémoires disent, on sera obligé de juger,
» qu'en cet exemple les coutumes de France &
» d'Angleterre sont différentes ; puisque celle-ci
» trouve mauvais que Waques cède la place d'hon-
» neur chez lui au conducteur des ambassadeurs.
» Il faut croire que les ambassadeurs ne la cèdent
» point au maître des cérémonies à Londres ; &
» cela est très-certain, comme il est certain aussi
» que les introducteurs sont en possession de se
» la faire donner en France. Je l'ai vu plus d'une
» fois, & que les ambassadeurs conduisoient l'in-
» troducteur au carrosse.

Au reste, Wicquefort soutient que l'usage de Londres est plus conséquent que celui de France. ( *L'ambassadeur & ses fonctions*, tom. 2, pag. 274.)

(1) Cérémonial françois, tom. 1, pag. 1032.

# CHAPITRE XXXVIII,

## Des gentilshommes ordinaires du Roi,

Ces gentilshommes font au nombre de vingt-fix, & fervent par femeftre. Ceux de fervice doivent fe trouver au lever & au coucher du Roi tous les jours, & l'accompagner en tout lieu, afin d'être à portée de recevoir les ordres de fa majefté. C'eft au Roi feul qu'ils rendent réponfe des ordres qu'ils ont exécutés de fa part. Ils font à cet effet introduits dans fon cabinet. Leurs fonctions font uniquement renfermées dans le fervice & dans la perfonne du Roi. S'il y a quelques affaires à négocier dans les pays étrangers, fa majefté les y envoye quelquefois avec le titre & la qualité de miniftre, ou d'*envoyé extraordinaire*. Elle s'en fert auffi s'il faut conduire des troupes à l'armée, ou les établir dans des quartiers d'hiver; ainfi que pour porter fes ordres dans les provinces, dans les parlemens & dans les cours fouveraines.

Le Roi a coutume d'employer fes gentilshommes ordinaires pour notifier aux cours étrangères la naiffance du dauphin, ainfi que celle des princes de la famille royale; & lorfqu'il défire témoigner aux Rois ou aux princes fouverains, qu'il prend part & s'intéreffe aux motifs de leur joie ou de leur affliction.

Ce font les gentilshommes ordinaires qui invitent de la part du Roi, les princes & les princeffes à fe trouver aux nôces du dauphin, & à affifter au banquet royal & aux différentes fêtes qui les fuivent. Sa majefté les charge d'aller fur la frontière du royaume recevoir les rois ou princes fouverains, pour les accompagner & les conduire tout le temps de leur féjour en France.

C'eft auffi un gentilhomme ordinaire qui va recevoir fur la frontière les ambaffadeurs extraordinaires ou de Perfe ou du Grand-Seigneur, & il eft chargé aux dépens du Roi de toutes les chofes qui regardent le traitement, entretien, & les autres foins qui lui font ordonnés pour ces ambaffadeurs. Il les accompagne dans leurs vifites, aux fpectacles, promenades, foit dans Paris ou à la campagne, même jufqu'à leur embarquement pour le départ.

Lorfque le Roi va à l'armée, quatre gentilshommes ordinaires de chaque femeftre ont l'honneur d'être fes aides de camp, & de le fuivre toutes les fois qu'il monte à cheval.

Ce corps a compté parmi fes membres plufieurs perfonnes du premier rang, de grand nom, ou d'un mérite diftingué, tels par exemple que le connétable de Luynes, MM. de Thoiras & de Marillac, maréchaux de France, MM. Malherbe, Racine, de Voltaire, &c.

Les gentilshommes ordinaires du Roi, jouiffent de tous les privilèges des commenfaux.

# CHAPITRE XXXIX.

## Du grand maréchal des logis & des maréchaux des logis.

Nous diviserons ce chapitre en deux sections, dont la première concernera le grand-maréchal des logis, & la seconde, les maréchaux des logis.

### SECTION PREMIERE.

#### Du grand-maréchal-des-logis.

Cette charge a une origine très-ancienne. Sous la première, & sous la seconde race de nos Rois, le maréchal général des logis étoit subordoné au comte du palais, ou au sénéchal, & alors il étoit appelé *mansionarius*.

Aujourd'hui il dépend immédiatement du Roi; & il prête serment entre les mains de sa majesté.

Il porte pour marque distinctive de son office un bâton garni d'or, semé de fleurs de lys, & sur le pommeau sont gravées les armes de France, avec la légende, *grand-maréchal-des-logis*.

Les fonctions de cet officier consistent particulièrement à prendre les ordres du Roi, relativement aux logemens que sa majesté, ses officiers & toute sa cour doivent occuper, même dans les maisons royales, & à faire exécuter ces ordres par le ministère des maréchaux-des-logis & des fourriers-des-logis.

C'est aussi au grand-maréchal-des-logis à régler ce qui concerne les logemens, routes & quartiers de toutes les troupes de la maison du Roi, c'est-à-dire, des gardes-du-corps, des cent suisses, des gardes-de-la-porte, des gardes de la prévôté de l'hôtel, des gendarmes & chevaux-légers de la garde, & des régimens des gardes-françoises & des gardes-suisses.

Le grand maréchal-des-logis a sous ses ordres à la guerre le capitaine général des guides des camps des armées du Roi.

L'état de la France que les bénédictins de la congrégation de Saint-Maur ont publié en 1749, dit que toutes les fois que le Roi loge dans une ville, les présens ou vins de ville sont dus au grand-maréchal-des-logis.

Suivant le même état de la France, cet officier a trois mille livres de gages; 8100 livres d'appointemens ordinaires; 7200 livres d'appointemens extraordinaires, & 4000 livres de livrées.

Cette charge est aujourd'hui possédée par M. le marquis de la Suze.

### SECTION II.

#### Des maréchaux-des-logis.

Ces officiers, dont la création est très-ancienne dans la maison du Roi, sont au nombre de douze, servant par quartier. Ils prêtent serment de fidélité entre les mains du grand-maréchal-des-logis, & c'est lui qui leur communique les ordres du Roi. Mais lorsqu'il est absent, c'est de sa majesté même qu'ils reçoivent ces ordres.

Les fonctions des maréchaux-des-logis consistent à faire la destination des logemens, tant du Roi que de sa cour, conformément au rang des personnes, & d'après la connoissance qu'ils ont prise des lieux, soit par eux-mêmes, soit sur le rapport des fourriers-des-logis. Ils rendent ensuite compte de leurs opérations au grand-maréchal-des-logis.

Quand celui-ci est absent, ils donnent les ordres, tant pour les routes que pour les quartiers des troupes de la maison du Roi, & de celles qui peuvent marcher pour la garde de sa majesté. Ils ont l'honneur de présenter à la signature du Roi ces ordres, ainsi que l'état des logemens qu'ils font dans les châteaux qui appartiennent à sa majesté, comme Fontainebleau, Compiègne, &c.

Les maréchaux & les fourriers-des-logis du Roi sont aussi employés pour les logemens des états généraux, ou même d'une province, quand le Roi doit y assister.

Ils sont pareillement chargés de faire les logemens à Saint-Denis pour les détachemens de la maison du Roi, à l'occasion des pompes funèbres, & ils y donnent une descente & des retraites aux compagnies souveraines & aux autres corps qui assistent à ces cérémonies.

Quand le Roi envoie un détachement de sa maison au-devant des princes étrangers qui viennent en France, les maréchaux-des-logis vont ordonner les logemens par-tout où ces princes doivent passer.

Les fonctions des maréchaux-des-logis ayant toujours été militaires, ils suivent le Roi à la guerre, & ils ont seuls le droit de loger la personne de sa majesté, sa suite & toute sa maison, tant dans les villes que dans les campemens.

Lorsqu'à l'armée le Roi établit son quartier dans la ville même où le quartier général doit être établi, les maréchaux-des-logis du Roi prennent les deux tiers du logement pour sa majesté & sa suite, & l'autre tiers reste à la disposition des maréchaux-des-logis de l'armée.

Les maréchaux-des-logis ont pareillement seuls le droit de faire construire des baraques ou autres bâtimens, tant pour la personne du Roi que pour ses officiers: & quand sa majesté quitte son camp ou son logement, les maréchaux-des-logis ont la moitié du produit des bâtimens dont ils ont ordonné

la construction, & l'autre moitié appartient aux fourriers.

Quand le Roi fait sa première entrée dans une ville, il est dû aux maréchaux-des-logis un droit qu'ils appellent *entrée de ville* ou *arc de triomphe*. Ce droit consiste dans une somme que les officiers des villes sont obligés de leur payer, sinon les arcs de triomphe, portiques, tapisseries & toute autre décoration leur appartiennent en nature. Observez néanmoins que les fourriers-des-logis participent aussi à ce droit pour moitié.

En 1670, Louis XIV voulant épargner aux villes nouvellement conquises le payement du droit dont il s'agit, il fit dire à ses maréchaux-des-logis & à ses fourriers de ne rien exiger; mais il les indemnisa en leur faisant payer différentes sommes, tant au trésor royal que sur sa cassette.

Louis XV en usa de même après sa campagne de 1744. Pour tenir lieu du droit d'entrée des villes pendant cette campagne, il fit payer à ses maréchaux-des-logis & à ses fourriers, une somme de 10,000 livres, en vertu d'une ordonnance qu'il leur donna sur le trésor royal.

Les maréchaux-des-logis portent dans leurs fonctions un bâton dont le pommeau est d'argent fleurdelisé d'or. On y lit ces mots *maréchal-général des logis du Roi.*

Suivant une déclaration du Roi du 27 juillet 1613, enregistrée au grand-conseil le 2 août de la même année, les maréchaux-des-logis ont rang & droit de marcher aux assemblées générales ou particulières des villes de leurs demeures & autres où ils se trouvent, immédiatement après les conseillers des bailliages, sénéchaussées & sièges présidiaux, & avant les officiers des élections, ceux des greniers à sel, les juges non-royaux, & tous autres inférieurs en ordre à ces conseillers.

Les maréchaux-des-logis qui ne sont pas nobles par leur naissance, ont le droit de prendre la qualité d'écuyer : c'est ce qui résulte de l'arrêt du conseil que nous allons rapporter.

« Sur la requête présentée au Roi en » son conseil, par Charles, comte de » Froussay, chevalier des ordres de sa » majesté, & grand-maréchal de ses » logis, les maréchaux-des-logis & four- » riers ordinaires de sad. majesté, conte- » nant qu'ils ont l'honneur d'être ces plus » anciens officiers du royaume & même de » tous les empires qui l'ont précédé dans » l'europe, & ont été créés par les Rois » prédécesseurs de sa majesté, non-seu- » lement pour loger leurs maisons, cour » & suite dans leurs voyages & chan- » gemens de demeures; mais encore pour » conduire & loger les armées dans leurs » marches & campemens, spécialement » pour les compagnies des gendarmes & » chevaux-légers, & autres troupes desti- » nées pour la garde de leurs majestés; » & de fait les supplians ont toujours eu » l'honneur de servir en qualité de ma- » réchaux-des-logis-généraux dans les ar- » mées, notamment le sieur le Large, » dans les provinces des Grisons & de » la Valteline, en 1625, 1626, 1627, » sous les sieurs maréchal d'Estrées & » duc de Rohan; & encore avec le » nommé Ciret, fourrier au comté de » Nice & Provence, sous ledit sieur ma- » réchal d'Estrées, Bugey & Savoie, sous » le sieur maréchal de l'Hôpital, comme » ont fait les sieurs du Pentier, de la » Nouë, Gerberon, de Beaulieu, Braf- » fart & de Lestre, & autres maréchaux » & fourriers-des-logis en d'autres ar- » mées; c'est pourquoi ils ont été de tout » temps réputés du corps de la gendar- » merie; mais spécialement depuis le » dernier siège de Corbie, où lors de » la convocation de tous les officiers des » maisons royales, le défunt Roi, père » de sa majesté, plaça lui-même de sa » main, & incorpora lesdits maréchaux- » des-logis dans les compagnies des gen- » darmes & chevaux-légers, & les four-

» riers dans celles de ses mousquetaires; » en conséquence de quoi ils ont tou- » jours jusqu'à présent joui des mêmes » privilèges & prérogatives que lesdites » compagnies de gendarmes & chevaux- » légers, & sont en possession immémo- » riale de la qualité d'écuyer, laquelle leur » a toujours été donnée par sa majesté, tant » dans les provisions de leurs charges, » qu'autres lieux où il a été nécessaire » d'en faire mention. Néanmoins Me. Tho- » mas Bousseau, chargé des déclarations » des 8 février 1661 & 22 juin 1664, » pour la recherche de ceux qui ont » usurpé ladite qualité d'écuyer, a fait » assigner plusieurs d'entre les supplians » à la cour des aides de Paris, & de- » vant les commissaires de celle de Rouen, » pour rapporter les titres, en vertu des- » quels ils ont pris ladite qualité, & se » voir condamner à payer la somme de » 2,000 livres, comme ceux qui l'ont » usurpée; & d'autant que sa majesté, » par l'arrêt de son conseil du 14 dé- » cembre dernier, s'est réservé la con- » noissance de ces différends pour les » officiers commensaux de ses maisons » royales, les supplians ont recours à sa ma- » jesté, à ce qu'attendu qu'ils n'ont point » usurpé ladite qualité d'écuyer, puis- » qu'elle leur est donnée par les lettres » de provisions de leurs charges, qu'elle » a été confirmée à aucuns d'eux, & qu'ils » ont été déchargés de ladite recherche » par plusieurs arrêts du conseil, même » par ceux des 27 juin 1651 & mai » 1656, que les gendarmes & chevaux- » légers ont été aussi maintenus en ladite » qualité d'écuyer, par autres arrêts du » 16 août 1657, & que ladite qualité » ne peut faire aucun préjudice, puisque » lesdits supplians sont exempts du paye- » ment des tailles; qu'il plût à sa ma- » jesté les décharger des assignations à » eux données à la cour des aides de » Paris, & pardevant les commissaires » de ladite cour des aides de Rouen, » à la requête des sieurs procureurs-géné-

» raux en icelles, pourſuite & diligence
» dudit Bouſſeau., & leur faire défenſes
» d'en faire aucune pourſuite contre eux,
» ni mettre à exécution les arrêts de con-
» damnation qu'il pourroit avoir obtenus
» contre eux, à peine de nullité, caſſa-
» tion de procédures, 3,000 livres d'a-
» mende, dépens, dommages & inté-
» rêts contre ledit Bouſſeau, & leur per-
» mettre de prendre la qualité d'écuyer,
» & faire défenſes à toutes perſonnes de
» les y troubler, ſous même peine. Vu par
» le Roi en ſon conſeil ladite requête,
» leſdits arrêts du conſeil des 27 juin &
» 1 ſeptembre 1651, & 16 avril 1657;
» Oui le rapport du ſieur d'Aligre, con-
» ſeiller ordinaire de ſa majeſté en ſes
» conſeils, & directeur de ſes finances, &
» tout conſidéré. Le Roi étant en ſon
» conſeil, ayant égard à ladite requête,
» a déchargé leſdits maréchaux-des-lo-
» gis, & fourriers ordinaires de ſa ma-
» jeſté, des aſſignations à eux données
» à ladite cour des aides de Paris, &
» pardevant les commiſſaires de la cour
» des aides de Rouen, à la requête des
» procureurs-généraux en icelles; & leur
» fait défenſes & audit Bouſſeau, d'y
» faire aucune pourſuite contre eux,
» pour raiſon de ladite qualité d'écuyer,
» ni de mettre à exécution les arrêts de
» condamnation que ledit Bouſſeau pour-
» roit avoir obtenus contre eux, à peine
» de nullité, caſſation de procédures,
» & de 2,000 livres d'amende, dépens,
» dommages & intérêts: leur permet ſa
» majeſté de prendre ladite qualité d'é-
» cuyer, tant & ſi longuement qu'ils ſe-
» ront pourvus deſdites charges, & fait

» défenſes, tant audit Bouſſeau, qu'à tous
» autres de les y troubler, à mêmes pei-
» nes, ſans qu'ils puiſſent prendre ladite
» qualité d'écuyer, après qu'ils ne ſeront
» plus pourvus deſdites charges, ſi ce
» n'eſt qu'ils ſoient nobles d'extraction,
» à peine de 1,000 livres d'amende. Fait
» au conſeil du Roi, tenu à Paris, ſa
» majeſté y étant, le deuxième jour de
» mars mil ſix cents ſoixante-cinq. *Signé*
» DE GUÉNEGAUD, *& ſcellé.*

Un autre arrêt rendu au conſeil d'état du Roi, le 15 ſeptembre 1693, a déchargé les maréchaux-des-logis des *pour-ſuites faites ou à faire* contre eux pour fournir leurs déclarations des fiefs qu'ils poſſédoient, & les a pareillement déchargés des taxes pour leſquelles ils avoient été compris, relativement au droit de franc-fief, dans les rôles arrêtés en exé-cution de l'édit du mois d'août 1691.

Enfin, l'exemption de ce droit de franc-fief leur a été confirmée par l'article 1 de l'arrêt rendu au conſeil d'état du Roi, le 15 mai 1778, pour tout le temps qu'ils exercèrent leurs charges, ou lorſqu'après vingt-cinq années de ſervice réel & per-ſonnel, ils auroient obtenu des lettres de vétérance. Au reſte, pour jouir de cette exemption, ils doivent s'abſtenir de tout acte dérogeant à leur qualité, & d'exercer aucune autre charge, office, place ou emploi ayant fonctions publiques & ſer-ment en juſtice. Il faut auſſi qu'ils ſoient employés dans les états envoyés annuelle-ment à la cour des aides.

Les maréchaux-des-logis du Roi jouiſ-ſent d'ailleurs de tous les privilèges des commenſaux.

# CHAPITRE XL.

## Des fourriers des logis.

CES officiers, dont l'origine remonte comme celle des maréchaux-des-logis, à des temps fort reculés, sont au nombre de quarante-huit. Ils servent par quartier & prêtent serment de fidélité entre les mains du maréchal-général-des-logis.

Comme il y a à chaque quartier trois maréchaux des logis & douze fourriers qui sont de service, le grand-maréchal-des-logis divise ces officiers par bandes, composées chacune d'un maréchal-des-logis & de quatre fourriers.

Les fonctions de ceux-ci consistent à faire des visites dans les maisons des villes & villages où doit loger le Roi avec sa suite. Ils doivent ensuite faire le rapport de leurs opérations au maréchal-des-logis avec lequel ils sont commandés; & sur la distinction que cet officier fait des maisons dont il s'agit, les fourriers vont y poser la craie.

Cette craie est un caractère particulier aux maréchaux-des-logis & aux fourriers-des-logis du Roi, pour désigner la destination qui est faite des maisons auxquelles on l'applique.

La plus grande distinction en craie est ce qu'on appelle avoir le pour; c'est-à-dire, qu'on écrit en craie sur la porte d'une maison le nom de la personne à qui cette maison est destinée, en faisant précéder le mot pour, en cette forme, pour le Roi, pour la reine, pour M. le dauphin, pour M. le duc d'Orléans, &c.

Cet honneur n'est accordé qu'aux princes & aux princesses du sang ou légitimés, & à quelques autres princes, tels que ceux des maisons de Lorraine, de Bouillon, de Rohan, aux cardinaux, & à M. le chancelier.

Le pour est pareillement accordé aux ambassadeurs lorsqu'il leur est assigné un quartier dans un lieu où n'est pas la personne du Roi; mais les envoyés n'ont pas cette distinction.

Il faut remarquer que le premier pour, tel que celui du Roi ou de la reine, anéantit les autres pour qui s'appliquent à la même maison.

Observez d'ailleurs qu'il n'y a que les maréchaux & les fourriers-des-logis du Roi, qui puissent marquer les maisons en craie blanche. Les maréchaux-des-logis & les fourriers de la reine ou des princes, doivent marquer en craie jaune seulement, sur les portes du dedans des maisons & non sur celles de la rue. Ceux-ci ne peuvent d'ailleurs poser la craie que sur les maisons qui leur ont été distribuées par le maréchal-des-logis du Roi, dans tous les lieux où il est en fonction.

On doit respecter la craie du Roi; & si quelqu'un étoit assez téméraire pour l'effacer ou la changer, il encourroit des peines très-sévères, telles que d'avoir le poing coupé, &c. C'est ce qui résulte d'un édit du mois de juillet 1606, & de plusieurs autres ordonnances du Roi.

Nous avons observé au chapitre précédent que les fourriers devoient avoir la moitié du produit des baraques ou autres bâtimens qui avoient été construits par l'ordre des maréchaux-des-logis pour la personne du Roi & pour sa suite, ainsi que la moitié du droit appelé entrée de ville ou arc de triomphe, dont on a donné l'explication dans le même chapitre.

Les fourriers-des-logis doivent, suivant une décision du feu Roi, du 20 avril 1747, porter dans leurs fonctions un bâton à pomme d'argent, où font les armes de fa majefté, avec cette légende : *fourriers-des-logis du Roi.*

Quant aux prérogatives & aux privilèges des fourriers-des-logis, ils font abfolument les mêmes que ceux des maréchaux-des-logis, tant pour le rang que nous avons dit appartenir à ceux-ci dans les affemblées des villes, que pour la faculté de prendre la qualité d'écuyer, & l'exemption du droit de franc fief. Ainfi, voyez le chapitre précédent.

# CHAPITRE XLI.

## *Du capitaine général des guides des camps & armées du Roi.*

Cet officier prête ferment de fidélité entre les mains du plus ancien maréchal de France, qui repréfente le connétable.

Le capitaine-général des guides eft du nombre des officiers employés dans les voyages du Roi. Il doit fe tenir en route près d'une des portières du carroffe de fa majefté, afin que fi elle demande le nom des lieux qui fe trouvent fur fon chemin, il puiffe les lui nommer.

Pour que les officiers du gobelet & de la bouche ne manquent pas de fe trouver au lieu où le Roi veut manger quand il marche en campagne, le capitaine-général des guides doit leur indiquer ce lieu.

Cet officier a le droit d'établir des lieutenans des guides dans toutes les armées du Roi.

Le capitaine-général des guides eft couché fur les états du Roi pour 2,000 livres de gages ordinaires, 300 livres par mois, & 600 livres d'extraordinaire dans les voyages. Il avoit d'ailleurs bouche à cour au ferdeau du Roi, avec les gentilshommes fervans. Mais cette table ayant été fupprimée en vertu du réglement du 17 août 1780, il a été attribué cinq livres par jour à chacun de ceux qui y avoient droit.

# CHAPITRE XLII.

## *Du wagmeſtre & de l'aide wagmeſtre des équipages du Roi.*

La charge de *wagmeſtre des équipages du Roi*, a été créée à Saint-Germain-en-Laye par Louis XIV, le 15 mai 1667, en faveur de Guillaume Didier, fieur de l'Epine.

Suivant le brevet accordé à cet officier, il a autorité fur les capitaines & conducteurs des charriots du Roi quand fa majefté va en campagne. C'eft à lui à les faire charger, à les mettre en marche, à les faire loger, & à donner en général les ordres néceffaires pour que ces charriots arrivent à leur deftination.

Les gages du wagmeſtre des équipages du Roi font de 1200 livres par an, quand le Roi va en campagne, & de 600 livres quand fa majefté n'y va pas; il doit d'ailleurs être nourri toute l'année.

La charge d'*aide wagmeſtre des équipages du Roi* a été créée le 10 juin 1667, en faveur du fieur Jean-Baptifte Bodin, chef de fourrière.

Les fonctions de cet officier consistent à remplir celles du wagmestre en son absence, & même à servir conjointement avec lui selon les circonstances.

Les gages de l'aide wagmestre sont de 600 livres par an quand le Roi va en campagne, & de 300 livres quand il n'y va pas. Il est en outre nourri toute l'année.

Ces officiers prêtent serment de fidélité devant le grand-maître de France, & ne peuvent être installés qu'avec son attache. Ils jouissent d'ailleurs des privilèges ordinaires des commensaux.

# CHAPITRE XLIII.

### Du grand écuyer de France.

Le surintendant des écuries de nos premiers Rois étoit nommé *comte* ou *préfet de l'étable*. Il veilloit sur tous les officiers de l'écurie ; il portoit l'épée du Roi dans les grandes occasions, ce qui le faisoit nommer le *protospataire*. En son absence, il y avoit un officier qui remplissoit ses fonctions, & qu'on nommoit *spataire*. Lorsque le commandement absolu des armées fut donné au connétable & aux maréchaux de France, le *spataire*, qui sous eux étoit maître de l'écurie, en eut toute la surintendance. Il y avoit sous Philippe-le-Bel, en 1294, un roger surnommé l'*écuyer*, à cause de son emploi, qui étoit qualifié de *maître de l'écurie du Roi* ; titre qui a passé à ses successeurs. En 1316, Guillaume de Pisdoë fut créé premier *écuyer* du corps, & maître de l'écurie du Roi. On connoissoit dès-lors quatre *écuyers* du Roi ; deux devoient être toujours partout où étoit la cour ; l'un pour le corps, c'est le premier *écuyer* ; l'autre pour le *tynel*, c'est-à-dire pour le commun, qui se qualifioit aussi de *maître de l'écurie du Roi*, avec cette différence pourtant que ceux du *tynel* dépendoient des maîtres de l'hôtel, & ne pouvoient s'éloigner sans leur congé, au lieu que celui du corps né prenoit congé que du Roi. Le titre qu'avoit porté Guillaume Pisdoë, fut donné à ses successeurs jusqu'à Philippe de Giresmes, qui, par lettres-patentes du 19 septembre 1399, fut créé *écuyer du corps* & grand-maître de l'écurie du Roi.

Jean de Kaernien succéda à Philippe de Giresmes en cette même qualité de *premier écuyer du corps & de grand-maître de l'écurie du Roi*, en vertu de lettres données à Paris le 17 décembre 1411, & il prêta serment le 19 du même mois.

Un acte passé à Melun-sur-Meuse le 20 décembre 1425, porte que Jean du Cigne, premier écuyer du corps, & maître de l'écurie du Roi, certifia en cette qualité qu'il avoit depuis peu acheté au nom du Roi deux coursiers & un roussin pour le prix de 600 livres ; qu'un des coursiers avoit été donné par ordre du Roi à Pierre de Giac, son conseiller & chambellan, & l'autre à Alardin de Mousay, écuyer d'écurie du Roi, *n'agueres venu devers lui de par-delà la rivière de Seine*, & que le roussin étoit resté dans l'écurie du Roi.

Jean du Vernet, dit *le Camus de Beaulieu*, & Jean, dit *Poton*, seigneur de Xaintrailles, furent ensuite successivement premier écuyer du corps & grand-maître de l'écurie du Roi.

A Poton de Xaintrailles, succéda Tanneguy du Chatel, qui, le premier, se qualifia de grand écuyer de France. On voit qu'il prit cette qualité dans le contrat de mariage de Philippe de Fouilleuses, feigneur de Flavacourt, auquel il affifta le 11 août 1455.

Tanneguy du Chatel exerça cette charge jufqu'à la mort de Charles VII. Il fe retira alors en Bretagne, auprès du duc François, qui le fit grand-maître de fon hôtel, & lui fit obtenir le 15 feptembre 1463, par fes ambaffadeurs, *furféance de rendre fes comptes du maniment de l'écurie du Roi, jufqu'à fix femaines, après la journée qui fe devoit tenir à la faint André, devant le comte du Mayne, entre les gens du Roi & ceux du duc, touchant les régales de Bretagne, ce qui lui fut encore continué l'année fuivante.*

Jean de Garguefalle prit, comme Tanneguy du Chatel, la qualité de grand-écuyer de France.

On voit enfuite qu'Alain Goyon qui avoit gagné les bonnes grâces de Louis XI, lorfqu'il n'étoit encore que dauphin, fut créé grand-écuyer de France par ce prince, & qu'il exerçoit cette charge en 1470.

Galéas de Saint-Severin, qui avoit d'abord fervi Louis Force, duc de Milan, & enfuite Charles VIII, fut fait grand-écuyer de France fous Louis XII, par lettres données à Blois le 22 feptembre 1505, & prêta ferment en cette qualité, deux jours après, entre les mains du chancelier.

Il eut pour fucceffeur Jacques de Genouillac, dit *Gallot*, qui avoit été déjà revêtu de la charge de grand-maître de l'artillerie.

A celui-ci fuccéda Claude Gouffier, duc de Rouannois, qui fut créé grand-écuyer de France par lettres données à Ligny le 22 octobre 1546.

Léonor Chabot, comte de Charny & de Bufançois, fut enfuite pourvu de la même charge, qui depuis paffa à Charles de Lorraine, duc d'Elbœuf, premier du nom. Ce dernier s'en démit fous le règne de Henri III, & ce prince la conféra à Roger de Saint-Lary & de Thermes, duc de Bellegarde.

Il paroît que ce feigneur jouiffoit d'une grande faveur, puifqu'il étoit tout-à-la-fois maître de la garde-robe, premier gentilhomme de la chambre & grand-écuyer. Cependant, le grand-écuyer n'étoit point alors au nombre des grands officiers de la couronne; c'eft ce que prouvent les lettres-patentes données par Henri III, le 3 avril 1582. On y lit que les officiers de la couronne font le *connétable de France, le chancelier de France, le grand-maître de France, le grand-chambellan, l'amiral, les maréchaux de France & non autres.*

Ce n'eft que fous le règne de Henri IV que la charge de grand-écuyer de France a été érigée en grand office de la couronne en faveur de César-Augufte de Lary, baron de Thermes & de Montbar, qui fuccéda au duc de Bellegarde fon frère.

Après César-Augufte de Saint-Lary, la charge de grand-écuyer de France paffa au fameux Cinqmars, que la faveur dont il jouit d'abord fous Louis XIII, & fes malheurs ont enfuite rendu fi célèbre. On fait que s'étant engagé dans une intrigue tramée contre le cardinal de Richelieu, il eut la tête tranchée à l'âge de 22 ans, le 12 feptembre 1642.

L'année fuivante, la charge de grand-écuyer de France fut conférée à Henri de Lorraine, comte d'Harcourt, d'Armagnac & de Brionne. Depuis ce temps, la charge dont il s'agit a toujours été poffédée par un prince de cette illuftre maifon. M. le prince de Lambefc en eft aujourd'hui revêtu.

Le grand-écuyer de France prête ferment de fidélité entre les mains du Roi, & la plupart des officiers des écuries le prêtent entre fes mains. Ces officiers ne peuvent même jouir des privilèges attachés à leurs charges, qu'autant qu'ils font employés fur les états arrêtés & fignés par le grand-écuyer.

C'eft lui qui arrête les dépenfes relatives à la grande écurie du Roi, foit pour la nourriture des pages, des officiers & autres perfonnes employées à la grande écurie, foit pour la nourriture des chevaux, soit enfin pour les gages, droits, récompenses, entretènement, livrées & payemens des fournitures de tous les officiers des écuries. Les fonds concernant ces objets, sont portés chaque année dans un état du Roi, où sa majesté règle les dépenses qu'elle permet qu'on fasse pour ses écuries.

Le grand-écuyer ordonne toute la livrée de la grande & de la petite écurie, & les habits de livrées pour plusieurs corps d'officiers de la maison du Roi.

Au chapitre des premiers gentilshommes de la chambre, nous avons observé qu'après la mort de Louis XIV, il survint une contestation entre le premier gentilhomme de la chambre en exercice & le grand-écuyer de France, au sujet du droit que l'un & l'autre prétendoit avoir d'ordonner ce qui concernoit la pompe funèbre; & nous avons ajouté que, pour prévenir de nouvelles contestations en pareil cas, le feu Roi fit le 8 janvier 1717 un réglement par lequel il détermina jusqu'où s'étendroient à l'avenir les fonctions de chacun de ces officiers dans les cérémonies de ce genre.

Suivant ce réglement, c'est au grand-écuyer de France à faire fournir le chariot d'armes, les carrosses & les chevaux caparaçonnés. C'est pareillement sur ses ordres que doivent être livrés les habits de deuil des capitaines, officiers & gardes-du-corps de sa majesté; ceux de leurs trompettes & timballiers; ceux des capitaines, officiers, soldats, tambours & fifres de la compagnie des cent suisses de la garde, ceux des hérauts-d'armes, des officiers, des pages, des palfreniers & des autres gens des écuries, & enfin ceux des équipages de la vénerie & de la fauconnerie, à l'exception toutefois des principaux officiers de ces corps, qui, comme nous l'avons dit au chapitre 18, doivent recevoir leurs habits de deuil, soit en étoffe, soit en argent, sur les ordres du premier gentilhomme de la chambre.

Les pièces d'honneur, savoir, le heaume à la royale, la cotte d'armes, l'écu, les gantelets & les éperons doivent être faits en vertu de l'ordre du grand-écuyer de France.

Pour tenir à Paris ou dans les autres villes du royaume les académies dont l'objet est d'enseigner aux jeunes gentilshommes l'art de monter à cheval, & de les former aux exercices qui conviennent à la noblesse, il faut une permission expresse du grand-écuyer de France. Ces sortes de permissions autorisent ceux qui les obtiennent à donner à leurs académies le titre d'*académie royale*.

Aux premières entrées que le Roi fait dans les villes de son royaume, ou dans celles qu'il a conquises, le grand-écuyer marche à cheval directement devant la personne de sa majesté, portant l'épée royale dans le fourreau de velours bleu parsemé de fleurs de lys d'or, avec le baudrier de même étoffe, son cheval étant caparaçonné de même. C'est pour cela qu'il met cette épée royale aux deux côtés de l'écu de ses armes. Le dais qui, dans ces circonstances, est porté sur le Roi par les échevins, appartient au grand-écuyer; mais il le donne ordinairement aux valets de pieds.

Lorsque le Roi tient son lit de justice, le grand-chambellan est aux pieds de sa majesté; & à la droite, sur un tabouret, au bas des dégrés du siège royal, est le grand-écuyer de France, portant au cou l'épée de parement du Roi.

Dans la cérémonie du sacre, la queue du manteau royal est portée par le grand-écuyer de France: c'est du moins ce qui s'est pratiqué en 1775, lors du sacre du Roi.

Le grand-écuyer de France a droit de se servir des pages, des valets de pied & & des chevaux de la grande écurie.

La grande écurie a soin des chevaux de guerre & des chevaux de manège: aussi quand le Roi marche en route de guerre ou avec un corps d'armée, la grande écurie est logée la première & par préférence à la petite écurie : mais si le Roi ne marche pas en route de guerre, la petite écurie est logée le plus près du logis de sa majesté, ou du moins aussi près que la grande écurie.

Sous le règne du feu Roi, il s'étoit élevé entre le grand-écuyer de France & le premier écuyer commandant la petite écurie, différentes contestations sur les fonctions respectives de ces officiers, mais elles furent terminées par un réglement du 14 février 1724, qui fait encore loi aujourd'hui, & que pour cette raison nous allons rapporter.

« Sa majesté étant informée que sur les différentes fonctions qui concernent son service dans les écuries, le grand-écuyer en prétendoit qui étoient contestées par son premier écuyer ; que l'ordre ci-devant observé, en étoit troublé, & qu'il étoit nécessaire d'y pourvoir, s'est fait représenter l'arrêt du conseil d'état du 22 octobre 1715, par lequel sa majesté auroit maintenu le grand-écuyer de France dans les droits, honneurs, prééminences dont il a joui sous le règne du feu Roi dans les grandes & petites écuries, & pareillement son premier écuyer & sa petite écurie dans l'indépendance du grand-écuyer dont il a toujours joui pendant ledit règne ; autre arrêt du 23 mai 1723, par lequel sa majesté a ordonné qu'en tout ce qui sera de son service dans ses grande & petite écuries, les usages observés du temps du feu Roi par les grands-écuyers de France & le premier écuyer de sa majesté, seront exactement suivis, jusqu'à ce qu'elle en ait autrement ordonné ; & voulant, en conformité desdits arrêts rendus en connoissance de cause, fixer par un réglement qui serve de loi dans ses écuries, pour ce qui y est à observer, sa majesté a ordonné & ordonne :

Art. I. » Que le grand-écuyer de France jouira des honneurs & prééminences dont il a joui sous le règne du feu Roi dans les grande & petite écuries, sans y pouvoir être troublé en quelque sorte que ce soit.

II. » Comme aussi que son premier écuyer & la petite écurie continueront de jouir de l'indépendance du grand-écuyer en ce qui concerne son service & l'entière administration de la petite écurie.

III. » Sa majesté étant à cheval, le grand-écuyer aura la droite, & le premier écuyer la gauche ; de manière que la tête de son cheval n'excède pas la botte de sa majesté, que ses autres écuyers précéderont.

IV. » Ordonne sa majesté que son premier écuyer commandera sous ses ordres, & fera faire les carrosses & autres voitures pour son service, ainsi que par le passé, & nommément comme il a été pratiqué sous le règne du feu Roi, excepté les carrosses de deuil, qui continueront d'être faits par les soins du grand-écuyer, sous les ordres de sa majesté.

V. » Le premier écuyer continuera seul de se servir des carrosses, & d'avoir des voitures aux armes de sa majesté.

VI. » Sa majesté désirant d'entretenir des coureurs, tant dans sa grande que dans sa petite écurie, en interprétant le réglement du 4 avril 1613, a ordonné & ordonne que les marchands qui feront amener dans la ville de Paris des chevaux pour y être vendus, seront tenus d'en avertir le grand-écuyer de France ainsi que le premier écuyer ; dérogeant à cet effet à la clause y insérée d'avertir seulement le premier écuyer, voulant au surplus qu'il soit exécuté suivant sa forme & teneur.

VII. » En exécution du précédent article, ordonne sa majesté que celui du grand ou du premier écuyer, ou de ceux qui seront par lui préposés, qui arrivera le premier au lieu du dépôt

» des chevaux indiqués, choisira ce qui
» conviendra au service de sa majesté,
» sans que l'autre survenant puisse en
» troubler ou empêcher l'achat, sous quel-
» que prétexte que ce soit.

VIII. » Et supposé que lesdits grand
» ou premier écuyer, ou ceux qui auront
» d'eux commission pour le service de sa
» majesté, arrivent ensemble au lieu du
» dépôt desdits chevaux, le grand-écuyer,
» ou celui qui sera par lui commis, choi-
» sira le premier cheval; le premier
» écuyer, ou celui qui aura charge de
» lui, le second, & ainsi de suite alter-
» nativement,

IX. » N'entend sa majesté compren-
» dre dans les articles précédens, les
» chevaux de carrosse, dont le choix
» appartiendra privativement au premier
» écuyer.

X. » Veut au surplus sa majesté que
» les arrêts des 22 octobre 1715, & 23
» mai 1723, ensemble le présent régle-
» ment, soient exécutés de point en point,
» selon leur forme & teneur, sans que,
» sous quelque prétexte que ce soit, il
» y puisse être contrevenu par le grand-
» écuyer de France, ni par le premier
» écuyer de sa majesté, auxquels elle leur
» mande & ordonne de se conformer,
» chacun en droit soi. Fait, &c ».

Le grand-écuyer de France est porté
sur les états du Roi pour 4600 livres de
gages ordinaires, & 20400 livres de livrées pour sa bouche à cour.

A la mort des Rois, tous les chevaux
de la grande écurie, & tous les harnois
& les meubles qui en dépendent, appartiennent au grand-écuyer de France. Il
jouit d'ailleurs de plusieurs autres droits.

# CHAPITRE XLIV.

## *Du premier écuyer commandant la petite écurie.*

LA charge de cet officier est très-ancienne. Les registres de la chambre des
comptes prouvent que depuis très-long-
temps, la petite écurie du Roi a été séparée & distincte de la grande.

Le premier écuyer prête serment de
fidélité entre les mains du Roi; Il a sous
ses ordres la petite écurie, c'est-à-dire,
les chevaux dont sa majesté se sert ordinairement, les carrosses, les calèches,
les chaises roulantes & les chaises à
porteur.

Si le Roi avoit besoin d'aide pour monter en voiture, le premier écuyer lui donneroit la main.

Lorsque le Roi tient son lit de justice,
le premier écuyer y a séance avec le grand-
prévôt de l'hôtel & quelques autres principaux officiers de la maison du Roi, sur
une forme derrière les secrétaires d'état,

Quand il se fait quelque détachement
de la petite écurie pour aller sur la frontière conduire ou chercher un prince ou
une princesse, c'est le premier écuyer
qui présente au Roi l'écuyer ordinaire de
sa majesté, ou un écuyer de quartier,
pour être commandant de ce détachement.

Le premier écuyer a seul le droit de
se servir des carrosses du Roi, & d'avoir
des voitures aux armes de sa majesté. C'est
ce qui résulte de l'article 5 du réglement
du 14 février 1724, que nous avons
rapporté au chapitre précédent, & auquel
nous renvoyons pour divers objets concernant le premier écuyer.

Cet officier a pareillement droit de
se servir des pages & des valets de pied
de la petite écurie.

Le premier écuyer est couché sur les

états du Roi pour 9000 livres de gages & appointemens, & 14250 livres de livrées.

Quand le Roi vient à mourir, la dé-pouille de la petite écurie appartient au premier écuyer.

M. le duc de Coigny est aujourd'hui revêtu de la charge de premier écuyer.

# CHAPITRE XLV.

## Du premier écuyer de la grande écurie, & des autres écuyers.

Aprés le grand-écuyer de France, il y a à la grande écurie un premier écuyer qui, en l'absence du grand-écuyer, a la charge de la grande écurie, & y commande à tous les autres officiers. Il prête serment de fidélité entre les mains du grand écuyer de France.

Cette charge donne un logement à la grande écurie. Le titulaire est couché sur les états du Roi pour différentes sommes, qui forment, tant en gages que livrées, pensions &c., un total de onze mille trois cents cinquante-sept livres.

Cet officier a d'ailleurs le droit de se servir des pages de la grande écurie, & de faire porter la livrée du Roi à ses domestiques.

M. le marquis de Briges est aujourd'hui revêtu de cette charge.

### Des écuyers du Roi.

Il y a un écuyer ordinaire & vingt écuyers du Roi servant par quartier. Ils prêtent serment de fidélité entre les mains du grand-maître de France.

Les écuyers du Roi ont seuls les fonctions du grand & du premier écuyer en leur absence, pour le service de la main.

L'écuyer de jour doit se trouver au lever & au coucher du Roi, pour savoir si sa majesté montera à cheval. Si le Roi va à la chasse & prend ses bottes, l'écuyer doit lui mettre ses éperons; il les lui ôte aussi. Soit que le Roi monte à cheval ou en carrosse, l'écuyer le suit à cheval. Pendant la journée, l'écuyer suit le Roi & entre par-tout où est sa majesté, excepté le temps où elle tient conseil ou veut être seul; alors l'écuyer se tient dans le lieu le plus prochain de celui où est le Roi. L'écuyer suit toujours immédiatement le cheval ou le carrosse de sa majesté. Le Roi venant à tomber, l'écuyer soutient ou relève le Roi; il présenteroit son cheval si celui de sa majesté étoit blessé, boiteux ou rendu, soit à la chasse, soit à la guerre.

Dans la marche ordinaire, & au cas que le grand ou le premier écuyer n'y soit pas, l'écuyer du jour partage la croupe du cheval que le Roi monte, avec l'officier des gardes; mais il prend le côté gauche qui est celui du montoir. Dans un détroit, dans un défilé, il suit immédiatement; parce qu'en cette rencontre, & à cause du service, l'officier des gardes le laisse passer devant lui. Le Roi passant sur un pont étroit, l'écuyer met pied à terre & vient tenir l'étrier de sa majesté, de crainte que le cheval du Roi ne bronche ou ne fasse quelques faux pas. Si le grand ou le premier écuyer suivoit le Roi, il tiendroit l'étrier de la droite, & l'écuyer de quartier ou de jour celui de la gauche.

Sitôt que le Roi a des éperons, s'il ne met pas son épée à son côté, l'écuyer de jour la prend sous sa garde. Si le Roi de dessus son cheval laisse tomber quelque chose, c'est à l'écuyer à la ramaſſer, & à la lui remettre en main. A l'armée , l'écuyer du Roi ſert d'aide de camp à ſa majeſté. Un jour de bataille, c'eſt à l'écuyer à mettre au Roi ſa cuiraſſe & ſes autres armes.

### Des écuyers cavalcadours.

Il y a les écuyers cavalcadours de la grande écurie & ceux de la petite écurie.

Ils prêtent ſerment entre les mains du grand-écuyer de France.

Leurs fonctions conſiſtent à prendre ſoin des chevaux & des équipages.

Tous ces écuyers doivent être de condition noble. C'eſt ce que porte l'article 2 de l'arrêt rendu au conſeil d'état du Roi, le 15 mai 1778. Ils jouiſſent de tous les privilèges des commenſaux.

---

# CHAPITRE XLVI.

### Des grands valets-de-pied , & de pluſieurs autres offices des écuries.

Les grands valets-de-pied ſont au nombre de quarante-deux , ſervant chacun deux quartiers par année.

Il y a quatre maîtres palfreniers en charge & quatre autres par commiſſion ; quatre cochers du corps du Roi ; un cocher du Roi près de M. le grand-écuyer ; un poſtillon du corps ; quatre maréchaux ſervant par quartier ; un maréchal pour panſer & médicamenter les chevaux ; cinq chevaucheurs ou couriers du cabinet,

à la ſuite du Roi ; un autre à la ſuite des affaires étrangères ; un autre à la ſuite de la marine ; un autre à la ſuite de la guerre ; un autre à la ſuite de la maiſon du Roi ; un autre à la ſuite du contrôle-général des finances ; un autre à la ſuite de M. le grand-écuyer , &c.

Tous ces officiers prêtent ſerment de fidélité entre les mains du grand-écuyer de France, & ils jouiſſent des privilèges ordinaires des commenſaux.

---

# CHAPITRE XLVII.

### Du roi d'armes de France , des hérauts d'armes , & des autres officiers du département du grand écuyer , qui ſervent aux grandes cérémonies.

Les Grecs, les Romains, & la plupart des peuples policés ont eu des hérauts-d'armes ſous des noms différens. Leur perſonne , dans l'exercice de leur charge, étoit réputée ſacrée par le droit des gens ; car alors , les nations civiliſées avoient coutume de dénoncer la guerre à leurs ennemis par un *héraut* public. On lit dans le Deutéronome, que la loi défendoit

aux Hébreux d'attaquer une ville ſans lui avoir préalablement offert la paix ; & cette offre ne pouvant être faite que par des perſonnes qui euſſent un caractère de repréſentation , les Grecs les nommoient par cette raiſon, *conſervateurs de la paix* ; & c'étoit un crime de lèſe-majeſté, que de les inſulter dans leur miniſtère. L'enlèvement du héraut de Philippe fut une

des

dés raisons qu'il allégua pour rompre la paix qu'il avoit jurée. Homère nous parle souvent dans l'Iliade & l'Odyssée, des hérauts Grecs & de leurs fonctions. Achille, ce guerrier jeune, bouillant, emporté, traita avec le plus grand respect les _hérauts_ que l'injuste Agamemnon envoya dans sa tenre, pour lui enlever Briséis, que les Grecs lui avoient accordée comme la récompense de ses travaux guerriers. Les _hérauts_ trembloient à mesure qu'ils approchoient du moment de la commission dangereuse qu'on leur avoit donnée. Achille s'en apperçut, & leur dit : « Venez sans » crainte, envoyés des dieux; ce n'est pas » vous qui m'offensez, mais l'homme in-» juste à qui vous obéissez. »

Les _hérauts_ portoient le titre de _féciaux_ chez les Romains, étoient tirés des meilleures familles, & formoient un collège illustre & considérable.

En France, les hérauts-d'armes avoient autrefois des fonctions considérables. C'étoient eux qui dressoient les généalogies & vérifioient les preuves de noblesse, ainsi que du nom & des armes des chevaliers dont ils faisoient peindre les quartiers dans les livres armoriaux de la chevalerie. Ils étoient surintendans des armées & conservateurs des honneurs de la guerre. Ils avoient droit d'ôter les armoiries à ceux qui méritoient d'être dégradés de noblesse pour cause de lâcheté ou de trahison. Ils pouvoient reprendre les nobles qui se conduisoient mal, & les chasser des joûtes & des tournois. Ils avoient droit de corriger les abus, & les usurpations des couronnes, casques, tymbres & supports. Ils connoissoient des différends entre les nobles pour leurs blasons, pour l'antiquité de leurs races & leurs prééminences ; & même la cour les a quelquefois mandés pour avoir leur avis sur les différends de cette nature qui y étoient pendans. Ils alloient aussi dans les provinces pour faire des enquêtes sur la noblesse, avec le droit de se faire ouvrir toutes les bibliothèques, & de se faire communi-

quer tous les vieux titres des archives du royaume. Ils avoient l'entrée dans toutes les cours des princes étrangers, pour y annoncer la guerre ou la paix, & leurs personnes étoient sacrées comme celles des ambassadeurs. Il étoit de leur charge d'aller publier les joûtes & les tournois, de convier à y venir, de signifier les cartels, de marquer le champ, les lices, ou le lieu du duel, de faire les cris pour rappeler, tant l'assaillant que le tenant, & de partager également le soleil aux combattans à outrance. Dans la guerre, ils avertissoient les chevaliers & capitaines du jour qu'on donneroit la bataille, & ils y assistoient en haut appareil devant le grand étendard ; mais lors du choc, ils se retiroient dans un lieu élevé pour voir ceux qui combattoient le plus vaillamment, & en faire rapport au Roi. Ils faisoient le dénombrement des morts, relevoient les enseignes, redemandoient les prisonniers, sommoient les places de se rendre ; & dans les capitulations, ils marchoient devant le gouverneur de la ville pour assurer sa personne. Ils étoient les principaux juges du partage des dépouilles des vaincus, & des récompenses militaires. Ils publioient les victoires, & en portoient les nouvelles aux pays étrangers. Ils publioient la célébration des fêtes des ordres de chevalerie, & s'y trouvoient vêtus du nom & des marques de l'ordre. Ils faisoient la convocation des états-généraux, & y assistoient pour empêcher la confusion & les différends sur les préséances. Ils assistoient aux mariages des Rois, & souvent faisoient la première demande des reines. Ils assistoient aussi aux festins royaux qui se faisoient aux grandes fêtes de l'année, quand le Roi tenoit cour plénière. Ils y appeloient le grand-maître, le grand panetier, le grand-bouteillier, pour venir faire leur charge. Ils faisoient aussi les cérémonies des obsèques des Rois, & enfermoient dans le tombeau toutes leurs marques d'honneurs, comme sceptre, couronne, main de justice , &c.

_Tome I._

Kkkk

Les hérauts-d'armes font aujourd'hui au nombre de onze, & ils ont à leur tête le roi-d'armes de France, qui a pour titre *mont-joye-saint-Denys*.

Les titres des hérauts-d'armes font *Bourgogne, Normandie, Rouffillon, Alençon, Charolais, Picardie, Touraine, Saintonge, Lyonnois, Angoulême & Dauphiné*.

Dans les cérémonies, ils font revêtus de leurs cottes-d'armes de velours violet cramoifi, chargées devant & derrière de trois fleurs de lys d'or, & autant fur chaque manche, où le nom des provinces, dont ils ont le titre eft écrit en broderie d'or. Le roi-d'armes a d'ailleurs une couronne royale au-deffus des fleurs de lys. Ils portent tous une toque de velours noir ornée d'un cordon d'or, & furmontée d'un panache de différentes couleurs. Celui du Roi d'armes eft diftingué des autres par une plume de héron. Ils ont des brodequins pour les cérémonies de paix, & des bottes pour celles de guerre. Aux pompes funèbres, ils portent fous leur cotte-d'armes une longue robe de deuil traînante, & tiennent à la main un bâton appelé *caducée*, couvert de velours violet & femé de fleurs de lys d'or en broderie. Le roi d'armes eft d'ailleurs décoré d'une croix pectorale qui d'un côté repréfente le Roi, & de l'autre l'écuffon de France.

Sous Louis XIII, en 1634, un héraut-d'armes fut envoyé à Bruxelles pour y déclarer la guerre. Ce hérant étoit chargé de préfenter un cartel au cardinal Infant, fils du roi d'Efpagne, qui gouvernoit les Pays-Bas. C'eft la dernière fois que le miniftère des hérauts d'armes ait été employé pour faire une déclaration de guerre. On fe contente aujourd'hui de publier la guerre chez foi fans aller fignifier aux ennemis. Ainfi les fonctions du roi d'armes & des hérauts-d'armes fe réduifent aujourd'hui à publier la paix, à affifter aux fermens folemnels, aux renouvellemens d'alliance, au facre, au mariage & aux pompes funèbres des Rois, des reines, &c.

Ils affiftent auffi aux cérémonies des chevaliers du S. Efprit, aux feftins royaux, & aux baptêmes des enfans de France.

Aux obfèques des Rois, dans la chambre du lit de parade où eft le corps du défunt, il y a toujours deux hérauts-d'armes au pied de ce lit, pour préfenter le goupillon aux princes, aux prélats & aux autres perfonnes qualifiées qui viennent jeter l'eau bénite.

Le roi-d'armes & les hérauts-d'armes prêtent ferment de fidélité entre les mains du grand-écuyer de France.

Ces officiers jouiffent des privilèges des commenfaux, & en outre de l'exemption du droit de franc-fief, tant qu'ils exercent leurs charges, ou lorfqu'ils ont obtenu des lettres de vétérance après vingt-cinq années de fervice réel & perfonnel. Il faut d'ailleurs, pour jouir de cette exemption, qu'ils s'abftiennent de tout acte dérogeant à leur qualité; qu'ils n'exercent aucune autre charge, office, place où emploi ayant fonctions publiques & ferment en juftice; qu'ils fervent réellement & actuellement; qu'ils foient employés dans les états envoyés annuellement à la cour des aides, & que ceux qui ont obtenu des lettres de vétérance aient fervi préalablement pendant vingt-cinq années confécutives. C'eft ce qui réfulte de l'article 1 de l'arrêt rendu au confeil d'état du Roi le 15 mai 1778.

*Portes-épée de paremens*. Ces officiers, qui font pareillement employés aux grandes cérémonies, prêtent auffi ferment entre les mains du grand-écuyer de France, & jouiffent de tous les privilèges des hérauts-d'armes.

Chaque porte-épée de parement eft couché fur l'état du Roi pour 500 livres de gages.

*Trompettes*. Les trompettes font au nombre de douze. Le grand-écuyer en choifit quatre appelés particulièrement *trompettes ordinaires de la chambre du Roi*.

Ces trompettes fe trouvent & fonnent aux grandes cérémonies, telles que les entrées du Roi dans les villes, les baptêmes des enfans de France, les mariages & les facres des Rois, les pompes funèbres, les publications de paix, &c.

*Grands hautbois de la chambre & des écuries du Roi.* Ils font au nombre de douze. On les emploie avec les trompettes.

*Fifres & tambours.* Ils font au nombre de huit, qu'on emploie pareillement comme les muficiens dont on vient de parler.

Tous ces trompettes, grands hautbois & fifres prêtent ferment entre les mains du grand-écuyer de France, & jouiffent des priviléges ordinaires des commenfaux.

# CHAPITRE XLVIII.

*Du directeur général des haras, des poftes aux chevaux, relais & meffageries.*

CET officier a été créé par un édit du mois de décembre 1785, enregiftré au parlement le 10 février 1786.

Suivant cette loi, les provifions de l'office dont il s'agit doivent être expédiées au titulaire par le fecrétaire d'état ayant le département de la maifon du Roi, & c'eft entre les mains de fa majefté, que ce titulaire a enfuite l'honneur de prêter ferment de fidélité.

Les fonctions du directeur-général des haras, des poftes aux chevaux, relais & meffageries, confiftent à régir & adminiftrer, fous l'autorité immédiate du Roi, les haras & tout ce qui concerne la pofte aux chevaux & relais, ainfi que les meffageries, en tant qu'elles peuvent avoir rapport aux poftes aux chevaux. Il doit veiller à l'exécution de toutes les ordonnances rendues pour ce fervice, & donner tous les ordres qu'il juge convenables aux employés prépofés aux poftes aux chevaux & relais, lefquels font tenus de reconnoître fon autorité & de lui obéir. C'eft ce qui réfulte de l'article 2 de l'édit que nous analyfons.

Par l'article 3, le directeur-général eft autorifé à préfenter au Roi les fujets propres à remplir les charges ou places qui font fous fes ordres, & à prendre à cet effet l'agrément de fa majefté, d'après le-

quel il doit leur être expédié des provifions ou brevets felon les formes ufitées.

Le directeur-général eft pareillement autorifé à faire tous les changemens & établiffemens relatifs au fervice ordinaire & extraordinaire des poftes aux chevaux & relais, & à rendre à cet effet tous les réglemens de police & ordonnances néceffaires, après en avoir rendu compte au Roi. Telles font les difpofitions de l'article 4.

Toutes les affaires concernant les poftes aux chevaux & relais, doivent être rapportées, difcutées & décidées par le directeur-général dans un confeil d'adminiftration affemblé en la manière accoutumée. Mais il ne faut pas conclure de ces difpofitions de l'article 5, qu'aucune affaire contentieufe concernant les poftes aux chevaux & relais, puiffe être portée ailleurs que devant les juges ordinaires qui en doivent connoître, fauf l'appel au parlement. Telle eft la modification que la cour a appofée à l'édit en l'enregiftrant.

L'article 6 a excepté des cas pour lefquels le directeur-général peut rendre des ordonnances, les crimes & délits auxquels le fervice des poftes aux chevaux peut donner lieu, & la connoiffance de ces objets eft pareillement réfervée aux juges ordinaires, fauf l'appel aux cours souveraines.

Le directeur-général ayant été mis au rang des officiers de la maifon du Roi, l'article 7 de l'édit de création lui a attribué le droit de *committimus* au grand sceau, & tous les autres privilèges & avantages dont jouïffent les commenfaux. Il lui a d'ailleurs été attribué par l'art. 8, 24,000 livres de gages annuels.

M. le duc de Polignac eft aujourd'hui revêtu de cette charge.

# CHAPITRE XLIX.

## De l'intendant des poftes aux chevaux, relais & meffageries.

CET officier a été créé en même-temps & par le même édit que le directeur-général dont on a parlé dans le chapitre précédent.

Les fonctions de l'intendant des poftes aux chevaux, relais & meffageries, confiftent, fuivant l'édit cité, à fuivre, fous les ordres du directeur-général, tous les détails de l'adminiftration des poftes aux chevaux, relais & meffageries, à arrêter les dépenfes courantes du fervice, & à en expédier provifoirement les mandemens pour qu'elles foient payées par le tréforier des dépenfes diverfes. Ces mandemens doivent être vifés par le directeur général.

Cet intendant jouit de 12,000 livres de gages par année, & de tous les privilèges des commenfaux de la maifon du Roi. Ses provifions lui font expédiées par le fecrétaire d'état ayant le département de la maifon de fa majefté, & il doit prêter ferment de fidélité entre les mains du directeur-général.

# CHAPITRE L.

## Du grand veneur de France, & des officiers de la vénerie.

LA chaffe eft fans doute un des plus anciens exercices. Peut-être qu'on doit en rapporter l'origine au befoin de garantir les troupeaux de la dent des animaux voraces, & d'empêcher les bêtes fauvages de ravager les moiffons.

Quoi qu'il en foit, la chaffe étoit libre à tous les hommes fuivant le droit naturel; mais le droit civil de chaque nation a modifié & reftreint cette liberté indéfinie.

Chez les Romains, chacun pouvoit chaffer, foit dans fon fonds, foit dans celui d'autrui; mais il étoit libre au propriétaire de chaque héritage, d'empêcher qu'un autre particulier n'entrât dans fon fonds, foit pour chaffer ou autrement.

En France, dans le commencement de la monarchie, la chaffe étoit libre de même que chez les Romains.

La loi falique contenoit cependant plufieurs réglemens pour la chaffe; elle défendoit de voler ou de tuer un cerf élevé & dreffé pour la chaffe, comme cela fe pratiquoit alors. Elle ordonnoit que fi ce cerf avoit déjà chassé, & que son maître pût prouver d'avoir tué, par son moyen, deux ou trois bêtes, le délit seroit puni de quarante sous d'amende; & que si le cerf n'avoit point encore servi à la chasse, l'amende ne seroit que de trente-cinq sous.

Cette même loi prononçoit aussi des peines contre ceux qui tueroient un cerf ou un sanglier qu'un autre chasseur auroit poursuivi, ou qui voleroient le gibier des autres, ou les chiens & oiseaux qu'ils auroient élevés pour la chasse.

Mais on ne trouve aucune loi qui restreignît alors la liberté naturelle de la chasse. La loi salique semble plutôt supposer qu'elle étoit encore permise à toutes sortes de personnes indistinctement.

On ne voit pas précisément en quel temps la liberté de la chasse commença d'être restreinte à certaines personnes & à certaines formes. Il paroît seulement que vers les premiers temps de la troisième race, les princes & la noblesse en faisoient leur amusement, lorsqu'ils n'étoient pas occupés à la guerre, & que nos Rois donnoient dès-lors une attention particulière à la conservation de la chasse; que, pour cet effet, ils établirent un maître veneur, & que sous ce premier officier, il y avoit d'autres personnes pour la conservation des forêts, des bêtes fauves & du gibier.

Un rouleau en parchemin de la chambre des comptes de Paris, contenant les noms de plusieurs seigneurs qui prenoient *robes & manteaux en l'hôtel du Roi*, fait connoître qu'un certain Geoffroi étoit *maître veneur* de saint Louis.

On lit dans un état de la maison du Roi Philippe de Valois, de l'an 1350, que le maître veneur avoit alors pour gages, vingt-sept sous par jour.

Il paroît que le premier qui ait eu la qualité de grand-veneur en France, a été Louis d'Orgelin, chevalier, seigneur de Sainte-Mesme. Des lettres données le pénultième d'octobre 1413, en présence des seigneurs du grand-conseil, l'établis-

sent grand-veneur & gouverneur de la vénerie du Roi, comme ayant plus d'expérience au fait de la vénerie que Guillaume, seigneur de Gamaches, son prédécesseur. Ce dernier fut néanmoins rétabli dans cette place quelque temps après, & il eut pour successeur en 1418, Jean de Berghes, seigneur de Cohen & de Marquilliers en Artois.

Depuis cette époque jusqu'à ce jour, il y a eu vingt-un grands-veneurs; savoir,

Guillaume Belier, écuyer, capitaine & garde du château de Chinon, qui étoit pourvu de cette charge en 1421.

Jean Soreau, écuyer de l'hôtel du Roi, qui en fut pourvu en 1451.

Roland de Lescoet, chevalier, conseiller & chambellan du Roi, seigneur de Queriperez, qui étoit grand-veneur en 1457.

Guillaume de Cellac, écuyer, créé grand-veneur après la mort de Roland de Lescoet, le 1 février 1467.

Yves, seigneur du Fou en Poitou, chevalier, conseiller & chambellan de Louis XI, fut institué grand-veneur en 1472, aux gages de 3,200 livres, y compris l'entretien de la vénerie.

A celui-ci, succéda Louis, seigneur de Rouville, de Grainville-la-Teinturière, & de Villiers-Cul-de-Sac, conseiller & chambellan du Roi. Il fut pourvu de la charge de grand-veneur de France par lettres données à Angers le 6 août 1488, & prêta serment en cette qualité, entre les mains du chancelier, le 18 du même mois.

Après lui, Louis de Brezé, comte de Mauleyrier, baron du Bec-Crepin, exerça la charge de grand-veneur de France depuis le 1 janvier 1496, jusqu'au dernier décembre 1497.

Louis de Vendôme, prince de Chabanois, vidame de Chartres, &c. fut ensuite pourvu de la même charge, & mourut le 22 août 1526.

La charge de grand-veneur de France a ensuite passé dans la maison de Lorraine, & a été possédée successivement par Claude de Lorraine, duc de Guise, pair de France, &c. mort le 12 août 1550; par François de Lorraine, duc de Guise, prince de Joinville, pair, grand-maître & grand-chambellan de France, qui fut tué au siège d'Orléans le 24 février 1563; par Claude de Lorraine, duc d'Aumale, qui fut emporté d'un coup de canon au siège de la Rochelle, le 14 mars 1573; par Charles de Lorraine, duc d'Aumale, qui ayant attiré les Espagnols en Picardie, & s'étant trouvé avec eux à la surprise d'Amiens, en 1597, fut condamné à mort par arrêt du parlement de Paris, & exécuté par effigie; & enfin, par Charles de Lorraine, duc d'Elbœuf, pair & grand écuyer de France, qui mourut en 1605.

Après ces princes, la charge de grand-veneur de France, fut conférée à Hercules de Rohan, duc de Monbason, qui la garda jusqu'à son décès; arrivé le 16 octobre 1654.

Elle passa ensuite à Louis de Rohan, VII du nom, prince de Guémenée, & duc de Monbason.

Celui-ci eut pour successeur son fils le chevalier de Rohan, qui se démit ensuite de la charge de grand veneur en faveur de Charles-Maximilien-Antoine de Bellefourière, marquis de Soyecourt & de Guerbigny.

Après la mort de ce dernier, arrivée le 12 juillet 1679, la charge de grand veneur de France fut conférée à François VII du nom, duc de la Rochefoucaud, pair de France, prince de Marcillac, &c. Il prêta pour ce sujet serment de fidélité entre les mains du Roi le 19 du même mois.

François, VIII du nom, duc de la Rochefoucaud, & de la Rocheguyon, fils du précédent, fut pourvu de la charge de grand veneur en survivance de son père, & prêta en cette qualité serment entre les mains du Roi le 20 novembre 1679; mais il se démit de cette charge

après la mort de son père, arrivée le 11 septembre 1714.

Le 23 avril de la même année, Louis-Alexandre de Bourbon, comte de Toulouse, prince légitimé de France, prêta serment entre les mains du Roi pour la charge de grand veneur de France.

Cette charge est aujourd'hui possédée par Louis-Jean-Marie de Bourbon, duc de Penthièvre, fils du précédent.

Le grand veneur de France à la surintendance sur tous les officiers de la vénerie. La plupart de leurs charges sont à sa disposition.

Quand le Roi est à la chasse du cerf & qu'il monte à cheval pour aller au laisser courre, le grand veneur, ou en son absence celui qui commande la vénerie, présente à sa majesté, pour écarter les branches, un bâton de deux pieds, dont la poignée est pelée depuis la fête de la Madeleine, sur la fin du mois de juillet, jusqu'au mois de mars, à cause qu'en ce temps-là les cerfs touchent au bois, & le reste de l'année, ce bâton est couvert de son écorce. Lorsque le cerf est pris, le piqueur en coupe le pied droit, qu'il donne au grand veneur, & celui-ci le présente au Roi.

Le grand veneur est couché sur les états du Roi pour 1200 livres de gages & pour 10,000 livres d'appointemens. Il jouit d'ailleurs de plusieurs autres droits.

*Des officiers de la vénerie.*

Louis XIV ayant reconnu que sa grande vénerie ne pouvoit être tenue avec la magnificence convenable, ni le service être fait dans cette charge avec l'exactitude & la diligence nécessaire par ces officiers en charge, dont plusieurs n'avoient par leur état aucune connoissance des chasses, résolut de dispenser du service près de sa personne tous ces officiers, & de leur substituer un commandant, des gentils-hommes, & d'autres personnes pour servir par commission durant toute l'année, & prendre soin, sous les ordres du grand-veneur, de tout ce qui pouvoit concerner la vénerie : mais ce prince voulut en même temps que ces officiers, quoique dispensés du service, conservassent la jouissance des privilèges attribués à leurs charges, & il les y maintint par différentes déclarations des 4 novembre & 11 déc. 1683, & 2 janvier 1706.

Les choses ont subsisté sur ce pied durant le reste du règne de Louis XIV & une partie de celui de Louis XV : mais ce dernier prince ayant remarqué que la conservation de ces privilèges étoit d'autant plus onéreuse à ses sujets, que la dispense de service accordée aux officiers de la vénerie, engageoit les plus riches particuliers des provinces à se faire pourvoir des charges de cette vénerie, afin de s'exempter par ce moyen, sans aucune utilité pour le service du Roi, de la part qu'ils auroient dû supporter dans les impositions, & de jouir de divers privilèges ou prérogatives au préjudice des autres citoyens : sa majesté crut devoir supprimer la plupart des charges dont il s'agit, & établir une règle, pour que celles qu'elle jugeroit à propos de conserver ne pussent être à l'avenir possédées que par des personnes d'état à en être revêtues : en conséquence, elle donna au mois de décembre 1737, un édit qui contient les dispositions suivantes :

A r t. I. « Des quarante-quatre charges » de gentilshommes de notre vénerie, » employés sur l'état d'icelle, nous en » avons éteint & supprimé trente-huit ; » éteignons & supprimons pareillement » toutes les charges de fouriers, valets » de chiens ordinaires à cheval & ceux » servans par quartier, valets de limiers, » autres valets de chiens, servans par » quartier, petits valets de chiens, ma-» réchaux-ferrans, chirurgien, boulanger » & châtreur de chiens de notre vénerie, » employés sur l'état d'icelle.

II. » Les gagés & appointemens at-

» tribués auxdites charges, dont nous » ordonnons la suppression, seront rayés » de nos états, à commencer le 1 janvier » prochain.

III. » Maintenons tous & chacun des » officiers qui se trouvent actuelle-» ment revêtus des charges dont nous or-» donnons la suppression, & qui seront » employés en l'état qui sera par nous » envoyé à notre cour des aides, dans » tous les privilèges, prérogatives, exemp-» tions & droits attribués à leurs charges, » & dont jouissent nos autres officiers » commensaux, voulons & nous plaît qu'ils » continuent d'en jouir leur vie durant, » ensemble leurs veuves pendant leur » viduité, sans qu'ils puissent y être » troublés sous quelque prétexte que ce » soit.

IV. » Maintenons & conservons dans » leurs charges le lieutenant ordinaire, » & les quatre lieutenans servans par » quartier de notredite vénerie, lesquels » continueront de jouir des gages, privi-» lèges, prérogatives, exemptions & » droits attribués à leurs charges.

V. » N'entendons pareillement sup-» primer les quatre sous-lieutenans de » notre vénerie, servans par quartier, » lesquels continueront de jouir desdites » charges & des privilèges, exemptions » prérogatives & droits qui y sont at-» tribués : voulons néanmoins qu'ils ne » soient plus à l'avenir employés sur » l'état de notre vénerie, qu'à raison de » 60 livres de gages chacun, à commen-» cer le premier janvier prochain ; or-» donnons que le surplus desdits gages » qui leur étoient attribués, soit rayé » dudit état.

VI. » Maintenons pareillement l'ar-» gentier de notredite vénerie dans les » fonctions de ladite charge, & dans la » jouissance des gages, appointemens & » entretènement, privilèges & exemp-» tions qui y sont attribués.

VII. » A l'égard des six chargés de gen-
» tilshommes de notre vénerie que nous
» exemptons de ladite suppression, nous
» voulons que celui que nous jugerons
» à propos de pourvoir de la charge de
» grand veneur de France, choisisse entre
» tous lesdits gentilshommes de notredite
» vénerie qui sont actuellement revêtus
» des charges, les six qu'il jugera à pro-
» pos, lesquels six gentilshommes feront
» pareillement employés aux gages de
» soixante livres chacun, à commencer
» aussi le 1 janvier prochain, sur l'état
» qui sera par nous envoyé à notre cour
» des aides, pour jouir par eux des mêmes
» privilèges, prérogatives, exemptions
» & droits dont ils ont ci-devant joui,
» ou dû jouir.

VIII. » N'entendons que lesdits offi-
» ciers que nous jugeons à propos de con-
» server dans leurs charges, puissent être
» troublés dans leurs privilèges, sous
» prétexte qu'ils ne serviront pas près
» de nous, les en ayant dispensés,
» comme nous les dispensons par ces pré-
» sentes.

IX. » Lorsque quelques-unes desdites
» charges de sous-lieutenans, gentils-
» hommes & argentier de notredite vé-
» nerie viendront à vaquer par mort,
» démission, forfaitures ou autrement,
» le grand-veneur de France y pourvoira,
» suivant le pouvoir & le droit de sa
» charge, notre intention étant néan-
» moins que lesdites charges ne puissent
» être remplies que par des personnes
» d'un état convenable à leur titre, &
» qui ne soient pas susceptibles d'être
» imposées à la taille.

X. » Ordonnons que dans trois mois
» pour toute préfixion & délai, tous les
» officiers de notre vénerie, actuellement
» revêtus de charges, tant de celles que
» nous jugeons à propos de conserver,
» que de celles dont nous ordonnons la
» suppression, soient tenus d'envoyer au

» sécrétaire d'état & de nos commande-
» mens, ayant le département de notre
» maison, leur certificat de vie, avec
» copie collationnée de leurs provisions
» par l'un de nos conseillers-sécrétaires,
» ou certifiées par le plus prochain juge
» royal de leur résidence, sur lesquelles
» pièces il sera dressé deux nouveaux
» états desdits officiers, savoir, un de
» ceux que nous jugeons à propos de
» maintenir dans leurs charges, & l'autre
» de ceux dont nous ordonnons la sup-
» pression, pour lesdits états être ensuite
» par nous envoyés à notre cour des
» aides : déclarons déchus de leurs privi-
» lèges & exemptions, tous ceux desdits
» officiers qui ne satisferont point au
» présent article dans le délai & aux ter-
» mes y énoncés.

XI. » Et pour que lesdits états puissent
» être toujours exacts, nous voulons &
» entendons que les officiers de notre-
» dite vénerie que nous maintenons dans
» leurs charges, envoyent tous les ans
» au grand-veneur de France, dans le
» courant du mois de janvier, leurs cer-
» tificats de vie, à peine, contre ceux qui
» manqueront d'y satisfaire, d'être déchus
» de leurs privilèges, voulant que notre
» grand-veneur ne fasse employer sur
» l'état desdits officiers qui nous sera par
» lui présenté chaque année dans le cou-
» rant du mois de février au plus tard,
» que ceux desdits officiers, dont il aura
» reçu les certificats de vie.

XII. » Voulons pareillement que ceux
» dont nous supprimons & éteignons les
» charges, & auxquels nous conservons
» leurs privilèges, soient tenus d'envoyer
» tous les ans dans le courant du mois de
» janvier, au sécrétaire d'état & des
» commandemens, ayant le département
» de notre maison, leurs certificats de
» vie, à peine, contre ceux qui manque-
» ront d'y satisfaire, d'être déchus de leurs
» privilèges, & rayés de l'état qui sera

» par

» par nous envoyé annuellement à la cour
» des aides. Si donnons en mande-
» ment, &c. »

Cet édit a été enregistré à la cour des
aides le 8 janvier 1738.

Les commandans, lieutenans & gentilshommes de la vénerie doivent être
de condition noble. C'est une disposition
de l'article 1 de l'arrêt rendu au conseil
d'état du Roi le 15 mai 1778.

## Fin du premier volume.

---

## FAUTES A CORRIGER.

Page 455, col. 1, ligne 19, mêmes, *lisez* menus.
Même page, col. 2, lignes 7 & 11, mêmes, *lisez* menus.
Page 457, col. 1, ligne dernière, mêmes, *lisez* menus.

# TABLE

## Des chapitres contenus dans ce volume (1).

# LIVRE PREMIER.

(1) La table alphabétique des matières traitées dans tout l'ouvrage, se trouve au dernier volume.

Fin de la table.

De l'imprimerie de COUTURIER, quai & près l'église des augustins.